dtv

Auf welchem Stand ist die Psychologie heute? Mit welchen Themen befaßt sie sich, welche Teilgebiete werden erforscht, worüber finden Debatten statt? Die drei Herausgeber und ihre über zwanzig Mitautorinnen und -autoren aus Forschung und Lehre im deutschsprachigen Raum geben in sieben großen Kapiteln Antworten auf diese und viele andere Fragen rund um den Fächerkanon der Psychologie, wie er auch im Rahmen des Grundstudiums gelehrt wird: die philosophischen und naturwissenschaftlichen Grundlagen, die Themen der Allgemeinen Psychologie, der Entwicklungs-, Persönlichkeits- und Sozialpsychologie sowie Forschungsmethoden, bedeutsame Kontroversen und Debatten der unterschiedlichen Theorien. Sie bieten eine Einführung, die mit ihrer fachlichen Fundierung, Themenfülle und vor allem auch anschaulichen Lesbarkeit Akzente setzt – in einem Gebiet, auf dem das Bedürfnis nach verläßlicher Orientierung wächst. Angesichts der Komplexität des großen Faches Psychologie, der breiten Etablierung und praktischen Nutzung von psychologischem Wissen in der Gesellschaft sowie auch der Integrationsbestrebung mit den benachbarten Sozial- und Kognitionswissenschaften bietet das Buch eine breite Wissensbasis für Laien, Studierende, Fachleute sowie Aus- und Fortbilder aus verschiedenen Disziplinen und Berufszweigen.

Die Herausgeber: Jürgen Straub, PD Dr., geboren 1958, ist Mitglied des Vorstands des Kulturwissenschaftlichen Instituts Essen, Leiter einer interdisziplinären Studiengruppe ebendort sowie Privatdozent am Institut für Psychologie der Universität Erlangen-Nürnberg; Wilhelm Kempf, Prof. Dr., geboren 1947, ist Professor für psychologische Methodenlehre und Statistik an der Universität Konstanz; Hans Werbik, Prof. Dr., geboren 1941, ist Inhaber des Lehrstuhls II für Psychologie an der Universität Erlangen-Nürnberg.

Psychologie
Eine Einführung
Grundlagen, Methoden, Perspektiven

Herausgegeben von
Jürgen Straub, Wilhelm Kempf
und Hans Werbik

Mit zahlreichen Abbildungen

Deutscher Taschenbuch Verlag

Von Jürgen Straub, Hans Werbik und Alexander Kochinka (Hrsg.)
ist im Deutschen Taschenbuch Verlag erschienen:
Psychologie in der Praxis (36183)

Originalausgabe
Dezember 1997
3. Auflage April 2000

www.dtv.de

Umschlagkonzept: Balk & Brumshagen
Umschlaggestaltung unter Verwendung einer Fotografie von Carsten Peter
Satz: Fotosatz Reinhard Amann, Aichstetten
Gesetzt aus der Garamond 9,5/10'
Druck und Bindung: C. H. Beck'sche Buchdruckerei,
Nördlingen
Gedruckt auf säurefreiem, chlorfrei gebleichtem Papier
Printed in Germany · ISBN 3-423-36204-9

Inhalt

Vorwort und Hinweise zur Benutzung

Die große Bedeutung, die die Psychologie in modernen, westlichen Gesellschaften gegenwärtig besitzt, ist offenkundig. Weltweit sind nach neueren Schätzungen etwa 75 000 Psychologinnen und Psychologen in der Forschung tätig. In der psychologischen Praxis arbeiten insgesamt ungefähr 300 000 Berufstätige, die Hälfte davon in Europa.[1] Das Interesse an dieser noch immer relativ jungen Fachwissenschaft und ihren zahlreichen Anwendungsfeldern ist nach wie vor ungebrochen. Die Psychologie gehört immer noch zu den besonders begehrten Studienfächern. In Deutschland haben sich für das Wintersemester 1996/97 bei 3647 zur Verfügung stehenden Studienplätzen insgesamt 13 364 Personen beworben.

Die vorliegende Einführung in die wissenschaftliche Psychologie soll allen am Fach Interessierten Orientierung bieten und die Übersicht über ein beständig expandierendes Wissensgebiet erleichtern. Die hier versammelten Beiträge konzentrieren sich dabei auf Grundlagenfächer, fundamentale methodische Fragen und Forschungsfelder. Im wesentlichen werden damit die Themen des Grundstudiums abgedeckt, wie es heute an den Universitäten angeboten wird. Das Grundstudium umfaßt in der Regel die ersten vier Semester bis zur Diplom-Vorprüfung. Zu seinen Inhalten gehören folgende Teildisziplinen: Allgemeine Psychologie I, Allgemeine Psychologie II, Entwicklungspsychologie, Differentielle Psychologie und Persönlichkeitsforschung, Sozialpsychologie, Physiologische Psychologie (oder Physiologie in den für die Psychologie bedeutsamen Abschnitten) sowie die Methodenlehre. Im Hauptstudium befassen sich die Studierenden dann mit Teildisziplinen beziehungsweise Themen, die den folgenden drei Schwerpunktbereichen zugeordnet sind: Methodik, Anwendung und Grundlagenvertiefung. In dieser Phase des Studiums, deren inhaltliche Gestaltung von Universität zu Universität unterschiedlich ausfallen kann, werden beispielsweise Fragen aus der Klinischen Psychologie und Psychotherapie, der Psychologischen Diagnostik und Evaluation, der

1 Diese Zahlen finden sich bei: Ingrid Lunt, Ype H. Poortinga (1996): Internationalizing Psychology. The Case of Europe. *American Psychologist*, 51: 504–508.

Pädagogischen Psychologie, der Arbeits-, Betriebs- und Organisationspsychologie, der Angewandten Sozialpsychologie oder auch der Rechtspsychologie, der Kulturpsychologie oder Medienpsychologie behandelt. Ergänzt werden die psychologischen Forschungs- und Anwendungsfelder durch intensivere Studien in zumindest einer Nachbardisziplin, einem zu wählenden Nebenfach.

Selbst eine auch nur annähernd erschöpfende Behandlung der üblicherweise im Rahmen des Grundstudiums vorgesehenen Themen ist in einem einzigen Buch natürlich nicht möglich. Selektionen und Akzentsetzungen sind unvermeidlich. Wesentlich war den Herausgebern sowie den Autorinnen und Autoren, an einige der wichtigsten Fragestellungen psychologischer Forschung heranzuführen und die Leserschaft mit historischen und vor allem mit aktuellen Antworten vertraut zu machen.

Die Idee, die dem Buch zugrunde liegt, bündelt zunächst zwei Anliegen: Zum einen sollte ein Buch entstehen, das nicht bloß für fortgeschrittene Spezialisten gedacht ist. Ohne allzu großes Vorwissen sollten Fachstudierende und solche, die es vielleicht werden wollen, aber auch Kolleginnen und Kollegen aus den Nachbardisziplinen der Psychologie sowie Praktiker aus verschiedenen Berufsfeldern, ja überhaupt alle an dieser Wissenschaft Interessierten von der Lektüre des Bandes profitieren können. Zum anderen aber sollte diese Zielsetzung nicht durch allzu vereinfachende Darstellungen erreicht werden. Demgemäß ist jeder der hier versammelten Beiträge auf die eine oder andere Weise darum bemüht, nicht nur eine Einführung in das jeweilige Themengebiet zu geben, sondern auch einen Eindruck von aktuellen Forschungsbemühungen und Kontroversen zu vermitteln sowie weiterführende Hinweise zum vertieften Studium zu liefern. Die Anregung der Herausgeber, in darstellungsmethodischer und didaktischer Hinsicht neue Wege auszuprobieren und zu dialogischen Verfahren zu greifen, nahmen Ursula Christmann, Egon Erb und Norbert Groeben auf.

Alle Beiträge können unabhängig voneinander gelesen werden. Sie bauen nicht systematisch aufeinander auf. So ist auch die Reihenfolge der Lektüre im Prinzip beliebig wählbar und kann ganz den Interessen und Vorlieben der Lesenden angepaßt werden. Manche Beiträge behandeln speziellere Themen, andere – wie beispielsweise die Überlegungen zu den philosophischen Grundlagen und übergreifenden theoretischen Orientierungen oder die Ausführungen über Methoden – haben allgemeinere Bedeutung.

Generell lassen sich die Einzelbeiträge zwar unabhängig voneinander lesen und verstehen, sind deswegen aber keineswegs ohne Zusammenhang. Berührungspunkte und auch Überschneidungen finden sich häufiger. Einige Kapitel schließen ohnehin nahtlos aneinander an – so etwa die vier Beiträge zur Entwicklungspsychologie, die jeweils einen der in der heutigen Entwicklungspsychologie unterschiedenen Abschnitte der menschlichen Lebensspanne behandeln. Manche Kapitel ergänzen sich auf andere Weise. Wo immer die Lektüre eines Beitrages das Verständnis eines weiteren unmittelbar fördern könnte, wurde dies durch entsprechende Querverweise kenntlich gemacht. Die Querverweise bestehen aus einer in Klammern gesetzten Namensnennung ohne jede weitere Angabe. Sie beziehen sich durchweg auf einen der Beiträge des vorliegenden Buches.

Eine zusätzliche Hilfe sollte das vor dem Personenregister befindliche Sachwortregister bieten. Dieses Verzeichnis erleichtert es nicht bloß, Parallelen und Bezüge zwischen den Einzelbeiträgen ausfindig zu machen. Es hilft womöglich auch dann, wenn es darum geht, Fachausdrücke oder Theorien zu verstehen sowie Forschungsbefunde zur Kenntnis zu nehmen, die vielleicht nur in einem einzigen der hier versammelten Beiträge ausführlicher erläutert werden.

Bei der Planung des Buches kam es den Herausgebern nicht zuletzt darauf an, den Leserinnen und Lesern ein Bild von der Vielfalt psychologischen Denkens und Forschens zu vermitteln. Diese Vielfalt kommt nicht nur in dem breiten, unentwegt in Erweiterung befindlichen Spektrum der in der Forschung untersuchten Themen zum Ausdruck. Sie zeigt sich auch an den teilweise unterschiedlichen Auffassungen darüber, wie psychologische Forschung denn eigentlich anzulegen und zu betreiben sei, um als wissenschaftlich gelten zu können. Von den Weltanschauungen und Menschenbildern, die der psychologischen Theoriebildung und Forschung zugrundeliegen, bis hin zu den konkreten Methoden, die Wissenschaftler und Wissenschaftlerinnen einsetzen, um zu gültigen und brauchbaren Erkenntnissen zu gelangen, lassen sich hier vielerlei Differenzen ausfindig machen. Den aufmerksamen Leserinnen und Lesern der vorliegenden Einführung wird dies kaum entgehen. Solche Unterschiede sollten durchaus zur Geltung kommen können und bestehen bleiben dürfen.

In einem Punkt allerdings sind alle Beiträge einem unabdingbaren Kriterium verpflichtet. Wissenschaftliche Erfahrungs- und Erkenntnisbildung gilt auf den folgenden Seiten ausnahmslos als eine methodische Praxis. Wissenschaftliche Vernunft mag zwar keineswegs auf *methodische* Rationalität reduzierbar sein. Dies kann hier dahingestellt bleiben. Festzuhalten ist aber: gänzlich *ohne* Methode und die kritische Reflexion der Verfahren, die die Forschenden bei der Ausübung ihrer Tätigkeit jeweils einsetzen, führt wohl kein Weg zu einer Form der Erfahrungs- und Erkenntnisbildung, die das Prädikat »wissenschaftlich« verdient.

Darin stimmen alle nachfolgenden Beiträge überein, egal, wovon sie im einzelnen handeln, gleichgültig, wie die Autorinnen und Autoren dabei vorgehen, einerlei, für welche Denkweisen, Auffassungen und Verfahren sie sich im einzelnen stark machen. Letzteres tun sie im übrigen meistens mit eher leiser, zurückhaltender Stimme. Der unerfahrenere Teil der Leserschaft mag zunächst vielleicht kaum bemerken, wie sich Standpunkt und Perspektive der Autorin oder des Autors bei der Auswahl und Bewertung der jeweils referierten Theorien, empirischen Untersuchungen und Forschungsergebnisse bemerkbar machen. Gewiß ist: In keinem Fall kommt ein Beitrag völlig ohne einen solchen Standpunkt und die daran gekoppelte Perspektive aus. Dies ist so, obwohl sich die Autorinnen und Autoren der Einzelbeiträge des vorliegenden Buches um eine möglichst unvoreingenommene und ausgewogene, nach verschiedenen Seiten und Blickrichtungen hin informative Darstellung bemühen. Die Tatsache, *daß* dies unabänderlich so ist, trägt wohl nicht zuletzt zu jener Lebendigkeit psychologischer Debatten bei, die derjenige, der sich dieser Disziplin näher widmet, schnell kennenlernt. Neben aller gesicherter Erkenntnis, über die verschiedene Lehrbücher, nicht zuletzt das vorliegende, informieren möchten, finden sich in der noch immer »jungen« wissenschaftlichen Psychologie zahlreiche theoretische, methodologische und empirische Streitfragen, die noch offen sind und es vielleicht noch lange bleiben werden. Die Fähigkeit, mit (zumindest vorläufig) nicht vollkommen rational entscheidbaren Fragen umgehen oder jedenfalls »leben« zu können, ist gewiß ein Merkmal einer wissenschaftlichen Haltung schlechthin. Sich in dieser Fähigkeit zu üben gehört jedoch wohl gerade auch zum Studium der Psychologie. Selbstverständlich aber strebt jede Wissenschaft stets danach, konsensfähige Antworten auf drängende Fragen zu finden. Und so muß der eine den anderen von der Gültigkeit der eigenen Auffassung zu überzeugen versuchen, ohne dabei das *pluralistische Fundament vernunftorientierter Verständigung* in Frage zu stellen.

Toleranz gegenüber sich widerstreitenden Grundpositionen im

Denken bildet in aller Regel die Basis für sachliche, argumentative Auseinandersetzungen über einzelne Fragen – und von denen lebt zumal das wissenschaftliche Handeln. Wenn die hier versammelten Beiträge einen Eindruck nicht nur von den zahlreichen, teilweise höchst verschiedenen Teilgebieten der Psychologie vermitteln können, die den Inhalt dieses Buches bestimmen, sondern auch davon, wie die wissenschaftliche Psychologie als eine auf Toleranz gestützte *Lebensform* begriffen und gestaltet werden könnte, als eine Lebensform, in der theoretische und empirische Streitfragen allein mit argumentativen Mitteln entschieden werden, so wäre ihr Zweck erfüllt.

Die vorliegende Einführung in die Psychologie ist unter unserer Mitarbeit entstanden, wobei wir Planungs- und Koordinationsaufgaben übernahmen, keineswegs aber das Entscheidende leisteten. Dies oblag den zahlreichen Autorinnen und Autoren, die an dem Band mitwirkten. Ihnen allen danken wir an dieser Stelle noch einmal herzlich für das uns entgegengebrachte Vertrauen und für die Bereitschaft zur Kooperation, für ihre aufmunternden Reaktionen und die schließlich eingereichten Beiträge. Wir lasen sie durchweg mit Gewinn und hoffen nun, daß es anderen ähnlich ergeht. Herr Dipl.-Psych. Alexander Kochinka arbeitete mit der für ihn charakteristischen Präzision und Ausdauer an der redaktionellen Bearbeitung der Beiträge sowie der Erstellung des Personen- und Sachwortregisters mit. Ihm danken wir dafür ebenso wie Frau Monika Wallert, die, zuverlässig wie immer, zahllose Literaturrecherchen durchführte, sowie Frau Petra Paschke, Frau Gisela Schulz und ganz besonders Frau Heidemarie Sörgel-Reichmann für ihre umfassende Hilfe. Ohne deren umsichtige und gewissenhafte Mitarbeit hätte das Buch wohl noch lange keine ansehnliche Gestalt angenommen. Nicht zuletzt möchten wir uns beim Deutschen Taschenbuch Verlag für die Aufnahme des Buches ins Programm bedanken sowie beim Lektorat, das uns stets mit Rat und Tat zur Seite stand.

Erlangen und Konstanz, im April 1997

Jürgen Straub *Wilhelm Kempf* *Hans Werbik*

Teil I
Philosophische Grundlagen und übergreifende theoretische Orientierungen

1. Menschenbilder

Norbert Groeben und Egon Erb

Groeben: Diese Diskussion soll – fast nur stichwortartig – die Themen umreißen, die in einer entsprechenden Lehrveranstaltung zur »Psychologischen Anthropologie« dann im einzelnen zu vertiefen und damit auszuarbeiten sind. Dahinter steht die These, daß alle psychologischen Theorien beziehungsweise komplexeren Forschungsprogramme *Menschenbilder als anthropologische Kernannahmen* der Gegenstands- beziehungsweise Problemkonstituierung enthalten (vgl. z.B. Herzog 1984; Groeben 1986a). Diese Sichtweise wird von der weithin herrschenden naturwissenschaftlich-experimentellen Psychologie (dem sogenannten quantitativen Paradigma) allerdings nicht geteilt, weil nach deren »monistischem« Wissenschaftsverständnis das Entscheidende für die Gegenstands- und Problemkonstituierung die einheitliche methodologische Grundstruktur (der experimentellen Empirie) ist.

Diese primäre Methodenorientierung führt allerdings in der Anwendung auf den Menschen als Gegenstand durchaus dazu, daß bestimmte Vorstellungen über »das Menschliche« zumindest als Nebeneffekt mit realisiert werden. Diese anthropologischen Vorstellungen auch und gerade der nicht bewußt auf die Reflexion und Konstituierung von Menschenbildern ausgerichteten (monistischen) Theorierichtungen herauszuarbeiten und dabei, wo nötig, zu kritisieren ist die erste Aufgabe einer solchen psychologischen Anthropologie, der wir uns seit Jahren gewidmet haben (Groeben & Scheele 1977; Groeben & Erb 1991). Nun gibt es aber durchaus auch alternative, kulturwissenschaftliche Ansätze in der Psychologie, vor allem aus der Richtung der *Humanistischen Psychologie* (und damit dem sogenannten qualitativen Paradigma), die die Reflexion und Ausarbeitung von Menschenbildern beziehungsweise Subjektmodellen als ein erklärtes Ziel ihrer Gegenstands- und Problemkonstituierung auffassen und realisieren. Diese Perspektive wird vor allem von meinem Gesprächspartner, Egon Erb, vertreten, der also die bewußte, konstruktive Ausarbeitung von Menschenbildern als zweite Aufgabenperspektive einer psychologischen Anthropologie (vgl. Erb 1997) darstellen wird – und dabei natürlich auch auf die potentiellen Gefahren beziehungsweise Kritikpunkte einer solchen direkt intendierten Elaboration und Propagierung positiv verstandener Subjektmodelle zu sprechen kommen wird.

ERB: Im Prinzip sind diese beiden Ziel- oder Aufgabenrichtungen einer psychologisch-anthropologischen (Re-)Konstruktion von Menschenbildern psychologischer Theorierichtungen lediglich zwei Seiten einer Medaille; insofern sind wir jeder des anderen alter ego. Dabei ist mit Herzog (1984) davon auszugehen, daß das jeweilige Menschenmodell eine problem- und gegenstandskonstituierende Funktion hat, wie es auch von der allgemeinen Modelltheorie (vgl. Stachowiak 1973; Gigerenzer 1981) herausgearbeitet worden ist; denn Modelle akzentuieren immer bestimmte Merkmale am Gegenstand in selektiver Weise, während andere Merkmale eher vernachlässigt werden, so daß ihre veranschaulichende zugleich auch eine heuristische Funktion ist. Diese in Menschenbildern oder Subjektmodellen zusammengefaßten anthropologischen Kernannahmen stellen, wie die Nicht-Aussagen-Konzeption von Theorien (vgl. Stegmüller 1973, 1979; Herrmann 1976) verdeutlicht hat, als problemdefinierende Annahmen keine Hypothesen im klassischen Sinne dar, unterliegen also nicht dem Kriterium der empirischen Wahrheit, sondern bestenfalls dem einer Nützlichkeit in bezug auf bestimmte anthropologische Zielperspektiven. Diese anthropologischen Zielperspektiven lassen sich ihrerseits heuristisch aus der bisherigen Entwicklung der philosophischen Anthropologie ableiten, deren Problembereich durch die dreifache Relation des Menschen »in den Erfahrungshorizonten Gott, Natur, Kultur« gekennzeichnet ist (Oelmüller 1985, S. 13ff.).

In den einzelwissenschaftlichen Anthropologien stehen dabei die letzten beiden Vergleichsrelationen im Mittelpunkt, nämlich die Relation des Menschen zum Organismusbereich in der genetischen beziehungsweise somatischen Anthropologie und die (vor allem ethnologische) Differenzierung von gesellschaftlich-kulturellen Unterschieden und Bedingungen des Menschseins in der Kultur- beziehungsweise Sozialanthropologie (vgl. Borel 1971). Klassischerweise wird die psychologische Anthropologie (vgl. Hsu 1961) vor allem sozialanthropologisch verstanden (Einfluß von Kulturmustern auf Persönlichkeit, Entwicklung und Sozialverhalten: vgl. Kiefer 1977), doch läßt sich auch die Frage nach der Relation des Menschen zum Transzendenten in moderner Form stellen und beantworten, nämlich als Frage nach der Transzendenz- beziehungsweise generellen Sinnorientierung des Menschen.

Tut man dies, wie das zum Beispiel für die Humanistische Psychologie gilt (wir werden darauf zurückkommen), dann bedeutet das vor allem, daß man auch und gerade nach dem Spezifischen des Menschen fragen muß, nicht nur nach den Gemeinsamkeiten zum Beispiel mit anderen Organismen. In dieser zu berücksichtigenden Bandbreite des Anthropologischen liegt ein Kriterium, das es gestattet, bestimmte Menschenbilder, die den psychologischen Gegenstand unzulässig auf einzelne, vor allem nicht spezifisch menschliche Merkmale reduzieren, als *reduktionistisch* zu kritisieren; und diese Kritik trifft aus meiner Sicht vor allem jene Theorierichtungen, die, wie eingangs angesprochen, bei ihrer (psychologischen!) Theorienexplikation praktisch ausschließlich beziehungsweise zumindest primär von rein methodologischen Zielkriterien ausgehen.

GROEBEN: Vielleicht sollten wir diesen Reduktionismusvorwurf nicht so grundsätzlich beziehungsweise pauschal erheben, sondern von Fall zu Fall überprüfen und gegebenenfalls in bezug auf einzelne Merkmale spezifizieren. Dann kann und muß man in historisch-systematischer Rekonstruktion die frühesten Menschenbilder in der Psychologie, nämlich die vom Assoziationismus bis zum Behaviorismus, zunächst als reduktiv bezeichnen, da es sich um *mechanistische Subjektmodelle* handelt, die eine Rückführung auf nicht-psych(olog)ische Gegenstandsbereiche darstellen. Der *Assoziationismus* ist, wie bekannt, in Parallelität zur klassischen Physik etabliert worden, einschließlich des Elementarismus, das heißt der Vorstellung, daß kleinste Einheiten der Erfahrung, des Bewußtseins et cetera (Empfindungen) als grundlegend angesetzt werden, um »komplexere« Prozesse oder Produkte durch Verbindungen (Assoziationen) dieser Elemente zu erklären (vgl. Wertheimer 1971, S. 91 ff.; Lück 1991, S. 58 ff.). Die anthropologische Reduktion besteht hier vor allem darin, daß auf diese Weise auch für »höhere« geistige, psychische Prozesse und Inhalte eine mechanistische Form des Funktionierens und der Struktur eingeführt wird.

Dementsprechend lassen sich mit Herzog (1984, S. 98 ff.) für dieses mechanistische Bild vom Menschen vier zentrale Merkmale identifizieren (Herzog 1984, S. 235 f.): Passivität (beziehungsweise Reaktivität); Elementarismus (beziehungsweise Atomismus); Additivität (qua Assoziativität); Determinismus. Spätestens seit der gestalttheoretischen Kritik ist es allgemein anerkannt, daß zumindest die Merkmale des Elementarismus und der Additivität einen unbrauchbaren Reduktionismus in der Anwendung auf die menschliche Psyche darstellen (vgl. auch Herzog 1984, S. 102f.; speziell auf die Wahrnehmung bezogen, siehe Glaser).

Die beiden übrigen Merkmale allerdings (nämlich Passivität beziehungsweise Reaktivität und Determinismus) haben sich in der psychologischen Theorienentwicklung noch lange und erfolgreich behaupten können, vor allem im *Behaviorismus*, in dem sie zum zentralen Postulat der Umweltkontrolliertheit verschmolzen sind. Diese Kernannahme, daß der Mensch praktisch vollständig durch die Umwelt kontrollierbar ist und kontrolliert wird, gilt vom historischen Anfangspunkt des Logischen beziehungsweise Ontologischen Behaviorismus (Watson 1913) bis zum Endpunkt des Methodologischen Behaviorismus bei Skinner (1978). Dabei hat Skinner das damit verbundene Menschenbild offensiv ausgearbeitet, nämlich in dem anthropologischen Essay ›Jenseits von Freiheit und Würde‹ (1973) und nicht zuletzt auch in dem (1948 erstmals erschienenen) Entwurf einer positiven Utopie ›Futurum II‹ (1972).

Im behavioristischen Subjektmodell verbindet sich der mechanistische Determinismus mit einer organismischen Reduktion, indem für alle Organismen einheitlich die automatische, unvermeidbare Wirkung der (verstärkenden beziehungsweise bestrafenden) Umweltkontingenzen (»without awareness«) postuliert wird (vgl. Bredenkamp).

Durch diesen automatischen Determinismus des Verstärkerprinzips werden alle Organismen, nicht nur der menschliche, aber dieser eben auch, mechanistisch verstanden. Der einzige Unterschied zu den übrigen »Maschinen« besteht ausschließlich in der Komplexität: »Der Mensch *ist* eine Maschine, allerdings eine ungeheuer komplexe.« (Skinner 1969, S. 244) Diese a priori-Gleichsetzung des Menschen mit allen anderen Organismen, vor allem auch mit den Versuchstieren in den behavioristischen Experimenten, ist von den Gegnern des Behaviorismus schon relativ bald und immer wieder kritisiert worden, zum Beispiel mit dem Schlagwort der »Rattenebenbildlichkeit des Menschen«.

Damit ist vor allem gemeint, daß beim Menschen die Behauptung einer entsprechenden mechanistischen Funktionsweise von Verstärkern nicht – zumindest nicht durchwegs – berechtigt ist, wie es etwa in der Debatte um das verbale Konditionieren deutlich geworden ist, in der von kognitivistischer Seite (auch empirisch) geltend gemacht worden ist, daß für die Wirksamkeit solcher Verstärkungen gerade die »awareness« der Versuchspersonen entscheidend ist, das heißt die Tatsache, daß sie (approximativ adäquate) Hypothesen über den Versuchsablauf entwickeln (vgl. Holzkamp 1972; Groeben & Scheele 1977, S. 16ff.). Dieses Argument hat sich im übrigen in der ganz grundsätzlichen Debatte und Forschung zur Sozialpsychologie des Experiments und der hypothesenbildenden Versuchsperson durchgesetzt (vgl. Mertens 1975; Bungard 1980).

Diese Kritik an der ontologisch oder methodologisch fundierten Ausschließung des Kognitiv-Internalen aus dem Menschenbild des Behaviorismus (durch die Konzentration auf das von außen Beobachtbare und damit den black-box-Charakter des Internalen) teilt der *Kognitivismus* mit der *humanistischen* Position, für die dieses behavioristische Postulat der »black box« als Ausschließung alles Internal-Psychischen zu dem von Bakan (1965) so genannten »Mystery-Mastery-Komplex« führt; das ist die Kombination von zwei (gegenläufigen) Zielen beziehungsweise Strukturen, nämlich der Unbekanntheit des Gegenstandes oder Gegenübers einerseits und dessen Beherrschung im Sinne von Kontrolle andererseits. Bakan sieht darin anthropologisch die Interaktionsstruktur zwischen Fremden, die von der behavioristischen Forschungs- und Theoriestruktur zur Auffassung des Menschlichen generell verallgemeinert wird.

Gerade dieser ubiquitäre Geltungsanspruch des behavioristischen Forschungsprogramms führt wegen der mechanistischen Implikationen zu einer pragmatischen Widersprüchlichkeit (vgl. Groeben & Scheele 1977, S. 14f.), insofern als gerade das Handeln (und vor allem auch das Theoretisieren) der behavioristischen Wissenschaftler(innen) selbst auf diese Weise nicht erklärbar ist, weil es eben durch Aktivität und Umweltkontrolle (Kontrolle über die Umwelt) charakterisiert ist.

Die Beschneidung des menschlichen Subjekts um seine Kognitivität und Reflexivität im behavioristischen Paradigma stellt also in der Tat einen anthropologischen Reduktionismus dar, dem durch selbstanwendbare Subjektmodelle zu begegnen ist (Groeben 1985, 1991; vgl. hierzu auch Herzogs Forderung nach einer reflexiven Psychologie: 1984, S. 74ff.).

Erb: Nun wird diese Kritik auch von der heutigen *kognitiven Psychologie* völlig akzeptiert, und das, obwohl es sich dabei ebenfalls noch um eine naturwissenschaftliche Psychologiekonzeption handelt. Denn nach der kognitiven Wende (Anfang der siebziger Jahre) wurden gerade die internal-kognitiven Prozesse, die der Behaviorismus mit seiner black-box-Annahme ausgeschlossen beziehungsweise vernachlässigt hatte, in den Mittelpunkt des Theoretisierens gerückt, und zwar vor allem von der Forschung zur Künstlichen Intelligenz (KI), die von der *Computermetapher* des menschlichen Geistes ausgeht (vgl. hierzu Boden 1981; Gardner 1989).

In anthropologischer Perspektive stellt jedoch diese Computermetapher des menschlichen Geistes eine Fortsetzung der mechanistischen Subjektmodelle dar, wenn auch in modernerer, aktuellerer Form. Dabei müssen wir in diesem Zusammenhang nicht zwischen starker und schwacher KI-Position unterscheiden, wie dies Searle (1986, S. 27f.) getan hat; denn wie beim methodologischen und ontologischen Behaviorismus greift auch die schwache KI-Position in bezug auf die Menschenbildmodellierung letztlich auf die starke KI-Position zurück. Für die Diskussion um die anthropologischen Implikationen dieser Computermetapher werden sowohl von Vertretern als auch von Kritikern der interdisziplinär operierenden »Cognitive Science« drei zentrale Annahmen angesetzt (vgl. Boden 1977, 1981; Schuchmann & Günther 1990):

1. Kognition ist in Regeln zu fassen, was ein rationales Vorgehen der Intelligenz impliziert;
2. Programme sind »reine Syntax« (im semiotischen Sinn);
3. »Symbolverarbeitung mit physikalisch-technischen Mitteln ist zugleich notwendige und hinreichende Voraussetzung für intelligentes Verhalten« (Newell & Simon 1963).

In bezug auf die erste Annahme hat sich vor allem das sogenannte Frame-Problem als unlösbar erwiesen, das darin besteht, daß Computerprogramme (bisher) nicht lernen können, welche Informationsaspekte bei sich verändernder Problemlage relevant bleiben oder nicht beziehungsweise sich in ihrer Gewichtung verändern (vgl. Dreyfus & Dreyfus 1987, S. 117).

Zwar scheint es so, daß sich die Beschränkung auf »rationale«, formale Regeln langfristig überwinden läßt (vor allem durch Ansätze des sogenannten Konnektionismus: Dorffner 1991; Schuchmann & Günther 1990, S. 40ff.), aber die individuell-subjektive Geschichtlichkeit sowohl der menschlichen Reflexion als auch der Bedürfnisstruktur(en) bleibt durch Computerprogramme unmodelliert, ja im Prinzip unerreichbar.

Eine ähnliche Konsequenz gilt auch für die zweite Kernannahme, bei der es vor allem um die Intentionalität der Bewußtseinsstufen als Problem geht. Bewußtsein ist hier zu verstehen als das Gewahrwerden von Intentionalität (in der weiten Fassung allgemeiner psychischer Gerichtetheit nach Brentano oder in der engen qua Absichtlichkeit des Handelns: vgl. Groeben 1986a, S. 248ff.). Auf einfachstem Komplexitätsniveau gehört dazu zum Beispiel die Wissensreflexivität, das heißt das Bewußtsein darüber, was man weiß und vor allem auch, was man nicht weiß (Dreyfus & Dreyfus 1987, S. 101f.) – ein Wissen, das Computerprogramme durchweg nicht erreichen, nicht einmal die höchst komplexen Expertensysteme (Schuchmann & Günther 1990, S. 45f.; Becker 1992). Anthropologisch sind aber natürlich die im menschlichen Bereich vorkommenden, sehr viel höheren Stufen des »Selbstbewußtseins« als Bewußtsein der eigenen Person, der Identität und Geschichtlichkeit zentral (vgl. Searle 1986, S. 14ff.).

Die Computermetapher des menschlichen Geistes erfüllt aus anthropologischer Perspektive daher vor allem eine Kontrastfunktion, nämlich zu verdeutlichen, hinsichtlich welcher Aspekte mechanistische Modelle den Menschen gerade nicht erfassen und zumeist auch nicht erfassen wollen, nicht einmal in der hochkomplexen Variante der KI-Forschung (vgl. hierzu Gardners »Paradox«: 1989, S. 402f.).

Das gilt auch für die dritte Kernannahme, die die materialistische Basis der Computermetapher expliziert. Dabei ist es auch von der KI-Seite her völlig unstrittig, daß mit einer solchen »reinen Physikalität« bestimmte Aspekte des Menschlichen wie der sensomotorische Apparat, Körperlichkeit, (soziale) Kontexte, Kultur und Geschichte nicht »abbildbar« sind (vgl. Gardner 1989, S. 50ff.; Lehmann 1988). Hierunter fallen nicht zuletzt auch die subjektiven Erlebnisqualitäten (das sogenannte »Qualia«-Problem in der Philosophie: vgl. Freitag 1995), die von der Aktualgenese zum Beispiel des Schmerzerlebens bis hin zur Selbsterfahrung des personalen Ichs reichen (für letztere setzt auch Boden explizit keine Simulierbarkeit an: 1988, S. 244).

Aus anthropologischer Sicht ist damit – im Vergleich zur menschlichen Intelligenz – eine *Entpersönlichung* als Elimination des Individuellen festzustellen, eine Vernachlässigung der existentiellen Tatsache, daß menschliche Kognition immer das Denken eines personalen Subjekts ist (Becker 1992, S. 211). In bezug auf diese von der Computermetapher des menschlichen Geistes her nicht einbeziehbaren Dimensionen des Menschlichen fallen die »Cognitive Science« und der ihr in der Psychologie entsprechende *Informationsverarbeitungsansatz* also sehr wohl unter die Kategorie der mechanistischen Subjektmodelle, wobei durch die Explizitheit und Präzision der KI-Modellierung allerdings auch eine Präzisierung des darin liegenden Reduktionismus möglich wird (von der Körperlichkeit über die subjektive Individualität und Geschichtlichkeit bis zur sozialen Kulturalität).

Groeben: Das führt zu der Frage, ob sich diese Beschränkungen auflösen, wenn man die menschliche Reflexivität und Intelligenz im Rahmen eines *Organismusmodells* rekonstruiert. Für diesen Versuch ist sicherlich der Ansatz von Piaget das klassische und am besten ausgearbeitete Beispiel (1974, 1975, 1976). Seine »biologische Epistemologie« baut auf einer auch philosophischen Tradition auf, die die Aktivität und Spontaneität des Lebens zum Ausgangspunkt nimmt (Herzog 1991, S. 284). Die zentralen Modellmerkmale des biologischen System-Gedankens sind dabei die Selbstreproduktion und Selbstorganisation, und zwar gerade auch als Selbstorganisation des Geistes (auf biologischer Basis: Lassahn 1983, S. 165 ff.).

In Piagets Stufenmodell der Intelligenzentwicklung (vgl. zusammenfassend Trautner 1978; Billmann-Mahechas Beitrag über Kindheit) wird diese als selbständige, selbsttätige, spontane Entwicklung verstanden, »gesteuert durch einen ›inneren‹ Faktor, der der Entwicklung selbst immanent ist« (Herzog 1984, S. 277). Dabei ist die Festgelegtheit der Stufenfolge (unabhängig von Kontroversen über die Festlegung von Altersgrenzen) als Indikator für das zentrale organismische Merkmal der Selbstorganisiertheit anzusehen. Deshalb kann man im Denken Piagets prinzipiell eigentlich zwei anthropologische Subjektmodelle ausmachen (vgl. Herzog 1984, S. 190): nämlich einmal das *epistemologische* Modell vom Menschen als Wissenschaftler, zum anderen das *organismische*, das letztendlich die Überhand gewinnt.

Das wird vor allem deutlich, wenn man sein Äquilibrationskonzept unter dem Kriterium einer echten sozialen Interaktion mit der Umwelt betrachtet. Äquilibration als Oberbegriff zu Akkommodation und Assimilation scheint auf den ersten Blick so verstehbar zu sein, als ob damit ein Gleichgewicht zwischen Organismus- und Umwelteinflüssen gemeint sein könne. Dem widerspricht aber der genetische Strukturalismus in Piagets Ansatz, der die Äquilibration auf die Selbstorganisation des Organismus zurückführt (Piaget 1974; vgl. auch Herzog 1991, 214 ff.). Der einzige Faktor, der die (kognitive) Entwicklung im Sinne einer Ursache wirklich determiniert, ist der Organismus, nicht die Umwelt; diese wird höchstens als »Anlaß« eingeführt (Piaget 1974, S. 221), das heißt sie wird auf einen rein »formalen Faktor« reduziert (Herzog 1984, S. 201).

Diese Reduzierung manifestiert sich auch in dem behaupteten Universalismus der biologisch fundierten Entwicklung, der in dieser Form höchstwahrscheinlich nicht aufrechterhalten werden kann (wie die Diskussion mit Margret Mead gezeigt hat: vgl. Kesselring 1988, S. 202f.). Desgleichen enthält auch das Stufenmodell zumindest eine Übergewichtung des biologischen Faktors, weil jede Stufe als notwendige Bedingung für das Erreichen der nächsten angesetzt wird (vgl. Montada 1982, S. 415). Denn diese notwendigen (Stufen-) Bedingungen stammen wieder aus dem selbstreproduzierenden Organismus, nicht aus der (sozialen) Umwelt (Heckhausen 1974, S. 12f.). Was dadurch ausgeblendet und verfehlt wird, ist der Bezug des Menschen zu der menschlichen (gerade auch kulturell »gemachten«) Umwelt, weswegen man hier zumindest vom Verfehlen einer echten sozialen Interaktion mit der (menschlichen) Umwelt sprechen muß. Das gilt im übrigen ebenso für das analoge Stufenmodell der Moralentwicklung (vgl. Piaget 1973; Kohlberg 1971, 1981), wobei hier die Kritik vor allem von der feministischen Perspektive her ausgearbeitet worden ist (ausgehend von Kohlbergs Mitarbeiterin Gilligan: 1984; vgl. auch Edelstein, Nunner-Winkler & Gil 1993; Benhabib 1995; Scheele 1996b).

Erb: Damit haben wir eigentlich die beiden wichtigsten Oberkategorien besprochen, innerhalb derer Menschenbilder unter Rückgriff auf nicht-menschliche Gegenstandsbereiche (und deren Erforschung) entwickelt wurden: nämlich die Mechanismus- und Organismusmodelle. Im Sinne dieses Rückgriffs auf nicht-menschliche Merkmale kann man die entsprechenden Menschenbilder beziehungsweise Subjektmodelle zunächst einmal auf jeden Fall »reduktiv« nennen.

Wir hatten eingangs ja schon angesprochen, daß eine solche Reduktivität insbesondere dann naheliegt, wenn die anthropologische Dimension bei der Theoriemodellierung gar nicht explizit mit intendiert ist, sondern die entsprechenden Forschungsprogramme im Sinne des naturwissenschaftlichen Monismus vor allem von methodologischen Zielkriterien ausgehen, so daß das Menschenbild sozusagen nur den Status einer Nebenfolge hat, die mehr oder weniger bewußt in Kauf genommen wird.

Die anthropologische Dimension (und damit das Menschenbild)

ist also hier nur eine Implikation vorgeordneter methodologischer Entscheidungen, weswegen man diese Subjektmodelle dann auch »*implikativ*« nennen kann. Dies bedeutet, wie wir erwähnt haben, nicht, daß das entsprechende Menschenbild implizit bleiben muß; es kann sehr wohl, wie das Beispiel Skinner zeigt, offensiv expliziert werden, bleibt aber auch in diesem Fall dennoch im angegebenen Sinn »implikativ« (vgl. Groeben & Erb 1991; Erb 1997).

In dem eingangs aufgespannten dreidimensionalen Raum einer umfassenden anthropologischen Explikation (Relation des Menschen zur Transzendenz, zu Organismen generell und zu anderen Menschen) sind solche reduktiv-implikativen Subjektmodelle nicht schon als solche reduktionistisch zu nennen, denn die Einführung von mechanistischen oder organismischen Modellmerkmalen mag für bestimmte Aspekte des Menschlichen durchaus von Nutzen sein. Sie sind aber dann als reduktionistisch zu kritisieren, wenn diese Merkmale übergeneralisierend als die einzigen oder erschöpfenden angesetzt werden, wie dies durch die ubiquitäre Geltungsbehauptung der besprochenen Theorieansätze beziehungsweise Forschungsprogramme – zum Teil implizit, zum Teil explizit – geschieht.

Diese Übergeneralisierung ist der Hintergrund, von dem sich nun gerade jene Theorierichtungen abheben (wollen), bei denen die anthropologische Dimension des Menschenbildes bewußt in die Theoriemodellierung mit einbezogen wird, ja zum Teil sogar den expliziten Ausgangspunkt darstellt. Diese Forschungsprogramme der Psychologie gehen in der Regel von dem (positiven) Selbstbild des Menschen als einem handlungsfähigen, reflexiven, autonomen, das heißt umweltkontrollierenden wie -verändernden Individuum aus. Der Versuch, dieses Selbstbild vertiefend und differenzierend auszuarbeiten, rechtfertigt die Bezeichnung als »*elaborativ*«.

Dabei wird in der Regel auf die Entwicklung des anthropologischen Selbstverständnisses in der bisherigen Geistes- beziehungsweise Philosophiegeschichte zurückgegriffen, um von da aus über die kritisch-konstruktive Ausarbeitung vor allem auch der anthropologischen Dimensionen »Mensch-Mensch« und »Mensch-Transzendenz« zur Entwicklung des psychologischen »Gegenstandes« beizutragen. Diese Zielperspektive läßt sich mit der Benennung »*prospektiv*« abbilden, weswegen dieser Gegenpol zu den *reduktiv-implikativen* Menschenbildern als *elaborativ-prospektive Subjektmodelle* bezeichnet werden soll (s. auch Groeben & Erb 1991; Erb 1997).

GROEBEN: Wenn man die Reduktionismusgefahr in einer solchen Übergeneralisierung anthropologisch allzu enger Merkmalsmodellierungen sieht und entsprechend die elaborativ-prospektiven Subjektmodelle davon abgrenzt, dann gibt es aber wohl eine Forschungstradition, die diesen Wechsel innerhalb ihrer Entwicklungsgeschichte aufzuweisen hat. Ich meine die *Psychoanalyse*, bei der die klassische Fassung nach Freud die Verallgemeinerung einer bestimmten Partialgruppe, nämlich der Neurotiker/innen, darstellt. Alle Teiltheorien des klassischen psychoanalytischen Forschungsprogramms – von der Trieblehre bis zum Strukturmodell (vgl. Popp-Baier) – sind auf das Kernstück der Neurosenlehre ausgerichtet (vgl. Freud 1917, 1933; Brenner 1967).

Diese (Über-)Generalisierung des Neurotischen durch die klassische Psychoanalyse ist häufig kritisiert, vor allem aber auch von Freud explizit zugestanden, ja verteidigt worden (z.B. 1890, S. 20), und zwar mit dem Argument, »daß man das Normale erst dann verstehe, wenn man das Krankhafte studiert habe« (Herzog 1991, S. 132). Daß diese Übertragung vom Krankhaften auf das Normale eine strukturelle Implikation der klassischen Psychoanalyse darstellt, kommt vor allem durch die ubiquitäre Anwendung jener Methodologie zustande, die für die Analyse von psychisch Erkrankten entwickelt worden ist: der Methode der Traumdeutung einschließlich der freien Assoziation als »via regia« zum (»verdrängten«) Unbewußten. Diese immer und überall anzusetzende Suche nach »latenten Sinndimensionen« (vgl. Groeben 1986a, S. 157ff.) führt dazu, daß das menschliche Erkenntnisobjekt in der Psychoanalyse um seine intentional bewußten und (potentiell) realitätsadäquaten Reflexionsmöglichkeiten reduziert wird.

Dazu trägt unter anderem auch die von anderen Positionen immer wieder kritisierte Reduktion auf zwei Triebe (Eros und Thanatos) mit der manchmal geradezu zwanghaft anmutenden »Überbetonung der psychosexuellen Komponente« bei (Becker 1982, S. 63). Eine weitere Manifestation dieses Reduktionismus ist darin zu sehen, daß die klassische psychoanalytische Theorie weitgehend eine Prägungstheorie darstellt, in der den (früh-)kindlichen Entwicklungen, Komplexen et cetera die entscheidende lebenshistorische Funktion zugeschrieben wird: »Die gesamte menschliche Entwicklung scheint in den ersten Lebensjahren beschlossen zu sein« (Herzog 1991, S. 127).

Das psychoanalytische Modell bietet vor allem, was auch in der Konzeption des Über-Ichs deutlich wird, eine »Entwicklungspathologie« (Herzog 1991, S. 132). Dabei haben sich die zentralen (empirischen) Annahmen dieser prägungstheoretischen Entwicklungspathologie (Stichworte: Verdrängungsideologie, Traumatheorie et cetera) bisher großteils nicht bewähren lassen (vgl. Herzog 1991, S. 142ff.; insbesondere auch Grünbaum 1988, S. 289ff.; Hemminger 1983, S. 49ff.).

So ist bezüglich der klassischen Psychoanalyse insgesamt der Kritik von Hoyman (1974, S. 375) zuzustimmen, der als die zentralen Negativaspekte des pessimistisch-deterministischen Menschenbilds der Psychoanalyse festhält: »Vernachlässigung des Konzepts der Willensfreiheit und der Selbstbestimmung; Konzentration auf abnorme anstelle von normalen Entwicklungen; Überbetonung von Sexualität und Aggression; Vernachlässigung der bewußten Prozesse zugunsten des Unbewußten; Überbetonung instinkthafter Bedürfnisse und biologischer Determiniertheit; ... Mangel an intersubjektiven wissenschaftlichen Bewährungen für die zentralen Postulate und Theorieperspektiven; insgesamt also eine pessimistische und vor allem abwertende Sichtweise der menschlichen Natur und des menschlichen Schicksals« (s. auch Erb 1997).

Diese Reduktionismen sind jedoch von den Ich-psychologischen Ansätzen der *Neopsychoanalyse* überwunden worden (s. Popp-Baier), so daß man deren Menschenbild entsprechend der oben eingeführten Kategorisierung wohl eher zu den elaborativ-prospektiven Subjektmodellen zählen kann. Das gilt zum Beispiel für den Ansatz von Erikson (1966, 1973), der das Phasenmodell der psychischen Entwicklung über die klassische Prägungsphase hinaus bis ins hohe Lebensalter erweitert hat und dabei vor allem für die von ihm postulierten acht Phasen immer von einer spezifischen psychosozialen Krise ausgeht, für die auch eine konstruktive (»gesunde«) Lösungsmöglichkeit angegeben wird: Ur-Mißtrauen versus Ur-Vertrauen; Scham-Zweifel versus Autonomie; Schuldgefühle versus Initiative; Minderwertigkeitsgefühle versus Werksinn; Identitätsdiffusion versus Identität; Isolation versus Intimität; Stagnation versus Generativität; Verzweiflung versus Ich-Integrität (vgl. Becker 1982, S. 67ff.; sowie Olbrich).

Noch deutlicher wird die Transformation in Richtung auf eine konstruktive anthropologische Merkmalsexplikation in der »Logotherapie« von Frankl (1973, 1979), der innerhalb der Psychoanalyse das erste Sinnfindungsmodell entwickelt hat. Nach ihm leiden die Menschen heute nicht unter sexuellen, sondern unter existentiellen Frustrationen, für die vor allem das Sinnlosigkeitsgefühl der sogenannten »noogenen Neurosen« das prototypische Beispiel darstellt.

In deren Therapie kommt es darauf an, die »Selbsttranszendenz« wiederherzustellen, die darin besteht, daß der Mensch »sich selbst vergißt und im Dienste einer Sache, einer Idee oder einer Person aufgeht« (Becker 1982, S. 135).

Erb: In der Tat, solche Theorien der Wert- und Sinnorientierung stellen Beispiele für ein elaborativ-prospektives Menschenbild dar, wie es vor allem im Rahmen der *Humanistischen Psychologie* im Mittelpunkt steht. Die Humanistische Psychologie hat sich selbst als sogenannte »Dritte Kraft« (Bugenthal 1964) in Abgrenzung zu Behaviorismus und Psychoanalyse eingeführt, wobei die Kritik an den angesprochenen anthropologischen Reduktionismen dieser beiden klassischen psychologischen Traditionen des 20. Jahrhunderts zentral war: Aus der Sicht der Humanistischen Psychologie können Behaviorismus und Psychoanalyse den Menschen nicht gegen die Entfremdung in der modernen Gesellschaft helfen, sondern verstärken diese eher noch.

Im Gegensatz dazu vertritt die Humanistische Psychologie ein Menschenbild, das von dem klassischen positiven Selbstbild des autonomen, handlungsfähigen Menschen ausgeht: der Mensch als bewußtes, intentionales, im kulturellen Kontext existierendes Wesen, das durch Wahlfreiheit, Entscheidungskraft und eine lebenslange Entwicklung gekennzeichnet ist (z. B. Bühler 1969; Nevill 1977; Patton 1990; Quitmann 1991). Der Bedeutungsgenerierung und Sinnorientierung wird dabei eine konstitutive Funktion im menschlichen Leben zugeschrieben. Dem entspricht ein methodologisches Schwergewicht auf den sogenannten qualitativen (verstehenden) Methoden (Patton 1990; Quitmann 1991, S. 17ff.; vgl. hierzu auch Appelsmeyer, Kochinka & Straub).

Dabei lassen sich mit Becker (1982, S. 145) drei übergeordnete Modellvorstellungen unterscheiden: Sinnfindungs-, Selbstaktualisierungs- und Regulationskompetenzmodelle. Die Sinnfindungs- und Selbstaktualisierungsmodelle stellen vor allem den Produktaspekt der Werte und Ziele heraus, während Regulationsmodelle eher die Prozeßperspektive des Wegs beziehungsweise der Mittel zur Erreichung dieser Ziele thematisieren (Quitmann 1991, S. 292). Bei den Sinnfindungsmodellen ist neben dem Neopsychoanalytiker Frankl vor allem Allport (1970) mit dem Konzept der »reifen Persönlichkeit« zu nennen, die sich nach ihm auf höchstem Abstraktionsniveau in einer »vereinheitlichenden Weltanschauung« (Becker 1982, S. 126ff.) manifestiert.

Bei den Selbstaktualisierungs- beziehungsweise Selbstverwirklichungsmodellen sind die Ansätze von Maslow und Rogers am bekanntesten geworden. Neben der Unterscheidung von Defizienz- und Wachstumsbedürfnissen (Maslow 1973, 1977) hat Maslow anhand der qualitativ-empirischen Untersuchung von lebenden und historischen Persönlichkeiten vor allem Merkmale der psychisch »gesunden« Selbstverwirklichung herausgearbeitet (vgl. Quitmann 1991, S. 221 ff.), wobei diese Selbstverwirklichung nicht direkt angestrebt werden kann, sondern immer nur als »Nebenprodukt eines auf andere Ziele ausgerichteten Handelns« (Becker 1982, S. 111) erreicht wird.

Das sieht Rogers (1959, 1973, 1976) nicht so, da nach ihm die Motivation zur Selbstverwirklichung eine »organismische Tendenz« darstellt, die allen Menschen innewohnt und höchstens von der Umwelt behindert werden kann. Seine vom Ansatz her auf die therapeutische Anwendung ausgerichtete Theorie beschäftigt sich dann vor allem damit, wie diese Behinderung außer Kraft gesetzt werden kann; dazu hat er die zentralen (therapeutischen) Grundhaltungen der Kongruenz, Empathie und bedingungslosen Wertschätzung postuliert, die von ihm auch in der Entwicklung zwischenmenschlicher Beziehungen und für das Verhältnis des Individuums zu sich selbst als zielführend angesetzt werden.

Diese humanistischen Zielperspektiven menschlicher Entwicklung qua Selbstverwirklichung (von Frankl über Allport bis zu Maslow und Rogers und anderen) haben nicht nur in der Klinischen Psychologie und Psychotherapie praktische Relevanz gewonnen, sondern zum Beispiel auch in der Arbeitspsychologie, wo die in den letzten Jahrzehnten entwickelten und zu einem Großteil auch umgesetzten Konzepte zur Humanisierung der Arbeitswelt (wie etwa Aufgabenwechsel, -erweiterung, -bereicherung, -vollständigkeit, Gruppenaufgaben oder teilautonome Arbeitsgruppen: vgl. Ulich 1991) nicht zuletzt eine Auswirkung der humanistisch-psychologischen Bewegung darstellen.

GROEBEN: Wir wollen und können jetzt keine Diskussion darüber beginnen, welche anderen gesellschaftlichen Kräfte und Entwicklungen für diese Humanisierung der Arbeitswelt noch mitverantwortlich sind. Aber es gibt ja durchaus Bereiche, in denen der Einfluß der Humanistischen Psychologie keineswegs unumstritten ist.

In der Pädagogischen Psychologie zum Beispiel haben die humanistischen Konzepte zwar sicherlich auch zur Ausdifferenzierung und Ausarbeitung eines sozial-integrativen Interaktionsstils beigetragen (vgl. Tausch & Tausch 1973). Zugleich aber stehen die Übertragungen humanistisch-psychologischer Ansätze auf den Erziehungs- und speziell Schulbereich (so etwa Rogers 1974; Patterson 1973; Karmann 1987) wegen der organismischen Fundierung zum Beispiel der Selbstaktualisierungstendenz in einer problematischen Nähe zur sogenannten Antipädagogik (vgl. Braunmühl 1976, 1978), in der durch die organismische »Omnipräsenz des Guten jede Erziehung obsolet« wird (Herzog 1991, S. 31; vgl. auch Paulus 1994, S. 234ff.). Und die Regulationskompetenzmodelle, für die zum Beispiel Ruth Cohns themenzentrierte Interaktion (TZI, vgl. Cohn 1995) ein klassisches Beispiel darstellt, haben zwar praktische Relevanz in der Gruppendynamik erlangt, was aber bei anderen geradezu zu Entsetzen geführt hat (z.B. bei Koch 1971, 1977, der einer der prominentesten Behaviorismuskritiker war). Er kritisiert, daß Selbstöffnung oder -offenbarung hier als Zwangsveranstaltung installiert werden, in der Spontaneität und Authentizität durch Künstlichkeit ersetzt werden, Autonomie durch Gruppendruck erreicht werden soll, Individualität durch Anpassung an Gruppennormen und dergleichen mehr (Koch 1971, S. 112f.; vgl. auch Kollbrunner 1987, S. 439f.). Und ganz grundsätzlich kann man in dem zentralen Konzept der Selbstaktualisierung ein »individualistisches Verständnis von Selbstverwirklichung« (Quitmann 1991, S. 272) sehen, das keineswegs eine zureichende Modellierung der sozialen Bezüge des Menschen darstellt.

Erb: Das sind auch aus meiner Sicht größtenteils berechtigte Kritikpunkte. Insbesondere die organismische Fundierung stellt eine Beschränkung der wichtigsten humanistisch-psychologischen Theorieansätze dar, die in Richtung auf eine stärkere Gewichtung sozialer Kulturationsperspektiven überwunden werden sollte.

Diesbezüglich bietet meines Erachtens Fromm den interessantesten Ansatz, insofern er (neo-)psychoanalytische, humanistische und soziologische (neomarxistische) Traditionen integriert (1980). Seine Rekonstruktion von nicht-produktiven Orientierungen (rezeptive, masochistische Orientierung; ausbeuterische, sadistische Orientierung; hortende, destruktive Orientierung; Marketing- und indifferente Orientierung) stellt eine Kritik sowohl am Individuum wie an gesellschaftlichen Entwicklungen der Moderne dar.

Als produktive Orientierung setzt er die kreative Arbeit sowie die Liebe und vernunftgemäßes Denken dagegen; im kreativen Tätigsein gelingt es dem Menschen, die Arbeit in sich aufzunehmen, und in der Liebe, seine Vereinzelung zu überwinden, ohne die Individualität zu verlieren (vgl. Quitmann 1991, S. 261ff.). Auf diese Weise kann der einzelne die in unserer Gesellschaft dominierende reduktionistische Existenzform des (bloßen) Haben-Wollens überwinden und zum tieferen, umfassenderen Sein vorstoßen (Fromm 1976). Insofern bezeichnet »Selbstverwirklichung« bei Fromm zum Beispiel nicht nur einen individuellen, sondern zugleich einen (potentiell) »historischen und damit auch kollektiven Prozeß« (Quitmann 1991, S. 272) der Auseinandersetzung des Menschen mit Natur, Kultur und Transzendenz. In Fortentwicklung dieser Perspektive hat zum Beispiel Paulus (1994, S. 262ff.) das Konzept der Selbstverwirklichung als »Selbstbestimmung in sozialer Verantwortung« expliziert.

Ich denke, daß man hier dann auch terminologisch Konsequenzen ziehen sollte, das heißt, in Zukunft statt »Selbstverwirklichung« besser von »Selbstentwicklung« im Sinne von »Selbstsozialisation« sprechen sollte (vgl. Erb 1993). Dadurch sollte deutlich werden, daß man gerade nicht – kurzschlüssig – auf irgendeine biologische Tendenz zum Guten vertrauen kann, sondern sich auch in der Selbstverwirklichung permanent um eine solche Entwicklung bemühen muß, und zwar in Richtung auf soziale Werte als konstruktive Grenzen der je eigenen Selbstaktualisierung.

Eine andere Möglichkeit der Vermeidung von organismischen Implikationen wird durch die neueren Varianten des epistemologischen Subjektmodells realisiert, das heißt der Rückwendung des Selbstbilds des Erkenntnissubjekts auf das Erkenntnisobjekt. Eine solche *Strukturparallelität* der Menschenbilder ist vor allem unter ethischen Aspekten der Selbstanwendung im Sinne der erwähnten »*reflexiven Psychologie*« optimal (vgl. Groeben 1981, 1985, 1991).

Historisch die erste Manifestation dieses *epistemologischen* Ansatzes – ohne die bei Piaget noch vorliegenden organismischen Implikationen – stellt die Theorie der personalen Konstrukte von Kelly (1955) dar. Sein Modell des »man the scientist« geht davon aus, daß auch das Alltagsdenken des Menschen prinzipiell die gleichen Funktionen erfüllt, wie das für wissenschaftliches Theoretisieren gilt (nämlich Erklärung, Prognose und Technologie). Bei Kelly steht die Prognose im Sinne der Antizipation von Ereignissen im Mittelpunkt, die mit Hilfe solcher »personalen Konstrukte« beschrieben und erklärt werden kann (vgl. sein Grundpostulat und die zugeordneten Korrolarien: Bannister & Fransella 1981; Kelly 1986). Kellys Theorieansatz ist ebenfalls einer, der letztlich von Anwendungsproblemen (vor allem therapeutischer Art) ausgeht und von daher gesehen eine besonders gute Theorie-Praxis-Integration aufweist.

Allerdings führt das auch dazu, daß er zum Beispiel unter die personalen Konstrukte auch komplexere kognitive Strukturen subsumiert, die als analog zu Hypothesen und zu Hypothesenhierarchien, zu Modellen und Theorien des wissenschaftlichen Denkens angesetzt werden können. Dadurch nutzt er das Differenzierungspotential, das in der reflexiven Selbstanwendung des wissenschaftlichen Selbstbilds auf den »psychologischen Gegenstand« enthalten ist, nicht optimal aus.

Dies versucht über die Anwendung vor allem auch wissenschaftstheoretischer Strukturrekonstruktionen insbesondere das sogenannte *Forschungsprogramm Subjektive Theorien* (Groeben & Scheele 1977, 1982; Groeben, Wahl, Schlee & Scheele 1988), das diesbezüglich als Weiterentwicklung des Kellyschen Ansatzes angesehen werden kann. Dabei werden unter »Subjektiven Theorien« hochkomplexe Denkstrukturen verstanden, die vor allem auch Hypothesen (-hierarchien) mit zumindest impliziter Argumentationsstruktur aufweisen und nicht zuletzt das intentionale Fundament von Handlungen (als komplexe Begründung von Zielsetzungen, Überzeugungen über Handlungswirkungen et cetera) darstellen. Das Forschungsprogramm »Subjektive Theorien« ist daher auch als eine höchst differenzierte Ausarbeitung der *handlungstheoretischen* Perspektive anzusehen, die von den individuellen Bedeutungsdimensionen des jeweiligen Handelns ausgeht, die nicht mehr (sicher) durch Beobachtung von außen abbildbar sind, »sondern nur durch Kommunikation mit den Handelnden selbst verstanden werden« können (Groeben 1986a, S. 145ff., zur Handlungstheorie s. a. von Cranach & Tschan). Daraus resultiert dann die Entwicklung sogenannter Dialog-Konsens-Methoden (vgl. Scheele & Groeben 1984, 1988; Scheele 1992), die eine adäquate (verstehende) Beschreibung dieser zum Teil eben höchst komplexen Intentionalität des individuellen Handelnden zu sichern versuchen.

Das epistemologische Subjektmodell ist also das Bild des reflexions-, kommunikations-, rationalitäts- und handlungsfähigen Menschen, das allerdings auch nicht als völlig unproblematisch angesehen werden kann. Zu den wichtigsten Einwänden gehört sicherlich, daß mit dieser Rückwendung des Selbstbilds des Erkenntnissubjekts auf den psychologischen Gegenstand eine Übergewichtung des Kognitiven, entsprechend eine potentielle Vernachlässigung des Emotionalen im Sinne einer »Verkopfung« verbunden ist; zum anderen läßt sich fragen, wieso bei dieser Generalisierung von Merkmalen von einer humanen Partialgruppe aus nicht ebenso ein Reduktionismusvorwurf erhoben werden kann, wie das zum Beispiel bei der Psychoanalyse geschehen ist.

GROEBEN: Ich könnte aus eigener Erfahrung noch eine ganze Menge anderer Einwände anführen, die wir hier aber nicht im einzelnen besprechen können. In bezug auf das »Verkopfungsproblem« hat vor allem Scheele (1990, 1996a) im Rahmen einer epistemologischen Emotionstheorie immer wieder und sehr differenziert nachzuweisen versucht, daß hinter diesem Vorwurf ein alltagspsychologisches Vorurteil steht, nämlich die Dichotomisierung von Kognition und Emotion.

Gerade wenn man keinen zu engen Reflexivitäts- und Rationalitätsbegriff ansetzt, so sind für Emotionen »bedürfnisrelevante Bewertungszustände« als konstitutiv nachzuweisen, die keineswegs eine Verkopfung der Emotionsmodellierung darstellen, sondern im Gegenteil auch die Frage der Rationalität beziehungsweise Irrationalität von Emotionen adäquater zu lösen gestatten.

In bezug auf das Problem der (Über-)Generalisierung von Partialgruppenmerkmalen ist zum einen festzuhalten, daß das Forschungsprogramm »Subjektive Theorien« ein Austauschverhältnis zwischen subjektiven und »objektiven« (qua intersubjektiven wissenschaftlichen) Theorien ansetzt, womit eine bidirektionale Interaktion gemeint ist. Das heißt, die wissenschaftlichen Theorien können Einfluß auf die subjektiven Theorien nehmen, aber auch umgekehrt, einschließlich der Veränderung des Rationalitätsbegriffs der Wissenschaft (im Sinne einer Humanisierung; so schon Groeben & Scheele 1977, S. 176ff.). Außerdem unterstellt das Forschungsprogramm »Subjektive Theorien« nicht für alle Gegenstands- und Problembereiche der Psychologie eine ubiquitäre Geltung seines (positiven) Menschenbilds, sondern gibt ganz präzise an, daß für bestimmte Problemstellungen (z.B. Reflexe, zum Teil Automatismen, Intransparenz- und Desintegrationssituationen) andere, etwa verhaltenstheoretische oder nicht-reflexive Subjektmodelle einzusetzen sind (Groeben, Wahl, Schlee & Scheele 1988, S. 35ff.).

ERB: Damit weist das Forschungsprogramm »Subjektive Theorien« einige Charakteristika auf, die aus meiner Sicht ganz generell für die weitere Ausarbeitung elaborativ-prospektiver Menschenbilder zu berücksichtigen sind. Zunächst einmal werden, wie bei allen dieser

»positiven« Menschenbilder, konstruktive anthropologische Entwicklungsziele (für den einzelnen wie die Subjektklasse »Mensch«) angegeben, ohne allerdings die Frage nach deren Begrenzungen zu vernachlässigen. Damit verbunden ist, vor allem im Rahmen der handlungstheoretischen Rechtfertigung dieses Forschungsprogramms, die explizite Begründung und Legitimation der mit diesen Entwicklungszielen postulierten Wertungsperspektiven (vgl. Groeben 1991).

Die Diskussion von Menschenbildern ist ohne eine entsprechende Wert(ungs)analyse nicht möglich, die allerdings unter Rückgriff gerade auch auf empirische Ergebnisse über die Möglichkeiten und Grenzen des Menschlichen ablaufen muß (unter Einsatz zum Beispiel der Ziel-Mittel-Argumentation, die eine solche Wertungsbegründung in Form von deskriptiv-präskriptiv gemischten Satzsystemen darstellt (vgl. Groeben 1986b): Nur auf der Grundlage einer solchen expliziten, auch auf deskriptive Ergebnisse zurückgreifenden Wertungsbegründung ist die Befürchtung unberechtigt, die vor allem von der naturwissenschaftlichen Psychologiekonzeption aus zumeist erhoben wird, nämlich daß durch explizite anthropologische Zielvorstellungen die deskriptive Erforschung der menschlichen Realität begrenzt oder zumindest behindert werden könne (vgl. z.B. Herrmann & Vogel 1996).

Mindestens genauso wichtig ist in diesem Zusammenhang dann auch, daß es sich durch die explizite Zulassung von anderen Subjektmodellen innerhalb des epistemologischen Menschenbilds dabei praktisch um eine Art *Metamodell* handelt: ein Modell also, das für die zentralen präskriptiven Merkmale (im Sinne der positiv gewerteten Entwicklungsziele) keine ubiquitäre Geltung postuliert, sondern diese als Rahmen versteht, in den andere Merkmale und entsprechende Theorieansätze einzubetten sind, die ihrerseits ein Mittel zur Erreichung der positiv gewerteten Menschenbildannahmen darstellen (vgl. zu forschungsmethodischen Aspekten Groeben 1986a). Damit ist eine Form von (hierarchisierendem) Theorien- und Sprachspielpluralismus gegeben, die meines Erachtens die prinzipielle Struktur markiert, die in Zukunft von der Ausarbeitung auch und gerade der elaborativ-prospektiven Menschenbilder in der Psychologie verlangt werden kann und sollte.

Groeben: Ich will an dieser Stelle – natürlich nur ausnahmsweise – nicht so unhöflich sein, dieser positiven Einschätzung des Forschungsprogramms »Subjektive Theorien« zu widersprechen.

Literatur

Allport, Gordon W. (1970): *Gestalt und Wachstum in der Persönlichkeit.* Meisenheim: Hain.

Bakan, David (1965): The Mystery-Mastery Complex in Contemporary Psychology, *American Psychologist* 20: 186–191.

Bannister, Don, Fay Fransella (1981): *Der Mensch als Forscher.* Münster: Aschendorff.

Becker, Barbara (1992): *Künstliche Intelligenz: Konzepte, Systeme, Verheißungen.* Frankfurt/M.: Campus.

Becker, Peter (1982): *Psychologie der seelischen Gesundheit.* Bd. 1. Göttingen: Hogrefe.

Benhabib, Seyla (1995): Ein Blick zurück auf die Debatte über »Frauen und Moraltheorie«. In: Seyla Benhabib (Hg.): *Selbst im Kontext. Kommunikative Ethik im Spannungsfeld von Feminismus, Kommunitarismus und Postmoderne.* Frankfurt/M.: Suhrkamp, 192–220.

Boden, Margret A. (1977): *Artificial Intelligence and Natural Man.* New York: Basic Books.

Boden, Margret A. (1981): *Minds and Mechanisms. Philosophical Psychology and Computational Models.* Brighton: Harvester Press.

Boden, Margret A. (1988): *Computer Models of Mind.* Cambridge: University Press.

Borel, M.J. (1971): Anthropologie. In: Wilhelm Arnold, Hans-Jürgen Eysenck, Richard Meili (Hg.): *Lexikon der Psychologie.* Bd. 1. Freiburg: Herder, 122–124.

Braunmühl, Eckehard von (1976): *Antipädagogik.* Weinheim: Beltz.

Braunmühl, Eckehard von (1978): *Zeit für Kinder.* Frankfurt/M.: Fischer.

Brenner, Charles (1967): *Grundzüge der Psychoanalyse.* Frankfurt/M.: Fischer.

Bühler, Charlotte (1969): Die allgemeine Struktur des menschlichen Lebenslaufs. In: Charlotte Bühler, Fred Massorik (Hg.): *Lebenslauf und Lebensziele. Studien in humanistisch-psychologischer Sicht.* Stuttgart: Fischer, 10–22.

Bugental, J.F. (1964): The Third Force in Psychology. *Journal of Humanistic Psychology,* 1, 19–26.

Bungard, Walter (1980): *Die »gute« Versuchsperson denkt nicht.* München: Urban & Schwarzenberg.

Cohn, Ruth (1995): *Von der Psychoanalyse zur themenzentrierten Interaktion.* Stuttgart: Klett.

Dorffner, Georg (1991): *Konnektionismus. Von neuronalen Netzwerken zu einer »natürlichen« KI.* Stuttgart: Teubner.

Dreyfus, Hubert L., Stuart E. Dreyfus (1987): *Künstliche Intelligenz.* Reinbek: Rowohlt.

Edelstein, Wolfgang, Gertrud Nunner-Winkler, Gil Noam (1993): *Moral und Person.* Frankfurt/M.: Suhrkamp.

Erb, Egon (1993): *Selbstentwicklung/-sozialisation statt Selbstaktualisierung/-verwirklichung?! Zur konzeptuellen Kritik und Weiterführung des zentralen Motiv-Konstrukts der Humanistischen Psychologie. Bericht aus dem Psychologischen Institut der Universität Heidelberg Nr. 77.* Heidelberg.

Erb, Egon (1997): Problem- und Gegenstandskonstituierung: Subjektmodelle (in) der Psychologie. In: Norbert Groeben (Hg.): *Zur Programmatik einer sozialwissenschaftlichen Psychologie.* Bd. I, Metatheoretische Perspektiven, 1. Halbbd. Münster: Aschendorff, 139–240.

Erikson, Erik H. (1966): *Identität und Lebenszyklus.* Frankfurt/M.: Suhrkamp.

Erikson, Erik H. (1973): *Kindheit und Gesellschaft.* Stuttgart: Klett.

Frankl, Viktor E. (1973): *Der Mensch auf der Suche nach Sinn. Zur Rehumanisierung der Psychotherapie.* Freiburg: Herder.

Frankl, Viktor E. (1979): *Der Mensch vor der Frage nach dem Sinn. Eine Auswahl aus dem Gesamtwerk.* München: Piper.

Freitag, Burkhard (1995): *Intentionalität, Qualia, Bewußtsein und das Computermodell des Geistes.* Diplomarbeit, Psychologisches Institut der Universität Heidelberg.

Freud, Sigmund (1982): *Psychische Behandlung (Seelenbehandlung).* Studienausgabe, Ergänzungsband. Frankfurt/M.: Fischer, 13–35 (Original 1890).

Freud, Sigmund (1917): *Vorlesungen zur Einführung in die Psychoanalyse.* Studienausgabe, Bd. 1. Frankfurt/M.: Fischer.

Freud, S. (1933): Neue Folge der Vorlesungen zur Einführung in die Psychoanalyse. Studienausgabe. Bd. 1. Frankfurt/M.: Fischer.

Fromm, Erich (1976): *Haben oder Sein. Die seelischen Grundlagen einer neuen Gesellschaft.* Stuttgart: Deutsche Verlags-Anstalt.

Fromm, Erich (1980): *Gesamtausgabe.* Bd. II: Analytische Charaktertheorie. Stuttgart: Deutsche Verlags-Anstalt.

Gardner, Howard (1985/1989): *The Mind's New Science.* New York: Basic Books (deutsch: Dem Denken auf der Spur. Stuttgart: Klett-Cotta).

Gigerenzer, Gerd (1981): *Messung und Modellbildung in der Psychologie.* München, Basel: Reinhardt.

Gilligan, Carol (1984): *Die andere Stimme. Lebenskonflikte und Moral der Frau.* München, Zürich: Piper (Original 1982).

Groeben, Norbert (1981): Zielideen einer utopisch-moralischen Psychologie. *Zeitschrift für Sozialpsychologie*, 12: 104–133.

Groeben, Norbert (1985): Reflexivität des Erkenntnis-Objekts und Moralität des Erkenntnissubjekts – Eine Skizze. In: Hans Lenk, Hansjürgen Staudinger, Elisabeth Ströker (Hg.): *Ethik der Wissenschaften.* Bd. 3, Entmoralisierung der Wissenschaften. Paderborn: Schöningh, 138–148.

Groeben, Norbert (1986a): *Handeln, Tun, Verhalten als Einheiten einer verstehend-erklärenden Psychologie.* Tübingen: Francke.

Groeben, Norbert (1986b): Die Herleitung von Erziehungszielen. In: Walter

Twellmann (Hg.): *Handbuch Schule und Unterricht*. Bd. 8.1. Düsseldorf: Schwann, 172–192.

Groeben, Norbert (1991): Zur Konzeption einer verstehend-erklärenden Psychologie und ihren ethischen Implikationen. *Ethik und Sozialwissenschaften*, 1: 7–22.

Groeben, Norbert, Egon Erb (1991): *Reduktiv-implikative versus elaborativ-prospektive Menschenbildannahmen in psychologischen Forschungsprogrammen – Problemskizze einer theoretisch-psychologischen Anthropologie. Bericht aus dem Psychologischen Institut Heidelberg Nr. 70*. Heidelberg.

Groeben, Norbert, Brigitte Scheele (1977): *Argumente für eine Psychologie des reflexiven Subjekts. Paradigmawechsel vom behavioralen zum epistemologischen Menschenbild*. Darmstadt: Steinkopff.

Groeben, Norbert, Brigitte Scheele (1982): Einige Sprachregelungsvorschläge für die Erforschung subjektiver Theorien. In: Hanns-Dietrich Dann, Winfried Humpert, Frank Krause, Kurt-Christian Teunstädt (Hg.): *Analyse und Modifikation subjektiver Theorien von Lehrern*. Konstanz: Universitäts-Verlag, 9–39.

Groeben, Norbert, Diethelm Wahl, Jörg Schlee, Brigitte Scheele (1988): *Das Forschungsprogramm Subjektive Theorien*. Tübingen: Francke.

Grünbaum, Adolf (1988): *Die Grundlagen der Psychoanalyse. Eine philosophische Kritik*. Stuttgart: Reclam.

Heckhausen, Heinz (1974): Faktoren des Entwicklungsprozesses. In: Franz E. Weinert, Carl F. Graumann, Heinz Heckhausen, Manfred Hofer (Hg.): *Funkkolleg Pädagogische Psychologie*. Bd. 1. Frankfurt: Fischer, 101–132.

Hemminger, Hansjörg (1983): *Kindheit als Schicksal?* Reinbek: Rowohlt.

Herrmann, Theo (1976): *Die Psychologie und ihre Forschungsprogramme*. Göttingen: Hogrefe.

Herrmann, Theo, Stephan Vogel (1996): Emotion als psychologischer Forschungsgegenstand: einige »cool cognitions« zu einem heiß diskutierten Thema. *Ethik und Sozialwissenschaften*, 7: 308–310.

Herzog, Walter (1984): *Modell und Theorie in der Psychologie*. Göttingen: Hogrefe.

Herzog, Walter (1991): *Das moralische Subjekt. Pädagogische Intuition und psychologische Theorie*. Bern: Huber.

Holzkamp, Klaus (1972): *Kritische Psychologie. Vorbereitende Arbeiten*. Frankfurt/M.: Fischer.

Hoyman, Howard S. (1974): Models of Human Nature and their Impact on Health Education. *The Journal of School Health*, 7: 374–381.

Hsu, Francis K. L. (1961): *Psychological Anthropology. Approaches to Culture and Personality*. Homewood, IL: Dorsey.

Karmann, Gerhard (1987): *Humanistische Psychologie und Pädagogik*. Bad Heilbrunn: Klinkhardt.

Kelly, George A. (1955): *The Psychology of Personal Constructs*. New York: Norton.

Kelly, George A. (1986): *Die Psychologie der persönlichen Konstrukte*. Paderborn: Junfermann.
Kesselring, Thomas (1988): *Jean Piaget*. München: Beck.
Kiefer, Christie W. (1977): Psychological Anthropology. In: Bernard F. Siegel, Alan R. Beals, Stephen A. Tyler (Hg.): *Annual Review of Anthropology*. Palo Alto: Annual Reviews, 103–119.
Koch, Sigmund (1971): Reflections on the State of Psychology. *Social Research*, 1: 669–709.
Koch, Sigmund (1977): Psychologie – als Wissenschaft ein Flop. *Psychologie heute*, 8: 4–52.
Kohlberg, Lawrence (1971): Stages of Moral Development as a Basis for Moral Education. In: Clive M. Beck, Brian S. Crittenden, Edmund V. Sullivan (Hg.): *Moral Education. Interdisciplinary Approaches*. Toronto: University Press, 23–92.
Kohlberg, Lawrence (1981): *The Philosophy of Moral Development. Moral Stages and the Idea of Justice*. San Francisco: Harper & Row.
Kollbrunner, Jürg (1987): *Das Buch der Humanistischen Psychologie*. Frankfurt: Fachbuchhandlung Psychologie.
Lassahn, Rudolf (1983): *Pädagogische Anthropologie*. Heidelberg: Quelle & Meyer.
Lehmann, Egbert (1988): Zu Wesen und Grenzen der KI. In: Wolfgang Hoeppner (Hg.): *Künstliche Intelligenz*. Berlin: Springer, 308–319.
Lück, Helmut E. (1991): *Geschichte der Psychologie*. Stuttgart: Kohlhammer.
Maslow, Abraham H. (1973): *Psychologie des Seins*. München: Kindler (Original 1968).
Maslow, Abraham H. (1977): *Motivation und Persönlichkeit*. Olten: Walter (Original 1954).
Mertens, Wolfgang (1975): *Sozialpsychologie des Experiments*. Hamburg: Hoffmann & Campe.
Montada, Leo (1982): Die geistige Entwicklung aus der Sicht Jean Piagets. In: Rolf Oerter, Leo Montada. *Entwicklungspsychologie*. München: Urban & Schwarzenberg, 375–424.
Nevill, Dorothy D. (1977): *Humanistic Psychology. New Frontiers*. New York: Gardner.
Newell, Allen & Simon, Herbert A. (1963): Computers in Psychology. In: R. Duncan Luce, R. Robert Bush, Eugene Galanter (Hg.): *Handbook of Mathematical Psychology*. Bd. 1. New York: Wiley, 361–428.
Oelmüller, Willi (1985): Zugänge zu einem philosophischen Diskurs: Mensch in den Erfahrungshorizonten Gott, Natur, Kultur. In: Willi Oelmüller, Ruth Dölle-Oelmüller, Carl F. Geyer (Hg.): *Diskurs: Mensch*. Paderborn: Schöningh, 9–45.
Patterson, Cecil H. (1973): *Humanistic Education*. Englewood Cliffs: Prentice Hall.
Patton, Michael Q. (1990): Humanistic Psychology and Humanistic Research. *Person Centered Review*, 5: 191–202.

Paulus, Peter (1994): *Selbstverwirklichung und psychische Gesundheit*. Göttingen: Hogrefe.
Piaget, Jean (1973): *Das moralische Urteil beim Kinde*. Frankfurt/M.: Suhrkamp.
Piaget, Jean (1974): *Abriß der genetischen Epistemologie*. Olten: Walter.
Piaget, Jean (1975): *Biologische Anpassung und Psychologie der Intelligenz*. Stuttgart: Klett.
Piaget, Jean (1976): *Psychologie der Intelligenz*. München: Kindler.
Quitmann, Helmut (1991): *Humanistische Psychologie*. Göttingen: Hogrefe.
Rogers, Carl R. (1959): A Theory of Therapy, Personality, and Interpersonal Relationships, as Developed in the Client-Centered Framework. In: Sigmund Koch (Hg.): *Psychology: A Study of a Science*. New York: McGraw-Hill, 184–256.
Rogers, Carl R. (1974): *Lernen in Freiheit. Zur Bildungsreform in Schule und Freizeit*. München: Kösel (Original 1969).
Rogers, Carl R. (1973): *Die klient-bezogene Gesprächstherapie*. München: Kindler.
Rogers, Carl R. (1976): *Entwicklung der Persönlichkeit. Psychotherapie aus der Sicht des Therapeuten*. Stuttgart: Klett.
Scheele, Brigitte (1990): *Emotionen als bedürfnisrelevante Bewertungszustände*. Tübingen: Francke.
Scheele, Brigitte (Hg.) (1992): *Struktur-Lege-Verfahren als Dialog-Konsens-Methodik*. Münster: Aschendorff.
Scheele, Brigitte (1996a): Emotion – Reflexion – Rationalität. Grundpostulate einer epistemologischen Emotionspsychologie. *Ethik und Sozialwissenschaften*, 7: 283–297.
Scheele, Brigitte (1996b): Selbstkonzeptrelevantes Bewerten als »gewußtes Erleben« von Emotionen – Plädoyer für ein hierarchisches Mehr-Komponenten-Modell! *Ethik und Sozialwissenschaften*, 7: 351–360.
Scheele, Brigitte, Norbert Groeben (1984): *Die Heidelberger Struktur-Lege-Technik (SLT)*. Weinheim: Beltz.
Scheele, Brigitte, Norbert Groeben (1988): *Dialog-Konsens-Methoden zur Rekonstruktion Subjektiver Theorien*. Tübingen: Francke.
Schuchmann, Hans-R., Rolf Günther (1990): *Künstliche Intelligenz. Ideengeschichte, Technikkonzepte, Anwendungskritik*. München: Evangelischer Presseverband.
Searle, John R. (1986): *Geist, Hirn und Wissenschaft*. Frankfurt/M.: Suhrkamp.
Skinner, Burrhus F. (1969): *Die Funktion der Verstärkung in der Verhaltenswissenschaft*. München: Kindler.
Skinner, Burrhus F. (1972): *Futurum Zwei. Die Vision einer aggressionsfreien Gesellschaft*. Reinbek: Rowohlt (Original 1948).
Skinner, Burrhus F. (1973): *Jenseits von Freiheit und Würde*. Reinbek: Rowohlt (Original 1972).
Skinner, Burrhus F. (1978): *About Behaviorism*. New York: Knopf.

Stachowiak, Hans (1973): *Allgemeine Modelltheorie*. Wien: Springer.
Stegmüller, Wolfgang (1973): *Probleme und Resultate der Wissenschaftstheorie und Analytischen Philosophie. Bd. II,2: Theorienstrukturen und Theoriendynamik*. Berlin: Springer.
Stegmüller, Wolfgang (1979): *The Structuralist View of Theories*. Berlin: Springer
Tausch, Reinhard, Anne-Marie Tausch (1973): *Erziehungspsychologie*. Göttingen: Hogrefe.
Trautner, Hanns M. (1978): *Lehrbuch der Entwicklungspsychologie*. Göttingen: Hogrefe.
Ulich, Dieter (1991): *Arbeitspsychologie*. Stuttgart: Poeschel.
Watson, John B. (1913): Psychology as the Behaviorist Views it. *Psychological Review*, 20: 158–177.
Wertheimer, Michael (1971): *Kurze Geschichte der Psychologie*. München: Piper.

2. Logische Propädeutik und Wissenschaftstheorie

Alexander Kochinka und Hans Werbik

Das *Unternehmen Wissenschaft* läßt sich charakterisieren als der Versuch kollektiver Erkenntnisbildung in einem offenen, das heißt prinzipiell für jeden zugänglichen Kommunikationssystem mit potentiell unendlich vielen (auch zukünftigen) Teilnehmenden, der nach bestimmten Regeln ablaufen soll. Solche Regeln können bereits zur Verfügung stehen und sich bewährt haben oder aber von den wissenschaftlich Handelnden diskutiert und gewählt werden. *Wissenschaftstheorie* ist dann irgendwo zwischen zwei Extremen angesiedelt: Sie kann – deskriptiv – dieses Unternehmen, wie es tatsächlich betrieben wird, beschreiben, oder aber – normativ – vorschreiben, wie es am besten zu betreiben wäre, also zum Beispiel darüber nachdenken, welche Regeln es sind, an die sich die wissenschaftliche Gemeinschaft verbindlich halten sollte.

Logische Propädeutik läßt sich ungefähr übersetzen als »Vorunterweisung« in Sachen Logik, eine »Grundschule«, die für alle, die wissenschaftlich arbeiten wollen, von Nutzen sein soll. Dieser Nutzen wird von Kamlah und Lorenzen, die 1967 ein einschlägiges Standardwerk veröffentlichten, folgendermaßen charakterisiert: »die Lehre von den Bausteinen und Regeln jedes vernünftigen Redens« (S. 13) ist nach ihrer Auffassung geeignet, die »Disziplinlosigkeit des monologischen Drauflosschreibens und Aneinandervorbeiredens in fast allen Bereichen« (S. 11) der Wissenschaft zu überwinden.

Zögen wir nochmals unsere einleitende Charakterisierung von Wissenschaft heran, würde die logische Propädeutik – die Lehre vom vernünftigen Reden – also vor allem von einem geeigneten Kommunikationssystem handeln. Im *ersten Teil* des vorliegenden Kapitels sollen einige zentrale Punkte der logischen Propädeutik kurz dargestellt werden.

Im *zweiten Teil* werden drei in unserem Jahrhundert bedeutsame wissenschaftstheoretische Standpunkte, nämlich der (naive und) *logische Empirismus*, der *kritische Rationalismus* und der *Konstruktivismus* (in der Fassung des Psychologen Klaus Holzkamp) kurz skizziert. Solche elaborierten Positionen verhandeln meist vor allem die Regeln, nach denen das Unternehmen Wissenschaft angelegt werden soll. Natürlich findet man in der wissenschaftlichen Praxis selten »reine« kritische Rationalisten oder Konstruktivisten, und ebenso natürlich soll die Aneinanderreihung dieser Positionen nicht bedeuten, daß sie in unserem Jahrhundert aufeinander folgten wie Perlen auf einer Kette. (Ähnlich wie etwa bei Baustilen benötigt das Neue zwar den Kontrast zum Hergebrachten, um sich herauszubilden und zu konturieren, verdrängt es jedoch nicht spurlos. Letztlich findet man alle Stile nebeneinander.) Ihre Kenntnis ist also vor allem nützlich zur Orientierung.

Wenn Wissenschaft nach Erkenntnissen strebt, stellt sich natürlich die Frage, was Erkenntnis eigentlich ist. Viele Psychologen meinen, daß Erkenntnis für ihre Disziplin bedeutet, das Verhalten, Handeln, Denken, Fühlen (und so weiter) eines Menschen *erklären* (und prognostizieren) zu können. Aber was ist eigentlich eine *Erklärung* – und gibt es verschiedene Formen der Erklärung? Diese Fragen werden in einem *dritten Teil* kurz behandelt.

Logische Propädeutik

Kamlah und Lorenzen beginnen ihre »Rekonstruktion« der Wissenschaftssprache mit der »Prädikation«. Eine Prädikation ist die Zuweisung eines Prädikators zu einem Gegenstand: »Dies ist ein Stuhl.« Der voranstehende Satz ist eine Elementaraussage. In den natürlichen Sprachen wird die angemessene Verwendung von Prädikatoren zunächst eingebettet in die alltägliche Praxis erlernt, zum Beispiel durch »deiktische« (hinweisende) Handlungen – etwa wenn eine Bäckerin auf ein Gebäck weist und dem fragenden Kunden mitteilt: »Dies ist ein Laugenknoten.« Eine solche Einführung durch Beispiele und Gegenbeispiele (exemplarische Einführung) ist nicht bei allen Prädikatoren möglich; sie ist möglich bei »Stuhl«, »Schreibtisch«, »klappern«, »essen« oder »laut« – unmöglich dagegen bei »Intelligenz«, »glücklich«, »Phantasie« oder »Bruttosozialprodukt«.

Die »Gegenstände«, denen ein Prädikator zugewiesen wird, können wie angedeutet durch eine deiktische Handlung »benannt« oder »bezeichnet« werden, aber auch durch Eigennamen (»Johanna Musterfrau«, »Eiffelturm«) oder durch Kennzeichnungen (»das grüne Fenster«, »die Hauptstadt von Frankreich«). Eigennamen und Kennzeichnungen erlauben den situationsunabhängigen Rekurs auf Gegenstände. Alle drei Möglichkeiten, den Gegenstand einer Prädikation zu »benennen« – deiktische Handlungen, Kennzeichnungen und Eigennamen –, werden zusammengefaßt auch als »Nominatoren« bezeichnet.

Die Prädikatoren wiederum können sich in verschiedener Weise zueinander verhalten: sie können generell oder speziell sein (»Möbel«, »Stuhl«), sie können auch konträr sein, zum Beispiel »kontradiktorisch« (»wahr«, »falsch«) oder polar-konträr (»heiß«, »kalt«). Wann ein Prädikator durch einen anderen ersetzt werden kann, läßt sich in den sogenannten Prädikatorenregeln explizieren. Beispiele hierfür wären etwa: »Dies ist ein Stuhl« => »Dies ist ein Möbel« oder auch »Dies ist wahr« => »Dies ist nicht falsch« (»=>« kann gelesen werden als »erlaubt zu sagen«).

Eine Prädikation verknüpft also in einer Elementaraussage einen Gegenstand (»Nominator«) mit einem Prädikator. Falls der Prädikator als Element einer wissenschaftlichen Sprache explizit vereinbart wurde, nennt man ihn auch Terminus, ein entsprechendes System zusammengehöriger Termini Terminologie.

Der nächste Schritt besteht in der Einführung der Definition. Eine Definition verknüpft mehrere Prädikatorenregeln, zum Beispiel »Dies ist ein Schimmel« => »Dies ist weiß« *und* »Dies ist ein Schimmel« => »Dies ist ein Pferd«. Erst wenn die Zusammensetzung von Regeln abgeschlossen ist, liegt eine Definition vor, die den Übergang von einem Prädikator zu einem oder mehreren anderen in beiden Richtungen erlaubt (»Dies ist ein Schimmel« <=> »Dies ist ein Pferd« $\wedge$ »Dies ist weiß«; dabei ist $\wedge$ ein sogenannter »Junktor«, der »und« bedeutet – dazu im folgenden mehr). Durch die Definition läßt sich also ein längerer, durch logische Partikel zusammengesetzter Ausdruck durch einen kürzeren ersetzen.

Der Verknüpfung von Elementaraussagen zu komplexeren Sätzen dienen sogenannte *Junktoren*. Die meisten Junktoren haben Entsprechungen in den natürlichen Sprachen. Neben der bereits angesprochenen Konjunktion $\wedge$ (dem »und« der natürlichen Sprachen entsprechend) sind folgende Junktoren von besonderer Bedeutung: die Adjunktion $\vee$ (einschließendes »oder«), die Subjunktion $\mapsto$ (»wenn-dann«) und die Negation $\neg$ (»nicht« – die Negation wird zu den Junktoren gerechnet, obwohl sie nicht zwei Aussagen miteinander verknüpft, weil sie ebenfalls als »Wahrheitsfunktion« auffaßbar ist; siehe unten), daneben die Disjunktion $\succ\!\!\prec$ (ausschließendes »oder«, »entweder-oder«) oder die Negatkonjunktion ⩛ (»weder-noch«).

Die Junktoren verknüpfen nicht nur Aussagen zu komplexeren Sätzen, mit ihrer Hilfe kann auch der »*Wahrheitswert*« eines solchen zusammengesetzten Satzes bestimmt werden, wenn die Wahrheitswerte der beteiligten elementaren Sätze bekannt sind. So ist etwa der Satz »Petra ist eine Frau und über dreißig« nur dann richtig, wenn die Sätze »Petra ist eine Frau« und »Petra ist über dreißig« beide wahr sind (das entspricht der obersten Zeile der ersten der untenstehenden Wahrheitstafeln: »w w w«). Ist nur einer der beiden (Zeilen 2 und 3) oder aber sind beide (Zeile 4) falsch, dann ist auch die Konjunktion der Sätze falsch. Wann ein durch Junktoren zusammengesetzter Satz wahr oder falsch ist – in Abhängigkeit von der Wahrheit oder Falschheit der Teilsätze –, wird gewöhnlich mit Hilfe sogenannter »Wahrheitstafeln« dargestellt:

Konjunktion:

a	b	$a \wedge b$
w	w	w
w	f	f
f	w	f
f	f	f

Adjunktion:

a	b	$a \vee b$
w	w	w
w	f	w
f	w	w
f	f	f

Negation:

a	$\neg a$
w	f
f	w

Neben den Junktoren werden in der Logik Quantoren verwendet, der »Allquantor« $\bigwedge$ sowie der »Einsquantor« oder »Existenzquantor« $\bigvee$. Mit Hilfe von Quantoren und sogenannten Gegenstandsvariablen lassen sich allgemeine Sätze der Form: $\bigvee_x$. x ε P. (für [mindestens] ein x gilt: x ist P – wobei P eine Prädikatorvariable ist) beziehungsweise $\bigwedge_x$. x ε P . (für alle x gilt: x ist P) bilden. Also zum Beispiel: $\bigvee_x$. x ist ein Pferd $\wedge$ x ist ein Schimmel . (es gibt mindestens ein Pferd, das auch Schimmel ist) oder $\bigwedge_x$. x ist eine Katze ∧ x jagt Mäuse. (alle Katzen jagen Mäuse).

Wie wir gesehen haben, lassen sich durch die Verwendung von Junktoren zusammengesetzte, komplexe Sätze bilden, deren Wahrheitswert mit Hilfe von Wahrheitstafeln aus den Wahrheitswerten der beteiligten elementaren Sätze bestimmt werden kann. Dies ist – in mehreren Schritten – für beliebig komplexe Sätze möglich. Auch die *logischen Schlußverfahren* sind als komplexe logische Sätze darstellbar, und auch ihre Gültigkeit ist auf die dargelegte Weise prüfbar. Von besonderer Bedeutung sind zwei Schlußverfahren, die man »modus ponens« beziehungsweise »modus tollens« nennt.

Der *modus ponens* ist folgende Schlußfigur: aus den Voraussetzungen »a impliziert b« (oder »wenn a dann b«) und aus »a« (den »Prämissen«) kann »b« (die »Konklusion«) geschlossen werden. Am konkreten Beispiel:

1. Wenn ich das Kapitel zu Ende gelesen habe, werde ich mir Tee machen.
2. Ich habe das Kapitel zu Ende gelesen.
3. Ich werde mir Tee machen.

Satz 3 kann gemäß dem modus ponens aus den Sätzen 1 und 2 geschlossen werden.

Der *modus tollens* dagegen erlaubt den Schluß von den Prämissen »a impliziert b« und »b ist falsch« auf die Konklusion »a ist falsch«, also etwa:

1. Wenn ich das Kapitel zu Ende gelesen habe, werde ich mir Tee machen.
2. Ich werde mir keinen Tee machen.
3. Ich habe das Kapitel nicht zu Ende gelesen.

Auch hier folgt Satz 3 logisch (und durch Anwendung des modus tollens) aus den Sätzen 1 und 2.

Wie angedeutet sind auch diese Schlußfiguren nichts anderes als komplexe, durch Junktoren zusammengesetzte Sätze. Eine Übertragung der letzten Sätze lautet:

1. $a \mapsto b$
2. $\neg b$
3. $\neg a$

Und für die gesamte Schlußfigur des modus tollens: (Satz 1 ∧ Satz 2) ↦ Satz 3, also $[(a \mapsto b) \wedge \neg b] \mapsto \neg a$.

Eine schrittweise Konstruktion der Wahrheitstafel für diesen Satz, die der Beurteilung der Wahrheit der Schlußfigur dient, sieht folgendermaßen aus:

1.

a	b	a ↦ b
w	w	w
w	f	f
f	w	w
f	f	w

2.

b	¬ b
w	f
f	w

3.

a ↦ b	¬ b	(a ↦ b) ∧ ¬ b
w	f	f
f	w	f
w	f	f
w	w	w

4.

a	¬ a
w	f
f	w

5.

(a ↦ b) ∧ ¬ b	¬ a	[(a ↦ b) ∧ ¬ b] ↦ ¬ a
f	f	w
f	f	w
f	w	w
w	w	w

Wie wir sehen, ist der Satz [(a ↦ b) ∧ ¬ b] ↦ ¬ a für jede Einsetzung von a oder b wahr – das heißt, der modus tollens ist eine stets gültige Schlußform (ob wir im Einzelfall nun Tee trinken oder nicht).

Durch diese kurze Einführung in wichtige Bereiche der logischen Propädeutik sollte deutlich geworden sein, auf welche Weise sich diese um den Aufbau einer exakten, wissenschaftlichen Sprache bemüht. Ausgehend von elementaren Sätzen läßt sich eine Terminologie aufbauen, deren explizit vereinbarte Prädikatoren sich kontext- und situationsunabhängig gebrauchen und deren komplexe Sätze sich logisch aus den einfacheren konstruieren lassen. Eine eindeutige Kommunikation der Forschenden soll die Folge sein. Denn »Mißverständnisse zwischen den Gesprächspartnern entstehen, solange wir unsere Umgangssprache sprechen, häufig durch jene ›Mehrdeutigkeit‹ von Gebrauchsprädikatoren, die durch den Kontext nicht immer in hinreichende Eindeutigkeit verwandelt wird –

die Gesprächspartner ›reden aneinander vorbei‹« (Kamlah & Lorenzen 1973, S. 71).

Aus dem geschichtlichen Abstand von 30 Jahren lassen sich Vermutungen darüber anstellen, warum der Versuch von Kamlah und Lorenzen, den Aufbau einer wissenschaftlichen Sprache zu initiieren – der in Pathos und Radikalität seines Neuanfangs wohl nicht ganz unbeabsichtigt an die cartesianischen Meditationen erinnert – weit weniger einflußreich als diese geblieben ist. An nur einem Beispiel soll angedeutet werden, daß auch Kamlahs und Lorenzens Vorschlag implizite Voraussetzungen transportiert, die durchaus diskutierbar sind, zum Beispiel die Forderung nach Eindeutigkeit des Verstehens (von Sätzen).

Metaphern sind bekanntermaßen Worte, die nicht in ihrem ursprünglichen Gegenstandsbereich benutzt, sondern in einen anderen, fremden übertragen werden. Metaphorisch reden wir zum Beispiel mit Hilfe »physikalistischer« Metaphern über psychische, etwa emotionale Vorgänge und Zustände. Metaphern werden niemals explizit eingeführt, noch können sie eindeutig sein. Vielmehr erschließen sie ein mehr oder weniger diffuses, an den Rändern offenes Bedeutungsfeld – das sich freilich nicht jeder Erkenntnisbemühung hermetisch verschließt, sondern durch *methodisch kontrollierte* Verfahren *hermeneutischer Analyse* (vgl. hierzu Appelsmeyer, Kochinka & Straub) durchaus erhellt werden kann. Gerade im Bereich psychischer Zustände – zentraler Gegenstand der Psychologie – mag es scheinen, als redeten wir umgangssprachlich ausschließlich in Metaphern, als fehlte ein bereichsspezifisches und nicht metaphorisches Vokabular. Es gibt schlichtweg keine *Terminologie* der Angst oder des Glücks – statt dessen reden wir davon, daß uns der Hals zugeschnürt ist oder daß wir auf Wolken gehen.

Wollen wir also die (notwendig?) metaphorische Rede über psychische Zustände zum Gegenstand unserer (psychologischen) Erkenntnisbemühungen machen, werden wir uns von der allzu strikten Forderung nach Eindeutigkeit lösen müssen – nicht aber vom Anspruch, Wissenschaft zu betreiben: als kollektives, arbeitsteiliges und für alle offenes, insbesondere aber als methodisch kontrolliertes, nach gemeinsam vereinbarten Regeln verlaufendes Unternehmen – Kriterien, mit denen eine zwangsläufig auch mit Mehrdeutigkeiten operierende Psychologie durchaus zu vereinbaren ist. Als undogmatisch verstandene Regulative für eine um Klarheit und Nachvollziehbarkeit bemühte Psychologie behalten die skizzierten Bausteine der logischen Propädeutik freilich ihren Wert.

Wissenschaftstheorie

Naiver und logischer Empirismus

In seiner ursprünglichen Bedeutung zielt das Begriffspaar Empirismus/Rationalismus auf die Rolle der Erfahrung beziehungsweise der Vernunft im Prozeß menschlicher Erkenntnis. Während der unten behandelte Rationalismus vom Primat der *Vernunft* beim Erkenntnisprozeß ausging, hält der Empirismus die *Erfahrung* für grundlegend und vorgängig.

Entwickelt hat sich der logische Empirismus des sogenannten »Wiener Kreises« aus dem älteren, »naiven« Empirismus, für den die (mehr oder minder implizite) Vorstellung, die gesuchten gesetzmäßigen Erkenntnisse über die »Natur« lägen gleichsam in dieser Natur selbst, charakteristisch ist. (Freilich ist diese Vorstellung um so weniger naiv, je stärker man in einer von Gott geordneten und eigens für die Krone der Schöpfung geschaffenen – und mit Naturgesetzen gleichsam »ausstaffierten« – Welt lebt.) Die Gesetze der Natur »enthüllen« und »offenbaren« sich demnach den Forschern, wenn bestimmte Methoden möglichst streng befolgt werden. Diese Methoden sind – nicht nur für die Psychologie – Beobachtung und Experiment. Von den mit ihrer Hilfe gesammelten Daten gelangen die Forscher auf dem Weg der Induktion (und im Idealfall) zu den Naturgesetzen.

Das auf John Stuart Mill zurückgehende *Induktionsprinzip* kann in gewisser Weise als Gegenstück zur unten näher erläuterten »deduktiv-nomologischen Erklärung« aufgefaßt werden. Während dort aus dem Vorliegen bestimmter Bedingungen (»Antecedensbedingungen«) und der Kenntnis allgemeiner Gesetze deduktiv auf die zu erklärenden Phänomene geschlossen werden kann, zielt die Induktion von beobachteten Phänomenen und Antecedensbedingungen auf die (in diesem Fall noch unbekannten) allgemeinen Gesetze. Diese lassen sich – so die Auffassung des naiven Empirismus – auf dem Wege der Induktion (»Verallgemeinerung«, »Abstraktion«) aus den Antecedensbedingungen und einer endlichen Menge beobachteter Ereignisse »erschließen«.

Wer also beispielsweise beobachtet hat, daß sich ein Draht aus Kupfer, ein solcher aus Eisen und einer aus Zinn bei Erwärmung ausdehnen, der »erschließt« induktiv den allgemeinen Satz, nach dem sich alle Metalle bei Erwärmung ausdehnen. Ein Problem stellt hierbei allerdings der unterschiedliche »logische Status« von Deduktion und Induktion dar: Während sich deduktive Schlüsse aus den Regeln der Logik ebenso zwingend herleiten lassen, wie dies oben für den modus tollens demonstriert wurde, gilt dies nicht für induktive. Weil sich eine Gesetzesaussage (oder allgemeine Aussage) auf eine potentiell unendliche Zahl von Fällen bezieht, läßt sie sich nicht als eine Konjunktion endlich vieler singulärer Beobachtungssätze darstellen. Nicht zuletzt dieses Problem führte – neben der Kritik an der völlig unbegründeten Annahme, die zu entdeckenden Naturgesetze lägen in der Natur selbst verborgen – zur Weiterentwicklung des naiven zum logischen Empirismus.

Der logische Empirismus gibt den »genetischen Primat der Erfahrung« (Holzkamp 1972, S. 81) auf: zwar bleibt Beobachtung und damit Erfahrung die Basis der Erkenntnisbildung, jedoch teilt die Natur den Forschern nicht (mehr) mit, was sie zu beobachten haben, und entblättert so ihre Geheimnisse. Vielmehr müssen die Forscher von Anfang an aus der unendlichen Menge beobachtbarer Phänomene auswählen, und diese Auswahl treffen sie bereits auf der Grundlage mehr oder weniger expliziter theoretischer Konzepte. Die Naturgesetze – in der Sicht des logischen Empirismus ein System von Sätzen, die widerspruchsfrei zueinander passen müssen – liegen nicht mehr in der Natur selber verborgen, sondern werden von den Wissenschaftlern »gemacht« – und dann einer Bewährungsprobe unterzogen. Diese Bewährungsprobe wird gedacht als ein »Rückbezug« der Satzsysteme auf die tatsächlich zu beobachtenden Tatsachen, auf die Empirie. Hierzu werden sogenannte »Protokollsätze« postuliert, singuläre Sätze, die sich direkt auf beobachtbare Sachverhalte beziehen.

Wenn also die Wissenschaft nichts anderes ist als ein System von Sätzen, wenn weiter diese Sätze einer »empirischen Überprüfung« bedürfen und diese Überprüfung lediglich für Protokollsätze möglich ist, dann liegt eine Einschränkung nahe, die auch vorgenommen wird: (Wissenschaftlich) sinnvoll sind für den logischen Empirismus nur solche Sätze, die entweder selbst Protokollsätze sind oder aus denen Protokollsätze eindeutig abgeleitet werden können. Alle anderen Sätze fallen aus dem Satzsystem Wissenschaft heraus, sie behandeln, wie gefolgert wird, Scheinprobleme.

Wie geht nun die angedeutete empirische Überprüfung vor sich? Hierzu werden zunächst aus dem Satzsystem durch logische Umformungen empirische Hypothesen gebildet und – zum Beispiel experimentell – überprüft. Diese Überprüfung zielt auf die *Verifi-*

kation von Hypothesen und bedient sich dazu des oben skizzierten Prinzips der Induktion. Induktion bezeichnet hier aber nicht mehr – wie noch im naiven Empirismus – das Schließen »von *besonderen Sätzen*, die zum Beispiel Beobachtungen, Experimente und so weiter beschreiben, auf *allgemeine Sätze*, auf Hypothesen oder Theorien« (Popper 1994, S. 3), sondern spezieller »die Begründung des Geltungsanspruchs von hypothetischen Vorhersagen aufgrund früher gewonnener Beobachtungsdaten« (Holzkamp 1972, S. 83).

Je öfter eine Hypothese also bereits bestätigt werden konnte, um so größer ist ihr Vorhersagewert. Auch wenn es damit auf den ersten Blick so scheinen könnte, als bezeichne Induktion für den naiven und den logischen Empirismus etwas völlig Verschiedenes, so liegt doch dieselbe Schlußweise zugrunde: Auch im logischen Empirismus wird von einer endlichen Zahl einzelner Sachverhalte – oder *besonderer* Sätze – (»Hypothese A bestätigt sich in Experiment 1«, »Hypothese A bestätigt sich in Experiment 2«, ...) auf einen *allgemeinen* Satz (»Hypothese A bestätigt sich in allen – entsprechenden – Experimenten«) geschlossen. Und es ist nicht zuletzt der oben bereits erwähnte unterschiedliche logische Status von Induktion und Deduktion, der die Grundlage für die Kritik am logischen Empirismus abgibt und entscheidend zur Konzeption des kritischen Rationalismus beiträgt.

Kritischer Rationalismus

Die Wurzeln des kritischen Rationalismus liegen – neben der Kritik am logischen Empirismus – vor allem in den rationalistischen Systemen der Neuzeit, etwa denjenigen von Descartes, Pascal, Spinoza oder Leibniz. Kennzeichnend für diese Systeme ist die Auffassung, daß sich wahre Erkenntnisse *vor* jeder Erfahrung, nur durch den Gebrauch der Vernunft, erzielen lassen. Solche a priori wahren Sätze oder Vernunftwahrheiten bilden dann das Fundament, von dem aus durch Deduktion die übrigen Wahrheiten ableitbar sind.

Der *kritische* Rationalismus, maßgeblich initiiert durch Karl Popper und seine ›Logik der Forschung‹ (zuerst 1935), kommt demgegenüber schließlich zu der Aussage, daß »die Wissenschaft« kein Wissen sei, daß sie »weder Wahrheit noch Wahrscheinlichkeit« erreichen könne (Popper 1994, S. 223). Der Weg, auf dem dieser Standpunkt erreicht wird, führt über die Kritik des Verifikationskonzepts im logischen Empirismus sowie der Rolle der Induktion in diesem Konzept.

Das Problem bei der Verifikation eines allgemeinen Satzes besteht darin, daß er nur in ganz bestimmten, jeweils *besonderen* Fällen geprüft werden kann, sich seiner Natur nach als *allgemeiner* Satz aber auf *alle*, also auch auf ungeprüfte oder sogar erst zukünftige Fälle bezieht. Wenn Sie in ländlicher Umgebung leben und die Katzen ihrer Nachbarschaft beobachten, dann kommen Sie vielleicht durch induktives Schließen zum allgemeinen Satz »alle Katzen jagen Mäuse«. Dieser Satz läßt sich jedoch nicht verifizieren, auch wenn alle Katzen in ihrer Nachbarschaft tatsächlich Mäuse jagen. Selbst wenn alle Katzen, die heute leben oder je gelebt haben, bei der Jagd beobachtet werden könnten (oder konnten), so könnte niemand ausschließen, daß morgen eine Katze beobachtet wird, die Angst vor Mäusen hat und deshalb nicht auf die Jagd geht. Und eine einzige Katze, die keine Mäuse jagt, reicht im Prinzip bereits aus, um den Allsatz zu widerlegen, ihn zu *falsifizieren*.

In diesem Zusammenhang ist eine Unterscheidung wichtig, die die Wahrheit von Sätzen weiter differenziert. Für unsere Zwecke genügt die Unterscheidung in empirisch wahre Sätze und analytisch wahre Sätze (für eine weitergehende Differenzierung vgl. etwa Kamlah & Lorenzen 1967, besonders Kapitel IV und VII). »Diese Katze jagt Mäuse« ist ein *empirisch* wahrer Satz, vorausgesetzt etwa, wir konnten die betreffende Katze bei der Jagd beobachten. »Alle Katzen jagen Mäuse« ist ein empirischer Allsatz, den wir aus prinzipiellen Gründen nicht verifizieren, sondern lediglich falsifizieren können. *Analytisch* wahre (oder falsche) Sätze dagegen sind unabhängig von jeder empirischen Erfahrung oder Beobachtung wahr (oder falsch), sie können beispielsweise wahr sein lediglich aufgrund logischer Regeln, Definitionen oder Prädikatorenregeln. »Alle Schimmel sind weiß« ist ein analytisch wahrer Satz, weil ein Schimmel definiert ist als ein weißes Pferd. Analytische Sätze können durch Beobachtung weder verifiziert noch falsifiziert werden, ob sie wahr oder falsch sind, erweist sich durch logische oder sprachphilosophische Analyse.

Von Bedeutung ist diese Unterscheidung insbesondere, weil analytische Sätze in der Alltagssprache – aber auch in der psychologischen Forschung – nicht immer so leicht erkannt werden, wie in dem Beispiel vom Schimmel, in dem »Schimmel« lediglich zu explizieren ist als »Pferd« und »weiß«. Zur Erläuterung können wir nochmals auf das Beispiel der jagenden Katze zurückgreifen: Wenn jemand – halb im Scherz – behauptet, eine Katze, die keine Mäuse jagt, sei für ihn gar keine (»richtige«) Katze, dann bringt er damit vielleicht zum Ausdruck, daß er »Mäuse jagen« als ein wesentliches und unverzichtbares Attribut des Begriffs »Katze« betrachtet. Sobald wir dem zustimmen, wäre »Alle Katzen jagen Mäuse« kein empirischer Satz mehr, sondern ein analytischer: Die nur scheinbar leicht zu ziehende Grenze zwischen beiden geriete in Fluß (vgl. zur Kritik an der mangelnden Unterscheidung zwischen empirischen und nicht empirischen Sätzen z. B. Brandtstädter 1987, Holzkamp 1986 oder Smedslund 1979, 1980).

Um beispielsweise in der psychologischen Forschungspraxis eine solche Unterscheidung weiter begründet treffen zu können, um also analytische Sätze zu erkennen und aus der Menge der Sätze auszusondern, aus denen Hypothesen deduziert und einer empirischen Überprüfung zugeführt werden – was ja im Falle der analytischen Sätze sinnlos wäre –, wäre demnach eine Explikation derjenigen Bestimmungsmerkmale nötig, die wir bei einem bestimmten Begriff für wesentlich halten.

Viele in der Psychologie und in der Alltagssprache benutzten Begriffe lassen sich jedoch weniger leicht explizieren als »Schimmel« (»Pferd« als enthaltener Begriff ist bereits wesentlich schwieriger zu explizieren, jedoch ist das für die Analyse des Satzes »Alle Schimmel sind weiß« auch nicht notwendig). In der psychologischen Forschung verschärft sich dieses Problem in dem Maße, in dem Begriffe aus der Alltagssprache übernommen oder sogar neu eingeführt und dann mit neuen (oder bereits geläufigen, aber ehedem marginalen) Bedeutungsgehalten versehen werden. »Kreative Menschen sind bessere Problemlöser« wird dann zum bloß analytisch wahren Satz (der keinerlei *empirische* Wahrheit enthält), wenn in der Folge des »Sputnik-Schocks« eine »Kreativitätsforschung« einsetzt, die den alltagssprachlichen Begriff der Kreativität auf die Fähigkeit zur Lösung von Problemen reduziert und damit um seine innovativen und schöpferischen Aspekte verkürzt.

In der mangelnden Reflexion des Unterschieds zwischen analytischen und empirischen Sätzen dürfte eine der Wurzeln für das bisweilen anzutreffende Unbehagen an der Psychologie liegen, der ja mitunter vorgeworfen wird, daß sie entweder »erkenne«, was alle immer schon wüßten, oder daß sie ihren Gegenstand (wie etwa in der »Glücks-Forschung«) solange modifiziere, reduziere und methodisch handhabbar mache, bis ihn niemand mehr in der Alltagswirklichkeit wiedererkenne.

Zurück zur Kritik am Verifikationskonzept: Wir haben gesehen, daß die Verifikation eines allgemeinen Satzes aufgrund der Schwierigkeiten des Induktionsprinzips, auf dem sie basiert, scheitert. Auch in der Fassung des logischen Empirismus, in der das Induktionsprinzip nicht mehr dem Auffinden übergeordneter, allgemeiner Sätze dient, sondern der Geltungsbegründung solcher Sätze, führen alle Versuche, das Induktionsprinzip logisch zu begründen, in das sogenannte Münchhausen-Trilemma (vgl. hierzu Albert 1991, S. 15): Sie setzen entweder a) die Gültigkeit dieses Prinzips voraus (logischer Zirkel), oder b) die begründenden Sätze müssen ihrerseits begründet werden (unendlicher Regreß), oder sie werden c) irgendwann willkürlich als gesichert angenommen (dogmatischer Abschluß). »Es lassen sich schlechterdings keine Gründe dafür angeben, warum sich der Vorhersagewert einer Hypothese in dem Maße erhöhen soll, in dem sich die Hypothese in der Vergangenheit empirisch bestätigt hat.« (Holzkamp 1972, S. 85)

Auch die Versuche, weiter am Induktionsprinzip festzuhalten, indem die »Induktionslogik« durch eine »Induktionswahrscheinlichkeit« ersetzt wird, induktive Schlüsse also nicht mehr als zwingend logische, sondern als solche mit einem gewissen Grad von Sicherheit oder Wahrscheinlichkeit konzeptualisiert werden, können dieses grundsätzliche Problem nicht lösen (wie etwa Popper 1994, S. 5, 198ff., besonders 201–211, 259ff., oder Holzkamp 1968, S. 83ff. gezeigt haben).

Popper schlug deshalb vor, anstelle des Verifikationsprinzips nach dem Prinzip der Falsifikation zu verfahren. Denn obwohl niemals genügend Katzen beobachtet werden können, um den Satz »alle Katzen jagen Mäuse« zu verifizieren, reicht doch die (reproduzierbare) Beobachtung einer einzigen Katze, die keine Mäuse jagt, (zumindest im Prinzip) aus, um den Satz zu falsifizieren. Die Verifikation eines einzigen besonderen Satzes (»Diese Katze jagt keine Mäuse«), der mit dem übergeordneten Satz (»Alle Katzen jagen Mäuse«) in Widerspruch steht, genügt, um den übergeordneten Satz zu falsifizieren. Da auch für Popper (wie für die logischen Empiristen) Wissenschaft ein System von Sätzen darstellt, die auf eine »Realität« rückbezogen werden müssen, postuliert er hierzu – analog zu den »Protokollsätzen« des Wiener Kreises – sogenannte Basissätze.

Die wissenschaftliche Gemeinschaft bemüht sich demnach um den Aufweis der Wahrheit von solchen Basissätzen, die im Widerspruch zu übergeordneten Sätzen stehen – und wenn dies *nicht* gelingt, schlägt Popper vor, die übergeordneten Sätze (oder Theorien) als *bewährt* zu bezeichnen. Diese Bewährung einer Theorie ist jedoch nicht mit ihrer Verifikation zu verwechseln: Auch eine bewährte Theorie ist nicht »wahr« oder »richtig« in einem vergleichbaren Sinn, wie ihn ein logischer Empirist mit »verifiziert« verbindet, und kann jederzeit falsifiziert werden.

Darüber hinaus bezeichnet Popper nicht jede Theorie, die nicht falsifiziert worden ist, als bewährt: Voraussetzung hierfür ist nämlich, daß die Theorie überhaupt *falsifizierbar* ist, daß also beispielsweise für einen übergeordneten Allsatz überhaupt (widersprechende) Basissätze formuliert werden können, deren Wahrheit oder Falschheit dann geprüft werden kann. Popper unterbreitet hiervon ausgehend sogar eine Rangreihe, die erläutert, wie Theorien formuliert werden müssen, damit sie möglichst umfassend falsifizierbar sind, und die sie nach dem »Falsifizierbarkeitsgrad« einordnet.

Poppers Entwurf des kritischen Rationalismus, der beispielsweise von Lakatos oder in Deutschland von Hans Albert weitergeführt wurde, gewann großen Einfluß in der Wissenschaftstheorie. Weitere Kritik- und Diskussionspunkte, auf die im vorliegenden Rahmen nicht mehr eingegangen werden soll, bestanden zum Beispiel in der Frage der Geltung von Basissätzen (über die man nach Popper keine endgültigen, sondern nur vorläufige Aussagen treffen kann) oder in der Frage, ob falsifizierte Theorien auf jeden Fall zu verwerfen sind oder unter bestimmten Bedingungen – zum Beispiel wenn keine anderen zur Verfügung stehen – auch beibehalten werden können.

Auch am kritischen Rationalismus sowie dem für ihn zentralen Falsifikationskonzept ist Kritik geübt worden, beispielsweise aus konstruktivistischer Perspektive.

Konstruktivismus

Entwickelt hat sich der Konstruktivismus als Wissenschaftstheorie in der Auseinandersetzung mit den Naturwissenschaften, insbesondere Mathematik und Physik. Einen konstruktivistischen Standpunkt innerhalb der Psychologie hat (während einer begrenzten Phase seines Schaffens) Klaus Holzkamp bezogen und verteidigt.

Beginnen wir mit einem bekannten Einwand gegen das Falsifikationsprinzip, der nicht nur von seiten des Konstruktivismus geäußert wurde. Er lautet, daß es der Forschungspraxis nicht gerecht würde und sozusagen kontraintuitiv oder sogar kontraproduktiv sei, indem es die Forscher anhalte, *gegen* jede (und nicht nur gegen eine »gegnerische«) Theorie zu arbeiten, anstatt *für* ihren Erhalt.

Dies allein wäre natürlich noch kein ausreichendes Argument gegen das Falsifikationsprinzip: daß ein (wissenschafts-) theoretisch begründetes Prinzip in der Forschungspraxis kaum abgebildet ist, muß ja nicht heißen, daß es ungeeignet oder »falsch« ist, sondern kann ganz im Gegenteil Anlaß dafür sein, die Forschungspraxis zu ändern – zumindest dann, wenn man der Wissenschaftstheorie neben einer deskriptiven auch eine normative Funktion zugesteht. Die Kritiker des Falsifikationsprinzips müßten also eine Konzeption anbieten, die ebenfalls die Schwierigkeiten des Induktionsprinzips vermeidet, es darüber hinaus aber nicht notwendig macht, die gängige Forschungspraxis nahezu umzuwälzen.

Der Konstruktivismus unternimmt dies, indem er die »Richtung« des Erkenntnisprozesses konsequent umkehrt: Die Forschenden gelangen nicht mehr »von unten nach oben«, von der Empirie auf irgendeine Weise – durch die mit schweren Problemen beladene Verifikation oder durch Falsifikation – zur Theorie. Vielmehr ist die Theorie »konsequent und radikal [...] den empirischen Daten logisch vorgeordnet« (Holzkamp 1972, S. 92). Theorie – auch im Konstruktivismus ein in sich widerspruchsfreies Satzsystem – und Empirie werden in Beziehung zueinander gesetzt, indem bestimmte Sachverhalte ausgewählt (Beobachtung) oder hergestellt (Experiment) werden, deren Vorliegen in der Theorie behauptet wird; mit Dingler (1931, besonders S. 52ff., sowie 1923, Kapitel 3, § 6, S. 37) nennt Holzkamp dies *Realisation*. Da die Empirie also nach konstruktivistischer Auffassung erst theoriegeleitet selegiert oder sogar konstruiert wird, taugt natürlich das Kriterium der »Wahrheit«, verstanden als »Übereinstimmung« von Empirie und Theorie, nicht mehr zur Beurteilung von Theorien.

An seine Stelle tritt die »Eindeutigkeit«, wobei Holzkamp weiter zwischen *systemimmanenter* und *systemtranszendenter Eindeutigkeit* differenziert. Systemimmanent eindeutig ist ein wissenschaftliches Satzsystem, wenn es widerspruchsfrei so aufgebaut ist, daß sich die spezielleren Sätze aus den allgemeinen – im Idealfall aus einem einzigen allgemeinen Satz – zwingend herleiten lassen.

Der *Integrationsgrad* einer Theorie, der im Zusammenhang mit der systemimmanenten Eindeutigkeit eingeführt wird, ist dann um so höher, je *mehr* verschiedenartige Sätze sich aus den allgemeinen Sätzen (oder dem allgemeinen Satz) herleiten lassen, je *mannigfaltiger* die aus der Theorie deduzierbaren besonderen Sätze sind. Der Integrationsgrad bietet ein Kriterium für die systemimmanente Eindeutigkeit und gestattet es auf diesem Wege, unter konkurrierenden Theorien eine Auswahl zu treffen.

Die systemtranszendente Eindeutigkeit dagegen betrifft das Verhältnis des Satzsystems zu realen Sachverhalten und ist in dem Maße gegeben, »als – in besonderen Sätzen erfaßte – reale Verhältnisse hergestellt oder ausgewählt werden können, die mit der Theorie in Einklang stehen« (Holzkamp 1972, S. 93).

Ein weiteres gewichtiges Argument gegen das Falsifikationsprinzip läßt sich ebenfalls mit Blick auf die Forschungspraxis entwickeln. Dort zeigt sich nämlich, daß eine übergeordnete Theorie auch dann, wenn einzelne Ergebnisse sie zu widerlegen, zu falsifizieren scheinen, selten verworfen wird, ja nicht einmal verworfen werden muß. Statt dessen können sich die Forscher auch um den Aufweis sogenannter »störender Bedingungen« bemühen (oder solche einfach postulieren), die bei Gültigkeit der Theorie die widersprechenden Ergebnisse verursachten. (Ein Beispiel hierfür findet sich bei Kriz, Lück & Heidbrink 1987, S. 144f.)

Selbst bei unserem bewußt simplen Beispiel der jagenden Katzen kann dies aufgezeigt werden: Die »theoretische Aussage«, nach der alle Katzen Mäuse jagen, könnte etwa auch dann aufrechterhalten werden, wenn man eine nicht jagende Katze beobachtet und in der Folge feststellt (oder vermutet), daß es im Lebensraum dieser Katze gar keine Mäuse (mehr) gibt. Dieses Prinzip nennt man *Exhaustionsprinzip* (von »exhaurieren«, ausschöpfen, weil es die Möglichkeiten der weiteren Gültigkeit einer Theorie ausschöpft).

Freilich würde die uneingeschränkte Nutzung des Exhaustionsprinzips grundsätzlich jede Theorie vor der Falsifikation retten, sie *immunisieren*. Holzkamp schlägt daher vor, den Rückgriff auf das Exhaustionsprinzip nur dann zuzulassen, wenn er begründet werden kann, im Idealfall also: wenn die störenden Bedingungen identifiziert und in der weiteren Forschung ihrerseits »kontrolliert« werden können. Auch wenn dies nicht möglich ist, kann eine Theorie jedoch beibehalten werden: Sie gilt dann als »belastet«. Der *Belastetheitsgrad* konkurrierender Theorien bietet so – neben dem oben kurz skizzierten Integrationsgrad – ein weiteres Kriterium, nach dem sie verglichen werden können, nach dem man sich zwischen ihnen entscheiden kann.

Einen weiteren wichtigen Einwand gegen den Entwurf Poppers, den wir im vorliegenden Zusammenhang nur noch nennen wollen, entwickelt Holzkamp anhand der Kritik der Basissätze und der problematischen Frage, wie sie begründet werden sollen. Auch auf die Reaktion des kritischen Rationalismus auf die aus konstruktivistischer Perspektive skizzierten Einwände können wir im Rahmen unserer knappen Darstellung nicht mehr eingehen (vgl. hierzu z. B. Albert & Keuth 1973).

Wie bereits angedeutet, sind die knapp skizzierten wissenschaftstheoretischen Positionen (und weitere) keine klar voneinander abgegrenzten Entitäten, auf die sich die historischen Zeiträume oder auch alle aktuell Forschenden ohne Schnittmenge verteilen. Eher sollte man sie ähnlich wie Trends und Moden betrachten, oder, wem das zu unseriös klingt, wie Stile und Strömungen. Mit dieser Einschränkung läßt sich natürlich dennoch von einer Entwicklungsgeschichte wissenschaftstheoretischer Positionen sprechen.

Besonders charakteristisch für diese Entwicklung über die einzelnen Positionen hinweg und bis in die Gegenwart hinein ist dabei wohl der sich ändernde Status des empirischen Datums selbst, das, seit Wissenschaft betrieben wird, immer mehr von seiner scheinbar selbstverständlichen Gegebenheit verliert und den Forschern immer problematischer wird. Transportiert im naiven Empirismus das empirische Datum auch gleich noch die interessierenden Gesetzmäßigkeiten mit, denen es unterworfen ist, so stammen diese Gesetzmäßigkeiten im logischen Empirismus zwar bereits aus der Sphäre der Theorie, die Empirie ist jedoch noch ganz unproblematisch in der Lage, über die Angemessenheit der Gesetze zu richten, sie zu verifizieren.

Im kritischen Rationalismus finden wir die Rolle des empirischen Datums im Unternehmen Wissenschaft weiter geschwächt: Es entscheidet nicht mehr über die Richtigkeit einer gesetzmäßigen Aussage, sondern kann nur noch deren Falschheit erweisen, das heißt auch, es verliert dramatisch an Wert für die (zielgerichtete) Suche nach den richtigen Aussagen.

Mit einem radikalen Schritt setzt sich diese Entwicklung im Konstruktivismus fort: Nicht einmal die Falschheit einer allgemeinen Aussage zu zeigen kann das empirische Datum (aufgrund des Exhaustionsprinzips) noch leisten, ja, durch »Realisation«, also durch Auswahl und Herstellung des empirischen Datums erweist dieses sich selber als ein Produkt, als eine Folge der (jeweiligen) Theorie.

Diese Entwicklung setzt sich bis in die Gegenwart mit – je nach eigenem Standpunkt – ihrer Vielfalt oder ihrem Wirrwarr postmoderner Theoriebildung fort. Theoretische Aussagen – die ja (in aller Regel) immer noch Aussagen *über* empirische Daten sein wollen – sehen sich damit konfrontiert, daß dieser Rekurs auf die Sphäre der Empirie immer distanzierter, vermittelter, problematischer und artifizieller wird.

Verschiedene Modelle der Erklärung

Die Kausalerklärung (Carl Gustav Hempel und Paul Oppenheim)

Die bereits bei der Erörterung des Induktionsprinzips kurz gestreifte »deduktiv-nomologische« oder *Kausalerklärung* ist die bekannteste Form der Erklärung. Nicht wenige Wissenschaftler sind der Auffassung, daß sich jede Wissenschaft, egal welchen Gegenstand sie bearbeitet, einer einheitlichen Methode bedienen sollte (methodischer Monismus) – vorbildhaft sehen sie eine solche Methodologie in den sogenannten exakten Wissenschaften, beispielhaft der Physik, verwirklicht. Schließlich sind sie der Meinung, daß sich jede Wissenschaft, also auch die Psychologie, ausschließlich mit kausalen Erklärungen befassen sollte. Diese drei Grundannahmen kennzeichnen eine wissenschaftstheoretische Position, die man *Positivismus* nennt (vgl. als Diskussion der Schwierigkeiten nomologischer Theoriebildung am Beispiel von Handlungstheorien etwa Werbik 1984, 1987).

Präzisiert wurde die deduktiv-nomologische Erklärung von Hempel und Oppenheim (1948). Nach deren »Subsumptionstheorie« der Erklärung – Subsumptionstheorie, weil sie besagt, daß sich jedes kausal zu erklärende Ereignis einem allgemeinen Gesetz unterordnen läßt – müssen, um eine Erklärung liefern zu können, zunächst gewisse Bedingungen angegeben werden, die vorher oder gleichzeitig realisiert waren. Diese Bedingungen nennt man Antecedensbedingungen $A_1, \dots, A_n$. Außerdem müssen bestimmte allgemeine Gesetze $G_1, \dots, G_r$ bekannt sein. Die zu erklärende (beobachtete) Tatsache nennt man *Explanandum*. Eine kausale Erklärung im Sinne dieses Schemas wird deduktiv-nomologische Erklärung genannt, weil sie »den Satz E, der das zu erklärende Phänomen beschreibt, aus diesen beiden Klassen von Sätzen, das heißt aus der Satzklasse $\{A_1, \dots, A_n, G_1, \dots, G_r\}$« (Stegmüller 1983, S. 120) – die man zusammengenommen auch als *Explanans* bezeichnet – logisch ableitet.

Die Struktur einer solchen Erklärung kann folgendermaßen schematisiert werden (vgl. hierzu auch Hempel & Oppenheim 1948, S. 138):

$$
\begin{array}{lll}
\text{Explanans} & \left\{ \begin{array}{l} A_1, \dots, A_n \\ G_1, \dots, G_r \end{array} \right. & \begin{array}{l} \text{(Antecedensbedingungen)} \\ \text{(allgemeine Gesetze)} \end{array} \\
\hline
\text{Explanandum} & \quad E & \text{(erklärtes Ereignis)}
\end{array}
$$

Wenn wir also beobachten (oder messen), daß sich ein Stück Kupferdraht bei Erwärmung ausdehnt (Explanandum *E*), und dies kausal erklären wollen, dann müssen wir bestimmte allgemeine Gesetze (G_1: Alle Metalle dehnen sich bei Erwärmung aus, ...) sowie relevante Antecedensbedingungen (A_1: Dieser Kupferdraht wurde erwärmt, A_2: Kupfer ist ein Metall, ...) kennen.

Das *klassische Experiment* bezieht sich ebenfalls auf dieses Schema: Bei bekannten Antecedensbedingungen $A_1, \ldots, A_n$ und Gesetzmäßigkeiten $G_1, \ldots, G_r$ lassen sich nach zwingenden logischen Regeln zu erwartende Ereignisse *deduktiv* ableiten. Ein Experiment stellt dann lediglich die Antecedensbedingungen her (beziehungsweise variiert sie) und überprüft das Eintreffen der prognostizierten Ereignisse. Die *Prognose* erwarteter Ereignisse läßt sich daher ebenso mit Bezug auf das Hempel-Oppenheim-Schema erläutern, wie die (kausale) *Erklärung* (bereits) beobachteter.

Gerade in der Psychologie stehen allerdings gesetzmäßige Aussagen oft gar nicht zur Verfügung. Wenn an die Stelle allgemeiner Aussagen wie »Alle Metalle dehnen sich bei Erwärmung aus« statistische oder Wahrscheinlichkeitsaussagen wie »Bei den meisten (fast allen, 93,4 Prozent, ...) Menschen folgt auf eine Frustration aggressives Verhalten« treten, dann läßt sich keine deduktiv-nomologische, sondern nur noch eine induktiv-statistische Erklärung konstruieren (vgl. zur induktiv-statistischen Erklärung z.B. Hempel 1977, S. 60ff. oder Stegmüller 1983, S. 781ff.).

Wie bereits die Bezeichnung als *induktiv*-statistische Erklärung suggeriert, geht dabei jedoch der logisch zwingende Charakter der Deduktion verloren. Weil sich aus Wahrscheinlichkeiten nur wiederum auf Wahrscheinlichkeiten logisch schließen läßt, bleibt die induktiv-statistische »Erklärung« eines Einzelereignisses prinzipiell mit Unsicherheit behaftet. »Denn Sätze der Form ›es ist praktisch sicher, daß *p*‹ oder ›es ist sehr wahrscheinlich, daß *p*‹ sind keine vollständigen, in sich geschlossenen Sätze, die entweder als wahr oder als falsch betrachtet werden können« (Hempel 1977, S. 61).

Die teleologische Erklärung (Georg H. von Wright)

Eine kausale Ursache »wirkt« quasi von der Vergangenheit her in die Zukunft: Neben zeitlos gültigen Gesetzen müssen bestimmte Antecedensbedingungen *vor* (oder zumindest gleichzeitig mit) den zu erklärenden Phänomenen vorliegen. Kausal erklären könnte man also vielleicht, wenn jemand sich aus der Sonne in den Schatten setzt, weil ihm in der Sonne heiß geworden ist.

Was aber, wenn sich jemand in den Schatten setzt, um einen Sonnenbrand zu vermeiden? Sowohl unsere Alltagserfahrung als auch die Sprache, in der wir über sie reden, kennt neben den Dingen, die wir tun, »weil« uns irgend etwas dazu veranlaßt (oder drängt), auch diejenigen, die wir tun, »um zu« – um beispielsweise etwas zu erreichen. Der »Grund« für eine solche Handlung liegt dann in der Zukunft und ist irgendein Zustand, den wir anstreben: Jemand immatrikuliert sich, um zu studieren, und studiert, um den angestrebten Beruf ausüben zu können.

Das Festhalten an einer deduktiv-nomologischen Erklärung auch für solche Fälle zwingt zu komplizierten, mehr oder weniger kunstvollen Konstruktionen, die die zukünftigen und antizipierten Zustände, die Ziele, lediglich als Vorstellungen oder Gedankenbilder der Gegenwart betrachten und ihnen dann dieselbe Wirkmächtigkeit zukommen lassen wie etwa dem Schwitzen in der Sonne. (Natürlich tauchen dann immer neue Probleme auf: Das Schwitzen veranlaßt mich, aus der Sonne zu gehen und hört dann auf – aber warum veranlaßt mich meine Vorstellung vom Traumberuf zwar zu jahrelangem Studium, beherrscht aber mein Leben nicht ausschließlich und kontinuierlich, werde ich doch auch während des Studiums essen, schlafen, soziale Kontakte pflegen et cetera? Wer oder welche Instanz balanciert die verschiedenen kausal wirksamen Ursachen aus – und läßt die Vorstellung vom Traumberuf zur Essenszeit in den Hintergrund treten [wer, wenn nicht ich]? Ist es sinnvoll, weiter von kausaler Verursachung zu reden, wenn solche moderierenden Instanzen Einfluß auf die »kausal wirksamen« Ursachen nehmen? Und so weiter.)

Eine andere und einfachere Möglichkeit besteht darin, für die geschilderten Handlungen eine andere Form der Erklärung zuzulassen: die sogenannte teleologische Erklärung (vom griechischen Wort telos, das Ziel bedeutet), die man auch intentionalistische oder finalistische Erklärung nennt. Eine solche alternative Form der Erklärung stellt etwa von Wright in ›Erklären und Verstehen‹ (1974) vor. (Von Wright differenziert in dem genannten Buch eine teleologische von einer intentionalistischen Erklärung, argumentiert jedoch in späteren Veröffentlichungen dafür, beide als intentionalistische Erklärungen aufzufassen.) Auch die teleologische Erklärung läßt sich mit Hilfe eines Schemas verdeutlichen, dem Schema des sogenannten praktischen Schlusses (oder praktischen Syllogismus):

A beabsichtigt, *p* herbeizuführen.
A glaubt, daß er *p* nur dann herbeiführen kann, wenn er *a* tut.
Folglich macht sich *A* daran, *a* zu tun.

(Vgl. zum Schema des praktischen Schlusses von Wright 1974, S. 93 ff.: Der praktische Schluß ist, wie dort dargelegt wird, nicht einfach mit der teleologischen Erklärung gleichzusetzen. Der praktische Schluß ist eine »auf den Kopf gestellte« teleologische Erklärung, unter anderem weil »der Ausgangspunkt einer teleologischen Erklärung (einer Handlung) ist, daß sich jemand daran macht, etwas zu tun [...]. Wir fragen ›Warum?‹ Die Antwort ist oft einfach ›Um *p* herbeizuführen‹« – die »Lesrichtung« sich also umkehrt. Wir vernachlässigen auch diese Differenzierung im vorliegenden Zusammenhang.)

Für die Gültigkeit einer nach dem praktischen Schluß konstruierten Erklärung ist es unerheblich, ob *A* schließlich wirklich *p* herbeiführen konnte, indem er *a* tat, oder ob er sich im Irrtum befand und *a* zwar tat, aber damit *p* nicht herbeiführen konnte. In jedem Falle erklärt die *Absicht*, *p* herbeizuführen, daß *a* getan wird. Mit dem praktischen Schluß beziehungsweise der teleologischen Erklärung – die von Wright freilich wesentlich weiter differenziert und auch im Verhältnis zur kausalen Erklärung diskutiert (vgl. 1974, u. a. Kap. III u. IV) – liegt also eine Alternative zur deduktiv-nomologischen Erklärung vor, die es erlaubt, auch »aus der Zukunft wirkende« »Ursachen« – Absichten, Ziele, Wünsche et cetera – zur Erklärung »gegenwärtiger« Phänomene, insbesondere von Handlungen, heranzuziehen.

Die narrative Erklärung (Arthur Danto)

Eine weitere alternative Erklärungsform wurde nicht zufällig innerhalb der Geschichtswissenschaften entworfen, gewinnt aber gerade in letzter Zeit besonders in den Teilbereichen der Psychologie, in denen erzählte Geschichten eine Rolle spielen, zunehmend an Bedeutung: etwa in der Biographie- und Lebenslaufforschung, in kognitionswissenschaftlichen Studien zur sprachlichen (oder narrativen) Kompetenz oder in der Therapieforschung (dort um so mehr, je zentraler der sprachliche Austausch für die jeweilige Therapieform ist). Die Rede ist von der narrativen Erklärung, die wir abschließend im Anschluß an Danto (1974) skizzieren wollen. (Diese Konzeption der narrativen Erklärung wird ausgearbeitet und gerade auch für das sozialwissenschaftliche Feld etwa von Straub 1994 fruchtbar gemacht.)

Bereits die Prüfung unseres Alltagsverständnisses erbringt bestimmte Zusammenhänge oder Situationen, in denen uns die Erklärung von »zeitlich komplexen« Phänomenen oder Ereignissen gleichbedeutend ist mit dem Erzählen beziehungsweise Hören einer Geschichte. Wenn uns eine Freundin mitteilt, sie habe ihren Mann verlassen, und wir sie um nähere Erklärung bitten, dann erwarten wir (in der Regel) weder eine deduktiv-nomologische noch eine teleologische Erklärung – wir erwarten nichts anderes als eine (triftige, stimmige) Geschichte.

Danto baut vor allem auf einer Präzisierung des Explanandums auf: Nicht irgendein Ereignis oder ein Geschehen bedarf einer Erklärung – erklärt wird eine *Veränderung*. Implizit ist dieser Bezug auf einen zeitlichen Ablauf stets enthalten: »Wenn man beispielsweise ein Auto lediglich als *verbeult* beschreibt, so ist damit implizit auf einen früheren Zustand des Autos Bezug genommen, zu dem es noch *nicht* verbeult war; und verlangt man eine Erklärung für die Beule, so fordert man dementsprechend auch eine Erklärung für diese Veränderung« (Danto 1974, S. 371f., Hervorhebung im Original). Das Explanandum besteht also aus zwei voneinander verschiedenen Zuständen F (zum Zeitpunkt t_1) und G (zum Zeitpunkt t_3), die durch das Explanans miteinander in Beziehung gesetzt werden müssen. Eine Geschichte – schon seit Aristoteles' Poetik aus einem Anfang, einem Mittelteil und einem Schluß bestehend – leistet genau diese (sinnstiftende) Verbindung der beiden zeitlichen Eckpunkte einer Veränderung, indem sie darstellt und dadurch zugleich erklärt, wie die Veränderung stattgefunden hat. Auch die narrative Erklärung läßt sich in einem einfachen Schema darstellen:

x ist F in t_1
H ereignet sich mit x in t_2
x ist G in t_3

»*F* und *G* sind Prädikatsvariable« – Kamlah und Lorenzen würden sie Prädikatorenvariable nennen –, »die jeweils ersetzt werden müssen durch entgegengesetzte Prädikate; und *x* ist eine individuelle Variable, die durch einen Eigennamen zu ersetzen ist, der das Subjekt der Veränderung bezeichnet. [...] Doch um den Wandel zu erklären, bedarf es der Beziehung auf *etwas, das in t_2 mit x geschieht*, ein Ereignis (von beliebigem Komplexitätsgrad), das die Veränderung in *x* verursachte« (S. 375f., Hervorhebung im Original).

Konsequenzen unterschiedlicher Erklärungsformen

Unsere knappe Skizze sollte nicht zuletzt auf Alternativen zum bekannten Hempel-Oppenheim-Schema der Erklärung hinweisen, die in der wissenschaftstheoretischen Literatur ebenso wie dieses in ihrer logischen Gültigkeit, aber auch in ihren Schwierigkeiten diskutiert und entfaltet worden sind. Eigentlich sollte sich jeder, der Psychologie betreibt, darüber klar werden, nach welchen Formen der Erklärung er im konkreten Fall sucht. Wie angedeutet lassen etwa Positivisten nur die deduktiv-nomologische Erklärung zu, weil sie ihnen – ausgehend von ihren Grundannahmen – als die »stärkste« (und auch in den Naturwissenschaften verwandte) Form der Erklärung erscheint.

Aber auch eine Position, die sich explizit der Rekonstruktion narrativer Erklärungen widmet, läßt sich begründen und verteidigen – beispielsweise durch ganz pragmatische Überlegungen, wenn es um die Untersuchung komplexer biographischer Erzählungen und in ihnen zur Sprache gebrachter Entscheidungen und Veränderungen geht, oder aber grundsätzlicher, indem man von der Rolle narrativer Erklärungen in der Alltagswelt ausgeht und sodann (in konstruktivistischer Perspektive) ihre Bedeutung für die Konstruktion der sozialen Welt selbst in den Mittelpunkt stellt, um sie so auch als geeigneten oder privilegierten Zugang zur Untersuchung eben dieser sozialen Welt auszuweisen (zu versuchen).

Die Reflexion der Erklärungsform, die das eigene wissenschaftliche Handeln fundiert, ist nicht zuletzt deshalb von Bedeutung, weil jede Erklärungsform – was hier nur noch angedeutet werden kann – jeweils ganz unterschiedliche methodische Konsequenzen für die Forschungspraxis hat. Die strenge Orientierung am deduktiv-nomologischen Schema mit seiner Symmetrie von Erklärung und Prognose beispielsweise geht einher mit dem klassischen Experiment als bevorzugtem Mittel der Erkenntnisproduktion (vgl. Hell). Die Kontrolle und Manipulation der unabhängigen Variablen (Antecedensbedingungen) ermöglicht bei bekannten oder unterstellten Gesetzmäßigkeiten die Prognose der Resultate und so die empirische

Überprüfung der in Rede stehenden Gesetze. (Sollte sich bei dieser Überprüfung zeigen, daß die unterstellten Gesetzmäßigkeiten zu modifizieren sind, bewegt man sich – weil hierzu induktive »Schlüsse« notwendig wären – streng genommen nicht mehr im Denkrahmen nomologischer Hypothesenprüfung.)

Natürlich ist auch eine nicht-experimentelle Studie, die beispielsweise »unabhängige« Variablen erhebt und miteinander korreliert, prinzipiell derselben »experimentellen« Logik verpflichtet. Sie verzichtet lediglich (zum Beispiel aus praktischen Gründen) auf die Herstellung und Manipulation der Antecedensbedingungen, nicht aber auf ihre Kontrolle. Für die »schwächere« Form der deduktiv-nomologischen Erklärung, die induktiv-statistische, gilt das Gesagte analog.

Interessieren dagegen narrative Erklärungen, verliert durch den Wegfall unabhängiger Variablen (und die Irrelevanz allgemeiner Gesetzmäßigkeiten) auch das klassische Experiment seinen Sinn. (Von einem »biographischen Experiment« beispielsweise ließe sich denn auch allenfalls metaphorisch sprechen – buchstäblich gemeint läge eine »contradictio in adjecto« vor.) Statt dessen wandelt sich die Psychologie in diesem Fall zur Textwissenschaft, die sich im Anschluß an die hermeneutische Tradition (vorrangig) der Interpretation und dem Verständnis sinn- und bedeutungsstrukturierter Wirklichkeiten widmet. Auch hierbei sind – wie im Falle des klassischen Experiments – natürlich bestimmte Verfahrensregeln notwendig, die das Vorgehen der wissenschaftlichen Gemeinschaft optimieren, regulieren und methodisch kontrollierbar machen. Denn Wissenschaft, wir erinnern uns, ist der Versuch kollektiver Erkenntnisbildung in einem offenen, das heißt prinzipiell für jeden zugänglichen Kommunikationssystem mit potentiell unendlich vielen (auch zukünftigen) Teilnehmenden, der nach bestimmten Regeln ablaufen soll.

Was für eine Erkenntnis, *welche Erklärungen* in dieser kollektiven Anstrengung gesucht werden, ist prinzipiell disponibel und wird ebenso Gegenstand wissenschaftstheoretischer Debatten bleiben, wie die konkreten Regeln, die dann jeweils zur Anwendung zu bringen sind (vgl. hierzu etwa die Beiträge von Steyer sowie von Appelsmeyer, Kochinka & Straub).

Literatur

Albert, Hans (1991): *Traktat über kritische Vernunft* (5. verbesserte und erweiterte Aufl.). Tübingen: J.C.B. Mohr (Paul Siebeck) (Original 1968).

Albert, Hans, Herbert Keuth (Hg.) (1973): *Kritik der kritischen Psychologie*. Hamburg: Hoffmann und Campe.

Brandtstädter, Jochen (1987): »A rose has no teeth« – Zum Problem der Unterscheidung zwischen Begriffsverwirrungen und überraschenden empirischen Befunden in der Psychologie. In: Jochen Brandtstädter (Hg.): *Struktur und Erfahrung in der psychologischen Forschung*. Berlin, New York: de Gruyter, 1–13.

Danto, Arthur C. (1974): *Analytische Philosophie der Geschichte*. Frankfurt/M.: Suhrkamp (Original 1965).

Dingler, Hugo (1923): *Die Grundlagen der Physik. Synthetische Prinzipien der mathematischen Naturphilosophie* (2., völlig neubearbeitete Aufl.). Berlin, Leipzig: de Gruyter (Original 1919).

Dingler, Hugo (1931): *Der Zusammenbruch der Wissenschaft und der Primat der Philosophie* (2., verbesserte und durch einen Anhang vermehrte Aufl.). München: Ernst Reinhardt (Original 1926).

Hempel, Carl Gustav (1977): *Aspekte wissenschaftlicher Erklärung*. Berlin, New York: de Gruyter (Original 1965).

Hempel, Carl Gustav, Paul Oppenheim (1948): Studies in the logic of explanation. *Philosophy of Science* 15: 135–175.

Holzkamp, Klaus (1968): *Wissenschaft als Handlung. Versuch einer neuen Grundlegung der Wissenschaftslehre*. Berlin: de Gruyter.

Holzkamp, Klaus (1972): Wissenschaftstheoretische Voraussetzungen kritisch-emanzipatorischer Psychologie. In: Klaus Holzkamp: *Kritische Psychologie. Vorbereitende Arbeiten*. Frankfurt/M.: Fischer, 75–146.

Holzkamp, Klaus (1986): Die Verkennung von Handlungsbegründungen als empirische Zusammenhangsannahmen in sozialpsychologischen Theorien: Methodologische Fehlorientierung infolge von Begriffsverwirrung. *Zeitschrift für Sozialpsychologie*, 17: 216–238.

Kamlah, Wilhelm, Paul Lorenzen (1973): *Logische Propädeutik. Vorschule des vernünftigen Redens* (2., verbesserte und erweiterte Aufl.). Mannheim, Wien, Zürich: B.I.-Wissenschaftsverlag (Original 1967).

Kriz, Jürgen, Helmut E. Lück, Horst Heidbrink (1987): *Wissenschafts- und Erkenntnistheorie. Eine Einführung für Psychologen und Humanwissenschaftler. Mit einem Beitrag von Walter Zitterbarth und Hans Werbik*. Opladen: Leske + Budrich.

Popper, Karl (1994): *Logik der Forschung* (10., verbesserte und vermehrte Aufl.). Tübingen: J.C.B. Mohr (Paul Siebeck) (Original 1935).

Smedslund, Jan (1979): Between the analytic and the arbitrary: A case study of psychological research. *Scandinavian Journal of Psychology*, 20: 129–140.

Smedslund, Jan (1980): Analyzing the primary code: From empirism to apriorism. In: David R. Olson (Hg.): *The social foundations of Language and Thought. Essays in Honor of Jerome S. Bruner. With a foreword by George A. Miller and an afterword by Jerome S. Bruner*. New York, London: Norton, 47–73.

Stegmüller, Wolfgang (1983): *Probleme und Resultate der Wissenschaftstheorie und Analytischen Philosophie. Band I: Erklärung, Begründung, Kausalität* (2., verbesserte und erweiterte Aufl.). Berlin, Heidelberg, New York: Springer (Original 1969).

Straub, Jürgen (1998): *Handlung, Interpretation, Kritik. Grundzüge einer textwissenschaftlichen Handlungs- und Kulturpsychologie.* Berlin, New York: de Gruyter (im Druck).

Werbik, Hans (1984): Über die nomologische Auslegung von Handlungstheorien. In: Hans Lenk (Hg.): *Handlungstheorien interdisziplinär III. Verhaltenswissenschaftliche und psychologische Handlungstheorien, zweiter Halbband*. München: Fink, 633–651.

Werbik, Hans (1987): Zur rationalen Annehmbarkeit handlungspsychologischer Aussagen und Theorien-Skizzen. In: Jochen Brandtstädter (Hg.): *Struktur und Erfahrung in der psychologischen Forschung*. Berlin, New York: de Gruyter, 125–158.

Wright, Georg Henrik von (1974): *Erklären und Verstehen*. Frankfurt/M.: Athenäum Fischer.

3. Systemtheorie

WILHELM R. GLASER

Die Ursprünge

Das Wort »System« entstammt der griechischen Sprache. Seine Teile sind »syn«, »zusammen«, und »stellein«, »ordnen, aufstellen«. System ist also ein Zusammengesetztes, ein Zusammenwirken von Teilen zu einem komplexen, aber auch geordneten und überschaubaren Ganzen.

Der Begriff System, griechisch »systema«, kommt mit dieser Grundbedeutung schon in der Antike vor, ist also kein wissenschaftlicher Terminus der Neuzeit. Schon damals bildete sich eine Grundunterscheidung aus: Systeme konnten gegenständlich oder gedanklich sein. Damit ist gemeint, daß sich sowohl Wirklichkeitsausschnitte als auch gedankliche und begriffliche Konstruktionen als Systeme verstehen lassen. Im ersten Fall spricht man auch von Realsystemen und unterscheidet zwischen natürlichen (Sonnensystem, Ökosystem, periodisches System der Elemente) und vom Menschen hervorgebrachten Gegebenheiten (Regierungssystem, Währungssystem, Verkehrssystem). Im zweiten Fall spricht man von gedanklichen oder symbolischen Systemen und meint dabei Ordnungen, die sich von kleineren Aussagengefügen (Satzsystem, Gleichungssystem) bis hin zu Gesamtdarstellungen des Wissens in Form von Lehrgebäuden (philosophische Systeme, Fächersystematiken) erstrecken.

Diese Unterscheidungen sind jedoch in der Sache nicht wirklich trennscharf: Das periodische System der Elemente beispielsweise gibt die Anzahl der Elektronen in den Atomen und deren Verteilung auf die Schalen an. Es verknüpft diese Zahlenverhältnisse mit den physikalischen und chemischen Eigenschaften der Elemente. Insofern ist es Realsystem. Andererseits wurde es von Wissenschaftlern geschaffen, um Wissensbestände über die Elemente nach Ähnlichkeitsbeziehungen zu ordnen. Insofern ist es gedankliches System.

Der Inhalt des Begriffes System ist klein, sein Umfang groß. Man verwendet ihn deshalb vor allem, wenn man in sehr grundsätzlicher und allgemeiner Art über das Zusammenwirken von Teilen zu einem Ganzen, von Wirkungsgefügen, Strukturen und Prozessen sprechen will. Die Allgemeinheit der Analyse wird dadurch erreicht, daß von konkreten Zusammenhängen, von den Naturgesetzen, denen die Teile unterliegen, in einer charakteristischen Weise abgesehen wird. Dadurch werden strukturelle und funktionale Gleichheiten in verschiedenen Realitätsbereichen, etwa Organismen, Maschinen oder Wirtschaftskreisläufen, sichtbar.

Das führt uns zum modernen Begriff der Systemtheorie, wie er sich seit den vierziger Jahren unseres Jahrhunderts etabliert hat. Diese Theorie handelt also von Realsystemen in verschiedensten Wirklichkeitsbereichen. Ihr Begriffs- und Methodeninventar ist entschieden »fächerübergreifend«. Insofern hat sich die Systemtheorie in besonderer Weise als »Brücke zwischen den Wissenschaften« erwiesen. In diesem Beitrag sollen ihre grundlegenden Begriffe und Methoden einführend dargestellt und auf Beispiele aus der Psychologie angewandt werden.

Die Wurzeln der modernen Systemtheorie liegen in der Kybernetik und in der Informationstheorie. Für beide sind bahnbrechende Grundlagenwerke Ende der vierziger Jahre erschienen. Norbert Wiener publizierte ›Cybernetics‹ im Jahre 1948. Der Titel ist vom griechischen »kybernetes«, »Steuermann«, abgeleitet. Das Buch handelt von der Steuerung und Regelung in Organismen und Maschinen. Es faßt wissenschaftliche Erfahrungen, vor allem aus Biologie und Maschinenbau, zusammen, die teilweise sehr alt sind, jedoch vor allem seit den dreißiger Jahren unseres Jahrhunderts kumuliert waren. Ein Kernproblem war dabei die Ultrastabilität oder Homöostase.

Das klassische Beispiel aus dem Maschinenbau ist die Dampfmaschine von James Watt. Die dem Zylinder zufließende Dampfmenge läßt sich mit einem Ventil einstellen. Bei einer gegebenen Last führt sie zu einer bestimmten Drehzahl. Sinkt die Last, erhöht sich die Drehzahl, steigt die Last, sinkt sie ab. Für die angetriebene Maschine, etwa einen Stromerzeuger, ist das ein höchst unerwünschter Zustand. In der Regel verlangen angetriebene Aggregate eine möglichst lastunabhängig konstante Drehzahl. Bei konstanter Dampfzufuhr kann jedoch die Drehzahl der Dampfmaschine nicht lastunabhängig stabil sein. Die Lösung des Problems besteht darin, daß man das Absinken der Drehzahl registriert und ihr mit einer Erhöhung der Dampfzufuhr durch Öffnung des Ventils »gegensteuert«. Bei einer Erhöhung der Drehzahl durch Lastabfall muß das Gegenteil geschehen.

Das könnte einen – besonders monotonen – Arbeitsplatz für Bedienungspersonal schaffen. Schon Watt aber ersann eine andere Lösung: Er nutzte die Fliehkraft zweier mit der Maschinenwelle fest gekoppelter, rotierender Gewichte dazu aus, das Ventil für die Dampfzufuhr einzustellen. Die Kopplung wurde so gewählt, daß steigende Drehzahl zu sinkender, sinkende Drehzahl zu steigender Dampfzufuhr führte. Das Gebilde, das Watt damit erfand, war die »selbsttätige Regelung«. Wir nennen es heute Regelkreis. Seine Struktur besteht darin, daß eine Wirkung, im Beispiel die Drehzahl der Maschinenachse, auf ihre eigene Ursache, im Beispiel die Ventilstellung für die Dampfzufuhr, gegensinnig zurückwirkt. Eine solche Rückwirkung nennt man Rückkoppelung (engl. feed back). Topologisch, natürlich nicht geometrisch, haben wir zu einem Kreis zusammengeschlossene Ursache-Wirkungs-Beziehungen.

In der Biologie der dreißiger Jahre stieß man auf ähnliche Probleme. Die höheren Organismen sind nur lebensfähig, wenn sie ein inneres Milieu hinsichtlich Temperatur, Ionenkonzentration und anderer physiologischer Variablen außerordentlich genau konstant halten, und zwar trotz wechselnder Außentemperatur, Flüssigkeitszufuhr und dergleichen. Eine solche Ultrastabilität oder Homöostase kann unmöglich durch »einfache« Naturgesetze sichergestellt werden, sondern setzt Wirkungsstrukturen in der Art von Regelkreisen voraus.

Das war der Ausgangspunkt von Wieners Werk: In so verschiedenen Gebieten wie Maschinenbau und Biologie hatte man die gleichen Probleme und ähnliche Lösungen entdeckt. Damit lag es nahe, von den physischen Naturgesetzen abzusehen und die Leistung dieser Strukturen selbst zu untersuchen. Für dieses Programm mußte zunächst eine neue Terminologie entwickelt werden. Ob die Wirkung der Teile eines Regelkreises aufeinander in einer Maschine durch ein mechanisches Gestänge oder einen stromführenden Draht, oder in einem Organismus durch die Aktionspotentiale einer Nervenzelle oder eine Hormonausschüttung übertragen wird, mußte terminologisch eliminiert werden. Der richtige Begriff mußte das diesen Übertragungsweisen Gemeinsame ausdrücken und die Verschiedenheiten ausklammern. Er lautete »Information«.

Wir belegen das mit einem Zitat: »Wir beginnen einzusehen, daß solche wichtigen Elemente wie die Neuronen, die Atome des Nervenkomplexes unseres Körpers, ihre Arbeit unter fast den gleichen Bedingungen wie Vakuumröhren verrichten, mit ihrer relativ kleinen Energie, (...) und daß die Buchhaltung, die sehr wesentlich ist für die Beschreibung ihrer Funktion, keine Energiebuchhaltung ist. Kurz, die neuere Untersuchung der Automaten, ob aus Metall oder aus Fleisch, ist ein Zweig der Nachrichtentechnik, und ihre Hauptbegriffe sind jene der Nachricht, Betrag der Störung oder ›Rauschen‹ – ein Ausdruck übernommen vom Telefoningenieur –, Größe der Information, Kodierverfahren und so fort.« (Wiener 1968, S. 66–67)

Damit sind wir beim Grundbegriff der Systemtheorie: Information. Wenn wir bei der Untersuchung von Wirkungsgefügen konsequent davon absehen wollen, »ob aus Metall oder Fleisch«, dann müssen wir auch davon absehen, in welcher Form dabei Materie oder Energie im Spiel sind. Wir müssen andererseits einen Grundbegriff für das finden, was jenseits von Materie und Energie überhaupt noch bleibt. Er heißt Information und wird in dieser Weise als undefinierter Grundbegriff »negativ« eingeführt. Das ist oft kritisiert worden. Dieser Kritik – die hier nicht weiter diskutiert werden kann (s. z.B. Bischof 1995, S. 60) – ist aber entgegenzuhalten, daß es oft unvermeidlich und wissenschaftstheoretisch legitim ist, einen undefinierten Grundbegriff einzuführen. Die Brauchbarkeit eines solchen Begriffes zeigt sich an seiner Verwendung. Ein bekannteres Beispiel ist der Begriff der Wahrscheinlichkeit, mit dessen Hilfe wir eine widerspruchsfreie Wahrscheinlichkeitstheorie aufbauen können, die als Modell für viele Erkenntnis- und Entscheidungsprozesse äußerst wertvoll ist. Dennoch haben wir keine Definition, die uns sagt, was Wahrscheinlichkeit »eigentlich« ist. Wir wissen nur, daß es sich um ein »normiertes, additives (σ-additives) Maß« handelt (Stegmüller 1973, S. 108).

Das Werk von Wiener (1968) vermittelt uns eine weitere wichtige Erkenntnis, deren Einzeldarstellung auch der größte Teil seines Umfanges gilt. Wenn man die Einwirkungen der Teile eines Systems aufeinander abstrahierend als Information analysiert, muß man natürlich den physischen Variablen einen neuen begrifflichen Rahmen geben. Sie werden jetzt als Signale bezeichnet, denen die Information aufgeprägt ist. Für die Physik oder Physiologie der Signale bleiben Regelungstechniker und Biologen zuständig. Die Systemtheorie liefert jedoch eine Analyseebene, die von diesen Unterschieden absieht. Das klingt bis jetzt abstrakt und inhaltsleer. Die entscheidenden Inhalte sind jedoch das Verhalten von Systemen und ihren Teilen in der Zeit.

Die Zeit wird die herausgehobene unabhängige Variable der Systemtheorie. In der folgenden Darstellung werden wir das konkretisieren. Bei Wiener (1968, S. 86) lesen wir programmatisch: »Es gibt eine große Klasse von Phänomenen, bei denen eine numerische Größe oder eine Folge von numerischen Größen betrachtet wird, die zeitlich verteilt ist.« Der größte Teil des Buches ist daher der mathematischen Analyse in der Zeit ablaufender Prozesse gewidmet. Das sind insbesondere lineare Differentialgleichungen erster und zweiter Ordnung. Ihre Lösungen enthalten Exponential- und trigonometrische, also periodische, Funktionen. Diese Lösungen sind mit bestimmten Integraltransformationen, beispielsweise der Fourier- und der Laplace-Transformation, mathematisch gut beherrschbar.

Hier liegt aber ein besonderes Problem für die Systemtheorie in der Psychologie. Die These von Bischof (1995, S. V) ist sicher höchst bedenkenswert, daß die Psychologie die Möglichkeiten der Systemtheorie bisher bei weitem nicht ausgeschöpft hat, und zwar vor allem infolge der zu geringen mathematischen Grundausbildung der meisten Psychologen. Daran kann dieser Beitrag natürlich nicht das geringste ändern. Er soll aber einen Einblick in Denkweisen, Methoden und einige Resultate der Systemtheorie geben.

Das zweite Grundlagenwerk aus den vierziger Jahren unseres Jahrhunderts zur Systemtheorie ist Shannons und Weavers ›The mathematical theory of communication‹ (1949). Es ist aus dem Ziel heraus entstanden, der immer größer gewordenen Vielfalt physikalischer Verfahren der Nachrichtentechnik eine theoretisch einheitliche Grundlage zu geben. Auch hier war der Weg die Abstraktion von der physikalischen Realisierung der Einzelsysteme zu dem allgemeineren Grundbegriff der Information. Mit einem Kunstgriff wurde die Information in einem nichtphysikalischen Sinne meßbar gemacht: Information ist alles, was Ungewißheit beseitigt. Als Maß für die beseitigte Ungewißheit bietet sich die vor dem Empfang einer Nachricht bestehende Wahrscheinlichkeit für deren Eintreffen an, wenn man sie noch geeignet transformiert. Shannons Formalismus und seine Anwendungen tragen den Namen Informationstheorie. Kybernetik und Informationstheorie sind die Grundbestandteile der Systemtheorie, die wir jetzt etwas detaillierter besprechen wollen.

Kybernetik

Die Beschreibung von Systemen

Unter einem System verstehen wir einen Ausschnitt aus der Realität, der eine Struktur von Ursachen und Wirkungen hat und in dem bestimmte Prozesse in der Zeit ablaufen. Dieser Realitätsausschnitt entsteht, indem wir – in Gedanken, in einer graphischen Darstellung oder in einem Experiment – eine geschlossene Hüllkurve legen. *Abbildung 1* zeigt das beliebte Beispiel des »Thermostaten«, der Regelung der Zimmertemperatur in unseren Wohnungen. Die Hüllkurve ist hier die gestrichelte Linie. Was sich innerhalb ihrer befindet, ist das betrachtete System »geheizter Wohnraum«.

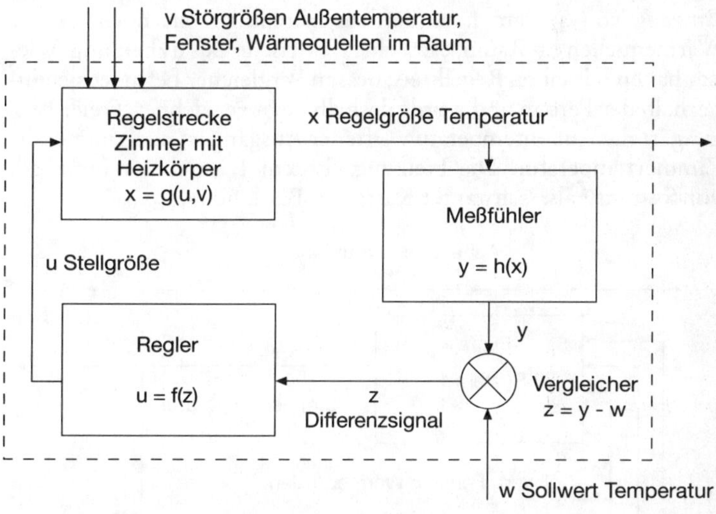

Abb. 1 Beispiel eines Systems: Geheizter Wohnraum

Eine solche Darstellung nennen wir Blockdiagramm. Es besteht aus zwei Typen von Elementen: Blöcken und Wirkungslinien. Blockdiagramme haben ihre Syntax, die beachtet werden muß. Danach geben die Blöcke diejenigen Objekte an, innerhalb deren mindestens eine – physikalische oder informationelle – Ursache-Wirkung-Beziehung besteht. Sie werden im allgemeinen als Rechtecke wiedergegeben. Für Blöcke mit besonderen Funktionen gibt es auch besondere Symbole wie für den Vergleicher in unserem Beispiel. Die Pfeile unseres Diagramms heißen Wirkungslinien. Sie symbolisieren das Zusammenwirken der Blöcke. Die Pfeilspitze gibt die Wirkungsrichtung an. Sehr wichtig ist, daß innerhalb der Wirkungslinien »nichts geschieht«. Deshalb können Pfeilspitzen niemals auf anderen Wirkungslinien enden. Pfeilanfänge können sich hingegen verzweigen, wie die Temperatur in unserer *Abbildung 1* (s. o.).

Wirkungslinien, die die Hüllkurve von außen nach innen durchdringen, heißen freie Eingänge des Systems. Von innen nach außen heißen sie offene Ausgänge. Die Analyse von Systemen ist grundsätzlich rekursiv. Einzelne Blöcke können also wiederum als Systeme bezeichnet und analysiert werden. Das zeigt *Abbildung 2.* Hier betrachten wir eine Person, die sich in dem Zimmer mit der Heizung nach *Abbildung 1* befindet. Sie nimmt die Zimmertemperatur wahr und verstellt entsprechend den Sollwert, einen freien Eingang von System 1. Außerdem manipuliert sie noch weitere Wärmequellen im Raum, etwa eine elektrische Zusatzheizung. Wieder haben wir einen Regelkreis; dessen Vergleicher befindet sich innerhalb der Person und wurde deshalb nicht gezeichnet. Freier Eingang ist die Außentemperatur. Offener Ausgang ist noch immer die Zimmertemperatur. Die Heizung, System 1, erscheint innerhalb von System 2 als »schwarzer Kasten«, »Black box«.

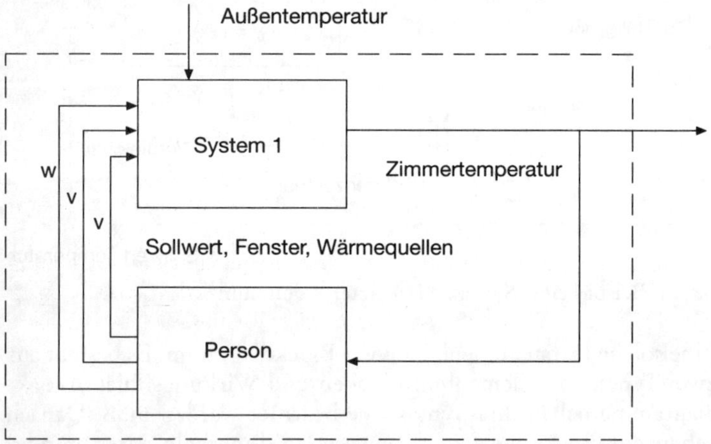

Abb. 2 System 2 mit dem geheizten Wohnraum von *Abb. 1* und einer Person als Komponenten

Für die einzelnen Komponenten eines Regelkreises sind feste Bezeichnungen definiert worden. Der freie Ausgang des Systems, der in Übereinstimmung mit dem Sollwert gehalten werden soll, heißt Regelgröße. Der Block, der diese Variable physikalisch erzeugt, in unserem Beispiel das Zimmer mit Heizkörper, wird als Regelstrecke bezeichnet. Das Subsystem, das die Regelstrecke abhängig von der Soll-Ist-Differenz aussteuert, heißt Regler. Die Variable, über die das geschieht, in unserem Beispiel u, wird Stellgröße genannt. Die freien Eingänge, die die Regelgröße in unerwünschter Weise beeinflussen, in unserem Beispiel Außentemperatur, Öffnung des Fensters und Wärmequellen im Raum, heißen Störgrößen.

Das Zeitverhalten von Regelkreisen

Bleiben wir noch etwas bei *Abbildung 1*. Jeder Block gibt also eine Ursache-Wirkung-Beziehung zwischen seinen Eingängen und Ausgängen an. Sofern der abgebildete Regelkreis stabil ist und die letzten Änderungen der freien Eingänge hinreichend lange zurückliegen, hat jede Variable einen bestimmten Wert, der sich in der Zeit nicht mehr ändert. Man nennt das den eingeschwungenen Zustand.

Im Regelkreis herrscht Gleichzeitigkeit, die Werte seiner Variablen sind also für jeden Zeitpunkt angebbar. Für den einzelnen Block läßt sich dazu eine Funktion anschreiben, die in unserem Beispiel etwa $u = f(z)$ oder $x = g(u, v_1, v_2, v_3)$ lautet. Die erste dieser Funktionen könnte aussehen wie in *Abbildung 3* (siehe S. 76). Bei zu warmem Zimmer, also Temperaturdifferenz $z \geq 0$, wäre demnach der Wasserzufluß ganz geschlossen. Bei zu kaltem Zimmer würde der Wasserzufluß geöffnet, und zwar zunächst proportional zur Temperaturdifferenz. Bei wachsender Temperaturdifferenz würde die Funktion dann nichtlinear, würde also in einem negativ beschleunigten Kurvenverlauf eine »Sättigung«, den maximal möglichen Wasserzulauf, erreichen. Eine solche Funktion wird auch als Kennlinie eines Blockes bezeichnet. Sie gibt dessen physikalische Eigenschaften wieder.

Mit einer solchen Funktion läßt sich nun auch angeben, was der Vergleicher macht: In unserem Beispiel bildet er die Differenz zwischen dem Temperatursignal vom Meßfühler und demjenigen vom Temperaturwähler, also $z = y - w$.

Üblicherweise interessiert uns nun, welchen Wert der offene Ausgang Zimmertemperatur bei einem bestimmten Zustand der

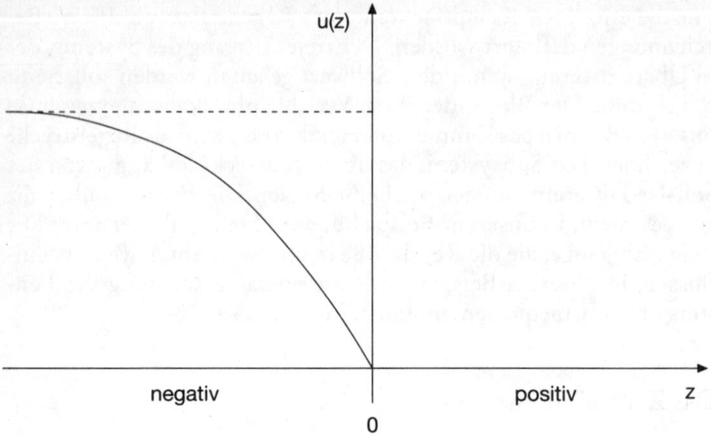

Abb. 3 Beispiel der Kennlinie für eine Systemkomponente (Regler aus *Abb. 1*)

freien Eingänge, beispielsweise Außentemperatur 10°C, Fenster leicht gekippt, Wärmequellen im Raum aus, im eingeschwungenen Zustand annimmt. Da die Wirkungslinien einen geschlossenen Kreis bilden, können wir die Gleichungen entsprechend einsetzen: x = g(f(h(x)- w), v1, v2). Eine solche Gleichung ist oft nach x auflösbar oder kann zumindest numerisch näherungsweise gelöst werden.

Weit wichtiger aber ist die Frage, wie sich ein Regelkreis bei der zeitlichen Veränderung eines freien Eingangs verhält, wenn also beispielsweise bei tiefer Außentemperatur das Fenster für fünf Minuten voll geöffnet wird oder der Sollwert um, sagen wir, drei Grad erhöht wird. In grob qualitativer Form glauben wir alle, das zu wissen: Infolge des offenen Fensters sinkt die Zimmertemperatur sehr stark ab, der Meßfühler paßt sich dieser Temperatur an, die Differenz z = y – w wird stark negativ, der Regler erhöht den Warmwasserzufluß, der Heizkörper wird wärmer und heizt die Luft relativ schnell wieder auf. Mit steigender Temperatur wird der Warmwasserzufluß vermindert, so daß sich schließlich wieder ein konstanter Wert nahe am Sollwert einstellt.

Dabei ist aber auch der folgende Fall leicht möglich: Der Heizkörper wird so warm, daß er selbst dann noch erheblich weiterheizt, wenn die Solltemperatur längst erreicht ist und der Regler den Zufluß schon völlig geschlossen hat. Das Zimmer wird immer wärmer, die Regelung »schwingt über«. Das Zimmer kühlt dann langsam wieder ab, beim Unterschreiten der Solltemperatur öffnet der Regler den Wasserzufluß wieder. Es dauert jedoch eine Zeit bis der Heizkörper erneut warm wird und die Luft wieder aufheizt. Die Temperatur sinkt also zunächst noch weiter ab, um schließlich in der gleichen Weise wieder nach oben über den Sollwert hinauszuschießen. Das kann sich im Prinzip unendlich wiederholen, der Regelkreis kann also Eigenschaften haben, bei denen er nur noch schwingt und nicht mehr zur Ruhe kommt.

Welche Bedingungen führen nun zu derart instabilen Regelkreisen? Es sind die Trägheiten in den Systemkomponenten und der Verstärkungsfaktor. Ein Regelkreis neigt also um so mehr zum Schwingen, je stärker der Regler der Störung entgegenwirkt.

Dieser Satz widerspricht unserem Alltagsdenken, denn man nimmt natürlich »naiv« an, daß ein Regelkreis um so »leistungsfähiger« wird, je stärker die Rückkopplung der Störung entgegenarbeitet. Vor allem die Simulationsversuche Dietrich Dörners zum Problemlösen in komplexen Systemen zeigen dies. Die erfolglosen Versuchspersonen greifen in Regelkreise zu massiv, also mit zu hohem Verstärkungsfaktor ein, weil sie glauben, man müsse deutlichen Mißständen mit äußerst wirksamen Maßnahmen begegnen (z.B. Dörner 1988, S. 200ff.). Dabei machen sie die simulierten Wirtschafts- und Ökosysteme entweder instabil oder bringen sie schnell in nicht mehr umkehrbare, katastrophale Grenzlagen, die sich als Überschwingen bis zur Systemzerstörung interpretieren lassen.

Analysetechniken für das Zeitverhalten von Regelkreisen

Am Beispiel der Zimmerheizung haben wir das Zeitverhalten eines Regelkreises anschaulich beschrieben. Die eigentliche Leistung der Systemtheorie liegt nun darin, daß sie über ein umfangreiches Instrumentarium zur Analyse und Voraussage dieses Zeitverhaltens verfügt.

Das Zeitverhalten eines Blockes wird analysiert, indem man ihn aus dem Regelkreis herausschneidet. Dem Eingang führt man eine bestimmte Zeitfunktion x(t) zu und mißt die Ausgangsfunktion y(t). Für die Eingangsfunktionen wählt man bevorzugt den Einheitssprung, den Einheitsimpuls oder die Sinusfunktion. Die beiden ersten Fälle sind in *Abbildung 4* (siehe S. 78) dargestellt. Das Zeitverhalten eines Blockes läßt sich nun dem Ausgang y(t) entnehmen. Hier lassen sich Grundtypen unterscheiden, die ebenfalls in

Abbildung 4 dargestellt sind. Beim P-Block (Proportional-Block) folgt der Ausgang in der Zeit trägheitslos dem Eingang. Sein Betrag y(x) kann einer linearen oder nichtlinearen Kennlinie folgen. Entsprechend erzeugt der Einheitssprung einen Einheitssprung (mal

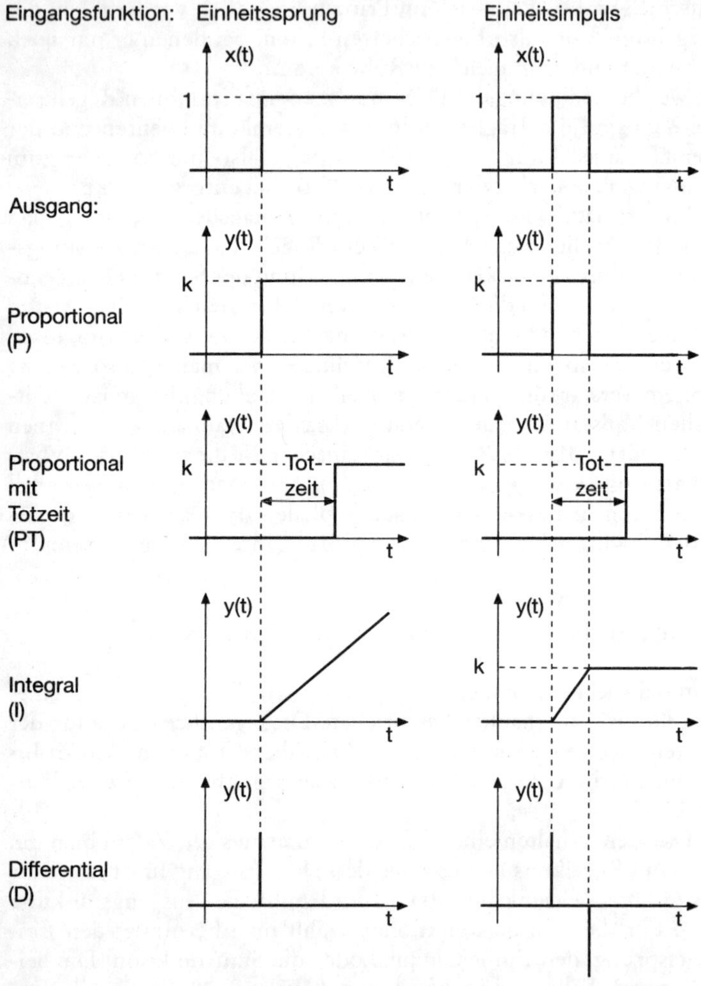

Abb. 4 Verschiedene Arten von Übergangsfunktionen für Systemkomponenten

Verstärkungsfaktor k) und der Einheitsimpuls einen Einheitsimpuls. Beim P-Block mit Totzeit erzeugt der Einheitssprung wieder einen Einheitssprung, jedoch mit einer Verzögerung T.

Beim I-Block integriert der Ausgang den Eingang über die Zeit. Das kommt in unserer Umwelt außerordentlich häufig vor. Die Füllung etwa eines Wasserbehälters entpricht dem Integral der Öffnung des Zuflusses über die Zeit – einfacher gesagt, sie hängt davon ab, wie lange der Hahn wie weit offen ist. Die Geschwindigkeit eines Fahrzeuges entspricht dem Integral der Gashebelposition über die Zeit. Der Winkel einer mit dem Auto gefahrenen Kurve entspricht dem Integral des Lenkradeinschlages über die Zeit. Viele Bedienelemente alltäglicher Geräte und Maschinen haben also eine I-Charakteristik. Beim D-Block schließlich entspricht der Ausgang der Ableitung des Eingangs nach der Zeit, der D-Block spricht also auf Änderungen der Eingangsvariablen an. Als Beispiele drängen sich hier besonders unsere Sinnesorgane auf. Sie verfügen sämtlich über starke D-Komponenten. Wir sind also ganz besonders leicht in der Lage, Veränderungen von Helligkeiten, Farben, Lautstärken, Druck, Berührung und Temperatur zu empfinden.

Kennt man das Zeitverhalten der Blöcke, so ist das Zeitverhalten des Regelkreises, also der Zeitverlauf der offenen Ausgangsvariablen in Abhängigkeit von bestimmten Zeitverläufen der freien Eingänge, daraus herleitbar. Mathematisch ist das oft nicht mehr einfach. Da das Zeitverhalten der Blöcke, wie wir gesehen haben, in Termini der Differential- und Integralrechnung beschrieben wird, entstehen hier Differentialgleichungen, deren Ordnung von der Art und Zahl der Blöcke in einem Regelkreis abhängt. In Abhängigkeit von einzelnen Parametern, auch der Verstärkungsfaktoren k, haben diese Differentialgleichungen aperiodische (monotone Rückführung in den Sollzustand), gedämpfte Schwingungen (Erreichen des Sollzustandes nach mehrmaligem, abnehmenden Überschwingen) oder ungedämpfte Schwingungen (Instabilität) als Lösungen.

Auf die mathematischen Einzelheiten kann hier nicht näher eingegangen werden. Einige wichtige Zusammenhänge sollen aber doch genannt werden. Eine reine P-Regelung ist grundsätzlich nicht in der Lage, die von einer Störvariablen erzwungene Sollwertabweichung vollständig auszuregeln. Es bleibt eine Restabweichung, die mit sinkendem Verstärkungsfaktor des Regelkreises wächst (und umgekehrt). Wachsender Verstärkungsfaktor erhöht, sinkender Verstärkungsfaktor senkt die Neigung eines Regelkreises zum Schwingen unter sonst gleichen Bedingungen. Die I-Regelung oder

I-Komponente in einer zusammengesetzten Regelung erlaubt die vollständige Ausregelung jeder Störung, vermindert aber die Stabilität, erhöht also die Schwingneigung. Eine reine D-Regelung andererseits kann niemals eine Sollwertabweichung befriedigend ausregeln, steigert aber die Stabilität einer Regelung. Die D-Komponente ist das entscheidende Mittel der Technik wie der Evolution zur Stabilisierung von Regelkreisen.

Weiter oben haben wir gesagt, in einem Regelkreis »herrsche Gleichzeitigkeit«. Das gilt vor allem für die frühen Regelkreise der Technik mit analogen Komponenten und für viele biologische Regelkreise. In der Technik hat man früh bemerkt, daß sich viele Regelungen mit weniger Aufwand zeitdiskret auslegen lassen. In unserem Heizungsbeispiel würde das etwa heißen, daß der Regler nur nach bestimmten Zeitintervallen, etwa alle zehn Sekunden, den Vergleicher abliest, die Differenz zur vorangehenden Ablesung bildet und in Abhängigkeit davon ein Signal zur Änderung des Wasserzuflusses erzeugt. Heute sind viele technische Regelungen digital, werden also als Programme formuliert, die auf Mikroprozessoren laufen. Auch diese Regelungen sind zeitdiskret. Zeitdiskrete Regelungen sind mathematisch einfacher zu behandeln, da hier aus den Differentialgleichungen der analogen Regelungen Differenzengleichungen werden, die vor allem auf Digitalrechnern leicht zu lösen sind.

Psychologische Beispiele

Das Modell Regelkreis liefert eine äußerst fruchtbare Heuristik zur Untersuchung vieler psychologischer Fragen. Ein klassisches Beispiel ist die Auge-Hand-Koordination. Wenn wir nach einem gesehenen Objekt greifen, informiert uns die visuelle Wahrnehmung zunächst über dessen Lage und Größe. Die Objekterkennung steuert Wissensbestandteile bei, etwa das Gewicht. Nun wird die Innervation der Arm- und Handmuskulatur so programmiert, daß die Hand zunächst in einer ballistischen Bewegung die Nähe des Objektes erreicht. Wir sehen dann den noch bestehenden Abstand zwischen Objekt und Hand. Diese Differenz wird zur Feinkorrektur der Bewegung ausgenutzt – ein klassischer Regelkreis.

Viele Manipulationen alltäglicher Objekte verlangen kontinuierliche Handbewegungen vom Typ des »Spurhaltens«. Beim Autofahren beispielsweise müssen wir durch Lenkradbewegungen sicherstellen, daß sich das Fahrzeug innerhalb der Grenzen unserer Fahrbahn bewegt. Die wahrgenommene Fahrzeugbewegung wird also ständig auf Lenkradbewegungen rückgekoppelt. Im psychologischen Labor wird diese Form der Auge-Hand-Koordination mit dem sogenannten Trackingexperiment untersucht. Hier muß die Versuchsperson eine optische Marke auf einem Bildschirm durch Handbewegungen mit einem Steuerknüppel möglichst gut mit einem bewegten Ziel deckungsgleich halten. Bei derartigen Experimenten hat sich gezeigt, daß diese Regelung beim Menschen mit durchschnittlich etwa zwei Korrekturen pro Sekunde zeitdiskret abläuft. (Eine gute Einführung in dieses Thema gibt Pew 1974.)

Für zeitdiskrete Regelungen lassen sich leicht weitere psychologische Anwendungsfälle finden. Ein Beispiel ist die berühmte TOTE-Einheit (TEST – OPERATE – TEST – EXIT) von Miller, Galanter und Pribram (1973, S. 34; vgl. auch von Cranach & Tschan). Sie soll der Grundbaustein des Verhaltens höherer Organismen sein. Sie besteht darin, daß ein Organismus in einem bestimmten Zeittakt Istwerte mit Sollwerten vergleicht (TEST). Stimmen beide überein, endet der Vorgang (EXIT). Stimmen sie nicht überein (z. B. absinkender Blutzuckergehalt, Hungergefühl), kommt es zu einer »Handlung« (OPERATE). Danach wird erneut getestet, die beiden möglichen Ausgänge sind wiederum OPERATE oder EXIT. Die Autoren sehen in diesem Zyklus eine Anwendung des Regelkreises. Da Regelkreise, wie wir oben gesehen haben, beliebig tief hierarchisch ineinander geschachtelt werden können – die Blöcke in einem Regelkreis können selbst wieder Regelkreise sein oder enthalten, ebenso deren Blöcke, und so weiter –, werden auch komplexe menschliche Handlungen als hierarchisch geschachtelte TOTE-Einheiten darstellbar.

In ähnlicher Weise lassen sich auch bestimmte Formen des Lernens als Regelkreise interpretieren: etwa die Antizipationsmethode beim Paarassoziationslernen nach Ebbinghaus (vgl. Straub) oder die positive oder negative Verstärkung im operanten Konditionieren bei Skinner (vgl. Bredenkamp). Das hat aber auch eine gewisse Kritik hervorgerufen, hier werde aus dem präzisen Werkzeug der Regelungstechnik und dem hochgenauen Analyseinstrument der Wissenschaft etwas wie eine Allerweltsmetapher für »Rückmeldung von Erfolg oder Mißerfolg«. Uns erscheint diese Kritik überzogen. Das Rückkoppelungsprinzip ist nun einmal universal und kann als Denk- und Erklärungsmuster auch in vielen unschärfer definierten Fällen höchst erfolgreich angewandt werden.

Die Systemtheorie liefert leistungsfähige Methoden für die experimentelle Forschung. Viele Forschungsfragen auch der Psychologie bestehen darin, daß ein Wirkungsgefüge aufzuklären ist. Im ersten Schritt betrachtet man dieses Gefüge als System, legt also eine geschlossene Hüllkurve und definiert damit die freien Eingänge und offenen Ausgänge. Im zweiten Schritt formuliert man Hypothesen über die innere Struktur des Systems. Im dritten Schritt greift man experimentell in das System ein. Dabei gibt es zwei Techniken: die Manipulation, worunter hier in einem sehr präzisen Sinne das Aufschalten definierter Zeitfunktionen (Einheitssprung, Einheitsimpuls, Sinusfunktion) auf Eingänge ausgewählter Blöcke oder auf freie Eingänge des Systems verstanden wird, und die gezielte Veränderung des Wirkungsgefüges durch Aufschneiden bestimmter Wirkungslinien.

Mit einem weiteren psychologischen Beispiel wollen wir eine solche experimentelle systemtheoretische Analyse demonstrieren (nach Bischof 1995, S. 98ff.). Es gehe um die Frage nach dem Zusammenhang von erlebter Emotion und Emotionsausdruck. Dabei lautet eine realistische Annahme, daß das Signal von einem emotionsauslösenden Reiz das limbische System erreicht und hier einen bestimmten physiologischen Zustand einschließlich Hormonausschüttung bewirkt. Dieser Zustand könnte nun die Ausdrucksmotorik und die erlebte Emotion mit einer Wirkungsverzweigung (»Gabel«) aussteuern (*Abbildung 5a*). Das Wirkungsgefüge könnte auch die Struktur von *Abbildung 5b* haben, die Ausdrucksmotorik könnte also vom limbischen System ausgesteuert werden und ihrerseits die erlebte Emotion bestimmen. Dies ist der Inhalt der sogenannten James-Langeschen Gefühlstheorie aus dem neunzehnten Jahrhundert (vgl. Mees). Sie besagt, auf ein Schlagwort verdichtet: »Wir weinen nicht, weil wir traurig sind, sondern wir sind traurig, weil wir weinen.« (Bischof 1995, S. 99) Das Wirkungsgefüge könnte aber auch *Abbildung 5c* entsprechen, die erlebte Emotion könnte also funktional dem Ausdruck vorangehen und diesen erst determinieren. Wie können wir nun zwischen den drei Hypothesen entscheiden?

Offensichtlich müssen wir empirische Belege beibringen, welche Wirkungslinien dieser Bilder existieren, welche nicht. Das läßt sich mir vier empirischen Fragen machen.

1. Läßt sich eine Reizwirkung auf die erlebte Emotion nachweisen, die nicht mit einem Emotionsausdruck verbunden ist? Offensichtlich ist das möglich, denn auch Personen mit gelähmter Ausdrucksmuskulatur erleben Emotionen. Das widerlegt das Modell aus *Abbildung 5b*, ist aber noch im Einklang mit *Abbildung 5a* und *5c*.

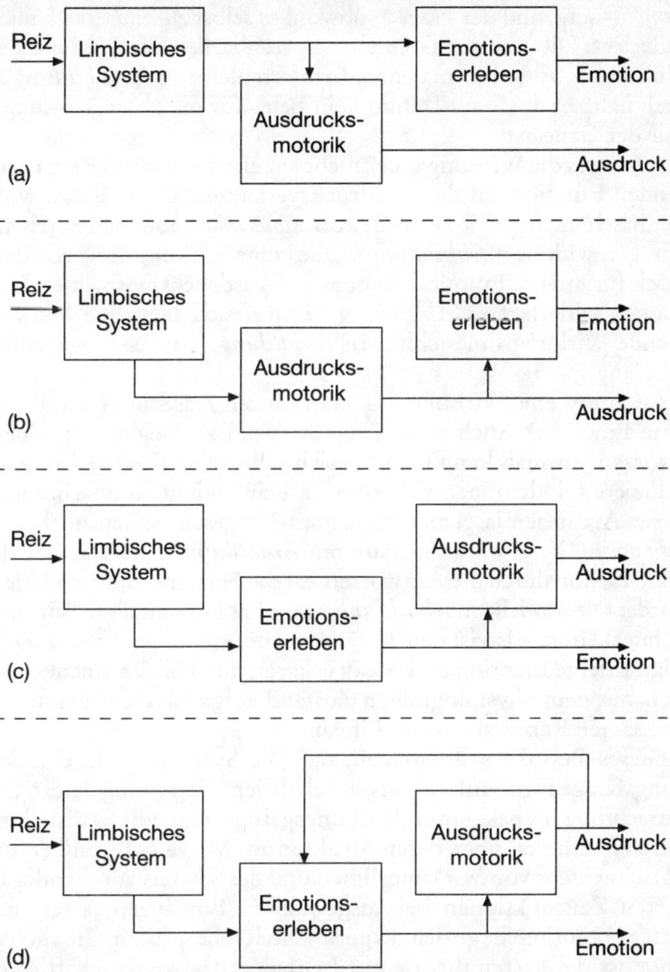

Abb. 5 Hypothetische Systemkonfigurationen für den Zusammenhang von Emotion und Ausdruck

2. Gibt es eine Reizwirkung auf das Ausdrucksverhalten, die nicht mit einer erlebten Emotion verbunden ist? Empirisch läßt sich diese Frage verneinen. Personen mit extrem verminderter emotionaler Ansprechbarkeit zeigen auch keinen Ausdruck von Emotionen. Das ist im Einklang mit der Widerlegung von *Abbil-*

dung 5b aufgrund der Frage 1, obwohl es selbst *Abbildung 5b* nicht widerlegt. Die emotionale Nichtansprechbarkeit kann ja im Block »limbisches System« entstehen. Insofern bleibt auch *Abbildung 5a* noch haltbar, da dieses Datum kein Beleg für die obere Wirkungslinie der Gabel ist.

3. Gibt es die Wirkung einer nicht auf einem äußeren Reiz beruhenden Emotion auf das Ausdrucksverhalten? Die Frage ist wohl empirisch nicht leicht zu beantworten, letztlich aber wohl zu bejahen. Das widerlegt *Abbildung 5a*, die keine Wirkungslinie von dem Block für erlebte Emotion zu dem für Ausdrucksmotorik enthält. Ebenso widerlegt es *Abbildung 5b*, da auch hier eine entsprechende Wirkungslinie fehlt. Mit *Abbildung 5c* ist es hingegen im Einklang.

4. Gibt es eine Wirkung des emotionalen Ausdrucks auf die erlebte Emotion? Auch diese Frage ist wohl zu bejahen. In einem gewissen Ausmaß kann man bei sich selbst eine positive Emotion induzieren, indem man sich zum Lächeln zwingt. Beobachtungen dieser Art liegen ja gerade der James-Langeschen Gefühlstheorie zugrunde. Diese Wirkung wäre mit *Abbildung 5b* verträglich, die jedoch schon durch die Antworten auf die Fragen 1 und 3 widerlegt wurde. Die Modelle in *Abbildung 5a* und *5c* können diese Wirkung nicht erklären. Also ist eine Ergänzung nötig, wie sie *Abbildung 5d* zeigt: Erlebte Emotion und Ausdrucksverhalten bilden einen Regelkreis mit dem physiologischen Zustand aufgrund eines emotional wirksamen Reizes als freiem Eingang.

Dieses Beispiel sollte zeigen, daß die Systemtheorie eine leistungsfähige Heuristik für wissenschaftliche Forschung liefert. Die Betrachtung unbekannter Wirkungsgefüge regt zur Aufstellung von Hypothesen über deren Struktur an. Mit den Techniken des Aufschneidens von Wirkungslinien und des Setzens von standardisierten Zeitfunktionen bei ausgewählten Eingängen lassen sich diese Hypothesen gezielt experimentell überprüfen. In diesem Sinne ist die Systemtheorie ein Leitfaden des wissenschaftlichen Experimentierens, der massiv über die Grenzen der üblichen Versuchsplanungslehre der Sozialwissenschaften, des experimental design, hinausführt.

Informationstheorie

Wie wir gesehen haben, ist es das Grundprinzip der Systemtheorie, Ursache-Wirkungsgefüge zu beschreiben und zu analysieren. Dabei wird der Schwerpunkt auf Strukturen und Prozesse gelegt, während von der Realisierung, den konkreten Naturgesetzen für das jeweils betrachtete System, in einer charakteristischen Weise abgesehen wird. Der Erfolg der Systemtheorie beruht darauf, daß diese Methode grundlegende, in vielen Wirklichkeitsbereichen auffindbare Wirkstrukturen wie den Regelkreis aufzeigen und über deren Verhalten Gesetzesaussagen formulieren konnte. Das Absehen von den konkreten Realisierungen verlangte bestimmte Allgemeinbegriffe, zu denen auch derjenige der Information gehört.

In der Informationstheorie wenden wir uns nun einem speziellen Ausschnitt aller Systeme zu: der Einwirkung der einzelnen Blöcke aufeinander. Was entlang der Wirkungslinien in den Blockdiagrammen übertragen wird, läßt sich im allgemeinen Sinn als Information bezeichnen. Es ist eine elementare Erfahrung, daß Signale beim Empfänger üblicherweise nicht »ideal« ankommen, sondern infolge der physikalischen Eigenschaften und Begrenzungen der »Leitungen« verändert werden. Diese Änderungen können sowohl gesendete Information vernichten, als auch nicht gesendete, im Empfänger aber wirksam werdende Information erzeugen. Im Sinne unseres oben festgelegten Sprachgebrauchs müssen wir jedoch daran festhalten, daß auf der Wirkungslinie des Blockdiagramms »nichts« geschieht. Eine »nichtideale« Informationsübertragung dürfen wir deshalb nicht einfach als Wirkungslinie ansehen, sondern müssen sie als Block zum Ort von Eingangs-Ausgangs-Transformationen machen.

Das Grundmodell der Informationstheorie zeigt *Abbildung 6a* (siehe S. 86). Das Übertragungsmedium für Information ist ein Block mit dem Namen Kanal. Es enthält seine Eingangsinformation von einem Sender und gibt seine Ausgangsinformation an einen Empfänger. Bei unserer Darstellung der Systemtheorie waren wir von analogen Wirkungsgefügen ausgegangen; später hatten wir auch digitale Codierungen der Information und eine zeitdiskrete Wirkungsweise zugelassen. Jetzt gehen wir umgekehrt vor: Die Informationstheorie basiert auf der Übertragung diskreter Zustände oder Zeichen. Die analoge Variante läßt sich problemlos herleiten, soll aber hier nicht weiter interessieren. Noch ein Unterschied ist

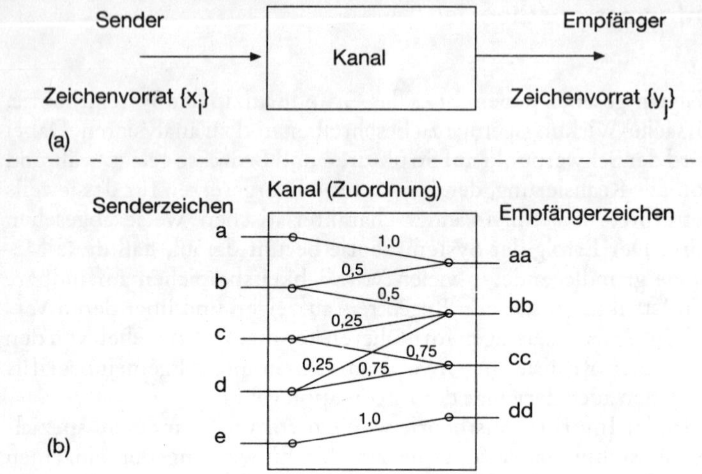

Abb. 6 Sender, Kanal und Empfänger im Sinne der Informationstheorie

einzuführen. Die Wirkungsgefüge der Systemtheorie haben wir als deterministisch angesetzt, die in der Praxis stets zu beobachtenden Zufallsabweichungen der Wirkungen von den kausal vorausgesagten Werten hatten wir vernachlässigt. Das kehren wir jetzt um: Wir betrachten die Vorgänge in Sender, Kanal und Empfänger als probabilistisch. Sie entsprechen also dem Modell des Zufallsexperimentes.

Die Informationstheorie postuliert einen Grundprozeß: Sender und Empfänger verfügen jeweils über einen diskreten, endlichen Zeichenvorrat, der als Menge dargestellt wird. Wir wollen ihn für den Sender x = {a, b, c, d, e} und für den Empfänger y = {aa, bb, cc, dd} nennen. Die Zahl der Zeichen von Sender und Empfänger muß dabei nicht gleich sein. Die Aktivität des Senders besteht darin, daß er zu aufeinanderfolgenden Zeitpunkten t_k jeweils ein Zeichen sendet, etwa b, c, a, b, a. Der Empfänger möge dabei die Zeichen bb, cc, aa, bb, aa empfangen.

Die Informationstheorie beschreibt nun das Verhalten des Senders mit der Wahrscheinlichkeit für jedes seiner Zeichen, zu einem Zeitpunkt t_k ausgewählt, also gesendet zu werden. Für unseren Sender wollen wir eine Gleichverteilung annehmen, zu jedem Sendezeitpunkt t_k soll demnach jedes Zeichen x_i die gleiche Wahrscheinlichkeit haben. Bei fünf Zeichen ist diese Wahrscheinlichkeit $p_i = 0{,}2$. Vor jedem Senden besteht also für jedes der fünf Zeichen die Wahrscheinlichkeit 0,2, daß es »drankommt«. Danach wird daraus für das gewählte Zeichen Gewißheit; für die restlichen, nicht gewählten Zeichen, wird daraus die Gewißheit, daß sie nicht gesendet wurden.

Shannon schlug nun vor, den Reziprokwert der Wahrscheinlichkeit jedes Zeichens, $1/p_i$, als Maß für die Information zu nehmen, die mit seiner Auswahl entsteht. In unserem Beispiel hätte jedes gesendete Zeichen die Information 5. Senden wir zwei Zeichen hintereinander, also etwa die Zeichenfolge b, e, so wäre die Wahrscheinlichkeit dieser Folge nach dem Multiplikationstheorem der Wahrscheinlichkeitstheorie für unabhängige Ereignisse $p(b, e) = p(b) * p(e) = 0{,}2 * 0{,}2 = 0{,}04$. Die Information dieser Folge zweier Zeichen wäre $1/(p(b) * p(e)) = 1/0{,}04 = 25$. Die Information einer Zeichenfolge würde sich demnach als Produkt der Information der einzelnen Zeichen ergeben. Das war Shannon unerwünscht. Er wollte statt dessen ein Maß, bei dem sich der Informationsgehalt für eine Zeichenfolge als Summe der Informationsgehalte der einzelnen Zeichen ergibt. Dazu mußte er den bisherigen Wert, $1/p_i$, nur logarithmieren.

Shannon stellte nun eine weitere Überlegung an. Der einfachste denkbare Sender verfügt nur über zwei Zeichen. Das war den Datenträgern seiner Zeit unmittelbar abzulesen. Auf einem Lochstreifen oder einer Lochkarte war die Information durch zwei mögliche Zustände, »Loch« oder »Nichtloch«, an wohldefinierten Positionen, codiert. Diese Datenträger waren also in unserem heutigen Sinne binär. Für einen binären Sender mit gleichwahrscheinlichen Alternativen ergibt sich die Wahrscheinlichkeit jedes der beiden Zeichen zu $p_i = 0{,}5$. Shannon wählte nun sein logarithmisches Maß für den Informationsgehalt so, daß es in diesem Standardfall den Zahlenwert 1 annimmt. Dazu mußte er 2 als Basis für den Logarithmus nehmen. Er definierte deshalb den Informationsgehalt eines einzelnen Zeichens als $h_i = ld(1/p_i)$. (»ld« bedeutet »Logarithmus zur Basis 2«.) Nach den Regeln der Logarithmenrechnung läßt sich dafür auch schreiben $h_i = -ld(p_i)$, die Division im Argument des Logarithmus läßt sich als Minuszeichen vor den Logarithmus ziehen.

Der Informationsgehalt ist eine dimensionslose Größe, darf also nicht wie in den Größengleichungen der Physik mit der Einheit multipliziert werden. Dennoch erschien eine Bezeichnung wünschenswert. Shannon wählte dafür »Bit«, die Abkürzung für Binary Digit, Binärzahl. Eine Zeichenfolge, die beispielsweise aus 8 gleichwahrscheinlichen Binärzeichen besteht, hat demnach den Informationsgehalt von 8 Bit. Dafür hat sich auch der Sprachgebrauch 8 Bit = 1 Byte eingebürgert. Das ist heute praktisch jedem Computernutzer bekannt.

Wenn der Sender immer wieder zu aufeinanderfolgenden Zeitpunkten t_k ein Zeichen auswählt, so kann man nach der durchschnittlichen Information eines Zeichens dieser Folge fragen. Man bekommt dafür den mit den einzelnen Wahrscheinlichkeiten p_i gewogenen arithmetischen Mittelwert aus den einzelnen Informationsgehalten h_i:

$$H_S = -\sum_{i=1}^{m} p_i * \mathrm{ld}\,(p_i) \qquad (1)$$

Dieser Durchschnitt wird als Entropie des Senders bezeichnet. Als Formelzeichen wird der Großbuchstabe H verwendet. Der Index S steht für Sender. Der Laufindex i bezeichnet die einzelnen Zeichen des Senders, die Obergrenze m deren Anzahl. Die Gleichung (1) heißt auch »Shannon-Formel«. Man beachte, daß es sich tatsächlich um einen arithmetischen Mittelwert handelt, obwohl die Division durch die Zahl der Summanden bzw. die Summe der Gewichte fehlt. Das liegt einfach daran, daß die Gewichte hier die Wahrscheinlichkeiten p_i sind, deren Summe 1 sein muß. Am Minuszeichen darf man sich nicht stören; die Wahrscheinlichkeiten sind stets Zahlen $\leq 1{,}0$, deren Logarithmus ein negatives Vorzeichen hat. Die Shannon-Formel liefert deshalb nur positive Werte. Bei untereinander gleich wahrscheinlichen Zeichen vereinfacht sie sich. Da hier jede Einzelwahrscheinlichkeit $p_i = 1/m$ ist, wird daraus einfach

$$H_S = \mathrm{ld}\ m \qquad (2)$$

Je nach den Eigenschaften des Senders können die einzelnen Zeichenwahrscheinlichkeiten beliebig verschiedene Werte annehmen, natürlich mit der Einschränkung, daß ihre Summe stets 1,0 betragen muß. Es läßt sich nun zeigen, daß die Entropie bei untereinander gleichen $p_i = 1/m$, also $H_S = \mathrm{ld}\ m$, die maximal von einem Sender erzeugbare Information H_{Smax} darstellt. Werden die Zeichen eines Senders mit ungleichen Wahrscheinlichkeiten p_i verwendet, so bleibt H_S unterhalb dieses Maximums, die eigentlich vorhandene Kapazität des Senders wird nicht voll ausgenutzt. Den Quotienten $R = H_S/H_{Smax}$ nennt man die relative Entropie, also den Anteil der Kapazität, der beim Gebrauch eines Senders mit bestimmten Zeichenwahrscheinlichkeiten auch genutzt wird. Unter Redundanz schließlich versteht man die Größe C = 1 – R, also den von einem Sender nicht genutzten Teil eigentlich vorhandener Kapazität.

Der Begriff der Redundanz hat sich bei den Anwendungen der Informationstheorie außerordentlich bewährt. Schauen wir uns als Beispiel geschriebene Texte in deutscher Sprache an. Das Alphabet hat einschließlich der Umlaute und des ß 30 Buchstaben. Daraus ergibt sich ein $H_{S_{max}}$ = ld 30 = 4,9. Tatsächlich kommen jedoch die einzelnen Buchstaben mit sehr unterschiedlichen Wahrscheinlichkeiten vor. A oder E sind sehr häufig, X oder Y sehr selten. Darüber hinaus werden die Wahrscheinlichkeiten für die einzelnen Buchstaben noch entschieden ungleicher, wenn man die einer bestimmten Stelle vorangehenden Buchstaben berücksichtigt. Man nennt das sequentielle Abhängigkeit. Wenn in einem deutschen Text beispielsweise die Buchstabenfolge »Einz_« gegeben ist, dann kann an der unterstrichenen Stelle nur noch ein a (»Einzahl«), ein e (»Einzeln«), ein i (»Einzig«) oder ein u (»Einzug«) folgen.

Unter Berücksichtigung all dieser Restriktionen ergibt sich schließlich noch ein durchschnittlicher Informationsgehalt pro Buchstabe von etwa 1,0 Bit (Attneave 1965, S. 57). Die Redundanz beträgt also C = 1 – 1,0/4,9 = 0,8 = 80 %. Eine solche Redundanz scheint zunächst eine große Verschwendung darzustellen. Gerade am Beispiel der Sprache werden jedoch die Vorteile eines redundanten Zeichengebrauchs schnell sichtbar: Redundanz erlaubt fehlererkennende oder sogar fehlerkorrigierende Codes. Ein verstümmeltes Telegramm »H..zl.c.. Gl..kw.n...e« ist noch leicht als »Herzliche Glückwünsche« zu entziffern.

Schauen wir uns jetzt den Kanal in unserem Beispiel näher an (*Abbildung 6b*, siehe S. 86). Die Empfängerzeichen, die der Kanal den einzelnen Senderzeichen zuordnet, sind durch Wirkungslinien mit diesen verbunden. So sehen wir, daß das Senderzeichen a stets das Empfängerzeichen aa auslöst. Das Senderzeichen b hingegen ist sowohl mit dem Empfängerzeichen aa als auch bb verbunden. Die Zahlen bei den Wirkungslinien geben an, mit welcher Wahrscheinlichkeit diese Verbindungen gewählt werden. Statistisch gesehen sind sie bedingte Wahrscheinlichkeiten $p(y_j|x_i)$. Wie man Abbildung 6b leicht entnimmt, ist beispielsweise p(bb|c) = 0,25 und p(cc|c) = 0,75. Die Gesamtheit dieser Wirkungslinien, zusammen mit deren bedingten Wahrscheinlichkeiten, charakterisiert den Kanal im ganzen. Multipliziert man die bedingten Wahrscheinlichkeiten der einzelnen Wirkungslinien mit den Wahrscheinlichkeiten der einzelnen gesendeten Zeichen, so erhält man die Wahrscheinlichkeit, mit der jede Wirkungslinie bei der Übertragung benutzt wird:

$$p(x_i \cap y_j) = p(y_j \mid x_i) * p(x_i) \tag{3}$$

Tabelle 1 enthält alle diese Wahrscheinlichkeiten für unseren Kanal. Man sieht sofort, daß sich damit auch die – bis jetzt für unser Beispiel nicht bekannten – Wahrscheinlichkeiten der Empfängerzeichen als Spaltensummen berechnen lassen. Die Shannon-Formel läßt sich jetzt zur Berechnung der Empfängerinformation verwenden, wobei wir nur den Index »S« durch »E« für Empfänger ersetzen. Die Zahlenrechnung liefert H_E = 1,971 Bit. Das ist weniger als die H_S = 2,322 Bit des Senders. Dafür gibt es zwei Gründe: Mit seinen 4 Zeichen könnte der Empfänger maximal 2 Bit darstellen. Da die Übertragung hier jedoch ungleiche Zeichenwahrscheinlichkeiten erzeugt, werden diese 2 Bit nicht voll ausgenutzt. Die Shannon-Formel läßt sich auch auf die Zellen der Matrix von Tabelle 1 anwenden. Das Resultat nennt man die Gesamtinformation der Übertragung, H_G. Unser Beispiel ergibt H_G = 2,846 Bit.

Man macht sich leicht klar, daß bei einem »perfekten« Kanal mit gleicher Anzahl von Zeichen bei Sender und Empfänger und deren deterministischer, ein-eindeutiger Zuordnung alle drei Informationen gleich sind: $H_S = H_E = H_G$. Ein probabilistischer Kanal anderer-

Sender	Empfänger			
	p (aa) = 0,3	p (bb) = 0,2	p (cc) = 0,3	p (dd) = 0,2
p (a) = 0,2	0,2	0	0	0
p (b) = 0,2	0,1	0,1	0	0
p (c) = 0,2	0	0,05	0,15	0
p (d) = 0,2	0	0,05	0,15	0
p (e) = 0,2	0	0	0	0,2

Tab. 1 Wahrscheinlichkeiten für die Senderzeichen, Empfängerzeichen und Wirkungslinien zum Kanal von Bild 6b.

seits, der in idealer Weise »nichts« überträgt, würde darin bestehen, daß Sender und Empfänger bei jedem Durchgang ihr Zeichen statistisch unabhängig voneinander auswählen. In diesem Falle ergibt sich die Gesamtinformation als Summe von Sender- und Empfängerinformation: $H_G = H_S + H_E$. Die Übertragungsleistung des Kanals wird nun mit der sogenannten Transinformation T gekennzeichnet. Sie ist definiert als

$$T = H_S + H_E - H_G \tag{4}$$

Man sieht leicht, daß die Transinformation im Falle des idealen Kanals gleich der Sender-, Empfänger- und Gesamtinformation, und im Falle des »nichts« übertragenden Kanals gleich 0 ist. In unserem Beispiel erhalten wir für die Transinformation T = 2,332 + 1,971 – 2,846 = 1,457 Bit. Es wird also deutlich weniger Information übertragen, als in den möglichen Zeichenfolgen des Senders und auch in denen des Empfängers enthalten ist.

Psychologische Anwendungen

Das Modell der Informationstheorie, Sender, Kanal und Empfänger, hat sich als äußerst fruchtbar für bestimmte Fragen der Psychologie erwiesen. Wir wollen zwei davon behandeln: das Absoluturteil und die Wahlreaktion.

In unserem alltäglichen Wahrnehmen und Fühlen gibt es viele quantitative Variablen. Beispiele wären Entfernung, Lokalisierung, Größe und Gewicht physischer Objekte. Auch Empfindungen wie Farbe, Helligkeit, Tonhöhe, Lautheit von Tönen, Wärme, Kälte, Kraft und Druck sowie Intensität von Gerüchen oder Geschmacksdimensionen gehören hierher. Schließlich haben Emotionen wie Freude oder Traurigkeit und Einstellungen wie Sympathie oder Antipathie eine erlebte Stärke. Für die Ausprägung solcher Variablen stellt uns die Alltagssprache Ausdrucksmittel wie »winzig«, »sehr klein«, »klein«, »groß«, »sehr groß«, »riesig« zur Verfügung. Bei den sogenannten Ratingskalen bitten wir unsere Versuchspersonen, beispielsweise Objekte hinsichtlich ihrer subjektiv empfundenen Größe mit Zahlen, etwa »winzig = –3«, »sehr klein = –2« und so weiter zu bezeichnen. Eine solche Angabe über eine quantitative Variable, verbal oder numerisch, nennen wir Absoluturteil.

Die Informationstheorie hat nun eine grundlegende, experimentelle Untersuchung solcher Absoluturteile angeregt. Ein quantitativ abstufbarer Reiz besteht beispielsweise in einer Marke, die eine bestimmte Position zwischen dem linken und rechten Ende eines waagerechten Balkens (ohne irgendwelche Zahlen oder Teilstriche) einnimmt. Die Versuchsperson soll die Position der Marke angeben. Je nach Versuch stehen ihr dafür eine Reihe von Worten (»ganz links«, »Mitte«, »eher rechts« usw.), eine Reihe von Zahlen (etwa von 0 bis 10 oder von 0 bis 100) oder auch ein positionierbarer Hebel zur Verfügung. Die Position der Marke im Reiz wird nun als Senderinformation, die Antwort der Versuchsperson als Empfängerinformation aufgefaßt. Sender- und Empfängerentropie lassen sich in weiten Grenzen dadurch variieren, daß viele oder wenige Alternativen gewählt werden. So kann die vorgegebene Marke beispielsweise nur an vier verschiedenen Punkten, aber auch an hundert verschiedenen Punkten dargeboten werden. Entsprechend kann auch die Zahl der Antwortalternativen variiert werden, die die Versuchsperson benutzen soll.

Das entscheidende, aber auch wirklich überraschende Resultat ist nun, daß unabhängig von der gesendeten Informationsmenge und der Zahl der Antwortalternativen die Transinformation, die Menschen in dieser Aufgabe mit ihren Absoluturteilen ausdrücken können, über alle Varianten der Aufgabe und der Sinnesmodalitäten hinweg zwischen etwa 2 und 3,25 Bit liegt. Man kann das schon als etwas wie eine anthropologische Konstante bezeichnen. Sie zeigt, wie wenig wir bei Absoluturteilen zu differenzieren vermögen: Unser Unterscheidungsvermögen erschöpft sich dabei im wesentlichen zwischen vier und neun Alternativen. Das hat erhebliche Konsequenzen für die Gestaltung aller Arten von Anzeige- und Eingabeeinrichtungen bei Mensch-Maschine-Systemen oder beispielsweise auch bei Fragebögen zur Einstellungsmessung. Bei der Anzeige von Informationen, die als Absoluturteile verstanden werden sollen, und bei der Registrierung von Absoluturteilen sind nicht mehr als etwa sieben Alternativen sinnvoll. (Das klassische Sammelreferat dieser Experimente findet sich bei Miller 1956.)

Bei der Wahlreaktion geht es um eine bestimmte Idealisierung alltäglicher Handlungssituationen für die psychologisch-experimentelle Analyse. Viele Handlungen sind dadurch gekennzeichnet, daß man durch Wahrnehmung zwischen mehreren Reizen diskriminieren und jeden mit der ihm zugeordneten Reaktion beantworten muß. Ein Beispiel wäre das Heranfahren an eine Verkehrsampel:

Solange sie »grün« zeigt, muß der Fuß auf dem Gas bleiben, damit man zügig über die Kreuzung kommt. Erscheint innerhalb eines bestimmten Zeitfensters »gelb«, muß man sich zwischen Gasgeben und Bremsen entscheiden. Die Variante für das psychologische Laboratorium besteht in einer Menge von Reizen (verschiedene Lampen, Farben, Zeichen, Wörter oder Bilder), von denen zu einem bestimmten Zeitpunkt einer dargeboten wird. Die Versuchsperson hat dann so schnell wie möglich eine zugeordnete Antwort zu geben, etwa eine Taste zu drücken, deren Farbe der Farbe des Reizes entspricht, oder den Namen eines abgebildeten Objektes auszusprechen. Dieser Versuch geht auf Donders (1868) zurück und wird danach auch »Donders-b-Aufgabe« genannt. Er ist eine wichtige Technik zur experimentellen Analyse kognitiver Prozesse (vgl. Posner 1978).

Für diesen Versuch fand Hick (1952) eine bemerkenswerte Gesetzmäßigkeit, die seither den Namen »Hicksches Gesetz« trägt: Die Reaktionszeit der Versuchsperson ist eine lineare Funktion des Logarithmus der Alternativenzahl. Mit der Shannon-Formel bedeutet das, daß die Reaktionszeit eine Komponente enthält, die proportional zum Informationsgehalt von Reiz- und Antwortalternative ansteigt. Ein Jahr später zeigte Hyman (1953), daß diese Beziehung auch dann gilt, wenn der Informationsgehalt nicht durch die Anzahl gleichwahrscheinlicher Alternativen, sondern durch unterschiedliche Wahrscheinlichkeiten einer konstanten Zahl von Alternativen variiert wird.

Die Schlußfolgerung aus diesem Ergebnis ist, daß die Reizdiskrimination und die Antwortauswahl in der Donders-b-Aufgabe einem optimalen Entscheidungsbaum mit einer Sequenz von Ja-Nein-Entscheidungen und nicht einem Eins-aus-n-Code folgt. Es gibt übrigens Ausnahmen vom Hickschen Gesetz: Automatisierte Antworten, wie beispielsweise lautes Lesen von Wörtern der Muttersprache, führen zu Reaktionszeiten, die unabhängig von der im Experiment vorkommenden Alternativenzahl konstant sind. Dieses Verschwinden der Steigung in der linearen Hickschen Funktion läßt sich als Kriterium für eine automatisierte Reiz-Reaktionsverbindung verwenden.

Abschließende Würdigung

Kybernetik und Informationstheorie haben zu umfassenden, höchst erfolgreichen Forschungen in der Biologie und in vielen Bereichen der Technik angeregt. Auch in der Psychologie ist ihr Beitrag erheblich. Hier kennzeichnen sie den Aufbruch zu einer naturwissenschaftlichen Standards verpflichteten, aber die Einengungen des Behaviorismus überwindenden Psychologie seit den fünfziger Jahren. Viele Versuche wurden unternommen, größere Bereiche der theoretischen Psychologie kybernetisch zu fundieren. So versuchte Berlyne (1974), die Begriffe Neugier, Aktivierung und Information miteinander zu verknüpfen. Als Kernsatz seiner Theorie könnte man formulieren, daß jedes Lebewesen das Umfeld aufsucht, dessen Informationsgehalt einem subjektiven Optimum entspricht und ein Optimum an organismischer Aktivierung auslöst. Klix (1971) legte mit ›Information und Verhalten‹ ein Werk vor, das als naturwissenschaftliche Grundlegung der Allgemeinen Psychologie gedacht war. Eine weitere gründliche Einführung in die Informationstheorie mit eigenen Forschungsbeiträgen aus dem deutschen Sprachraum stammt von Mittenecker und Raab (1973). In der Pädagogik entstanden einflußreiche Tendenzen zu einer umfassenden kybernetischen Theorie des Lehrens und Lernens (von Cube 1971).

Es ist jedoch kein Zufall, daß die hier anzugebenden Quellen eher ältere Jahreszahlen tragen. Der Hauptstrom der experimentell arbeitenden Psychologie ist heute mit dem Paradigma der »menschlichen Informationsverarbeitung« zu kennzeichnen. Kybernetik und Informationstheorie werden von da aus als »Vorgängerepisoden« (Lachman, Lachman & Butterfield 1979, Kap. 3) angesehen, die wichtige Methoden und Resultate beigetragen haben, deren Fruchtbarkeit jedoch erschöpft zu sein scheint. Wir teilen diese Auffassung (Glaser 1996). Der Regelkreis ist zu einem wissenschaftlichen Allgemeinplatz geworden, den man nirgends ignorieren darf, wo entsprechende Wirkstrukturen vorliegen. Die Informationstheorie andererseits konnte den Bereich wohldefinierter, diskreter Zeichenvorräte nie wirklich verlassen. Gerade er ist aber für viele psychologische Fragen nicht das optimale Modell. Wir sehen freilich einen Autor, der sich weigert, den Schritt von der Kybernetik zur Informationsverarbeitungspsychologie zu gehen, und statt dessen geradezu die Zukunft der mathematischen Psychologie in der Systemtheorie postuliert: Norbert Bischof. Aus seiner Forderung ist eine wichtige Einführung in die Systemtheorie für Psychologen (Bischof 1995) und ein beachtliches Forschungsprogramm zur Systemanalyse der sozialen Motivation (Bischof 1993) hervorgegangen. Vielleicht erweist sich auf diesem Weg eine »Systemtheorie ohne Information processing« auch künftig noch als fruchtbar.

Literatur

Attneave, Fred (1965): *Informationstheorie in der Psychologie*. Bern: Huber (Original 1959).

Berlyne, Daniel E. (1974): *Konflikt, Erregung, Neugier*. Stuttgart: Klett (Original 1960).

Bischof, Norbert (1993): Untersuchungen zur Systemanalyse der sozialen Motivation I: Die Regulation der sozialen Distanz – Von der Feldtheorie zur Systemtheorie. *Zeitschrift für Psychologie*, 201: 5–43.

Bischof, Norbert (1995): *Struktur und Bedeutung. Eine Einführung in die Systemtheorie für Psychologen*. Bern, Göttingen, Toronto, Seattle: Huber.

Cube, Felix von (1971): *Kybernetische Grundlagen des Lernens und Lehrens*. Stuttgart: Klett.

Dörner, Dietrich (1988): *Die Logik des Mißlingens. Strategisches Denken in komplexen Situationen*. Reinbek: Rowohlt.

Donders, Franciscus C. (1868): Die Schnelligkeit psychischer Processe. *Reichert's und du Bois-Reymond's Archiv für Anatomie und Physiologie*, 6: 657–681.

Glaser, Wilhelm R. (1996): Repräsentation bei Maschinen. *Zeitschrift für Semiotik*, 18: 169–189.

Hick, William E. (1952): On the rate of gain of information. *Quarterly Journal of Experimental Psychology*, 4: 11–26.

Hyman, Ray (1953): Stimulus information as a determinant of reaction time. *Journal of Experimental Psychology*, 45: 188–196.

Klix, Friedhart (1971): *Information und Verhalten. Kybernetische Aspekte der organismischen Informationsverarbeitung. Einführung in naturwissenschaftliche Grundlagen der Allgemeinen Psychologie*. Bern, Stuttgart, Wien: Huber.

Lachman, Roy, Janet L.Lachman, Earl C. Butterfield (1979): *Cognitive psychology and information processing: An introduction*. Hillsdale, NJ: Erlbaum.

Miller, George A. (1956): The magical number seven, plus or minus two: Some limits on our capacity for processing information. *Psychological Review*, 63: 81–97.

Miller, George A., Eugene Galanter, Karl H. Pribram (1973): *Strategien des*

Handelns, Pläne und Strukturen des Verhaltens. Stuttgart: Klett (Original 1960).
Mittenecker, Erich, Erich Raab (1973): *Informationstheorie für Psychologen. Eine Einführung in Methoden und Anwendungen*. Göttingen: Hogrefe.
Pew, Richard W. (1974): Human perceptual-motor performance. In: Berry H. Kantowitz (Hg.): *Human information processing: Tutorials in performance and cognition*. New York: John Wiley, 1–39.
Posner, Michael I. (1978): *Chronometric explorations of mind*. Hillsdale, NJ: Erlbaum.
Shannon, Claude E., Warren Weaver (1967): *Mathematische Grundlagen der Informationstheorie*. München, Wien: Oldenbourg (Original 1949).
Stegmüller, Wolfgang (1973): *Probleme und Resultate der Wissenschaftstheorie und Analytischen Philosophie, Band IV Personelle und Statistische Wahrscheinlichkeit*. Berlin, Heidelberg, New York: Springer.
Wiener, Norbert (1968): *Kybernetik. Regelung und Nachrichtenübertragung im Lebewesen und in der Maschine*. Reinbek: Rowohlt (Original 1948).

4. Tiefenpsychologie

ULRIKE POPP-BAIER

Begriffsbestimmung

Die Bezeichnung *Tiefenpsychologie* wurde von dem Züricher Psychiater Eugen Bleuler (1910) für die Psychoanalyse Sigmund Freuds geprägt. Freud selbst gebrauchte diesen Ausdruck zum ersten Mal in seiner Schrift ›Das Interesse an der Psychoanalyse‹ aus dem Jahr 1913, in der er mit dem psychoanalytischen Studium der Träume einen »ersten Einblick in eine bisher nicht geahnte Tiefenpsychologie« verband und davon auch »grundstürzende Abänderungen der Normalpsychologie« erwartete (Freud 1913, S. 398). Gegenwärtig werden im allgemeinen auch alle theoretischen Richtungen in der Psychologie als Tiefenpsychologie bezeichnet, die sich aus der Lehre Freuds heraus entwickelt haben.

Mit dem Wort »Tiefe« sind nun zumindest zwei Bedeutungen verbunden: eine topologische und eine genetische (vgl. z.B. Pongratz 1983). Mit der *topologischen* Bedeutung von »Tiefe« ist ein Schichtenmodell des Psychischen verknüpft, nach dem eine untere Schicht der seelisch unbewußten Gehalte eine obere Schicht des psychisch Bewußten entscheidend beeinflußt. Diese Modellvorstellung, die ihre Wurzeln unter anderem in der Philosophie der Romantik hat, sprengt die Grenzen der Bewußtseinspsychologie, der Schulpsychologie zur Zeit Freuds, deren Grundannahme in der Gleichung »psychisch = bewußt« bestand (vgl. z.B. Pongratz 1984). Daher wird die Tiefenpsychologie häufig auch als *Psychologie des Unbewußten* bezeichnet. Mit der *genetischen* Bedeutung von »Tiefe« ist ein biographisches Modell des Psychischen verbunden, nach dem das zeitlich Frühere, die Kindheitseindrücke und Kindheitserlebnisse, die späteren Verhaltensweisen und Handlungsmöglichkeiten des Erwachsenen prägen.

Tiefenpsychologische Forschung: die Theorie des analytischen Prozesses

Als Leitfrage der *tiefenpsychologischen Forschung* kann die Frage nach den (unbewußten) Motiven menschlichen Handelns formuliert werden. Ihr allgemeines Erkenntnisziel besteht darin, menschliche Lebensäußerungen wie zum Beispiel Träume, Fehlleistungen im Alltag oder psychische Störungen (zum Beispiel neurotische Symptome wie Zwangsgedanken oder Zwangshandlungen, Eßstörungen, Arbeitsstörungen, neurotische Ängste, depressive Verstimmungen), die zunächst als unverständlich, sinnlos oder als somatisch verursacht angesehen werden, als sinnhaft zu begreifen. Dazu wird davon ausgegangen, daß sie psychisch motiviert sind, um sie schließlich als Ausdruck von seelischen Strebungen und Regungen zu deuten, von denen das betreffende Subjekt selbst zunächst keine bewußte Kenntnis hat.

Nach Freuds Auffassung handelt es sich dabei vor allem um die Manifestationen von unterdrückten Wünschen und unbewußten Konflikten. Die mit derartigen Deutungen verbundene »klassische« tiefenpsychologische Erkenntnismethodik kann man allgemein mit den Stichworten »klinische Einzelfallstudie« und »biographische Perspektive« kennzeichnen. Der ausgezeichnete Ort für *tiefenpsychologische Deutungen* ist dabei die psychotherapeutische Situation, in der sich Therapeut und Klient als Analytiker und Analysand begegnen.

Damit ist in der Tiefenpsychologie keine grundsätzliche Trennung zwischen Forschung und praktischer Anwendung der Forschungsergebnisse, zwischen Empirie und Praxis, möglich. Tiefenpsychologische Forschung ist *Praxisforschung*, es besteht ein »Junktim zwischen Heilen und Forschen« (Freud 1926, S. 299). Nach dieser Auffassung wird mit der Theorie des analytischen Prozesses zugleich die Methodologie tiefenpsychologischer Forschung formuliert. Dabei wird zunächst die Pragmatik der analytischen Gesprächssituation, das sogenannte Setting, bestimmten Regeln unterworfen, welche den Ausdruck unbewußter psychischer Wirklichkeit ermöglichen sollen.

Ihre erste Ausformulierung erfolgte durch Sigmund Freud (1856–1939), als dieser aufgrund seiner therapeutischen Erfahrungen mit psychischen Leiden von der kathartischen Methode, die durch seinen ärztlichen Kollegen Josef Breuer und die Patientin Anna O.

entwickelt wurde, zur Psychoanalyse als therapeutischer Methode überging. Die frühen Fallgeschichten, die sich nach Freuds eigener Auffassung wie »Novellen« lesen lassen, sind in den 1895 erschienenen ›Studien über Hysterie‹ (Breuer & Freud 1970) überliefert, die als das »Urbuch« der Psychoanalyse gelten können (vgl. Grubrich-Simitis 1995).

Die erste psychoanalytische Regel betrifft den Analysanden, der aufgefordert wird, alles zu sagen, was er denkt, fühlt oder empfindet, ohne von dem, was ihm einfällt, etwas auszulassen, selbst wenn dessen Mitteilung ihm unangenehm, lächerlich oder nicht zur Sache gehörig erscheint. Durch das Befolgen dieser Regel sollen zunächst die Auswahlstrategien des kritischen Intellekts ausgeschaltet werden, so daß alles, was den Analysanden bewegt, unzensiert zur Sprache kommen kann. Wird diese *Grundregel* im Verlauf des analytischen Prozesses auf Einfälle zu bestimmten Mitteilungen angewandt, zum Beispiel zu bestimmten Elementen eines Traumes oder eines erinnerten Erlebnisses, spricht Freud auch von der Methode der *freien Assoziation*.

Die Rolle des Analytikers besteht entsprechend darin, mit *gleichschwebender Aufmerksamkeit* zuzuhören, das heißt ohne sein Augenmerk vorerst auf etwas Bestimmtes zu richten oder die Äußerungen des Analysanden zu bewerten. »Diese eigentümliche Art, miteinander zu reden, schafft eine hoch spezifische Beziehungsdynamik, die in die tiefsten Schichten der Person hineinreicht. Das Unbewußte des Analytikers – so hat es Freud einmal ausgedrückt – kommuniziert mit dem Unbewußten des Analysanden. Der psychoanalytische Diskurs ist auf weiten Strecken die gemeinsame Reflexion dessen, was sich innerhalb dieser Beziehung abspielt.« (Müller-Pozzi 1991, S. 11)

Dabei trifft Freud auch Annahmen im Hinblick auf die konstitutiven Elemente dieser Beziehungsdynamik, von denen in diesem Zusammenhang vor allem die Konzepte des Widerstands und der Übertragung interessieren. Als *Widerstand* bezeichnet Freud zunächst die Verletzung dieser Grundregel durch den Analysanden, der in der analytischen Situation erfahrungsgemäß immer wieder das gemeinsame »Arbeitsbündnis« nicht einhält. So werden zum Beispiel Einfälle verschwiegen, und es treten Schweigepausen ein. Derartige Störungen werden von Freud als *Abwehr* des Analysanden gedeutet, die sich in der analytischen Situation als Widerstand dagegen manifestiert, Unbewußtes bewußt werden zu lassen. Damit postuliert Freud eine psychische Dynamik, die er allgemein *Ver-*

drängung nennt: Die unbewußten seelischen Strebungen werden vom Bewußtsein ferngehalten, sie werden verdrängt.

Aufgabe der Analyse ist es daher, diesen Verdrängungsvorgang aufzuheben und den latenten Konflikt von Wunsch und Abwehr zur Sprache zu bringen. Grundregel und Methode der freien Assoziation stellen die Rahmenbedingungen dafür her, und das Scheitern des Analysanden, sein Widerstand, liefert den ersten Hinweis auf den verborgenen Konflikt (vgl. auch Schöpf 1982, S. 80).

Einen weiteren Zugang zum Unbewußten erlaubt auch das Phänomen der *Übertragung*. Freud geht davon aus, daß der Analysand in der Beziehung zum Analytiker seine unbewußten affektiven Einstellungen zu den Personen in seinem sozialen Umfeld überträgt. Bei diesem Beziehungsgeschehen gilt für den Analytiker die sogenannte *Abstinenzregel*, das heißt, der Analytiker muß die Übertragung zwar annehmen, ohne allerdings die ihm zugedachte Rolle (zum Beispiel eines Liebespartners oder einer abweisenden Autoritätsperson) wirklich zu spielen. Dabei muß er auch beachten, ob und inwiefern er eine Gegenübertragung im Hinblick auf den Analysanden entwickelt.

Unter diesen Bedingungen kann der Analysand die mit seinen unbewußten affektiven Einstellungen im Alltag verbundenen sozialen Konflikte in der analytischen Situation »re-inszenieren«, wodurch sie einer Bearbeitung zugänglich werden. Dabei wird weiterhin angenommen, daß diese unbewußten affektiven Einstellungen ihre Wurzeln in frühkindlichen Erfahrungen haben, so daß die aktuellen sozialen Beziehungen im Alltag bereits eine Wiederholung, eine Übertragung alter Erfahrungen auf neue Situationen, darstellen. Diese Einsicht in diesen Typus der eigenen Erfahrungsbildung kann der Analysand in der Analyse der Wiederholung, des Übertragungsgeschehens in der psychoanalytischen Situation, gewinnen und damit an Stelle des Wiederholungszwangs, der bisher die (Leidens-) Geschichte seiner sozialen Beziehungen bestimmte, einen Neuanfang setzen (vgl. auch Freud 1914a). Dieser Ansatz bedeutet auch, daß in der psychoanalytischen Situation der angenommene Verdrängungsvorgang, die Entfaltung seiner Psychodynamik in der Lebensgeschichte des Analysanden, durchgearbeitet wird und dabei die Lebensgeschichte des Analysanden (re-)konstruiert wird.

Innerhalb des analytischen Prozesses kann man nun vor allem zwei Typen von Deutungen unterscheiden, welche die tiefenpsychologische Empirie und Praxis bestimmen: die Inhaltsdeutung und die Übertragungsdeutung (vgl. Müller-Pozzi 1991, S. 44).

Die *Inhaltsdeutung* ist Deutung des »Materials«, der Träume, der Phantasien, der Erinnerungen, kurz: der Rede, der Erzählung des Analysanden. Sie will insbesondere mit Hilfe des freien Assoziierens durch den Analysanden im *manifesten Inhalt* die *latenten Sinnebenen*, die unbewußten, verdrängten Erlebnisse, Phantasien und Wünsche »ent-decken«. Diesen Typus der Deutung hat Freud in seiner ›Traumdeutung‹ (1900) entwickelt, wobei Freud davon ausgeht, daß die formalen Beziehungen zwischen latenten Traumgedanken und manifestem Trauminhalt vor allem in der Verdichtung, Verschiebung, Verbildlichung und Symbolisierung bestehen. Diese formalen Beziehungen faßt Freud als Leistungen einer Traumarbeit auf, die unter anderem darin bestehen, daß der manifeste Trauminhalt eine Art von abgekürzter Übersetzung der latenten Traumgedanken darstellt (Verdichtung), wobei Elemente der latenten Traumgedanken zum Teil durch Anspielungen ersetzt werden (Beispiel einer Verschiebung) oder in Bilder übersetzt werden (Verbildlichung) oder auch durch Symbole ausgedrückt werden, die zum Beispiel aus Mythen, Sagen und Märchen als solche bekannt sind (Symbolisierung).

Übertragungsdeutungen beziehen die Inhalte der Rede und die Verhaltensweisen des Analysanden auf die Beziehung des Analysanden zum Analytiker und bringen explizit das Geschehen in der Übertragung zur Sprache. Reden und Schweigen werden dabei in einem ersten Schritt als Ausdruck der Gefühle und Wünsche gedeutet, die der Analysand dem Analytiker gegenüber hegt. In einem zweiten und dritten Schritt wird dann dieses Verhältnis als eine Wiederholung von Alltags- und Kindheitserfahrungen gedeutet. Müller-Pozzi (1991, S. 44) spricht in diesem Zusammenhang von einer für den psychoanalytischen Prozeß konstitutiven Dialektik von Inhalts- und Übertragungsdeutung.

Neben der Deutung nennt Freud auch noch die Konstruktion als Analysemittel beziehungsweise therapeutische Intervention. *Deutung* bezieht sich nach Freud auf das, was man mit einem einzelnen Element des Materials oder einem Vorkommnis innerhalb des Übertragungsgeschehens, einem Einfall, einer Fehlleistung, einer Schweigepause und dergleichen vornimmt. Eine *Konstruktion* ist es aber, wenn dem Analysanden ein Stück seiner vergessenen Vorgeschichte etwa in folgender Art vorgeführt wird: »Bis zu Ihrem soundsovielten Jahr haben Sie sich als alleinigen und unbeschränkten Besitzer der Mutter betrachtet, dann kam ein zweites Kind und mit ihm eine schwere Enttäuschung. Die Mutter hat Sie für eine Weile verlassen, sich auch später Ihnen nicht mehr ausschließlich gewidmet. Ihre Empfindungen für die Mutter wurden ambivalent, der Vater gewann eine neue Bedeutung für Sie und so weiter« (Freud 1937, S. 47f.).

Im Idealfall führen derartige Deutungen und Konstruktionen nach Freud zur »Erinnerung des Verdrängten«, was als Bestätigung einer korrekt ausgeführten Deutung oder Konstruktion gelten kann. Es kann aber auch sein, daß beim Analysanden nur eine »sichere Überzeugung von der Wahrheit der Konstruktion« erreicht wird, die allerdings therapeutisch dasselbe leisten kann wie eine wiedergewonnene Erinnerung, nämlich Einsicht in das »woher« und das »wozu« der psychischen Störungen – wie zum Beispiel der neurotischen Symptome – und damit ihre Integration in den Sinnzusammenhang der eigenen Lebensgeschichte. Der psychoanalytischen Annahme zufolge führen dabei »korrekte« Deutungen und Konstruktionen zur Auflösung der Symptome, das heißt in der Formulierung von Freud, daß »die Symptome mit dem Wissen um ihren Sinn vergehen« (Freud 1916–1917, S. 290).

Damit ist bereits noch ein anderer Aspekt des bereits oben genannten »Junktim von Heilen und Forschen« angesprochen, nämlich daß der therapeutische Erfolg als Kriterium für die Gültigkeit (Validität) von Deutungen betrachtet wird. So brachte nach Freud »die Erkenntnis ... den Erfolg, man konnte nicht behandeln, ohne etwas Neues zu erfahren, man gewann keine Aufklärung, ohne ihre wohltätige Wirkung zu erleben« (Freud 1916–1917, S. 368). Diesen Ausführungen zufolge ist der Wahrheitsbegriff, der mit der tiefenpsychologischen Empirie als »regulative Idee« verbunden ist, ein pragmatistischer Wahrheitsbegriff, nach dem die Wahrheit einer Aussage in ihren praktischen Folgen zu suchen ist.

Dementsprechend besteht das Ziel der tiefenpsychologischen Analyse nicht in einer objektivierenden Vergangenheitsbewältigung in dem Sinne, daß der Analysand seine vergangenen und insbesondere seine frühkindlichen Erlebnisse wie »Ausgrabungsstücke« zutage fördert, erinnert und durch dieses Wissen gesund werden kann. Verstehen, Sich-selbst-verstehen ist in der Analyse immer auch das »Hineinwachsen in einen neuen Erlebnis- und Erfahrungshorizont« (Schelling 1985, S. 19), von dem aus die Vergangenheit durch zukunftsbezogene, konstruktiv-kreative Erinnerungsleistungen eine neue Wertung erfährt, mit der sich besser (FREUDiger) leben läßt.

Die Metapsychologie und ihre Rekonstruktionen

In der Psychoanalyse muß zunächst zwischen zwei Ebenen der Theoriebildung unterschieden werden, und zwar zwischen einer Theorie des analytischen Prozesses (vgl. oben) und einer metatheoretischen Explikation dieser Theorie.

Freuds erster Versuch, seine frühen klinischen Erfahrungen und ihre theoretische Interpretation zu einer kohärenten wissenschaftlichen Psychologie auszuformulieren, führte zu dem (erst posthum veröffentlichten) Manuskript ›Entwurf einer Psychologie‹ aus dem Jahr 1895, mit dem er die Absicht verband, »eine naturwissenschaftliche Psychologie zu liefern, das heißt psychische Vorgänge darzustellen als quantitativ bestimmte Zustände aufzeigbarer materieller Teile« (Freud 1962, S. 305).

Wenn Freud auch später dieses Programm eines neurophysiologischen Modells des »psychischen Apparats« verwarf (vgl. Freud 1915, S. 273), spielten die neurobiologischen Modellvorstellungen in Freuds späteren »metapsychologischen« Überlegungen immer noch eine heuristische Rolle in Gestalt von Analogien (vgl. Sulloway 1979, S. 121 ff.). Die *metapsychologische Stufe der Reflexion* definiert Freud in seinem Essay ›Das Unbewußte‹ folgendermaßen: »Ich schlage vor, daß es eine metapsychologische Darstellung genannt werden soll, wenn es uns gelingt, einen psychischen Vorgang nach seinen dynamischen, topischen und ökonomischen Beziehungen zu beschreiben« (Freud 1915, S. 10).

Die *dynamischen Beziehungen* werden dabei von Freud triebtheoretisch ausformuliert. In seiner dualistischen Trieblehre geht Freud zunächst davon aus, daß menschliches Handeln vor allem durch zwei Triebarten gesteuert wird, den Sexualtrieben als dem Streben nach sinnlicher Lust und den Ichtrieben als dem Streben nach Selbsterhaltung (vgl. Freud 1914c), und trifft damit eine Unterscheidung, welche der populären Trennung zwischen Liebe und Hunger entspricht. In einer späteren Konzeption unterscheidet Freud zwischen dem Sexualtrieb (Eros) auf der einen Seite und dem Todestrieb (Thanatos) auf der anderen Seite (vgl. Freud 1920). Freud betrachtet dabei den Triebbegriff als einen Grenzbegriff zwischen dem Somatischen und dem Psychischen, den er auch als psychischen Repräsentanten der aus dem Körperinneren stammenden, in die Seele gelangenden Reize bezeichnet (vgl. Laplanche & Pontalis 1973, S. 442).

Nach Freud löst sich der Sexualtrieb im Laufe der ontogenetischen

Entwicklung des Menschen von den Funktionen der Selbsterhaltung ab und steht ihnen aufgrund von kulturellen Normen auch häufig antagonistisch gegenüber. Daher kann es zu psychischen Konflikten kommen, denen diese antagonistischen Kräfte zugrunde liegen. Aufgrund der »kulturellen Sexualmoral« werden manche Triebregungen verdrängt, so daß deren Vorstellungsrepräsentanzen aufgrund einer entsprechenden Abwehr unbewußt bleiben.

Die damit bereits implizierte *Topik* eines psychischen Vorgangs formuliert Freud als eine Differenzierung des psychischen Apparates in eine bestimmte Anzahl von Systemen aus, die verschiedene Eigenschaften und Funktionen haben. Metaphorisch können sie als psychische Orte betrachtet werden, die in einer bestimmten Reihenfolge zueinander angeordnet sind.

In seinem ersten topischen Modell unterscheidet Freud zwischen den Systemen »Bewußt«, »Vorbewußt« (nicht bewußt, aber erinnerungsfähig) und »Unbewußt« (nicht erinnerungsfähig). Dabei ist das System »Unbewußt« durch eine Verdrängungsschranke, die sogenannte Zensur, von den anderen Systemen abgetrennt. Diese Zensur, die sich in der psychoanalytischen Situation als Widerstand äußert, gilt es dann unter anderem mittels der Methode der freien Assoziation zu überwinden.

Damit werden bereits *ökonomische Beziehungen* angesprochen, die Freud energietheoretisch ausformuliert. Dazu stellt Freud die Hypothese auf, daß die psychischen Vorgänge auch im Umlauf und in der Verteilung von Triebenergien, der Sexualenergie (Libido) und der Energie der Ichtriebe, bestehen, mit denen der »Drang« einer Triebregung und die Stärke seiner Abwehr beschrieben werden kann. Freud ist der Auffassung, daß der dynamische Begriff des psychischen Konflikts die quantitative Berücksichtigung der vorhandenen Kräftebeziehungen und ihrer Genese einschließt.

Als theoretisches Hilfsmittel gebraucht er dazu ein Energieverteilungsmodell, mit dessen Hilfe sich dann auch die Affektverhältnisse im Zusammenhang mit psychischen Konflikten darstellen lassen (vgl. dazu auch Schöpf 1982, S. 100). Damit läßt sich das Funktionieren des psychischen Apparates auch in ökonomischen Ausdrücken wie »libidinöse Besetzung von Objekten«, »Gegenbesetzung«, »Abzug von Besetzungen«, »Überbesetzungen« und anderen beschreiben.

Während nun die tiefenpsychologischen Deutungen und Konstruktionen die Theorie des analytischen Prozesses mit ihrem Kernstück, der Verdrängungslehre, als »conditio sine qua non« implizieren, gilt diese Implikation nicht für die metapsychologische Explikation der Verdrängungslehre. Freud bezeichnet dementsprechend auch die Verdrängungslehre als den »Grundpfeiler, auf dem das Gebäude der Psychoanalyse ruht« (vgl. Freud 1914b, S. 54), während er den metapsychologischen Hypothesenkomplex als spekulativen Überbau der Psychoanalyse bezeichnet, der auch ohne Schaden ersetzt oder abgetragen werden könne, wenn sich Unzulänglichkeiten erweisen würden (vgl. z.B. Freud 1914c, S. 142).

Derartige »Unzulänglichkeiten« werden in der Folgezeit allerdings vielfach konstatiert (vgl. z.B. als Überblick Mertens 1981). Zu denjenigen, welche zu einer (philosophischen) Rekonstruktion der Psychoanalyse ansetzen und dabei vor allem die Metapsychologie »abtragen« oder zumindest stark verändern, gehören zum Beispiel Rapaport, Schafer, Habermas, Lorenzer, Ricœur und Lacan.

So sieht David Rapaport (1967) einen neuen »Start« für die Metapsychologie im »Lernproblem« und betont die besondere Bedeutung von »Lernprozeß« und »Strukturbildung« als Hilfsbegriffe für die Analyse von psychodynamischen Vorgängen. Eine Radikalisierung dieses Reformulierungsversuchs stellt das Werk des Rapaport-Schülers Roy Schafer dar, der unter dem Einfluß der analytischen Philosophie für eine Neufassung der Psychoanalyse in Begriffen einer *Handlungssprache* plädiert (vgl. Schafer 1982). Der Aufbau einer systematischen Alternative zur Metapsychologie bedeutet für Schafer, die psychoanalytische Terminologie, welche um die Begriffe »Trieb« und »Energie« zentriert ist und vor allem räumliche Metaphern enthält, durch eine handlungstheoretische Terminologie zu ersetzen, in der der Begriff der sinnvollen und zielgerichteten Handlung, die ihre Gründe hat, zentral steht. Die Psychoanalyse ist nach Schafer keine Naturwissenschaft, sondern eine interpretative Wissenschaft, in der es um das historische Verstehen menschlicher Lebensläufe geht. Nach Schafer (1982) sind die vier Begriffe der Bedeutung, der Handlung, des Grunds und der Situation für eine psychologische Betrachtungsweise des Menschen konstitutiv. Im Gegensatz dazu bringen die metapsychologischen Begriffe der Ursache, Bedingung, Determinante und Kraft eine dehumanisierende Betrachtungsweise menschlichen Tuns zum Ausdruck, so als ob man die Arbeitsweise einer Maschine studieren wolle. In späteren Arbeiten ergänzt Schafer seinen handlungstheoretischen Ansatz noch durch erzähltheoretische Überlegungen (vgl. Schafer 1992).

Im Umkreis der »Frankfurter Schule« wird eine vergleichbare Kritik an der Metapsychologie Freuds laut. Jürgen Habermas (1968) hat in diesem Zusammenhang die einflußreiche Formel vom »szientistischen Selbstmißverständnis« geprägt, mit der er die seines Erachtens unangemessene naturwissenschaftliche Konzeptualisierung des psychoanalytischen Prozesses in der Metapsychologie bezeichnet. Habermas sieht dagegen in der Psychoanalyse eine *methodische Selbstreflexion in praktischer Absicht*, die angemessen nur als eine allgemeine Interpretation von (gestörten) Bildungsprozessen begriffen werden kann und »metapsychologisch« als Metahermeneutik zu konzipieren ist. In dieser Hinsicht stellt sie das normative Modell für die Wissensform einer kritischen Humanwissenschaft dar (vgl. auch Schöpf 1982, S. 199).

Nach Alfred Lorenzer (1984) ist die Psychoanalyse »konkrete Erlebniswissenschaft« (Politzer), deren Ziel darin besteht, die Erzählungen wie auch das Verhalten eines Klienten innerhalb der Analyse im Hinblick auf unbewußte Erlebnisfiguren, Beziehungsmuster und verhaltensbestimmende Lebensentwürfe zu interpretieren. Dabei warnt Lorenzer (z.B. 1990) vor einer eindeutigen Zuordnung der Psychoanalyse zu den Natur- oder Geisteswissenschaften, weil dadurch ihr »Schwebecharakter« als Wissenschaft zwischen den Wissenschaften verschleiert würde. Nur wenn es ihr gelingt, diese *Zwischenposition* theoretisch angemessen zu konzipieren, kann sie als kritische Human- und Sozialwissenschaft die Frage nach dem Unbewußten sowohl als Frage nach dem in der individuellen Lebensgeschichte Verdrängten als auch als Frage nach dem sozial Ausgeschlossenen und dem gesellschaftlich Unterdrückten und schließlich auch noch als Frage nach den entsprechenden leiblichen Spuren dieses Verdrängten, Ausgeschlossenen und Unterdrückten stellen.

Auch Paul Ricœur (1993) bemüht sich um eine Rekonstruktion der Psychoanalyse, wobei dessen Grundgedanke darin besteht, die Psychoanalyse als eine *gemischte Rede* aufzufassen. Die hermeneutische Perspektive und die naturwissenschaftliche Betrachtungsweise, die jeweils als verschiedene Sprachen aufgefaßt werden, lassen sich nach Ricœur miteinander verbinden. Ricœur faßt diese gemischte Rede als *Dialektik von Hermeneutik und Energetik* auf, wobei die Hermeneutik den Anfang und den übergeordneten Rahmen bildet, in den die Energetik, die objektivierende Außenansicht von psychischen Prozessen, als ein »Zwischenschritt« integriert werden muß. Der psychoanalytische Prozeß besteht demgemäß aus einer Integration dieses Erlebnisäußeren in das Selbstverständnis des Subjekts.

Kann man bei Schafer und Ricœur bereits von einer »linguistischen Wende« in der Rekonstruktion der psychoanalytischen Metapsychologie sprechen, so kann man bei Jacques Lacan überhaupt von einer linguistischen Rekonstruktion der Psychoanalyse sprechen (vgl. z.B. Lacan 1966; Pagel 1989; Ruhs 1990). Lacan sieht im Sprechen und in der Sprache den eigentlichen Gegenstand der Psychoanalyse. Unter dem Einfluß des französischen Surrealismus und des Strukturalismus in der Sprachwissenschaft sowie der Kulturanthropologie bestimmt Lacan das Verhältnis zwischen dem Subjekt und dem Unbewußten neu.

Das Unbewußte, so die bekannte Formulierung Lacans, ist die Sprache des Anderen, die dem einzelnen immer schon vorgegeben ist. Sie bildet die Voraussetzung, formt die Regeln und setzt die Grenzen für den Ausdruck subjektiven Begehrens. Das sich selbst bewußte und sich selbst als Einheit begreifende Subjekt ist eine imaginäre Täuschung, als deren exemplarischen Ausdruck Lacan das Spiegelbild anführt, das in der griechischen Mythologie Narziß zum Verhängnis wird, als dieser meint, dieses Bild sei eine reale Person. Das allgemeine Ziel der Psychoanalyse besteht dementsprechend auch nicht in der Emanzipation des Subjekts, sondern, so Lacan, in der Einsicht des einzelnen, daß sein subjektives Begehren der symbolischen Ordnung der Sprache unterworfen ist.

Als ein vehementer Kritiker all dieser Rekonstruktionsversuche der Freudschen Lehre ist in den achtziger Jahren Adolf Grünbaum hervorgetreten. Für Grünbaum (1984) stellen vor allem die hermeneutischen Ansätze eine inakzeptable Trivialisierung der Psychoanalyse dar. Nach Grünbaum zeigt gerade die Metapsychologie, daß Freud selbst die Psychoanalyse als Naturwissenschaft begriffen habe und diese Auffassung auch kein »Selbstmißverständnis«, sondern die einzig adäquate Selbstdeutung darstelle. In diesem Sinne begreift Grünbaum die psychoanalytischen Aussagen als *allgemeine Hypothesen über kausale Zusammenhänge*, die einer empirischen Überprüfung zugänglich sind.

Zu diesen Aussagen gehört zum Beispiel die Behauptung, daß unbewußte Konflikte und neurotische Symptome in einer Ursache-Wirkungs-Beziehung zueinander stehen. In der klinischen Methode Freuds sieht Grünbaum allerdings keine adäquate Verfahrensweise, um die psychoanalytischen Hypothesen empirisch zu überprüfen. Da nun Freud die »Eckpfeiler« des psychoanalytischen Theoriengebäudes, wie zum Beispiel die Verdrängungslehre, vor allem durch »klinisches Beweismaterial« zwingend gestützt sah, kommt Grünbaum zu dem Schluß, daß die Argumentation, mit der Freud die Grundlage seiner Theorie zu rechtfertigen versuchte, »mit schweren Fehlern behaftet« sei (vgl. Grünbaum 1988, S. 288). Eine Validierung der psychoanalytischen Hauptthesen, die nach Grünbaum nur aus extraklinischen Studien kommen kann, sei bisher noch nicht erfolgt (vgl. auch Farrell 1981).

Vor allem an der Position Grünbaums wird bereits deutlich, daß die hier angeführte Theoriedebatte auch mit einer Debatte um die angemessenen Forschungsmethoden und die entsprechenden Gütekriterien für tiefenpsychologische Deutungen verbunden ist. Von denjenigen, welche die Psychoanalyse nicht als eine Naturwissenschaft im Sinne Grünbaums, sondern als eine interpretative Wissenschaft auffassen, werden dabei vor allem zwei Positionen vertreten (vgl. Spence 1982; Laplanche 1996).

Zum einen finden sich Anhänger einer »kreativ-hermeneutischen« Position, nach der *Deutungen als Konstruktionen* innerhalb des analytischen Prozesses in dem Sinne aufgefaßt werden, daß sie nur im Hinblick auf ihre »narrative Kohärenz«, ihre innere Stimmigkeit und ihren Wert für das »persönliche Wachstum« des Analysanden beurteilt werden können und keinen Anspruch auf »historische Wahrheit« haben (vgl. z.B. Schafer 1992). Andere vergleichen die Tätigkeit des Analytikers mit der Tätigkeit des Historikers oder des Juristen und begreifen die *Deutungen als Rekonstruktionen* lebensgeschichtlicher Ereignis- und Erfahrungszusammenhänge, für deren Gültigkeitsprüfung das Kriterium der internen narrativen Kohärenz und ein subjektives »Erfolgskriterium« noch durch andere externe Kriterien ergänzt werden müssen (vgl. z.B. Strenger 1991).

Und im Hinblick auf die Forschungsmethoden rücken gegenwärtig die »aggregierten Einzelfallstudien« in das Zentrum der Aufmerksamkeit, bei denen eine Kombination von klinischer mit extraklinischer Forschung auch eine Kombination von qualitativen mit quantitativen Methoden erlaubt (vgl. Leuzinger-Bohleber 1995).

Freuds tiefenpsychologische Deutungskonzepte zu Persönlichkeitsentwicklung und ihren Störungen

Zwischen der Theorie des analytischen Prozesses und seiner Explikation in metapsychologischen Konzepten kann man in der Tiefenpsychologie noch eine mittlere Ebene der Theoriebildung unterscheiden. Dabei handelt es sich um die Ausformulierung von allgemeinen entwicklungspsychologischen, persönlichkeitspsychologischen und psychopathologischen Annahmengefügen, welche allgemeine Interpretationen von klinischen Erfahrungen darstellen. Auf dieser Ebene läßt sich auch am besten eine Geschichte der Tiefenpsychologie nach Freud skizzieren, wobei die Grenzen zu theoretischen Konzepten des analytischen Prozesses oder zur Metapsychologie häufig fließend sind.

Freuds entwicklungspsychologische Annahmen ergeben ein Entwicklungsschema, eine *Phasenlehre der psychosexuellen und psychosozialen Entwicklung* in der Kindheit und Jugend (vgl. Freud 1933), die später durch Erik H. Erikson in modifizierter Form bis ins Alter hinein ausgedehnt wird (vgl. Erikson 1973, s. auch Olbrich). In diesem Schema sind jeder Phase spezifische Quellen und Ziele der Lust und spezifische »Objektfindungen« zugeordnet, die im Zusammenhang mit der Differenzierung dieses Luststrebens zu sozialen Beziehungsformen gestaltet werden.

In der *oralen Phase* (0–1 Jahr) ist das Lustempfinden mit der Nahrungsaufnahme verbunden, in der *analen Phase* (2–3 Jahre) mit den Ausscheidungsvorgängen und deren Kontrolle, und in der *phallischen Phase* (3–6 Jahre) beziehen sich die Lustempfindungen bereits auf die eigenen Geschlechtsorgane, wobei nun auch eine eigene geschlechtliche Identität entwickelt wird und in den Beziehungen zu den Eltern die geschlechtlichen Differenzen wichtig werden.

Freud hat die vielschichtigen seelischen Vorgänge in dieser Phase, in der sich die ersten genitalen Regungen im Bezugsfeld Vater, Mutter, Kind herausbilden, als ödipale Problematik herausgearbeitet. In der Schrift ›Das Ich und das Es‹ (1923) typisiert Freud die ödipale Problematik beim männlichen Kind als *Ödipuskomplex*, wodurch dann vor allem die auf die Mutter gerichteten sexuellen Wünsche und die gegen den Vater als Rivalen gerichteten feindseligen Regungen betont werden. Nach einer *Latenzphase*, in der die sexuellen Wünsche zunächst verdrängt und durch außerfamiliäre Erfahrungsbereiche ersetzt werden, folgt die mit der Pubertät einsetzende späte *genitale Phase*, in der nun die genitalen Interessen wieder aufleben und mit neuen außerfamiliären Personen verfolgt und allmählich auch befriedigt werden (vgl. Toman 1978).

Wird nun das Luststreben in den verschiedenen Phasen nicht genug befriedigt oder wird es etwa in übertriebenem Ausmaß befriedigt, kann es zu *Fixierungen* in diesen Phasen kommen. Derartige Fixierungen können dazu führen, daß es dem Individuum dann in der späten genitalen Phase nicht gelingt, die verschiedenen Partialstrebungen unter dem Primat des genitalen Luststrebens zu einer Einheit zu organisieren. In diesem Fall wird dann die kulturelle Norm der heterosexuellen Liebesbeziehung, welche biologisch dem Zweck der Fortpflanzung dient, als Entwicklungsziel nicht erreicht, und es kommt statt dessen zur Ausbildung von *Perversionen.* Andere Folgen derartiger Fixierungen können in der Ausbildung *auffälliger Charakterzüge* (zum Beispiel von Geiz oder von übertriebenen Sauberkeits- und Ordnungsbedürfnissen als Folgen einer Fixierung auf der analen Stufe) oder *psychischer Störungen* (Neurosen) bestehen.

Bereits diese Verbindung von Entwicklungspsychologie, Persönlichkeitspsychologie und Psychopathologie zeigt, daß in der psychoanalytischen Betrachtungsweise die Grenzen zwischen dem »Normalen« und dem »Pathologischen« fließend sind. Freud geht dabei davon aus, daß die wichtigste – und zugleich die für Störungen anfälligste – Entwicklungsphase die phallische Phase ist, in der die Entwicklungsaufgabe, die häufig nicht angemessen gelöst wird, der Ödipuskomplex darstellt. Wird dieser nicht »gründlich abgebaut und umgewandelt«, so kann das zu schweren neurotischen Störungen im Erwachsenenalter führen.

Zu Freuds Persönlichkeitspsychologie gehört noch sein *Strukturmodell der Psyche*, das auch als das zweite topische Modell bezeichnet wird und daher ebenso zur Metapsychologie gerechnet werden kann. Es stellt eine persönlichkeitstheoretische Differenzierung der Einteilung der Seele in verschiedene Bewußtseinssysteme dar. Freud unterscheidet in diesem Modell zwischen drei psychischen Instanzen, dem Es, dem Ich und dem Über-Ich, denen jeweils sowohl bewußte wie auch unbewußte seelische Vorgänge zuzuschreiben sind.

Nach diesem Modell umfaßt das *Es* das primäre triebhafte Luststreben, das *Ich* sorgt für die realitätsangemessene Umsetzung dieses Luststrebens und das *Über-Ich* für die normative Bewertung dieses Strebens gemäß den zunächst von den Eltern übernommenen, »internalisierten« moralisch-kulturellen Maßstäben. Dem Ich fällt damit die Aufgabe zu, für einen Umgang mit den Triebregungen aus dem Es so zu sorgen, daß ihre Befriedigung sowohl den Anforderungen der Außenwelt als auch den Maßstäben des eigenen Über-Ichs gerecht wird.

Dazu bedient sich das Ich auch sogenannter *Abwehrmechanismen* wie zum Beispiel der Projektion oder der Regression, um Triebregungen zu verarbeiten. Unter *Projektion* wird dabei verstanden, daß jemand eine seelische Regung, die er selbst hegt, aber nicht akzeptieren kann, bei sich selbst nicht mehr wahrnimmt und dafür einer anderen Person oder auch Personengruppe zuschreibt.

Unter *Regression* wird der Ersatz eines nicht mehr befriedigbaren Motivs durch die verstärkte Befriedigung eines Motivs, das einer früheren Entwicklungsstufe angehört, verstanden. So kann jemand beispielsweise aufgrund einer schweren Liebesenttäuschung das nicht mehr befriedigbare genitale Streben durch verstärkte Nahrungsaufnahme und damit durch oralen Lustgewinn ersetzen. Diese »Ich-Psychologie« wird später vor allem durch Anna Freud, die Tochter Sigmund Freuds, zu einer systematischen Lehre von den Abwehrmechanismen ausgebaut (vgl. Freud 1977).

Bei Freud selbst ist noch der Abwehrmechanismus der Verdrängung zentral, wobei nun mit Hilfe des Strukturmodells dieser psychische Vorgang metaphorisch durch entsprechende Tätigkeiten der verschiedenen psychischen Instanzen beschrieben werden kann. Dementsprechend wird dann das »Drängende« als Tätigkeit des Es dargestellt und die Verdrängung als Tätigkeit des Ichs, der die Zensur durch das Über-Ich zugrunde liegt, wenn die Triebregung aus dem Es bestimmten internalisierten sozialen Werten und Normen widerspricht.

Die frühen Dissidenten: Alfred Adler und Carl Gustav Jung

Bereits im ersten Jahrzehnt des 20. Jahrhunderts gelingt es Freud, »Schule« zu machen: Der Beginn einer internationalen psychoanalytischen Bewegung kann etwa in den Jahren 1908–1911 gesehen werden (vgl. Kurzweil 1995). In einem 1926 veröffentlichten Handbuch der Psychoanalyse nennt Freud als Elemente eines minimalen und unerläßlichen Konsensus: »Das Vorhandensein der unbewußten Primärprozesse; die Theorie des Widerstands und der Verdrängung; die Anerkennung der Rolle der Sexualität und des Ödipuskomplexes sind die wesentlichen Inhalte der Psychoanalyse und die Grundlagen ihrer Theorie. Wer sie nicht akzeptiert, sollte sich nicht zu den Psychoanalytikern zählen« (Freud 1926, zit. n. Fages 1981, S. 23).

Einer der ersten berühmten Dissidenten, der mit seinen eigenen Thesen diesen Verweisungsrahmen des Freudschen Lehrgebäudes verläßt, ist der ebenfalls in Wien lebende Alfred Adler (1870–1937).

Adler sieht das psychische Leben nicht durch den Sexualtrieb, sondern durch das *Machtstreben* bestimmt, das er als Reaktion auf die Hilflosigkeit der kindlichen Situation begreift. Er bezeichnet seine eigene Konzeption als *Individualpsychologie*, weil er am Studium der unteilbaren Einheit der Person interessiert sei.

Die zwei Grundbegriffe der Adlerschen Individualpsychologie sind die Begriffe des *Minderwertigkeitsgefühls* und der dynamische Begriff der *Kompensation*. Nach Adler leidet jeder Mensch im Laufe seiner Entwicklung an bestimmten Minderwertigkeitsgefühlen, die er zu kompensieren trachtet. Diese Minderwertigkeitsgefühle entstehen bereits im frühen Kindesalter, und zwar aus vielfältigen Gründen: durch die Wahrnehmung von Organminderwertigkeiten, durch Unterlegenheitsgefühle gegenüber Erwachsenen, durch Mängel in der sozialen und wirtschaftlichen Situation und durch Demütigungen.

Die Individualpsychologie kennt dabei vor allem zwei gegenläufige Wege der Kompensation: Der eine führt zu Überlegenheit, Macht, Selbsterhöhung, der andere zu Gemeinschaft, Zugehörigkeit, Mitmenschlichkeit (vgl. Pongratz 1983, S. 224). Diese beiden gegenläufigen Grundstrebungen der Kompensation, das persönliche Macht- oder Geltungsstreben und das sogenannte Gemeinschaftsgefühl, bestimmen in individualpsychologischer Sicht die Dynamik der Gruppe, der Gesellschaft und auch die Lebensbewältigung des einzelnen.

Diese Lebensbewältigung folgt einem »individuellen Bewegungsgesetz«, für das Adler in seinem späteren Werk den persönlichkeitspsychologischen Begriff *Lebensstil* prägte. Psychische Störungen wie zum Beispiel Neurosen werden dann in diesem Ansatz als Ausdrucksformen eines verfehlten Ansatzes der Lebensgestaltung begriffen. Neurotiker konnten aufgrund von ungünstigen Familien- und Umweltkonstellationen kein gesundes Selbstbewußtsein entwickeln, sondern projizieren die »Urszene« der frühkindlichen Minderwertigkeit in neue Lebenssituationen hinein. Derartige soziale Fehlanpassungen können nur behoben werden, wenn der »Lebensstil« korrigiert wird, wobei vor allem ein übertriebenes Streben nach Macht, Sicherheit und Überlegenheit zugunsten einer »Erziehung zur Gemeinschaft«, einer Entwicklung des Gemeinschaftsgefühls, abgebaut werden muß (vgl. Adler 1974; Pongratz 1983; Rattner 1972).

Der zweite berühmte Dissident, der bereits zu Lebzeiten Freuds seine eigene Schule der *Analytischen Psychologie* gründet, ist der Schweizer Carl Gustav Jung (1875–1961). Die Differenzen zwischen Jung und Freud entzünden sich zunächst am Libidobegriff, den

Jung entsexualisiert. Er versteht darunter eine allgemeine Lebensenergie, die sich auch im menschlichen Streben nach Sinn manifestiere und nicht nur im sexuellen Streben nach Lust. Darüber hinaus sieht Jung individuelles menschliches Handeln und Streben nicht nur durch ein persönliches Unbewußtes (mit)bestimmt, das vor allem als Reservoir für das im Laufe der individuellen Entwicklung Verdrängte begriffen werden muß, sondern noch durch eine tiefere Schicht, ein »kollektives Unbewußtes«. Dieses auch bereits bei Freud angelegte Konzept (vgl. z.B. Freud 1900) wird in der Jungschen Tiefenpsychologie zum zentralen Begriff.

Das *kollektive Unbewußte* umfaßt nach Jung die sogenannten *Archetypen*, die Grundstrukturen menschlichen Daseins, die Urmuster menschlicher Erlebens- und Handlungsformen, die einen kollektiven, überpersönlichen Charakter haben und im Laufe der Menschheitsgeschichte entstanden sind. Sie formen nach Jung die Strukturen der psychischen Welt überhaupt und damit auch den psychischen Urgrund für jegliches individuelles Erleben und Erfahren. Diese Archetypen selbst sind allerdings keiner unmittelbaren Erfahrung zugänglich, sondern können nur aus ihren Manifestationen erschlossen werden. Sie manifestieren sich in den Mythen, Märchen, religiösen Ritualen und Lehrsätzen, Kunstwerken der verschiedenen Kulturen, aber auch in individuellen Träumen, Visionen, parapsychologischen Phänomenen oder in den Wahnbildern Geisteskranker. Nach Jung zeigt die komparative Analyse derartiger kollektiver und individueller Kreationen, daß ihnen gemeinsame Strukturen zugrunde liegen. Dem Studium der Manifestationen dieser Archetypen in den verschiedenen Kulturen und ihrer Auswirkungen auf den menschlichen Lebenslauf ist die Jungsche Tiefenpsychologie vor allem gewidmet.

Neben der Lehre von den Archetypen ist auch noch Jungs persönlichkeitspsychologische Typologie besonders bekannt geworden (vgl. Jung 1986). Darin unterscheidet er zwischen zwei Grundeinstellungen (*Introversion* und *Extraversion*) und vier psychischen Funktionen (Denken, Fühlen, Empfinden, Intuieren), welche die psychische Struktur der menschlichen Persönlichkeit bilden. Dabei geht Jung davon aus, daß bei den verschiedenen Individuen jeweils eine Einstellung und eine Funktion vorherrschen, während die anderen – weniger gut ausgebildet – im Unbewußten verbleiben. Über die unterschiedlichen Kombinationsmöglichkeiten von Einstellungen und Funktionen lassen sich dann acht Persönlichkeitstypen danach unterscheiden, auf welche Weise sie der »Außenwelt« oder ihrer »Innenwelt« zugewandt sind (extravertierter Denktyp, introvertierter Denktyp, extravertierter Fühltyp, introvertierter Fühltyp und so weiter).

Der persönlichkeitspsychologische und zugleich entwicklungspsychologische Grundbegriff ist bei Jung der Begriff der *Individuation*. Der sogenannte Individuationsprozeß, den Jung auch Prozeß der Selbstwerdung oder der Selbstverwirklichung nennt und den er letztlich normativ als Aufgabe für jedes Individuum formuliert, bezeichnet den Ausgleich des Bewußten mit dem Unbewußten. Dazu gehört auch die weitere Ausbildung der Einstellungen und psychischen Funktionen, die das Individuum bei seinen bisherigen Orientierungsleistungen noch wenig in Anspruch genommen hat. Vor allem umfaßt der Individuationsprozeß aber die Entwicklung der individuellen Persönlichkeit durch eine bewußte oder auch unbewußte Aneignung der archetypischen Gehalte der Psyche (vgl. Jung 1985; Jaffé 1984; Pongratz 1983).

Diesen Prozeß unterteilt Jung in verschiedene Stadien, die in der Lebenszeit des Erwachsenenalters zu durchlaufen sind und die in der Auseinandersetzung mit archetypischen Leitbildern bestehen. Zu diesen Leitbildern gehören unter anderem der Schatten (abgelehnte oder auch ungelebte Wesenszüge der eigenen Persönlichkeit), die gegengeschlechtlichen »Seelenbilder« der Anima beim Mann und des Animus bei der Frau, die Große Mutter, der Alte Weise und das Selbst. Das Selbst steht dabei für die Einheit und Ganzheit der Gesamtpersönlichkeit, das (unerreichbare) Ziel des Individuationsprozesses. Es manifestiert sich in Träumen, Märchen und Mythen häufig als die Figur der übergeordneten Persönlichkeit (König, Prophet, Heiland) oder auch als geometrische Figur, zum Beispiel als Kreuz oder als symmetrisch ausgestalteter Kreis (Mandala).

Innerhalb dieses Ansatzes können nun psychische Störungen als Störungen des Individuationsprozesses aufgefaßt werden. Dabei geht Jung davon aus, daß die psychische Entwicklung und die psychischen Störungen in der ersten Lebenshälfte angemessen mit den Konzepten von Freud und Adler beschrieben werden können, da in dieser Zeit sowohl das sexuelle Streben als auch das Machtstreben bestimmend seien.

Jungs eigenes Konzept, das die Konfliktthemen dieses Entwicklungsabschnittes bezeichnen soll, ist das Konzept der *persona*. Damit sind vor allem die sozialen Rollen gemeint, die der einzelne in der Gesellschaft erfüllen und von denen er sich zugleich auch immer ein Stück weit distanzieren muß. Mit der Lebenswende, die

Jung im Alter zwischen 35 und 40 Jahren ansetzt, werden nun Fragen des Lebenssinns zentral. »Auf diese Altersstufe und ihre Probleme ist die Analytische Psychologie eingestellt. Sie verbindet den einzelnen mit seinen menschheitsgeschichtlichen Wurzeln, kann ihm Sinngebungen aus überindividueller Tradition und Weisheit aufzeigen« (Pongratz 1983, S. 366).

Revisionen der Psychoanalyse

Neben den Richtungen der Dissidenten können andere Veränderungen der Psychoanalyse nach Freuds Tod als Revisionen der »orthodoxen Lehre« aufgefaßt werden. Sie sollen hier allgemein als *neopsychoanalytische Richtungen* bezeichnet werden. Dazu gehört zum Beispiel die sogenannte *Kulturschule* in der Neopsychoanalyse, zu der unter anderem Karen Horney (1885–1952) und Erich Fromm (1900–1980) gezählt werden können. Diese Richtung betont die gesellschaftlichen, kulturellen und sozialen Einflüsse bei der Persönlichkeitsentwicklung des Menschen und bei der Entstehung von psychischen Störungen.

So macht zum Beispiel Karen Horney das in der modernen Zivilisation vorherrschende Prinzip des individuellen Wettbewerbs für eine Vielzahl von neurotischen Störungen verantwortlich und geht davon aus, daß die typischen Schwierigkeiten, die zu unserer Kultur gehören, sich als Konflikte im Leben jedes Menschen widerspiegeln (vgl. Horney 1974).

In Erich Fromms Denken spielt der Begriff des »Gesellschafts-Charakters« eine wichtige Rolle. Er versteht darunter den Kern der Persönlichkeitsstruktur der meisten Mitglieder einer Gesellschaftsgruppe, der sich als Ergebnis der grundlegenden Erfahrungen und der Lebensweise dieser Gruppe entwickelt hat. Der Individualcharakter kann dann als eine Variation dieses Kerns begriffen werden. Der sogenannte *Freudomarxismus* kann in diesem Zusammenhang als Versuch verstanden werden, Tiefenpsychologie und marxistische Gesellschaftstheorie explizit miteinander zu verbinden, um den Zusammenhang zwischen den libidinösen und ökonomisch-gesellschaftlichen Bedingungen der Persönlichkeitsentwicklung des Menschen zu konzeptualisieren und zu analysieren (vgl. dazu Reich 1971; Marcuse 1971).

Die gegenwärtig vielleicht einflußreichste Strömung bilden die verschiedenen Richtungen der sogenannten *Objektbeziehungstheorie*. Diese Theorie betrachtet die Persönlichkeitsentwicklung und ihre Störungen vor allem unter dem Aspekt der Verlaufsgeschichte der Verinnerlichung von Beziehungen zu anderen Personen, von sogenannten Objektbeziehungen. Dabei wird die besondere Bedeutung der sogenannten prägenitalen Stadien im Entwicklungsschema Freuds für die Persönlichkeitsentwicklung betont.

Einen großen Einfluß auf die Diskussion haben dabei die theoretischen Erneuerungen von Melanie Klein (1882–1960) ausgeübt. Klein, die ihre Konzepte in der analytischen Arbeit mit Kindern entwickelt, revidiert die im Freudschen Entwicklungsschema postulierte Abfolge von oralen, analen und genitalen Strebungen und setzt dagegen ein frühkindliches Unbewußtes von ungewöhnlicher Komplexität. Nach Klein (z.B. 1979) besteht der grundlegende Prozeß der gesamten Persönlichkeitsentwicklung in der Internalisierung von imaginierten Elternaspekten. Dabei besteht die Welt des Kindes zunächst aus »*Partialobjekten*« (zum Beispiel der Mutterbrust), die aufgrund der damit verbundenen Befriedigungen und Versagungen weiter in gute und böse Objekte aufgespalten werden (zum Beispiel in die gute Brust und die böse Brust) und geliebt und gehaßt werden. In dieser phantastischen Fragmentierung werden sie zu »*inneren Objekten*« und lassen eine innere Welt der Objektbeziehungen entstehen, in der sich das Kind auch von diesen inneren Objekten verfolgt, verlassen oder versorgt fühlt.

Dabei geht Klein in Übereinstimmung mit Freuds später Triebtheorie davon aus, daß Lebens- und Todestriebe von Geburt an wirksam sind und ihren psychischen Ausdruck auch in unbewußten destruktiven und lustvollen Phantasien haben, welche mit der *Spaltung* in böse und gute Objekte verbunden sind. Der entscheidende weitere Entwicklungsschritt wird dabei durch die Mutter-Kind-Beziehung ermöglicht. Dadurch, daß es der Mutter durch die physische Versorgung und emotionale Zuwendung gelingt, die Ängste des Kindes zu beschwichtigen und seine ersten Frustrationen zu mildern, kann das Kind schrittweise die Welt der guten und bösen Partialobjekte verlassen und ein Bild von der Mutter als einer Person aufbauen, die Befriedigungen gewährt oder bisweilen versagt (vgl. auch Hinshelwood 1996; Rustin 1991).

Im (kritischen) Anschluß an Klein betont auch Donald W. Winnicott (1896–1971), der repräsentative Vertreter der sogenannten Middle Group in der britischen Psychoanalyse, die besondere Bedeutung der Mutter-Kind-Beziehung, wobei er allerdings bereits die ersten Monate nach der Geburt als entscheidend für die Persönlichkeitsentwicklung betrachtet. Im Idealfall erfährt das Kind in der ersten Zeit nach der Geburt eine allumfassende mütterliche Zuwendung (*primäre Mütterlichkeit*), die ihm wiederum die Erfahrung subjektiver Allmacht ermöglicht. Wird die unmittelbare Erfüllung jeglichen Begehrens durch die Mutter langsam reduziert, erfährt das Kind die Ansprüche der äußeren Realität.

Nach Winnicott (1979) löst nun diese Erfahrung die frühere nicht ab, sondern die Erfahrung der subjektiven Omnipotenz bleibt als subjektive Quelle des Selbstvertrauens erhalten. Diese frühkindlichen Erfahrungen konstituieren zunächst zwei Erfahrungsräume, die Winnicott *»innere Realität«* und *»äußere objektive Realität«* nennt. Diese zwei Erfahrungsräume bedürfen der Vermittlung durch einen dritten Erfahrungsraum, den sogenannten *intermediären Raum* der Übergangsphänomene, dessen Genese von Winnicott ebenfalls in der frühen Kindheit verortet wird. So wie in der kindlichen Entwicklung zunächst ein »*Übergangsobjekt*« (zum Beispiel der Teddybär) und später das Spiel eine »Selbst-Erfahrung« ermöglichen, die zwischen subjektiver Omnipotenz und der Abhängigkeit von einer äußeren Realität liegt, so besteht diese Möglichkeit allgemein im »intermediären Raum« von Kultur, Kunst und Religion. Die eigentümliche Ambiguität dieser Sphäre erlaubt dem einzelnen die Erfahrung, gerade durch die Expression seiner subjektiven Wünsche, Träume und Phantasien, durch seine kreative Entfaltung und sein schöpferisches Wirken teilzuhaben an einer Welt, die zugleich die Welt der anderen ist und Kommunikation ermöglicht.

Ende der dreißiger Jahre wird unter dem maßgeblichen Einfluß von Anna Freud (1895–1982) und Heinz Hartmann (1894–1970) die *Ich-Psychologie* entwickelt, in der die Entstehung der psychischen Instanz des Ichs und seine Auseinandersetzungen mit der äußeren Welt im Mittelpunkt stehen. Um begriffliche Schwierigkeiten zu vermeiden, führen sie bereits einen Begriff des Selbst ein, der die psychische Repräsentanz der Leib-Seele-Entität übernehmen soll. Die aus dieser Tradition kommenden Objektbeziehungstheoretiker in den USA sehen die Ich-Entwicklung im Kontext der Entwicklung von sozialen Beziehungs- und Bindungsformen und versuchen vor allem, die Interaktion zwischen intrapsychischer Dynamik und interpersonalen Beziehungen zu begreifen (vgl. Engler 1995).

Dazu formuliert Margret Mahler (1897–1985) die Konzepte der *Separation* und *Individuation*, welche die Prozesse beschreiben sollen, durch die das Kind aus der ursprünglich symbiotischen Beziehung mit der Mutter herauswächst und individuelle Charakteristiken entwickelt (vgl. Mitchell & Black 1995).

Heinz Kohut (1913–1981) entwickelt eine neue Dimension innerhalb der Psychoanalyse, die er *Selbstpsychologie* nennt. Aufgrund seiner Arbeit mit Patienten, die an sogenannten narzißtischen Störungen leiden, interessiert er sich für die Entwicklung des Selbstgefühls eines Menschen, das heißt dafür, unter welchen Bedingungen sich bei einem Individuum aus seinem primären Narzißmus, seiner primären Selbstliebe heraus, ein gesundes Selbstbewußtsein entwickeln kann und unter welchen Bedingungen es zu krankhaften narzißtischen Störungen kommt. In diesem Kontext formuliert Kohut drei Typen von Beziehungserfahrungen mit »einfühlsamen« anderen Personen, den sogenannten Selbstobjekten, die für die Entwicklung eines gesunden Selbstbewußtseins unerläßlich sind: Bestätigung der eigenen Größe durch ein spiegelndes Selbst-Objekt, Vorbild für Stärke und Größe durch ein idealisiertes Selbst-Objekt und Erfahrung der Ähnlichkeit durch ein alter-ego-Selbstobjekt (vgl. z.B. Kohut 1981; Mitchell & Black 1995).

Einen systematischen Versuch, Konzepte der klassischen Psychoanalyse mit den neuen Einsichten der britischen und amerikanischen Objektbeziehungstheoretiker zu verbinden, hat Otto Kernberg (geboren 1928) unternommen (vgl. z.B. Kernberg 1992). Aus einer feministischen Perspektive heraus beschäftigt sich Nancy Chodorow (geboren 1944) mit den Folgen der Objektbeziehungs-Erfahrungen für die Ausbildung von »Geschlechtspersönlichkeiten«. Dabei vertritt Chodorow (1986) die These, daß die geschlechtsspezifische Arbeitsteilung in der Familie – in der vor allem die Frauen »muttern« – in Töchtern und Söhnen eine Aufspaltung psychischer Fähigkeiten bewirke, weshalb sie dann auch diese geschlechtsspezifische familiäre Arbeitsteilung weitertragen würden.

Tiefenpsychologie als tiefenhermeneutische Kulturanalyse

Tiefenpsychologische Kulturanalysen werden häufig als Anwendungen tiefenpsychologischer Erkenntnisse in den Bereichen Kunst, Literatur und Religion begriffen. Damit wird man aber der

Bedeutung derartiger Analysen für die tiefenpsychologische Erkenntnisbildung nicht gerecht. Ricœur (1993) bezeichnet die Psychoanalyse allgemein als eine globale Deutung der Kultur und betont auch, daß man noch nicht das Wesentliche gesagt habe, wenn man Freuds »Exegese der Kultur« nur als angewandte Psychoanalyse und als analogische Deutung charakterisiere: »Bei aufmerksamer Lektüre zeigt sich, daß diese Anwendung und Umsetzung, gleichsam rückwirkend, das Modell selbst verwandelt haben« (Ricœur 1993, S. 165). Und für das zentrale Konzept des Ödipuskomplexes gilt, daß sich seine Genese Freuds klinischen Erfahrungen, seiner eigenen Selbstanalyse und zugleich seiner Deutung des griechischen Ödipus-Mythos und der Hamlet-Tragödie verdankt (vgl. dazu Freud 1900, 1962).

Berücksichtigt man dazu noch Freuds religionspsychologische Schriften (z.B. Freud 1939), so läßt sich an diesem Beispiel die Wechselwirkung zwischen der Deutung von Traum und Neurose und der Hermeneutik der Kultur im Werke Freuds deutlich aufzeigen. In den tiefenpsychologischen Richtungen nach Freud werden zum Teil Basiskonzepte entwickelt, welche eine Trennung zwischen »Individualpsychologie« und »Kulturpsychologie« nicht mehr erlauben. Dazu gehören zum Beispiel das Konzept des kollektiven Unbewußten und seiner Archetypen von Jung und das Konzept des intermediären Raumes von Winnicott (vgl. oben). Ansätze zu einer Methodologie tiefenpsychologischer Kulturanalysen, die der Theorie des analytischen Prozesses vergleichbar wären, bilden zum Beispiel Lorenzers Überlegungen zu einer *Tiefenhermeneutik* (vgl. z.B. Lorenzer 1986).

Literatur

Adler, Alfred (1974): *Praxis und Theorie der Individualpsychologie*. Frankfurt/M.: Fischer (Original: 1930).

Bleuler, Eugen (1910): Die Psychoanalyse Freuds. Verteidigung und kritische Bemerkungen. *Jahrbuch für psychoanalytische und psychopathologische Forschungen*, 2: 623–730.

Breuer, Josef, Sigmund Freud (1970): *Studien über Hysterie*. Frankfurt/M.: Fischer (Original 1895).

Chodorow, Nancy (1986): *Das Erbe der Mütter. Psychoanalyse und Soziologie der Geschlechter*. München: Frauenoffensive (Original 1978).

Engler, Barbara (1995): *Personality Theories. An Introduction*. 4. Aufl.. Boston, Toronto: Houghton Mifflin Company.
Erikson, Erik H. (1973): *Identität und Lebenszyklus*. Frankfurt/M.: Suhrkamp (Original 1959).
Fages, Jean-Baptiste (1981): *Geschichte der Psychoanalyse nach Freud*. Frankfurt/M., Berlin, Wien: Ulstein (Original 1976).
Farrell, Brian A. (1981): *The Standing of Psychoanalysis*. Oxford, New York: Oxford University Press.
Freud, Anna (1977): *Das Ich und die Abwehrmechanismen*. München: Kindler (Original 1936).
Freud, Sigmund (1900): *Die Traumdeutung*. In: Sigmund Freud, Gesammelte Werke Bd. 2/3. Frankfurt/M.: Fischer.
Freud, Sigmund (1913): *Das Interesse an der Psychoanalyse*. Gesammelte Werke Bd. 8. Frankfurt/M.: Fischer, 389–420.
Freud, Sigmund (1914a): *Erinnern, Wiederholen und Durcharbeiten. Weitere Ratschläge zur Technik der Psychoanalyse II*. Gesammelte Werke Bd. 10. Frankfurt/M.: Fischer, 125–136.
Freud, Sigmund (1914b): *Zur Geschichte der psychoanalytischen Bewegung*. Gesammelte Werke Bd. 10. Frankfurt/M.: Fischer, 43–113.
Freud, Sigmund (1914c): *Zur Einführung des Narzißmus*. Gesammelte Werke Bd. 10. Frankfurt/M.: Fischer, 137–170.
Freud, Sigmund (1915): *Das Unbewußte*. Gesammelte Werke Bd. 10. Frankfurt/M.: Fischer, 263–303.
Freud, Sigmund (1916–1917): *Vorlesungen zur Einführung in die Psychoanalyse*. Gesammelte Werke Bd. 11. Frankfurt/M.: Fischer.
Freud, Sigmund (1920): *Jenseits des Lustprinzips*. Gesammelte Werke Bd. 13. Frankfurt/M.: Fischer, 1–69.
Freud, Sigmund (1923): *Das Ich und das Es*. Gesammelte Werke Bd. 13. Frankfurt/M.: Fischer, 235–289.
Freud, Sigmund (1925): *Selbstdarstellung*. Gesammelte Werke Bd. 14. Frankfurt/M.: Fischer, 31–96.
Freud, Sigmund (1926): *Die Frage der Laienanalyse. Unterredungen mit einem Unparteiischen*. Gesammelte Werke Bd. 14. Frankfurt/M.: Fischer, 207–286.
Freud, Sigmund (1933): *Neue Folge der Vorlesungen zur Einführung in die Psychoanalyse*. Gesammelte Werke Bd.15. Frankfurt/M.: Fischer.
Freud, Sigmund (1937): *Konstruktionen in der Analyse*. Gesammelte Werke Bd. 16. Frankfurt/M.: Fischer, 41–56.
Freud, Sigmund (1939): *Der Mann Moses und die monotheistische Religion: Drei Abhandlungen*. Gesammelte Werke Bd. 16. Frankfurt/M.: Fischer, 101–246.
Freud, Sigmund (1962): *Aus den Anfängen der Psychoanalyse. Briefe an Wilhelm Fließ. Abhandlungen und Notizen aus den Jahren 1887–1902*. Hrsg. von Marie Bonaparte, Anna Freud und Ernst Kris. Frankfurt/M.: Fischer.

Fromm, Erich (1966): *Die Furcht vor der Freiheit*. Frankfurt, Köln: Europäische Verlagsanstalt (Original: 1941).

Grubrich-Simitis, Ilse (1995): Urbuch der Psychoanalyse. Hundert Jahre »Studien über Hysterie« von Josef Breuer und Sigmund Freud. *Psyche*, 49: 1117–1155.

Grünbaum, Adolf (1988): *Die Grundlagen der Psychoanalyse. Eine philosophische Kritik*. Stuttgart: Reclam (Original: 1984).

Habermas, Jürgen (1968): *Erkenntnis und Interesse*. Frankfurt/M.: Suhrkamp.

Hartmann, Heinz (1960): *Ich-Psychologie und Anpassungsproblem*. Stuttgart: Klett (Original: 1939).

Hinshelwood, Robert D. (1996): Melanie Kleins Konzept der »Inneren Objekte«. *Psyche*, 50: 523–547.

Horney, Karen (1974): *Der neurotische Mensch unserer Zeit*. München: Kindler (Original: 1937).

Jaffé, Aniela (Hg.) (1984): *Erinnerungen, Träume, Gedanken von C.G. Jung*. Freiburg i. Br.: Olten (Original: 1961).

Jeron, Michael (1981): Hermeneutik und Energetik – zur Interpretation der Psychoanalyse durch Paul Ricœur. In: Wolfgang Mertens (Hg.): *Neue Perspektiven der Psychoanalyse*. Stuttgart, Berlin, Köln, Mainz: Kohlhammer, 161–196.

Jung, Carl G. (1985): *Die Archetypen und das Kollektive Unbewußte*. Gesammelte Werke Bd. 9, Erster Halbband. Olten, Freiburg i. Br.: Walter (Original: 1935–1955).

Jung, Carl G. (1986): *Psychologische Typen*. Gesammelte Werke Bd 6. Olten, Freiburg i.Br.: Walter (Original: 1921).

Kernberg, Otto (1992): *Aggression in personality disorders and perversions*. New Haven, London: Yale University Press.

Klein, Melanie (1979): *Die Psychoanalyse des Kindes*. München: Kindler (Original: 1932).

Kohut, Heinz (1981): *Die Heilung des Selbst*. Frankfurt/M.: Suhrkamp.

Kurzweil, Edith (1995): *Freud und die Freudianer. 100 Jahre Psychoanalyse. Eine Bestandsaufnahme in Österreich und Deutschland, Frankreich, England und in den USA*. München: Deutscher Taschenbuch Verlag.

Lacan, Jacques (1966): *Écrits*. Paris: Éditions du Seuil.

Laplanche, Jean, Jean-Baptiste Pontalis (1973): *Das Vokabular der Psychoanalyse*. Bd. 2. Frankfurt/M.: Suhrkamp (Original: 1967).

Laplanche, Jean (1996): Deutung zwischen Determinismus und Hermeneutik. Eine neue Fragestellung. In: Jean Laplanche: *Die unvollendete kopernikanische Revolution in der Psychoanalyse*. Frankfurt/M.: Fischer, 142–176 (Original: 1992).

Leuzinger-Bohleber, Marianne (1995): Die Einzelfallstudie als psychoanalytisches Forschungsinstrument. *Psyche*, 49: 434–480.

Lorenzer, Alfred (1984): *Intimität und soziales Leid. Archäologie der Psychoanalyse*. Frankfurt/M.: Fischer.

Lorenzer, Alfred (1986): Tiefenhermeneutische Kulturanalyse. In: Alfred Lorenzer (Hg.): *Kultur-Analysen*. Frankfurt/M.: Fischer, 11–98.

Lorenzer, Alfred (1990): Psychoanalyse zwischen Rationalität und Irrationalität. In: Ludwig Nagl, Helmuth Vetter, Harald Leupold-Löwenthal (Hg.): *Philosophie und Psychoanalyse. Symposium der Wiener Festwochen*. Frankfurt/M.: Nexus, 21–30.

Marcuse, Herbert (1971): *Triebstruktur und Gesellschaft*. Frankfurt/M.: Suhrkamp (Original: 1955).

Mertens, Wolfgang (Hg.) (1981): *Neue Perspektiven der Psychoanalyse*. Stuttgart, Berlin, Köln, Mainz: Kohlhammer.

Mitchell, Stephen A., Margaret J. Black (1995): *Freud and Beyond. A History of Modern Psychoanalytic Thought*. New York: Basic Books.

Müller-Pozzi, Heinz (1991): *Psychoanalytisches Denken*. Bern, Stuttgart, Toronto: Huber.

Pagel, Gerda (1989): *Lacan zur Einführung*. Hamburg: Junius.

Pongratz, Ludwig J. (1983): *Hauptströmungen der Tiefenpsychologie*. Stuttgart: Kröner.

Pongratz, Ludwig J. (1984): *Problemgeschichte der Psychologie*. Bern, München: Francke, UTB (Original: 1967).

Rapaport, David (1967): On the psychoanalytic theory of Motivation. In: Merton M. Gill (Hg.): *The collected papers of D. Rapaport*. New York: Basic Books.

Rattner, Josef (1972): *Alfred Adler*. Reinbek: Rowohlt.

Reich, Wilhelm (1971): *Die sexuelle Revolution*. Frankfurt/M.: Fischer (Original: 1936).

Ricœur, Paul (1993): *Die Interpretation. Ein Versuch über Freud*. Frankfurt/M.: Suhrkamp (Original: 1965).

Ruhs, August (1990): Zur Materialität des psychoanalytischen Gegenstandes. In: Ludwig Nagl, Helmuth Vetter, Harald Leupold-Löwenthal (Hg.): *Philosophie und Psychoanalyse. Symposium der Wiener Festwochen*. Frankfurt/M.: Nexus, 79–90.

Rustin, Michael (1991): *The Good Society and the Inner World. Psychoanalysis, Politics and Culture*. London, New York: Verso.

Schafer, Roy (1982): *Eine neue Sprache für die Psychoanalyse*. Stuttgart. Klett-Cotta (Original: 1976).

Schafer, Roy (1992): *Retelling a life*. New York: Basic Books.

Schelling, Walter (1985): *Lebensgeschichte und Dialog in der Psychotherapie. Tiefenpsychologie, Anthropologie und Hermeneutik im Gespräch*. Göttingen: Vandenhoeck und Ruprecht.

Schöpf, Alfred (1982): *Sigmund Freud*. München: Beck.

Spence, Donald P. (1982): *Narrative Truth and Historical Truth*. New York, London: Norton.

Strenger, Carlo (1991): *Between Hermeneutics and Science. An Essay in the Epistemology of Psychoanalysis*. New York: International University Press.

Sulloway, Frank J. (1982): *Freud, der Biologist der Seele. Jenseits der psychoanalytischen Legende*. Köln: Hohenheim Verlag (Original: 1979).
Toman, Walter (1978): *Tiefenpsychologie*. Stuttgart, Berlin, Köln, Mainz: Kohlhammer.
Winnicott, Donald W. (1993): *Vom Spiel zur Kreativität*. Stuttgart: Klett-Cotta (Original: 1971).

5. Handlungspsychologie[1]

MARIO VON CRANACH UND FRANZISKA TSCHAN

Worum es hier geht

Stellen wir uns vor, wir wollten untersuchen, wie und warum Patienten, die sich in einer stationären Drogentherapie befinden, rückfällig werden. Dazu wollen wir uns ein konkretes Beispiel vor Augen führen:

»Frank hat in einer Klinik einen Entzug durchgeführt; er lebt und arbeitet nun seit drei Monaten zusammen mit zehn anderen Jugendlichen in einer therapeutischen Wohngemeinschaft, wo er von Klara betreut wird. Eines Tages macht er einen ›Absturz‹ ; er kauft und konsumiert Heroin.«

Rückfälle in der Drogentherapie sind sehr häufig. Zu ihrer Untersuchung würden sich die verschiedensten Forschungsstrategien anbieten. Wir könnten davon ausgehen, daß Rückfälle unter dem Druck eines unwiderstehlichen physiologischen Bedürfnisses erfolgen. Wir könnten versuchen, die Persönlichkeitseigenschaften, sozialen Einstellungen oder Wertvorstellungen Rückfälliger und Standhafter zu vergleichen. Wir könnten biographische Daten, Entwicklung und Erfahrungen zur Erklärung heranziehen. Wir könnten Merkmale der Situation und der Entzugsdauer erheben oder die Annahme überprüfen, daß vor allem soziale Faktoren wie etwa das Klima der Gruppe und soziale Einflüsse den Rückfall bewirken.

Schließlich wäre es auch möglich, zu überprüfen, ob Rückfallgefährdete den »Absturz« mehr oder weniger bewußt anstreben; was sie dazu motiviert, wie sie ihr Vorgehen im einzelnen planen, welche Entscheidungskonflikte sie dabei durchleben, ob es ihnen gelingt, volitionale Kräfte gegen den Rückfall zu mobilisieren, und wie es schließlich zur endgültigen Ausführung der Rückfallhandlung kommt – oder eben nicht. Das ist ein durchaus erfolgversprechender Ansatz (vgl. Qammou 1996) und, was uns hier interessiert, jetzt wären wir daran, eine *handlungspsychologische* Untersuchung zu konzipieren: *den Rückfall als Handlung zu untersuchen.*[2] Was aber heißt das?

Handeln ist die menschliche Form des Verhaltens: diese (wie wir zugeben etwas verkürzte) Definition trifft den Kern des Sachverhalts. Denn unter den Handlungsbegriff fällt letzten Endes alles *intendierte* Verhalten, das wir als Handelnde zu *verantworten* haben: das meiste, was wir im Wachzustand tun, läßt sich als Handlung oder zu Handlungen gehörig kennzeichnen; es bleibt ein Rest von Reflexbewegungen, Husten, Niesen und dergleichen.

Intendiert heißt in dieser Formel »in irgendeiner Form angestrebt und beabsichtigt«, *Verhalten* weist auf den Vollzug durch Bewegungen, Sprechen et cetera hin, und *verantworten* auf den sozialen Rahmen und die Bedeutung, die alles Handeln kennzeichnen. Nichts an diesem Handlungsbegriff ist unproblematisch, aber wir kommen einstweilen damit aus.

Handlungen sind Gegenstand verschiedener Humanwissenschaften, zum Beispiel neben der Psychologie auch der Philosophie und der Soziologie (s. Lenk 1977–1984). Zwischen ihnen allen bestehen Wechselwirkungen, die man eigentlich einbeziehen sollte. In diesem kurzen Kapitel müssen wir uns auf die schon sehr komplexe Bearbeitung dieses Gegenstandes in der Psychologie konzentrieren. Dabei wollen wir in erster Linie die Handlungspsychologie als besonderen Ansatz darstellen, der sich von anderen Ansätzen der Psychologie unterscheidet: durch das ihr zugrunde liegende Menschenbild (vgl. Groeben & Erb), die Ähnlichkeiten und Unterschiede der verschiedenen Richtungen, die sich im Rahmen dieses Ansatzes herausgebildet haben, die damit verbundenen Konzepte und schließlich das Problem verschiedener Handlungformen. Schließlich versuchen wir, die verschiedenen Ansätze zu integrieren.

Dabei möchten wir den Eindruck vermeiden, daß es vor allem um Handlungs-*Theorie* geht. Tatsächlich ist Handlungspsychologie auch ein fruchtbares Feld empirischer Untersuchungen. Diese haben sich vor allem auf die in unserer Kultur besonders wichtigen *zielgerichteten Handlungen* konzentriert. Wie man im Rahmen der verschiedenen Ansätze forscht, können wir nur anhand weniger ausgewählter Beispiele illustrieren.

Merkmale handlungspsychologischer Ansätze

Handeln ist alles das, was wir täglich und fast ständig tun, wenn wir arbeiten, spielen und uns unterhalten, mit unseren Mitmenschen umgehen oder uns ausruhen. Wenn wir den Alltag eines Menschen unter Berücksichtigung innerer Prozesse des Wahrnehmens, Denkens und Fühlens *und* der wahrnehmbaren Verhaltensweisen und ihrer Wirkungen beschreiben, erhalten wir eine Beschreibung in Handlungen.

Die Handlungspsychologie richtet sich also auf eine ebenso grundlegende wie umfassende Funktion, die die Gegenstände verschiedener Gebiete der Allgemeinen Psychologie mit enthält. Sie unterscheidet sich daher von diesen durch ihr umfassenderes Menschenbild. Der kognitiven Psychologie mag es genügen, sich auf Prozesse der »Informationsverarbeitung« zu konzentrieren (vgl. hierzu etwa Abele & Gendolla oder Schaub sowie Straub), die Wahrnehmungspsychologie befaßt sich mit der Aufnahme von Umweltinformation (vgl. Glaser), die Gedächtnispsychologie mit ihrer Verarbeitung unter dem Aspekt der Zeit und des Überdauerns (vgl. Straub). Um aber Handlungen gründlich zu analysieren, müssen wir fast alle psychischen Aktivitäten mit heranziehen und integrieren (Kaminski 1981). Und letzten Endes gelingt die Analyse nur, wenn wir auch die soziale und materielle Umgebung mit berücksichtigen, welche mit diesen Aktivitäten in Wechselwirkung steht, das heißt, sie hervorbringt und von ihnen hervorgebracht wird. Deshalb legen Handlungspsychologen ihren Forschungen die in allen psychischen Grundfunktionen vollständig ausgebildete, denkende, fühlende und aktive Person zugrunde, und idealerweise betrachten sie sie auch in ihrer sozialen und kulturellen Umwelt.

Alles dies zugleich zu berücksichtigen und in Forschung umzusetzen ist natürlich schwierig. In der Handlungspsychologie haben sich aus verschiedenen Traditionen heraus, aber unter grundlegender Übereinstimmung über den Gegenstand, mehrere Richtungen ausgebildet, welche die verschiedenen Gesichtspunkte unterschiedlich gewichten. Sie gehen zum Teil von verschiedenen ontologischen und wissenschaftstheoretischen Vorannahmen aus und verfolgen nicht dieselben praktischen Zwecke. Denn es ist ein weiteres Merkmal der Handlungspsychologie, daß sie die praktische Anwendung zur Lösung von Problemen des täglichen Lebens mehr oder weniger unmittelbar anzielt oder jedenfalls im Auge hat. Es ist unmöglich, im Rahmen dieses kurzen Kapitels auf alle Richtungen der

Handlungspsychologie einzugehen. Im folgenden konzentrieren wir uns auf jene, die viel und bedeutende Forschung hervorgebracht haben, und die den Gegenstand von möglichst verschiedenen Seiten zeigen, ohne das wir damit die Bedeutung anderer, von uns nicht aufgeführter Sichtweisen in Frage stellen wollen.

Bevor wir mit dieser Beschreibung beginnen, ist es nützlich, einige grundsätzliche Gesichtspunkte einzuführen:

- Wir können beim Handeln die *Funktionen der Energetisierung und der Steuerung* unterscheiden. *Energetisierung* heißt, die für das Handeln notwendige physiologische Energie (*Energie* selbst ist kein psychologischer Begriff) zu aktivieren – ohne Energie bewegt sich nichts. *Steuerung* heißt, die entstehende Bewegung in die richtige Richtung zu lenken (Steuerung setzt also Energetisierung voraus). In der Realität fallen beide Funktionen oft im gleichen Prozeß zusammen.
- Handlungen können aus *verschiedenen Perspektiven* analysiert werden: der des Akteurs selbst (»Innenperspektive«), oder der eines wissenschaftlichen oder »naiven« Beobachters (zwei verschiedene »Außenperspektiven«). Man kann auch mehrere Perspektiven kombinieren. Jede hat ihre eigenen Merkmale und Probleme.
- Handlungen finden in einem *vielfachen Kontext* statt. Davon interessieren besonders die *Kultur* als System des Wissens und der Sinnstiftung, das *soziale System*, in dem die Handlung stattfindet, und schließlich die *materielle Umgebung* und die gegebene *Situation* als raum-zeitlicher Ausschnitt ablaufender Prozesse.
- Die Frage, ob, wann und in welchem Grade handlungsbezogene psychische Prozesse bewußt repräsentiert sind, kann verschieden beantwortet werden.

In dem durch diese Unterscheidungen aufgespannten Begriffsraum lassen sich viele der Unterschiede handlungspsychologischer Richtungen lokalisieren.

Die motivations- und volitionspsychologische Richtung

Die Geschichte dieses Ansatzes ist mit berühmten Namen verbunden (etwa William James, Narciss Ach, Kurt Lewin, John W. Atkinson) und hat sich in den letzten Jahrzehnten sehr dynamisch entwickelt; kaum ein anderer Ansatz hat soviel Forschung aufzuweisen. Detaillierte Darstellungen geben Heckhausen (1989) sowie verschiedene Aufsätze in Kuhl und Heckhausen (1996). Zeitweise hat sich die Forschung sehr auf das »Leistungsmotiv« konzentriert (vgl. auch Schultheiß & Brunstein). In der Entwicklung des Ansatzes lassen sich grob verschiedene Phasen unterscheiden: Die Entwicklung eines kognitiven *Motivationsmodells* nach dem Wert-Erwartungs-Prinzip; die Einführung energetischer Gesichtspunkte im »dynamischen Handlungsmodell«; an dessen Ergebnisse anknüpfend die Wiederentdeckung der »Volition« (des Willens) zunächst unter dem Begriff der *»Handlungskontrolle«*; die Vereinigung von Motivations- und Volitionsprozessen im *»Rubikon-Modell der Handlungsphasen«*.

Motivation durch Erwartung und Anreiz

Kommen wir auf unser eingangs gestelltes Forschungsproblem zurück. Im motivationspsychologischen Ansatz würden wir uns die folgende Frage stellen: Wie kommt es dazu, daß im »Verhaltensstrom« im Entzug befindlicher Drogenabhängiger zu einem bestimmten Zeitpunkt eine Rückfallhandlung vorgenommen wird? Oder ganz konkret:

»Frank verläßt eines Tages seine therapeutische Gemeinschaft und begibt sich in die ›Szene‹, um Drogen zu kaufen und zu konsumieren. Warum?«

Im hier zugrundegelegten Motivationsmodell finden wir dazu die folgenden (durch arabische Ziffern bezeichneten) Annahmen:

1. Menschen erwerben im Laufe ihrer Entwicklung *Wertvorstellungen*, die sich jeweils in verschiedenen *Zielen* konkretisieren lassen. (Drogenabhängige streben zum Beispiel die Entlastung von unangenehmen Gefühlen und Gedanken an, die sich durch Drogenkonsum erreichen läßt.) »Frank bewertet Probleme negativ und die Entlastung von ihnen positiv; daher begegnet er unangenehmen Gefühlen und Gedanken durch Drogeneinnahme.«

2. Bestimmte *Situationen* enthalten Hinweise auf die Möglichkeit der Zielerreichung durch bestimmte Handlungen; wir nennen sie *Anreize*. »Frank empfindet den Aufenthalt in der Wohngemeinschaft als belastend, es gibt persönliche Konflikte, ein Brief aus der Szene erinnert ihn an die Möglichkeit der Drogeneinnahme.«

3. Mit dem *Anreiz* wird die bestimmte *Erwartung* verbunden, daß der angestrebte Zielzustand erreicht werden kann. »Frank weiß,

daß mit der Drogeneinnahme die belastenden Gedanken und Gefühle verschwinden werden.«

4. Sind *Anreiz* und *Erwartung* stark genug, so kommt es zur Herausbildung einer *Intention* oder Absicht, die Handlung vorzunehmen. »Frank beabsichtigt, die Szene aufzusuchen und Drogen zu konsumieren.«

Dies ist eine (natürlich sehr vereinfachte) Version des berühmten *Wert-Erwartungs-Modells* der Intentionsbildung, welches vor allem von Lewin (1938) in die Psychologie eingeführt wurde. Die Verknüpfung der beiden Variablen wird oft auch als multiplikativ aufgefaßt. In seinen modernen Versionen werden zur genaueren Bestimmung der zentralen Konstrukte zahlreiche meist kognitive Hilfskonstrukte eingeführt (vgl. Heckhausen 1989).

5. Die *Handlung* wird in einer *geeigneten Situation* realisiert. »In einem passenden Moment verläßt Frank die Wohngemeinschaft und begibt sich in die ›Szene‹.«

Das »dynamische Handlungsmodell« von Atkinson und Birch

Wenn wir einmal davon absehen, daß im Begriff des *Wertes* immer eine emotionale Komponente enthalten ist, so sind die bisher diskutierten Modellkonstrukte vorwiegend kognitiver Natur. Mit der Verlagerung des Akzentes auf den *Anreiz* gerät die *Eigenaktivität des Handelnden* immer mehr in den Hintergrund, er wird situationsabhängig. Zwischen Energetisierung und Steuerung wird nicht unterschieden. Das Modell (wie es überwiegend in den sechziger Jahren verwendet wurde) betrachtet nur ein einzelnes Motiv beziehungsweise eine einzelne Handlung, vernachlässigt also die Einbettung in Motivsysteme und trägt der Vergangenheit und zeitlichen Entwicklung der beteiligten Motive zu wenig Rechnung.

Atkinson und Birch (1970, 1981) entwickelten ein vorwiegend für leistungsorientierte Tätigkeit gedachtes *»dynamisches Handlungsmodell«*. Statt auf die einzelnen Handlungen konzentrierten sie sich auf die Schnittstellen zwischen den Handlungen und legten dabei den Schwerpunkt auf energetische Prozesse. Dabei gingen sie von zwei Annahmen aus: (1) Das Axiom der *»Trägheitstendenz«* postuliert, daß Handlungstendenzen persistieren, bis Kräfte auf sie einwirken, die ihre Kraft vergrößern oder verkleinern (Freud läßt grüßen). (2) Bei Ausführung der Handlung entsteht eine *»konsumatorische Kraft«*, welche die antreibende Handlungstendenz für die aktuelle Handlung vermindert.

Darüber hinaus enthält das Modell noch eine Reihe anderer hypothetischer Größen, die alle antagonistisch angeordnet sind: einer antreibenden steht jeweils eine hemmende Variable gegenüber. Ihre Operationalisierung in empirischen Untersuchungen ist allerdings schwierig, so daß die Modellüberprüfungen sich meist auf Computersimulationen anhand von angenommenen Daten beschränkten. Aber diese führten in vielen Fällen zu einem zunächst unbefriedigenden, schließlich aber weiterführenden Ergebnis: Sind zwei Verhaltenstendenzen annähernd gleich stark und löst die (geringfügig) stärkere eine entsprechende Handlung aus, so verbraucht sie aufgrund der konsumatorischen Kraft alsbald ihren Vorsprung. Dadurch wird nun die andere Verhaltenstendenz stärker, und die ihr entsprechende Handlung kommt zum Zuge.

Im Extremfall entsteht das sogenannte »Verhaltensflimmern« (Kuhl 1983), und der bedauernswerte Akteur kommt nie zu einem Ziel. Sinngemäß stellt sich dieses Problem natürlich auch, wenn mehr als zwei Verhaltenstendenzen vorhanden sind. Und das Ergebnis ist nicht unrealistisch: aus der Beschreibung existentiell bedeutsamer Entscheidungen kennen wir das »Oszillieren« zwischen annähernd gleichwertigen Alternativen (Thomae 1974).

Auf unser Problem angewendet läßt uns dieses Modell nun folgende Ergänzungen vornehmen: Befinden sich Drogenabhängige in Therapie, so verfolgen sie auch die Absicht, von Drogen frei zu werden, und im Rahmen einer therapeutischen Wohngemeinschaft gehen sie Bindungen ein, die im Sinne *sozialer Unterstützung* (Lütjen & Frey 1987) wirksam sind. Diese Motive stehen mit der Absicht, Heroin zu konsumieren, im Konflikt:

Frank hat sich einerseits entschieden, den Streß des Alltags durch einen Drogenabsturz zu überwinden; er klammert sich aber auch an seinen früher gefaßten Entschluß, drogenfrei zu werden, in den er ja schon einiges investiert hat; zudem plagt ihn das schlechte Gewissen gegenüber Klara, die er nicht enttäuschen will. Er ist also in einem Konflikt zwischen den Zielen »Absturz durchführen« versus »clean bleiben« gefangen. Wann immer er nun mit den Vorbereitungshandlungen für den Rückfall beginnt, kommt er nicht weit, da der Abstinenzwunsch wieder stärker wird, andererseits kann er den Wunsch nach der Droge auch nicht vergessen.

Die Frage ist nun, wie die Motivationspsychologie (und mit ihr Frank) aus dieser Pattsituation herausfindet.

Die Realisierung von Handlungen durch Volition

In seiner Auseinandersetzung mit dem Phänomen des Verhaltensflimmerns knüpfte Kuhl (1982,1983) an volitions-psychologische Vorstellungen an, die bereits von James (1890) und Ach (1905) formuliert, in der Zwischenzeit aber (unter dem Einfluß Lewins, 1926) aufgegeben worden waren. Da die Begriffe Volition (oder gar »Wille«) dem Zeitgeist zuwiderliefen, führte er dieses Konstrukt unter dem Namen »*Handlungskontrolle*« ein. Den oben aufgeführten Annahmen wurden nun die folgenden hinzugefügt:

6. *Selektionsmotivation* führt zur Auswahl einer bestimmten Intention aus einer Vielzahl von bestehenden Alternativen. *Realisierungsmotivation* sichert die tatsächliche Durchführung einer gewählten Handlung.

7. Die Realisierung einer Intention erfolgt durch *Prozesse der Handlungskontrolle* wie beispielsweise

- selektive Aufmerksamkeit (die Aufmerksamkeit wird auf Umstände gerichtet, welche die gewählte Information unterstützen);
- Enkodierkontrolle (Informationen, die mit der gewählten Intention zusammenhängen, werden besser verarbeitet);
- Emotionskontrolle (Emotionen, die die Intention fördern, werden unterstützt, solche, die sie hemmen, unterdrückt).

Insgesamt hat Kuhl sieben vermittelnde Kontrollstrategien postuliert und untersucht.

Des weiteren hat Kuhl zwischen zwei Bewußtseinslagen unterschieden, welche die Handlungsrealisierung beeinflussen (vgl. auch Schultheiß & Brunstein): Im Zustand der *Handlungsorientierung* befaßt man sich vorwiegend mit der Handlung selbst, im Zustand der *Lageorientierung* vorwiegend mit der vergangenen oder künftigen Situation. Handlungs- und Lageorientierung sind auch überdauernde Dispositionen, also Persönlichkeitseigenschaften, und wirken sich auf verschiedene Arten von Handlungen fördernd oder hemmend aus. Im Rahmen dieser theoretischen Annahmen sind viele empirische Untersuchungen durchgeführt worden. In seinen jüngeren Arbeiten (z.B. Kuhl 1996) hat Kuhl schließlich zwischen verschiedenen Komponenten der Volitionsprozesse unterschieden, die er auch physiologisch begründet.

Was bedeuten diese Entwicklungen nun für unser Problem? Wir können annehmen, daß die ablaufenden Volitionsprozesse wesentlichen Einfluß auf die Lösung des Konfliktes zwischen den Intentionen »Therapie« und »Absturz« und auf die tatsächliche Realisierung einer der Alternativen haben werden. Die Alternative »Therapie« erfordert wahrscheinlich einen stärkeren Einsatz von Handlungskontrollstrategien. Oder bezogen auf unseren konkreten Fall: Je besser Frank Handlungskontroll-Strategien zur Stützung seiner Intention zum Drogenentzug einsetzen kann, desto wahrscheinlicher kann er der Versuchung zum Absturz widerstehen. Andererseits, wenn er die Rückfall-Intention gut gegen die Entzugsgedanken abschirmt, wird er ihn schnell und entschlossen durchführen.

Das Rubikonmodell der Handlungsphasen

Wir verfügen nun über zwei Konstrukte, die Selektionsmotivation, die wir uns nach dem Erwartungs-Anreiz-Modell vorstellen können, und die Realisierungsmotivation alias Handlungskontrolle alias Volition. Wie können wir sie miteinander verbinden? Zur Lösung dieses Problems haben Heckhausen und andere (s. etwa Heckhausen & Gollwitzer 1987) das sogenannte *Rubikon-Modell der Handlungsphasen* vorgeschlagen, zu dem inzwischen viele empirische Befunde vorliegen *(Abbildung 1)*. Es enthält die folgenden Annahmen:

8. Der Ablauf einer Handlung läßt sich in vier Phasen gliedern, welche durch verschiedene Bewußtseinslagen gekennzeichnet sind und verschiedene Funktionen besitzen.

9. In der ersten motivationalen, auch als »prädezisional« bezeichneten Phase findet eine Auswahl zwischen verschiedenen Handlungstendenzen statt; sie wird durch Intentionsbildung (»Rubikon«) beendet.

10. In der zweiten volitionalen und auch als »präaktional« bezeichneten Phase sind allerdings auch noch Intentionen aus früheren prädezisionalen Phasen vorhanden. Eine Intention wird in eine Handlungsinitiierung überführt (»Fiat-Tendenz«). Dabei wird angenommen, daß die Handlungsinitiierung durch *bewußte Aufmerksamkeit* aktiviert wird.

11. In der dritten volitionalen und als »aktional« bezeichneten Phase wird diese Handlung durchgeführt, wenn nötig unter Einsatz von Handlungskontrollstrategien.

12. In der vierten, wieder motivationalen und als »postaktional« bezeichneten Phase finden schließlich rückblickende Bewertungsprozesse statt, die vorausblickend zur Bildung neuer Intentionen führen können.

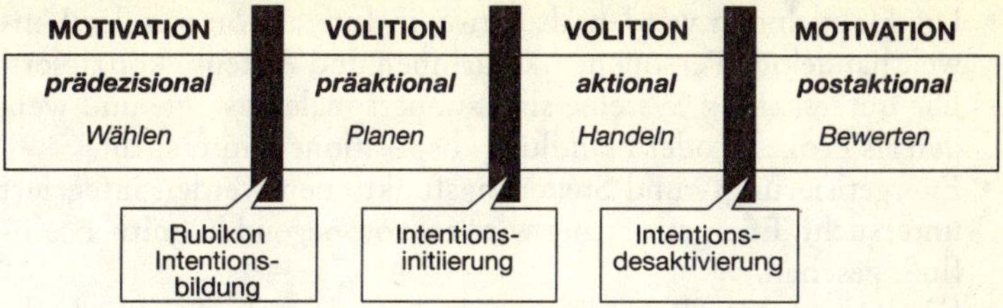

Abb. 1 Das Rubikonmodell der Handlungsphasen (nach Heckhausen 1986)

Dieses Modell wird von seinen Autoren als idealtypisch bezeichnet, und sie diskutieren Handlungsformen, auf die es nicht zutrifft. Versuchen wir, es auf unser Problem anzuwenden, so gelangen wir zu folgenden Schlußfolgerungen: Drogenabhängige durchleben jahrelange Konflikte und verfügen daher in bezug auf Entzug und Rückfall immer über ein ganzes Bündel bereits gebildeter Intentionen, leben also potentiell in langen präaktionalen Phasen. Es hängt sehr von der Situation ab, auf welche Intention die bewußte Aufmerksamkeit gelenkt wird. Die situativen Bedingungen, aber auch die Stärke der gebildeten Intention und die Verfügbarkeit volitionaler Strategien bestimmen schließlich die Wahl und Durchführung einer bestimmten Handlungsalternative. Konkret: Allgemein vorauszusagen, wie Frank schließlich handeln wird, ist natürlich unmöglich. Dazu müßten wir viele Einzelheiten der Person, der Situation und des beschrittenen Weges kennen. Es wäre vielleicht wichtig, daß Klara in der prädezisionalen Phase interveniert und die rückfallwidrigen Intentionen stärkt. Gerade dies, nämlich das offene Sprechen über den Rückfall, ist in vielen therapeutischen Wohngemeinschaften ein Tabu.

Merkmale der motivations- und volitionspsychologischen Richtung

Mit einer gewissen, unvermeidlichen Vereinfachung läßt sich diese Richtung nun wie folgt kennzeichnen:

- Untersuchungsgegenstand sind ganze Handlungen in ihrer Einbettung in den Verhaltensstrom. Dabei konzentriert sich die Forschung auf »Endziel-gerichtete« Handlungen mit Leistungscharakter. Die Existenz anderer Handlungsformen wird gesehen.
- Der Ansatz beruht auf dem traditionellen naturwissenschaftlichen Welt- und Wissenschaftsverständnis und verwendet konsequent traditionelle empirische Methoden vorwiegend in Labor-Experimenten. Dabei wird die Forscher-Perspektive eingenommen.

- Die Handelnden werden als aktive, in Interaktion mit der Umwelt handelnde Personen, Akteurinnen und Akteure konzipiert. Die untersuchten Systeme sind subpersonale Systeme und werden als Prozesse oder Handlungsdispositionen untersucht.
- Energetisierungs- und Steuerungsfunktionen werden integriert untersucht. Energetisierung wird als vorwiegend kognitiv beeinflußt gesehen.
- Die Prozesse werden teils als nicht-bewußt, teils als bewußt ablaufend konzipiert, wobei der Bewußtheit besondere Funktionen zuerkannt werden.

Forschungsbeispiele:
Die Wirkung prä- und postdezisionalen Nachdenkens

In der Tat konnte man nachweisen, daß die verschiedenen Phasen der Handlung qualitativ unterschiedlich sind und daß Personen, welche sich vor der Entscheidung zu einer bestimmten Handlung, also in der prädezisionalen Phase befinden, »offener« sind, mehr Informationen verarbeiten und eher abwägend über die Wünschbarkeit und Machbarkeit der Handlung nachdenken. Sobald aber der Rubikon überschritten und die Entscheidung gefallen ist, wird weniger breite Information aufgenommen und verarbeitet, und die Personen denken eher über Ausführungsaspekte der Handlung nach, beispielsweise darüber, wo, wann und wie sie die Handlung ausführen wollen – sie beginnen also zu planen (Heckhausen & Gollwitzer 1987; Beckmann & Gollwitzer 1987; Gollwitzer, Heckhausen & Steller 1990).

Gollwitzer, Heckhausen und Ratajczak (1990) gingen in einer experimentellen Untersuchung der Frage nach, wie Personen Entscheidungen »näher« kommen. Laut dem Rubikonmodell ist die Entscheidung ja der Abschluß der prädezisionalen Phase: Wenn jemand lange und ausführlich über die Wünschbarkeit und Machbarkeit der Entscheidung nachgedacht hat, ist er oder sie bereit, die Entscheidung zu treffen. Fordert man Personen dazu auf, ausführlich »prädezisional« nachzudenken, müßten sie also einer Entscheidung näher kommen. Um diese Hypothese zu testen, wurden Studentinnen gebeten, eine bevorstehende persönliche Entscheidung zu benennen und anzugeben, wie nahe sie dieser Entscheidung bereits seien (Baseline). Anschließend erhielten sie Hefte, die detaillierte Anweisungen darüber erhielten, wie sie über die bevorstehende Entscheidung nachdenken sollten. Für die eine Gruppe von

Versuchspersonen (präaktional) waren dies Anweisungen, ausführlich über die unmittelbaren und langfristigen, positiven und negativen Aspekte der Entscheidung nachzudenken, sich Schwierigkeiten vorzustellen und sich zu überlegen, welche Konsequenzen es hätte, die Entscheidung nicht zu treffen. Andere Studentinnen wurden ebenfalls aufgefordert, »prädezisional« nachzudenken, allerdings nur über vereinzelte Aspekte der Entscheidung. Hat diese Übung etwas bewirkt? Unmittelbar danach konnten keine Effekte auf die Entscheidung festgestellt werden: Die Studentinnen fühlten sich etwa gleich weit von der Entscheidung entfernt wie vor der Übung. Allerdings befragte man die Studentinnen drei Wochen nach der Übung, ob sie die Entscheidung inzwischen getroffen hatten oder nicht, und es zeigte sich, daß Studentinnen, welche im Experiment ausführlich prädezisional nachgedacht hatten, häufiger die Entscheidung getroffen hatten als eine Kontrollgruppe.

Nach dem Rubikonmodell kann man aber auch annehmen, daß Leute, welche über eine Entscheidung so nachdenken, als hätten sie sie bereits getroffen, dieser Entscheidung auch in Wirklichkeit näher kommen: Man fühlt sich bereits in der postdezisionalen Phase, bereit zum Handeln. Im selben Experiment wurden andere Studentinnen aufgefordert, in einer postdezisionalen Art und Weise über ihre bevorstehende Entscheidung nachzudenken: Sie mußten auflisten, was man alles unternehmen könnte, um die Entscheidung in die Tat umzusetzen, und sie wurden aufgefordert aufzuschreiben, wie sie genau vorgehen würden. Diese Übung hatte einen unmittelbaren Effekt auf die Entscheidung: Sofort nach der Beendigung dieser Übung fühlten sich die Studentinnen näher an der Entscheidung, und drei Wochen später hatten sie auch häufiger als eine Kontrollgruppe die Entscheidung getroffen.

Die Handlungsregulationstheorie

Auch zu dieser Theorie liegt eine große Zahl empirischer Untersuchungen vor, insbesondere im Bereich der Arbeitspsychologie. Sie wurde seit den sechziger Jahren vorwiegend im deutschen Sprachraum konzipiert, vor allem von Hacker (1973, 1986), Volpert (1974) und ihren Mitarbeitern. Die Theorie wurde seither ständig weiterentwickelt. Sie erklärt vor allem die Regulation als Steuerungsaspekt einzelner Handlungen (Steuerung ist ein übergeordneter Begriff und zieht die Zielwahl mit in Betracht; Regulation setzt die Existenz eines Zieles, eines Sollwertes, voraus). Wir würden fragen, wie Drogenabhängige den Absturz durchführen, oder konkret: »Wie koordiniert Frank seine Handlungen im einzelnen, um sein Ziel, den Absturz, zu erreichen?«

Grundlagen

Die Theorie beruht auf der Synthese und Weiterentwicklung von vor allem zwei Quellen:

- Aus der sowjetischen Psychologie wurden grundlegende Annahmen übernommen: Rubinsteins (1970) Lösung des (in der westlichen Psychologie damals unter Tabu stehenden) Bewußtseins-Problems im Sinne der marxistischen *Widerspiegelungstheorie* (das Bewußtsein ist die Widerspiegelung der objektiven Realität, erzeugt durch die menschliche Erkenntnistätigkeit); Rubinsteins (1977) Handlungstheorie (Handeln als zielgerichteter, bewußter, willentlich gesteuerter Akt im Rahmen der Arbeitstätigkeit, bestehend aus Teilhandlungen und Operationen); und Leontjews (1977) Ansatz der »Tätigkeitspsychologie« (Tätigkeit erfolgt im Rahmen gesellschaftlicher Beziehungen aufgrund von Bedürfnissen und ist auf Gegenstände gerichtet).
- Diese Ansätze wurden mit systemtheoretischen Vorstellungen verbunden, wie sie vor allem von Miller, Galanter und Pribram (1973) in Analogie zur Computer-Technologie auf die Psychologie übertragen wurden. Als Grundeinheit des menschlichen Verhaltens betrachten diese Autoren die sogenannte *TOTE-Einheit* (Test-Operate-Test-Exit), eine Art Regelkreis. Aus über- und untergeordneten TOTE-Einheiten bauen sich hierarchische Verhaltenssysteme auf, die als *Bilder* (»images«) repräsentiert sind und durch *Pläne* gesteuert werden. Fast alle menschlichen Verhaltensweisen lassen sich nach Meinung der Autoren als TOTE-Systeme auffassen. Ihr bahnbrechendes Buch trug zur endgültigen Abkehr vom Behaviorismus bei, aber die Begriffe »Akteur« und »Ziel« fehlten noch (denn Computer handeln selbst nicht und haben keine Ziele).

Das eigentliche *Kerngebiet* der Handlungsregulationstheorie ist die Arbeitspsychologie, ihr Gegenstand ist die »Arbeitstätigkeit«, die aus einzelnen Handlungen besteht. Die Theorie hat sich aber auch in vielen anderen Gebieten (vor allem der Sportpsychologie) als nützlich erwiesen. Sie konzentrierte sich zunächst auf *konkrete*

Handlungen, später wurden auch *mentale Handlungen* einbezogen.

Die Theorie geht davon aus, daß individuelle *Handlungsziele* (die vorgestellten und angestrebten Endzustände nach der Handlung) in der Arbeitstätigkeit aus den *Aufgaben* entstehen, die dem einzelnen Akteur in Form von *Aufträgen* durch sein soziales System gestellt werden. Da die angestrebten Endzustände in der modernen Arbeitswelt, vielleicht in arbeitsteiligen Systemen überhaupt, selbst wenig oder gar nicht motivierend sind, ist zur Ausführung *Willenstätigkeit* erforderlich. Ähnlich wie im oben geschilderten Modell der »Handlungskontrolle« wird zwischen *Antriebsregulation* und *Ausführungsregulation* unterschieden. Der Schwerpunkt der theoretischen Annahmen liegt auf der zweiten, der *kognitiven Regulation* der Ausführung.

Das Modell der hierarchisch-sequentiellen Regulation

Das Modell der hierarchisch-sequentiellen Regulation *(Abbildung 2)* nimmt an, daß Handlungen aus zyklischen und durch ein Ziel oder Unterziel gekennzeichneten Einheiten bestehen, die wie Regelkreise funktionieren und in hierarchischen Systemen organisiert sind. Zu jeder übergeordneten Einheit müssen zunächst alle untergeordneten abgearbeitet und die jeweilige erfolgreiche Zielerreichung ebenso wie Ergebnisse der Situationsorientierung nach oben zurückgemeldet werden (*hierarchische* Seite der Regulation),

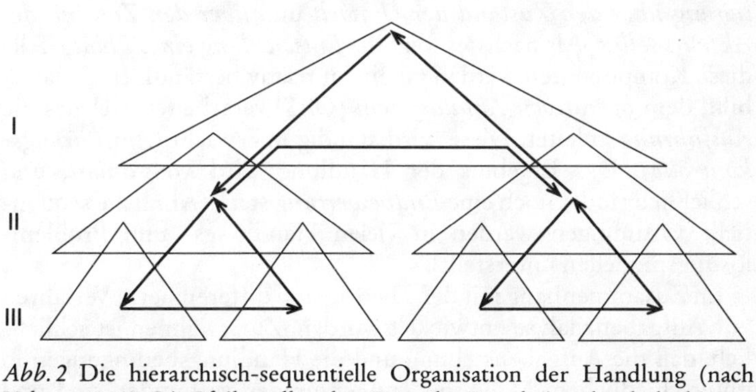

Abb. 2 Die hierarchisch-sequentielle Organisation der Handlung (nach Volpert 1982). Die Pfeile stellen den Gang der Regulation durch die hierarchisch und sequentiell angeordneten Handlungseinheiten dar. Die römischen Ziffern markieren die Regulationsebenen.

bevor zur nächsten übergeordneten Einheit fortgeschritten werden kann (*sequentielle* Seite der Regulation). So wird die ganze Pyramide durchgearbeitet, bis schließlich das Ziel der höchsten Einheit als erreicht gemeldet wird. Ein rein hierarchisches Modell wäre natürlich wenig flexibel; die Autoren nehmen aber an, daß neben den Vorgaben von oben nach unten und den Rückmeldungen von unten nach oben auch Querverbindungen zwischen verschiedenen Einheiten existieren.

Die hierarchische Ordnung wird durch die Annahme durchgehender *Regulationsebenen* vereinfacht und quasi standardisiert. Hacker (1973, 1986) unterscheidet drei Regulationsebenen mit verschiedenen Funktionen und Qualitäten, welche sowohl die Vorbereitung als auch die Ausführung bestimmen. Auf der intellektuellen Regulationsebene werden »bewußtseinspflichtige« Heuristiken, Strategien und Pläne (falls erforderlich auch Zielwahl) entwickelt. Auf der perzeptiv-begrifflichen Regulationsebene werden bewußtseinsfähige Handlungsschemata entwickelt. Auf der automatisierten Regulationsebene geht es um die Regulation automatisierter Bewegungsabläufe (Stereotypien und Routinen), die nicht bewußtseinsfähig sind. Oesterreich (1981) hat weitere Regulationsebenen eingeführt.

Schließlich läßt sich die sequentielle Seite der Regulation noch funktional differenzieren. Erfolgreiches Handeln erfordert eine prototypische Ordnung der Unterzielsetzungen: am Beginn stehen (in variabler Reihenfolge) entweder die *Wahl eines Zieles* oder die *Situationsorientierung*, letztere mit den zwei Komponenten *Orientierung über den Zustand der Umwelt* und *über den Zustand des Akteurs selbst*. Als nächstes folgt die *Entwicklung eines Planes*. Alle diese Komponenten werden zu einem relativ beständigen Gesamtbild, dem *operativen Abbildsystem (OAS)* verarbeitet, welches die *Ausführung* anleitet. Diese wird ständig überwacht (*Ausführungskontrolle*). Das Ergebnis der Handlung wird *konsumiert*, und schließlich findet noch eine *Endbewertung* statt. (Ähnliche sequentielle Ordnungen werden in vielen Handlungs- und Problemlösungsmodellen unterstellt).

Im Zusammenhang mit der Theorie sind differenzierte Verfahren zur Aufgabenanalyse entwickelt worden. Zu erwähnen ist schließlich, daß die Aufgabenstellung und die Handlungsbedingungen in unterschiedlichem Maße mit *Freiheitsgraden* verbunden sind und damit zur *Persönlichkeitsentwicklung der Handelnden* beitragen können: Die Theorie erhebt hohe humanistische Ansprüche.

Obwohl diese Theorie eigentlich für Arbeitshandlungen entworfen worden ist, läßt sie sich doch auch anhand unseres Beispiels illustrieren. Allerdings fehlt hier der Aspekt der Aufgabe:

Frank nimmt sich vor, einen Drogenabsturz durchzuführen (*Vornahme, Handlungsziel*). Er denkt darüber nach, bis ihm in groben Zügen klar ist, wie er dabei vorgehen muß (*bewußte Entwicklung eines Plans auf der intellektuellen Regulationsebene*). Sein Plan enthält die folgenden *Teilhandlungen*: 1. Wenn möglich, ein anderes Mitglied der Wohngemeinschaft zur Teilnahme gewinnen. 2. Geld beschaffen. 3. Die Wohngemeinschaft unbemerkt verlassen. 4. In die Stadt fahren und dort die Drogenszene aufsuchen. 5. Stoff kaufen. 6. Einen ruhigen Ort finden. 7. Spritzen. 8. Genießen.

Jede dieser Teilhandlungen umfaßt eine Reihe von Handlungsschritten, welche zum Teil noch bewußt geplant und kontrolliert werden müssen (*intellektuelle Regulationsebene*), diese wieder zum Teil bewußte Wahrnehmungen und Handlungsschemata (*begrifflich-perzeptive Regulationsebene*) und eine Vielzahl ausführender, nicht bewußter Bewegungen (*automatisierte Regulationsebene*). Wir können diese Fülle von Einzelheiten hier natürlich nicht beschreiben, wollen sie aber am Beispiel der Teilhandlung »Geld beschaffen« verdeutlichen:

Frank weiß, daß er nicht über genug Geld verfügt, daß sich aber im Büro des Heimleiters eine Kasse für tägliche Bedürfnisse befindet. Zunächst muß er feststellen, ob das langen wird (*Situationsorientierung, intellektuelle Regulationsebene*). Dazu meldet er sich zum Einkaufen (*Handlungsschema, perzeptiv-begriffliche Regulationsebene und Ausführung auf der automatisierten Regulationsebene*), erhält dazu Geld und kann bei dieser Gelegenheit einen Blick in die Kasse werfen. Dabei registriert er auch, wo sich der Schlüssel befindet (*Situationsorientierung, perzeptiv-begriffliche Regulationsebene*), und beschließt, das Geld am Abend, wenn niemand mehr an die Kasse geht, fortzunehmen (*Planung, intellektuelle Regulationsebene*). Das Aufschließen der Kasse ist dann wieder eine *Ausführung auf der automatisierten Regulationsebene*.

Merkmale der Handlungsregulationstheorie

- Untersuchungsgegenstand sind einzelne Handlungen, vorwiegend konkrete Handlungen im Kontext der Arbeitstätigkeit (aber auch in anderen Kontexten, zum Beispiel Sport, Therapien und Beratungen). Sie sind aufgrund von Aufgaben auf Endziele gerichtet.

- Die Handelnden sind in die Gesellschaft eingebundene, verantwortliche Personen.
- Die Handlungen werden in ihrer normalen Umgebung (Arbeitsplatz, Sportplatz) oder im Labor mit traditionellen empirischen Methoden aus der Forscherperspektive untersucht.
- Sie werden als gesellschaftlich bedingt aufgefaßt, aber als individuelle Handlungen untersucht.
- Die Funktion der Energetisierung wird diskutiert, Schwerpunkt der Theorie und Forschung ist aber die Steuerung. Das zugrundegelegte Modell ist rationalistisch bei geringer Berücksichtigung emotionaler Prozesse (ein häufiger Kritikpunkt).
- Die Bewußtheitsgrade der handlungsbezogenen Repräsentationen sind ein expliziter Gegenstand der Theorie.

Forschungsbeispiele: ideale und defiziente Handlungssteuerung

Da die Handlungsregulationstheorie vor allem in der Arbeitspsychologie Verbreitung gefunden hat, betreffen die meisten Forschungsarbeiten angewandte Fragestellungen. Die Handlungsregulationstheorie dient als Rahmentheorie beispielsweise für Studien über die Erfassung von Regulationserfordernissen in der Arbeit (Hacker, Fritsche, Richter & Iwanowa 1995; Dunckel, Volpert, Zölch, Kreutner, Pleiss & Hennes 1993; Volpert, Oesterreich, Gablenz-Kolakovic, Krogoll & Resch 1983), es wurden Regulationshindernisse als Stressoren (Semmer 1984) oder die Beziehung eines guten operativen Abbildsystems zu Leistung (Hacker 1986) untersucht.

Relativ wenige Studien befassen sich mit den grundlegenden Aspekten der Handlungsregulationstheorie, etwa mit der Frage, ob die kognitive Regulation von Handlungen tatsächlich in Zyklen von Orientierung-Planung-Ausführung-Evaluation abläuft, wie die Theorie dies vorschlägt. Eine Untersuchung Morgenthalers (1979, s. Cranach, Kalbermatten, Indermühle & Gugler 1980) zeigt, daß Entscheidungshandlungen in solchen Zyklen ablaufen. In einer anderen Untersuchung (Tschan 1997) wurden Versuchspersonen gebeten, eine Konstruktionsaufgabe zu lösen und dazu laut zu denken (Huber & Mandl 1982). Zusammenhängende Kognitionssequenzen wurden daraufhin untersucht, ob sie eine »ideale« Struktur der Handlungssteuerung aufweisen, ob also Orientierung und Planung der Handlungsausführung und der Evaluation vorausgehen.

Es zeigt sich, daß rund die Hälfte der Kognitionssequenzen diese ideale Struktur aufweisen, in weiteren zehn Prozent der Sequenzen kommen die wichtigsten Steuerungsfunktionen zwar alle vor, aber nicht in einer idealen Abfolge. Beim Rest der Sequenzen fehlt ein Teil der Steuerungsfunktionen. Wenn optimale Handlungssteuerung eine Voraussetzung für Handlungserfolg ist, sollten Personen, welche häufiger ideale Handlungssteuerung aufweisen, bessere Leistung zeigen. In der Untersuchung von Tschan konnte dieser Zusammenhang für Individuen nicht nachgewiesen werden. Arbeiten aber Gruppen gemeinsam an derselben Aufgabe, so korreliert eine höhere Proportion handlungstheoretisch ideal strukturierter Kommunikationssequenzen mit Gruppenleistung (Tschan 1995, 1997).

Man kann die Frage nach idealer oder defizienter Handlungssteuerung aber auch aus einer anderen Perspektive angehen. Frese und Zapf (1991; Zapf, Maier, Rappensperger & Irmer 1994) untersuchen Handlungsfehler bei der Computerarbeit. Sie schlagen eine handlungstheoretische Fehlertaxonomie vor, welche die Regulationsebenen und die Steuerungsfunktionen kombiniert. Auf der intellektuellen Regulationsebene kommen Denkfehler (Fehler bei der Planung), Merk- oder Vergessensfehler (Gedächtnis) und Urteilsfehler (Feedback des Computers wird falsch eingeschätzt) vor. Auf der Ebene der flexiblen Handlungsmuster sind Gewohnheitsfehler (falsche Planung aufgrund von Gewohnheiten), Unterlassensfehler (eine eigentlich bekannte Handlung wird nicht ausgeführt oder übersprungen) und Erkennensfehler (Feedback wird nicht wahrgenommen) zu finden. Auf der automatisierten Regulationsebene sind Fehler Bewegungsfehler, beispielsweise Tippfehler.

In einer Analyse von Fehlern bei Computerarbeit findet Zapf (1991), daß rund siebzehn Prozent der Fehler auf der intellektuellen Regulationsebene gemacht wurden, etwa zweiundzwanzig Prozent sind auf der Ebene der flexiblen Handlungsmuster zu finden, weitere siebzehn Prozent sind Bewegungsfehler. (Zusätzlich hat der Autor noch andere Fehlerformen unterschieden.) Um Fehler beheben zu können, müssen sie vom Aktor selbst zuerst erkannt werden (Zapf u.a. 1994). Dies ist bei den Bewegungsfehlern kein Problem, sie werden fast alle erkannt. Anders sieht es bei Fehlern auf der intellektuellen Regulationsebene aus, wo – je nach Aufgabe – bis zu fast vierzig Prozent der Fehler nicht erkannt wurden. Erkennensfehler werden ebenfalls oft nicht als solche erkannt; dazu gehört, daß Hinweise auf dem Bildschirm oft übersehen werden.

Die ökologische Handlungspsychologie

Grundlagen

Auf diese Theorie, die vor allem von Kaminski (z.B. 1973, 1982, 1983) und Fuhrer (1984, 1990) entwickelt und in einigen empirischen Untersuchungen angewendet wurde, können wir aus Platzgründen leider nur kurz eingehen. Die Autoren knüpfen an die Handlungsregulationstheorie an, von der sie vor allem das Modell der hierarchisch-sequentiellen Regulation übernehmen, nehmen aber Anstoß an ihrem relativ statischen Charakter und der Betonung des Akteurs auf Kosten der Umwelt. Ihre Untersuchungen finden im normalen »Handlungsrahmen« unter Einsatz von Beobachtungsmethoden und Interviews statt, wobei auch der Einfluß der ökologischen Psychologie Barkers (1968) sichtbar wird. Die Perspektive des Akteurs wird mit einbezogen.

Mehrfachhandeln in dynamischen Umfeldern

Einer der Ausgangspunkte ist die Beobachtung, daß die Umwelt meist *komplex* und *dynamisch* ist und daher große Anforderungen an den Handelnden stellt, ja ihn zu überfordern droht. Der Akteur ist oft gefordert, mehrere Handlungen gleichzeitig auszuführen, das sogenannte *Mehrfachhandeln*. Die Frage lautet dann: wie kann er mit der resultierenden *kognitiven Überlastung* umgehen? Betrachten wir dazu unser Beispiel: »Frank bereitet seinen Rückfall vor. Zugleich muß er aber seine Pflichten in der Wohngemeinschaft wahrnehmen und mit den Kollegen und der Betreuerin normal interagieren, um nicht Verdacht zu erregen. Wie schafft er das?«

Um kognitive Überlastung zu vermeiden, verwenden Akteure *Bewältigungsstrategien*. Eine sehr bekannte wäre etwa die des *Time-Sharing*: die Handlungen werden so organisiert, daß mit einer *originären Handlung* möglichst nur *Routinehandlungen*, welche die Kapazität wenig belasten, zusammengekoppelt werden: »Frank plant den Absturz, während er in der Küche Kartoffeln schält, und vermeidet dabei anspruchsvolle Gesprächsthemen.«

Fuhrer (1984) hat das hierarchisch-sequentielle Modell weiter entwickelt, um die Bewältigung der kognitiven Überlastung zu erklären. Häufig verwenden die Handelnden in komplexen und dynamischen Situationen aber auch *suboptimale* oder *defiziente Strategien* und begehen dementsprechend typische *Handlungsfehler* (Dörner 1989).

»Klara kommt in die Küche und schlägt Frank, während er Kartoffeln schält und über den Absturz nachdenkt, einen Besprechungstermin vor; Frank stellt sich zunächst taub und sagt dann ›ja, danach‹. Klara schüttelt den Kopf.«

Objektive und subjektive Möglichkeitsräume

Auch die *ipsative Handlungstheorie* (Frey & Foppa 1986; Foppa 1989) ist eigentlich eine ökologische Theorie. Die Autoren gehen von der eigentlich trivialen, aber meist ignorierten Tatsache aus, daß Handlungen nur stattfinden, wenn sie *objektiv möglich sind* und *subjektiv als möglich repräsentiert* werden. Diese Bedingungen, die von den Autoren näher ausgeführt werden, sind vor allem *am Beginn der Handlungen* und bei *Entscheidungen* wichtig, sie kommen vor aller Regulation zum Zuge. Im Hinblick auf unser Beispiel: »Den besonders spritzigen süd-steirischen Kürbis-sugar zu fixen kommt Frank nicht in den Sinn. Er ist hier allerdings auch kaum erhältlich.«

Merkmale ökologischer Handlungstheorien

- Untersucht werden zielgerichtete Einzel- und Mehrfachhandlungen im Zusammenhang mit situativen Faktoren.
- Die Umgebung wird als komplex und dynamisch aufgefaßt. Dadurch kann die aktive Rolle der handelnden Individuen im Vergleich mit den bereits besprochenen Theorien relativiert werden.
- Handlungen werden in ihrer normalen (»natürlichen« oder besser »kultürlichen«) Umgebung vorwiegend mit deskriptiven Verfahren untersucht.
- Dabei wird neben der Forscherperspektive auch die der Handelnden selbst (*Akteurperspektive)* eingenommen.
- Der Schwerpunkt der Theorien und Untersuchungen richtet sich auf die Handlungssteuerung.

Die »Theorie symbolischer Handlungen«

Auch in der *Kulturpsychologie* ist die Handlung ein zentrales Thema (s. z.B. Oppenheimer & Valsiner 1991; Eckensberger & Meacham 1984 a, b). Aus diesem Bereich stellen wir hier die »Theorie symbolischer Handlungen« (Boesch 1980, 1991) vor. Hier gilt wie bisher, daß eine breit und in vielen Details ausgearbeitete Theorie nicht auf wenigen Seiten dargestellt werden kann; wir können nur versuchen, etwas von ihrem Geist zu vermitteln. Unter den Gesichtspunkten dieser Theorie würden wir uns zum Beispiel mit dem symbolischen Wert des Drogenkonsums beziehungsweise des Entzuges in unserer Kultur beschäftigen. Im konkreten Fall würden wir uns die Frage stellen: »Welchen Sinn besitzen Entzug einerseits, Rückfall andererseits für Frank, und wie beeinflußt das sein Handeln?«

Grundlagen

In der Entwicklung dieser Theorie ist Boesch von Gedanken ausgegangen, die sich in den Werken von Pierre Janet, Jean Piaget, Sigmund Freud und Kurt Lewin finden, und hat sie mit Ergebnissen der ethnologischen Forschung sowie eigenen Erfahrungen in fremden Kulturen verbunden. Dazu hat er aber auch viele Grundgedanken anderer Handlungstheorien mit verarbeitet. Von diesen unterscheidet er sich darin, daß er den kulturellen Kontext herausarbeitet, der den individuellen Handlungen, über ihren unmittelbaren instrumentellen Wert hinaus, ihren symbolischen Charakter und damit ihre Bedeutung gibt. »Ich habe auf diesen Seiten darzulegen versucht, daß die Symbolik eine Qualität ist, die dem Handeln durchgehend anhaftet« (Boesch 1980, S. 237). Einbezug der kulturellen Symbolik bedingt zugleich die Aufgabe der präzisen Operationalisierung, wie sie in der experimentellen Forschung vorausgesetzt werden muß, zugunsten eines breiten, deskriptiven Vorgehens (etwa Kraft Alsop 1996). Boesch selbst belegt seine Ausführungen vorwiegend mit Fallbeispielen.

Einige Bedingungen und Merkmale symbolischer Handlungen

- *Kultur* ist für menschliche Individuen ein *Handlungsfeld*. Sie enthält sowohl Dinge als *menschliche Artefakte* wie auch *geistige Produkte wie Mythen und Ideen* und schließlich auch die menschlichen *Institutionen*. Als Handlungsfeld eröffnet sie *Handlungsmöglichkeiten*, umschreibt *Zielsetzungen* und gibt zugleich *Grenzen* vor. Sie bestimmt die Handlungen und wird zugleich durch diese verändert. Handlungsfelder und ihre Teile interagieren ständig miteinander, sie besitzen *Systemcharakter*. Zu unserem Beispiel: Franks subjektive Befindlichkeit ist durch die Unvereinbarkeit zweier Komplexe von Handlungsfeldern, jener des »Drogengebrauchs« und jener der »Drogenfreiheit«, entscheidend bestimmt. Die Konflikte zwischen den dazu gehörenden Zielsetzungen konnte er noch nicht ganz lösen, wenngleich die Drogenfreiheit letzthin meist dominiert hat; sie wird durch Betreuung und die Routinen in der Wohngemeinschaft, durch die aktive Auseinandersetzung mit dem Problem, das Alltagshandeln und die erfahrene soziale Unterstützung verstärkt. Demgegenüber wird die Welt des Drogengebrauchs vor allem durch die Frustrationen des Alltags oder soziale Kontakte mit alten Bekannten aus der Szene salient.

- Ziele sind bestimmt durch die zu erreichenden Wirkungen des Handelns, lassen sich aber wegen ihrer *Einbettung in Zielhierarchien* nur schwer eindeutig definieren. Diese Einbettung, die mögliche Verknüpfung mit verschiedenen Ober-, Unter- und Nebenzielen trägt zur *Polyvalenz* als einer grundlegenden Handlungseigenschaft bei: Je nach der gegebenen (subjektiv erlebten) Situation besitzen Handlungen verschiedene Bedeutungen. Handlungen sind auch *überdeterminiert* in dem Sinne, daß sie meist mehreren Zielen zugleich dienen. Im Beispiel:
  Therapie bedeutet für Frank: Ende der Beschaffungsprobleme, gesund und arbeitsfähig werden, eine normale Beziehung oder sogar Familie haben können, die vielen guten Seiten des normalen Lebens genießen können, Rückkehr in die Gesellschaft. Absturz bedeutet für Frank: der Eintönigkeit des Lebens in der WG entrinnen, negative Gefühle loswerden, ein »Fest« erleben, in die Kameradschaft der Szene eintauchen und anderes.

Schließlich wollen wir uns noch mit dem Begriff des *Symbolismus* beschäftigen. Die *symbolische Qualität von Handlungen* ist eine Folge ihrer *Polyvalenz*: Bei Verfolgung eines bestimmten Ziels werden durch *symbolische Konnotationen* weitere Bedeutungsbereiche dargestellt. Boesch unterscheidet fünf verschiedene Dimensionen symbolischer Konnotationen, die nur begrenzt bewußtseinsfähig sind. Angewendet auf die Drogenproblematik bedeutet dies, daß Drogeneinnahme, Entzug und Absturz nicht nur unmittelbar auf die Sucht bezogen sind, sondern auch andere Bedeutungen symbolisieren:

Der Sinn eines Absturzes liegt für Frank auch darin, daß er sich damit deutlich von seiner Familie und ihrem Milieu distanzieren und einer Gegenkultur zurechnen kann. Drogeneinnahme bedeutet auch Selbstverwirklichung (er hat einmal Timothy Leary gelesen) und zudem ein »Fest« für die Sinne. Andererseits hat er die Fragwürdigkeit und Begrenztheit dieser Möglichkeiten am eigenen Leibe erfahren und strebt nach den vielfältigen Werten des normalen Lebens. Sein Ringen mit dem Absturz bedeutet, daß er seinen Weg in diesem Konflikt vielfältiger und widersprechender Wertvorstellungen noch nicht endgültig gefunden hat.

Hier läßt sich der Hinweis auf einen weiteren Aspekt der Theorie anschließen: Boesch betont die Bedeutung der *Konsistenz* von Handlungen für die Identität und Selbstbewertung und sieht in der Konsistenz ein eigenes Handlungsziel. Frank leidet darunter, daß der Absturz sich nicht mit seinem Verhältnis zur Betreuerin und seiner Mitarbeit am Entzug, den er ja prinzipiell fortsetzen will, vereinbaren läßt.

Merkmale der Theorie symbolischer Handlungen

- Untersucht werden Handlungen, auch in ihrer Stellung in ganzen Handlungssystemen, in bezug auf ihre kulturelle Einbettung. Die Existenz verschiedener Handlungsformen wird diskutiert, aber angesichts ihrer vielfachen Symbolik besitzt jede Handlung viele Seiten.
- Der Ansatz berücksichtigt sowohl naturwissenschaftliche (zum Beispiel kybernetische) wie auch kulturwissenschaftliche Erkenntnisse und verlangt eine dementsprechend breite Methodik. Dabei werden die Innen- und Außenperspektive miteinander verbunden.
- Die Handelnden werden als kulturelle Subjekte gesehen, welche in ihren Handlungen neben der Verwirklichung instrumenteller Ziele aktiv vielfältige Bedeutungen herstellen.
- Energetisierungs- und Steuerungsfunktionen werden integriert untersucht.
- Handlungsbezogene Kognitionen, die ein weites Spektrum kultureller Gegenstände mit einschließen können, werden als in verschiedenem Grade bewußt repräsentiert gesehen, wobei dem Nicht-Voll-Bewußten oder Unterbewußten ein breiter Raum zugemessen wird.

Merkmale einer integrativen Rahmentheorie

Zielsetzung

Wie wir gezeigt haben, weisen die verschiedenen handlungstheoretischen Ansätze große Unterschiede auf. Dabei ist unsere Liste noch unvollständig; wir hätten gern noch weitere Ansätze, etwa Harrés »Regel- und Rollenmodell« des Handelns (in von Cranach, Kalbermatten, Indermühle & Gugler 1980 ausführlich beschrieben), einbezogen. Da alle diese Ansätze Richtiges und Wichtiges treffen, empfinden wir es als unbefriedigend, sie so nebeneinander stehen zu lassen. In diesem Abschnitt versuchen wir, aufbauend auf unseren früheren theoretischen Arbeiten, einige Umrisse einer *Rahmentheorie* zu skizzieren, soweit dies auf wenigen Seiten möglich ist: eine Theorie, die andere Theorien zusammenfaßt und integriert; und die größere Zusammenhänge sichtbar macht, aber allenfalls nur in Einzelfällen detaillierte und empirisch prüfbare Aussagen ableitet.

Einbettung in den sozialen Kontext

Wie viele individuelle Sachverhalte (man könnte auch sagen: alle Sachverhalte, bei denen es um *Sinn* oder *Bedeutungen* geht), sind die Strukturen, Funktionen und Prozesse des Handelns nur oder besser verständlich, wenn man sie in ihrem realen sozialen Kontext betrachtet. Hier genügt uns der bloße Hinweis auf die *gesellschaftliche Natur* des Handelns nicht, denn die Gesellschaft tritt dem Individuum nicht als ganze, sondern in ihren Untersystemen entgegen. Wir müssen sie also in ihrer Gliederung betrachten und uns im jeweiligen Einzelfall darüber klar werden, welches Subsystem heranzuziehen ist. In unseren vielfältigen Rollenbeziehungen handeln wir, die Autoren, zum Beispiel manchmal als Mitglieder unserer Familien, in anderen Fällen als Hochschullehrer und damit als Mitglieder unserer Institute oder Fakultäten; oder, wenn es hoch kommt, auch einmal als Schweizerin oder Deutscher.

Die soziale Einbettung wirkt sich in mehrfacher Hinsicht auf unser Handeln aus:

Handeln beruht auf sozialem Wissen

Wir verwenden hier einen sehr weiten Wissensbegriff, der alle überdauernd verarbeitete Information, sofern sie »Bedeutung« besitzt – wie soziale Einstellungen, Wertvorstellungen, Normen und Regeln und Faktenwissen –, umfaßt. Unser individuelles Wissen ist teilweise sozialen Ursprungs. Es dient als Grundlage der handlungsbezogenen Kognitionen und Emotionen, die schließlich unser Handeln steuern (zu Einzelheiten siehe von Cranach u. a. 1992).

Es ist nicht gleichgültig, woher das jeweils handlungswirksam werdende Wissen stammt, da die ihm inhärenten Funktionen seiner Herkunft weiter wirksam sein können (eine individuelle ethnozentrische Einstellung dient den Zwecken der politischen Organisation, die sie verbreitet). In vielen Fällen wirkt das Wissen als selbsterfüllende Prophezeiung; es realisiert sich selbst durch die von ihm gesteuerten Handlungen (vermeintlich »Asoziale« werden ausgegrenzt und dadurch erst recht asozial). Und hier ist ein Ort, wo wichtige Feststellungen der symbolischen Handlungstheorie integriert werden sollten. Wir müssen unsere Zielbegriffe ausweiten, so daß sie die Symbolik der angestrebten Zustände mit umfassen.

Individuen handeln als Mitglieder handelnder sozialer Systeme

Unsere *Familie* verreist in die Ferien, die *Fakultät* faßt einen Beschluß, die *Schweiz* errichtet (mit unserer Zustimmung) einen Solidaritätsfond: Diese *sozialen Systeme handeln als ganze* und wir in ihnen. Gemäß unserer Rolle organisieren wir die Reise, arbeiten in einer Fakultätskommission mit oder geben im Eidgenössischen Referendum unsere Stimme ab. Ohne diese Einbettung sind viele unserer individuellen Handlungen nicht denkbar, ihre Motivation absurd, ihre Ziele sinnlos und ihre Regulation unverständlich. (Ausführlicher werden diese Überlegungen in von Cranach, Ochsenbein & Valach 1986 und von Cranach 1996 dargestellt; ein Beispiel einer empirischen Untersuchung gibt Tschan 1995). Auch die Mitgliedschaft selbst wird in symbolischen Handlungen dargestellt.

Individuen sind für ihr Handeln verantwortlich – Verantwortung setzt Freiheit voraus

Die individuelle Verantwortung ergibt sich aus der sozialen Einbettung des Handelns. Verantwortung gehört zum grundlegenden

Handlungsverständnis unserer Kultur (auf die sich alles, was wir hier schreiben, beschränkt), ist also ein Teil des kulturellen Wissens. Verantwortung setzt Freiheit (des Handelns und damit auch des Willens) voraus. Willensfreiheit steht außerhalb des herkömmlichen Wissenschaftsverständnisses der Psychologie. Zu diesem Problem kann man sehr verschiedene Ansichten haben (von Cranach & Foppa 1996), als *soziale Tatsache* wird Verantwortlichkeit jedoch allgemein akzeptiert. Das soziale Wissen um die Verantwortlichkeit des Handelns wirkt in vielfältiger Weise auf die Energetisierung und Steuerung des Handelns ein. Damit *wird soziale Verantwortung*, so denken wir, *zu einem unverzichtbaren Teil des Handlungsbegriffes.*

Einbettung in langfristige Projekte

Individuelle Handlungen sind oft in langfristige Projekte eingebettet (Beck 1996). Diese bestimmen nicht nur ihre Ziele und beeinflussen ihre Regulation, sondern verleihen ihnen überhaupt erst ihren Sinn und stiften ihre Verbindung zum Selbstkonzept. (Eine Seminararbeit ist erst sinnvoll, wenn wir sie im Rahmen des ganzen Studiums betrachten). Auch hier können Erkenntnisse der symbolischen Handlungstheorie weitere Aufschlüsse bringen.

Mehrere verschiedene Handlungsformen

Wie in einigen der betrachteten Theorien angeführt, gibt es sehr verschiedene Formen von Handlungen. Man kann zum Beispiel zwischen konkreten und mentalen Handlungen und innerhalb der *zielgerichteten Handlungen* zwischen originären Handlungen, Routinehandlungen und »Handlungen unter Druck« unterscheiden. Neben den zielgerichteten Handlungen werden in der Literatur auch *prozeßorientierte Handlungen, bedeutungsorientierte Handlungen, emotional-intuitive Handlungen und Affekthandlungen* aufgeführt.

Wir nehmen an, daß die verschiedenen Handlungsarten als Prototypen im kulturellen Wissen unserer Gesellschaft verankert sind (von Cranach 1994). Viele der bisherigen theoretischen Überlegungen gehen aber von den (in unserer Kultur besonders hoch bewerteten) zielgerichteten Handlungen aus und lassen sich wohl nicht ohne weiteres auf andere Handlungsformen übertragen. Gemeinsam ist allen Handlungsformen, daß sie sozial verankert sind und auf der Eigenaktivität des Akteurs beruhen, die sich in der Ausführung seiner Intentionen niederschlägt und seine Verantwortlichkeit begründet.

Die Verbindung verschiedener Perspektiven

Wie bereits deutlich geworden, lassen sich Handlungen aus verschiedenen Perspektiven betrachten. Die *Außenperspektive des wissenschaftlichen Beobachters* registriert objektiv faßbare Eigenschaften der Handlungsprozesse wie zum Beispiel den Ablauf der Bewegungen. Dies kann, wie in der Handlungsregulationstheorie, in einem hierarchisch aufgebauten System geschehen. Die *Innenperspektive des Handelnden* selbst enthält alles, was er im Zusammenhang mit der Handlung erlebt, also etwa seine (mehr oder weniger) bewußten handlungsbezogenen Kognitionen, Emotionen und Motive. Mit verschiedenen Methoden wie *Selbstkonfrontation oder lautem Denken* (Huber & Mandl 1982) kann man versuchen, sie möglichst gut zu erfassen. Die *soziale Außenperspektive* erschließt die soziale Bedeutung der Handlung, etwa aus der Sicht der naiven Angehörigen eines sozialen Systems.

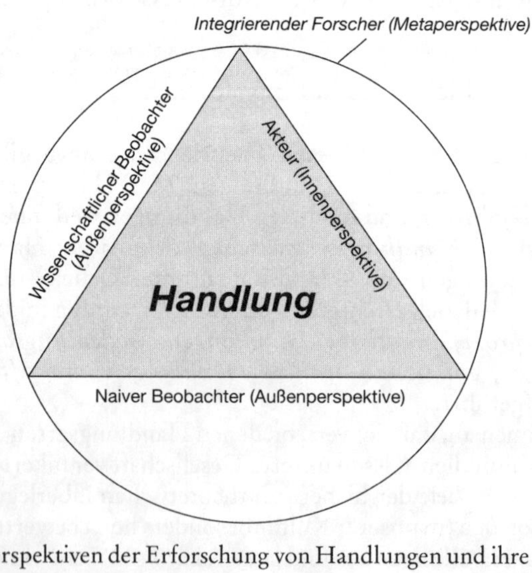

Abb. 3 Perspektiven der Erforschung von Handlungen und ihre Integration

In früheren Arbeiten (von Cranach et alii 1980) haben wir dafür plädiert, möglichst alle diese Perspektiven zugleich zu beachten *(Abbildung 3)*. Das erscheint uns nach wie vor sinnvoll, wenn auch der damit verbundene Forschungsaufwand zu Kompromissen zwingt.[3]

Eine integrierte Theorie des zielgerichteten Handelns

Auch wenn wir die Existenz verschiedener Handlungsformen sehen, halten wir dennoch die Form der *zielgerichteten Handlung* für besonders wichtig und charakteristisch für unsere westliche Kultur. Hier stört das relativ unverbundene Nebeneinander zweier Theoriefamilien, der motivations- und volitionspsychologischen Richtung und der Handlungsregulationstheorie. Eine Integration ist notwendig. Ein erster Schritt dazu wäre die Integration der in den beiden Theorien enthaltenen Vorstellungen über die sequentielle Organisation und die Aufnahme des Gedankens der hierarchischen Regulation in die präaktionale und aktionale Phase des Rubikonmodells. Wie das etwa aussehen könnte, zeigt *Abbildung 4*.

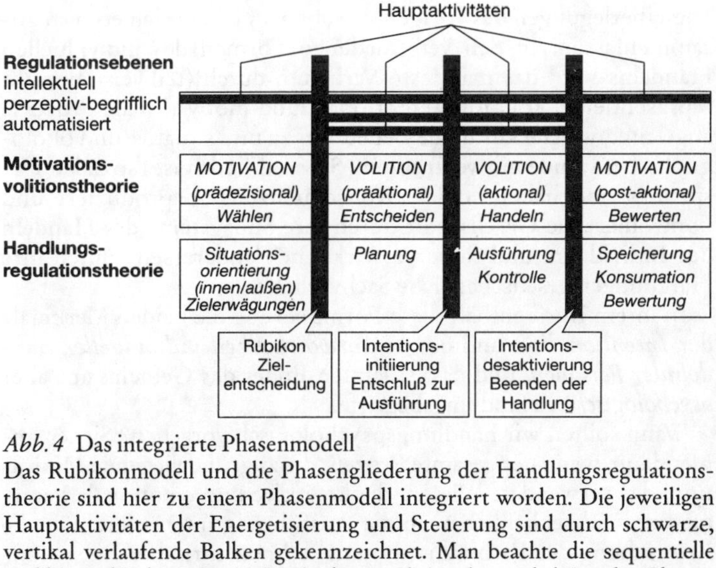

Abb. 4 Das integrierte Phasenmodell
Das Rubikonmodell und die Phasengliederung der Handlungsregulationstheorie sind hier zu einem Phasenmodell integriert worden. Die jeweiligen Hauptaktivitäten der Energetisierung und Steuerung sind durch schwarze, vertikal verlaufende Balken gekennzeichnet. Man beachte die sequentielle und hierarchische Organisation in den präaktionalen und aktionalen Phasen

Zusammenfassung

Eine Rahmentheorie des Handelns sollte die Handlungen individueller Akteure in ihrer Einbettung in den sozialen Kontext betrachten. Das bedeutet, daß individuelle Handlungen in ihrer Bedingtheit durch soziales und kulturelles Wissen, als Teil der Handlungen sozialer Systeme und in ihrer Verantwortlichkeit gesehen werden. Wir sollten berücksichtigen, daß sie häufig Teile langfristiger Projekte sind. Wir sollten die Besonderheiten der Energetisierung und Steuerung verschiedener Handlungsformen herausarbeiten und dabei die verschiedenen Perspektiven miteinander verbinden. Die verschiedenen Theorien zielgerichteter Handlungen sollten integriert werden. Schließlich sollte die Rolle von Umweltfaktoren und der Situation angemessen berücksichtigt werden.

Was ist Handeln, und wann sollten wir auf die Handlungspsychologie zurückgreifen?

Die Überlegungen des vorigen Abschnittes lassen sich etwa so zusammenfassen: In den verschiedenen Formen des individuellen Handelns wird das manifeste Verhalten durch (teilweise bewußt repräsentierte) kognitive, emotionale und motivationale Prozesse angeleitet, welche kulturelle Bedeutungen und situative und ökologische Umstände mit verarbeiten. Sie sind (teilweise) sozialen Ursprungs und haben soziale Konsequenzen. So produziert und kontrolliert die Gesellschaft durch ihre Subsysteme das Handeln der Individuen, und diese verwirklichen andererseits durch ihre Handlungen gesellschaftliche Sachverhalte.

In ihrem Kern enthält diese Formulierung die beiden Merkmale der *Intentionalität* und der *Verantwortlichkeit individueller, handelnder Personen*, und das ist letzten Endes das Gemeinsame aller *psychologischen* Handlungsbegriffe.

Wann sollten wir handlungspsychologisch vorgehen? Sicher immer dann, wenn der gesamte Prozeß, die zugrundeliegende Motivation, das verwendete Wissen, die kognitive und emotionale Verarbeitung und schließlich auch die Ausführung interessiert. Für die Erforschung der Farbwahrnehmung, ethnozentrischer Einstellungen oder selbstwertdienlicher Attributionen brauchen wir nicht unbedingt Handlungspsychologie, wohl aber für die des aggressiven Verhaltens; generell immer dann, wenn es darum geht, daß *schließlich jemand wirklich etwas tut*. Und das sollte wohl ein zentraler Gegenstand der Psychologie sein.

Anmerkungen

1 Wir danken Adrian Bangerter und Norbert Semmer für ihre kritischen Kommentare.

2 Wir haben bewußt ein Beispiel gewählt, das im allgemeinen nicht unter dem Handlungsaspekt betrachtet wird. Die zitierte Arbeit von Qammou zeigt aber, daß Rückfälle mit Gewinn als Handlungen untersucht werden können. Sie enthalten viele Elemente, die die Handlungspsychologie postuliert. Dies legt Interventionsmöglichkeiten nahe, die heute in vielen Drogentherapieeinrichtungen kaum in Betracht gezogen werden.
Mit diesen Überlegungen wollen wir natürlich nicht behaupten, daß Rückfälle nur als Handlungen untersucht werden sollten und anderen Sichtweisen die Berechtigung absprechen. Wir gehen auch davon aus, daß Rückfallhandlungen sich in vielerlei Hinsicht von den Handlungen unterscheiden, die in der klassischen Handlungspsychologie untersucht werden. Suchtbezogene Kognitionen sind wahrscheinlich schwerer vermeidbar als andere und geraten leichter ins Zentrum der Aufmerksamkeit, was den Einsatz volitiver Mechanismen erschweren dürfte.

3 In einem auch in der Psychologie viel zitierten Aufsatz hat Lenk (1978), um das philosophische Problem der Abgrenzung von Handlungen in den Griff zu bekommen, den Handlungsbegriff als »Interpretationskonstrukt« bezeichnet: »Handeln ist intentional nur unter der Beschreibung einer Deutung. *Intentionalität ist (besteht nur) in der Interpretation*. Zum Handeln kommt nichts hinzu, um es zu einem intentionalen Handeln zu machen, – nichts außer bestimmten Deutungen und Beschreibungen.« Hier wird das Definitionsproblem aus der Außensicht betrachtet, ein mit der Perspektivenintegration unvereinbares Vorgehen. Aus der Innensicht des Akteurs selbst ist die Intentionalität – nämlich daß seine Intentionen das Handeln *hervorbringen* – in den vielen prototypischen Fällen nicht problematisch. Sie sind *vor und während*

des Handelns wirksam und keine *nachträgliche* Deutung der Ausführung. Unklare Fälle gibt es freilich auch genug, aber das sind wir als empirisch arbeitende Psychologen gewöhnt, und unsere Begriffsbildung ist eher akzentuierend als abgrenzend.

Literatur

Ach, Narciss (1905): *Über die Willenstätigkeit und das Denken*. Göttingen: Vandenhoeck & Ruprecht.

Atkinson, John W., David Birch (1970): *A dynamic theory of action*. New York: Wiley.

Atkinson, John W., David Birch (1981): Die Dynamik leistungsorientierter Tätigkeit. In: Hans Lenk (Hg.): *Handlungstheorien interdisziplinär*. Bd. 3/1. München: Fink, 353–434.

Barker, Roger G. (1968): *Ecological Psychology: Concepts and Methods for Studying the Environment of Human Behavior*. Stanford, CA: Stanford University Press.

Beck, Peter (1996): *Persönliche Projekte*. Heidelberg: Asanger.

Beckmann, Jürgen, Peter M. Gollwitzer (1987): Deliberative versus implemental states of mind: The issue of impartiality in pre- and postdecisional information processes. *Social Cognition*, 5: 259–279.

Boesch, Ernst E. (1980): *Kultur und Handlung*. Bern: Huber.

Boesch, Ernst E. (1991): *Symbolic Action Theory and Cultural Psychology*. Berlin, Heidelberg: Springer.

Cranach, Mario von, Klaus Foppa (Hg.) (1996): *Freiheit des Entscheidens und Handelns*. Heidelberg: Asanger.

Cranach, Mario von (1994): Die Unterscheidung von Handlungstypen – Ein Vorschlag zur Weiterentwicklung der Handlungspsychologie. In: Bärbel Bergmann, Peter Richter (Hg.): *Die Handlungsregulationstheorie*. Göttingen: Hogrefe, 69–88.

Cranach, Mario von (1996): Towards a Theory of the Acting Group. In: Erich Witte, James H. Davis (Hg.): *Understanding Group Behavior*. Mahwah, NJ: Erlbaum, 147–187.

Cranach, Mario von, Willem Doise, Gabriel Mugny (Hg.) (1992): *Social Representations and the Social Basis of Knowledge*. Göttingen, Bern: Hogrefe & Huber.

Cranach, Mario von, Urs Kalbermatten, Katrin Indermühle, Beat Gugler (1980): *Zielgerichtetes Handeln*. Bern: Huber.

Cranach, Mario von, Guy Ochsenbein, Ladislav Valach (1986): The group as a self-active system. *European Journal of Social Psychology*, 16: 193–229.

Dörner, Dietrich (1989): *Die Logik des Mißlingens*. Reinbek: Rowohlt.

Dunckel, Heiner, Walter Volpert, Martina Zölch, Ulla Kreutner, Cordula Pleiss, Karin Hennes (1993): *Kontrastive Aufgabenanalyse im Büro*. Zürich: Hochschulverlag AG.

Eckensberger, Lutz H., John Meacham (1984a): Action theory, control and motivation. *Human development*, 27: 163–165.

Eckensberger, Lutz H., John Meacham (1984b): The essentials of action theory. *Human Development*, 27: 166–172.

Foppa, Klaus (1989): *Grundlagen einer ipsativen Theorie des Handelns*. Unveröffentlichtes Manuskript. Bern: Institut für Psychologie.

Frese, Michael, Dieter Zapf (1991): *Fehler bei der Arbeit mit dem Computer*. Bern: Huber.

Frey, Bruno S., Klaus Foppa (1986): Human behavior: possibilities explain action. *Journal of Economic Psychology*, 7: 137–160.

Fuhrer, Urs (1984): *Mehrfachhandeln in dynamischen Umfeldern*. Göttingen: Hogrefe.

Fuhrer, Urs (1990): *Handeln-Lernen im Alltag*. Bern: Huber.

Gollwitzer, Peter M., Heinz Heckhausen, B. Steller (1990): Deliberative and implemental mind-sets: cognitive tuning towards congruous thoughts and information. *Journal of Personality and Social Psychology*, 59: 1119–1127.

Gollwitzer, Peter M., Heinz Heckhausen, H. Ratajczak (1990): From weighing to willing: approaching a change decision through pre- or post-decisional mentation. *Organizational Behavior and Human Decision Processes*, 45: 41–65.

Hacker, Winfried (1973): *Allgemeine Arbeits- und Ingenieurpsychologie*. Berlin: Deutscher Verlag der Wissenschaften. Bern: Huber.

Hacker, Winfried (1986): *Arbeitspsychologie*. Berlin: Deutscher Verlag der Wissenschaften; Bern: Huber.

Hacker, Winfried, Birgit Fritsche, Peter Richter, Anna Iwanova (1995): *Tätigkeitsbewertungssystem TBS. Verfahren zur Analyse, Bewertung und Gestaltung von Arbeitstätigkeiten*. Zürich: Hochschulverlag AG.

Heckhausen, Heinz, Peter M. Gollwitzer (1987): Thought contents and cognitive functioning in motivational versus volitional states of mind. *Motivation and Emotion*, 11: 101–120.

Heckhausen, Heinz (1989): *Motivation und Handeln*. Berlin, Heidelberg: Springer.

Heckhausen, Heinz, Peter M. Gollwitzer, Franz E. Weinert (1987): *Jenseits des Rubikon: der Wille in den Humanwissenschaften*. Berlin: Springer.

Huber, Günter L., Heinz Mandl (Hg.) (1982): *Verbale Daten. Eine Einführung in die Grundlagen und Methoden der Erhebung und Auswertung*. Weinheim, Basel: Beltz.

James, William (1890): *The Principles of Psychology*. New York: Holt.

Kaminski, Gerhard (1973): Bewegungshandlungen als Bewältigung von Mehrfachaufgaben. *Sportwissenschaft*, 1: 233–250.

Kaminski, Gerhard (1981): Überlegungen zur Funktion von Handlungstheorien in der Psychologie. In: Hans Lenk (Hg.): *Handlungstheorien interdisziplinär*. Bd. 3/1. München: Fink, 93–122.

Kaminski, Gerhard (1982): What beginner skiers can teach us about action. In: Mario von Cranach, Rom Harré (Hg.): *The Analysis of Action: Recent Theoretical and Empirical Advances*. Cambridge: Cambridge University Press.

Kaminski, Gerhard (1983): Probleme einer ökologischen Handlungstheorie. In: Leo Montada, Kurt Reusser, Gerhard Steiner: *Kognition und Handeln*. Stuttgart: Klett-Cotta.

Kraft Alsop, Christiane (1996): *Dinge, Orte, Paare. Zur Bedeutung von Objekten, Orten und Zeremonien im Leben von Paaren*. Münster: Waxmann.

Kuhl, Julius, Heinz Heckhausen (Hg.)(1996): *Motivation, Volition und Handlung*. Enzyklopädie der Psychologie. Serie »Motivation und Emotion«, Bd. 4. Göttingen: Hogrefe.

Kuhl, Julius (1982): Handlungs- und Lageorientierung als Vermittler zwischen Kognition und Handeln. In: Winfried Hacker, Walter Volpert, Mario von Cranach (Hg.): *Kognitive und motivationale Aspekte der Handlung*. Bern: Huber, 76–95.

Kuhl, Julius (1983): *Motivation, Konflikt und Handlungskontrolle*. Berlin, Heidelberg: Springer.

Kuhl, Julius (1996): Wille und Freiheitserleben: Formen der Selbststeuerung. In: Julius Kuhl, Heinz Heckhausen (Hg.): *Motivation, Volition und Handlung*. Enzyklopädie der Psychologie. Serie »Motivation und Emotion«, Bd. 4. Göttingen: Hogrefe.

Lenk, Hans (Hg.) (1977): *Handlungstheorien interdisziplinär IV: Sozialwissenschaftliche Handlungstheorien und spezielle systemwissenschaftliche Ansätze*. München: Fink.

Lenk, Hans (Hg.) (1978): *Handlungstheorien interdisziplinär II: Handlungserklärungen und philosophische Handlungsinterpretation, erster Halbband*. München: Fink.

Lenk, Hans (1978): Handlung als Interpretationskonstrukt. Entwurf einer konstituenten- und beschreibungstheoretischen Handlungsphilosophie. In: Hans Lenk (Hg.): *Handlungstheorien interdisziplinär II: Handlungserklärungen und philosophische Handlungsinterpretation, erster Halbband*. München: Fink, 279–350.

Lenk, Hans (Hg.) (1979): *Handlungstheorien interdisziplinär I: Handlungserklärungen und philosophische Handlungsinterpretation, zweiter Halbband*. München: Fink.

Lenk, Hans (Hg.) (1980): *Handlungstheorien interdisziplinär I: Handlungslogik, formale und sprachwissenschaftliche Handlungstheorien*. München: Fink.

Lenk, Hans (Hg.) (1981): *Handlungstheorien interdisziplinär III: Verhaltenswissenschaftliche und psychologische Handlungstheorien, erster Halbband*. München: Fink.

Lenk, Hans (Hg.) (1984): *Handlungstheorien interdisziplinär III: Verhaltenswissenschaftliche und psychologische Handlungstheorien, zweiter Halbband*. München: Fink.

Leontjev, Aleksej N. (1977): *Tätigkeit, Bewußtsein, Persönlichkeit*. Stuttgart: Klett (Original 1975).

Lewin, Kurt (1926): Untersuchungen zur Handlungs- und Affekt-Psychologie II: Vorsatz, Wille und Bedürfnis. *Psychologische Forschung*, 7: 330–385.

Lewin, Kurt (1938): *The Conceptual Representation and the Measurement of Psychological Forces*. Durham, NC: Duke University Press.

Lütjen, Reinhard, Dieter Frey (1987): Gesundheit und Krankheit/Gesundheitspsychologie. In: Dieter Frey, Siegfried Greif (Hg.): *Sozialpsychologie. Ein Handbuch in Schlüsselbegriffen*. München, Weinheim: Psychologie Verlags Union.

Miller, George A., Eugene Galanter, Karl H. Pribram (1973): *Strategien des Handelns*. Stuttgart: Klett (Original 1960).

Oesterreich, Rainer (1981): *Handlungsregulation und Kontrolle*. München: Urban & Schwarzenberg.

Oppenheimer, Louis, Jaan Valsiner (Hg.) (1990): *The Origins of Action: Interdisciplinary and International Perspectives*. Berlin: Springer.

Qammou Lewis, Miriam (1996): *Handlungsverläufe von durchgeführten und verhinderten Rückfällen während der stationären Drogentherapie*. Unveröffentlichte Lizentiatsarbeit. Bern: Institut für Psychologie.

Rubinstein, Sergej L. (1970): *Sein und Bewußtsein*. Berlin: Akademie-Verlag (Original 1957).

Rubinstein, Sergej L. (1977): *Grundlagen der Allgemeinen Psychologie*. Berlin: Volk und Wissen (Original 1946).

Semmer, Norbert (1984): *Streßbezogene Tätigkeitsanalyse*. Weinheim: Beltz.

Thomae, Hans (1974): *Konflikt, Entscheidung, Verantwortung*. Stuttgart: Kohlhammer.

Tschan, Franziska (1995): Communication enhances small group performance if it conforms to task requirements: the concept of ideal communication. *Basic and Applied Social Psychology*, 17: 371–393.

Tschan, Franziska (1997): *Eins, zwei oder drei: Zur Ähnlichkeit handlungsbezogener Informationsverarbeitung bei Individuen, Dyaden und Dreiergruppen*. Unveröffentlichtes Manuskript.

Volpert, Walter (1974): *Handlungsstrukturanalyse als Beitrag zur Qualifikationsforschung*. Köln: Pahl-Rugenstein.

Volpert, Walter (1982): Das Modell der hierarchisch-sequentiellen Handlungsorganisation. In: Winfried Hacker, Walter Volpert, Mario von Cranach (Hg.): *Kognitive und motivationale Aspekte der Handlung*. Berlin: Deutscher Verlag der Wissenschaften, 38–58.

Volpert, Walter, Rainer Oesterreich, Silke Gablenz-Kolakovic, Tilmann Krogoll, Martin Resch (1983): *Verfahren zur Ermittlung von Regulationserfordernissen in der Arbeitstätigkeit (VERA). Analyse von Planungs-*

und Denkprozessen in der industriellen Produktion. Köln: TUEV-Rheinland.

Zapf, Dieter (1991): Taxonomie von Handlungsfehlern bei der Computerarbeit. In: Michael Frese, Dieter Zapf (Hg.): *Fehler bei der Arbeit mit dem Computer*. Bern: Huber, 32–46.

Zapf, Dieter, Günter W. Maier, Gabi Rappensperger, Caren Irmer (1994): Error detection, task characteristics, and some consequences for software design. *Applied Psychology: an International Review*, 43: 499–520.

Teil II
Biologische Grundlagen

1. Physiologie

Giselher Guttmann

Die Suche nach dem Sitz des Erlebens

Wenn wir von den biologischen Grundlagen des Psychischen sprechen, haben wir uns bereits stillschweigend einem ganz bestimmten wissenschaftstheoretischen Konzept verschrieben: Der Annahme nämlich, daß unser Erleben seinen »Sitz« in bestimmten organischen Substraten hat oder, vorsichtiger formuliert, daß es zumindest biologische Korrelate des Erlebens gibt, die mit dem Erleben so gut übereinstimmen, daß sie sich zu einem »objektiven Blick ins Erleben« eignen.
Im besonderen scheint sich als ein solcher »Sitz des Erlebens« das Gehirn anzubieten, dem schon vor Jahrtausenden diese Rolle zuerkannt wurde. Im Papyrus Smith, das auf 1800 vor Christus datiert wird, ist bereits zu lesen, daß es nach Verletzungen des Schädels zu Verhaltensausfällen kommt, die detailliert beschrieben werden. Im antiken Griechenland stellte erstmals Alkmaion von Kroton im sechsten vorchristlichen Jahrhundert die These auf, daß das Gehirn der Sitz des Erlebens sei – ein Gedanke, der später von Hippokrates weitergesponnen und schließlich durch Galenus von Pergamon zu einer differenzierten Modellvorstellung ausgebaut wurde: Durch die Atemluft strömt *»pneuma zootiokon«* (spiritus vitalis) ein und wird im Ventrikelsystem des Gehirns zum *»pneuma psychikon«* (spiritus animalis) gewandelt. Die entscheidende Rolle für den Ablauf psychischer Funktionen wird dabei den Hohlräumen des Endhirns, dem Ventrikelsystem, zugedacht (»Zellenlehre«), in welchem das »pneuma« zirkulieren sollte.

Ganz offensichtlich stützte man sich bei diesen Deutungsversuchen auf dasjenige Wissensgebiet, in dem bereits ein hoher Erkenntnisstand erreicht worden war: Denn die Gesetzmäßigkeiten, die in flüssigkeitsgefüllten Systemen herrschen, waren damals sehr genau bekannt und konnten bereits für beachtliche praktische Anwendungen genutzt werden. Hier begegnet uns erstmals der offenkundige Versuch, sich bei der Deutung der Gehirnfunktionen an dem jeweils am weitesten entwickelten Wissensgebiet zu orientieren – eine Tendenz, die sich bis in die Gegenwart weiterverfolgen läßt.

Von Newton, der mit seiner Gravitationstheorie einen bahnbrechenden Paradigmenwechsel auslöste, wurde auch die Funktion des Nervensystems im Geiste dieses Erklärungsprinzips gedeutet: Er meinte, daß ein elastischer Äther in den Fasern das Nervensystem vibrieren läßt und begründete damit das später von Giorgio Baglivi weiterentwickelte Modell der »Iatromechanik«. Ein schlagartiges Umdenken brachte 1786 Luigi Galvanis Entdeckung der »tierischen Elektrizität« mit sich. Von nun an wurde dem elektrischen Strom eine entscheidende Rolle als Träger des nervösen Erregungsgeschehens zugesprochen. Dabei wurde zunächst allerdings keineswegs eine Gleichsetzung von nervöser Erregung und elektrischem Geschehen vorgenommen.

So spricht zwar Johannes Müller von einer »Physik der Nerven«, betont aber in seinem 1826 formulierten »Gesetz der spezifischen Sinnesenergie«, daß jedes Sinnessystem auf beliebige Reize ausschließlich in der ihm eigentümlichen Weise antwortet (vgl. auch Glasers Beitrag über Wahrnehmung). Die nervöse Erregung kann daher mit physikalischen Begriffen nicht erschöpfend beschrieben werden, und er war davon überzeugt, daß nicht einmal ihre Fortpflanzungsgeschwindigkeit exakt bestimmt werden kann. Allerdings löste bereits sein Schüler Hermann von Helmholtz dieses Problem und gab damit der Auffassung, Gehirn und Nervenbahnen als ein elektrisches Leitungssystem zu betrachten, weiteren Auftrieb.

In den letzten Jahrzehnten ist eine neue Betrachtung in den Vordergrund gerückt, und man neigt offenbar dazu, die Gehirnfunktionen mit Begriffen der Informatik zu erklären. Die Architektur der neuronalen Vernetzung steht dabei im Zentrum des Interesses. Geradezu naiv mutet uns an, daß man zu Newtons Zeit offenbar einfach die am weitesten entwickelte naturwissenschaftliche Disziplin auch zur Deutung nervöser Prozesse herangezogen hatte. Die Konsequenzen, die wir aus diesem historischen Rückblick ziehen sollten, liegen auf der Hand: Wir sind offenbar gut beraten, davon auszugehen, daß vielleicht in nicht allzu ferner Zeit auch die gegenwärtig dominierende Computer-Interpretation als ebenso naiv betrachtet werden könnte, und sollten daher keine vorschnellen »Nichts-als-Deutungen« abgeben.

Für die Psychologie gilt es also, sich mit denjenigen Modellen der nervösen Funktion auseinanderzusetzen, die mit allen gegenwärtig bekannten naturwissenschaftlichen Erkenntnissen in vollem Einklang stehen. Mit diesen Kenntnissen können gerade in unserem Fach Funktionszusammenhänge auf unerwartete Weise gedeutet, exaktere Vorhersagen über Veränderungen von psychischen Phänomenen abgegeben und praktische Nutzanwendungen erschlossen werden, die eine Einbeziehung der biologischen Ebene voraussetzen. Der Psychologe sollte dabei freilich nicht übersehen, daß unser Erleben letztlich ausschließlich der Selbstbeobachtung zugänglich ist und die Physiologie (wie es in jüngster Zeit vermehrt zu geschehen scheint) nicht als ein Werkzeug mißverstanden werden darf, mit dessen Hilfe sich eine »objektive Erlebnispsychologie« begründen und gewissermaßen eine empirische Lösung des Leib-Seele-Problems herbeiführen läßt. Psychologische Scheinprobleme werden auch nach einer Umschreibung mit naturwissenschaftlichen Begriffen nicht lösbar.

Die nervöse Erregung

Die Ionentheorie der Erregung

Hubert Rohracher, ein Pionier der biologischen Psychologie, stellt 1971 fest: »Die fadenförmigen Ausläufer der Zellen – Nervenfasern – sind Leitungsorgane; sie leiten etwas von Zelle zu Zelle oder zu anderen Organen. Was sie leiten, weiß man heute noch nicht genau; man nennt es die ›Erregung‹. Von der Erregung weiß man nicht viel mehr, als daß sie ein elektrochemischer Vorgang ist ... «

Was wissen wir heute über diesen »elektrochemischen Vorgang«? Unser Bild jener physikalischen und chemischen Vorgänge ist nunmehr jedenfalls so weit abgerundet, daß wir ein geschlossenes Funktionsmodell aufstellen und daraus sogar praktische Nutzanwendungen für Diagnostik und Therapie ableiten können. Schon zur Jahrhundertwende beschreibt Bernstein physikalisch faßbare Veränderungen, die beim Ablauf von »bioelektrischen Strömen« auftreten, und für die er die Zellmembran verantwortlich macht (Bernstein 1902). Seither konnte gesichert werden, daß folgende Phänomene im Zuge einer nervösen Erregung an jeder Nervenzelle beobachtbar sind und als Grundlage des nun allgemein akzeptierten Erklärungsmodells dienen können:

- Im unerregten Ruhezustand ist der Innenraum einer Nervenzelle relativ zur Umgebung elektrisch negativ geladen. Dieses Membranpotential (=Ruhepotential) beträgt rund –70 Millivolt [mV].
- Im Zellinneren ist ein erheblicher Überschuß an Kalium-Ionen (K^+) zu beobachten, während sich in der Zellumgebung eine deutlich erhöhte Konzentration von Natrium- (Na^+) und Clor-Ionen (Cl^-) findet.
- Im Zustand einer Erregung verringert sich das negative Ruhepotential. Erhöhte Erregung kommt elektrisch in einer Depolarisation der Zellmembran zum Ausdruck.
- Im Zuge einer Erregung steigt die Konzentration von Natrium-Ionen im Zellinneren deutlich an.

Auf diesen Fakten aufbauend, haben Hodgkin und Huxley eine allgemeine Ionentheorie der Erregung formuliert, durch welche die Erregungsentstehung an Rezeptoren, die Weiterleitung in Form von Aktionspotentialen und auch die postsynaptischen Potentiale, also sämtliche bekannten Erregungsprozesse auf einen einzigen, einfachen Grundmechanismus zurückgeführt werden können (Hodgkin & Huxley 1952a, b, c).

Wesentliche Basis dieses Erklärungsmodells ist die bemerkenswerte Tatsache, daß die Membran jeder Nervenzelle mit Pumpeinrichtungen ausgestattet ist, die andauernd K^+ ins Zellinnere, Na^+ hingegen ins Interstitium befördern (Ionenpumpe). Wären ausschließlich diese Transportmechanismen wirksam, würde nach einiger Zeit der Innenraum der Zelle nur K^+ enthalten, während das gesamte Na^+ im zellumgebenden Raum konzentriert wäre. Die erste Annahme des Erklärungsmodells war nun, daß im unerregten Ruhezustand die Membran der Nervenzelle für Kaliumionen permeabel ist, die aufgrund des Konzentrationsunterschiedes aus dem Zellinneren strömen werden.

Dieser Ausstrom wird freilich nicht bis zum völligen Ausgleich des Konzentrationsunterschiedes andauern, da mit jedem auswärts wandernden positiven Ladungsträger das Zellinnere um eine Elementarladung stärker elektronegativ aufgeladen wird. Der passive K^+-Ausstrom bewirkt somit eine zunehmende elektronegative Aufladung des Zellinnenraumes, durch welche die Auswärtsdiffusion des K^+ genau dann zum Stillstand kommen wird, wenn die auf den Ladungsunterschied zurückgehende Kraft ebenso groß ist wie die durch den noch bestehenden Konzentrationsunterschied auf ein Ion einwirkende osmotische Kraft. Die Entstehung des Ruhepoten-

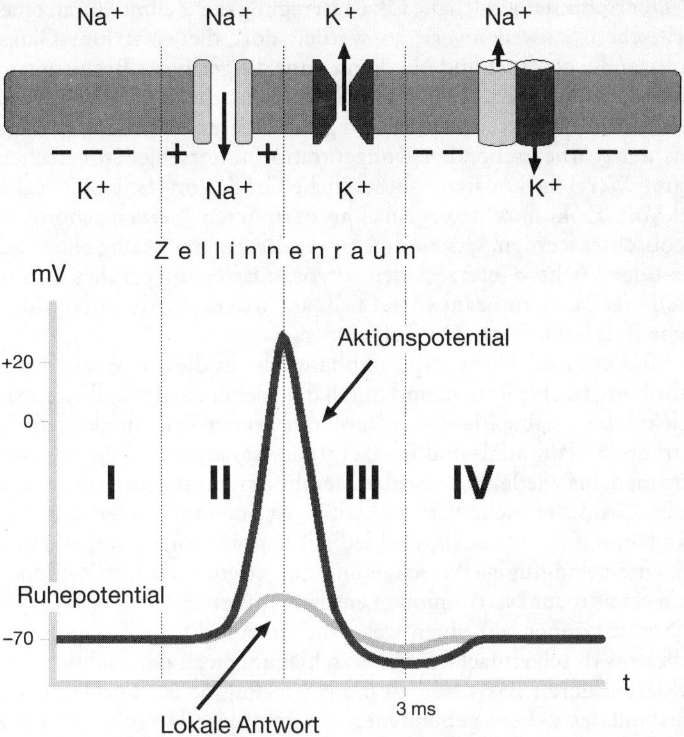

Abb. 1 Die Ionentheorie der Erregung:
I : Ruhepotential (Kalium-Diffusionspotential)
II : Erregung (Depolarisation durch Öffnung der Natrium-Kanäle)
III: Repolarisation (Kalium-Ausstrom)
IV: Na-K-Pumpe (Wiederherstellung der Konzentrationsdifferenzen)

tials kann also offensichtlich als ein passiver physikalischer Vorgang gedeutet werden, der lediglich auf der Annahme einer im Ruhezustand für K^+ selektiv permeablen Membran beruht.

Im Zustand der Erregung tritt nun kurzzeitig eine Erhöhung der Leitfähigkeit der Membran für Na^+ auf, das von den, durch Konzentrationsgefälle und Ladungsdifferenz gleichsinnig wirkenden Kräften getrieben, ins Zellinnere einströmen und damit das Ruhepotential in Richtung Elektropositivität verschieben wird. Die Öffnung des Natrium-Kanals kann dabei graduell erfolgen und eine mehr oder weniger starke Depolarisation – eine lokale Antwort – auslösen.

Überschreitet jedoch die lokale Erregung der Zellmembran einen kritischen Schwellenwert, so werden dort die »Natrium Gates« vollständig geöffnet und Na^+ kann ohne die geringste Bremsung ins Zellinnere strömen. Der dadurch auftretende Spannungssprung, das Aktionspotential, erreicht (in guter Übereinstimmung mit dem aus den vorherrschenden Konzentrationsunterschieden errechenbaren Wert) die konstante, beachtliche Größe von fast einem Zehntel Volt. Es konnte naturgemäß an peripheren Nerven schon früh beobachtet werden, was zur irreführenden Formulierung eines »Alles-oder-Nichts-Gesetzes« der nervösen Erregung geführt hat und die Frage lange unbeantwortet ließ, auf welche Weise unterschiedliche Reizintensitäten kodiert werden.

Mit dem Ende der Erregungsphase erlischt diese Permeabilitätserhöhung für Na-Ionen, und durch die wieder ausschließlich für K^+ selektiv permeable Membran werden K-Ionen – einem gleichsinnig wirkenden Potential- und Konzentrationsgradienten folgend – ausströmen, bis wieder das negative Membranpotential seine ursprüngliche Größe erreicht hat. Elektrisch ist sodann wieder der Ausgangszustand hergestellt, und lediglich in der Ionenkonzentration ist eine geringfügige Verschiebung aufgetreten, da das Zellinnere nun etwas mehr Natriumionen enthält als vorher.

Somit können wir einen wesentlichen Aspekt des Erregungsgeschehens durch einfache Ionenverschiebungen an der Zellmembran erklären, deren Basis freilich die Na-K-Pumpe ist. Dieser an den Zustand des Lebens gebundene, energiefordernde Prozeß hält permanent den Ungleichgewichtszustand aufrecht und liefert die Ausgangsenergie für den Ablauf aller weiteren Erregungsphänomene.

Erregungsentstehung und Weiterleitung

Jede Nervenzelle kann, wie Ramón y Cajal schon 1906 postulierte, als eine funktionelle Einheit angesehen werden, die Informationen aufnehmen, verarbeiten und weiterleiten kann. Diesen Aufgaben entsprechend lassen sich, abgesehen von den für die Zellerhaltung notwendigen Strukturen, zwei für die neuronale Informationsverarbeitung zuständige Regionen unterscheiden:

- Inputregion – dendritische Zone. Sie ist der Ort der Erregungsentstehung, an dem Reize in nervöse Erregungen verwandelt (Sinneszelle) beziehungsweise Informationen von anderen Neuronen aufgenommen werden können (Interneuron).

- Outputregion – Axon. Hier entstehen die Aktionspotentiale, durch welche die Weiterleitung der neuronalen Informationen erfolgt. Je höher das Erregungsniveau einer Zelle ist, um so rascher folgen die einzelnen Aktionspotentiale aufeinander.

Betrachten wir zunächst eine Sinneszelle, also einen Rezeptor, der Reize der Umwelt in nervöse Erregungen zu verwandeln vermag. Als Beispiel greifen wir das Vater-Pacini-Körperchen heraus, das auf die Verarbeitung von Druckreizen, also von mechanischer Energie, spezialisiert ist. Bei ihm löst jede mechanische Stimulation der dendritischen Zone die oben beschriebene Öffnung der Membranporen für Na^+ aus, wodurch eine reizstärkenabhängige Depolarisation der Zellmembran zustande kommt. Wir nennen diese das Generatorpotential (= Rezeptorpotential, Sensorpotential). Jede Änderung der Reizstärke führt dabei zu einer kontinuierlichen Veränderung der Größe des Generatorpotentials, das somit ein Analogabbild der Stimulusintensität liefert.

Dabei besteht zwischen der Reizstärke und der Größe des Generatorpotentials in der Regel kein linearer Zusammenhang. Vielmehr begegnen uns vielfach bereits die aus der Psychophysik bekannten Transformationen, da mit zunehmender Reizstärke immer größere Intensitätsänderungen vorgenommen werden müssen, um ein und dieselbe Generatorpotentialschwankung auszulösen. Der Zusammenhang zwischen der Reizintensität und der Amplitude des Generatorpotentials scheint dabei, wie die Forschungsgruppe um Keidel feststellen konnte, einer Potenzfunktion zu entsprechen, deren Exponent sogar gut mit dem der psychophysischen Funktion übereinzustimmen scheint. (Daß andere Forscher auf Rezeptorebene auch Fechnersche Beziehungen, also eine logarithmische Transformation der Reizstärke zu sehen glauben, zeigt, daß die gleichfalls nicht beendbare Diskussion zwischen klassischer und moderner Psychophysik auch auf physiologischer Ebene weitergeführt werden kann.)

Bemerkenswert ist der Mechanismus, durch den diese Informationen unverfälscht auch über weite Entfernungen transportiert werden können. In der Ursprungszone des Axons, dem Initialsegment, ist nämlich die Reizschwelle der Membran wesentlich niedriger als im übrigen dendritischen Bereich, so daß schon durch eine vergleichsweise schwache Depolarisation ein Aktionspotential generiert wird. Dadurch wird das Generatorpotential in Aktionspotentialserien verwandelt, die in um so dichterer Folge ablaufen werden, je höher das Erregungsniveau der Zelle ist. Durch diese

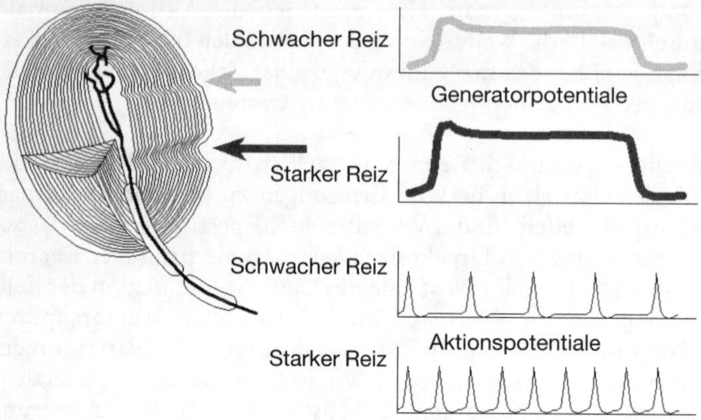

Abb. 2 Generator- und Aktionspotentiale

erstaunliche Transformationsleistung wird also selbsttätig das aktuelle Erregungsniveau im Sinne einer Puls-Abstand-Modulation in Serien von Aktionspotentialen verwandelt. Das Aktionspotential wandert – kontinuierlich oder saltatorisch – über das Axon weiter, indem es die jeweils benachbarte Membranzone erregt und dort eine vollständige Öffnung der Natrium-Gates auslöst. Dadurch erleidet es, im Gegensatz zu einem passiv weitergeleiteten Spannungsimpuls, auch keinen Intensitätsverlust und liefert uns den höchst bewundernswerten Fall eines Signaltransports mit kontinuierlich-selbsttätiger Auffrischung.

Erregungsübertragung

Ein Axon endet entweder an einem Effektor (Muskel- oder Drüsenzelle) oder an einem Neuron mit einer Differenzierung, für die Sherrington 1897 den Begriff »Synapse« geprägt hatte. Dabei schätzt man, daß jedes der rund 10^{11} Neuronen etwa eintausend synaptische Verbindungen aussendet und von einer noch größeren Zahl erreicht wird, was zu der unglaublichen Zahl von 10^{14} möglichen Kontaktstellen führen würde. Auf die lange offene Frage, wie die synaptische Informationsübertragung tatsächlich erfolgt und wodurch gewährleistet werden kann, daß sich eine Erregung über Tausende von Neuronen hinweg genau zu ihrem Zielgebiet fortpflanzt, kann nunmehr eine klare Antwort gegeben werden. Jedes Neuron ist durch eine Synapsenspalte von der ihr benachbarten subsynaptischen Membran getrennt. Die Erregungsübertragung erfolgt nur bei einer seltenen Sonderform, der elektrischen Synapse, direkt auf elektrischem Weg durch das zur Synapse gelangende Aktionspotential. Die Mehrzahl aller Synapsen sind vielmehr sogenannte chemische Synapsen, bei denen Vermittlungssubstanzen zwischengeschaltet sind, die in der präsynaptischen Membran bereitliegen und von denen durch jedes eintreffende Aktionspotential ein bestimmtes, gleichbleibendes Quantum ausgeschüttet wird (Quantenhypothese der Synapsenfunktion).

Die Wirkung der Transmittermoleküle läßt sich übersichtlich und in guter Übereinstimmung mit den empirischen Befunden am einfachsten mit in dem in der Biologie so weit verbreiteten Schlüssel-Schloß-Prinzip veranschaulichen, wenn wir dabei nicht übersehen, daß dieses weitgehend hypothetischen Charakter besitzt und neuere Deutungen überhaupt von der Vorstellung einer starren, stereochemischen Komplementarität von Transmitter und Rezeptor abgerückt sind. Die Transmitter diffundieren über die Synapsenspalte zu Proteindifferenzierungen (Schlössern) an der subsynaptischen Membran, an welchen sich der jeweils passende Neurotransmitter (Schlüssel) anlagert und dadurch das Erregungsniveau der nachgeschalteten Zelle verändert. Diese Einwirkung kann in zwei Richtungen erfolgen, indem sie das Erregungsniveau der Zelle erhöhen oder aber absenken kann, also eine Erregung (Exzitation) oder Hemmung (Inhibition) der Folgezelle bewirkt.

Lange Zeit hindurch war lediglich die Existenz von erregenden Synapsenwirkungen bekannt, und alle älteren Modellvorstellungen (wie etwa die frühen Konzepte von Hebb) gingen daher folgerichtig von Modellen mit ausschließlich exzitatorischen Elementen aus. Erst später wurde, auch durch Computersimulationen belegbar, offenkundig, daß mit ausschließlich erregenden Verbindungen überhaupt kein Nervennetz konstruiert werden kann, das über Fähigkeiten verfügt, die wir offensichtlich bereits bei höchst bescheiden organisierten Lebewesen beobachten können, wie Habituation, Löschung oder Diskrimination. Doch erst 1952 konnte die Existenz von inhibitorischen Synapsen von Sir John Eccles nachgewiesen werden, der dafür 1966 mit dem Nobelpreis ausgezeichnet wurde.

Die Tatsache, daß sowohl erregende wie auch hemmende Schaltelemente notwendig sind, um ein System aufzubauen, das die vielfältigen Anpassungsleistungen vollziehen kann, zu denen Lebewesen befähigt sind, begründet den zunächst unnötig kompliziert scheinenden Mechanismus der chemischen Synapse. Würden neuronale Informationen ausschließlich durch die elektrischen Auswirkungen der Aktionspotentiale übertragen, könnte lediglich ein und dieselbe postsynaptische Wirkung erzielt werden. Erst die Zwischenschaltung von Botenstoffen ermöglicht offensichtlich die notwendige Funktionsdifferenzierung in exzitatorische und inhibitorische postsynaptische Wirkungen.

Ein exzitatorischer Neurotransmitter öffnet in der subsynaptischen Membran Natrium-Gates und löst damit eine Depolarisation, also ein exzitatorisches postsynaptisches Potential (EPSP) aus, wodurch das Erregungsniveau der Zelle erhöht wird. Ein inhibitorischer Neurotransmitter bewirkt hingegen eine Öffnung von Poren für den negativen Ladungsträger Chlor, der im Außenraum in wesentlich höherer Konzentration vorhanden ist. Dadurch kommt es zu einem Einstrom von Cl^- und einer Verschiebung des Membranpotentials in Richtung Elektronegativität, also zu einer Hyperpolarisation. Dieses inhibitorische postsynaptische Potential (IPSP) versetzt die Nervenzelle in einen Zustand verminderter Erregbarkeit. Inhibitorische Synapsen können allerdings auch an einer anderen Synapse ansetzen und durch präsynaptische Inhibition deren Funktion beeinflussen.

Eine wesentliche Erweiterung der Steuerfunktionen ergibt sich daraus, daß es bei einer gleichzeitigen Auslösung von (exzitatorischen oder inhibitorischen) Potentialen zu einer Addition der postsynaptischen Ladungsänderungen kommen kann und dadurch Schwellenwerte überschritten werden können, die von keinem Einzelpotential allein erreicht werden könnten (räumliche Summation). Wird eine Synapse hingegen in so rascher zeitlicher Folge aktiviert, daß die vorausgegangenen Potentiale noch nicht völlig abgeklungen sind, kann es zu einer Superposition der nachfolgenden Potentiale kommen und dadurch eine Erregungsänderung herbeigeführt werden, die gleichfalls weit über der von einem Einzelpotential erreichbaren liegen kann (zeitliche Summation).

Auf dem Schlüssel-Schloß-Prinzip der Transmitterwirkung kann, auch wenn wir uns auf eine sehr vereinfachende Darstellung beschränken, eine korrekte und übersichtliche Erklärung aller physiologischen Abläufe aufgebaut werden, aber auch die für die klinische Psychologie wichtige Deutung von Störungen beziehungsweise der Wirkmechanismen von Substanzen mit psychotropen Wirkungen (Psychopharmaka) erfolgen. Folgende Fakten sind hierfür bedeutsam:

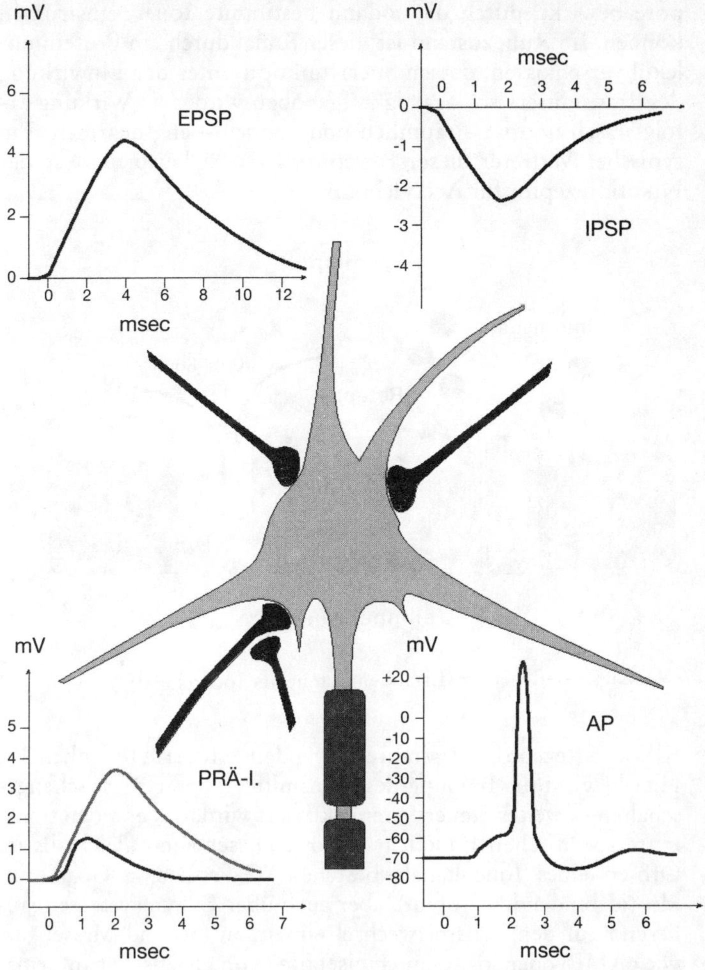

Abb. 3 Exzitatorische und inhibitorische postsynaptische Potentiale

An der subsynaptischen Membran lagert sich der Transmitter an einer Proteindifferenzierung, dem Rezeptor, an. Nach der dadurch ausgelösten Wirkung können zwei Haupttypen von Rezeptoren unterschieden werden:

- Klasse-1-Rezeptoren (= ligandengesteuerte Ionenkanäle), bei denen die Anlagerung des Transmitters das Öffnen einer Membranpore bewirkt, durch die sodann bestimmte Ionen einströmen können. Im Ruhezustand ist dieser Kanal durch ein Proteinmolekül verschlossen, dessen Sperrfunktion unter der Einwirkung des Transmitters schlagartig aufgehoben wird. Die Wirkung erfolgt rasch und ist – räumlich und zeitlich – eng begrenzt. Ein typischer Vertreter dieser Rezeptorklasse ist beispielsweise der Nikotinrezeptor für Acetylcholin.

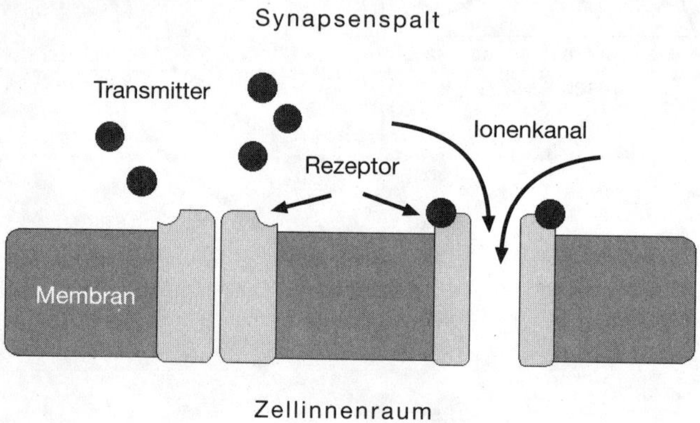

Abb. 4a Klasse-1-Rezeptor (Ligandengesteuerter Ionenkanal)

- Klasse-2-Rezeptoren (= indirekt ligandengesteuerte Ionenkanäle). Hier bewirkt die Bindung des Transmitters, daß ein zwischengeschaltetes zweites Steuersystem aktiviert wird, das erst den transmitterspezifischen Endeffekt auslöst. Dieser kann gleichfalls im Öffnen eines Ionenkanals bestehen (G-Protein = Guaninnukleotid-bindendes Protein), aber auch über Enzymsysteme regulierend auf den Zellstoffwechsel einwirken (Second Messengers wie cAMP) oder sogar eine Freisetzung von genetischer Information, eine Genexpression, bewirken (Third Messengers).

Hat ein Transmitter seine Aufgabe erfüllt, so ist es offensichtlich notwendig, ihn wieder zu desaktivieren, um einen zeitlich begrenzten Effekt erzielen zu können. Das weitere Schicksal des Transmitters kann höchst unterschiedlich verlaufen:

- Der Transmitter wird in der Synapsenspalte durch ein spezifisches Enzym abgebaut und dadurch seine Wirkdauer gesteuert.

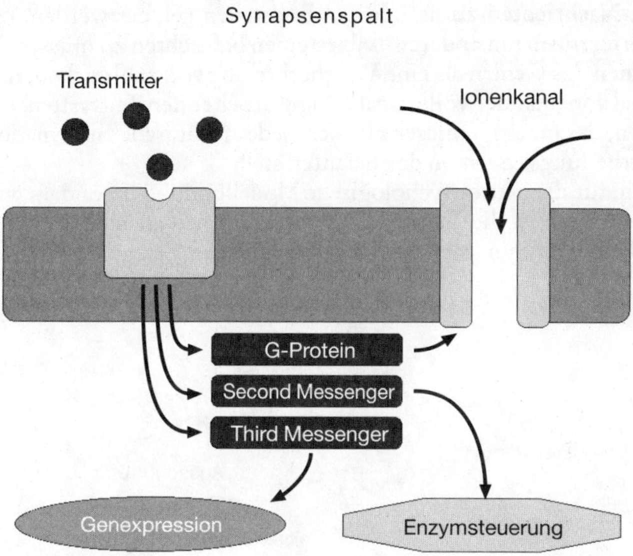

Abb. 4b Klasse-2-Rezeptor (G-Protein-gekoppelte Ionenkanäle, Enzymsteuerung durch Second Messenger, Genexpression durch Third Messenger)

Dies ist beispielsweise beim Neurotransmitter Acetylcholin der Fall, das durch das Enzym Acetylcholinesterase (=Cholinesterase) in zwei Bestandteile, Cholin und Essigsäure, zerlegt wird. Die Komponente Cholin erleidet dabei ein Schicksal, das die zweite, wichtige Möglichkeit darstellt.

- Der Transmitter wird durch die präsynaptische Membran wieder in die Synapse zurückgepumpt und steht zur weiteren Verwendung zur Verfügung. Diesem ökonomischen Recycling-Prinzip begegnen wir beispielsweise bei den Transmittern Noradrenalin und Serotonin.
- Neurotransmitter scheinen auch von Gliazellen aufgenommen zu werden, was den gerade in der Neuropsychologie wichtigen Modellvorstellungen über Neuron-Glia-Wechselwirkungen überaus interessante Perspektiven eröffnet.

Die Steuerung mittels Botenstoffen ermöglicht aber nicht nur, erregende und hemmende Wirkungen zu erzielen, sondern garantiert auch, daß über Nervenbahnen, die auf engstem Raum gepackt liegen, Nachrichten zu definierten Endstellen geleitet werden, ohne Interferenzen mit anderen Teilsystemen befürchten zu müssen. Wir können das Gehirn als eine Verschachtelung von zahlreichen, funktional voneinander völlig unabhängig arbeitenden Teilsystemen ansehen, das (auch) in dieser Hinsicht jedes technische Informationsverarbeitungssystem in den Schatten stellt.

Ein für die neuropsychologische Modellbildung besonders wichtiger Aspekt ist die Tatsache, daß offensichtlich auch die Empfindlichkeit einer Synapse vom vorausgegangenen Erregungsgeschehen

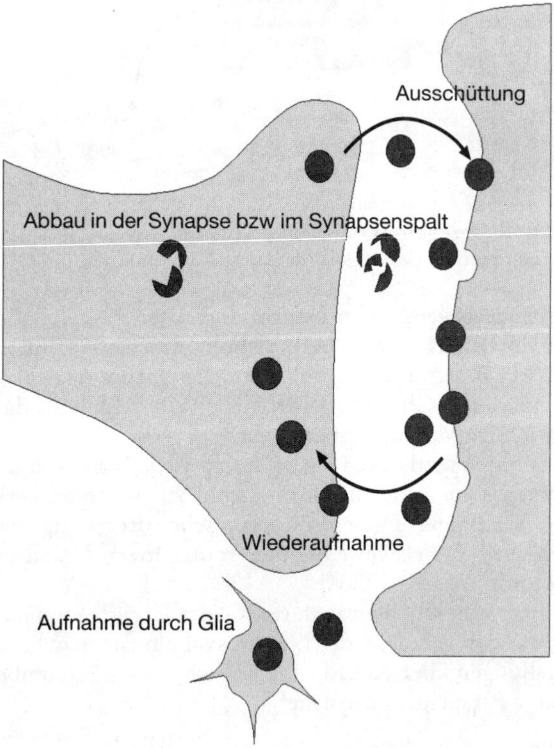

Abb. 5 Die Desaktivierung ausgeschütteter Neurotransmitter

abhängig ist, da dieses die Rezeptoren zu beeinflussen vermag. Dieser bemerkenswerte Effekt wird Rezeptorplastizität genannt und kann in folgenden Veränderungen bestehen:

- Die Empfindlichkeit des Rezeptors kann sich ändern.
- Die Zahl der in der subsynaptischen Membran liegenden Rezeptoren kann zunehmen (up-regulation) oder abnehmen (down-regulation).
- Die an der Membranaußenseite verfügbaren Rezeptoren können ins Zellinnere transportiert werden, wodurch sie ihre Schloßfunktion nicht mehr erfüllen können und in kurzer Zeit eine Veränderung der postsynaptischen Sensitivität auftreten kann. Man bezeichnet diesen Effekt, der innerhalb von Minuten ablaufen kann, als »bedarfgerechte Plazierung«.

Derzeit ist erst eine kleine Zahl von Transmittersystemen genauer bekannt, weshalb daran erinnert werden muß, daß neben diesen eine knapp dreistellige Zahl von nahezu unerforschten Neurotransmittern existieren dürfte. Wir stützen unsere Überlegungen also auf einen winzig kleinen Ausschnitt der existierenden synaptischen Überträgersubstanzen, wenngleich die folgende Übersicht wohl die quantitativ dominierenden und für die gegenwärtigen klinischen Überlegungen bedeutsamsten umfassen dürfte.

Transmittersysteme

Die wichtigsten der gegenwärtig bekannten und genauer untersuchten Transmittersubstanzen lassen sich in drei Gruppen einteilen:

Amine	Acetylcholin, Dopamin, Serotonin, Noradrenalin, Adrenalin, Histamin
Aminosäuren	Gamma-Aminobuttersäure (GABA), Glycin, Glutamat
Peptide	Endorphine, Enkephaline, Substanz P

Betrachten wir zunächst kurz einige Transmittersysteme, welche für die klinische Psychologie beziehungsweise für neuropsychologische Modellentwicklungen besonders bedeutsam sind:

Acetylcholin ist der Botenstoff des cholinergen Systems, dessen Entdeckung die Geburtsstunde der Transmitterforschung markiert. Der deutsche Physiologe Otto Loewi konnte nämlich in den zwanziger Jahren im Tierversuch am Frosch beobachten, daß nach Stimulation des Vagusnerven eine Verlangsamung des Herzschlages auftritt. Wird die Flüssigkeit, mit der ein solches Herzpräparat während der Stimulation umspült wurde, zu einem anderen Herzen geleitet, das in einer getrennten Nährlösung liegt, so setzt auch bei diesem eine Verlangsamung des Herzschlages ein. Loewi schloß daraus, daß der Vagusnerv durch die Reizung eine Substanz ausschüttet, die Herzmuskelkontraktionen beeinflußt und er konnte diese einige Jahre später auch tatsächlich als Acetylcholin identifizieren.

Es ist einer der häufigsten exzitatorischen Neurotransmitter unseres Nervensystems, findet sich in rund fünfzehn Prozent aller Neuronen und ist vor allem für das effektorische System verantwortlich, da das cholinerge System die gesamte Willkürmuskulatur, aber auch viele Drüsen versorgt. Bei Patienten mit der von Alois Alzheimer im Jahre 1907 beschriebenen und nach ihm benannten Krankheit konnte neben einem Zellverlust in bestimmten Kernen (so im locus coerulus und im nucleus basalis) eine isolierte Abnahme des Acetylcholingehalts festgestellt werden. Dies und die enge Beziehung des cholinergen Systems zu Strukturen, die für unsere Gedächtnisleistungen verantwortlich sind (vor allem zur Hippocampusregion), was auch die mnestischen Störungen bei Morbus Alzheimer erklären würde, haben intensive, aber bisher erfolglose Bemühungen ausgelöst, eine Substitutionstherapie zu entwickeln, wie sie mit beachtlichem Erfolg bereits bei einer Verarmung eines anderen exzitatorischen Transmitters gelungen ist, nämlich dem Dopamin.

Dopamin ist der Botenstoff des dopaminergen Systems, bei dessen Erforschung der bisher beachtlichste Fortschritt erzielt werden konnte. Im Jahre 1960 führte nämlich Oleh Hornykiewicz den Nachweis, daß bei Parkinson-Patienten der cerebrale Dopamingehalt deutlich reduziert ist und im Corpus striatum nur rund zwanzig Prozent des Normalwertes erreicht. Darauf aufbauend konnte eine Therapie entwickelt werden, mit welcher durch Verabreichung einer geeigneten Vorstufe (l-Dopa) eine cerebrale Anreicherung von Dopamin erzielt werden kann. Die wichtigsten dopaminergen Kerne sind die für die Extrapyramidalmotorik verantwortlichen Strukturen (vor allem das nigro-striatale System), welche den gleichförmig-harmonischen Ablauf unserer Bewegungen steuern. Dies erklärt auch die unerwünschten Nebenwirkungen von Psychopharmaka, welche das dopaminerge System hemmen.

Der Botenstoff des serotonergen Systems, dessen Quellgebiet in den Raphe-Kernen liegt, ist das gleichfalls exzitatorisch wirkende *Serotonin*. Es begegnet uns auch bei der Steuerung des circadianen Rhythmus durch die Zirbeldrüse und scheint somit in mehrfacher Funktion als Neuromodulator für die Schlaf-Wach-Periodik, aber auch für unsere Stimmungslage verantwortlich zu sein. Sein Abbau erfolgt (extrazellulär beziehungsweise nach Rückresorption in die Synapse) durch das Enzym Monoaminooxidase (MAO), durch deren Beeinflussung eine wichtige Klasse von Antidepressiva wirkt.

Das noradrenerge System mit dem Botenstoff *Noradrenalin* zeigt schließlich ganz besondere Eigenheiten, die bereits zu vielfachen Spekulationen Anlaß gegeben haben. Schon sein Quellgebiet, der Locus coeruleus, ist ein höchst bemerkenswerter Kern, der beim Menschen nur die verschwindend kleine Zahl von rund 3000 Neuronen enthält. In ihm entspringen die noradrenergen Axone, um nach einigen wenigen Zwischenschaltungen nach gegenwärtigen Schätzungen mit wenigstens einem Drittel, vielleicht sogar der Hälfte aller corticalen Neuronen Kontakt aufzunehmen!

Dieser Botenstoff ist als Transmitter auch für die postganglionäre Erregungsübertragung (nahezu aller) vom Sympathikus innervierten Organe zuständig, begegnet uns aber auch als Hormon des Nebennierenmarks, dessen Ausschüttung unser Aktivierungsniveau anhebt. Es lag daher nahe, sich bei der Deutung und Behandlung von überhohen Aktivierungszuständen auf dieses System zu konzentrieren. Dabei ermöglicht die Tatsache, daß auch Noradrenalin, das durchgehend auf Klasse-2-Rezeptoren wirkt, in die präsynaptische Zone rückgeholt wird, eine einfache Deutung der psychopharmakologischen Effekte von Substanzen, die das noradrenerge System beeinflussen.

Der wichtigste inhibitorische Transmitter im ZNS ist die *Gamma-Aminobuttersäure* [GABA], die in rund 30 Prozent aller Nervenzellen vorzufinden sein dürfte. Auf der Verstärkung ihrer inhibitorischen Funktion durch Rezeptorbeeinflussung beruht die psychopharmakologische Beeinflussung von Angst- und Erregungszuständen durch Benzodiazepine.

Peptidtransmitter wurden schließlich als Folge der Erkenntnis entdeckt, daß auch Opiate wie Heroin über neuronale Rezeptoren wirken. Denn da im Gehirn wohl nicht Rezeptoren für ein Kunstprodukt der Chemie bereitliegen dürften, müssen offenbar körpereigene Substanzen existieren, denen die Opiate so ähnlich sind, daß sie wie diese wirken (=Agonisten). Die Suche nach ihnen war erfolgreich und als erster einer Reihe von Opioid-Transmittern wurde das *Endorphin* gefunden. Opiatrezeptoren liegen gehäuft in Regionen, die mit der Emotionalität in Zusammenhang stehen, wie dem limbischen System, sowie in spinalen Regionen, die mit der Weiterleitung von Schmerzinformationen befaßt sind.

Die Beeinflussung der Erregungsleitung

Die Wirkung von Psychopharmaka

Wenn wir die oben besprochenen Mechanismen der synaptischen Erregungsübertragung, das Schlüssel-Schloß-Prinzip der Transmitterfunktion und das weitere Schicksal eines ausgeschütteten Neurotransmitters überdenken, so bietet sich offensichtlich nur eine kleine Zahl von Möglichkeiten an, um mit einer Wirksubstanz neurotrope Effekte auszulösen:

Freisetzung von Neurotransmittern
Ein möglicher Weg besteht darin, die Ausschüttung eines bestimmten Neutrotransmitters anzuregen. Als Beispiel dafür können wir das Amphetamin herausgreifen, das als hochwirksames Sympathikomimetikum eine gesteigerte Freisetzung des Neurotransmitters Dopamin bewirkt. Gegenwärtig wird es noch immer gelegentlich mißbräuchlich wegen seiner appetithemmenden Wirkung genommen. Es führt jedoch zu Abhängigkeit, kann nach dem Absetzen eine massive Entzugssymptomatik nach sich ziehen und (wie auch andere ähnlich wirkenden Sympathikomimetika) psychopathologische Komplikationen (wahnhafte Störungen oder Delirien) auslösen. Amphetamin wurde seinerzeit mit einer therapeutischen Zielsetzung (als Asthma-Medikament) entwickelt und auch lange Zeit hindurch in Unkenntnis der Entwicklung von Abhängigkeit eingesetzt.

Ein anderes Beispiel für eine Substanz, die eine Leerung der Vesikeln anregt, ist das Reserpin, welches auf das adrenerge und das serotonerge System wirkt. Es wird heute vorwiegend wegen seiner blutdrucksenkenden Wirkung verordnet, wurde in den fünfziger Jahren jedoch auch zur Therapie der Schizophrenie eingesetzt, wobei es ähnliche Effekte auslöste wie das gleichzeitig entwickelte erste Neuroleptikum Chlorpromazin. Dies übte seine Wirkung allerdings offensichtlich über einen ganz anderen Mechanismus aus:

Die Blockierung von Rezeptoren
Ein zweiter Weg zur selektiven Beeinflussung eines Transmittersystems ist offensichtlich die Verabreichung von Substanzen, die dem Neurotransmitter in bestimmten Aspekten so ähnlich sind, daß sie mit den entsprechenden Rezeptoren eine Bindung eingehen, aber anschließend nicht die transmittertypischen Effekte auslösen können (kompetitive Antagonisten). Dadurch werden die Rezeptoren blockiert und die bioaktiven Transmitter können nicht ihre Wirkung entfalten. Derartige Antagonisten sind beispielsweise die eben

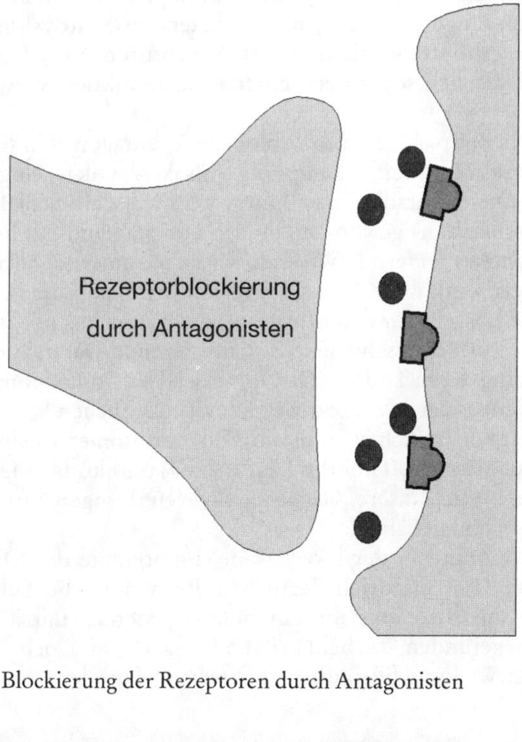

Abb. 6 Blockierung der Rezeptoren durch Antagonisten

genannten Neuroleptika, welche eine Blockade der dopaminergen Rezeptoren bewirken.

Ihre Entstehungsgeschichte geht auf den Anästhesisten Henri Laborit zurück, der 1950 Chlorpromazin in einem »lytischen Cocktail« zur Auslösung eines »künstlichen Winterschlafes« (Hibernation) verwendete und dabei beruhigende Nebeneffekte beobachten konnte. Jean Delay, der auch den Begriff »Neuroleptikum« prägte, und Pierre Deniker setzten sodann Chlorpromazin erstmals 1951 mit bemerkenswerten Erfolgen in der psychiatrischen Therapie ein.

Die Dopamin-Blockade, auf deren desaktivierenden Effekt man die antipsychotische Wirkung zurückführen kann, hat freilich auch höchst unerwünschte Folgen, die mit den Aufgaben dieses Transmitters bei der Steuerung der Motorik zusammenhängen. Sie kann nämlich Bewegungsstörungen auslösen, die als Frühdyskinesien schon nach kurzzeitiger Verabreichung, gelegentlich bereits nach einer einzigen Gabe, auftreten können, allerdings nach Absetzen des Medikaments auch wieder rasch abklingen. Problematischer sind die nach längerem Gebrauch auftretenden Spätdyskinesien, die auf eine erhöhte Sensitivität der Rezeptoren zurückgeführt werden und die sich sogar nach einer Dosisreduktion verstärken können.

Ein anderes Beispiel für rezeptorblockende Antagonisten sind die therapeutisch zur Schmerzbekämpfung – als Analgetika – eingesetzten Opiate. Die Natursubstanz Opium wird aus dem Schlafmohn (Papaver somniferum) gewonnen, dessen entspannend-euphorisierende und schmerzlindernde Wirkung schon in sumerischen Schriften geschildert wird, die 4000 v. Chr. verfaßt wurden. Diese Effekte sind auch die Ursache für den Opiatmißbrauch, der in Europa wohl auch durch eine 1821 erschienene romantisierende Darstellung der Opiumwirkung durch Thomas De Quincey (›The Confessions of an English Opium-Eater‹) angeregt worden war. Ähnlichen Verklärungen begegnen wir freilich auch in der Folgezeit immer wieder (Aldous Huxley: Mescalin, Timothy Leary: LSD) und können feststellen, daß sie bis in unsere Gegenwart vielen Drogen zu fataler Popularität verholfen haben.

Die erste Extraktion der bioaktiven Komponente des Opiums gelang schon 1803 Friedrich Sertürner. Er nannte die Substanz »Morphin« und hatte mit ihr ein höchst potentes injizierbares Analgetikum gefunden, das bald breiten Einsatz fand. Doch mit der analgetischen Wirkung blieb untrennbar die Gefahr der Abhängigkeit verbunden, was in der Folgezeit zu einer fortdauernden Suche nach schmerzlindernden Substanzen ohne Suchtrisiko führte. Auch Heroin – zunächst mit dem ausdrücklichen Hinweis, daß es nicht süchtig mache, als Hustenmittel empfohlen – ist eines der Ergebnisse derartiger Bemühungen. Die Dynamik dieser Substanz macht freilich klar, daß dieses Ziel unerreichbar bleiben dürfte, da die wünschenswerte Blockierung der Opiatrezeptoren notwendigerweise mit einer über die Rezeptorplastizität ausgelösten Empfindlichkeitsänderung verbunden zu sein scheint.

Blockierung des Rücktransportes

Eine weitere Möglichkeit, ein Transmittersystem gezielt zu beeinflussen, ist die Hemmung der Rückresorption in die Synapse. Als Beispiel hierfür kann eine wichtige Klasse von Antidepressiva genannt werden. 1957 konnte Roland Kuhn die nachhaltig antidepressive Wirkung einer aus drei Ringen aufgebauten Substanz beobachten. Ihr internationaler Freiname (International Nonproprietary Name INN) ist Imipramin, das gegenwärtig unter dem Handelsnamen Tofranil angeboten wird. Damit war das erste trizyklische Antidepressivum (TZA) gefunden, dessen Wirkung vorwiegend in einer Blockade der Wiederaufnahme von Noradrenalin zu bestehen scheint.

Neben diesem Mechanismus, der für die relativ rasch einsetzenden therapeutischen Effekte verantwortlich gemacht wird, beeinflussen TZA aber offenbar auch die Rezeptoren im Sinne einer herabgesetzten Empfindlichkeit und einer down-regulation. Die älteren TZA hatten allerdings auch eine Reihe von unerwünschten Nebenwirkungen wie Herzrhythmusstörungen, Sehstörungen, Schwindel, Mundtrockenheit. Im Bemühen, diese auszuschalten, wurden in der Folge weitere Substanzen gefunden, unter denen neben tetrazyklischen Antidepressiva (z. B. das 1973 eingeführte Maprotilin) in neuerer Zeit vor allem die Gruppe der ausschließlich die Wiederaufnahme von Serotonin hemmenden Präparate (selektive Serotoninwiederaufnahmehemmer, Selective Serotonin Re-uptake Inhibitor SSRI) große klinische Bedeutung erlangt hat. (Das erste Präparat dieser Stoffklasse war das 1984 eingeführte Fluvoxamin.)

Als ein weiteres Beispiel für psychoaktive Wirkungen, die sich auf eine Blockade des Rücktransports zurückführen lassen, kann das Cocain angeführt werden. Dieses wurde schon von den peruanischen Inkas verwendet, wo der Gebrauch allerdings streng geregelt und ursprünglich der Herrscherfamilie zu kultischen Zwecken vorbehalten war. Im 19. Jahrhundert gelangte es vermehrt nach Europa, wo Angelo Mariani auf Coca-Basis 1863 einen »Vin Mariani« braute, der in Georgia 1886 John Pemberton zur Rezeptur des Coca-Cola geführt haben dürfte. Erst in unserem Jahrhundert wurde die Gefahr des Cocaingenusses erkannt und dieses aus der Cola-Rezeptur gestrichen. Hingegen begann man, die medizinischen Einsatzmöglichkeiten dieser Substanz zu untersuchen, und auch Sigmund Freud publizierte 1884 eine Arbeit über die therapeutischen Einsatzmöglichkeiten von Cocain. Seine Bemühungen fanden allerdings ein tragisches Ende, da sein Versuch, den berühmten Kollegen Fleischl von Marxow, der an schwersten Schmerzzuständen litt und opiatabhängig geworden war, mit Cocain zu behandeln, zur ersten beobachteten Cocain-Psychose führte, die mit dem Suizid Fleischls endete.

Blockierung der abbauenden Enzyme

Eine weitere Möglichkeit der Transmittersteuerung besteht offensichtlich in der Hemmung der Aktivität derjenigen Enzyme, durch die der nicht mehr benötigte Neurotransmitter wieder abgebaut wird. Auch für diese Möglichkeit findet sich in der Therapie der Depression ein Beispiel im Iproniazid. Nathan Kline entdeckte 1957 die antidepressive Wirkung dieser ursprünglich zur Tuberkulose-Therapie eingesetzten Substanz. Sie blockiert selektiv die Wirkung des Enzyms Monoaminooxidase (MAO), welches für den Abbau der Transmitter Noradrenalin und Serotonin zuständig ist. Damit war der erste Monoaminooxidasehemmer (MAO-Hemmer) entwickelt, der allerdings auch zahlreiche unerwünschte Wirkungen zeigte, die erst viel später (durch die reversiblen MAI-A-Hemmer) deutlich vermindert werden konnten.

Diese Daten scheinen die in den sechziger Jahren aufgestellte These zu stützen, daß die Depression auf eine Verarmung der Amin-Neurotransmitter (vor allem Dopamin, Noradrenalin und Serotonin) zurückgeführt werden kann. Diese »Aminhypothese der Depression« ist allerdings nach wie vor nicht gesichert und wird durch die neuerdings beobachteten antidepressiven Effekte von Substanzen, die keine Wirkung auf die Wiederaufnahme von Amin-Transmittern haben, in Frage gestellt. Völlig außerhalb aller Erklärungsmodelle steht auch nach wie vor die antidepressive Wirkung von Lithium, die der Psychiater John Cade (einer völlig irri-

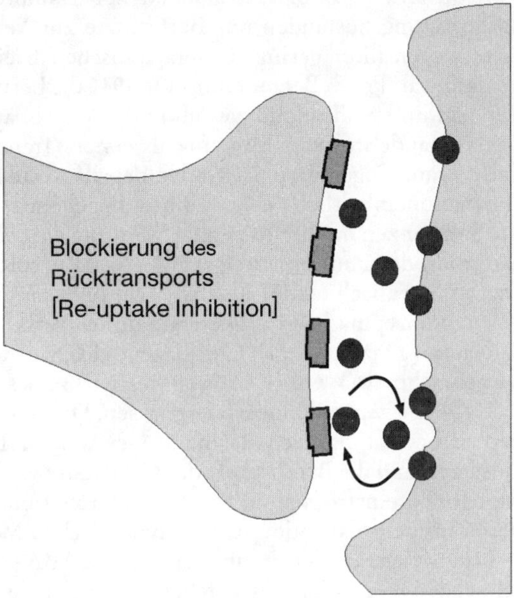

Abb. 7 Blockierung des Rücktransports (Re-uptake Inhibition)

gen Idee folgend) Ende der vierziger Jahre entdeckte. Es wird bis heute zur Verhinderung von künftigen depressiven Erkrankungen, also als Phasenprophylaktikum, eingesetzt und greift vermutlich ins Second Messenger-System ein.

Unterstützung des Neurotransmitters

Eine weitere Möglichkeit stellt schließlich das Einschleusen von Substanzen dar, die dem natürlichen Neurotransmitter so ähnlich sind, daß sie sich an den für ihn zuständigen Rezeptoren anlagern können, diesen jedoch nicht blockieren, sondern vielmehr aktivieren (= Agonisten). Um ein Beispiel für eine (allerdings komplexere) Rezeptorbeeinflussung dieser Art zu finden, können wir einen Blick auf die angstlösenden Medikamente, die Anxiolytika werfen.

Zu Beginn unseres Jahrhunderts standen zur Dämpfung von Angst- und Spannungszuständen nur Barbiturate zur Verfügung, deren Einsatz wegen ihrer geringen therapeutischen Breite nicht unproblematisch war. Frank Berger entdeckte 1946 die beruhigende Wirkung (er nannte sie »Tranquilization«) von Meprobamat, das 1955 unter dem Handelsnamen »Miltaun« als erster »Tranquilizer« auf den Markt kam. Gegenwärtig wird der Begriff »Tranquilizer« allerdings höchst uneinheitlich gebraucht und für chemisch unterschiedlichste Substanzen mit beruhigender Wirkung eingesetzt.

Eine Illustration der Funktionssteigerung eines Rezeptors kann uns die von Leo Sternbach entdeckte, bis dahin unbekannte Stoffklasse der Benzodiazepine liefern. Die erste dieser Verbindungen, von ihm »Librium« genannt (INN: Clordiazepoxid), wurde 1960 in den Handel gebracht; 1963 wurde ein weiteres wirksames Derivat, das Valium (INN: Diazepam), klinisch zugelassen. Die Wirkung der Benzodiazepine besteht nämlich darin, daß sie an GABAergen Synapsen ansetzen und die Bereitschaft der GABA-Rezeptoren erhöhen, Chlor-Ionen einströmen zu lassen. Dadurch kommt es zu einer stärkeren Hyperpolarisation der subsynaptischen Membran, also einer Intensivierung der inhibitorischen GABA-Wirkung. Man bezeichnet den Benzodiazepin-Effekt daher auch als eine »Verstärkung der Bremsung« oder »Bremskraftverstärkung«.

Präsynaptische Inhibition

Die präsynaptische Inhibition wird als möglicher Steuermechanismus angesehen, über den diejenigen Substanzen wirken, die veränderte Bewußtseinszustände herbeiführen und psychoseähnliche Bilder auslösen können (Halluzinogene, Psychotomimetika, Psychedelika). Sie haben eine lange Tradition, da schon in vorchristlicher Zeit in Mexiko und Zentralamerika Pilze der Gattung Psilocybe verzehrt wurden (ihre botanische Bestimmung erfolgte erst 1955!), welche die psychoaktive Substanz Psilocybin enthalten. Auch die Inkas verwendeten in Mexico, wie schon Cortez beschrieb, zu kultischen Zwecken den Peyote-Kaktus, der Mescalin enthält.

Die wohl berühmteste Substanz dieser Gruppe, das LSD, wurde aber erst 1943 von Albert Hofmann entdeckt. In der fünfundzwanzigsten Versuchsreihe mit Mutterkornalkaloiden stieß er auf das Lysergsäurediethylamid (daher: LSD-25) und unternahm mit diesem den berühmt gewordenen Selbstversuch. Therapeutische Anwendungen, die eine Zeitlang erprobt wurden, haben vielleicht die

Gefahren einer unkontrollierten Anwendung verschleiert. Vor allem aber haben literarische Verklärungen diese Droge schließlich modisch gemacht.

Auffallend ist, daß alle Substanzen dieser Gruppe große Ähnlichkeit mit dem Amin-Transmitter Serotonin aufweisen. Dennoch ist bislang eine einfache Deutung der halluzinogenen Wirkung im Sinne einer agonistischen oder antagonistischen Einflußnahme nicht gelungen. Es werden kompliziertere, mittelbare Effekte auf den Locus coeruleus und das Noradrenerge System angenommen, bei denen vor allem die präsynaptische Inhibition eine entscheidende Rolle spielen dürfte.

Die Architektur von Nervennetzen

Wahrnehmungsmechanismen

Jedes Lebewesen besitzt Differenzierungen, durch welche Reize der Umwelt in nervöse Erregungen verwandelt werden. Während einfache Sinneszellen, wie etwa freie Nervenendigungen, auf ein breites Energiespektrum ansprechen und durch Druck, Berührung und Wärmestrahlung aktiviert werden können, bilden sich bei anderen Hilfsdifferenzierungen, durch welche sie gegen unerwünschte Reizeinwirkungen abgeschirmt werden und lediglich auf einen kleinen Ausschnitt aller möglichen Reize ansprechen, zum Beispiel nur auf elektromagnetische Schwingungen eines bestimmten Frequenzbereichs. Dabei ist die Tendenz zu beobachten, im Laufe der Evolution zu immer größerer Reizselektivität fortzuschreiten.

Drei Haupttypen von Sinneszellen können unterschieden werden:

- Rezeptoren, die durch mechanische Einwirkungen aktiviert werden. Hierzu zählen die in der Haut liegenden Druck- und Berührungsrezeptoren, in deren dendritischer Zone durch die mechanische Stimulation die Generatorpotentiale entstehen. Doch kann mit diesem Rezeptortyp durch Zusatzdifferenzierungen eine beachtliche Reizselektivität erzielt werden, wie etwa bei den Haarzellen des akkustischen Systems, in welchem ein kompliziertes System zur Schwingungsanalyse garantiert, daß eine Zelle nur durch Luftschwingungen einer ganz bestimmten Frequenz mechanisch gereizt wird.

- Rezeptoren, bei denen die Reizselektivität durch ein biochemisches Vermittlersystem erzielt wird. Ein Beispiel hierfür sind unsere optischen Rezeptoren, in denen unter der Einwirkung von elektromagnetischen Schwingungen einer bestimmten Frequenz ein biochemischer Gleichgewichtszustand verändert und dadurch proportional zur Intensität der einwirkenden Strahlung ein Erregungsstoff gebildet wird.
- Eine dritte Form, Reizselektivität zu erzielen, macht von dem Schlüssel-Schloß-Prinzip Gebrauch und begegnet uns bei olfaktorischen Rezeptoren, die auf Riechstoffe mit ganz bestimmten stereochemischen Eigenheiten ansprechen.

Die vielfältigen Mechanismen dieser Reiz-Erregungs-Transformation zählen zum Forschungsgebiet der Sinnesphysiologie und sollen nicht näher beleuchtet werden. Neuropsychologisch höchst bedeutsam ist jedoch das Schicksal der sensorischen Information auf ihrem weiteren Weg über den afferenten Erregungsschenkel zu den kortikalen Endstellen.

Der klassischen Vorstellung zufolge wird in der Gehirnrinde ein möglichst getreues Erregungsabbild der Umwelt aufgebaut. Das optische Sinnessystem mit seinem einer Glasfaseroptik gleichenden Aufbau scheint eine solche Auffassung bei flüchtiger Betrachtung zu stützen. Doch tatsächlich laufen am afferenten Erregungsschenkel aktive Analyseprozesse ab, die keineswegs zu einer Abbildung der Außenwelt in der Großhirnrinde führen. Bei Betrachtung dieser Verarbeitung von sensorischen Informationen begegnen uns zwei Haupttypen von neuronalen Schaltplänen.

Der eine erklärt ein schon lange bekanntes Paradoxon: Die Bilder der Umwelt werden auf unserer Netzhaut, was schon Helmholtz mit Erstaunen angemerkt hatte, weit unschärfer abgebildet, als wir sie sehen. Eine ähnliche Informationskorrektur wird offenbar auch im akustischen System vorgenommen, da unsere Diskriminationsfähigkeit für Tonhöhen weit größer ist als aufgrund der geringen Zahl von Sinneszellen zu erwarten wäre, die zur Erregungsbildung im Cortischen Organ zur Verfügung stehen. Die Strategie, mit der eine derartige Schärfung der Diskriminationsleistungen zustande kommt, wurde von Hartline (1949) am Pfeilschwanzkrebs (Limulus Polyphemus) entdeckt, einem Meeresbewohner mit urtümlichem Bauplan, was darauf hinweist, daß sich die Architektur dieses neuronalen Netzes in der Stammesgeschichte offenbar schon sehr früh entwickelt und hervorragend bewährt hat.

Die Laterale Inhibition

Die angesprochene Schärfung und Präzisierung des sensorischen Inputs kann bereits mit einem zweischichtigen neuronalen Netz erzielt werden, in welchem jede Zelle des ersten Layers exzitatorisch mit einer korrespondierenden Zelle der zweiten Schicht verbunden ist. Daneben existieren jedoch auch Lateralverbindungen, die zu den jeweils benachbarten Schaltneuronen führen und in inhibitorischen Synapsen enden. Die Erregungsverteilung in Schicht zwei wird durch diese einfache Verschaltung offensichtlich in einer bemerkenswerten Weise von der in Schicht eins abweichen, da sich alle an der Grenze zu einer höher erregten Zone liegenden Zellen der Schicht zwei wegen der stärkeren lateralen Hemmung auf einem niedrigeren Erregungsniveau befinden als ihre Nachbarzellen.

Wir begegnen somit bereits auf neuronaler Ebene dem wahrnehmungspsychologisch als »Kontrast« bezeichneten Phänomen: Im Grenzbereich zwischen Hell und Dunkel kommt es erlebnismäßig zu einer Verstärkung der Unterschiede, es können Konturen verschärft und unscharf begrenzte Erregungsfelder begradigt werden. Dieses Prinzip, für das Keidel den treffenden Ausdruck »Konvergenz-Divergenz-Schaltung« prägte, begegnet uns auch bei zahlreichen neuronalen Netzen sowie beim technischen »Crispening«, dem Glätten von verrauschten Fernsehbildern.

Mit diesem Nervennetz können freilich nur einige der bislang unerklärbaren Wahrnehmungsphänomene gedeutet werden. Vor allem unsere Fähigkeit, Gleichheit in ähnlichen Reizkonfigurationen wahrzunehmen, also die Gestaltbildung (vgl. hierzu Glasers Beitrag über Wahrnehmung), bleibt völlig unverständlich. Welch anspruchsvolle Informationsverarbeitungen bei jeder Musterkennung (Pattern Recognition) ablaufen, wird offenkundig, wenn man etwa die komplizierten Algorithmen betrachtet, welche in der Informatik zur Handschrift-Identifikation entwickelt werden mußten. Der bei früheren Lösungsversuchen eingeschlagene Weg, für jeden Buchstaben eine große Zahl von Vergleichsschablonen bereitzuhalten (Pattern Matching), stößt bald auf Grenzen und stellt auch ganz offensichtlich nicht die Strategie dar, nach der sich in unserem Nervensystem derartige Analyseprozesse vollziehen dürften.

Kortikale Detektoren

Ihre Deutung wurde erst durch die bahnbrechende Entdeckung von Hubel und Wiesel ermöglicht, daß am afferenten Erregungsschenkel offenbar eine aktive und höchst anspruchsvolle Analyse des sensorischen Inputs erfolgt, durch welche bestimmte Merkmale eines Reizes festgestellt und zu Endstellen geleitet werden, die als Detektor für eben diese Reizeigenheit dienen (Feature Detection, Hubel & Wiesel 1959). Erstaunlicherweise sind diese als »kortikale Detektoren« bezeichneten Analysatoren die kleinstmöglichen Funktionseinheiten, nämlich einzelne Nervenzellen. Zunächst entdeckte man Detektoren für einfache Reizaspekte. Ein Vertikal-Detektor spricht also beispielsweise immer dann an, wenn sich irgendwo im Wahrnehmungsfeld eine senkrechte Begrenzungslinie findet. Später konnten Detektoren für Eckigkeit, Bewegung und schließlich auch für höchst komplexe Reizaspekte gefunden werden, wobei die Diskussion auch heute noch nicht abgeschlossen ist, wie hoch die Funktionsspezifität eines bestimmten kortikalen Detektors sein mag.

Die Hauptfunktion des afferenten Erregungsschenkels besteht also darin, die wahrgenommene Außenwelt im Sinne einer Merkmalsanalyse zu ordnen und die für alle aktuell vorhandenen Kategorien zuständigen Endstellen zu aktivieren. Damit ist offensichtlich eine gewaltige Erregungskonvergenz verbunden, die man freilich schon am Bauplan sensorischer Systeme ablesen kann. So liegen etwa rund hundert Millionen Rezeptoren in der Netzhaut, während der Sehnerv, nach zwei Umschaltungen, nur mehr etwa eine Million Fasern enthält.

Sigmund Freud zitiert bereits 1891 in seinem voranalytischen Werk ›Zur Auffassung der Aphasien‹ die damals als »Henlesche Faserreduktion« bekannte Abnahme der Anzahl afferenter Nervenfasern auf höherem Niveau als Hinweis darauf, daß unter der zentralnervösen Abbildung keineswegs eine »vollständige und topographisch ähnliche Abbildung zu verstehen wäre ...«. Tatsächlich vollzieht sich ein beachtlicher Teil dieser Analyseprozesse bereits auf retinalem Niveau, so daß schon die inneren Neuronen der Netzhaut (multipolare Ganglienzellen) nur durch ganz bestimmte Reizkonfigurationen (rezeptive Felder) aktiviert werden.

Gamma-Motorik

Die Endverzweigung der motorischen Nerven setzen am Muskel mit einer neuromuskulären Synapse (motorische Endplatte) an, in der jedes einlangende Aktionspotential ein konstantes Quantum Acetylcholin freisetzt und damit eine Kontraktion von gleichbleibender Größe bewirkt. Mit den komplizierten Abläufen, die Forschungsgebiet der Muskelphysiologie sind, müssen wir uns hier nicht beschäftigen. Wohl aber mit der Tatsache, daß aufgrund dieser »Quantenhypothese der Kontraktionssteuerung« jedes Aktionspotential cinc Muskclvcrkürzung um einen immer konstanten Betrag auslöst und somit offenbar schon für den Ablauf einfachster Bewegungen eine unüberschaubar große Fülle von Steuerprogrammen verfügbar sein müßte. Denn allein beim Aufheben eines Gegenstandes wäre es nötig, daß jedem unterschiedlichen Gewicht oder allen geringfügigen Haltungsänderungen durch völlig andere Aktionspotentialfolgen Rechnung getragen wird. Die neuropsychologisch bedeutsame Frage betrifft daher die Steuermechanismen, welche derartige Anpassungsleistungen zu vollziehen vermögen.

Bei ihrer Untersuchung zeigte sich, daß auch der efferente Erregungsschenkel durch ein universell eingesetztes Funktionsprinzip charakterisiert werden kann, das für einfache isotonische Kontraktionen erstmals in allen Details von Granit untersucht und aufgeklärt wurde. Das von ihm beschriebene Gamma-Motorische System kann als Prototyp der Strategie effektorischer Steuerungen vorgestellt werden. Die bewegungssteuernden Impulse gelangen nämlich nicht zu den großkalibrigen Arbeitsmuskelfasern (extrafusale Fasern), die imstande sind, durch ihre Kontraktion eine Last zu heben. Sie enden vielmehr an zarten Muskelzellen, die in einem spindelartigen Organ, der Muskelspindel, in den Arbeitmuskel eingelagert sind und die lediglich ihren Spannungsgrad erhöhen, also bei unveränderter Länge eine isometrische Kontraktion vollziehen können.

Diese Verbindung wird von Nervenfasern hergestellt, die nach der Einteilung von Erlanger-Gasser zur Gruppe der rasch leitenden Axonen A γ gehören, woraus der Name dieses Systems abgeleitet wurde. Ihre Spannung wird durch Dehnungsrezeptoren, die sich an ihren Endzonen befinden, wieder zu Schaltzellen im Rückenmark geleitet, deren Erregungen nun zu den Arbeitsmuskelfasern laufen. Erst die von diesen vollzogene Kontraktion führt zu einer effektiven Muskelverkürzung, welche den Spannungsgrad der Muskelspindel verringert, also die Erregungen der Dehnungsrezeptoren reduziert, so daß eine Feedbackschleife entsteht, die selbsttätig das für die Erreichung des Bewegungsziels notwendige Erregungsniveau in den Arbeitsmuskelfasern herstellt.

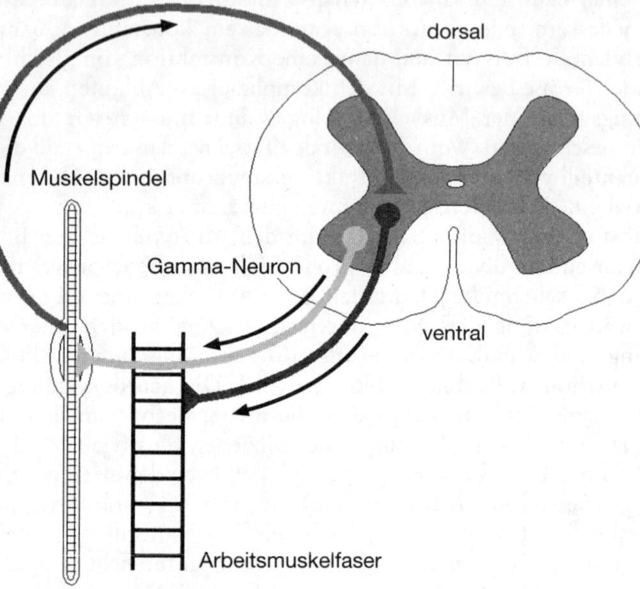

Abb. 8 Das Gamma-Motorische System

Die Abläufe sind für die Gamma-Motorik für die Beschreibung von einfachen Muskelkontraktionen in allen Details überschaubar. Bei komplexeren Bewegungssteuerungen ist dies wohl nicht mehr mit derselben Klarheit möglich, doch scheint auch dort das allgemeine Funktionsprinzip zu gelten, daß zentralnervös ein allgemeiner Bewegungsplan gesendet wird, dessen Vollzug durch einen laufenden Vergleich von Zielvorgabe und Ergebnis der Rückmeldungen realisiert wird. Daß auch die Steuerung von höchst komplexen Bewegungen tatsächlich durch derartige Sollwert-Istwert-Vergleiche erfolgt, konnte an beobachtbaren Modellsituationen (z.B. opto-motorischen Koordinationen von Insekten) von von Holst und Mittelstaedt gesichert werden und wurde von ihnen als Reafferenzprinzip bezeichnet (von Holst & Mittelstaedt 1950). Als systemtheoretisches Funktionsprinzip auf höchstem Komplexitätsniveau haben schließlich Pribram, Miller und Galanter diesen effektorischen Feedback-Kreis als TOTE-Einheit (Test-Operate-Test-Exit) vorgeschlagen, in dem eine Zielvorgabe solange mit dem erreichten Vollzug verglichen wird, bis die Sollwert-Istwert-Diskrepanz ausreichend klein wurde.

Neuropsychologische Forschungsmethoden

Welche »Zugänge zum Psychischen« bieten sich nun an, wenn wir auf die kurze Zusammenfassung neurophysiologischer Erkenntnisse zurückblicken, aus denen ich die für unsere Zentralfrage entscheidenden auszuwählen versucht habe? Grundsätzlich stehen zur Untersuchung der biologischen Grundlagen des Erlebens und Verhaltens drei mögliche Wege offen. Der erste hat die älteste Tradition und läßt sich bis zu frühesten Dokumenten der Menschheitsgeschichte zurückverfolgen:

1. *Die Läsionsmethode*. Sie beruht auf der Beobachtung von Veränderungen, die nach dem Ausfall eines bestimmten Gebietes – durch Verletzung, krankhafte Prozesse oder (im Tierversuch) durch gezielte Zerstörung – auftreten. Die Problematik dieser Methode liegt darin, daß dabei nicht tatsächlich faßbar wird, wofür eine bestimmte Struktur zuständig war, sondern vielmehr, wozu das verbleibende System noch immer fähig ist. Und nicht selten erwachen nach Ausschaltung eines Teilsystems andere Strukturen zu neuer, vorher gehemmt gewesener Aktivität.

2. *Die Stimulationsmethode*. Sie scheint von diesem Nachteil nicht betroffen zu sein und hat im Zuge von neurochirurgischen Eingriffen, bei denen Reize aus diagnostischen Gründen gesetzt werden mußten, schon früh die ersten Kartierungen von sensorischen und motorischen Funktionen ermöglicht (Penfield & Rasmussen 1950). Gleichwohl ist dieses Verfahren offensichtlich auf extreme Situationen beziehungsweise auf den wenig wünschenswerten Tierversuch beschränkt. Das besondere Augenmerk der psychologischen Forschung hat sich daher seit langem auf einen dritten möglichen Forschungszugang konzentriert:

3. *Biologische Korrelate des Erlebens und Verhaltens*. Ihre Erfassung wurde schon von Gustav Theodor Fechner bei seiner Besprechung einer »inneren Psychophysik« als der ideale Zugang zum Erleben vorgeschlagen (vgl. auch Glasers Beitrag über Wahrneh-

mung). Mit der Entdeckung der hirnelektrischen Erscheinungen, dem Elektroenzephalogramm (EEG), schien der utopisch anmutende Gedanke eines »Blicks ins Erleben« und der Möglichkeit, »objektive Psychologie« auf einer biologischen Basis begründen zu können, in Erfüllung zu gehen.

Die hirnelektrischen Erscheinungen

Schon 1875 hatte Caton im Tierversuch beobachtet, daß von der Gehirnoberfläche schwache Spannungsschwankungen abgeleitet werden können. Nach unabhängigen Wiederentdeckungen dieses Phänomens in den Jahren 1880 durch Beck und 1883 von Marxow hat Berger 1924 diese rhythmischen Potentialschwankungen auch am menschlichen Kortex nachweisen können, »Elektroenkephalogramm« genannt und seine Entdeckung – im Zweifel, ob es sich um echte, bioelektrische Aktivitäten handelt – erst 1929 publiziert (Berger 1929). Doch schon kurz nach seiner ersten Veröffentlichung führte Hubert Rohracher wegweisende Studien über die psychologische Bedeutung dieses Phänomens durch, in denen er bis heute gültige Fakten über den Zusammenhang zwischen den Wellenformen des EEGs und der Bewußtseinslage (Aktiviertheit) sichern konnte (Rohracher 1935, 1937a, 1937b, 1938).

Er fand, daß im Zustand wacher Entspanntheit Wellen mit einer Frequenz von rund 10 Schwingungen pro Sekunde auftreten (α-Wellen), die bei Aktivierung (mentaler Aktivität oder erhöhter Konzentration) durch raschere Wellen von kleinerer Amplitude (β-Aktivität) verdrängt werden. Dies war der erste Hinweis darauf, daß das EEG als Indikator der Aktivierung angesehen werden kann, wobei rasche, kleine Wellen Ausdruck hoher Aktiviertheit sind. Die nun übliche Einteilung der Wellenformen lautet:

Delta-Band [δ]	unter 4 Hz
Theta-Band [θ]	4 – 8 Hz
Alpha-Band [α]	8 – 13 Hz
Beta-Band [β]	über 13 Hz

Durch Kornmüllers Entdeckung der »Krampfstromentladungen« im Jahre 1938 wurde das EEG bald zu einem wichtigen klinischen Diagnosehilfsmittel; nicht medizinische Fragestellungen traten in den Hintergrund (Kornmüller 1938). Ein wichtiger psychologischer Arbeitsschwerpunkt blieb jedoch die Schlafforschung, die in Amerika in den fünfziger Jahren von Dement und Kleitman weitergeführt wurde, die dabei klare hirnelektrische Indikatoren für die Schlaftiefe und das Einsetzen von Traumperioden (REM-Phasen) finden konnten (Dement & Kleitmann 1957).

Der Versuch, Beziehungen zu Persönlichkeitsmerkmalen herzustellen, wie er vor allem in den sechziger Jahren von der französischen Schule um Gastaut verfolgt wurde, oder Zusammenhänge zwischen dem Wellenbild des EEGs und kognitiven Funktionen zu finden, erfüllte freilich bis heute nicht die in ihn gesetzten Hoffnungen. Durch die Möglichkeit der digitalen Datenverarbeitung können mittlerweile allerdings auch überaus anspruchsvolle Verrechnungsverfahren durchgeführt und ihre Ergebnisse mit Computerhilfe veranschaulicht werden (EEG-Mapping, Neuroimaging). So können das Ergebnis einer Fourieranalyse beispielsweise durch eine landkartenartige Wiedergabe der Frequenzbesetzungen dargestellt oder auch komplexere Verrechnungen durchgeführt werden, wie die Bestimmung der Ähnlichkeit des Wellenverlaufs zweier Regionen in einem bestimmten Frequenzband (Kohärenzanalysen). Doch auch die anspruchsvollsten Analysemethoden können freilich nur die im Frequenzverlauf enthaltene Information nützen und scheinen für die Erfassung von spezifischen psychischen Funktionen nur beschränkt tauglich zu sein.

Evozierte Potentiale

Schon in der Frühzeit der EEG-Forschung hatte man versucht, Erregungen zu beobachten, die einem spezifischen Erleben entsprechen könnten, um einen elektrophysiologischen »Blick ins Bewußtsein« werfen zu können. So hat Rohracher schon in den dreißiger Jahren versucht, EEG-Antworten auf einen sensorischen Reiz zu registrieren. Seine Arbeiten mußten allerdings aufgrund der ihm damals zur Verfügung stehenden Methoden erfolglos bleiben. Heute wissen wir, daß die spezifischen Erregungsantworten auf einen Sinnesreiz nur einige Mikrovolt betragen und daher in der Spontanaktivität des EEG, dessen Intensität rund zwanzig mal höher liegt, hoffnungslos versteckt bleiben. Bei einer solchen Analyse von sensorisch evozierten Aktivitäten stellt somit das EEG das Rauschen dar, in welchem das eigentlich interessierende Signal zunächst verborgen bleibt.

Im Tierversuch wurden hirnelektrische Reizantworten schon 1936 von Derbyshire beobachtet. Am Menschen konnte hingegen erst 1947 von Dawson durch händisches Ausmessen und Mitteln der Kurven das erste sensorisch evozierte Potential dargestellt werden (Dawson 1947). Doch erst mit Computerhilfe wurden umfangreiche experimentelle Studien dieses psychologisch interessanten Korrelats der Wahrnehmung möglich, indem aus den Erregungsantworten auf eine große Zahl von Reizen durch Mittelung das im Rauschen versteckte Signal hervorgeholt wird (Mittelungstechnik, Signal Averaging). Sensorisch evozierte Potentiale stellen eine Abfolge von negativen und positiven Potentialschwankungen dar, denen Komponenten mit dem Buchstaben ihrer Polarität (P für positiv, N für negativ) und entweder der Spitzenlatenz (der Zeit, die zwischen Reizvorgabe und dem Auftreten des Wellenmaximums verstrichen ist) oder in der Reihenfolge ihres Auftretens bezeichnet werden. Für die erste negative Welle, die eine Latenz von 100 Millisekunden hat, wird also N 100 oder N 1 geschrieben.

Die frühen Komponenten sind weitgehend von Eigenheiten des Reizes bestimmt beziehungsweise spiegeln sogar die Relaisaktivitäten des afferenten Erregungsschenkels wider. Man nennt sie daher auch »exogene Komponenten«. Betrachten wir als Beispiel das akustisch evozierte Potential (AEP). Die erste beobachtbare Komponente ist eine kleine Positivierung mit einer Latenz von weniger als zwei Millisekunden, der – je nach Ableitort – fünf bis sechs weitere Potentiale im Abstand von jeweils rund einer Millisekunde folgen. Diese Hirnstammpotentiale (Brain Stem Potentials, Far-Field Potentials) spiegeln die Aktivität der einzelnen Schaltkerne der Hörbahn wider und können zur Diagnose einer peripheren Hörstörung herangezogen werden.

Der Hauptkomplex des AEP ist eine negative Welle mit einer Latenz von rund hundert Millisekunden. Ihre Amplitude hängt weitgehend von der Reizintensität ab, was eine der ersten eindrucksvollen Nutzanwendungen ermöglicht hat: die Objektive Audiometrie (EEG-Audiometrie, Computer Audiometrie). Bei dieser erfolgt die Hörschwellenüberprüfung nicht anhand der Rückmeldungen des Untersuchten über wahrgenommene Töne. Vielmehr zeigt das Potential durch eine Amplitudenverringerung vorhandene Schwellenverschiebungen an, so daß auch Personen ohne die in der konventionellen Audiometrie notwendige Kommunikation untersucht werden können, beispielsweise Säuglinge. Die N 100 wird allerdings auch von der Aufmerksamkeitszuwendung beeinflußt und kann somit als erste der »endogenen Komponenten« angesehen werden, die mit zunehmendem Abstand vom Reiz immer stärker von inneren Bedingungen wie Erwartungshaltung oder Motivation beeinflußt werden.

Eine besonders eingehend untersuchte endogene Komponente ist die P 300, eine positive Welle mit einer Latenz von 300 bis 600 Millisekunden. Sie ist nur dann deutlich ausgeprägt, wenn ein für den Probanden relevanter Reiz (target) in irrelevante Vergleichsreize (non-targets) eingebettet wird und besonders beachtet werden muß, indem man beispielsweise sein Auftreten zählen oder vorhersagen läßt (Odd-ball Paradigma). Die Größe dieses Potentials hängt dabei von der Auftrittshäufigkeit des Reizes ab und nimmt mit der Seltenheit des targets zu. Die P 300 wurde daher auch als Korrelat von aufgetretenen Diskrepanzen zwischen aktuellem Reiz und der Erwartung des Probanden (mismatch) geführt und kann jedenfalls als Ausdruck einer kontrollierten Reizverarbeitung angesehen werden, da unbeachtete Reize keine P 300 evozieren.

Wenn der Proband eine Folge von Reizen mit erhöhter Aufmerksamkeit verfolgen muß, in der sich vereinzelt einige geringfügig von den übrigen unterscheiden, so evozieren die vom »Hintergrund« abweichenden Stimuli charakteristische negative Komponenten, die man als Processing Negativity bezeichnet. Aber auch in einer durch eine Ablenkaufgabe nicht beachteten Reizfolge evozieren abweichende Stimuli spezifische Antworten, die somit als Ausdruck eines automatischen Vergleichsprozesses anzusehen sind: die Mismatch Negativity (MMN). Sogar Erwartungshaltungen auf der semantischen Ebene lassen sich erfassen: Bietet man sinnvolle Wörter einer bestimmten Begriffssphäre, in die verzeinzelt abweichende Wörter eingefügt werden (etwa männliche und weibliche Vornamen), so lösen die devianten Reize eine späte Negativierung, die N 400, aus.

Während die sensorischen Potentiale schon früh die Aufmerksamkeit der Forschung erweckten, haben naturgemäß die Begleiterscheinungen von Willkürbewegungen erst später Interesse gefunden. Doch ist auch beim Ablauf von motorischen Aktivitäten, wie erstmals Kornhuber und Deecke mit originellen Analysemethoden nachweisen konnten, nach einer geeigneten Mittelungsanalyse ein komplexer Ablauf von vorbereitenden hirnelektrischen Aktivitäten zu sehen (Kornhuber & Deecke 1965). Der früheste Bewegungsvorbote des Averaged Movement Potentials (AMP) ist eine bilaterale, langsame Negativierung: das Bereitschaftspotential (BP, Readiness Potential). Auf diese folgt eine kurzzeitige, bilaterale Positivierung, die Premotion positivity (PMP), und erst unmittelbar vor dem Bewegungsvollzug tritt kontralateral im Bereich der präzentralen motorischen Region eine kurze Negativierung auf, das Motor Potential (MP).

Diese spezifische Erlebens- oder Verhaltensaktivitäten begleitenden Potentiale fassen wir unter dem Oberbegriff »Ereigniskorrelierte Potentiale« (Event Related Potentials, ERP) zusammen und scheinen in ihnen tatsächlich den lange gesuchten »objektiven Zugang zum Erleben« gefunden zu haben. Nach den ersten Nutzanwendungen im Rahmen der Audiometrie hat sich eine Fülle von anderen Einsatzmöglichkeiten für die ERPs ergeben.

So bewährte sich das Visuell Evozierte Potential (VEP) bei der Objektivierung von Sehschärfe, Farbtüchtigkeit, Nachtblindheit oder Gesichtsfelddefekten und wird auch zur Frühdiagnose der Multiplen Sklerose routinemäßig eingesetzt, da häufig charakteristische Latenzverzögerungen bestimmter Potentialkomponenten noch vor anderen Symptomen auftreten. Auch die somatosensorisch evozierten Potentiale (SEPs) eröffneten einen neuen Zugang zur Abklärung von Störungen der peripheren Nervenfunktion. Breite Einsatzmöglichkeiten der ERPs ergaben sich schließlich auch bei der Überprüfung von Medikamentwirkungen, zur Diagnose von Koma-Zuständen beziehungsweise für die Hirntodfeststellung.

Kortikale Gleichspannungspotentiale

Eine ganz andere Klasse von hirnelektrischen Phänomenen sind die kortikalen Gleichspannungspotentiale (DC-Potentiale, Slow Potentials), wie alle hirnelektrischen Phänomene mit so langsamen Veränderungen bezeichnet werden, daß zu ihrer Registrierung Gleichspannungsverstärker notwendig sind. Sie scheinen eine andere Genese zu haben als das Spontan-EEG und die Evozierten Potentiale, da an ihrem Zustandekommen – wie Bauer wahrscheinlich machen konnte – auch Gliazellen beteiligt sein dürften. Im Gegensatz zu den diskreten Impulsmustern, mit denen Nervenzellen kommunizieren und Informationen zu umschriebenen, spezifischen Endstellen leiten, stellen diese über größere kortikale Zonen ausgedehnten Ladungsänderungen einen Analogprozeß dar, den Pribram treffend eine »zweite Sprache« des Gehirns nennt.

Obgleich in tieferen Schichten des Kortex in der Regel völlig andere Erregungsverteilungen vorliegen, die uns nicht zugänglich sind, scheint diese batterieartige Aufladung der Gehirnoberfläche einen verläßlichen Indikator der Aktivität und Erregbarkeit einer Rindenzone darzustellen, der das »Einschalten« einer Region durch eine Zunahme der lokalen Elektronegativität anzeigt. Sie kann ereigniskorreliert sein (Event Related Slow Potential Changes) oder als spontane Bestandspotentialänderung ohne erkennbaren Auslöser auftreten.

Erstmals beschrieben wurde sie schon im vorigen Jahrhundert, da nämlich ihre Beobachtung mit Hilfe des damals verfügbaren Seitengalvanometers möglich war. So hat Caton schon 1875 über kortikale Gleichspannungsänderungen berichtet, und noch vor der Jahrhundertwende haben Beck und Cybulski feststellen können, daß sensorische Stimulationen in den betreffenden kortikalen Projektionsfeldern negative Potentialänderungen auslösen. Mit den in den dreißiger Jahren entwickelten Röhrenverstärkern war es allerdings lange Zeit nicht möglich, diese langsamen Potentiale zu erfassen, und sie gerieten allmählich in Vergessenheit.

Ihre Wiederentdeckung erfolgte erst wieder 1964 durch Gray Walter mit einem Erwartungs-Paradigma: Wird ein Reiz S1 (= Ankündigungsreiz, Signalreiz, Warnstimulus, WS) nach einer bestimmten gleichbleibenden Zeit (= Interstimulus Intervall, ISI) von einem zweiten Reiz S2 (imperativer Stimulus, IS) gefolgt, tritt – insbesondere wenn auf den imperativen Stimulus aktiv reagiert werden muß – eine langsame, zusammenhängende Negativierung auf, die Contingent Negative Variation (CNV). Sie kann als Ausdruck der Erwartung des imperativen Reizes gedeutet werden und wurde daher auch als Erwartungswelle (Expectancy Wave) bezeichnet (Walter, Cooper, Aldridge, McCallum & Winter 1964).

Daß die lokale Negativierung auch die aktuelle Leistungsfähigkeit beeinflussen und insbesondere mit Lernprozessen in Zusammenhang stehen könnte, wurde schon lange vermutet. So hatte Rusinov bereits 1953 feststellen können, daß eine Depolarisation der Hirnrinde durch eine externe Stromquelle den Aufbau von konditionierten Reaktionen erleichtert. Der von ihm »dominanter Erregungsherd« genannte Focus hatte die betreffende Region gleichsam in einen »lernbereiten Zustand« versetzt (Rusinov 1953).

Unter kontrollierten Bedingungen konnten solche Zusammenhänge in einer Versuchsanordnung untersucht werden, in der die Aufgaben mit Computerhilfe genau im Augenblick einer bestimmten hirnelektrischen Veränderung, beispielsweise einer Negativierung, vorgegeben wurden (Guttmann & Bauer: Brain Trigger Design). Dabei zeigte sich, daß tatsächlich bei ganz bestimmten kortikalen Erregungszuständen eine Verbesserung der Lernfähigkeit auftritt, woraus sogar praktische Nutzanwendungen abgeleitet werden konnten. Auch eine gezielte Beeinflussung durch sensorische Rückmeldung des Potentials (Biofeedback) ist möglich, die vor allem von Birbaumer und seiner Gruppe perfektioniert und in bemerkenswerten klinisch-psychologischen Nutzanwendungen eingesetzt wurde.

Eine vollständige Kartierung der kortikalen Erregungsverteilung ist allerdings methodisch überaus schwierig und setzt voraus, daß eine große Anzahl von Elektroden gesetzt und alle Artefakte wirksam kontrolliert werden, wie hautelektrische Effekte, Elektrodenpolarisation und Augenbewegungsartefakte. Bauer entwickelte hierfür neue Registrier- und Analyseverfahren, die sich bei der Erforschung von veränderten Bewußtseinszuständen bewährten (Schlaf, Hypnose, Trance, Meditation, Narkose) und eine präzise Kartierung der kortikalen Erregungsmuster bei verschiedenen kognitiven Aktivitäten erlauben.

Als Beispiel sei eine Darstellung der DC-Verteilung beim Ablauf von kognitiven Entscheidungsprozessen herausgegriffen. In dem einen Versuch mußten semantische Relationen (Mensch : Haus = Vogel : Nest) auf ihre Richtigkeit hin überprüft werden. Im anderen Experiment waren Raumvorstellungsaufgaben zu lösen (Würfelvergleich durch mentale Rotation). Die DC-Topographie zeigt, daß genau die nach allgemeiner Erwartung für diese Funktionen zuständigen kortikalen Rindenfelder aktiviert sind, wobei eingehendere Analysen sogar leistungsabhängige Unterschiede erkennen lassen und Personen mit schlechter Raumvorstellung eine weit stärkere Aktivierung zeigen als Personen mit guter Raumvorstellung.

Rückblick

Wie weit sind wir nun gekommen mit unserem »Blick ins Erleben«, was hat dieser Rundgang durch die Neurophysiologie für unsere Zentralfrage erbracht? Unzweifelhaft eine Übersicht über die Bausteine, aus denen wir sinnvollerweise Modelle konstruieren können, die uns Erleben und Verhalten zu verstehen und vorherzusagen erlauben. Mit Nachdruck muß jedoch gleichzeitig betont werden, daß wir »ins Erleben« nicht geblickt haben – auch nicht durch das Paradebeispiel der »objektiven Sinnestüchtigkeitsprüfung«. Unverändert ist das Erleben ausschließlich dem Erlebenden zugänglich und bleibt allen anderen grundsätzlich verschlossen, da physiologische Daten in irgendeiner Forschungsphase mit Erlebnisberichten verglichen werden müssen, wenn man psychologische Aussagen abgeben will. Daher haben wir auch bei der EEG-Audiometrie letztlich nicht Potentiale beobachtet, die dem Erleben eines Tones entsprechen, sondern Potentiale, bei deren Auftreten Normalhörende mitzuteilen pflegen, daß sie einen Ton gehört haben. Dieser Unterschied ist folgenschwerer, als es zunächst scheinen mag.

Wenn wir unsere Modelle nicht mehr ausschließlich auf Daten der Selbstbeobachtung stützen, sondern sie durch Fakten aus einem völlig anderen Realitätsbereich ergänzen können, der sich in physikalisch-chemischen Begriffen beschreiben läßt, sollte es gelingen, tragfähigere Konstruktionen zu schaffen, die der Erprobung durch praktische Anwendungen besser standhalten. Daß Konstruktionen freilich nicht »wirklicher« werden, weil sie mit biologischen Daten übereinstimmen, sollte weder vergessen werden, noch stören – Erfinden kann spannender sein als Entdecken.

Literatur

Berger, Hans (1929): Über das Elektroencephalogramm des Menschen. 1. Mitteilung. *Archiv Psychiatrisches Nervenkrankenhaus*, 87: 527–570.

Bernstein, Joseph (1902): Untersuchungen zur Thermodynamik der bioelektrischen Ströme. *Pflügers Archiv für die gesamte Physiologie*, 92: 521–562.

Dawson, Grace D. (1947): Cerebral responses to electrical stimulation of peripheral nerve in man. *Journal of Neurology, Neurosurgery and Psychiatry*, 10: 134–140.

Dement, William, Nathaniel Kleitman (1957): Cyclic variations in the EEG during sleep and their relation to eye movements, body mobility and dreaming. *EEG and clinical Neurophysiology*, 9: 673–690.

Hartline, Haldan K. (1949): Inhibition of activity of visual receptors by illuminating nearby retinal areas in the Limulus eye. *Federation Proceedings*, 8: 69.

Hodgkin, Allan L., Andrew F. Huxley (1952a): Currents carried by sodium and potassium ions throughout the membrane of the giant axon of Loligo. *Journal of Physiology*, 116: 869–871.

Hodgkin, Allan L., Andrew F. Huxley (1952b): The components of membrane conductance in the giant axon of Loligo. *Journal of Physiology*, 116: 473–496.

Hodgkin, Allan L., Andrew F. Huxley (1952c): The dual effect of membran potential on sodium conductance in the giant axon of Loligo. *Journal of Physiology*, 116: 497–506.

Holst, Erich von, Heinz Mittelstaedt (1950): Das Reafferenzprinzip. (Wechselwirkungen zwischen Zentalnervensystem und Peripherie). *Naturwissenschaften*, 20: 464–476.

Hubel, David, Torsten N. Wiesel (1959): Receptive fields of single neurones in the cat's striate cortex. *Journal of Physiology*, 148: 574–591.

Kornhuber, Hans H., Lüder Deecke (1965): Hirnpotentialänderungen bei Willkürbewegungen und passiven Bewegungen des Menschen: Bereitschaftspotential und reafferente Potentiale. *Pflügers Archiv für die gesamte Physiologie*, 284: 1–17.

Kornmüller, Albert E. (1938): Die Untersuchungen über die bioelektrischen Potentialschwankungen der Hirnrindenfelder im Dienste der Klinik. *Münchner medizinische Wochenschrift*, 48: 1856–1860.

Penfield, Wilder, Theodore Rasmussen (1950): *The cerebral cortex of man. A clinical study of localisation of function*. New York: Macmillan.

Rohracher, Hubert (1935): Die gehirnelektrischen Erscheinungen bei geistiger Arbeit. *Zeitschrift für Psychologie*, 136: 308–324.

Rohracher, Hubert (1937a): Die gehirnelektrischen Erscheinungen bei Sinnesreizen. *Zeitschrift für Psychologie*, 140: 274–308.

Rohracher, Hubert (1937b): Die gehirnelektrischen Erscheinungen bei verschiedenen psychischen Vorgängen. *Pontificia Academia Scientiarum »Commentationes«*, 1: 89–133.

Rohracher, Hubert (1938): Experimentelle und theoretische Untersuchungen über die gehirnelektrischen Vorgänge. *Pontificia Academia Scientiarum »Commentationes«*, 2: 225–273.

Rusinov, Vladimir S. (1953): An electrophysiological analysis of the connecting function in the cerebral cortex in the presence of a dominant region area. *Abstracts, 19. International Physiology Congress*, Montreal.

Walter, W. Gray, Richard Cooper, Victor J. Aldridge, William C. McCallum, Allan L. Winter (1964): Contingent negative variation: an electric sign of sensorimotor association and expectancy. *Nature*, 203: 380–384.

2. Ethologie

FRANZ M. WUKETITS

Begriff und Gegenstand, historische Aspekte

Ethologie oder vergleichende Verhaltensforschung ist das Studium des Verhaltens von Tieren und Menschen auf evolutionstheoretischer Grundlage. Der Ausdruck »Ethologie« wurde bereits im 19. Jahrhundert verwendet, allerdings insbesondere zur Beschreibung von Phänomenen, die man heute üblicherweise in der Ökologie untersucht (Wechselwirkungen zwischen Organismus und Umwelt). Im deutschen Sprachraum kam dieser Ausdruck in seiner modernen Bedeutung zu Beginn des 20. Jahrhunderts durch Oskar Heinroth (1871–1945) in Gebrauch. Heinroth forderte eine neue, eigenständige Disziplin für das Studium des Verhaltens. Er selbst lieferte dazu wichtige Arbeiten und kann als erster »Ethologe« im engeren Sinn angesehen werden (Schurig 1993). Konrad Lorenz (1903–1989), der der Entwicklung dieser Disziplin entscheidende Impulse gab und bahnbrechende Beiträge zum Verständnis der Mechanismen des Verhaltens leistete, betonte später, die Ethologie oder vergleichende Verhaltensforschung bestehe darin, »auf das Verhalten von Tieren und Menschen alle jene Fragestellungen und Methoden anzuwenden, die in allen anderen Zweigen der Biologie seit Charles Darwin selbstverständlich sind« (Lorenz 1978, S. 1).

Mit seinem 1872 erschienenen Buch ›The Expression of the Emotions in Man and Animals‹ (Der Ausdruck der Gemütsbewegungen bei dem Menschen und den Tieren) hatte Darwin (1809–1882) einen wesentlichen Grundstein für die wissenschaftliche Beschreibung und Erklärung menschlichen und tierischen Verhaltens gelegt. Dieses Buch enthält eine ausführliche Darstellung von Verhaltensweisen, die als Ausdruck von seelischen Zuständen beziehungsweise Empfindungen und Gemütserregungen bekannt sind (z. B. Freude, Zorn, Abscheu, Spott, Haß, Kummer, Schmerz usw.), und zieht Parallelen zwischen verschiedenen Organismenarten (einschließlich des Menschen). Die Parallelen werden auf stammesgeschichtlicher Grundlage erklärt. Nach Darwin sind Verhaltensweisen stets an bestimmte Organe gebunden und so wie diese evolutionstheoretisch erklärbar (Wuketits 1994a).

Diese Betrachtungsweise war lange Zeit keineswegs selbstverständlich. Denn Verhaltensweisen sind, anders als Organe und andere anatomische Strukturen, Zeitgestalten beziehungsweise Ablaufformen, »die zum Unterschied von körperlichen Merkmalen nicht immer sichtbar sind« (Eibl-Eibesfeldt 1978, S. 19). Jedenfalls spielte der evolutionäre Ansatz in der Ethologie von Anfang an eine zentrale Rolle. Für andere Disziplinen oder »Richtungen« der Verhaltensforschung trifft dies weniger oder überhaupt nicht zu.

Die Tierpsychologie war zwar durch das Bemühen gekennzeichnet, auch bei Tieren analog zum Menschen seelische Regungen zu erkennen und so die traditionelle Kluft zwischen Mensch und Tier zu überbrücken, aber in einigen ihrer Bereiche wurde die evolutionäre Perspektive ignoriert. Viele ihrer Vertreter sind der sogenannten Zweckpsychologie (purposive psychology) zuzuordnen, wonach Tieren ein »Innenleben« zuzusprechen ist, das »Psychische«, das sich im Verhalten äußert, aber durch Beobachtung und Experimente nicht erschlossen werden kann (Alverdes 1939, Bierens de Haan 1937, Buytendijk 1932). Ursprünglich wurden die Begriffe »Tierpsychologie« und »Ethologie« oft synonym verwendet, doch kam man schließlich aus methodischen und sachlichen Gründen davon ab. Heute wird der Ausdruck »Tierpsychologie« meist nur für die Beschreibung spezieller Verhaltensweisen eines Individuums gebraucht, das sich durch einen eigenen »Charakter« vom Durchschnittsverhalten seiner Spezies abhebt (wofür Haustiere, vor allem Hunde, sowie Zirkustiere und manche Zootiere Beispiele liefern).

Auch die Vertreter des Behaviorismus – unter ihnen federführend John B. Watson (1878–1958) und Burrhus F. Skinner (1904–1990) – verzichteten auf evolutionstheoretische Überlegungen. Im Gegensatz zu den Tierpsychologen interessierte sie nur das äußerlich sichtbare Verhalten und die Möglichkeit, dieses durch gezielte Einflüsse (Lernen, Dressur) zu verändern (vgl. Bredenkamp). Für die Behavioristen war jedes Lebewesen bei seiner Geburt gleichsam ein unbeschriebenes Blatt, also leer, und nahezu beliebig durch die Außenwelt formbar, im Laufe seines individuellen Lebens mit allerlei Außenreizen anzufüllen. Auf diese Weise wären Organismen – auch der Mensch – grundsätzlich mit Maschinen vergleichbar, die auf äußere Reize reagieren, aber zu keiner Spontaneität fähig sind (vgl. auch Groeben & Erb).

Die Zweckpsychologie war von der Annahme getragen, daß jedes

Lebewesen über innere Verhaltensantriebe oder Instinkte verfügt; ihre Vertreter standen mithin in der Tradition des Vitalismus, der den Lebenserscheinungen im allgemeinen spezifische Kräfte (Lebens-, Vitalkräfte) zugrunde legt. Die Behavioristen bedurften derartiger Annahmen nicht. Gemäß der mechanistischen Denkweise verzichteten sie auf alle Prämissen, die über das unmittelbar Beobachtbare hinausgehen.

In diesem Spannungsfeld zwischen gegensätzlichen Denktraditionen mit einer langen Geschichte und tiefen philosophischen Wurzeln entstand die Ethologie und nahm im Streit der »Richtungen« und »Schulen« klare Konturen an (Wuketits 1995b). Die Ethologen lenkten ihr Interesse auf angeborene Verhaltensweisen, die sie als Resultate langer stammesgeschichtlicher Entwicklungsprozesse erklärten (Lorenz 1943, 1965, 1978); sie wandten sich früh sowohl gegen den Behaviorismus als auch gegen die Zweckpsychologie.

»Ethologie« ist also nicht einfach mit »Verhaltensforschung« gleichzusetzen. Als vergleichende Verhaltensforschung baut sie auf der Evolutions- beziehungsweise Selektionstheorie Darwins auf und versucht, aus dem Vergleich des Verhaltens verschiedener Organismenarten die allem Verhalten gemeinsamen Mechanismen zu ergründen. Ihr Gegenstand ist tierisches und menschliches Verhalten in allen seinen beobachtbaren Äußerungen. Ihr Ziel besteht darin, herauszufinden, »was ein Verhalten verursacht, in welcher Weise es zur Arterhaltung beiträgt und wie sich ein Verhalten in Stammesgeschichte und Individualgeschichte entwickelt« (Eibl-Eibesfeldt 1978, S. 19). Um dieses Ziel zu erreichen, versuchen Ethologen durch zahlreiche Einzelbeobachtungen ein möglichst vollständiges Verhaltensinventar (Ethogramm) von jeder Spezies zu erstellen.

Der Streit um die »richtige« Methode

Naturforschung und Liebhaberei

Für Konrad Lorenz war die Beschäftigung mit Tieren und ihrem Verhalten eine Liebhaberei, die ihm gleichsam spielerisch zu wichtigen Erkenntnissen verhalf (Wuketits 1990, 1992). Er selbst verteidigte häufig die Position des Amateurs, also des Liebhabers, der aus reiner Freude am Objekt beobachtet und forscht und eine emotionale Beziehung zu Tieren entwickelt (Lorenz 1978, 1988). Damit kam er allerdings mit dem modernen Wissenschaftsverständnis in Konflikt (vgl. Kochinka & Werbik). Dieses verlangt vom Forscher Objektivität. Es sei hier dahingestellt, was darunter konkret verstanden werden kann oder wird, doch steht zumindest fest, daß vielen Kritikern der Ethologie die von Lorenz beschworene Liebhaberei immer suspekt war. In mancher Hinsicht mag diese Kritik ihre Berechtigung haben. Aber in der Wissenschaft ist es nicht entscheidend, wie man zu Ergebnissen kommt. Systematisches Planen von Untersuchungen und streng »objektives« Herangehen an einen Forschungsgegenstand sind kein höherer Garant für Erfolg als die spielerische und intuitive Vorgehensweise.

So wie man von einem Psychologen im allgemeinen Einfühlungsvermögen und ein Verständnis für die Eigenarten individuellen menschlichen Verhaltens fordert, so kommt die Fähigkeit, sich in ein Tier gleichsam hineinzuversetzen, sein Verhalten intuitiv deuten zu können, dem Tierbeobachter sehr entgegen. Immerhin hat der »Amateur« Lorenz wichtige Konzepte in die Verhaltensforschung eingeführt und Fragen aufgeworfen, die einem streng systematisch arbeitenden Forscher vielleicht gar nicht in den Sinn gekommen wären. Indem er seinen Blick stets aufs Ganze richtete und Verhalten in seiner Ganzheit zu erfassen suchte, konnte er vor allem die teleonome Struktur, das heißt die Zweckmäßigkeit einzelner Verhaltensweisen erkennen.

Gestaltwahrnehmung

»Verhalten ist eine besondere Leistung des lebenden Systems als Ganzem« (Lundberg 1981, S. 262). So könnte man das Credo der meisten Ethologen der älteren Generation in methodischer Hinsicht zusammenfassen: Man muß einen Organismus stets als Ganzheit betrachten, um über sein Verhalten relevante Informationen zu gewinnen. Tatsächlich war die Ethologie von Anfang an antireduktionistisch ausgerichtet, und das persönliche Interesse an Tieren kennzeichnet die Arbeiten vieler Ethologen der »Gründerzeit«, wobei außer Heinroth und Lorenz zum Beispiel Nikolaas Tinbergen (1907–1989) besondere Erwähnung verdient.

Eine wichtige Rolle spielt für die Ethologen die Gestaltwahrnehmung. Insbesondere Lorenz sah darin eine Quelle der Erkenntnis und »sogar, in jeglicher Reihe von Schritten, die zu einer Erkenntnis führen ..., das Alpha und das Omega« (Lorenz 1965, S. 570). Hierin zeigt sich deutlich der Einfluß der Gestaltpsychologie, wie sie etwa von Christian von Ehrenfels (1859–1932) und Karl Bühler (1879–1936) gleichsam als Abwehr der atomistischen, »zerlegenden« Betrachtungsweise in der Psychologie vertreten wurde (vgl. Glasers Beitrag über Wahrnehmung).

Abb. 1 Beispiel für Gestaltwahrnehmung des Menschen. Jede dieser Figuren erkennen wir als »Hund«, obwohl es sich nur um grobe Umrißzeichnungen handelt. Wir abstrahieren die für Hunde essentiellen Merkmale, die »Hundegestalt«, und erkennen diese auch in vereinfachenden Abbildungen, sofern nur die betreffenden Merkmale herausragen.

Unter Gestaltwahrnehmung versteht man die dem Menschen wie anderen Lebewesen eigene Fähigkeit, aus der Fülle von wahrnehmbaren und wahrgenommenen Merkmalen eines Gegenstandes nur die essentiellen, die »Wesensmerkmale« zu abstrahieren.

Insoweit handelt es sich um keine rationale, wissenschaftliche Methode. Es wäre aber falsch, in der Wissenschaft jeden vorrationalen beziehungsweise intuitiven Zugang zur Wirklichkeit abzulehnen und als mögliche Erkenntnisquelle zu ignorieren (Wuketits 1995b). Andererseits ist es richtig, daß die Gestaltwahrnehmung auch zu Fehlurteilen führen kann und für sich allein, ohne Zuhilfenahme anderer, analytischer Methoden, unvollständig bleibt. Beispielsweise glaubte Lorenz (1950), daß der Haushund vom Wolf und vom Schakal abstammt. Diese durch Gestaltwahrnehmung gewonnene Überzeugung erwies sich als falsch: Im Hund fließt kein Schakalblut, er stammt nur vom Wolf ab (vgl. Zimen 1988).

Analogie als Erkenntnisquelle

Ähnlich der Gestaltwahrnehmung kommt in der Ethologie auch dem Analogieschluß große Bedeutung zu (vgl. Lorenz 1974). Es handelt sich dabei um einen Wahrscheinlichkeitsschluß, der ebenfalls auf der Ebene vorrationaler Erkenntnismechanismen anzusiedeln ist: Hinter ähnlichen Strukturen (oder Verhaltensweisen) erwarten wir ähnliche Bedingungen, aus der Wahrnehmung von analogen Merkmalen bei zwei oder mehreren Systemen schließen wir auf deren funktionelle Gleichartigkeit (Wuketits 1983). In der Verhaltensforschung bedeutet das konkret, daß aus der Ähnlichkeit im Verhalten zweier oder mehrerer Organismenarten auf deren gemeinsame Abstammung beziehungsweise auf den gleichen biologischen Zweck des betreffenden Verhaltens geschlossen werden kann.

Ein Problem ergibt sich jedoch, wenn bei stammesgeschichtlich recht weit auseinanderliegenden Arten ähnliche oder gleiche Verhaltensweisen zu beobachten sind. Zwar können diese Verhaltensweisen dann dem gleichen biologischen Zweck dienen, ihre Analogie kann aber bloß zufällig entstanden und auf unterschiedliche Mechanismen zurückzuführen sein. Fehlurteile, die in den auf Analogieschlüssen beruhenden Verallgemeinerungen enthalten sein können, sind aber vermeidbar, wenn sich der Ethologe an folgende Richtlinien hält (vgl. Rensch 1973):

- Strukturen beziehungsweise Funktionen von Sinnesorganen und Gehirnen und darauf beruhenden Fähigkeiten der Unterscheidung von Reizqualitäten müssen mit Strukturen beziehungsweise Funktionen jener Organe übereinstimmen, denen ähnliche Fähigkeiten zugesprochen werden können.
- Wenn man bei Tieren von Eigenschaften spricht, die wir üblicherweise beim Menschen kennen (z.B. Intelligenz, Schmerz, Haß usw.), dann muß man sich vergewissern, daß die betreffenden Tiere auch über Organe verfügen, die solche Eigenschaften erzeugen können.

Damit wird auch vermieden, daß Verhaltensweisen hinsichtlich ihrer Entstehung und biologischen Funktion vorschnell sozusagen »gleichgemacht« werden.

Die Methode des Vergleichs dient vielmehr der Beantwortung der Frage, ob zwei oder mehrere ähnliche Verhaltensweisen auch ähnlichen Funktionen entsprechen, und wenn, ob sie als homolog (ursprungsgleich, stammesgeschichtlich identisch) angesehen werden können. Damit übertragen die Ethologen auf das Studium des Verhaltens eine Methode, die in der Anatomie und Morphologie seit dem 19. Jahrhundert erfolgreich angewendet wird. Keineswegs werden beliebige Verhaltensweisen bei sehr unterschiedlichen Lebewesen miteinander verglichen, sondern die Ethologen bewegen sich stets innerhalb eines Vergleichsrahmens. Es werden also für den Vergleich in der Regel »zunächst reale Objekte (Individuen) ausgewählt, die zum Beispiel einer bestimmten systematischen Kategorie bereits zugeordnet sind oder im anderen Falle einer solchen Kategorie zugeordnet werden sollen« (Meißner 1976, S. 94). Mit anderen Worten: Es wäre nicht sinnvoll, beispielsweise das Balzverhalten eines Auerhahns mit dem Paarungsverhalten einer Honigbiene zu vergleichen, auch wenn beide der Fortpflanzung der betreffenden Spezies dienen.

Beobachtung und Experiment: Synthese und Analyse

Zwar spielte in der Ethologie ursprünglich die Beobachtung von Verhaltensweisen bei verschiedenen Tierarten eine große Rolle, doch kamen auch Experimente nicht zu kurz. Gemäß einem verbreiteten Wissenschaftsverständnis gelten Beobachtung und Beschreibung als vorwissenschaftlich, und eine Disziplin gilt erst dann als wissenschaftlich, wenn ihre Aussagen experimentell geprüft werden oder überhaupt auf Experimenten beruhen (vgl. Hell sowie Kochinka & Werbik).

Andererseits muß man sich vergegenwärtigen, daß die Ethologen zunächst vor der gewaltigen Aufgabe standen, eine Übersicht darüber zu gewinnen, was an Verhaltensweisen in der Vielfalt der Organismen vorkommt. Auch heute noch ist die Verhaltensforschung bemüht, das Verhaltensinventar einzelner Arten speziell zu erfassen. Daher kommt der Beobachtung nach wie vor eine wichtige Rolle zu. Von Bedeutung ist dabei insbesondere die Freilandforschung, die sich bemüht, das Verhalten von Tieren möglichst ohne störende Parameter zu erfassen.

Allerdings haben viele Ethologen von Anfang an experimentelle Methoden angewandt, wobei zum Beispiel die Verhaltensanalysen, insbesondere das Studium der Instinkte, von Tinbergen (1948, 1970, 1972) zu erwähnen wären. Ein ausgezeichneter Experimentator war Erich von Holst (1908–1962), der entscheidende Beiträge zur Verhaltensphysiologie leistete. Anläßlich der Gründung des »Max-Planck-Instituts für Verhaltensphysiologie« in Seewiesen, dem er einige Jahre gemeinsam mit Lorenz vorstand, faßte Holst (1954) die Aufgaben der Verhaltensphysiologie programmatisch wie folgt zusammen:

- Eine wichtige Aufgabe der Verhaltensphysiologie ist die Analyse, der aber stets die Synthese, der Aspekt der »Ganzheitlichkeit«, zur Seite stehen soll.
- Die Verhaltensphysiologie studiert das Nervensystem, die Sinnesorgane und den Bewegungsapparat in funktioneller Hinsicht und untersucht angeborene Bewegungsakte sowie das Verhalten in Reizsituationen und Lernleistungen bei verschiedenen Lebewesen.
- Verhaltensphysiologie soll nur die objektiv erfaßbaren Aktivitäten der Organismen erfassen.
- Über die »Seele«, sei es beim Menschen oder bei Tieren, kann der Verhaltensphysiologe keine Aussagen machen, denn er soll nicht über etwas sprechen, was er nicht erfahren kann.

Damit wird auch deutlich, daß die Verhaltensforschung, als Ethologie, methodisch stets zweigleisig fährt und daß die Ethologen sowohl die analytische, zerlegende, als auch die synthetische Methode wichtig nehmen und sich für das Ganze wie seine Teile interessieren.

Angeborenes und erworbenes Verhalten

Die Kontroverse

In den Verhaltenswissenschaften zählt die Frage, inwieweit verschiedene Verhaltensweisen dem Individuum angeboren oder von ihm erlernt werden, seit langem zu den zentralen Problemen. Im Zusammenhang mit dem menschlichen Verhalten hat diese Frage früh zu einer ideologischen Polarisierung geführt, die ihrerseits in der Psychologie, in der Pädagogik und in anderen Disziplinen der Humanwissenschaften starken Ausdruck gefunden hat.

Im ersten Drittel des 20. Jahrhunderts gewannen die Milieutheoretiker und Behavioristen sehr an Terrain, und ihre These vom Organismus als tabula rasa – und mithin vom Menschen als einem durch die Erziehung praktisch beliebig formbaren Lebewesen (vgl. Billmann-Mahechas Beitrag über Kindheit) – konnte auch in späteren Jahrzehnten Erzieher, Politiker, Juristen und »Sozialingenieure« in ihren Bann ziehen. Klar ist: Wenn der Mensch, wenn die individuelle Entwicklung jedes Menschen ausschließlich von seiner Umgebung abhängt, dann muß es ja Hoffnung geben. Gebt mir ein Duzend gesunder Kinder und meine eigene Umwelt, so hatte Watson gemeint, und ich mache aus jedem einen Spezialisten in irgendeinem Beruf, ich erziehe sie zu Ärzten, Richtern, Kaufleuten – oder auch zu Dieben und Bettlern; und das ohne Rücksicht auf irgendwelche Neigungen oder Fähigkeiten und ungeachtet ihrer (sozialen) Herkunft.

Der Behaviorismus ist die Fortsetzung der Reflexologie, deren Begründer Iwan Petrowitsch Pawlow (1849–1936) durch seine Studien über bedingte Reflexe an Hunden sehr bekannt (und als erster Physiologe 1904 mit dem Nobelpreis ausgezeichnet) wurde (vgl. Bredenkamp). Auch die Behavioristen experimentierten später viel mit Tieren, vorzugsweise Tauben und Ratten. Ihre Arbeit war von der Überzeugung getragen, daß man die Gesetzmäßigkeiten des Verhaltens nur finden könne, indem man die von außen auf den Organismus einwirkenden Reize und die Reaktion des Lebewesens auf diese Reize studiert. Damit vertraten sie eine Haltung, die es ermöglicht, jeden beliebigen Organismus als »black box« zu betrachten, und die häufig als S-R psychology (stimulus-response psychology) bezeichnet wird (Bunge & Ardila 1987).

Demgegenüber waren die Ethologen von vornherein bemüht, die angeborenen, von Außeneinflüssen unabhängigen Elemente des Verhaltens darzulegen, und lösten damit in den dreißiger und vierziger Jahren – aber auch noch später – eine wichtige Kontroverse aus. Sie stützten sich auf eine Reihe von Beobachtungen, die denen der Behavioristen methodisch und von den Ergebnissen her widersprechen. So beobachtete Lorenz bereits im Jahr 1936 genauer das Schlüpfen eines Grauganskükens. Nachdem sich das Küken aus den Eischalen befreit hatte, ruhte es und sah ins Gesicht seines Beobachters, der gerade irgendeine Bewegung machte und etwas sagte. Daraufhin vollzog das kleine Tier die – wie man heute weiß: angeborene – Gebärde des Grüßens, senkte nach Art der Graugänse seinen Kopf mit vorgestrecktem Hals und nach unten durchgedrücktem Nacken und äußerte einen Laut. Fortan folgte das Gössel ständig seinem Beobachter – es wurde auf ihn geprägt.

Das Phänomen der Prägung hat später noch viele Ethologen beschäftigt (vgl. z.B. Hess 1964; Immelmann 1971) und unterstützt die These, daß Lebewesen in den frühesten Phasen ihrer individuellen Entwicklung auf der Basis angeborener Dispositionen zu bestimmten Objekten ihrer Umgebung (vorzugsweise zu ihren Eltern, in deren Ermangelung auch einmal zu einem Exemplar einer anderen Gattung, im Fall von Tieren also etwa zum Menschen) eine starke Beziehung aufbauen.

Die grundlegende These der Ethologie lautet daher: Kein Lebewesen ist bei seiner Geburt ein unbeschriebenes Blatt oder eine tabula rasa, sondern kommt bereits mit angeborenen Fähigkeiten zur Welt, die jeweils artspezifisch sind und sich in der Stammesgeschichte seiner Spezies herausgebildet haben.

Der Nachweis angeborenen Verhaltens

In einer schon als klassisch zu bezeichnenden Arbeit präsentierten Lorenz und Tinbergen (1939) ihre Untersuchungen über die Eirollbewegung der Graugans und stellten fest, daß dabei Instinkthandlungen maßgeblich sind. Inzwischen ist man in der Ethologie zwar vom Instinktbegriff abgekommen, wofür seine unscharfe Definition verantwortlich ist, aber ursprünglich bezeichnete dieser Begriff – wie auch noch in unserer Alltagssprache – von erlernten, erworbenen Verhaltensweisen im wesentlichen unabhängige Fähigkeiten, die also angeboren sein müssen.

Die Art und Weise, wie eine Gans ein außerhalb ihres Nestes liegendes Ei ins Nest befördert, läßt ganz spezifische Bewegungsweisen erkennen, die zum Verhaltensrepertoire der fraglichen Spezies gehören. Lorenz und Tinbergen (1939, S. 16) sprachen dabei vom angeborenen auslösenden Schema, das »die erbmäßig festgelegte Bereitschaft eines Tieres, auf eine bestimmte Kombination von Umweltreizen mit einer bestimmten Handlung zu antworten«, auf den Begriff bringt. Ebenso verwendeten sie den Ausdruck »Erbkoordination«, der besagt, daß das »Angeborensein« entscheidend für die beschriebenen Bewegungsabläufe ist. »Der Ausdruck ›angeboren‹«, sagt Eibl-Eibesfeldt (1978, S. 39), »bezeichnet dabei die Tatsache, daß die den Bewegungen zugrunde liegenden neuromotorischen Strukturen sich in einem Prozeß der Selbstdifferenzierung entwickeln aufgrund der im Erbgut festgelegten Entwicklungsanweisungen.«

Im Laufe der Zeit wurden von den Ethologen zahlreiche Experimente durchgeführt, die sich sehr gut für den Nachweis angeborener Komponenten im Verhalten verschiedener Tiere eignen. Schleidt (1961) beschreibt Versuche über die Reaktionen von Hühnervögeln,

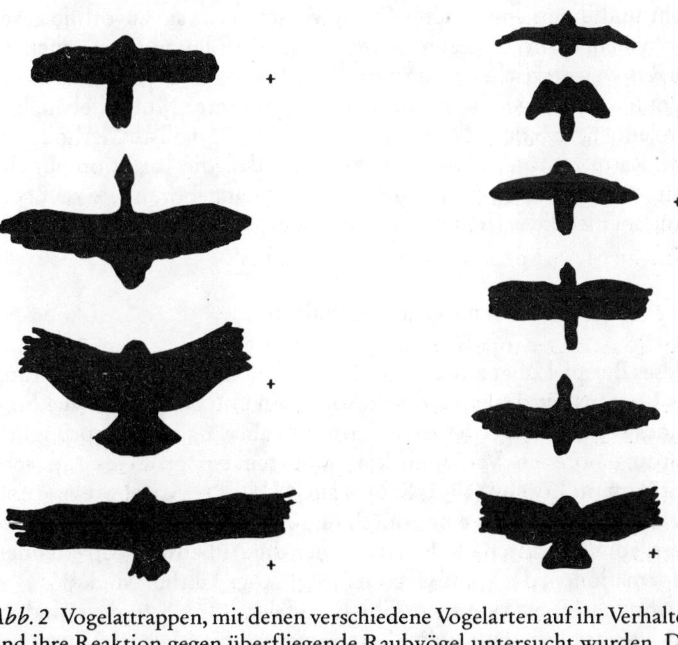

Abb. 2 Vogelattrappen, mit denen verschiedene Vogelarten auf ihr Verhalten und ihre Reaktion gegen überfliegende Raubvögel untersucht wurden. Die mit + gekennzeichneten Attrappen lösten Fluchtreaktionen aus. (Nach Tinbergen 1972)

Gänsen und Enten auf Attrappen von Raubvögeln. Die beobachteten Tiere reagierten dabei durchwegs auf das Merkmal »kurzer Hals«. Wurde eine Attrappe mit diesem Merkmal auf einer Leine über einen Hof gezogen, dann gerieten die Vögel in Aufregung. Denn dieses Merkmal signalisierte ihnen Gefahr. Es kam daher zu Fluchtreaktionen, die jedoch ausblieben, wenn sie mit Attrappen konfrontiert wurden, denen das Merkmal fehlte *(Abbildung* 2, s. o.). Der Schluß liegt also nahe, daß das Erkennen von Gefahr angeboren ist.

Noch besser als Nachweis für angeborenes Verhalten eignen sich freilich Experimente mit Erfahrungsentzug. Tinbergen (1972, S. 48) formulierte hierzu als methodische Prämisse: »Der einzige Weg, um sicher festzustellen, welche Verhaltensweisen ererbt und welche im Lauf des individuellen Lebens erworben sind, ist isolierte Aufzucht, Beobachtung des sich entwickelnden Verhaltens und planmäßiges Variieren der Umwelteinflüsse.« Ein gutes Beispiel dazu ist folgendes:

Wenn man junge Iltisse getrennt von erwachsenen Tieren aufzieht und ihnen eine lebende Ratte vorsetzt, die sie zuvor nie gesehen haben, dann reagieren sie sofort mit Verfolgung. Sie versuchen, die Ratte zu erwischen und zu töten. Allerdings stellen sie sich dabei nicht besonders geschickt an. Iltisse, die mit ihrer Mutter leben, lernen jedoch, daß der »Nackenbiß« die wirkungsvollste Methode ist, eine Ratte zu töten. Das bedeutet also, daß die Reaktion auf die Ratte – »ein Objekt, das anzugreifen ist«! – angeboren sein muß; erlernt aber ist die »effektive Jagdmethode«.

Der Anteil des Lernens am Verhalten

Dieses Beispiel zeigt zugleich auch, daß die Ethologen die Bedeutung des Lernens für das individuelle Verhalten und dessen Entwicklung keineswegs ignoriert haben. Richtig ist aber, daß sie ursprünglich den angeborenen Verhaltenskomponenten ein größeres Gewicht einräumten. Lorenz (1965, S. 613) stellte klar: »›Angeborenes‹ und ›Erlerntes‹ sind nicht eines durch den Ausschluß des anderen definiert, sondern durch die Herkunft der die Außenwelt betreffenden Informationen, die Voraussetzung jeder Angepaßtheit sind.«

Ähnlich äußert sich auch Eibl-Eibesfeldt (1972, S. 9) dazu, indem er folgendes feststellt: »Mit ... stammesgeschichtlichen Anpassungen ausgerüstet, könnte ein Organismus in einer sich wenig ändernden Umwelt gut bestehen. Bei wechselnden Anforderungen bedarf es jedoch einer adaptiven Modifikabilität des Verhaltens. Tiere müssen Erfahrungen verwerten, kurz, lernen können.« Daraus ist zu ersehen, daß sich die Ethologen nicht damit begnügen (oder jemals begnügt haben), mehr oder weniger starre, angeborene Verhaltensprogramme anzunehmen, sondern daß sie die Bedeutung des Lernens (unter dem Gesichtspunkt der Lebenserhaltung des Individuums) stets würdigen. Die Frage »angeboren oder erlernt?« bezieht sich daher stets nur auf bestimmte Verhaltensweisen (siehe Rattenjagd beim Iltis), bedeutet aber nicht, daß Verhalten insgesamt entweder angeboren oder erlernt sein kann.

Aufgrund der höheren Komplexität ihrer Nervensysteme ist der Anteil des Lernens am Verhalten der Vögel und Säugetiere allerdings bedeutend größer als bei »primitiveren« Tieren. Beispielsweise wird man bei Regenwürmern kaum signifikante Lernleistungen erwarten können, während etwa Hunde zu oft erstaunlichen individuellen Lernleistungen fähig sind (wie insbesondere Lawinen- und Blindenhunde demonstrieren).

Das Verhalten eines Individuums kann mithin viel Erlerntes, Erworbenes enthalten, allerdings bedarf es dabei einer entsprechenden Lerndisposition, die wiederum artspezifisch und angeboren ist. Diese Disposition variiert mitunter sehr stark, selbst unter den Arten einer Klasse, zum Beispiel der Säugetiere.

Wir können festhalten, daß das Forschungsprogramm der Ethologie unter anderem folgende Punkte enthält (vgl. Wuketits 1995a):

- Verhalten ist adaptiv; das Verhalten jedes individuellen Lebewesens dient der Erhaltung seiner Art.
- Die Grundmuster des Verhaltens sind angeboren, können aber durch Lernen individuell verändert werden.
- Die angeborenen Verhaltensmechanismen sind Resultate der Evolution durch natürliche Auslese.

Humanethologie

Der Tier-Mensch-Vergleich

Schon Darwin (1872) zog, wie erwähnt, Parallelen zwischen dem Verhalten verschiedener Tierarten und dem menschlichen Verhalten. Sein Anliegen war, die gemeinsamen Formen und Mechanismen im Ausdruck der Gemütsbewegungen auf evolutionstheoretischer Basis darzulegen. Damit wurde er zu einem Pionier der Humanethologie, die sich ausgehend von methodischen und theoretischen Prämissen der Ethologie im allgemeinen mit menschlichem Verhalten befaßt (vgl. Eibl-Eibesfeldt 1972, 1976a,b, 1984). Voraussetzung dafür ist freilich, daß man den Menschen als Organismenart akzeptiert, die, wie alle anderen Arten, in der Evolution entstanden ist. Damit haben noch heute, über hundert Jahre nach Darwins Tod, viele Menschen ihre Schwierigkeiten.

Die Hauptschwierigkeit für den Humanethologen besteht in diesem Zusammenhang in dem von vielen gehegten Verdacht, die Verhaltensforschung würde vom Tier auf den Menschen schließen, ohne dessen Eigenarten zu berücksichtigen. Dieser Verdacht ist unbegründet und basiert auf einem fundamentalen Mißverständnis der ethologischen Theorienbildung. Niemand schließt vom Tier auf den Menschen, weil es »das Tier« nicht gibt. Vielmehr existieren Millionen verschiedener Tierarten, von denen aber nicht alle ernsthaft mit dem Menschen verglichen werden können. Der (Human-)Ethologe bewegt sich innerhalb eines Vergleichsrahmens, er vergleicht nicht wahllos Spezies von Tieren mit dem Menschen, sondern sieht die Mannigfaltigkeit der Verhaltensweisen bei den verschiedenen Arten, einschließlich des Menschen, und fragt: Was sind die gemeinsamen biologischen Wurzeln des Verhaltens? Inwiefern dienen vergleichbare Verhaltensweisen demselben biologischen Zweck?

Eibl-Eibesfeldt (1984, S. 22) betont, die Humanethologie gehe »von den in der tierischen Verhaltensforschung (Ethologie) entwickelten Konzepten und Methoden aus, paßt diese jedoch an die Erfordernisse an, die sich aus der Sonderstellung des Menschen ergeben«. Zwar darf hier nicht der Eindruck entstehen, daß zwischen der »tierischen Verhaltensforschung« und der Humanethologie eine tiefe Linie gezogen werden kann – Ethologen haben ja schon immer auch den Menschen in ihre Überlegungen einbezogen –, aber es ist nicht zu übersehen, daß in der Tat die meisten Verhaltensforscher von der »Sondernatur« des Menschen überzeugt sind und unsere Spezies auch dementsprechend behandeln.

Wie die Ethologie insgesamt, so ist auch die Humanethologie von dem Bestreben getragen, angeborene Verhaltensweisen beziehungsweise -dispositionen auf evolutionstheoretischer Grundlage nachzuweisen und deren Anpassungsvorteile zu erkennen. Das bedeutet, daß die Humanethologen an anthropologischen Universalien interessiert sind, Verhaltensmerkmalen, die – wie beispielsweise

Lächeln, Lachen, Neugierverhalten, Aggression – bei allen Menschen und in allen Sozietäten, unabhängig von ihrer individuellen oder kulturellen Differenzierung, ausgeprägt sind.

Der Kulturenvergleich

Die beste Methode, solche Universalien im menschlichen Verhalten aufzufinden und zu studieren, ist der Vergleich möglichst vieler unterschiedlicher Sozietäten und Kulturen (vgl. v.a. Eibl-Eibesfeldt 1984). Ähnlich dem Artenvergleich erlaubt der Kulturenvergleich die Unterscheidung von Verwandtschaftsähnlichkeiten und »zufälligen« Ähnlichkeiten und Analogien. Der Humanethologe schließt also nicht einfach von einer Kultur auf andere, sondern versucht auch, deren jeweilige Eigenarten (aufgrund spezifischer Lebensbedingungen, ökologischer Faktoren, Traditionen usw.) zu erfassen.

Der Kulturenvergleich zeigt, daß es elementare menschliche Verhaltensweisen gibt, die eine wichtige biologische Funktion haben und daher in der Stammesgeschichte unserer Spezies ausgebildet wurden. Das Lächeln und Lachen, um nur ein Beispiel zu nennen, sind bei allen Völkern bekannt und werden überall schon vom Säugling praktiziert. Diese Verhaltensweisen tragen wichtige Signalfunktionen für die Bezugspersonen, vor allem die Mutter, sie signalisieren Zufriedenheit und Wohlbefinden. Bei Erwachsenen dienen sie der Kontaktaufnahme und -festigung und spielen eine wichtige soziale Rolle.

Aggression – Mythos und Wirklichkeit

Kaum ein ethologisches beziehungsweise humanethologisches Konzept hat die Gemüter mehr erhitzt als das der Aggression, genauer gesagt die These, daß uns eine gewisse Bereitschaft zur Aggression (Aggressivität) angeboren sei (Lorenz 1963). Die Annahme eines von sich aus zur Befriedigung drängenden Aggressionstriebs wurde von Kulturanthropologen und Psychologen heftigst bestritten (vgl. z.B. Fromm 1977). Wie steht es heute damit? Ist der Aggressionstrieb nur ein Mythos der Ethologen?

Die von vielen Kulturanthropologen und Sozialwissenschaftlern angenommene – und von Sozialromantikern freudig gepriesene – Friedfertigkeit von »Naturvölkern« ist eine Legende (vgl. z.B. Freeman 1983). Die Annahme, bestimmte Völker und Sozietäten würden Gewalt, aber auch Gefühle wie Haß und Liebe nicht kennen, ist nicht mehr vertretbar, wenngleich man zugeben muß, daß diese Gefühle und vor allem ihr Ausdruck bei den verschiedenen Kulturen unterschiedlich ausgeprägt sein können und aggressives Verhalten nicht bei allen Völkern stets die gleiche Intensität erreicht. Auf keinen Fall aber ist Aggression ein erst auf der Ebene des »zivilisierten Menschen« auftretendes Phänomen. Sie begleitet die Stammesgeschichte des Menschen von Anfang an und steht, wie bei anderen Lebewesen, im Dienste der Nahrungsfindung, Revierverteidigung, Rivalität und dergleichen mehr (vgl. Eibl-Eibesfeldt 1975).

Eine andere Frage ist, ob es tatsächlich so etwas wie einen Aggressionstrieb per se gibt, sei es beim Menschen, sei es bei anderen Lebewesen. Hassenstein (1972) verneint diese Frage und zählt eine Reihe von biologischen Funktionen auf, in deren Dienst »kämpferisches Verhalten« steht und auftritt. Das wären unter anderem Fortpflanzung, Revierverteidigung, Rangordnung, Angst und Frustration.

Es ist also richtig, daß bestimmte äußere Umstände erst aggressives Verhalten (beim Menschen) auslösen. Aber die Disposition zu solchem Verhalten gehört zu den anthropologischen Universalien, ist dem Menschen angeboren und unterscheidet ihn nicht maßgeblich von anderen Organismenarten. Die Faktoren beziehungsweise Motive, die aggressives Verhalten beim Menschen auslösen können, sind – denkt man etwa an Ideologien beziehungsweise Religionen – sicher ein Novum in der Stammesgeschichte. Auch hier zeigt sich jedenfalls der enge Zusammenhang von Erbanlage(n) und Umwelt.

Das Studium des Sozialverhaltens

Gruppenbildung als artübergreifendes Phänomen

Ein interessanter Aspekt tierischen und menschlichen Verhaltens ist die Tendenz von Individuen einer Art, sich zu einer Gruppe oder Sozietät zusammenzuschließen. Die Vergesellschaftung oder Sozialität tritt bei einer großen Zahl von Tierarten auf und findet in verschiedenen Formen der Gruppenbildung ihren Ausdruck. Die sozial lebenden Insekten (Bienen, Wespen, Hummeln, Ameisen, Termiten) sind geschlossene, anonyme Gesellschaften, die bei strikter Arbeitsteilung (Kastenbildung) aus Tausenden von Individuen bestehen. Demgegenüber ist beispielsweise ein Wolfsrudel ein individualisierter Verband, bestehend aus etwa zwölf Einzeltieren, die einander persönlich bekannt sind.

Die Gruppenbildung bietet viele Vorteile und ist in der Evolution vieler Spezies von der Selektion begünstigt worden. Gemeinsames Jagen, Nahrungsteilung, gemeinsame Verteidigung und andere Formen der Kooperation haben positive Einflüsse auf das Leben der (vergesellschafteten) Individuen. Das soziale Leben der Tiere bietet dem Ethologen eine Fülle von interessanten Verhaltensweisen: Kommunikation unter Artgenossen, Rangordnungskämpfe, Revierverteidigung, Arbeitsteilung, Brutpflege, Bindung von Artgenossen aneinander, Ausgrenzung gruppenfremder Individuen – diese und andere Verhaltensformen werden vom Ethologen als Aspekte der Ökologie (Verhaltensökologie) studiert. Im Vordergrund steht die Frage: Worin liegt der biologische Zweck des sozialen Verhaltens beziehungsweise welchen Anpassungsvorteil gewinnen Lebewesen aus der Gruppenbildung?

Artinteresse oder individuelle Eignung?

Allerdings beantwortete die klassische Verhaltensforschung diese Frage stets unter dem Gesichtspunkt der Art. Demnach soll jedes individuelle Verhalten der Erhaltung der fraglichen Spezies dienen. Auch aggressives Verhalten (innerartliche Aggression) muß demnach arterhaltende Bedeutung haben (Lorenz 1963). Man nahm daher an, daß eine angeborene Tötungshemmung im Kampf zweier Artgenossen zum Beispiel um die Rangordnung oder um einen Geschlechtspartner dafür sorgt, daß der Unterlegene in der Regel nicht getötet, sondern nur in die Flucht geschlagen oder allenfalls verletzt wird. Wo das Gegenteil passiert, muß es sich entweder um einen Unfall handeln, oder die betreffenden Tiere sind degeneriert. Kurz gesagt, das Töten von Artgenossen wäre eine biologische Anomalie.

Mittlerweile sind aber viele Fälle von mehr oder weniger regelmäßig auftretendem Töten von Artgenossen bekannt. Insbesondere die Kindestötung, der Infantizid, kommt bei vielen Tierarten vor, bei Löwen beispielsweise genauso wie bei verschiedenen Primatenarten. Kann unter diesen Umständen noch davon die Rede sein, daß die Arterhaltung gleichsam das Ziel der Evolution ist?

Es ist sicher richtig, daß Tiere, die ihren Artgenossen im Kampf schonen oder sich um ihre Nachkommen kümmern (Brutpflege), zumindest indirekt auch ihrem »Artinteresse« dienen und zur Erhaltung ihrer Spezies beitragen. Die Frage ist aber, ob das ihr primäres Interesse ist. »Dem sozialen Ganzen«, schrieb Portmann (1953, S. 266), »dient das Individuum als eingeordnetes Glied zur Erhaltung und Evolution.« Die Kindestötung scheidet dabei allerdings aus; das Töten von Jungtieren der eigenen Art kann ja nicht dem »sozialen Ganzen« oder gar der Evolution der betreffenden Spezies dienen.

Daß der Mensch durch sein aggressives Verhalten, insbesondere durch kollektive Gewalt in Kriegen, zur Tötung seiner eigenen Artgenossen fähig ist, wundert offenbar niemanden. Die Vermutung mancher Ethologen ging daher dahin, daß der Mensch aufgrund seiner Zivilisation entartet sei. Inzwischen steht diese Vermutung aber auf schwachen Beinen. Sieht man einmal von der Indoktrinierbarkeit des Menschen durch Ideologien, das bewußte Schaffen von Feindbildern und dergleichen ab, dann drängt sich vielmehr der Verdacht auf, daß alle Organismen nur an ihrem eigenen, individuellen Wohl interessiert sind – und nicht am Wohl der Art.

Unter diesem Aspekt lautet die Grundfrage der Verhaltensökologie folgendermaßen: »Auf welche Weise trägt das Verhalten eines Individuums zur Steigerung seiner genetischen Eignung bei?« (Franck 1985, S. 147). Mit genetischer Eignung ist der (individuelle) Fortpflanzungserfolg gemeint, das heißt die möglichst effiziente Weitergabe der eigenen Gene. Das Töten von Nachkommen, die nicht die eigenen sind, läßt sich auf diese Weise freilich plausibel erklären. Das Paradigma der klassischen Ethologie (Artinteresse) weicht mithin dem Paradigma der Eigennützlichkeit, dem »Prinzip Eigennutz« (Wickler & Seibt 1981).

Soziobiologie

Dies ist der Ausgangspunkt beziehungsweise das Hauptargument einer verhältnismäßig jungen Disziplin, der Soziobiologie, die die Strukturen und Mechanismen des sozialen Verhaltens bei Tieren und Menschen auf evolutionsbiologischer, genetischer Basis studiert (vgl. Dawkins 1994; Voland 1993; Wilson 1975; Wuketits 1997).

Im Unterschied zu den Ethologen sehen die Soziobiologen Gene (und nicht Organismen) als Einheiten der natürlichen Auslese und postulieren einen genetischen »Drang« zu eigennützigem, egoistischem Verhalten. Sie betonen, daß alle Organismen über ein ausgesprochenes reproduktives Interesse verfügen und ihr Verhalten in erster Linie dem genetischen Überleben dient. Kooperatives und altruistisches Verhalten – das bei sozial lebenden Tieren beobachtbar ist und das Gruppenleben erst ermöglicht – erklären sie in der Hauptsache mit dem Konzept der Verwandtschaftsselektion. Demnach ist kooperatives oder gar altruistisches Verhalten unter Lebewesen mit um so höherer Wahrscheinlichkeit anzunehmen, je enger sie (genetisch) miteinander verwandt sind.

Wichtig in der Soziobiologie sind ferner das Konzept des reziproken Altruismus und die Theorie vom Elternaufwand. Ein Lebewesen wird sich vor allem dann altruistisch verhalten, wenn Aussicht auf Belohnung besteht beziehungsweise Hilfe von anderen Individuen ebenfalls erwartet werden kann. Eltern investieren in die Aufzucht ihrer Jungen oft viel Energie und Zeitaufwand, weil sie dadurch dem Überleben ihrer eigenen Gene dienen.

Methodisch besteht ein wesentlicher Unterschied zwischen Ethologie und Soziobiologie. Die Soziobiologen arbeiten viel mit abstrakten Modellen (Kosten-Nutzen-Rechnungen) und bedienen sich vor allem der Spieltheorie. Aus dieser Sicht wird insbesondere kooperatives Verhalten bei Tieren wie Menschen als eine robuste, sich für alle Beteiligten auszahlende Strategie erklärt. Diese ökonomische Betrachtungsweise der Natur ist den Vertretern der klassischen Verhaltensforschung im wesentlichen fremd. Daraus wird verständlich, warum viele Ethologen – obwohl sie in der Sache die gleichen Anliegen vertreten – kritisch gegenüber den Soziobiologen eingestellt sind. In vielen Bereichen aber besteht zwischen der Ethologie und der Soziobiologie kein Widerspruch.

Dadurch, daß sich Soziobiologen häufig einer metaphernreichen Sprache bedienen (vgl. etwa den Ausdruck »egoistisches Gen«, Dawkins 1994), haben sie allerdings viele Mißverständnisse erzeugt. Wie schon die Ethologen beziehungsweise Humanethologen sind Soziobiologen vor allem in bezug auf ihre anthropologischen und sozialwissenschaftlichen Implikationen mitunter recht heftig angegriffen worden. Aber die Soziobiologen reduzieren den Menschen ebensowenig auf »das Tier«, wie das die (Human-)Ethologen gemacht haben. Sie bemühen sich indes, die basalen Muster und Mechanismen des sozialen Verhaltens bei verschiedensten Organismenarten (einschließlich des Menschen) herauszufinden und die stammesgeschichtlichen Wurzeln des menschlichen Sozialverhaltens zu erhellen. Sicher gibt es eine Reihe von Phänomenen im Bereich des menschlichen Verhaltens, die sich schwer oder kaum in das soziobiologische Gedankengebäude einordnen lassen (z.B. Selbstmord, Keuschheit aus strikt religiösen Motiven), aber zugleich muß man zugeben, daß das soziobiologische Paradigma bereits wesentliche Beiträge zum besseren Verständnis des menschlichen (Sozial-) Verhaltens ermöglicht hat und daher auf jeden Fall wert ist, weiterverfolgt zu werden.

Literatur

Alverdes, Friedrich (1939): Zur Psychologie der niederen Tiere. *Zeitschrift für Tierpsychologie*, 2: 258–264.

Bierens de Haan, Johan A. (1937): Über den Begriff des Instinktes in der Tierpsychologie. *Folia Biotheor.* (Serie B), 2: 1–16.

Buytendijk, Frederik J.J. (1932): *Wege zum Verständnis der Tiere*. Zürich, Leipzig: Niehans.

Bunge, Mario, Ruben Ardila (1987): *Philosophy of Psychology*. New York, Berlin, Heidelberg: Springer.

Darwin, Charles (1872): *The Expression of the Emotions in Men and Animals*. London: Murray.

Dawkins, Richard (1994): *Das egoistische Gen* (ergänzte und überarbeitete Neuaufl.). Heidelberg u.a.: Spektrum Akademischer Verlag.

Eibl-Eibesfeldt, Irenäus (1972): Stammesgeschichtliche Anpassungen im Verhalten des Menschen. In: Hans-Georg Gadamer, Paul Vogler (Hg.): *Neue Anthropologie*. Bd. 2 (Biologische Anthropologie, zweiter Teil). München: Deutscher Taschenbuch Verlag, Stuttgart: Thieme, 3–59.

Eibl-Eibesfeldt, Irenäus (1975): *Krieg und Frieden aus der Sicht der Verhaltensforschung*. München, Zürich: Piper.

Eibl-Eibesfeldt, Irenäus (1976a): *Der vorprogrammierte Mensch. Das Ererbte als bestimmender Faktor im menschlichen Verhalten*. München: Deutscher Taschenbuch Verlag.

Eibl-Eibesfeldt, Irenäus (1976b): *Menschenforschung auf neuen Wegen. Die naturwissenschaftliche Betrachtung kultureller Verhaltensweisen*. Wien, München: Molden.

Eibl-Eibesfeldt, Irenäus (1978): *Grundriß der vergleichenden Verhaltensforschung. Ethologie* (5., überarbeitete und erweiterte Aufl.). München, Zürich: Piper.

Eibl-Eibesfeldt, Irenäus (1984): *Die Biologie des menschlichen Verhaltens. Grundriß der Humanethologie*. München, Zürich: Piper.

Franck, Dierk (1985): *Verhaltensbiologie. Einführung in die Ethologie.* (2., neubearbeitete und erweiterte Aufl.) München: Deutscher Taschenbuch Verlag, Stuttgart, New York: Thieme.

Freeman, Derek (1983): *Liebe ohne Aggression. Margaret Meads Legende von der Friedfertigkeit der Naturvölker*. München: Kindler.

Fromm, Erich (1977): *Anatomie der menschlichen Destruktivität*. Reinbek: Rowohlt.

Hassenstein, Bernhard (1972): Das spezifisch Menschliche nach den Resultaten der Verhaltensforschung. In: Hans-Georg Gadamer, Paul Vogler (Hg.): *Neue Anthropologie*. Bd. 2 (Biologische Anthropologie, zweiter Teil). München: Deutscher Taschenbuch Verlag, Stuttgart: Thieme, 60–97.

Hess, Eckhard H. (1964): Imprinting in Birds. *Science*, 146: 1128–1139.

Holst, Erich von (1954): Physiologie des Verhaltens. *Mitteilungen der Max-Planck-Gesellschaft*, 5: 270–275.

Immelmann, Klaus (1971): Das Phänomen der Prägung. *Biologie in unserer Zeit*, 1: 35–42.

Lorenz, Konrad (1943): Psychologie und Stammesgeschichte. In: Gerhard Heberer (Hg.): *Die Evolution der Organismen. Ergebnisse und Probleme der Abstammungslehre*. Jena: Fischer, 105–127.

Lorenz, Konrad (1950): *So kam der Mensch auf den Hund*. Wien: Borotha-Schoeler.

Lorenz, Konrad (1963): *Das sogenannte Böse. Zur Naturgeschichte der Aggression*. Wien: Borotha-Schoeler.

Lorenz, Konrad (1965): *Über tierisches und menschliches Verhalten. Aus dem Werdegang der Verhaltenslehre. Gesammelte Abhandlungen*. München, Zürich: Piper.

Lorenz, Konrad (1974): Analogy as a Source of Knowledge. *Science*, 185: 229–234.

Lorenz, Konrad (1978): *Vergleichende Verhaltensforschung. Grundlagen der Ethologie*. Wien, New York: Springer.

Lorenz, Konrad (1988): *Hier bin ich – wo bist du? Ethologie der Graugans* (unter Mitarbeit von Michael Martys). München, Zürich: Piper.

Lorenz, Konrad, Nikolaas Tinbergen (1939): Taxis und Instinkthandlung in der Eirollbewegung der Graugans. *Zeitschrift für Tierpsychologie*, 2: 1–29.

Lundberg, Ulrich (1981): Ethologie in heutiger Sicht. *Biologisches Zentralblatt*, 100: 257–271.

Meißner, Karl (1976): *Homologieforschung in der Ethologie. Voraussetzung, Methoden und Ergebnisse*. Jena: Fischer.

Portmann, Adolf (1953): *Das Tier als soziales Wesen*. Zürich: Rhein.

Rensch, Bernhard (1973): *Gedächtnis, Begriffsbildung und Planhandlungen bei Tieren*. Berlin, Hamburg: Parey.

Schleidt, Wolfgang (1961): Reaktionen von Truthühnern auf fliegende Raubvögel und Versuche zur Analyse ihrer AAM's. *Zeitschrift für Tierpsychologie*, 18: 534–560.

Schurig, Volker (1993): Wer war der »erste Ethologe«? Einige kritische Anmerkungen zur Geschichte der Ethologie. *Biologisches Zentralblatt*, 112: 224–229.

Tinbergen, Nikolaas (1948): Physiologische Instinktforschung. *Experientia*, 4, 121–133.
Tinbergen, Nikolaas (1970): Umweltbezogene Verhaltensanalyse. Tier und Mensch. *Experientia*, 26: 447–456.
Tinbergen, Nikolaas (1972): *Instinktlehre. Vergleichende Erforschung angeborenen Verhaltens* (5. Aufl.). Berlin, Hamburg: Parey.
Voland, Eckart (1993): *Grundriß der Soziobiologie*. Stuttgart, Jena: Fischer.
Wickler, Wolfgang, Ute Seibt (1981): *Das Prinzip Eigennutz*. Ursachen und Konsequenzen sozialen Verhaltens. München: Deutscher Taschenbuch Verlag.
Wilson, Edward O. (1975): *Sociobiology. The New Synthesis*. Cambridge, MA, London: Harvard University Press.
Wuketits, Franz M. (1983): Analogie – eine Erkenntnis und Wissensquelle. In: Arno Bogenrieder, Klaus-Günter Collatz, Hans Kössel, Gunther Osche (Fachberater): *Lexikon der Biologie*. Bd. 1. Freiburg, Basel, Wien: Herder, 170–171.
Wuketits, Franz M. (1990): *Konrad Lorenz. Leben und Werk eines großen Naturforschers*. München, Zürich: Piper.
Wuketits, Franz M. (1992): Konrad Lorenz. Vom Spiel zur Erkenntnis – Naturforschung als Liebhaberei. *Wissenschaft und Fortschritt*, 42: 153–156.
Wuketits, Franz M. (1994a): Evolutionstheorie und Verhaltensforschung. In: Bodo-Michael Baumunk, Jürgen Rieß (Hg.): *Darwin und Darwinismus. Eine Ausstellung zur Kultur- und Naturgeschichte*. Berlin: Akademie Verlag, 219–222.
Wuketits, Franz M. (1994b): Konrad Lorenz: His Conceptions of Life and Science. *La Nuova Critica*, 23/24: 7–21.
Wuketits, Franz M. (1995a): Is Ethology Obsolete? On Some Current Trends in the Behavior Sciences. *Biologisches Zentralblatt*, 114: 3–15.
Wuketits, Franz M. (1995b): *Die Entdeckung des Verhaltens. Eine Geschichte der Verhaltensforschung*. Darmstadt: Wissenschaftliche Buchgesellschaft.
Wuketits, Franz M. (1997): *Soziobiologie. Die Macht der Gene und die Evolution sozialen Verhaltens*. Heidelberg: Spektrum Akademischer Verlag.
Zimen, Erik (1988): *Der Hund. Abstammung, Verhalten, Mensch und Hund*. München: Goldmann.

Teil III
Allgemeine Psychologie

1. Wahrnehmung

WILHELM R. GLASER

Philosophische Einleitung

Bis ins zweite Drittel des neunzehnten Jahrhunderts gehörte die Psychologie zur Philosophie. Ihr wichtigster Gegenstand war das Bewußtsein – Bewußtsein und Seele wurden gleichgesetzt und der Außenwelt gegenübergestellt. Unter Außenwelt wurde dabei alles verstanden, was zum Bewußtseinsinhalt werden konnte, von unbelebten Gegenständen bis zum seelischen Geschehen anderer Menschen. Damit war die wichtigste psychologische Grundlagenfrage gestellt: Wie gewinnt das Bewußtsein Kenntnis von der Außenwelt? Die dabei wirksamen seelischen Funktionen wurden als Wahrnehmung bezeichnet.

Die Frage erweist sich schnell als besonders kompliziert, weil man nicht dabei verharren kann, die Begriffe »Bewußtsein« und »Außenwelt« unhinterfragt stehenzulassen. Bewußtsein ist offenbar eine Grundgegebenheit menschlichen Lebens, die man zunächst einfach hinnehmen muß. Sie entwindet sich dem naturwissenschaftlichen Erkenntniszugriff in einer charakteristischen Weise.

Naturwissenschaftliches Erkennen beginnt mit genauer Beobachtung und Messung. Diese regen zur Definition möglichst trennscharfer Begriffe an, mit deren Hilfe dann informative Gesetze formuliert werden können (vgl. auch Kochinka & Werbik). Die Gesetze sind induktive Verallgemeinerungen, die in Experimenten mit neuen Beobachtungen und Messungen deduktiv überprüft werden müssen. Versucht man, diese Methode auf das Bewußtsein anzuwenden, stellt man fest, daß dieses nicht einfach Objekt eines solchen Zugriffs sein kann. Es liegt vielmehr der Methode selbst schon »transzendental« zugrunde, weil ein Wissenschaftler ja schon Bewußtsein haben muß, um überhaupt forschen zu können. Im Gegensatz zu vielen anderen Forschungsgegenständen auch der Psychologie kann Bewußtsein also nicht einfach zum Forschungsobjekt gemacht werden. Weil es in charakteristischer Weise, in Anlehnung an Kant gesprochen, »Bedingung der Möglichkeit von Forschung überhaupt« ist, führt der Versuch seiner Erforschung in eine Art »transzendentale Reflexion«.

Ein zweites Problem, das sich bei anderen Forschungsgegenständen nicht stellt, folgt aus der Privatheit des Bewußtseins. Bewußtsein ist nie öffentlich, es ist immer nur derjenigen Person in »direkter Beobachtung« zugänglich, zu der es gehört, für die es die Voraussetzung des Erkennens darstellt. Wissenschaft ist ihrem Wesen nach öffentlich und setzt deshalb auch die prinzipielle Öffentlichkeit derjenigen Beobachtungen voraus, mit denen Gesetzesaussagen begründet oder widerlegt werden. Genau das ist aber beim Bewußtsein unmöglich: Mein Bewußtsein ist nur von mir »beobachtbar«. Allerdings kann ich meine Bewußtseinsinhalte in Worte fassen, die dann ein öffentliches Datum darstellen, und offensichtlich kann eine andere Person darüber Dinge sagen wie: »Ja, so erlebe ich es auch.« Das ist der Kern der phänomenologischen Methode: Obwohl die Bewußtseinsinhalte verschiedener Personen niemals miteinander verglichen werden können, ist eine öffentliche Verständigung darüber im Medium der Sprache möglich.

Descartes stellt in den ›Meditationen‹ (Descartes 1965, S. 17–26) eine Art Gedankenexperiment an. Bewußtsein ist immer Bewußtsein von etwas, es hat immer Gegenstände, die wahrgenommen oder gedacht sind. Versuche ich nun, diese Gegenstände im Denken zu beseitigen, indem ich mich in einen Zustand versetze, in dem ich möglichst »nichts« wahrnehme und »nichts« denke, so bleibt schließlich ein ausdehnungsloses »ich denke« übrig, das sich auf diese Weise nicht auch noch beseitigen läßt. Für Descartes ist das die Seele, *res cogitans*, die denkende Substanz, die dem Menschen seine Seinsgewißheit (»cogito ergo sum«) gibt. Das Problem der Wahrnehmung besteht jetzt darin, wie das Ich zu den Gegenständen und wie die Gegenstände zum Ich kommen.

Wahrnehmung scheint also die Brücke zwischen Objekt und Subjekt zu sein, oder, modern gesprochen, der Kanal, auf dem die Information von der Außenwelt als Sender zum Bewußtsein als Empfänger übertragen wird. Mit dieser Metapher läßt sich das Programm einer Wahrnehmungspsychologie entwerfen. Die funktionalen Beziehungen zwischen Gegenständen der Außenwelt und deren Repräsentation im Bewußtsein sind zu erforschen. Für die wissenschaftliche Objektivität der Resultate ist die Privatheit des Bewußtseins kein grundlegendes Problem mehr, da man ja die verbal abgegebenen Urteile und die motorischen Antworten einer Versuchsperson als öffentlich beobachtbare Daten besitzt.

Der philosophische Rest des Problems kann ohne nachteilige Folgen ausgeklammert werden, bleibt aber schwierig. Er mündet in die sogenannte Realismus-Idealismus-Debatte. Offensichtlich erscheint die Welt in unserem Bewußtsein immer nur in den Formen, die unsere Sinnessysteme ermöglichen. Die Farbempfindung »rot« beispielsweise ist ein Bewußtseinsinhalt, den eine bestimmte Wellenlänge der von einem Gegenstand reflektierten elektromagnetischen Schwingungen erzeugt. Physikalisch beschrieben »ist« der Reiz natürlich nicht »rot«, sondern er reflektiert lediglich bestimmte Wellenlängen. Andere physikalische Gebilde werfen vielleicht andere Wellenlängen zurück, die in unseren Sinnessystemen die Empfindung »grün« erzeugen oder auch überhaupt nicht wahrgenommen werden, weil keines unserer Sinnesorgane darauf abgestimmt ist. Für die physikalische Beschreibung gilt wieder das gleiche: Ein Gegenstand reflektiert nicht »an sich« bestimmte Wellenlängen, sondern dies ist lediglich die Formulierung, die uns die Physik als ihre Beschreibung eines Sachverhaltes liefert. Auch die Physik ist jedoch ein Produkt unseres Denkens und Forschens, letztlich also unserer – wenn auch kollektiven – Subjektivität. Durch keine Wahrnehmung können wir die Welt unserer Subjektivität in Richtung auf die wahre Außenwelt überschreiten – im Sinne Kants: Das durch keine subjektive Zutat, durch keine Eigenschaft unserer Sinnes- und Erkenntnissysteme verformte »Ding an sich« ist unerkennbar.

Der Idealist zieht nun daraus eine sehr allgemeine, spekulative Konsequenz: Es gibt nur Seelisches, die Welt existiert nur insoweit, als sie in unserem Bewußtsein für uns auftaucht. Es ist sinnlos, von einer Welt außerhalb eines sie wahrnehmenden und denkenden Subjektes zu reden, weil ein wahrnehmendes und denkendes Subjekt darüber a priori überhaupt nichts wissen kann: »Aller Realität Quelle ist das Ich. Erst durch und mit dem Ich ist der Begriff der Realität gegeben« (Fichte 1794, S. 134). Der Realist verallgemeinert in die umgekehrte Richtung: Die Welt existiert an sich, ganz ohne ein sie wahrnehmendes und denkendes Subjekt. Erkenntnis ist zwar stets unvollkommen, aber doch zu einer ständigen Annäherung an die Welt und – bei aller Unvollkommenheit – einer prinzipiellen Richtigkeit fähig. Der Realist kann aber schon die Frage, woher er das weiß, nicht beantworten, denn zur Prüfung der Richtigkeit einer Erkenntnis müßte er diese mit der nicht erkannten Welt vergleichen – ein Widerspruch in sich. Der Idealist kommt andererseits mit der Frage in Verlegenheit, warum es überhaupt einen »Widerstand der Sache« gibt, warum, wenn schon die Welt letztlich nur

Geist und Subjektivität ist, das Denken allein nicht ausreicht, sie zu verändern. In seiner Arbeit ›Scheinprobleme in der Philosophie. Das Fremdpsychische und der Realismusstreit‹ hat Carnap (1966) gezeigt, daß die Kontroverse unentscheidbar ist, für eine sinnvolle empirische Forschung einschließlich der Wahrnehmungspsychologie aber auch nicht entschieden werden muß.

Psychophysik

Für eine empirische Wahrnehmungspsychologie ist es also ein vernünftiger Ansatz, von einem Ich und einer Außenwelt auszugehen. Wahrnehmung wird dabei, in gegenwärtiger Terminologie, zum Kanal, durch den das Ich Information über die Außenwelt gewinnt. Wahrnehmungsforschung ist insofern objektiv, als der Forscher die verbalen und nonverbalen Reaktionen der Versuchsperson als objektive Verhaltensdaten auffaßt. Die Innenwelt, das Bewußtsein der Versuchsperson, ist dem Forscher durch eigene Beobachtung zwar niemals zugänglich, er kann aber Äußerungen der Versuchsperson über ihre Bewußtseinsinhalte analog zu seinen eigenen Bewußtseinserfahrungen phänomenologisch deuten und als Datenmaterial zur Bildung objektiver Modelle über die Innenwelt der Versuchsperson verwenden.

Damit wird der Vergleich von Außenweltgegebenheiten, die in physikalischer Sprache beschrieben werden, mit dem Verhalten der Versuchsperson und ihrem Bericht über korrespondierende Erlebnisse und Bewußtseinsinhalte zur entscheidenden Methode der Wahrnehmungspsychologie. Dieses Programm wurde im neunzehnten Jahrhundert unter dem Namen »Psychophysik« begonnen. Die wichtigsten Forscher waren Weber, Fechner, von Helmholtz und Wundt. Fechner unterschied noch zwischen einer inneren und einer äußeren Psychophysik: Die erstere sollte die funktionalen Beziehungen zwischen physiologischen Vorgängen in Gehirn und Sinnesorganen einerseits und Erlebnissen andererseits untersuchen, die letztere die Beziehungen zwischen Reizen der Außenwelt und Erlebnissen. Erstere ist bis heute eng an die Grenzen physiologischer Experimentier- und Meßverfahren am lebenden Menschen gebunden, letztere ist bis heute das methodische Rückgrat der Wahrnehmungspsychologie.

In Analogie zu der wissenschaftlich höchst erfolgreichen Physik suchte man nach den »Atomen« des seelischen Geschehens und insbesondere der Wahrnehmung. Man sah diese in den Empfindungen. Einfache Empfindungen sollten demnach die Bausteine komplexer Wahrnehmungen sein. Beispiele sind beim Sehen Helligkeit, Farbton oder Sättigung eines einfachen Reizes. Auf physikalischer Seite entsprechen ihnen Intensität, Frequenz und Frequenzmischung einer elektromagnetischen Schwingung. Beim Hören sind Lautheit, Tonhöhe und Klangfarbe solche einfachen Empfindungen. Ihnen entsprechen Intensität, Frequenz der mechanischen Schwingung und Frequenzmischung auf physikalischer Seite.

Weber und Fechner entwickelten nun Experimentiertechniken zur sogenannten Schwellenbestimmung. Sie unterschieden Absolut-, Unterschieds- und Schmerzschwelle. Unter der Absolutschwelle ist der Wert eines physikalischen Reizparameters wie Intensität oder Frequenz zu verstehen, bei dem die Wahrnehmbarkeit gerade ein- oder aussetzt. Die Unterschiedsschwelle kennzeichnet denjenigen Zuwachs eines Reizparameters zwischen zwei Reizen, der zur Wahrnehmung eines »eben merklichen Unterschiedes« führt. Weber fand heraus, daß der Quotient von Unterschiedsschwelle ΔS und Bezugsreiz S über den gesamten wahrnehmbaren Bereich eines Reizparameters S nahezu konstant ist. Dieser Zusammenhang wird als Webersches Gesetz bezeichnet und lautet als Formel: $\Delta S/S = k$. Die Konstante k heißt dabei »Weberbruch«; sie kennzeichnet die Auflösung eines Sinnessystems hinsichtlich eines Reizparameters. Niedriges k bedeutet hohe Auflösung oder Genauigkeit. In *Tabelle 1* geben wir einige wichtige Weberbrüche an.

Fechner erkannte, daß eine Formel für den Zusammenhang von Reiz und Empfindung nicht nur ein physikalisches Maß für den Reiz, sondern auch ein psychologisches Maß für die Empfindung erfordert. Für letzteres schlug er vor, der Empfindung, die der Absolutschwelle des Reizes entspricht, die Maßzahl null zuzuordnen. Als Einheit sollte dann die Empfindung des eben merklichen Unterschiedes dienen. Dadurch ergab sich das psychologische Maß für die Stärke einer Empfindung als Zahl der Unterschiedsschwellen zwischen der Absolutschwelle und dem Wert des Reizparameters, der die Empfindung auslöst. Mit dieser Meßvorschrift für die Empfindung läßt sich aus dem Weberschen Gesetz der Zusammenhang $R = \log S + C$ zwischen Empfindung R und Reizparameter S herleiten. (C ist dabei eine Integrationskonstante.) Er wird als Weber-Fechnersches Gesetz bezeichnet und behauptet einen logarithmischen Zusammenhang zwischen Reiz und Empfindung. Aus systemtheoretischer Perspektive erscheint eine solche Charakteristik besonders vorteilhaft für ein Meßgerät oder Sinnessystem, das auf die Variation von Eingangsgrößen über mehrere Zehnerpotenzen hinweg angemessen reagieren muß.

Eine weitere wichtige Erkenntnis der Psychophysik des neunzehnten Jahrhunderts ist das Gesetz der spezifischen Sinnesenergie

Parameter	Wert
Adäquater Reiz	Elektromagnetische Schwingungen Wellenlänge 400–700 nm Frequenz 430–750 THz
Regelungsprozesse	Akkomodation (Schärfe) Konvergenz (Fusion Doppelbilder) Pupille (Eingangsenergie) Adaptation (Empfindlichkeit) Augen-, Kopf-, Körperbewegungen (Inputselektion durch Fixation)
Adaptationszeit	dunkel – hell: 1 s, max. 15–60 s hell – dunkel: max. 30–45 min
Absolutschwelle	Tagessehen 10^{-14} W Nachtsehen 2 … 6 * 10^{-17} W
Weberbruch Intensität	0,016
Weberbruch Frequenz	0,004
Absolut unterscheidbar	3–7 Intensitäten, 12–13 Frequenzen
Schmerzschwelle	Intensität 120 dB über Absolutschwelle
Räumliche Auflösung	1 Bogenminute (foveal, Helligkeit und Kontrast hoch)
Zeitliche Auflösung	15–20 ms (abhängig von Ermüdung und Intensität; Problem des Flimmerns)
Korrespondenz Reizparameter zu Sinnesqualität	Intensität – Helligkeit Frequenz (rein) – Farbe Frequenzgemisch – Sättigung

Tab. 1 Elementare Eigenschaften der visuellen Wahrnehmung

von Johannes Müller (vgl. Kap. »Physiologie«, S. 162). Es besagt, daß die Modalitäten der Wahrnehmung, also Sehen, Hören, Tasten, Riechen und Schmecken, nicht auf Eigenschaften der physikalischen Reize und auch nicht auf besonderen Eigenschaften der mit ihrer Verarbeitung befaßten Nervenzellen beruhen, sondern erst durch Interpretationsprozesse in höheren Zentren des Gehirns entstehen.

Sehen und Hören sind die Sinnesmodalitäten, mit denen der Mensch die meiste verhaltenssteuernde Information über seine Umwelt gewinnt. Sie werden deshalb auch als die »höheren« Sinne bezeichnet und wurden weitaus intensiver erforscht als die »niedereren« Sinne. Aus Platzgründen werden wir deshalb hier nur noch die visuelle Wahrnehmung, das Sehen, etwas eingehender behandeln.

Visuelle Wahrnehmung

Netzhautbild und erste Verarbeitungsstufen

Die psychologische Analyse des Sehens geht üblicherweise davon aus, daß sich unsere gesamte visuelle Welt durch das »Nadelöhr« des Auges hindurch erschließt. Das Auge ist wie eine Kamera aufgebaut, und wir wissen relativ gut, was hier vor sich geht. Cornea (Hornhaut), vordere Augenkammer, Linse und Glaskörper entwerfen ein reelles, verkleinertes und umgekehrtes Bild auf einer Rezeptorfläche, der Retina (Netzhaut). Das psychologische Grundproblem des Sehens läßt sich nun wie folgt formulieren: Wir sehen offensichtlich kein flächiges Netzhautbild, sondern dreidimensionale, bewegte Gegenstände oder Vorgänge im Raum. Die gesamte Information, die all dem zugrunde liegt, muß jedoch in den beiden Netzhautbildern des paarigen Sinnesorgans gegeben sein und daraus gewonnen werden.

Für die Wahrnehmungspsychologie ist besonders interessant, daß wir uns normalerweise dessen gar nicht bewußt sind, daß wir mit dem Auge sehen. Ludwig Wittgenstein (1964, 5.633) formulierte das so: »Aber das Auge siehst du wirklich nicht. Und nichts am Gesichtsfeld läßt darauf schließen, daß es von einem Auge gesehen wird.« Der Inhalt der Wahrnehmung wird offensichtlich vom Netzhautbild angeregt, dann im kognitiven System erzeugt, dessen »Hardware« das Gehirn darstellt, und schließlich wieder in den

Außenraum hinausprojiziert, in dem wir die Objekte wahrnehmen. Die Psychologie fragt nun, wie aus den Eigenschaften der beiden Netzhautbilder die wahrgenomme Welt entsteht.

Eine anatomische Skizze des Sehsystems von den Augen bis zum visuellen Cortex (Sehzentrum) im Hinterkopf zeigt *Abbildung 1*. Sie entspricht einem waagrechten Schnitt durch den Schädel in

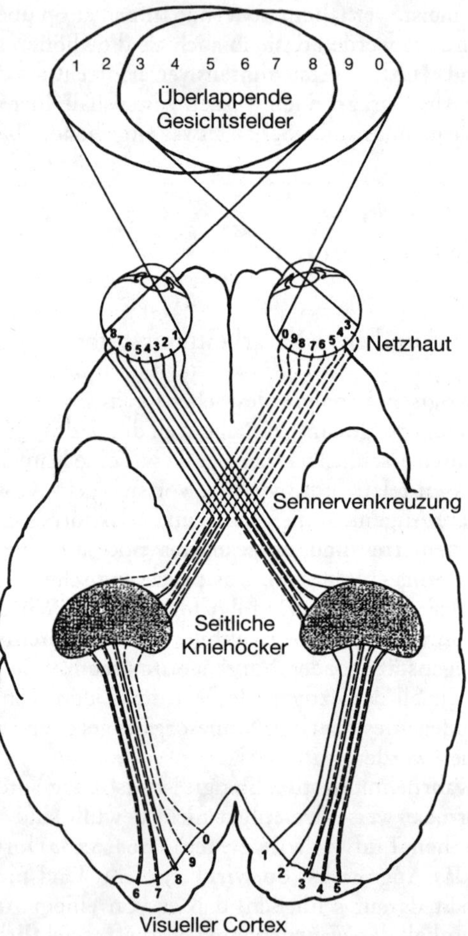

Abb. 1 Anatomische Skizze des visuellen Systems vom Auge bis zum visuellen Cortex (aus Lindsay & Norman, 1981)

Augenhöhe. Wir wollen nun den Weg einer Information von einem Punkt der Außenwelt bis zum Sehzentrum verfolgen.

Zunächst werden die Außenweltpunkte nach den Regeln der geometrischen Optik auf die Netzhaut beider Augen projiziert. Die Ziffern in der Abbildung verdeutlichen die Zuordnung im Detail. Die Netzhaut enthält ein Feld dichtgepackter Sinneszellen, die, jede an ihrem Ort, selektiv auf Intensität und Frequenz des einfallenden Lichtes reagieren. Sie geben Nervenimpulse ab, die auf den in der Abbildung 1 gezeichneten Bahnen in den visuellen Cortex übertragen werden. Die linke Gesichtsfeldhälfte beider Augen (Ziffern 1–5) wird dabei in die rechte Gehirnhälfte, die rechte Gesichtsfeldhälfte (Ziffern 6–0) in die linke Gehirnhälfte abgebildet. Gleiche Ziffern kennzeichnen sogenannte korrespondierende Netzhautpunkte, deren Signale jeweils von beiden Augen an der gleichen Stelle im Cortex ankommen.

Nur wenn die einzelnen Außenweltpunkte auf korrespondierende Netzhautpunkte abgebildet werden, können die Signale beider Augen zu einem einzigen Wahrnehmungseindruck vereinigt werden. Man nennt das Fusion. Normalerweise stellt die Augenmotorik dies sicher. Wird sie gestört, etwa durch Krankheit (Schielen), Verletzung oder Alkoholeinfluß, entsteht das Doppelsehen, bei dem der visuelle Cortex nicht mehr imstande ist, die Signale beider Augen zu einem Bild zu verschmelzen.

Das Bild im visuellen Cortex ist »retinotop«, entspricht also noch, bis auf geometrische Verzerrungen, dem Netzhautbild. Die weitere Verarbeitung ist in unserer Abbildung 1 nicht mehr wiedergegeben. Sie enthält sehr viele, je nach Inhalt der Wahrnehmung verschiedene, Teilfunktionen, die von vielen, über die gesamte Hirnrinde verteilten Arealen ausgeführt werden. Am Anfang steht das Gewinnen von Konturen und Flächen im Netzhautbild, später folgt das Identifizieren von Objekten und ihre Lokalisierung in Außenraumkoordinaten. Spezielle Objekte, beispielsweise ein lesbarer Text, werden auch in speziellen Gehirnarealen, etwa im visuellen Wortcortex, identifiziert. Auch für das Erkennen von Gesichtern sind spezialisierte Areale bekannt.

Einen stark vergrößerten, schematischen Ausschnitt des Augenhintergrundes zeigt *Abbildung 2* (siehe S. 234). Hier sind exemplarisch drei (von insgesamt etwa 120 Millionen) Sinneszellen wiedergegeben, und zwar für das Farbsehen zuständige Zapfen. Sie sind Signalwandler, erzeugen also vom Lichteinfall abhängige Impulse in den nachfolgenden Nervenzellen. Schon in der Retina bestehen

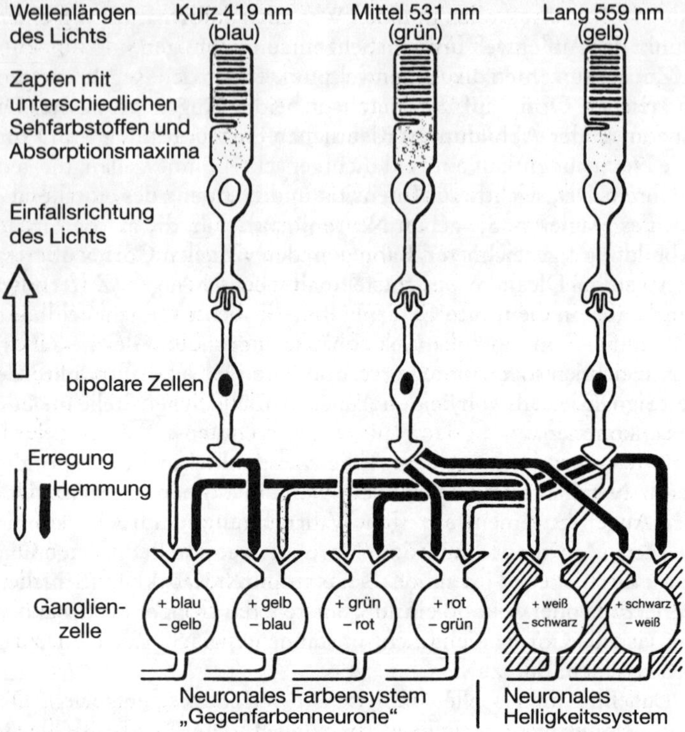

Abb. 2 Schematische Darstellung von Netzhaut und neuronalen Systemen für Helligkeit und Farben (aus Birbaumer & Schmidt, 1990)

ein Schwarz-Weiß- und ein Farbsystem. Während drei Typen von Zapfen jeweils für bestimmte Wellenlängen sensibilisiert sind, werden die von ihnen ausgehenden Nervenimpulse in einem nachfolgenden Helligkeitssystem in Helligkeitsinformationen und in zwei Gegenfarbensystemen in die Farbkomponenten Rot-grün und Gelb-blau umgesetzt.

Elementare Eigenschaften der visuellen Wahrnehmung

Die visuelle Wahrnehmung hat eine Reihe elementarer Eigenschaften. Diese sind in *Tabelle 1* (S. 230) zusammengestellt. Dabei ist zunächst das Phänomen des adäquaten Reizes zu besprechen. Für jedes Sinnessystem gibt es eine Form physikalischer Energie, auf die es optimal abgestimmt ist, so daß es ihr Information entnehmen kann. Beim Auge sind dies elektromagnetische Schwingungen mit einer Wellenlänge von 400–700 Nanometern (ein Nanometer ist ein Milliardstel Meter, als Formel geschrieben: 1 nm = $1*10^{-9}$ m).

Die visuelle Wahrnehmung funktioniert nur dank einer Reihe von Regelungsprozessen am Sinnesorgan Auge. Zunächst einmal muß das Netzhautbild unabhängig von der Gegenstandsentfernung scharf sein. Nach den Gesetzen der geometrischen Optik setzt dies eine entfernungsabhängige Regelung der Brennweite des bildgebenden Systems (Hornhaut, vordere Kammer, Linse und Glaskörper) voraus. Unser Sehsystem verfügt hier über eine »automatische Scharfeinstellung«, wie man sie für technische Systeme (Foto- und Videokameras) erst in den jüngsten Jahrzehnten zu bauen gelernt hat. Man nennt sie beim Auge Akkommodation.

Ein zweiter wichtiger Regelungsprozeß ist die Konvergenz. Unsere Augenachsen müssen ständig so eingestellt werden, daß die einzelnen Außenweltpunkte zumindest für die jeweils fixierten Objekte auf korrespondierende Netzhautpunkte abgebildet werden (vgl. *Abbildung 1*, S. 232). Andernfalls ließen sich die Netzhautbilder der beiden Augen im Gehirn nicht vereinigen und es käme zum Doppelsehen.

Schließlich haben wir eine sehr wirksame Energieregelung. Die Energiemenge, die unser Auge benötigt, um bei Nacht überhaupt noch anzusprechen, ist sehr gering. Andererseits ist die Maximalenergie, die bei vollem Mittagssonnenschein in unser Auge eindringen kann und die es noch erträgt, außerordentlich hoch. Zwei Mechanismen sorgen dafür, daß die Empfindlichkeit des Sehsystems bei jeder Lichtmenge für eine optimale Wahrnehmung eingestellt wird. Es ist die Regelung des Pupillendurchmessers, die erst einmal die eintretende Lichtmenge steuert, und die Adaptation, eine sehr leistungsfähige Empfindlichkeitseinstellung der Netzhaut.

Eine weitere Regelung basiert auf Augen-, Kopf- und Körperbewegungen. Unser alltägliches Verhalten besteht aus ständigen Handlungsplänen, in deren Verlauf wir bestimmte Dinge wahrnehmen müssen oder wollen und andere nicht. Das erreichen wir dadurch, daß wir bestimmte Orte in der Außenwelt mit den Augen fixieren. Wir stellen also unsere Augenachsen so ein, daß die Dinge, die sich im Zentrum unserer Aufmerksamkeit befinden, auch auf korrespondierende Netzhautpunkte an der Stelle des schärfsten Sehens (Fovea centralis) in beiden Augen abgebildet werden. Dabei ist interessant, daß auch Dinge, die in einem bestimmten Augenblick überhaupt nicht im Netzhautbild enthalten sind und deshalb auch visuell nicht verarbeitet werden, dennoch kognitiv in einer eigentümlichen Weise präsent sein können. Bei der Wahrnehmung von Gegenständen sind wir uns auch deren verdeckter Seiten bewußt. Am Rande unseres Gesichtsfeldes geht unsere wahrgenommene Umgebung unmerklich in unsere gewußte Umgebung über.

Die Empfindlichkeit des visuellen Systems für Farb- und Helligkeitsunterschiede geben die in *Tabelle 1* (s. S. 230) enthaltenen Weberbrüche wieder. Es zeigt sich, daß der Weberbruch für Frequenzen wesentlich kleiner ist als für Intensitäten, so daß wir Farbunterschiede wesentlich besser wahrnehmen können als Helligkeitsunterschiede. *Tabelle 1* zeigt auch, daß die Zahl absolut unterscheidbarer Reizausprägungen wesentlich kleiner ist, als der jeweilige Weberbruch erwarten ließe. So ist die Anzahl absolut unterscheidbarer Intensitäten oder Farben relativ gering. Wenn kein Simultanvergleich möglich ist, können wir absolut nur etwa zwölf bis dreizehn Farben unterscheiden. Relativurteile der Farbwahrnehmung sind also außerordentlich genau, Absoluturteile verblüffend ungenau.

Der Raum in der visuellen Wahrnehmung

Eine der wichtigsten Fragen bei der Erforschung der visuellen Wahrnehmung gilt der Wiedergewinnung des Raumes, der dritten Dimension, die in den beiden flächigen Netzhautbildern der beiden Augen nicht unmittelbar enthalten ist. Folgende Mechanismen werden hier wirksam.

1. Nach den Regeln der geometrischen Optik kann die Augenlinse zu einem Zeitpunkt immer nur Objekte in einer ganz bestimmten Entfernung scharf abbilden. Diese Entfernung wird ständig unbewußt nachgeregelt. Man nennt das Akkomodation. Die Aktivierung der entsprechenden Muskeln ist ein Maß für die jeweils scharf eingestellte Entfernung. Herrschende Lehre ist jedoch, daß diese Quelle der Entfernungsinformation nicht ausgewertet wird.

2. Wie schon ausgeführt, können die Netzhautbilder beider Augen nur dann zu einem einzigen Wahrnehmungsbild verschmolzen (fusioniert) werden, wenn die Abbildung der einzelnen Außenweltpunkte auf korrespondierende Netzhautpunkte fällt. Das bedeutet,

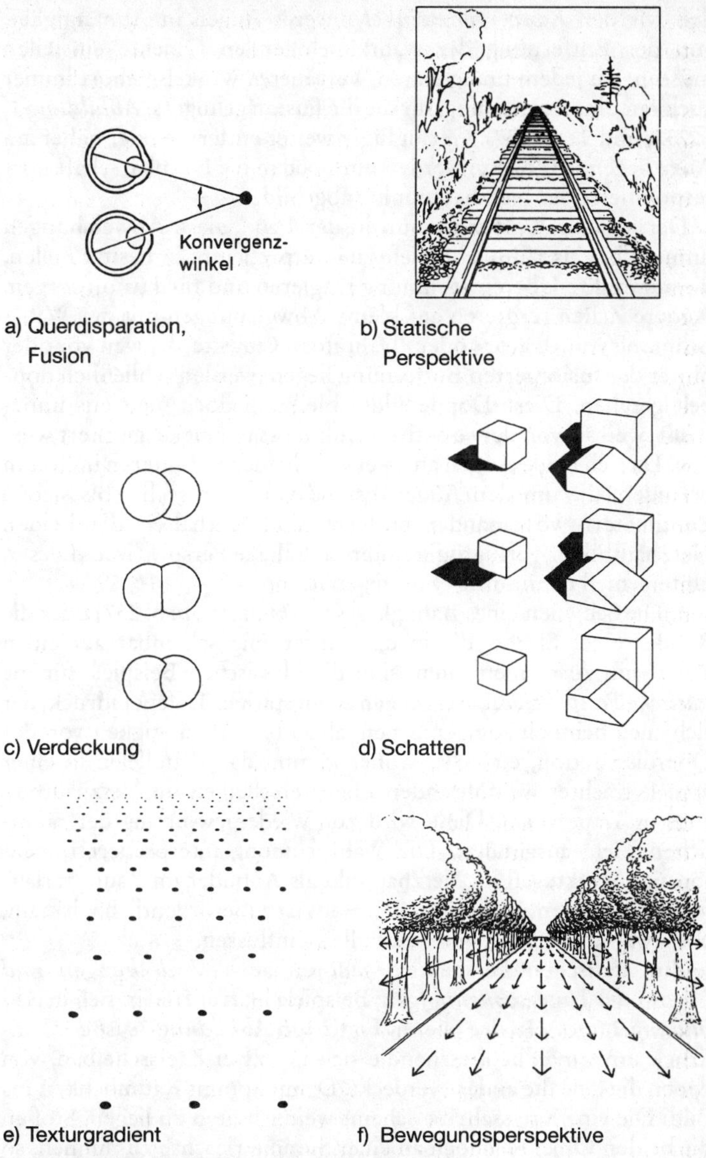

Abb. 3 Mechanismen des Tiefensehens (nach Gibson, 1973b; Haber & Hershenson, 1980; Lindsay & Norman, 1981)

daß wir den *Konvergenzwinkel* unserer Augen in Abhängigkeit von der Entfernung der wahrzunehmenden Objekte einstellen müssen. Zu jedem brauchbaren Wert dieses Winkels gehört immer auch nur eine Entfernung, für die die Fusion gelingt (s. *Abbildung 1*, S. 232, und *3a*, S. 237). Geringfügig weiter entfernte oder näher am Auge liegende Objekte werden nur noch in die Nachbarschaft korrespondierender Netzhautpunkte abgebildet.

Der visuelle Cortex ist nun in der Lage, diese Abweichungen unmittelbar als räumliche Tiefe zu interpretieren. Er besitzt Zellen, die auf exakte Übereinstimmung reagieren und für Fusion sorgen. Andere Zellen reagieren auf kleine Abweichungen mit der Wahrnehmung von »Davor« oder »Dahinter«. Objekte, die weit vor oder hinter der fusionierten Entfernung liegen, werden schließlich doppelt gesehen. Diese Doppelbilder bleiben jedoch meistens unbewußt, weil sie von der selektiven Aufmerksamkeit ausgefiltert werden. Da sich beide Augen an zwei verschiedenen Punkten im Raum befinden, die um den Augenabstand von etwa sechs bis sieben Zentimetern voneinander entfernt sind, enthalten die beiden Netzhautbilder geringfügig unterschiedliche Perspektiven. Diesen Unterschied nennt man Querdisparation.

3. Die Schienen eines Bahngleises (*Abbildung 3b*, S. 237) oder die Ränder einer Straße, die in der Entfernung scheinbar auf einen Punkt hin zusammenlaufen, sind die klassischen Beispiele für die *statische Perspektive*. Sie erzeugen einen starken Tiefeneindruck, der sich auch beim einäugigen Sehen, also ohne Abhängigkeit von der Querdisparation, einstellt. Woher kommt das? Parallelen in einer vom Betrachter wegführenden Ebene erscheinen im Netzhautbild stets in Trapezform. Diese wird zur Wiedergewinnung der räumlichen Tiefe ausgenutzt. Die Wahrnehmung interpretiert trapezförmige Strukturen im Netzhautbild als Abbilder im Raum verlaufender Parallelen. Dieser Mechanismus ist außerordentlich wirksam, und zwar unabhängig von kulturellen Einflüssen.

Zur statischen Perspektive gehören auch *Verdeckungen und Über- oder Unterschneidungen*; Beispiele hierfür finden sich in *Abbildung 3* (s. o.). In der oberen Figur von *Abbildung 3c* ist der Eindruck unvermeidlich, es handle sich um zwei Kreisscheiben, von denen die eine die andere verdeckt. Damit kommt Räumlichkeit ins Bild: Die eine Kreisscheibe scheint weiter hinten zu liegen. Stoßen die beiden Objekte jedoch an einer Symmetrieachse zusammen, so verschwindet dieser Effekt (*mittlere Figur in Abbildung 3c*). Die untere Figur in *Abbildung 3c* zeigt schließlich, daß die verdeckende

Figur nicht unbedingt »einfach« sein muß, um die Wahrnehmung eines räumlichen Hintereinander zu erzeugen.

4. Auch die *Verteilung von Licht und Schatten* gehört zur geometrischen Perspektive. Für die Entstehung eines räumlichen Eindrucks ist sie außerordentlich wirksam. Von Gegenständen geworfene Schatten werden von der Wahrnehmung sehr genau ausgewertet. Das Pult und der Quader in der oberen Figur von *Abbildung 3d* werden als unmittelbar nebeneinander liegend wahrgenommen, weil der Schatten genau in der oberen rechten Ecke des Pultes beginnt. Schon bei einer kleinen Versetzung des Schattens sieht man zwischen diesen beiden Objekten einen Abstand (*mittlere Figur in Abbildung 3d*). Der Würfel in *Abbildung 3d* wird als auf einer Unterlage liegend wahrgenommen, wenn der Schatten einer wahrgenommenen oder in der Wahrnehmung erschlossenen Lichtquelle unmittelbar an den Ecken ansetzt (*obere Figur*). Wenn dies jedoch nicht der Fall ist, scheint der Körper über der Fläche, auf die der Schatten fällt, zu schweben (*mittlere Figur*).

5. Ein sehr wirksamer Mechanismus des Tiefensehens ist ferner der sogenannte *Texturgradient*. Der Wahrnehmungspsychologe Gibson hat betont, daß praktisch alle festen Oberflächen im Raum eine feine Struktur aufweisen. Er bezeichnete sie als Textur. Die Abbildung der Textur auf die Netzhaut hängt in charakteristischer Weise mit der räumlichen Erstreckung einer Fläche zusammen. Eine ebene Fläche, die sich vom Betrachter entfernt, erzeugt ein Netzhautbild wie in *Abbildung 3e*. Hier sind keinerlei Kanten oder Konturen sichtbar, sondern lediglich Texturelemente, und doch ist der Eindruck räumlicher Tiefe außerordentlich stark. Die gezeigte Veränderung der Texturelemente in der Bildfläche nannte Gibson Texturgradient. Er war der Meinung, daß Texturgradienten bereits auf der Netzhaut eine unmittelbare Tiefenwahrnehmung erzeugten.

6. Ein weiterer Faktor für räumliches Sehen ist die *Luftperspektive*. Sie besteht darin, daß wahrgenommene Objekte bei großen Entfernungen (mehr als 50 bis 100 Meter) etwa in Stadtlandschaften und in natürlicher Umgebung an Farbintensität und Kontrast verlieren. Ihre Oberflächenfarben erscheinen nach blau-grau verschoben. Dieser Effekt steigt mit wachsender Entfernung, wie man vor allem bei Wanderungen im Gebirge leicht feststellen kann.

7. Wenn sich ein Betrachter in einer feststehenden Umgebung oder Landschaft bewegt, dann wandern auch die einzelnen Punkte des Netzhautbildes über die Netzhaut. Diese Bewegung folgt nach den Regeln der geometrischen Optik gesetzmäßig aus der *Bewe-*

gung des Betrachters. Abbildung 3f (s. o., S. 237) verdeutlicht dies. Die Vektorpfeile geben die Bewegung der Netzhautbildpunkte nach Betrag und Richtung für eine Person an, die auf der gezeichneten Straße in Richtung Horizont fährt und den Fluchtpunkt fixiert. Sie bilden insgesamt ein Vektorfeld, in dem gesetzmäßige Zusammenhänge bestehen. Dazu gehört, daß der Bewegungsvektor genau an der Stelle den Betrag Null hat, die dem Punkt der Außenwelt entspricht, den der bewegte Betrachter fixiert.

Bei diesem Beispiel sind wir von einem bewegten Beobachter in einer ruhenden Umgebung ausgegangen. Wann sehen wir nun aber *Objekte der Außenwelt als bewegt*? Eine grobe erste Antwort lautet: Ein Objekt wird dann als bewegt wahrgenommen, wenn der Bewegungsvektor seines Netzhautbildes aus dem Feld der Bewegungsvektoren für den gesamten Raum herausfällt, wenn also ein Bewegungsvektor einen anderen Betrag oder eine andere Richtung zeigt, als seine unmittelbare Umgebung. Durch die Auswertung von Unstetigkeiten im Vektorfeld lassen sich also bewegte Objekte erkennen.

Wahrnehmungspsychologische Theorien

Gestalttheorie

Jede große psychologische Schule hatte ihr Feld besonderer Themen, Interessen und Leistungen. So waren klassischer Assoziationismus und Behaviorismus in erster Linie Lerntheorien (s. Kap. »Lernen«). Die Gestaltpsychologie war im Kern Theorie der visuellen Wahrnehmung. Man kann sie etwa auf den Zeitraum von Christian von Ehrenfels' Schrift ›Über Gestaltqualitäten‹ (1890) bis zu den späten Arbeiten Wolfgang Metzgers in den fünfziger Jahren unseres Jahrhunderts datieren. Sie war ein wesentlicher, vielleicht sogar der wichtigste Beitrag aus dem deutschen Sprachraum zur internationalen psychologischen Wissenschaft.

Die Grundaussage der Gestalttheorie zur visuellen Wahrnehmung lautet: Es muß erklärt werden, wie sich aus der flächigen Verteilung von Farb- und Helligkeitswerten im Netzhautbild Ordnung und Struktur herausbilden, so daß sich die Gegenstände der Außenwelt schließlich als solche erkennen lassen. Die Gestalttheorie definiert dazu ein fundamentales Begriffspaar: *Figur und Grund*. Aufgabe der

Wahrnehmung ist es, die Verteilung von Farb- und Helligkeitswerten auf der Retina so zu interpretieren, daß sich die »Figuren« vom »Grund« ablösen. Was sich als Figur abhebt, entspricht in den meisten Fällen einem objektiven Gegenstand. Was in der Wahrnehmung zum Grund wird, ist in der Wirklichkeit Hintergrund oder Zwischenraum zwischen den Gegenständen. Damit ist das Forschungsprogramm der Gestaltpsychologie umrissen: Man muß nach Gestaltgesetzen suchen, die als Naturgesetze der Wahrnehmung erklären, welche Reizbestandteile zur Figur, welche zum Grund werden. Die wichtigsten davon sollen nun kurz besprochen werden.

Gestaltgesetze

1. In *Abbildung 4a-a* (s. u., S. 242) sehen wir 5 mal 3 Punkte, die aufgrund ihrer Nähe als 3 waagerechte Linien wahrgenommen werden. Daneben sind wiederum 15 Punkte abgebildet, aber jetzt sehen wir 5 senkrechte Strukturen und nicht 3 waagerechte. Dies ist eine Illustration des *Gesetzes der Nähe*. Es besagt, daß wir bei einer solchen Punktmatrix nicht einfach 15 einzelne Punkte wahrnehmen, sondern eine Ordnung induzieren. Allgemein gilt: Gering voneinander entfernte Gegebenheiten schließen sich zur Figur zusammen, größere Zwischenräume werden zum Hintergrund.

2. *Abbildung 4 a-b* zeigt eine Matrix aus 6 mal 6 gefüllten und leeren schwarzen Quadraten. Die Abstände sind zeilen- und spaltenweise gleich. Nach dem Gesetz der Nähe sollten hier ebenso gut Zeilen wie Spalten gesehen werden. Nach dem *Gesetz der Ähnlichkeit* schließen sich gleiche oder ähnliche Objekte zusammen. Deshalb sehen wir hier Zeilen, weil die Quadrate immer zeilenweise entweder gefüllt oder leer sind.

Wenn man ein Objekt wie in *Abbildung 4a-c* betrachtet, sieht man zwei Sinuslinien, von denen die eine senkrecht und die andere waagrecht verläuft. Logisch ist das keineswegs zwingend. Rein objektiv könnten die Winkel A O C und B O D als konstitutiv für die Interpretation der Figur gelten, und man würde etwa zwei gebogene Drähte sehen, die am Scheitel ihrer rechten Winkel im Punkt O zusammenstoßen. Das entsprechende Gestaltgesetz ist das der *guten Fortsetzung*. Es besagt, daß für einen derartigen Reiz immer die Interpretation gewählt wird, die mit den wenigsten »Knicken« oder Winkeln auskommt. Linien, die in einem Kreuzungspunkt wie O einen Winkel von 180° bilden, werden als Fortsetzungen eines Objektes wahrgenommen. Nach dem Gesetz der guten Fort-

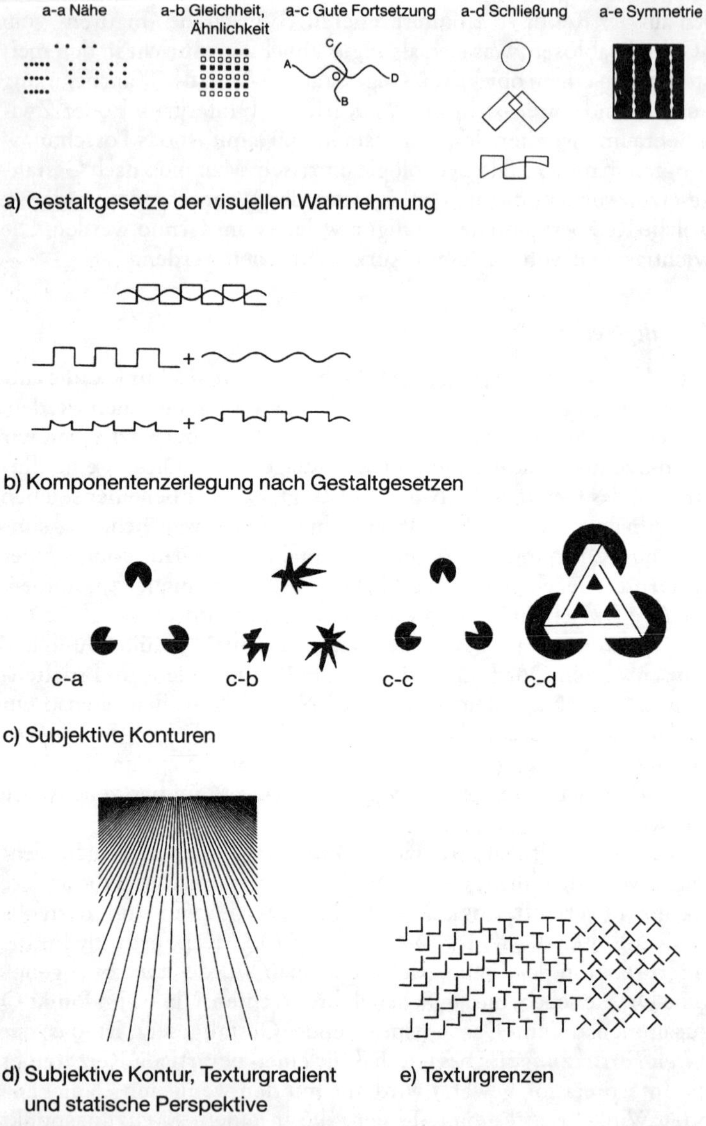

Abb. 4 Einige Prinzipien und Phänomene der visuellen Wahrnehmung (nach Gibson, 1973b; Haber & Hershenson, 1980)

setzung hat die Figur in *Abbildung 4b* eine Rechteck- und eine Sinuslinie als Komponenten. Die logisch ebenso mögliche Komponentenzerlegung unten in *Abbildung 4b* ist nicht wahrnehmbar.

4. Laufen Linien gekrümmt oder als Vielecke in sich zurück, so wird das Innere des Gebildes zur Figur, das Äußere zum Grund. Das funktioniert auch noch bei nicht vollständig geschlossenen Linienzügen. Diese werden in der Wahrnehmung ergänzt, also geschlossen, so daß das Innere zur Figur werden kann (*obere Figur in Abbildung 4a-d*).

Diese Tendenz zur Schließung geht bis zur regelrechten *Bildung subjektiver Konturen*: In *Abbildung 4c-a* sind drei schwarz gefüllte Kreise mit je einem weißen Sektor abgedruckt. Die Kreismittelpunkte werden jedoch als Eckpunkte eines weißen Dreiecks wahrgenommen, das über dem Papier zu schweben scheint (Kanisza-Dreieck). Obwohl es auf dem Papier und daher auch im Netzhautbild keine Helligkeitsveränderung gibt, die den Seiten des Dreiecks entsprechen würde, sind diese Seiten für die Wahrnehmung massiv vorhanden. Sie werden daher als subjektive Konturen bezeichnet. In *Abbildung 4c-b* wird ihre Wahrnehmung durch die gezackte Form der schwarzen Elemente etwas erschwert, aber keineswegs verhindert. In *Abbildung 4c-c* erzwingt die Lage der weißen Sektoren die Wahrnehmung gekrümmter Dreiecksseiten. In *Abbildung 4c-d* schließlich führen zusätzliche perspektivische Elemente zur räumlichen Wahrnehmung einer »unmöglichen Figur«, die subjektive Konturen als Kanten besitzt. Subjektive Konturen entstehen auch an den Grenzen zwischen Flächen mit unterschiedlicher Richtung der Texturelemente (in *Abbildung 4e* an der Grenze zwischen den senkrechten und den schrägen »T«, hingegen nicht an der Grenze zwischen den senkrechten »T« und »L«).

5. Wenn symmetrische und asymmetrische Strukturen miteinander verbunden werden, wie es etwa *Abbildung 4a-e* zeigt, so werden nach dem *Gesetz der Symmetrie* die symmetrischen Teile eher zur Figur, die asymmetrischen eher zum Grund. Nach dem *Gesetz der Umschließung* werden umschlossene und kleinere Flächen zur Figur, umschließende, größere Flächen zum Grund. In *Abbildung 4a-e* wirken deshalb zwei Gesetze gegeneinander. Nach dem Gesetz der Umschließung sollte Schwarz zur Figur werden, Weiß zum Grund. Innerhalb dieses Quadrates sind jedoch die Begrenzungen der weißen Flächen symmetrisch. Hier dominiert nun das Gesetz der Symmetrie, so daß symmetrische weiße Säulen vor einem schwarzen Hintergrund gesehen werden.

Würdigung

Mit ihrem schier unerschöpflichen Vorrat kreativ ausgedachter Zeichnungen und Bildbeispiele und mit der Anschaulichkeit und Plausibilität der Gestaltgesetze fasziniert die Gestaltpsychologie bis heute. Darüber hinaus enthält sie attraktive theoretische Grundideen. Sie geht über die Psychophysik in einem psychologischen Sinne hinaus, indem sie nicht nur nach dem Zusammenhang zwischen physikalisch beschriebenen Reizen und zugehörigen Erlebnissen fragt, sondern auch nach gesetzmäßigen Zusammenhängen innerhalb der Wahrnehmungserlebnisse selbst.

Sie überwindet dabei den auch in der Psychologie lange wirksamen Atomismus des neunzehnten Jahrhunderts, wonach das komplexe Ganze stets als die Struktur oder das Zusammenwirken (nicht unbedingt nur die »Summe«) seiner Teile zu erklären ist. Sie kehrt die Betrachtungsweise vielmehr um: Das Teil geht dem Ganzen nicht als dessen Grundlage voraus. Was zum Ganzen, was zum Teil wird, ergibt sich vielmehr erst in einem dynamischen Prozeß innerhalb des gesamten Wahrnehmungsfeldes. Ganzes und Teil interagieren: Das Ganze bestimmt, was zum Teil wird und wie es aussieht, und die Konfiguration der so bestimmten Teile definiert schließlich das Ganze.

Dennoch ist das Programm der Gestaltpsychologie an Grenzen gestoßen, die seine Entwicklung zu einer »reifen« Theorie verhinderten. Zum einen ließ sich die Brücke zu neurobiologischen Erkenntnissen über das Nervensystem nie wirklich schlagen, zum anderen ließen sich die Gesetze nie allgemein und präzise quantifizieren. Das Programm ist deshalb heute Geschichte. Die Wahrnehmungsforschung hat zwei neue Zugänge: Die Neurobiologie untersucht mit »High-tech«-Methoden, was die Nervennetzwerke des Gehirns wirklich tun, und die Theorie der menschlichen Informationsverarbeitung benutzt das Begriffs- und Methodeninventar der Informatik zur Analyse der Wahrnehmung von den Sinnesorganen bis zu den Erlebnissen.

Sehen als Prozeß der Informationsverarbeitung

Die grundlegende Analyse der visuellen Wahrnehmung als Informationsverarbeitung findet sich in ›Vision‹ von David Marr (1982). Das Buch beginnt mit den Kriterien für eine zeitgemäße Wissenschaft vom Sehen. Es postuliert die Analyse auf drei verschiedenen Ebenen.

Zunächst bedarf es einer funktionalen Theorie (englisch: *computational theory*). Sie analysiert logisch-funktional, worin die Information eigentlich besteht, die berechnet werden muß, damit aus einem Netzhautbild mit den bekannten Eigenschaften die Wahrnehmung mit den ebenfalls im wesentlichen bekannten Eigenschaften entsteht. Schritt für Schritt und detailgenau ist herzuleiten, welcher Transformationen es bedarf, damit das eine in das andere überführt wird. Nach Marr läßt sich dies nur in Termini der Informationsverarbeitung, nicht in solchen der Physiologie oder der Biologie leisten.

Name der Stufe	Funktion	Elemente
Netzhautbild	Energieverteilung in der Fläche	Intensität, Frequenz an Rezeptorelementen
Primärskizze	Grundinformationen im zweidimensionalen Bild, Verteilung und Organisation von Intensitätsänderungen	Nulldurchgänge, Flecken, Anfänge, Enden, Kanten Diskontinuitäten, virtuelle Konturen, Gruppen, Grenzen
2 ½-D Skizze	Orientierung, Tiefe, Konturen und Diskontinuitäten von Oberflächen, betrachterzentriertes räumliches Koordinatensystem	Lokale Oberflächen-orientierung, Entfernung vom Betrachter, Diskontinuitäten in Tiefe und Oberflächen-orientierung
3-D Modell	Räumliche Beschreibung von Formen, modulare hierarchische Repräsentation volumetrischer Elemente, objektzentriertes räumliches Koordinatensystem	Dreidimensionale Modelle räumlicher Gebilde, räumliche Konfiguration typischer Achsen, volumetrische Grundformen

Tab. 2 Stufen der visuellen Informationsverarbeitung nach Marr (1982)

In einem zweiten Schritt müssen dann Algorithmen formuliert werden, die diese Transformationen berechnen. Im dritten Schritt ist schließlich zu untersuchen, wie die biologische »Hardware« diese Algorithmen tatsächlich ausführt, wie die informationsverarbeitenden Elemente, die wir kennen, die Nervenzellen und ihre Netzwerke, tatsächlich arbeiten. Hier ist dann interdisziplinäre Kooperation mit den Neurobiologen gefordert.

Marr nimmt an, daß in der visuellen Wahrnehmung modulare Verarbeitungsstufen bestehen, die »informationell eingekapselt« arbeiten, immer erst einen Input erhalten und dann einen Output liefern. Der Output vorangehender Stufen wird von nachfolgenden Stufen wieder als Input verarbeitet. Dabei gibt es eine Abfolge von drei Stufen jenseits des Netzhautbildes (s. *Tabelle 2*, S. 245).

Das Stufenschema Marrs geht von der Energieverteilung auf der Retina aus. Intensität und Frequenz lassen sich in den Koordinaten dieser Fläche beschreiben. Daraus wird eine Grundinformation gewonnen. Marr nennt sie Primärskizze. Sie ist durch Kantenanfänge und -enden, Diskontinuitäten, virtuelle Konturen und Grenzen gekennzeichnet. Die Primärskizze hat den Augenhintergrund als Koordinatensystem. Sie ist zweidimensional. Es folgt dann die sogenannte zweieinhalbdimensionale Skizze. In diesem Schritt werden Oberflächen identifiziert. Diese Skizze enthält Orientierung und Tiefe bei Oberflächen, Konturen und Diskontinuitäten sowie ein betrachterzentriertes räumliches Koordinatensystem, das sich mit uns mit bewegt.

Das tatsächliche Seherlebnis spielt sich meistens in dieser zweieinhalbdimensionalen Skizze ab. Der Sehvorgang endet aber letztlich im dreidimensionalen Modell. Hier werden die einzelnen Formen äußerer Objekte endgültig räumlich beschrieben. Es findet Objekterkennung statt, die alltäglichen Gegenstände werden hier repräsentiert. Dazu gehört auch, daß unabhängig von der Perspektive, in der uns ein Objekt gegeben ist, seine wirkliche Form bekannt ist oder rekonstruiert wird. Objekte werden dadurch erkannt, daß wir aus der Wahrnehmung erschlossene Formen mit denjenigen Formen vergleichen, die wir in einem dreidimensionalen Wissensmodell repräsentiert haben – leider verbietet sich hier ein eingehenderes Referat. Dazu muß auf die ausführliche, mit vielen Bildern und Berechnungen illustrierte Darstellung bei Marr (1982) selbst verwiesen werden.

Schlußbemerkung und Literaturhinweise

Wahrnehmung ist ein besonders umfangreiches Gebiet der Psychologie. Bei der Behandlung im hier vorgegebenen Umfang müssen selbst wichtigste Phänomene wie beispielsweise Farbwahrnehmung, Bewegungswahrnehmung, optische Täuschungen, Blickbewegung und wichtige Theorien wie die ökologische Wahrnehmungstheorie Gibsons gänzlich ausgelassen werden. Für alle diese Gebiete gibt es jedoch gute Lehrbücher und Monographien, von denen eine kurze Auswahl diesen Beitrag beschließen soll. Der unüberholbare Klassiker der Gestaltpsychologie ist Wolfgang Metzgers 1938 erstmals erschienenes Buch ›Gesetze des Sehens‹ (1953). Klassiker der englischsprachigen Lehrbuchliteratur sind Gregory (1994) sowie Haber und Hershenson (1980). Eine reich illustrierte und gut lesbare Gesamtdarstellung in deutscher Sprache gibt Rock (1985). Gibsons ökologische Wahrnehmungstheorie ist in den deutschen Übersetzungen zweier seiner Bücher (Gibson 1973a, 1973b) nachzulesen. Eine ausgewogene Darstellung klassischer Wahrnehmungspsychologie, des Informationsverarbeitungsansatzes und aktueller neurobiologischer Resultate geben in englischer Sprache Bruce, Green und Georgeson (1996).

Literatur

Birbaumer, Niels, Robert F. Schmidt (1990): *Biologische Psychologie*. Berlin, Heidelberg: Springer.

Bruce, Vicky, Patrick R. Green, Mark A. Georgeson (1996): *Visual perception. Physiology, psychology, and ecology* (3. Aufl.). Hove, East Sussex, UK: Psychology Press.

Carnap, Rudolf (1966): *Scheinprobleme in der Philosophie. Das Fremdpsychische und der Realismusstreit*. Frankfurt/M.: Suhrkamp.

Descartes, René (1965): *Meditationen über die Grundlagen der Philosophie*. Hamburg: Meiner (Original 1641).

Ehrenfels, Christian von (1890): Über »Gestaltqualitäten«. *Vierteljahresschrift für wissenschaftliche Philosophie*, 14. Nachdruck in: Ferdinand Weinhandl (Hg.) (1960): *Gestalthaftes Sehen*. Darmstadt: Wissenschaftliche Buchgesellschaft, 11–43.

Fichte, Johann G. (1794): Grundlage der gesammten Wissenschaftslehre als

Handschrift für seine Zuhörer. In: *Fichtes Werke*, hrsg. v. Immanuel H. Fichte 1845/1846, Nachdruck 1971, Bd. 1. Berlin: de Gruyter, 83–328.
Gibson, James J. (1973a): *Die Sinne und der Prozeß der Wahrnehmung*. Bern, Stuttgart: Huber.
Gibson, James J. (1973b): *Die Wahrnehmung der visuellen Welt*. Weinheim, Basel: Beltz.
Gregory, Richard (1994): *Eye and brain. The psychology of seeing* (4. Aufl.). Oxford: Oxford University Press (Original 1966).
Haber, Ralph N., Maurice Hershenson (1980): *The psychology of visual perception* (2. Aufl.). New York: Holt, Rinehart and Winston (Original 1980).
Lindsay, Peter H., Donald A. Norman (1981): *Einführung in die Psychologie. Informationsaufnahme und -verarbeitung beim Menschen*. Berlin: Springer.
Marr, David (1982): *Vision. A computational investigation into the human representation and processing of visual information*. New York: Freeman.
Metzger, Wolfgang (1953): *Gesetze des Sehens* (2. Aufl.). Frankfurt/M.: Kramer (Original 1938).
Rock, Irvin (1985): *Wahrnehmung: Vom visuellen Reiz zum Sehen und Erkennen*. Heidelberg: Spektrum der Wissenschaft.
Wittgenstein, Ludwig (1964): *Tractatus logico-philosophicus. Logisch-philosophische Abhandlung*. Frankfurt/M.: Suhrkamp (Original 1921).

2. Gedächtnis

Jürgen Straub

Einleitung

Es ist ein Gemeinplatz, daß das Leben des Menschen ohne Gedächtnis und Erinnerung nicht vorstellbar ist. Dies gilt nicht nur ganz allgemein für zahlreiche überlebenswichtige Verhaltensweisen, sondern speziell auch für viele psychische Funktionen wie beispielsweise das Lernen, das Wahrnehmen, Denken und Sprechen, für unsere Intentionen, Motive und Gefühle, schließlich für das Handeln.

Die moderne Gedächtnispsychologie schließt an eine lange Tradition in der Philosophie und anderen wissenschaftlichen Disziplinen an. Die Einsicht in die anthropologische Bedeutung von Gedächtnis- und Erinnerungsleistungen machte das alte Griechenland nicht zuletzt zur Geburtsstätte der Mnemonik oder Mnemotechnik, der *Gedächtniskunst*, die fortan in der abendländischen Geistesgeschichte entwickelt und vielfach ausdifferenziert werden sollte – bis hin zu den Beiträgen der wissenschaftlichen Psychologie (Yates 1990).

Als bahnbrechender, schulemachender Auftakt einer psychologischen Gedächtnisforschung, die sich wissenschaftlich-experimenteller Methoden bedient, gelten die Arbeiten von Hermann Ebbinghaus (1850–1909). Einige seiner Forschungen werden im nächsten Abschnitt vorgestellt. Daran schließen sich Ausführungen über die in vielerlei Hinsicht konkurrierenden Studien und theoretischen Überlegungen Frederic C. Bartletts (1866–1969) an. Diese gleichermaßen klassischen Beiträge sind nicht nur aus historischen Gründen erwähnenswert. Sie haben die psychologische Gedächtnisforschung das gesamte zwanzigste Jahrhundert hindurch geprägt und bilden noch heute Bezugspunkte aktueller Debatten (vgl. etwa Baddeley 1979). Die Abschnitte, in denen schließlich neuere Forschungen und Theorien besprochen werden, sollen dies verdeutlichen.

Ebbinghaus und das reproduktive Gedächtnis

Die wohl prominenteste Figur der psychologischen Gedächtnisforschung ist Ebbinghaus, der gemeinhin als Vater der experimentellen Untersuchung menschlicher Gedächtnis- und Erinnerungsleistungen gilt. Seine Experimente genießen längst den Status »klassischer« Untersuchungen (Schwartz 1988). Ebbinghaus war Forscher und Untersuchungsobjekt zugleich. Seine über Jahre hinweg an sich selbst durchgeführten Studien bildeten die Grundlage seiner bahnbrechenden Publikation ›Über das Gedächtnis‹ (Ebbinghaus 1885), deren Einfluß kaum überschätzt werden kann.

Ebbinghaus wollte Gedächtnis- beziehungsweise Erinnerungsleistungen als allgemeine und möglichst »reine« psychologische Funktionen untersuchen. Die Gesetzmäßigkeiten, nach denen der Pionier der experimentellen Psychologie suchte, sollten *unabhängig* von bisherigen Erfahrungen und Lernleistungen einzelner Personen, von subjektiven Orientierungen und Wissensbeständen aller Art gelten. Zunächst einmal mußten also die Gedächtnis*inhalte*, mit denen Ebbinghaus experimentierte, einer solchen Zielsetzung dienlich sein. Im Kontext der angestrebten empirisch-experimentellen Forschung durften die Gegenstände der Erinnerung auf keinen Fall so beschaffen sein, daß sie für manche Menschen bedeutsam sind, für andere nichtssagend und fremd.

Sinnlose Silben erfüllen, so nahm man an, diese Bedingung (weitestgehend). Sie galten zumindest lange Zeit als vergleichsweise künstliches Übungsmaterial, das für alle Versuchspersonen *gleichermaßen neu, neutral* und *nichtssagend* ist. Ebbinghaus, der erstmals mit solchem Material experimentierte, ging also davon aus, daß diese aus zwei Konsonanten und einem beliebigen Vokal zusammengesetzten Silben (wie etwa BOL, BUP, CEG, DAX, LOM, WUK, ZUP) gleichartige Reize für beliebige Versuchpersonen darstellen – »gleichartig« sowohl im Sinne ihrer (vermeintlichen) semantischen Leere als auch wegen ihres gemeinsamen Konstruktionsprinzips und ihrer gleichen Länge. Der Tatsache, daß sich kurze Wörter leichter als lange, semantisch gehaltvolle besser als bedeutungslose Ausdrücke, vertraute Wörter eher als selten gehörte Vokabeln merken lassen, war damit Rechnung getragen.

Das Auswendiglernen und Reproduzieren sinnloser Silben avancierte schnell zur Standardmethode der Gedächtnispsychologie. (Bereits Ebbinghaus experimentierte allerdings auch mit anderen

Materialien als einzelnen Wörtern.) An den Forschungen von Ebbinghaus lassen sich einige allgemeinere Aspekte des Vorgehens in vielen vor allem älteren, aber auch neueren experimentellen Untersuchungen aufzeigen. Das in solchen Experimenten eingesetzte Lern- oder Übungsmaterial besteht sehr häufig aus Serien oder Listen einzelner, gleich- oder verschiedenartiger Elemente, seien es nun sinnlose Silben oder Buchstaben, Zahlen, Worte oder beliebige Zeichenkombinationen. Dieses Material wird in aller Regel vom Versuchsleiter ausgewählt und vorgegeben. Letzteres geschieht unter standardisierten, kontrollierten und im Prinzip wiederholbaren Bedingungen. Die Versuchspersonen sind dann meistens dazu aufgefordert, das Material zu repetieren und auswendig zu lernen, um es zu einem variablen, ebenfalls vom Wissenschaftler festgelegten Zeitpunkt zu reproduzieren. Daher lautet die für diesen Typ experimenteller Gedächtnisforschung angemessene Bezeichnung *»reproduktive Gedächtnisforschung«*.

Ebbinghaus lernte in seinen Selbstversuchen zum sogenannten Listenlernen oder *seriellen Lernen* zunächst eine Reihe sinnloser Silben auswendig, indem er diese laut las und sodann aus dem Gedächtnis in der gegebenen Reihenfolge komplett zu reproduzieren versuchte. Die Anzahl der hierfür nötigen »Lautlese-Durchgänge« wurde festgehalten. Sobald das fehlerfreie Erinnern einmal gelungen war, war das für die angestrebte Bestimmung der Gedächtnis- oder Behaltensleistung erforderliche *Lernkriterium* erfüllt. Ebbinghaus ließ nun eine gewisse (variable) Zeit verstreichen – in der er sich teilweise auch durch das Erlernen anderer Listen ablenkte –, um sodann seine *Behaltensleistung* zu prüfen und zu quantifizieren.

Dies ging folgendermaßen vor sich: Gelang die Reproduktion des eingeprägten Materials bei diesen Prüfungen nicht fehlerfrei, begann Ebbinghaus von neuem mit dem Auswendiglernen und notierte nun die Anzahl der »Wiederholungs-Durchgänge«, die erforderlich waren, um das Lernkriterium wieder zu erfüllen. Anschließend berechnete er die Differenz zwischen den ersten Lautlese-Durchgängen und den Wiederholungs-Durchgängen. Da früher bereits eingeprägtes Material generell schneller auswendig gelernt werden kann, ist die besagte Differenz immer positiv. Die Größe des Unterschieds gibt das Maß *ersparter* Wiederholungen an. Das quantitative Behaltensmaß läßt sich in Prozentwerten ausdrücken: So ergibt sich beispielsweise bei 60 ursprünglichen Lautlesedurchgängen und 30 Wiederholungs-Durchgängen eine *Ersparnisrate* von 50 Prozent.

Ebbinghaus prüfte in seinen experimentellen Selbstversuchen, bei denen er stets auf annähernd gleiche Ausgangsbedingungen (Tageszeit, momentane Konzentrationsfähigkeit und dergleichen) achtete, unter anderem die Frage, ob die Dauer der zum Lernen aufgewendeten Zeit einen Einfluß auf die Behaltensleistung hat. So variierte Ebbinghaus die Anzahl der ursprünglichen Lernzeit, indem er sich die Listen mit sinnlosen Silben entweder nur achtmal oder aber doppelt so oft und häufiger, schließlich bis zu vierundsechzigmal vorlas. In der Tat ergab sich, daß die Gedächtnisleistungen um so besser waren, je häufiger die Listen im ersten Lautlese-Durchgang wiederholt wurden. Die aufgewendete Lernzeit wirkt sich also positiv auf die Behaltensleistung aus. Mit anderen Worten: Intensive Übung beim ersten Einprägen verbalen Materials hat einen großen Ersparniswert. Diese von Ebbinghaus empirisch bestätigte Annahme ist heute als *Ganzheitshypothese* geläufig.

Die wohl berühmtesten Versuche von Ebbinghaus führten zur bekannten *Vergessenskurve* (s. *Abbildung 1*). Dieser Kurve läßt sich entnehmen, daß in der Zeit unmittelbar nach dem Einprägen der sinnlosen Silben – etwa während der ersten zwanzig Minuten nach dem Erreichen des Lernkriteriums – ein Großteil des eingeprägten Materials vergessen wird. Nach etwa einer Stunde erinnert man sich kaum mehr an die Hälfte der Silben. In den ersten Minuten wird also mehr vergessen als im gesamten darauffolgenden Monat.

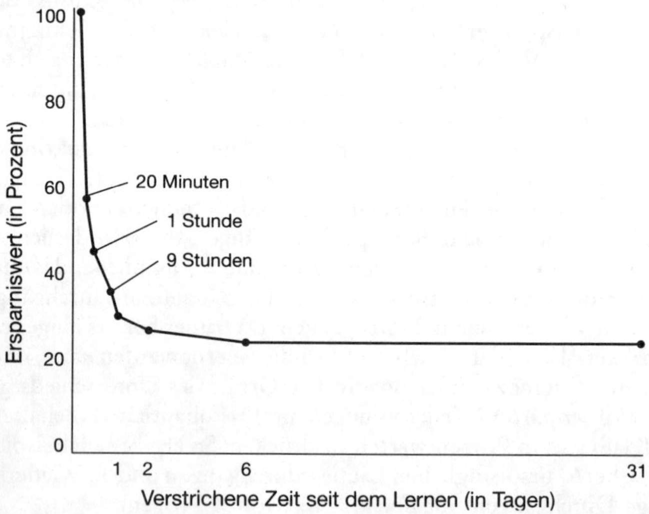

Abb. 1 Die Vergessenskurve (nach Schwartz 1988, 110).

Wie viele nachfolgende Untersuchungen, die neben sinnlosen Silben auch anderes Material heranzogen, bestätigten, läßt sich der von Ebbinghaus aufgewiesene Zusammenhang stets als negativ beschleunigte Kurve darstellen. (Im Gegensatz zu dieser einheitlichen Form der Vergesssenskurve gibt es übrigens sehr verschiedene *Lernkurven*, beispielsweise positiv beschleunigte: Man lernt etwa schwierigen und komplexen Stoff anfangs nur sehr langsam, mit zunehmender Vertrautheit jedoch leichter und schneller.) Je nach Lern- oder Übungsmaterial sowie Prüfmethode weisen Vergessenskurven allerdings Unterschiede in ihrer jeweiligen Ausprägung auf. So erbringt das Experimentieren mit bedeutungsvollem Material eine erheblich geringere Vergessensrate – man merkt sich prinzipiell leichter und länger, was Sinn macht (und womöglich noch Relevanz für das eigene Leben besitzt!). Sinnlose Silben werden besonders schnell vergessen.

Als allgemeine Erkenntnis (und überhaupt als eine der bewährtesten Einsichten der experimentellen Psychologie) läßt sich gleichwohl festhalten: Der Ersparniswert nimmt mit der unmittelbar nach dem Erreichen des Lernziels verstreichenden Zeit im allgemeinen rapide ab, sodann deutlich langsamer, und schließlich bleibt ein gleichsam unvergeßlicher Rest im Gedächtnis bewahrt.

Für Ebbinghaus war das Vergessen dabei eine schlichte Folge des ausbleibenden Umgangs mit dem betreffenden Material. Viele Wissenschaftler weisen jedoch diese Erklärung längst als allzu simpel zurück und halten vielmehr die spezifischen Bedingungen während des Behaltensintervalls für ausschlaggebend (so etwa schon McGeoch 1932; zu theoretischen Erklärungen des Vergessens, auf die ich hier aus Platzgründen nicht eingehe, s. zusammenfassend Schermer 1991, S. 159–170).

Der Ansatz von Ebbinghaus wurde in der Folgezeit natürlich in vielerlei Hinsicht ausdifferenziert. So wurde etwa die von Ebbinghaus eingesetzte Methode des seriellen Lernens durch das Paarlernen beziehungsweise *Paarassoziationslernen* ergänzt. Gelernt werden in diesem Fall nicht mehr Listen mit einzelnen Silben (oder Buchstaben, Zahlen, Wörtern und dergleichen), sondern eben Paare (wie etwa 8-Z, Auto-35, Meer-Schiff). Nach der Lernphase wird in der Prüfphase vom Versuchsleiter eines der Glieder präsentiert, wonach das andere, das Antwortelement, von der Versuchsperson genannt werden soll.

Generell wurde die Art und Weise, in der Versuchspersonen ihre Behaltensleistungen in der Prüfphase dokumentieren, vielfältiger

(s. hierzu etwa Kintsch 1982, S. 1–52; Schermer 1991, S. 106–108): Neben der bereits dargestellten *Ersparnismethode* werden seit langem vor allem die Methode der (unmittelbaren) *freien Reproduktion* oder die (etwa beim Paarassoziationslernen übliche) Methode der *gebundenen Reproduktion*, sodann die sogenannte *Treffermethode* – man stellt hier schlicht die Anzahl oder den Prozentsatz des behaltenen Materials fest, zählt also die »Treffer« aus – und schließlich das Verfahren des *Wiedererkennens* eingesetzt, wobei auch zuvor nicht erlernte Materialien, sogenannte Ablenkungselemente oder Distraktoren, angeboten werden.

Gedächtnisleistungen hängen nicht zuletzt vom jeweiligen Prüfverfahren ab. Beispielsweise schneiden Versuchspersonen in der Regel besser ab, wenn ihre Behaltensleistungen nicht nach dem Verfahren der freien Reproduktion, sondern nach der Methode des Wiedererkennens geprüft werden (z.B. Miler 1960). Ausnahmen von dieser Regel bestehen unter bestimmten Bedingungen, etwa dann, wenn die Distraktoren den zu erinnernden Reizen sehr ähnlich sind, es also sehr leicht zu Verwechslungen kommen kann. Jedes Prüfverfahren ist im übrigen mit spezifischen methodischen Problemen belastet. So kann jemand in Wiedererkennungsversuchen ja auch einfach raten, so daß eine womöglich gute Trefferrate in Wahrheit gar nichts mit guten Gedächtnisleistungen zu tun hat. Zur Kontrolle dieses möglichen, hier lediglich zu exemplarischen Zwecken angeführten Artefakts wird mit Erfolg auf die Signalentdeckungstheorie zurückgegriffen (vgl. hierzu Herkner 1986, S. 88–91).

Kritik an Ebbinghaus und der Ansatz von Bartlett: das aktive und konstruktive Gedächtnis

Ebbinghaus und viele, die sich der Erforschung *verbalen Lernens* widmeten, verfolgten letztendlich das Ziel, die Leistungsfähigkeit des Gedächtnisses durch die Optimierung der Bedingungen, die seine Funktionen bestimmen, zu steigern. Um die Einflußfaktoren ausfindig zu machen, die der möglichst fehlerfreien Erinnerung erlernten Materials dienlich oder aber abträglich sind, bedienten sich viele Forscher der erwähnten Listen sinnloser Silben, besser gesagt: *vermeintlich* sinnloser Silben.

Ich komme nun noch zu einigen Einwänden gegen die von Ebbinghaus begründete Variante der gedächtnispsychologischen Forschung und kann gleich am soeben angedeuteten Punkt ansetzen. Längst wird nämlich die Auffassung, Silben wie die exemplarisch angeführten seien notwendigerweise völlig ohne Sinn und Bedeutung, zurückgewiesen. Viele der angeblich neutralen Silben wecken Assoziationen an bedeutungsvolle Vorstellungen oder sind selbst schon keineswegs so sinnlos, wie angenommen wurde. »DAX« ist für einige einfach der Deutsche Aktien Index, und manche mögen bei »MEL« an »Mehl«, »Melodie«, »Melodram« oder dergleichen denken. Immer beeinträchtigen solche Assoziationen die Neutralität und Erinnerbarkeit vermeintlich sinnloser Silben. Solche Silben sind also für beliebige Rezipienten keineswegs gleichwertig. Ebbinghaus und mit ihm viele andere haben Gedächtnis- und Erinnerungsvorgänge, wie sie *normalerweise* ablaufen, unterbinden wollen (beispielsweise durch ein rasantes Tempo bei der Listenpräsentation), um möglichst »reine« Funktionen des Gedächtnisses studieren zu können.

Wir merken uns jedoch nicht einfach, was dargeboten wird: Wir machen aus dem, was wir wahrnehmen, erinnerungsfähige und erinnerungswürdige Erfahrungen. Zumindest *organisieren* wir das Material und verknüpfen es mit unserem vorhandenen Wissen in einer Weise, daß es leichter einzuprägen ist. Mnemotechnische Hilfen wie »Eselsbrücken« oder bildhafte Vorstellungen sind Beispiele hierfür. Wenn jemand in der Telefonnummer »199733« das Jahr »1997 plus meine Lieblingsschnapszahl« sieht, wird es ihm wesentlich leichter fallen, die Nummer zu behalten als irgendeine bedeutungslose sechsstellige Zahl. Es gehört mittlerweile zu den gesichterten Befunden der kognitiven Gedächtnispsychologie, daß »bedeutungsmäßige Wissensrepräsentation« (Anderson 1988, S. 103–112) weit effektiver ist als jedes mechanische Auswendiglernen sinnlosen Materials.

Natürlich wurde versucht, dem soeben formulierten Einwand zu begegnen: In der auf Ebbinghaus zurückgehenden Tradition des verbalen Lernens bemüht man sich längst darum, das für empirische Forschungen verwendete Gedächtnismaterial eigens methodisch zu kontrollieren und zu standardisieren, sich also nicht kurzerhand auf die vermeintliche Neutralität bestimmter Reize zu verlassen. Zu diesem Zweck werden beispielsweise Verfahren zur Messung der *Bedeutungshaltigkeit* und der für die Memorierbarkeit wichtigen *Bildhaftigkeit* von Buchstaben, Buchstabenfolgen (wie sinnlose Silben, Kunstworte oder ganz normale Worte) sowie Wortfolgen (grammatikalisch falsche oder sinnvolle Sätze) eingesetzt. Der Grad der Bedeutungshaltigkeit kann beispielsweise mit Noble (1952) als Ausmaß der Assoziationen, die zu einem bestimmten »Reiz« im allgemeinen gebildet werden (können), definiert werden.

Setzt man die Kritik an Ebbinghaus und verwandten Ansätzen fort, liegt der Einwand nahe, daß nicht allein das experimentelle Material ziemlich speziell war. Auch die Fragestellungen, denen sich der Großteil der älteren Gedächtnispsychologie widmete, waren allzu begrenzt, als daß sich die gewonnenen Forschungsergebnisse uneingeschränkt auf alltagsweltliche Gedächtnis- und Erinnerungsleistungen übertragen ließen. Ein ganz anders geartetes Forschungsprogramm verfolgte Bartlett (1932). Er betonte, daß wir uns üblicherweise eben nicht bloß und nicht einmal primär an einfache und sinnlose »Reize« erinnern, sondern an beliebig *komplexe* Gegebenheiten und Ereignisse, die *Bedeutung* für unser Handeln und Leben besitzen. Er wies mit diesem Argument Ebbinghaus' Ansatz vehement zurück. Seine lange Zeit ziemlich unbeachtet gebliebene Auffassung, Gedächtnis und Erinnerung stünden wesentlich im Dienste der Zielsetzung, dem Leben Bedeutung und Sinn zu verleihen, mutet heutzutage hochaktuell an. Erst diese Akzentuierung der Bedeutungs- und Sinnstruktur menschlicher Gedächtnis- und Erinnerungsleistungen kann nicht zuletzt ein größeres Maß an *ökologischer Validität* gewährleisten, als man es Ebbinghaus' Theorie und Forschungen zubilligen kann. Zweifellos hat die Gedächtnispsychologie im Geiste von Ebbinghaus zahlreiche Hilfestellungen für die Gestaltung effektiven Lernens einfacher Lerninhalte gegeben (vgl. zusammenfassend etwa Herkner 1986, S. 104–105; Schermer 1991, S. 114–115). Diesem Verdienst kann man jedoch die berechtigte Frage an die Seite stellen: Hat sie darüber hinaus Wesentliches zur Aufklärung der Strukturen und Funktionen des menschlichen Gedächtnisses beigetragen?

Bartlett hat neben den bereits erwähnten Gesichtspunkten einen weiteren Gedanken ins Zentrum seiner Theorie und Forschungen gestellt, dessen Wichtigkeit für die Gedächtnispsychologie (mittlerweile) unbestritten ist. Gedächtnis- und Erinnerungsleistungen sind nach Bartletts Auffassung keine bloß reproduktiven Tätigkeiten, sondern *produktive*, *aktive*, *kreative* oder *konstruktive* Leistungen. Die Ansicht, wir gäben in unseren gedächtnisbasierten Erinnerungen (zumindest im optimalen Fall) schlicht wieder, »was einmal war«, erweist sich in diesem Licht als zu einfach. Das Gedächtnis organisiert, ordnet und strukturiert, was wir erinnern. Es ist keine »tabula rasa«, auf der, wie auf einem leeren Blatt Papier (oder einem Audio- und Videoband), akkurat aufgezeichnet wird, was geschieht, was wahrgenommen und vielleicht mit besonderer Konzentration »eingeprägt« wird.

Dies bedeutet, daß alle Modelle, die das Gedächtnis als (weitgehend) passiv, statisch und rein reproduktiv konzeptualisieren, unhaltbar sind. Demzufolge wird das Gedächtnis heute unter Bezugnahme vor allem auf Bartlett zumeist als ein *dynamisches* System betrachtet. »Gedächtnisspuren« sind keine Abdrücke eines Originals, sondern aktiv konstruierte und prinzipiell veränderbare Phänomene. Sie zerfallen nicht nur mit der Zeit. Sie sind auch spontanen, erfahrungsabhängigen Bearbeitungen und Veränderungen unterworfen. (Wenigstens am Rande sei erwähnt, daß sich die skizzierte Auffassung – in jeweils spezifischer Weise – auch mit gestaltpsychologischem und psychoanalytischem Denken in Verbindung bringen läßt. Eine kritische Diskussion des gestaltpsychologischen Begriffs des aktiven Formgedächtnisses bietet Baddeley 1979, S. 74–78).

Bartletts Überlegungen und Forschungen trugen maßgeblich dazu bei, daß Gedächtnis- und Erinnerungsvorgänge mittlerweile sehr häufig als dynamische Aktivitäten in lebensweltlichen Kontexten betrachtet werden, als Aktivitäten, die für die Subjekte Sinn und Bedeutung schaffen und bei alledem eine *Struktur* besitzen, weil sie im wesentlichen einem *Schema* folgen. Schemata waren für Bartlett *organisierte Wissenseinheiten*, die uns die Identifizierung (auch komplexerer) Sachverhalte ermöglichen und dadurch Orientierung stiften. Schemata ordnen und strukturieren jeweils bestimmte Wirklichkeitsbereiche, ohne daß wir uns dessen normalerweise bewußt sind.

Das vielzitierte Paradebeispiel für Bartletts Untersuchungen ist das folgende: Die Versuchspersonen sollten eine Geschichte, die Bartlett einer für den europäischen Leser ziemlich fremdartigen indianischen Erzählung namens ›The war of the ghosts‹ entnahm, zweimal in Ruhe lesen und später schriftlich wiedergeben. Bei der Reproduktion wurde die Erzählung in der Regel kürzer, Namen wurden nicht richtig erinnert, und andere Fehler schlichen sich ein.

Bartlett konzentrierte sich nun auf jene Änderungen, welche die aktive Dynamik und schemageleitete Konstruktivität des Gedächtnisses belegten. Auffällig war etwa, daß aus den fremdartigen Bestandteilen, die den britischen Versuchspersonen nicht recht verständlich waren, vertraute Ereignisse und Handlungen gemacht wurden. (Dabei kamen übrigens auch geschlechtsspezifische Unterschiede zum Tragen.) Die Wiedererzählungen erschienen simpler und wiesen eher eine logisch-rationale Ordnung auf als das Original. Verwirrende Details wurden weggelassen, andere, die die Geschichte im Sinne der Rezipienten plausibilisierten, hinzugefügt. Für magische Elemente und eine »Welt der Geister« gab es in den Wiedergaben der Versuchspersonen nur wenig oder gar keinen Raum. Die »Erinnerungen« glichen das Gelesene den eigenen Erfahrungs- und Erwartungshorizonten an, das Fremde wurde »nostrifiziert«. Das Seltsame war eben gerade nicht als solches *merk*würdig, sondern gab Anlaß zu »Nacherzählungen«, die für die Akteure Sinn ergaben und ihren eigenen Motiven und Interessen entgegenkamen.

All dies hielt Bartlett nun keineswegs für bloße Verzerrungen durch ein unzulänglich funktionierendes Gedächtnis. Er betrachtete es vielmehr als eine Eigenart, die die grundsätzlich kontextuell und perspektivisch gebundenen Gedächtnis- und Erinnerungsakte generell charakterisiert, ohne daß wir dies, während wir uns erinnern, bemerken und kontrollieren können. So arbeitet das Gedächtnis nun einmal, und es wäre müßig, an unsere Erinnerungen lediglich den Maßstab einer »fehlerfreien« Reproduktion anzulegen. Dies heißt natürlich nicht, wir könnten nichts Wahrgenommenes, etwa einen gelesenen Text oder eine gehörte Melodie, korrekt und fehlerfrei reproduzieren. Und es bedeutet auch nicht, daß solche reproduktiven Erinnerungen in unserem Leben nicht wichtig sein können. Nicht immer jedoch kommt es auf eine exakte Reproduktion vergangener Erfahrungen an, und jedenfalls funktioniert das Gedächtnis nicht durchweg – Bartlett meinte: eigentlich gar nicht – im Sinne eines derartig reproduktiven Apparates. Das hat die Gedächtnispsychologie zur Kenntnis zu nehmen, will sie in ihren theoretischen Modellbildungen empirischen Fakten gerecht werden.

Bartletts Einsichten fanden in der vom Behaviorismus dominierten Psychologie über Jahrzehnte hinweg kaum Gehör. Dies änderte sich im Zuge der sogenannten »kognitiven Wende« während der sechziger Jahre allmählich (vgl. zur Entwicklung der kognitiven Psychologie etwa Anderson 1988, S. 15–22; Bruner 1990). Heute gilt dieser Ansatz als wegweisender Klassiker, auf den sich noch die aktuelle Forschung und Theoriebildung stützen kann. Gerade auch der von Bartlett eingeführte Begriff des Schemas wurde aufgegriffen, präzisiert und ist aus der heutigen kognitiven Psychologie, speziell der Gedächtnispsychologie, nicht mehr wegzudenken. Auch das Material, mit dem der britische Pionier arbeitete, wird heute sehr häufig verwendet: *Geschichten* beziehungsweise *Erzählungen* sind für die aktuelle Forschung höchst wichtige Untersuchungsobjekte (ich komme darauf zurück).

Blickt man auf die Geschichte der Psychologie zurück, läßt sich festhalten: Es hat sehr lange gedauert, bis sich die psychologische Gedächtnisforschung komplexerem und bedeutungsstrukturiertem Material sowie dem »aktiven Gedächtnis im sozialen Kontext« zugewandt hat. Vor noch nicht allzu langer Zeit stellte Neisser angriffslustig fest: »If X is an interesting or socially significant aspect of memory, the psychologists have hardly ever studied X« (Neisser 1978, S. 4). Dies hat sich mittlerweile aber doch geändert, nicht zuletzt unter dem (verzögerten) Einfluß von Bartletts Arbeiten. Und so läßt sich sagen, daß ein seit jeher besonders intensiv bearbeitetes Gebiet psychologischer Forschung während der letzten Jahrzehnte zu neuer Blüte gelangt ist. Dies dürfte nicht allein mit den neuen Möglichkeiten zu tun haben, die kognitionswissenschaftliche Theorien und Methoden auch im Bereich der Gedächtnispsychologie eröffnen (siehe Anderson 1988).

Daneben ist unübersehbar, daß das Thema »Gedächtnis und Erinnerung« – aus welchen Gründen auch immer – nicht nur in den naturwissenschaftlich orientierten Disziplinen, sondern auch in verschiedenen Sozial- und Kulturwissenschaften eine herausragende Stellung erhielt und gegenwärtig auch interdisziplinär behandelt wird (vgl. hierzu etwa Assmann & Harth 1991; Assmann & Hölscher 1988; Schmidt 1991; auf eine Erörterung der spezifisch kulturwissenschaftlichen Gedächtnistheorien muß aus Platzgründen verzichtet werden).

Strukturelle und funktionale Differenzierungen: Gedächtnissysteme

Der informationstheoretische Ansatz

Es wäre falsch, die im Zuge der kognitiven Wende ausgearbeiteten informationstheoretischen Konzeptualisierungen des Gedächtnisses vorbehaltlos in unmittelbare Nähe zu Bartletts Erkenntnissen zu rücken. Manche seiner Einsichten wurden gewiß nicht immer in der für diesen Autor charakteristischen Radikalität bewahrt. Dies betrifft bereits das *Menschenbild* und den grundsätzlichen Ansatz. Bartlett betrachtete den Menschen auch im Hinblick auf seine Gedächtnis- und Erinnerungsleistungen weitgehend als ein *kreativ handelndes Subjekt*, dessen (motivierte) Akte in spezifischen *soziokulturellen und historischen Kontexten* Bedeutung und Sinn besitzen.

Dagegen trägt das Menschenbild der kognitiven Psychologie streckenweise noch mehr mechanistische Züge, als es auf den ersten Blick scheint (vgl. hierzu die Ausführungen von Groeben & Erb). So vergleichen auch Autoren, die vom Behaviorismus zweifellos meilenweit entfernt sind und sich geradezu leidenschaftlich für die Wahrnehmung, das Gedächtnis und die Erinnerung, das Denken und Sprechen *handlungsfähiger Subjekte* interessieren, den kognitiven Psychologen »mit einem Bastler, der wissen will, wie eine Uhr funktioniert« (Anderson 1988, S. 15). Die mechanistische Analogie wird weitergeführt, wenn von »komplexen geistigen Prozessen« und »Mechanismen« die Rede ist, die das menschliche Verhalten ermöglichen wie »die ungeheure Anhäufung von Technik« eine Direktübertragung einer Sportveranstaltung im Fernsehen (Anderson 1988, S. 16).

Wo Kognitionen in Analogien, Metaphern und theoretischen Modellen derartig technisiert werden, gerät der Psychologie das alltagsweltliche Denken und Erinnern von Menschen rasch aus dem Blickfeld (dies zeigt an einem Beispiel Schneider 1992, S. 93–95). So rückt das Interesse an der Erforschung von sinn- und bedeutungsstrukturierten Gedächtnis- und Erinnerungsleistungen in möglichst alltagsnahen Kontexten, wie es für Bartlett charakteristisch war, in der modernen kognitiven Psychologie bisweilen doch etwas in den Hintergrund.

Im Vordergrund dieser Richtung stand und steht unter anderem die (ganz der Computermetapher verpflichtete) theoretische Begründung und empirische Erforschung *verschiedener Gedächtnissysteme*. (Diesem Interesse sind selbstverständlich auch große Erkenntnisfortschritte zu verdanken, die weit über Ebbinghaus' *und* Bartletts Einsichten hinausführen.) Den theoretischen Rahmen bildet dabei der *Informationsverarbeitungsansatz*. Das Gedächtnis wird nun nicht mehr als eine undifferenzierte Einheit aufgefaßt, sondern als eine Struktur, die aus mehreren, funktional unterschiedlichen Teilsystemen mit spezifischen Eigenheiten und Aufgaben besteht. Nicht, daß diese Systeme völlig isoliert voneinander wären. Vielmehr handelt es sich um eine Art Arbeitsteilung, wobei das

System mit der jeweils geringeren Verarbeitungstiefe als Voraussetzung des nächsten gelten kann: Das *sensorische Gedächtnis* ist die Voraussetzung des *Kurzzeitgedächtnisses*, und ohne dieses wäre das *Langzeitgedächtnis* nicht denkbar. Was ins Langzeitgedächtnis kommt, war vorher in den beiden anderen Teilsystemen. Diese phasenspezifische Aufteilung von kognitiven Vorgängen ist allgemein charakteristisch für die Informationsverarbeitungstheorie.

Die erwähnten Unterscheidungen besagen übrigens nicht, daß die Teilsysteme anatomisch an separaten und klar abgrenzbaren Orten im Gehirn lokalisiert wären. Es wird heute sogar zunehmend bezweifelt, ob die Frage nach einem solchen materiellen Ort des Gedächtnisses beziehungsweise der Gedächtnissysteme im Gehirn überhaupt fruchtbar ist, steht doch fest, daß an zahlreichen Gedächtnis- und Erinnerungsvorgängen sehr viele Hirnregionen beteiligt sind (vgl. z. B. Roth 1991; lediglich für die Sprach- und Gesichtserkennung scheinen topologisch klar identifizierbare Gehirnareale zuständig zu sein). Auf die biologischen und speziell die neurophysiologischen Grundlagen des Gedächtnisses kann hier aus Platzgründen nicht näher eingegangen werden (s. hierzu etwa Roth 1975; teilweise auch Anderson 1988, S. 29–46, sowie allgemein Guttmann).

Seit Beginn der sechziger Jahre werden umfangreiche und subtile Theorien des Gedächtnisses und der Gedächtnistätigkeit formuliert. Wie gesagt: Dabei wurde und wird die Gedächtnistätigkeit – wie jeder »kognitive Prozeß«, der in Analogie zum Computer modelliert wird – in aller Regel als *Informationsverarbeitung* konzeptualisiert (s. zum Überblick Anderson 1988; Wessels 1984; gute Einblicke in aktuelle Forschungen zu unterschiedlichsten Aspekten des »informationsverarbeitenden« Gedächtnisses bieten die Beiträge in Dörner & van der Meer 1995). Gedächtnisinhalte werden dementsprechend als Informationseinheiten begriffen, die *enkodiert*, *gespeichert* und *abgerufen* werden können. Die Enkodierung besteht in einer Art Übersetzung bestimmter Wahrnehmungen in die »Sprache« des Gehirns, das die enkodierten Informationen sodann in verschiedenen Gedächtnissystemen kürzere oder längere Zeit konserviert, also speichert, und mit anderen, bereits abgelagerten Informationen verknüpft, um sie später bei Bedarf wieder abrufen und verfügbar machen zu können.

Diese grundlegenden Prozesse, die hier nicht in allen Einzelheiten erörtert werden können, lassen sich in allen üblicherweise unterschiedenen Gedächtnissystemen nachweisen. Zunächst wurden übrigens nur zwei, nämlich das Kurzzeit- und das Langzeitgedächtnis, unterschieden, später wurde dieses zweigliedrige Modell um das sensorische Gedächtnis ergänzt (in der einflußreichen Arbeit von Atkinson & Shiffrin 1968). Die Unterscheidung zwischen Kurz- und Langzeitspeicher bildet allerdings nach wie vor den Kern gedächtnispsychologischer Überlegungen, die heute also zu einem großen Teil der sogenannten *Zwei-Komponenten-Theorie* verpflichtet sind. In jüngerer Zeit wurde die Bedeutung des sensorischen Gedächtnisses sogar stark relativiert. Bevor die genannten Systeme kurz besprochen werden, wird vorab in *Abbildung 2* ein exemplarisches *Mehrspeichermodell* des Gedächtnisses wiedergegeben.

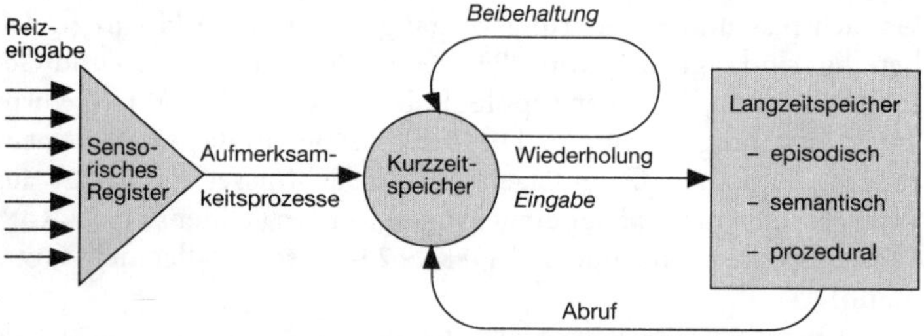

Abb. 2 Ein typisches Mehrspeichermodell (nach Schermer 1991, 119)

Das sensorische Gedächtnis

Dieses Teilsystem, das auch *sensorisches Register* oder *Ultrakurzzeitgedächtnis* genannt wird, registriert und bewahrt Sinneseindrücke beziehungsweise die damit einhergehenden Informationen – wie sie Bilder und Farbeindrücke, Töne und Geräusche, Gerüche, Geschmäcker und taktile Empfindungen dem Organismus vermitteln – für maximal ein bis zwei Sekunden, zumeist aber nur für Sekundenbruchteile. Wichtig ist, daß die Fixierung des sensorischen Gedächtnisses keine begrifflich-kategoriale Identifizierung beinhaltet. Das Ultrakurzzeitgedächtnis arbeitet auf einer *präkategorialen* Stufe. Da unsere Sinnesorgane ständig neuen Reizen ausgesetzt sind, ist es verständlich, daß die für die verschiedenen Sinneskanäle zuständigen sensorischen Register so kurzfristig arbeiten (müssen). Die Reizspuren »zerfallen« also in kürzester Zeit oder werden durch ähnliche, interferierende Reize gelöscht (man spricht diesbezüglich von *rückwirkender Maskierung*). Letzteres ist beispielsweise beim Betrachten eines Bildes, beim Lesen eines Textes oder auch beim Anhören eines Musikstückes der Fall.

Die extrem kurze Dauer sensorischer Erinnerungen – eine visuelle Erinnerung, ein *Ikon*, hält sich etwa eine halbe Sekunde, eine auditive, ein *Echo*, deutlich länger – besagt nichts über das Fassungsvermögen des sensorischen Gedächtnisses. Tatsache ist, daß das Ultrakurzzeitgedächtnis, wie zuerst Sperling (1960; zusammenfassend z.B. Kintsch 1982, S. 104–105; Schermer 1991, S. 120–122) am Beispiel visueller Sinneseindrücke gezeigt hat, eine erstaunliche Kapazität besitzt. Ähnlich gut erforscht wie das für visuelle Reize zuständige sensorische Register – das sogenannte ikonische Gedächtnis (s. Neisser 1974) – ist bislang nur das akustische sensorische Gedächtnis (Massaro 1975). Über die anderen Register ist wenig bekannt, ja selbst die Behauptung, man könne solche eigenständigen Register für jede Sinnesmodalität unterstellen, ist umstritten.

Nur manche der Reize, denen der Organismus ausgesetzt ist, werden (einigermaßen aufmerksam) wahrgenommen und sodann im sensorischen Gedächtnis verarbeitet, und nur wenige von den sensorischen Erinnerungen gelangen ins Kurzzeitgedächtnis.

Das Kurzzeitgedächtnis

Dieses Gedächtnissystem kann Wahrgenommenes beziehungsweise die dabei aufgenommenen Informationen bereits mehrere, nämlich bis zu (maximal) 20 bis 30 Sekunden behalten, bevor Spurenzerfall eintritt (zum experimentellen Nachweis dieses Gedächtnissystems siehe etwa Peterson & Peterson 1959). Was wir während dieser Zeitspanne – der *unmittelbaren Gedächtnisspanne* – mit einiger Aufmerksamkeit gehört, gesehen oder sonstwie wahrgenommen haben, ist dem Bewußtsein zugänglich und bewußt verarbeitbar: Es gehört zur *psychologischen Gegenwart*. Dabei »erinnern« wir uns nun nicht mehr nur an bloße (physikalische) Reizgegebenheiten, sondern (zu einem guten Teil) an mehr oder minder komplexe Einheiten, die auf verschiedene Weise kodiert oder repräsentiert werden können.

Im Kurzzeitgedächtnis wird unter anderem akustisch-artikulatorisch kodiert. Diese Kodierart ist von besonderer Wichtigkeit, da das gesamte verbale Lernen, auch das durch Lesen vermittelte (!), im wesentlichen so funktioniert. (Versuchspersonen verwechseln nach dem Lesen von Buchstabenlisten in ihrer Erinnerung primär solche Buchstaben, die ähnlich *klingen*, nicht solche, die sich optisch ähnlich sind; s. hierzu Conrad 1964.) Neben der akustisch-artikulatorischen Repräsentationsform wird im Kurzzeitgedächtnis auch visuell, olfaktorisch oder semantisch kodiert. Im Kurzzeitgedächtnis befinden sich die betreffenden Informationen in einem *aktivierten Zustand*, das heißt, sie sind verfügbar (wenn auch nicht direkt, wie gleich ausgeführt wird).

Durch Wiederholung sind die momentan aktivierten Informationen quasi beliebig lange in diesem Zustand haltbar. Man spricht demgemäß von *erhaltender Wiederholung* (solange ich eine Telefonnummer konzentriert vor mir hersage, vergesse ich sie nicht). In Analogie zum Computer kann das Kurzzeitgedächtnis als eine Art Arbeitsspeicher verstanden (und auch *Arbeitsgedächtnis* genannt) werden. Die Analogie trägt weiter: Wie aus dem Arbeitsspeicher in den Festspeicher eines Computers kann die Gedächtnisinformation aus dem Kurzzeit- in den Langzeitspeicher gelangen. Dies wird (unter anderem) wiederum durch Wiederholung oder Übung ermöglicht (oder zumindest unterstützt), in der Regel allerdings nicht durch bloße Repetition, sondern durch die *Elaboration* mittels redundanter Information. Durch dieses *elaborative Wiederholen* wird die neue Information in ein (häufig bedeutungsstrukturiertes) Netzwerk eingebunden, eben in elaborierte Strukturen, die die Erinnerbarkeit des integrierten Materials entscheidend fördern (vgl. zum Überblick Anderson 1988, S. 157–185).

Zurück zum Kurzzeitgedächtnis: Der Informationsverarbeitungsprozeß ist nun bereits beträchtlich weiter vorangeschritten als im sensorischen Gedächtnis. Im Vergleich zu sensorischen Erinnerungen, die für Sekundenbruchteile auch detailreichste Reizkonstellationen bewahren, ist die *Kapazität* des Kurzzeitgedächtnisses sehr begrenzt (man spricht deswegen auch von der »Enge des Bewußtseins«). Seit Millers (1956) einflußreicher Arbeit wird häufig davon ausgegangen, sie fasse maximal sieben (plus/minus zwei) unverbundene Einheiten, und zwar relativ unabhängig von deren Komplexität (egal also, ob es sich dabei beispielsweise um Buchstaben oder Worte handelt; in seinen Versuchen mit sinnlosen Silben war bereits Ebbinghaus auf diese Einsicht gestoßen). Millers Vorschlag zur Bestimmung von Informationseinheiten besagt, daß bedeutungshaltige *Chunks* (Klumpen) gespeichert werden.

Hört man eine Buchstabenreihe wie etwa *H B B M W D B U N I U N O*, tut sich das Kurzzeitgedächtnis leichter, wenn es nicht die einzelnen Elemente, sondern die bedeutungshaltigen geläufigen Abkürzungen speichert, die in dieser Reihe enthalten sind. Die Buchstabenreihe könnte also vorher entsprechend kodiert beziehungsweise rekodiert werden: HB (Zigarettenmarke), BMW (Autofabrikat), DB (Deutsche Bundesbahn), UNI (Universität) und schließlich UNO (United Nations Organization). So wird auch die durchaus variable Kapazität des Kurzzeitgedächtnisses erklärbar, steigt seine Leistungsfähigkeit doch mit der Bedeutungshaltigkeit des Materials. Wir können uns sehr wohl sinnvolle Sätze nach einmaligem Hören oder Lesen merken, die sehr viel mehr als sieben Worte enthalten.

Trotzdem ist das Fassungsvermögen alles in allem sehr begrenzt, und dies plausibilisiert nicht zuletzt die hohe Störbarkeit von Prozessen im Kurzzeitgedächtnis. Interferierende Informationen verdrängen leicht die gerade noch aktivierten. Festzuhalten ist: *Chunking* ist eine effektive Weise, Gedächtnisinhalte zu organisieren. Im übrigen dient es der Beförderung von Inhalten des Kurzzeitgedächtnisses ins Langzeitgedächtnis.

Es sei noch darauf hingewiesen, daß Schätzungen der Kapazität des Kurzzeitgedächtnisses ziemlich problematisch sind. Schon die Einheiten- oder Itembildung ist schwierig. Anderson (1988, S. 134) macht darauf aufmerksam, daß man eine siebenstellige Telefonnummer auch in Zweierblöcken oder dergleichen kodieren kann, so daß eine mit sieben Einheiten veranschlagte Kapazität des Kurzzeitgedächtnisses in diesem Fall offenkundig falsch wäre. Ein anderes Beispiel legt die Frage nahe, ob das Fassungsvermögen dieses Gedächtnissystems nicht deutlich über sieben Einheiten liegen muß, kodiere ich bei mir bekannten Telefonnummern doch nicht nur die Zahlen, sondern beispielsweise zugleich auch die Tatsache, um wessen Telefonnummer es sich im betreffenden Fall handelt. Anderson (1988, S. 134) stellt zu Recht die kaum präzise zu beantwortende Frage: »Wie viele Items repräsentiert diese Tatsache?«

Soll eine bestimmte Information aus dem Kurzzeitgedächtnis abgerufen werden, geschieht dies, wie zunächst Sternberg (1966) zeigte, nicht direkt, sondern nach einer Art *Suchdurchlauf* oder *Abtastvorgang* (scanning). Dabei wird um so mehr Zeit benötigt, je mehr Informationseinheiten das Kurzzeitgedächtnis gerade präsent zu halten hat. Strittig ist die Frage, ob der Suchprozeß seriell oder aber parallel abläuft, ob also die im Kurzzeitgedächtnis gespeicherten Informationen nacheinander oder aber gleichzeitig durchforstet werden, um schließlich an die abzurufende Informationseinheit zu gelangen. Sternbergs Untersuchungen stützen die Hypothese vom vollständigen seriellen Abtasten, was heißt, daß *alle* im Kurzzeitspeicher enthaltenen Informationen abgetastet werden (der Suchprozeß also auch im Fall einer erfolgreichen Identifikation der begehrten Information nicht abgebrochen wird).

Die sensorischen Register und das Kurzeitgedächtnis gewährleisten Kontinuitätsbewußtsein, vielleicht besser: sie vermitteln, wie bereits James (1890) argumentierte, das *Gefühl eines fortlaufenden Bewußtseins- und Erlebnisstromes*, in dem Momente nicht völlig unverbunden aufeinanderfolgen, sondern ineinander verwoben sind. Sie bilden einen Zusammenhang, der im Hinblick auf das Kurzzeitgedächtnis bereits als psychologische Gegenwart bezeichnet wurde.

Greifen wir auf Inhalte des Kurzzeitspeichers zurück, erinnern wir uns an das soeben Geschehene beziehungsweise Wahrgenommene. So versuchen wir uns etwa ins Bewußtsein zu rufen, wo wir denn den Bleistift hingelegt haben, den wir vor Sekunden noch in Händen hielten. Von Erinnerungen im eigentlichen Sinne sprechen wir zumindest im Alltag zumeist erst dann, wenn es um diejenigen Informationen geht, die die kognitive Psychologie im Langzeitgedächtnis verortet. In diesem Fall müssen Informationen von dort ins Kurzzeitgedächtnis überführt werden – in den Worten von James, der schon sehr frühzeitig die beiden wesentlichen Gedächtnissysteme voneinander abgrenzte: Sie müssen vom sekundären ins primäre Gedächtnis gelangen. Dazu müssen sie aktiviert werden. Erst dann sind sie (wieder) so schnell verfügbar und nutzbar, wie das für die Operationen des Kurzzeitgedächtnisses eben charakteristisch ist.

Das Langzeitgedächtnis

Dieses Gedächtnissystem repräsentiert die *psychologische Vergangenheit*. Es beinhaltet das gesamte Wissen eines Menschen über sich selbst und die Welt. Hierzu gehören abstrakteste Begriffe, Schemata und Regelsysteme (wie sie etwa dem Denken, dem Sprechen und Sprachverstehen zugrundeliegen), Kenntnisse, mitgeteilte Erfahrungen anderer sowie die eigenen Erfahrungen und Erwartungen. Der hier verwendete Wissensbegriff ist also sehr weit. Er umfaßt zunächst einmal unterschiedslos, was dann in einer höchst einflußreichen *Differenzierung des Langzeitgedächtnisses* auseinandergehalten wird: Seit Tulvings (1972) Vorschlag trennen nämlich viele Forscher ein *semantisches* Gedächtnis von einem *episodischen*. Die beiden Systeme sind für die Enkodierung, Speicherung und den Abruf von *Informationen über verschiedene Typen von Sachverhalten* verantwortlich.

Das episodische Gedächtnis ist im Prinzip für all das zuständig, was ein konkreter Mensch wahrnehmen, erleben und erfahren kann. Es enthält und bewahrt also Informationen, die die konkreten Erfahrungen eines Menschen repräsentieren, seien es völlig belanglose oder lebensgeschichtlich höchst bedeutsame. *Alles*, was sich im Alltag eines Menschen ergeben hat, all das, was er im Laufe seines Lebens an Handlungs- und Lebenserfahrungen gemacht hat, kann zum Inhalt des episodischen Gedächtnisses werden. Die Spannweite seiner möglichen Inhalte reicht von auswendig gelernten sinnlosen Silben bis hin zur Erinnerung an die düstersten oder glücklichsten Stunden, die dem Leben einst eine ganz neue Richtung gaben. Im episodischen Gedächtnis haben persönlich (mehr oder minder) bedeutsame Ereignisse beliebiger Art Platz. Immer werden diese Ereignisse auch im Hinblick auf ihren örtlichen, sozialen und temporalen Kontext kodiert: Wo und wann geschah, was jemand erinnert, und wer spielte dabei eine Rolle? Häufiger wird das episodische Gedächtnis als *autobiographisch* bezeichnet. Dies ist jedoch reichlich ungenau, sobald man einen anspruchsvolleren Begriff der (Auto-)Biographie ins Spiel bringt. Die folgenden Zwischenbemerkungen zum *autobiographischen Gedächtnis* im engeren Sinne mögen dies verdeutlichen.

Biographisch relevant ist nicht alles und jedes, was im tagtäglichen Leben passiert. Wer seine Lebensgeschichte erzählt, wählt bestimmte Ereignisse und Entwicklungen aus, die (aus seiner eigenen Perspektive) für seinen Lebensweg und die damit verbundene Identitätsentwicklung wichtig waren. Von autobiographischem Gedächtnis sollte man also genaugenommen ausschließlich im Hinblick auf die Fähigkeit sprechen, sein eigenes Leben *nach bestimmten Relevanzgesichtspunkten* zu strukturieren und in der Gestalt einer *Erzählung* zu repräsentieren (vgl. Straub 1997). Diese Relevanzgesichtspunkte werden großteils von der Kultur und Gesellschaft vorgegeben, wie überhaupt die autobiographische Selbstthematisierung eine *soziokulturelle Institution* ist (siehe Hahn 1987). Bei weitem nicht in allen Kulturen und Gesellschaften kommt es vor oder ist es (wie unter uns Angehörigen der westlichen, modernen Kultur) gar normal, daß Personen ihr eigenes

Leben im Gesamtzusammenhang erinnern, erzählen und reflektieren – mit sich selbst im Zentrum des Geschehens! Nicht alle Menschen haben ein autobiographisches Gedächtnis in dem uns geläufigen, ja so selbstverständlichen Sinn. Natürlich schränkt die Tatsache, daß es sich beim autobiographischen Gedächtnis nicht um eine anthropologische Universalie handelt, die Bedeutung dieses Themas für die Gedächtnispsychologie nicht ein. Das autobiographische kann als ein (kulturspezifischer) Spezialfall des episodischen Gedächtnisses begriffen und untersucht werden.

Mittlerweile gibt es in der Tat Ansätze zu einer Theorie und empirischen Erforschung des autobiographischen Gedächtnisses. Dieses sei, wie Strube und Weinert (1987, S. 151) in ihrem Überblicksartikel schreiben, für »die mentale Repräsentation der eigenen Lebensgeschichte« zuständig. Dabei wird die »Lebensgeschichte« von vielen Forschern als ein (quasi) objektiv faßbares Geschehen begriffen, das im autobiographischen Gedächtnis entweder zutreffend oder aber falsch repräsentiert werden kann. Gerade dem autobiographischen Gedächtnis als einer »schwer kontrollierbaren Fehlerquelle psychologischer Forschung« habe man sich nach Auffassung der soeben zitierten Autoren zuzuwenden.

Dieses Interesse ist gewiß berechtigt und wichtig, obschon es alternative, stärker an Bartletts Einsichten orientierte Fragestellungen gibt (vgl. hierzu die Diskussion bei Keller 1996, insbesondere S. 23–48). Diese rücken gegenüber den Fragen nach einer exakten, objektiven Wiedergabe lebensgeschichtlich relevanter Erfahrungen beispielsweise die *sprachliche*, letzten Endes *narrative Form* autobiographischer Erinnerungen oder deren *psychologische Funktionen* (wie etwa die Ausbildung von Handlungs- und Lebensorientierungen oder aber die Identitätsbildung) in den Mittelpunkt. Die beiden Typen von Fragestellungen markieren unter Umständen auch tiefergehende Kontroversen, können sie doch verschiedene Auffassungen vom autobiographischen Gedächtnis zur Geltung bringen: Im ersten Fall steht die Forschung und Theoriebildung (mehr oder weniger) in der Tradition der reproduktiven Gedächtnisforschung, im zweiten in der Tradition der konstruktivistischen Gedächtnispsychologie.

Zurück zu Tulvings Unterscheidung, namentlich zu dessen Begriff des *semantischen Gedächtnisses*! Das Langzeitgedächtnis kodiert und speichert nicht allein Erfahrungswissen und Kontextinformationen der besagten Art. Es enthält auch Wissen über mehr oder minder abstrakte Begriffe und Regelsysteme sowie allgemeine

Situationstypen, Ereignis- und Handlungsabläufe. Wer beispielsweise weiß, was ein Wort bedeutet, das er vor Jahren das erste und einzige Mal hörte, verdankt dies gewiß seinem Langzeitgedächtnis. Zuständig für derartiges Wissen im engeren Sinne ist nun jedoch nicht das episodische, sondern das semantische Gedächtnis, eine Art *Lexikon*, ein »geistiges Wörterbuch«, sodann ein *Set von Regeln* (z.B. grammatische, logische, mathematische) sowie *erlerntes Wissen über gewisse Sachverhalte* aus verschiedenen Wissensgebieten. Das semantische Gedächtnis ermöglicht nach Tulving den *Gebrauch der Sprache*. (Andere Autoren fassen den Begriff etwas weiter. Ich halte mich der Einfachheit halber im wesentlichen an Tulvings Bestimmung.)

Wie enkodiert und bewahrt dieses Gedächtnissystem Wissen der besagten Art, wie strukturiert und organisiert es dieses dem Sprechen und Sprachverstehen zugrundeliegende Wissen? Diese und verwandte Fragen wurden seit Tulvings Forderung nach einer Erforschung des semantischen Gedächtnisses in Angriff genommen. Auf die mittlerweile umfangreichen Untersuchungen und theoretischen Modelle kann hier nur hingewiesen werden. Knappe Übersichten über die im folgenden erwähnten und weitere Ansätze bieten die bereits genannten Fachbücher (vor allem Schermer 1991, S. 139–158; sodann Anderson 1988, S. 112–129; oder Herkner 1986, S. 125–134).

Die kleinsten Einheiten des semantischen Gedächtnisses sind *Begriffe*. In ihnen ist das Wissen über viele einzelne, in der einen oder anderen Hinsicht miteinander »verwandte« Phänomene verdichtet. Begriffe können mehr oder minder allgemein beziehungsweise spezifisch sein. Allgemeinbegriffe enthalten mehrere spezifische, so daß sich *Begriffshierarchien* erstellen lassen. An Modellvorstellungen, die klarzumachen versuchen, wie Begriffe im Gedächtnis repräsentiert sind, werden vor allem drei Modelle unterschieden: das Modell der *Mengenrepräsentation*, der *Prototypenansatz* und das Modell der *Merkmalsrepräsentation* (s. hierzu etwa Schermer 1991, S. 141–144).

Begriffe werden allerdings nicht als isolierte Elemente im semantischen Gedächtnis repräsentiert, sondern in *relationaler Form*, also mitsamt den Verbindungen, die sie zueinander unterhalten. Auch die Frage, wie diese Relationen aussehen, wurde zum Gegenstand zahlreicher Untersuchungen und Modellbildungen. Besondere Bedeutung haben dabei sogenannte *Netzwerkmodelle* erlangt, die Begriffe als Knotenpunkte eines Netzes darstellen (die »Fäden« des Netzes symbolisieren die Relationen). Die erste Netzwerktheorie stammt von Collins und Quillian (1969). Sie ist wie eine Begriffshierarchie aufgebaut (es gibt Ober- und Unterbegriffe), erweitert diese hierarchische Ordnung jedoch durch die Angabe wesentlicher Merkmale, durch die die einzelnen Begriffe bestimmt sind. Jedes dieser Merkmale wird im Gedächtnis nur einmal repräsentiert, und zwar auf einer möglichst hohen Ebene in der Begriffshierarchie und an der Stelle, wo das angegebene Merkmal etwas wirklich Charakteristisches und Wesentliches über den betreffenden Begriff sagt. So läßt sich die Anzahl nötiger Assoziationen gering halten, was Gedächtnisprozesse ökonomischer und schneller macht. *Abbildung 3* bietet ein Beispiel für ein solches Netzwerk (genauer: einen winzigen Ausschnitt aus einem semantischen Netzwerk), wobei alle Pfeile Assoziationen anzeigen, mit denen das semantische Gedächtnis arbeitet.

Dieses erste, berühmt gewordene Modell hielt empirischen Überprüfungen letztlich nicht stand. Die modellierten Begriffsrelationen erwiesen sich häufig als zu einfach. Komplexere Modelle stammen von Collins und Loftus (1975), deren *Aktivationsausbreitungsmodell* aus einer gründlichen Revision der erweiterten Begriffshierarchie von Collins und Quillian hervorging, oder von Rumelhart, Lindsay und Norman (1972), deren Theorie es allerdings bereits gestattet, die Speicherung und Organisation komplizierterer *Sätze* und *Ereignisse* zu beschreiben. Es liegt natürlich auf der Hand, nicht nur zu fragen, wie Begriffe und deren Relationen im semantischen

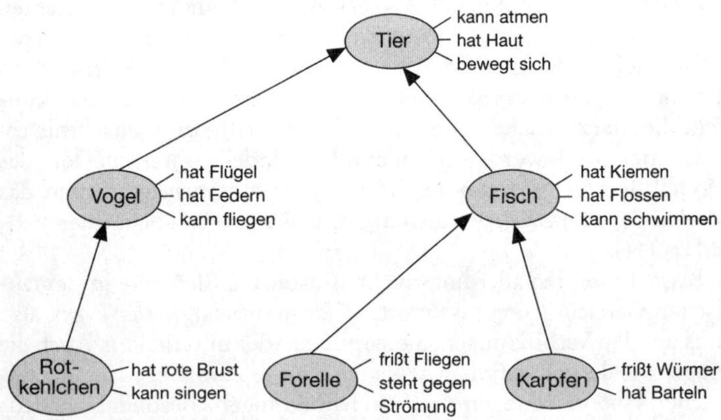

Abb. 3 Wissensspeicherung im Modell von Collins & Quillian (nach Schermer 1991, 148)

Gedächtnis organisiert sind, gespeichert und abgerufen werden, sondern auch, wie es denn um größere sprachliche Einheiten bestellt ist. Ausgefeilte Forschungen und Theorien zu dieser Frage befassen sich mit sogenannten *propositionalen Repräsentationen* und den noch komplexeren *Schemata* und *Skripts*.

Bedeutungshaltige Informationen besitzen nach der Auffassung zahlreicher Autoren vor allem die Form von *Propositionen* (siehe etwa Anderson 1976; Kintsch 1974). Dies sind *Behauptungen*, die unter Wahrheits- oder Richtigkeitsgesichtspunkten, kurz: als gültig oder ungültig, treffend oder unzutreffend beurteilbar sind, wie etwa: »Metall leitet Elektrizität«, »Bill Clinton ist Präsident der Vereinigten Staaten von Amerika«, »Mord ist ein Verbrechen«, »Markus Stockhausen ist ein guter Trompeter«. (Man sieht, daß die Kriterien, anhand derer Propositionen beurteilbar sind, verschieden und teilweise durchaus unklar sein können.)

Propositionen fassen gleichsam den inhaltlichen Kern von Informationen und vernachlässigen alles »Unwesentliche«. Nun haben wir es meistens nicht mit einzelnen Propositionen zu tun, sondern mit komplexeren Wissensbeständen, die sich jedoch in Propositionen zerlegen lassen. Genau dies geschieht im semantischen Gedächtnis zum Zweck der Speicherung und anderer Arbeitsschritte. Ein von Anderson (1988, S. 112) übernommener Beispielsatz lautet: »Nixon schenkte Breschnew, dem Staatschef der UdSSR, einen schönen Cadillac.« Im Rahmen eines theoretischen Ansatzes, der die Bedeutung von Sprach- und Wissensstrukturen am propositionalen Gehalt von Aussagen festmacht, läßt sich die Bedeutung dieses Satzes durch folgende Einzelbehauptungen wiedergeben: Nixon schenkte Breschnew einen Cadillac; der Cadillac war schön; Breschnew war Staatsoberhaupt der UdSSR.

Propositionen wie die exemplarisch angegebenen lassen sich in verschiedener Form systematisch dastellen, etwa wiederum als Netzwerk (Beispiele bietet Anderson 1988, S. 114). Die Theorie propositionaler Wissensrepräsentation wird gemeinhin an sprachlichen Aussagen verdeutlicht, wobei sie keineswegs darauf beschränkt ist. Manche meinen, Bedeutungsstrukturen jeder Art würden generell *in Propositionen zerlegt*, um ins Langzeitgedächtnis Eingang finden, dort gespeichert oder abgerufen werden zu können.

Neben der propositionalen Repräsentation ist die Repräsentation in Form von *Schemata* und *Skripts* einer der am intensivsten erforschten Modi der bedeutungsstrukturierten Wissensrepräsentation. Der schematheoretische Ansatz gestattet die Analyse sehr viel komplexerer Wissensstrukturen als die Untersuchung propositionaler Repräsentationen. Zudem werden hier Informationen nicht ausschließlich als Behauptungen aufgefaßt. Schemata sind unter Umständen *höchst komplexe Wissensstrukturen.* Sie können sich auf Sachverhalte aller Art, auf Orte und Situationen, Personen und Dinge, Ereignis- und Handlungsabläufe beziehen. Wir haben ein Schema eines Fahrrades und Wohnzimmers, eines Professors, einer Vorlesung und einer leidenschaftlichen Liebesgeschichte »im Kopf«. (Zum Schemabegriff allgemein sowie speziell zu Geschichtenschemata siehe etwa die Arbeiten von Anderson, Kintsch und van Dijk, Mandler, Stein oder Thorndyke, über die Stein und Trabasso (1982) einen Überblick liefern; als gedächtnispsychologisch besonders relevante Arbeiten seien Mandler & Johnson 1977, Mandler 1978, 1984 erwähnt.)

Mehr oder minder *abstrakte* Repräsentationen solcher Personen, Dinge, Orte oder Ereignis- und Handlungsabläufe sind mit Erwartungen verknüpft, wie konkrete Phänomene (üblicherweise) aussehen und auszusehen haben. Diese Erwartungen prägen nicht nur, was wir in bestimmten Situationen wahrnehmen, schon vorab erhoffen oder befürchten und schließlich bestätigt oder enttäuscht sehen. Sie ermöglichen auch Schlußfolgerungen und bestimmen nicht zuletzt unsere Erinnerungen mit. Auch Erinnerungen sind schemageleitet. Schemata erleichtern die Erinnerung und steigern die Behaltensleistungen. Sie haben jedoch auch Nachteile: Ein guter Teil von Erinnerungsverzerrungen und -fehlern verdankt sich dem Einfluß von Schemata. Es wird, wie wir bereits von Bartlett gelernt haben, vielleicht eher etwas »erinnert«, was in ein bestimmtes Schema paßt, als dasjenige, was wirklich der Fall war. (Für die Beurteilung von Zeugenaussagen vor Gericht ist dies eine heikle Tatsache.)

Schemata aller Art sind hierarchisch geordnet, das heißt, es lassen sich übergeordnete und untergeordnete Schemata ausmachen. Herkner (1986, S. 131) hat diese Ordnung in einer graphischen Darstellung eines Ereignis- und Handlungsablaufs zum Ausdruck gebracht, der in der Fachliteratur das wohl meistzitierte Beispiel ist. Es handelt sich um den berühmten »Restaurantbesuch«, den Schank und Abelson (1977) in ihrer bahnbrechenden Arbeit analysieren. Bei einem solchen Besuch läuft vieles schematisch ab. Ganz grob: Man kommt, bestellt, ißt, zahlt und geht wieder. Weitere Details finden sich in *Abbildung 4*.

Wer einen Restaurantbesuch immer und immer wieder so erfah-

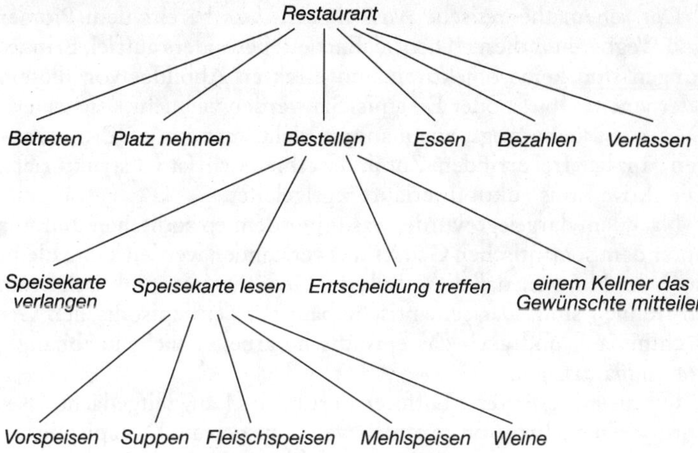

Abb. 4 Das »Restaurant-Skript« von Schank & Abelson (nach Herkner 1986, 131)

ren hat beziehungsweise um diesen Ablauf weiß, bildet bestimmte handlungsleitende Erwartungen und Schemata aus, die schließlich auch seine Erinnerungen beeinflußen.

Abelson und Schank sprechen im übrigen nicht von einem Schema, sondern von einem *Skript* (vgl. auch Abelson 1981). Häufig werden die Begriffe »Skript« und »Schema« nicht exakt auseinandergehalten. Manche Autorinnen und Autoren unterscheiden allerdings ein Schema als eine *abstrakte*, generalisierte kognitive Struktur vom Skript als einer zwar ebenfalls generalisierten, aber *kontextbezogenen und konkreteren* Repräsentationsform. Ein Skript beschreibt routinisierte, stereotypisierte Ereignis- und Handlungsabläufe in einem bestimmten Kontext und in zeitlicher Reihenfolge. Es ähnelt einem Drehbuch, weist allerdings bestimmte *Leerstellen* auf, die dann so oder so gefüllt werden können (auf einer Speisekarte mögen Vorspeisen verzeichnet sein oder auch nicht).

Skripts und Schemata können sich ändern. Sie lassen sich durch neue Erfahrungen korrigieren und ausdifferenzieren. Dies bedeutet auch, daß Skripts oder Schemata bei verschiedenen Personen unterschiedlich ausfallen können. Wer viele verschiedene Restaurants besucht hat, wird ein differenzierteres Skript besitzen als jemand, der in seinem Leben hin und wieder, zumeist sonntags, in einem Lokal im Umland gespeist hat.

Der schematheoretische Ansatz zeigt, was bereits dem Pionier und Wegbereiter dieser Theorie, Bartlett, besonders auffiel. Erinnerungen sind keine objektiven und direkten Abbilder von diesem oder jenem Objekt oder Ereignis. Sie werden vielmehr konstruiert. Dies heißt keineswegs, wie man nun sieht, man könne Erinnerungen gänzlich frei erfinden. Zumindest ihre Form ist vorstrukturiert. Die aktive Konstruktion verläuft regelgeleitet.

Nachdem dargelegt wurde, was unter dem episodischen und was unter dem semantischen Gedächtnis verstanden werden kann, bleibt noch der Hinweis, daß diese Teile des Gedächtnisses praktisch kaum zu trennen sind. Das semantische baut auf dem episodischen Gedächtnis auf, und auch das episodische arbeitet nicht unabhängig vom semantischen.

Die bislang erläuterte Differenzierung des Langzeitgedächtnisses wird von manchen Autoren noch weiter ausgebaut. Das episodische und das semantische lassen sich als *deklaratives Gedächtnis* zusammenfassen und dem *prozeduralen Gedächtnis* gegenüberstellen (Anderson 1982). Das prozedurale Gedächtnis soll dabei jenes Wissen umfassen, das die *Ausführung* bestimmter Verhaltensweisen ermöglicht. Bestimmte Fertigkeiten lassen sich praktisch vorführen, bisweilen jedoch schwerlich in erklärende Worte fassen. Das diesen Fertigkeiten zugrundeliegende Wissen ist prozedural, es ist dem »gekonnten« Verhalten implizit.

In einer wieder allgemeineren Betrachtung des Langzeitgedächtnisses läßt sich sagen, daß dessen wohl wichtigste Funktion in der *überdauernden* und (relativ) *stabilen* Bewahrung von Informationen, die im Bedarfsfall abgerufen und genutzt werden, gesehen werden kann. Offenkundig besitzt das Langzeitgedächtnis eine enorme Kapazität. Es kann im Laufe der Zeit zahllose Informationen aus dem Kurzzeitgedächtnis aufnehmen. Als wichtige Faktoren, die diese Übernahme fördern, wurden das elaborative Wiederholen und das Chunking bereits erwähnt. Was in den Langzeitspeicher gelangen soll, sollte durch möglichst zahlreiche und bedeutungsstiftende Assoziationen, bildhafte Vorstellungen, Analysen, Interpretationen, Strukturierungsleistungen und ähnlich verarbeitungsintensive Operationen kodiert werden. Die *Verarbeitungstiefe* beeinflußt, ob etwas aus dem Kurzzeitspeicher ins Langzeitgedächtnis kommt und dort bewahrt wird. Rein mechanisches Auswendiglernen arbeitet, dem guten Willen zum Trotz, dem Vergessen in die Hände. Solange die Lernenden den Stoff nicht tiefergehend verarbeiten, ihn in die vorhandenen Wissensstrukturen integrieren und dadurch Sinn und

Bedeutung mit dem angeeigneten Material verbinden können, wird der Erfolg in der Regel nicht von langer Dauer sein.

Was die Enkodierung, die Speicherung und den Abruf von Informationen angeht, stehen (auch) dem Langzeitgedächtnis mehrere Möglichkeiten offen. Die besondere Relevanz der *bedeutungsmäßigen Repräsentationen* wurde schon hervorgehoben. Es ist kein Zufall, daß man sich üblicherweise (!) nicht den Wortlaut einer Mitteilung merkt, sondern deren Bedeutung oder Inhalt. Analoges gilt für Bilder, Handlungen und andere Ereignisse. In keinem dieser Fälle behält man normalerweise Details, die eine mimetische Reproduktion – eine originalgetreue Nachahmung also – ermöglichen würden. Man begnügt sich mit einer bedeutungsmäßigen Repräsentation (Kodierung, Speicherung, Abruf).

Die Frage, welche Formen der Wissensrepräsentation es gibt und welche Vor- oder Nachteile die unterscheidbaren Varianten besitzen, ist keineswegs definitiv beantwortet. Paivio (1971, 1978) unterscheidet im Rahmen seiner Theorie der *dualen Kodierung* zunächst ein *verbales* von einem *imaginalen* oder *visuellen* Repräsentationssystem. Das erste arbeitet mit sprachsymbolischen Mitteln, das zweite mit Mitteln einer präsentativen Symbolik. Die präsentative Symbolik umfaßt Vorstellungsbilder im weitesten Sinne des Wortes, also alle sinnlich-konkreten, anschaulichen Darstellungs- und Ausdrucksmittel. Selbstverständlich können das verbale und das imaginale System »interagieren«. Es gibt beispielsweise bildhafte Vorstellungen von zunächst sprachlich vermittelten Informationen. Diese *duale* – sprachlich-semantische und visuelle – Kodierung betrachtet Paivio als höchst effektiv (siehe hierzu auch Paivio 1986). Seine Untersuchungen stützen insgesamt die Auffassung, daß sinnlich-anschauliche Repräsentationen von Informationen die Behaltensleistung fördern. Worte etwa, mit denen man ohne weiteres ein Bild verbinden kann – beispielsweise »Auto«, »Haus«, »Mann« –, lassen sich leichter behalten als abstrakte Worte wie etwa »Deutung«, »Valenz« (und viele andere psychologische Fachausdrücke).

Was speziell das Abrufen gespeicherter Informationen angeht, sind neben den bereits genannten Bedingungen auch einige andere wichtig. Manche davon wurden in der empirisch bestätigten These der *Kodierspezifität* formuliert. Sie besagt, daß das Erinnern und Abrufen von Information leichter gelingt, wenn sowohl die Organisationsform des Materials als auch die äußeren Kontextbedingungen (räumliche Umgebung, Nebengeräusche, soziale Situation und dergleichen) sowie die psychische Befindlichkeit des Lernenden (beispielsweise dessen Stimmung, Gefühle) denjenigen ähneln, die während der Enkodierung und Speicherung wirksam waren (s. Tulving und Osler 1968).

Schlußbemerkung

Viele Themen, Theorien und Forschungen der psychologischen Gedächtnisforschung konnten hier bestenfalls gestreift, einige nicht einmal erwähnt werden. Bereits der knappe Einblick in ein traditionell sehr forschungsintensives und gerade heute wieder hochaktuelles Gebiet der Psychologie machte jedoch deutlich, daß die Gedächtnispsychologie viele Verbündete hat: von der Neurophysiologie bis zu den interpretativen Kulturwissenschaften. Eine genauere Betrachtung könnte zeigen, daß die Überschneidungsbereiche in beiden der angezeigten Richtungen mittlerweile beträchtlich sind, die Fachgrenzen also keineswegs starr verlaufen. Genauso verhält es sich, wie erwähnt, mit den anderen, in diesem Band behandelten Teilgebieten der Allgemeinen Psychologie (s. etwa die Beiträge von Bredenkamp oder Christmann & Groeben). Wie sehr die Gedächtnispsychologie nicht zuletzt mit der Motivationspsychologie verschwistert ist, mag abschließend ein berühmt gewordenes Wort Nietzsches (1988, S. 86) signalisieren: »›Das habe ich gethan‹, sagt mein Gedächtniss. ›Das kann ich nicht gethan haben‹ – sagt mein Stolz und bleibt unerbittlich. Endlich – gibt das Gedächtniss nach.«

Literatur

Abelson, Robert P. (1981): Psychological Status of the Script Concept. *American Psychologist*, 36: 715–729.

Anderson, John R. (1976): *Language, Memory and Thought*. Hillsdale, NJ: Erlbaum.

Anderson, John R. (1988): *Kognitive Psychologie. Eine Einführung*. Heidelberg: Verlag Spektrum der Wissenschaft (Original 1980).

Assmann, Aleida, Dietrich Harth (Hg.) (1991): *Mnemosyne. Formen und Funktionen der kulturellen Erinnerung*. Frankfurt/M.: Fischer.

Assmann, Jan, Tonio Hölscher (Hg.) (1988): *Kultur und Gedächtnis*. Frankfurt/M.: Suhrkamp.

Atkinson, Richard C., Richard M. Shiffrin (1968): Human Memory: A Proposed System and its Control Processes. In: Kenneth W. Spence, Janet T. Spence (Hg.): *The Psychology of Learning and Motivation*. New York: Academic Press, 89–195.

Baddeley, Alan D. (1979): *Die Psychologie des Gedächtnisses*. Mit einer Einführung von Hans Aebli. Stuttgart: Klett-Cotta (Original 1976).

Bartlett, Frederic C. (1932): *Remembering: A Study in Experimental and Social Psychology*. Cambridge: Cambridge University Press.

Bruner, Jerome S. (1990): Acts of Meaning. Cambridge, MA, London: Harvard University Press.

Cermak, Laird S., Fergus I.M. Craik (1979): *Levels of Processing in Human Memory*. Hillsdale, NJ: Erlbaum.

Collins, Allan M., Elisabeth F. Loftus (1975): A Spreading-activation Theory of Semantic Processing. *Psychological Review*, 82: 407–428.

Collins, Allan M., M. Ross Quillian (1969): Retrieval Time from Semantic Memory. *Journal of Verbal Learning and Verbal Behavior*, 8: 240–247.

Conrad, R. (1964): Acoustic Confusion in Immediate Memory. *British Journal of Psychology*, 55: 75–84.

Craik, Fergus I.M., Robert S. Lockhart (1972): Levels of Processing: A Framework for Memory Research. *Journal of Verbal Learning and Verbal Behavior*, 11: 671–684.

Craik, Fergus I.M., Eileen Simon (1980): Age Differences in Memory: The Roles of Attention and Depth of Processing. In: Leonard W. Poon, James L. Fozard, Laird S. Cermak, David Arenberg, Larry W. Thompson (Hg.): *New Directions in Memory and Aging*. Hillsdale, NJ: Erlbaum, 95–112.

Craik, Fergus I.M., Endel Tulving (1975): Depth of Processing and the Retention of Words in Episodic Memory. *Journal of Experimental Psychology*, 104: 268–294.

Dörner, Dietrich, Elke van der Meer (Hg.) (1995): *Das Gedächtnis. Probleme – Trends – Perspektiven*. Göttingen: Hogrefe.

Ebbinghaus, Hermann (1885): *Über das Gedächtnis. Untersuchungen zur experimentellen Psychologie*. Leipzig: Duncker.

Hahn, Alois, Volker Kapp (Hg.) (1987): *Selbstthematisierung und Selbstzeugnis: Bekenntnis und Geständnis*. Frankfurt/M.: Suhrkamp.

Herkner, Werner (1986): *Psychologie*. Wien, New York: Springer.

James, William (1890): *Principles of Psychology*. New York: Holt.

Keller, Barbara (1996): *Rekonstruktion von Vergangenheit. Vom Umgang der »Kriegsgeneration« mit Lebenserinnerungen*. Opladen: Westdeutscher Verlag.

Kintsch, Walter (1974): *The Representation of Meaning in Memory*. Hillsdale, NJ: Erlbaum.

Kintsch, Walter (1982): *Gedächtnis und Kognition*. Berlin, Heidelberg, New York: Springer (Original 1970).

Mandler, Jean M. (1978): A Code in the Node: The Use of a Story Schema in Retrieval. *Discourse Processes*, 1: 14–35.

Mandler, Jean M. (1984): *Stories, Scripts, and Scenes: Aspects of Schema Theory*. Hillsdale, NJ, London: Erlbaum.

Mandler, Jean M., Nancy S. Johnson (1977): Remembrance of Things Passed: Story Structure and Recall. *Cognitive Psychology*, 9: 111–151.

Massaro, Dominic W. (1975): *Experimental Psychology and Information Processing*. Chicago: Rand McNally.

McGeoch, John A. (1932): Forgetting and the law of disuse. *Psychological Review*, 39: 352–370.

Miler, Adrienne (1960): Vergleich der Vergessenskurven für Reproduzieren und Wiedererkennen von sinnlosem Material. *Zeitschrift für Experimentelle und Angewandte Psychologie*, 7: 29–38.

Miller, George A. (1956): The magical number seven plus or minus two: Some limits on our capacity for processing information. *Psychological Review*, 63: 81–97.

Neisser, Ulric (1974): *Kognitive Psychologie*. Stuttgart: Klett-Cotta (Original 1967).

Neisser, Ulric (1978): Memory: What are the important questions? In: Michael M. Gruneberg, Peter E. Morris, Robert N. Snykes (Hg.): *Practical Aspects of Memory*. London: Academic Press, 3–19.

Nietzsche, Friedrich (1988): Jenseits von Gut und Böse. Vorspiel einer Philosophie der Zukunft. In: ders.: *Sämtliche Werke* (Kritische Studienausgabe, Bd. 5, hg. von Giorgio Colli & Mazzino Montinari, 2. durchges. Auflage). München: Deutscher Taschenbuch Verlag, und Berlin, New York: de Gruyter, 9–243 (Original 1886).

Noble, Clyde E. (1952): An Analysis of Meaning. *Psychological Review*, 59: 421–430.

Paivio, Allan (1971): *Imagery and Verbal Processes*. New York: Holt, Rinehart and Winston.

Paivio, Allan (1978): Dual Coding: Theoretical Issues and empirical evidence. In: Joseph M. Scandura, Charles J. Brainerd (Hg.): *Structural/Process Models of Complex Human Behavior*. Alphen aan den Rijn: Sijthoff & Nordhoff, 527–549.

Paivio, Allan (1986): *Mental Representations: A Dual Coding Approach*. New York: Oxford University Press.

Peterson, Lloyd R., Margaret J. Peterson (1959): Short-term Retention of Individual Items. *Journal of Experimental Psychology*, 58: 193–198.

Roth, Gerhard (1975): *Neurobiologische Grundlagen des Lernens und des Gedächtnisses*. Paderborn: FEoLL.

Roth, Gerhard (1991): Neuronale Grundlagen des Lernens und des Gedächtnisses. In: Siegfried J. Schmidt (Hg.): *Gedächtnis. Probleme und Perspektiven der interdisziplinären Gedächtnisforschung*, Frankfurt/M.: Suhrkamp, 127–158.

Rumelhart, David E., Peter H. Lindsay, Donald A. Norman (1972): A Process Model for Long-term Memory. In: Endel Tulving, W. Donaldson (Hg.): *Organization of Memory*. New York: Academic Press, 198–246.

Schank, Roger C., Robert P. Abelson (1977): *Scripts, Plans, Goals, and Understanding*. Hillsdale, NJ: Erlbaum.
Schermer, Franz (1991): *Lernen und Gedächtnis*. Stuttgart, Berlin, Köln: Kohlhammer.
Schmidt, Siegfried J. (Hg.) (1991): *Gedächtnis. Probleme und Perspektiven der interdisziplinären Gedächtnisforschung*. Frankfurt/M.: Suhrkamp.
Schneider, Hans (1992): Disziplin und Freiheit. Besonderheiten und Freiheiten interdisziplinären Arbeitens. *Handlung, Kultur, Interpretation. Bulletin für Psychologie und Nachbardisziplinen*, 1: 90–103.
Schwartz, Steven (1988): *Wie Pawlow auf den Hund kam...: die 15 klassischen Experimente der Psychologie*. Weinheim, Basel: Beltz (Original 1987).
Sperling, George A. (1960): The Information Available in Brief Visual Presentation. *Psychological Monographs*, 74: 1–29.
Stein, Nancy L., Tom Trabasso (1982): What's in a Story: An Approach to Comprehension and Instruction. In: Robert Glaser (Hg.): *Advances in Instructional Psychology*. Bd. 2. Hillsdale, NJ: Erlbaum, 213–267.
Sternberg, S. (1966): High-Speed-Scanning in the Human Memory. *Science*, 153: 652–654.
Straub, Jürgen (1997): Biographische Sozialisation und narrative Kompetenz. Implikationen und Voraussetzungen lebensgeschichtlichen Denkens in der Sicht einer narrativen Psychologie. In: Erika Hoerning (Hg.): *Biographische Sozialisation*. Stuttgart: Enke (im Druck).
Strube, Gerhard, Franz E. Weinert (1987): Autobiographisches Gedächtnis: Mentale Repräsentation der individuellen Biographie. In: Gerd Jüttemann, Hans Thomae (Hg.): *Biographie und Psychologie*. Berlin, Heidelberg: Springer, 151–167.
Tulving, Endel (1972): Episodic and Semantic Memory. In: Endel Tulving, Wayne Donaldson (Hg.): *Organization of Memory*. New York: Academic Press, 381–403.
Tulving, Endel, Shirley Osler (1968): Effectiveness of Retrieval Cues in Memory for Words. *Journal of Experimental Psychology*, 77: 593–601.
Wessels, Michael G. (1984): *Kognitive Psychologie*. München: UTB.
Yates, Frances A. (1990): *Gedächtnis und Erinnern. Mnemonik von Aristoteles bis Shakespeare*. Weinheim: VCH, Acta Humaniora (Original 1966).

3. Lernen

Jürgen Bredenkamp[1]

Im Alltag versteht man unter Lernen üblicherweise den Erwerb von Wissen (z.B. von Kenntnissen im Bereich der Mathematik) und Fertigkeiten (z.B. Fahrrad fahren). Der Lernbegriff in der Psychologie umfaßt dies auch; sein Umfang ist aber größer, wie die folgenden Beispiele belegen werden. Die ersten drei Beispiele behandeln lernpsychologische Paradigmen, die in vielen Lehrbüchern der Lernpsychologie dargestellt werden. Das vierte Beispiel bezieht sich auf einen im Vergleich zu den anderen Beispielen relativ neuen Gegenstandsbereich der psychologischen Lernforschung. Auf diese Beispiele folgt, was unter Lernen zu verstehen ist, und danach werden einige Forschungsergebnisse zu den beispielhaft behandelten Paradigmen und deren Gemeinsamkeiten und Unterschiede dargestellt. Die hier angeführten Beispiele schöpfen den Gegenstandsbereich der Lernpsychologie nicht aus: Ihre Gegenstandsbereiche überlappen sich zum Teil mit anderen Disziplinen der Psychologie wie etwa der Denk- und Gedächtnispsychologie. Auch dort trifft man auf lernpsychologische Fragestellungen (z.B. Aneignung von Konzepten, verbales Lernen), die in diesem Artikel ausgeklammert bleiben (vgl. hierzu Straub).

Beispiele für lernpsychologische Untersuchungen

Klassische Konditionierung

Für eine klassische Konditionierung benötigt man einen *unbedingten Reiz* (US für unbedingter Stimulus), der eine *unbedingte Reaktion* (UR) auslöst, sowie einen *neutralen Reiz* (NS), der diese Reaktion nicht auslöst. Der NS wird mehrere Male kurz vor der

[1] Der Verfasser dankt Frau Vaterrodt-Plünnecke für zahlreiche Vorschläge zur Verbesserung des Manuskripts.

Präsentation des US dargeboten. Tritt die Reaktion danach bei alleiniger Präsentation des ehemals neutralen Reizes auf, so ist die Konditionierung erfolgreich gewesen. Der ehemals neutrale Reiz heißt jetzt der *konditionierte Reiz* (CS), die in seiner Gegenwart auftretende Reaktion die *konditionierte Reaktion* (CR). CR und UR sind nicht identisch, sondern nur ähnlich. Ein Lernvorgang wird aus der Tatsache erschlossen, daß ein neutraler Reiz durch Anbindung an einen unbedingten Reiz zum Auslöser einer der UR ähnlichen Reaktion geworden ist und damit eine Eigenschaft erworben hat, die vor dem Experiment nicht gegeben war.

Die Entwicklung dieses Paradigmas zur Untersuchung von Lernvorgängen geht auf den russischen Physiologen Iwan Petrowitsch Pawlow (1849–1936) zurück. Er hat mit Hunden experimentiert. Der US in seinen Untersuchungen war Futter im Maul eines Hundes, das die UR Speichelsekretion auslöst. Als NS wurde ein akustisches Signal verwendet. Vor dem Experiment löste es nicht die Speichelsekretion aus. Nach mehrmaliger Präsentation dieses Signals vor der Vergabe der Nahrung löste es die Speichelabsonderung aus (CR). Die CR ist der UR nur ähnlich, weil quantitative Unterschiede zwischen beiden Reaktionen zum Beispiel hinsichtlich der abgesonderten Speichelmenge bestehen.

In einem berühmt gewordenen Experiment haben sich Watson und Rayner (1920) der klassischen Konditionierungsprozedur bedient, um zu zeigen, daß Furchtreaktionen auf einen neutralen Reiz hin ausgebildet werden können. Ihre Versuchsperson war ein Baby, das zu Beginn der Untersuchungen neun Monate alt war. Der US in dieser Untersuchung war ein plötzliches, lautes Geräusch, der NS eine weiße Ratte. Die Untersuchung hat gezeigt, daß die Ratte, mit der das Kind niemals direkt negative Erfahrungen gemacht hatte – es ist beispielsweise nicht gebissen worden –, zum Auslöser von Furchtreaktionen geworden war. Darüber hinaus wurde gezeigt, daß diese Reaktion auf Reize, die dem CS ähnlich sind, generalisiert wird. Auf das Experiment bezogen meint der Begriff der *Reizgeneralisation*, daß die konditionierte Reaktion auf pelzige Gegenstände (z.B. Pelzmantel) hin auftritt. Eine Löschung (Extinktion) der konditionierten Reaktion konnte in diesem Experiment nicht versucht werden, da die Mutter an einen unbekannten Ort verzogen war. Die Extinktionsprozedur sieht die oftmalige alleinige Darbietung des CS solange vor, bis die CR nicht mehr auftritt.

Operante Konditionierung

Bei der klassischen Konditionierung ist der Auslöser der UR genau bekannt. Bei der operanten Konditionierung geht es um die Modifikation der Auftrittshäufigkeit eines Verhaltens, dessen Auslöser unbekannt ist. Derartige Verhaltensweisen hat Skinner (1953), der zahlreiche operante Konditionierungsversuche an Versuchstieren durchgeführt hat, »operants« genannt. Diese Bezeichnung soll verdeutlichen, daß ein operantes Verhalten auf die Umwelt einwirkt und Konsequenzen produziert. In operanten Konditionierungsversuchen heißen diese Konsequenzen *Verstärker*. Wenn der Ausübung eines bestimmten Verhaltens – wenn zum Beispiel eine Taube ihren Kopf anhebt – immer die Vergabe von Futter folgt, wird dieses Verhalten pro Zeiteinheit häufiger auftreten. Die Vergabe des Futters (Verstärker) bekräftigt das vorausgegangene Verhalten. Dieses wird gleichsam zum Instrument für die Erlangung eines Verstärkers. Viele Autoren sprechen deshalb auch von einer *instrumentellen Konditionierung*. Allerdings muß man sehen, daß Skinners Untersuchungen dem Versuchstier ein hohes Maß an Freiheit einräumen, jedwede Verhaltensweise auszuführen. Eine dieser Verhaltensweisen soll hinsichtlich ihrer Auftrittshäufigkeit modifiziert werden. In anderen Untersuchungen ist dieses Maß an Freiheit drastisch reduziert. Manche Autoren (z.B. Bredenkamp & Wippich 1977) sprechen nur in diesem Fall von einer instrumentellen Konditionierung.

Mit dieser terminologischen Unterscheidung soll dem Tatbestand Rechnung getragen werden, daß nicht alle Fragestellungen, die im Paradigma der instrumentellen Konditionierung untersucht werden, auch Gegenstand operanter Konditionierungsexperimente sein können (und umgekehrt; vgl. dazu Bredenkamp & Wippich 1977). Ein Beispiel für instrumentelle Konditionierung ist die Modifikation der Laufgeschwindigkeit einer Ratte in einem engen Laufgang, an dessen Ende sie Nahrung findet. Für den nächsten Versuch muß sie vom Versuchsleiter wieder an den Startplatz zurückgebracht werden.

Dem Begriff des Verstärkers kommt in operanten und instrumentellen Konditionierungsversuchen eine zentrale Bedeutung zu. Das oben erwähnte Beispiel der Taube steht für den Begriff der *positiven Verstärkung* (synonym: *Bekräftigung*). Positive Verstärker sind nach Skinners (1953) Terminologie Reize, deren *Präsentation* die Häufigkeit eines vorausgegangenen Verhaltens erhöht. Negative

Verstärker dagegen sind Reize, deren *Entfernung* die Häufigkeit eines vorausgegangenen Verhaltens erhöht. Führt ein bestimmtes Verhalten beispielsweise mehrfach zur Beendigung eines sehr lauten Geräusches und tritt dieses Verhalten pro Zeiteinheit immer häufiger auf, so erfüllt dieses Geräusch Skinners Definition für einen negativen Verstärker. Diese Form der operanten Konditionierung nennt man auch das *Fluchttraining* (vgl. Bredenkamp & Wippich 1977). Ein außerexperimentelles Beispiel dafür ist die zunehmende Einnahme schmerzlindernder Tabletten bis zur Entwicklung einer Sucht.

Eine weitere Form der operanten Konditionierung ist das *Bestrafungstraining*. Von Bestrafung spricht Skinner (1953) in zwei Fällen: Einmal geht es um die *Nicht-Gewährung eines positiven Verstärkers*, der einem Verhalten eine Zeitlang gefolgt ist. Dieses Verfahren führt zur Extinktion des operanten Verhaltens. Der andere Fall bezieht sich auf die *Präsentation eines negativen Verstärkers* nach einem Verhalten. Speziell für diese Prozedur, die zum selteneren Auftreten des Verhaltens führt, ist der Ausdruck Bestrafungstraining in der Lernpsychologie reserviert worden (vgl. Bredenkamp & Wippich 1977).

Die bei der Besprechung der klassischen Konditionierung erwähnte Reizgeneralisation kann auch in operanten Konditionierungsversuchen demonstriert werden. Voraussetzung dafür ist, daß das Verhalten in Gegenwart eines sogenannten diskriminativen Hinweisreizes verstärkt oder bestraft wird. Wird das Anheben des Kopfes durch die Taube zum Beispiel nur verstärkt, wenn ein Ton von 1000 Hertz angeschaltet ist (diskriminativer Hinweisreiz), nicht jedoch, wenn ein Lichtsignal präsent ist, so wird die Taube später das Verhalten nicht nur in Gegenwart dieses Tones, sondern auch bei ähnlichen Tönen (z.B. 900 Hertz) ausführen.

Beobachtungslernen

Ein prototypisches Beispiel für die Untersuchung des Beobachtungslernens ist das Experiment von Bandura (1965). An der Untersuchung nahmen Kinder im Alter von dreieinhalb bis sechs Jahren teil. Alle Kinder sahen einen Film, in dem ein Erwachsener (Rocky) eine im Wege stehende lebensgroße Puppe angriff und beschimpfte. Die Kinder waren nach Zufallsprinzip drei verschiedenen Gruppen zugeteilt worden, für die der Ausgang des Films unterschiedlich war. In einer Version wurde Rocky durch einen anderen Erwachsenen belobigt und mit Süßigkeiten bedacht. Bandura spricht hier von einer *stellvertretenden Verstärkung*. In einer anderen Version wurde Rocky durch den anderen Erwachsenen getadelt und mit einer zusammengerollten Zeitung geschlagen (*stellvertretende Bestrafung*). In der dritten Version blieb Rockys Verhalten folgenlos (*Kontrollbedingung*).

Nach dem Anschauen des Filmes wurden die Kinder einzeln in ein Spielzimmer geführt, in dem sich die Gegenstände befanden, die in dem Film zu sehen gewesen waren, also eine Puppe und Gegenstände, mit denen Rocky die Puppe traktiert hatte. Außerdem befanden sich in diesem Zimmer noch andere Gegenstände. Jedes Kind, das für zehn Minuten unter einem Vorwand allein gelassen wurde, konnte also imitative und nicht-imitative Verhaltensweisen ausführen, die durch einen verborgenen Beobachter registriert wurden. Es zeigte sich, daß unter der Bedingung der stellvertretenden Bestrafung am seltensten, unter der Bedingung der stellvertretenden Verstärkung am häufigsten imitiert wurde. Dieses Ergebnis spiegelt nicht wider, wieviel aus der Beobachtung des Modells Rocky gelernt wurde. Nach Ablauf der zehn Minuten wurde jedes Kind ermuntert, so viele Verhaltensweisen des Modells Rocky wie möglich zu zeigen. Für die Ausführung dieser Verhaltensweisen wurden die Kinder belohnt (*direkte Verstärkung*).

Das Ergebnis war, daß für alle drei Gruppen die Häufigkeit des Imitierens anstieg. Zwischen den Gruppen bestand kein Unterschied hinsichtlich der durchschnittlichen Imitationshäufigkeit mehr. Offenbar wirkt sich die direkte Verstärkung darauf aus, wieviel von dem Gelernten in Verhalten umgesetzt wird. Sie ist in diesem Experiment keine Bedingung des Lernens. Die Versuchspersonen haben, ohne daß (wie bei der operanten Konditionierung) Verhaltensweisen Konsequenzen produzieren, durch die Beobachtung eines Modells gelernt, aber ohne direkte Verstärkung das Gelernte nicht vollständig in imitierende Verhaltensweisen umgesetzt. Die direkte Verstärkung ist hier ein Anreiz, das Gelernte zu zeigen.

Implizites Lernen

Dieser Begriff wurde durch Reber (1967) eingeführt. Für Reber ist implizites Lernen durch zwei Komponenten charakterisiert. Zum einen geschieht die Wissensaufnahme inzidentiell, also beiläufig ohne intentionale Prozesse, und zum zweiten führen die Prozesse in der Lernphase zu einer nicht bewußten Wissensbasis. Eine derartige Begriffsbestimmung hat Probleme, auf die später eingegangen wird.

Ein typisches Beispiel zur Demonstration impliziten Lernens sieht so aus, daß den Versuchspersonen Buchstabensequenzen vorgelegt werden, die ein System von Regeln als syntaktisch korrekt generiert hat (Reber 1967). Ein solches System ist einer Grammatik ähnlich, die syntaktisch korrekte Sätze der deutschen Sprache generiert.

Die Versuchspersonen haben zunächst nur die Aufgabe, derartige syntaktisch richtige Buchstabensequenzen zu memorieren, also still für sich zu wiederholen. Später werden sie über die Tatsache der Regelhaftigkeit dieser Sequenzen informiert und unerwartet gebeten, neue Sequenzen, von denen nur die Hälfte syntaktisch korrekt gebildet ist, auf ihre Regelhaftigkeit zu beurteilen. Die inkorrekten Sequenzen enthalten dieselben Buchstaben wie die korrekten, sind aber an einer Stelle plaziert, die das erzeugende Regelsystem als falsch spezifiziert. Die Beurteilung dieser neuen Sequenzen gelingt überzufällig häufig richtig, obwohl die Versuchspersonen nicht in der Lage sind, die Regeln mitzuteilen.

Die *Dissoziation zweier Maße* – hier der gelingenden Klassifikation zulässiger und falscher Sequenzen einerseits und die fehlende Mitteilbarkeit der Regeln andererseits – ist auch in der Wahrnehmungs- und Gedächtnispsychologie eine Voraussetzung dafür, von impliziten Prozessen sprechen zu können. Die Interpretation derartiger Dissoziationen für eine unbewußte Informationsverarbeitung unterliegt Voraussetzungen, auf die später eingegangen wird. Im Alltag wäre ein Beispiel für implizites Lernen die richtige Identifikation eines Komponisten, dessen Werke man häufig gehört hat, beim Hören eines unbekannten Konzerts, während ein anderes unbekanntes Musikstück korrekt als nicht von ihm komponiert erkannt wird.

Definition des Lernens

Kimble (1961) definiert Lernen als relativ überdauernde Änderung einer Verhaltensmöglichkeit (behavior potentiality) aufgrund einer bekräftigten Übung. Diese Definition enthält verschiedene Bestandteile, auf die kurz eingegangen werden soll. Zunächst wird von der Änderung einer Verhalten*smöglichkeit*, nicht von der eines Verhaltens gesprochen. Damit wird Lernen auf einen nicht beobachtbaren Vorgang bezogen. Die Definition läßt es zu, daß etwas gelernt wird, ohne daß das Gelernte sich im Verhalten zeigt.

Die Änderung muß auf eine Übung zurückgeführt werden können. Damit werden solche Änderungen der Verhaltensmöglichkeit ausgeschlossen, die etwa auf altersbedingte physiologische Veränderungen zurückzuführen sind. Außerdem wird die Verstärkung als Bedingung des Lernens angesehen. Die Veränderung der Verhaltensmöglichkeit soll relativ überdauernd sein, so daß momentane Änderungen, die etwa auf sich ändernde Motivationszustände zurückzuführen sind, ausgeschlossen werden.

Kimbles Definition erscheint heute nicht mehr als zweckmäßig. Das Beispiel des Beobachtungslernens zeigt, daß auch ohne Übung gelernt werden kann. Dort zeigt sich auch, daß die Verstärkung keine Bedingung des Lernens, sondern eine Bedingung der Umsetzung des Gelernten in Verhalten ist. Auch das implizite Lernen ist ein Lernen ohne Verstärkung. Im Bereich des instrumentellen Lernens, für das in diesem Beitrag mit der operanten und instrumentellen Konditionierung nur zwei von mehreren Paradigmen genannt wurden (vgl. Bredenkamp & Wippich 1977), zeigt sich ebenfalls, daß eine Verstärkung nicht für das Lernen, sondern für die Umsetzung des Lernens in Verhalten wichtig ist. Hier ist früher vom latenten Lernen gesprochen worden. Aus der Sicht der Definition Kimbles (1961) ist diese Bezeichnung allerdings unglücklich gewählt, da *alles* Lernen latent ist, sich also auf nicht beobachtbare Prozesse bezieht. Alle soeben erwähnten Befunde zeigen, daß die Verstärkung aus der Definition des Lernens herausgenommen werden sollte, da es sich bei ihr um eine motivationale Bedingung handelt. Nach allem definiert man Lernen heute besser als die Veränderung einer Verhaltensmöglichkeit aufgrund von Beobachtung oder Übung.

Diese Definition kann man auf das Lernen von Tieren und Menschen beziehen. Hier soll kurz auf die Häufigkeit tierexperimenteller Untersuchungen im Bereich der Lernforschung eingegangen werden. Die Lernforschung ist lange Zeit eine Domäne der behavioristischen Psychologie gewesen. Der Begründer des Behaviorismus, Watson, der zusammen mit Rayner das schon erwähnte Experiment zur klassischen Konditionierung von Furchtreaktionen durchgeführt hat, wollte Anfang dieses Jahrhunderts Psychologie als eine Naturwissenschaft vom Verhalten betreiben, in der *die* Methode der Bewußtseinspsychologie, die Selbstbeobachtung, keinen Platz hatte.

Viele Psychologen sind ihm wenigstens insoweit gefolgt, als sie aus methodologischen Gründen nicht auf mentale Zustände Bezug nehmen wollten.

Dies erscheint zunächst als kaum begreiflich, da wir im Alltag und auch in der kognitiven Psychologie Verhalten erklären, indem wir es auf mentale Zustände zurückführen. Tetens (1994) macht diesen Sachverhalt für den Alltag am Beispiel eines quengelnden Kindes deutlich, dem die Mutter die Flasche gibt, weil sie ihm den Zustand des Hungers zuschreibt. Quengelt das Kind weiter, nimmt sie es auf den Schoß, da sie ihm ein Zärtlichkeitsbedürfnis zuschreibt. Die Frage ist, warum derartige Erklärungen abgegeben werden, wenn davon auszugehen ist, daß jedes Verhalten lückenlos physisch – durch Hirnprozesse – verursacht ist. Eine kognitive Psychologie, deren Gegenstand auch Bewußtseinsprozesse sind, muß zu dieser Frage Stellung nehmen. Darauf ist hier nicht einzugehen (vgl. Gadenne & Oswald 1991); festzuhalten ist nur, daß aus der Sicht der Behavioristen die Bezugnahme auf mentale Zustände nichts zur Erklärung von Verhalten beiträgt. Verhalten als Gegenstand der Psychologie kann demzufolge ohne Anwendung der Methode der Selbstbeobachtung auch an Tieren untersucht werden, sofern zusätzlich die Überzeugung herrscht, daß keine grundsätzlichen Unterschiede zwischen Tier und Mensch bestehen.

Ein derartiger evolutionstheoretisch inspirierter Standpunkt dürfte mitverantwortlich für die Vielzahl tierexperimenteller Untersuchungen gerade zum Lernen sein, dessen Funktion für die Anpassung des Organismus an die Umwelt und dessen Überlebenswert bedeutsam erschien. In seinem den Behaviorismus begründenden Manifest schrieb Watson (1913, S. 170), »work ... on the human being (would) be comparable directly with the work upon animals«. Die Frage, inwieweit die am Versuchstier erforschten Lerngesetze auf den Menschen übertragbar sind, ist ein empirisches Problem. Unabhängig davon, inwieweit man den Voraussetzungen der behavioristischen Psychologie zu folgen bereit ist, läßt sich sagen, daß ihre Forschungsergebnisse auch heute noch von Wert sind und Verfahren der Verhaltenstherapie mitbegründet haben.

Ausgewählte Forschungsbefunde

Die Auswahl von Forschungsbefunden zu den vier dargestellten Forschungsparadigmen spiegelt die Voreingenommenheit des Autors bezüglich der Bedeutung der Resultate wider. Deshalb sei vorab auf Literatur verwiesen, die hier nicht erwähnte Befunde behandelt. Zur Konditionierungsforschung wird auf Bredenkamp und Wippich (1977), Houston (1986) und Spada (1990), zum Beobachtungslernen auf Bredenkamp und Wippich (1977) sowie Spada (1990) verwiesen. Befunde zum impliziten Lernen finden sich bei Berry und Dienes (1993), Buchner (1993) sowie Reber (1993).

Klassische Konditionierung

Eingegangen wird auf Resultate, die sich auf die Frage beziehen, inwieweit die CS-US-Kontiguität eine hinreichende und/oder notwendige Bedingung für die klassische Konditionierung ist. Mit Kontiguität ist das gemeinsame Auftreten beider Reize in einem kleinen Zeitintervall gemeint.

Der einzige Befund, der gegen die Hypothese spricht, daß die Kontiguität eine hinreichende Bedingung für die Konditionierbarkeit ist, ist das Ausbleiben einer Konditionierung, *obwohl* die Bedingung der Kontiguität realisiert ist. Auf diese Hypothese einer hinreichenden Bedingung sind Rescorlas (z.B. 1972) Forschungen bezogen. Die im Abschnitt »Klassische Konditionierung« diskutierten Beispiele beziehen sich darauf, daß der US dem CS immer folgt. In diesem Fall ist die Wahrscheinlichkeit für das Auftreten des US, wenn CS präsent ist, 1, während die Wahrscheinlichkeit für US, wenn CS nicht präsent ist, 0 beträgt. Der CS vermittelt die Information, daß ihm der US folgen wird.

Nehmen wir an, daß in einem derartigen Experiment in fünfzig Fällen der US dem CS gefolgt ist. Wir ändern jetzt in einem neuen Experiment an dieser Kontiguität nichts und lassen dem CS weiterhin in fünfzig Fällen den US folgen. Geändert wird aber der Informationswert, indem der US zusätzlich in fünfzig Fällen dargeboten wird, ohne daß ihm CS vorausgegangen ist. Die Wahrscheinlichkeit des Auftretens von US unter der Bedingung »kein CS« ist jetzt genauso groß wie unter der Bedingung »CS«. In diesem Fall informiert der CS nicht mehr über das Kommen des US, und Rescorla

(1972) hat wiederholt gezeigt, daß unter dieser Bedingung, in der die Kontiguität weiterhin realisiert ist, keine Konditionierung nachgewiesen werden kann.

Dieses Ergebnis wird weithin anerkannt. Allerdings treten Befunde, die für Rescorlas Informationshypothese und gegen die Kontiguität als hinreichende Bedingung sprechen, nicht bei allen bisher untersuchten wirbellosen Tieren, deren Nervensystem sich von dem der Wirbeltiere unterscheidet, auf (Krasne & Glanzman 1995). Möglich erscheint also, daß im Paradigma der klassischen Konditionierung unterschiedliche Arten nach verschiedenen Prinzipien lernen. Für die Wirbeltiere scheint auf der Grundlage der Befunde die Hypothese, daß die Kontiguität hinreichend für die Konditionierbarkeit sei, mit einiger Wahrscheinlichkeit falsch zu sein (vgl. auch Houston 1986).

Im Kontext der Hypothese einer notwendigen Bedingung sind Untersuchungen zum biologisch vorbereiteten Lernen relevant. Die Untersuchungen (zusammenfassend Bredenkamp & Wippich 1977; Houston 1986) zeigen, daß eine Magenerkrankung, erzeugt etwa durch eine Injektion von Apomorphin, das zum Erbrechen führt, mit dem Geschmack eines vorher genossenen Getränkes (z.B. saccharinhaltiges Wasser) oder einer Speise und nicht etwa mit einem Ton, der während des Essens oder Trinkens präsent war, assoziiert wird. Diese Verbindung zwischen zwei internen Reizen wird auch bei langem Zeitintervall gestiftet. Wenn ohne Kontiguität ein Lernen nachgewiesen wird, spricht das gegen die Hypothese der Kontiguität als notwendiger Bedingung.

Allerdings sind die Befunde zum biologisch vorbereiteten Lernen bezüglich dieser Hypothese nicht ganz eindeutig. Einige Autoren argumentieren, daß das lange Zeitintervall überbrückt wird – zum Beispiel dadurch, daß das Saccharin beim Aufstoßen oder Erbrechen geschmeckt wird –, so daß eine Kontiguität vorliegt. Houston (1986) kommt deshalb zu dem Schluß, daß die Hypothese einer notwendigen Bedingung bisher nicht zweifelsfrei invalidiert worden sei. Unabhängig davon zeigen diese Forschungen, daß nicht beliebige Reize miteinander assoziiert werden können, sondern daß Organismen biologisch auf die Verknüpfung zweier externer oder zweier interner Reize vorbereitet sind. Die Verknüpfung interner Reize auch über lange Zeiträume ist biologisch gesehen adaptiv. Wenn ein Tier die spätere Erkrankung mit dem Genuß der verdorbenen Speise und nicht mit zufällig präsenten externen Reizen verknüpft, führt das zur künftigen Meidung der Speise. Ökopsychologische Anwendungsperspektiven des biologisch vorbereiteten Lernens behandelt Houston (1986, S. 91).

Operante Konditionierung

Bei höher organisierten Lebewesen sprechen die Befunde im Bereich der klassischen Konditionierung dafür, daß Erwartungen ausgebildet werden. Wenn die Darbietung des CS wenigstens bis zu einem gewissen Grad die Präsenz des US erwarten läßt, bildet sich eine konditionierte Reaktion aus. In diesem Abschnitt gehen wir schwerpunktmäßig auf Befunde ein, die dafür sprechen, daß auch beim operanten Konditionieren Erwartungen ausgebildet werden.

Im einfachsten Versuch wird jedes Mal ein bestimmtes Verhalten positiv bekräftigt. Die Wahrscheinlichkeit für den Verstärker beträgt 1, wenn das Verhalten ausgeführt wird; sie ist 0, wenn das Verhalten nicht ausgeführt wird. Seine Ausführung läßt also die Vergabe der Verstärkung erwarten. Im geschilderten Fall spricht man von einer *kontinuierlichen Bekräftigung*, bei der ein bestimmtes Verhalten jedes Mal verstärkt wird, sobald es aufgetreten ist. In diesem Fall ist die Regel realisiert, da die Ausübung des Verhaltens notwendig und hinreichend für die Vergabe des Verstärkers ist.

Von einer *intermittierenden Bekräftigung* wird gesprochen, wenn das Verhalten manchmal verstärkt wird, während der Verstärker bei Nicht-Ausführung des Verhaltens niemals geboten wird. In diesem Fall liegt die Wahrscheinlichkeit für den Verstärker, wenn das Verhalten ausgeführt wird, zwischen 0 und 1, während sie weiterhin im Falle der Nicht-Ausführung des Verhaltens 0 beträgt. Auch bei der intermittierenden Bekräftigung läßt das Verhalten den Verstärker also noch erwarten. Hier ist die Regel realisiert, da die Verhaltensausübung notwendig für die Vergabe des Verstärkers ist. Die intermittierende Bekräftigung führt zu einer höheren Extinktionsresistenz als die kontinuierliche Verstärkung. Das bedeutet, daß nach intermittierender Bekräftigung mehr Versuche, in denen das Verhalten niemals mehr verstärkt wird, als nach kontinuierlicher Bekräftigung benötigt werden, bis es erlischt.

Dieser Befund – wie andere hier nicht erwähnte Ergebnisse auch – läßt sich einfach erklären, wenn davon ausgegangen wird, daß Erwartungen oder Regeln gelernt werden. Der Versuch mit intermittierender Verstärkung realisiert die Regel, daß die Verhaltensausführung *notwendig* für die Erlangung des Verstärkers ist. Zu dieser Regel gehören die Ereignisse während der Extinktionsprozedur, so daß das Verlernen schwierig ist. Sie passen aber nicht zur Regel, da die Verhaltensausführung notwendig und hinreichend für den Verstärker ist, die im Versuch mit kontinuierlicher Verstärkung realisiert wird.

Während das eben geschilderte Resultat auch offen für andere Interpretationen ist (vgl. Bredenkamp & Wippich 1977), lassen sich bestimmte Ergebnisse in anderen Paradigmen der operanten Konditionierung wohl nicht anders erklären als durch die Bezugnahme auf ein *Erwartungslernen*. Im Paradigma des Vermeidungstrainings kündigt ein Hinweisreiz (z.B. ein Ton) eine schmerzhafte Reizung (z.B. einen Elektroschock) an, die ihm einige Sekunden später folgt. Durch ein bestimmtes Verhalten in diesem Zeitintervall kann das Versuchstier die schmerzhafte Reizung vermeiden. Nach einigen Erfahrungen dieses Schmerzreizes führen Versuchstiere das Verhalten so schnell aus, da die schmerzhafte Reizung nicht mehr zur Anwendung kommt. Was bekräftigt dieses Meidungsverhalten? Die Schmerzreduktion kann es nicht sein, weil der Schmerzreiz nicht mehr appliziert wird, wenn das Meidungsverhalten ausgeführt wird. Frühe theoretische Erklärungsversuche (vgl. dazu Bredenkamp & Wippich 1977) konnten der hohen Persistenz des Meidungsverhaltens nicht gerecht werden.

Wenn man aber davon ausgeht, daß in einem derartigen Versuch die Erwartungen »Nicht-Ausführung des Verhaltens führt zum Schmerz« und »Ausführung des Verhaltens führt nicht zur schmerzhaften Reizung« ausgebildet werden, läßt sich die Persistenz des Meidungsverhaltens leicht erklären. Solange das Meidungsverhalten nicht ausgeführt wird, wird die erste Erwartung bekräftigt. Später wird die zweite Erwartung fortlaufend bekräftigt. Durch die Bekräftigungen werden die Erwartungen stärker. Wenn die Stärke des Verhaltens, erfaßt durch seine Persistenz, eine monoton steigende Funktion der Erwartungsstärke ist, läßt sich die Löschungsresistenz leicht erklären. Zugleich besagt eine derartige Theorie, daß man die Erwartungen aufbrechen muß, um das Meidungsverhalten zum Erlöschen zu bringen. Da dieses oftmals als dem phobischen Verhalten von Menschen ähnlich angesehen wurde (vgl. Bredenkamp & Wippich 1977), haben tierexperimentelle Untersuchungen zur Entwicklung verhaltenstherapeutischer Technologien beigetragen, die auf die Beseitigung der Phobie ausgerichtet sind.

Die kurz geschilderte erwartungstheoretische Konzeption im

Bereich des Vermeidungslernens haben Seligman und Johnston (1973) ausgearbeitet. Die von ihnen postulierten Erwartungen lassen sich auch unter eine Regel subsumieren, nach der das Meidungsverhalten notwendig und hinreichend für das Ausbleiben einer schmerzhaften Reizung ist. Erwartungstheoretisch kann auch die persistente Unterdrückung des Verhaltens nach einem Bestrafungstraining erklärt werden. Die Präsentation eines negativen Verstärkers nach einem bestimmten Verhalten führt zur Unterdrückung dieses einen Verhaltens; die verhaltensunabhängige Bestrafung führt zu einer generellen Verhaltensunterdrückung. Sie ist die Grundlage für die sogenannte Hilflosigkeit. Unter Hilflosigkeit wird die Verzögerung oder das Ausbleiben des Meidungslernens nach verhaltensunabhängiger Bestrafung verstanden. Peterson und Seligman (1984) bringen empirisch begründet die Hilflosigkeit mit der Depression in Zusammenhang.

Beobachtungslernen

Es scheint, als ob die Beobachtung von Modellen ein schnelles und müheloses Lernen ermögliche, das zu einer effektiven Anpassung an die Umwelt führt. Immer wieder ist aber die Frage gestellt worden, ob dieses Lernen nicht ausschließlich dem vorbereiteten Organismus möglich sei. Mit »vorbereitet« ist hier gemeint, daß nur nach einer instrumentellen Lerngeschichte, in deren Verlauf das Imitieren bekräftigt worden ist, ein Beobachtungslernen möglich ist. Ein derartiges Argument, vertreten zum Beispiel durch Gewirtz (1971), verweist auf die Veränderung des Lernens im Verlaufe der individuellen Entwicklung, für die es im Bereich des instrumentellen Lernens einige Belege gibt (vgl. Bredenkamp & Wippich 1977). Dort zeigen etwa die Untersuchungen Harlows (1949) an Rhesusaffen, daß das Lernen zunächst assoziativ und langsam, später einsichtig und schnell abläuft. Harlow (1949) spricht davon, daß das Lernen erlernt worden sei. Diesen Prozeß des Lernenlernens benennt Gewirtz (1971) unter anderem als eine das Beobachtungslernen ermöglichende Bedingung.

Die Annahme, daß die instrumentelle Lerngeschichte, in deren Verlauf imitierendes Verhalten (intermittierend) bekräftigt worden ist, notwendige Bedingung für das später auftretende Beobachtungslernen ist, wäre durch den Nachweis dieses Lernens zu einem so frühen Zeitpunkt des Lebens, daß diese Lerngeschichte ausgeschlossen ist, erschüttert. Halisch (1990) referiert Untersuchungen an Neugeborenen, die eher zu dem Schluß führen, daß ihnen das Beobachtungslernen noch nicht möglich ist. Gewirtz' Position wird durch derartige Befunde nicht invalidiert.

Wichtig zu erwähnen ist, daß durch die Beobachtung von Modellen mehr erlernt wird, als diese an Verhaltensweisen vormachen. Darauf verweisen verschiedene Befunde (vgl. Bredenkamp & Wippich 1977). Offenbar werden Regeln erworben, die dem Modellverhalten zugrunde liegen. Dieser Befund weist Ähnlichkeiten zum impliziten Lernen auf. Auch hier wird offenbar mehr erlernt, als dargeboten wurde, und das »Mehr« entspricht bestimmten Regeln. Hinzuweisen bleibt darauf, daß das Beobachtungslernen vielfältige Anwendungen im Bereich der Verhaltenstherapie gefunden hat (Bauer 1979).

Implizites Lernen

Abweichend von den bisherigen Darstellungen soll in diesem Abschnitt kein Befund, sondern ein Problem präsentiert werden, das zentral für den Gegenstandsbereich des impliziten Lernens ist. Es betrifft die Frage, ob das implizite Lernen *unbewußt* verläuft. Dieser Punkt steht im Zentrum der Ausführungen von Evans (1996), der auch interessante Bezüge der impliziten Lernforschung zur Denkpsychologie diskutiert. Wie in der Wahrnehmungs- und Gedächtnispsychologie wird auch im Bereich der impliziten Lernforschung eine unbewußte Informationsverarbeitung aus der Dissoziation zweier Maße erschlossen: Einerseits zeigt sich, daß Probanden in der Lage sind, neue Buchstabensequenzen überzufällig häufig richtig zu klassifizieren, andererseits können sie über die Regeln, die der Klassifikation zugrunde liegen, nichts mitteilen.

Der Schluß auf eine unbewußte Informationsverarbeitung ist nun allerdings nur zutreffend, wenn die Mitteilbarkeit ein erschöpfender Indikator für bewußte Prozesse ist, also alle denkbaren bewußten Prozesse erfaßt. Gilt diese Voraussetzung nicht, so kann sich das überzufällig richtige Klassifizieren auf bewußte Prozesse beziehen, die durch die Mitteilung der Probanden nicht erfaßt werden. Um vor einer Untersuchung sicher zu sein, überhaupt Dissoziationen auffinden zu können, muß auch noch angenommen werden, daß die Mitteilung ein exklusiver Bewußtseinsindikator ist, der sich ausschließlich auf bewußte Prozesse bezieht. Derartige Annahmen sind nicht zu begründen.

In der Gedächtnispsychologie beginnt man, unter Vermeidung dieser Annahmen das Problem der Erfassung unbewußter Prozesse so zu lösen, daß prüfbare mathematische Modelle entwickelt werden, die den Anteil der unbewußten Verarbeitung zu schätzen gestatten (Vaterrodt-Plünnecke, Krüger, Gerdes & Bredenkamp 1996). Die Übertragung derartiger Modelle auf das implizite Lernen erscheint denkbar, wenn die experimentellen Techniken zur Erfassung der Lernleistung modifiziert werden. Zu weiteren Fragen im Bereich des impliziten Lernens sei im deutschen Sprachraum insbesondere auf den innovativen Beitrag Buchners (1993) hingewiesen.

Gemeinsamkeiten und Unterschiede der behandelten Beispiele

Behandelt wurden vier Paradigmen der Lernforschung. Beziehen sie sich auf unterschiedliche Lernprozesse oder womöglich auf denselben Lernprozeß? Das Gemeinsame könnte sein, daß in allen Paradigmen *Regeln* erworben werden. Im Paradigma der klassischen Konditionierung könnte es die Regel sein, daß der CS notwendig und hinreichend für den US ist. Wenn der US dem CS nur manchmal folgt, ohne bei Abwesenheit des CS dargeboten zu werden, ist CS eine notwendige Bedingung für US (intermittierende Verstärkung). Kinder (1996) hat im Paradigma der klassischen Konditionierung nicht diese, sondern das Lernen anderer logischer Regeln untersucht, die auch Gegenstand von Untersuchungen zum Konzeptlernen sind, das in diesem Artikel nicht behandelt wurde. Auf einige logische Regeln in operanten Konditionierungsversuchen wurde schon hingewiesen. Auch in den Paradigmen des Beobachtungslernens und des impliziten Lernens werden Regeln erworben, die sich aber von den Regeln der Konditionierungsparadigmen unterscheiden.

Gemeinsam könnte also den Paradigmen, so sehr sie sich auch unterscheiden, die Untersuchung des Erlernens von Regeln sein. Hinzuzufügen ist allerdings, daß möglicherweise das Regellernen nur zu einem späteren Zeitpunkt der individuellen Entwicklung gilt. Hierzu gibt es, wie erwähnt, Befunde im Bereich des instrumentellen Lernens, die diese Einschränkung nahelegen. Durch Beobachtung von Modellen kann vermutlich auch erst zu einem späteren Zeitpunkt gelernt werden. Außerdem ist eine weitere Einschränkung für wirbellose Tiere vorzunehmen, so daß die Erreichung eines phylogenetischen Entwicklungsstandes als weitere Voraussetzung für Regellernen benannt wird.

Wenn man von diesen Einschränkungen absieht, kann man sich fragen, welche Unterschiede hinsichtlich des Regelerwerbs in den unterschiedlichen Paradigmen bestehen. Für das menschliche Lernen liegt die Antwort nahe, daß in den Konditionierungsparadigmen die Bewußtheit der Relation zwischen zwei Reizen oder zwischen Verhalten und Verstärker notwendig für das Lernen ist, während das Regellernen in den Paradigmen des Beobachtungslernens und des impliziten Lernens unbewußt erfolgt. Auf die bisher ungelöste Problematik der Erfassung unbewußter Prozesse im Bereich des impliziten Lernens wurde schon eingegangen. Manche Ergebnisse im Bereich der Konditionierungsforschung wurden so interpretiert, daß die Bewußtheit der Relation notwendig für das Lernen ist. Aber diese Interpretation setzt die Lösung methodischer Probleme voraus, die unseres Erachtens bisher nicht geleistet wurde. Die aufgeworfene Frage hinsichtlich der unterschiedlichen Prozesse beim Regellernen kann derzeit nicht beantwortet werden.

Literatur

Bandura, Albert (1965): Influence of model's reinforcement contingencies on the acquisition of imitative responses. *Journal of Personality and Social Psychology*, 1: 589–595.

Bauer, Mathilde (1979): *Verhaltensmodifikation durch Modellernen*. Stuttgart: Kohlhammer.

Berry, Dianne C., Zoltán Dienes (1993): *Implicit Learning: Theoretical and empirical issues*. Hove, UK: Erlbaum.

Bredenkamp, Jürgen, Werner Wippich (1977): *Lern- und Gedächtnispsychologie*. Bd. 1. Stuttgart: Kohlhammer.

Buchner, Axel (1993): *Implizites Lernen: Probleme und Perspektiven*. Weinheim: Psychologie Verlags Union.

Evans, Jonathan St.B.T. (1996): Implicit Learning, Consciousness, and the Psychology of Thinking. In: Jonathan St.B.T. Evans (Hg.): *Thinking and Reasoning*. Bd. 1. Hove, UK: Psychology Press.

Gadenne, Volker, Margit E. Oswald (1991): *Kognition und Bewußtsein*. Berlin, Heidelberg: Springer.

Gewirtz, Jacob L. (1971): The Roles of Overt Responding and Extrinsic Reinforcement in »Self«- and »Vicarious-Reinforcement« Phenomena and in »Observational Learning« and Imitation. In: Robert Glaser (Hg.): *The Nature of Reinforcement*. New York, London: Academic Press, 279–309.

Halisch, Frank (1990): Beobachtungslernen und die Wirkung von Vorbildern. In: Hans Spada (Hg.): *Lehrbuch Allgemeine Psychologie*. Bern: Huber, 373–402.

Harlow, Harry F. (1949): The Formation of Learning Sets. *Psychological Review*, 56: 51–65.

Houston, John P. (1986): *Fundamentals of Learning and Memory* (3. Aufl.). New York: Harcourt Brace Jovanovich.

Kimble, Gregory A. (1961): *Hilgard and Marquis' Conditioning and Learning*. New York: Appleton Century Crofts.

Kinder, Annette (1996): *Assoziative und kognitive Prozesse bei der klassischen Konditionierung: Das optimale Interstimulus-Intervall als Funktion der Schwierigkeit logischer Regeln* (Psychologia Universalis, Neue Reihe Bd. 4). Lengerich: Pabst Science Publishers.

Krasne, Franklin B., David L. Glanzman (1995): What we can learn from Invertebrate Learning. *Annual Review of Psychology*, 46: 595–624.

Peterson, Christopher, Martin E. P. Seligman (1984): Hilflosigkeit, Attributionsstil und Depression. In: Franz E. Weinert, Rainer H. Kluwe (Hg.): *Metakognition, Motivation und Lernen*. Stuttgart: Kohlhammer, 164–192.

Reber, Arthur S. (1967): Implicit Learning of Artificial Grammars. *Journal of Verbal Learning and Verbal Behavior*, 6: 855–863.

Reber, Arthur S. (1993): *Implicit Learning and tacit knowledge: An essay on the cognitive unconscious*. Oxford: Oxford University Press.

Rescorla, Robert A. (1972): Informational Variables in Pavlovion Conditioning. In: Gordan H. Bower (Hg.): *The Psychology of Learning and Motivation*. Bd. 6. New York: Academic Press, 1–46.

Seligman, Martin E.P., James C. Johnston (1973): A Cognitive Theory of Avoidance Learning. In: F.J. McGuigan, D.B. Lumsden (Hg.): *Contemporary Approaches to Conditioning and Learning*. New York: Wiley, 69–110.

Skinner, Burrhus F. (1953): *Science and Human Behavior*. New York: Free Press.

Spada, Hans (Hg.) (1990): *Lehrbuch Allgemeine Psychologie*. Bern: Huber.

Tetens, Holm (1994): *Geist, Gehirn, Maschine. Philosophische Versuche über ihren Zusammenhang*. Stuttgart: Reclam.

Vaterrodt-Plünnecke, Bianca, Thomas Krüger, Heike Gerdes, Jürgen Bredenkamp (1996): Prozeß-Dissoziations-Prozedur: Prüfbare Modelle zur Erfassung von kontrollierten, automatischen und Antworttendenz-Prozessen. *Zeitschrift für experimentelle Psychologie*, 43: 483–519.

Watson, John B. (1913): Psychology as the Behaviorist Views it. *Psychological Review*, 20: 158–177.

Watson, John B., Rosalie Rayner (1920): Conditional emotional reactions. *Journal of Experimental Psychology*, 3: 1–14.

4. Motivation

Oliver C. Schultheiss und
Joachim C. Brunstein

Warum streben manche Personen beharrlich nach Macht und Einfluß, während anderen allein der Gedanke unangenehm ist, Menschen lenken und leiten zu müssen? Was treibt Frauen oder Männer an, ein scheinbar aussichtsloses Vorhaben über Jahre hinweg gegen alle Widerstände beizubehalten und es schließlich doch noch zu einem guten Ende zu bringen? Auf der Suche nach Antworten auf solche Fragen wirft die Motivationspsychologie einen Blick hinter die Kulissen menschlichen Verhaltens. Sie versucht, das *Warum* und *Wozu* von Verhaltensweisen mit wissenschaftlichen Methoden zu ergründen.

Motiviertes Verhalten ist zielgerichtetes Verhalten, das sich aus einer *Intensitäts-* und einer *Richtungskomponente* zusammensetzt. Personen, die sich in einem motivierten Zustand befinden, zeigen bestimmte Verhaltensweisen öfter oder länger oder strengen sich mehr an als Personen, die sich nicht in diesem Zustand befinden. Diese erhöhte Intensität ist jedoch nicht bei jeder Form von Verhalten zu beobachten, sondern richtet sich auf eine umgrenzte Klasse von Verhaltensweisen, die der Erreichung eines bestimmten angestrebten Zustands dienen. Eine Person, die motiviert ist, hervorragende akademische Leistungen zu erbringen, wird im Studium beispielsweise mehr Zeit mit Lernen verbringen und sich intensiver um ein umfassendes Verständnis des Stoffes bemühen als andere, weniger motivierte Studenten. Das bedeutet aber nicht automatisch, daß diese Person mit gleicher Intensität nach einer guten Beziehung zu einem Lebenspartner strebt oder sich im Umweltschutz engagiert, denn diese Lebensbereiche haben mit ihrer Motivation, gute Studienleistungen zu erreichen, wenig zu tun.

Dieses Beispiel verdeutlicht einen weiteren wichtigen Aspekt des Motivationskonzepts: Ob ein Mensch motiviertes Verhalten an den Tag legt, hängt nicht nur davon ab, ob er etwas tun will, sondern ob ihm seine Umwelt auch Gelegenheiten und Anregungen gibt, seine Ziele und Bedürfnisse im Verhalten auszudrücken. Motivation ist also immer das Resultat einer Wechselwirkung zwischen den Motiven und Zielen der Person einerseits und den Gelegenheiten, Anforderungen und Anregungen der Umwelt andererseits. Gute Studienleistungen können beispielsweise als das Produkt des Leistungsstrebens der Person und geeigneter Gelegenheiten zum Studieren in einem anregenden und anspruchsvollen geistigen Umfeld begriffen werden.

Während die meisten Forscher darin einig sind, daß Motivation aus einer Intensitäts- und einer Richtungskomponente besteht und ein Produkt des Zusammenwirkens von Person und Umwelt darstellt, hat die Frage, durch welche Konzepte sich motivationale Prozesse am besten beschreiben lassen, zwei sehr unterschiedliche Positionen hervorgebracht.

Die erste Position geht auf Arbeiten Murrays (1938) und McClellands (1987) zurück und betont die Bedeutung nicht-bewußter Motive, die aus frühen Lernerfahrungen hervorgehen und deren Befriedigung als lustvoll empfunden wird. Situationen und Verhaltensweisen, die sich durch Lernen mit der Befriedigung von Motiven verbinden lassen, werden später immer wieder aufgesucht beziehungsweise ausgeführt. Auf der Suche nach angenehmen Gefühlen wird der Mensch von seiner Vergangenheit, von seinen früheren Lernerfahrungen sozusagen angeschoben, weshalb man diese Form von Motivation auch als *push*-Motivation bezeichnet hat.

Eine ganz andere Auffassung von Motivation kommt in der auf Lewin (1926) zurückgehenden Sichtweise zum Ausdruck, nach der menschliches Handeln von Zielen bestimmt ist, also von Zuständen und Ereignissen, die in der Zukunft liegen. Hier ist der Mensch weniger Spielball des Gestern als bewußter und aktiver Konstrukteur des Morgen. Von seinen selbstgesetzten großen und kleinen Zielen läßt er sich in seinem Handeln quasi ziehen; man spricht in diesem Fall von *pull*-Motivation.

Für die Gültigkeit jeder dieser Positionen spricht eine Vielzahl empirischer Befunde, die sich nicht in befriedigender Weise aus der jeweiligen Gegenposition ableiten lassen. Anschließend erläutern wir jede dieser beiden Positionen ausführlicher. Dabei stellen wir zunächst die Forschung zum Motivkonzept vor und behandeln danach Zielkonzepte in der Motivationspsychologie. Resümierend vergleichen wir beide Positionen miteinander, erörtern, in welcher Beziehung sie zueinander stehen, und skizzieren zukünftige Forschungsperspektiven.

Motive

Ausgangspunkt der Motivforschung waren Studien zur Persönlichkeit, die Henry A. Murray (1938) mit einem großen Mitarbeiterteam in den dreißiger Jahren an der Harvard University durchführte. Murrays Arbeit zielte darauf ab, die im Menschen wirkenden Antriebskräfte und Bedürfnisse, wie sie zu diesem Zeitpunkt von so unterschiedlichen Forschern wie Sigmund Freud und William McDougall postuliert worden waren, in eine systematische Ordnung zu bringen. Dabei entstand ein Katalog von etwa zwanzig mehr oder weniger fundamentalen menschlichen Bedürfnissen wie zum Beispiel den Bedürfnissen nach Leistung, nach sozialem Anschluß, nach Machtausübung oder nach Aggression.

Charakteristisch für alle diese Bedürfnisse waren in den Augen Murrays zwei Aspekte. Zum einen kann beobachtbares Verhalten nie allein durch Bedürfnisse erklärt werden. Vielmehr müssen die Kräfte der Situation berücksichtigt werden, in der Verhalten gezeigt wird, und die subjektive Bedeutung, die eine Situation für einen Menschen und die mögliche Erfüllung seiner Bedürfnisse hat. Dieses Zusammenspiel zwischen individuellem Bedürfnis (*need*) und situationalen Anforderungen und Möglichkeiten (*press*) nannte Murray *Thema*. Er ging davon aus, daß bestimmte Themen den Lebenslauf eines Menschen durchziehen und von ihm immer wieder bearbeitet werden. Zum anderen war Murray der Auffassung, daß Menschen keine Auskunft über Vorhandensein oder Stärke ihrer Bedürfnisse geben können, daß Bedürfnisse also letztlich nicht bewußt sind. Aus diesem Grund entwickelte Murray (1943) den bis heute gebräuchlichen *Thematischen Apperzeptionstest* (TAT). Dieser Test gestattet es, Bedürfnisse anhand spontaner Phantasien, die Personen bei der Betrachtung von Bildern produzieren, zu erschließen.

Mit Hilfe dieses Meßinstruments brachte anschließend die Forschergruppe um David C. McClelland die Motivforschung ein großes Stück weiter (McClelland, Atkinson, Clark & Lowell 1953). Anders als Murray ging McClelland davon aus, daß man nicht von vornherein wissen kann, wie sich ein bestimmtes Bedürfnis – hier Motiv genannt – in der Phantasie einer Person niederschlägt.

Aus diesem Grund wählten McClelland und seine Mitarbeiter ein Vorgehen, bei dem eine Gruppe von Versuchspersonen eine experimentelle Motivanregung erhielt (z. B. die Bearbeitung von Leistungsaufgaben zur Anregung des Leistungsmotivs), die einer Vergleichsgruppe vorenthalten wurde. Danach schrieben die Teilnehmer beider

Gruppen Phantasiegeschichten zu den gleichen TAT-Bildern. Die Forscher verglichen diese Geschichten systematisch und arbeiteten jene Merkmalsdimensionen heraus, auf denen sich die Phantasien der Versuchspersonen in der Anregungsgruppe von denen der Versuchspersonen in der Kontrollgruppe unterschieden.

Diese Art von experimenteller Analyse legte den Grundstein zur Bestimmung individueller Unterschiede in der Stärke von einzelnen Motiven und bildete den Ausgangspunkt für eine kreative und variantenreiche Forschungstradition der Motivationspsychologie. Schon bald beschränkte sich die Motivforschung nicht mehr nur auf »typisch psychologische« Fragestellungen, sondern schickte sich an, auch soziale, wirtschaftliche, geschichtliche oder gesundheitliche Phänomene und Prozesse auf der Grundlage von Motiven zu erklären (McClelland 1961, 1987; Winter 1996).

Daß Motive in vielen Lebensbereichen eine wichtige Rolle spielen, liegt nach Auffassung McClellands (1987) daran, daß sie auf eine sehr starke Antriebskraft zurückzuführen sind: das Lustprinzip. Die Erfahrung, daß bestimmte Verhaltensweisen in bestimmten Situationen mit befriedigenden Gefühlen verbunden sind, führt zum Aufbau des Motivs, diese ursprüngliche Erfahrung durch eigenes Verhalten erneut herbeizuführen. Da Menschen sich darin unterscheiden, wie sehr sie bestimmte Verhaltensweisen als emotional befriedigend erleben und wie viele Situationen sie als Gelegenheiten begreifen, solche Verhaltensweisen auszuführen, verfügen sie auch über unterschiedlich starke Motive.

Motive lassen sich nach verschiedenen Arten von belohnenden Emotionen klassifizieren, von denen jede nur bei bestimmten Verhaltensweisen in bestimmten Situationen auftritt. Beispielsweise entstehen Gefühle der Geborgenheit eher, wenn man die Nähe vertrauter oder geliebter Menschen sucht, als wenn man sich bemüht, eine knifflige Aufgabe zufriedenstellend zu lösen. Umgekehrt stellen sich Gefühle des Stolzes leichter bei der Lösung einer schwierigen Aufgabe ein als beim Zusammensein mit Freunden oder Bekannten.

Bis heute ist eine Handvoll voneinander abgrenzbarer Motive identifiziert und untersucht worden: das *Leistungsmotiv*, das *Machtmotiv*, das *Affiliationsmotiv* und das *Intimitätsmotiv*. Das wahrscheinlich am intensivsten erforschte von ihnen ist das Leistungsmotiv (Heckhausen 1963; McClelland et al. 1953):

Hierbei geht es darum, etwas im Vergleich zu einem Gütemaßstab besser zu machen und als Folge davon Gefühle des Stolzes zu erleben. Leistungsmotivierte Menschen beschäftigen sich gerne mit

Aufgaben mittlerer Schwierigkeit, da diese ihnen im Vergleich zu sehr leichten oder sehr schweren Aufgaben die Möglichkeit bieten, ihre Kompetenzen und Fähigkeiten weiterzuentwickeln und sich im Lauf der Bearbeitung zu verbessern.

Beim Machtmotiv (McClelland 1975; Winter 1973) geht es dagegen um Gefühle der Wirksamkeit, die durch erfolgreiche Einflußnahme auf andere Menschen herbeigeführt werden können. Typisch für Machtmotivierte sind Verhaltensweisen, die der Erlangung und Aufrechterhaltung von Ansehen und Prestige dienen.

Das Affiliationsmotiv (Atkinson, Heyns & Veroff 1958) drückt sich in dem Aufbau, der Aufrechterhaltung oder der Wiederherstellung warmherziger, freundschaftlicher Beziehungen zu anderen Menschen aus und steht mit Gefühlen der Geborgenheit und Sicherheit in Verbindung.

In ähnlicher Weise geht es auch beim Intimitätsmotiv (McAdams 1988) um den Kontakt zu anderen Menschen. Der Kern dieses Motivs ist jedoch eher in Verhaltensweisen zu sehen, die dem Aufbau und der Gestaltung von engen und tiefgehenden Beziehungen zu einzelnen Menschen dienen und zu Gefühlen der Liebe und des Geliebtwerdens führen. Aufgrund der engen Verwandtschaft zwischen Affiliations- und Intimitätsmotiv werden beide häufig zu einem Gesamtmotiv *Affiliation-Intimität* zusammengefaßt.

Jedem der genannten Motive entspricht ein bestimmter Anreiz, dessen Auskosten je nach Motivstärke unterschiedlich befriedigend wirkt. So wird beispielsweise die Bewältigung mittelschwerer Aufgaben (Anreiz für das Leistungsmotiv) von Personen mit hohem Leistungsmotiv als befriedigender erlebt als von Personen mit geringem Leistungsmotiv.

Der zeitliche Ablauf bei der Anregung und Befriedigung von Motiven zeichnet sich durch eine charakteristische Abfolge aus (McClelland 1987). Merkmale der Situation, der eine Person ausgesetzt ist oder die sie aufgesucht hat, dienen als *Signal*, daß hier möglicherweise ein emotionaler Kick zu bekommen ist. Dies führt zur Anregung des Motivs, zu einem Zustand freudig erregter Erwartung (der eigentlichen *Motivation*), und als Konsequenz davon zur Ausführung von *instrumentellen Verhaltensweisen*, die die Person der angestrebten emotionalen Befriedigung näherbringen. Das angeregte Motiv findet schließlich *Befriedigung*, wenn es der Person gelingt, die eigentliche *Befriedigungshandlung*, der das Erleben des positiven Gefühls unmittelbar und automatisch folgt, erfolgreich auszuführen.

Diese Abfolge sei an einem Beispiel verdeutlicht: Eine Person, die über ein starkes Machtmotiv verfügt, nimmt eine beginnende Meinungsverschiedenheit mit einem anderen Menschen als potentielle Gelegenheit wahr (Signal), sich in einer Auseinandersetzung gegen ihren Widersacher zu behaupten und somit ein Gefühl der Wirksamkeit auszukosten (erwartete Befriedigung des Motivs). Durch diese Aussicht motiviert, läßt sie sich auf eine Diskussion mit ihrem Gegenüber ein und bemüht sich, so überzeugend und geschickt wie möglich zu argumentieren (instrumentelles Verhalten). Schließlich gelingt es ihr, die Position der anderen Person als widersprüchlich und unhaltbar zu diskreditieren und sich gegen sie durchzusetzen (Befriedigungshandlung). Als Folge davon stellt sich bei ihr ein Gefühl der Überlegenheit und der Genugtuung ein (Befriedigung).

Ob, wann und auf welche Weise ein Motiv angeregt und anschließend befriedigt werden kann, ist von einer ganzen Reihe von Faktoren abhängig (McClelland 1987). Eine grundlegende Voraussetzung für die Aktivierung und Befriedigung eines Motivs ist, daß sich die Person in einer geeigneten Situation aufhält oder sie aktiv sucht. Ein Mensch mit einem starken Affiliationsmotiv hat beispielsweise keine Chance, seinem Bedürfnis nach zwischenmenschlichen Beziehungen zu entsprechen, wenn er als Einsiedler lebt und von allen Kontaktmöglichkeiten abgeschnitten ist. Die motivanregende Wirkung einer Situation hängt jedoch auch von früheren Lernerfahrungen ab. Eine Person, die sich durch ein ausgeprägtes Machtmotiv auszeichnet, wird zum Beispiel nur dann eine sich anbahnende Meinungsverschiedenheit als Gelegenheit zur Motivbefriedigung begreifen, wenn sie sich bereits früher in ähnlichen Situationen erfolgreich gegen andere durchgesetzt hat. Dabei spielt natürlich auch eine große Rolle, ob sie über die entsprechenden Fähigkeiten und Ressourcen verfügt, die Situation erfolgreich zu nutzen, ob sie also geschickt argumentieren kann oder über ausreichend Fachwissen verfügt, mit dem sie ihr Gegenüber beeindrucken kann. Schließlich bestimmen auch Wertorientierungen, in welche Verhaltensbahnen ein Motiv gelenkt wird. So wiesen French und Lesser (1964) nach, daß das Leistungsmotiv karriereorientierter Frauen ihr Abschneiden bei karriererelevanten Aufgabenstellungen, nicht aber bei sozialen Aufgaben vorhersagte. Dagegen stand das Leistungsmotiv von Frauen mit eher traditioneller Wertorientierung mit ihrer Fähigkeit zum Eingehen auf andere Menschen, nicht aber mit ihrer Leistung bei karriererelevanten Aufgaben in Verbindung.

Der Ausdruck von Motiven im Verhalten hängt also vom Auftreten geeigneter Situationen, von früheren Lernerfahrungen im Umgang mit solchen Situationen, individuellen Kenntnissen und Fähigkeiten sowie Unterschieden in Wertorientierungen ab. Diese vielfache Bedingtheit des Ausdrucks von Motiven macht es schwer, ein Motiv an oberflächlichen Verhaltensmerkmalen zu erkennen. Sie liefert zugleich eine Erklärung dafür, warum sich beispielsweise das Machtmotiv bei unterschiedlichen Menschen in ganz verschiedenen Verhaltensmerkmalen manifestiert: Manche befriedigen ihr Machtmotiv durch aggressives Verhalten, andere sammeln Kreditkarten, wertvolle Gegenstände oder fahren schnelle und teure Autos, um aufzufallen, und wieder andere bemühen sich, in Unternehmen Führungspositionen zu erlangen, um dort regelmäßig maßgeblichen Einfluß auf Entscheidungen und Mitarbeiter nehmen zu können (McClelland 1975; Winter 1971).

Die vier Motive Leistung, Macht, Affiliation und Intimität stehen gleichberechtigt nebeneinander. Es gibt also kein einzelnes Motiv, das grundlegender wäre als alle anderen oder zu dessen Befriedigung andere Motive lediglich Mittel zum Zweck darstellen. Jedoch wechseln sie sich, wie Atkinson und Birch (1970) modellhaft gezeigt haben, in ihrer Beeinflussung des Verhaltens dynamisch ab. Hat eine Person zum Beispiel gerade Gelegenheit gehabt, ihr Leistungsmotiv zu befriedigen, so tritt dieses Motiv erst einmal in den Hintergrund und macht Platz für andere Motive, die längere Zeit unbefriedigt geblieben sind. Diese springen nun besonders leicht auf geeignete Gelegenheiten an und drängen auf Befriedigung. Wie häufig ein bestimmtes Motiv im Verhältnis zu anderen Motiven das Verhalten bestimmt, hängt von der Ausprägung dieses Motivs im Vergleich zu den anderen Motiven ab. Hat eine Person etwa ein nur schwach ausgebildetes Machtmotiv, so wird dieses vergleichsweise seltener verhaltenswirksam werden als andere, stärkere Motive.

Aus evolutionärer Perspektive betrachtet repräsentieren Motive ein relativ altes Motivationssystem, das sein Fundament im *limbischen System des Gehirns* hat (McClelland, Koestner & Weinberger 1989). Diese Hirnstruktur ist unter anderem für die Erzeugung und Verarbeitung emotionaler Erfahrungen und Verhaltensimpulse zuständig und liegt unter der stammesgeschichtlich jüngeren Großhirnrinde verborgen. Die Verbindung von Motiven zum limbischen System zeigt sich besonders deutlich an ihren physiologischen Begleiterscheinungen, die von dieser Hirnstruktur aus orchestriert werden. So konnte nachgewiesen werden, daß eine Anregung des

Machtmotivs zu einer vermehrten Ausschüttung von Hormonen wie Noradrenalin und Adrenalin führt, die den Organismus bei der Vorbereitung von Angriffs- und Verteidigungsverhalten unterstützen (McClelland 1989). Das angeregte Leistungsmotiv hängt dagegen mit einem Anstieg des Hormons Arginin-Vasopressin zusammen, das unter anderem Lernen in Leistungssituationen begünstigt (McClelland 1995). Beim Affiliationsmotiv gibt es schließlich Hinweise auf eine Verbindung zu dem Neurotransmitter Dopamin (McClelland, Patel, Stier & Brown 1987).

Diesen Befunden zufolge steht jedes Motiv mit einem bestimmten Hormonsystem in Verbindung, das jeweils bestimmte Formen von Verhalten reguliert. Außerdem hat sich gezeigt, daß Motive auch mit Funktionen des *Immunsystems* in Zusammenhang stehen (Jemmott 1987). So neigen Machtmotivierte dazu, häufiger oder schwerer als andere innerhalb eines bestimmten Zeitraums zu erkranken, wenn ihre Versuche, sozialen Einfluß auszuüben, wiederholt frustriert oder sie selbst zum Objekt der Beeinflussung durch andere geworden sind. In Verbindung mit sozialem und berufsbedingtem Streß tragen sie langfristig auch ein höheres Risiko für Herz- und Gefäßerkrankungen als Personen mit niedrigem Machtmotiv. Demgegenüber ist ein hohes Affiliationsmotiv mit einem verminderten Erkrankungsrisiko verknüpft. Alles in allem zeigt die enge Verkoppelung der Motive mit dem Hormon- und dem Immunsystem, daß Motive tief in der menschlichen Biologie verwurzelt sind.

Während die Evolution den Menschen mit den nötigen hirnphysiologischen Systemen und Mechanismen für Motive und somit für Motivation ausgestattet hat, bestimmt die individuelle Entwicklung des Menschen, wie stark sich jedes Motiv ausprägt und in welchen Verhaltensweisen es sich ausdrückt. In einer Reihe von Untersuchungen wurde der Frage nachgegangen, welche *Erziehungseinflüsse im Kindesalter* zu starken Ausprägungen der Motive Leistung, Macht, Affiliation und Intimität beitragen (McClelland & Pilon 1983; Winterbottom 1958). Dabei zeigte sich, daß Erwachsene mit einem hohen Leistungsmotiv in ihrer frühen Kindheit vergleichsweise bald zur Sauberkeit erzogen wurden und sich an feste Fütterungszeiten gewöhnen mußten. Die erfolgreiche Meisterung dieser Anforderungen wurde von den Müttern typischerweise unmittelbar und vor allem durch Körperkontakt (z.B. in den Arm nehmen, Küssen usw.) belohnt.

Solche frühen, emotional positiv gefärbten Erfahrungen bei der

Bewältigung von Herausforderungen und der Entwicklung zu Selbständigkeit sind demnach langfristig prägend und stellen den »Gefühlskern« des Leistungsmotivs auch beim Erwachsenen dar. Demgegenüber resultiert ein hohes Machtmotiv aus einer Erziehung, die frühkindliche Aggression gegen Familienmitglieder und die Exploration der eigenen kindlichen Sexualität toleriert. Dies sind Verhaltensweisen, die auch kleine Kinder schon von sich aus zeigen, die mehr oder weniger direkt auf soziale Wirkung angelegt sind und die bei erfolgreicher Ausführung unmittelbar belohnenden Charakter haben – sofern sie nicht von den Eltern unterbunden und mit Strafe belegt werden.

Erwachsene mit einem ausgeprägten Affiliationsmotiv haben als Kleinkinder dagegen häufiger einen Mangel an mütterlicher Zuwendung zu spüren bekommen. Anders als beim Leistungs- oder beim Machtmotiv geht es hier also weniger um die Erlangung eines angenehmen Gefühls, sondern um die Vermeidung des Zustands des Verlassenseins.

Über die Faktoren, die bei der Entwicklung des Intimitätsmotivs eine Rolle spielen, ist bislang am wenigsten bekannt. Es erscheint jedoch plausibel anzunehmen, daß Intimitätsmotivierte mit ihrer Bereitschaft zu tiefgehenden Beziehungen zu anderen im Kleinkindalter eine sichere und liebevolle Bindung zur Mutter erlebt haben. Zumindest weiß man heute, daß Personen mit hohem Intimitätsmotiv als Kinder häufig sogenannte Übergangsobjekte besaßen, also zum Beispiel Schmusedecken oder Stofftiere, zu denen eine intensive emotionale Bindung bestand (Lundy & Potts 1987).

Bei diesen Befunden ist zu beachten, daß die genannten Erziehungskorrelate starker Motive im Erwachsenenalter in den Entwicklungsabschnitt *vor dem Spracherwerb* fallen, also in einen Zeitraum, zu dem sprachliche Symbole noch vergleichsweise wenig zur Vermittlung und zum Verständnis erzieherischer Maßnahmen beitragen. Erziehungsmaßnahmen, die der Intention nach zu ähnlichen Ergebnissen führen sollen, aber erst nach dem Spracherwerb des Kindes verbal vermittelt werden, beeinflussen dagegen eher die Entwicklung verschiedener Facetten des sprachlich verankerten Selbstkonzepts (McClelland et al. 1989; Winter 1996).

Obgleich Motive schon frühzeitig entwickelt werden, unterliegen die spezifischen Wege, die zu ihrer Befriedigung eingeschlagen werden, einer kontinuierlichen Veränderung im Lebenslauf. So kann beispielsweise das Machtmotiv im Jugendalter im Streben nach Unabhängigkeit, im frühen Erwachsenenalter nach Durchsetzungsfähigkeit und im mittleren und späten Erwachsenenalter durch generatives Handeln zum Wohle anderer zum Ausdruck kommen (McClelland 1975).

Umgekehrt üben Motive aber auch einen langfristigen Einfluß auf die Entwicklung des Lebenslaufs aus. So untersuchten McClelland und Franz (1992), welche Bedeutung das Macht- und das Leistungsmotiv für die Berufskarriere haben. Zunächst wurden beide Motive bei 89 Frauen und Männern, die durchschnittlich 31 Jahre alt waren, gemessen. Zehn Jahre später – die Probanden waren jetzt circa 41 Jahre alt und hatten schon etliche Jahre Berufstätigkeit hinter sich – erhoben die Forscher das jährliche Einkommen der Teilnehmer und den Grad ihrer beruflichen Qualifikation. Wie sich zeigte, verdienten Probanden mit einem hohen Leistungsmotiv mehr als Probanden mit niedrigem Leistungsmotiv. Die berufliche Qualifikation der Teilnehmer wurde hingegen durch das Machtmotiv vorhergesagt: Je höher das Machtmotiv, desto höher war das Niveau der beruflichen Ausbildung. Eine gute berufliche Qualifikation bot Probanden mit hohem Machtmotiv vermutlich die Chance, einflußreichere und prestigeträchtigere Positionen zu erreichen.

Diese Befunde stehen beispielhaft für einen großen Bereich der Motivforschung, in dem die langfristige Bedeutung von Motiven für körperliche Gesundheit, Lebenszufriedenheit, Partnerschaft und Familie, berufliche Karriere, politische Betätigung und andere Lebensbereiche untersucht wird (vgl. dazu McClelland 1987; Winter 1996).

Obwohl Motive die Biographie durchdringen und mitgestalten, können Menschen normalerweise keine zuverlässigen Angaben über die Ausprägungen der Motive Leistung, Macht, Affiliation oder Intimität bei sich selbst machen (McClelland 1987; McClelland et al. 1989). Zwar hat fast jeder mehr oder weniger deutliche Vorstellungen davon, ob er oder sie sich für leistungs-, macht- oder affiliationsmotiviert hält. Doch wie bereits erwähnt, handelt es sich hierbei um sprachlich vermittelte Selbstkonzepte, die mit den emotionalen Triebfedern des motivgesteuerten Verhaltens nur wenig zu tun haben.

Für dieses Defizit in der Selbstkenntnis von Menschen gibt es eine Reihe von Erklärungen. Eine stützt sich auf den Sachverhalt, daß Motive frühkindlich erworben werden, das heißt in einem Zeitraum, in dem emotionales Lernen zwar möglich ist, höhere Funktionen des Gedächtnisses jedoch noch nicht voll ausgereift sind. Emotional prägende Erfahrungen sind folglich ebensowenig bewußt erinnerbar wie alle anderen Ereignisse aus der frühesten Kindheit (vgl. Jacobs & Nadel 1985). Eine weitere Erklärung ist in der Tatsache zu sehen, daß das limbische System, in dem Motive verankert sind, kaum Verbindungen zu jenen Hirnarealen aufweist, in denen Sprache verarbeitet wird. Demnach fehlt Motiven der direkte Draht zum sprachlichen Ausdruck und somit zu einem Grundpfeiler des Bewußtseins (LeDoux 1987).

Schließlich ist darauf hinzuweisen, daß sich jedes Motiv beim Erwachsenen durch eine Vielzahl anregender Bedingungen aktivieren und durch eine entsprechende Vielfalt von Verhaltensweisen befriedigen läßt. Vermutlich fällt es Menschen auch deshalb schwer, den gemeinsamen Nenner des Motivs, nämlich die charakteristische Emotion, hinter dieser Vielfalt der äußeren Erscheinungsformen zu erkennen und somit Aufschluß über die eigenen Motive zu erhalten.

Wie sich zeigt, hatte Murray (1938) also völlig recht mit der Annahme, daß Motive dem Bewußtsein schwer zugänglich sind. Aus diesem Grund werden auch heute noch verschiedene Versionen des oben erwähnten TAT zur Motivmessung eingesetzt (Smith 1992). Die Geschichten, die Menschen zu den TAT-Bildern erzählen, reflektieren jene Verhaltenstendenzen, die zum Ausdruck kämen, wenn eine Situation völlige Handlungsfreiheit bieten und somit ungehinderte Motivbefriedigung gestatten würde. In diesem Fall hängt der Grad, in dem die Geschichten mit einem bestimmten Motiv gesättigt sind, nur noch von der Stärke des Motivs selbst, nicht aber – wie im wirklichen Leben – auch von den Restriktionen oder Anforderungen der Situation ab.

Ziele

Während McClellands Konzeption von Motiven die Suche nach Lust und angenehmen Gefühlen im Hier und Jetzt in den Mittelpunkt stellt und in mancher Hinsicht ethologischen Instinkttheorien ähnelt, existierte in der Motivationsforschung von Anfang an auch die Auffassung, daß im Menschen noch ein anderes Motivationsprinzip wirksam sei, eines, das der langfristigen Steuerung von Verhalten notfalls auch gegen aktuell wirkende Lust- und Unlustgefühle diene.

Als einer der ersten hat dies William James (1983) bereits im Jahre

1890 auf den Punkt gebracht, als er die vielzitierte Frage stellte, wie es ein Mensch überhaupt schafft, morgens aus dem Bett zu steigen, obwohl es draußen kalt und im Bett wohlig warm ist. Wenn er schließlich doch aufsteht, wurde er offenbar durch etwas anderes als durch das Lustprinzip zu dieser Handlung bewegt. James gibt auch gleich einen möglichen Grund dafür an: Die Pflichten und Aufgaben des Tages rufen und lassen die Person die Wärme ihres Bettes vergessen. Die Idee, die Motivation von Menschen durch ihre Ziele zu beschreiben, wurde dann erstmals durch Kurt Lewin (1935) zu einer vollständigen Theorie ausgebaut und von ihm und seinen Mitarbeiterinnen und Mitarbeitern in einer Reihe wichtiger Studien untersucht.

Lewin begriff Ziele als Spannungssysteme im Inneren der Person, und er erkannte, daß nicht alle Ziele gleich wichtig oder zentral sind. Er unterschied zwischen den *zentralen Willenszielen* einer Person, also dem, was sie im Kern in ihrem Leben erreichen will, und den aus ihnen abgeleiteten oder kurzfristig angeregten *Quasibedürfnissen*, die Zwischenschritte auf dem Weg zur Realisierung der Willensziele darstellen können. Diese Konzeption von Zielen, bei der zwischen einigen wenigen Oberzielen und den vielen für ihre Realisierung nötigen Zwischen- und Unterzielen differenziert wird, durchzieht auch moderne Zieltheorien, wie später noch zu zeigen sein wird.

Ähnlich wie Motive stellen Ziele angestrebte Zustände und Ereignisse dar, die dem Verhalten Richtung und Intensität geben. Anders jedoch als bei Motiven geht die motivierende Wirkung von Zielen nicht primär von der Aussicht auf emotionale Befriedigung aus, sondern von dem Zweck und der Bedeutung, die die erfolgreiche Realisierung von Zielen dem Leben und Handeln eines Menschen verleihen (Brunstein & Maier 1996; Emmons 1996; Klinger 1977). Woraus aber entspringt diese Bedeutungshaltigkeit von Zielen? Betrachtet man, welche Ziele Menschen in ihrem Leben verfolgen – zum Beispiel das Abitur machen, eine Ausbildung absolvieren, eine Familie gründen, in der Gemeindearbeit etwas voranbringen – so erkennt man, daß es sich um die Erfüllung von Funktionen handelt, die jedes Mitglied einer komplex organisierten sozialen Gemeinschaft übernehmen »muß«.

Besonders deutlich wird dies, wenn man Lebensübergänge mit ihren typischen Anforderungen betrachtet, die von allen Menschen eines Kulturkreises auf die eine oder andere Art gemeistert werden müssen (Cantor 1990). Nach Beendigung der Schule oder der Ausbildung wird von jedem Absolventen erwartet, daß er einen Beruf wählt und sich in diesem bewährt; Jugend und frühes Erwachsenenalter stellen einen Abschnitt dar, in dem der Aufbau und die Festigung einer Partnerschaft zur zentralen Aufgabe wird (vgl. Billmann-Mahecha sowie Olbrich); später werden Kinderwunsch, Geburt und Erziehung zu einem wichtigen Thema; um das sechzigste Lebensjahr tritt die Frage des Übergangs vom Berufsleben in das Rentenalter und die sinnvolle Gestaltung der Jahre danach in den Vordergrund (vgl. Kaiser). Von jedem Menschen wird in einer Kultur normativ erwartet, daß er diese Anforderungen und Entwicklungsaufgaben bewältigt (Havighurst 1974).

Warum aber empfinden viele Menschen diese Normen nicht als Zwang, sondern erfüllen oftmals sogar gern die Aufgaben, die ihnen von ihrer Kultur und Gesellschaft auferlegt werden? Der Grund dafür ist, daß Menschen durch die Formulierung von Zielen ein Stück weit selbst darüber bestimmen können, wie und wann sie bestimmte Aufgaben übernehmen wollen. Ziele stellen demnach eine Möglichkeit dar, soziale Aufgaben flexibel an die eigenen Fähigkeiten und Bedürfnisse anzupassen und in den individuellen Lebensentwurf einzufügen (Cantor 1994). Diese Form der Individualisierung von sozial definierten Lebensaufgaben vermittelt dem einzelnen ein Gefühl der Selbstbestimmtheit, aber auch der freiwilligen Verpflichtung, das Ziel bis zu seiner erfolgreichen Verwirklichung zu verfolgen.

Dabei haben Ziele im Gegensatz zu Motiven die Eigenschaft, daß sie Verhalten auf mitunter weit in der Zukunft liegende Zustände und Ereignisse ausrichten. Häufig bringt es die Verfolgung eines Ziels sogar mit sich, daß man einerseits Tätigkeiten ausführt, die als langweilig oder sogar streßvoll empfunden werden, und sich andererseits Aktivitäten entzieht, die viel Spaß und Freude bereiten würden. Jeder, der einmal über Wochen hinweg für eine Prüfung lernen mußte, kennt diesen Sachverhalt. Ziele folgen also nicht dem Lustprinzip, sondern stellen eine Form individueller Ausgestaltung von soziokulturellen Anforderungen dar, die von Menschen subjektiv als sinnhaft und bereichernd erlebt wird und von der sie sich zum Handeln motivieren lassen.

Die Bildung und Verwirklichung von Zielen läßt sich nach Heckhausen (1989) und Gollwitzer (1991) durch eine charakteristische Abfolge einzelner Phasen beschreiben. Am Anfang steht die Frage, ob man ein bestimmtes Ziel überhaupt verfolgen möchte beziehungsweise welches von mehreren möglichen Zielen ausgewählt und in Angriff genommen werden soll. Idealerweise haben Menschen in dieser *Phase des Wählens* genügend Zeit, Informationen über das in Betracht gezogene Ziel zu sammeln und abzuwägen, das heißt, sich darüber klar zu werden, welche Vor- und Nachteile die Verwirklichung des Ziels mit sich bringen würde und wie gut es sich realisieren läßt. Um zu einer realistischen Entscheidung für oder gegen ein Ziel zu gelangen, ist es wichtig, daß dieser *Prozeß des Abwägens* unparteiisch und vollständig erfolgt. Stehen einer Person wenige Informationen zur Verfügung oder muß sie ihre Entscheidung unter Zeitdruck fällen, besteht die Gefahr, daß sie sich an aussichtslose oder wenig attraktive Ziele bindet.

Unrealistische Entscheidungen für ein Ziel können aber auch aus momentanen Stimmungen resultieren, die auf die Bewertung des Ziels abfärben. Befindet sich eine Person während des Abwägens in einer ausgesprochen guten Laune, kann es beispielsweise passieren, daß sie nur noch positive Aspekte eines Ziels berücksichtigt und negative Aspekte ausblendet (Schwarz & Bohner 1996). Eine Möglichkeit, solche Fehlentscheidungen zu vermeiden, besteht im »Probehandeln«, also in der Sammlung von Erfahrungen, wie sie auch die tatsächliche Realisierung des Ziels mit sich bringen würde. Zum Beispiel läßt sich im Fall der Berufswahl durch Praktika schon frühzeitig ein Einblick gewinnen, durch welche Anforderungen und Möglichkeiten sich der betreffende Beruf auszeichnet. Bei Zielen, die ein solches Probehandeln nicht gestatten, kann auch die Veranschaulichung der gesammelten Informationen in der Phantasie eine Vorstellung davon vermitteln, welche Erfahrungen die Verfolgung eines Ziels mit sich bringen würde (Oettingen 1997; Schultheiß 1996).

Die Philosophie »Drum prüfe, wer sich ewig bindet« ist bei der Wahl von Zielen deshalb so wichtig, weil die Entscheidung für die Verfolgung eines Ziels nicht einfach rückgängig gemacht werden kann (Heckhausen 1989; Klinger 1977). Hat sich eine Person erst einmal an ein Ziel gebunden, fühlt sie sich auch verpflichtet, es zu verwirklichen. Daraus ergeben sich zwei Konsequenzen. Zum einen ist man fortan bereit, alle Energie in die Umsetzung des Ziels zu stecken und selbst beim Auftreten von Hindernissen und Schwierigkeiten alles zu tun, um das Ziel zu erreichen. Zum anderen kann man sich jetzt nicht mehr einfach von dem Ziel distanzieren, denn das eigene Selbstwertgefühl ist fortan eng mit der Realisierung des Ziels verknüpft. Entsprechend belastet eine vorzeitige Aufgabe des Ziels das Selbstwertgefühl und wird subjektiv als Scheitern empfunden, mit all den damit verbundenen negativen emotionalen Konsequenzen. Daher ist es für Menschen besonders belastend, wenn ihnen Möglichkeiten zur Verwirklichung ihrer Ziele genommen werden. Ein typisches Beispiel hierfür ist die Arbeitslosigkeit, also der Verlust von Gelegenheiten, berufliche Ziele zu realisieren. Das Selbstwertgefühl arbeitsloser Menschen ist bedroht, depressive Verstimmungen und Apathie sind insbesondere nach längerer Arbeitslosigkeit häufig beobachtbare Folgen (Feather & Barber 1983).

Mit einem Ziel verschuldet oder unverschuldet gescheitert zu sein bedeutet nicht nur, als Individuum einen erwünschten Endzustand nicht erreicht zu haben, sondern auch, als Teil einer sozialen Gemeinschaft einer Verpflichtung nicht nachgekommen zu sein, seinen Teil zum gesellschaftlichen Ganzen nicht beigetragen zu haben. Die Vermeidung der negativen emotionalen Folgen einer vorzeitigen freiwilligen oder aufgezwungenen Aufgabe von Zielen hat somit auch motivierende Wirkung auf die Person. Sinnstiftung einerseits und Schutz des Selbstwertgefühls andererseits stellen also zwei unterschiedliche Aspekte der motivierenden Wirkung dar, die von Zielen ausgeht.

Die Entscheidung, ein Ziel zu verfolgen, markiert den Übergang von der Phase der Zielwahl zur *Phase der Zielverwirklichung* (Heckhausen 1989; Gollwitzer 1991). Die Person plant nun, welche Handlungen sie zur Realisierung des Ziels ausführen will und welche Gelegenheiten dafür günstig sind. Solche Planungsprozesse spielen vor allem dann eine wichtige Rolle, wenn eine Person noch wenig Erfahrung bei der Umsetzung eines Ziels hat oder sich ihr selten Gelegenheit zum Handeln bietet. Unter diesen Umständen kann, wie Untersuchungen Gollwitzers (1993) zeigen, die Bildung von Vorsätzen hilfreich sein, die genau spezifizieren, wann, wo und wie gehandelt werden soll.

Wie wichtig es ist, über vielfältige Gelegenheiten bei der Verwirklichung von Zielen zu verfügen, zeigt sich gerade dann, wenn es trotz aller Planung zu Mißerfolgen kommt. Personen, die sich fest an ein Ziel gebunden haben, sind in der Regel auch bereit, ihre Bemühungen um die Zielrealisierung nach Rückschlägen zu steigern und den eingetretenen Mißerfolg zu kompensieren (Brunstein 1995). Dies gelingt ihnen jedoch nur, wenn sie genügend alternative Gelegenheiten haben, etwas für das betreffende Ziel zu tun. Eine starke Zielbindung stellt also nur eine notwendige, aber keine hinreichende Bedingung für Fortschritte bei Zielen dar. Um tatsächlich bei der Umsetzung eines Ziels voranzukommen, müssen sich auch ausreichend Gelegenheiten zum Handeln bieten oder herbeiführen lassen.

Eine weitere wichtige Voraussetzung für die effiziente Umsetzung von Zielen ist die Möglichkeit, aus der Umwelt Rückkopplung über aktuelle Fortschritte bei der Zielverwirklichung zu erhalten (Carver & Scheier 1991; Locke & Latham 1990). Feedback sorgt dafür, daß man Abweichungen von oder Übereinstimmungen mit dem angestrebten Zielzustand registriert und sein Verhalten den momentanen Anforderungen der Zielrealisierung flexibel anpassen kann. Fehlt die Rückkopplung, ist die Gefahr groß, daß zu wenig oder das Falsche für die Erreichung des Ziels getan wird. Rückmeldungen zur Verwirklichung von Zielen können nach unterschiedlichen Maßstäben beurteilt werden: einerseits nach den individuellen Fortschritten, die eine Person im Verlauf der Zielverwirklichung verbucht, und andererseits nach ihrem Stand bei der Zielrealisierung im Vergleich zu anderen Personen mit ähnlichen Zielen (Dweck & Leggett 1988; Rheinberg 1980).

Personen, die den erstgenannten Maßstab (individuelle Norm) bevorzugen, konzipieren ihre Ziele als Lernziele und orientieren sich dabei am Zuwachs ihrer eigenen Kompetenz; Personen, die den letztgenannten Maßstab (soziale Norm) heranziehen, begreifen ihre Ziele hingegen als Leistungsziele, bei denen es um den Beweis der eigenen Kompetenz relativ zu der anderer Personen geht. Negative Rückmeldungen stellen für Personen mit Lernzielen eine Herausforderung dar, sich zu verbessern, und spornen zu höheren Anstrengungen an; Personen mit Leistungszielen signalisieren sie hingegen, daß ihnen wichtige Fähigkeiten fehlen, und stellen daher eine Bedrohung für ihr Selbstwertgefühl dar.

Entscheidend ist auch, ob man bei der Zielverwirklichung auf die Hilfe und Unterstützung der sozialen Umwelt und dabei vor allem jener Menschen zählen kann, die einem am nächsten stehen. Brunstein, Dangelmayer und Schultheiss (1996) fanden, daß Menschen, die bei der Umsetzung ihrer Ziele mit der Unterstützung ihrer Lebenspartner rechnen konnten, gute Fortschritte bei der Zielrealisierung machten und mit ihrer Partnerschaft infolgedessen auch zufrieden waren. Demgegenüber kamen Personen, die über partnerschaftliche Konflikte wegen der Verwirklichung ihrer Ziele berichteten, mit ihren Zielen schlecht voran und waren auch mit der Beziehung zu ihrem Lebenspartner entsprechend unzufrieden.

Schließlich hängt der Erfolg bei der Verwirklichung von Zielen auch davon ab, inwieweit ein effizientes Management bei der gleichzeitigen Verfolgung mehrerer Ziele gelingt. Wie Arbeiten Kuhls (1983; Kuhl & Beckmann 1994) zeigen, sind insbesondere zwei Voraussetzungen für das Management von Zielen bedeutsam. Zum einen ist es wichtig, daß eine Person, während sie ein bestimmtes Ziel verfolgt, ihre Aufmerksamkeit nur auf dieses Ziel richtet und andere Ziele und Pläne ausblendet. Wenn sich momentan keine Gelegenheit zur Realisierung eines bestimmten Ziels ergibt, muß sie zum anderen aber auch fähig sein, von diesem »abzuschalten« und zur Verwirklichung anderer Ziele überzuwechseln. Dies kann etwa der Fall sein, wenn man einen Mißerfolg bei der Umsetzung eines Ziels erlitten hat, sich aber danach Gelegenheiten ergeben, mit einem anderen Ziel voranzukommen. Bei Personen, denen solche Fähigkeiten fehlen, stellen sich, wie Kuhl berichtet, häufig Zustände der *Lageorientierung* ein, das heißt, sie zögern, wenn es darum geht, ein Ziel in Angriff zu nehmen, und verfallen in ausgedehnte Grübeleien, wenn es ihnen nicht gelingt, ein Ziel zu erreichen.

Ziele sind häufig hierarchisch organisiert (Carver & Scheier 1991). Wie bei einer Pyramide steht an der Spitze ein Oberziel (ein zentrales Willensziel im Sinne von Lewin), das langfristig angelegt ist und identitätsstiftenden Charakter besitzen kann. Beispiele hierfür sind »ein guter Psychologe werden«, »seine Kinder richtig erziehen« oder »eine stabile und liebevolle Beziehung zum Partner aufbauen und erhalten«.

Aus solchen allgemeinen Oberzielen lassen sich vielfältige Unterziele ableiten (Lewins *Quasibedürfnisse*), die spezifizieren, auf welchen Wegen das Oberziel erreicht werden soll. Im Falle von »ein guter Psychologe werden« könnte es sich zum Beispiel um die Ziele »Klienten helfen, ihre Probleme dauerhaft zu beseitigen«, »Einnehmen einer Führungsposition im Berufsverband« und »Publikation eigener Forschung« handeln. Jedes dieser Unterziele generiert wiederum Unter-Unterziele bis hin zur Spezifikation konkreter Handlungsvorsätze wie zum Beispiel »Wenn ich mein Diplom gemacht habe, beantrage ich die Mitgliedschaft im Berufsverband«. Diese hierarchische Organisation von Zielen trägt zur Flexibilität zielgerichteten Handelns bei. Scheitert eine Person bei dem Versuch, ein bestimmtes Unterziel zu erreichen, kann sie immer noch andere Unterziele in Angriff nehmen, um sich ihrem Oberziel anzunähern. Beispielsweise kann ein Psychologiestudent, der zum Vordiplom zugelassen werden will, aber bei der Abschlußklausur des Seminars »Motivation« in diesem Semester durchgefallen ist, den nötigen

Schein in Allgemeiner Psychologie auch im Seminar »Wahrnehmung und Lernen« nächstes Semester erwerben.

Neben der Einteilung von Zielen nach Hierarchieebenen existieren weitere Ansätze, Ziele anhand inhaltlicher oder formaler Merkmale zu klassifizieren. Eines der wichtigsten Unterscheidungskriterien ist die Annäherungs- versus Vermeidungsorientierung von Zielen (Carver 1996; Markus & Ruvolo 1989). *Annäherungsziele* sind auf die Erreichung eines erwünschten Endzustands ausgerichtet. Im schulisch-akademischen Kontext kann man beispielsweise bei einer Prüfung das Ziel »Ich will erfolgreich abschneiden« anstreben. Man könnte dieses Ziel aber auch als *Vermeidungsziel* formulieren: »Ich möchte keine schlechte Note bekommen«. In diesem Fall soll also ein bedrohlicher Zustand verhindert werden. Während beim ersten Ziel klar ist, daß man den gesamten angegebenen Lernstoff beherrschen muß, um das Ziel zu erreichen, ist es beim zweiten Ziel schon schwerer zu entscheiden, was man beim Lernen nicht auslassen darf, um einen Mißerfolg zu vermeiden. Vermeidungsziele haben also meist diffuse Kriterien, was den angestrebten Endzustand angeht, und erfordern daher einen viel höheren Aufwand bei der Handlungsplanung und -steuerung. Aus diesem Grund bringen viele Psychotherapeuten ihren Klienten erst einmal bei, ihre Ziele von Vermeidungszielen in Annäherungsziele umzuwandeln. Oftmals ist damit schon ein wichtiger Schritt zur Problemlösung getan (Kanfer, Reinecker & Schmelzer 1996).

Ein weiteres Merkmal, das sich zur Klassifizierung von Zielen heranziehen läßt, ist ihr Ursprung (Kuhl & Kazen 1994; Ryan, Sheldon, Kasser & Deci 1996). Zwar entspringen vermutlich alle Ziele der Notwendigkeit zur Aufgabenteilung in sozialen Gemeinschaften. Dennoch kann man zwischen *selbstgenerierten Zielen*, die eine Person sich selbst erarbeitet hat, und *fremdgenerierten Zielen*, die eine Person von anderen unreflektiert übernommen hat, unterscheiden. Fremdgenerierte Ziele haben im Gegensatz zu selbstgenerierten Zielen den Nachteil, daß sie häufig nicht gut auf die Möglichkeiten der Person abgestimmt und deshalb auch schwerer realisierbar sind. Zudem geht die Person mit der Übernahme eines fremdgenerierten Ziels auch eine Verpflichtung anderen Menschen gegenüber ein, dieses Ziel so, wie es ist, zu verwirklichen. Falls Schwierigkeiten bei der Umsetzung auftreten, hat sie deshalb nicht ohne weiteres die Möglichkeit, das Ziel den jeweiligen Umständen flexibel anzupassen oder es gegebenenfalls ganz aufzugeben. Hinzu kommt, daß sich Menschen auch deshalb oft nicht von fremdgenerierten Zielen trennen können, weil sie nicht mehr wissen, daß das Ziel ursprünglich gar nicht von ihnen selbst stammte.

Stammesgeschichtlich hängt die Fähigkeit, langfristig zielgerichtet zu handeln, mit der Entwicklung des Großhirns zusammen (Damasio 1994; Killackey 1995; Luria 1966; Tooby & Cosmides 1995). Dieser evolutionär jüngste Teil des Gehirns ist im Laufe der Menschheitsentwicklung innerhalb kurzer Zeit zu enormer Größe angewachsen. Speziell dem Stirnhirn, dem vorderen Teil des Großhirns, werden wichtige Funktionen bei der Planung und Koordination zielgerichteten Handelns zugesprochen. Ein Resultat des rasanten Hirnwachstums stellt die Entwicklung von Sprache dar, die ebenfalls in Strukturen der Großhirnrinde verankert ist. Ähnlich bildhaften Vorstellungen vermögen sprachliche Symbole Dinge oder Ereignisse ins Bewußtsein zu heben, die eigentlich im Hier und Jetzt gar nicht direkt wahrnehmbar oder erfahrbar sind, sondern in der Zukunft, in der Vergangenheit oder an anderen Orten stattfinden.

Der Vorteil von Sprache gegenüber bildhaften Vorstellungen liegt jedoch in ihrer Geschwindigkeit und Effizienz. Um ein Ziel zu beschreiben, genügen oft nur ein paar Worte. Um das Ziel bildhaft vor dem inneren Auge entstehen zu lassen, braucht man dagegen mehr Zeit und die Möglichkeit zur Introspektion. Wichtiger noch, durch Sprache lassen sich persönliche Ziele auch anderen Menschen mitteilen, während die Bilder und Vorstellungen, die man mit einem Ziel assoziiert, anderen Menschen nicht unmittelbar zugänglich sind. Sprache bildet deshalb eine wichtige Grundlage der Speicherung und des Abrufs von Zielen im Gedächtnis und ermöglicht es Menschen, ihre Ziele miteinander zu koordinieren (vgl. auch Christmann & Groeben sowie Straub).

Entsprechend bildet der *Spracherwerb* auch in der individuellen Entwicklung jedes Menschen vom Säugling zum Erwachsenen eine wichtige Voraussetzung für die Entstehung und Verfolgung von langfristigen Zielen. Während das Kleinkind vor diesem Zeitpunkt in seinem Erleben und seinen Strebungen noch weitgehend von der unmittelbar wahrgenommenen Umwelt abhängig war, lernt es durch den Spracherwerb, auch mit Begriffen für zeitlich oder räumlich entfernte Dinge umzugehen.

Ein weiterer wichtiger Entwicklungsschritt auf dem Weg zu zielgerichtetem Verhalten ist der Aufbau der Fähigkeit zum *Belohnungsaufschub*. Mischel (1974) konnte in einer Vielzahl von Studien nachweisen, daß Kinder sich zunächst nur schwer zurückhalten können, wenn es darum geht, auf den Erhalt einer Belohnung warten zu müssen. Mit der Zeit lernen sie aber, den Verlockungen einer Belohnung, die sie unmittelbar vor Augen haben, zugunsten einer größeren Belohnung zu einem späteren Zeitpunkt zu widerstehen. Die Fähigkeit zum Belohnungsaufschub, zum Vertrauen auf eine in der Zukunft erhältliche größere Belohnung, erklärt auch, warum sich Menschen später im Leben bei der Verfolgung ihrer Ziele gegen Ablenkungen aus der Umwelt abschotten und selbst bei Fehlschlägen und Mißerfolgen weiter an ihren Zielen festhalten. Voraussetzung dafür ist, daß sie als Kinder auch gelernt haben, daß Warten tatsächlich belohnt wird.

Ziele beeinflussen das Verhalten von Menschen ein Leben lang. Dabei kann die Zeitspanne, die ein Ziel wirksam ist, sehr kurz sein, wie etwa bei Vorsätzen, aber auch ein ganzes Leben in Anspruch nehmen, wie im Falle von Identitätszielen (Gollwitzer 1987). Manche Ziele dienen auch der Strukturierung einzelner Lebensabschnitte, wie beispielsweise akademische Ziele während des Studiums, oder dem Übergang von einem Lebensabschnitt zu einem anderen, wie zum Beispiel Ziele, die der Selbstfindung und Identitätsentwicklung im Jugendalter dienen. Selbst im Alter tun Menschen gut daran, sich neue Ziele zu setzen und diese zu verfolgen (Holahan 1988). Der ersatzlose Verlust von Zielen zieht nämlich einen Verlust an Energie und Lebenswillen nach sich. Psychische und physische Beeinträchtigungen können die Folge davon sein.

Da Sprache eine der Grundlagen für die Entwicklung von Zielen ist, können Menschen auch ziemlich genau Auskunft über ihre Ziele geben. Ziele sind also bewußt repräsentiert. Das bedeutet aber nicht, daß Ziele dauernd im Bewußtsein gehalten werden müssen, um verhaltenswirksam zu werden. Untersuchungen von Bargh und Gollwitzer (1994) haben gezeigt, daß bei genauer Elaboration eines Ziels und der Umstände, unter denen es verwirklicht werden soll, das Ziel nicht mehr im Bewußtsein repräsentiert sein muß. Das Eintreten der vorher spezifizierten Umstände aktiviert dann automatisch die zuvor geplanten Handlungen. Die Umsetzung solcher Vorsätze kann also, wie Bargh und Gollwitzer ausführen, vollständig an das Auftreten der entsprechenden Gelegenheiten delegiert werden.

Ziele, die Menschen in ihrem Alltag verfolgen, werden mit Fragebogenverfahren oder freien Beschreibungen erhoben (z.B. Brunstein 1993; Emmons 1986). Typischerweise gibt die befragte Person zunächst mehrere Ziele an und beschreibt sie kurz. Anschließend beurteilt sie jedes dieser Ziele auf einer Reihe von Skalen, die beispielsweise ihre Zielbindung, ihre Einschätzungen zu den Realisierungsbedingungen des jeweiligen Ziels und zur sozialen Unterstützung bei der Zielverwirklichung erfassen. Die so gewonnenen Daten können dann in Beziehung gesetzt werden mit einer Reihe anderer Maße, etwa zur psychischen oder physischen Gesundheit.

Resümee

Um noch einmal zu rekapitulieren: Motive und Ziele üben beide eine motivierende Wirkung auf das menschliche Verhalten aus. Sie verleihen ihm Intensität und geben ihm Richtung. Jenseits dieser gemeinsamen Funktionen unterscheiden sich Motive und Ziele jedoch in vielerlei Hinsicht. Motive sind biologisch fundiert und basieren auf Emotionen, die als belohnend und lustvoll erlebt werden; Ziele dienen der Koordination und Aufgabenverteilung in der sozialen Gemeinschaft und reflektieren das menschliche Streben nach Sinn und Bedeutung. Motive sind vorsprachlich erworben und nicht bewußt zugänglich; Ziele setzen Spracherwerb voraus und haben Zugang zum Bewußtsein. Motive werden in unmittelbar erlebten Situationen angeregt und befriedigt; Ziele befreien den Menschen von den Kräften seiner aktuellen Umwelt und richten sein Handeln auf einen angestrebten Zustand in der Zukunft aus. Es gibt eine beschränkte Anzahl von Motiven, die sich in anregenden Situationen immer wieder im Verhalten manifestieren; Ziele sind in Bezug auf ihre Zahl nicht festgelegt, meist hierarchisch organisiert und strukturieren das Handeln über eine Vielzahl von Situationen hinweg (vgl. auch von Cranach & Tschan).

Obwohl deutliche Unterschiede zwischen Motiven und Zielen bestehen, gingen viele Motivationspsychologen lange Zeit davon aus, daß Ziele aus Motiven abgeleitet werden und Ventile für deren Befriedigung darstellen (z.B. Nuttin 1984). Dieser Sichtweise zufolge müßten sich beispielsweise Personen mit hohem Machtmotiv häufiger und fester an Ziele binden, die ihnen Gelegenheit bieten, ihr Machtmotiv zu befriedigen; Personen mit hohem Affiliationsmotiv würden ihre Ziele dagegen häufiger im Bereich der Geselligkeit und gemeinsamer Aktivitäten ansiedeln.

Jüngere Untersuchungen stellen diese Annahme jedoch in Frage. So hat King (1995) in einer Studie die Motive ihrer Probanden mit einem TAT gemessen und ihre Ziele per Selbstbericht erfaßt.

Anschließend klassifizierte sie die Ziele nach den gleichen Inhaltsbereichen, die sie auch der Messung der Motive zugrundegelegt hatte. Die Auswertung dieser Daten ergab, daß Motive und Ziele in gleichen Inhaltsbereichen – also Leistung, Macht und Affiliation – unabhängig voneinander waren. Beispielsweise verfolgten Personen mit hohem Leistungsmotiv nicht mehr oder weniger Leistungsziele als Personen mit schwachem Leistungsmotiv.

Diese Befunde sprechen für die Auffassung, daß Menschen über zwei weitgehend unabhängige Motivationssysteme verfügen, nämlich ein *Motivsystem* und ein *Zielsystem* (Cantor & Blanton 1996; McClelland et al. 1989). Diese relativ neue Sichtweise von Motivation wirft viele Fragen auf, von denen die meisten der Beantwortung harren. Was passiert beispielsweise, wenn Menschen über längere Zeit hinweg Ziele verfolgen, die nicht zu ihren Motiven passen? Brechen sich die Motive dann zwischendurch Bahn und stören die Zielverwirklichung? Gelingt die Realisierung von Zielen, die nicht zu den Motiven einer Person passen, ebenso gut wie die Umsetzung von passenden Zielen? Welche emotionalen Konsequenzen hat die Verwirklichung von motivkongruenten Zielen im Vergleich zu Zielen, die den Motiven einer Person nicht entsprechen?

Erste Befunde zeigen, daß Fortschritte bei der Umsetzung von Zielen in erster Linie von einer starken Zielbindung und günstigen Realisierungsbedingungen abhängen (Brunstein 1993). Wieviel Befriedigung ein Mensch aus der Verwirklichung seiner Ziele zieht, wird hingegen durch deren Passung mit seinen Motiven bestimmt (Brunstein, Lautenschlager, Nawroth, Pöhlmann & Schultheiß 1995). Vernachlässigt eine Person Ziele, die für die Befriedigung ihrer Motive geeignet sind, oder konzentriert sie sich auf Ziele, die der Befriedigung ihrer Motive entgegenstehen, so wird auch ihr emotionales Wohlbefinden reduziert. Beispielsweise wird die Verfolgung von Machtzielen bei einer Person mit hohem Intimitätsmotiv Unbehagen hervorrufen, weil dieses Ziel ihrem motivbedingten Streben nach entspannten und harmonischen Beziehungen zu anderen Menschen zuwiderläuft.

Obwohl schon eine riesige Fülle von Befunden zu Motivationsprozessen und ihren Quellen zusammengetragen worden ist, gibt es für Motivationspsychologen noch viel zu erforschen. So bleibt etwa abzuklären, welche adaptive Bedeutung die Koexistenz zweier weitgehend autonomer Motivationssysteme im Menschen hat. Ebenso wichtig ist es, die neurophysiologischen Grundlagen motivationaler Phänomene zu erforschen. In Zukunft werden sich motivationspsychologische Konzepte und Theorien verstärkt daran messen lassen müssen, inwieweit sie mit neurobiologischen Erkenntnissen zu vereinbaren sind und einen Beitrag zur Einordnung und Integration hirnphysiologischer Befunde leisten können.

Literatur

Atkinson, John W., David Birch (1970): *The Dynamics of Action*. New York: Wiley.

Atkinson, John W., Roger W. Heyns, Joseph Veroff (1958): The Effect of Experimental Arousal of the Affiliation Motive on Thematic Apperception. In: John W. Atkinson (Hg.): *Motives in Fantasy, Action, and Society: A Method of Assessment and Study*. Princeton, NJ: Van Nostrand, 95–104.

Bargh, John A., Peter M. Gollwitzer (1994): Environmental Control of Goal-Directed Action: Automatic and Strategic Contingencies Between Situations and Behavior. In: William D. Spaulding (Hg.): *Nebraska Symposium on Motivation: Vol. 41. Integrative Views of Motivation, Cognition, and Emotion*. Lincoln, NE: University of Nebraska Press, 71–124.

Brunstein, Joachim C. (1993): Personal Goals and Subjective Well-Being: A Longitudinal Study. *Journal of Personality and Social Psychology*, 65: 1061–1070.

Brunstein, Joachim C. (1995): *Motivation nach Mißerfolg: Die Bedeutung von Commitment und Substitution*. Göttingen: Hogrefe.

Brunstein, Joachim C., Gabriele Dangelmayer, Oliver C. Schultheiss (1996): Personal Goals and Social Support in Close Relationships: Effects on Relationship Mood and Marital Satisfaction. *Journal of Personality and Social Psychology*, 71: 1006–1019.

Brunstein, Joachim C., Udo Lautenschlager, Birgit Nawroth, Karin Pöhlmann, Oliver Schultheiß (1995): Persönliche Anliegen, soziale Motive und emotionales Wohlbefinden. *Zeitschrift für Differentielle und Diagnostische Psychologie*, 16: 1–10.

Brunstein, Joachim C., Guenter W. Maier (1996): Persönliche Ziele: Ein Überblick zum Stand der Forschung. *Psychologische Rundschau*, 47: 146–160.

Cantor, Nancy (1990): From Thought to Behavior: »Having« and »Doing« in the Study of Personality and Cognition. *American Psychologist*, 45: 735–750.

Cantor, Nancy (1994): Life Task Problem Solving: Situational Affordances and Personal Needs. *Personality and Social Psychology Bulletin*, 20: 235–243.

Cantor, Nancy, Hart Blanton (1996): Effortful Pursuit of Personal Goals in

Daily Life. In: Peter M. Gollwitzer, John A. Bargh (Hg.): *The Psychology of Action: Linking Cognition and Motivation to Behavior*. New York: Guilford, 338–359.

Carver, Charles S. (1996): Some Ways in Which Goals Differ and Some Implications of Those Differences. In: Peter M. Gollwitzer, John A. Bargh (Hg.): *The Psychology of Action: Linking Cognition and Motivation to Behavior.* New York: Guilford, 645–672.

Carver, Charles S., Michael F. Scheier (1990): Origins and Functions of Positive and Negative Affect: A Control-Process View. *Psychological Review*, 97: 19–35.

Carver, Charles S., Michael F. Scheier (1991): Self-Regulation and the Self. In: Janine Strauss, George R. Goethals (Hg.): *The Self: Interdisciplinary Approaches*. New York: Springer, 168–207.

Damasio, Antonio R. (1994): *Descartes' Error. Emotion, Reason, and the Human Brain*. London: Papermac.

Dweck, Carol S., Ellen L. Leggett (1988): A Social-Cognitive Approach to Motivation and Personality. *Psychological Review*, 95: 256–273.

Emmons, Robert A. (1986): Personal Strivings: An Approach to Personality and Subjective Well-Being. *Journal of Personality and Social Psychology*, 51: 1058–1068.

Emmons, Robert A. (1996): Striving and Feeling: Personal Goals and Subjective Well-Being. In: Peter M. Gollwitzer, John A. Bargh (Hg.): *The Psychology of Action: Linking Cognition and Motivation to Behavior*. New York: Guilford, 313–337.

Feather, Norman T., John G. Barber (1983): Depressive Reactions and Unemployment. *Journal of Abnormal Psychology*, 92: 185–195.

French, Elizabeth G., Gerald S. Lesser (1964): Some Characteristics of the Achievement Motive in Women. *Journal of Abnormal and Social Psychology*, 68: 119–128.

Gollwitzer, Peter M. (1987): The Implementation of Identity Intentions: A Motivational-Volitional Perspective on Symbolic Self-Completion. In: Frank Halisch, Julius Kuhl (Hg.): *Motivation, Intention, and Volition*. Berlin: Springer, 349–369.

Gollwitzer, Peter M. (1991): *Abwägen und Planen: Bewußtseinslagen in verschiedenen Handlungsphasen*. Göttingen: Hogrefe.

Gollwitzer, Peter M. (1993): Goal Achievement: The Role of Intentions. In: Wolfgang Stroebe, Miles Hewstone (Hg.): *European Review of Social Psychology*. Bd. 4. Chichester: Wiley, 141–185.

Havighurst, Robert J. (1974): *Developmental Tasks and Education* (3. Aufl.). New York: McKay.

Heckhausen, Heinz (1963): *Hoffnung und Furcht in der Leistungsmotivation*. Meisenheim am Glan: Anton Hain.

Heckhausen, Heinz (1989): *Motivation und Handeln* (2. Aufl.). Berlin: Springer.

Holahan, Carole K. (1988): Relation of Life Goals at Age 70 to Activity Participation and Health and Psychological Well-Being Among Terman's Gifted Men and Women. *Psychology and Aging*, 3: 286–291.

Jacobs, W.-Jake, Lynn Nadel (1985): Stress-Induced Recovery of Fears and Phobias. *Psychological Review*, 92: 512–531.

James, William (1983): *The Principles of Psychology*. Cambridge, MA: Harvard University Press (Original 1890).

Jemmott, John B. (1987): Social Motives and Susceptibility to Disease: Stalking Individual Differences in Health Risks. *Journal of Personality*, 55: 267–298.

Kanfer, Frederick H., Hans Reinecker, Dieter Schmelzer (1996): *Selbstmanagement-Therapie* (2. Aufl.). Berlin: Springer.

Killackey, Herbert P. (1995): Evolution of the Human Brain: A Neuroanatomical Perspective. In: Michael S. Gazzaniga (Hg.): *The Cognitive Neurosciences*. Cambridge, MA: Bradford, 1243–1253.

King, Laura A. (1995): Wishes, Motives, Goals, and Personal Memories: Relations of Measures of Human Motivation. *Journal of Personality*, 63: 985–1007.

Klinger, Eric (1977): *Meaning and Void: Inner Experience and the Incentives in People's Lives*. Minneapolis, MN: University of Minnesota Press.

Kuhl, Julius (1983): *Motivation, Konflikt und Handlungskontrolle*. Berlin: Springer.

Kuhl, Julius, Jürgen Beckmann (Hg.) (1994): *Volition and Personality: Action Versus State Orientation*. Seattle, WA: Hogrefe, Huber.

Kuhl, Julius, Miguel Kazen (1994): Self-Discrimination and Memory: State Orientation and False Self-Ascription of Assigned Activities. *Journal of Personality and Social Psychology*, 66: 1103–1115.

LeDoux, Joseph E. (1987): Emotion. In: Fred Plum (Hg.): *Handbook of Physiology. Section 1: The Nervous System*. Bd. 5. Bethesda, MD: American Physiological Society, 419–459.

Lewin, Kurt (1926): Vorsatz, Wille und Bedürfnis. *Psychologische Forschung*, 7: 330–385.

Lewin, Kurt (1935): *A Dynamic Theory of Personality. Selected Papers*. New York: McGraw-Hill.

Locke, Edwin A., Gary P. Latham (1990): *A Theory of Goal Setting, Task Performance*. Englewood Cliffs, NJ: Prentice Hall.

Lundy, Allan, Timothy Potts (1987): Recollection of a Transitional Object and Needs for Intimacy and Affiliation in Adolescents. *Psychological Reports*, 60: 767–773.

Luria, Alexander R. (1966): *Higher Cortical Functions in Man*. New York: Basic Books.

Markus, Hazel, Ann Ruvolo (1989): Possible Selves: Personalized Representations of Goals. In: Lawrence A. Pervin (Hg.): *Goal Concepts in Personality and Social Psychology*. Hillsdale, NJ: Lawrence Erlbaum, 211–242.

McAdams, Dan P. (1988): *Power, Intimacy, and the Life Story: Personological Inquiries Into Identity*. New York: Guilford.

McClelland, David C. (1961): *The Achieving Society*. New York: Free Press.

McClelland, David C. (1975): *Power: The Inner Experience*. New York: Irvington Publishers.

McClelland, David C. (1987): *Human Motivation*. Cambridge, MA: Cambridge University Press.

McClelland, David C. (1989): Motivational Factors in Health and Disease. *American Psychologist*, 44: 675–683.

McClelland, David C. (1995): Achievement Motivation in Relation to Achievement-Related Recall, Performance, and Urine Flow, a Marker Associated With Release of Vasopressin. *Motivation and Emotion*, 19: 59–76.

McClelland, David C., John W. Atkinson, Russell A. Clark, Edgar L. Lowell (1953): *The Achievement Motive*. New York: Appleton-Century-Crofts.

McClelland, David C., Carol E. Franz (1992): Motivational and Other Sources of Work Accomplishments in Mid-Life: A Longitudinal Study. *Journal of Personality*, 60: 679–707.

McClelland, David C., Richard Koestner, Joel Weinberger (1989): How do Self-Attributed and Implicit Motives Differ? *Psychological Review*, 96: 690–702.

McClelland, David C., Vandana Patel, Deborah Stier, Don Brown (1987): The Relationship of Affiliative Arousal to Dopamine Release. *Motivation and Emotion*, 11: 51–66.

McClelland, David C., David A. Pilon. (1983): Sources of Adult Motives in Patterns of Parent Behavior in Early Childhood. *Journal of Personality and Social Psychology*, 44: 564–574.

Mischel, Walter (1974): Processes in Delay of Gratification. In: Leonard Berkowitz (Hg.): *Advances in Experimental Social Psychology*. Bd. 7. New York: Academic Press, 249–292.

Murray, Henry A. (1938): *Explorations in Personality*. New York: Oxford University Press.

Murray, Henry A. (1943): *Thematic Apperception Test Manual*. Cambridge, MA: Harvard University Press.

Nuttin, Joseph (1984): *Motivation, Planning, and Action*. Leuven, Belgium: Leuven University Press, Lawrence Erlbaum Associates.

Oettingen, Gabriele (1996): *Psychologie des Zukunftsdenkens*. Göttingen: Hogrefe.

Rheinberg, Falko (1980): *Leistungsbewertung und Lernmotivation*. Göttingen: Hogrefe.

Ryan, Richard M., Kennon M. Sheldon, Tim Kasser, Edward L. Deci (1996): All Goals are not Created Equal: An Organismic Perspective on the Nature of Goals and Their Regulation. In: Peter M. Gollwitzer, John A. Bargh (Hg.): *The Psychology of Action: Linking Cognition and Motivation to Behavior*. New York: Guilford, 7–26.

Schultheiß, Oliver (1996): *Imagination, Motivation und Verhalten*. Dissertationsschrift. Psychologisches Institut I der Friedrich-Alexander-Universität Erlangen-Nürnberg.

Schwarz, Norbert, Gerd Bohner (1996): Feelings and Their Motivational Implications: Moods and the Action Sequence. In: John A. Bargh, Peter M. Gollwitzer (Hg.): *The Psychology of Action: Linking Cognition and Motivation to Behavior*. New York: Guilford, 119–145.

Smith, Charles P. (1992): *Motivation and Personality: Handbook of Thematic Content Analysis*. Cambridge, MA: Cambridge University Press.

Tooby, John, Leda Cosmides (1995): Mapping the Evolved Functional Organization of Mind and Brain. In: Michael S. Gazzaniga (Hg.): *The Cognitive Neurosciences*. Cambridge, MA: Bradford, 1185–1197.

Winter, David G. (1973): *The Power Motive*. New York: Free Press.

Winter, David G. (1996): *Personality: Analysis and Interpretation of Lives*. New York: McGraw-Hill.

Winterbottom, Marian R. (1958): Relation of Need for Achievement to Learning Experiences in Independence and Mastery. In: John W. Atkinson (Hg.): *Motives in Fantasy, Action, and Society: A Method of Assessment and Study*. Princeton, NJ: Van Nostrand, 453–478.

5. Emotion

ULRICH MEES

Einleitung

Das Thema »Gefühle« erlebt gegenwärtig nicht nur innerhalb der wissenschaftlichen Psychologie eine Renaissance; Gefühle stehen auch im Alltag im Brennpunkt der Aufmerksamkeit. Anzeichen dafür sind etwa die steigende Zahl an Selbsthilfegruppen zu Themen wie Trauer, Eifersucht oder Angst, aber auch der breite Raum, den das Unterhaltungsfernsehen der Darstellung emotionaler Probleme widmet: kaum eine Talkshow ohne Tränen! Trotz dieses starken Interesses am Thema Gefühle und der enormen Bedeutsamkeit der Emotionen in unserem Leben ist jedoch eine gewisse Ambivalenz in der insgeheimen Wertung unserer Gefühle unverkennbar: Sie werden nämlich in unserer Alltagskultur sowohl negativ als auch positiv eingestuft. Diese Zwiespältigkeit in der Einschätzung unserer Gefühle wollen wir zunächst etwas näher beleuchten.

Das Herz und der Kopf

In Äußerungen wie »Sei doch nicht so emotional!« oder »Bleib bitte sachlich, laß dich nicht von Deinen Gefühlen beherrschen!« spiegelt sich eine populäre *negative* Auffassung von Gefühlen wider: Danach wird das Gefühl als Widerpart zur Vernunft betrachtet, oder anders: Das »heiße Herz« steht im Gegensatz zum »kühlen Kopf«. Diese Sicht, Gefühle als »irrationales« Gegenüber zur Vernunft anzusehen, hat tiefe historische Wurzeln in der abendländischen Philosophie. Seit ihren Anfängen beschäftigte sich diese auch mit den »Leidenschaften« (Passionen) und »Affekten« (also den Gefühlen). Bedeutende Philosophen (so etwa der griechische Stoiker Zenon, der römische Stoiker Seneca, später dann Spinoza sowie Kant) betrachteten diese Phänomene als eigenwillige und ungebärdige Kräfte im Menschen, die ihn und andere in Gefahr bringen können und daher vom Verstand beherrscht werden müssen. Das Sinnbild für dieses Gegensatzpaar war die »Herr und Knecht«-Metapher: die Vernunft als Herr, die Affekte und Leidenschaften als zu beherrschender, weil potentiell gefährlicher Knecht. Die Leidenschaften und Affekte wurden demzufolge im Rahmen der philosophischen Ethik erörtert (Solomon 1993).

Auch die *Gefühlsmetaphern* – also die Bilder, mit denen unsere Umgangssprache intensive Gefühle wie Wut, Angst oder Liebe illustriert – heben den Aspekt hervor, daß starke Gefühlserlebnisse unkontrollierbar seien und die davon Betroffenen gewissermaßen »aus der Bahn werfen« können. Metaphorische Ausdrücke zur Bezeichnung intensiver Wut wie: »Sie ist wie von Sinnen« oder »er wurde zum Berserker« weisen zum Beispiel darauf hin, daß Wut hier als »Geisteskrankheit« angesehen wird; oder wenn starke Angst durch das sprachliche Bild »wie von Furien gehetzt« verdeutlicht wird, legt dies nahe, daß diese Angst ein übernatürliches, feindliches Wesen ist, dem niemand standhalten kann. Und Redewendungen wie »der Funke sprang über« oder »mein Herz steht in Flammen« versinnbildlichen das Gefühl der Liebe als »Feuer« (Kövecses 1990; Mees 1998).

Intensive Gefühle werden also in diesen sprachlichen Bildern als »Widerfahrnisse« gezeichnet, die nur sehr bedingt unserem freien Willen unterliegen. Sie können uns daher in außergewöhnliche Zustände versetzen, in denen wir nicht mehr normal reagieren und die wir nicht beherrschen können. Das bedeutet natürlich auch, daß man unter diesen Umständen für sein Tun und Lassen nicht mehr voll verantwortlich gemacht werden kann: Dementsprechend werden im deutschen Strafgesetzbuch (§ 213 StGB) Tötungshandlungen, die »im Affekt« begangen werden, nur als Totschlag und nicht als Mord eingestuft, also wesentlich milder beurteilt.

Auch die Befragten in einer neueren amerikanischen Studie verbanden mit dem Ausdruck »emotional sein« die folgenden Vorstellungen: »Ein oder mehrere intensive(s) Gefühl(e) erleben«, »außer Kontrolle geraten« und »unfähig sein, vernünftig zu denken und ein Problem zu bewältigen«. Besonders bemerkenswert ist, daß die befragten Personen in diesem Zusammenhang nur negative Gefühle (wie Angst, Wut, Verzweiflung und andere) erwähnten, aber kein einziges positives Gefühl (Parrott 1995). All dies belegt die negative Einschätzung unserer Gefühle, sofern sie sehr intensiv sind: Sie gelten dann als schwer kontrollierbar, sie beeinträchtigen unter Umständen sachliches Denken, und sie können uns zu unüberlegten Handlungen verleiten, die wir später vielleicht bereuen.

Dieser negativen Sicht unserer Gefühle stehen aber auch *positive Einschätzungen* gegenüber. Danach sind unsere Gefühle (versinnbildlicht durch das Herz) nicht etwa prinzipiell irrational, sondern lediglich subjektiv; sie geben unsere ganz persönliche Perspektive wieder und bilden so den authentischen Kern unserer Identität und Einzigartigkeit. Indem wir uns freuen, ärgern, ängstigen, lieben und so weiter nehmen wir Stellung zu den Personen, Dingen und Ereignissen in unserem Leben, die uns wichtig sind. Ohne unsere Gefühle wären wir seelenlose Automaten, denen alles gleichgültig ist: nichts wäre von Belang! »Herz« bedeutet in diesem Sinne keineswegs Irrationalität, sondern *Leidenschaftlichkeit*.

In dem Maße, wie unsere Gefühle darüber informieren, ob unsere Ziele und Wünsche durch die jeweiligen situativen Gegebenheiten erfüllt, gefördert, bedroht oder verhindert werden oder ob bestimmte Gegebenheiten unseren Vorlieben und Abneigungen entsprechen oder nicht, ist diese lebensgeschichtlich bedingte Subjektivität eine Quelle wertvoller Informationen für uns. Auf diesen Umstand beziehen sich wohl solch bekannte Aphorismen wie »Das Herz hat seine Vernunft, die der Verstand nicht kennt« (Blaise Pascal) oder »Man sieht nur mit dem Herzen gut; das Wesentliche ist für die Augen unsichtbar« (Antoine de Saint-Exupéry).

Wenn diese subjektive Perspektive allerdings zu wunscherfülltem Denken und vorurteilsvollem Handeln führen würde, wäre sie natürlich unangemessen. Und wenn »Gefühl« gar gleichgesetzt wird mit »Intuition« oder »Ahnung« (zum Beispiel: »Ich habe das Gefühl, wir bekommen dieses Jahr einen strengen Winter«), so ist damit gar kein eigentliches Gefühl gemeint, sondern nur ein Glaube oder ein »unsicheres Wissen«.

Was aber sind nun eigentlich Gefühle und wie entstehen sie?

Auf diese Frage geben verschiedene Theorien unterschiedliche Antworten. Im folgenden werden diese Theorien kurz skizziert. Obwohl manche dieser Ansätze bereits zu Beginn der akademischen Psychologie formuliert wurden (also gegen Ende des 19. Jahrhunderts), finden sie (wenn auch in erweiterter oder veränderter Form) auch heute noch Anhänger.

Evolutionspsychologischer Funktionalismus

Charles Darwin begründete die Evolutionsbiologie, indem er nachwies, daß die heutigen Tier- und Pflanzenarten (einschließlich des Menschen) durch Mutation (Zufallsvariation des Erbgutes) und durch Selektion, also durch die natürliche Auslese im Kampf ums Dasein, aus früheren Arten hervorgegangen sind. Dabei werden im allgemeinen diejenigen Lebewesen am ehesten überleben und sich fortpflanzen, die ihrer Umwelt am besten angepaßt sind.

Von späteren Forschern, die sich der Darwinschen Evolutionslehre verpflichtet fühlten, wurde die Idee der natürlichen Auslese und des Anpassungswertes biologisch-morphologischer Gegebenheiten auch auf psychologische Phänomene wie die Emotionen und ihren Ausdruck übertragen.

So unterscheidet etwa Plutchik (1980) acht »Grundemotionen«, die jeweils ein bestimmtes Verhalten mit eindeutiger Überlebensfunktion veranlassen: Die Emotion »Angst« führe etwa zur Handlung »Flucht«, die Emotion »Ekel« zu »Erbrechen« und zur Vermeidung schädlicher Nahrung, »Wut« kann Hindernisse überwinden lassen und so weiter. Diese Grundemotionen betrachtet Plutchik als »Grundkategorien adaptiven Verhaltens«, das heißt sie führen zu Verhaltensweisen, die (im Prinzip) einen Überlebenswert für das Individuum und seine Art haben.

Ferner haben Ekman und Friesen (1969) versucht, empirisch zu beweisen, daß der Gesichtsausdruck für einige Grundemotionen (wie Angst, Freude, Ärger, Ekel und Trauer) in allen Kulturen gleich, der Zusammenhang zwischen diesen Emotionen und ihrem Gesichtsausdruck also universell und daher biologisch grundlegend für alle Menschen (und höheren Säugetiere wie die Affen) sei. Allerdings betont Ekman ausdrücklich (1994), daß es von der jeweiligen Kultur abhängt, was etwa als »Beleidigung« gilt und zu Ärger führt. Ferner gibt es »Darbietungsregeln« (display rules), die bestimmen, ob, wann und wie ein bestimmtes Gefühl wie etwa Trauer ausgedrückt wird. Derartige Regeln werden kulturell vermittelt, sind also erlernt.

Auf Darwin können sich die späteren Evolutionspsychologen allerdings nur hinsichtlich der These berufen, daß es eine Kontinuität zwischen tierischer und menschlicher Entwicklung auch im Hinblick auf die Ausdrucksformen von Emotionen gibt: Diesen Nachweis zu führen war eines seiner Ziele in seinem Buch ›The Expression of the Emotions in Man and Animals‹ (1872). Jedoch hat Darwin in diesem Buch einen adaptiven Wert von Emotionsausdrucksmustern ausdrücklich verneint: Derartige Ausdrucksformen (wie etwa das Sich-Sträuben der Haare in Panik oder das Entblößen der Zähne bei rasender Wut) haben für den Menschen keinerlei echten Überlebenswert; sie sind daher, wie Darwin betont, »kaum zu verstehen, ausgenommen unter der Annahme, daß der Mensch früher einmal in einem viel niedrigeren und tierähnlicheren Zustand existiert hat« (Darwin 1901, S. 10).

Wie Fridlund (1992) aufzeigt, richtete sich dieses Buch von Darwin hauptsächlich gegen seine damaligen Widersacher, die christlichen Fundamentalisten oder »Kreationisten«. Diese vertraten die Ansicht, daß der Schöpfer die Welt (einschließlich des Menschen) aus dem Nichts heraus zu einem bestimmten Zeitpunkt so geschaffen habe, wie wir sie heute vorfinden.

Diese Annahme versuchte Darwin zum einen durch den Nachweis der Kontinuität zwischen tierischen und menschlichen Ausdrucksweisen zu entkräften; gleichzeitig konnte er aber seine These von einer Evolution durch natürliche Auslese hier nicht dadurch untermauern, daß er auf den Anpassungswert solcher Ausdrucksformen verweist: Denn dieses Argument hätte auch die Auffassung der Fundamentalisten unterstützt, die diese »Zweckmäßigkeit« geradezu als Beweis für den einmaligen und wohldurchdachten Schöpfungsakt Gottes ansahen. Darwin versuchte daher in seinem Buch zu belegen, daß die Mehrzahl der emotionalen Ausdrucksweisen beim Menschen gerade *nicht* adaptiv sind! Statt dessen faßte er sie entweder als Rudimente auf, die zwar für Tiere, aber nicht für den Menschen nützlich sind, oder als bloße »Entladungsprodukte überschüssiger Energien des erregten Nervensystems« (wie etwa das Zittern der Muskeln) (1901, S. 58f.).

Nach Darwin erfolgen die »echten« (vererbten) Ausdrucksbewegungen unwillkürlich und stehen nicht im Dienste der Kommunikation. Allerdings: »Sind derartige Bewegungen einmal erlangt worden, so können sie willkürlich und bewußt als Hilfsmittel der gegenseitigen Mitteilung eingesetzt werden« (1901, S. 312).

Demgegenüber vertritt die Mehrzahl der heutigen evolutionär orientierten Emotionspsychologen die Auffassung, daß die emotionalen Ausdrucksweisen *vorwiegend* aufgrund ihrer kommunikativen Funktionen natürlich selektiert worden sind: Mein Lächeln zeigt meinem Gegenüber, daß ich ihm freundlich gesinnt bin, mein Stirnrunzeln, daß ich mit etwas nicht einverstanden bin und so weiter. Diese Ausdrucksformen (in Mimik, Gestik, Lautstärke etc.) erfüllen also wichtige soziale Funktionen.

Die Grundthese eines undifferenzierten evolutionären Funktionalismus, wonach *alles,* was heute bei Mensch und Tier vorfindbar ist, eine Überlebensfunktion haben *muß,* da es ja sonst nicht mehr vorhanden wäre, ist wegen ihres *Zirkelcharakters* abzulehnen: Von den bekannten Zwecken (dem Überleben des Individuums und seiner Art) schließt man auf die passenden Ursachen (nämlich hier auf eine Überlebensfunktion der Emotionen): Dabei wird das, was man beweisen wollte, bereits als erwiesen vorausgesetzt (Ulich & Mayring 1992, S. 45f.).

Anderseits sind aber auch differenzierte Einzelhypothesen, die empirisch prüfbar sind, aus derartigen Ansätzen ableitbar. So wird im Rahmen neuerer evolutionspsychologischer Untersuchungen versucht, bestimmte menschliche Handlungsweisen und Gefühle bei der Wahl eines Partners und der Bindung an einen bestimmten Partner mit dem (unbewußten) Bedürfnis zu erklären, das eigene Erbgut erfolgreich und sicher weitergeben zu können. Buss (1994, S. 160f.) verweist etwa auf Untersuchungen, die belegen, daß Männer und Frauen aus verschiedenen Anlässen heraus eifersüchtig reagieren: Frauen empfinden die emotionale Untreue ihres Partners schlimmer als dessen sexuelle Untreue, bei Männern ist es dagegen umgekehrt. Dies wird damit erklärt, daß Frauen ihrer Mutterschaft sicher sind, während Männer ihrer Vaterschaft (prinzipiell) ungewiß sind.

Die Dimensionen der Gefühle

Wilhelm Wundt, der Begründer der akademischen Psychologie als eigenständiger Wissenschaft (von 1879 an leitete er in Leipzig das erste Psychologische Institut der Welt), formulierte im Rahmen seiner experimentellen Analyse der bewußten Erfahrungen des Individuums (»Bewußtseinspsychologie«) ein dreidimensionales Beschreibungssystem des Gefühlserlebens, das großen Einfluß auf spätere emotionspsychologische Forschungen hatte. Im folgenden wird nur ein kleiner Ausschnitt aus seinem recht komplexen Annahmengebäude skizziert.

Wundt postulierte drei »Hauptgegensätze der Gefühlsqualität«, nämlich *Lust-Unlust*, *Erregung-Beruhigung* und *Spannung-Lösung*. »Erregende« und »beruhigende« (bzw. »niederdrückende«) Gefühle lassen sich nach Wundt etwa bei Farbeindrücken beobachten: Rote Farbe wirkt erregend, blaue Farbe beruhigend. »Spannende« und »lösende« Gefühle sind laut Wundt durchweg an Vorgänge der Aufmerksamkeit gebunden. So ist bei der Erwartung eines Sinneseindrucks ein Gefühl der Spannung, beim Eintritt eines erwarteten Ereignisses ein Gefühl der Lösung zu beobachten (Wundt 1902, S. 101). Innerhalb jeder dieser Qualitätsrichtungen können nach Wundt wiederum Unterschiede der Intensität und der zeitlichen Dauer auftreten.

Ein individuelles Gefühl kann entweder durch alle diese Qualitätsrichtungen gekennzeichnet sein, durch zwei davon oder nur durch eine einzige. So ist etwa die Freude ihrem Grundcharakter nach ein »Lustaffekt« (mit »Affekt« bezeichnet Wundt jene Phänomene, die heute als eigentliche Gefühle gelten wie etwa Freude, Zorn, Angst, Liebe und so weiter), das Leid ist ein Unlustaffekt von »zumeist deprimierendem Charakter«. Die Affekte »Hoffnung« und »Furcht« dagegen sind nach Wundt »Verbindungen spannender Affekte mit Lust- und Unlustgefühlen und zugleich mit erregender beziehungsweise deprimierender Gefühlsrichtung« (1902, S. 214).

Diese Unterscheidung von drei bipolaren Dimensionen mit orthogonalen Achsen, anhand derer man alle Gefühle einordnen beziehungsweise unterscheiden kann, regte in der Folge eine Fülle empirischer Studien zur Prüfung der dimensionalen Struktur der Gefühle an. Dabei wurden zumeist Urteile von befragten Personen über unterschiedliche vorgegebene Emotionsbezeichnungen analysiert. Auch Ähnlichkeitseinstufungen des Gefühlsausdrucks auf Fotos (Schlosberg 1952) dienten der Überprüfung dieser Annahmen. Die meisten dieser Studien identifizierten zwei (statt der von Wundt angenommenen drei) grundlegenden Dimensionen, nämlich *Valenz* (»angenehm-unangenehm«) und *Erregung/Aktivierung*. Werden diese beiden Dimensionen durch zwei bipolare Skalen repräsentiert, so erhält man vier Hauptgruppen emotionaler Zustände: unangenehm-aktiviert, unangenehm-desaktiviert, angenehm-aktiviert und angenehm-desaktiviert.

Die Beliebtheit dieses Modells liegt wohl darin begründet, daß es verspricht, die Vielfalt der möglichen Gefühlszustände auf einige wenige Dimensionen zu reduzieren und daher übersichtlich und vergleichbar zu machen. Jedoch sind die Versprechungen dieses Ansatzes bisher nicht eingelöst worden. Zu viele Fragen bleiben offen (vgl. etwa Larsen & Diener 1992). Insbesondere gehen wesentliche Unterschiede zwischen verschiedenen Emotionen verloren, wenn man sie lediglich nach ihrer Valenz und dem Grad der Erregung vergleicht. So sind etwa »Ärger« und »Angst« beides negativ-valente (also im Erleben unangenehme) Gefühle, beide sind hoch ausgeprägt in der Dimension Erregung/Aktivierung, dennoch sind sie sehr verschieden voneinander. Diese entscheidenden Unterschiede (etwa: Wodurch werden diese Emotionen veranlaßt? Zu welchen Handlungen machen sie bereit?) können mit einem bloß zweidimensionalen Raster nicht erfaßt werden.

Psychophysiologische Theorien der Emotion

Diese Theorien gehen davon aus, daß eine Emotion erst dann entsteht, wenn das Individuum eine körperliche Veränderung oder Empfindung an sich wahrnimmt. Die erste dieser Theorien ist als *James-Lange-Theorie* bekannt geworden, weil sie unabhängig voneinander, aber fast zeitgleich von dem amerikanischen Philosophen und Psychologen William James (1884) und dem dänischen Physiologen Carl Lange (1885) formuliert worden ist.

Beide Forscher vertraten eine Auffassung, die unserem Alltagsverständnis der Emotionsentstehung zuwiderläuft: Während nach unserem Alltagsverständnis die unwillkürlichen körperlichen Empfindungen, die wir an uns wahrnehmen (zum Beispiel Weinen, Zittern, Herzklopfen), Begleiterscheinungen oder Folgen des Erlebens von Gefühlen (etwa von Trauer oder Angst) sind, behaupteten James und Lange, daß diese körperlichen Veränderungen den Gefühlen vorausgehen, und unser bewußtes Erleben eben dieser Veränderungen das jeweilige Gefühl ausmacht (»Wir weinen nicht, weil wir traurig sind, sondern wir sind traurig, weil wir weinen; wir lachen nicht, weil wir uns freuen, sondern wir freuen uns, weil wir lachen« und so weiter).

Die bloße Wahrnehmung (zum Beispiel der Anblick einer sich bewegenden Gestalt im Wald) führt danach bereits zu einer entsprechenden Emotion (hier: Angst), ohne daß eine vermittelnde (kognitive) Einschätzung der Gefährlichkeit dieser Situation vorausgesetzt wird. Diese Theorie errang vielleicht gerade aufgrund ihrer kontraintuitiven Aussagen rasch Berühmtheit. Noch heute wird sie von einigen Forschern in der abgeschwächten Form vertreten, wonach Rückkopplungen durch Gesichtsmuskulaturveränderungen zu entsprechenden Gefühlszuständen führen sollen (so erhöhe ein »Lächeln« das Wohlbefinden, ein Stirnrunzeln mache traurig und so weiter) (Zajonc 1985).

Insgesamt jedoch ist diese Theorie nicht haltbar. Einen entscheidenden Einwand dagegen formulierte Carl Stumpf bereits 1899: Wenn Emotionen bloße Organempfindungen sind, so müßten umgekehrt die Organempfindungen auch Emotionen sein. Aber nicht jedes Magendrücken, Frösteln oder Hitzegefühl stellt eine Emotion dar! Empfindungen und Gefühle sind also nicht identisch. Gewichtige Kritik formulierte auch der Physiologe Walter Cannon (1927) vor allem an der Theorie von James: So setzt diese Theorie voraus, daß jedem Gefühl (wie Ärger, Bewunderung, Liebe und so weiter) ein ganz spezifisches Muster viszeraler Empfindungen entspricht (also Empfindungen der Eingeweide wie Herz oder Magen), anhand dessen die Person erkennen kann, welches Gefühl sie erlebt.

Eine derartige Spezifität viszeraler Empfindungen läßt sich aber nicht feststellen. Dies hängt auch damit zusammen, daß unsere Eingeweide relativ unempfindliche Strukturen sind, da sie nur mit wenigen Rezeptoren und Nervenfasern ausgestattet sind. Es ist also unmöglich, daß unser komplexes Gefühlserleben auf diesen unempfindlichen Strukturen aufgebaut sein kann. Und schließlich: Wenn man Veränderungen in den Eingeweiden, etwa durch Injektion von Adrenalin (einem Hormon des Nebennierenmarks), künstlich hervorruft, erlebt man dennoch keine »natürlichen«, echten Emotionen. Die Betroffenen berichten lediglich: »Ich fühle mich, als ob ich Angst habe«, wissen aber zugleich, daß sie keine wirkliche Angst erleben.

Die Wahrnehmung körperlicher Veränderungen ist also nicht hinreichend für die Entstehung von Emotionen. Schachter und Singer (1962) formulierten daher in Weiterentwicklung der James-Lange-Theorie ein sogenanntes *Zwei-Komponenten-Modell der Emotionsentstehung*: Zur Wahrnehmung der körperlichen Veränderungen beziehungsweise physiologischer Erregung muß noch eine entsprechende kognitive Interpretation (unter Zuhilfenahme der Situationsumstände) hinzukommen, damit eine Emotion von bestimmter Qualität entstehen kann. Dabei bestimmen die wahrgenommenen körperlichen Veränderungen die Intensität der Emotion, die kognitive Interpretation dagegen die Qualität der Emotion (ob also etwa Freude oder Ärger erlebt wird). Beide Faktoren seien notwendig (und zusammen hinreichend), damit eine Emotion bestimmter Qualität und Intensität entsteht.

Schachter und Singer unterschieden zwei Fälle der Emotionsentstehung: Einen »üblichen« Fall, bei dem man weiß, woher die erlebte physiologische Erregung stammt (der Prüfungskandidat, dessen Prüfung unmittelbar bevorsteht, weiß natürlich, worauf seine feuchten Hände oder sein Magendrücken zurückzuführen sind). Daneben gibt es aber auch den (gewiß selteneren) Fall, daß man eine physiologische Erregung erlebt, aber nicht sofort weiß, woher sie stammt. Für diesen Fall, so behaupten Schachter und Singer, sucht man nach situativen Erklärungshinweisen. Auf diese Weise kann dann derselbe Erregungszustand in Abhängigkeit von den situativen Erklärungsangeboten ganz unterschiedlich emotional etikettiert werden (einmal zum Beispiel als »Freude«, zum anderen als »Ärger«). Diese »emotionsträchtigen Kognitionen« führen aber nur in dem Maße zu wirklichen Emotionen, zu dem das Individuum physiologische Erregung verspürt. Anderenfalls werden keine Emotionen erlebt, sondern bloß »kalte Kognitionen«.

Die Annahmen, die sich auf diesen zweiten, nicht-alltäglichen Fall beziehen, überprüften Schachter und Singer in einem mittlerweile *klassischen Experiment*. In diesem Experiment erhielt ein Teil der Probanden eine Placeboinjektion (also ein Scheinpräparat), ein anderer Teil eine Adrenalininjektion. Diese Injektion wurde als Vitaminpräparat ausgegeben, welches die Sehfähigkeit erhöhen sollte. Die Probanden der letzteren Gruppe wurden entweder über die tatsächliche Wirkung von Adrenalin richtig informiert, falsch informiert (es wurde ihnen etwa gesagt, daß sie Juckreiz empfinden würden, was aber nicht durch Adrenalin hervorgerufen wird) oder aber gar nicht informiert.

Die Probanden dieser Gruppe erhielten anschließend unterschiedliche soziale Hinweise, während sie eine Weile zusammen mit einem anderen Studenten (in Wirklichkeit ein Helfer des Versuchsleiters) auf die angebliche Wirkung des Vitaminpräparates auf die Sehfähigkeit warteten. Dieser Helfer des Versuchsleiters benahm sich nämlich bei der einen Hälfte dieser Gruppe euphorisch, bei der anderen verärgert.

Die Ergebnisse zeigen, daß diejenigen Probanden, die keine Erklärung für ihre veränderten Körperempfindungen hatten (also die »unwissenden« und die »falsch informierten« Probanden), sich je nach Versuchsanordnung entweder fröhlich oder wütend fühlten. Die informierten Probanden dagegen zeigten keine Beeinflussung durch den Helfer, ebensowenig wie die Kontrollgruppe, die wegen der Placeboinjektion keine Erregung verspürte, aber die gleichen sozialen Wahrnehmungen hatte.

Die Ergebnisse bestätigten also die Annahmen von Schachter und Singer. Dennoch ist die Beweiskraft dieser Studie umstritten. Nachuntersuchungen konnten die Ergebnisse des Originalexperimentes nicht wiederholen, zudem weist es eine Reihe methodischer Mängel auf (Reisenzein 1983). Der bleibende Wert dieser Studie liegt wohl darin begründet, daß sie die Bedeutung des Denkens (beziehungsweise der Kognitionen) für emotionale Erfahrungen verdeutlichte. Während im Ein-Komponenten-Modell von James und Lange die körperlichen Veränderungen lediglich benannt zu werden brauchen, müssen sie im Zwei-Komponenten-Modell von Schachter und Singer immerhin zusätzlich interpretiert werden – sie können nicht einfach »abgelesen« werden. Dennoch ist dieses Zwei-Komponenten-Modell noch kein kognitives: Die physiologischen Erregungsvorgänge spielen danach immer noch eine entscheidende Rolle bei der Emotionsentstehung.

Kognitive Bewertungstheorien

Im nächsten Schritt auf dem Wege zu einer »Kognitivierung der Emotionstheorien« (Scheele 1990, S. 13) wird nun der *kognitiven Bewertung* die tragende Rolle sowohl bei der Emotionsentstehung als auch bei der Bestimmung der Emotionsqualität zuerkannt.

Auch dieser Ansatz, der in der heutigen Emotionspsychologie wohl der anerkannteste ist (für viele: Lazarus 1991; Mees 1991; Ortony, Clore & Collins 1988; Scheele 1990; Scherer 1988; Weiner 1986), hat historische Vorläufer bei den großen Philosophen (von Aristoteles über Descartes bis hin zu Spinoza), aber auch in der jungen Wissenschaft der Psychologie. So hat Carl Stumpf schon 1899 explizit eine kognitive Bewertungstheorie der Emotion vertreten (vgl. dazu auch Reisenzein 1992).

Alle modernen kognitiven Emotionstheorien gehen davon aus, daß Emotionen auf der Grundlage bestimmter Bewertungen beziehungsweise Einschätzungen (appraisals) erfolgen, wobei verschiedene Gefühle (wie Freude, Trauer, Liebe und so weiter) durch unterschiedliche Bewertungen veranlaßt werden. (Die von verschiedenen Forschern vorgeschlagenen Bewertungskriterien beziehungsweise -dimensionen für Emotionen unterscheiden sich jedoch sowohl bezüglich ihrer Art als auch ihrer Anzahl!)

Einer derartigen Bewertung liegt zwar ein »Wissen« zugrunde, aber »bloßes Wissen« muß von einer emotionsrelevanten Bewertung unterschieden werden (Lazarus 1991): (Vermeintliches) Wissen bezieht sich auf Sachverhalte, welche die wissende Person als »faktisch gegeben« (entweder jetzt, früher oder künftig) ansieht.

Derartiges Wissen kann sich natürlich auch auf Dinge beziehen, die dieser Person gegenwärtig völlig gleichgültig sind: Ich weiß zwar (weil ich es in der Schule lernte), daß bestimmte ferne Länder bestimmte Bodenschätze exportieren; dieses Wissen läßt mich allerdings so lange »kalt«, wie es nicht persönlich relevant wird (wenn ich etwa als Speditionskaufmann arbeite und beruflich mit derartigen Gütern zu tun habe). »Wissen« kann nur dann zur Grundlage von Gefühlen werden, wenn es daraufhin beurteilt wird, ob wichtige persönliche »Anliegen« (Frijda 1986) betroffen sind. Nur jene Person-Umwelt-Beziehungen, die als persönlich bedeutsam für das eigene Wohlergehen bewertet werden, wecken also Gefühle (Lazarus 1991, S. 144).

Von der Art der Bewertung und den dabei betroffenen wichtigen Anliegen einer Person hängt es ab, welches Gefühl diese Person erlebt. Um dies zu verdeutlichen, soll in aller Kürze umrissen werden, welche Gefühle sich überhaupt unterscheiden lassen und wie sie in ein umfassendes Ganzes, also in eine Struktur, eingeordnet werden können.

Ein Strukturschema der Emotionen

Dieses Klassifikationsschema der Emotionen (vgl. Mees 1991; Ortony et al. 1988) ist das Ergebnis einer genauen Untersuchung des Bedeutungsgehalts (also der Semantik) von Gefühlswörtern der deutschen Sprache. Wörter wie »Freude«, »Liebe« und so weiter besitzen eine bestimmte (Kern-) Bedeutung, die wir erwerben, wenn wir diese Sprache – als bereits vorhandenes »geistiges Gebilde« – erlernen. Allerdings sind uns diese Bedeutungen nicht ausdrücklich bewußt, wir könnten sie nicht auf Anhieb nennen. Eine von der Kernbedeutung abweichende Verwendung eines Gefühlswortes würde uns aber auffallen: So etwa, wenn jemand sagen würde, das schlechte Urlaubswetter hätte ihn zwar »überrascht«, er hätte es aber erwartet; dies wäre ein Widerspruch in sich, denn man kann nur dann von etwas »überrascht werden«, wenn es »unerwartet« eingetreten ist.

Vieles in der Psychologie ist bereits durch die Semantik der Sprache festgelegt. Smedslund (1988) spricht hier von *Psycho-Logik*; diese »Logik« muß allerdings expliziert (erläutert) werden, damit sie nutzbar gemacht werden kann. Die nachfolgend explizierten Bedeutungen von Gefühlswörtern der deutschen Umgangssprache sind überindividuell gültig und dem Erwerb seitens einzelner Individuen einer Sprachgemeinschaft logisch vorgeordnet. Da andererseits der individuelle Erwerb dieser Kernbedeutungen natürlich eine kognitive Leistung der Individuen darstellt, könnten die im vorigen Abschnitt dargestellten Ansätze auch als *kognitiv-semantisch* bezeichnet werden. Nur diese kognitiv-semantischen Ansätze können begründen, wie viele und welche Emotionen von Angehörigen einer bestimmten Sprachgemeinschaft erlebt werden können.

Ausgangspunkt der folgenden Strukturanalyse der Emotionen ist der Umstand, daß mit Gefühlswörtern wie Liebe, Angst und so weiter eine positive oder negative Bewertung ausgedrückt wird. Dabei bewertet jemand (die bewertende Person A) etwas beziehungsweise jemanden (nämlich das Objekt der Bewertung B) in bezug auf etwas (nämlich das Bewertungskriterium C). Je nach den unterschiedlichen Objekten der Bewertung lassen sich drei Hauptklassen von Emotionen unterscheiden (s. *Abbildung 1*):

Die erste Hauptklasse bilden die *ereignisfundierten Emotionen* (linker Zweig in *Abbildung 1*); bei diesen Emotionen werden Ereignisse, also Auffassungen des Individuums über die Welt und ihre Veränderungen, hinsichtlich der *Wünsche und Ziele* (dies sind hier die Bewertungskriterien) des bewertenden Individuums beurteilt: Inwieweit entspricht, fördert oder hemmt das jeweilige Ereignis die eigenen Ziele oder Wünsche?

Diese Emotionsklasse umfaßt drei *Emotionsgruppen*: Als erstes die *Wohlergehen-Emotionen*. Bei diesen richtet die bewertende Person ihre Aufmerksamkeit auf die Implikationen des fraglichen Ereignisses für sich selbst. Diese Emotionsgruppe umfaßt positive Emotionen wie etwa Freude, Glück, Entzücken, sowie negative Emotionen wie Leid, Trauer, Schmerz und andere. Beim Emotionstyp »Freude« ist man zufrieden mit einem erwünschten Ereignis, beim Emotionstyp »Leid« ist man unzufrieden mit einem uner-

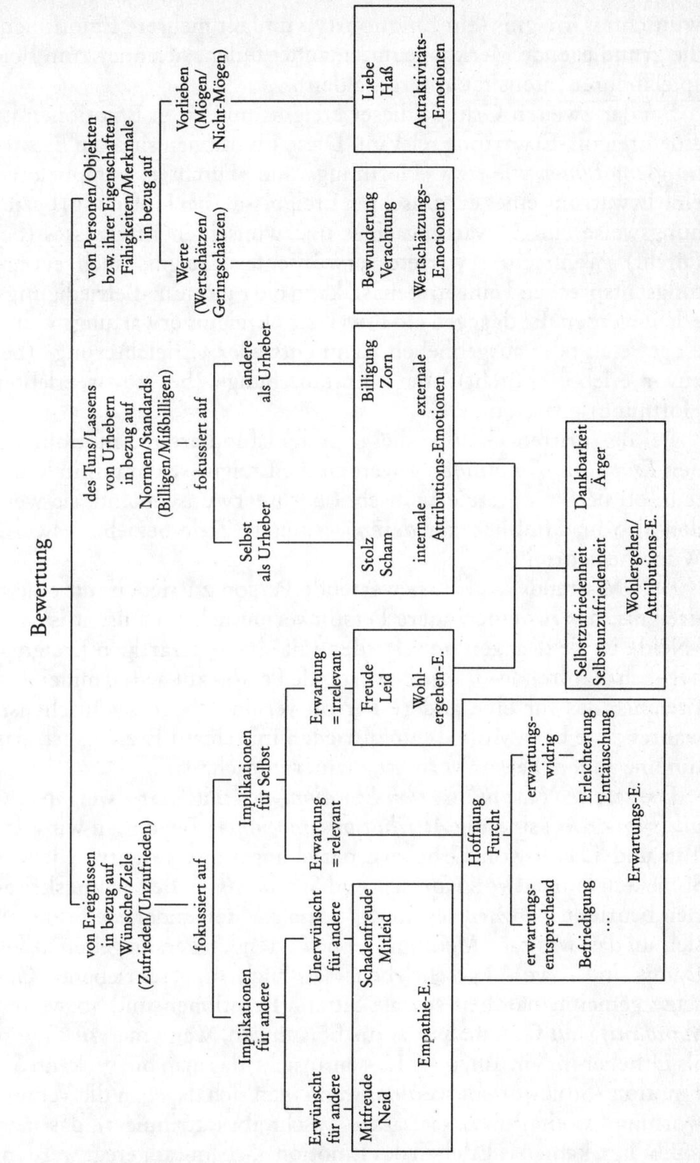

Abb. 1 Gesamtstruktur der Emotionstypen (vgl. Mees, 1991, S. 55; modifiziert nach Ortony, Clore & Collins, 1988, S. 19)

wünschten Ereignis (ein Emotionstyp umfaßt mehrere Emotionen, die grundlegende Merkmale miteinander teilen, sich aber zum Beispiel in ihrer Intensität unterscheiden).

Bei der zweiten Gruppe dieser ereignisfundierten Emotionen ist eine Ereignis-Erwartung relevant. Diese Emotionen sind die *Erwartungsemotionen* wie etwa »Hoffnung« und »Furcht«; sie implizieren eine Erwartung eines erwünschten Ereignisses (bei Hoffnung) beziehungsweise eine Erwartung eines unerwünschten Ereignisses (bei Furcht). Wenn ein erwartetes erwünschtes Ereignis auch erwartungsentsprechend eingetreten ist, kann die Emotion »Befriedigung« erlebt werden. Ist dagegen ein erwartetes Ereignis erwartungswidrig eingetreten oder ausgeblieben, kann entweder »Erleichterung« (bei zuvor erlebter Furcht) oder »Enttäuschung« (bei zuvor erlebter Hoffnung) auftreten.

Bei der dritten Gruppe dieser ereignisfundierten Emotionen – den *Empathie-Emotionen* – werden die Ereignisse daraufhin beurteilt, ob sie *für andere* erwünscht oder unerwünscht sind; sie werden also im Hinblick auf *deren* vermutete Ziele beziehungsweise Wünsche beurteilt.

Bei »Mitfreude« ist die bewertende Person zufrieden mit einem Ereignis, das für eine andere Person vermutlich erwünscht ist; bei »Neid« ist sie dagegen unzufrieden mit einem derartigen Ereignis; bei »Schadenfreude« ist die bewertende Person zufrieden mit einem Ereignis, das für eine andere Person vermutlich unerwünscht ist, während sie bei »Mitleid« unzufrieden mit einem Ereignis ist, das für eine andere Person vermutlich unerwünscht ist.

Die *zweite Hauptklasse von Emotionen* (= mittlerer Zweig in *Abbildung 1*, s. o.) sind die *Attributionsemotionen*. Bei diesen wird das Tun und Lassen von Urhebern beziehungsweise verantwortlichen Subjekten anhand von *Normen und Standards* als Bewertungskriterien beurteilt. *Normen* regeln das soziale Miteinander, sie beziehen sich auf das, was nach Meinung der bewertenden Person gelten *sollte*. Damit sind sowohl »geschriebene« als auch »ungeschriebene« Gesetze gemeint, nämlich soziale Sitten, Traditionen und so weiter. *Standards* sind Gütemaßstäbe für Leistungen. Wenn man *sich selbst* als Urheber für ein Tun oder Lassen ansieht, das man billigt, kann die Emotion »Stolz« erlebt werden; wenn man sich dagegen die Verantwortung für ein Tun oder Lassen zuschreibt (attribuiert), das man mißbilligt, kann das Erleben der Emotion »Scham« angeregt werden. Wenn dagegen *andere* als Urheber beziehungsweise Verantwortliche für ein bestimmtes Tun oder Lassen angesehen werden, das man entweder billigt oder mißbilligt, können die (externalen) Attributionsemotionen der »Billigung« (positiv) oder des »Vorwurfs« (negativ), etwa des »Zorns« oder der »Empörung«, entstehen.

Eine besondere Gruppe von Emotionen sind die *Verbindungsemotionen des Wohlergehens und der Attribution*. Diese umfassen als positive Emotionen »Selbstzufriedenheit« und »Dankbarkeit«, als negative Emotionen »Selbstunzufriedenheit« (zum Beispiel »Verlegenheit« und »Selbst-Ärger«) und Ärger. Sie sind logisch zusammengesetzt aus den definierenden Merkmalen der Emotionen des »Wohlergehens« und der »Attribution«, was in *Abbildung 1* (s. S. 337) durch entsprechende Verbindungslinien symbolisiert wird. So können etwa die »Ärger-Emotionen« wie folgt spezifiziert werden: »Unzufrieden sein mit einem unerwünschten Ereignis aufgrund einer tadelnswerten Tat einer anderen Person«; und »Dankbarkeit« läßt sich definieren als »Zufrieden sein mit einem erwünschten Ereignis aufgrund der löblichen Tat einer anderen Person«. Bei »Selbstunzufriedenheit« schreibt man sich selbst die Urheberschaft für ein unerwünschtes Ereignis zu, während bei »Selbstzufriedenheit« ein erwünschtes Ereignis auf das eigene löbliche Tun zurückgeführt wird.

Schließlich können auch Personen und Objekte bewertet werden beziehungsweise ihre als zeitstabil erachteten Eigenschaften, Fähigkeiten und Merkmale. Die logische Struktur dieser *dritten Hauptklasse von Emotionen* wird im rechten Zweig der *Abbildung 1* (s. o.) wiedergegeben.

Die Kriterien für die Bewertung von Personen und Objekten sind zum einen die *Werte* der bewertenden Person, zum anderen ihre subjektiven *Vorlieben und Abneigungen*. Bei den *Werten* wird von der bewertenden Person eine allgemeine Übereinstimmung unterstellt, das heißt sie ist der Meinung, daß andere Menschen den Wert etwa der »Ehrlichkeit« oder der »Gerechtigkeit« und so weiter ebenso achten wie sie selbst. Personen beziehungsweise Objekte können nun Werte personifizieren beziehungsweise verkörpern; sie sind dann (mehr oder weniger) »wertvoll« oder »unwerthaltig«. Die (positive) *Wertschätzungsemotion* der »Bewunderung« wird also dann angeregt, wenn die bewertende Person eine andere als »wertvoll« schätzt. Dagegen setzt die (negative) *Wertschätzungsemotion* »Verachtung« voraus, daß die bewertende Person eine andere Person als »unwerthaltig« geringschätzt.

Im Unterschied zu den Werten wird bei den subjektiven *Vorlieben und Abneigungen* kein allgemeiner Konsens angenommen. Ob jemand Briefmarken sammelt oder nicht, ist »Geschmackssache«, und über Geschmack »läßt sich nicht streiten«. Die entsprechenden *Attraktivitätsemotionen* lassen sich in den Emotionstyp der Zuneigungsemotionen (positiv) und denjenigen der Abneigungsemotionen (negativ) unterteilen. Die Zuneigungsemotionen (einschließlich der Liebe als intensivster Zuneigungsemotion) können definiert werden als »eine anziehende Person (beziehungsweise ein anziehendes Objekt) mögen«. Entsprechend lautet die Spezifikation der Abneigungsemotionen (etwa Abscheu, Ekel, Haß): »eine abstoßende Person (beziehungsweise ein abstoßendes Objekt) nicht mögen«. Soweit einige knappe Erläuterungen dieses Klassifikationsschemas von Emotionstypen (ausführlich in Mees 1991).

Ein Definitionsvorschlag für Gefühle

Gefühle können nun bestimmt werden als *Bewertungsreaktionen auf Ereignisse, auf das Tun oder Lassen von Urhebern oder auf Personen/Objekte von bestimmter Intensität des Erlebens* (Mees 1991, S. 195; ähnlich Ortony et al. 1988, S. 191). Diese Erlebnisintensität spiegelt (unter anderem) die aktuelle Bedeutsamkeit des bewerteten Sachverhalts für die bewertende Person wider, also für die Person, die das jeweilige Gefühl erlebt. Diese Dimension des *intensiven Erlebens* ist also ein unverzichtbares Merkmal jeden Gefühls.

Während die *Qualität* eines Gefühls von der Art der erfolgten Bewertung beziehungsweise von der Art des jeweils betroffenen Anliegens (ob also Wünsche oder Normen, Werte oder Vorlieben involviert sind) abhängt, wird die *Intensität* eines Gefühls von bestimmten Indikatoren angezeigt (Mees 1991, Kap. 8). Zu den *potentiellen Intensitätsindikatoren von Gefühlen* gehören: körperliche Empfindungen; bestimmte Handlungsbereitschaften oder Handlungen; bestimmte typische Ausdruckverhaltensweisen (beziehungsweise ihre Rückmeldung); die Häufigkeit und Dauer von Gedanken oder Erinnerungen an das Bewertungsobjekt; auch die Gesamtdauer der Emotion sowie langfristige Überzeugungs- und Verhaltensänderungen infolge des Erlebens eines bestimmten Gefühls wurden bereits als mögliche Intensitätsindikatoren empirisch ermittelt (vgl. Sonnemanns & Frijda 1994). Dies bedeutet: Je intensiver ein Gefühl erlebt wird, desto mehr wird es also mit der Wahrnehmung bestimmter körperlicher Empfindungen, mit einem entspechenden Ausdruck und/oder mit einer für dieses Gefühl typischen Handlung verbunden sein und desto mehr werden die Gedanken um das Bewertungsobjekt »kreisen«. Dies trifft allerdings nur dann zu, wenn der entsprechende Indikator auch *typisch* für das jeweilige Gefühl ist.

Ein Beispiel: Mein Wunsch zu fliehen dürfte um so größer werden, je stärker meine Angst vor einem gefürchteten Ereignis ist (ich höre zum Beispiel nachts in einer dunklen Gegend »verdächtige« Schritte hinter mir...). Wenn meine Angst sehr stark wird (und es in meinen Kräften liegt), werde ich flüchten, so schnell ich kann. Die Handlung »Flucht« ist also ein typischer Intensitätsindikator für das Erleben des Gefühls »Furcht«. Ähnlich dürfte es mit meinen körperlichen Empfindungen sein: Auch diese werden um so deutlicher erlebbar, je größer meine Angst wird. Körperliche Empfindungen (bei Angst: Magendruck, Herzklopfen, feuchte Hände, weiche Knie und anderes) sind also ebenfalls typische Indikatoren für die Intensität des Gefühls »Furcht«.

Bei *anderen* Gefühlen können diese Indikatoren aber fehlen und durch andere ersetzt werden. So verspürt man beim Erleben des Gefühls der »Bewunderung« für eine andere Person wohl keine körperlichen Empfindungen. Es gibt aber typische Handlungen für dieses Gefühl, nämlich sie »anerkennen«, ihr »gratulieren« oder ihr »nacheifern« (Mees 1991, S. 147). Und für das Gefühl der »Erleichterung« lassen sich überhaupt keine typischen Handlungen finden, dafür aber typische Ausdrucksmuster (vom »Aufatmen« bis hin zu den »Tränen der Erleichterung«). Man muß also zwischen den »potentiellen« Intensitätsindikatoren (s. oben) und den für ein bestimmtes Gefühl »typischen« Indikatoren unterscheiden.

Eine Bewertung wird nun erst dann zu einem Gefühl, wenn wenigstens einer der gefühlstypischen Intensitätsindikatoren von der bewertenden Person subjektiv erlebt wird. Die Bewertungsreaktion muß also ausreichend intensiv sein. Ist dies nicht der Fall, handelt es sich nicht um ein Gefühl, sondern um ein bloßes Urteil: Man findet etwa einen Kinofilm »ganz nett«, er »reißt einen aber nicht vom Hocker«, und man vergißt ihn sofort wieder. Das subjektive Erleben eines typischen Intensitätsindikators gehört also zu den definierenden Merkmalen eines Gefühls (Mees 1996).

In alternativen Definitionsvorschlägen wird manchmal »Emotion« von »Gefühl« unterschieden. Dabei werden die von außen beobachtbaren Merkmale (wie physiologische Veränderungen, Ausdruck und Handlungen) als Komponenten aufgefaßt, die zusammen mit der subjektiven Komponente, dem »Gefühl«, eine »Emotion« bilden. Das Gefühl wäre hier nur ein Merkmal neben anderen. Diese »Komponenten« sind aber nicht gleichwertig: Ohne »Gefühl« (als subjektivem Erleben) kann man nicht von einer Emotion sprechen. Umgekehrt können aber die anderen Komponenten bei bestimmten Gefühlen (s. oben) durchaus fehlen.

Ausblick

Abschließend sollen zwei neuere Entwicklungslinien der Emotionspsychologie wenigstens erwähnt werden. Zum einen die *neuropsychologische Forschungsrichtung*: Bei dieser werden etwa die neuronalen Grundlagen und Mechanismen der Entstehung, Art und Dauer bestimmter Emotionen analysiert (vgl. dazu Scherer 1993).

Natürlich kann das subjektive Erleben von Gefühlen nicht auf die materiellen (neuronalen) Grundlagen oder Prozesse reduziert oder gar mit ihnen gleichgesetzt werden (vgl. Laucken 1989). Denn auch wenn man die neuronalen Grundlagen des Gefühls der »Trauer« kennen würde, setzt dies voraus, daß man weiß, was die Bedeutung von Trauer ist. Der neuropsychologische und der kognitiv-semantische Ansatz ersetzen sich also nicht, sondern ergänzen sich wechselseitig.

Die zweite neuere Forschungsrichtung, die hier zumindest genannt werden soll, ist der *Sozialkonstruktivismus*. Es lassen sich zwar mehrere Varianten des Sozialkonstruktivismus unterscheiden (Laucken 1995), gemeinsam ist ihnen aber, daß sie dem Sozialen den Vorrang gegenüber dem Individuellen geben. Emotionen dienen primär sozialen Zwecken, das heißt mit ihrer Hilfe werden Normen, Anrechte, Interaktionsregeln und so weiter ausgehandelt.

Die emotionalen Vorgänge werden dabei nicht in irgendeinem Zustand *innerhalb* einer Person angesiedelt, sondern in der Beziehung *zwischen* Personen sowie in den sozialen Interaktionen, die sie konstruieren helfen (Gergen 1994). Der Sozialkonstruktivismus analysiert also vorwiegend die soziale Funktion »emotionaler« Handlungen und die sozialen Kommunikationssysteme (»Diskurse«) im gesellschaftlichen Zusammenleben.

Literatur

Buss, David M. (1994): *Die Evolution des Begehrens. Geheimnisse der Partnerwahl.* Hamburg: Kabel.

Cannon, Walter B. (1927): The James-Lange Theory of Emotion: A critical examination and an alternative theory. *American Journal of Psychology*, 39: 106–124.

Darwin, Charles (1901): *Der Ausdruck der Gemüthsbewegungen bei dem Menschen und den Thieren* (5. Aufl.). Stuttgart: Schweizerbart'sche Verlagshandlung (Original 1872).

Ekman, Paul (1994): Strong evidence for universals in facial expressions: A reply to Russell's mistaken critique. *Psychological Bulletin*, 115: 268–287.

Ekman, Paul, Wallace V. Friesen (1969): The repertoire of nonverbal behavior: Categories, origins, usage, and coding. *Semiotica*, 1: 49–98.

Fridlund, Alan J. (1992): Darwins anti-Darwinism in the Expression of the emotions in man and animals. In: Kenneth T. Strongman (Hg.): *International Review of Studies on Emotion*. Bd. 2. Chichester: Wiley & Sons, 117–139.

Frijda, Nico H. (1986): *The emotions*. Cambridge: Cambridge University Press.

Gergen, Kenneth J. (1994): *Realities and relationships: Soundings in social construction*. Cambridge, MA: Harvard University Press.

James, William (1884): What is an emotion? *Mind*, 9: 188–205.

Kövecses, Zoltan (1990): *Emotion concepts*. New York: Springer.

Lange, Carl G. (1887): *Über Gemüthsbewegungen*. Leipzig: Theodor Thomas (Original 1885).

Larsen, Randy J., Edward Diener (1992): Promises and problems with the circumplex model of emotion. In: Margaret S. Clark (Hg.): *Emotion*. Newbury Park: Sage, 25–60.

Laucken, Uwe (1989): *Denkformen der Psychologie: Dargestellt am Entwurf einer Logographie der Gefühle*. Bern: Huber.

Laucken, Uwe (1995): Sozialkonstruktivistische Sozialpsychologie. *Handlung Kultur Interpretation. Bulletin für Psychologie und Nachbardisziplinen*, 4, 7: 173–207.

Lazarus, Richard S. (1991): *Emotion and adaptation*. New York: Oxford University Press.

Mees, Ulrich (1991): *Die Struktur der Emotionen*. Göttingen: Hogrefe.

Mees, Ulrich (1996): Gefühle als intensive Bewertungsreaktionen. *Ethik und Sozialwissenschaften*, 7: 322–323.

Mees, Ulrich (1998): Sprache, Gefühle und Handlungen. In: Jürgen Straub, Hans Werbik (Hg.): *Handlungstheorie. Begriff und Erklärung von Handlungen im interdisziplinären Diskurs.* Reinbek: Rowohlt (im Druck).

Ortony, Andrew, Gerald L. Clore, Allan Collins (1988): *The cognitive structure of emotions*. Cambridge: Cambridge University Press.

Parrott, W. Gerrod (1995): The heart and the head. Everyday conceptions of being emotional. In: James A. Russell, José-M. Fernandez-Dols, Antony S.R. Manstead, J.C. Wellenkamp (Hg.): *Everyday conceptions of emotion*. Dordrecht: Kluwer, 73–85.

Plutchik, Robert (1980): *Emotion. A psychoevolutionary synthesis*. New York: Harper & Row.

Reisenzein, Rainer (1983): The Schachter theory of emotion. Two decades later. *Psychological Bulletin*, 94: 239–264.

Reisenzein, Rainer (1992): Stumpfs kognitiv-evaluative Theorie der Emotionen. In: Lothar Sprung, Wolfgang Schönpflug (Hg.): *Geschichte der Psychologie in Berlin*. Frankfurt/M.: Lang, 97–137.

Schachter, Stanley, Jerome E. Singer (1962): Cognitive, social, and physiological determinants of emotional state. *Psychological Review*, 69: 379–399.

Scheele, Brigitte (1990): *Emotionen als bedürfnisrelevante Bewertungszustände. Grundriß einer epistemologischen Emotionstheorie*. Tübingen: Francke.

Scherer, Klaus R. (1988): Criteria for emotion-antecedent appraisal: A review. In: Vernon Hamilton, Gordon H. Bower, Nico H. Frijda (Hg.): *Cognitive perspectives on emotion and motivation*. Dordrecht: Kluwer, 89–126.

Scherer, Klaus R. (1993): Neuroscience projections to current debates in emotion psychology. *Cognition and Emotion*, 7: 1–41.

Schlosberg, Harold (1952): The description of facial expression in terms of two dimensions. *Journal of Experimental Psychology*, 44: 219–237.

Smedslund, Jan (1988): *Psycho-Logic*. Berlin: Springer.

Solomon, Robert C. (1993): The philosophy of emotions. In: Michael Lewis, Jeannette M. Haviland (Hg.): *Handbook of emotions*. New York: Guilford, 3–17.

Sonnemans, Joep, Nico H. Frijda (1994): The structure of subjective emotional intensity. *Cognition and Emotion*, 8: 329–351.

Stumpf, Carl (1899): Über den Begriff der Gemüthsbewegung. *Zeitschrift für Psychologie und Physiologie der Sinnesorgane*, 21: 47–99.

Ulich, Dieter, Philipp Mayring (1992): *Psychologie der Emotionen*. Stuttgart: Kohlhammer.

Weiner, Bernard (1986): *An attributional theory of motivation and emotion*. New York: Springer.

Wundt, Wilhelm (1902): *Grundriss der Psychologie* (5. Aufl.). Leipzig: Engelmann.

Zajonc, Robert B. (1985): Emotion and facial efference: A theory reclaimed. *Science*, 228: 15–21.

6. Sprache

Ursula Christmann und Norbert Groeben

Christmann/Groeben: Wir danken Herrn Professor Infver und Frau Professor Hanspra für die Bereitschaft zu diesem Gespräch, in dem wir uns über die wichtigsten theoretischen Entwicklungen und empirischen Ergebnisse der Sprachpsychologie im 20. Jahrhundert einigen möchten. Dabei können wir vielleicht am besten von einem sprachlichen Unterschied ausgehen: Sie, Herr Professor Infver, bezeichnen sich selbst als *Psycholinguisten*, Sie, Frau Professor Hanspra, als *Sprachpsychologin*. Kann man das so verstehen, daß für die Konzeption einer Psycholinguistik vor allem der *inter*disziplinäre Bezug – mit besonderem Schwerpunkt auf der Linguistik – relevant ist, für die Sprachpsychologie dagegen eher der *intra*disziplinäre Bezug zu Teilgebieten der Wahrnehmungs-, Gedächtnis-, Denk- und Kommunikationspsychologie?

Infver: Dies ist sicherlich ein Ansatzpunkt für meine Selbstbezeichnung, wenn auch nicht der einzige. Allerdings ist es schon so, daß meines Erachtens bestimmte linguistische Konzepte Voraussetzung auch für jede empirisch-psycholinguistische Arbeit sind, wie zum Beispiel »Phonem«, »Morphem«. Nach Martinet (1963) lassen sich zwei Gliederungsebenen der (gesprochenen) Sprache unterscheiden (vgl. Hörmann 1977, S. 24ff.). Auf der höheren (komplexeren) Ebene können Lautereignisse in sogenannte Moneme oder Morpheme zerlegt werden; das sind die kleinsten bedeutungstragenden Einheiten, die nicht mit Wörtern identisch sind. Zum Beispiel: »alt« – »Alter«, »schön« – »schöner«; in diesem Beispiel stellt »*-er*« eine bedeutungstragende Einheit dar, und zwar einmal das Nominalisierungs-, einmal das Komparativmorphem. Zerlegt man solche Morpheme weiter, so gelangt man zu lautlichen Einheiten (auf der darunterliegenden molekularen Ebene), die als Phoneme bezeichnet werden. Sie trennen zwischen Schallereignissen, was es ermöglicht, verschiedene Lautgebilde voneinander abzugrenzen; allerdings impliziert das auch die Wahrnehmung von interindividuell unterschiedlich ausgesprochenen Wörtern als identischem Code (z.B. bei dialektalen Ausspracheunterschieden von »Lust« – badisch: »Luscht«; vgl. Hörmann 1987, S. 7). Der Vorteil dieser doppelten Gliederung als charakteristischem Merkmal der menschlichen Sprache liegt vor allem in der Ökonomie, weil mit einer kleinen Gruppe von Phonemen (12–65) und ein paar Tausend Morphemen in der Regel Sprachen vollständig beschrieben werden können (vgl. Hörmann 1977, S. 25).

HANSPRA: Das ist allerdings ein schönes Beispiel dafür, daß in der Tat die sprachpsychologische Relevanz eigentlich erst durch den intradisziplinären Bezug zustande kommt, in diesem Fall durch die Verbindung mit der Wahrnehmungspsychologie. Denn solche linguistischen Unterscheidungen interessieren doch vor allem unter der Perspektive, wie die *Laut-* und *Worterkennung* funktioniert (vgl. Grimm & Engelkamp 1981, S. 148 ff.; Herrmann 1990).

Zunächst hat man hier das Filtermodell (der Aufmerksamkeit) übertragen, mit der Annahme, daß jeder Laut in invarianter Weise akustisch charakterisiert werden kann und bei der Spracherkennung die wahrgenommenen Laute diesen Invarianten zugeordnet werden. Dadurch wird allerdings die *Kontextabhängigkeit* (Grimm & Engelkamp 1981, S. 152) der Sprachwahrnehmung nicht zureichend berücksichtigt (akustisch werden »Bären« und »Beeren« im Deutschen zumeist gleich ausgesprochen, semantisch dennoch sicher unterschieden), weswegen dann sogenannte Stufenmodelle entwickelt worden sind (z. B. Massaro 1975; Pisoni & Sawusch 1975), die verschiedene Ebenen des Verarbeitungsprozesses unterscheiden: zum Beispiel zunächst die Analyse nach akustischen Merkmalen, dann eine phonetische Analyse (Identifikation von Phonemen), eine phonologische (Kombination von Phonemen), eine syntaktische und schließlich semantische Analyse, wobei diese Stufen aber – in Abhängigkeit von Aufmerksamkeit, Aufgabenstellung und so weiter (Neisser 1974) – nicht alle durchlaufen werden müssen.

Deshalb hat Neisser ein Analyse-durch-Synthese-Modell entwickelt, in dem verschiedene dieser Teilprozesse in flexibler Reihenfolge, Rückkoppelung und so weiter ablaufen (Grimm & Engelkamp 1981, S. 154). Insgesamt zeigt die Modellentwicklung, daß auch schon bei der Lautwahrnehmung auf höhere kognitive Prozesse zurückgegriffen wird, so daß zum Beispiel auch eine durch äußere Einflüsse gestörte Sprachaufnahme etwa durch Hinweise aus dem Kontext, durch Schlußfolgerungen und Weltwissen »repariert« werden kann.

Diese intradisziplinäre Verbindung mit der Denkpsychologie

kennzeichnet im übrigen auch die historisch frühesten Modelle und empirischen Ergebnisse sprachpsychologischer Art innerhalb des *Assoziationismus*. Dabei bezeichnet »Assoziation« ganz allgemein die Verknüpfung von Bewußtseinsinhalten, für die schon Aristoteles drei Prinzipien postuliert hat, die auch in der modernen Psychologie nach wie vor Gültigkeit haben: Ähnlichkeit, Kontrast und räumliche beziehungsweise zeitliche Kontiguität (oder Nähe; Grimm & Engelkamp 1981, S. 38ff.).

Dabei ging es der frühen Sprach- und Denkpsychologie darum, mit Hilfe von Assoziationsexperimenten Prinzipien aufzudecken, die der Organisation verbalen Verhaltens zugrunde liegen. In einem solchen Experiment (Begründer: Galton 1880) werden die Versuchspartner/innen gebeten, auf bestimmte Reizwörter mit dem Wort zu reagieren, das ihnen als erstes in den Sinn kommt (=assoziative Verbindung). Wenn die Reizwörter unterschiedlichen Wortklassen entstammen (vgl. schon Thumb & Marbe 1901), gehören die assoziierten Wörter zumeist der gleichen Wortklasse wie das Reizwort an und zeigen innerhalb dieser Wortklasse eine bestimmte semantische Häufigkeitsstruktur (z.B. folgt auf »Bruder« zunächst und häufiger »Schwester«, seltener beziehungsweise später »Mutter«, »Tante«, »Onkel«). Dabei kann die Reaktionszeit als Indikator für die Enge einer Assoziation angesetzt werden, und es besteht ein gesetzmäßiger Zusammenhang zwischen Reaktionszeit und Auftretenshäufigkeit: Bei großer Häufigkeit sind die Reaktionszeiten kürzer, bei geringer länger (Marbesches Geläufigkeitsgesetz).

Innerhalb dieses Untersuchungsparadigmas wurden dann Assoziationsnormen für bestimmte Wortlisten erstellt (Kent & Rosanoff 1910; Russel & Meseck 1959), was auch den Vergleich zwischen verschiedenen Kulturen, sozialen Schichten und Altersgruppen ermöglicht. Unterschiede in Assoziationshäufigkeiten treten vor allem bei Angehörigen verschiedener sozialer Schichten (Rosenzweig 1964), zwischen den Geschlechtern (Palermo & Jenkins 1965) sowie zwischen Altersgruppen auf; während für Erwachsene die beschriebene paradigmatische Assoziationsstruktur gilt (innerhalb der Wortklasse des vorgegebenen Reizwortes), zeigen Kinder eine syntagmatische Assoziation (wie bei der Vervollständigung eines Satzes: »Bruder« – »läuft«: Rosenzweig 1964).

Allerdings war für die Sprachpsychologie seit jeher auch der interdisziplinäre Bezug zumindest zur Sprachphilosophie konstitutiv. Das zeigt sich zum Beispiel im sogenannten *Organon-Modell* von Bühler (1934; vgl. auch Herkner), das sicherlich mindestens so sprachphilosophisch wie gestalttheoretisch ist. Danach sind drei Funktionen des Sprachzeichens zu unterscheiden: die Darstellungs-, die Ausdrucks- und die Appellfunktion (Zeichen als Symbol, als Symptom, als Signal). Bühler führt selbst zur Veranschaulichung folgendes Beispiel an: Jemand hört ein Prasseln, sagt zum Gegenüber »es regnet«, und das schaut daraufhin zum Fenster. Wenngleich von der philosophischen Pragmatik aus (Peirce 1932) zu kritisieren ist, daß damit zum Beispiel die sozial-interaktive ebenso wie die ästhetische Funktion nicht zureichend modelliert werden (vgl. Grimm & Engelkamp 1981, S. 211), so hat dieses Modell doch sicherlich neueren interdisziplinären Vernetzungen zum Beispiel mit der Semiotik beziehungsweise Pragmalinguistik den Weg geebnet.

CHRISTMANN/GROEBEN: Wenn man diese historisch-systematisierende Rekonstruktion fortführt, dann wird man als nächstes wohl sagen können, daß in der Blütezeit des *Behaviorismus* ebenfalls die intradisziplinäre Vernetzung bestimmend war, und zwar natürlich mit der Lerntheorie. Letztlich handelt es sich dabei um eine Spezifizierung des Assoziationsvorganges, nämlich als *Konditionierung* (vgl. Bredenkamp). Ein Zeichen erhält danach Bedeutung, indem es mit einem Sachverhalt der äußeren Welt assoziiert wird; diese Assoziation unterliegt den gleichen Lerngesetzen wie das übrige Verhalten auch. Entsprechend wird verbales Verhalten als Reaktion definiert, die unter der Kontrolle bestimmter Stimuli steht und durch Bekräftigung aufrechterhalten wird.

Die Wirksamkeit solcher Bekräftigung wurde zum Beispiel durch Greenspoon (1955) anhand der Verstärkung durch Plurale in einem (vorgeblichen) Assoziationsexperiment nachgewiesen. Allerdings ergab sich in Folgeuntersuchungen und -diskussionen das Problem, daß der Verstärkungseffekt davon abhängig ist, daß die Versuchspartner/innen den Zusammenhang zwischen Response-Klasse und Bekräftigung durchschauen (Holzkamp 1972; Groeben & Scheele 1977). Dieses als »*Awareness-Problem*« bezeichnete Phänomen stellt für die Sprachpsychologie einen der Ansatzpunkte in Richtung auf die kognitive Wende dar.

Innerhalb des behavioristischen Paradigmas wurden aber Probleme mit dem einfachen S-R-Schema zunächst einmal durch die neobehavioristische Erweiterung zur Erklärung des Begriffserwerbs in sogenannten *Mediationstheorien* gelöst; diese postulieren zwischen dem auslösenden Stimulus und einer Reaktion einen internen Vermittlungsprozeß. Die vermittelnde Reaktion besteht ihrerseits aus einer Reaktion und einem Stimulus, unterliegt den gleichen Gesetzmäßigkeiten wie offenes Verhalten, ist aber der Beobachtung nicht zugänglich.

Sprachpsychologisch relevant ist dabei zum einen das mediationstheoretische Modell von Bousfield (1953), in dem der Vermittlungsprozeß als verbale Assoziation konzipiert wird, zum anderen das Modell von Osgood (1957), bei dem der Vermittlungsprozeß emotionaler Natur ist. Dieses Modell ist die Grundlage für das von Osgood entwickelte *Semantische Differential* (Osgood, Suci & Tannenbaum 1957), in dem Wortbedeutungen mit Hilfe einer Reihe von bipolaren Adjektiv-Skalen (warm-kalt; gut-schlecht; schnell-langsam etc.) auf der Grundlage ihrer gefühlsmäßigen Anmutungsqualität eingeschätzt werden. Die Interkorrelationen und Faktorenanalysen führen – zumindest mit dem Standarddifferential nach Osgood – regelmäßig zu drei Dimensionen des semantischen Raumes: Erregung, Potenz, Valenz. Diese Dimensionen können als universell gelten, wobei diese Universalität allerdings zu einem nicht geringen Teil auch auf die Standardisierung des Instruments zurückzuführen ist (vgl. Bergler 1975).

Allerdings haben selbst diese komplexeren Modelle nicht verhindern können, daß auch in der Sprachpsychologie beziehungsweise Psycholinguistik kognitive Modelle die behavioristischen Theorieansätze abgelöst haben. So sind vor allem aus der Richtung der *kognitiven Linguistik* (Chomsky 1959) theoretische Erklärungszirkularitäten und empirische Erklärungslücken am behavioristischen Ansatz kritisiert worden, denen das Modell der *Generativen Transformationsgrammatik* (Chomsky 1957) entgegengesetzt wurde. Und damit begann eine Phase, in der die interdisziplinäre Verbindung vor allem zur Linguistik dominierte, Herr Infver, wobei aus der Rückschau allerdings nicht selten kritisiert wird, daß dabei die Psycholinguistik eigentlich nur zum (unselbständigen) Appendix der Linguistik geworden ist.

INFVER: Wenn wir schon historisch-systematisch rekonstruieren, dann ist zunächst einmal festzuhalten, daß die Psycholinguistik durch die Verbindung mit der Generativen Transformationsgrammatik einen enormen Aufschwung erfahren hat. Und das, obwohl die Generative Grammatik natürlich zunächst einmal primär eine linguistische Syntaxtheorie zur Erzeugung von grammatikalisch akzeptablen Sätzen darstellt. Chomsky hat sein Anliegen mit dem bekannt gewordenen Beispielsatz »Colourless green ideas sleep furiously well« verdeutlicht, der unabhängig von seiner Bedeutung grammatikalisch völlig korrekt ist; erst wenn man die Abfolge der Wörter ändert, wird die Grammatikalität zerstört.

Ziel der Generativen Grammatik ist es also, ein *Regelsystem* zu erstellen, das die Fähigkeit eines idealen Sprecher/Hörers beschreibt, alle grammatikalischen Sätze einer Sprache zu generieren und sie von ungrammatikalischen Sätzen zu unterscheiden (Chomsky 1965). Das Wissen, das ein solcher idealer Sprecher/Hörer hat, bezeichnet Chomsky als *Kompetenz*; wie in einer konkreten Situation die Sprache verwendet wird, ist die *Performanz*. Dabei ist nach Chomsky die Untersuchung der Kompetenz Sache der Linguistik, die Untersuchung der Performanz Aufgabe der Psycholinguistik.

Die Psycholinguistik hat sich in den sechziger Jahren zumindest in weiten Teilen dieser Aufgabenzuteilung unterworfen und das von Chomsky entwickelte Regelsystem zur Generierung von Sätzen als Ausgangspunkt von Performanzuntersuchungen vorausgesetzt. Dieses Regelsystem beschreibt auf mehreren Abstraktionsstufen die logische Kombinierbarkeit von Satzelementen (grammatikalischen Wortklassen) mit Hilfe von sogenannten Ersetzungsregeln. Dabei unterscheidet Chomsky zwischen der *Oberflächen-* und der *Tiefenstruktur* eines Satzes, wobei die Tiefenstruktur den Sinn des Satzes repräsentiert, die Oberflächenstruktur sozusagen die sprachliche Verpackung. Das heißt, Sätze mit gleicher Tiefenstruktur können an der Oberfläche unterschiedlich realisiert sein (z.B. als Passiv-, Aktiv-, Fragesätze etc.). Die Verbindung zwischen Oberflächen- und Tiefenstruktur wird mittels Transformationsregeln hergestellt, die angeben, wie die Tiefenstruktur oberflächenstrukturell realisiert werden kann (Engelkamp 1974; Hörmann 1977).

Die Faszination dieser Theorie für die Psycholinguistik bestand nicht nur darin, daß auf diese Art und Weise erklärbar war, weshalb noch nie gehörte Sätze produziert und Sprachen in relativ kurzer Zeit gelernt werden können (Engelkamp 1974). Für die empirische Forschung noch wichtiger waren die ableitbaren Hypothesen in bezug auf die Performanz, zum Beispiel darüber, daß oberflächengleiche, aber tiefenstrukturell verschiedene Sätze unterschiedlich gut verarbeitet werden. Blumenthal konnte (1967) beispielsweise nachweisen, daß bei oberflächengleichen, aber tiefenstrukturell unterschiedlichen Sätzen (wie »Gloves were made by tailors« versus »Gloves were made by hand«) im Behaltensexperiment das logische Subjekt (tailors) den sehr viel effektiveren Abrufreiz darstellt als das

Adverbiale (by hand). Das gleiche konnte für die Rolle des logischen Subjekts im Vergleich zum logischen Objekt nachgewiesen werden (Blumenthal & Boakes 1967).

Solche Ergebnisse zeigen, daß die Behaltensleistung besser von der Tiefenstruktur als von der Oberflächenstruktur aus vorhergesagt werden kann (Engelkamp 1974). Dies läßt sich dann auch auf das Problem der Transformationen, die für die Formulierung der Oberflächenstruktur eines Satzes notwendig sind, anwenden. In einer Fülle von Experimenten wurde diesbezüglich jeweils die Behaltensleistung bei unterschiedlichen Oberflächenstrukturen eines tiefenstrukturellen Satzes überprüft. Dabei ergab sich für verschiedene grammatikalische Satzformen folgende Rangfolge der Verarbeitungsschwierigkeit: aktiv-deklarative Sätze, Frage-, Passiv-, Negativ-, negative Frage- und negativ-passive Fragesätze (vgl. zusammenfassend Savin & Perchonock 1965).

Diese Befunde konnten allerdings in Nachfolgeuntersuchungen nicht immer zufriedenstellend repliziert werden (vgl. z.B. Slobin 1966; Matthews 1968; zusammenfassend Engelkamp 1974), und zwar vor allem, weil die Semantik in Relation zur Syntax bei der Verarbeitung von Sprache doch eine gewichtigere Rolle spielt, als dies von der Generativen Grammatik angenommen wird. Den ersten diesbezüglichen Nachweis hat die vielzitierte Untersuchung von Sachs (1967) geliefert. Darin wurden innerhalb eines kurzen Textes zuvor gehörte Originalsätze syntaktisch oder semantisch verändert; Sachs überprüfte, ob in Abhängigkeit von der verstrichenen Zeit nach dem Hören des Textes diese syntaktischen beziehungsweise semantischen Veränderungen erkannt wurden.

Es zeigte sich, daß die semantischen Veränderungen deutlich länger im Gedächtnis gespeichert wurden als die syntaktischen (die nach 27 Sekunden schon nicht mehr erkannt wurden), was dafür spricht, daß die Syntax in erster Linie zur Dekodierung der Satzbedeutung herangezogen und dann vergessen wird. Es war insbesondere diese Arbeit, die die Rede von der »Hilfsfunktion der Syntax« (Bock 1978) beziehungsweise ihrem Status als »arme Verwandte der Semantik« (Hörmann 1976) begründete.

Allerdings macht das auch deutlich, daß die Psycholinguistik hier nicht nur als »Appendix der Linguistik« fungiert hat; vielmehr sind solche und ähnliche empirische Anomalien mit dafür verantwortlich, daß im nächsten Schritt (v.a. von Katz & Fodor 1963) eine *Generative Semantik* entwickelt wurde, die jene Phänomene des alltäglichen Sprachgebrauchs erklären sollte, bei denen die Generative

Grammatik versagte. Dazu gehören insbesondere die semantische Mehrdeutigkeit, die semantische Anomalie und die Paraphrase (Hörmann 1977, S. 34f.).

Die Mehrdeutigkeit eines Satzes wie »Er geht zur Bank« (»Bank« als Geldinstitut beziehungsweise Sitzbank) wird im Modell von Katz und Fodor aufgelöst, indem sie ein Lexikon einführen (das den Wortschatz des Sprachbenutzers enthält), in dem jedes Wort in eine endliche Anzahl von Bedeutungselementen (semantische Merkmale) zerlegt ist. Semantische Merkmale können beispielsweise sein: »menschlich«, »belebt«, »weiblich«. Die Bedeutung eines Satzes resultiert dabei aus der Kombination der semantischen Merkmale seiner Wörter, allerdings mit der wesentlichen Einschränkung, daß die semantischen Merkmale nicht frei kombinierbar sind; vielmehr gibt es Regeln, die angeben, welche Merkmale ein bestimmtes Adjektiv haben darf, damit es mit einem bestimmten Substantiv kombiniert werden kann (Selektionsrestriktionen).

In einem Satz dürfen nur solche Wörter kombiniert werden, deren semantische Merkmale miteinander verträglich sind. Dadurch ist der kompetente Sprecher/Hörer dann auch in semantischer Hinsicht in der Lage, zwischen wohlgeformten und nicht wohlgeformten Sätzen zu unterscheiden beziehungsweise mehrere Lesarten von Sätzen zu generieren. Wenn semantische Merkmale nicht miteinander verträglich sind (wie etwa in der bekannten Metapher von Paul Celan »schwarze Milch der Frühe«), liegt nach Katz und Fodor eine semantische Anomalie vor, und die Satzinterpretation wird abgebrochen. Damit ist aber auch schon die Problematik dieses Modells deutlich, in dem die Bestimmung der semantischen Anomalie allein auf der Grundlage eines festgelegten (finiten) Inventars semantischer Merkmale erfolgt; die Situation, der Kontext, der Verwendungszusammenhang sowie das Weltwissen der Sprachbenutzer/innen bleiben ausgeblendet (vgl. Hörmann 1972/1973). In der Realität werden aber gerade bei Metaphern Satzinterpretationen mitnichten abgebrochen, sondern so lange weitergeführt, bis der Satz für die Hörer einen Sinn ergibt, und zwar entsprechend dem von Hörmann (1976, 1977) postulierten Prinzip der *Sinnkonstanz*, nach dem die Analyse eines Satzes (im Optimalfall) so lange fortgesetzt wird, bis er in der Bezugswelt der Rezipienten/innen Sinn erhält.

HANSPRA: Ich will ja den vorgegebenen Ansatzpunkt der inter- versus intradisziplinären Vernetzung nicht überziehen, aber gerade die semantischen Merkmale sind nun meines Erachtens ein wunderschönes Beispiel dafür, daß deren psychologische Relevanz erst in der Verbindung mit gedächtnis- und denkpsychologischen Forschungsdomänen deutlich geworden ist. Dabei wird von den psychologischen Anwendungen der Theorie von Katz und Fodor im Unterschied zu dieser postuliert, daß die Anzahl unterscheidbarer Merkmale grundsätzlich unbegrenzt ist und daß die Merkmale (in Abhängigkeit vom Kontext) unterschiedlich zu gewichten sind. Auf diesen Annahmen basiert zum Beispiel das Merkmalsmodell von Smith, Shoben und Rips (1974), nach dem Informationen im Gedächtnis durch *semantische* Merkmale repräsentiert werden, denen ein jeweils unterschiedliches Gewicht zukommt. Definierende Merkmale haben ein größeres, charakteristische Merkmale lediglich ein geringeres Gewicht (vgl. Bredenkamp & Wippich 1977, S. 113).

Ein Alternativmodell, das ebenfalls von semantischen Merkmalen ausgeht, diese aber in eine hierarchische Struktur bringt, ist das sogenannte Netzwerkmodell des semantischen Gedächtnisses (Collins & Quillian 1969; vgl. Straub). Darin stellen die Knoten die Begriffe dar und die Kanten die Relationen zu anderen Knoten. Damit ist ein logisches Ordnungssystem postuliert, bei dem die Relation zwischen den Begriffen zum einen als Über-Unterordnungsrelation (Tier, Vogel, Kanarienvogel), zum anderen als Relation zwischen Begriffen und deren jeweiligen Eigenschaften spezifiziert wird (Tier: »hat Haut«, »kann sich bewegen«, »frißt«). Es wird davon ausgegangen, daß aus Gründen der kognitiven Ökonomie Eigenschaften, die den einzelnen Konzepten zugeordnet sind, nur einmal, und zwar auf dem höchstmöglichen Konzeptniveau, repräsentiert werden (für empirische Belege vgl. Collins & Quillian 1969; zusammenfassend Collins & Loftus 1975).

Allerdings überlappen sich Merkmals- und Netzwerkmodelle zum Teil und lassen sich auch ineinander überführen. Deshalb erscheint es wenig sinnvoll, nach der Überlegenheit des einen gegenüber dem anderen Modell zu fragen; vielmehr ist es wahrscheinlich, daß die Modelle sich auf unterschiedliche Verarbeitungsprozesse beziehen, die Sprachbenutzer/innen in Abhängigkeit von der gestellten Aufgabe flexibel wählen können (vgl. Groeben 1982, S. 36).

INFVER: Ich will mich jetzt nicht auf eine Kontroverse einlassen, was an diesen sprach- und gedächtnispsychologischen Modellen aus der Linguistik stammt oder nicht. Denn in unserem Zusammenhang ist viel wichtiger, daß vor allem auch die nächsten Schritte der psycholinguistischen Modellierung der semantischen Satzverarbeitung aus der Linguistik kamen, nämlich in Form der im Rahmen der Generativen Semantik entwickelten *Kasusgrammatik* (Fillmore 1968; Chafe 1970), die die Basis aller folgenden *Prädikationsmodelle* darstellt.

Die semantische Struktur eines Satzes wird dabei als tiefenstrukturelle Relation zwischen einem Prädikat (Zustände, Ereignisse, Eigenschaften) und den von ihm implizierten Argumenten (Objekte, Personen, Sachverhalte) beschrieben. Das Prädikat steht im Zentrum des Satzes und legt die Anzahl der möglichen Argumente fest, die zu ihm in einer besonderen Kasusbeziehung stehen (Fillmore 1968, S. 24f.). Die psychologische Bedeutsamkeit der Kasus-Grammatik ist vor allem in der Annahme zu sehen, daß die Prädikat-Argument-Struktur die Struktur unseres Wissens von Welt repräsentiert (vgl. Engelkamp 1976). Entsprechend dieser Annahme stellt die Kasus-Grammatik von Fillmore und Chafe das Fundament kognitionspsychologischer Theorieansätze zur Sprach- und Textverarbeitung seit Beginn der siebziger Jahre dar.

Zunächst gelang es, die psychologische Relevanz solcher Prädikat-Argument-Strukturen (abkürzend »*Propositionen*« genannt) empirisch nachzuweisen (vgl. auch Straub). Auch hier wurde wiederum als Versuchsdesign die Untersuchung von Sätzen mit identischer Oberflächenstruktur, aber unterschiedlicher propositionaler Tiefenstruktur verfolgt. Dabei zeigte sich, daß die Verarbeitungsgüte bei oberflächengleichen Sätzen von der Anzahl der Propositionen der Tiefenstruktur abhängt (Engelkamp 1973). Desgleichen steigt die Verarbeitungszeit bei Sätzen, die die gleiche Anzahl von Inhaltswörtern aufweisen, in Abhängigkeit von der Anzahl der Satzpropositionen (Kintsch & Keenan 1973). Und in bezug auf die einzelne Proposition ist die Verarbeitungszeit von der jeweiligen Anzahl ihrer Argumente abhängig (Raue & Engelkamp 1977).

Bei diesen Arbeiten wird davon ausgegangen, daß das Prädikat bei der Satzverarbeitung die Funktion eines Organisationskerns übernimmt. Allerdings liegen auch empirische Untersuchungen vor, die belegen, daß nicht das Prädikat, sondern das Subjekt diese Rolle einnimmt (Bock 1978, S. 38ff.). Dabei sollte man auch diese beiden Modelle allerdings nicht als konkurrierende Ansätze behandeln, sondern darin einander ergänzende Verarbeitungsstrategien sehen, die in Abhängigkeit von der jeweiligen Informationslage alternierend eingesetzt werden (Groeben 1982, S. 31).

Hanspra: Spätestens seit der kognitiven Wende ist die intradisziplinäre Vernetzung, insbesondere mit der Kognitionspsychologie im weitesten Sinne, zentral. Das betrifft vor allem die Verbindung von sprachlichem mit nicht-sprachlichem Wissen, die von der Kernannahme des *kognitiven Konstruktivismus* ausgeht, die sie mit der heutigen Kognitionspsychologie teilt. Für die Sprachverarbeitung bedeutet das, daß es sich dabei um keinen passiven Vorgang, sondern um einen *aktiven Konstruktionsprozeß* handelt, bei dem der Sprachbenutzer über den unmittelbar vorgegebenen sprachlichen Input hinausgeht. Diese Konstruktivitätsannahme geht zurück auf Bartlett (1932), der im Rahmen von Untersuchungen zum kurz- und langfristigen Behalten von narrativen Texten zeigen konnte, daß die Wiedergabe eines Textes keine Kopie des aufgenommenen Materials darstellt, sondern daß lediglich einige Textfragmente gespeichert werden, auf deren Grundlage die Textinformation im Wiedergabeprozess aktiv (re-)konstruiert wird (vgl. Straub).

Diese Kernannahme ist durch sprach- und gedächtnispsychologische Untersuchungen seither immer wieder bestätigt worden (zusammenfassend Christmann 1989; Christmann & Groeben 1996a), zum Beispiel durch Arbeiten zum Chunking auf Wortebene (Bildung von umfassenden Organisationseinheiten bei Vorgabe von Einzelinformationen: Miller 1956), zum Clustering (Tendenz, die zu einer Kategorie gehörenden Wörter zusammen zu reproduzieren: Bousfield 1953) und zur subjektiven Organisation kategorial unverbundener Wörter (Mandler 1967). Auf Satzebene konnte gesichert werden, daß satzübergreifend Integrationsprozesse stattfinden (zusammenfassend Bock 1978), und auf Textebene, daß bereits bei der Aufnahme sprachlicher Informationen konstruktive Schlußfolgerungen gezogen werden, die über die vorgegebene Information hinausgehen können (Frederiksen 1975).

Die prominentesten, auch heute noch aktuellen empirisch-experimentellen Arbeiten zur Integration von sprachlichem mit nicht-sprachlichem Wissen von Bransford und Mitarbeitern konnten zeigen, daß beim Verstehen von Sätzen über den unmittelbar vorgegebenen semantischen Input hinausgegangen wird, indem dic Rezipientin oder der Rezipient auf der Grundlage des eigenen *Weltwissens* Schlußfolgerungen zu den vorgegebenen sprachlichen Informationen hinzufügt (Bransford & Franks 1971). Das heißt, es wird eine semantische Beschreibung der Situation konstruiert, die im wesentlichen dem entspricht, was in der neueren Kognitionspsychologie als *mentales Modell* bezeichnet wird.

CHRISTMANN/GROEBEN: Wir bedanken uns ganz nachdrücklich, daß Sie diese Strukturierungsperspektive des inter- versus intradisziplinären Bezugs so aufgenommen und mit durchgespielt haben, obwohl natürlich, wie Sie schon angedeutet haben, auch ganz andere Unterscheidungsmerkmale innerhalb der Sprachpsychologie beziehungsweise Psycholinguistik angesetzt werden können, zum Teil sogar müssen.

Nach der kognitiven Wende dürfte das vor allem die Kontrastrelation von *Informationsverarbeitungsansatz* und *Handlungstheorie* sein, wobei in Vernetzung mit der Kognitionswissenschaft (auch kognitiven Linguistik etc.) sicherlich der Informationsverarbeitungsansatz die größere Rolle spielt, gerade in der Sprachpsychologie aber auch handlungstheoretische Modellierungen zum Zuge kommen. Ein paradigmatisches Beispiel für über die Sprachpsychologie hinaus bedeutsame kognitionspsychologische Modellierungen stellt der propositionstheoretische Ansatz dar, der Anfang der siebziger Jahre von dem Konzept der Prädikat-Argument-Struktur aus entwickelt wurde (Kintsch 1974; Meyer 1975; vgl. auch Straub).

Propositionen werden wie erwähnt als tiefenstrukturelle Bedeutungseinheiten aufgefaßt, die an der Oberfläche sprachlich unterschiedlich gefaßt sein können (Kintsch 1974, S. 12). Prädikate können an der Satzoberfläche als Verben, Adjektive oder Adverbien realisiert sein; Argumente werden in Anlehnung an die Kasus-Rollen von Fillmore (1968) klassifiziert. Zur Verdeutlichung, daß es sich um Propositionen, das heißt um die Relation zwischen tiefenstrukturellen Wortkonzepten, und nicht um Wörter handelt, werden sie in Großbuchstaben geschrieben (»Die Studenten feiern ein Fest«: FEIERN, STUDENTEN, FEST). Texte lassen sich dabei als Listen von Propositionen notieren; diese werden als tiefenstrukturelle Textbasen bezeichnet, die alle für die Oberflächenrealisation notwendigen Informationen enthalten müssen. Die Transformation eines Textes erfolgt mit Hilfe eines expliziten Regelsystems (Turner & Greene 1977), nach dem Propositionen im ersten Schritt gemäß der Reihenfolge ihrer Prädikate untereinander aufgelistet und durchnumeriert werden; im zweiten Schritt wird auf der Grundlage der Wiederholung von Argumenten eine hierarchische Textstruktur hergestellt.

Propositionen stellen also nicht nur Beschreibungs-, sondern zugleich auch grundlegende Verarbeitungseinheiten dar. Entsprechend wurde versucht, die psychologische Bedeutung der hierarchisch-organisierten Propositionsstruktur empirisch zu belegen (zusammenfassend Christmann 1989). Überprüft wurde vor allem der Einfluß der Hierarchiehöhe von Propositionen und der (über Argumentwiederholung festgestellten) Kohärenz der Textbasis auf verschiedene Verstehensmodalitäten. Dabei konnte insbesondere der sogenannte Hierarchie-Effekt systematisch nachgewiesen werden, das heißt, Propositionen auf den oberen Hierarchieebenen werden signifikant besser behalten und weniger schnell vergessen als auf den unteren (Kintsch, Kozminsky, Streby, McKoon & Keenan 1975; Meyer 1975; Beyer 1987).

Aufgrund dieser Befunde wird der Textverarbeitungsprozeß heute übereinstimmend als *hierarchischer* und *sequentieller* Organisationsvorgang aufgefaßt, bei dem hierarchiehohe Propositionen die Funktion von Organisationskernen übernehmen (Bock 1978; Groeben 1982; zur Problematik der Hierarchiehöhen-Bestimmung und der Objektivität der Textbasenrekonstruktion vgl. Christmann 1989).

Das propositionale Beschreibungsmodell hat sich insgesamt vor allem in der Grundlagenforschung als erfolgreich erwiesen, da hier Modellannahmen anhand von sehr kurzen Texten überprüft werden. Bei einer Anwendung auf komplexere Texte treten in aller Regel gravierende Probleme auf (Ballstaedt, Mandl, Schnotz & Tergan 1981; Christmann 1989; Grabowski 1992). Für eine Analyse solcher Texte muß die Textbedeutung auf einer globaleren, abstrakteren Ebene beschrieben werden; dies leisten sogenannte *Makropropositionen*, die innerhalb der Textlinguistik entwickelt (van Dijk 1972; 1980) und mit kognitionspsychologischen Vorstellungen von Verarbeitungsprozessen in Beziehung gesetzt wurden (z. B. Kintsch & van Dijk 1978; Kintsch & Vipond 1979).

Makrostruktur-Modelle gehen davon aus, daß bei der Verarbeitung längerer Texte die Textinformation organisiert und auf das Wesentliche verdichtet wird, und zwar durch sogenannte Makroregeln wie: Auslassen, Generalisieren, Selegieren, Konstruieren oder Integrieren. Die Bildung einer Makrostruktur erfolgt dabei nicht ausschließlich auf der Grundlage des vorgegebenen Textes, sondern immer in Interaktion mit dem Welt- und Vorwissen der Rezipienten/innen. Ein wichtiges Merkmal für Makroregeln ist ihre *Rekursivität*: Bereits gebildete Makrostrukturen können durch wiederholte Anwendung von Makroregeln weiter verdichtet werden, so daß die Textbedeutung auf unterschiedlichen Globalitätsniveaus repräsentiert werden kann (van Dijk 1980).

Die psychologische Relevanz der Makropropositionen wurde in

einer Fülle von Untersuchungen empirisch belegt. So konnten Kintsch und van Dijk (1978) zeigen, daß Makropropositionen bei einer kurzfristigen Behaltensprüfung zirka vier mal so häufig wiedergegeben werden wie Mikropropositionen und daß mit zunehmenden Behaltensintervallen mehr Makropropositionen in den Wiedergabeprotokollen auftauchen. Sie werden besser behalten als die Mikropropositionen (Beyer 1987), wobei allerdings die ihnen zugrundeliegenden kognitiven Operationen relativ unscharf gefaßt sind (zur Präzisierung eines Makrostrukturmodells und dessen empirischer Überprüfung vgl. Christmann 1989).

Die theoretische Verbindung dieser zunächst aus der Linguistik stammenden Modellierungen mit dem Informationsverarbeitungsansatz der Kognitionspsychologie hat dann vor allem auch dazu geführt, den Einfluß von *Vorwissensstrukturen*, *Erwartungen* und *Zielsetzungen* auf die Verarbeitung von Texten genauer auszuarbeiten, wie das in den *schematheoretischen Ansätzen* zur Textverarbeitung seit Mitte der siebziger Jahre geschieht (s. auch Straub).

Dabei wird auf den von Bartlett (1932) eingeführten Begriff des *Schemas* zurückgegriffen, das Wissen über verschiedene Realitätsbereiche repräsentiert, und zwar auf unterschiedlichen Abstraktionsebenen. Schemata weisen Leerstellen auf (sogenannte slots), die durch neue Informationen gefüllt werden können. Der schemagesteuerte Verarbeitungsprozeß wird als Ineinandergreifen von datengeleiteten (bottom-up) und schemageleiteten (top-down) Prozessen modelliert: Ein neuer Text aktiviert bereits vorhandene Schemata, die ihrerseits wieder Hypothesen und Erwartungen hinsichtlich der neuen Information generieren. In der Enkodierphase wirken Schemata deshalb als Organisationsraster für die neu aufzunehmenden Informationen, in der Rekodierphase steuern sie den Prozeß der Rekonstruktion von Informationen (zusammenfassend Mandl, Friedrich & Hron 1987).

Die empirische Relevanz von Schemata für die Textverarbeitung wurde in Untersuchungen überprüft, in denen Texte mit ambiguen Inhalten vorgegeben wurden, und zwar einmal mit einer Integrationshilfe (Texttitel, Thema, Bildvorlage), das andere Mal ohne eine solche Hilfe. Die Ergebnisse zeigen, daß bei Vorgabe einer Integrationshilfe signifikant bessere Behaltensleistungen resultieren, was auf die Aktivierung relevanter Schemata zurückgeführt wird, die die Interpretation und Organisation der Textinformation erleichtern (Bransford & Johnson 1972). In Abhängigkeit von aktivierten Schemata werden bei der Textverarbeitung entsprechend der Leseperspektive andere Aspekte wahrgenommen und erinnert (Pichert & Anderson 1977). So berechtigt die mit dem Schemabegriff verbundene Berücksichtigung des rezipientenseitigen Vor- beziehungsweise Weltwissens ist, so stellt die außerordentlich große Weite des Schemabegriffs und die daraus resultierende begriffliche Unschärfe (vgl. Herrmann 1982a) allerdings ein Problem dar.

INFVER: Aber diese und ähnliche Probleme sind doch gerade durch die übergreifende theoretische und empirische Arbeit innerhalb des Informationsverarbeitungsansatzes gelöst worden, zum Beispiel durch die Ausarbeitung spezifischerer, präziserer Modellierungen wie *Skripts*, *Geschichtengrammatiken* und *mentale Modelle*.

Skripts stellen die gewünschte Spezifizierung des Schemakonzepts dar, insofern es sich dabei um Wissen um routinisierte Verhaltens- und typische Ereignisabläufe handelt (z.B. Restaurantbesuch, Einkaufen im Supermarkt, Skifahren; vgl. Straub). Genau wie Schemata steuern sie im Sinne von organisierenden Vorwissensstrukturen den Prozeß der sprachlichen Informationsverarbeitung (vgl. Schank & Abelson 1977; Überblick: Mandler 1984), was sich zum Beispiel darin zeigt, daß eine Speisenreihenfolge innerhalb des Restaurant-Skripts (besser) behalten wird, als wenn dieselben Informationen innerhalb eines Supermarkt-Skripts (Kauf der Speisen) dargeboten werden (Schank & Abelson 1977). Dabei müssen natürlich entsprechende Skript-relevante Erwartungen an die Textstruktur vorliegen, die sich vor allem auch in bezug auf die jeweils wichtigsten Konzepte eines Skripts auswirken (zusammenfassend Rickheit & Strohner 1993, S. 237f.).

Eine weitere Spezifizierung des Schemakonzepts bilden die *Geschichtengrammatiken*, die Kategorien- und Regelsysteme (story grammars) vor allem für narrative Texte darstellen (vgl. etwa Rumelhart 1975; Thorndyke 1977). Diese Regelsysteme bestehen ebenfalls (wie im Falle der Generativen Grammatik) aus Ersetzungsregeln, die spezifizieren, aus welchen Konstituenten eine Geschichte besteht (z.B. Thema, Setting, Ereignis, Charaktere) und welche hierarchische sowie sequentielle Position diese Elemente in der Gesamtstruktur einnehmen.

Daraus ergeben sich vor allem zwei Hypothesen: zum einen die *Hierarchiehypothese* (Elemente, die in der »story grammar« auf hohen Hierarchieebenen plaziert sind, werden besser behalten als solche auf niedrigeren Ebenen), zum anderen die *Ordnungshypothese* (das Verstehen und das Behalten einer Geschichte hängt von der

Reihenfolge ab, in der die Konstituenten aufeinander folgen). Es gibt empirische Evidenzen für die Richtigkeit beider Hypothesen (z.B. Mandler & Johnson 1977; Thorndyke 1977), aber auch Ergebnisse, die zeigen, daß auch der semantische Gehalt der Konstituenten, ihre Wichtigkeit und die Art und Anzahl der Relationen zu anderen Textelementen eine bedeutsame Rolle spielen.

Davon ausgehend sind dann Ansätze entwickelt worden, die Geschichten als Ketten von Problemlösehandlungen auffassen und als wichtigste Relation die von Ursache und Konsequenz berücksichtigen (vgl. Trabasso & Sperry 1985). Das hat dazu geführt, daß man in der neueren Forschung zum Verstehen von Erzähltexten diese auf einem globaleren Niveau zu beschreiben versucht als in den ursprünglichen Grammatikmodellen.

Die wichtigste Weiterentwicklung sowohl der propositions- als auch der schematheoretischen Beschreibungs- und Erklärungsansätze stellt aber sicherlich die in den achtziger Jahren entwickelte Theorie der *mentalen Modelle* dar, die davon ausgeht, daß bei der Textverarbeitung ein internes Modell des im Text beschriebenen Sachverhalts gebildet wird (Johnson-Laird 1983; van Dijk & Kintsch 1983). In einem solchen Modell sind Sachverhalte analog, ganzheitlich und inhaltsspezifisch in funktionaler und struktureller Analogie zu Sachverhalten in der Realität repräsentiert.

Texte werden nach diesem Ansatz auf zwei Ebenen repräsentiert: auf der propositionalen Ebene, auf der sie an sprachlichen Strukturen orientiert sind, und auf der Ebene mentaler Modelle, auf der sie den im Text beschriebenen Sachverhalt primär bildlich abbilden. Im Verarbeitungsprozeß greifen beide Ebenen ineinander, wobei die propositionale Struktur die Anleitung für die mentale Modellkonstruktion gibt, sie jedoch nicht vollständig determiniert (Christmann 1989; Christmann & Groeben 1996b).

Zwingende Belege für die Bildung mentaler Modelle sind allerdings nur schwer zu erbringen (vgl. Schnotz 1993). Auf der Grundlage des derzeitigen Forschungsstandes scheint die Annahme am sinnvollsten, daß *symbolische* und *analoge* Repräsentationsformen einander ergänzende Verarbeitungsweisen darstellen, die für unterschiedliche Aufgaben und Zielsetzungen unterschiedlich gut geeignet sind.

HANSPRA: Sicher sind das wichtige und vor allem auch vieldiskutierte theoretische Ansätze, die sich auch in der Sprachpsychologie als fruchtbar erwiesen haben. Aber hier muß ich doch ganz nachdrücklich darauf hinweisen, daß es parallel *handlungstheoretische Ansätze* gegeben hat und gibt, die meines Erachtens für die Sprachpsychologie mindestens so bedeutsam sind, vor allem wenn es um komplexe sprachliche beziehungsweise Kommunikations-Phänomene geht. Es sind dies Ansätze, die in diesem Fall vor allem in der interdisziplinären Vernetzung mit Sprachphilosopie (Sprechakttheorie) und Pragmalinguistik ausgearbeitet worden sind.

In der von Austin (1962) begründeten und von Searle (1969) weiterentwickelten *Sprechakttheorie* steht der *kommunikative* und *funktionale* Aspekt von Sprache im Mittelpunkt (vgl. auch Herkner). Wenn jemand zu einem Gegenüber sagt: »Es schneit«, dann verweist er/sie zunächst auf einen Sachverhalt. Wenn das Gegenüber allerdings im Begriff ist, das Haus zu verlassen, dann wird mit dieser Äußerung unter Umständen auch noch eine Empfehlung ausgesprochen, nämlich sich witterungsangemessen anzuziehen; oder es handelt sich um eine Warnung, nämlich beim Autofahren vorsichtig zu sein. Als Folge davon könnte der/die Angesprochene gegebenenfalls tatsächlich feste Schuhe anziehen oder aber darauf verzichten, mit dem Auto in die Stadt zu fahren.

Dies sind Dimensionen, die damit zusammenhängen, daß eine solche Äußerung nicht zuletzt eine (absichtliche) *Handlung* darstellt (vgl. von Cranach & Tschan), einen *Sprechakt*. Sprechakte sind Kommunikationseinheiten, die aus einem Äußerungsakt, einem propositionalen, einem illokutionären und einem perlokutiven Akt bestehen (Searle 1969). Der Äußerungsakt bezieht sich auf das Aussprechen von Wörtern, der propositionale auf die Bedeutung der Äußerung, der illokutionäre auf die Intention des/der Sprechenden, der perlokutive auf die Wirkung, die eine Sprechhandlung beim Gegenüber hervorruft (z.B. Zustimmen, Anregen, Faszinieren). Im Mittelpunkt der Sprechakttheorie steht die Beschäftigung mit dem illokutionären Aspekt einer Äußerung, der durch sogenannte performative Verben wie »versprechen«, »warnen«, »auffordern« angegeben werden kann. Die Analyse dieses illokutiven Anteils ist weitgehend psychologischer Natur, denn sie beschreibt die psychische Situation des/der Sprechenden (vgl. Hörmann 1976, S. 267f.), das heißt, sie gibt Aufschluß darüber, welche Erwartungen, Intentionen der/die Sprechende hat, was er/sie über das Gegenüber und dessen psychischen Zustand denkt und so weiter (Hörmann 1976, S. 268).

Unter sprachpsychologischer Perspektive ist die Sprechakttheorie vor allem deshalb interessant, weil sie bedingungsanalytisch herausarbeitet, welche Verarbeitungs- und Verstehensleistungen Sprecher und auch Hörer bei korrektem Gebrauch beziehungsweise Verständnis bestimmter illokutionärer Akte vollziehen müssen (vgl. Engelkamp 1974). Die Sprechakttheorie gibt damit ein Raster für die Analyse komplexen sprachlichen Handelns vor, das immer die Intentionalität, die Gerichtetheit und den situativen Kontext mit berücksichtigen muß.

Der situative als kommunikativer Kontext ist dabei vor allem von Grice (1975) durch die sogenannten *Konversationsmaximen* weiter ausdifferenziert worden (vgl. Herkner). Dabei geht er von einem generellen Kooperationsprinzip aus, das lautet »Mache deinen Beitrag zur Konversation so, wie er an der jeweiligen Stelle entsprechend dem akzeptierten Zweck oder der Richtung des Redewechsels, an dem du beteiligt bist, erforderlich ist« (Wunderlich 1974, S. 329). Daraus leitet Grice vier Konversationsmaximen ab: die Maxime der Quantität (Informativität), der Qualität (Begründetheit), der Erheblichkeit (Relevanz) und der Verständlichkeit.

Als besonders interessant hat sich dabei der Fall erwiesen, daß trotz Geltung des Kooperationsprinzips eine Maxime absichtlich außer Kraft gesetzt wird, um einen bestimmten Zweck zu erreichen, was als konversationelle Implikatur bezeichnet wird. Das bedeutet, daß aus einer wörtlich geäußerten Proposition *p* die eigentlich intendierte Proposition *q* gefolgert werden muß; es wird also eine Proposition nahegelegt, ohne sie zu sagen (Keller 1975, S. 56).

Ein solches Auseinanderfallen (Dissoziation) von Geäußertem und Gemeintem kann sich nun auch durchaus auf die illokutive Dimension beziehen; man spricht dann von einem *indirekten* Sprechakt. Dabei wird eine sprachliche Handlung vom Typ *J* vollzogen, während von den (äußerlichen) Indikatoren her eine Handlung vom Typ *I* vorliegt (Berg 1978, S. 40; zur umfassenden Analyse indirekter Sprechakte vgl. Sökeland 1980).

So wird beispielsweise mit dem Satz »Kannst du mir das Salz geben?« von den normalen (grammatikalischen) Indikatoren her eine Frage formuliert; unter regulären Bedingungen (z.B. gemeinsamen Kochens, Essens) wird damit jedoch eine Aufforderung vollzogen. Terminologisch wird bisweilen, aber nicht immer, zwischen Dissoziationen auf propositionaler und solchen auf illokutionärer Ebene unterschieden, wobei (allerdings nicht einheitlich) als Benennungen indirekte oder nicht-direkte oder uneigentliche Sprechakte vorgeschlagen worden sind (vgl. z.B. Berg 1978; Sökeland 1980). Groeben und Scheele haben (1984, S. 33) nach Sichtung der einschlägigen Literatur angeregt, die Dissoziation auf propositionaler Ebene als

»uneigentliches Sprechen«, die auf illokutionärer Ebene als »indirektes Sprechen« zu bezeichnen.

Der paradigmatische Beispielfall der uneigentlichen Sprechhandlung ist die *Metapher*, in der nach der *Substitutionstheorie* der klassischen Rhetorik die Übertragung eines Wortes aus einem Gegenstandsbereich *A*, den es eigentlich bezeichnet, auf einen Gegenstandsbereich *B* vorgenommen wird, den es uneigentlich bezeichnet. Die Übertragung kann dabei mittels Vergleich, Analogie oder Ähnlichkeit erfolgen (Schöffel 1989). Die Frage, was aber eigentlich bei der Metapher genau übertragen wird, stellt das große Problem philosophischer, linguistischer und sprachpsychologischer Metaphernmodelle dar (Überblicke bei Schöffel 1989; Ortony 1993). Für die Sprachpsychologie sind insbesondere die auf Richards (1936) zurückgehende *Interaktionstheorie* der Metapher von Black (1954/1983) sowie die Metapherntheorie von Searle (1979) bedeutsam geworden.

Nach der Interaktionstheorie enthält die Metapher immer zwei Elemente, den Fokus (Primärgegenstand) und das Vehikel (Sekundärgegenstand), die sogenannte Implikationssysteme darstellen (das ist die Menge von Assoziationen, die zu einem Gegenstand möglich sind). Die metaphorische Bedeutung resultiert aus der Interaktion der beiden Implikationssysteme, wobei die Metapher nicht auf einer vorgegebenen Ähnlichkeit basieren soll, sondern Ähnlichkeit schafft.

Diese Konstruktionsdynamik hat Searle (1979) in seinem Drei-Stufen-Modell des Metaphernverstehens präzisiert. Danach wird im ersten Schritt zunächst eine wörtliche Interpretation der betreffenden Äußerung versucht; im zweiten Schritt wird geprüft, ob diese Interpretation kontextangemessen ist, und bei fehlender Angemessenheit wird im dritten Schritt schließlich die metaphorische Äußerung konstruiert. Aus beiden Modellen läßt sich ableiten, daß das Verstehen einer metaphorischen Äußerung mehr Verarbeitungsaufwand erfordert als das Verstehen einer normalsprachlichen.

Diese These wird von Vertretern des Informationsverarbeitungsansatzes (z.B. Herrmann 1985) allerdings bestritten. Sie gehen davon aus, daß Metaphern ebenso schnell verarbeitet werden wie nicht-metaphorische Äußerungen, und zwar deshalb, weil sie nicht vor dem Hintergrund ihrer wörtlichen Bedeutung, sondern unmittelbar verstanden werden. Die empirischen Befunde zeigen Ergebnisse sowohl für zusätzliche Inferenzprozesse beim Metaphernverstehen (z.B. Verbrugge & McCarrell 1977) als auch für Verstehensprozesse ohne zusätzliche Verarbeitungsprozesse (z.B. Glucksberg, Gildea &

Bookin 1982). Allerdings erscheint mir das Reaktionszeitparadigma als Überprüfungsprozedur hier problematisch, denn es sollte das jeweils aktivierte Bezugssystem des Hörers auf jeden Fall mit berücksichtigt werden. Das bedeutet, daß Metaphern, die in Relation zu Bezugssystemen der Rezipienten/innen vertraut oder konventionell sind, sicher keine längere Verarbeitungszeit als nicht-metaphorische Äußerungen erfordern, Metaphern mit Neuheitscharakter allerdings sehr wohl. Dabei ist überdies zu berücksichtigen, daß die Rezipienten/innen selbst auch wählen können, ob sie eine Metapher eher konventionell oder nicht konventionell verstehen (wollen: vgl. Christmann & Groeben 1996c).

Das klassische Beispiel für uneigentliches Sprechen nicht mit einer Ähnlichkeitsrelation zwischen Geäußertem und Gemeintem, sondern mit einer Kontrastrelation, stellt die *Ironie* dar. Für diese Kontrastrelation haben zum Beispiel Groeben und Scheele (1984, S. 156ff.) auf der Grundlage einer inhaltsanalytischen Auswertung von 140 Ironiebeispielen 16 Formen des ironischen Dementis herausgearbeitet, deren vier häufigste sind: »Tadel durch Lob«, »Ablehnen durch Propagieren«, »Aufforderung zum Handlungswechsel durch Aufforderung zur Handlungsfortführung« und »Abwertung durch Aufwertung«. Darüber hinaus wurden empirisch vier unterschiedliche Ironietypen rekonstruiert (sich wehrende, schützende Ironie; konstruktiv-kritische Ironie; liebevolle Ironie; Überlegenheit manifestierende, arrogante Ironie). Als Prototyp kann dabei die sich wehrende/schützende Ironie gelten, bei der die ironische Person sich »einem Gegenüber vom Wissenssystem her subjektiv überlegen fühlt, zugleich jedoch keine Möglichkeit sieht, die Situation in ihrem Sinn zu kontrollieren« (Groeben, Seemann & Drinkmann 1985, S. 72). Die Wirkung auf die nicht-beteiligten Zuhörer/innen besteht darin, daß sie sich mit der ironisch sprechenden Person solidarisieren (o.c., S. 242ff.; Groeben 1984).

Die Beispiele machen deutlich, daß sich der sprechakttheoretische Ansatz mittlerweile zu einem breiten Problemfeld ausgeweitet hat, das von Pragmalinguistik und Sprachpsychologie gemeinsam bearbeitet wird. Dabei geht es nicht nur um den illokutionären Anteil von Sprechakten, sondern generell um das Verstehen und den Gebrauch sprachlicher Äußerungen in Abhängigkeit von sprachlichen und nicht-sprachlichen Kontextbedingungen. Pragmalinguistik wie Sprachpsychologie versuchen außerdem eine empirische Überprüfung ihrer Modellierungen (vgl. Meyer-Hermann 1978; Groeben & Scheele 1984, S. 23ff.), weil zumeist nicht analytisch entschieden werden kann, unter welchen Bedingungen ein Sprechakt auftritt, welche Intentionen damit verbunden sind, und welche perlokutiven Effekte unter welchen Bedingungen resultieren. Insofern stellen Sprechakttheorie und Pragmalinguistik einen Theorierahmen für sprachpsychologische Analysen vor allem auch in Interaktion mit einer auf kommunikative Kontexte ausgerichteten Sozialpsychologie dar (vgl. Herkner).

Christmann/Groeben: Auch hier müssen wir uns zunächst einmal bedanken, daß Sie die Strukturierungsperspektive von Informationsverarbeitungsansatz versus Handlungstheorie so konstruktiv mit ausgearbeitet haben. Zumal uns natürlich bewußt ist, daß gerade für die zuletzt angesprochenen hochkomplexen Sprachphänomene heutzutage auch sehr komplexe Modellierungen vorliegen, die Informationsverarbeitungsaspekte und handlungstheoretische Perspektiven miteinander verbinden. So läßt sich aus der Sprechakttheorie ja, wie oben angedeutet, ableiten, daß indirekte Sprechakte unter Umständen vor allem dann gewählt werden, wenn man sich oder dem Gegenüber die Freiheit lassen will, die unter Umständen zum Teil uneindeutige, spannungsreiche Situation auch anders zu verstehen beziehungsweise aufzulösen. Diese sprechakttheoretische Hypothese hat nun zum Beispiel Herrmann (1982b) in bezug auf das »Auffordern« innerhalb des Informationsverarbeitungsansatzes theoretisch rekonstruiert und experimentell überprüft und dabei geklärt, welche Formen von Indirektheit in Abhängigkeit von der kognizierten Bereitschaft des Partners, der eigenen Legitimation zur Verpflichtung des Gegenübers und der Dringlichkeit des zu realisierenden Zustandes gewählt werden.

Damit liegt auch schon ein Beispiel vor für die empirische Erforschung der *Sprachproduktion*, die bisher sehr viel weniger umfangreich gewesen ist als die der *Sprachrezeption* (vgl. Grimm & Engelkamp 1981, S. 131), nicht zuletzt, weil diese Prozesse einer experimentellen Kontrolle schwerer zugänglich gemacht werden können als die der Sprachrezeption. Die vorliegenden Modelle der Sprachproduktion lassen sich danach unterscheiden, ob sie eher *autonomen* oder eher *interaktiven* Charakter haben (Rickheit & Strohner 1993, S. 53):

Autonome Modelle gehen davon aus, daß die an der Sprachproduktion beteiligten Teilprozesse zwar teilweise parallel, aber dennoch unabhängig voneinander (inkrementelle Produktion) ablaufen (Levelt 1989). In interaktiven Modellen wird dagegen angenommen, daß es zwischen späteren und früheren Teilprozessen Rückkoppelungsschleifen geben kann (vgl. Herrmann 1985). Beiden Modelltypen ist gemeinsam, daß sie für die Sprachproduktion eine Abfolge von pragmatischen, semantischen, syntaktischen und sensomotorischen Prozessen ansetzen.

Die derzeit ausgearbeitetste Fassung dürfte das interaktive Modell von Herrmann (1985; vgl. auch Herrmann & Grabowski 1996) darstellen. Dabei handelt es sich um ein sogenanntes *System-Regulations-Modell*, in dem drei Prozeßstufen der Sprachproduktion unterschieden werden: 1. Erzeugung der kognitiven Äußerungsbasis, 2. Selektion und Linearisierung, 3. Enkodierung.

Auf der ersten Stufe wird das für die Sprachproduktion relevante Wissen aktiviert beziehungsweise die Aufmerksamkeit auf jene Wissensteilmengen gerichtet, über die der/die Sprechende reden möchte. Diese Fokussierung wird von einer ganzen Reihe von Bedingungen beeinflußt (wie allgemeines Weltwissen über die eigenen Ziele, Erwartungen des Gegenübers, kognitive, emotionale und soziale Situation des Gegenübers, deontische Bedingungen wie soziale Normen und Konventionen etc.; vgl. Herrmann 1985, S. 205 ff.).

Auf der zweiten Stufe der Selektion und Linearisierung wird ausgewählt, was gesagt werden soll, wobei in der Regel nicht alles geäußert wird, was gesagt werden könnte. Die Auswahl hängt von der Einschätzung der Kommunikationssituation, den eigenen Zielen, der Kommunikationsaufgabe und dem sprecherseitig unterstellten Wissen des Gegenübers ab. Die Auswahl von Inhalten für die nachfolgende Enkodierung wird als »semantischer Input« bezeichnet. Teile dieses semantischen Inputs müssen dann für die Enkodierung in eine Abfolge (Linearisierung) gebracht werden, wobei deren exakte Vorhersage kaum möglich ist, da der gleiche Sachverhalt in Abhängigkeit von der Kommunikationssituation und den Eigenschaften der Kommunikationspartner sprachlich-stilistisch völlig unterschiedlich ausgedrückt werden kann (vgl. Herrmann 1990, S. 316).

In der dritten Phase, der Enkodierphase, wird dann der semantische Input sprachlich verschlüsselt, was die Wortwahl (»lexikalische Enkodierung«), die Wahl des Satzbaus (»syntaktisch-semantische Enkodierung«) sowie die Wahl bestimmter prosodischer Merkmale wie zum Beispiel Tonhöhe, Betonung, Schnelligkeit, Langsamkeit, Pausen (»prosodische Enkodierung«) umfaßt (Herrmann 1990, S. 311). Aufgrund der Analyse von Fehlern bei dieser Enkodierung (und deren Korrekturen) weiß man heute, daß offenbar nicht einzelne Wörter enkodiert werden, sondern linguistisch beschreibbare Gruppen von Wörtern (Levelt 1993; Herrmann 1990).

Die hier vorhandenen Integrationen von Perspektiven des Informationsverarbeitungsansatzes und der Handlungstheorie werden sicher in Zukunft noch weiter ausgearbeitet werden können und müssen, was nicht zuletzt auch für das breite Gebiet der Sprachentwicklung gilt, auf die wir hier so gut wie gar nicht eingehen konnten. Eine solche Ergänzungsrelation von Informationsverarbeitungsansatz und handlungstheoretischen Perspektiven, im Optimalfall sogar der Versuch einer integrativen Synergie, stellt nach unserer Ansicht ein konstruktives Postulat für die sprachpsychologische Forschung der Zukunft dar.

INFVER: Ich will mich dem nicht prinzipiell widersetzen, zumal gerade auch mit der integrativen Modellierung von Sprachrezeption und -produktion noch umfangreiche, hochkomplexe Aufgaben auf uns zukommen. Allerdings, um zum Anfang zurückzukommen, möchte ich in diesem Zusammenhang darauf hinweisen, daß die Selbstbezeichnung als Psycholinguist eben auch programmatisch die Verbindung des Informationsverarbeitungsansatzes mit *systemsprachlichen Ansätzen* anderer Wissenschaften im Sinne der *Cognitive Science* bedeutet, weil dies die präziseste und interdisziplinär wie international am weitesten verbreitete, akzeptierteste Modellierung darstellt. Die Psycholinguistik im skizzierten Sinn bietet deshalb meines Erachtens heute eigentlich für alle Probleme einschlägige systemsprachliche Theorieansätze, wobei in Zukunft jedoch noch mehr auf Sprachreinheit geachtet werden sollte, das heißt auf die Vermeidung von Akteur-System-Kontaminationen (vgl. Herrmann 1982a, 1985).

HANSPRA: Von der deskriptiven Beschreibung her, daß der Informationsverarbeitungsansatz auch im sprachpsychologischen Bereich eine gewisse Dominanz aufweist, kann und muß ich zustimmen. Von der Bewertung beziehungsweise der Zielvorgabe her wünsche ich mir allerdings eine andere Schwerpunktsetzung.

Der Informationsverarbeitungsansatz legt das absolute Schwergewicht auf die interne experimentelle Validität. Die handlungstheoretische Tradition hat dagegen immer schon die ökologische Validität zentral mit berücksichtigt und auf diese Art und Weise bereits früh (früher als die experimentelle beziehungsweise systemsprachliche Tradition) sehr komplexe Einheiten erforscht. Was not tut, sind meines Erachtens auch weiterhin »weiche« Methoden und das Streben nach ökologischer Validität, um ein für die Beschreibung und Erklärung von *Alltagssprache* notwendiges Komplexitätsniveau zu erreichen. Daraus folgt nicht so sehr die Forderung einer Kontrastierung von System- und Handlungssprache, sondern eher das Ziel einer Integration beider Sprachspiele für sprachpsychologische Modellierungen.

Literatur

Austin, John L. (1962): *How to do things with words*. Oxford: Oxford University Press.

Ballstaedt, Steffen P., Heinz Mandl, Wolfgang Schnotz, Sigmar O. Tergan (1981): *Texte verstehen, Texte gestalten*. München: Urban & Schwarzenberg.

Bartlett, Frederic C. (1932): *Remembering. A study in experimental and social psychology*. Cambridge: Cambridge University Press.

Berg, Wolfgang (1978): *Uneigentliches Sprechen*. Tübingen: Narr.

Bergler, Reinhold (Hg.) (1975): *Das Eindrucksdifferential*. Bern: Huber.

Beyer, Reinhard (1987): Psychologische Untersuchungen zur Textverarbeitung unter besonderer Berücksichtigung des Modells von Kintsch und van Dijk (1978). *Zeitschrift für Psychologie*, Supplement, 8: 1–80.

Black, Max (1983): Die Metapher. In: Anselm Haverkamp (Hg.): *Theorie der Metapher*. Darmstadt: Wissenschaftliche Buchgesellschaft, 55–79 (Original 1954).

Blumenthal, Arthur L. (1967): Promoted recall of sentences. *Journal of Verbal Learning and Verbal Behavior*, 6: 203–206.

Blumenthal, Arthur L., Robert Boakes (1967): Prompted recall of sentences. *Journal of Verbal Learning and Verbal Behavior*, 6: 674–676.

Bock, Michael (1978): *Wort-, Satz-, Textverarbeitung*. Stuttgart: Kohlhammer.

Bousfield, W.A. (1953): The occurence of clustering in the recall of randomly arranged associates. *Journal of General Psychology*, 49: 229–240.

Bransford, John D., Jefferey J. Franks (1971): The abstraction of linguistic ideas. *Cognitive Psychology*, 2: 331–350.

Bransford, John D., Marcia K. Johnson (1972): Contextual prerequisites for understanding: Some investigations of comprehension and recall. *Journal of Verbal Learning and Verbal Behavior*, 11: 717–726.

Bredenkamp, Jürgen, Werner Wippich (1977): *Lern- und Gedächtnispsychologie*. Bd. II. Stuttgart: Kohlhammer.

Bühler, Karl (1934): *Sprachtheorie: Die Darstellungsfunktion der Sprache*. Jena: Fischer.
Chafe, Wallace L. (1970): *Meaning and the structure of language*. Chicago: University of Chicago Press.
Chomsky, Noam (1957): *Syntactic structures*. The Hague: Mouton.
Chomsky, Noam (1959): A review of B. F. Skinner's »Verbal Behavior«. *Language*, 35: 26–58.
Chomsky, Noam (1965): *Aspects of the theory of syntax*. Cambridge, MA: MIT Press.
Christmann, Ursula (1989): *Modelle der Textverarbeitung: Textbeschreibung als Textverstehen*. Münster: Aschendorff.
Christmann, Ursula, Norbert Groeben (1996a): Die Rezeption schriftlicher Texte. In: Otto Ludwig, Hartmut Günther (Hg.): *Handbuch Schrift und Schriftlichkeit*. Berlin: de Gruyter, 1536–1545.
Christmann, Ursula, Norbert Groeben (1996b): Textverständnis, Textverständlichkeit – Ein Forschungsüberblick unter Anwendungsperspektive. In: Hans P. Krings (Hg.): *Wissenschaftliche Grundlagen der technischen Kommunikation*. Tübingen: Narr, 129–190.
Christmann, Ursula, Norbert Groeben (1996c): Reflexivity and Learning: Problems, Perspectives and Solutions. In: Jaan Valsiner, Hans-Georg Voss (Hg.): *The structure of learning processes*. Norwood, NJ: Ablex, 45–85.
Collins, Allen M., Elizabeth F. Loftus (1975): A spreading activation theory of semantic processing. *Psychological Review*, 82: 407–428.
Collins, Allen M., M. Ross Quillian (1969): Experiments on semantic memory and language comprehension. In: Lee W. Gregg (Hg.): *Cognition in learning and memory*. New York: Wiley, 117–137.
Dijk, Teun A. van (1972): *Some aspects of text grammars*. The Hague: Mouton.
Dijk, Teun A. van (1980): *Textwissenschaft*. München: Deutscher Taschenbuch Verlag.
Dijk, Teun A. van, Walter Kintsch (1983): *Strategies of discourse comprehension*. New York: Academic Press.
Engelkamp, Johannes (1973): *Semantische Strukturen und die Verarbeitung von Sätzen*. Bern: Huber.
Engelkamp, Johannes (1974): *Psycholinguistik*. München: Fink.
Engelkamp, Johannes (1976): *Satz und Bedeutung*. Stuttgart: Kohlhammer.
Fillmore, Charles J. (1968): The case for case. In: Emmon Bach, Robert T. Harms (Hg.): *Universals in linguistic theory*. New York: Holt, Rinehart & Winston, 1–88.
Frederiksen, Carl H. (1975): Representing logical and semantic structure of knowledge acquired from discourse. *Cognitive Psychology*, 7: 371–458.
Galton, Francis (1880): Psychometric experiments. *Brain*, 2: 149–162.
Glucksberg, Sam, Patricia Gildea, Howard B. Bookin (1982): On understanding non-literal speech: Can people ignore metaphors? *Journal of Verbal Learning and Verbal Behavior*, 21: 85–98.
Grabowski, Joachim (1992): *Der propositionale Ansatz der Textverständ-*

lichkeit: Kohärenz, Interessantheit und Behalten. Münster: Aschendorff.

Greenspoon, Joel (1955): The reinforcing effect of two spoken sounds on the frequency of two responses. *The American Journal of Psychology*, 68: 409–416.

Grice, H. Peter (1975): Logic and conversation. In: Peter Cole, Jerry L. Morgan (Hg.): *Syntax and Semantics*. (Bd. 3: Speech acts). New York: Academic Press, 113–128.

Grimm, Hannelore, Johannes Engelkamp (1981): *Sprachpsychologie: Handbuch und Lexikon der Psycholinguistik*. Berlin: Erich Schmitt.

Groeben, Norbert (1982): *Leserpsychologie I: Textverständnis – Textverständlichkeit*. Münster: Aschendorff.

Groeben, Norbert (1984): Rezeption als Konstruktion. Das Prinzip der »Sinnkonstanz« am Beispiel von Ironie. In: Johannes Engelkamp (Hg.): *Psychologische Aspekte des Verstehens*. Berlin, Heidelberg: Springer.

Groeben, Norbert (1993): Nicht-/Wörtlichkeit als Ästhetik von Alltagskommunikation. *Siegener Periodikum zur Internationalen Empirischen Literaturwissenschaft*, 12: 252–275.

Groeben, Norbert, Brigitte Scheele (1977): *Das epistemologische Subjektmodell*. Darmstadt: Steinkopf.

Groeben, Norbert, Brigitte Scheele (1984): *Produktion und Rezeption von Ironie. Pragmalinguistische Beschreibung und psycholinguistische Erklärungshypothesen*. Tübingen: Narr.

Groeben, Norbert, Hanne Seemann, Arno Drinkmann (1985): *Produktion und Rezeption von Ironie: Empirische Untersuchungen zu Bedingungen und Wirkungen ironischer Sprechakte*. Tübingen: Narr.

Herrmann, Theo (1982a): Über begriffliche Schwächen kognitivistischer Kognitionstheorien: Begriffsinflation und Akteur-System-Kontamination. *Sprache und Kognition*, 1: 3–14.

Herrmann, Theo (1982b): *Sprechen und Situation. Eine psychologische Konzeption zur situationsspezifischen Sprachproduktion*. Berlin, Heidelberg: Springer.

Herrmann, Theo (1985): *Allgemeine Sprachpsychologie: Grundlagen und Probleme*. München: Urban & Schwarzenberg.

Herrmann, Theo (1990): Sprechen und Sprachverstehen. In: Hans Spada (Hg.): *Lehrbuch Allgemeine Psychologie*. Bern: Huber, 281–322.

Herrmann, Theo, Joachim Grabowski (1996): *Sprechen: Psychologie der Sprachproduktion*. Heidelberg: Spektrum.

Hörmann, Hans (1972/73): Semantische Anomalie, Metapher und Witz, oder: schlafen farblose grüne Ideen wirklich wütend? *Folia Linguistica*, V: 310–330.

Hörmann, Hans (1976): *Meinen und Verstehen. Grundzüge einer psychologischen Semantik*. Frankfurt/M.: Suhrkamp.

Hörmann, Hans (1977): *Psychologie der Sprache*. (2. Aufl.). Berlin, Heidelberg: Springer.

Hörmann, Hans (1987): *Einführung in die Psycholinguistik*. (2. Aufl.). Darmstadt: Wissenschaftliche Buchgesellschaft.

Holzkamp, Klaus (1972): *Kritische Psychologie*. Frankfurt/M.: Fischer.

Johnson-Laird, Philip N. (1983): *Mental models. Toward a cognitive science of language, inference, and consciousness*. Cambridge: Cambridge University Press.

Katz, Jerrold J., Jerry A. Fodor (1963): The structure of a semantic theory. *Language*, 39: 170–210.

Keller, Rudi (1975): Zur Theorie metaphorischen Sprachgebrauchs. *Zeitschrift für germanistische Linguistik*, 3: 49–62.

Kent, Grace H., Aaron J. Rosanoff (1910): A study of association in insanity. *American Journal of Insanity*, 67: 37–96.

Kintsch, Walter (1974): *The representation of meaning in memory*. Hillsdale, NJ: Erlbaum.

Kintsch, Walter, Janice Keenan (1973): Reading rate and retention as a function of the number of the propositions in the base structure of sentences. *Cognitive Psychology*, 5: 257–274.

Kintsch, Walter, E. Kozminsky, W.J. Streby, G. McKoon, J.M. Keenan (1975): Comprehension and recall of text as a function of content variables. *Journal of Verbal Learning and Verbal Behavior*, 14: 196–214.

Kintsch, Walter, Teun A. van Dijk (1978): Towards a model of text comprehension and production. *Psychological Review*, 85: 363–394.

Kintsch, Walter, Douglas Vipond (1979): Reading comprehension and readability in educational practice and psychological theory. In: Lars G. Nilsson (Hg.): *Memory Processes*. Hillsdale, NJ: Erlbaum, 329–365.

Levelt, William J. M. (1989): *Speaking. From intention to articulation*. Cambridge: MIT Press.

Levelt, William J.M. (1993): Lexical selection, or how to bridge the major rift in language processing. In: Frank Beckmann, Gerhard Heyer (Hg.): *Theorie und Praxis des Lexikons*. Berlin: de Gruyter, 164–172.

Mandl, Heinz, Helmut F. Friedrich, Aemilian Hron (1987): *Theoretische Ansätze zum Wissenserwerb*. Deutsches Institut für Fernstudien an der Universität Tübingen, Forschungsbericht Nr. 41.

Mandler, George (1967): Organization and memory. In: Kenneth W. Spence, Janet T. Spence (Hg.): *The psychology of learning and motivation* (Advances in Research and Theory, Bd. 1). New York: Academic Press, 327–372.

Mandler, Jean M. (1984): *Stories, scripts, and scenes*. Hillsdale, N.J.: Erlbaum.

Mandler, Jean M., Nancy S. Johnson (1977): Remembrance of things passed: Story structure and recall. *Cognitive Psychology*, 9: 111–151.

Martinet, André (1963): *Grundzüge der allgemeinen Sprachwissenschaft*. Stuttgart: Kohlhammer.

Massaro, Dominic W. (Hg.) (1975): *Understanding language: An information processing analysis of speech perception, reading, and psycholinguistics*. New York: Academic Press.

Matthews, W.A. (1968): Transformational complexity and short term recall. *Language and Speech*, 11: 120–128.

Meyer, Bonnie J.F. (1975): *The organization of prose and its effects on memory*. Amsterdam: Elsevier.

Meyer-Hermann, Reinhard (1978): Direkter und indirekter Sprechakt. *Deutsche Sprache*, 4: 1–19.

Miller, George A. (1956): The magical number seven, plus or minus two: Some limits on our capacity for processing information. *Psychological Review*, 63: 81–97.

Miller, James R., Walter Kintsch (1980): Readability and recall of short prose passages: A theoretical analysis. *Journal of Experimental Psychology: Human Learning and Memory*, 6: 335–354.

Neisser, Ulric (1974): *Kognitive Psychologie*. Stuttgart: Klett.

Ortony, Andrew (Hg.) (1993): *Metaphor and Thought*. (2. Aufl.) Cambridge: Cambridge University Press.

Osgood, Charles E. (1957): A behavioristic analysis of perception and language as cognitive phenomena. In: Jerome S. Bruner, Egon Brunswik, Leon Festinger, Fritz Heider, Karl F. Menzinger, Charles E. Osgood, David Rapaport (Hg.): *Contemporary approaches to cognition*. Cambridge: Harvard University Press, 75–118.

Osgood, Charles E., George J. Suci, Percy H. Tannenbaum (1957): *The measurement of meaning*. Urbana: University of Illinois Press.

Palermo, David S., James J. Jenkins (1965): Sex differences in word association. *Journal of General Psychology*, 72: 77–84.

Peirce, Charles S. (1932): *Collected Papers*. Bd. 2. Cambridge.

Pichert, James W., Richard C. Anderson (1977): Taking different perspectives on a story. *Journal of Educational Psychology*, 69: 309–315.

Pisoni, David W., James R. Sawusch (1975): Some stages of processing in speech perception. In: Antonie Cohen, Sibout G. Nooteboom (Hg.): *Structure and process in speech perception*. Berlin, Heidelberg: Springer, 16–34.

Raue, Burkhardt, Johannes Engelkamp (1977): Gedächtnispsychologische Aspekte der Verbvalenz. *Archiv für Psychologie*, 129: 157–174.

Richards, Ivor A. (1936): *The philosophy of rhetoric*. New York: Oxford University Press.

Rickheit, Gert, Hans Strohner (1993): *Grundlagen der kognitiven Sprachverarbeitung*. Tübingen: Francke.

Rosenzweig, Mark R. (1964): Word associations of French workmen. Comparisons with associations of French students and American workmen and students. *Journal of Verbal Learning and Verbal Behavior*, 3: 57–69.

Rumelhart, David E. (1975): Notes on a schema for stories. In: Daniel G. Bobrow, Allan M. Collins (Hg.): *Representation and understandig*. New York: Academic Press, 237–272.

Russel, Wallace A., Oskar R. Meseck (1959): Der Einfluß der Assoziation auf das Erinnern von Worten in der deutschen, französischen und eng-

lischen Sprache. *Zeitschrift für experimentelle und angewandte Psychologie*, 6: 191–211.
Sachs, Jaqueline S. (1967): Recognition memory for syntactic and semantic aspects of connected discourse. *Perception and Psychophysics*, 2: 437–442.
Savin, Harris B., Ellen Perchonock (1965): Grammatical structure and the immediate recall of English sentences. *Journal of Verbal Learning and Verbal Behavior*, 4: 348–353.
Schank, Roger C., Robert P. Abelson (1977): *Scripts, plans, and understanding*. Hillsdale, NJ: Erlbaum.
Schnotz, Wolfgang (1993): Mentale Repräsentationen beim Sprachverstehen. *Zeitschrift für Psychologie*, 201: 237–259.
Schöffel, Georg (1989): *Denken in Metaphern. Zur Logik sprachlicher Bilder*. Opladen: Westdeutscher Verlag.
Searle, John (1969): *Speech acts*. London: Cambridge University Press.
Searle, John (1979): Metaphor. In: Andrew Ortony (Hg.): *Metaphor and Thought*. Cambridge: Cambridge University Press, 92–123.
Skinner, Burrhus F. (1957): *Verbal Behavior*. New York: Appleton-Century-Crofts.
Slobin, Dan I. (1966): Grammatical transformations and sentence comprehension in childhood and adulthood. *Journal of Verbal Learning and Verbal Behavior*, 5: 219–227.
Smith, Edward E., Edward J. Shoben, Lance J. Rips (1974): Structure and process in semantic memory: A featural model for semantic decisions. *Psychological Review*, 81: 214–241.
Sökeland, Werner (1980): *Indirektheit von Sprechhandlungen*. Tübingen: Niemeyer.
Thorndyke, Perry W. (1977): Cognitive structures in comprehension and memory of narrative discourse. *Cognitive Psychology*, 9: 77–110.
Thorndyke, Perry W., Frank R. Yekovich (1980): A critique of schema-based theories of human memory. *Poetics*, 9: 23–50.
Thumb, Albert, Karl Marbe (1901): *Experimentelle Untersuchungen über die psychologischen Grundlagen der sprachlichen Analogiebildung*. Leipzig: Engelmann.
Trabasso, Tom, Linda Sperry (1985): Causal relatedness and importance of story events. *Journal of Memory and Language*, 24: 595–611.
Turner, Althea, Edith Greene (1977): *Construction and use of a propositional text base* (Technical Report No. 63. Institute for the Study of Intellectual Behavior, University of Colorado).
Verbrugge, Robert R., Nancy S. McCarrell (1977): Metaphoric comprehension: Studies in reminding and resembling. *Cognitive Psychology*, 9: 494–533.
Wunderlich, Dieter (1974): *Grundlagen der Linguistik*. Reinbek: Rowohlt.

7. Denken

Harald Schaub

Einführung

In den Berichten über Unglücke und Katastrophen spielt »menschliches Versagen« eine entscheidende Rolle. Menschen begehen beim Denken, Entscheiden und Problemlösen in komplexen Situationen Fehler. Darum nimmt gerade in der letzten Zeit das Studium der Denk- und Problemlöseprozesse beim Menschen eine zentrale Stellung im Kanon der psychologischen Fächer ein.

Das Interesse resultiert aus dem Bemühen, die Leistungsfähigkeit unseres Denkens ebenso zu verstehen und zu erklären wie seine zum Teil katastrophalen Fehlleistungen (Reason 1994). Diese Erkenntnisse denkpsychologischer Forschung können im Rahmen von Ausbildung und Training genutzt werden, um das Denken zu verbessern. Darüber hinaus gehen die Ergebnisse in die Konstruktion menschenähnlicher Artefakte in den Bereichen »Künstliche Intelligenz« (Charniak & McDermott 1991), »Robotik« (Lee 1991) und »Künstliches Leben« (Langton 1995) ein. Entsprechend ihrer zentralen Position innerhalb der Psychologie ist die Denkpsychologie Gegenstand fruchtbarer theoretischer Auseinandersetzungen gewesen und hat sich in ihren grundlegenden Positionen ebenso gewandelt wie in ihren Forschungsmethoden (Frensch & Funke 1995; Graumann 1971; Hussy 1993; Lück 1991; Lüer & Spada 1990; Müller & Rittmann 1996; Schäfer 1985). Mit einigen historischen Anmerkungen soll in das Thema eingeführt werden.

Historischer Abriß

Die ersten denkpsychologischen Untersuchungen entstammen der *Assoziationspsychologie*, derzufolge sich Gedanken durch Assoziationen der Ähnlichkeit und des Kontrastes sowie der räumlichen und zeitlichen Nähe ungerichtet ausbreiten (Ebbinghaus 1885). Die Autoren der *Würzburger Schule* bestritten die Annahme ungerichteter Assoziationen und untersuchten »determinierende Tendenzen« und ihre steuernde Funktion beim Denkprozeß (Ach 1905; Bühler 1907, 1908; Selz 1913). Die *Gestaltpsychologie* betonte die zentrale Bedeutung des »Problems« als Ausgangspunkt des Denkens. Problemsituationen sind gestörte Gestalten, die in »gute Gestalten« überführt werden müssen. Denken wird damit wesentlich als Gestalt- und Ordnungsbildung begriffen (Duncker 1935; Köhler 1921; Wertheimer 1964; Übersicht bei Vollmers 1992; vgl. auch Glasers Beitrag zur Wahrnehmungspsychologie).

Diese Strömung mit ihrer zum Teil heute noch modernen Perspektive wurde durch den Nationalsozialismus in Deutschland und durch die zunehmende Dominanz des an der Untersuchung von Denkprozessen nicht interessierten »*Behaviorismus*« (Watson 1984, vgl. Groeben & Erb sowie Bredenkamp) unterbrochen. Zu einer allmählichen Renaissance der Denkpsychologie kam es mit der *kognitiven Wende* in den USA in den späten fünfziger- und sechziger Jahren (Bartlett 1964; Miller, Galanter & Pribram 1973). Denkprozesse wurden als *Informationsverarbeitungsprozesse* interpretiert: Auf der Basis gegebener Regeln wird aus vorhandener Information neue Information erzeugt (Dörner 1976; Klix 1971; Newell & Simon 1972; zu diesem Ansatz in anderen Teilgebieten der Psychologie vgl. auch Abele & Gendolla, Christmann & Groeben sowie Straub). Zentraler theoretischer Aspekt ist hier die der Funktionsweise von Computern entlehnte Unterscheidung von »Wissen« (Speicher) und »Programm«, die es auch nahelegt, Denkprozesse auf Computern nachzubilden (Opwis 1992; Schaub 1993). In jüngerer Zeit wird diese Sichtweise zunehmend aus zwei Richtungen kritisiert.

Zum einen wird behauptet, daß die Trennung von »Wissensspeicher« und »Denkprogramm« für das menschliche Denken nicht gilt (Macdonald 1995; McClelland & Rumelhart 1989; Rumelhart & McClelland 1992; Strohschneider & Schaub 1991b), zum anderen wird kritisiert, daß menschliches Denken kaum verstanden werden kann, wenn nicht seine Einbettung in motivationale, emotionale und soziale Prozesse mitberücksichtigt wird (Abele 1995; Badke-Schaub 1993; Brauneck 1997; Dörner 1996; Dörner, Kreuzig, Reither & Stäudel 1983; Hesse, Spies & Lüer 1983).

Definitionen

Über eine verbindliche Definition des Begriffes »Denken« herrscht bislang keine Einigkeit. Verschiedene Autoren betonen je nach theoretischer Herkunft unterschiedliche Aspekte des Denkens:

- Sigmund Freud (1984): Denken ist internes Probehandeln. Es bedeutet das antizipierte Lösen eines Problems, das nicht sofort überwunden werden kann. Denken ist motiviert und zielt auf die Befriedigung von Bedürfnissen.
- William Stern (1912): Denken ist Zeichen und Erzeugnis eines Konfliktes, aber auch Werkzeug zur Überwindung des Konfliktes.
- Dietrich Dörner (1984): Denken ist eine sequentielle Abfolge elementarer geistiger Operationen zum Zwecke der Überführung eines unbefriedigenden Zustandes in einen befriedigenden Endzustand.
- Werner Krause (1992): Denken ist Ordnungsbildung. Ordnungsbildung wiederum besteht in der Reduktion von Mannigfaltigkeit.
- Hans Aebli (1994): Konstruktives Denken ist das Stiften von Beziehungen zwischen Elementen, die anschaulich oder sprachlich repräsentiert sein können.
- Jean Piaget und Bärbel Inhelder (1989): Denken ist Adaptation und Akkommodation (vgl. Teil IV, »Entwicklungspsychologie«, S. 413). Denken ist Anpassung an Neues, aber auch Integration von Neuem.

Keine dieser Definitionen ist erschöpfend, aber sie benennen eine Reihe von Merkmalen und Voraussetzungen, die eine geistige Aktivität kennzeichnen, die als »Denken« bezeichnet werden kann:

- Wahrnehmung eines Problems;
- Aktiver, kontrollierter und zielgerichteter Prozeß;
- Interner Prozeß, der mit »kognitiven Elementen« wie Vorstellungen oder sprachlichen Begriffen aus dem Gedächtnis arbeitet;
- Seriell oder parallel organisierte Abfolge elementarer kognitiver Operationen;
- Teilweise bewußter Prozeß;
- Neuartige Verknüpfung kognitiver Elemente oder Gewinnung neuer Erkenntnisse aus der Analyse vorhandenen Materials;
- Anpassung existierender kognitiver Strukturen an neue Gegebenheiten;
- Integration neuer Informationen in existierende kognitive Strukturen.

Zusammenfassend werden unter Denken also diejenigen Prozesse subsumiert, die darauf gerichtet sind, unser Wissen über die Welt und unsere Handlungsmöglichkeiten in der Welt zu verändern und zu erweitern.

Denken und Problemlösen

Die Begriffe »Denken« und »Problemlösen« werden in der Litera tur weitgehend synonym behandelt, da die wesentliche Funktion des Denkens im Verbund der menschlichen psychischen Aktivitäten darin besteht, mit Schwierigkeiten umzugehen, also Probleme zu lösen. Ein Problem liegt dann vor, wenn die aktuelle Situation verändert werden soll, aber keine Routinen dafür verfügbar sind. Denken wird in diesem Zusammenhang häufig beschrieben als das Durchschreiten eines sich auffächernden »Problemraumes« (Klix 1971; Newell & Simon 1972).

Dieses Konzept sei am Beispiel des Schachspieles verdeutlicht. Die Startaufstellung ist der Anfang des Problemraumes. Jeder erlaubte Zug stellt einen eigenen »Weg« im Problemraum dar, der sich durch die möglichen Folgezüge weiter auffächert.

Während der Anfänger nur wenige Abzweigungspunkte des Pro-

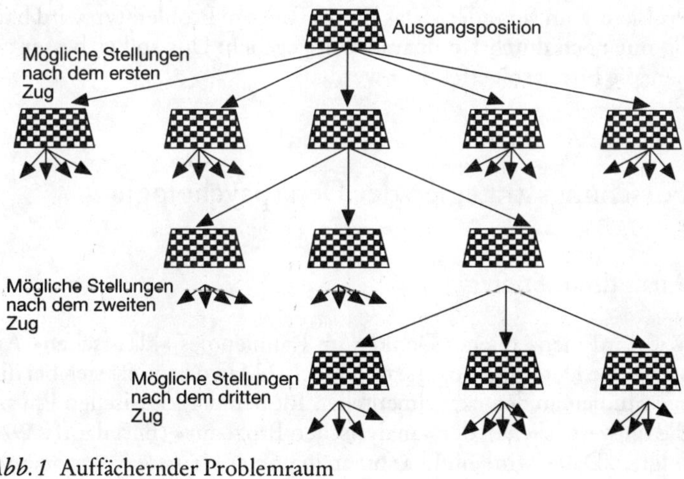

Abb. 1 Auffächernder Problemraum

blemraumes überschaut, kann ein guter Spieler den Problemraum tiefer durchschauen und so das Ziel kontrollierter ansteuern (de Groot 1965; Munzert 1989).

Das Schachspiel ist ein Beispiel für ein Problem, bei dem die Bewegungen im Problemraum (Züge) durch Regeln festgelegt und dem Problemlöser bekannt sind. Die Schwierigkeit besteht darin, die Operatoren (Züge) so zu kombinieren, daß eine der möglichen Zielstellungen erreicht wird. Derartige Probleme werden als »*Interpolationsprobleme*« bezeichnet (Dörner 1976). Probleme, bei denen nicht nur die Kombination der Operatoren unbekannt ist, sondern auch die Operatoren selbst Gegenstand von Denkprozessen sein müssen, weil sie nicht oder nicht vollständig bekannt sind, werden als »*Syntheseprobleme*« bezeichnet. Ein derartiges Problem stellt sich etwa einem Laien, der ein liegengebliebenes Auto wieder flott machen will. Aber auch das klassische Problem der Alchimisten, Gold aus Blei herzustellen, ist ein Syntheseproblem.

Probleme, bei denen selbst das anzustrebende Ziel unklar ist und die Denkprozesse zu seiner Präzisierung und Konkretisierung die entscheidende Anforderung darstellen, werden als »*dialektische Probleme*« bezeichnet (Dörner 1976), weil sich ihre Bearbeitung als dialektische Interaktion von Prozessen der Zielkonkretisierung und der Lösungsannäherung beschreiben läßt. Bei Problemen dieses Typs gibt es keinen festen Problemraum mehr, weil jeder Lösungsschritt, jede Entscheidung für oder gegen ein bestimmtes Teilziel einen völlig neuen Problemraum schafft oder den existierenden Problemraum verändert. Das Ziel bei diesem Problemtyp wird häufig nur noch durch Komparative angegeben: Uns soll es besser gehen; die Firma soll effektiver werden.

Forschungsstrategien der Denkpsychologie

Analytische Strategie

Wie wird menschliches Denken im Rahmen des »klassischen« Ansatzes der Denkpsychologie untersucht? Man orientiert sich bei diesen Studien an den experimentellen Idealen der klassischen Physik, die im wesentlichen der »analytischen Prozedur« (Bertalanffy 1973) folgten. Dabei wird ein Phänomen in immer kleinere Komponenten zerlegt, bis eine Größe erreicht ist, bei der sämtliche Einflußfaktoren kontrolliert werden können und sämtliche Ergebnisvariablen vollständig erfaßt werden. Viele solcher Untersuchungen sollen sich zu einem Wissensbestand über das menschliche Denken kumulieren.

Häufig wird menschliches Denken im Rahmen der analytischen Forschungsstrategie beim Umgang mit Interpolationsproblemen untersucht. Das wohl bestuntersuchte Problem dieser Art ist der »Turm von Hanoi« (s. *Abbildung* 2; Klix 1971). Bei dieser Denkanforderung geht es darum, drei (oder mehr) Scheiben, die der Größe nach geordnet auf dem linken von drei Stäben stecken, derart auf den rechten Stab hinüberzutransportieren, daß nie eine größere Scheibe über eine kleinere Scheibe zu liegen kommt und nie mehr als eine Scheibe bewegt wird.

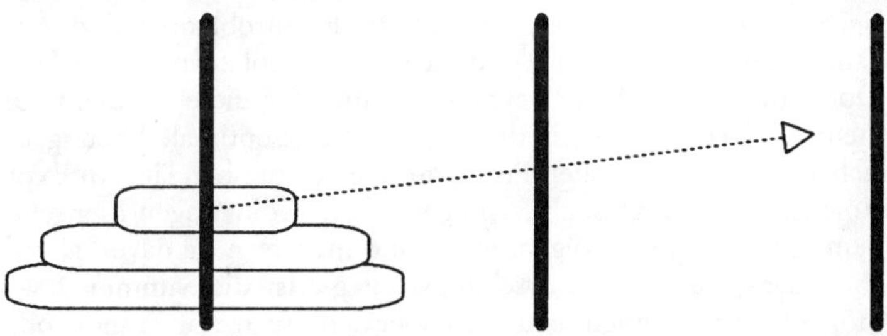

Abb. 2 Turm von Hanoi

Aber auch Syntheseprobleme dienen den Forschern als Untersuchungshintergrund für Denkprozesse. Das sogenannte »Neun-Punkte-Problem« (s. *Abbildung 3*, S. 380) ist ein Beispiel für ein einfaches Syntheseproblem. Bei diesem Problem besteht die Aufgabe darin, neun in einem Quadrat angeordnete Punkte mit vier Geraden so zu verbinden, daß zum einen alle Punkte verbunden werden und zum anderen der Zeichenstift nicht abgesetzt wird (der Trick ist, mit den Linien das 3x3 Quadrat zu verlassen).

Fillbrandt (1989) hat Studien zum »Neun-Punkte-Problem« reanalysiert. Er beschreibt, wie in folgerichtigen Denkschritten die starke »funktionale Gebundenheit« (Duncker 1935) der Punkte überwunden und die Lösung entdeckt werden kann. Fillbrandt verweist auf Ideen der Gestaltpsychologie, die er auf die Thematik anwendet und weiterentwickelt. Er zeigt, wie das Ganze seine Teile durch die geforderte Funktion bestimmt und umgekehrt die Teile das Ganze durch die ausgeübte Funktion.

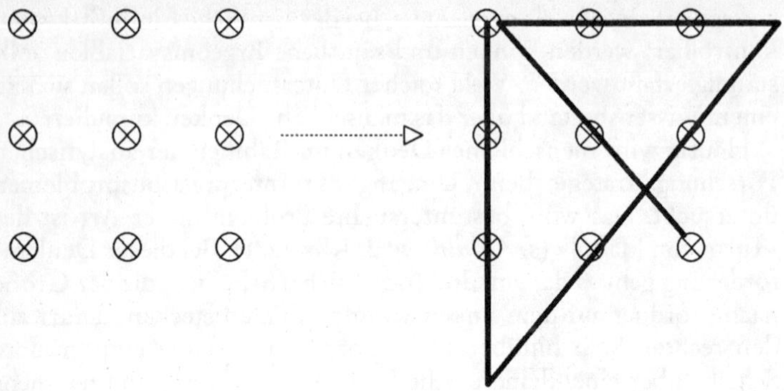

Abb. 3 »Neun-Punkte-Problem«

Bei einfachen Interpolations- und Syntheseproblemen sind Ausgangsposition (Istzustand) und Zielposition (Sollzustand) sowie die Operatoren weitgehend bekannt. Es gibt für diese Probleme oft mehrere mögliche, aber in der Regel nur eine optimale Lösung, die sich als Weg im endlichen Problemraum beschreiben läßt. In Experimenten wird untersucht, unter welchen Bedingungen Menschen dem optimalen Weg folgen, wann und inwiefern sie davon abweichen. Das Ziel dieser Forschungsstrategie ist die Sammlung von möglichst allgemeinen (natürlich über den »Turm von Hanoi« oder das »Neun-Punkte-Problem« hinausweisenden) *Suchalgorithmen*, denen das menschliche Denken folgt; »Denken« wird im wesentlichen als Suchprozeß interpretiert (Klix 1971; Lüer & Spada 1990). Allerdings drängt sich im Rahmen der analytischen Strategie die Frage der Verallgemeinerbarkeit solcher Experimente auf. Dazu muß die Angemessenheit der zugrunde liegenden Voraussetzungen diskutiert werden:

- *Die Ausgangssituation ist klar*. Aber: Bei vielen Problemen ist der Ausgangszustand keineswegs klar. Oft muß erst analysiert werden, welche Eigenschaften die momentane Situation kennzeichnen. Die Informationssuche ist somit Teil des Denk- und Problemlösevorgangs.
- *Das Ziel ist klar*. Aber: Häufig ist nur eine dumpfe Unzufriedenheit mit der gegenwärtigen Situation vorhanden, ohne eine klare Vorstellung eines Zieles. Oder es werden zwar klare, aber sehr verschiedene Ziele verfolgt, die einander widersprechen. Die Zielbildung und -konkretisierung ist Ingredienz vieler Problemlöseprozesse.

- *Die Operatoren und ihre Anwendungsregeln sind bekannt.* Aber: Bei den meisten Problemen sind die verschiedenen denkbaren Maßnahmen und ihre Anwendungsbedingungen oft nicht oder nur zum Teil bekannt. Operatoren müssen im Verlauf des Problemlöseprozesses exploriert werden.
- *Die Problemstellung ist zeitlich stabil.* Aber: In der Regel entwickelt sich ein Problem mit und auch ohne das Zutun des Problemlösers weiter. Der Umgang mit »Zeit« ist ein Element des Denkprozesses.
- *Der Problemraum ist endlich.* Aber: Schon relativ einfache Probleme bestehen aus zu vielen relevanten Einflußfaktoren mit zu vielen Interaktionen, als daß die Größe des Problemraumes bestimmt werden könnte. Solche Probleme bleiben für den Problemlöser zumindest teilweise undurchschaubar. Die Auflösung dieser Intransparenz ist dem Denkprozeß zuzuordnen.
- *Soziale, emotionale und motivationale Einflußgrößen sind vernachlässigbar.* Aber: In vielen Situationen werden Probleme nicht nur von einer Person, sondern von mehreren Menschen gemeinsam bearbeitet. Daß Denken nicht unabhängig von Emotion und Motivation ist, ist der Selbstbetrachtung unmittelbar zugänglich: Unter Ärger verlaufen Denkprozesse anders, und auch die Motivation und das Interesse an einer Sache beeinflussen das Denken nachhaltig.

Die genannten Voraussetzungen werden beim Einsatz der analytischen Strategie der Erforschung des menschlichen Denkens häufig implizit als gegeben angenommen. Mittels der analytischen Strategie sollen irrelevante Faktoren eliminiert werden, um das »reine« Denken studieren zu können. Diese Strategie hat den großen Vorteil, daß Experimente unter weitestgehend kontrollierbaren und wiederholbaren Bedingungen durchgeführt werden können. Der Prozeß des »alltäglichen« Denkens wird im psychologischen Labor so lange von störendem Beiwerk befreit, bis das Denken alleine, ohne andere psychische Prozesse zutage tritt. Allerdings besteht die Gefahr, daß die analytische Strategie nicht zu einer Reduktion auf das Wesentliche des Denkens führt, sondern vielmehr das Wesentliche, das Denken selbst, verlorengeht. Insbesondere ist die Übertragbarkeit der Ergebnisse auf das Denken und Problemlösen im Zusammenhang mit anspruchsvolleren Problemen oder gar Problemen aus dem Alltag fragwürdig. Bischof (1981) hat deshalb darauf hingewiesen, daß das wissenschaftstheoretische Ideal der Psychologie nicht die Physik, sondern viel eher die Biologie sein müßte. Beide Wissenschaften, Biologie und Psychologie, beschäftigen sich mit »Systemen«, die für bestimmte Zwecke »konstruiert« wurden und die ihr Verhalten zielgerichtet einsetzen.

Systemorientierte Strategie

Die eingeschränkte Relevanz der isolierten Analyse des Denkens beim Bearbeiten einfacher Problemsituationen führt seit Anfang der achtziger Jahre zu einer Betrachtungsweise, die zum einen Situationen berücksichtigt, deren Eigenschaften alltäglichen Anforderungen möglichst ähnlich sind, und die zum anderen das Denken nicht von den anderen psychischen Prozessen isoliert. Es wird keine Analyse im Sinne der Zerlegung des interessierenden Phänomens betrieben, sondern das interessierende Phänomen wird als Teil umfassenderer Systeme verstanden und untersucht.

Komplexe Situationen

Vor welchen Problemen steht beispielsweise der Bürgermeister einer Kleinstadt? Er muß Ziele für die Entwicklung der Stadt erarbeiten und seine Vorstellungen mit den politischen Gremien der Stadt abstimmen. Er muß über eine Vielzahl von Informationen über die Stadt, ihre Geschichte, ihren gegenwärtigen Zustand und ihre vermutliche Entwicklung verfügen oder sich solche Informationen beschaffen. Er muß negative Prozesse verhindern oder bremsen und positive Entwicklungen unterstützen. Alle diese Anforderungen kann er nicht in Ruhe erledigen, sondern er steht unter Zeitdruck, unter dem Druck anderer Mandatsträger und dem Druck der politischen Rahmenbedingungen. Er muß verschiedene Ansprüche ausbalancieren, dabei seine Entscheidungen oft unter Unsicherheit treffen und darf bei Mißerfolgen nicht resignieren.

Solche Probleme werden nicht wie Denksportaufgaben »gelöst«; das Denken muß sich vielmehr mit stets ändernden Bedingungen und den Effekten des eigenen Handelns auseinandersetzen. Derartige Probleme werden als »komplex« und »dynamisch« bezeichnet. Sie unterscheiden sich durch eine Reihe von Merkmalen von den im Rahmen der analytischen Strategie verwendeten einfachen Denksportaufgaben. Sie sind:

- *Umfangreich*: Die Probleme bestehen aus vielen Variablen, die beachtet werden müssen und deren Zustand der Problemlöser kennen sollte.
- *Vernetzt*: Die Variablen stehen nicht isoliert nebeneinander, sondern sie beeinflussen sich gegenseitig über Verbindungen unterschiedlicher Richtung, Charakteristik und Stärke. Die Vernetztheit hat zur Folge, daß Nebenwirkungen und Fernwirkungen auftreten können.
- *Intransparent*: Komplexe Probleme sind für den Problemlöser unter den gegebenen Zeitrestriktionen selten vollständig durchschaubar. Es kann unklar bleiben, welche Aspekte überhaupt zum Problem gehören, welche nicht und in welchem Zustand sich diese Variablen befinden. Intransparenz führt dazu, daß der Problemlöser unter Unsicherheit handeln muß.
- *Dynamisch*: Im Gegensatz zu statischen Problemen (wie etwa dem Schachspiel) verändern sich komplexe Probleme auch ohne das Zutun des Problemlösers.
- *Verschiedenartige Ziele*: Komplexe Probleme sind häufig nicht auf eine Variable hin optimierbar, sondern der Problemlöser muß zur gleichen Zeit mehrere, oft einander widersprechende Ziele im Auge haben. Er muß sich überlegen, wie die verschiedenen Ziele miteinander kombiniert und ausbalanciert werden können, und für welche Schwerpunkte er sich entscheiden soll.
- *Vielfältige Eingriffsmöglichkeiten*: Der Problemlöser hat in der Regel keine vollständigen oder ausreichenden Informationen über mögliche Maßnahmen und ihre Anwendungsbedingungen. Nur selten gibt es eine einzige »richtige« Maßnahme, mit der das Problem bewältigt werden kann.

Komplexe Probleme sind nicht dadurch lösbar, daß, wie etwa bei einem Interpolationsproblem, bestimmte Züge entsprechend bekannter Regeln durchgeführt oder, wie etwa bei einem logischen Schlußproblem, die Prämissen mit den richtigen Inferenzregeln verknüpft werden. Es gibt keine eindeutige Lösung; komplexe Probleme können nur mehr oder weniger effektiv bearbeitet werden.

Der Schwerpunkt der psychologischen Analyse verschiebt sich damit von der Beurteilung des Ergebnisses des Denkens («richtig« – »falsch«) hin zur Betrachtung des *Prozesses*: Wie ist der Problemlöser vorgegangen, welche Ziele hat er verfolgt, welche Maßnahmen hat er geplant, welche Informationen hat er berücksichtigt, welche nicht, wie hat er auf Erfolge und Mißerfolge reagiert. Die Erfor-

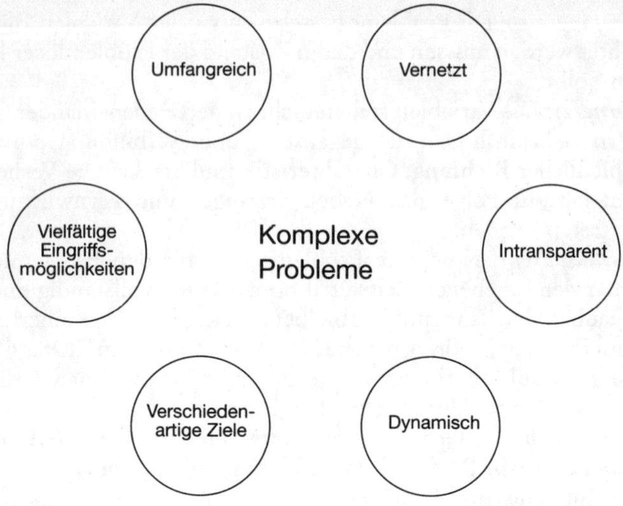

Abb. 4 Merkmale komplexer Probleme

schung des Denkens und Problemlösens beim Umgang mit komplexen Problemen zielt also nur in zweiter Hinsicht auf Aussagen über die »Problemlösefähigkeit von Menschen«. Sie zielt als prozeßorientierte Betrachtungsweise auf die grundlegenden Gesetzmäßigkeiten, auf Stärken und Schwächen unseres kognitiven Systems. Dadurch können Theorien konstruiert werden, die einem erweiterten Verständnis der Funktionsweise der menschlichen Geistestätigkeit und der Ursachen für Fehler, die Menschen beim Umgang mit derartigen Problemen haben, Rechnung tragen (Reason 1994).

Eine systemorientierte Forschungsperspektive konzentriert sich auf die Untersuchung verschiedener Phasen und Prozesse im Ablauf der Problembearbeitung. Die Anforderungen, die komplexe Probleme in dieser Hinsicht stellen, sind sehr vielfältig. Zwar variieren sie in ihrer Ausprägung von Problem zu Problem, im allgemeinen aber sind bei der Bearbeitung eines komplexen Problems eine Reihe von Teilleistungen unterscheidbar (Dörner u.a. 1983; Schaub 1993):

- *Zielbildung:* Zielvorstellungen sind häufig nur sehr global und müssen konkretisiert werden. Es muß geklärt werden, welche Aspekte verändert werden sollen und welcher Zustand der Zielvariablen angestrebt wird.
- *Zustandsanalyse:* Es ist wichtig zu wissen, welche Variablen ein

Problem konstituieren und welchen Zustand sie im Moment haben.

- *Modellbildung:* Für eine zielgerichtete Problembearbeitung ist ein gedankliches Modell der Situation Voraussetzung. Es muß Zustand, Struktur und Entwicklung des Problems abbilden.
- *Schwerpunktbildung:* Die Schwerpunkte des Problemlösens sollten auf solche Aspekte gelegt werden, die wichtig und dringlich sind.
- *Maßnahmenanalyse:* Es muß Wissen darüber erworben werden, was getan werden kann und welche möglichen Fern- und Nebenwirkungen dies hat.
- *Planung:* Die Vorgehensweise *sollte* geplant werden, verschiedene Maßnahmen koordiniert werden.
- *Realisierung:* Maßnahmen müssen durchgeführt und durchgesetzt werden.
- *Effektkontrolle:* Die Effekte der Maßnahmen und mögliche Diskrepanzen sind zu prüfen.
- *Revision und Adaptation:* Neue Informationen sollten genutzt werden. Das eigene Problemlöseverhalten ist zu prüfen.

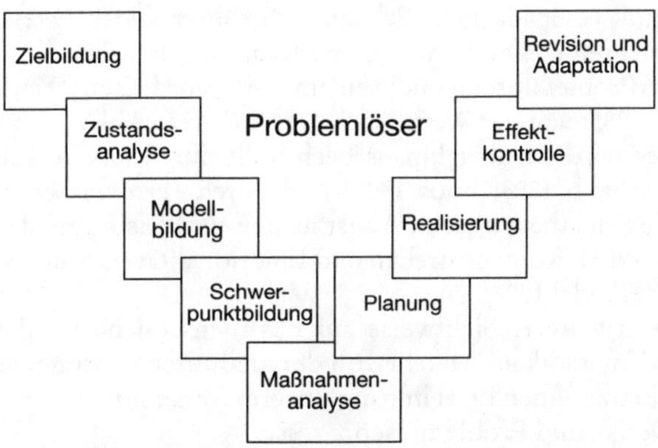

Abb. 5 Anforderungen an den Problemlöser

Mit dieser Anforderungsliste werden aus einer normativen Perspektive die verschiedenen Aufgaben beschrieben, die das Denken beim Umgang mit einem komplexen und dynamischen Problem erfüllen sollte. Dieser normative Maßstab sollte nicht in dem Sinne verstanden werden, daß die einzelnen Schritte der Reihe nach abgearbeitet werden sollten, vielmehr kann oftmals ein Rückbezug zwischen den verschiedenen Anforderungen notwendig sein. Demzufolge darf sich auch die denkpsychologische Analyse nicht auf isolierte Teilleistungen beschränken, denn es ist gerade die Fähigkeit zur Organisation, Koordination und Integration dieser Teilleistungen, die »operative Komponente« (Dörner 1986), die einen ganz entscheidenden Teil der Denkfähigkeit darstellt.

Denken und andere psychische Prozesse

Die Betrachtung der Anforderungen alltagsnaher komplexer Probleme im Sinne der systemorientierten Forschungsstrategie macht deutlich, daß »Denken unter Normalbedingungen« in enger Interaktion mit anderen Aspekten der Persönlichkeit abläuft (Dörner, Schaub, Stäudel & Strohschneider 1988; Roth 1989). Neben elementaren kognitiven Fähigkeiten, wie sie etwa durch Intelligenztests erfaßt werden (Jäger 1973; Kail & Pellegrino 1985; Strohschneider 1991; Süß 1996; Süß, Oberauer & Kersting 1993), spielen allgemeine *strategische* und *heuristische Kompetenzen* (Dörner 1986; Putz-Osterloh & Köster 1988), *Planungsfähigkeit* (Funke & Fritz 1995; Strohschneider & von der Weth 1993) ebenso eine Rolle wie das *Wissen* (Mandl & Spada 1988; Schaub & Strohschneider 1992). Diese Komponenten stehen in Wechselwirkung mit den aktuellen *Motiven* des Problemlösers und seinem übergeordneten *Wertsystem* (Reither 1985; von der Weth 1990). Der konkrete Ablauf des Denkprozesses wird darüber hinaus beeinflußt durch *soziale* Faktoren (Badke-Schaub 1993; Boos 1996) und durch *Persönlichkeitsmerkmale* wie Selbstbewußtsein, Ängstlichkeit und Risikofreude (Dörner et al. 1983), Kontrollstreben und Emotionalität (Dörner & Stäudel 1991; Stäudel 1987).

Diese erweiterte Sichtweise auf das menschliche Denken bedeutet keine radikale Abkehr von der analytischen Strategie, sondern führt zu einer Erweiterung unseres Verständnisses menschlicher Denk- und Problemlöseprozesse.

Empirische Ergebnisse

Methodische Vorbemerkungen

Die Umsetzung der systemorientierten Sichtweise stößt wie fast jede Form experimentell-psychologischer Forschung unter realen Lebenssituationen auf eine Fülle von Schwierigkeiten und Probleme der Wiederholbarkeit, der Kontrollierbarkeit und Protokollierbarkeit (vgl. aber Frankenberger & Badke-Schaub 1997). Ein Ausweg, der sich anbietet, ist die Konfrontation von Probanden mit *computersimulierten, realitätsähnlichen Szenarien* unter kontrollierten Laborbedingungen. Bekannt geworden ist die Computersimulation »Lohhausen« (Dörner u. a. 1983), die die wesentlichen Variablen und Zusammenhänge einer kleinen Stadt nachbildet. Der Proband wird gebeten, die Rolle des Bürgermeisters dieser Stadt zu übernehmen und ihre Geschicke zu lenken. Die Simulation erzeugt sehr viele Informationen und Daten, die abgefragt und verändert werden können. Maßnahmen der Probanden haben dann Effekte innerhalb des simulierten Szenarios, die wiederum simuliert und rückgemeldet werden, so daß sich über die Zeit ein dynamischer Ablauf ergibt.

»Lohhausen« war Auslöser für eine überaus fruchtbare Entwicklung. Mittlerweile gibt es Simulationen von sehr vielen unterschiedlichen Problemstellungen. Diese reichen von umfangreichen, betriebswirtschaftlich orientierten Simulationen (z. B. MANUTEX: Ramnarayan, Strohschneider & Schaub 1997; AIRPORT: Obermann, o. J.), über sozio-medizinische Simulationen (z. B. AIDS: Badke-Schaub 1993), technische Probleme (z. B. MASCHINE: von der Weth 1990; MIX: Fischer, Oellerer, Schilde & Kluwe 1990), Probleme aus dem Bereich der Entwicklungshilfe (z. B. MORO: Dörner, Stäudel & Strohschneider 1986) und allgemein ökologischen Simulationen (z. B. KUERA: Dörner & Preussler 1990) bis hin zu speziellen Problemstellungen für konkrete Untersuchungszwecke (z. B. FEUER: Dörner & Pfeifer 1992; KÜHLHAUS: Reichert & Dörner 1988; DYNAMIS: Funke 1993; Vollmeyer, Burns & Holyoak 1996; LINAS: Putz-Osterloh 1993; JOGI: Schoppek 1996; eine Übersicht findet sich bei Funke 1992). Die Probanden werden bei der Bearbeitung dieser Szenarien über den Ablauf und die zu erreichenden Ziele instruiert; sie sollen zum Beispiel bestimmte Sollwerte erreichen, das System in einen »besseren« Zustand bringen oder sie sollen das System kennenlernen. Dabei wird unterstellt, daß die Probanden so agieren, wie sie dies in einer realen Situation auch täten.

Die Brauchbarkeit von computerunterstützten Problemen und Planspielen zur Erforschung des Denkens und Problemlösens wird immer wieder in Frage gestellt. So versucht Funke (1995) zu zeigen, daß die Gestaltung wirklichkeitsnaher Planspielsimulationen und die Übersetzung der Labor-Szenario-Ergebnisse in die Wirklichkeit äußerst problematisch sind. Insbesondere kritisiert er die mangelnde Validität und Reliabilität der computersimulierten Planspiele, was die mit dem Forschungsparadigma »Computersimulationen« gewonnenen Erkenntnisse über das komplexe Problemlösen relativiere.

Forschungsergebnisse

Viele empirische Studien haben gezeigt, daß das Denken und Problemlösen in komplexen Situationen von einer Reihe von Faktoren beeinflußt werden. Es sollen einige Beispiele herausgegriffen werden, die im Rahmen der analytischen und systemorientierten Strategie erhoben wurden.

Motivation: Hesse, Spies und Lüer (1983) demonstrierten die Abhängigkeit der Lösungsgüte bei der Bearbeitung eines komplexen Problems von der Motivation der Probanden. Die Autoren gaben zwei Gruppen von Probanden das computersimulierte Szenario der Ausbreitung einer Epidemie zur Bearbeitung vor. Dabei wurde das Ausmaß der Betroffenheit manipuliert, indem die eine Gruppe die Information erhielt, daß es sich bei der Krankheit um eine gefährliche Pockenepidemie handelt, die andere Gruppe erhielt die Information, daß eine harmlose Grippeepidemie vorliege. Es zeigten sich signifikante Unterschiede in der Lösungsgüte und der Problemorientierung.

Motivationen wirken aber nicht nur beeinflussend auf die Art und Weise des Denkens und Problemlösens. Motivationen erzeugen vor allem die Ziele, auf die das Denken ausgerichtet wird (Hacker 1986). Ziele kommen aber nicht »irgendwoher«, sondern Ziele sind Ausdruck der aktuellen und der antizipierten Bedürfnislage des Individuums (vgl. zu den Begriffen »Motiv« und »Ziel« auch Schultheiß und Brunstein).

Emotion: Die Rolle der Emotionen wird in den meisten Ansätzen unterschätzt. »Wenn Emotionen überhaupt beachtet werden, so wird ihre Vermittlerrolle dadurch auf ein Minimum reduziert, daß sie vollständig auf Denk- und Urteilsprozesse (z.B. Kausalattributionen) zurückgeführt werden und keine eindeutigen Annahmen über eine eigenständige funktionale Bedeutung verschiedener Emotionen bei der Verhaltenssteuerung formuliert werden« (Kuhl 1983).

Schwarz (1989) zeigte, daß nicht nur dem Denken, sondern auch den Emotionen eine informationsverarbeitende Rolle zukommt. Auch Abele (1991) hat die Bedeutung von Stimmungseinflüssen auf Denken und Leistung nachgewiesen. Dies wurde an unterschiedlichen Problemvarianten gezeigt. Die Rolle der Emotion im Verhältnis zu Denken und Problemlösen im Rahmen von sportlichen Leistungen diskutieren Härer und von der Weth (1995). Sie zeigen, daß ein angemessenes Zusammenspiel von Emotion, Kognition und Motivation erst durch Erfahrung erworben werden kann.

Persönlichkeitsfaktoren: In verschiedenen Untersuchungen wurden die Einflüsse differentieller Persönlichkeitsfaktoren auf Denk- und Problemlöseprozesse untersucht, wobei – mit wenigen Ausnahmen (Branke 1993) – die Interaktion mehrerer Aufgaben- und Personenmerkmale nicht berücksichtigt wurde.

Brunstein (1989) untersuchte die differentiellen Effekte von handlungs- versus lageorientierten Formen der Mißerfolgsbewältigung auf das Leistungsverhalten (vgl. zur Handlungs- versus Lageorientierung Schultheiß & Brunstein). Er zeigte, daß handlungsorientierte Probanden ihre Leistungsfähigkeit trotz wiederholter Mißerfolgsrückmeldungen erhalten konnten. Darüber hinaus reagierten sie auf neue Problemlöseaufgaben mit erhöhter Erfolgszuversicht und erzielten auch signifikante Leistungsverbesserungen. Demgegenüber entwickelten lageorientierte Probanden nach Mißerfolg Symptome der Hilflosigkeit und verzeichneten im Vergleich zu handlungsorientierten Leistungseinbußen.

Auch das »Geschlecht« wurde im Zusammenhang mit Denken und Problemlösen untersucht. Stäudel (1988) verglich das Problemlöseverhalten von Männern und Frauen. Sie konnte zeigen, daß sich Männer und Frauen hinsichtlich ihres aktuellen Verhaltens und ihrer Leistung nicht unterscheiden; allerdings beschrieben Frauen sich als weniger selbstsicher und stärker gestreßt als Männer. Frauen attribuierten Mißerfolge häufiger internal (siehe auch Wisselinck 1996).

Intelligenz: Eine oft diskutierte Einflußgröße des Denk- und Problemlöseprozesses ist Intelligenz. Daß intelligente Menschen besser mit schwierigen Problemen fertig werden sollten, deckt sich mit dem »Alltagsverständnis« von Intelligenz. Aber beim Vergleich von Intelligenztestwerten mit der Problemlöseleistung in komplexen Situationen haben sich in der Regel keine oder nur sehr schwache Zusammenhänge ergeben (Dörner u. a. 1983; Hörmann & Thomas 1989; Putz-Osterloh & Lüer 1981; Strohschneider 1991; Süß 1996).

Diese Untersuchungen zeigen unter anderem, daß die Klarheit der definierten Zielsituation des Problems moderierend auf den Zusammenhang zwischen Problemlösegüte und Testintelligenz einwirkt. Je exakter die Zielvorgaben sind, desto größer ist der Zusammenhang. Dies heißt aber nichts anders als: Je weniger die Probleme Merkmale komplexer Situationen haben und je ähnlicher sie den Anforderungen eines Intelligenztests werden, desto besser ist die Vorhersageleistung des Intelligenztests. Intelligenztests prüfen vermutlich basale kognitive Fertigkeiten, deren Vorhandensein eine notwendige, aber nicht hinreichende Voraussetzung für Denk- und Problemlöseprozesse sind (vgl. Rosts Beitrag über Intelligenz). Was hinzukommen muß, ist das situationsadäquate Zusammenspiel der unterschiedlichen Fähigkeiten, die »operative Intelligenz« (Dörner 1986; Wittmann & Süß 1996).

Die Forschung zum Thema »Weisheit« verbindet Fragen der Denkpsychologie mit der Intelligenzforschung und Entwicklungspsychologie (Staudinger & Baltes 1996). Weisheit wird definiert als Expertentum für grundlegende Anforderungen des Lebens. Dabei zeigt sich Weisheit durch ausgeprägtes Wissen und Urteilsfähigkeit im Umgang mit schwierigen Problemen der Lebensgestaltung und ist somit als optimales Denken im Alter zu verstehen.

Wissen: Eng verbunden mit dem Aspekt der Intelligenz ist der Wissensaspekt (Funke 1992; Hörmann & Thomas 1989; Kersting & Süss 1995; Schaub & Strohschneider 1992). Es läßt sich zeigen, daß bei Problemlöseprozessen das Vorwissen der Probanden eine wichtige Rolle spielt. Zwei Arten von Wissen, heuristisches und epistemisches Wissen, sind für Denk- und Problemlöseprozesse besonders interessant. Mit epistemischem Wissen ist das Wissen um konkrete Sachverhalte gemeint, also Faktenwissen. Mit heuristischem Wissen wird die Kenntnis um die Generierung neuen Wissens bezeichnet (Dörner et al. 1983; Schaub & Strohschneider 1992). Heuristisches Wissen ist in komplexen Problemsituationen fast immer notwendig, da Lösungen generiert werden müssen, die eine Reihe von neuen, unbekannten Aspekten beinhalten, so daß kaum auf Routinelösungen (epistemisches Wissen) zurückgegriffen werden kann.

Ein wichtiger Teil der Wissenspsychologie ist der Vergleich von Experten und Novizen (Anfängern). Beliebtes Untersuchungsthema sind dabei Schachspieler (de Groot 1965), so zum Beispiel in einer Untersuchung von Gruber und Strube (1989). Sie untersuchten Schachnovizen, Partieschachexperten und Problemschachexperten. Dabei zeigte sich zum einen, daß diese drei Gruppen über ein unterschiedliches deklaratives Regelwissen verfügen. Zum anderen zeigte sich, daß beim Lösen von Schachproblemen allgemeinere

Faktoren von Expertise, also heuristisches Wissen, die größte Rolle spielte.

Eine besondere »Wissensform« bezüglich der Nutzung durch Denkprozesse ist »träges Wissen«. Renkl (1996) versteht darunter Wissen, welches nicht für die Problemlösung genutzt wird. Für dieses Phänomen gibt es unterschiedliche Erklärungen, zum Beispiel die Strukturdefiziterklärung, die von Defiziten im Wissen selbst ausgeht in dem Sinne, daß das Wissen in einer Form vorhanden ist, die seine Anwendung erschwert.

Sprache: Der Zusammenhang zwischen Sprache und Denken ist ein Forschungsthema, welches von verschiedenen Autoren immer wieder angegangen wird. Die *Sapir-Whorf-Hypothese* (Whorf 1984) behauptet praktisch eine Identität zwischen Sprache und Denken. Empirische Studien konnten im Bereich der Problemlöseforschung bislang diese These weder bestätigen noch widerlegen. Hussy (1987) untersuchte beispielsweise die Steuerungsfunktion der Sprache beim Problemlösen. Die Ergebnisse zeigen die Bedeutsamkeit der Steuerungsfunktion des begleitenden Verbalisierens und die stabilisierende und aktualisierende Funktion des geleiteten nachträglichen Verbalisierens.

Sprache dient in der Denk- und Problemlöseforschung nicht nur als Untersuchungsobjekt, sondern in Form des »lauten Denkens« (Deffner 1984) auch als Untersuchungsmethode. Die Probanden werden aufgefordert, während sie an einem Problem arbeiten, alles, was ihnen durch den Kopf geht, laut zu verbalisieren. Knoblich und Rhenius (1995) untersuchten, inwieweit das laute Denken den Problemlöseprozeß im Sinne einer reaktiven Messung beeinflußt. Sie fanden bei der Lösungsgüte keine, bei den verwendeten Strategien deutliche Unterschiede. Die Aufforderung zum Verbalisieren bei der Steuerung eines dynamischen Systems beeinflußt also den Problemlöseprozeß.

Engelkamp (1986) betont die kategorisierende, die gliedernde und die illustrierende Funktion von Sprache beim Problemlösen. Die Sprache beeinflußt durch die Wahl der Bezeichnung, wie Objekte erkannt und im Gedächtnis repräsentiert werden. Durch die Wahl der syntaktischen Struktur wird die Gliederung von Ereignissen beeinflußt. Sprache hat also eine ordnende Funktion auf das Problemlösen.

Soziale Aspekte: Den meisten Untersuchungsansätzen ist gemein, daß sie den Menschen als Einzelindividuum verstehen, dessen kognitive Ausstattung in Bezug auf eine zu bewältigende Realität zu begreifen ist. Unberücksichtigt bleibt dabei, daß die Alltagssituation des Menschen die eines sozial agierenden Wesens ist, selbst wenn die Sozialpartner nur »implizit« anwesend sind. Einige Untersuchungen zum Problemlösen haben in der letzten Zeit versucht, dieser Idee Rechnung zu tragen (Badke-Schaub 1993; Boos 1996; van der Linden, Erkens & Nieuwenhuysen 1995). So konnte Badke-Schaub beispielsweise zeigen, daß die Varianz der Problemlösegüte bei Gruppen deutlich niedriger ist als bei Einzelpersonen. Dies bedeutet, daß Gruppen eher zu einer mittleren Leistung tendieren, Einzelpersonen eher zu sehr guten oder sehr schlechten Ergebnissen.

Diagnose: Bis heute ist die Frage unbeanwortet, ob es eine eigenständige und diagnostizierbare Problemlösefähigkeit gibt. Dies kann beispielsweise durch die Untersuchung von Putz-Osterloh und Köster (1988) illustriert werden, die komplexe Denk- und Entscheidungsstrategien von Offiziersanwärtern bei der Bearbeitung eines computersimulierten Planspiels erfaßten. Die Autoren berichten, daß zwar das Planspiel auf Leistungs- und Strategieebene zwischen den Bewerbern differenzierte; darüber hinaus fanden die Autoren aber keine Zusammenhänge zwischen der Leistung im Planspiel, standardisierten Leistungsmaßen oder dem Eignungsgrad.

Anwendung: Die Forschungen zum Denken und Problemlösen in komplexen Situationen haben vor dem Hintergrund der systemorientierten Sichtweise traditionell einen starken Bezug zu *anwendungsorientierter* Forschung. Gerade im Bereich der Konstruktion (z. B. von Maschinen) zeigen sich dafür einige Beispiele. Sachse und Hacker (1995) versuchen Ergebnisse der Grundlagenforschung auf den Konstruktionsbereich zu übertragen. Im Vordergrund stehen die Rolle des menschlichen Gedächtnisses, des Wissens sowie das Problemlösen von Konstrukteuren. Ehrlenspiel (1993) zeigt anhand konkreter Beispiele typische Denkfehler bei der Maschinenkonstruktion. Die Bildung von denk- und problemlösespezifischen Theorien auf der Grundlage von Einzelfällen aus dem Konstruktionsbereich in der Praxis zeigen Frankenberger und Badke-Schaub (1997).

Ausblick

In diesem Überblick wurden neuere Richtungen und Ergebnisse der Denkpsychologie vorgestellt. Dabei mußten natürlich bestimmte Schwerpunkte gesetzt werden. Die gesamte Denkpsychologie befindet sich in einer dynamischen Entwicklungsphase, so daß kein abgerundetes Bild gezeichnet werden kann. Immer wieder werden neue empirische Ergebnisse berichtet, methodische Weiterentwicklungen vorgestellt und neue Anwendungsgebiete erschlossen. Auch manche theoretischen Aspekte werden noch außerordentlich kontrovers behandelt. Dazu sollen abschließend einige Diskussionsthemen genannt werden:

- Erörtert wird das Problem, welche Rolle implizites (nicht verbalisierbares) Wissen und implizite Lernprozesse bei der menschlichen Handlungsregulation spielen (Haider 1992).
- Untersucht wird die Frage, inwieweit die Anforderungen, die komplexe Probleme stellen, als objektive, quasi physikalische Größen zu definieren sind oder ob es sich dabei vor allem um subjektive Wahrnehmungen handelt (Funke 1990; Putz-Osterloh & Bott 1990).
- Insbesondere im Bereich der Personalauswahl wird diskutiert, inwieweit es sinnvoll ist, eine »allgemeine Problemlösefähigkeit« anzunehmen oder eher von bereichsspezifischen Problemlösekompetenzen auszugehen (Schuler & Funke 1991).
- Eine weiterhin offene Forschungsfrage ist auch, in welcher Hinsicht sich »Experten« in einem bestimmten Realitätsbereich in ihrem Denken und Handeln von Anfängern unterscheiden (Hacker 1992).
- Ganz neue Anforderungen an die menschliche Denk- und Problemlösefähigkeit stellt die multimediale Darbietung von Informationen (Hasebrook 1995).
- Trotz des Ansatzes von Newell (1990) zu den ›Unified theories of cognition‹ steht die »große« Theorie des Denkens und Problemlösens noch aus.

Was die allgemeine Weiterentwicklung der Denkpsychologie anbelangt, so zeichnen sich im Moment drei unterschiedliche Tendenzen ab. Eine Forschungsrichtung versucht, mit der reduktionistischen Methode der analytischen Forschungsstrategie durch »isolierte Bedingungsvariation« die verschiedenen Faktoren zu isolieren, die beim Umgang mit Problemsituationen eine Rolle spielen. Eine zweite Forschungsrichtung versucht statt dessen, im Rahmen der systemorientierten Forschungsstrategie durch die Gestaltung möglichst reichhaltiger und anforderungsreicher Problemszenarios viele Aspekte realen Problemlösens im Labor beobachtbar zu machen. Eine dritte Richtung schließlich verzichtet ganz auf kontrollierte Laborstudien und konzentriert sich auf die einzelfallorientierte Feldforschung, auf die Beobachtung von Problemlöseprozessen in ihrem natürlichen Umfeld.

Die Entwicklung einer allgemeinen Theorie menschlichen Denkens und Problemlösens wird ganz wesentlich davon abhängen, inwieweit es gelingt, die unterschiedlichen Erkenntnismethoden und Forschungsbereiche der Psychologie zu integrieren.

Literatur

Abele, Andrea (1995): *Stimmung und Leistung*. Göttingen: Hogrefe.

Abele, Andrea (1991): *Auswirkungen von Wohlbefinden oder: Kann gute Laune schaden?* Weinheim: Juventa.

Ach, Narziß (1905): Über die Willenstätigkeit und das Denken. Göttingen: Vandenhoeck & Ruprecht.

Aebli, Hans (1994): *Denken: Das Ordnen des Tuns* (2. Aufl.). Bd. 4: Denkprozesse. Stuttgart: Klett-Cotta.

Badke-Schaub, Petra (1993): *Gruppen und komplexe Probleme: Strategien von Kleingruppen bei der Bearbeitung einer simulierten AIDS-Ausbreitung*. Frankfurt/M.: Lang.

Bartlett, Frederic (1964): *Thinking: An Experimental and Social Study* (2. Aufl.). London: Unwin University Books.

Bertalanffy, Ludwig von (1973): *General Systems Theory: Foundations, Development, Applications*. Harmondsworth: Penguin Books.

Bischof, Norbert (1981): Aristoteles, Galilei, Kurt Lewin und die Folgen. In: Wolfgang Michaelis (Hg.): *Bericht über den 32. Kongreß der DGfP, Zürich 1980*. Göttingen: Hogrefe, 17–39.

Boos, Margarete (1996): *Entscheidungsfindung in Gruppen. Eine Prozeßanalyse*. Bern: Huber.

Bühler, Karl (1907): Tatsachen und Probleme zu einer Psychologie der Denkvorgänge. I. Über Gedanken. *Archiv für die gesamte Psychologie*, 9: 297–365.

Bühler, Karl (1908): Tatsachen und Probleme zu einer Psychologie der Denkvorgänge. II. Über Gedankenzusammenhänge. III. Über Gedankenerinnerungen. *Archiv für die gesamte Psychologie*, 12: 1–92.

Branke, Sylvia (1993): *Die Interaktion von Personen- und Aufgabenmerkmalen beim komplexen Problemlösen.* Universität Mainz: Dissertation.

Brauneck, Anne-Eva (1997): Fühlen und Denken. Frankfurt/M.:Lang.

Brunstein, Joachim C. (1989): Handlungsorientierte versus lageorientierte Reaktionen auf versuchsleiterinduzierte Mißerfolgsereignisse. *Zeitschrift für Experimentelle und Angewandte Psychologie*, 36: 349–367.

Charniak, Eugene, Drew McDermott (1991): *Introduction to Artificial Intelligence* (6. Aufl.). Reading, MA: Addison-Wesley.

Deffner, Gerhard (1984): *Lautes Denken: Untersuchung zur Qualität eines Datenerhebungsverfahrens.* Frankfurt/M.: Lang.

Dörner, Dietrich (1976): *Problemlösen als Informationsverarbeitung.* Stuttgart: Kohlhammer.

Dörner, Dietrich (1984): Denken, Problemlösen und Intelligenz. *Psychologische Rundschau,* 32: 10–20.

Dörner, Dietrich (1986): Diagnostik der operativen Intelligenz. *Diagnostica*, 32: 290–308.

Dörner, Dietrich (1988): Die kleinen grünen Schildkröten und die Methoden der Experimentalpsychologie. *Sprache & Kognition*, 7: 86–97.

Dörner, Dietrich (1996): *Die Logik des Mißlingens.* Reinbek: Rowohlt.

Dörner, Dietrich, Heinz W. Kreuzig, Franz Reither, Thea Stäudel (1983): *Lohhausen. Vom Umgang mit Unbestimmtheit und Komplexität.* Bern: Huber.

Dörner, Dietrich, Erdmut Pfeifer (1992): Strategisches Denken, strategische Fehler, Streß und Intelligenz. *Sprache & Kognition*, 11: 75–90.

Dörner, Dietrich, Walburga Preußler (1990): Die Kontrolle eines einfachen ökologischen Systems. *Sprache & Kognition*, 9: 205–217.

Dörner, Dietrich, Harald Schaub, Thea Stäudel, Stefan Strohschneider (1988): Ein System zur Handlungsregulation oder: Die Interaktion von Emotion, Kognition und Motivation. *Sprache & Kognition*, 7: 217–232.

Dörner, Dietrich, Thea Stäudel (1991): Emotion und Kognition. In: Klaus Scherer (Hg.): *Psychologie der Emotion. Enzyklopädie der Psychologie.* Bd. 3.4.3. Göttingen: Hogrefe, 293–344.

Dörner, Dietrich, Thea Stäudel, Stefan Strohschneider (1986): *MORO: Programmdokumentation.* Memorandum 23, Lehrstuhl Psychologie II der Universität Bamberg.

Duncker, Karl (1935): *Zur Psychologie des produktiven Denkens.* Berlin: Springer.

Ebbinghaus, Hermann (1885): *Über das Gedächtnis.* Leipzig: Duncker & Humboldt.

Ehrlenspiel, Klaus (1993): Denkfehler bei der Maschinenkonstruktion: Beispiele, Gründe und Hintergründe. In: Stefan Strohschneider, Rüdiger von der Weth (Hg.): *Ja, mach nur einen Plan: Pannen und Fehlschläge; Ursachen, Beispiele, Lösungen.* Bern: Huber, 196–207.

Engelkamp, Johannes (1986): Sprache, Wahrnehmen und Denken. In: Hans G. Bosshardt (Hg.): *Perspektiven auf Sprache. Interdisziplinäre Beiträge zum Gedenken an Hans Hörmann.* Berlin: de Gruyter, 111–129.

Fillbrandt, Hartmut (1989): Das Ganze und das Teil: Die Lösungslogik beim »Neun-Punkte-Problem«. *Archiv für Psychologie*, 141: 9–26.

Fischer, Christina, Norbert Oellerer, Andree Schilde, Rainer H. Kluwe (1990): *System »Mix«: Development of a Research Instrument for the Experimental Investigation of Human Process Control.* Hamburg: Bericht 1.1 aus der ESPRIT Basic Research Action »KAUDYTE«: Knowledge Acquisition and Use in Dynamic task Environments.

Frensch, Peter A., Joachim Funke (1995): *Complex Problem Solving: The European Perspective*. Hillsdale, NJ: Lawrence Erlbaum.

Freud, Sigmund (1984): *Vorlesung zur Einführung in die Psychoanalyse.* Frankfurt/M.: Fischer TB.

Funke, Joachim (1990): Systemmerkmale als Determinanten des Umgangs mit dynamischen Systemen. *Sprache & Kognition*, 9: 143–154.

Funke, Joachim (1992): *Wissen über dynamische Systeme: Erwerb, Repräsentation und Anwendung*. Berlin: Springer.

Funke, Joachim (1993): Microworlds Based on Linear Equation Systems: A New Approach to Complex Problem Solving and Experimental Results. In: Gerd Strube, Karl-Friedrich Wender (Hg.): *The Cognitive Psychology of Knowledge*. Amsterdam: Elsevier Science Publishers, 313–330.

Funke, Joachim (1995): *Erforschung komplexen Problemlösens durch computerunterstützte Planspiele: Kritische Anmerkungen zur Forschungsmethodologie*. Göttingen: Verlag für angewandte Psychologie, 205–216.

Funke, Joachim, Annemarie Fritz (Hg.) (1995): *Neue Konzepte zur Planungsdiagnostik*. Bonn: Deutscher Psychologen Verlag.

Frankenberger, Eckhardt, Petra Badke-Schaub (1997): Influences on Design Productivity – Empirical Investigations of Group Design Processes in Industry. In: A Duffy (Hg.): The Design Productivity Debate. London: Springer.

Graumann, Carl. F. (1971): *Denken (5. Aufl.)*. Köln: Kiepenheuer & Witsch.

Groot, Adriaan D. de (1965): *Thought and Choice in Chess*. The Hague: Mouton.

Gruber, Hans, Gerhard Strube (1989): Zweierlei Experten: Problemisten, Partiespieler und Novizen beim Lösen von Schachproblemen. *Sprache & Kognition*, 8: 72–85.

Hacker, Winfried (1986): *Arbeitspsychologie*. Berlin: Deutscher Verlag der Wissenschaften.

Hacker, Winfried (1992): *Expertenkönnen*. Stuttgart: Kohlhammer.

Hasebrook, Joachim. (1995): *Multimedia-Pschologie*. Heidelberg: Spektrum.

Härer, Kerstin, Rüdiger von der Weth (1995): Wieviel man nachdenken muß, um etwas ins Gefühl zu bekommen. In: Jürgen R. Nitsch, Allmer Henning: *Emotionen im Sport. Zwischen Körperkult und Gewalt*. Bericht über die Tagung der asp vom 8. bis 10. September 1994 in Köln anlässlich ihres 25jährigen Bestehens. Köln: bps-Verlag, 106–113.

Haider, Hilde (1992): Implizites Wissen und Lernen. Ein Artefakt? *Zeitschrift für Experimentelle und Angewandte Psychologie*, 39: 68–100.

Hesse, Friedrich W., Kordelia Spies, Gerd Lüer (1983): Einfluß motivationaler Faktoren auf das Problemlöseverhalten im Umgang mit komplexen Problemen. *Zeitschrift für Experimentelle und Angewandte Psychologie*, 30: 400–424.

Hörmann, Hans-Jürgen, Michael Thomas (1989): Zum Zusammenhang zwischen Intelligenz und komplexem Problemlösen. *Sprache & Kognition*, 8: 23–31.

Hussy, Walter (1987): Zur Steuerfunktion der Sprache beim Problemlösen. *Sprache & Kognition*, 6: 14–22.

Hussy, Walter (1993): *Denken und Problemlösen*. Stuttgart: Kohlhammer.

Jäger, Adolf O. (1973): *Dimensionen der Intelligenz* (3. Aufl.). Göttingen: Hogrefe.

Kail, Robert V., James W. Pellegrino (1985): *Human Intelligence*. New York: Freeman.

Kersting, Martin, Heinz-Martin Süss (1995): Kontentvalide Wissensdiagnostik und Problemlösen: Zur Entwicklung, testtheoretischen Begründung und empirischen Bewährung eines problemspezifischen Diagnoseverfahrens. *Zeitschrift für Pädagogische Psychologie*, 9: 83–93.

Klix, Friedhart (1971): *Information und Verhalten*. Berlin: Deutscher Verlag der Wissenschaften.

Kluwe, Rainer H. (1990): Problemlösen, Entscheiden und Denkfehler. In: Graf Carl Hoyos, Bernhard Zimolong (Hg.): *Ingenieurpsychologie. Enzyklopädie der Psychologie*. Bd. 4.3.2. Göttingen: Hogrefe, 121–147.

Kluwe, Rainer H., Andree Schilde, Christian Fischer, Norbert Oellerer (1991): Problemlöseleistungen beim Umgang mit komplexen Systemen und Intelligenz. *Diagnostica*, 37: 291–313.

Knoblich, Günther, Detlef Rhenius (1995): Zur Reaktivität Lauten Denkens beim komplexen Problemlösen. *Zeitschrift für Experimentelle Psychologie*, 42: 419–454.

Köhler, Wolfgang (1921): *Intelligenzprüfungen an Menschenaffen*. Berlin: Springer.

Krause, Werner (1992): Zur Messung geistiger Leistung: Eine alte Idee und ein neuer Ansatz. *Zeitschrift für Experimentelle und Angewandte Psychologie*, 39: 114–128.

Kuhl, Julius (1983): Emotion, Kognition und Motivation: Die funktionale Bedeutung der Emotion für das problemlösende Denken und für das konkrete Handeln. *Sprache & Kognition*, 2: 228–253.

Langton, Christopher G. (Hg.) (1995): *Artificial Life. An Overview*. Cambridge, MA: MIT Press.

Lee, Mark H. (1991): Intelligente Roboter. Weinheim: VCH.

Linden, Jos van der, Gijsbert Erkens, Tonie Nieuwenhuysen (1995): Gemeinsames Problemlösen in Gruppen. *Unterrichtswissenschaft*, 23: 301–315.

Lück, Helmut E. (1991): *Geschichte der Psychologie: Strömungen, Schulen, Entwicklungen*. Stuttgart: Kohlhammer.

Lüer, Gerd, Hans Spada (1990): Denken und Problemlösen. In: Hans Spada (Hg.): *Lehrbuch Allgemeine Psychologie*. Bern: Huber.
Macdonald, Cynthia (1995): *Connectionism*. Oxford: Blackwell.
Mandl, Heinz, Hans Spada (Hg.) (1988): *Wissenspsychologie*. München: Psychologie Verlags Union.
McClelland, James L., David E. Rumelhart (1989): Parallel Distributed Processing: *Explorations in the Microstructure of Cognition*, Vol. 2 Psychological and Biological Models (9. Aufl.). Cambridge, MA: MIT Press.
Miller, George A., Eugene Galanter, Karl H. Pribram (1973): *Strategien des Handelns. Pläne und Strukturen des Verhaltens*. Stuttgart: Klett (Original 1960).
Müller, Bernd, Rosmarie Rittmann (1996): *Gehirn, Gedächtnis, neuronale Netze*. Würzburg: Vogel.
Munzert, Reinhard (1989): *Schachpsychologie*. Hollfeld: Beyer.
Newell, Allen (1990): *Unified theories of Cognition*. Cambridge, MA: Harvard University Press.
Newell, Allen, Herbert A. Simon (1972): *Human Problem Solving* (3. Aufl.). Englewood Cliffs: Prentice Hall.
Obermann, Christof (o. J.): *Airport: Diagnostik des komplexen Problemlösens*. Göttingen: Testzentrale des Berufsverbandes deutscher Psychologen.
Opwis, Klaus (1992): *Kognitive Modellierung*. Bern: Huber.
Piaget, Jean, Bärbel Inhelder (1989): *Die Psychologie des Kindes* (3. Aufl.) München: Klett-Cotta.
Putz-Osterloh, Wiebke (1993): Unterschiede im Erwerb und in der Reichweite des Wissens bei der Steuerung eines dynamischen Systems. *Zeitschrift für Experimentelle und Angewandte Psychologie*, 40: 386–410.
Putz-Osterloh, Wiebke, Brigitte Bott (1990): Sind objektive Systemmerkmale auch subjektiv als Anforderungen wirksam? *Zeitschrift für Experimentelle und Angewandte Psychologie*, 37: 281–303.
Putz-Osterloh, Wiebke, Kristin Köster (1988): Diagnostik komplexer Denk- und Entscheidungsstrategien bei einem computersimulierten Planspiel. *Untersuchungen des Psychologischen Dienstes der Bundeswehr*, 23: 223–255.
Putz-Osterloh, Wiebke, Gerd Lüer (1981): Über die Vorhersagbarkeit komplexer Problemlöseleistung durch Ergebnisse in einem Intelligenztest. *Zeitschrift für Experimentelle und Angewandte Psychologie*, 28: 309–334.
Ramnarayan, Subramaniam, Stefan Strohschneider, Harald Schaub (1997): Trappings of Expertise and the Pursuit of Failure. *Simulation & Gaming*, 3, 28: 28–43.
Reason, James (1994): Menschliches Versagen. Heidelberg: Springer.
Reichert, Ute, Dietrich Dörner (1988): Heurismen beim Umgang mit einem »einfachen« dynamischen System. *Sprache & Kognition*, 7: 12–24.
Reither, Franz (1985): Wertorientierung in komplexen Entscheidungssituationen. *Sprache & Kognition*, 4: 21–27.

Renkl, Alexander (1996): Träges Wissen: Wenn Erlerntes nicht genutzt wird. *Psychologische Rundschau*, 47: 78–92.
Roth, Erwin (Hg.) (1989): *Denken und Fühlen*. Berlin: Springer.
Rumelhart, David E., James L. McClelland (1992): *Parallel Distributed Processing: Explorations in the Microstructure of Cognition*. Bd. 1 Foundations (10. Aufl.). Cambridge, MA: MIT Press.
Sachse, Pierre, Winfried Hacker (1995): *Wie denkt und handelt der Konstrukteur?* Forschungsbericht 24. Dresden: Universität Dresden.
Schäfer, Ralf E. (1985): *Denken : Informationsverarbeitung, mathematische Modelle und Computersimulation*. Berlin: Springer.
Schaub, Harald (1993): *Modellierung der Handlungsorganisation*. Bern: Huber.
Schaub, Harald, Stefan Strohschneider (1992): Die Auswirkungen unterschiedlicher Problemlöseerfahrung auf den Umgang mit einem unbekannten komplexen Problem. *Zeitschrift für Arbeits- und Organisationspsychologie*, 36: 117–126.
Schoppek, Wolfgang (1996): *Kompetenz, Kontrollmeinung und komplexe Probleme. Zur Vorhersage individueller Unterschiede bei der Systemsteuerung*. Bonn: Holos.
Schuler, Heinz, Uwe Funke (Hg.) (1991): *Eignungsdiagnostik in Forschung und Praxis*. Stuttgart: Verlag für angewandte Psychologie.
Schwarz, Norbert (1989): Feelings as Information: Informational and Motivational Functions of Affective States. In: Tory E. Higgins, Richard M. Sorrentino (1990): *Handbook of motivation and cognition. Foundations of social behavior*. Bd. 2. New York: Guilford Press, 527–561.
Selz, Otto (1913): *Über die Gesetze des geordneten Denkverlaufs*. Stuttgart: Spemann.
Staudinger, Ursula M., Paul B. Baltes (1996): Weisheit als Gegenstand psychologischer Forschung. *Psychologische Rundschau*, 47: 57–77.
Stäudel, Thea (1987): *Problemlösen, Emotionen und Kompetenz. Die Überprüfung eines integrativen Konstrukts*. Regensburg: Roderer.
Stäudel, Thea (1988): *Men and Women: Same Effectivity, Same Behavior, but Different Self-Images*. Memorandum 58, Lehrstuhl Psychologie II Universität Bamberg.
Stern, Wilhelm (1912): *Die psychologischen Methoden der Intelligenzprüfung und deren Anwendung an Schulkindern*. Leipzig: Barth.
Strohschneider, Stefan (1991): Problemlösen und Intelligenz: Über die Effekte der Konkretisierung komplexer Probleme. *Diagnostica*, 37: 353–371.
Strohschneider, Stefan, Harald Schaub (1991a): Können Manager wirklich so gut managen? Über die Effekte unterschiedlichen heuristischen Wissens beim Umgang mit komplexen Problemen. *Zeitschrift für Psychologie* Supplement 11: 325–340.
Strohschneider, Stefan, Harald Schaub (1991b): Konnektionismus und kognitive Psychologie. *Systeme*, 5: 132–152.
Strohschneider, Stefan, Rüdiger von der Weth (Hg.) (1993): *Ja, mach nur*

einen Plan: Pannen und Fehlschläge; Ursachen, Beispiele, Lösungen. Bern: Huber.

Süß, Heinz-Martin (1996): *Intelligenz, Wissen und Problemlösen*. Göttingen: Hogrefe.

Süß, Heinz-Martin, Klaus Oberauer, Martin Kersting (1993): Intellektuelle Fähigkeiten und die Steuerung komplexer Systeme. *Sprache & Kognition*, 12: 83–97.

Vollmers, Burkhard (1992): *Kreatives Experimentieren: die Methodik von Jean Piaget, den Gestaltpsychologen und der Würzburger Schule*. Wiesbaden: Deutscher Universitäts-Verlag.

Vollmeyer, Regina, Bruce D. Burns, Keith J. Holyoak, (1996): The Impact of Goal Specificity on Strategy Use and the Acquisition of Problem Structure. *Cognitive Science*, 20: 75–100.

Watson, John B. (1984): *Behaviorismus* (3. Aufl.). Frankfurt/M.: Fachbuchhandlung für Psychologie.

Wittmann, Werner W., Heinz-Martin Süß (1996): Intelligenz, Wissen und Handeln: Auf der Suche nach der operativen Intelligenz. Vortrag, 40. Kongreß der DGfP in München.

Wertheimer, Max (1964): *Produktives Denken* (2. Aufl.). Frankfurt/M.: Kramer.

Weth, Rüdiger von der (1990): *Zielbildung bei der Organisation des Handelns*. Frankfurt/M.: Lang.

Wisselinck, Erika (1996): *Frauen denken anders*. Wiesbaden: Feministischer Buchverlag.

Whorf, Benjamin L. (1984): *Sprache, Denken, Wirklichkeit: Beiträge zur Metalinguistik und Sprachphilosophie*. Reinbek: Rowohlt.

Teil IV
Entwicklungspsychologie

1. Kindheit

ELFRIEDE BILLMANN-MAHECHA

Kindheit als bedeutsamer Lebensabschnitt

Der Lebensabschnitt Kindheit reicht nach unserem heutigen Verständnis bis zum elften, zwölften Lebensjahr. Die Zeit bis zum zweiten, dritten Lebensjahr wird als frühe Kindheit bezeichnet, wobei die vorgeburtliche Entwicklung mit einbezogen wird. Diese Einteilung ist nicht in erster Linie entwicklungspsychologisch begründet, sondern entspricht unserer kulturell vermittelten Auffassung vom menschlichen Lebenslauf. Seit der Antike sind verschiedene Einteilungen des menschlichen Lebenslaufes in charakteristische Stufen oder Phasen bekannt, die eng mit bestimmten philosophischen und religiösen Konzeptionen verbunden sind (vgl. Rosenmayr 1978).

Die Bedeutung der Kindheit für den weiteren Lebensverlauf wurde besonders im 18. Jahrhundert reflektiert und auch in der ersten psychologischen Fachzeitschrift, dem ›Magazin zur Erfahrungsseelenkunde‹ (1783 bis 1793), diskutiert. Ein prominentes Beispiel hierfür ist der autobiographische Roman ›Anton Reiser‹ von Karl Philipp Moritz, der in Teilstücken von 1785 bis 1790 erschienen ist. In diesem Roman wird erzählt und analysiert, wie anscheinend geringfügige Umstände der kindlichen Lebenswelt das ganze weitere Leben beeinflussen können.

Seit Beginn des 20. Jahrhunderts wird insbesondere seitens der Psychoanalyse die prägende Bedeutung der sozial-emotionalen Erfahrungen während der Kindheit für die spätere Persönlichkeitsentwicklung betont (vgl. Popp-Baier). Betrachtet man zudem die beeindruckend rasche körperliche und kognitive Entwicklung in den ersten Lebensjahren sowie den Erwerb der wichtigsten Kulturtechniken bis zum Ende der Grundschulzeit, so ist die Bedeutung der Kindheit evident. Allerdings gehen wir heute nicht mehr davon aus, die Entwicklung sei mit dem Ende der Kindheit mehr oder weniger abgeschlossen. Auch spätere Erfahrungen können unser Leben entscheidend prägen (vgl. Filipp 1995; Olbrich); Berufswelt und gesellschaftliche Veränderungen erfordern Lernen und Weiterbildung bis weit über die Schulzeit hinaus. Belastende, traumatische Kindheitserfahrungen führen auch nicht zwangsläufig zu späteren Persönlichkeitsstörungen; vielmehr sind bei der Art der Bewältigung belastender Kindheitserfahrungen erhebliche individuelle Unterschiede zu verzeichnen.

In der Psychologie wird die Kindheit vor allem im Hinblick auf die Entwicklung zentraler psychischer Funktionsbereiche thematisiert. Die sozial-emotionale, die sprachliche, die moralische und die kognitive Entwicklung stehen dabei im Mittelpunkt der Aufmerksamkeit. Hinzu kommt die Untersuchung wichtiger Charakteristika der Kindheit wie zum Beispiel des kindlichen Spiels, der Entwicklung der Geschlechtsidentität oder der prägenden Wirkung der Schule (vgl. Oerter 1995). Neue Forschungsmethoden haben in den letzten zehn, zwanzig Jahren auch Einblicke in die Erfahrungswelt ganz junger Säuglinge ermöglicht, die Anlaß geben, das gängige Bild eines passiven, weitgehend nur aus Reflexen oder Trieben bestehenden Wesens gründlich zu revidieren (vgl. Dornes 1993).

Zusätzlich zu den entwicklungspsychologischen Betrachtungsweisen der Kindheit hat sich in den letzten fünfzehn Jahren eine sozialwissenschaftliche Kindheitsforschung etabliert, in der aus interdisziplinärer Perspektive die konkreten Lebensbedingungen von Kindern in den westlichen Industrienationen, aber auch in anderen Kulturen (vgl. Trommsdorff 1995), untersucht werden. Die historische Sozialisationsforschung befaßt sich darüber hinaus mit den epochalen und zeitgeschichtlichen Veränderungen der kindlichen Lebenswelt (vgl. Berg 1991). Einen guten Überblick über Fragestellungen und methodische Ansätze der Kindheitsforschung gibt das Handbuch von Markefka und Nauck (1993).

Historische Aspekte

Zur Geschichte der Kindheit

Die wohl populärste Arbeit zur Geschichte der Kindheit schrieb Philippe Ariès 1960. Er interpretierte verschiedene historische Quellen dahingehend, daß die Menschen zur Zeit des l'ancien régime noch kaum Vorstellungen über einen eigenen Lebensabschnitt

Kindheit ausgeprägt hatten: »Die Dauer der Kindheit war auf das zarteste Kindesalter beschränkt...; das Kind wurde also, kaum daß es sich physisch zurechtfinden konnte, übergangslos zu den Erwachsenen gezählt, es teilte ihre Arbeit und ihre Spiele.« (Ariès 1978, S. 46) Seit der breiten Rezeption von Ariès' Untersuchungen ist die These, Kindheit sei eine »Entdeckung« der Neuzeit, nahezu Allgemeingut. Auch wenn diese These im Lichte weiterer historischer Untersuchungen beträchtlich eingeschränkt werden muß (vgl. z.B. Arnold 1980; Shahar 1991), besteht doch weitgehend Einigkeit darüber, im Prozeß der Zivilisation sei eine zunehmende Distanzierung zwischen Erwachsenen und Kindern im alltäglichen Lebensvollzug zu verzeichnen.

Die mit dieser Distanzierung einhergehende Betrachtung des Kindes als ein »anderes« Wesen ist sicherlich mit ein Grund dafür, daß das Kind im 18. Jahrhundert verstärkt zum Gegenstand wissenschaftlicher Untersuchungen geworden ist. Es entstanden nicht nur pädagogische Abhandlungen und kinderpsychologische Arbeiten; auch in der Medizin wurde das Kind als Objekt der Wissenschaft »entdeckt« (vgl. Wiesbauer 1981). Gleichzeitig etablierte sich mit der Kinder- und Jugendliteratur ein neuer Literaturzweig (vgl. Ewers 1980). Das heißt aber nicht, daß es nicht schon vor dem 18. Jahrhundert pädagogische oder kinderpsychologische Überlegungen gab; es heißt nur, daß sich die Wissenschaften und auch die Literatur aufgrund bestimmter gesellschaftlicher Wandlungsprozesse im 18. Jahrhundert erstmals ganz explizit und mit großer öffentlicher Resonanz dem Kinde zuwandten.

Nachdem sich seit dem 18. Jahrhundert zunehmend ein gesellschaftliches Bewußtsein für die Besonderheit des Lebensabschnittes Kindheit durchsetzte, geht seit etwa fünfzehn Jahren das Schlagwort vom »Verschwinden der Kindheit« um (vgl. Postman 1983). Gemeint ist damit nicht, daß es Kindheit als solche nicht mehr gebe. Vielmehr wird in medienkritischer Absicht argumentiert, der umfangreiche Fernsehkonsum eröffne Kindern, die noch nicht lesen und schreiben können, einen Zugang zur Erwachsenenwelt, der so jungen Kindern früher verschlossen war.

Diese Kritik ist berechtigt und notwendig; allerdings kann aus einem ungehinderten Medienkonsum noch nicht auf ein Verschwinden der Kindheit geschlossen werden. Vielmehr scheint die Distanzierung zwischen Kindern und Erwachsenen in anderen Lebensbereichen eher noch zuzunehmen. Kinder haben in der Regel kaum noch die Möglichkeit, die Berufswelt ihrer Eltern kennenzulernen oder gar an ihr teilzuhaben. In den Industrienationen verbringt wohl die Mehrzahl der Kinder einen großen Teil ihrer Zeit in schulischen und außerschulischen Institutionen, in denen sie vorwiegend in altershomogenen Gruppen unterrichtet und betreut werden. Schlagworte wie »institutionalisierte Kindheit«, »verplante Kindheit« und »Verinselung« der kindlichen Lebenswelt sollen die damit verbundenen Erfahrungen charakterisieren. Statt von einem Verschwinden der Kindheit zu sprechen, scheint es deshalb sinnvoller, die Widersprüche heutiger Kindheit zu thematisieren, die sich zwischen der Distanzierung im gelebten Leben und der Aufhebung dieser Distanz beim Konsum von Erfahrungen aus zweiter Hand ergeben.

Kindheitsbilder

Bei historischen Betrachtungen sind die sich verändernden konkreten Lebensbedingungen von Kindern in einer bestimmten Epoche und an einem bestimmten Ort deutlich zu unterscheiden von idealen Entwürfen und Vorstellungen von Kindheit, die in einer Epoche oder in einer Gesellschaft bestehen. Solche Vorstellungen nennen wir Kindheitsbilder. Historische Kindheitsbilder sind vor allem über ihre literarische Thematisierung und über pädagogische Entwürfe zugänglich.

Kindheitsbilder gab es bereits vor der »Entdeckung« der Kindheit; besonders ausgeformt wurden sie aber im späten 18. Jahrhundert. Nach Richter (1987) entstand in jener Zeit die Vorstellung, das Kind sei Natur, wobei »Natur« verschiedenen Interpretationen unterzogen wurde. Einerseits wurde das Kind als »wild« im Sinne von ungebildet aufgefaßt, als Noch-nicht-Mensch, dem alles, was die Menschheit erreicht hat und noch erreichen soll, anerzogen werden kann und soll. Insbesondere die sogenannten Wunderkinder dienten dabei als Beispiele gelungener Erziehung; verbunden war diese Vorstellung mit der im bürgerlichen Zeitalter aufkommenden Hoffnung auf eine »grenzenlose Bestimmbarkeit« des Kindes durch Erziehung, wodurch »dem Schicksal der Geburt durch Bildung zu entgehen sei« (Richter 1987, S. 251). Andererseits erschien das Kind aber auch als »wild« im Sinne von unverbildet, als besserer Mensch wie der »edle Wilde« in der damaligen ethnologischen Diskussion. Dieses Kindheitsbild, inspiriert von Rousseaus ›Émile‹, implizierte gleichzeitig eine Gesellschaftskritik an erlebten Deformationen im Zivilisationsprozeß. »Wildes Kind und Wunderkind sind die gegensätzlichen Kindheitsmythen des 18. Jahrhunderts, die, von den äußersten Grenzen des ›Möglichen‹ her, das zeitgenössische Bild vom Zivilisationsgeschöpf Kind umschreiben.« (Richter 1987, S. 156)

Johann Gottfried Herders geschichtsphilosophischer Entwurf implizierte ein weiteres Kindheitsbild, das nicht auf verschiedene Naturvorstellungen zurückgreift (vgl. Ewers 1989). Herders Analogisierung zwischen der Menschheitsentwicklung und den verschiedenen Altersstufen läßt ihn ein Bild vom Kind zeichnen, das durch Ehrfurcht, Autoritätsgläubigkeit und eine Neigung zum Zauberhaften bestimmt ist. Die Kindheit erscheint als »goldenes Zeitalter«, und die Entwicklung wird aufgefaßt als ein autonomer Wachstumsprozeß, als organische Entfaltung bereits vorhandener innerer Anlagen. Vorgezeichnet ist damit eine Konzeption vom Menschen und speziell vom Kind, die heute »Organismusmodell« genannt wird.

Nach Reese und Overton (1979) beruht die gegenwärtige Entwicklungspsychologie im wesentlichen auf zwei Metamodellen, dem organismischen und dem mechanistischen Menschenbildmodell (vgl. Groeben & Erb). Nicht nur das organismische, auch das mechanistische wurzelt kulturgeschichtlich im 18. Jahrhundert. Die behavioristisch orientierten Lerntheorien des 20. Jahrhunderts beispielsweise erinnern an das oben erwähnte Bild von der grenzenlosen Bestimmbarkeit des Kindes durch Erziehung.

Kinderpsychologie

Auch für die Geschichte der Kinderpsychologie ist das späte 18. Jahrhundert von Bedeutung. Der Grund hierfür liegt nicht nur in der »Entdeckung« der Kindheit, sondern auch darin, daß sich im 18. Jahrhundert die Psychologie erstmals als empirische Wissenschaft verstand, obwohl ihre universitäre Etablierung erst rund hundert Jahre später erfolgte. Als historischer Wegbereiter erwähnenswert ist der Philosoph Johann Nicolas Tetens (1736–1807). Tetens legte 1777 ein zweibändiges Werk mit dem Titel ›Philosophische Versuche über die menschliche Natur und ihre Entwicklung‹ vor. In den letzten zwei Kapiteln finden wir einen programmatischen Entwurf für eine umfassende Entwicklungspsychologie, die als wegweisend angesehen werden kann, wie folgendes Zitat andeutet: »Allemal aber kann die Frage: was kann aus dem Menschen werden, und was und wie soll man es aus ihm machen? nur gründlich und bestimmt beantwortet werden, wenn die theoretische: was ist der Mensch? was wird er und wie wird ers in den Umständen und unter dem Einflusse der moralischen und physischen Ursachen, unter denen er in der Welt sich befindet? vorher bestimmt und deutlich beantwortet ist.« (Tetens 1979, S. 373)

Drei Aspekte von Tetens' Denken sind nach Reinert (1982, S. 183f.) auch heute noch von großer Bedeutung:

1. Tetens trennt zwischen erzieherischer Nutzanwendung und entwicklungspsychologischen Fragestellungen. Zunächst müssen die allgemeinen Entwicklungsgesetze herausgefunden werden.

2. Er benennt als grundlegende psychologische Methode die Beobachtung. Auf dieser Basis erst kann die Gewinnung von Hypothesen und weiterführenden Schlüssen gelingen.

3. Er betrachtet die Entwicklung über die gesamte Lebensspanne, von der Zeugung bis zum Tod. Als wichtigste Entwicklungsbedingungen sieht er neben den individuellen Anlagen auch die verschiedensten Umwelteinflüsse.

Obwohl Tetens also bereits 1777 ein Programm für eine die gesamte Lebensspanne umfassende Entwicklungspsychologie vorlegte, konzentrierte sich die Forschung bis weit in das 20. Jahrhundert hinein auf den Lebensabschnitt der Kindheit. Als weitere Wegbereiter der wissenschaftlichen Entwicklungspsychologie seien exemplarisch noch Dietrich Tiedemann und Adolphe Quételet erwähnt:

Dietrich Tiedemann legte 1787 ein auf systematische Beobachtung gegründetes psychologisches Tagebuch einer Kleinkindentwicklung vor. Tiedemann nahm seinem kleinen Sohn gegenüber die Rolle eines »objektiven Beobachters« ein und ordnete seine Beobachtungen nach zeitlichen Kriterien, »weil auf die Zeitbestimmung im Fortgang der Entwickelung sehr vieles ankommt, und weil eben diese bisher am wenigsten ist beobachtet worden« (Tiedemann 1897, S. 4).

Der Aspekt der Zeitlichkeit, der Ablauf von Phänomenen in der Natur und auch in der Lebensgeschichte der Menschen, war den Wissenschaften im 18. Jahrhundert ein großes Anliegen. Neben der Zeitlichkeit gewann die Methode der Beobachtung an Bedeutung. Die Entwicklung neuer technischer Instrumente, insbesondere des Mikroskops, förderten die theoretische Auseinandersetzung mit der Methode der Beobachtung besonders in den Naturwissenschaften. Beide Aspekte, den der Zeitlichkeit und den der Bedeutung der Beobachtung, finden wir in Tiedemanns Aufzeichnungen verbunden. Es sei allerdings erwähnt, daß Tiedemann nicht, wie in vielen Lehrbüchern angegeben, der erste war, der ein Tagebuch einer Kindesentwicklung verfaßte. Von 1601 bis 1628 führte bereits Jean Héroard ein Tagebuch mit den Beobachtungen zur Entwicklung des französischen Thronfolgers, des späteren Louis XIII. (vgl. Deutsch, Wenglorz & Bell 1997).

Für das 19. Jahrhundert ist als Wegbereiter ganz anderer Art der Belgier Adolphe Quételet zu nennen. Quételet war Begründer der Sozialstatistik und suchte, wie mancher bereits vor ihm, ebenfalls nach Entwicklungsgesetzen, allerdings mit einem völlig anderen Zugang. Er wollte die Veränderungen, die am Menschen im Verlaufe des Lebens zu beobachten sind, zahlenmäßig erfassen und über statistische Analysen zu einem »Durchschnittsmenschen« kommen: »Vor Allem müssen wir vom einzelnen Menschen abstrahieren, wir dürfen ihn nur als einen Bruchtheil der ganzen Gattung betrachten. Indem wir ihn seiner Individualität entkleiden, beseitigen wir Alles, was zufällig ist.« (Quételet 1838, S. 3) Quételet stellte unter anderem Statistiken über die körperliche Entwicklung, über moralische Eigenschaften und über geistige Erkrankungen zusammen; anhand von Querschnittsdaten erstellte er Entwicklungskurven zu mehreren menschlichen Funktionsbereichen.

Als erster »Klassiker« der Kinderpsychologie gilt der Physiologe William Preyer mit seinem 1882 erschienenen Buch ›Die Seele des Kindes‹. Dieses Buch basiert hauptsächlich auf Beobachtungen und kleinen Experimenten mit seinem Sohn und bietet ein chronologisches Verzeichnis der kindlichen Leistungen auf den Gebieten der Sinne, der Gefühle, des Willens, des Verstandes und der Sprache vom ersten bis zum tausendsten Lebenstag. Preyers Ansatz einer strukturierten Beobachtung war vor allem in methodischer Hinsicht Vorbild für weitere kinderpsychologische Untersuchungen.

Es setzte eine regelrechte Kinderforschungs-Bewegung ein, die ihren Höhepunkt um die Jahrhundertwende erreichte. 1900 rief die schwedische Schriftstellerin Ellen Key das ›Jahrhundert des Kindes‹ aus, und der amerikanische Psychologe G. Stanley Hall bezeichnete die Kinderforschung als »Teil einer großen Kulturbewegung« (zit. n. Reinert 1982, S. 196). Hall trug um die Jahrhundertwende auch wesentlich dazu bei, daß in den USA ein Zentrum entwicklungspsychologischer und pädagogischer Forschung entstand.

Weitere wichtige amerikanische Kinderpsychologen jener Zeit waren James Baldwin, der unter anderem die Bedeutung der Nachahmungshandlungen des Kindes für die geistige Entwicklung hervorgehoben hat, sowie John B. Watson und Arnold Gesell: Watson (1878–1958) gilt als Begründer des Behaviorismus; er maß den Anlagen der Kinder eine sehr untergeordnete Bedeutung bei. Vielmehr war er der Auffassung, Umwelteinflüsse hätten die größte Bedeutung für die Entwicklung: »Gebt mir ein Dutzend gesunder, wohlgebildeter Kinder und meine eigene Umwelt, in der ich sie erziehe, und ich garantiere, daß ich jedes nach dem Zufall auswähle und es zu einem Spezialisten in irgendeinem Beruf erziehe, zum Arzt, Richter, Künstler, Kaufmann oder zum Bettler und Dieb, ohne Rücksicht auf seine Begabungen, Neigungen, Fähigkeiten, Anlagen und die Herkunft seiner Vorfahren.« (Watson 1968, S. 123) Arnold Gesell hingegen, der große Reihen von Kinderbeobachtungen durchführte, kam zu der Ansicht, die Reifung sei das wichtigste Moment der frühen Kindesentwicklung.

Für die französische Psychologie zu Beginn des 20. Jahrhunderts sind vor allem Alfred Binet und Theodore Simon zu nennen, die ab 1905 die erste Intelligenztestreihe für drei- bis fünfzehnjährige Kinder entwickelten. Die Aufgaben bezogen sich auf Hören, Sehen, Sprechen, Kombinationsvermögen und logisches Denken. Binet verglich das Intelligenzalter mit dem Lebensalter und errechnete aus der Differenz einen Intelligenzrückstand oder -vorsprung (vgl. Rosts Beitrag über Intelligenz). Der Schweizer Jean Piaget, der heute zu den einflußreichsten Entwicklungspsychologen gehört (s.u.: Kognitive Entwicklungstheorien), hat seine ersten psychologischen Studien bei Alfred Binet durchgeführt.

Die wichtigsten deutschsprachigen Kinderpsychologen aus dem ersten Drittel des 20. Jahrhunderts waren William Stern und Heinz Werner in Hamburg sowie Karl und Charlotte Bühler in Wien; sie alle wurden durch das Naziregime in die Emigration gezwungen. In den zwanziger und dreißiger Jahren war die Kinderpsychologie vor allem durch die Arbeiten ihrer Forschungsgruppen zu einem anerkannten Teilgebiet der Psychologie geworden. Nach umfassenden Gesamtdarstellungen der kindlichen Entwicklung (Stern 1914; Bühler 1918; Werner 1926), die sich noch relativ stark auf das Reifungsgeschehen konzentrierten, wandten sich die praxisorientierten Mitarbeiterinnen von Bühler und Stern zunehmend den sozialen Einflüssen auf die Entwicklung zu. Hervorzuheben ist dabei Martha Muchow in Hamburg, die Umwelteinflüsse nicht nur als zu berücksichtigende Variablen auffaßte, sondern »die die Eigenaktivität und Subjektivität des Kindes bei der Aneignung seiner Entwicklungsumwelt respektiert[e]« (Fries 1996, S. 92). Eine detaillierte Darstellung der Geschichte der Entwicklungspsychologie findet sich bei Reinert (1982).

Entwicklungstheorien

Unter Entwicklung versteht man im allgemeinsten Sinne Veränderungen des Individuums im Zeitablauf. Entwicklungstheorien beanspruchen, solche Veränderungen zu beschreiben und zu erklären. Die Beschreibung der Entwicklung erfolgt entweder nach Lebensabschnitten, wobei angenommen wird, daß alle Individuen, die zu einer Altersgruppe gehören, gemeinsame psychologisch relevante Merkmale haben, oder nach Funktionsbereichen wie zum Beispiel der Entwicklung der Wahrnehmung, des Denkens, der Sprache.

Zur Erklärung von Entwicklung, also zu der Frage, welche Faktoren die Entwicklung vorantreiben, kann natürlich nicht das Lebensalter herangezogen werden. Das Alter dient vielmehr der zeitlichen Ordnung bei der Beschreibung des Entwicklungsverlaufes. Es sind also andere Faktoren, die das Entwicklungsgeschehen erklären, und dazu haben sich verschiedene Auffassungen herausgebildet. Die einflußreichsten Entwicklungstheorien unseres Jahrhunderts, die die Forschung bis heute anregen, wurden von Freud, Erikson, Piaget und Kohlberg formuliert. Einen differenzierten Überblick über den gegenwärtigen Stand der Entwicklungspsychologie gibt das Lehrbuch von Oerter und Montada (1995).

Psychodynamische Entwicklungstheorien

Im Rahmen der Ausarbeitung seiner psychoanalytischen Theorie legte Sigmund Freud (1856–1939) eine Phasenlehre der kindlichen Sexualentwicklung vor (Freud 1982). Der Begriff der kindlichen Sexualität ist vielfach mißverstanden worden. Freud versteht unter »Sexualität« im weiteren Sinne körperliches Lustempfinden. Die Phasen der psychosexuellen Entwicklung unterscheiden sich dementsprechend nach den im Laufe der Kindheit sich ändernden Körperzonen, die dem Kinde Lust bereiten. Daraus ergeben sich zunächst die orale, die anale und sodann die phallische Phase, während der der Ödipuskonflikt durchlaufen wird. Es schließt sich eine Latenzzeit an, die zeitlich etwa mit der Grundschulzeit zusammenfällt. Mit der Pubertät setzt dann die genitale Reifung ein. Die psychosexuelle Entwicklung ist infolge der möglichen Fixierung auf eine der bereits durchlaufenen Phasen eng mit der Charakterausbildung verbunden. Eine reife Persönlichkeit, die an die letzte Phase gebunden ist, zeichnet sich durch Selbstsicherheit und Hinwendung zur Mitwelt aus.

Parallel zur psychosexuellen Entwicklung erfolgt die psychosoziale. Der Sozialisationsprozeß kann nach Freud mit dem Konstrukt des Über-Ich beschrieben werden (vgl. Popp-Baier). Das Über-Ich hat seine Wurzeln in den Normen und Werten der kulturellen Umwelt, die im Zuge der Erziehung Schritt für Schritt vom Kinde übernommen werden. Eine übersichtliche Einführung in die psychoanalytische Theorie und in Freuds Phasenlehre der Entwicklung findet sich bei Pongratz (1983).

Erik H. Erikson (1902–1994) formulierte auf Basis der psychoanalytischen Theorie ein Modell der Identitätsentwicklung, das die gesamte Lebensspanne umfaßt (Erikson 1971, 7. Kapitel; vgl. Olbrich). Dabei werden für jede Entwicklungsphase sowohl psychosexuelle als auch psychosoziale Aspekte berücksichtigt. Erikson geht davon aus, daß sich der Mensch zunehmend auf einen weiteren sozialen Radius einstellen muß und daß auch die soziale Umgebung dem entgegenzukommen versucht. Die Bewältigung der mit den einzelnen Entwicklungsphasen verbundenen Aufgaben ermöglicht dem Individuum die Erreichung der nächst höheren Phase. Ein Mißlingen schafft Lebensprobleme, die auch im höheren Alter noch das innerpsychische und das soziale Leben bestimmen können. Erikson unterscheidet acht Entwicklungsphasen mit jeweils zwei möglichen Ausgängen, die hier nur genannt werden können (eine umfassende Einführung in Leben und Werk von Erik H. Erikson gibt Conzen 1996):

- Säuglingsalter: Urvertrauen gegen Urmißtrauen
- Frühe Kindheit: Autonomie gegen Scham und Zweifel
- Spielalter: Initiative gegen Schuldgefühl
- Schulalter: Leistung gegen Minderwertigkeitsgefühl
- Adoleszenz: Identität gegen Rollenkonfusion
- Frühes Erwachsenenalter: Intimität gegen Isolierung
- Mittleres Erwachsenenalter: Zeugende Fähigkeit gegen Stagnation
- Hohes Alter: Ich-Integrität gegen Verzweiflung

Psychodynamischen Entwicklungstheorien wird häufig mangelnde empirische Überprüfbarkeit vorgehalten, insbesondere dann, wenn diese nicht als mögliche Interpretationskonzepte zum Verstehen bestimmter innerpsychischer oder zwischenmenschlicher Konfliktlagen aufgefaßt, sondern aus der Perspektive einer naturwissenschaftlich-experimentell ausgerichteten Psychologie betrachtet werden.

Kognitive Entwicklungstheorien

Während psychodynamische Entwicklungstheorien das innerpsychische Kräftespiel in seiner Auseinandersetzung mit der sozialen Umwelt in den Mittelpunkt der Aufmerksamkeit stellen, geht es bei kognitiven Entwicklungstheorien primär um die Entwicklung des Denkens und Urteilens. Die einflußreichste kognitive Entwicklungstheorie wurde in langjähriger Forschungsarbeit von Jean Piaget (1896–1980) unter maßgeblicher Mitarbeit von Bärbel Inhelder in Genf herausgearbeitet. Piagets übergeordnetes Anliegen war eine genetische Erkenntnistheorie, die von der Hypothese ausgeht, »daß zwischen dem Fortschritt in der logischen und rationalen Organisation der Erkenntnis und den entsprechenden psychologischen Formationsprozessen ein Parallelismus besteht« (Piaget 1981, S. 20f.).

Nach Piagets Auffassung entwickeln sich die Denkstrukturen des Kindes in ständiger handelnder Auseinandersetzung mit der Umwelt. Dabei spielen die Prinzipien *Assimilation* (Einpassung von Umweltgegebenheiten in bereits vorhandene Handlungs- und Denkschemata) und *Akkommodation* (Anpassung von Handlungs- und Denkschemata an neue Umweltgegebenheiten) eine zentrale Rolle. Sie ermöglichen die Herstellung eines Gleichgewichtes (*Äquilibration*) zwischen den eigenen Denkstrukturen und den Erfordernissen der Außenwelt auf einem immer höheren kognitiven Entwicklungsniveau. Die Untersuchungen zur Entwicklung verschiedener kognitiver Bereiche, wie zum Beispiel der Entwicklung des Zahlbegriffes oder der Entwicklung der physikalischen Mengenbegriffe, führten zu einem Modell der geistigen Entwicklung, das aus vier Hauptstufen besteht. Die jeweils neuen intellektuellen Leistungen, die ein Kind in einer bestimmten Phase erbringen kann, sind durch die Art der Lösung exemplarischer Problemstellungen charakterisierbar.

1. Die Stufe der *sensu-motorischen Intelligenz*, die von der Geburt bis etwa zum zweiten Lebensjahr sechs Stadien umfaßt: In dieser Zeit entwickelt das Kind aus den angeborenen Reflexen heraus erste Handlungsschemata, die ihm erlauben, seine Umwelt aktiv zu erkunden. Daraus entstehen die ersten grundlegenden Denkschemata. Zum Beispiel wird durch den Umgang mit Objekten Schritt für Schritt die »Objektpermanenz« erworben; das Kind weiß jetzt, daß Dinge auch dann weiter existieren, wenn sie derzeit nicht sichtbar sind.

2. Die Stufe der *prä-operationalen Intelligenz* (etwa vom zweiten bis zum siebten Lebensjahr): In dieser Stufe erfolgt der Spracherwerb und damit die sprachliche Symbolisierung der Außenwelt. Von besonderer Bedeutung für die Entwicklung des Kindes in dieser Zeit sind Nachahmung und Symbolspiel. Geprägt ist diese Stufe nach Piaget aber auch vom Egozentrismus, der die Unfähigkeit des Kindes bezeichnet, Sachverhalte aus der Perspektive von anderen zu sehen.

3. Die Stufe der *konkreten Denkoperationen* (etwa vom siebten bis zum elften Lebensjahr): In dieser Stufe überwindet das Kind eindimensionale Betrachtungsweisen und erwirbt zum Beispiel das Konzept der Mengenkonstanz. Es kann jetzt erkennen, daß eine Flüssigkeit, die von einem kleinen breiten Becher in einen hohen schmalen umgefüllt wird, von der Menge her gleich bleibt.

4. Die Stufe der *formal-operationalen Intelligenz* (etwa ab dem elften, zwölften Lebensjahr): In dieser Phase wird formal-abstraktes und hypothetisches Denkvermögen erworben, das nicht mehr an konkretes Anschauungsmaterial gebunden ist.

Dieses Stufenmodell beruht auf einer breiten empirischen Grundlage. Piaget und seine Mitarbeiter und Mitarbeiterinnen haben die verschiedensten methodischen Verfahren angewandt, um einzelne Aspekte der kognitiven Entwicklung zu untersuchen. Die Verfahren reichen von der Beobachtung der eigenen Kinder Piagets, der Aufzeichnung freier Äußerungen von fünf- bis siebenjährigen Kindern einer Kindertagesstätte in Genf (»Haus der Kleinen«), der Einzelbefragung von Kindern nach der Methode des von Piaget eigens entwickelten »klinischen Interviews« über die Beobachtung, wie Kinder verschiedenen Alters bestimmte Aufgaben zu bewältigen versuchen, bis hin zum klassischen Experiment. Zu den bekanntesten Versuchen Piagets gehört der *»Drei-Berge-Versuch«*, der hier als Beispiel kurz vorgestellt werden soll (vgl. Piaget & Inhelder 1971, S. 251ff.):

In diesem Versuch legte Piaget hundert Kindern im Alter zwischen vier und zwölf Jahren ein Modell aus Pappmaché vor, das auf einem viereckigen Brett aufgebaut war. Es bestand aus drei verschieden Bergen, die zusätzlich durch ein Gipfelkreuz, ein Häuschen und eine Schneekuppe gekennzeichnet waren. Er ließ dann eine Puppe um das Modell »herumwandern« und zeigte den Kindern unter anderem Bilder des Modells aus den verschiedenen Perspektiven. Die Kinder sollten jeweils das Bild auswählen, das die Puppe von ihrem gerade eingenommenen Standort aus fotografieren könnte. In diesem Versuch gelang es erst den neun- bis zehnjährigen Kindern, die verschiedenen Perspektiven vollständig miteinander zu koordinieren. Jüngere Kinder wählten hingegen entweder das Bild aus, das ihrer eigenen Perspektive entsprach, oder ein beliebiges Bild, auf dem alle drei Berge sichtbar waren; sie konnten sich also nicht richtig vorstellen, wie das Modell vom Standort der Puppe aus tatsächlich aussah. Die bevorzugte Auswahl der eigenen Ansicht ist für Piaget ein anschauliches Beispiel für den Egozentrismus des Kindes.

Der Drei-Berge-Versuch wurde in der Fachliteratur aber auch kritisiert. Als Beispiel sei hier eine Versuchsanordnung von Hughes skizziert (zit. n. Donaldson 1982, S. 24ff.). Hughes montierte zwei »Mauern« in Kreuzform auf ein Brett und verwendete drei Spielzeugfiguren, einen kleinen Jungen und zwei Polizisten. Nach einer sorgfältigen Einweisung der Kinder in ihre Aufgabe sollten sie den Jungen so plazieren, daß er von den beiden Polizisten, die vom Versuchsleiter dreimal in verschiedene Positionen gebracht wurden, nicht gesehen werden konnte. Dabei war jeweils nur ein Feld die richtige Lösung. Neunzig Prozent der untersuchten drei- bis fünfjährigen Kinder gaben bei dieser Aufgabenstellung die richtigen Antworten. Die Aufgabe von Hughes ist zwar formal einfacher (die Kinder müssen nur erfassen, was gesehen wird, und nicht, wie es zu sehen ist) und sozial verständlicher als der Drei-Berge-Versuch, aber auch sie untersucht die Fähigkeit zum Perspektivenwechsel, also das »Gegenstück« zum Egozentrismus.

Ohne hier eine Güteabwägung vornehmen zu wollen, zeigt die Gegenüberstellung dieser beiden Versuchsanordnungen doch recht deutlich, wie stark entwicklungspsychologische Aussagen von den empirischen Zugangsweisen abhängen können, auf deren Grundlage sie formuliert werden. Es kann inzwischen vermutet werden, daß Piaget aufgrund der relativen Schwierigkeit seiner Aufgabenstellungen die kindlichen kognitiven Fähigkeiten unterschätzt hat. Allerdings betrifft diese Kritik zunächst nur die Altersangaben, die Piaget selbst nie so starr gesehen hat, und nicht das Entwicklungsmodell als solches. Der in den geschilderten Versuchen angesprochene kindliche Egozentrismus erhält allerdings in alternativen theoretischen Konzeptionen auch einen anderen Stellenwert als in der Theorie Piagets (vgl. Billmann-Mahecha 1990). Eine gute Einführung in die Entwicklungstheorie von Jean Piaget bietet Miller (1993).

Als weitere kognitive Entwicklungstheorie sei noch das Modell der moralischen Entwicklung von Lawrence Kohlberg (1927–1987) erwähnt. Kohlberg formulierte in Orientierung an Piagets frühen Untersuchungen zum moralischen Urteil beim Kinde ein differenziertes Modell der moralischen Entwicklung, das aus sechs Stufen besteht (je zwei Stufen auf der präkonventionellen, auf der konventionellen und auf der postkonventionellen Ebene). Empirische Grundlage des Modells sind strukturierte Interviews zu Geschichten, die verschiedene moralische Konfliktsituationen enthalten. Die Versuchspersonen sollen nicht nur entscheiden, wie die Hauptperson der jeweiligen Geschichte ihrer Meinung nach handeln sollte, sondern ihre Entscheidung auch so differenziert wie möglich begründen. Die Stufen des Modells sind charakterisiert durch je typische Argumentationsmuster: Auf den präkonventionellen Stufen erfolgt – kurz gesagt – eine Orientierung an Belohnung und Strafe, auf den konventionellen Stufen eine Orientierung an Recht und Ordnung und auf den postkonventionellen eine Orientierung an übergeordneten ethischen Prinzipien (vgl. Kohlberg 1995; Garz 1996).

Kognitive Entwicklungstheorien werden vor allem hinsichtlich ihrer universalistischen Ansprüche und ihrer normativen Vorgaben kritisiert. So vermutet zum Beispiel Böhme (1985), daß sich in den Entwicklungsschemata von Piaget und Kohlberg die geistige Elite der westlichen Welt zum allgemeinen Ideal menschlicher Entwicklung ernannt hat. Insbesondere bei Piaget wird in der Charakterisierung der höchsten Entwicklungsstufe das heute dominante naturwissenschaftlich-technische Denken erkennbar (vgl. Langeveld 1984).

Diese Kritik tragen auch die meisten Vertreter der sogenannten Kinderphilosophie vor, die davon ausgehen, daß Kinder bedeutsame philosophische Ideen haben, die uns allerdings erst dann bewußt werden, wenn wir uns auf wirkliche Gespräche mit Kindern einlassen. Einen guten Überblick über die verschiedenen Richtungen und den heutigen Stand der Kinderphilosophie gibt Englhart (1997). Kritik an Kohlbergs Theorie der moralischen Entwicklung und deren Universalitätsanspruch kommt insbesondere von Seiten der feministischen Ethik, die tradierte Werte hinterfragt und alternative Ethik-Konzeptionen zur Diskussion stellt (vgl. Nagl-Docekal & Pauer-Studer 1993).

Ausblick

Mit den Modellen von Freud, Erikson, Piaget und Kohlberg sind die bekanntesten und einflußreichsten Entwicklungstheorien kurz skizziert worden. Gleichwohl decken diese Theorien nicht das ganze Spektrum entwicklungstheoretischen Denkens des 20. Jahrhunderts ab. So hat zum Beispiel Riegel (1978) in Kritik an Piaget eine weitere Stufe der intellektuellen Entwicklung formuliert, die Stufe der dialektischen Operationen. Prinzipiell alternative theoretische und methodologische Konzeptualisierungen liegen zum Beispiel von Langeveld (1968) und von Bronfenbrenner (1981) vor. Langeveld versteht Entwicklung phänomenologisch als einen Prozeß der Sinnaneignung im Zuge der kindlichen Erfahrungsmöglichkeiten. Er sieht den Entwicklungsprozeß unlösbar mit dem Erziehungsprozeß verbunden. Bronfenbrenner untersucht Entwicklung aus einer ökologischen Perspektive als Veränderung des Individuums in einer sich verändernden Umwelt und unterscheidet dabei verschiedene Kontextsysteme. Als letztes Beispiel sei noch George Herbert Mead (1968) genannt, der die Entwicklung der Ich-Identität an Prozesse der sozialen Perspektivenübernahme in zwischenmenschlichen Interaktionen gebunden sieht.

Entwicklungstheorien können danach klassifiziert werden, welche Rolle dem Individuum und der Umwelt im Entwicklungsgeschehen jeweils beigemessen wird und welches Menschenbild damit verbunden ist (vgl. Groeben & Erb). Reifungstheorien sehen sowohl das Individuum als auch die Umwelt als eher passiv an. Solche *endogenistischen* Theorien implizieren ein organismisches Menschenbildmodell. *Exogenistische* Theorien hingegen sehen zwar das Individuum ebenfalls als passiv an, gehen aber von einer aktiven Umwelt aus, die die Entwicklung des Individuums entscheidend prägt. Solche Theorien implizieren ein mechanistisches Menschenbildmodell. Sowohl im organismischen als auch im mechanistischen Menschenbildmodell wird der Mensch primär als »Objekt« seiner Entwicklung gesehen. Deshalb werden beide Menschenbildmodelle auch als *Objektmodelle* bezeichnet.

In neueren entwicklungstheoretischen Arbeiten wird deutlicher als in älteren das seine Umwelt, seine sozialen Beziehungen und damit auch seine Entwicklung aktiv mitgestaltende Individuum in den Blick genommen (vgl. Lerner & Busch-Rossnagel 1981). Damit deutet sich ein Wechsel von Objektmodellen zu *Subjektmodellen* an.

Man unterscheidet dabei noch konstruktivistische oder *Selbstgestaltungstheorien*, in denen der Umwelt keine aktive Rolle zugestanden wird, von *interaktionistischen* Theorien, bei denen sowohl der Umwelt als auch dem Individuum eine aktive Rolle zukommt. Dieses Klassifikationsmodell ist allerdings idealtypischer Art; konkrete Entwicklungstheorien lassen sich nur tendenziell einem dieser vier Theorietypen zuordnen. So hat zum Beispiel Piagets Theorie einiges mit den klassischen Reifungstheorien gemeinsam, gilt aber gleichzeitig als ein wichtiger Vorläufer von Selbstgestaltungstheorien.

Neben der Wendung zu einem Subjektmodell spielen in der neueren Entwicklungspsychologie vor allem Konzeptionen einer lebenslangen Entwicklung eine wichtige Rolle (vgl. Baltes & Eckensberger 1979). Diskutiert wird auch, welche Bedeutung zukünftig noch universalistischen Entwicklungstheorien zukommt, wenn man die Vielfalt kindlicher Entwicklungsverläufe in verschiedenen historischen Epochen und in verschiedenen kulturellen Kontexten betrachtet. Damit zusammen hängt die Frage, inwiefern Entwicklungstheorien selbst als kulturelle Konstruktionen aufgefaßt werden müssen, die eng mit kulturellen Wertvorstellungen verbunden sind (vgl. Gergen, Gloger-Tippelt & Berkowitz 1990).

Literatur

Ariès, Philippe (1978): *Geschichte der Kindheit*. München: dtv (Original: 1960).

Arnold, Klaus (1980): *Kind und Gesellschaft in Mittelalter und Renaissance. Beiträge und Texte zur Geschichte der Kindheit*. Paderborn: Schöningh.

Baltes, Paul B., Lutz H. Eckensberger (Hg.) (1979): *Entwicklungspsychologie der Lebensspanne*. Stuttgart: Klett.

Berg, Christa (1991): Kinderleben in der Industriekultur. In: Christa Berg (Hg.): *Kinderwelten*. Frankfurt/M.: Suhrkamp, 15–40.

Billmann-Mahecha, Elfriede (1990): *Egozentrismus und Perspektivenwechsel. Empirisch-psychologische Studien zu kindlichen Verstehensleistungen im Alltag*. Göttingen: Hogrefe.

Böhme, Gernot (1985): Kindheit und Entwicklung. In: Gernot Böhme: *Anthropologie in pragmatischer Hinsicht. Darmstädter Vorlesungen*. Frankfurt/M.: Suhrkamp, 60–76.

Bronfenbrenner, Urie (1981): *Die Ökologie der menschlichen Entwicklung*. Stuttgart: Klett (Original 1979).

Bühler, Karl (1918): *Die geistige Entwicklung des Kindes.* Jena: Fischer.

Conzen, Peter (1996): *Erik H. Erikson. Leben und Werk.* Stuttgart: Kohlhammer.

Deutsch, Werner, Markus Wenglorz, Maren Bell (1997): Was bringt die Tagebuchmethode für die Autismusforschung? In: Elmar Brähler, G. Wilz (Hg.): *Tagebücher in Forschung und Therapie.* Göttingen: Hogrefe.

Donaldson, Margaret (1982): *Wie Kinder denken.* Bern: Huber.

Dornes, Martin (1993): *Der kompetente Säugling. Die präverbale Entwicklung des Menschen.* Frankfurt/M.: Fischer.

Englhart, Stephan (1997): *Modelle und Perspektiven der Kinderphilosophie.* Heinsberg: Dieck.

Erikson, Erik H. (1971): *Kindheit und Gesellschaft* (4. Aufl.). Stuttgart: Klett (Original 1950).

Ewers, Hans-Heino (1980): Einleitung. In: Hans-Heino Ewers (Hg.): *Kinder- und Jugendliteratur der Aufklärung.* Stuttgart: Reclam, 5–59.

Ewers, Hans-Heino (1989): *Kindheit als poetische Daseinsform. Studien zur Entstehung der romantischen Kindheitsutopie im 18. Jahrhundert. Herder, Jean Paul, Novalis und Tieck.* München: Fink.

Filipp, Sigrun-Heide (1995): *Kritische Lebensereignisse* (3. Aufl.). München: Psychologie Verlags Union.

Freud, Sigmund (1982): Drei Abhandlungen zur Sexualtheorie. In: Sigmund Freud: *Studienausgabe Band 5: Sexualleben.* Frankfurt/M.: Fischer, 37–145 (Original: 1905).

Fries, Mauri (1996): *Mütterlichkeit und Kinderseele. Zum Zusammenhang von Sozialpädagogik, bürgerlicher Frauenbewegung und Kinderpsychologie zwischen 1899 und 1933 – ein Beitrag zur Würdigung Martha Muchows.* Frankfurt/M.: Lang.

Garz, Detlef (1996): *Lawrence Kohlberg zur Einführung.* Hamburg: Junius.

Gergen, Kenneth J., Gabriele Gloger-Tippelt, Peter Berkowitz (1990): The cultural construction of the developing child. In: Guen R. Semin, Kenneth J. Gergen (Hg.): *Everyday understanding. Social and scientific implications.* London: Sage, 108–129.

Key, Ellen (1978): *Das Jahrhundert des Kindes.* Königstein/Ts.: Athenäum (Original: 1900).

Kohlberg, Lawrence (1995): *Die Psychologie der Moralentwicklung.* Herausgegeben von Wolfgang Althof. Frankfurt/M.: Suhrkamp

Langeveld, Martinus J. (1968): *Studien zur Anthropologie des Kindes* (3. Aufl.). Tübingen: Niemeyer.

Langeveld, Martinus J. (1984): Grundsätzliches, bezogen auf Piagets Kinderpsychologie. In: Wilfried Lippitz, Käthe Meyer-Drawe (Hg.): *Kind und Welt. Phänomenologische Studien zur Pädagogik.* Königstein/Ts.: Athenäum, 149–158.

Lerner, Richard M., Nancy A. Busch-Rossnagel (Hg.) (1981): *Individuals as producers of their development. A life-span perspective.* New York: Academic Press.

Markefka, Manfred, Bernhard Nauck (Hg.) (1993): *Handbuch der Kindheitsforschung*. Neuwied: Luchterhand.
Mead, George H. (1968): *Geist, Identität und Gesellschaft aus der Sicht des Sozialbehaviorismus*. Frankfurt/M.: Suhrkamp (Original 1934).
Miller, Patricia (1993): *Theorien der Entwicklungspsychologie*. Heidelberg: Spektrum Akademischer Verlag.
Moritz, Karl Philipp (1986). *Anton Reiser. Ein psychologischer Roman*. Stuttgart: Reclam (Original in 4 Teilen 1785–1790).
Moritz, Karl Philipp (Hg.) (1986): *Magazin zur Erfahrungsseelenkunde*. 10 Bände. Nördlingen: Greno (Original 1783–1793).
Nagl-Docekal, Herta, Herlinde Pauer-Studer (Hg.) (1993): *Jenseits der Geschlechtermoral. Beiträge zur feministischen Ethik*. Frankfurt/M.: Fischer.
Oerter, Rolf (1995): Kindheit. In: Rolf Oerter, Leo Montada: *Entwicklungspsychologie. Ein Lehrbuch* (3. Aufl.). München: Psychologie Verlags Union, 249–309.
Oerter, Rolf, Leo Montada (1995): *Entwicklungspsychologie. Ein Lehrbuch* (3. Aufl.). München: Psychologie Verlags Union.
Piaget, Jean (1981): *Einführung in die genetische Erkenntnistheorie* (2. Aufl.). Frankfurt/M.: Suhrkamp (Original 1970).
Piaget, Jean, Bärbel Inhelder (1971): *Die Entwicklung des räumlichen Denkens beim Kinde*. Stuttgart: Klett (Original 1948).
Pongratz, Ludwig J. (1983): *Hauptströmungen der Tiefenpsychologie*. Stuttgart: Kröner.
Postman, Neil (1983): *Das Verschwinden der Kindheit*. Frankfurt/M.: Suhrkamp.
Preyer, William Th. (1882): *Die Seele des Kindes. Beobachtungen über die geistige Entwicklung des Menschen in den ersten Lebensjahren*. Leipzig: Grieben.
Quételet, Adolphe (1838). *Über den Menschen und die Entwicklung seiner Fähigkeiten, oder Versuch einer Physik der Gesellschaft*. Stuttgart: Schweizerbart.
Reese, Hayne W., Willis F. Overton (1979): Modelle der Entwicklung und Theorien der Entwicklung. In: Paul B. Baltes, Lutz H. Eckensberger (Hg.): *Entwicklungspsychologie der Lebensspanne*. Stuttgart: Klett, 55–86.
Reinert, Günther (1982): Grundzüge einer Geschichte der Human-Entwicklungspsychologie. In: Heinrich Balmer (Hg.): *Kindlers ›Psychologie des 20. Jahrhunderts‹. Geschichte der Psychologie, Band 2: Entwicklungslinien zur wissenschaftlichen Psychologie*. Weinheim: Beltz, 178–212.
Richter, Dieter (1987): *Das fremde Kind. Zur Entstehung der Kindheitsbilder des bürgerlichen Zeitalters*. Frankfurt/M.: Fischer.
Riegel Klaus F. (1978): Ansätze zu einer dialektischen Theorie der Entwicklung. In: Klaus F. Riegel (Hg.): *Ontogenese dialektischer Operationen*. Frankfurt/M.: Suhrkamp, 75–96.
Rosenmayr, Leopold (1978): Die menschlichen Lebensalter in Deutungsversuchen der europäischen Kulturgeschichte. In: Leopold Rosenmayr

(Hg.): *Die menschlichen Lebensalter. Kontinuität und Krisen*. München: Piper, 23–79.

Rousseau, Jean-Jacques (1983): *Emil oder Über die Erziehung*. Paderborn: Schöningh (UTB) (Original 1762).

Shahar, Shulamith (1991): *Kindheit im Mittelalter*. München: Artemis und Winkler.

Stern, William (1914): *Psychologie der frühen Kindheit bis zum sechsten Lebensjahr*. Leipzig: Quelle & Meyer.

Tetens, Johann Nicolaus (1979): *Philosophische Versuche über die menschliche Natur und ihre Entwicklung*. Bd. 2. Hildesheim: Olms (Original 1777).

Tiedemann, Dietrich (1897): *Beobachtungen über die Entwickelung der Seelenfähigkeiten bei Kindern*, herausgegeben von Chr. Ufer. Altenburg: Bonde (Original: 1787).

Trommsdorff, Gisela (Hg.) (1995): *Kindheit und Jugend in verschiedenen Kulturen. Entwicklung und Sozialisation in kulturvergleichender Sicht*. Weinheim: Juventa.

Watson, John B. (1968): *Behaviorismus*. Köln: Kiepenheuer & Witsch (Original: 1930).

Werner, Heinz (1926): *Einführung in die Entwicklungspsychologie*. Leipzig: Barth.

Wiesbauer, Elisabeth (1981): *Das Kind als Objekt der Wissenschaft: Medizinische und psychologische Kinderforschung an der Wiener Universität 1800–1914*. Wien: Löcker.

2. Jugend

ELFRIEDE BILLMANN-MAHECHA

Zum Begriff Jugend

In der Psychologie bezeichnet der Begriff Jugend einen Lebensabschnitt oder eine Entwicklungsphase im menschlichen Lebenslauf. Parallel dazu wird der lateinische Begriff Adoleszenz verwendet. Die Abgrenzung des Jugendalters von anderen Lebensabschnitten ist in erster Linie kulturell vermittelt und unterliegt dem historischen Wandel. Nach heutigem Verständnis beginnt das Jugendalter mit zehn, elf Jahren und reicht bis zum achtzehnten Lebensjahr, teilweise auch darüber hinaus. Ewert (1983) schlägt folgende Periodisierung des Jugendalters als sprachliche Abgrenzung vor, die in der Literatur allerdings nicht durchgängig Anwendung findet:

1. Vorpubertät zwischen reifer Kindheit und dem Auftreten erster sekundärer Geschlechtsmerkmale, etwa vom zehnten bis zum zwölften Lebensjahr;

2. Transeszenz zwischen dem zwölften und vierzehnten Lebensjahr als Übergangszeit von der Kindheit in die frühe Adoleszenz mit Veränderungen in allen Lebensbezügen; die Pubertät als biologische Umwandlung bezeichnet nur einen Teilbereich der Transeszenz;

3. frühe Adoleszenz etwa vom vierzehnten bis zum achtzehnten Lebensjahr;

4. späte Adoleszenz vom achtzehnten bis zum einundzwanzigsten Lebensjahr. Für Einundzwanzig- bis Fünfundzwanzigjährige schlägt Ewert den Begriff »junge Erwachsene« vor.

Inhaltlich steht der Begriff Jugend aber nicht nur für einen bestimmten Abschnitt im individuellen Lebenslauf, sondern auch für eine gesellschaftliche Gruppe oder Generation, die sich durch ähnliche kulturelle Orientierungen, Werthaltungen und Verhaltensweisen auszeichnet und damit von anderen Altersgruppen abhebt. Bei den gesellschaftlichen Charakterisierungen verschiedener Jugendgenerationen (wie z.B. der »skeptischen Generation« der fünfziger Jahre oder den »Achtundsechzigern«) darf aber nicht übersehen werden, daß sich die Jugend einer Generation in eine Reihe von Untergruppen und Subkulturen aufteilt (vgl. Scheuch 1975).

In öffentlichen Thematisierungen, aber auch in früheren entwicklungspsychologischen Arbeiten, erscheint die Jugend häufig als eine besonders gefährdete Lebensperiode. Nach den Untersuchungen von Fend (1990) entwickeln sich heute allerdings 70 bis 80 Prozent aller Jugendlichen ebenso harmonisch wie in der Kindheit. »Bei den generalisierten Problembeschreibungen ›der‹ Jugend geht es vielfach um Zuschreibungen, Stereotype und Verallgemeinerungen auf dem Hintergrund singulärer Phänomene von kleineren Gruppen.« (Hafeneger 1995, S. 15)

Gegenüber der eher negativ getönten öffentlichen Wahrnehmung von Jugendlichen steht der Begriff Jugendlichkeit für ein gesellschaftliches Ideal. Mit Jugendlichkeit werden zum Beispiel körperliche Leistungsfähigkeit und geistige Gewandtheit, aber auch unkonventionelle Lebensformen und ein entsprechender Kleidungsstil assoziiert, die heute nicht mehr an ein bestimmtes Alter gebunden sind. Damit verwischen sich die Übergänge vom Jugend- zum Erwachsenenalter. Wurde zu Beginn der Jugendforschung der Lebensabschnitt Jugend noch als Übergangsphase aufgefaßt, in dem die Schonräume der Kindheit verlassen werden und eine Vorbereitung auf das spätere Erwachsenenalter erfolgt, so verlagert sich heute »die Grenze zwischen Jugend- und Erwachsenenstatus bis in das vierzigste Lebensjahr« (Pilz 1996, S. 928). Begünstigt wird diese Entwicklung durch das Zugehörigkeitsgefühl vieler Erwachsener zu jugendbetonten Milieus, aber auch durch die Pluralisierung der Lebensformen und die Flexibilitätsanforderungen des beruflichen Lebens. Die mit der Berufswahl verbundenen Orientierungsleistungen beginnen zwar im Jugendalter, können aber nicht mehr, wie traditionell konzipiert, auch im Jugendalter abgeschlossen werden.

Das Jugendalter ist Gegenstand verschiedener wissenschaftlicher Disziplinen, vor allem der Pädagogik (vgl. etwa Zinnecker 1987; Baacke 1991), der Psychologie (vgl. z.B. Ewert 1983; Fend 1990, 1991, 1994) und der Soziologie (vgl. z.B. Abels 1993). Hinzu kommen interdisziplinär ausgerichtete Arbeiten, zum Beispiel die seit 1981 vom Jugendwerk der Deutschen Shell herausgegebenen Jugendstudien. Zentrales Thema der Entwicklungspsychologie des Jugendalters ist die Identitätsentwicklung; hinzu kommen Untersuchungen zur körperlichen und psychosexuellen Entwicklung, zur Entwicklung sozialer Beziehungen innerhalb der Familie und der Peergruppe (Gruppe der Gleichaltrigen und Gleichgesinnten) sowie zur Lebensumwelt Schule und zum Berufseinstieg (vgl. Oerter & Dreher 1995).

Geschichte

Sozialgeschichtliche Analysen der Jugend haben deutlich gemacht, daß das Jugendalter – ebenso wie die Kindheit – in verschiedenen historischen Epochen und Gesellschaften unterschiedlich sozial definiert und entsprechend unterschiedlich gelebt werden konnte oder mußte (vgl. z.B. Gillis 1980; Herrmann 1982; Roth 1983). Nach einer Gegenüberstellung der traditionalen mit der modernen Gesellschaft kommt Fend (1988) zu dem Schluß, daß sich dem Menschen in der abendländischen Geschichte noch nie so deutlich wie in der Gegenwart die Aufgabe stellt, seine eigene Entwicklung selbst zu gestalten. Damit wird das Jugendalter zur entscheidenden Planungsphase für die eigene Biographie. Im Hinblick auf die Identitätsentwicklung im Jugendalter stellte Erikson bereits Ende der fünfziger Jahre fest: »Die Demokratie in einem Lande wie Amerika stellt gerade dadurch besondere Probleme, daß sie eine selbstgemachte Identität verlangt, eine Identität, die bereit und fähig ist, unvorhergesehene Chancen zu ergreifen und sich dem Wechsel von Boom und Baisse, Frieden und Krieg, Mobilität und Seßhaftigkeit anzupassen.« (Erikson 1994, S. 112)

Obwohl die Idee der Jugend als besonderer Lebensabschnitt bereits in der Antike vorhanden war, führten erst die wirtschaftlichen und gesellschaftlichen Veränderungen Ende des 19. und Anfang des 20. Jahrhunderts zur Institutionalisierung einer Lebensphase der allgemeinen und beruflichen Vorbereitung auf das Erwachsenenalter. Nach der begriffsgeschichtlichen Analyse von Roth (1983) tauchte der Begriff »Jugendliche« 1888 zum ersten Mal in der Sprache der Juristen auf und bezeichnete sozial auffällige, insbesondere straffällig gewordene junge Menschen. Für Gymnasiasten und später auch für junge Menschen aus der Arbeiterschicht wurde hingegen der ältere Begriff des »Jünglings« gebraucht (vgl. auch v. Bühler 1990). Erst Anfang des 20. Jahrhunderts erfolgte eine Umwertung des Begriffes »Jugendlicher«, und erst im 20. Jahrhundert wurden auch Mädchen in Jugendkonzeptionen mit einbezogen.

Ende des 19. Jahrhunderts etablierte sich in einigen Disziplinen die Jugendforschung, teilweise im Zusammenhang mit der Diskussion um die Jugendbewegung. Einen Überblick über die Geschichte der Jugendforschung bis 1933 geben Dudek (1990) und v. Bühler (1990). In der Psychologie erfolgte eine breitere Beschäftigung mit dem Jugendalter erst nach der Etablierung der Kinderpsychologie. Das liegt vermutlich daran, daß zunächst die Kindheit »als die eigentliche Periode des Werdens angesehen« wurde (Reinert 1982, S. 203). Erst durch das Interesse an Schulproblemen, das die an der Kinderforschungsbewegung beteiligten Pädagogen und Psychologen entwickelten, entstanden schließlich auch jugendpsychologische Arbeiten.

Die erste aus diesem Interesse erwachsene psychologische Gesamtdarstellung des Jugendalters wurde in den USA 1904 von G. Stanley Hall (1846–1924) vorgelegt, der mit diesem Werk als Begründer der wissenschaftlichen Jugendpsychologie gilt. Hall beschrieb das Jugendalter als einen qualitativ von der Kindheit abgehobenen Entwicklungsabschnitt, der durch die körperliche Reifung in Gang gesetzt wird und als »Sturm-und-Drang-Periode« charakterisierbar ist. Empirische Grundlage dieser Jugendpsychologie waren Fragebogenuntersuchungen; den theoretischen Hintergrund bildete das von Hall formulierte »psychogenetische Grundgesetz«, das in Orientierung an dem von Ernst Haeckel aufgestellten »biogenetischen Grundgesetz« davon ausgeht, die individuelle psychische Entwicklung entspreche der Geschichte der Menschheitsentwicklung. Sowohl an der Methode als auch an der Theorie wurde schon bald heftige Kritik geübt; dennoch hat Hall der weiteren jugendpsychologischen Forschung wichtige Impulse gegeben.

Im deutschsprachigen Raum bemühte sich die beginnende Jugendpsychologie um neue methodische Ansätze, die Aufschluß über die Entwicklung im Jugendalter geben sollten: die Analyse von Tagebüchern und literarischen Produkten von Jugendlichen. Eine erste solche Studie stellte Fritz Giese 1914 vor. Tagebücher von Jugendlichen bildeten auch die Grundlage der viel beachteten Arbeit von Charlotte Bühler (1893–1974) ›Das Seelenleben des Jugendlichen‹ (1922), in der sie insbesondere das im Jugendalter sich neu ausbildende Selbst- und Ichbewußtsein in den Phasen Vorpubertät, Pubertät und Adoleszenz analysierte.

Eduard Spranger (1882–1963) veröffentlichte 1924 eine ›Psychologie des Jugendalters‹, in der er gemäß seiner geisteswissenschaftlichen Methode des Verstehens das Hineinwachsen des männlichen

Jugendlichen in die kulturelle Wertewelt der Erwachsenen analysierte. Die Bedeutung der körperlichen und vor allem der geschlechtlichen Reifung im Jugendalter hielt er für sehr geringfügig. Sprangers Buch war außerordentlich populär und erlebte bis nach dem Zweiten Weltkrieg mehr Auflagen als jedes andere entwicklungspsychologische Werk (1979 erschien die 29. Auflage).

Aus gesellschaftskritischer Perspektive beschäftigte sich der Psychologe, Pädagoge und Psychoanalytiker Siegfried Bernfeld (1892–1953) mit dem Jugendalter. Bereits in seiner Dissertation ›Über den Begriff der Jugend‹ (1915) wies er die Auffassung des Jugendalters als Durchgangsstadium ab und betonte dessen Eigenständigkeit (Bernfeld 1991a). Er kritisierte die sozialen Verhältnisse, in denen der Jugendliche als Objekt der Pädagogik aufgefaßt wird, verfolgte – engagiert in der österreichischen Jugendbewegung – die Idee einer neuen, wegweisenden Jugendkultur und bemühte sich um eine humane Begründung der Erziehung, die bis zum fünfundzwanzigsten Lebensjahr reicht. Für die Ausdehnung der Spanne zwischen Kindheit und Erwachsenenalter mit entsprechenden Bildungschancen prägte Bernfeld 1923 den Begriff der »gestreckten Pubertät« als psychische Pubertät (Bernfeld 1991b). Dem setzte Lazarsfeld (1931) den Begriff der »verkürzten Pubertät« jugendlicher Lehrlinge und Arbeiter gegenüber, die durch die frühzeitigen Anforderungen des Arbeitsprozesses weniger Chancen zur Persönlichkeitsentwicklung haben. Bernfeld galt Ende der sechziger Jahre als Vorläufer der antiautoritären Erziehungsbewegung.

Charakterisierung des Jugendalters

Das Jugendalter ist durch zwei wesentliche äußere Merkmale gekennzeichnet, die seit der Darstellung von Hall in der entwicklungspsychologischen Literatur mit unterschiedlichem Gewicht und auf der Basis unterschiedlicher Theorien reflektiert werden: die körperlichen Veränderungen und die Veränderungen im sozialen Verhalten.

Die *körperlichen Veränderungen* betreffen zum einen die Geschlechtsreife und zum anderen den Wachstumsschub. Die Geschlechtsreife erfolgt aufgrund massiver hormoneller Veränderungen. Ab dem Auftreten erster sekundärer Geschlechtsmerkmale (etwa ab dem zehnten Lebensjahr) spricht man von Vorpubertät. Die Geschlechtsreifung dauert vom elften, zwölften bis etwa zum vierzehnten Lebensjahr. Es gibt dabei allerdings große individuelle Unterschiede und eine durchschnittlich zweijährige Differenz zwischen Mädchen und Jungen. Diese Differenz betrifft auch den Wachstumsschub. Mädchen haben einen Wachstumsschub mit zwölf, dreizehn Jahren, Jungen mit vierzehn, fünfzehn Jahren. Mit etwa achtzehn Jahren ist die endgültige Körpergröße erreicht. Die einzelnen Körperteile wachsen nicht synchron: Zunächst wachsen Kopf, Hände und Füße, danach Beine und Arme und erst zuletzt der Rumpf. Daraus ergeben sich die oft ungelenken, »unharmonischen« Bewegungen, die man zeitweise bei Jugendlichen beobachten kann.

Die körperlichen Veränderungen sind vor allem hinsichtlich der Selbst- und Fremdwahrnehmung der Jugendlichen von Bedeutung (vgl. Fend 1994, Kap. 4). Entspricht der eigene Körper in der Selbstwahrnehmung nicht der vermeintlichen Norm oder dem angestrebten Ideal, so kann das beim einzelnen, bei Mädchen und bei Jungen, zu erheblichen Selbstwertproblemen führen. Aber auch die Diskrepanzen zwischen dem biologischen und dem sozialen Erwachsensein beziehungsweise zwischen der Selbstwahrnehmung als bereits erwachsen und der Fremdbeurteilung als noch zu erziehend sind mögliche Quellen vielfältiger Konflikte.

Jugendliche, die körperlich deutlich früher reifen als der Durchschnitt, nennt man akzeleriert, solche, die deutlich später reifen, retardiert. Die kognitive, emotionale und soziale Entwicklung verläuft meist nicht parallel mit der körperlichen, so daß sich bei körperlich akzelerierten oder retardierten Jugendlichen große Diskrepanzen zur sozialen und kognitiven Entwicklung ergeben können. Umgekehrt findet man beispielsweise auch bei Hochbegabten körperlich Akzelerierte und Retardierte (vgl. Mönks & Peters 1996). Die individuelle Akzeleration kann zu Sozialprestige in der Peergruppe, aber auch zu Überforderung durch die Umgebung führen. Die individuelle Retardation kann zu Minderwertigkeitsgefühlen führen, gibt dem einzelnen aber auch mehr Zeit zur Identitätsbildung (vgl. die Zusammenfassung der einschlägigen Forschungsbefunde bei Oerter & Dreher 1995, S. 335 ff.). Unter säkularer Akzeleration versteht man die Beschleunigung der körperlichen Reifung über einen längeren historischen Zeitraum hinweg. In den letzten hundertfünfzig Jahren sank beispielsweise das durchschnittliche Alter der ersten Menstruation in Nord- und Mitteleuropa von siebzehn auf dreizehn Jahre.

Auch die sexuellen Aktivitäten von Jugendlichen scheinen sich altersmäßig vorzuverlagern. Nach den Befragungsergebnissen von Clement (1986, S. 46) hatten zum Beispiel 1981 sechzig Prozent der achtzehnjährigen Mädchen und knapp fünzig Prozent der Jungen Koituserfahrung. Fünfzehn Jahre früher hatten nur elf Prozent der Mädchen und fünfundzwanzig Prozent der Jungen in diesem Alter entsprechende Erfahrungen. Die Gründe für die Vorverlagerung, die sich in allen Bereichen sexueller Erfahrung zeigt, werden in der Literatur kontrovers diskutiert, einmal als bewußte Normabweichung zur Stärkung des Selbstbildes, einmal als Normorientierung aus dem Wunsch heraus, zur Erwachsenenwelt gehören zu wollen. Allerdings ist seit den sechziger Jahren auch ein allgemeiner gesellschaftlicher Wandel hinsichtlich der Einstellung zur Sexualität zu verzeichnen, verbunden mit einer Enttabuisierung sexueller Darstellungen in Werbung und sonstigen Medien. Solche »kulturellen Botschaften« dürfen bei der Interpretation des sexuellen Verhaltens von Jugendlichen nicht unberücksichtigt bleiben.

Die *Veränderungen im sozialen Verhalten* betreffen vor allem die Ablösung vom Elternhaus und die Hinwendung zu Peergruppen (Gruppen Gleichaltriger und Gleichgesinnter). Die *Ablösung vom Elternhaus* ist einerseits als emotionale Distanzierung im Sinne einer Lockerung des kindlichen Bindungsverhaltens zu verstehen, andererseits als kognitive Distanzierung, indem die Werthaltungen und Lebensformen der Herkunftsfamilie kritisch hinterfragt werden. Eltern verlieren mit zunehmendem Alter der Jugendlichen den Status bevorzugter Sozialpartner im Alltag (vgl. Fend 1990). Der Begriff »Ablösung« ist insofern etwas irreführend, als die Bindung an das Elternhaus nicht aufgelöst wird, sondern eine neue Qualität annimmt, an deren inhaltlicher Ausgestaltung alle Familienmitglieder ihren Anteil haben. Das Ablöseproblem ist also kein individuelles Problem, sondern betrifft die gesamte Familiendynamik in ihrem jeweiligen kulturellen Kontext (vgl. Schurian 1989, S. 116ff.).

Das Streben der Jugendlichen nach Selbstbestimmung bei gleichzeitiger sozialer und ökonomischer Abhängigkeit führt im Prozeß der Aushandlung neuer Familienbeziehungen auf Seiten der Jugendlichen zeitweise zu Protestverhalten und Provokationen, zur probeweisen Abkehr von der Familie und infolgedessen mitunter zu heftigen Auseinandersetzungen. In mehreren Untersuchungen konnte allerdings gezeigt werden, daß es sich bei solchen Meinungsverschiedenheiten selten um tiefgreifende Konflikte, sondern eher um Äußerlichkeiten handelt (wie z. B. Kleidung, spätes Nachhausekommen, Verhaltens- und Redeweisen); bei grundsätzlichen Lebensentscheidungen, wie zum Beispiel bei der Berufswahl, suchen Jugendliche häufig den Rat ihrer Eltern. »Im allgemeinen sind die Verschiebungen hinsichtlich politischer, moralischer und weltanschaulicher Ansichten gering und nur selten extrem. Jugendliche sind gewöhnlich progressiver als ihre Eltern, jedoch sind weder ihre Auffassungen noch ihre Handlungen deutlich entgegengesetzt.« (Mönks & Knoers 1996, S. 199)

Mit der *Hinwendung zu Peergruppen* erschließen sich Jugendliche neben Schule und Elternhaus einen weiteren wichtigen Ankerpunkt in ihrer sozialen Umwelt. In den Gruppen Gleichaltriger und Gleichgesinnter wird nicht nur ein beträchtlicher Teil der Freizeit verbracht; es werden auch soziale Regeln, Verhaltensweisen, Beziehungsmuster und Werthaltungen neu ausgehandelt und erprobt, teilweise in kritischer Distanz zu den Werten und Normen der umgebenden Gesellschaft. Die Jugendlichen können in der Peergruppe ihre Erfahrungen austauschen und ihre Leistungen messen. Sie erleben in ihrem Freundeskreis häufig die soziale Akzeptanz und Sicherheit, die sie im Zuge der Ablösung vom Elternhaus dort nicht mehr zu finden glauben. Insofern kann die Peergruppe als wichtige Sozialisationsinstanz für die Entwicklung im Jugendalter angesehen werden.

Fehlt die Einbindung in Peergruppen bei gleichzeitiger Ablösung vom Elternhaus, so sind oft große Einsamkeitserfahrungen, verbunden mit psychischen Problemen, die Folge. Andere Probleme können sich dadurch ergeben, daß Peergruppen mitunter einen großen Konformitätsdruck auf ihre Mitglieder ausüben, was im Einzelfall bis zur Aufgabe der eigenen Identitätsentwicklung zugunsten einer Orientierung an der Gruppe führen kann. Ebenso kann es in Jugendgruppen zu kriminellen Verhaltensweisen kommen, denen sich der einzelne nicht entziehen kann, wenn er anerkanntes Mitglied der Gruppe bleiben möchte. Allerdings wird das Ausmaß der Jugendkriminalität in der öffentlichen Diskussion überschätzt (vgl. Schneider 1994, Kap. 2; zum vermeintlichen Werteverfall der Jugend vergleiche Billmann-Mahecha 1997). Aus Peergruppen entstehen schließlich auch jugendliche Subkulturen, die aus soziologischer Perspektive eine innovative Funktion für die Gesellschaft haben.

Entwicklungstheorien zum Jugendalter

Im Kapitel »Kindheit« in diesem Band findet sich ein Überblick über die derzeit einflußreichsten Entwicklungstheorien. Im folgenden werden daraus insbesondere diejenigen Theorieabschnitte angesprochen, die sich auf das Jugendalter beziehen. Trotz verschiedener theoretischer und inhaltlicher Akzentuierungen besteht heute weitgehend Einigkeit in der Betrachtung von Jugendlichen als (Mit-)Gestaltern ihrer eigenen Entwicklung: »Der Jugendliche ist beim Eintritt in die Reifezeit einer Kette von tiefgreifenden biologischen Veränderungen unterworfen, aber nicht diese, sondern das auf diese Veränderungen antwortende und die eigene Zukunft vorwegnehmende Selbstverständnis des Jugendlichen bestimmt seinen Weg.« (Ewert 1983, S. 9)

Selbstgestaltungstheorien haben einen emanzipatorischen Anspruch, indem sie das Individuum nicht – wie endogenistische Reifungstheorien oder behavioristische Lerntheorien – als Objekt, sondern als Subjekt seiner Entwicklung konzipieren. Da aber Selbstgestaltungstheorien, anders als interaktionistische Theorien, der Umwelt eine eher passive Rolle im Entwicklungsgeschehen beimessen, könnte ihre Popularisierung auch zu Problemen führen. Die Gefahr besteht darin, daß sich die soziale Umwelt von Heranwachsenden infolge einer verkürzten Interpretation von Selbstgestaltungstheorien ihrer Mitverantwortung entbunden sieht. Worin diese Verantwortung unter anderem besteht, hat Erikson folgendermaßen formuliert: »Eine Familie kann kein Kind erziehen, ohne auch von ihm erzogen zu werden. Sein Heranwachsen besteht aus einer Serie von Herausforderungen an sie, seinen neu sich entwickelnden Möglichkeiten zu sozialer Interaktion dienstbar zu sein.« (1994, S. 61)

Forschungsdefizite bestehen hauptsächlich hinsichtlich der Frage nach der Geschlechterdifferenz im Jugendalter. Nach Trautner (1996) genügt es nicht zu beschreiben, worin sich weibliche und männliche Jugendliche unterscheiden. Erst unter einer »Perspektive, die das Geschlecht als soziale Kategorie betrachtet, mit der sich alle Jugendlichen in gleicher Weise auseinanderzusetzen haben, weitgehend unabhängig von ihren individuellen geschlechtstypischen Merkmalen, ... wird jedoch verständlich, warum die Interessens- und Rollendifferenzierung der Geschlechter so groß ist, obwohl die Unterschiede der beiden Geschlechter in ihren kognitiven Fähigkeiten, Persönlichkeitsmerkmalen und sozialen Verhaltensweisen relativ gering sind« (S. 182).

Psychodynamische Entwicklungstheorien

Während sich die klassische Psychoanalyse nach Sigmund Freud nur am Rande mit der Entwicklung im Jugendalter beschäftigt hat, konzentrierte sich Anna Freud (1885–1982) auch auf die Psychodynamik der Pubertät, so zum Beispiel im letzten Teil ihres Buches ›Das Ich und die Abwehrmechanismen‹ (1987). Allgemein charakterisiert Anna Freud die Pubertät als »Sturm im Seelenleben« (1987, S. 320), bedingt durch die Libidosteigerung in dieser Entwicklungsphase. Die damit einhergehenden Turbulenzen sind entwicklungsnotwendig; die Bewältigung der Triebkonflikte bedeutet einen Entwicklungsfortschritt, indem die Ich-Funktionen gestärkt aus der Pubertätskrise hervorgehen. Wie die Libidosteigerung individuell verarbeitet wird, hängt davon ab, welche Einstellung das Ich dem Triebleben gegenüber einnimmt (vgl. zur Psychoanalyse den Beitrag von Popp-Baier). Nach Anna Freud sind es vor allem zwei Einstellungen, deren Kenntnis einige typische Eigenheiten der Pubertät verstehbar machen: die jugendliche Askese und die Intellektualisierung.

Die jugendliche Askese, eine Form der Triebabwehr und Sonderfall der Verdrängung, ist dadurch gekennzeichnet, daß sich fast regelmäßig ein Umschlag in den Triebexzeß findet. Aus analytischer Sicht sind solche Triebexzesse, so negativ sie von der Umwelt bewertet werden, »momentane Spontanheilungen des asketischen Zustandes« (S. 336). Problematischer ist es, wenn sich die jugendliche Askese bis auf die alltäglichsten körperlichen Bedürfnisse, zum Beispiel auf die Nahrungsaufnahme, erstreckt. Auch die Intellektualisierung, das Nachdenken auf hohem Niveau über Freundschaft, Familie, Religion und Politik ist nach Anna Freud als eine Form der Bewältigung des Triebkonflikts zu verstehen. Mit ihrer Frage nach den verschiedenen Bewältigungsformen innerpsychischer Konflikte im Jugendalter legte Anna Freud einen der Grundsteine für die moderne Copingforschung (s. hierzu auch Olbrich).

Besonders einflußreich für die Psychologie des Jugendalters wurde die Entwicklungstheorie von Erik H. Erikson (1902–1994), in der der Aufbau der Ich-Identität eine zentrale Stellung einnimmt. Nach Erikson stellt jede Entwicklungsphase spezifische Aufgaben an das Individuum, deren Bewältigung im Zusammenspiel zwischen Individuum und sozialer Umwelt Voraussetzung für die Erreichung der nächst höheren Phase ist. Die Identitätsbildung ist für Erikson zwar eine lebenslange Entwicklung, stellt aber das zentrale Thema des Jugendalters dar, weil in der Pubertät angesichts der »physischen Revolution«, der sich die jungen Menschen ausgesetzt fühlen, »alle Identifizierungen und alle Sicherungen, auf die man sich früher verlassen konnte, in Frage gestellt« werden (1994, S. 106).

Für die Gewinnung einer eigenen »inneren Identität« brauchen Jugendliche eine Art Karenzzeit zwischen Kindheit und Erwachsenenleben, die die meisten Kulturen auch gewähren: »Man kann diese Periode als ein psychosoziales Moratorium bezeichnen, während dessen der Mensch durch freies Rollen-Experimentieren sich in irgendeinem der Sektoren der Gesellschaft seinen Platz sucht, eine Nische, die fest umrissen und doch wie einzig für ihn gemacht ist. Dadurch gewinnt der junge Erwachsene das sichere Gefühl innerer und sozialer Kontinuität, das die Brücke bildet zwischen dem, was er als Kind war, und dem, was er nunmehr im Begriff ist zu werden, eine Brücke, die zugleich das Bild, in dem er sich selber wahrnimmt, mit dem Bilde verbindet, unter dem er von seiner Gruppe, seiner Sozietät anerkannt wird.« (1994, S. 137f.)

Während die Identitätskrise mit den Fragen »Wer bin ich?« und »Wer bin ich nicht?«, »Wie sehen mich die anderen?«, »Werde ich die richtigen Entscheidungen im Hinblick auf Partnerschaft und Beruf treffen?« notwendig gegen Ende des Jugendalters auftritt und bewältigt werden muß, besteht die Gefahr dieser Phase in der Identitätsdiffusion. Selbstzweifel und innerer Zwiespalt erschweren dann die weitere Entwicklung.

Erikson hat mit seiner von großem Verständnis getragenen Beschreibung des Jugendalters und mit seinem Identitätskonzept wertvolle Impulse für die Jugendforschung gegeben (vgl. auch Erikson 1988). Die Identitätsentwicklung wird heute fast durchgängig als die zentrale Aufgabe des Jugendalters angesehen (vgl. z.B. Fend 1991). Allerdings sind Eriksons Vorstellungen einer Normalbiographie, nach der man einen Beruf wählt, heiratet und damit endgültig ins Erwachsenenleben eintritt, unter den veränderten gesellschaftlichen Bedingungen kaum mehr aufrechtzuerhalten: »Die Identität wird zunehmend nur in Teilbereichen geklärt, während man in anderen Lebensbereichen einen Moratoriums-Status aufrechterhält« (Conzen 1996, S. 147).

Das Konzept der Entwicklungsaufgaben

Das Konzept der Entwicklungsaufgaben von Robert J. Havighurst entstand zum einen unter dem Einfluß von Eriksons Theorie der psychosozialen Entwicklung und beruht zum anderen auf der Annahme, Entwicklung sei im wesentlichen ein Lernprozeß. »Eine Entwicklungsaufgabe ist eine Aufgabe, die sich in einer bestimmten Lebensperiode des Individuums stellt. Ihre erfolgreiche Bewältigung führt zu Glück und Erfolg, während Versagen das Individuum unglücklich macht, auf Ablehnung durch die Gesellschaft stößt und zu Schwierigkeiten bei der Bewältigung späterer Aufgaben führt.« (Havighurst 1982, S. 2, zit. n. Oerter 1995, S. 121)

Havighurst unterscheidet drei Quellen einer Entwicklungsaufgabe, die in der Formulierung von Oerter (1995, S. 121) als individuelle Leistungsfähigkeit, soziokulturelle Entwicklungsnorm und individuelle Zielsetzung in einzelnen Lebensregionen beschrieben werden können. »Diese Komponenten zeigen, daß die Entwicklungsaufgabe ein zentraler Erklärungsbegriff einer ökologischen Entwicklungspsychologie ist: Sie verbindet Individuum und Umwelt, indem sie kulturelle Anforderungen mit individueller Leistungsfähigkeit in Beziehung setzt, und sie räumt zugleich dabei dem Individuum eine aktive Rolle bei der Gestaltung der eigenen Entwicklung ein.« (Oerter 1995, S. 121)

Für die Dreizehn- bis Achtzehnjährigen formulierte Havighurst folgende Entwicklungsaufgaben:

1. Akzeptieren der eigenen Körperlichkeit und der männlichen beziehungsweise weiblichen Geschlechtsrolle,
2. Aufbau neuer und reiferer Beziehungen zu Altersgenossen beiderlei Geschlechts,
3. Erreichen emotionaler Unabhängigkeit von Eltern und anderen Erwachsenen,
4. Berufswahl und Berufsvorbereitung sowie Vorbereitungen zur ökonomischen Unabhängigkeit,
5. Vorbereitung auf Ehe und Familie,
6. Entwicklung der Kompetenzen für die Rolle als Staatsbürger,
7. Übernahme sozial verantwortlichen Verhaltens,
8. Ausbildung bewußter Werthaltungen.

Entwicklungsaufgaben sind von längerer oder kürzerer Reichweite und teilweise über mehrere Lebensabschnitte miteinander verbunden; sie müssen auch nicht für alle Jugendlichen einer Altersgruppe gleich bedeutsam sein, und sie werden differentiell verschieden bewältigt (vgl. Fend 1990; Henneberger & Deister 1996). Nach der Fokaltheorie von Coleman (Coleman & Hendry 1990) variiert das Aufgreifen bestimmter Themen weniger nach dem Alter als nach individuellen Vorerfahrungen und aktuellen Lebenssituationen.

Die inhaltliche Formulierung von Entwicklungsaufgaben ist an bestimmte kulturelle und historische Kontexte gebunden; es wäre also falsch, die von Havighurst und anderen beschriebenen Entwicklungsaufgaben für universell gültig zu halten. Auf der Basis kulturvergleichender Untersuchungen hat Havighurst (1976) allerdings versucht, Entwicklungsaufgaben zu benennen, die relativ kulturunabhängig von jungen Menschen bewältigt werden müssen. Es sind dies Aspekte der biologischen Entwicklung, die Akzeptanz der Erwachsenenrollen unter dem Einfluß der eigenen gesellschaftlichen Gewohnheiten, der Erwerb der emotionalen Unabhängigkeit von Eltern und anderen Erwachsenen, der Erwerb der eigenen Lebensanschauung sowie die Bewußtmachung einer eigenen Identität und Teilnahme an einer Jugendkultur (zit. n. Mönks & Knoers 1996, S. 182).

Das Konzept der Entwicklungsaufgaben kann als ein wesentlicher Wegbereiter für die Durchsetzung der Vorstellung selbstgestalteter Entwicklung im Jugendalter angesehen werden. Silbereisen (1996) weist allerdings darauf hin, daß es sich dabei »um eine Uminterpretation eines vom Urheber ziemlich normativ verstandenen Konzeptes« handelt (S. 3). Die Sichtweise von Jugendlichen als Gestalter ihrer Entwicklung spielt auch in der neueren Copingforschung eine wichtige Rolle, die den Prozeß der Bewältigung von herausfordernden oder belastenden Lebensereignissen untersucht: »Der Jugendliche erscheint dann als Person, welche die Veränderungen dieses Lebensabschnittes bewältigen kann – und üblicherweise auch effektiv bewältigt. Die ›gelingende‹ Entwicklung wird in der Regel belegt, wenn Ergebnisse von Längsschnittstudien herangezogen werden.« (Olbrich 1983, S. 95)

Kognitive Entwicklungstheorien

Als Grundlage der Beschreibung der kognitiven Entwicklung im Jugendalter gilt in der Regel die Theorie von Jean Piaget (1896–1980). Danach wird etwa ab dem elften, zwölften Lebensjahr die vierte Stufe der Intelligenzentwicklung erreicht, die Stufe des formal-operationalen Denkens (Piaget & Inhelder 1977). Gekennzeichnet ist diese Stufe durch die Fähigkeit, formal-abstrakt und hypothetisch zu denken, ohne an konkretes Anschauungsmaterial gebunden zu sein. Empirisch können diese neuen Fähigkeiten zum Beispiel anhand des bekannten *Pendelversuches* veranschaulicht werden (vgl. Montada 1995, S. 540).

In diesem Versuch werden Kindern und Jugendlichen zwei Pendel vorgeführt, ein kurzes mit einem schweren Gewicht, das schnell schwingt, und ein langes mit einem leichten Gewicht, das langsam schwingt. Die Aufgabe besteht darin herauszufinden, ob die Pendelfrequenz von der Länge und/oder vom Gewicht abhängig ist. Vorschulkinder (auf der prä-operationalen Stufe) geben entweder das Gewicht *oder* die Länge an, je nachdem, welches Merkmal sie gerade ins Auge fassen. Grundschulkinder (auf der Stufe der konkreten Operationen), die bereits mehrere Merkmale miteinander kombinieren können, kommen gemäß der konkreten Anschauung der vorgeführten Pendel zu dem Schluß, beide Merkmale seien wichtig, das heißt, ein kurzes *und* schweres Pendel schwinge schneller. Erst Jugendliche auf der Stufe des formal-operationalen Denkens können die gezeigten Fälle als zwei Beispiele von vier möglichen Kombinationen der beiden Variablen Länge und Gewicht (mit jeweils zwei Werten, nämlich lang/kurz und schwer/leicht) erkennen. Sie werden also vor einer Antwort auf die gestellte Frage auch die beiden anderen Möglichkeiten (ein kurzes Pendel mit einem leichten Gewicht und ein langes Pendel mit einem schweren Gewicht) empirisch überprüfen wollen. Aufgrund eines systematischen Vergleichs finden sie dann heraus, daß die Pendelfrequenz nur von der Länge und nicht vom Gewicht abhängt.

Diese Art der Aufgabenbewältigung veranschaulicht ein zentrales Merkmal des formal-operationalen Denkens: Es klebt »nicht mehr an gegebenen Informationen. Es abstrahiert aus Beobachtungen und Aussagen mögliche Einflußvariablen, erstellt ein System möglicher Kombinationen solcher Einflußvariablen, das prinzipiell vollständig überprüft werden muß, bevor die richtige Lösung gefunden werden kann« (Montada 1995, S. 541).

Selbstverständlich gibt es erhebliche interindividuelle Unterschiede hinsichtlich des Alters, in dem diese kognitive Entwicklungsstufe erreicht wird, und auch hinsichtlich der Anwendung der entsprechenden Denkstrukturen auf verschiedene inhaltliche Bereiche. Die Bedeutung dieser kognitiven Entwicklungsstufe für das Jugendalter ergibt sich aber nicht nur daraus, daß sie die Grundlage für die weitere Schulbildung und für die Möglichkeit (natur-)wissenschaftlichen Denkens darstellt, sondern auch aus der prinzipiell erhöhten Reflexionsfähigkeit: »Das formale Denken ist gleichzeitig eine Reflexion der Intelligenz über sich selbst.« (Piaget & Inhelder 1977, S. 328f.) Die Fähigkeit zur Abstraktion von konkreten Gegebenheiten ermöglicht es Jugendlichen, ihre Stellung in Familie und Gesellschaft, weltanschauliche Fragen und alternative Lebensentwürfe zu reflektieren. Die damit verbundenen affektiven Einstellungen, zum Beispiel Gefühle für Ideale, die in der Kindheit noch keine Bedeutung haben, und die Ausformung der Persönlichkeit sind nach Piaget nicht vollständig zu verstehen, wenn man die Transformation des Denkens im Jugendalter nicht berücksichtigt.

Nach Piaget ist diese neue Form der Reflexion verbunden mit einer Form der Egozentrik, deren Überwindung den Übergang ins Erwachsenenalter markiert. Die jugendliche Egozentrik zeigt sich »in einer Art Sendungsbewußtsein, so daß die Theorien, durch die der Heranwachsende sich die Welt vorstellt, auf die reformatorische Tätigkeit zentriert sind, die er sich in der Zukunft zu spielen aufgerufen fühlt« (Piaget & Inhelder 1977, S. 331). Dabei schreibt der Jugendliche seinem Denken eine unbegrenzte Macht zu. Nach Ewert wäre es allerdings falsch, in neuen sozialen Entwürfen Jugendlicher nichts anderes als einen Ausdruck des kognitiven Egozentrismus zu sehen: »Gerade die exzentrische Lage des Jugendlichen gegenüber seiner Umwelt und sich selbst bietet die Chance zu neuen Problemsichten und Lösungsansätzen, so unausgewogen und grell sie zunächst auch erscheinen mögen.« (Ewert 1983, S. 121) Bereits 1904 habe Hall darauf hingewiesen, daß in der Adoleszenz jedesmal aufs Neue die Chance zu einer schöpferischen Weiterentwicklung der Formen menschlichen Zusammenlebens besteht.

Nach Piaget ist mit dem Erreichen der formal-operationalen Stufe die kognitive Entwicklung weitgehend abgeschlossen. An dieser Auffassung ist mehrfach Kritik geübt worden. Riegel (1978) hat eine weitere Stufe der dialektischen Operationen gefordert; Kesselring (1988) verweist auf die höhere Logik und Mathematik, deren Beherrschung die Grenzen der vierten Stufe überschreiten dürfte. Nach Schumann-Hengsteler (1996) wurde aufgrund der qualitativen Veränderungen im Denken, die beim Übergang von der dritten zur vierten Stufe zu beobachten sind, den quantitativen Veränderungen im weiteren Entwicklungsverlauf zu wenig Beachtung geschenkt. Diese betreffen etwa die Zunahme der Informationsverarbeitungskapazität sowie die Verbesserung der Verarbeitungsstrategien und des Metagedächtnisses. Zu diesen Bereichen besteht noch erheblicher Forschungsbedarf. Das gilt allerdings prinzipiell für den Bereich der kognitiven Entwicklung: »Kognitive Fähigkeiten scheinen vielfach nicht als das eigentlich Interessante im Jugendalter zu gelten – sie treten im Vergleich zu sozialen und emotionalen, ja sogar körperlichen Veränderungen ins Abseits der Forschungsbemühungen.« (Schumann-Hengsteler 1996, S. 77)

Literatur

Abels, Heinz (1993): *Jugend vor der Moderne. Soziologische und psychologische Theorien des 20. Jahrhunderts.* Opladen: Leske + Budrich.

Baacke, Dieter (1991): *Die 13- bis 18jährigen. Einführung in Probleme des Jugendalters* (5. überarbeitete und ergänzte Aufl.). Weinheim: Beltz.

Bernfeld, Siegfried (1991a): Über den Begriff der Jugend (1915). In: Siegfried Bernfeld: *Sämtliche Werke*, Bd. 1. Weinheim: Beltz, 43–137.

Bernfeld, Siegfried (1991b): Über eine typische Form der männlichen Pubertät (1923). In: Siegfried Bernfeld: *Sämtliche Werke*, Bd. 1. Weinheim: Beltz, 139–159.

Billmann-Mahecha, Elfriede (1997): Werteverfall der Jugend – Analyse eines Deutungsmusters. *Zeitschrift für Individualpsychologie* 22, 79–90.

Bühler, Charlotte (1922): *Das Seelenleben des Jugendlichen. Versuch einer Analyse und Theorie der psychischen Pubertät.* Jena: Fischer.

Bühler, Johannes-Christoph von (1990): *Die gesellschaftliche Konstruktion des Jugendalters. Zur Entstehung der Jugendforschung am Beginn des 20. Jahrhunderts.* Weinheim: Deutscher Studienverlag.

Clement, Ulrich (1986): *Sexualität im sozialen Wandel. Eine empirische Vergleichsstudie an Studenten 1966 und 1981.* Stuttgart: Enke.

Coleman, John C., Leo Hendry (1990): *The nature of adolescence.* London: Routledge.

Conzen, Peter (1996): *Erik H. Erikson. Leben und Werk.* Stuttgart: Kohlhammer.

Dudek, Peter (1990): *Jugend als Objekt der Wissenschaften. Geschichte der Jugendforschung in Deutschland und Österreich 1890–1933.* Opladen: Westdeutscher Verlag.

Erikson, Erik H. (1988): *Jugend und Krise. Die Psychodynamik im sozialen Wandel* (3. Aufl.). Stuttgart: Klett (Original 1968).

Erikson, Erik H. (1994): *Identität und Lebenszyklus. Drei Aufsätze.* Frankfurt/M.: Suhrkamp (Original 1959).

Ewert, Otto (1983): *Entwicklungspsychologie des Jugendalters.* Stuttgart: Kohlhammer.

Fend, Helmut (1988): *Sozialgeschichte des Aufwachsens. Bedingungen des Aufwachsens und Jugendgestalten im zwanzigsten Jahrhundert.* Frankfurt/M.: Suhrkamp.

Fend, Helmut (1990): *Vom Kind zum Jugendlichen. Der Übergang und seine Risiken* (Entwicklungspsychologie der Adoleszenz in der Moderne, Bd. I). Bern: Huber.

Fend, Helmut (1991): *Identitätsentwicklung in der Adoleszenz. Lebensentwürfe, Selbstfindung und Weltaneignung in beruflichen, familiären und politisch-weltanschaulichen Bereichen.* (Entwicklungspsychologie der Adoleszenz in der Moderne, Bd. II). Bern: Huber.

Fend, Helmut (1994): *Die Entdeckung des Selbst und die Verarbeitung der Pubertät.* (Entwicklungspsychologie der Adoleszenz in der Moderne, Bd. III). Bern: Huber.

Freud, Anna (1987): Das Ich und die Abwehrmechanismen. In: *Die Schriften der Anna Freud*, Bd. I. Frankfurt/M.: Fischer, 191–355 (Original 1936).

Giese, Fritz (1914): Das freie literarische Schaffen bei Kindern und Jugendlichen. *Zeitschrift für Angewandte Psychologie*, Beiheft 7.

Gillis, John R. (1980): *Geschichte der Jugend. Tradition und Wandel im Verhältnis der Altersgruppen und Generationen in Europa von der zweiten Hälfte des 18. Jahrhunderts bis zur Gegenwart.* Weinheim: Beltz (Original 1974).

Hafeneger, Benno (1995): *Jugendbilder. Zwischen Hoffnung, Kontrolle, Erziehung und Dialog.* Opladen: Leske + Budrich.

Hall, G. Stanley (1904): *Adolescence. Its Psychology and its Relation to Physiology, Anthropology, Sociology, Sex, Crime, Religion and Education.* New York: Appleton.

Havighurst, Robert J. (1976): A Cross-cultural View. In: J. F. Adams (Hg.): *Understanding Adolescence. Current Developments in Adolescent Psychology.* Boston: Allyn & Bacon.

Havighurst, Robert J. (1982): *Developmental tasks and education* (7. Aufl.). New York: Longman (Original 1948).

Henneberger, Anton, Bernhard Deister (1996): Jugendliche wählen ihre Umwelt. Die Bedeutung von Entwicklungsaufgaben im Lebenskontext. In: Ruth Schumann-Hengsteler, Hanns Martin Trautner (Hg.): *Entwicklung im Jugendalter.* Göttingen: Hogrefe, 19–40.

Herrmann, Ulrich (1982): Was heißt »Jugend«? Jugendkonzeptionen in der deutschen Sozialgeschichte. In: Hans-Georg Wehling (Hg.): *Jugend, Jugendprobleme, Jugendprotest.* Stuttgart: Kohlhammer, 11–27.

Jugendwerk der Deutschen Shell (Hg.) (1992): *Jugend '92. Lebenslagen, Orientierungen und Entwicklungsperspektiven im vereinigten Deutschland.* 4 Bände. Opladen: Leske + Budrich.

Kesselring, Thomas (1988): *Jean Piaget.* München: Beck.

Lazarsfeld, Paul F. (1931): *Jugend und Beruf.* Jena: Fischer.

Mönks, Franz J., Alphons M. P. Knoers (1996): *Lehrbuch der Entwicklungspsychologie.* München: Reinhardt (UTB).

Mönks, Franz J., Willy Peters (1996): Selbstkonzept und kognitive Fähigkeiten bei hochbegabten und bei normalbegabten Jugendlichen. In: Ruth Schumann-Hengsteler, Hanns Martin Trautner (Hg.): *Entwicklung im Jugendalter*. Göttingen: Hogrefe, 119–141.

Montada, Leo (1995): Die geistige Entwicklung aus der Sicht Jean Piagets. In: Rolf Oerter, Leo Montada (Hg.): *Entwicklungspsychologie. Ein Lehrbuch* (3. Aufl.). München: Psychologie Verlags Union, 518–561.

Oerter, Rolf (1995): Kultur, Ökologie und Entwicklung. In: Rolf Oerter, Leo Montada (Hg.): *Entwicklungspsychologie. Ein Lehrbuch* (3. Aufl.). München: Psychologie Verlags Union, 84–127.

Oerter, Rolf, Eva Dreher (1995): Jugendalter. In: Rolf Oerter, Leo Montada (Hg.): *Entwicklungspsychologie. Ein Lehrbuch* (3. Aufl.). München: Psychologie Verlags Union, 310–395.

Olbrich, Erhard (1983): Übergänge im Jugendalter. In: Rainer K. Silbereisen, Leo Montada (Hg.): *Entwicklungspsychologie. Ein Handbuch in Schlüsselbegriffen*. München: Urban & Schwarzenberg, 89–96.

Piaget, Jean, Bärbel Inhelder (1977): *Von der Logik des Kindes zur Logik des Heranwachsenden. Essay über die Ausformung der formalen operativen Strukturen*. Olten: Walter-Verlag (Original 1955).

Pilz, Sigrid (1996): Jugend. In: Helmwart Hierdeis, Theo Hug (Hg.): *Taschenbuch der Pädagogik*, Bd. 3. Hohengehren: Schneider, 914–932.

Reinert, Günther (1982): Grundzüge einer Geschichte der Human-Entwicklungspsychologie. In: Heinrich Balmer (Hg.): *Kindlers ›Psychologie des 20. Jahrhunderts‹. Geschichte der Psychologie, Band 2: Entwicklungslinien zur wissenschaftlichen Psychologie*. Weinheim: Beltz, 178–212.

Riegel, Klaus F. (1978): Ansätze zu einer dialektischen Theorie der Entwicklung. In: Klaus F. Riegel (Hg.): *Ontogenese dialektischer Operationen*. Frankfurt/M.: Suhrkamp, 75–96.

Roth, Lutz (1983): *Die Erfindung des Jugendlichen*. München: Juventa.

Scheuch, Erwin K. (1975): Die Jugend gibt es nicht. Zur Differenziertheit der Jugend in heutigen Industriegesellschaften. In: Hartmut von Hentig (Hg.): *Jugend in der Gesellschaft. Ein Symposium*. München: Deutscher Taschenbuch Verlag, 54–78.

Schneider, Hans Joachim (1994): *Kriminologie der Gewalt*. Stuttgart: Hirzel.

Schumann-Hengsteler, Ruth (1996): Kognitive Entwicklung im Jugendalter: Gedächtnisprozesse als Stiefkinder der Forschung? In: Ruth Schumann-Hengsteler, Hanns Martin Trautner (Hg.): *Entwicklung im Jugendalter*. Göttingen: Hogrefe, 77–98.

Schumann-Hengsteler, Ruth, Hanns Martin Trautner (Hg.) (1996): *Entwicklung im Jugendalter*. Göttingen: Hogrefe.

Schurian, Walter (1989): *Psychologie des Jugendalters. Eine Einführung*. Opladen: Westdeutscher Verlag.

Silbereisen, Rainer K. (1996): Jugendliche als Gestalter ihrer Entwicklung: Konzepte und Forschungsbeispiele. In: Ruth Schumann-Hengsteler,

Hanns Martin Trautner (Hg.): *Entwicklung im Jugendalter*. Göttingen: Hogrefe, 1–18.

Spranger, Eduard (1924): *Psychologie des Jugendalters*. Leipzig: Quelle & Meyer.

Trautner, Hanns Martin (1996): Die Bedeutung der Geschlechtskategorie im Jugendalter. In: Ruth Schumann-Hengsteler, Hanns Martin Trautner (Hg.): *Entwicklung im Jugendalter*. Göttingen: Hogrefe, 165–187.

Zinnecker, Jürgen (1987): *Jugendkultur 1940 – 1985*. Opladen: Leske + Budrich.

3. Erwachsenenalter

Erhard Olbrich

Im Alltagsverständnis wird Entwicklungspsychologie oft mit Kinder- und Jugendpsychologie gleichgesetzt. Auch an deutschen Universitäten bleibt die Entwicklung in den ersten beiden Lebensjahrzehnten das häufigere Thema von Lehre und Forschung. Das Erwachsenenalter ist demgegenüber ein relativ vernachlässigter Abschnitt der Biographie. Dabei stehen aus der Klinischen Psychologie, der Arbeits-, Betriebs- und Organisationspsychologie, der Sozialpsychologie oder aus der Differentiellen Psychologie Daten über Erwachsene in großer Fülle zur Verfügung. Sie entwicklungspsychologisch aufzuarbeiten, um den Wandel im Verlauf der mittleren Jahre einer Biographie zu *beschreiben*, zu *erklären* und somit eine Basis für praktische Arbeit mit Erwachsenen – etwa in der *Beratung* oder der *Therapie* – zu geben, ist die Aufgabe, die sich dieses Kapitel stellt.

Charakterisierung des Erwachsenenalters

In der Jugend, so sagt Spranger (1924) in seiner klassischen ›Psychologie des Jugendalters‹, entdeckt der junge Mensch sein Ich, er entwickelt seinen eigenen Lebensplan und geht damit hinein in die Bereiche der Gesellschaft. Das frühe Erwachsenenalter bringt in der Tat eine Öffnung der Person mit sich, eine Bewegung fort von der Identitätsarbeit und der Beschäftigung mit sich selbst, hin zu einem verstärkten Engagement für soziale Beziehungen. Die Publizistin Sheehy (1976) beschreibt junge Erwachsene als Personen, die es anstreben, soziale und selbstgestellte Anforderungen zu übernehmen, welche vor allem die Planung und Realisierung des beruflichen und sozialen Lebens betreffen. Ihre Aussagen stimmen mit klinischen Befunden überein: Junge Erwachsene, die soziale Aktivitäten so ausüben, daß diese die Anforderungen ihrer Position im Beruf und in der Familie erfüllen, erfahren nicht nur Anerkennung, sie erleben auch eine gewisse »Stimmigkeit« und subjektives Wohlbefinden.

White (1966) nennt fünf Bereiche des Wachsens im frühen Erwachsenenalter: 1. Die Stärkung der Identität. 2. Eine Befreiung vom vorherrschenden Bezug auf sich selbst und damit die Möglichkeit, einem Gegenüber in seiner Individualität zu begegnen. 3. Eine Vertiefung von Interessen, die mit einer engagierten Entwicklung persönlicher Anliegen verbunden ist. 4. Die Humanisierung von Werten. 5. Die Überwindung des Egozentrismus sowie die Ausweitung der Sorge um andere.

Das Erwachsenenalter wird zunächst mit den Themen Partnerschaft und Elternschaft behandelt. Angeschlossen wird ein Abschnitt über die Entwicklung der Persönlichkeit im Erwachsenenalter, um auch theoretisch veränderte Prozesse der Adaptation und gewandelte Qualitäten der Interaktion zwischen Person und Umwelt zu beschreiben. Abschließend wird kurz die Entwicklung im Beruf behandelt.

Partnerwahl und Partnerschaft

Für sehr viele Menschen beginnt Partnerschaft mit einer Vielzahl beglückender Erfahrungen. Aber häufig wird Partnerschaft im Verlaufe der Zeit eine Quelle von Frustration oder Verzweiflung, die durch Trennung oder Scheidung beendet wird. Was ist das für ein Unternehmen, das mit so viel Optimismus und Kraft begonnen wird, das aber im Verlaufe seiner Entwicklung dann doch scheitern kann? Es ist sicher ein sehr zentrales Unternehmen im Leben von Menschen: Kirchler (1989) referiert Befragungsergebnisse, denen zufolge Personen in Frankreich, Italien, Österreich und in den USA genauso wie in Deutschland Partnerschaft als das Bedeutendste im Leben überhaupt einschätzen. Und Klein (1991) stellt fest, daß das Leben in engen Beziehungen zu den wichtigsten Anliegen der meisten Menschen gehört. Partnerschaft und vertrauensvolle soziale Beziehungen bleiben bis ins hohe Alter für Lebensqualität und Langlebigkeit von Bedeutung (Olbrich, Kruse, Roether, Pöhlmann & Halsig 1994).

In der Entwicklungspsychologie wird *Intimität* als erstes zentrales Element einer Partnerschaft betont (Erikson 1970; Whitebourne & Weinstock 1982). Damit ist ein enges soziales Miteinander gemeint, also physische und psychische Nähe und vertrauensvolle Kommunikation. Intimität beschreibt aber noch mehr, nämlich eine Ergänzung oder sogar Erweiterung beim Werden der Persönlichkeit. Das wird mit unterschiedlichen Akzenten in den beiden Auffassungen von Partnerwahl ausgedrückt, die sowohl im Alltagsverständnis als auch in der Forschung nebeneinander bestehen. Die eine charakterisiert die *Homogamie-Theorien.* Sie postulieren Ähnlichkeit als Voraussetzung von Partnerwahl und entsprechen, vereinfacht gesagt, der Alltagserfahrung des »Gleich und gleich gesellt sich gern«. Ähnlichkeit bezieht sich dabei sowohl auf kulturelle und soziale Merkmale der Partner als auch auf psychische Variablen. Eine Gegenposition drücken die *Heterogamie-Theorien* aus. Sie postulieren, was der Volksmund mit dem Wort »Gegensätze ziehen sich an« ausdrückt. Allerdings läuft Heterogamie nicht auf ein Nebeneinander von Unvereinbarem oder das Aufeinanderprallen von Gegensätzen hinaus. Vielmehr wird Komplementarität hervorgehoben, also Gegensätzlichkeit, die auf Ergänzung zielt.

Für Kulturähnlichkeit und sozial-ökonomische Ähnlichkeit zur Erklärung von Partnerwahl sprechen Befunde, die etwa die räumliche Nähe der Partner hervorheben, konkretisiert durch die gleiche Wohngegend, die gleiche Schule oder Universität, eine vergleichbare Ausbildung oder das Zusammenkommen bei der Ausübung von gleichen Hobbys. Damit sind Faktoren angesprochen, die Voraussetzungen dafür darstellen, daß bestimmte Menschen aus dem Gesamt der potentiellen Partner überhaupt zusammentreffen. Solche Faktoren erklären selbstverständlich nicht, warum bei einigen Paaren die »Herzen höher schlagen«, wenn sie sich treffen, bei anderen aber nicht. Sie erklären schon gar nicht Entwicklung. Mikula und Stroebe (1992) führen soziale und kognitive Prozesse an, um die Attraktion von Menschen zu erklären, also das Geschehen, das in der allerersten Zeit der Partnerwahl abläuft.

Hier die Grundzüge ihrer Erklärungen: »Theorien der *Informationsverarbeitung* sehen Anziehung, also die Entwicklung einer positiven Einstellung gegenüber einer Person, als Ergebnis von positiver Information über diese Person. Die *konsistenztheoretischen Ansätze* erklären zwischenmenschliche Anziehung als Folge unserer Neigung, Konsistenz in der Wahrnehmung unserer Umwelt und unserer zwischenmenschlichen Beziehungen herzustellen. Die *Verstärkungstheorien* interpretieren die Entwicklung positiver Einstellungen zu anderen Menschen hingegen als Ergebnis von Verstärkungen, die wir von diesen Personen erhalten haben. Diese

Annahme wird auch von *austauschtheoretischen Ansätzen* geteilt, die Interaktionen in Analogie zum ökonomischen Verhaltensmodell … als Austausch von Verhaltensergebnissen interpretieren, bei dem die Partner bemüht sind, ihren Nutzen zu maximieren.« (1992, S. 63, Hervorhebungen E.O.) Hier wird der Anfang einer Beziehung durch das Erfahren und Akzeptieren von etwas Positivem, Stimmigem oder Belohnendem bei einer anderen Person erklärt. Von Beziehung im Sinne eines intimen Austausches, von Beziehungsarbeit oder gar von einem Geben in der gemeinsamen Entwicklung ist noch nicht die Rede.

Das gilt auch für Befunde, die Übereinstimmungen oder Ähnlichkeiten von weiteren sozialen Merkmalen hervorheben. Erwähnt werden in der Literatur Nationalität, Rasse, Konfession oder auch Alter (zusammenfassend etwa bei Jäckel 1980 oder bei Klein 1991). Die Wirkungen solcher Variablen sind nicht etwa direkt; damit verbundene Entwicklungsprozesse sind nur zu erschließen. Am Beispiel des ähnlichen sozio-ökonomischen Status von Partnern läßt sich das ein Stück weit verdeutlichen.

Jäckel (1980) hat Belege dafür zusammengetragen, daß die Regel, »in die eigenen Kreise zu heiraten«, in unserer Gesellschaft nach wie vor bewußt eingehalten wird. Es sind Frauen, und es sind vor allem die Familien von Frauen im Heiratsalter, die diese Regel beachten. Möglicherweise war in früheren patrilinearen Gesellschaften der Widerstand dagegen, daß eine Frau einen rangniederen Mann heiratete, noch größer. Aber auch für die modernen, hochentwickelten USA stellen Newman und Newman noch 1995 fest: »Women marry up.« Das mag auf die traditionelle Erwartung zurückgehen, daß der Mann Nahrung, Status und Sicherheit für die Frau und für die gemeinsamen Kinder bereitstellen soll. Wahrscheinlich steht das mit der Beobachtung in Zusammenhang, daß die durchschnittliche Altersdifferenz zwischen Mann und Frau nach wie vor zwei bis drei Jahre betragen soll; von Männern wird wahrscheinlich eine erste Basis in der beruflichen Entwicklung für eine Ehe vorausgesetzt. Daten, die Klein (1991) zusammenstellt, verweisen auf weitere ökonomische, soziale und auch auf machtpolitische Motive. Danach werden besonders in reichen Familien und dort, wo hohe Einsätze bei der Partnerwahl auf dem Spiel stehen, sehr pragmatische, oft juristisch festgelegte Regeln (Erbschaftsrecht) bei der Zusammenführung der Partner beachtet.

Ob solche Interpretationen und ob überhaupt die Ähnlichkeit von sozialen und kulturellen Faktoren ausreichen, um generell zu erklären, warum sich Menschen zum Aufbau einer engen Beziehung entschließen, muß aber bezweifelt werden. Nur ein Stück weiter führen Befunde, die *psychische Ähnlichkeit von Partnern* hervorheben. Solche Befunde sind beispielsweise bei Murstein (1986) zusammengestellt. Der Autor findet bei Einstellungen von Partnern und auch bei deren Wertorientierungen im Schnitt deutliche Übereinstimmungen, höhere als bei Persönlichkeitseigenschaften. Das mag daran liegen, daß Einstellungen ebenso wie Wertorientierungen direkter geäußert werden als Persönlichkeitseigenschaften und so von Anfang an klarer erkennbar zu einer Abstimmung von Kognitionen und Verhalten der Partner beitragen.

Coombs (1966) hat in seiner Wert-Konsens-Theorie folgende Linie der Erklärung vorgeschlagen: Personen mit ähnlichem sozialen Hintergrund und mit vergleichbarer Bildung haben wahrscheinlich ähnliche Werte (gelernt). Beginnen sie eine Interaktion, dann wird diese wahrscheinlich von beiden als belohnend erlebt. Kommunikation und gegenseitiges Verstehen der Partner werden mit einem Minimum an Spannung oder Konflikt bei einem Maximum von Gratifikation erreicht. Ein Gefühl der Zufriedenheit mit der Kommunikation dürfte sich einstellen und das Bestreben verstärken, die Beziehung fortzuführen. Im wesentlichen sind es danach kognitive und soziale Prozesse – primär wohl die aneinander wahrgenommene oder zumindest vermutete Ähnlichkeit von Werten und die damit verbundenen »Belohnungen« –, die zum Beisammenbleiben der Partner beitragen.

Ähnlichkeit von Persönlichkeitseigenschaften ist nach der Literatur, die Murstein (1986) durchgesehen hat, nicht durchgängig zu erwarten. Das mag darauf zurückgeführt werden, daß Persönlichkeitseigenschaften nicht so direkt im Verhalten erkennbar werden wie Einstellungen oder Wertorientierungen. Aber abgesehen von Definitions- oder Erfassungsproblemen: Ähnliche Persönlichkeitseigenschaften wirken keineswegs immer auf die Beibehaltung einer Beziehung hin. Beispielsweise dürfte hohe Dominanz beider Partner kaum zur Entwicklung einer langdauernden Partnerschaft beitragen – ganz anders etwa als eine gleiche oder ähnliche Stärke der sexuellen Bedürfnisse von Frau und Mann.

Wenn wir die Dynamik des Zusammenwirkens psychischer Merkmale beachten und nicht nur in einem relativ statischen Sinne nach Übereinstimmung fragen und wenn wir andere Prozesse als die der (additiven) gegenseitigen Verstärkung zulassen, dann treten Ähnlichkeit oder Übereinstimmung von kulturell-sozialen und von psychischen Merkmalen in ihrer Bedeutung für die Erklärung von Partnerwahl zurück. Wir kommen dann zu Erkenntnissen, die das Prinzip der Komplementarität stützen. Schon Winch (1958) stellte Komplementarität von Bedürfnissen ins Zentrum der Erklärung von Partnerwahl. Bedürfnisse sind dynamische Merkmale von Personen. Bedürfnisse sind dann komplementär, wenn ein Partner durch das Ausleben seiner Bedürfnisse zugleich die Bedürfnisse seines Partners befriedigen kann. Das kann in einigen Fällen durch Übereinstimmung möglich werden, etwa dann, wenn beide Partner starke Leistungsbedürfnisse haben und beim gemeinsamen Leisten reziproke Bestätigungen und Belohnungen erfahren. Komplementäre Bedürfnisse können aber auch negativ korrelieren. Ist beispielsweise Dominanz beim einen Partner hoch, beim anderen aber niedrig, und stehen die Bedürfnisse nach Anlehnung oder gar nach Unterordnung bei beiden in einem umgekehrten Verhältnis zueinander, dann könnten beide Partner an der Fortführung einer derartig komplementären Beziehung interessiert sein. Allerdings ist in dem angeführten Beispiel die Gefahr einer Kollusion gegeben, also einem nicht konstruktiv-adaptiven und nicht zur Weiterentwicklung beider Partner beitragenden Zusammenspiel von Dominanz und Unterordnung. Vor allem Willi (1982, 1985) hebt die problematische Kollusion von der Ko-Evolution der Partner ab. Ko-Evolution ermöglicht die zu Beginn dieses Abschnittes angesprochene Ergänzung und Weiterentwicklung der Person.

Damit werden aktive psychische Prozesse angesprochen, die über ein Registrieren von Homogamie oder Heterogamie hinausführen. Paare beginnen auf der Basis einer anfangs intensiv erlebten Ähnlichkeit oder des Gewahrwerdens möglicher Ergänzung eine Interaktion. In der Kommunikation und im gemeinsamen Tun können sie Erfahrungen machen, die sie aktiv für die Entwicklung der Beziehung und zugleich für die persönliche Entwicklung einsetzen können. Das heißt im Falle von Homogamie, daß auf der Basis erster Erfahrung von Gleichheit später auch die Bearbeitung von Unterschiedlichkeit beginnen kann. Es heißt im Falle von Komplementarität, daß Unterschiedlichkeit, zugleich aber auch die Möglichkeit zur gegenseitigen Ergänzung erkannt wurde. Auf dieser Basis kann Entwicklung fortschreiten, und sie ist als eine Bearbeitung von Unterschiedlichkeit bei gleichzeitiger Erfahrung der Ergänzung zu verstehen.

In der Tat wird in Liebesbeziehungen eine Personaktivität erkennbar, die über den Austausch in Komplementarität hinausgeht. Kirchler (1989) hat nach der Untersuchung guter Partnerschaften ein Altruismusmodell vorgestellt. Es geht vor allem auf die Qualität von guten Beziehungen ein. Natürlich erkennt Kirchler in guten Partnerschaften Austausch und gegenseitige Bedürfnisbefriedigung, aber daneben beobachtet er auch ein schlichtes Geschehenlassen und die Anerkennung des anderen. Vor allem erkennt er neben kognitiven Prozessen auch Sympathie und Empathie. In einer guten Beziehung, so Kirchler, reiche es nicht aus, von zwei distinkt voneinander abhebbar Handelnden zu sprechen. Vielmehr seien Partner auch durch die Bereitschaft und die Fähigkeit verbunden, sich in den anderen hineinzuversetzen und dessen Gefühls- und Bedürfnislage wahrzunehmen. Auftauchende Konflikte könnten gerade durch ein besseres Kennen des anderen, durch tieferes Verstehen und durch Empathie in einer konstruktiven Art bearbeitet werden. Wachsendes Vertrauen führe in Partnerschaften von bloß rationalen oder »sozial-marktwirtschaftlich« orientierten Kosten-Nutzen-Rechnungen weg und hin zu altruistischem Handeln. Altruismus verlangt wachsendes Vertrauen, er erlaubt, ja, ermöglicht es zugleich, daß sich Partner dem Gegenüber offener anvertrauen (self-disclosure).

Annehmlichkeiten, die Partner einander bereiten, müssen in einer guten Beziehung nicht sofort »zurückgezahlt« werden. In guten Partnerschaften ist es üblich, sich »Kredit« zu gewähren, also nicht zu erwarten oder gar darauf zu bestehen, daß der andere die eigenen Wünsche erfüllt. »Letztlich werden in glücklichen Beziehungen Forderungen und Verbindlichkeiten nicht mehr registriert. Die Beziehung ist Quelle intrinsischer Befriedigung.« (Kirchler 1989, S. 90)

Damit hebt Kirchler die innere Realität des Erlebens von Partnerschaft hervor. Altruismus und Liebe lassen die Kontrolle von Geben und Nehmen zurücktreten. Aber die Interdependenz des Handelns bleibt hoch; Ressourcen werden indessen nicht nach Verdienst des anderen, sondern nach dessen Bedürfnissen verteilt. Schellenbaum (1986, S. 44) beschreibt ganz ähnlich, was in einer Liebesbeziehung erfahren werden kann: »In der reifen Liebe sind Soll und Haben, sind Bekommen und Geben identisch. Wir bekommen im Geben gerade das geschenkt, was wir geben. ... Der Gebende erfährt im Geben seine eigene Lebendigkeit und nimmt im Du, dem er sich gibt, unbekannte Möglichkeiten seiner eigenen Seele wahr. Die paradoxe Übereinstimmung von Geben und Bekommen ist dem an wirtschaftliches Denken Gewohnten kaum einfühlbar.« Wir können hinzufügen, daß sie auch dem Theoretiker in der Psychologie, der einem funktionalistischen Paradigma verpflichtet ist, verschlossen bleibt.

Auch im Altruismusmodell wird die für das frühe Erwachsenenalter postulierte Überwindung der Bezogenheit auf sich und die Sicherung der eigenen Identität erkannt. Wie aber verläuft die weitere Entwicklung der Paarbeziehung? Befunde von Gottman (1993, 1994) geben eine differenzierte Antwort. Der Autor untersuchte 73 Paare über vier Jahre hinweg. Dabei konnte er zwischen stabilen Partnerschaften und solchen unterscheiden, die eine Scheidung ernsthaft erwogen oder durchführten. Bei den stabilen Paaren fand Gottman drei »Typen« der Beziehung. Einander *validierende* Partner äußerten positive Affekte füreinander, dies auch verbunden mit der gelegentlichen Äußerung von Ablehnung. *Volatile* Paare drückten starke positive Affekte füreinander aus, aber sie mischten dies auch mit dem intensiven Ausdruck von negativen Emotionen. *Meidende* Paare schließlich beschränkten sich auf ein geringes Maß der Äußerung von positivem und von negativem Affekt.

Gottman sieht eine gute Übereinstimmung zwischen seinen Befunden und Ergebnissen von Fitzpatrick (1988). Sie hob traditionelle Paare von unabhängigen und getrennten ab. Traditionelle Paare entsprechen in Gottmans Terminologie den validierenden Partnern, unabhängige den volatilen und getrennte den einander meidenden Partnern. Bei den drei Typen sind unterschiedliche Wege zur Erhaltung der Partnerschaft zu erkennen:

Traditionelle (validierende) Paare meiden nach Möglichkeit Konflikte, sie sprechen aber bedeutsame Themen zur Klärung ihrer Beziehung durchaus an. Diese Paare sind einander emotional nahe. In ruhigen Interaktionen, weniger in intensiven oder leidenschaftlichen Gesprächen, gehen sie aufeinander ein. Sie folgen im Alltag oft den stereotyp-überkommenen Vorstellungen von der Verteilung der Geschlechterrollen. Gemeinsamkeit wird bei ihnen vor die Verfolgung individueller Ziele oder persönlicher Wertsetzungen gestellt. Sie sind viel zusammen, verbringen ihren Tag indessen nach einem relativ dauerhaften und klaren Plan.

Die *unabhängigen (volatilen)* Paare leben »eine Menge an Intimität und an Autonomie. Dieser Paartyp ist ziemlich leidenschaftlich und emotional expressiv« (Gottman 1994, S. 136). Er unterscheidet sich von den Validierern vor allem durch die Betonung von Individualität. Volatile vertreten, daß jeder seine Unabhängigkeit behalten solle. Konflikte werden von ihnen aufgegriffen, die Partner versuchen eindeutig, sich gegenseitig zu überzeugen, aber sie sind nicht darauf angewiesen, Übereinstimmung zu erreichen. Geschlechterrollenstereotype werden von ihnen kaum befolgt. Beide Partner streben nach einer egalitären Rollenverteilung; sie sehen sich als androgyn, weniger als explizit weiblich oder männlich. In überwiegend produktiven Auseinandersetzungen äußern sie intensive positive und auch negative Empfindungen, allerdings überwiegt gegenseitige Wertschätzung. Beide investieren viel Liebe und Zuwendung. In der Wohnung hat üblicherweise jeder seinen Raum und jeder kontrolliert dessen Nutzung. Ein fester Tagesplan existiert so gut wie nicht.

Die dritte Gruppe, als Typ der *getrennten (meidenden)* Paare charakterisiert, hält deutlich Distanz zueinander. Sie teilen einander relativ wenig mit, leben auch physisch relativ häufig mehr nebeneinander als miteinander. Konflikten weichen sie aus. »Sie sind emotional ziemlich flach und distant.« (Gottman 1994, S. 136) Aber auch die meidenden Paare bleiben in der Beziehung.

Dies gilt nicht für die beiden weiteren Typen der Partnerschaft, die Gottman identifizierte. Die *feindlichen* und die *feindlich-entfernten* Partnerschaften weichen nicht nur der Öffnung füreinander und dem Leben von Gemeinsamkeit aus, sie können persönliche Weiterentwicklung in Gemeinsamkeit auch nicht realisieren.

Zum hier beschriebenen Verständnis vom Entwicklungsprozeß im Erwachsenenalter paßt es recht gut, daß Gottman vor allem die Beziehung der volatilen Paare detailliert (und engagiert) beschreibt: Sie leben intensiv miteinander, nicht in einer spannungslosen Gemeinsamkeit, die Unterschiede und Konflikte minimiert oder gar verdrängt. Vielmehr sprechen sie Andersartigkeit an, ja, sie fechten Unterschiedlichkeit so aus, daß Neues entstehen kann. Die volatilen Paare realisieren deutlich, wie Offenheit füreinander zur Entwicklung sowohl der Beziehung als auch zur Entwicklung der erwachsenen Person führen kann.

Die modale Veränderung der Beziehungsqualität im Laufe eines Erwachsenenalters wird in einer (allerdings querschnittlichen) Studie von Reedy, Birren und Schaie (1981) beschrieben. Diese Autoren verglichen jüngere (im Schnitt 28jährige) mit Paaren in der Lebensmitte (durchschnittlich 45 Jahre) und mit alten Paaren (durchschnittlich 65 Jahre). Stets waren dies Paare, die nach Aussagen von Bekannten in einer guten Beziehung lebten. Es zeigte sich, daß bei den ältesten Partnern emotionale Sicherheit und Loyalität in der Ausrichtung auf eine gemeinsame Zukunft die stärksten Komponenten der Liebe waren. Sexuelle Initimität und die Offenheit der Kommunikation mit dem Partner gingen dagegen im Alter zurück. Neben solchen Differenzen sind aber Übereinstimmungen zu erwähnen. Vertrauen aufeinander und Respekt füreinander standen bei allen Paaren vornan. Es folgten Kommunikation, gegenseitige Hilfe und spielerischer Umgang mit alltäglichen Themen bei diesen Paaren, die eine »gelingende« Partnerschaft lebten.

Am Ende dieses Abschnitts sei noch auf eine generalisierende Analyse der Entwicklung von Partnerschaften hingewiesen. In ihrer Metaanalyse haben Karney und Bradbury (1995) Korrelate der Stabilität und der Qualität von ehelichen Beziehungen aufgrund von insgesamt 115 längsschnittlichen Studien zusammengetragen, die Dauer der Ehe und Zufriedenheit mit der Beziehung als abhängige Variablen wählten. Auf die Ergebnisse dieser Metaanalyse kann hier aus Platzgründen nicht eingegangen werden.

Elternschaft

Seit den sechziger Jahren beobachten Demographen und Soziologen einen tiefgreifenden Wandel von Formen des familialen Zusammenlebens. Heiratsziffern gingen ebenso zurück wie Geburtenzahlen, die Zahl der unverheiratet zusammenlebenden Paare nahm zu, die Häufigkeit von Scheidungen stieg, die These von einer Krise der Lebensform Ehe und Familie wurde proklamiert (Bertram 1991). All das weist auf Faktoren hin, die heute für die Entwicklung durch Elternschaft bedeutsam werden können.

Nach wie vor wird Elternschaft von jungen Erwachsenen angestrebt. Aber Formen der Verwirklichung variieren im Gegensatz zu früheren Jahrzehnten. Die ideale Kinderzahl wird nach Ergebnissen mehrerer Studien mit zwei angegeben; allerdings liegt die tatsächliche Geburtenrate darunter. Gewollte Kinderlosigkeit wird von acht bis zehn Prozent der Paare angestrebt und auch sicherer realisiert als in den Generationen ihrer Eltern und Großeltern. Das ist neu. Auf der anderen Seite gibt es heute auch Studien zu Paaren mit ausgeprägtem Kinderwunsch, die lange kinderlos geblieben sind.

Sie können sich ihren Wunsch mit Hilfe der psychisch belastenden Techniken der Reproduktionsmedizin manchmal erfüllen.

Auch aus psycho-sozialer Perspektive wird ein Wandel der Qualität des Kinderwunsches in unserer Zeit deutlich: Weniger sind es die spätere Versorgung durch Kinder und die tradierte Erwartung gesellschaftlicher Anerkennung durch Elternschaft, die zum Kind motivieren, sondern vielmehr tritt der Wunsch nach Sinngebung im eigenen Leben hervor, nach emotionaler Bereicherung und nach Erfahrung von kindlicher Liebe und Zuneigung (vgl. Olbrich & Brüderl 1995).

Elternschaft fordert eine tiefgreifende Neuorientierung, sie verlangt umfassende Anpassungs- und Entwicklungsleistungen von jungen Erwachsenen. Dies gilt sowohl für den sozialen als auch für den somatischen und den psychischen Bereich. In den fünfziger Jahren wurde der Übergang zur Elternschaft oft als *Krisenzeit* apostrophiert. Ein neues Mitglied in der Dyade der Partner, so etwa Hill (1949), verlangt veränderte Interaktionen im sozialen System, es zwingt zu neuen Formen des Verhaltens in der Triade. Die Pflicht zur physischen Anwesenheit für das Baby, anfängliche Unsicherheit bei seiner Versorgung, die notwendig werdende sensible Responsivität gegenüber dem kleinen Lebewesen, die sich nicht nur auf physische und psychische Nähe erstreckt, sondern das Eingehen auf ein ganz anders »funktionierendes« Lebewesen voraussetzt, verlangt im Erleben vieler Eltern (empirisch heißt das allerdings immer noch in erster Linie: im Erleben von Frauen) förmlich ein kognitives und sozial-emotionales »Eintauchen in eine Babywelt«.

Elternschaft bringt zudem Veränderungen im partnerschaftlichen Miteinander, im Verhältnis zu den eigenen Eltern und Großeltern, aber auch zu Freunden und Kollegen – letztlich zum ganzen sozialen Umfeld – mit sich. All das wird häufig als belastend empfunden.

Etwas vereinfachend kann aber festgestellt werden, daß es physische und soziale Veränderungen, *Stressoren für das manifest werdende Verhalten* sind, die als Belastungen interpretiert werden: Kinderversorgung verlangt Umstrukturierungen von Aktivitäten im Beruf, bei der Hausarbeit und im Freizeitbereich. Sie treffen in erster Linie Frauen; Männer sind nicht etwa von der Betroffenheit ausgenommen, sie können den angeführten Belastungen aber leichter ausweichen. Die soziale Situation in unserer hochstrukturierten Industriegesellschaft und die geschlechtsspezifische Sozialisation macht ihnen das (auch heute noch) leichter.

Eine auffallende Benachteiligung von Frauen gegenüber ihren Partnern beschreibt der sogenannte »*Traditionalisierungseffekt der Elternschaft*«. Auch bei Paaren, die vor der Geburt ihres Kindes eine (nahezu) faire Aufgabenverteilung im Alltag praktizierten, werden Frauen nach der Geburt häufig vor den Löwenanteil der Pflichten gestellt, die Kind, Familie und Haushalt mit sich bringen. Traditionelle Rollenmuster werden jetzt durch ein soziales Umfeld wieder nahegelegt, das beständige und selbstlose Mutterliebe von der jungen Frau erwartet. Für sie verändert sich der Tageszyklus durch das Kleinkind radikal. Ein kurzer Fütterungs- und Säuberungsrhythmus will in den ersten Monaten eingehalten werden. Später stellt sich Abhängigkeit von den Zeitvorgaben des Kindergartens oder tradierten Organisationsformen der Schule ein. Zum ständigen Angebundensein durch familiäre Verpflichtungen kommt die Enttäuschung durch Unterforderung im außerfamiliären Bereich. Begrenzung auf einen geschrumpften Kreis von Kontaktpersonen und Orten bei zuvor berufstätigen Frauen, eine relativ starke Eintönigkeit des Alltags, häufig sogar Isolation und Gleichförmigkeit gehen mit einem Verlust von Anerkennung als »nur Hausfrau« einher.

In unserer Gesellschaft wird der Austauschwert von weiblicher Arbeit bei der Kinderversorgung und im Haushalt weniger geachtet als beispielsweise der Austauschwert von (männlicher) Arbeit in Wirtschaft, Industrie, Wissenschaft oder Politik. Jungen Müttern bleiben zu Hause befriedigende soziale Kontakte oft verschlossen, es sei denn, sie konzentrieren sich auf das Kind oder schaffen sich ein neues Netz von Bezugspersonen. Bleiben sie berufstätig, dann müssen sie nicht nur Erwerbsarbeit und Elternschaft verbinden, auch die Hausarbeit bleibt vielen von ihnen immer noch zu großen Teilen überlassen. So sind Enttäuschung, Ärger und Empörung bei der Bilanz der Veränderungen, die Elternschaft mit sich brachte, nicht nur auf Belastungen durch Mutterschaft und Versorgung des Kindes bezogen. Auch die Doppel- oder, im Falle von fortgesetzter Berufstätigkeit, die Dreifachbelastung, die ihnen ihre soziale Nahumgebung ebenso selbstverständlich zumutet wie Arbeitgeber und institutionalisierte Sozialverbände, drängen Abgrenzung und Autonomie bei jungen Frauen hinter die Forderungen nach Verantwortlichkeit und Verbundenheit zurück. Instrumentelle Unterstützung und eine sie stärkende soziale Orientierung bei der Entwicklung eines stabilen Selbstwertgefühles bleiben jungen Müttern oft weitgehend verschlossen.

Es ist verblüffend, daß angesichts hoher manifester physischer und sozialer Belastungen doch Entwicklung und persönliches Wachstum geschehen kann. Das gilt beispielsweise im kognitiven Bereich. Chronische Zeitknappheit belastet, aber viele Frauen finden zu einem hocheffizienten Zeitmanagement. Der Knick in der Berufsbiographie muß in Kauf genommen werden, und er führt bei einer Gruppe zum Abbruch der Berufstätigkeit. Aber andere Frauen entwickeln eine hohe Motivation zur Fortführung oder zur Wiederaufnahme ihrer Tätigkeit. Sie regulieren und organisieren ihr Verhalten im Alltag nicht nur effektiver, manche sprechen sogar aus, daß sie neue Kraft gewinnen, um die Mehrfachbelastung zu meistern. Vor allem können persönlich effektive, vielleicht »reifere« Formen der Auseinandersetzung (Coping) mit den Anforderungen von Partnerschaft und Elternschaft entwickelt werden.

Eine Studie von Bodenmann, Perrez und Gottman (1996) belegt soziale Auswirkungen des Coping. Ein Jahr nach einem Experiment, das Paarbelastung induzierte und partnerschaftliche Bewältigung registrierte, war die Zufriedenheit mit der Beziehung bei jenen Partnern höher, die eine »palliative« Bewältigung gewählt hatten, die primär zu einer kognitiv-affektiven Umbewertung der Belastungssituation tendiert und die vor allem keine vorwurfsvolle Haltung gegenüber dem Partner eingenommen hatten. Ein früherer Befund von Prodöhl (1979) wird hier bestätigt. Prodöhl zeigte, wie fatal gegenseitige Vorwürfe und Schuldzuschreibungen für die Entwicklung eines partnerschaftlichen Miteinanders in den alltäglichen Belastungssituationen sind.

Mit den letzten Hinweisen sind wir vom Stressor – der Beschreibung manifester belastender Faktoren – zum psychischen Prozeß und zu möglichen Ergebnissen der Auseinandersetzung mit Belastungen übergegangen. Heben wir das *Coping* hervor, dann kann der Übergang zur Elternschaft als ein Entwicklungsimpuls verstanden werden, der sozial-generative Anliegen auslöst. Entwicklung durch produktive Auseinandersetzung ist möglich. Aber bei aller Anerkennung von produktiv-adaptiven Prozessen sollte die Bedeutung von manifesten Bedingungen und von sozialer Unterstützung für Entwicklung nicht übersehen werden. Bei einer physiologisch und psychisch einfachen Geburt, bei relativ problemfreier Neugeborenenzeit, bei einer sozial und ökonomisch relativ sicheren Situation des Paares, bei sozialer Unterstützung der jungen Mutter durch ihren Mann und bei instrumenteller und sozial-emotionaler Unterstützung beider durch ihre wichtigen Bezugspersonen können produktive Formen der Bewältigung natürlich leichter zu Entwicklung führen als im Falle einer insgesamt ungünstigeren Situation.

Wichtig bleibt aber, daß der Wert von Kindern wohl vor allem erkannt und persönlich verspürt werden kann, wenn weniger die manifeste Situation von (belastender) Elternschaft, sondern deren kognitive und affektive Bewertung oder Interpretation im Vordergrund steht. Dann kann die Gestaltung des Verhaltensraumes in den Vordergrund treten, nicht die Pflicht der Bewältigung einer Belastung. Verantwortung in der neuen Beziehung kann akzeptiert werden und in Interaktionen mit dem Kind und dem Partner können neue Fertigkeiten ausgebildet werden, die weniger die effiziente Leistung für ein Gegenüber mit deren Gratifikationen und Sanktionen, sondern die Gemeinsamkeit eines Miteinanderlebens gewahr werden lassen.

Persönlichkeitsentwicklung

Die Auffassung von einem lebenslangen Wandel der Persönlichkeit ist in der aktuellen wissenschaftlichen Diskussion keineswegs allgemein akzeptiert. Vielmehr wird das Erwachsenenalter oft noch als eine Periode der Stabilität bezeichnet, in der es weder ein quantitatives Auf oder Ab noch eine qualitative Veränderung der Person zu beobachten gibt. Unter den Empirikern sind es »trait-orientierte« Ansätze, aktuell vertreten etwa von Costa und McCrae, welche die These von der Konstanz der erwachsenen Persönlichkeit verteidigen. Sie finden wenig Veränderung der Ausprägung von Persönlichkeitsfaktoren.

Bekannt geworden sind die Ergebnisse einer Längsschnittuntersuchung von Costa und McCrae (1988). Sie haben am Anfang ihrer Erhebungen 1100 Teilnehmer(innen) mit Persönlichkeitsfragebögen untersucht, am Ende eines Zeitraums von sechs Jahren noch einmal etwa 650 von ihnen. Die Daten wurden sowohl querschnittlich als auch längsschnittlich und überdies nach quer-sequentiellen und zeitsequentiellen Analyseplänen ausgewertet. Die Autoren fanden zwar einige statistisch signifikante querschnittliche Differenzen, aber sie weisen wohl zu Recht darauf hin, daß diese eher Generationenunterschiede als Entwicklungseffekte ausdrücken dürften. Es wurden auch einige wenige längsschnittliche Veränderungen registriert. Die Autoren interpretieren diese indessen so: »Tatsächlich aber bestätigen die Daten deutlich die Stabilitätsposition. Die meisten der beobachteten Effekte erklären weniger als ein Prozent der Varianz. Solch kleine Effekte mögen auf subtile Veränderungen bei der Formulierung oder Erstellung der Tests zurückgehen, auf besondere Einflüsse zum Zeitpunkt der Messungen oder auf Fehler bei der Stichprobengewinnung beziehungsweise auf Verzerrungen« (1988, S. 859), die sich aufgrund der Verkleinerung der Stichprobe nach sechs Jahren ergeben. Und sie fahren fort: »Es gibt keine einzige Variable, bei der Alternseffekte konsistent in querschnittlichen, längsschnittlichen und quer-sequentiellen Analysen gefunden wurden.« (S. 859) Das gilt übrigens nicht allein für die Fragebogendaten. Es gilt auch für Einschätzungen von Persönlichkeitseigenschaften, welche die Partner der untersuchten Personen abgaben.

Alternsbezogene Veränderungen der Person, die sich in den Ausprägungen von Traits ausdrücken, wurden in anderen Untersuchungen (zusammengestellt bei Olbrich 1994) jedoch nachgewiesen. Allerdings wurden sie zumeist in querschnittlichen Erhebungen registriert, bei denen Differenzen zwischen jüngeren und älteren Erwachsenen stets konfundiert mit Kohortenunterschieden erfaßt werden. Und eine zweite Beobachtung: Veränderungen werden oft erst in den späteren Jahren des Erwachsenenalters registriert. Gefunden wurden beispielsweise Zunahme der Introversion, Zunahme der Rigidität im Alter, ein Ansteigen der Vorsicht, Zunahme der Depressivität und ein Rückgang der Kreativität.

Aber noch einmal sei zu Behutsamkeit bei der Interpretation gemahnt. Es ist zu beachten, daß es nicht etwa allein Alternsveränderungen sind, die in den Studien gefunden wurden, sondern daß es auch Differenzen zwischen Kohorten sein können, die durch historisch je unterschiedliche Sequenzen von prägenden Bedingungen gegangen und persönlichkeitsspezifisch unterschiedlich geprägt worden sind. Damit erfährt die Auffassung von der Konstanz der Person erneut Unterstützung, jedenfalls solange psychometrisch objektive und reliable Messungen zugrunde gelegt werden. (Ich kann hier aus Platzgründen nicht näher darauf eingehen, daß diese methodische Prämisse in diesem Zusammenhang durchaus problematisch ist.)

Doch stehen der These von der Konstanz der erwachsenen Persönlichkeit Aussagen gegenüber, die sich ursprünglich aus klinischen Beobachtungen ergaben, die aber durch qualitativ orientierte empirische Studien belegt wurden. Sie lassen sich anhand der Konzeptionen gut zusammenfassen, die Erikson (1965, 1982) und Jung (1931) formuliert haben.

Für Erikson (1965, 1982) ist Persönlichkeitsentwicklung ein lebenslanger Prozeß. Spätestens ab dem Jugendalter treten Ich-Anteile darin deutlich hervor. Die Person, vor allem jene hypothetische Instanz, die Psychoanalytiker als Ich bezeichnen (vgl. Popp-Baier), leistet in jedem Abschnitt ihrer Biographie eine aktive Auseinandersetzung zwischen psychodynamischen Strebungen und sozialen Forderungen beziehungsweise sozialen Bindungen. Erikson beschreibt die psycho-sozialen Auseinandersetzungen als ein krisenhaftes Geschehen von unterschiedlicher Qualität (vgl. auch die beiden Beiträge von Billmann-Mahecha). Er erkennt im modalen Lebenslauf acht psycho-soziale Krisen, deren Bearbeitung im Erwachsenenalter – in einer Periode der Biographie, in der die Person Identität und ein stärkeres Ich erworben hat – deutlich aktive Züge trägt.

Der junge Erwachsene, der seine persönliche Identität gefunden hat, ist fähig, eine enge – sexuelle, soziale, emotionale und auch moralische – Bindung einzugehen. Er steht nach Erikson vor der psycho-sozialen Krise der *Intimität versus Isolation*. Gerade in der Bindung des frühen Erwachsenenalters, in Partnerschaft und Ehe, muß wohl manche selbstbezogene Strebung aufgegeben werden. Aber Intimität, die den Partner in sehr zentrale psychische Bereiche hineinläßt und die gleichzeitig zuläßt, daß mit einem nahen Partner auch Entwicklung in Bezogenheit möglich wird, führt zugleich weiter. Dies zum einen durch das Erkennen von Neuem und Andersartigem im Partner, das anspricht und Anstöße für die eigene Entwicklung gibt, zum anderen aber auch durch die Bearbeitung von Konflikten, die nicht zum Abbruch, sondern zur veränderten Partnerschaft von veränderten Partnern führt.

Was Erikson als Auseinandersetzung mit Intimität versus Isolation beschreibt, erinnert an die Leitbildspiegelung (Schellenbaum 1986) und an die Auseinandersetzung bei den volatilen Paaren (Gottman 1994). Im frühen Erwachsenenalter wird eine Synthese von eigenen Verhaltenstendenzen und Verhaltenstendenzen des Partners erarbeitet. Dies gelingt nicht immer, es gelingt auch nicht leicht. Intimität ist etwa gefährdet, wenn die junge Person noch keine sichere Identität gefunden hat. Sie schreckt dann wahrscheinlich vor einer intimen Bindung an einen starken Partner zurück.

Geht sie eine enge Bindung an ihn ein, so besteht psychologisch die Gefahr, daß sie in der Beziehung aufgeht, geprägt wird durch den anderen, ohne genügend »eigene Person« geworden zu sein.

Auf der anderen Seite sind das Meiden eines intimen, dem Partner gegenüber geöffneten Zusammenlebens ebenso wie der Bruch einer Beziehung psychische Gefahren, die zur Isolation des jungen Erwachsenen führen können. Dann ist weder die Basis für das partnerschaftliche Zusammenleben noch für dessen modellhafte Weitergabe an die nächste Generation gegeben.

Eine Person, die ihre Identität gefunden hat und sie intim mit einem Partner teilt, tendiert dazu, sich im Laufe ihres mittleren Erwachsenenalters auszuweiten. Sie will *generativ* werden, mit anderen Worten, sie hat den Wunsch oder die Tendenz, von ihrem Leben, ihren Fertigkeiten, ihren Erkenntnissen, Ideen und materiellen Werten an andere abzugeben. Vor allem den Kindern und jüngeren Personen werden Werke, Engagement, Aktivität und libidinös besetzte Energien gewidmet. Eine neue Qualität des Verhaltens tritt um die Mitte des Lebens hervor: Der generative Erwachsene kann libidinöse Energien auf andere richten. Er kann beispielsweise Zufriedenheit aus der gelingenden Entwicklung und dem Wachsen der Kinder schöpfen, er kann für ein Werk, für eine Idee leben, die auch nach ihm existieren werden. Der generative Erwachsene ist in einer Weise auf die jüngere Generation ausgerichtet, die zuvor nicht möglich war.

Gelingt eine solche Erweiterung der Person nicht, dann stellt sich *Stagnation* ein. Die Erfahrung dominiert, daß eigene Entwicklung nicht weitergehen kann. Die Person wird gewahr, daß sie im Grunde keinen über ihre eigenen Funktionen hinausgehenden Beitrag zum sozialen, zum biologischen, kulturellen und geistigen Leben leisten kann. Sie sieht, daß sie es nicht fertigbringt, die Anforderungen zu bewältigen, welche die eigenen Kinder stellen, daß sie vielleicht nicht einmal eigene Kinder hat. Oft wird in der Mitte des Lebens die eigene Existenz als sinnlos gesehen. Manche Erwachsene beschäftigen sich dann mit jugendlich oder gar kindlich anmutenden Formen der Verwöhnung ihrer selbst; andere versuchen zu fliehen und – wie es die populären Darstellungen der Midlife-Krise zeigen – irgendwo anders wiedererwachte Träume zu verwirklichen oder ein ganz neues Leben aufzubauen. Einer Entwicklung aber weichen sie aus.

Eine Person an der Schwelle ihres Alters steht nach der in unserer Gesellschaft geläufigen Vorstellung vor einem Entwicklungsabschnitt, der von körperlichem und psychischem Abbau, von sozialem Rollenverlust und von einer Vielzahl von Defiziten bedroht ist. Sie sieht den Tod auf sich zukommen. Übernimmt sie derartige Vorstellungen, dann stellt sich die Frage: Was kann jetzt Verzweiflung und Angst abwehren? Erikson beschreibt das als *Ich-Integrität*. Er meint damit nicht nur eine Integration von Glück und Leid, von Licht und Schatten, die das Leben ausgemacht haben und noch ausmachen. Die Person, die auf ihr Leben zurückblicken und sagen kann: »Es war gut so!« akzeptiert ihre persönliche Entwicklung und integriert nicht nur deren verschiedene Komponenten, sie integriert auch Vergangenes mit der Gegenwart. Aber auch die Akzeptierung der weiteren Veränderungsprozesse, die das Alter bringen wird, ist angesprochen: Belastungen und Freuden der kommenden Jahre können wahrgenommen werden. Kontinuität und sinnvolle Fortentwicklung mögen dabei im Erleben der alternden Person – also auf einer psychischen Ebene – vorherrschen.

Ich-Integrität ist das Ergebnis einer erfolgreichen Bearbeitung vorangegangener psycho-sozialer Krisen. Sie ist das Ergebnis einer zuvor gelungenen Persönlichkeitsentwicklung. In deren Vollendung wird gleichzeitig eine Rückwendung zum Urvertrauen erkennbar, das am Beginn des Lebens erworben werden mußte. Der alte Mensch, der sein ganzes Leben, seine Handlungen, seine Interaktionen mit anderen Menschen und mit seiner Umwelt nehmen kann, sie ohne Mißtrauen, ohne Zweifel, Scham oder Schuld zu einem Leben zusammenfügen kann, das in einer Ganzheit von ihm akzeptiert wird und das so, wie es ist, vollendet werden kann, der hat Ich-Integrität erreicht. Mehr noch: Er kann Jüngeren vermitteln, daß ihm Verzweiflung am Ende des Lebens erspart blieb und daß sie auch der nachfolgenden Generation erspart bleiben kann.

Stellvertretend für zahlreiche empirische Studien, die von Eriksonschen Gedanken beeinflußt sind, sei auf die vielbeachteten Arbeiten von Vaillant (1977), Gould (1972, 1978) und Levinson (1978) hingewiesen. Ihre Ergebnisse bestätigen die gerade beschriebenen Veränderungen von psycho-sozialen Anforderungen im Laufe der zweiten Lebenshälfte und machen zugleich die veränderte psychosoziale Funktionsweise in verschiedenen Abschnitten des Erwachsenenalters deutlich.

Wir gehen, wie angekündigt, nun noch auf Jung ein, dessen Aussagen über die psychische Entwicklung von Erwachsenen großes Interesse entgegengebracht wurde (vgl. auch Popp-Baier). In der ersten Lebenshälfte, so Jung, geht es um Entwicklung im Sinne der Festsetzung der Person in der Gesellschaft, um Ausweitung und Fortpflanzung, es geht um die beginnende Sorge für die Nachkommenschaft. Aber menschliche Entwicklung ist mit der Erfüllung solcher »Naturzwecke« nicht erschöpft. Rein chronologisch betrachtet könnte eine Biographie dann doch mit fünfzig Jahren, vielleicht etwas früher, vielleicht auch etwas später, zu Ende gehen. Jung stellt die Frage, ob nicht das Erwerben und Weitergeben von Kultur den Sinn der zweiten Lebenshälfte ausmachen. Bei schriftlosen Völkern gaben alte Menschen Gesetze, Traditionen und Religion weiter, sie trugen in erster Linie die Kultur des Stammes. Was entwickelten sie?

Nach Jung kann der Mensch in der ersten Lebenshälfte sein Ich stärken, kann seinen Stand in der Welt finden und sich behaupten. Er entwickelt in der ersten Lebenshälfte eine Persona (per-sonare, die Persona gleicht der Maske im griechischen Theater, durch die ein Mensch sprach). In psychologischer Terminologie können wir die Persona auch als ein »Rollenkostüm« verstehen. Der Persona obliegt es, die vielfältigen Beziehungen zur Außenwelt herzustellen. Indem der junge Mensch aber die Rollen seines nach außen gerichteten Lebens lebt, und je ausschließlicher er sich auf das bloße Funktionieren in seiner Umwelt ausrichtet, um so mehr schließt er den anderen Teil seiner Existenz aus, jenen inneren Teil, der nicht auf Selbstbehauptung und bewußtes Interagieren mit der Umwelt, sondern auf Individuation gerichtet ist. Dieser Teil aber, so Jung, will gelebt werden.

So führt der Weg in der zweiten Lebenshälfte »nach innen«. Das ergänzt das Agieren mit der Außenwelt. Aber auch die psychischen Funktionen – Denken und Fühlen als die *Verarbeitungsfunktionen* sowie Intuieren und Empfinden als die *Wahrnehmungsfunktionen* – sind zu integrieren. Garden (1991) untersuchte und beschrieb dies; sie gab zugleich dem Phänomen des »Burn-Out« eine entwicklungspsychologisch sehr aufschlußreiche Interpretation: Genetisch bedingt und verstärkt durch intensiven und bewußten Einsatz wird eine der Funktionen im Laufe der Entwicklung zur psychischen Hauptfunktion. Eine weitere wird zur ersten Hilfsfunktion, eine nächste wird in der Regel kaum bedeutsam, die vierte aber wird zur sogenannten inferioren Funktion. Diese wird bewußt am wenigsten eingesetzt, bleibt aber – »weil« sie eben auf der bewußten Ebene so vernachlässigt ist – im Unbewußten eine bedeutende Kraft.

Um die Mitte des Lebens herum kommt es oft bei der Funktion, die im Leben der Person am meisten zu versprechen schien, eben bei der psychischen Hauptfunktion, zum Burn-Out: Der Denktyp etwa läßt in seinem Willen nach, die Dinge rational durchzuarbeiten und kognitive Leistungen zu vollbringen, seine klare Zielstrebigkeit geht zurück. Der Fühltyp verliert viel von seiner Empathie; andere Menschen werden ihm weniger zum Anliegen, manchmal tritt er ihnen geradezu mit Feindseligkeit entgegen. Der Empfindungstyp, der bislang viel von seiner realistischen Erfahrung der Dinge profitierte, meint vielleicht, er könne all die sinnhaften Eindrücke nicht mehr so recht ertragen, er gerät in Gefahr, den Kontakt mit der Realität zu verlieren. Der Intuitive schließlich verliert viel von seiner Originalität und von der feinen »Witterung« für seine Umgebung und die Situation. Ein Burn-Out der psychischen Hauptfunktion passiert vor allem bei Menschen, die »intensiv brennen«.

Aber mit dem Burn-Out geht natürlich die psychische Hauptfunktion nicht verloren. Sie verbrennt nicht etwa zu Asche, lediglich ihre bewußte Verfügbarkeit tritt zurück. Und damit, so die empirische Beobachtung von Garden, kommen Menschen in die Situation, ihre bislang inferiore Funktion deutlicher erfahren und psychisch nutzen zu können. Natürlich gelingt das selten so effizient wie das Nutzen der psychischen Hauptfunktion oder der ersten Hilfsfunktion. Aber mit dem Burn-Out kann ein Zugang zur bislang nicht genutzten, zur weitgehend noch unbewußten inferioren Funktion eröffnet werden. Der Denktyp kann zum Beispiel jetzt auch die Fühlfunktion nutzen, der realistische Empfindungstyp seine Intuition gebrauchen. Ebenso kann eine Person, deren Stärke bislang das (Mit-)Fühlen war, mit dem Burn-Out dieser Hauptfunktion vielleicht ihre rationalen, organisierenden und kontrollierenden Funktionen einsetzen. Ein intuitiver Mensch mag sich den Zugang zur Welt der Empirie erschließen. Der Zugang zur bislang ungenutzten inferioren Funktion kann wie eine Tür zu einer neuen Welt des andersartigen Funktionierens der Person verstanden werden, er erlaubt einen Aufbruch hin zur anderen Seite der eigenen psychischen Möglichkeiten.

Natürlich geht das mit der Erfahrung einher, daß die Art, wie man bislang die Welt aufnahm und wie man sie verarbeitete, allein nicht mehr trägt. Das ist ein schmerzhafter Prozeß. Er wird gemildert durch die Erfahrung des Wandels, durch die Nutzung der bisher inferioren Funktion. Aber Wandel sollte nicht mit »radikaler Wende« gleichgesetzt werden. Jung betont die Möglichkeit zur Integration, zu einem Zusammenführen der psychischen Funktionen eines Menschen. Das gilt für die genannten Funktionstypen, es gilt auch für die *Orientierungstypen*, also für Extra- und Introversion (vgl. auch Rosts Beitrag über Persönlichkeit). In der Regel, so Jung, nimmt Introversion nach der Lebensmitte zu, das heißt: eine neue Balance mit einer Betonung der Binnenorientierung wird gefunden. Letztlich können in der zweiten Lebenshälfte auch Bewußtes und Unbewußtes im Selbst – der »psychischen Ganzheit des Menschen« – zusammengeführt werden.

Eine besondere Aufgabe der zweiten Lebenshälfte ist die Akzeptierung des »Schattens«. Der Schatten ist am besten als das nicht gelebte Leben der Person zu verstehen, das sich im Unbewußten konstelliert. Der Schatten der bewußten Ideale des Verstandes können etwa unbewußte Triebstrebungen sein, der Schatten der intensiv gelebten Güte vielleicht untergründige Aggressionen. Aber auch ganz konkretes ungelebtes Leben kann als Schatten verstanden werden: Das unterbliebene Leben von Beziehung zur eigenen Familie, wie es für den »nur« berufstätigen Mann charakteristisch ist, und vielleicht ebenso die nicht genutzten Potentiale für die Gestaltung beruflicher Aufgaben, die eine Frau mit der Entscheidung für die Mutterschaft ungelebt ließ. Dem bewußt gelebten Verhalten eines Menschen entspricht in der Tat oft eine konträre Einstellung im Unbewußten. Den ungelebten Schatten anzunehmen, das nennt Jung das Gesellenstück der zweiten Lebenshälfte. Wohlgemerkt spricht er von Annahme des Schattens, also von einer Vereinigung von Gegensätzen in der Person. Nicht das Über-Bord-Werfen bisheriger Werte und Lebensformen macht eine Akzeptierung des Schattens aus, sondern deren Integration mit ihrem Gegenteil.

Eine weitere Aufgabe nach der Mitte des Lebens ist die Integration von Animus und Anima. Jeder Mensch trägt weibliche und männliche Züge in sich. In der ersten Lebenshälfte entfalten wir meist nur die eine Seite, die andere ist dennoch (im Unbewußten) präsent. Die zweite Lebenshälfte ist die Zeit der Integration beider Pole. Auch dies kann als Vollendung verstanden werden. Jung erkennt den verdrängten Animus der Frau etwa in festen Meinungen, die zwar weder logisch noch empirisch belegt sein müssen, aber dennoch »unerschütterlich sichere« Aussagen zulassen; es sind Meinungen, die durchaus auch einen beherrschenden Einfluß auf das Gefühlsleben ausüben können. Mit der Integration von Animus und Anima können die oft unbewußten Voraussetzungen für solch harte Meinungen offengelegt werden, ein »Einfallstor« für eigenes Unbewußtes kann geöffnet werden.

Die Anima im Manne äußert sich in weichen, schöpferischen Zügen, oft in stark gefühlsbetontem Verhalten. Das fürsorgende, aber auch das launische Prinzip ist angesprochen, das dem ordnenden, Sinn suchenden und klare Regelungen durchsetzenden männlichen Prinzip entgegengesetzt scheint. Die Integration von beiden Prinzipien ist nach Jung erstrebenswert, also ein Hören auf die Affekte und Launen, eine Entfaltung der Zärtlichkeit und der Gefühlskräfte, und dies ohne das Männliche aufzugeben. Lebendigkeit, Flexibilität und zugleich Geordnetheit erlangt Jung zufolge der Mann, der Anima und Animus zu integrieren vermag.

Schließlich kann Ganzheit erreicht werden durch Individuation. Damit ist ganz schlicht das unverwechselbare Ich-selbst-Werden gemeint. Das Freiwerden von der Persona ist angesprochen, von der äußeren Maske, die verbirgt und gleichzeitig abschirmt. »Man könnte ›Individuation‹ ... auch als ›Verselbstung‹ oder ›Selbstverwirklichung‹ übersetzen.« (Jung 1938, S. 91) Gemeint ist, daß sich eine alternde Person mit ihren Animus- und Anima-Anteilen, mit ihrem Schatten, ihrem Bewußten und Unbewußten so »hat«, wie sie ist. Damit verbunden ist eine Befreiung von Projektionen: Wer sich auch in seinen unbewußten Komponenten so nimmt, wie er ist, der braucht weniger von seinem abgelehnten Leben auf andere zu projizieren. Er kann sein Gegenüber deutlicher so erkennen, wie es ist, kann ihm, dem Individuum, selbst auch als Individuum begegnen.

Jung beschreibt mit der Individuation Möglichkeiten der Entwicklung und der Vollendung der Person in der zweiten Lebenshälfte. Dies ist ein Prozeß, in dessen Verlauf Binnenleben wichtiger und wichtiger wird – ohne daß das Empfinden des Verlustes von äußeren Lebensmöglichkeiten zu schmerzhaft hervortritt. Bezogenheit bleibt nach wie vor bestehen, allerdings werden Personen, Natur und Dinge in der Umgebung eher binnenpsychisch als für manifeste Interaktionen bedeutsam. Generell können wir Persönlichkeitsentwicklung in der zweiten Lebenshälfte gut als eine Aufhebung von Grenzen und ein Ganzwerden beschreiben.

In der empirischen Arbeit ist »Persönlichkeitsentwicklung« jedoch nur schwer zu erfassen. Jede Theorie akzentuiert, jeder methodische Ansatz zeigt bei der Erfüllung dieser Aufgabe Stärken und Schwächen. Im folgenden soll dies durch einen Blick auf »Trait«-orientierte und prozeßorientierte Ansätze noch kurz verdeutlicht werden. Die Akzentuierungen der »Trait-Theoretiker« beziehen sich vordergründig auf ihre Konstrukte. Daß sie auch Grenzen ziehen und Prozesse im Hintergrund lassen, ist wohl deutlich geworden. Begrenzungen sind natürlich auch bei den prozeßorientierten Auffassungen erkennbar geworden. Sie werden vor allem deutlich, wenn nach empirischen Belegen gefragt wird. Ein Überschreiten der Grenzen gelingt uns wohl nur in Ansätzen.

Neugarten hat bereits 1972 einen einfachen Ansatz zur Integration von trait- und prozeßorientierten Befunden zur Persönlichkeitsentwicklung angeregt. Ihre Gedanken in Verbindung mit Überlegungen von Haan (1981), Block (1982), Elder (1986) oder Clausen (1972) laufen darauf hinaus, die Person selbst, vor allem in ihrer Gestaltung der Person-Umwelt-Interaktionen, als einen »Konstrukteur« zu verstehen. Personspezifische Prägungen machen die Person überwiegend zum Konstrukteur von Konstanz. Innerhalb der Grenzen, die biologische und soziale Bedingungen festlegen, nimmt eine Person, so Neugarten, doch erfolgreichere und weniger erfolgreiche Adaptationen vor. Sie basieren einerseits auf Prozessen der Auseinandersetzung und der Bewältigung von Anforderungen; der Ausgang der Adaptationen verfestigt indessen auch bestimmte (»erfolgreiche«) Prozesse. Dies führt zu Konstanz des Verhaltens.

Allerdings gibt es nicht nur Verfestigung. Personen behalten auch die Möglichkeit zum flexiblen Eingehen auf neuartige Situationen, sie können umstrukturieren und nach Maßgabe einer Gesamtkonstellation von persönlichen und situativen Faktoren, die sowohl biographisch gewordene Prägungen einbezieht als auch zielgerichtet orientiert ist, ihr Verhalten regulieren. Ausdrücklich werden nicht nur mechanistisch und organismisch wirkende Prozesse angenommen (vgl. hierzu auch Groeben & Erb). Neugarten bezieht zur Erklärung von Persönlichkeitsentwicklung explizit die Person als ihren eigenen Übersetzer und Interpreten von Erfahrung ein. Personen rekonstruieren ihre Vergangenheit und sie konstruieren ihre Zukunft. Dabei kommen natürlich sozial gesetzte und persönlich übernommene Orientierungen zum Tragen. Je »weiter« Kognitionen und Orientierungen werden, desto »mehr« kann in der Persönlichkeitsentwicklung geschehen.

Trait-orientierter und prozeßorientierter Zugang zur Persönlichkeitsentwicklung erfassen nicht nur unterschiedliche Variablen, beide nehmen unterschiedliche Bereiche oder Realitätsausschnitte unseres Themas in den Blick. Der trait-orientierte Zugang legt den Akzent auf manifestes Verhalten, das objektiv und zuverlässig mit Hilfe psychometrisch abgesicherter Tests erfaßt werden kann, und erschließt Konstrukte, die eine gewisse überzeitliche Konstanz, übersituative Generalität und überindividuelle Universalität haben müssen, ebenso wie deren Veränderung. Der prozeßorientierte Zugang wendet sich direkt sowohl dem Verhalten als auch dem Erleben zu, wobei er Individuelles, Spezifisches sowie über die Zeit hinweg Veränderliches akzentuiert. Dabei wird nicht nur das Zusammenspiel zwischen je gegebener Situation und individueller Person in den Blick genommen.

Der prozeßorientierte Zugang beschreibt auch Interaktionen von späterem Erleben und Verhalten mit früherem. Dabei verzichtet er auf die Forderung, daß die mit seinen Begriffen gemeinten Konstrukte operationalisiert werden müssen und daß sie über biographische und historische Zeit ebenso wie über Personen, Gruppen und Kulturen hinweg je identisch sein müssen. Damit verläßt er den Rahmen, den sich eine naturwissenschaftlich orientierte Psychologie stellt und geht auf eine einfachere, aber auch differenziertere Ebene der Beschreibung von Phänomenen. Trait-orientierte Persönlichkeitsforschung sollte also nicht etwa gegen prozeßorientierte »ausgespielt« werden. Die theoretische und methodische Sicherheit der einen kann vielmehr produktiv mit der reichen Phänomenologie der anderen und ihren Anregungen für Interpretationen verbunden werden.

Entwicklung im Berufszyklus

Berufswahl beruht ganz ähnlich wie Partnerwahl auf einer Abstimmung, natürlich nicht mit einem nahen Partner, sondern mit den Chancen und Anforderungen einer Tätigkeit. Und ähnlich wie nach der Partnerwahl Auseinandersetzungen erfolgen, so fordert auch eine Karriere die Bewältigung von neuen, oft krisenhaften Anforderungen. Auch Entwicklung im Berufszyklus bringt Veränderung der Person mit sich, dies ausgelöst vom Zusammenspiel zwischen Person und beruflicher Situation. Vordergründig betrachtet laufen diese Transaktionen auf eine immer wieder neue »Passung« hinaus. Aber ähnlich wie im Familienzyklus sind auch im Berufszyklus Perioden einer relativ guten Passung immer wieder gefolgt von Perioden der Auseinandersetzung und der Notwendigkeit einer Veränderung, sowohl der Person als auch der Berufssituation und nicht zuletzt der Art ihres Zusammenspieles.

Theoretisch wird dieser Prozeß unterschiedlich verstanden. Busshoff (1989) hat vier verschiedene Auffassungen vom Prozeß der Berufswahl und der Ausübung eines Berufes unterschieden. In allen wird zwar das Zusammenwirken von Person und Umwelt angenommen, allerdings mit je unterschiedlichen Akzenten. Wird der manifeste gesellschaftliche Einfluß auf Berufswahl und Berufstätigkeit betont, werden also beispielsweise wirtschaftliche Steuerungsprozesse oder direktive Einflüsse des Arbeitsmarktes auf die Person hervorgehoben, dann erscheinen Berufswahl und Berufsausübung als Ergebnis von *Zuweisungsprozessen*. Das gilt auch bei der Akzentuierung von Voraussetzungen für Berufstätigkeit, also beispielsweise von Chancen zur Vorbereitung und Ausbildung, der Zugänglichkeit von Ausbildungsstätten oder der Unterstützung durch Institutionen. Werden hingegen Merkmale von Personen vorangestellt – etwa ihre Interessen, Fähigkeiten, Einstellungen oder Werte – und wird Sorge getragen, daß Personen selbst oder mit Hilfe von Beratern Berufe wählen, die zu ihren eigenen Befähigungen und Motiven passen, dann wird Berufswahl als ein *Zuordnungsprozeß* verstanden.

Zuordnungen stützen sich in der psychologischen Praxis häufig auf die psychometrische Messung von Personmerkmalen. In der Tat sind wohl Trait- und Faktortheorien die »traditionellen Eckpfeiler der Karrieretheorie« (Betz, Fitzgerald & Hill 1989) und die am meisten genutzte Basis für Berufswahl- und Karriereberatung. Gemeinsam ist den beiden genannten Modellen, daß sie eine einfache Wirkrichtung bei der Herstellung einer »Passung« betonen – von der Umgebung auf die Person oder von der Person auf die Umgebung.

Person und Umwelt wirken in den beiden anderen von Busshoff (1989) genannten Modellen nicht nur unidirektional, sondern von vornherein unlösbar zusammen. Das impliziert einen Wechsel der Betrachtungsebene. Nicht mehr objektive oder objektivierbare Person- oder Umgebungsfaktoren stellen die beiden anderen Modelle in den Vordergrund, sondern eine kognitiv repräsentierte »Wirklichkeit« von Person *und* Situation. Schon bei der Wahrnehmung von persönlichen und situativen Faktoren kommen beide auf der Ebene der kognitiven Repräsentationen zusammen, aber auch bei der Nutzung oder der Verarbeitung des Wahrgenommenen. Die kognitiv bewertende und handelnde Person kommt etwa bei den immer wieder vorzunehmenden Abstimmungen zwischen ökonomischen, sozialen und anderen situativen Determinanten auf der einen Seite und motivationalen, Wert- und Befähigungskomponenten der Person auf der anderen aktiv ins Spiel. Bei der Betonung je aktueller kognitiver Abstimmungen erscheint Berufswahl als *Entscheidungsprozeß*. Auch im Verlaufe einer Karriere finden Entscheidungen statt.

Scharmann (1959) hat ein solches Zusammenwirken von Person und Situation bei der Entscheidung für einen Beruf betont, er hat aber auch für die weitere berufliche Entwicklung die »im klassischen Idealismus und im Liberalismus wurzelnde Vorstellung von der Berufswahl als einer einmaligen Entscheidung« der Person für einen distinkten Dauerberuf in Frage gestellt. Sie sei schon »angesichts der Dynamik der gesellschaftlichen und wirtschaftlichen Verhältnisse weder als Postulat noch als Zielsetzung weiter aufrechtzuerhalten« (1965, S. 302). Was hier ausgedrückt wird, ist die Einsicht in eine kaum lösbare, indessen aber aktiv beeinflußte Transaktion. Sie wird auch im vierten Modell gesehen. Es hebt neben dem aktuellen auch das diachrone Zusammenspiel von Person-Umwelt-Transaktionen hervor, also den Einfluß früherer Prozesse auf spätere. Dieses Modell beschreibt eine doppelte Transaktion.

Berufswahl und Berufstätigkeit werden hier als komplexe *Entwicklungsprozesse* verstanden. Die Auswirkungen von früheren Prägungen auf späteres Handeln im Beruf hat beispielsweise Roe (1957) in ihrem Modell herausgehoben. Sie sieht solche Prägungen durch Erfahrungen bestimmt, die nicht nur kognitiv sind, sondern auch aus den sozialen und affektiven Einflüssen herrühren.

Das vierte Modell ist für uns natürlich das interessanteste. Allerdings ist es weder theoretisch ausreichend elaboriert, noch empirisch genügend untersucht worden. Theorien der Entwicklung werden immer noch zu selten mit Theorien der Karriereentwicklung verbunden.

Ein Stück weit geht Super (1980) in diesen Überschneidungsbereich hinein. Er versteht berufliche Entwicklung als einen Prozeß der Ausformung und Umsetzung eines Selbstkonzeptes. Damit meint er relativ schlicht die zusammenfassende Beschreibung der eigenen Persönlichkeit, die Konzeptualisierung oder auch das Bild von den eigenen Präferenzen und Kompetenzen. Menschen wählen Berufe, deren wahrgenommene Charakteristika zu ihrem Selbstkonzept passen. Und berufliche Entwicklung ist für Super ein Prozeß, in dem die Person immer wieder im Zusammenspiel zwischen ihren Fähigkeiten und Motiven und den Möglichkeiten und Anforderungen der beruflichen Situation Abstimmungen vornimmt, die von ihr selbst ebenso wie von ihren Vorgesetzten und anderen Bezugspersonen positiv bewertet werden können.

Über die gesamte Biographie hinweg unterscheidet Super zwischen fünf »beruflichen Lebensstadien«. Das erste ist das *Stadium des Wachsens.* Das Kind entwickelt sein Selbstkonzept zunächst (etwa bis zum 14. Lebensjahr) durch Identifikation mit wichtigen Bezugspersonen in der Familie und in der Schule. Das ist anfänglich stärker bedürfnisgeleitet und drückt sich in Phantasien und Rollenspielen aus, wird aber mit fortschreitender Erfahrung mehr von Kognitionen eigener Fähigkeiten und Interessen geprägt.

Ins Alter zwischen 15 und 24 Jahren legt Super das *Stadium der Exploration.* Jugendliche können jetzt über ihr Können nachdenken, können es (in Kursen, Praktika oder Ausbildungen) erproben und nach einer kritischen Reflexion für die Erfüllung beruflicher Anforderungen einsetzen. Anfänglich kommen in diesem Stadium noch Vorstellungen, Phantasien oder Wünsche zum Zuge; mehr und mehr weichen diese aber einer konkreten Auseinandersetzung mit Erfahrungen und einer Festlegung auf erkannte berufliche Realität.

Im *Stadium der Konsolidierung* kann die konkrete Erprobung der eigenen Kompetenzen darauf hin überprüft werden, wieweit sie zur Zufriedenheit führt und die Entscheidung für den »Beruf fürs Leben« begründet. Super beobachtet dies relativ häufig zwischen 25 und 30 Jahren. In der Regel wird im vierten Lebensjahrzehnt einer Biographie konkret erkennbar, welche Karriere aufgebaut werden kann, und die Person arbeitet (im Alter zwischen 31 und 44 Jahren) an deren Stabilisierung.

Die Zeit zwischen 45 und 65 Jahren wird von Super als *Stadium der Erhaltung* beschrieben. Nach 65 folgt dann in der Regel das *Stadium des Rückganges* mit Verlangsamung, Reduktion der Arbeitszeit und Arbeitslast und schließlich dem Ausscheiden aus dem Beruf. Super sieht den Zeitpunkt dafür mit etwa 70 Jahren gegeben. (Eine alternative, in sieben Stufen gegliederte Theorie der Berufswahl und Berufsausübung bieten Tiedemann & O'Hara 1963, die eine Explorationsphase von der Kristallisationsphase, der Phase der Wahl, der Phase der Klärung, der Einführungsphase, der Phase der Beeinflussung oder Innovation und schließlich der Integrationsphase unterscheiden.)

Super relativiert in seiner mehr als 25 Jahre betriebenen Forschung über das Thema der beruflichen Entwicklung nicht nur die angegebenen Altersgrenzen. Er stellt auch unterschiedliche Laufbahnmuster für Männer und Frauen vor und identifiziert eine Vielzahl von Determinanten, die eine individuelle Karriere beeinflussen können. Wesentlich und festzuhalten bleibt, daß Super eine Wandlung der Person erkennt und Berufstätigkeit in unterschiedlichen Stadien des Erwachsenenalters eine je andere Qualität aufweist. Er bezieht sich auf das von Havighurst (1972) schon Anfang der fünfziger Jahre vorgetragene Konzept der Entwicklungsaufgaben (vgl. Billmann-Mahecha, »Jugend«). Berufliche Entwicklung wird als eine dynamische Synthese verstanden, die sich aus der Interaktion zwischen Bedürfnissen und Befähigungen der Person und ökonomischen sowie gesellschaftlichen Forderungen und Verpflichtungen ergibt. Allerdings bleibt der Begriff des Selbstkonzepts bei Super stets zentral. Anforderungen wirken nicht nur manifest; die Person internalisiert sie. Verinnerlichte Anforderungen und persönliche Bedürfnisse wirken bei der Erfüllung beruflicher Entwicklungsaufgaben zusammen. Super beschreibt allerdings, daß im Erwachsenenalter mehr und mehr Unabhängigkeit von den manifesten Einflüssen erkennbar wird.

Empirisch konnte er mit seinen Mitarbeitern in längsschnittlichen Analysen die Explorations- und die Konsolidierungsphase nachweisen. Es mag sein, daß persönliche Unabhängigkeit eine klare Klassifikation in späteren Stadien erschwert. Generativität im Sinne eines Investierens in die eigene Karriere und deren Gestaltung ebenso wie generatives Verhalten, das etwa ein älterer Mentor für jüngere Kollegen aufbringt, tragen doch dazu bei, daß Personen nicht mehr bloß beruflichen Vorgaben folgen, sondern individuellere Formen der Entwicklung leben. Differenzierung mag auch durch je unterschiedliche Ausgänge der Bearbeitung von Krisen und daraufhin mögliche personspezifische Verhaltensprägung erklärbar sein.

Beziehungen zwischen solchen Überlegungen und den Hinweisen auf differentielle Verarbeitungsformen in der Partnerschaft und in der Persönlichkeitsentwicklung, die zuvor dargestellt wurden, drängen sich geradezu auf. Ein umfassenderes Verständnis von sich selbst und dem eigenen Lebensverlauf in der beruflichen, der partnerschaftlichen und der persönlichen Situation bringt sicher nicht nur mehr Anpassung, sondern mehr Gestaltung der eigenen Biographie mit sich. Hier liegt ein noch weitgehend unbearbeitetes Feld der entwicklungspsychologischen Forschung.

Literatur

Bertram, Hans (Hg.) (1991): *Die Familie in Westdeutschland. Stabilität und Wandel familialer Lebensformen*. Opladen: Leske + Budrich.

Betz, Nancy, Louise F. Fitzgerald, Raymond E. Hill (1989): Trait-factor theories: traditional cornerstone of career theory. In: M. B. Arthur, D. T. Hall, B. S. Larence (Hg.): *Handbook of career theory*. Cambridge: Cambridge University Press, 26–40.

Block, Jack (1982): Assimilation, accomodation, and the dynamic of personality development. *Child Development*, 53: 281–295.

Bodenmann, Guy, Meinard Perrez, John M. Gottman (1996): Die Bedeutung intrapsychischen Copings für die dyadische Interaktion unter Streß. *Zeitschrift für Klinische Psychologie*, 25: 1–13.

Busshoff, Ludger (1989): *Berufswahl: Theorien und ihre Bedeutung für die Praxis der Berufsberatung* (2. Aufl.). Stuttgart: Kohlhammer.

Clausen, John A. (1972): The life course of individuals. In: Mathilda Riley, M. H. Johnson, Ann Foner (Hg.): *Aging and society*. Bd. III. New York: Russell Sage.

Coombs, Robert H. (1966): Value consensus and partner satisfaction among dating couples. *Journal of Marriage and the Family*, 28: 166–173.

Costa, Paul T., Robert R. McCrae (1988): Personality in adulthood: A six-year longitudinal study of self-reports and spouse ratings on the NEO Personality Inventory. *Journal of Personality and Social Psychology*, 54: 853–863.

Elder, Glen H. Jr. (1986): Military times and turning points in men's lives. *Developmental Psychology*, 22: 233–245.

Erikson, Erik H. (1965): *Kindheit und Gesellschaft*. Stuttgart: Klett (Original 1963).

Erikson, Erik H. (1970): *Identität und Lebenszyklus*. Frankfurt/M.: Suhrkamp (Original 1959).

Erikson, Erik H. (1982): *The life cycle completed*. New York: Norton.

Fitzpatrick, Mary Anne (1988): *Between husbands and wives: Communication in marriage*. Newbury Park, CA: Sage.

Garden, Anna-Maria (1991): The purpose of burnout: A Jungian interpretation. In: P. L. Perrewe (Hg.): *Handbook of job stress. Special Issue of Journal of Social Behavior and Personality*, 6: 73–93.

Gould, Roger C. (1972): The phases of adult life: A study in developmental psychology. *American Journal of Psychiatry*, 129: 521–531.

Gould, Roger C. (1978): *Transformations*. New York: Simon & Schuster.

Gottman, John M. (1993): The roles of conflict engagement, escalation, and avoidance in marital interaction: A longitudinal view of five types of couples. *Journal of Consulting and Clinical Psychology*, 61: 6–15.

Gottman, John M. (1994): *What predicts divorce?* Hillsdale, NJ: Erlbaum.

Haan, Norma (1981): Adolescents and young adults as producers of their development. In: Richard M. Lerner, N. A. Busch-Rossnagel (Hg.): *Individuals as producers of their own development*. New York: Academic Press, 155–182.

Havighurst, Robert J. (1972): *Developmental tasks and education* (3. Aufl.). New York: McKay.

Hill, Reuben (1949): *Families under stress*. New York: Harper & Row.

Jäckel, Ursula (1980): *Partnerwahl und Eheerfolg*. Stuttgart: Enke.

Jung, Carl G. (1931): Die Lebenswende. In: Carl G. Jung (Hg.): *Seelenprobleme der Gegenwart*. Zürich: Rascher, 191–274.

Jung, Carl G. (1938): *Die Beziehungen zwischen dem Ich und dem Unbewußten* (3. Aufl.). Damstadt: Reichel.

Karney, Benjamin R., Thomas N. Bradbury (1995): The longitudinal course of marital quality and stability: A review of theory, method, and research. *Psychological Bulletin*, 118: 3–34.

Kirchler, Erich (1989): Zufriedenheit unterm gemeinsamen Dach. *Gruppendynamik*, 20: 75–94.

Klein, Renate (1991): Modelle der Partnerwahl. In: Manfred Amelang, Hans-Joachim Ahrens, Hans-Werner Bierhoff (Hg.): *Partnerwahl und Partnerschaft*. Göttingen, Toronto, Zürich: Hogrefe, 31–65.

Levinson, Daniel J. (1978): *The seasons of a man's life*. New York: Ballantine.

McCrae, Robert R., Paul T. Costa, C. M. Busch (1986): Evaluating comprehensiveness in personality systems: The California Q-set and the five-factor model. *Journal of Personality*, 54: 430–446.

Mikula, Gerold, Wolfgang Stroebe (1992): Theorien und Determinanten der zwischenmenschlichen Anziehung. In: Manfred Amelang, Hans-Joachim Ahrens, Hans-Werner Bierhoff (Hg.): *Attraktion und Liebe*. Göttingen: Hogrefe, 61–104.

Murstein, Bernard I. (1986): *Paths to marriage*. Beverly Hills: Sage.

Neugarten, Bernice L. (1972): Personality and the aging process. *The Gerontologist*, 12: 9–15.

Newman, Barbara M., Philip R. Newman (1995): *Development through life* (6. Aufl). Pacific Grove: Brooks/Cole Publishing Company.

Olbrich, Erhard (1994): Persönlichkeitsentwicklung. In: Erhard Olbrich, Klaus Sames, Axel Schramm (Hg.): *Kompendium der Gerontologie*, VI-3. Lagerlechfeld: Ecomed, 1–28.

Olbrich, Erhard, Andreas Kruse, Dorothea Roether, Karin Pöhlmann, Norbert Halsig (1994): *Möglichkeiten und Grenzen selbständiger Lebensführung im Alter*. Bericht für BMFuS.

Olbrich, Erhard, Leokadia Brüderl (1995): Frühes Erwachsenenalter: Partnerwahl, Partnerschaft, Elternschaft. In: Rolf Oerter, Leo Montada (Hg.): *Entwicklungspsychologie*. Weinheim: Psychologie Verlags Union, 396–422.

Prodöhl, Dominik (1979): *Gelingen und Scheitern ehelicher Partnerschaft*. Göttingen: Hogrefe.

Reedy, Margaret, James E. Birren, Kai Warner Schaie (1981): Age and sex dif-

ferences in satisfying love relationships across the adult life span. *Human Development*, 24: 52–66.
Roe, Ann (1957): Early determinants of vocational choice. *Journal of Counseling Psychology*, 4: 212–217.
Scharmann, Theodor (1959): Die individuelle Entwicklung in der sozialen Wirklichkeit. In: Hans Thomae (Hg.): *Entwicklungspsychologie*. Göttingen: Hogrefe, 535–582.
Schellenbaum, Peter (1986): *Das Nein in der Liebe. Abgrenzung und Hingabe in der erotischen Beziehung*. München: Deutscher Taschenbuch Verlag.
Sheehy, Gail (1976): *In der Mitte des Lebens* (2. Aufl.). München: Kindler.
Spranger, Eduard (1924): *Psychologie des Jugendalters*. Heidelberg: Quelle und Meyer.
Super, Donald E. (1980): A life-span, life-space approach to career development. *Journal of Vocational Behavior*, 16: 282–298.
Tiedeman, D. V., R. P. O'Hara (1963): *Career Development: Choice and Adjustement*. New York: College Entrance Examination Board.
Vaillant, George E. (1977): *Adaptation to life*. Boston: Little, Brown.
Whitbourne, Susan K., Comilda S. Weinstock (1982): Die *mittlere Lebensspanne*. München: Urban & Schwarzenberg.
White, Robert W. (1966): *Lives in progress* (2. Aufl.). New York: Holt, Rinehart & Winston.
Willi, Jürg (1982.): *Die Zweierbeziehung*. Reinbek: Rowohlt.
Willi, Jürg (1985): *Ko-Evolution*. Reinbek: Rowohlt.
Winch, R.F. (1958): *Mate selection: A study of complementary needs*. New York: Harper.

4. Gerontopsychologie

Heinz Jürgen Kaiser

Einleitung

Forschungsthemen und Forschungsbereiche der Psychologie entwickeln sich vielfach als Antwort auf aktuelle gesellschaftliche Bedürfnisse und Strömungen. Den alten Menschen in den Mittelpunkt psychologischer Forschung zu stellen, eine »Gerontopsychologie« zu schaffen, ist eine solche, weniger systematisch als eher praktisch-gesellschaftlich begründete Herausforderung für Psychologen. Kaum eine umfassendere Veröffentlichung auf diesem Gebiet verzichtet darauf, die Veränderung der demographischen Verhältnisse in den Industrieländern mit dem Interesse am Aufbau einer Psychologie des höheren Lebensalters zu verknüpfen.

In der Tat sind für die Zukunft deutliche Umschichtungen im Altersaufbau der Gesellschaft zu erwarten, und die Zukunft hat schon begonnen. Bereits heute beträgt der Anteil der Menschen über 65 Jahre in Deutschland etwa 17 Prozent, und er wird bis zum Jahre 2040 auf etwa 28 Prozent steigen (nach einer Vorausschätzung der OECD 1988) – eine Konstanz der zugrundeliegenden Bedingungen vorausgesetzt.

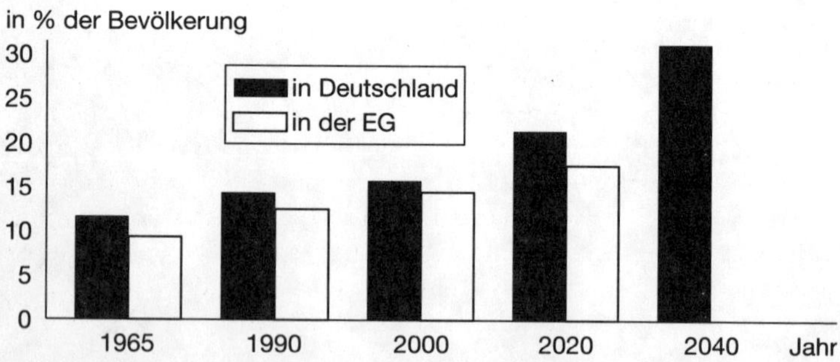

Abb. 1 Anteil der über 65jährigen (Zahlen für 2040 u. den Bereich EG liegen noch nicht vor.)

»Zum erstenmal in der Menschheitsgeschichte hat sich in Westeuropa das zahlenmäßige Verhältnis der jungen und der alten Generation verkehrt: Es gibt mehr Alte als Kinder. Auf 50 Millionen unter 15jährige kommen 70 Millionen über 60jährige.« (Brauchbar & Heer 1995, S. 35) Die Gründe für diese Entwicklung liegen in der gestiegenen Lebenserwartung einerseits und in der gesunkenen Geburtenrate andererseits, zwei Prozesse, die sich in ihrer Auswirkung auf die Alterspyramide gegenseitig verstärken. Die beschriebene demographische Veränderung hat einen direkten Einfluß auf unser Sozialsystem mit seinem »Generationenvertrag«, was dazu geführt hat, daß über alte Menschen heute als »Alterslast« einer Gesellschaft gesprochen wird.

Man könnte sich nun fragen, was an diesem Problem denn psychologisch sei; was also rechtfertigt eine Gerontopsychologie? Wenn wir einmal eine allgemeine »Neugier« als Triebfeder wissenschaftlichen Forschens vernachlässigen und davon ausgehen, daß einem Forschungsbereich der Psychologie üblicherweise die Entdeckung eines (lebens-)praktischen *Problems* vorangeht, dann könnte man etwa folgende Überlegung anstellen:

Im Verlaufe der ontogenetischen Entwicklung des Menschen könnte der letzte Lebensabschnitt eine Phase sein, in der bestimmte und *besondere* psychische und psychosoziale Probleme auftreten, die von Lebensproblemen anderer Lebensabschnitte verschieden sind. Wenn dies so ist, stellen sich tatsächlich Fragen, die durch wissenschaftlich-psychologische Forschung beantwortet werden können: Wie kann man diese besonderen Probleme am besten beschreiben? Wie kann man deren Entstehungszusammenhänge aufklären? Was kann man tun, um sie zu minimieren? Vor dem Hintergrund der beschriebenen gesellschaftlichen Entwicklung besteht sehr wohl ein Interesse an einer Antwort auf diese Fragen.

Wenn in der gerontopsychologischen Literatur Erkenntnisinteressen angegeben werden, verweisen sie deutlich auf diesen Kontext: »Was sind zum Beispiel die Folgen, wenn pensionierte Arbeiter oder Angestellte plötzlich ihre kognitiven Funktionen (wie zum Beispiel das Gedächtnis oder die Denkfähigkeit) nur noch wenig benutzen oder wenn gutgemeinte soziale Hilfsangebote für Betagte diese zu einer gewissen Passivität oder Abhängigkeit führen? In diesem Zusammenhang stellt sich natürlich auch die Frage, ob und wie sozio-kulturelle Stereotypien, Einstellungen und Erwartungen gegenüber alten Menschen Auswirkungen auf deren psychische Befindlichkeit und vielleicht darüber hinaus sogar auf deren biologische Funktionen haben.« (Weinert 1994, S. 181)

Folgerichtig werden als Ziele gerontopsychologischer Forschung beispielsweise angegeben (vgl. Oswald 1983, S. 15):

- Untersuchung der Leistungsfähigkeit und Beanspruchbarkeit älterer Menschen,
- Beantwortung der Frage nach der richtigen Wahl des Pensionierungszeitpunktes,
- Gestaltung einer altersgerechten Umwelt,
- Suche nach therapeutischen Möglichkeiten zur Beeinflussung des Alternsprozesses.

Wer sich um Aufbau und Ausbau einer Psychologie des alten Menschen bemüht, sollte den Gegenstand seiner Bemühungen möglichst genau angeben können. Aber unter welchen Bedingungen kann man überhaupt von einem »alten« Menschen sprechen? Wann ist ein Mensch alt? Üblicherweise lassen wir das Alter mit fünfundsechzig Jahren beginnen; es ist das Lebensalter, das seit 1916 vom Deutschen Reichstag als Altersgrenze im Rahmen des Sozialversicherungsgesetzes gilt und das ja auch heute noch als »normaler« Zeitpunkt des Ausscheidens aus dem aktiven Erwerbsleben angesehen wird. Nur: Das fünfundsechzigste Lebensjahr ist *faktisch* längst nicht mehr das »normale« Alter des Übergangs in den Ruhestand; nur noch eine Minderheit der Berufstätigen scheidet zu diesem Zeitpunkt aus dem Berufsleben aus, die überwiegende Mehrheit tut dies bereits Jahre früher. Aber auch das ist nur eine Beschreibung der gegenwärtigen Verhältnisse; wie diesbezüglich die Zukunft aussehen wird, ist unklar. Vielleicht werden wir in einer nicht allzu fernen Zukunft das siebzigste Lebensjahr als Kriterium für die Verwendung des Etiketts »alt« akzeptieren.

Es ist auch deswegen schwierig, die Verwendung des Wortes »alt« eindeutig zu regeln, weil das chronologische Alter allein kaum eine Gemeinsamkeit der Menschen begründet – im höheren Lebensalter noch weit weniger als im Kindes- oder Jugendalter. Dieser Erkenntnis folgend hat sich in den USA ein griffiger Sprachgebrauch etabliert, der das Alter zu differenzieren bemüht ist: Man spricht dort von den »young old«, den »old« und den »old old«, auch in der Hoffnung, in den Untergruppen etliche gemeinsame Merkmale zu finden. Die »jungen Alten« – etwa zwischen sechzig und siebzig Jahren alt, sind in unserer Gesellschaft auch als die »Neuen Alten« und als konsumfreudige, aktive Altersgruppe bekannt geworden. Sie werden häufiger auch als die »älteren Menschen« apostrophiert, womit aber zumindest teilweise auch die über siebzigjährigen gemeint sind. Als »alt« ohne Vorbehalte oder euphemistische Etikettierung gelten die Hochaltrigen ab achtzig Jahren und darüber.

Bereits die Schwierigkeiten mit der Bestimmung des Alters als eines bestimmten Lebensabschnittes lassen es geraten erscheinen, die Gerontopsychologie nicht auf eine psychologische *Alters*wissenschaft zu reduzieren, sondern sie den *Alterns*wissenschaften zuzuordnen (vgl. Lehr 1991, S. 14). Die Gesamtheit der Alternswissenschaften nennt man Gerontologie. Die Gerontopsychologie ist also Teil eines interdisziplinären Forschungszusammenhanges.

Altern als lebenslange Entwicklung: Geläufige Erfahrungen

Lehrbücher der Entwicklungspsychologie haben bis in die siebziger Jahre hinein die Entwicklung des Menschen mit dem Eintritt in das Erwachsenenalter enden lassen. So haben Generationen von Psychologen die menschliche Entwicklung hauptsächlich als Entwicklung im Kindes- und Jugendalter kennengelernt (vgl. die Beiträge von Billmann-Mahecha sowie Olbrich). Aber selbstverständlich ist die Entwicklung der menschlichen Person damit nicht abgeschlossen. Entwicklung ist ein lebenslanger Prozeß der Veränderung; und das »Altern« beginnt spätestens mit der Geburt. Bei der Entwicklung, die wir Altern nennen, geht es nicht um flüchtige, isolierte Ereignisse der Veränderung, sondern um Abfolgen von Wandlungen, die insgesamt sozusagen eine »sinnvolle Figur« oder eine »Gestalt« bilden, welche einerseits eine leicht faßliche Beschreibung bedeutet, andererseits nach Erklärungen verlangt.

Die »Figur« des Alterns ist in der Kunst immer wieder metaphorisch beschrieben worden, und zwar als Treppe. Den Jahren bis zur Lebensmitte gehören danach die aufsteigenden, den späteren Jahren dagegen die absteigenden Stufen.

Die Veränderungen, die sich nach der Lebensmitte vollziehen, werden also landläufig – folgt man der Metapher – *negativ* beurteilt. Vor zweitausend Jahren hat der ägyptische Oberste Richter Ptahhotep das so beschrieben: »Was das Alter dem Menschen antut, ist in jeder Beziehung von Übel«, schrieb er, »die Nase ist verstopft und kann nicht mehr atmen; jede Bewegung bereitet Schmerzen.« (zit. n. de Beauvoir 1995, S. 78) Es deckt sich durchaus mit unserer Erfahrung, wenn das Altern und Altsein als ein Leben mit Krankheiten und Verlusten, als ein Erleben von Abschied und Trauer gezeichnet wird.

Irgendwann – so sagen uns unsere Empfindungen – überschreitet die Biographie eben einen Wendepunkt, von dem aus sie Kurs nimmt auf ein unabänderliches Schicksal von Verlust, Versagung, Vergänglichkeit und Verfall. Altern ist aus dieser populären Sicht etwas, das erlitten wird, ein unaufhaltsames Sich-Entfernen von der Jugend, eine schmerzhafte Erfahrung des Unwiderbringlichen. Die Wertschätzung der Jugend und die Aussicht, das Leben noch vor sich zu haben, lassen das hohe Lebensalter mit seiner Nähe zu Krankheit und Tod als wenig begehrenswert erscheinen. Da Altern aber ein irreversibler Prozeß ist, kann man diesem Ende nicht entfliehen. Das alles sagt unsere Alltagserfahrung.

Eine Reihe von altgewordenen Menschen sprächen – würde man sie befragen – sicherlich ebenfalls davon, daß das Altern ein Veränderungsprozeß mit etlichen unerwünschten Folgen und Begleiterscheinungen sei. Und sie würden auch leicht an sich selbst feststellen können, daß sich die erlebten Veränderungen *vielen verschiedenen Bereichen* zuordnen lassen. Es verändern sich Physis und Psyche, das Erleben und das Verhalten und die Rollen, die wir im Leben spielen, sowie die Beziehungen, die wir zu anderen Menschen eingehen. Die psychologische Alternsforschung formuliert deswegen auch, daß Altern ein biologisches *und* soziales Schicksal zugleich sei, sogar primär ein soziales Schicksal (Thomae 1968).

Wir fänden aber sicher auch alte Menschen, die einer bloß negativen Darstellung des Entwicklungsprozesses namens »Altern« nicht zustimmen und auch auf positive Aspekte hinweisen würden, für die sie vielleicht selbst als gutes Beispiel stehen könnten. Altern hat also nicht nur *ein* Gesicht. Die Alternsforschung hat die Aufgabe, ein realistisches Bild des Alterns zu erarbeiten. Die Ergebnisse der Gerontopsychologie sind dazu durchaus geeignet. So gesehen erfüllt die Gerontopsychologie eine *Aufklärungsaufgabe*. Unter dieser Perspektive soll im folgenden eine kleine Auswahl wesentlicher Erkenntnisse der Gerontopsychologie dargestellt werden.

Konzeptionen der Entwicklung im Alter

Defizit- versus Kompetenzmodell

Die geläufigste Annahme über das höhere Lebensalter ist wohl jene, daß man das Alter *vorzugsweise* unter der Perspektive von *Verlusten* und *Defiziten* betrachten sollte. Diese Annahme kann man nicht einfach als ein vorwissenschaftliches Vorurteil abtun. Lange Zeit stand auch die wissenschaftliche Erforschung des Alterns unter der Annahme, daß Altern im wesentlichen ein Abbauprozeß sei. Der Grund dafür ist in der Tatsache zu sehen, daß bis in die sechziger Jahre hinein biologische und medizinische Forschungen im Vordergrund der Alternswissenschaften standen. Wenn wir Altern vor allem als Vorgang von Veränderungen in der Körpersphäre ansehen, dann allerdings fallen eher ungünstig zu beurteilende Entwicklungsprozesse ins Auge. Erst mit Erstarken der psychologisch und auch soziologisch orientierten Alternsforschung konnte nachgewiesen werden, daß die Unterstellung einer bloß defizitären Entwicklung eine ganz andere Realität des Alterns übersieht (vgl. Olbrich 1991).

Die Forschungsergebnisse gerade der Gerontopsychologie lassen uns keine andere Wahl, als der Defizitannahme (auch als »Defizitmodell« oder »Defektmodell« bekannt) das *Kompetenzmodell* des Alterns entgegenzusetzen. Dieses »Modell« besagt nichts anderes, als daß die Realität des Alterns – trotz Abbauerscheinungen und Verlusten – durch ein erhebliches Ausmaß an verbleibenden Kompetenzen gekennzeichnet ist. Es wurde schon angesprochen, daß viele Bereiche (oder »Dimensionen«) der menschlichen Existenz vom Alternsvorgang betroffen sind. Das mag triviales Alltagswissen sein. Weniger trivial ist aber die Erkenntnis, daß sich das Altern bei einer Person in diesen Bereichen ganz unterschiedlich vollziehen kann: Die motorische Beweglichkeit mag nachlassen, nicht aber das Interesse an der Umwelt; vielleicht verschlechtert sich das Gedächtnis, nicht aber die Fähigkeit zum rationalen Urteil. Der Alternsvorgang ist nicht nur multidimensional, sondern auch »multidirektional«.

Kompetenzen können aus »objektivem« oder aus »subjektivem« Blickwinkel betrachtet werden, gemeint ist aber immer das grundsätzliche Vermögen, aktiv auf Lebensbedingungen und Lebensvollzüge im Interesse einer selbständigen, zufriedenstellenden

Lebensführung Einfluß zu nehmen. Wenn wir von den »Neuen Alten« unserer Zeit sprechen, dann meinen wir Menschen, die uns eine solche Kompetenz auch im höheren Lebensalter vorleben. Kranke alte Menschen allerdings sind in ihren Fähigkeiten häufig stark eingeschränkt, man denke nur an Demenzkranke oder Schlaganfallpatienten.

In Fällen eines »pathologischen« Alterns müssen wir bedenken, daß jene Einschränkungen, die uns ins Auge fallen, keineswegs die ganze Person betreffen. Es gibt immer auch ›Die Kräfte des Alters‹ (so ein Buchtitel von Rosenmayr 1990), mit denen wir rechnen und auf die wir auch in schwierigen Lebenslagen bauen können. Die Erforschung der Potentiale im Alter ist deswegen eine der hervortretenden Zielsetzungen der neueren Gerontopsychologie.

Gibt es denn Kompetenzen, die als Kompetenzen *des Alters* hervorgehoben werden können, die also besonders den alten Menschen und weniger den jüngeren auszeichnen?

Kruse (1989) hat eine ganze Reihe von Fähigkeiten aufgezeigt, die es dem alten Menschen ermöglichen, in seiner Situation der vielfältigen Veränderungen und auch Einschränkungen Orientierungen und Neuorientierungen zu gewinnen, Initiative zu übernehmen, das Leben selbstverantwortlich zu gestalten und dergleichen mehr. Kompetenz beweist der alte Mensch auch dabei, »eine realistische Zukunfts- und Lebensperspektive zu entwickeln, die einerseits um die Begrenzungen weiß, die andererseits aber auch den Versuch unternimmt, den Blick auf neue Ziele zu richten«, und er ist auch ebenso in der Lage, »sich ... eingestehen zu können, daß er bestimmte Dinge nicht (mehr) beherrscht, und trotzdem nicht zu resignieren« (Kruse 1989, S. 15).

Altern als optimierbarer Anpassungsprozeß

Als Ergebnis zahlreicher empirischer Studien zu Alternsverläufen, zur Entwicklung der Leistungsfähigkeit und zur Bewältigung von Krisen- und Problemsituationen kann dem alternden Menschen prinzipiell (wenn auch nicht in jedem Einzelfall) ein hohes Maß an Anpassungsvermögen an sich verändernde Lebensumstände und Lebenslagen zugesprochen werden, auch ein erhebliches Maß an Umstellungs- und Lernfähigkeit. Krankheiten und Behinderungen im höheren Lebensalter sind prinzipiell durchaus bewältigbar. Der Mensch ist auch im höheren Lebensalter und auch mit Krankheiten und Behinderungen noch entwicklungsfähig, Altern ist ein *dynamischer Prozeß*.

Man kann sich die Entwicklungsfähigkeit im höheren Lebensalter mit Hilfe der Annahme begreiflich machen, daß im Lebensalltag jeweils nur ein Teil der dem Menschen gegebenen Kapazität zur erfolgreichen Bewältigung alltäglicher, lebenspraktischer Probleme mobilisiert werden muß. Daraus folgt, daß unter erhöhten Belastungen und Anforderungen noch eine gewisse Reserve zur Verfügung steht, auf die zurückgegriffen werden kann und auch wird.

Der Begriff der *Reservekapazität* bezeichnet ein dem alten Menschen verbleibendes, noch unausgeschöpftes Reservoir an Möglichkeiten und Kräften, auf das Interventions- und Rehabilitationsbemühungen aufbauen können. Entwicklung ist auch im Alter noch beeinflußbar und formbar, man spricht von *Plastizität*. So gesehen ist der Alternsprozeß durchaus optimierbar (vgl. Baltes & Baltes 1994). Die Möglichkeiten und Kräfte müssen aber *geübte* Möglichkeiten und Kräfte sein. Fähigkeiten, die vernachlässigt werden, verkümmern; gefördert werden sie durch Gebrauch. »Wer rastet, der rostet« – ein altes, nach wie vor zutreffendes Sprichwort.

Kontinuität versus Diskontinuität der Entwicklung

Es gibt unterschiedliche Vorstellungen davon, wie der Entwicklungsprozeß des Alterns, der – wie gezeigt – vorzugsweise als Anpassungsprozeß interpretiert wird, am angemessensten zu beschreiben wäre. Zwei entgegengesetzte Positionen könnte man unterscheiden: Altern als *kontinuierlicher* oder Altern als *diskontinuierlicher* Prozeß.

Eine besonders große Bedeutung für die Beschreibung der Persönlichkeitsentwicklung im Alter hat die entwicklungspsychologische Stadientheorie Eriksons (1966) erlangt (vgl. Billmann-Mahechas Beitrag über die Jugend sowie Olbrich). Nach Erikson entwickelt sich die Person im Lebenslauf durch die Bewältigung von Aufgabensituationen, die für verschiedene Lebensstadien spezifisch sind. Dabei sind acht Stadien im Lebenslauf zu unterscheiden, die jeweils unterschiedliche Anforderungen an die sich entwickelnde Person stellen: etwa eine Beziehung zum anderen Geschlecht aufzubauen, eine Familie zu gründen, sich im Beruf zu etablieren.

Bei der Bewältigung neuer Anforderungen gerät die Person in Konflikt mit bisher vertrauten Bewältigungsformen. Neue Orientierungen müssen gefunden werden. Das sind Zeiten, »in denen das Individuum besonders empfindsam oder auch verletzlich gegenüber bestimmten Entwicklungsthematiken ist« (Whitbourne & Weinstock 1982, S. 135). Das Durchleben dieser Entwicklungsabschnitte ist ein krisenhaftes Geschehen, an dessen Ende die gelungene oder auch mißlungene Neuorientierung der Person steht. Das hohe Lebensalter nun stellt der Person die Aufgabe, das bisher gelebte Leben zu bilanzieren; gelingt es ihr, die Ereignisse und Entscheidungen ihres Lebens in einen akzeptablen Sinnzusammenhang zu integrieren, endet diese Krise mit dem Übergang in einen Zustand stabiler »Ich-Integrität«, andernfalls mit »Verzweiflung«.

Atchley (1989) thematisiert weniger die über Krisen- und Konflikterlebnisse ausgelösten Veränderungen der Orientierungen von Menschen in der Entwicklung, als vielmehr die Tatsache, daß der alternde Mensch trotz unleugbarer Veränderungen eine *Kontinuität* im Erleben der eigenen Person zu gewinnen sucht.

Tatsächlich bleiben Menschen ja hinsichtlich ihrer Werte und Ziele, ihrer Motive und Vorlieben über weite Strecken ihres Lebens mit sich selbst identisch. Daß ältere Menschen in ihrem Denken und Handeln diejenigen bleiben, die sie auch schon früher waren, zeigt sich unter anderem an den Ergebnissen von Untersuchungen mit Persönlichkeitsfragebögen.

Persönlichkeitsstrukturen haben sich als über Jahrzehnte hinweg sehr stabil herausgestellt (Conley 1984; Costa & McCrae 1988, siehe Weinert 1994). Lebensstile, Formen des Erlebens, Fähigkeiten, Fertigkeiten und Interessen, auch das Selbstbild, kurz: die Persönlichkeitsstruktur insgesamt, verändern sich im höheren Lebensalter weit weniger, als es der jüngere Mensch vermuten würde. Diese Tatsache müßte mithelfen, alte Menschen und ihr Handeln zu *verstehen*. Erwartungswidriges Verhalten alter Menschen wird beispielsweise verständlich unter der Annahme, daß sie sich keineswegs als die »Alten« empfinden, als die die Jungen sie sehen.

Psychologische Alternstheorien

In der psychologischen Alternsforschung werden wissenschaftliche Auseinandersetzungen eher selten um konzeptuelle Entwürfe geführt, die sich als ausgearbeitete *Theorien* bezeichnen lassen.

Disengagement- versus Aktivitätstheorie

Die bedeutendste Kontroverse in der psychologischen Alternsforschung überhaupt betrifft zwei alternative, einander ausschließende Annahmen über die Bedingungen eines zufriedenen Lebens im Alter, wobei von beiden das Altern grundsätzlich als soziales Schicksal modelliert wird. In der noch jungen Geschichte der Gerontopsychologie spielt der Streit zwischen den Vertretern der Disengagementtheorie und der Aktivitätstheorie eine herausragende Rolle für die Identitätsbildung der Alternsforscher. Da die Kontroverse – gemessen am Stand der Ergebnisse empirischer Forschung – längst als entschieden gelten kann, sei sie nur in den wichtigsten Grundzügen vorgestellt.

Untersucht man die Sozialbeziehungen älterer Menschen, ihr »soziales Netzwerk«, wird man regelmäßig feststellen, daß die Häufigkeit sozialer Kontakte mit dem Fortschreiten des Alterns eher abnimmt und die betroffenen Menschen auch weniger Engagement für die Aufrechterhaltung sozialer Kontakte oder die Aufnahme neuer Beziehungen aufbringen. In diesem Punkt sind sich die Kontrahenten einig. Miteinander unverträglich sind aber ihre Interpretationen dieses Faktums.

Nach Havighurst (1963) oder Tartler (1961) ist der feststellbare Rückzug aus den Sozialbeziehungen als ein von der Umwelt, vor allem von den Regeln der sozialen Gemeinschaft erzwungenes, einschränkendes Verhalten zu deuten. Von dieser Annahme ausgehend, ist zu erwarten, daß das reduzierte soziale Leben mit einer verminderten Lebenszufriedenheit einhergeht. Das soziale Leben, die Besetzung sozialer Positionen, die Ausfüllung bestimmter sozialer Rollen und Funktionen bestimmen ja schließlich die Lebensqualität der Menschen, ihr Selbstverständnis, das Gefühl ihres eigenen Wertes. Wird dieses Fundament der Zufriedenheit gezwungenermaßen reduziert, dürfte notwendigerweise auch die Lebenszufriedenheit der Betroffenen leiden. Umgekehrt sorgt ein im sozialen Bereich *aktives* Leben am ehesten für die Aufrechterhaltung der Lebenszufriedenheit auch im höheren Lebensalter. Das ist der Kern der Aktivitätstheorie. Als Konsequenz dieser Überzeugung sollte die Aktivität älterer Menschen gefördert und nicht durch Rollenvorschriften oder auch konkret-materielle Verhältnisse behindert werden.

Diese Schlußfolgerung ist selbstverständlich nur dann sinnvoll, wenn der entscheidenden Prämisse zugestimmt werden kann, daß nämlich der Rückzug ein *erzwungener* ist. Hier aber würden Vertreter der Disengagementtheorie widersprechen. Cumming und Henry (1961) haben in folgenreicher Weise diesen Widerspruch eingelegt. Eine Flut von empirischer Forschung wurde durch die These der Autoren angeregt, daß die Veränderungen im sozialen Bereich, die der Eintritt in das höhere Lebensalter, insbesondere in die Phase des Ruhestandes, mit sich bringt, die Betroffenen zu einem sozialen Rückzug (Disengagement) veranlaßt. Das bedeute eine subjektiv zufriedenstellende Anpassungsleistung an die veränderten Lebensbedingungen, sei in diesem Sinne auch sinnvoll und von den alternden Menschen durchaus intendiert.

Die weitaus meisten Forschungsergebnisse im Umkreis der Kontroverse zwischen Disengagement- und Aktivitätstheorie stützen die Folgerungen aus der von Cumming und Henry (1961) veröffentlichten Disengagement-Studie *nicht*. Doch abgesehen davon, daß die Diskrepanz der Positionen fruchtbar war für die Weiterentwicklung der psychologischen Alternsforschung: Man kann aus dem Streit unter anderem den allgemeinen Schluß ziehen, daß es äußerst problematisch ist, Allgemeinaussagen über *die* alten Menschen zu formulieren. Es hängt von sehr vielen Faktoren, von biologischen und kulturellen, sozialen und biographischen ab, welche Entwicklung die Menschen im Verlauf ihres Alternsprozesses nehmen. Die Variabilität des Verhaltens und Erlebens nimmt mit steigendem Alter eher zu: »Aufgrund der einmaligen, subjektiven Erfahrungen und Erlebnisse im Laufe der Biographie kann das Altern auch als ein *Prozeß zunehmender Differenzierung* angesehen werden, das heißt je älter die Menschen werden, desto verschiedenartiger werden sie.« (Kruse 1988, S. 467)

Zwei Folgerungen sind aus dieser Erkenntnis zu ziehen: Erstens ist es nötig, in der Gerontopsychologie einen stärker differentiellen, die interindividuellen Unterschiede betonenden Standpunkt einzunehmen. Zweitens ist es aussichtsreicher, statt nach Alterns*normen* zu suchen, Alterns*formen* zu beschreiben, wie Lehr und Thomae (1987) als Konsequenz aus den Ergebnissen ihrer Bonner Längsschnittstudie des Alterns (BOLSA) anschaulich dargelegt haben.

»Kognitive« Alternstheorie

Viele Formen und Prozesse des Alterns lassen sich nicht ausschließlich anhand objektiver, das heißt einem Beobachter direkt zugänglicher Sachverhalte erklären, sondern nur mit Hilfe der Annahme subjektiver Gegebenheiten wie Gedanken, Gefühle, Meinungen, Wertsetzungen, Überzeugungen und Sinnzuschreibungen der alternden Person. Wir wissen aus einer Vielzahl von empirischen Untersuchungen, daß aktives oder passives Verhalten, Stimmungslagen, Anregbarkeit oder Interessen im höheren Lebensalter nicht so sehr von der objektiven Gesundheitslage abhängen, sondern von der subjektiven Einschätzung der eigenen Gesundheit (welche mit der objektivierbaren nur gering korreliert; vgl. Lehr 1991, S. 319).

Die generelle Bedeutung der subjektiven Interpretation einer Situation für das Verhalten hat Thomae (1971) veranlaßt, auch für die Erklärung von Alternsprozessen eine »kognitive« Theorie zu formulieren. Diese kognitive Theorie wird meist nur mit ihrem Postulat I zitiert, demzufolge das Verhalten nicht von der objektiven Situation, sondern von der *subjektiven Repräsentation* der Situation bei der handelnen Person bestimmt wird. Maßgeblich für die Entwicklung von Lebenszufriedenheit im Alter sind vor allem Bedingungen, wie sie in den Postulaten II und III der Theorie von Thomae (1984) in der folgenden Weise umrissen werden: Entscheidend sei, daß »die kognitive Repräsentation der Situation durch die dominanten Bedürfnisse und Anliegen einer Person bestimmt wird« (Postulat II; S. 172). Das Postulat III besagt, »daß das Individuum ständig bestrebt sei, einen Gleichgewichtszustand zwischen seinen motivationalen und kognitiven Systemen zu halten« (S. 172).

Es gibt etliche Tatsachen im höheren Lebensalter, die den alten Menschen »aus dem Gleichgewicht« bringen können. Dazu zählt nicht nur die gesundheitliche Situation, sondern auch die Veränderung des äußeren Erscheinungsbildes, die Verringerung der sozialen Kontakte oder die Nähe zum Tod. Entscheidend für die Lebenszufriedenheit im Alter ist nicht nur die Qualität der »äußeren« Lebenssituation, sondern auch der Umgang des alten Menschen mit seiner Situation. Das ist ein wichtiger Hinweis beispielsweise für therapeutische Intervention. Man kann unschwer erkennen, daß die »kognitive Theorie des Alterns« durch Beachtung von objektiven und subjektiven Gegebenheiten geeignet ist, unterschiedliche Positionen von einem integrativen Standpunkt aus zu behandeln und auf diese Weise verbindend zu wirken.

Methodische Probleme der psychologischen Alternsforschung

Verständlicherweise finden wir in der Gerontopsychologie keine grundsätzlich anderen Methoden der Erkenntnisgewinnung als in anderen Teilbereichen der Psychologie auch. Befragung, Beobachtung, Test und Experiment sind hier wie dort die üblichen methodischen Wege. Aber es gibt doch einige Besonderheiten, die die psychologische Forschung mit alten Menschen als Forschungspartner auszeichnen.

Wenn psychologische Forschung häufig Forschung mit Studenten ist, dann deshalb, weil Studenten leicht erreichbare »Versuchspersonen« sind. Ältere Menschen sind weit weniger gut erreichbar. Institutionen wie Universitäten, aber auch Schulen, Betriebe oder das Militär als »Sammelplätze« zur Rekrutierung von Forschungspartnern sind nicht die Lebensbereiche alter Menschen. Wenn man sich der Unterstützung durch eine Institution versichern will, dann sind es solche wie Alten- und Pflegeheime, Altenclubs oder ähnliche. Es ist dann – schon durch die Besonderheiten der Rekrutierung von Forschungspartnern – nicht zu erwarten, daß man zu »repräsentativen« Ergebnissen gelangen kann. Das gilt auch für den häufiger praktizierten Weg der Anwerbung von Forschungspartnern durch Anzeigenkampagnen oder anderen Einsatz von Massenmedien. Gewinnt man dort die eher leistungsschwachen, kranken und beeinträchtigten alten Menschen, melden sich hier dann die besonders aktiven, interessierten, aufgeschlossenen (vgl. zu diesem Problem Lehr 1991, S. 64).

Gesetzt den Fall, diese Rekrutierungsprobleme wären gelöst, stellen sich doch weitere methodische Probleme. Viele vorhandene Forschungsinstrumente, etwa Fragebögen oder Tests, sind nicht ohne weiteres in Untersuchungen mit alten Menschen verwendbar, sei es, daß Normen zur Interpretation der Ergebnisse für die höheren Altersgruppen nicht verfügbar sind, sei es, daß das Untersuchungsmaterial den Möglichkeiten und Bedürfnissen der älteren Forschungspartner nicht angepaßt ist. Die Schaffung altersangemessener Forschungsmethoden ist deshalb eine der methodischen Herausforderungen der Gerontopsychologie. Als ein Beispiel für die Lösung des Problems kann das Nürnberger-Alters-Inventar genannt werden (Oswald & Fleischmann 1993), eine Sammlung psychometrischer Testverfahren und Skalen zur

Fremd- und Selbstbeurteilung, mit deren Hilfe die Entwicklung der Leistungsfähigkeit und des Gedächtnisses erforschbar und die Beurteilung von Lebenszufriedenheit und Aspekten der Selbständigkeit im Alter objektivierbar wird (vgl. auch Oswald 1983, S. 65ff.).

Die Gerontopsychologie, sofern sie sich als eine Psychologie der Lebensspanne versteht, setzt sich die Beschreibung und Erklärung von *Entwicklungsverläufen* zum Ziel. Aus der Entwicklungspsychologie sind die Strategien der Quer- und der Längsschnittstudie bekannt, die diesem Forschungsziel dienen sollen. Querschnittstudien, eingesetzt zur Erforschung einer weiten Spanne des chronologischen Alters in einem vertretbaren zeitlichen Forschungsrahmen, geben häufig nicht das wieder, was sie wiedergeben sollen, also tatsächlich Entwicklungsverläufe. Das liegt daran, daß zu einem gegebenen Zeitpunkt unterschiedliche Altersgruppen (»Kohorten«) untersucht und ihre Ergebnisse miteinander verglichen werden. Die so festgestellten Unterschiede zwischen den Lebensaltern gehen häufig nicht auf einen Alternsprozeß zurück, sondern sind lediglich Ausdruck der unterschiedlichen Lebensbedingungen, Bildungsbiographien und Leistungsvoraussetzungen der untersuchten Kohorten. Die früher verbreitete Erkenntnis beispielsweise, Intelligenzleistungen zeigten ab etwa dem vierzigsten Lebensjahr einen signifikanten Abfall, konnte mittlerweile als Erzeugnis der verwendeten Querschnittmethode (als »methodisches Artefakt«) ausgewiesen werden (vgl. Schaie 1991).

Die Längsschnittmethode, die den Schwierigkeiten der Querschnittuntersuchungen abhelfen könnte, ist im Rahmen einer Psychologie der Lebensspanne naturgemäß eine sehr zeitaufwendige und damit kostenträchtige Untersuchungsmethode. Und auch sie produziert Verzerrungen: durch wiederholte Untersuchung mit denselben Testverfahren, durch Ausfall der weniger gesunden Untersuchungsteilnehmer und ähnliches mehr.

Aufwendig zu realisieren ist auch der Vorschlag, Längsschnitt- und Querschnittmethode miteinander zu verbinden (»Kohorten-Sequenz-Design«, Schaie 1965; siehe auch von Eye 1991); allerdings wären so die beschriebenen Probleme am ehesten in den Griff zu kriegen.

Da Altern eine lebenslange Entwicklung bedeutet, können besonders *biographische* Methoden Aufschluß über unterschiedliche Formen der Entwicklung und ihre Entstehungszusammenhänge geben. Ein Beispiel hierfür ist die Beschreibung von individuell unterschiedlichen »Daseinstechniken«, die in unterschiedlichen Formen der Auseinandersetzung mit alternsspezifischen Belastungssituationen Ausdruck finden (siehe etwa Thomae 1988, 1992).

Bilder des Alterns und des Alters im Spiegel empirischer Forschung

Aus der Fülle der empirischen Forschungsergebnisse zu gerontopsychologischen Fragestellungen seien einige markante wiedergegeben, vor allem solche, die mit wissenschaftlichen Kontroversen verbunden waren oder sind. Generell läßt sich sagen, daß viele Ergebnisse der empirischen Forschung dem Alltagswissen nicht widersprechen und dem »Laien« trivial vorkommen mögen. So ist beispielsweise der Befund der BOLSA, daß Langlebigkeit einhergeht mit geringeren Belastungen in der Wohnsituation, im ökonomischen Bereich und in der Partnerbeziehung und zugleich mit einem höheren sozialen Status (Lehr 1991, S. 325) alles andere als überraschend.

Negative Altersstereotypien?

Die Veröffentlichung gerontopsychologischer Forschungsergebnisse erweckt in vielen Fällen den Eindruck, daß das Erkenntnisinteresse der Autoren vor allem in der Veränderung eines unangemessenen Bildes vom Alter liegt, das sie als verbreitete, »stereotype« Überzeugung in der Gesellschaft vorfinden. In der psychologischen Alternsforschung bestand bisher Konsens darüber, daß das Bild des Alterns und des alten Menschen in unserer Gesellschaft eine eher negative Tönung aufweist.

Die meisten Forscher sind der Überzeugung, daß die Menschen unseres Kulturkreises Altern und Altsein am ehesten mit Verlusterlebnissen, mit Defiziten und Krankheiten assoziieren. Belege für ein ungünstiges »öffentliches« Bild vom Alter fanden sie viele: in Schulbüchern, in der Werbung, im Film oder in politischen Reden. Man kann tatsächlich einen guten Teil der Darlegungen gerontologischer Forschungsbemühungen dem Interesse an *Aufklärung* einer diesbezüglich vorurteilsbehafteten Gesellschaft zuschreiben.

»Aktivitätstheorie«, »Kompetenzmodell«, »Potentiale des Alters«

und dergleichen sind die Etiketten, unter denen die Beiträge einer modernen psychologischen Alternsforschung mit einem solchen aufklärerischen Impetus der Öffentlichkeit nähergebracht werden. Stellvertretend für die üblichen Stellungnahmen der Gerontopsychologen zum Problem der gesellschaftlichen Altersstereotype sei Braun (1992) angeführt: »Psychologen und Soziologen haben in den vergangenen drei Jahrzehnten viel Energie darauf verwendet, das Bild vom alten Menschen in unserer Gesellschaft zu ermitteln und auf seine Elemente hin zu untersuchen. Die einschlägigen Untersuchungen kommen dabei im großen und ganzen zum gleichen Ergebnis: Im Bild vom alten Menschen herrschen negative Züge vor. Mit dem Alter werden gewöhnlich Eigenschaften wie ›inflexibel‹, ›einsam‹, ›krank‹, ›hilfebedürftig‹ und dergleichen verbunden. Beim Zustandekommen dieses Bildes spielt die unreflektierte Übernahme von Gehörtem und Gelesenem ebenso eine Rolle wie die Verallgemeinerung von Einzelerfahrungen.« (S. 27)

Eine Untersuchung, die die zitierte gemeinsame Überzeugung über das »negative Altersbild in der Gesellschaft« angreift, kann der Aufmerksamkeit gewiß sein. In seiner Arbeit über das »neue Altersbild« unterzieht Christian Carls (1996) die Bemühungen der Alternsforschung um ein positives Alternsbild einer Kritik. Er hält das Aufklärungsbestreben der Gerontologen für höchst problematisch. Zwei Hauptargumente werden von ihm angeführt:

Erstens sei die empirische Basis für die Annahme eines negativen Altersbildes in der Öffentlichkeit fragwürdig. Die Erkenntnisse der psychologisch geprägten Gerontologie seien keineswegs so methodisch abgesichert und exakt, wie suggeriert. Forschungsergebnisse, die der allgemeinen Überzeugung der Forscher widersprechen, würden von ihnen nicht zur Kenntnis genommen.

Zweitens stecke in der Absicht, das Altersbild zu korrigieren, eine erhebliche Selbstüberschätzung der (psychologischen) Alternsforschung gegenüber einer Öffentlichkeit, die wie selbstverständlich als »vorurteilsumnachtet« angesehen würde. Die undifferenzierte und unkritische Rede vom »negativen Altersbild« in der Gesellschaft erzeuge eben jene vorurteilsbehaftete Atmosphäre, welche sie angreife – zum Wohle einer Gruppe gesundheitlich, materiell und sozial privilegierter alter Menschen. Den kranken, materiell und sozial unterversorgten Alten dagegen würde die öffentliche Beachtung und Fürsorge auf diese Weise entzogen.

Carls meint, daß sowohl der »aufklärerische Habitus« der Alternsforscher, als auch die Botschaft vom negativen Altersbild der Gesellschaft selbst einen erheblichen ideologischen Gehalt hätten.

Wahrscheinlich ist das Altersbild in der Gesellschaft beides: negativ und positiv; eher negativ in öffentlichen Darstellungen und davon beeinflußten Sichtweisen (»generalisiertes Altersbild«), eher positiv im Rahmen konkreter, persönlicher Kontakte und Erfahrungen mit alten Menschen (»personalisiertes Altersbild«). Es gilt jedenfalls festzuhalten, was eingangs als ein Ziel psychologischer Alternsforschung genannt wurde: »Ein *realitätsangemessenes* Altersbild in der Bevölkerung zu erreichen, ist das Ziel jedes Bemühens um Aufklärung.« (Kaiser 1989, S. 202)

Das geforderte realistische Altersbild muß *alle* Formen und Varianten des Alterns und Altseins umfassen. Schädlich ist eine Übergeneralisierung begrenzter empirischer Befunde, was Auseinandersetzungen wie die beschriebene provoziert. Angesichts der Forderung nach der Darstellung von Alterns*formen* statt Alterns*normen* hat Kaiser (1989) vorgeschlagen, die psychologische Alternsforschung stärker als bisher mit der Ausarbeitung idealtypischer neben statistischen Aussagen über das Alter zu ergänzen.

Altern = Abbau der Leistungsfähigkeit?

Aus der Kontroverse um das »neue Bild des Alters«, aber auch aus der Auseinandersetzung zwischen Aktivitäts- und Disengagement-Theoretikern können wir zumindest lernen, daß wissenschaftliche Forschung selbst zuweilen die Verbreitung von Vorurteilen besorgt. Das gilt sicher für die Frühzeit gerontologischer Forschung bis in die sechziger Jahre hinein und vor allem in bezug auf einen Teil jener Vorstellungen, die sich auf die Entwicklung der *Leistungsfähigkeit* im Alter beziehen.

Wenn alte Menschen selbst den Eindruck haben, daß ihr Alternsprozeß charakterisiert ist durch einen (allmählichen) Verlust von Fähigkeiten, die sie einmal gehabt haben, dann läßt sich das mit den Mitteln der leistungspsychologischen Forschung teilweise bestätigen. Mit dem Nachlassen mancher Sinnesleistungen (vor allem Sehen und Hören) gehen Verluste in der Reaktionsfähigkeit und dem Bewältigen mehrerer Aufgaben zur gleichen Zeit einher; es erhöht sich die Wahrscheinlichkeit zu erkranken, insbesondere unter mehreren Erkrankungen gleichzeitig zu leiden (Multimorbidität).

Die aufgrund von Querschnittuntersuchungen aufgestellten Behauptungen über ein *generelles Nachlassen* geistiger Fähigkeiten (Intelligenz; gemessen mit Intelligenztests) schon ab etwa dem dreißigsten Lebensjahr haben sich jedoch als methodisches Artefakt erwiesen. Erstens zeigte sich, daß der Abfall an intellektueller Leistungsfähigkeit zwischen den Kohorten größer ist als (in längsschnittlicher Betrachtungsweise) innerhalb der Kohorten (vgl. Schaie 1991, S. 281). Zweitens sind unterschiedliche Leistungsbereiche vom Alternsprozeß in unterschiedlichem Ausmaß betroffen; die Entwicklungsprinzipien der Multidimensionalität und der Multidirektionalität erfahren hier ihre Bestätigung.

Untersuchungen zur Intelligenzentwicklung über die Lebensspanne auf der Basis des zweidimensionalen Intelligenzmodells von Cattell (1963; vgl. Rosts Beitrag über Intelligenz) zeigen einen unterschiedlichen Entwicklungsverlauf der sogenannten »flüssigen« und »kristallinen« Intelligenzkomponenten. »Flüssige« Intelligenzkomponenten beziehen sich auf grundlegende Bedingungen »intelligenten« Verhaltens und sind besonders in neuen Aufgabensituationen, für die noch kein Erfahrungsschatz vorliegt, zu studieren. Solche basalen Fähigkeiten beruhen auf den allgemeinen Leistungen des Zentralnervensystems bei der Verarbeitung der Informationen, insbesondere auf dessen Informationsverarbeitungs*geschwindigkeit*. »Kristalline« Fähigkeiten repräsentieren Bildung und im Lebenslauf gesammelte Erfahrung.

Es besteht mittlerweile Einigkeit unter den Gerontopsychologen, daß wir mit einer allgemeinen Verschlechterung geschwindigkeitsabhängiger Leistungen im Prozeß des Alterns zu rechnen haben, zugleich aber auch darauf bauen können, daß auch ältere und alte Menschen noch Erfahrungen hinzugewinnen und diesbezüglich an »Intelligenz« zulegen können (Schaie 1983, Oswald 1997). Aufgrund der Zunahme an Lebenserfahrung gelingen Älteren häufig weit bessere Leistungen bei Aufgaben, die ein abgewogenes, viele Aspekte eines Problems bedenkendes Urteil verlangen, als Jüngeren. Die Untersuchung einer »Altersweisheit« in diesem Verständnis und hinsichtlich weiterer Facetten ist ein recht modernes Feld der empirischen psychologischen Alternsforschung geworden (vgl. Staudinger & Dittmann-Kohli 1994).

Alternswissenschaftlich gut bestätigt ist die alltägliche Beobachtung, die häufig als erstes und wichtigstes Anzeichen des Altwerdens gedeutet wird, nämlich das Nachlassen des Gedächtnisses. Wenn man aber weiß, daß das Gedächtnis ein vielschichtiges Phänomen darstellt und außerdem etwas Prozeßhaftes ist und die nachlassenden Gedächtnisleistungen auf unterschiedliche Störungen zurückgehen, dann lassen sich auch Möglichkeiten finden, gegen dieses Alternsproblem anzugehen. Man kann sich beispielsweise um eine verbesserte *Aufnahme von Information* bemühen, oder um eine *Verbesserung des Einspeicherns* oder um eine Optimierung der *Strategien des Abrufens* der gespeicherten Informationen (vgl. Straub). Hierzu liegen differenzierte Vorschläge vor, und es besteht kein Zweifel mehr, daß Gedächtnistrainings und beispielsweise Methoden des »Gehirnjoggings« (Fischer & Lehrl 1983) tatsächlich den negativen Begleiterscheinungen des Alterns entgegenwirken können.

Altern und soziale Beziehungen

Wenn Altern unter anderem auch ein soziales Schicksal ist, dann kann man darunter verstehen, daß gesellschaftliche Bedingungen den Alternsprozeß beeinflussen, aber auch, daß sich die sozialen Beziehungen der Menschen im Alternsverlauf in einer (mehr oder weniger) charakteristischen Weise verändern, daß die Stellung alternder Menschen im engeren Kreis von Familie und Freundschaften und im weiteren der Gesellschaft einigen Wandlungen unterworfen ist. Solche Wandlungen kann man in quantitativen und qualitativen Veränderungen sehen und entsprechend untersuchen, und man kann selbst herbeigeführte von lediglich passiv erlittenen Veränderungen unterscheiden.

Im Laufe des Lebens nehmen üblicherweise soziale Beziehungen an Zahl und Intensität zu. Ausbildung, Familiengründung und vor allem Berufstätigkeit stellen den Hintergrund für diese quantitativen Veränderungen dar. Weil aber das Alter ein Ausscheiden aus dem Erwerbsleben mit sich bringt, ist zu erwarten, daß die Zahl der Sozialkontakte zurückgeht. Das »soziale Netz« wird auch weitmaschiger durch die sich im Alter häufenden Todesfälle in Familie und Bekanntenkreis. Da wir nicht davon ausgehen können, daß alternde Menschen ihre Sozialkontakte aktiv einzuschränken wünschen (siehe hierzu die Aussagen zur Aktivitätstheorie), könnten diese unausweichlichen Veränderungen zu einer Einschränkung der Lebensqualität führen, subjektiv empfunden als Gefühl der Vereinsamung, objektiv feststellbar als soziale Isolierung.

Die Ergebnisse einschlägiger empirischer Untersuchungen sprechen aber nicht dafür, daß Isolation und Vereinsamung ein generelles Schicksal alter Menschen sind. In ihrem Überblick über den Forschungsstand kommen Minnemann und Lehr (1994) zu dem Schluß, »daß die Mehrzahl der älteren Menschen sozial integriert ist und über ein tragfähiges soziales Netzwerk verfügt« (S. VI/20). Was die Familienbeziehungen angeht, so stellte sich bereits in den sechziger Jahren heraus, daß das Zusammenleben mit den Kindern keineswegs ein sehnlicher Wunsch alter Menschen ist. Intimität mit den Kindern stellt sich danach eher durch einen gewissen räumlichen Abstand ein. Zwar nimmt die Quantität der Kontakte ab, die Qualität aber durchaus zu (Tartler 1961; Rosenmayr & Köckeis 1965).

Alte Menschen haben in der Familie meist noch eine wertvolle Funktion. Sie sind nicht nur Ratgeber für die jüngeren Generationen, sondern diesen vielfach auch eine materielle Stütze. Umgekehrt sind die Hilfeleistungen der Kinder in den Fällen, in denen die alt gewordenen Eltern hilfebedürftig geworden sind, enorm in qualitativer und quantitativer Hinsicht. Alt und Jung leben also überwiegend in einer funktionierenden Austauschbeziehung (Stosberg 1992).

Allerdings sind die Familienstrukturen im Wandel begriffen. Die Abnahme der Geburtenhäufigkeit bei gleichzeitig zunehmenden Vier- oder gar Fünf-Generationen-Familien machen die Familien »schlanker«, erhöhte Scheidungsziffern und die immer häufigere Entscheidung zu einem »Single-Dasein« schwächen die Familienbande. Die älteren Menschen der Zukunft sollten sich vermehrt darauf einstellen, sich ihr soziales Netzwerk selbst schaffen zu müssen; Freundesbeziehungen werden an Gewicht zunehmen (vgl. Bengtson & Schütze 1994).

Auf der Ebene der gesellschaftlich organisierten Sozialbeziehungen werden ältere Menschen derzeit vor allem als »Alterslast« diskutiert; das weitere Funktionieren des Generationenvertrages wird in Frage gestellt. Vor einigen Jahren hat Gronemeyer (1989) mit seinen Thesen zu einem möglichen zukünftigen »Krieg der Generationen« Aufsehen erregt. Die gesellschaftlichen Entwicklungen der letzten Jahrzehnte hätten ein Ungleichgewicht der Chancen zwischen den Generationen mit sich gebracht; Ältere stünden in vielem besser dar als Jüngere. Die Jüngeren würden in absehbarer Zukunft nicht mehr bereit sein, unnütze Esser zu unterhalten, die ihnen vor allem eine zerstörte Natur und enorme soziale Probleme als Erbe hinterlassen hätten. Ob aber die Kriegsszenarien Wirklichkeit werden, wird davon abhängen, ob wir die tatsächlichen Beiträge Älterer zum Funktionieren unserer Gesellschaft erkennen (zum Beispiel als Berater der Jüngeren), ob wir bereit sein werden, sie zu integrieren, statt abseits zu stellen.

Schlußbetrachtung

Eine wissenschaftlich-psychologische Beschäftigung mit dem Altern und den alten Menschen erzeugt Experten für das Altern. Die Anwendungsorientierung der Gerontopsychologie ist unübersehbar. Aber brauchen wir Experten? Sicherlich: Das höhere Lebensalter wie der Alternsprozeß überhaupt halten besondere Probleme bereit, die von den Menschen bewältigt werden müssen. Und es ist auch wichtig, denen Hilfestellung zu geben, die sich nicht selbst helfen können. Aber es dient nicht der Lebensfähigkeit einer Gesellschaft, wenn zur Überwindung eines jeden Lebensproblems die passenden »Experten« bereitgestellt werden. Gronemeyer (1989, S. 115) hat das für den Bereich der Gerontologie in überspitzt-satirischer Form so ausgedrückt: »Am Horizont erscheint die Gestalt eines homunculus senex, eines Retorten-Alten, der sich ein Altern ohne Inanspruchnahme eines Instrumentariums von abgestuften und differenzierten Sonder-Service-Leistungen nur noch als Alptraum der Verlorenheit vorstellen mag. Dieser homunculus senex wird sich rechtzeitig in Kursen auf sein Alter vorbereiten, denn allein würde er sich das Altern nicht zutrauen. ... Gegebenenfalls wird er einen spezifizierten Alterstherapeuten oder Geragogen aufsuchen.«

Gerontopsychologen können ein Wissen erarbeiten, das geeignet ist, die Lebensumfelder und Institutionen, die die Menschen in ihrem Lebenslauf begleiten, so zu gestalten, daß entweder die Entstehung von Problemen eingeschränkt wird und/oder die Menschen (von klein auf) eine gewisse »Lebenskunst« erlernen. Diese würden dann die Fähigkeit entwickeln, ihr Leben – und damit ihr Altern – in vielen Aspekten in die eigenen Hände zu nehmen.

Literatur

Atchley, Robert C. (1989): Continuity theory of normal aging. *Gerontologist*, 29: 183–190.

Baltes, Paul B., Margret Baltes (1994): Gerontologie: Begriff, Herausforderung und Brennpunkte. In: Paul B. Baltes, Jürgen Mittelstraß, Ursula M. Staudinger (Hg.): *Alter und Altern: Ein interdisziplinärer Studientext zur Gerontologie*. Berlin, New York: de Gruyter, 1–34.

Baltes, Paul B., Jürgen Mittelstraß, Ursula M. Staudinger (Hg.) (1994): *Alter und Altern: Ein interdisziplinärer Studientext zur Gerontologie*. Berlin/New York: de Gruyter.

Beauvoir, Simone de (1995): *Das Alter*. Reinbek: Rowohlt.

Bengtson, Vern L., Yvonne Schütze (1994): Altern und Generationenbeziehungen: Aussichten für das kommende Jahrhundert. In: Paul B. Baltes, Jürgen Mittelstraß, Ursula M. Staudinger (Hg.): *Alter und Altern: Ein interdisziplinärer Studientext zur Gerontologie*. Berlin, New York: de Gruyter, 492–517.

Brauchbar, Mathis, Heinz Heer (1995): *Zukunft Alter. Herausforderung und Chance*. Reinbek: Rowohlt.

Braun, Hans (1992): *Alter als gesellschaftliche Herausforderung*. Regensburg: Pustet.

Carls, Christian (1996): *Das »neue Altersbild«. Interpretationen zur Inszenierung: »Wissenschaftliche Aufgeklärtheit in vorurteilsumnachteter Gesellschaft«*. Münster: Lit.

Cattell, Raymond B. (1963): Theory of fluid and crystallized intelligence: A critical experiment. *Journal of Educational Psychology*, 54: 1–22.

Conley, James J. (1984): The hierarchy of consistency: A review and model of longitudinal findings on adult individual differences in intelligence, personality, and self-opinion. *Personality and Individual Differences*, 5: 11–25.

Costa, Paul T., Robert R. McCrae (1988): Personality in adulthood: A six year longitudinal study of self reports and spouse ratings on the NEO Personality Inventory. *Journal of Personality and Social Psychology*, 54: 853–863.

Cumming, Elaine, William E. Henry (Hg.) (1961): *Growing old: The process of disengagement*. New York: Basic Books.

Erikson, Erik H. (1966): *Identität und Lebenszyklus*. Frankfurt/M.: Suhrkamp.

Eye, Alexander von (1991): Längsschnitt- und Querschnittforschung – Methodische Aspekte. In: Wolf Dieter Oswald, Werner M. Herrmann, Siegfried Kanowski, Ursula M. Lehr, Hans Thomae (Hg.): *Gerontologie* (2. Aufl.). Stuttgart: Kohlhammer, 305–310.

Fischer, Bernd, Siegfried Lehrl (1983): *Gehirn-Jogging. Biologische und informationspsychologische Grundlagen des zerebralen Jogging*. Tübingen: Narr.

Gronemeyer, Reimer (1989): Integration und Segregation – Spezielle oder altersübergreifende Maßnahmen in Einrichtungen für alte Menschen. *Zeitschrift für Gerontopsychologie und -psychiatrie*, 2: 113–117.

Gronemeyer, Reimer (1989): *Die Entfernung vom Wolfsrudel*. Düsseldorf: Claassen.

Havighurst, Robert J. (1963): Successful Aging. In: Richard H. Williams, Clark Tibbitts, Wilma Donahue (Hg.): *Processes of Aging. Social and Psychological Perspectives, Vol. 1*. New York: Atherton Press, 299–320.

Kaiser, Heinz Jürgen (1989): *Handlungs- und Lebensorientierungen alter Menschen*. Bern: Huber.

Kruse, Andreas (1988): Gerontologische Aspekte und theologische Fragestellungen. In: Andreas Kruse, Ursula M. Lehr, Frank Oswald, Christoph Rott (Hg.): *Gerontologie – Wissenschaftliche Erkenntnisse und Folgerungen für die Praxis*. München: Verlag Bayerischer Monatsspiegel, 466–500.

Kruse, Andreas (1989): Psychologie des Alters. In: Karl P. Kisker, H. Lauter, C. Müller, E. Strömgren (Hg.): *Psychiatrie der Gegenwart*. Bd. 8: Alterspsychiatrie. Berlin: Springer, 3–58.

Lehr, Ursula M. (1991): *Psychologie des Alterns* (7. Aufl.). Heidelberg: Quelle.

Lehr, Ursula M., Hans Thomae (Hg.) (1987): *Formen seelischen Alterns. Ergebnisse der Bonner Gerontologischen Längsschnittstudie (BOLSA)*. Stuttgart: Enke.

Minnemann, Elisabeth, Ursula M. Lehr (1994): Der ältere Mensch in Familie und Gesellschaft. In: Erhard Olbrich, Klaus Sames, Axel Schramm (Hg.): *Kompendium der Gerontologie. Interdisziplinäres Handbuch für Forschung, Klinik und Praxis*. Bd. 2. Erlangen: Ecomed.

Olbrich, Erhard (1991): Ansichten über Altern im historischen Wandel. In: Wolf Dieter Oswald, Ursula M. Lehr (Hg.): *Altern – Veränderung und Bewältigung*. Bern: Huber, 11–27.

Oswald, Wolf Dieter (1983): Gerontopsychologie – Gegenstand, Perspektiven und Probleme. In: Wolf Dieter Oswald, Ulrich M. Fleischmann (Hg.): *Gerontopsychologie – Psychologie des alten Menschen*. Stuttgart: Kohlhammer, 13–22.

Oswald, Wolf Dieter (1997): Intelligenzentwicklung. In: Erwin Roth (Hg.): *Intelligenz*. Stuttgart: Kohlhammer.

Oswald, Wolf Dieter, Ulrich M. Fleischmann (1983): *Gerontopsychologie*. Stuttgart: Kohlhammer.

Oswald, Wolf Dieter, Ulrich M. Fleischmann (1993): *Nürnberger-Alters-Inventar*. Göttingen: Testzentrale des BDP/Universität Erlangen-Nürnberg.

Oswald, Wolf Dieter, Werner M. Herrmann, Siegfried Kanowski, Ursula M. Lehr, Hans Thomae (1990): *Gerontologie* (2. Aufl.). Stuttgart: Kohlhammer.

Rosenmayr, Leopold (1990): *Die Kräfte des Alters*. Wien: Edition Atelier.

Rosenmayr, Leopold, Elisabeth Köckeis (1965): *Umwelt und Familie alter Menschen*. Neuwied: Luchterhand.

Schaie, Kai Warner (1965): A General Model for the Study of Developmental Problems. *Psychological Bulletin*, 64: 92–107.

Schaie, Kai Warner (1983): The Seattle Longitudinal Study: A 21–year exploration of psychometric intelligence in adulthood. In: Kai Warner Schaie (Hg.): *Longitudinal studies of adult psychological development*. New York: Guilford Press, 64–135.

Schaie, Kai Warner (1991): Intelligenz. In: Wolf Dieter Oswald, Werner M. Herrmann, Siegfried Kanowski, Ursula M. Lehr, Hans Thomae (Hg.): *Gerontologie* (2. Aufl.). Stuttgart: Kohlhammer: 296–283.

Staudinger, Ursula M., Freya Dittmann-Kohli (1994): Lebenserfahrung und Lebenssinn. In: Paul B. Baltes, Jürgen Mittelstraß, Ursula M. Staudinger (Hg.): *Alter und Altern: Ein interdisziplinärer Studientext zur Gerontologie*. Berlin, New York: de Gruyter, 408–436.

Stosberg, Manfred (1992): Die psychische Situation Älterer als gesellschaftliches Produkt. In: Heinz Jürgen Kaiser (Hg.): *Der ältere Mensch – wie er denkt und handelt*. Bern: Huber: 35–52.

Stuart-Hamilton, Ian (1994): *Die Psychologie des Alterns*. Reinbek: Rowohlt.

Tartler, Rudolf (1961): *Das Alter in der modernen Gesellschaft*. Stuttgart: Enke.

Thomae, Hans (1968): Interdisziplinäre Gemeinschaftsarbeit in der Gerontologie. *Zeitschrift für Gerontologie*, 1: 273–274.

Thomae, Hans (1971): Die Bedeutung einer kognitiven Persönlichkeitstheorie für eine Theorie des Alterns. *Zeitschrift für Gerontologie*, 4: 8–18.

Thomae, Hans (1984): Gerontopsychologie. In: Wolf Dieter Oswald, Werner M. Herrmann, Siegfried Kanowski, Ursula M. Lehr, Hans Thomae (Hg.): *Gerontologie* (1. Aufl.). Stuttgart: Kohlhammer, 169–175.

Thomae, Hans (1988): *Das Individuum und seine Welt* (2. völlig neu bearbeitete Auflage). Göttingen: Hogrefe.

Thomae, Hans (1992): Eine psychologische Theorie der Anpassung an das Alter. In: Heinz Jürgen Kaiser (Hg.): *Der ältere Mensch – wie er denkt und handelt*. Bern: Huber, 63–87.

Weinert, Franz Emanuel (1994): Altern in psychologischer Perspektive. In: Paul B. Baltes, Jürgen Mittelstraß, Ursula M. Staudinger (Hg.): *Alter und Altern: Ein interdisziplinärer Studientext zur Gerontologie*. Berlin, New York: de Gruyter: 180–203.

Whitbourne, Susan Krauss, Comilda S. Weinstock (1982): *Die mittlere Lebensspanne. Entwicklungspsychologie des Erwachsenenalters*. München: Urban & Schwarzenberg.

[illegible]

[illegible]

[illegible]

[illegible]

[illegible]

[illegible]

[illegible]

[illegible]

[illegible]

Teil V
Differentielle Psychologie

1. Persönlichkeit

Jürgen Rost

Wenn Psychologie die Lehre vom Erleben und Verhalten des Menschen ist, so behandelt die differentielle Psychologie die individuellen *Unterschiede* im Erleben und Verhalten, genauer gesagt die *inter*individuellen Unterschiede, die Unterschiede *zwischen* den Menschen. Womit befaßt sich aber die Persönlichkeitspsychologie? Man kann sagen: mit der *intra*individuellen Konstanz des Erlebens und Verhaltens, mit der Konsistenz des Erlebens und Verhaltens *innerhalb* des Menschen: Was macht die Eigenart eines Menschen aus, warum verhält er sich in verschiedenen Situationen gleichartig, aber anders als andere Menschen, warum ist er gar »einzigartig«?

Aus dieser Charakterisierung ergibt sich, daß differentielle Psychologie und Persönlichkeitspsychologie nur zwei Seiten derselben Medaille darstellen. Wenn man beschreiben will, worin sich Menschen unterscheiden, so setzt dies voraus, daß die Beschreibungsmerkmale innerhalb der Menschen relativ konstant sind. Wenn man zum Beispiel Intelligenz als Unterscheidungsmerkmal für Menschen untersucht (vgl. Rosts Beitrag über Intelligenz), so macht das keinen Sinn, wenn derselbe Mensch sich (in vergleichbaren Situationen) manchmal sehr intelligent, manchmal äußerst dumm verhält. Andersherum kann man auch nicht eine bestimmte Eigenart eines Menschen als Ausdruck seiner Persönlichkeit bezeichnen, wenn *alle* Menschen diese Eigenart haben.

Definitionen von Persönlichkeit gibt es so viele, wie es Persönlichkeitsforscher gibt. Sie sprechen von der »Grundform menschlichen Seins« (Lersch), vom »ganzheitlichen seelischen Sein in seiner jeweiligen Einmaligkeit« (Wellek), vom »individuellen Aspekt des Menschseins« (Thomae) oder schlicht vom »relativ überdauernden und stabilen Verhaltenskorrelat« (Herrmann; zit. n. Herrmann 1972).

Daß die Definitionen von »Persönlichkeit« mehr über den jeweiligen Forscher als über seinen Forschungsgegenstand aussagen, mag daran liegen, daß der *Persönlichkeitsbegriff* denkbar schlecht geeignet ist, überhaupt einen präzisen Forschungsgegenstand zu bezeichnen. Es geht in der Persönlichkeitspsychologie um nichts

Geringeres als um die differentiellen Aspekte der Psychologie schlechthin: worin und warum sich Menschen unterscheiden, in welchen Situationen sich Menschen konsistent verhalten und ob ihr Verhalten erklärbar oder vorhersagbar ist, wodurch ihre individuelle Entwicklung beeinflußt wird. Der Gegenstandsbereich ist auf keinerlei Inhalte der Psychologie eingeschränkt, wie dies zum Beispiel beim Intelligenzbegriff der Fall ist.

Diese Offenheit erklärt auch, daß die Persönlichkeitsforschung Konzepte aus vielen anderen Bereichen der Psychologie aufgreift und weiterverarbeitet, so aus der kognitiven Psychologie, der Sozialpsychologie oder der Entwicklungspsychologie. Darüber hinaus unterscheiden sich aber auch die methodischen und begrifflichen Zugänge zum Phänomen »Persönlichkeit« gravierend. So werden Persönlichkeitsunterschiede mit Hilfe der folgenden *Arten von Merkmalen* untersucht und beschrieben: Wesenszüge (Traits), Einstellungen, Überzeugungen, Gewohnheiten, generalisierte Erwartungen, Reiz-Reaktionsverknüpfungen, Konstrukte, Typen und Motive.

Sowohl eine historisch gegliederte Einführung als auch eine nach unterschiedlichen Theorien und Theorieansätzen gegliederte Darstellung verbietet sich hier aus Platzgründen. Im folgenden wird daher eine für Darstellungen der Persönlichkeitsforschung sehr unübliche Gliederung gewählt, nämlich die Gliederung nach unterschiedlichen *Lebensbereichen* des Menschen. Eine solche Darstellungsweise ist berechtigterweise unüblich, denn viele der Theorien machen zu unterschiedlichen Lebensbereichen Aussagen, so daß sie bei einer inhaltlichen Gliederung auseinandergerissen werden. Bewahrt man demgegenüber die Einheit der Theorien, so gewinnt man jedoch nur schwer einen Überblick, was die Persönlichkeitsforschung denn überhaupt über individuelle Unterschiede zwischen den Menschen zu sagen hat. Letzteres zu vermitteln ist das Hauptanliegen dieses Beitrages, weswegen hier nun versucht wird, den Menschen als soziales, emotionales, politisches, handelndes und leistungsbezogenes Wesen darzustellen, das zudem auch ein Bild von sich selbst hat.

Der soziale Mensch

Das wohl am besten untersuchte und in den meisten Persönlichkeitstheorien vertretene Persönlichkeitsmerkmal ist das der *Extraversion* versus *Introversion*. Nach diesem Merkmal gibt es starke Persönlichkeitsunterschiede darin, wie Menschen sich in sozialen Situationen verhalten: Der extravertierte Mensch ist gesellig, lebhaft, aktiv, selbstbehauptend, sorglos, dominierend, aufgeschlossen, abenteuerlustig und sensationshungrig (nach Eysenck & Eysenck 1987). Bei introvertierten Menschen sind diese Eigenschaften entsprechend gering beziehungsweise die gegenteiligen Eigenschaften stärker ausgeprägt. Die Persönlichkeitseigenschaft Extraversion stellt also ein Konglomerat aus vielen Merkmalen dar, von denen statistisch nachgewiesen ist, daß sie gehäuft gemeinsam auftreten beziehungsweise bei introvertierten Personen allesamt nicht vorhanden oder niedrig ausgeprägt sind. Es muß also eine gemeinsame Ursache geben, die für die gleichsinnige Entwicklung dieser Merkmale des Sozialverhaltens verantwortlich ist.

Eysenck hat über die physiologischen Korrelate von Extraversion eine bemerkenswerte Theorie aufgestellt, die zunächst paradox klingt, jedoch bei näherem Hinsehen viele Phänomene zu erklären vermag. Nach dieser Theorie zeichnen sich introvertierte Personen dadurch aus, daß sie ein *höheres* Aktivationsniveau haben und durch Stimulation leichter zu erregen sind als extravertierte. Diese scheinbare Paradoxie löst sich dadurch auf, daß Introvertierte ein ausgeprägteres Regulations- oder Hemmungssystem entwickelt haben, um mit dieser leichteren Aktivierbarkeit umzugehen, während der extravertierte Mensch nur geringere Hemmungsmechanismen zu entwickeln braucht. Um ein adäquates Aktivationsniveau aufrechtzuerhalten, suchen extravertierte Menschen daher stets anregende und stimulierende Situationen auf, das heißt, sie zeigen »sensation seeking«-Verhalten, sind ungehemmter und daher offener im Umgang mit anderen Menschen.

Eine weitergehende Annahme Eysencks besagt, daß Introvertierte leichter konditionierbar sind, das heißt, schneller elementare Lernprozesse (vgl. Bredenkamp) durchlaufen als Extravertierte. Auch hierin liegt eine scheinbare Paradoxie, weist doch diese Annahme die Introvertierten als die sozial *besser* Angepaßten aus, da sie die Regeln des sozialen Umgangs schneller internalisieren und soziale Hinweisreize schneller wahrnehmen und adäquat auf sie reagieren können. Aus dieser Perspektive ergibt sich das intensivere Sozialverhalten von extravertierten Menschen dadurch, daß diese einfach mehr Zeit für soziale Lernprozesse benötigen, weniger sensibel auf ablehnende Hinweisreize reagieren und auch im sozialen Bereich stärkere Stimulation brauchen, um ihr optimales Aktivationsniveau aufrechtzuerhalten.

Obwohl sich Eysencks Annahmen über die biologischen Ursachen dieser Aktivierungstheorie über Extraversion nicht immer bestätigen ließen, vermag diese Theorie doch eine Reihe von Phänomenen schlüssig zu erklären. Das bekannteste davon stellt Eysencks *Drogenpostulat* dar, nach dem die Einnahme leicht sedierender Drogen wie zum Beispiel Alkohol nicht zu einem stärker introvertierten Verhalten führt, wie man auf der phänomenologischen Ebene annehmen könnte, sondern zu stärker extravertiertem Verhalten (Alkohol macht lustig). So sind nach Eysenck introvertierte Personen schwerer zu sedieren, das heißt, sie benötigen eine höhere Dosis entsprechender Pharmaka als extravertierte.

In einer Vielzahl von Experimenten wurden unterschiedliche Phänomene, die sich aus dieser Theorie ergeben, untersucht. So reagieren introvertierte Personen schneller mit Speichelabsonderung, wenn man Zitronensaft auf die Zunge träufelt, bezeichnen niedrigere Grade an sensorischer Stimulation als angenehm und haben eine niedrigere Schmerzgrenze als extravertierte.

Diese Forschungen über Unterschiede zwischen Extravertierten und Introvertierten haben jedoch auch skurrile Ergebnisse hervorgebracht. So sollen zum Beispiel bei Experimenten zur verbalen Konditionierung (vgl. hierzu Christmann & Groeben) Extravertierte eher phonetisch generalisieren und Introvertierte eher semantisch. Das heißt, wenn man zum Beispiel einen Lidschlagreflex auf das Wort »Geige« herausbildet, reagieren Extravertierte auch auf das Wort »Feige« mit einem Lidschlag, während Introvertierte auch auf das Wort »Violine« den Lidschlagreflex zeigen. In Gedächtnisexperimenten sollen sich Extravertierte mehr Dinge kurzfristig merken können, während Introvertierte die Gedächtnisinhalte auch nach einem längeren Zeitintervall noch abrufen können. In schulartigen Lernsituationen sollen Extravertierte besser nach dem Prinzip des entdeckenden Lernens, Introvertierte nach dem Prinzip des rezeptiven Lernens lernen.

Merkwürdigerweise hat diese Forschungsrichtung über die Ursachen extravertierten und introvertierten Verhaltens keine wirkliche Integration in die derzeitige Persönlichkeitsforschung erfahren. Es scheint so, als hätte die höchst produktive Forschungsaktivität um Eysenck und seine Schüler eine wirkliche Integration in das derzeitige Theoriengebäude der Persönlichkeitspsychologie eher behindert.

Mag auch die Extraversion die wichtigste Variable zur Beschreibung zwischenmenschlicher Unterschiede im Bereich des sozialen Verhaltens sein, so gibt es doch eine Reihe weiterer Persönlichkeitsmerkmale, die andere Aspekte des sozialen Menschen beschreiben. Aus der sozialen Lerntheorie von Rotter (1980) ist das Konstrukt des *zwischenmenschlichen Vertrauens* hervorgegangen. Unter zwischenmenschlichem Vertrauen versteht Rotter die generalisierte Erwartung, sich auf Worte und Versprechen, mündliche oder schriftliche Äußerungen anderer verlassen zu können. Rotter sieht zwischenmenschliches Vertrauen als einen der Grundpfeiler menschlichen Zusammenlebens an, ohne das das Zusammenleben nicht so gut funktionieren würde, wie es nun mal funktioniert. Rotter erfaßte das zwischenmenschliche Vertrauen mit Hilfe eines Fragebogens und zeigte in empirischen Untersuchungen, daß Personen mit hohem zwischenmenschlichen Vertrauen erfolgreicher, sozial besser integriert und insgesamt glücklicher sind.

Weiterhin hat Rotter in regelmäßigen Untersuchungen an seinen Studenten festgestellt, daß das zwischenmenschliche Vertrauen in den Jahren 1964 bis 1971 ständig abgenommen hat, und er betrachtet einen derartigen gesellschaftlichen Trend als äußerst problematisch. In der Zusammenfassung seiner Forschungen und zugleich einem Plädoyer für mehr zwischenmenschliches Vertrauen schreibt Rotter: »Der sehr Vertrauensvolle ist nicht weniger fähig zu unterscheiden, wem man vertrauen sollte und wem nicht, obwohl er in neuen Situationen zunächst einmal mehr Vertrauen zeigt als andere. Es mag sein, daß der Hochvertrauensvolle öfters getäuscht wird, aber der wenig Vertrauensvolle wird wahrscheinlich genauso oft dadurch getäuscht, daß er ehrenwerten Menschen mißtraut und dabei die Vorteile nicht erhält, die es mit sich bringt, wenn man anderen vertraut.« (Rotter 1980, S. 3, Übersetzung von mir, J. R.)

Die empirischen Befunde von Rotter belegen zwar einen positiven Zusammenhang dieser Persönlichkeitseigenschaft mit wünschenswerten anderen Verhaltensaspekten, jedoch stellt sich die Frage, ob dieses Persönlichkeitsmerkmal wirklich eine Variable zur *Erklärung* beobachtbaren Verhaltens darstellt, oder ob sie nicht vielmehr eine *resultierende* Variable früheren Verhaltens ist: Wer funktionierende soziale Interaktionen erfahren hat, wer erfolgreich und befriedigend mit anderen Menschen umgehen konnte, hat eben zwischenmenschliches Vertrauen gelernt, und es ist vor dem Hintergrund entsprechender Erfahrungen auch sinnvoll, ein starkes Vertrauen zu haben.

Diese Sichtweise ist ganz im Sinne von Rotters Lerntheorie, denn generalisierte Erwartungen wie das Merkmal des zwischenmenschlichen Vertrauens entstehen als *Folge* sozialer Lernprozesse. Es ist daher fraglich, ob die Stimulierung zwischenmenschlichen Vertrauens, wie Rotter es sieht, eine geeignete Maßnahme darstellt, die jüngere Generation auf das Leben vorzubereiten: »Wir können die Kräfte, die in der Gesellschaft wirken, nicht selbst kontrollieren, aber innerhalb unseres kleinen Einflußbereiches können wir ein wenig mehr Vertrauen stimulieren und dafür Vorbild sein. Die Konsequenzen können positiv sein. Das Risiko scheint nicht zu groß zu sein, und die jüngere Generation wäre ein bißchen besser vorbereitet für eine bessere Welt – für den Fall, daß da eine kommen wird.« (Rotter 1980, S. 6, Übersetzung von mir, J. R.)

Einem ganz anderen theoretischen Hintergrund entstammt ein Persönlichkeitsmerkmal, das am besten mit *Freundlichkeit* (agreeableness) übersetzt wird. Es handelt sich hierbei um die Eigenschaft von Personen, im Umgang mit anderen Menschen gutmütig, wohlwollend, freundlich und kooperativ zu sein. Die entgegengesetzten Eigenschaften sind grantig, mißgünstig, starrköpfig oder feindselig. Freundlichkeit ist ein Persönlichkeitsmerkmal, das auch in der Alltagspsychologie eine bedeutsame Rolle spielt, und der methodische Ansatz, durch den dieses Persönlichkeitsmerkmal eine verstärkte Aufmerksamkeit erfahren hat, ist der Alltagspsychologie sehr nahe. Freundlichkeit ist nämlich einer der fünf großen Persönlichkeitsfaktoren (*big five*), die im Rahmen des sogenannten lexikalischen Ansatzes entstanden sind, den bereits Allport benutzt hat, um zu einer Systematik von Persönlichkeitseigenschaften zu gelangen (Allport & Odbert 1936).

Diese Autoren haben, wie auch ihre späteren Nachahmer Norman (1963) und Goldberg (1981), die »Weisheit der Sprache« benutzt, um zu einer Persönlichkeitstheorie zu gelangen. Ausgangspunkt war eine Sammlung von über tausend Adjektiven, die die Sprache zur Verfügung stellt, um Personen und Personenunterschiede zu beschreiben. In mehrschrittigen Reduktionsverfahren kristallisierte sich immer wieder eine Anzahl von fünf unabhängigen Faktoren heraus, die offensichtlich den harten Kern dessen repräsentieren, was unsere Sprache zur Persönlichkeitsbeschreibung zur Verfügung hat. Neben Freundlichkeit und der bereits dargestellten Extraversion gehören auch die Dimensionen *Neurotizismus*, *Gewissenhaftigkeit* und *Offenheit* für neue Erfahrungen dazu.

Ist Freundlichkeit nur eine kulturell geprägte Beschreibungsdimension, die sich in unserem Wortschatz einen prominenten Platz erworben hat, oder handelt es sich um eine Persönlichkeitseigenschaft, die als solche erklärbar ist und selbst Erklärungswert besitzt? Daß die fünf Persönlichkeitsfaktoren tatsächlich mehr die Struktur unserer Sprache als die Struktur der Persönlichkeit von Menschen beschreiben, haben einige empirische Studien nahegelegt, die sich kritisch mit diesem Ansatz auseinandersetzen. So ergeben sich die fünf Beschreibungsdimensionen auch, wenn man Versuchspersonen *fremde* Personen oder Stereotype einschätzen oder einfach nur die Ähnlichkeit von Eigenschaftsbegriffen beurteilen läßt. Die »big five« sind daher treffender als semantische Dimensionen denn als Persönlichkeitsdimensionen zu bezeichnen.

Eine stärkere Form von Freundlichkeit stellt die Hilfsbereitschaft, der *Altruismus* dar (vgl. Herkner). Hierunter versteht man die Bereitschaft, prosoziales Verhalten zu zeigen, das intentional darauf ausgerichtet ist, die Lage eines anderen Menschen zu verbessern, auch wenn dies Kosten für die handelnde Person verursacht. Während prosoziales Verhalten als sozialpsychologisches Phänomen relativ gut untersucht ist, wirft das Persönlichkeitsmerkmal Altruismus einige Probleme auf. Bis heute ist es strittig, ob Hilfsbereitschaft überhaupt eine Persönlichkeitseigenschaft ist, die über verschiedene Situationen hinweg konsistent ist. Verschiedene Untersuchungen haben gezeigt, daß es eher von Situationsmerkmalen als von Persönlichkeitsmerkmalen abhängt, ob eine Person prosoziales Verhalten zeigt.

Auch die Erfassung der Hilfsbereitschaft mit Hilfe von Fragebögen stellt ein Problem dar. Bei der Bearbeitung von Persönlichkeitsfragebögen gibt es generell die Gefahr, daß die befragten Personen in Richtung der *sozialen Erwünschtheit* antworten, das heißt, diejenige Antwort geben, die sozial positiv bewertet ist. Da Altruismus geradezu per definitionem eine sozial erwünschte Angelegenheit ist, ist hier die Gefahr dieser Antworttendenz besonders groß. Um den Einfluß dieser Fehlerquelle zu verringern, wird in Fragebögen nicht direkt nach prosozialem Verhalten gefragt (»Wie würdest Du Dich verhalten, wenn«), sondern nach den psychologischen Voraussetzungen altruistischen Verhaltens.

Die beiden wichtigsten Voraussetzungen sind *Empathie*, das ist die Tendenz, sich in die Lage einer anderen Person hineinzuversetzen und dabei eine empathische Emotion zu entwickeln, also gleichsam mitzuleiden (Borkenau 1996, S. 379), und die *Fähigkeit zum Perspektivenwechsel*, das heißt, die Rolle eines anderen Menschen, in diesem Fall eines hilfsbedürftigen Menschen, anzunehmen.

Es gibt eine Vielzahl weiterer, hier nur noch erwähnter Persönlichkeitsmerkmale, die den Menschen als soziales Wesen beschreiben, zum Beispiel das Machtstreben, die Aggressivität oder die Anschlußmotivation (vgl. Schultheiß & Brunstein), das ist das Bedürfnis, mit anderen Menschen Kontakt aufzunehmen.

Der emotionale Mensch

Auch hier gibt es ein Persönlichkeitsmerkmal, das in fast allen Persönlichkeitstheorien berücksichtigt wird und empirisch intensiv untersucht worden ist. Es ist das Merkmal *Neurotizismus* oder emotionale Labilität, das die Eigenschaft von Personen bezeichnet, eher ängstlich, bedrückt, gespannt, schüchtern, launisch oder gefühlvoll zu sein, Schuldgefühle und eine geringe Selbstachtung zu entwickeln. Neurotische Personen »tendieren zu emotionaler Überempfindlichkeit und haben Schwierigkeiten, nach emotionalen Erfahrungen zur Normallage zurückzukehren. ... (Sie) berichten über viele Sorgen, Ängste und andere unangenehme Gefühle. Sie sind zur Entwicklung neurotischer Krankheiten unter Streß disponiert, doch dürfen solche Dispositionen nicht mit einer akuten neurotischen Störung verwechselt werden; jemand mag hohe Werte in N [Neurotizismus, J. R.] aufweisen und doch im Beruf, der Sexualität, in Familie und gesellschaftlichen Angelegenheiten angepaßtes Verhalten zeigen« (Eysenck & Eysenck 1968, zit. n. Amelang & Bartussek 1985, S. 295).

Einen besonders interessanten Aspekt der Eysenckschen Theorienbildung stellt der Versuch dar, die vier klassischen Temperamentstypen, Choleriker, Sanguiniker, Melancholiker und Phlegmatiker, mit den beiden Persönlichkeitsdimensionen Extraversion (E) und Neurotizismus (N) zu erklären. Spannt man das Koordinatensystem dieser beiden Dimensionen auf, so lassen sich die Temperamentstypen den vier Quadranten zuordnen (s. *Abbildung 1*).

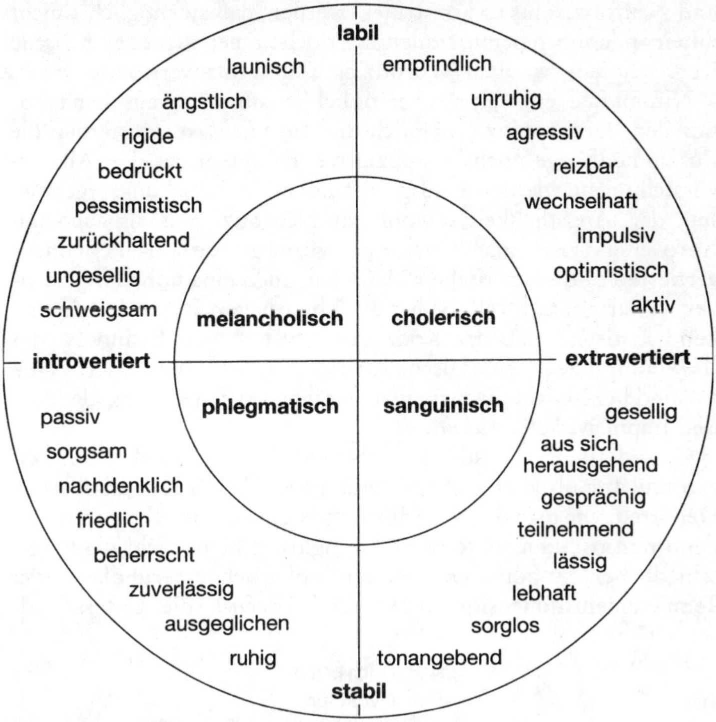

Abb. 1 Die vier Temperamentstypen im Koordinatensystem von Extraversion und Neurotizismus (nach Amelang & Bartussek 1985)

Auch hinsichtlich der biologischen Grundlagen von Neurotizismus hat Eysenck eine Theorie entwickelt, die im wesentlichen besagt, daß neurotische Personen stärkere Reaktionen des autonomen Nervensystems auf externe Reize zeigen. Emotional labile Personen zeigen schon bei einer geringeren Reizintensität ein Ansprechen des limbischen Systems und damit autonome Reaktionen. An den Annahmen über die biologischen Grundlagen von Extraversion und Neurotizismus wurde kritisiert, daß die oben erörterte Aktivationshemmungshypothese der Introversion schwer zu trennen ist von der Reagibilität des limbischen Systems und somit ein Zusammenhang zwischen Introversion und Neurotizismus bestehen müßte. Obwohl Eysenck stets bestreitet, daß ein solcher konzeptioneller Zusammenhang besteht, und Fragebögen für Extraversion und Neurotizismus so konstruiert werden, daß sie möglichst nicht miteinander korrelieren, finden sich doch immer wieder empirische Korrelationen zwischen Neurotizismus und Introversion.

Nimmt man ein weiteres Persönlichkeitsmerkmal aus dem emotionalen Bereich hinzu, nämlich die *Ängstlichkeit*, so werden die Zusammenhänge noch komplizierter. Es entspricht den Alltagsvorstellungen wie den häufig zu findenden Forschungsergebnissen, daß Ängstlichkeit sowohl mit Neurotizismus als auch mit Introversion zusammenhängt. Man würde gerade von einem introvertierten und neurotischen Menschen auch eine hohe Ängstlichkeit erwarten. Gray (1973) hat die Theorie von Eysenck dahingehend kritisiert, daß das Koordinatensystem von E und N, das *Abbildung 1* zeigt, eine falsche Ausrichtung hat. Gray rotiert es um 45° und bezeichnet die neu entstehenden Achsen als Ängstlichkeit und Impulsivität (s. *Abbildung* 2).

Gray definiert Ängstlichkeit als Sensitivität gegenüber Strafreizen und Impulsivität als Sensitivität gegenüber Belohnungsreizen. Der Streit, wie man das Koordinatensystem der vier Temperamente denn nun rotieren sollte, wäre belanglos, gäbe es nicht die unterschiedlichen Hypothesen über die biologischen Grundlagen der Temperamentsdimensionen. Während Eysenck die Unterschiede

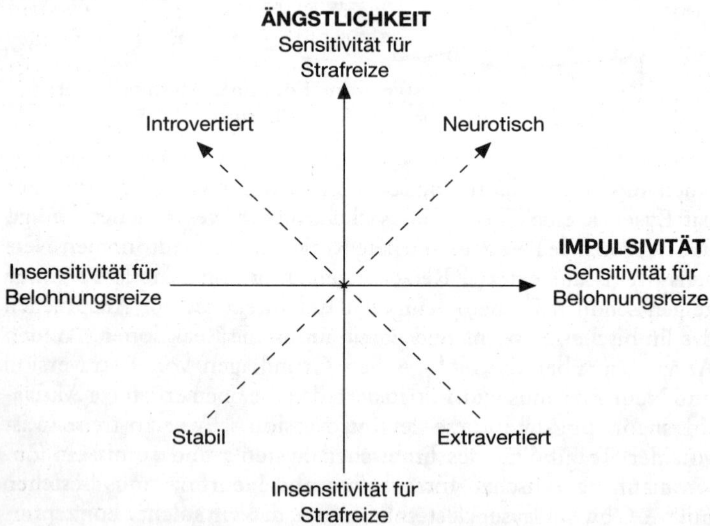

Abb. 2 Das gedrehte Koordinatensystem nach Gray

eher auf unterschiedliche Schwellen im Aktivierungs- und Hemmungssystem zurückführt, sieht Gray die Dominanz des Belohnungs- oder Bestrafungssystems als ausschlaggebend für die Temperamentsunterschiede. Bemerkenswerterweise hat auch diese Diskussion weder zu einer endgültigen Entscheidung geführt, noch wird sie derzeit intensiv fortgesetzt.

Daß Ängstlichkeit viel mit der Vermeidung von Bestrafung zu tun hat, wird auch in allgemeinpsychologischen Theorien über die Entstehung von Angst so gesehen. Ein zentraler Mechanismus für die Aufrechterhaltung von Phobien, also Angstverhalten gegenüber ganz bestimmten Objekten oder in bestimmten Situationen, ist nämlich das *Vermeidungsverhalten*. Vermeidungsverhalten gehört zu denjenigen Verhaltensweisen, die nicht durch Belohnung aufrechterhalten werden, sondern dadurch, daß ein erwarteter oder befürchteter Strafreiz ausbleibt (vgl. Bredenkamp). Da mit dem Vermeiden einer vermeintlichen Gefahrenquelle der befürchtete Strafreiz auf jeden Fall ausbleibt, verstärkt sich Vermeidungsverhalten permanent selbst und ist daher sehr änderungsresistent.

Auch in psychoanalytischen Theorien spielen Angst und Ängstlichkeit eine zentrale Rolle, in Freuds ersten Theorieformulierungen sogar *die* zentrale Rolle. In Freuds Instanzenmodell (vgl. Popp-Baier) ist das Ich der Sitz der Angst, das heißt, die Angst stellt die Reaktion des Ich auf angekündigte Gefahren aus dem Es, dem Über-Ich oder der Realität dar (Freud 1975). Die zentrale Triebfeder des Verhaltens ist in Freuds Modell zwar die Libido, die Lustenergie; da diese jedoch permanent auf die Verbote des Über-Ich und die Anforderungen der Realität stößt, entsteht im Ich Angst. Das menschliche Verhalten kann von daher weitgehend als das Resultat seines Umgangs mit der Angst betrachtet werden, von der Rolle der Urängste, dem Geburtstrauma und der Kastrationsangst, einmal ganz abgesehen. Auch in den Theorien von Freuds Schülern spielt die Angst eine zentrale Rolle. So baut Karen Horney ihre Lehre auf dem Konzept der Grundangst auf, die daraus resultiert, daß sich das Kind hilflos einer feindseligen Umwelt ausgeliefert sieht (vgl. Pervin 1987).

Tatsächlich gehören die Formen des Umgangs mit der Angst, die sogenannten *Abwehrmechanismen*, zu jenen Teilen der psychoanalytischen Theorie, die bis heute Bestand in der Persönlichkeitsforschung haben. Ursprünglich als Formen der Abwehr unerlaubter Triebenergie konzipiert, beschreiben die Abwehrmechanismen seit Anna Freud allgemein den Umgang mit Angst, auch der Realitätsangst. Die wichtigsten Abwehrmechanismen sind Verdrängung, Projektion, Verleugnung, Isolierung, Reaktionsbildung, Rationalisierung, Sublimierung und Verschiebung (s. Amelang & Bartussek 1985; Popp-Baier).

Heute spricht man statt von Abwehrmechanismen von Bewältigungsstrategien (Copingstrategien), ein Begriff, der ursprünglich aus der Streßforschung kommt, aber auch allgemein die Bewältigung von Angst meint. *Copingstrategien* sind im allgemeinen situationsspezifisch, das heißt, sie ziehen die besonderen Situationsmerkmale mit in Betracht oder sollten es zumindest tun. Trotzdem gibt es situationsübergreifende Konsistenzen in der Benutzung von Copingstrategien, die sogenannten *Copingstile*.

Am meisten untersucht wird hierbei der vigilante und der kognitiv vermeidende Copingstil, womit die Tendenzen gemeint sind, sich der Gefahrenquelle zuzuwenden und Information über sie zu sammeln (Vigilanz) beziehungsweise sich von der Gefahrenquelle abzuwenden und die Bedrohung herunterzuspielen (kognitive Vermeidung). Obwohl diese beiden Copingstile in gewisser Weise Antagonisten sind, sich also gegenseitig ausschließen, gibt es auch Personen, die beide Strategien gleichzeitig oder zumindest abwechselnd, aber auf dieselbe Bedrohung bezogen, einsetzen: Hochängstliche Personen nehmen nach Krohne (1996) gleichzeitig Informationen über die Bedrohung auf, warten jedoch deren »beruhigende« Wirkung nicht ab, sondern spielen andere Aspekte der Bedrohung eher herunter. Flexible Personen dagegen setzen Copingstrategien situationsangemessen ein.

Neben dem generellen Ausmaß an Ängstlichkeit und dem Umgang mit der Angst unterscheiden sich Personen natürlich auch darin, *wovor* sie hauptsächlich Angst haben. Rost (1990) teilt die Ängste drei großen Gruppen zu, den Existenzängsten, den Leistungsängsten und den sozialen Ängsten.

Stellt die Angst den negativen Pol des Spektrums emotionaler Qualitäten dar, so kann in den sexuellen Emotionen der positive Pol gesehen werden. Tatsächlich sind Angst und *Sexualität* nicht nur in Freuds Theorie Antagonisten. Auch bei der Behandlung sexueller Störungen zeigt sich, daß übersteigerte Angst ursächlich an ihrer Genese beteiligt ist. Im Rahmen von Eysencks Persönlichkeitstheorie läßt sich Sexualität auf dem entgegengesetzten Pol von Neurotizismus und Introversion ansiedeln (Eysenck 1977). Nach Eysencks Untersuchungen haben Extravertierte ein ausgeprägteres Sexualverhalten, wohingehend sich sexuelle Dysfunktionen oft bei hochneurotischen und introvertierten Personen finden.

Sieht man einmal von diesen Untersuchungen ab, so ist es erschreckend, wie wenig sich die akademische Persönlichkeitsforschung mit den sexuellen Aspekten der Persönlichkeit befaßt. So findet sich in vielen Lehrbüchern (z.B. Amelang & Bartussek 1985) und Enzyklopädien (Amelang 1996) nicht einmal das Stichwort »Sexualität« im Schlagwortregister. Zahlreiche Untersuchungen aus dem Bereich der Sexualwissenschaften und aus der Klinischen Psychologie sind nicht integriert in Theorien und Modelle der Persönlichkeitsunterschiede. Nach der dominanten Rolle, die die Sexualität in Freuds Psychoanalyse gespielt hat, scheint dies geradezu eine überstarke Gegenreaktion zu kennzeichnen.

Der politische Mensch

Schockiert von den Ereignissen des Dritten Reiches, ging Adorno nach Kriegsende in Kalifornien der Frage nach, ob es besonderer Persönlichkeitseigenschaften bedarf, damit ein Volk derartige Grausamkeiten an eigenen Mitbürgern oder Angehörigen anderer Nationen toleriert oder gar unterstützt. Nach Studien zum Antisemitismus und Ethnozentrismus untersuchte Adorno vor allem die Struktur der *autoritären Persönlichkeit* (Adorno, Frenkel-Brunswik, Levinson & Sanford 1950). Dieser Begriff wurde bereits von Fromm (1941) benutzt, der eine autoritäre Charakterstruktur gekennzeichnet sieht »durch die Idealisierung von Autorität kombiniert mit Furcht und Unterordnung in einer Beziehung der Ausbeutung von oben. Während der Autoritäre seine Autoritäten braucht als Objekte der qualifizierten emotionalen Bewunderung, erstrebt er auch die Rolle der Autorität, indem er dieselbe Art der Ausbeutung gegenüber jenen ausübt, die unter ihm stehen« (Fromm 1941, S. 86).

Ursachen für die Entwicklung autoritärer Charakterstrukturen sah Fromm in dem Zusammentreffen des Protestantismus, der im Vergleich zum Katholizismus durch eine Vermehrung von persönlicher Freiheit und Verringerung moralischer Autorität gekennzeichnet ist, und dem aufblühenden Kapitalismus, der im Vergleich zur Großfamilie früherer Zeiten Einsamkeit und Isolation fördert. Adorno hat versucht, Autoritarismus mit Hilfe eines Fragebogens zu messen (der sogenannten California F-scale), mit dem die folgenden neun Aspekte einer autoritären Charakterstruktur abgefragt werden:

1. Konventionalismus, das heißt rigides Verhaftetsein an konventionellen Mittelklassewerten;
2. autoritäre Unterordnung, das ist eine submissive, unkritische Einstellung gegenüber idealisierten moralischen Autoritäten der Ingroup;
3. autoritäre Aggression, das ist die Tendenz, Leute, die konventionelle Werte verletzten, aufzuspüren, zu verdammen und zu bestrafen;
4. Antiintrazeption, das ist die Ablehnung von Einfühlsamkeit und Subjektivität;
5. Aberglaube und Stereotyp, das heißt Glaube an mystische Determinanten des individuellen Schicksals und die Disposition, in rigiden Kategorien zu denken;
6. Glaube an die Macht;
7. Destruktivität und Zynismus;
8. Projektivität, das ist die Meinung, daß fürchterliche und gefährliche Dinge um uns herum vorgehen, die wir nicht kennen;
9. Sexualität im Sinne einer intensiven Beschäftigung mit sexuellen Vorkommnissen, die nach den eigenen Moralvorstellungen abnorm und absonderlich sind.

Als Erklärungstheorie für die Entwicklung autoritärer Charakterstrukturen dienten vor allem psychoanalytische Denkschemata wie zum Beispiel eine fehlende Über-Ich-Integration infolge eines moralischen, distanzierten Vaters, ein ungelöster ödipaler Konflikt oder latente Homosexualität.

Rokeach stellte mit seinem Dogmatismuskonzept eine Weiterentwicklung vor, die politisch nicht auf eine bestimmte Richtung fixiert sein sollte. In seinem Hauptwerk mit dem vielsagenden Titel ›The open and closed mind‹ beschreibt Rokeach (1960) den *Dogmatismus* als eine spezielle Struktur des sogenannten »belief-Systems«, das ist das System aller Meinungen, Einstellungen, Erwartungen und Hypothesen, die eine Person für wahr, richtig oder gut hält. Neben dem »belief-System« gibt es auch die sogenannten »disbelieves«, das ist die Menge aller Überzeugungen, Einstellungen und so weiter, die die Person ablehnt, für falsch oder schlecht hält.

Nach Rokeach manifestiert sich Dogmatismus in der Struktur des »belief-disbelief-Systems« derart, daß die »disbelieves« wesentlich stärker abgelehnt werden, die einzelnen »believes« voneinander stärker isoliert, das heißt nicht völlig integriert sind, und die »disbelieves« wesentlich weniger differenziert sind als das System der »believes«. Empirische Untersuchungen zu dieser Theorie haben gezeigt, daß Personen, die in diesem Sinne dogmatisch oder »closed minded« sind, eher ängstlich sind, ein schlechteres Selbstbild und geringeres Selbstwertgefühl haben, die Welt und die Menschen als feindselig und unfreundlich wahrnehmen, die Vergangenheit betonen, die Gegenwart vernachlässigen und die Zukunft für ungewiß halten.

Ein anderes Nachfolgekonstrukt zu den Autoritarismusuntersuchungen stellt der *Machiavellismus* dar, der seinen Namen dem Florentiner Staatstheoretiker Niccolo Machiavelli (1469–1527) verdankt. Machiavellismus bezeichnet die Eigenschaft von Menschen, die eigenen politischen oder persönlichen Vorstellungen ohne Rücksicht auf Verluste durchzusetzen und andere Menschen im Dienste dessen zu manipulieren (Christie & Geis 1970). Neben der Überzeugung, daß Menschen überhaupt manipulierbar sind, gehört zum Machiavellismus auch die Bereitschaft und die Fähigkeit, Manipulationen vorzunehmen. Der Konzeption zufolge zeichnen sich machiavellistische Menschen durch eine geringe affektive Beteiligung bei interpersonalen Beziehungen aus, sie haben eine geringe Bindung an konventionelle Moralvorstellungen, geringe ideologische Bindungen, aber eine hohe Realitätsangepaßtheit.

Auch zu diesem Konstrukt wurde ein Fragebogen entwickelt und mehrfach überarbeitet, dessen Validität unter anderem an dem Spielverhalten bei Gruppenspielen gezeigt werden konnte. Danach schneiden machiavellistische Personen in Spielen, bei denen es auf Verhandlungsgeschick, Koalitionsbildungen und eine zielstrebige Spielstrategie ankommt, besser ab als Personen, die niedrige Machiavellismuswerte im Fragebogen erzielen. Es stellt sich allerdings die Frage, ob Machiavellismus ein Konstrukt ist, das *erklärende* Qualitäten hinsichtlich der Verhaltensunterschiede von Menschen hat, wie es der Autoritarismus und Dogmatismus beanspruchte, oder ob hiermit lediglich Unterschiede menschlichen Verhaltens *beschrieben* werden.

Die alltagspsychologisch am häufigsten verwendete Persönlichkeitseigenschaft im politischen Bereich ist die Unterscheidung zwischen *Konservativismus* und *Liberalismus.* Eine alte Definition besagt, daß Liberale dazu tendieren, soziale Probleme als Symptome der zugrundeliegenden sozialen Struktur aufzufassen, während Konservative diese als Ergebnis individueller Inkompetenz oder

Unmoral sehen. Diese Charakterisierung des Persönlichkeitsmerkmals sagt sicherlich mehr aus als der Versuch, Konservativismus als mangelnde Änderungsbereitschaft oder Widerstand gegenüber Neuem zu definieren.

Kerlinger (1984) definiert Liberalismus als eine Gruppe politischer, ökonomischer, religiöser, bildungspolitischer Überzeugungen, die individuelle Freiheiten, konstruktive soziale Veränderungen, den Schutz von Minoritäten und die Verbesserung des menschlichen Wohlergehens beinhalten. Demgegenüber ist Konservativismus eine Gruppe sozialer Überzeugungen, die eher Wert auf den Status quo, soziale Stabilität und Religion legt und Individualismus und Merkantilismus in der Gesellschaft für wichtig hält (Six 1996, S. 30). Im Unterschied zu früheren Ansätzen, den Menschen als politisches Wesen zu begreifen und sein Verhalten zu erklären, scheint der Konservativismus-Liberalismus-Gegensatz heute eine reine Beschreibung der politischen Einstellungen zu sein, die eine Integration in eine Gesamttheorie der Persönlichkeit vermissen läßt.

Der handelnde Mensch

Die relative Erfolglosigkeit, mit klassischen Persönlichkeitsmerkmalen das Handeln der Menschen in konkreten Situationen vorherzusagen, hat dazu geführt, spezielle, auf das Handeln des Menschen bezogene Theorien zu entwickeln. Im Unterschied zum *Behaviorismus* (vgl. etwa Bredenkamp), der das Verhalten des Menschen in seiner Abhängigkeit von auslösenden Stimuli und nachfolgenden Verstärkern betrachtet, beziehen *Handlungstheorien* die Kognitionen des Menschen über die Bedingungen und die Folgen ihres Handelns mit ein (vgl. Cranach & Tschan). Mit der Berücksichtigung situationsspezifischer Kognitionen wird die Rolle überdauernder Personeneigenschaften bei der Verhaltensvorhersage eingeschränkt. Jedoch können sich handlungsbezogene Kognitionen auch generalisieren und zu situationsübergreifenden, individuellen Bedingungen des Handelns werden.

Den meisten Ansätzen liegt die Annahme zugrunde, daß sich das Handeln des Menschen an einem *Kontrollbedürfnis* orientiert. Damit ist nicht etwa gemeint, Kontrolle über andere Menschen auszuüben (wie beim Machiavellismus), sondern Kontrolle über das eigene Leben, die eigene Existenz und das eigene Schicksal zu behalten oder wieder zu erlangen. Ein solches Grundmotiv anzunehmen ist für die Erklärung menschlichen Handelns unerläßlich, denn sonst ist es schwer zu verstehen, warum der Mensch überhaupt etwas anderes tun sollte als das, wofür er in der Vergangenheit verstärkt worden ist. Auch evolutionstheoretisch ist dieses Grundmotiv begründbar, denn es sichert das Überleben.

Die Stärke dieses Kontrollbedürfnisses selbst könnte eine überdauernde Persönlichkeitseigenschaft sein, die Unterschiede im Handeln erklärbar macht. Diese Motivationsvariable hat jedoch noch kein größeres Augenmerk in der Persönlichkeitsforschung gefunden, wohl aber eine Reihe von Variablen, die indirekt darauf basieren, daß es ein solches Kontrollmotiv gibt.

Historisch eine der ersten Variablen ist der sogenannte »locus of control of reinforcement« von Rotter (1966), der hiermit die Erwartung einer Person darüber bezeichnet, wo die Kontrolle über die Folgen des eigenen Handelns liegt. Man spricht von einem internen »locus of control« oder einer *internen Kontrollüberzeugung*, wenn die Person meint, daß es von ihr selbst abhängt, welche Verstärker auf ihr Handeln folgen, und von einem *externen* »locus of control«, wenn die Verstärker von anderen Personen oder Instanzen abhängen. Rotter hat damit eine substantielle Erweiterung des klassischen lerntheoretischen Paradigmas der Verstärkung vorgenommen, nach dem die Frequenz eines Verhaltens lediglich von den Verstärkern in der Vergangenheit abhängt. Die Erweiterung besteht darin, daß die Kognition, ob die entsprechenden Verstärkungen überhaupt zu erwarten sind, ebenfalls maßgeblich für das Auftreten einer Handlung verantwortlich ist.

Kontrolltheoretisch ist eine *externe* Kontrollüberzeugung in den meisten Bereichen des menschlichen Lebens nachteilig, legt sie doch einen Teil der Kontrolle über die eigene Person in fremde Hände. So hat sich in vielen Untersuchungen gezeigt, daß Personen mit einer internen Kontrollüberzeugung weniger sozial beeinflußbar sind, also ein autonomes Urteil besitzen, größere Informationssuche vor Entscheidungen betreiben, stärker leistungsorientiert sind und ein besseres Gesundheitsverhalten haben, das heißt, mehr Vorsorge betreiben, häufiger zum Arzt gehen, bessere Heilungschancen haben und weniger depressiv sind.

Die Kontrollüberzeugung kann mit Hilfe eines Fragebogens erfaßt werden und hat sich zur Vorhersage individuellen Verhaltens bewährt. Als generalisierte Erwartung ist diese Variable selbst wiederum das Produkt von früheren Handlungen und früheren Erfahrungen damit, wer die Kontrolle über die Verstärkung des eigenen Verhaltens hatte. Insofern wird bei diesem Ansatz zukünftiges Verhalten auf früheres Verhalten zurückgeführt und nicht auf tiefverwurzelte Persönlichkeitsunterschiede. Der Prozeß der Generalisierung, den es in jeder Lerntheorie gibt, ist jedoch dafür verantwortlich, daß aus früheren singulären Lernereignissen eine Persönlichkeitseigenschaft wird, die die Kontinuität und Konsistenz im Verhalten einer Person erklärt.

Ebenfalls dem Ansatz der sogenannten sozialen Lerntheorie (s. Bredenkamp) entspringt ein sehr verwandtes Konstrukt, nämlich das der *Selbstwirksamkeit* (self efficacy, Bandura 1977). Mit Selbstwirksamkeit ist gemeint, inwieweit man sich selbst die Kompetenz zuschreibt, ein bestimmtes Verhalten durchzuführen. Insofern ist die Selbstwirksamkeit ein Bestandteil des Selbstkonzeptes, das jedoch auf unmittelbar bevorstehendes Verhalten bezogen ist. Auch diese Erwartungskognition kann mehr oder weniger generalisiert sein bis hin zu den Extremen »Mir geht aber auch alles schief« oder »Was ich auch anpacke, gelingt mir«.

Die Erfahrung der eigenen Selbstwirksamkeit ist in der Entwicklung des Kindes und Jugendlichen von besonderer Bedeutung; sie ist die Grundlage für die Ausbildung von Handlungskompetenzen, von sozial angepaßtem Verhalten und einem guten Selbstbewußtsein. Andere Autoren (DeCharms 1968) haben dasselbe Phänomen unter dem *Verursacherprinzip* diskutiert und ebenfalls die Wichtigkeit der Erfahrung betont, daß man selbst Verursacher bestimmter intendierter Wirkungen ist. Schließlich besagt die Theorie von Seligman (1975), daß die überdauernde Erfahrung der Unwirksamkeit eigenen Verhaltens zum Syndrom der gelernten Hilflosigkeit führt, das eine Form der Depression beinhaltet. Kein Wunder, daß sich Personen mit einer hohen Selbstwirksamkeitswahrnehmung als in vielen Verhaltensbereichen überlegen erwiesen haben.

Individuelle Unterschiede im Handeln gibt es auch dann, wenn Personen die gleichen Handlungsintentionen haben, sich aber ihre Fähigkeiten zur Umsetzung dieser Intentionen unterscheiden. In der Handlungstheorie (s. von Cranach & Tschan) wird allgemein zwischen der Phase der Intentions- oder Absichtsbildung und der Phase der willentlichen Umsetzung, der *Volitionsphase*, unterschieden. Kuhl (1983) geht davon aus, daß sich der Mensch in jeder Situation mehreren Verhaltensmöglichkeiten gegenüber sieht und stets zu entscheiden hat, welche der anstehenden Handlungen er als nächstes ausführen wird.

Hier unterscheidet Kuhl zwei generalisierte Formen der Handlungskontrolle, die *Handlungsorientierung* und die *Lageorientierung* (vgl. auch Schultheiß & Brunstein). Handlungsorientierte Personen zeichnen sich dadurch aus, daß sie ihre Aufmerksamkeit gleichermaßen auf das angestrebte Handlungsziel wie auf die gegenwärtige Lage richten und alles dafür tun, was der Erreichung des gewünschten Zielzustandes dient. Lageorientierte Personen sind dagegen einzelnen Aspekten der gegenwärtigen (unerwünschten) Lage oder des Zielzustandes verhaftet, grübeln darüber nach und kommen auf diese Weise nur schwer oder gar nicht zur Realisierung einer Handlungsalternative.

Auch dieses Konstrukt stellt einen Versuch dar, Merkmale der Handlungsregulation situationsübergreifend als konsistente Persönlichkeitsunterschiede zu konzipieren, wobei noch offen ist, ob es nicht sehr viel mehr Typen der Handlungsregulation gibt als nur die beiden beschriebenen. So gibt es sicherlich auch eine unangepaßte Steigerung der Handlungsorientierung, bei der Personen ohne sorgfältiges Abgleichen von Handlungssituation und Handlungsziel in blindem Aktionismus alle möglichen Handlungsalternativen realisieren.

Mögen die Grenzen zwischen Intention und Volition auch manchmal fließend sein, zum Beispiel dann, wenn im Nachhinein eine Intention aufgrund mangelnder Realisierbarkeit geändert wird, so fallen *Selbstkontrolltechniken* doch üblicherweise in den Bereich der Volitionsphase. Techniken der Selbstkontrolle sind zum Beispiel das Ausarbeiten eines Handlungsplanes, die Verdeutlichung der positiven Aspekte des Handlungsziels in der Vorstellung, was Mischel (1981) als »hot thinking« bezeichnet, das Aufsuchen von handlungsfördernden Situationen oder auch das innere Aufsagen von Durchhalteparolen. Individuelle Unterschiede in der Anwendung solcher Selbstkontrolltechniken können auf mangelnden Fertigkeiten beruhen, die jedoch trainierbar sind.

Auch einer der fünf großen Persönlichkeitsfaktoren (s. oben) ist dem Bereich der Handlungskontrolle zuzuordnen, nämlich der Faktor *Gewissenhaftigkeit* (conscientiousness). Typische Fragen zur Erfassung dieses Persönlichkeitsmerkmals lauten »Ich kann mir meine Zeit recht gut einteilen, so daß ich meine Angelegenheiten rechtzeitig beende« oder »Ich habe eine Reihe von klaren Zielen und arbeite systematisch auf sie zu« (Borkenau & Ostendorf 1991). Alle Fragen des entsprechenden Erhebungsinventars zur »Gewissenhaftigkeit« sprechen das eigene Verhalten beziehungsweise dessen Selbstkontrolle an. Gewissenhaftigkeit stellt daher ein sehr weit generalisiertes Merkmal des Einsatzes von Selbstkontrolltechniken dar.

Der leistungsorientierte Mensch

Das Erbringen von Leistungen stellt eine spezielle Art von Handlungen dar, die in unserer leistungsorientierten Gesellschaft besonderes Interesse auf sich zieht. Die *Leistungsmotivation* wurde schon sehr früh mit projektiven Testverfahren, nämlich dem TAT, dem thematischen Apperzeptionstest (vgl. McClelland, Atkinson, Clark & Lowell 1953), zu messen versucht. Bei diesem Test handelt es sich um gezeichnete Abbildungen von Personen. In der Interpretation dieser Bilder zeigen sich dann leistungsbezogene Aspekte, von denen auf die Stärke des Leistungsmotivs bei der getesteten Person geschlossen werden kann (s. Schultheiß & Brunstein).

Projektive Testverfahren sind bei der Messung des Leistungsmotivs deshalb sinnvoll, weil in einem normalen Fragebogen zur Leistungsmotivation die Gefahr sehr groß ist, sozial erwünschte Antworten zu erhalten. Zum anderen sind Motive den befragten Personen oft gar nicht bewußt, so daß es erfolgversprechender ist, das Leistungsmotiv über den Mechanismus der Projektion zu erfassen.

In der weiteren Theorienbildung spielte jedoch weniger die Stärke des Leistungsmotivs eine zentrale Rolle, sondern die qualitative Unterscheidung der Leistungsmotivation in *Hoffnung auf Erfolg* und *Furcht vor Mißerfolg*. Hoffnung auf Erfolg meint, daß die motivbildende Kraft aus der Antizipation des Erfolges einer Anstrengung kommt, während die Motivkraft bei Furcht vor Mißerfolg daher kommt, das negative Erlebnis eines Mißerfolges zu vermeiden. Während beide Motivationskomponenten auch von Merkmalen der Situation und der Aufgabenstellung abhängen, wird diese Differenzierung der Leistungsmotivation auch als situationsübergreifendes konsistentes Personenmerkmal angesehen (Atkinson 1957).

Mit dieser Unterscheidung lassen sich mehrere leistungsrelevante Verhaltensunterschiede erklären. So wählen zum Beispiel erfolgsmotivierte Personen bevorzugt Aufgaben einer mittleren Schwierigkeit aus, wohingegen mißerfolgsmotivierte häufiger sehr leichte oder sehr schwere Aufgaben wählen. Dasselbe trifft nicht nur für die Aufgabenwahl zu, sondern auch auf den Erfolg und die Ausdauer bei der Aufgabenlösung, das heißt, Erfolgsmotivierte zeigen ihre besten Leistungen und sind am ausdauerndsten bei mittelschweren Aufgaben, während dies bei Mißerfolgsmotivierten für sehr leichte oder sehr schwere Aufgaben gilt (vgl. Schmalt & Sokolowski 1996).

Eine weitere Ausdifferenzierung brachte die attributionstheoretische Interpretation der Leistungsorientierung. Hier geht es darum, welchen Ursachen eine Person ihren Erfolg oder ihren Mißerfolg zuschreibt (attribuiert). Eine solche *Ursachenzuschreibung* kann internal oder external erfolgen, das heißt, die Ursachen werden in der eigenen Person (internal) oder in äußeren Faktoren wie Zufall oder dem Einfluß anderer Personen (external) gesehen. Zum anderen kann die zugeschriebene Ursache eine unterschiedliche Zeitstabilität besitzen, das heißt, überdauernder Natur (stabil) oder vorübergehender Natur (variabel) sein.

In Untersuchungen hat sich bestätigen lassen, daß erfolgsmotivierte Personen Mißerfolge eher intern variabel attribuieren, das heißt, auf mangelnde Anstrengung zurückführen, während mißerfolgsorientierte Personen Mißerfolge intern stabil attribuieren, das heißt, auf mangelnde Begabung zurückführen. In gleicher Weise schreiben erfolgsorientierte Personen ihren Erfolg der eigenen Begabung zu, während mißerfolgsorientierte Personen Erfolg eher dem Zufall, also extern variabel, zuschreiben (vgl. Schultheiß & Brunstein).

Mit diesem Attributionsmechanismus verstärkt sich die Erfolgs- beziehungsweise Mißerfolgsorientierung permanent selbst: Die Art der Ursachenzuschreibung führt bei Erfolgsmotivierten zu einer positiven Selbstbewertungsbilanz (Heckhausen 1980), während sie bei Mißerfolgsorientierten zu einer negativen Selbstbewertungsbilanz führt: »Die erlebte Selbstverantwortlichkeit für Erfolge führt bei den Erfolgsmotivierten zu ausgeprägten positiven Affekten nach Erfolg, während bei den Mißerfolgsmotivierten die erlebte Selbstverantwortlichkeit für Mißerfolge ausgeprägte negative Affekte nach Mißerfolg nach sich zieht. Diese Asymmetrie führt dann dazu, daß beide Motivgruppen durch ihr voreingenommenes Selbstbewertungsverhalten beständig ihre Motivdispositionen bestätigen und langfristig stabilisieren.« (Schmalt & Sokolowski 1996, S. 313)

Andere Autoren sehen die Art der Ursachenzuschreibung nicht als ein Phänomen der Erfolgs- oder Mißerfolgsorientierung, sondern als eigenständiges Persönlichkeitsmerkmal an, den sogenannten *Attributionsstil* (siehe Peterson & Seligman 1984). Zu den beiden bereits genannten Merkmalen von Attributionen, der zeitlichen Stabilität und der Externalität versus Internalität, kommt noch als drittes Merkmal die Globalität der Ursachenzuschreibung hinzu. So können zum Beispiel intern stabile Zuschreibungen global sein (»ich versage immer, wenn's drauf ankommt«) oder spezifisch (»gerade diese eine Art von Aufgaben habe ich noch nie gekonnt«). Peterson und Seligman sehen einen Attributionsstil, der negative Lebensereignisse stabilen, internalen und globalen Ursachen zuschreibt, während positive Lebensereignisse external, variabel und spezifisch attribuiert werden, als Risikofaktor für die Entwicklung von Depressionen an.

Viele Menschen erbringen hervorragende Leistungen, weil sie an bestimmten Dingen ein starkes Interesse haben, oder sie zeigen einfach deshalb schlechte Leistungen, weil ihnen das entsprechende Interesse fehlt. Diese Alltagsbeobachtung weist das *Interesse* als eine Motivkraft aus, die auf ein bestimmtes Objekt, eine bestimmte Tätigkeit ausgerichtet hat. Dabei wird allgemein der Tätigkeitsbezug als das relevantere Merkmal angesehen: Hat man zum Beispiel Interesse an Briefmarken, so sind es vor allem die Tätigkeiten des Briefmarkenordnens, des Nachschlagens oder des Betrachtens und Vergleichens der Motive, die das Interesse ausmachen und aufrechterhalten (Prenzel 1988).

Neben dem motivierenden Aspekt hat das Interesse auch einen *Kompetenzaspekt*. Wer Interesse an Musik hat, versteht mehr von Musik, und wer Interesse an Physik hat, weiß über Physik mehr als vergleichbare Personen ohne ein entsprechendes Interesse. Das Interesse fördert über die Ausführung der entsprechenden Tätigkeit die Aneignung von Wissen, und erworbenes Wissen kann über Erfolgserlebnisse das ursprüngliche Interesse weiter verstärken.

Obwohl somit das Interesse untrennbar mit Handlungs- und Leistungsmotiven einerseits und mit Begabung, Wissen und Können andererseits verbunden ist, hat es doch eine eigenständige psychologische Qualität, denn das Interesse gibt der Motivation und dem Können die *Richtung*, den Gegenstand, auf den sich die Tätigkeit und das Können bezieht.

Versteht man unter Interesse die Ausrichtung der Handlungs-, Lern- und Leistungsmotivation, so liegt es nahe, die Interessen danach zu klassifizieren, auf welches Objekt oder welche Tätigkeit sie ausgerichtet sind. So werden Schulinteressen im allgemeinen nach den Schulfächern differenziert und Berufsinteressen nach den verschiedenen Berufsgruppen. Trotzdem lassen sich hier übergreifende Interessensfaktoren identifizieren. Nach Buse (1996) zeigen sich die folgenden sechs Faktoren in der Mehrzahl der empirischen Untersuchungen über *Berufsinteressen*:

- soziales Interesse,
- wissenschaftliches Interesse,
- künstlerisches Interesse,
- Interesse für Literatur und Sprache,
- kaufmännisches Interesse und
- Interesse für Tätigkeiten in der freien Natur.

In Forschungen über das *Schülerinteresse* zeigt sich ebenfalls, daß es Interessensstrukturen gibt, die fachübergreifend sind. So lassen sich zum Beispiel hinsichtlich des Interesses an den Naturwissenschaften Interessenstypen unterscheiden, die entweder mehr an den naturwissenschaftlichen Denkweisen und Erklärungsmustern oder aber an den beruflichen, gesellschaftlichen und humanistischen Implikationen von Naturwissenschaft und Technik interessiert sind (siehe Rost, Sievers, Häußler, Hoffmann & Langeheine 1997). Neben den Bereichen Schule und Beruf hat die Interessensforschung ihren dritten großen Anwendungsbereich in der Freizeitforschung.

Die Interessensforschung ist bis heute im Rahmen der Persönlichkeitspsychologie eher eine angewandte Forschungsrichtung und wenig integriert in übergreifende Persönlichkeitstheorien. Das generelle Interesse an kulturellen, geistigen und künstlerischen Dingen hat jedoch auch einen Repräsentanten unter den fünf großen Persönlichkeitsfaktoren, nämlich in Form der Dimension »openness«, also der *Offenheit für neue Erfahrungen*. In dem Fragebogen zur Erfassung der fünf Persönlichkeitsfaktoren von Borkenau und Ostendorf (1991) werden zu diesem Persönlichkeitsmerkmal folgende Fragen gestellt:

- »Mich begeistern die Motive, die ich in der Kunst und in der Natur finde«,
- »Poesie beeindruckt mich wenig oder gar nicht«,
- »Ich probiere oft neue und fremde Speisen aus«,
- »Ich nehme nur selten Notiz von den Stimmungen oder Gefühlen, die verschiedene Umgebungen hervorrufen«
- oder »Ich habe Interesse, über die Natur des Universums oder die Lage der Menschheit zu spekulieren«.

Mit dieser Persönlichkeitseigenschaft wird die generelle Aufgeschlossenheit der Menschen erfaßt, sich mit kulturellen und wissenschaftlichen Inhalten zu befassen und Genugtuung durch diese Beschäftigung zu erfahren. Bezeichnenderweise hat diese Persönlichkeitsdimension sehr niedrige Interkorrelationen mit den anderen vier großen Persönlichkeitsdimensionen Neurotizismus, Extraversion, Freundlichkeit und Gewissenhaftigkeit.

Von diesen Korrelationen besteht die relativ höchste (negative) Korrelation noch zu Gewissenhaftigkeit (r = –0,17, vgl. Borkenau & Ostendorf 1991), das heißt, Offenheit für neue Erfahrungen geht tendenziell mit einer geringeren Ordentlichkeit in der täglichen Arbeitsorganisation einher. Vielleicht ist dies ein schwacher Ausdruck der alltagspsychologischen Erkenntnis, daß Genie und Chaos miteinander verwandt sind beziehungsweise der zwanghaft ordentliche Mensch nicht wirklich offen ist für neue Erfahrungen.

Das Selbstbild des Menschen

Was der Mensch über sich selbst denkt, wie er sich selbst sieht, muß zwar nicht mit dem übereinstimmen, wie er wirklich ist oder wie andere Menschen ihn sehen, aber es beeinflußt in erheblichem Maße sein Verhalten und macht es für andere erklärbar und verständlich. Die globale Bewertung der eigenen Person, der sogenannte *Selbstwert* stellt ein vieluntersuchtes Persönlichkeitsmerkmal dar, das auch in der Alltagspsychologie oft zur Erklärung von Persönlichkeitsunterschieden herangezogen wird. Die Redewendung »Der hat einen Minderwertigkeitskomplex« erklärte in den siebziger Jahren so manche Eigenart von Mitmenschen.

Alfred Adler, ein Schüler von Sigmund Freud, gründete sogar seine Persönlichkeitstheorie auf dem Kampf des Individuums mit der eigenen Minderwertigkeit und dem Bemühen, mit ihr zurechtzukommen (vgl. Popp-Baier). Entwicklungspsychologische Theorien gehen generell davon aus, daß die Entwicklung eines positiven Selbstwertgefühls von großer Wichtigkeit ist und ein geringes Selbstwertgefühl, zum Beispiel infolge elterlicher Ablehnung, andere notwendige Entwicklungsprozesse behindert. Am positiven Ende der Selbstwertskala scheint es dagegen nicht empirisch erwiesen zu sein, daß die Höhe des Selbstwertes mit der akademischen

Leistung (Schulnote, Berufserfolg) einer Person korreliert (Scheirer & Krauth 1979; Hormuth & Otto 1996).

Bedeutsamer für die Erklärung von Verhaltensunterschieden ist es, *wie* das Selbstbild oder das Selbstkonzept einer Person ausgestaltet ist. Eine Möglichkeit, die unterschiedlichen Selbstkonzepte von Menschen zu beschreiben, besteht darin, sie nach den *Rollen*, die ein Mensch einnimmt, zu differenzieren beziehungsweise nach dem jeweils damit verbundenen Rollenverständnis der Person. Nach diesem Rollenmodell hat jeder Mensch mehrere, teilweise sogar konkurrierende Identitäten, zum Beispiel die eines Vaters, eines Vereinskameraden und eines Angehörigen einer bestimmten Berufsgruppe.

Zum einen sind derartige Rollenidentitäten gesellschaftlich und kulturell weitgehend vorgeprägt, das heißt, man weiß bereits viel über das Selbstbild einer Person, wenn man deren selbst zugeschriebene Rollenidentitäten kennt. Andererseits kommt es auf die spezielle Ausformung der jeweiligen Rolle an, die die Person für sich selbst vornimmt, also zum Beispiel ein besonders kameradschaftlicher Vater oder ein behütender und beschützender Vater zu sein. Ein Nachteil der Betrachtung des Selbstkonzeptes als Menge unterschiedlicher Rollenidentitäten besteht darin, daß man bei einer Verhaltensvorhersage mit einbeziehen muß, in *welcher* Rolle die Person in der betreffenden Situation reagiert. Das macht die Rollenkonzeption des Selbstbildes weniger aussagekräftig.

In neueren Theorien wird das Selbstkonzept ganz generell als ein wohldefinierter Teilbereich des *Wissens* einer Person angesehen, nämlich jenes Wissens, das die eigene Person betrifft. Aber auch in der Wissenspsychologie gibt es verschiedene Theorien darüber, wie Wissen strukturiert ist und welchen Einfluß die Wissensstruktur auf den Erwerb und die Verwendung von Wissen hat. Aus der Schematheorie des Wissens stammt die Annahme, daß auch das Selbstkonzept in Form eines Schemas, eben des *Selbstschemas*, strukturiert ist.

Ein solches Schema ist eine zusammenhängende, organisierte Struktur von Wissenselementen, die bewirkt, daß neue Informationen aus der Perspektive dieses Schemas heraus verarbeitet werden (vgl. Christmann & Groeben sowie Straub). Das kann dazu führen, daß neue Informationen als (vermeintlich) konform zu dem Schema wahrgenommen werden, zur Erweiterung des Schemas herangezogen oder als widersprüchlich zu dem Schema abgelehnt und nicht integriert werden. Dieser Umgang mit neuen Informationen ist gerade für das Selbstschema ein wichtiger Vorgang, hängt von ihm doch ab, inwieweit sich das Selbstschema als stabil und veränderungsresistent oder als flexibel und instabil erweist. So wie für das Selbstkonzept der *Inhalt* des Selbstschemas von Bedeutung ist, ist auch die *Art des Umgangs* mit ihm eine wichtige Persönlichkeitseigenschaft.

Dabei stellt sich zum einen die Frage, ob eine Person eher solche Informationen aufnimmt, die mit dem Selbstschema *konsistent* sind, oder ob sie auch dissonante Informationen verarbeitet. Zum anderen stellt sich die Frage nach der *Bewertung* der neuen Informationen, das heißt die Frage, ob die neuen Informationen zu einer Abwertung, also zu einer Minderung des Selbstwertgefühls führen oder zu einer Erhöhung. Die Theorie des *Selbstwertschutzes* und der Selbstwerterhöhung (Stahlberg, Osnabrügge & Frey 1985) geht davon aus, daß eine selektive Verarbeitung von Informationen über die eigene Person in der Regel dem Schutz des Selbstwertes oder gar der Selbstwerterhöhung dient. Eine solche Selektivität hat ihren Sinn darin, daß die Person einen hinreichend hohen Selbstwert erhält, der sie handlungsfähig bleiben läßt.

Fragebögen zur Erfassung des Selbstkonzeptes zielen zumeist darauf ab, bereichsspezifische Selbstkonzepte getrennt zu erfassen. So unterscheiden die Frankfurter *Selbstkonzeptskalen* von Deusinger (1986) die folgenden Lebensbereiche: Leistungsfähigkeit, Problembewältigung, Verhaltens- und Entscheidungssicherheit, Selbstwertschätzung, Empfindlichkeit und Bestimmtheit, Standfestigkeit gegenüber bedeutsamen anderen Menschen, soziale Kontakte und Umgangsfähigkeit, Wertschätzung durch andere, Irritierbarkeit durch andere und Gefühle und Beziehungen zu anderen.

Mit diesem Fragebogen wird die jeweilige Höhe der bereichsspezifischen Selbstwertschätzung erhoben, die Inhalte des Selbstbildes zeigen sich, wenn überhaupt, erst im Profil der bereichsspezifischen Selbstwerteinschätzungen. Auffallend ist hier jedoch, daß alle zehn Selbstwertskalen untereinander relativ hoch korrelieren. Das bedeutet, daß sich Personen besonders durch ihr *globales* Selbstwertgefühl voneinander unterscheiden und dieses Selbstwertgefühl weniger stark hinsichtlich verschiedener Bereiche differiert.

Das Selbstkonzept einer Person hängt aber auch von dem Ausmaß ab, in dem diese Person Aufmerksamkeit auf sich selbst richtet. Das Phänomen der *Selbstaufmerksamkeit* wurde zunächst in Abhängigkeit von situativen Merkmalen untersucht, das heißt, es wurde untersucht, von welchen situativen Bedingungen es abhängt, daß eine Person ihre Aufmerksamkeit auf die eigene Person richtet, und welche Folgen mit dieser Selbstzentrierung verbunden sind (Duval & Wicklund 1972; vgl. auch Abele & Gendolla). Darüber hinaus nimmt man aber auch an, daß der Grad der Aufmerksamkeitszuwendung gegenüber der eigenen Person ein Persönlichkeitsmerkmal darstellt. Dabei ist das in unserer Gesellschaft vermehrt auftretende Phänomen einer zunehmenden Beobachtung der eigenen Person, des eigenen Erlebens und Verhaltens (»Psychologisierung«), noch gar nicht mal in den Fokus der Forschung geraten.

In einigen Forschungsarbeiten wird untersucht, inwieweit der Grad der Selbstaufmerksamkeit selbst wiederum die Messung anderer Persönlichkeitseigenschaften beeinflußt. Es ist naheliegend, daß Personen mit einer höheren Selbstaufmerksamkeit auch eher in der Lage sind, in einem Fragebogen über eigene Persönlichkeitseigenschaften Auskunft zu geben. Insbesondere bei gesundheitspsychologischen Fragestellungen könnte dieses Persönlichkeitsmerkmal noch eine wichtige Rolle spielen (siehe Krampen 1985).

Wesentlich intensiver untersucht sind dagegen die individuellen Unterschiede in der Art der *Selbstpräsentation*, also in der Darstellung der eigenen Person nach außen. Diese als »self monitoring« bezeichnete Personeneigenschaft wurde von Snyder (1974) eingeführt: »Es gibt allerdings auffallende und bedeutsame Unterschiede in dem Ausmaß, in dem Personen ihre Selbstdarstellung, ihr Ausdrucksverhalten und ihre nichtverbalen emotionalen Ausdrucksformen kontrollieren beziehungsweise kontrollieren können.« (Snyder 1974, S. 526, Übersetzung von mir, J. R.) Während sich Personen mit einer geringen Selbstpräsentationstendenz einfach so verhalten »wie sie sind«, sind Personen mit einer hohen Selbstpräsentationstendenz in ihrem Verhalten davon geleitet, wie sie nach außen erscheinen und ob dieses Erscheinen situationsangemessen und strategisch sinnvoll ist.

Auch diese Persönlichkeitseigenschaft beeinflußt selbst wieder die Meßbarkeit anderer Persönlichkeitseigenschaften, denn Personen mit einer hohen Selbstpräsentationstendenz verhalten sich auch bei der Beantwortung eines Persönlichkeitsfragebogens nicht unbedingt so, wie sie wirklich sind. Der Versuch, diese Persönlichkeitseigenschaft durch einen Fragebogen zu erfassen, kann noch nicht als erfolgreich angesehen werden, denn die Facetten der Selbstpräsentation sind zu unterschiedlich, als daß von einer einheitlichen Tendenz, sich mehr oder weniger stark selbst zu präsentieren, ausgegangen werden kann.

Nowack (1985) teilt das Konstrukt des »self monitoring« daher in zwei voneinander unabhängige Persönlichkeitsmerkmale auf, nämlich die Fähigkeit und Fertigkeit im sozialen Umgang und die erlebte Inkonsistenz eigenen Verhaltens. Die Fertigkeiten zur Wahrnehmung und Interpretation sozialer Reize und zur Steuerung des eigenen Sozialverhaltens sind notwendige Voraussetzung der Selbstpräsentation. Die erlebte Inkonsistenz des eigenen Verhaltens, das heißt eine Diskrepanz zwischen dem wahren Selbst und dem gezeigten Verhalten, ist dagegen nicht immer Ausdruck derselben Tendenz zur Selbstpräsentation, sondern kann verschiedene Ursachen haben: Selbstdarstellung kann dem Selbstwertschutz dienen und aus Unsicherheit und dem Streben nach Anerkennung resultieren, oder sie kann tatsächlich aus dem Wunsch heraus resultieren, andere Personen von sich zu überzeugen und sich zu »präsentieren« (Hormuth & Otto 1996).

Vielleicht macht es gerade diese Persönlichkeitseigenschaft des »self monitoring« abschließend besonders deutlich, mit welchen Problemen die Persönlichkeitsforschung zu kämpfen hat: Bei der empirischen Überprüfung von Persönlichkeitstheorien ist man allzu sehr darauf angewiesen, was die untersuchten Personen von ihrer Persönlichkeit preiszugeben bereit und auch in der Lage sind.

Literatur

Adorno, Theodor W., Else Frenkel-Brunswik, Daniel J. Levinson, R. Nevitt Sanford (1950): *The authoritarian personality*. New York: Harper & Row.

Allport, Gordon W., H.S. Odbert (1936): Trait-names: A psychological study. *Psychological Monographs*, 47: Whole No. 211.

Amelang, Manfred, Dieter Bartussek (1985): *Differentielle Psychologie und Persönlichkeitsforschung*. Mainz: Kohlhammer.

Amelang, Manfred (Hg.) (1996): *Enzyklopädie der Psychologie. Themenbereich C, Theorie und Forschung, Serie VIII: Differentielle Psychologie und Persönlichkeitsforschung, Bd. 3: Temperaments- und Persönlichkeitsunterschiede*. Göttingen: Hogrefe.

Atkinson, John W. (1957): Motivational determinants of risk-taking behavior. *Psychological Review*, 64: 359–372.

Bandura, Albert (1977): Self-efficacy: Toward a unifying theory of behavioral change. *Psychological Review*, 84: 191–215.

Bartussek, Dieter (1996): Faktorenanalytische Gesamtsysteme der Persönlichkeit. In: Manfred Amelang (Hg.): *Enzyklopädie der Psychologie. The-*

menbereich C, Theorie und Forschung, Serie VIII: Differentielle Psychologie und Persönlichkeitsforschung, Bd. 3: Temperaments- und Persönlichkeitsunterschiede. Göttingen: Hogrefe, 51–105.

Borkenau, Peter, Fritz Ostendorf (1991): Ein Fragebogen zur Erfassung fünf robuster Persönlichkeitsfaktoren. *Diagnostica*, 37: 29–41.

Borkenau, Peter (1996): Prosoziales Verhalten. In: Manfred Amelang (Hg.): *Enzyklopädie der Psychologie. Themenbereich C, Theorie und Forschung, Serie VIII: Differentielle Psychologie und Persönlichkeitsforschung, Bd. 3: Temperaments- und Persönlichkeitsunterschiede*. Göttingen: Hogrefe, 378–406.

Buse, Lothar (1996): Differentielle Psychologie der Interessen. In: Manfred Amelang (Hg.): *Enzyklopädie der Psychologie, Themenbereich C, Theorie und Forschung, Serie VIII: Differentielle Psychologie und Persönlichkeitsforschung, Bd. 3: Temperaments- und Persönlichkeitsunterschiede*. Göttingen: Hogrefe, 441–475.

Christie, Richard, Florence L. Geis (1970): *Studies in Machiavellianism*. New York: Academic Press.

DeCharms, Richard (1968): *Personal causation: The internal affective determinants of behavior*. New York: Academic Press.

Deusinger, Ingrid M. (1986): *Die Frankfurter Selbstkonzeptskalen (FSKN)*. Göttingen: Hogrefe.

Duval, Shelley, Robert A. Wicklund (1972): *A theory of objective self awareness*. New York: Academic Press.

Eysenck, Hans Jürgen (1977): *Sexualität und Persönlichkeit*. Wien: Europa-Verlag.

Eysenck, Hans Jürgen (1981): *A model for personality*. Berlin: Springer.

Eysenck, Hans Jürgen, Michael W. Eysenck (1987): *Persönlichkeit und Individualität. Ein naturwissenschaftliches Paradigma*. München: Psychologie Verlags Union.

Freud, Sigmund (1975): *Abriß der Psychoanalyse*. Frankfurt/M.: Fischer.

Fromm, Erich (1941): *Escape from freedom*. New York: Rinehart.

Goldberg, Lewis R. (1981): Language and individual differences: The search for universals in personality lexicons. *Review of Personality and Social Psychology*, 2: 141–165.

Gray, Jeffrey A. (1973): Causal theories of personality and how to test them. In: Joseph R. Royce (Hg.): *Multivariate analysis and psychological theory*. New York: Academic Press, 409–463.

Heckhausen, Heinz (1980): *Motivation und Handeln*. Berlin: Springer.

Herrmann, Theo (1972): *Lehrbuch der empirischen Persönlichkeitsforschung*. Göttingen: Hogrefe.

Hormuth, Stefan E., Siegfried Otto (1996): Das Selbstkonzept: Konzeptualisierung und Messung. In: Manfred Amelang (Hg.): *Enzyklopädie der Psychologie. Themenbereich C, Theorie und Forschung, Serie VIII: Differentielle Psychologie und Persönlichkeitsforschung, Bd. 3: Temperaments- und Persönlichkeitsunterschiede*. Göttingen: Hogrefe, 257–300.

Kerlinger, Fred N. (1984): *Liberalism and conservatism. The nature and structure of social values*. Hillsdale, NJ: Erlbaum.

Krampen, Günther (1985): Aufmerksamkeits-Orientierung. In: Theo Herrmann, Ernst D. Lantermann (Hg.): *Persönlichkeitspsychologie. Handbuch in Schlüsselbegriffen*. München: Urban & Schwarzenberg, 354–361.

Krohne, Heinz W. (1996): Repression-Sensitization. In: Manfred Amelang (Hg.): *Enzyklopädie der Psychologie. Themenbereich C, Theorie und Forschung, Serie VIII: Differentielle Psychologie und Persönlichkeitsforschung, Bd. 3: Temperaments- und Persönlichkeitsunterschiede*. Göttingen: Hogrefe, 153–184.

Kuhl, Julius (1983): *Motivation, Konflikt und Handlungskontrolle*. Berlin: Springer.

McClelland, David C., John W. Atkinson, Russell A. Clark, Edgar L. Lowell (1953): *The achievement motive*. New York: Appleton-Century-Crofts.

Mischel, Walter (1981): *Introduction to personality* (3. Aufl.). New York: Holt, Rinehart & Winston.

Norman, Warren T. (1963): Toward an adequate taxonomy of personality attributes: Replicated factor structure in peer nomination personality ratings. *Journal of Abnormal and Social Psychology*, 66: 574–583.

Nowack, Wolf (1985): Self-Monitoring – Selbstpräsentation. In: Theo Herrmann, Ernst D. Lantermann (Hg.): *Persönlichkeitspsychologie. Handbuch in Schlüsselbegriffen*. München: Urban & Schwarzenberg, 361–370.

Pervin, Lawrence A. (1987): *Persönlichkeitstheorien*. München: Reinhardt.

Peterson, Christopher, Martin E. P. Seligman (1984): Causal explanations as a risk factor for depression: Theory and evidence. *Psychological Review*, 91: 347–374.

Prenzel, Manfred (1988): *Die Wirkungsweise von Interesse*. Opladen: Westdeutscher Verlag.

Rokeach, Milton (1960): *The open and closed mind*. New York: Basic Books.

Rost, Jürgen, Knud Sievers, Peter Häußler, Lore Hoffmann, Rolf Langeheine (1997): *Struktur und Veränderung des Interesses an Physik bei Schülern der 6.-10. Klassenstufe* (zur Veröffentlichung eingereicht).

Rost, Wolfgang (1990): *Emotionen – Elixiere des Lebens*. Berlin: Springer.

Rotter, Julian B. (1966): Generalized expectancies for internal versus external control of reinforcement. *Psychological Monographs*, 80: Whole No. 609.

Rotter, Julian B. (1980): Interpersonal trust, trust worthiness and gullibility. *American Psychologist*, 35: 1–7.

Scheirer, Mary Ann, Robert E. Krauth (1979): Increasing educational achievement via self-concept change. *Review of Educational Research*, 49: 131–150.

Schmalt, Heinz-Dieter, Sokolowski, Kurt (1996): Motivationale Konstrukte. In: Manfred Amelang (Hg.): *Enzyklopädie der Psychologie. Themenbereich C, Theorie und Forschung, Serie VIII: Differentielle Psychologie und Persönlichkeitsforschung, Bd. 3: Temperaments- und Persönlichkeitsunterschiede.* Göttingen: Hogrefe, 301–336.

Seligman, Milton E. P. (1975): *Helplessness.* San Francisco: Freeman.

Six, Bernd (1996): Generalisierte Einstellungen. In: Manfred Amelang (Hg.): *Enzyklopädie der Psychologie. Themenbereich C, Theorie und Forschung, Serie VIII: Differentielle Psychologie und Persönlichkeitsforschung, Bd. 3: Temperaments- und Persönlichkeitsunterschiede.* Göttingen: Hogrefe, 1–50.

Snyder, Mark (1974): Self-monitoring of expressive behavior. *Journal of Personality and Social Psychology,* 30: 526–537.

Stahlberg, Dagmar, Gabriele Osnabrügge, Dieter Frey (1985): Die Theorie des Selbstwertschutzes und der Selbstwerterhöhung. In: Dieter Frey, Martin Irle, Gabriele Osnabrügge (Hg.): *Theorien der Sozialpsychologie, Bd. III: Motivations- und Informationsverarbeitungstheorien.* Bern: Huber, 79–124.

2. Intelligenz
JÜRGEN ROST

Sir Francis Galton

Der Beginn der wissenschaftlichen Erforschung der Intelligenz wird dem britischen Forscher Sir Francis Galton zugeschrieben, der gegen Ende des 19. Jahrhunderts die Verteilung der geistigen Kräfte in der Bevölkerung untersucht hat. Galton war beeindruckt von der großen Variabilität der geistigen Kräfte, die selbst innerhalb eines relativ homogenen Kulturkreises wie dem der englischen Bevölkerung bestand. Dabei hatte Galton noch keine Theorie über das Wesen der geistigen Fähigkeiten – er sprach noch nicht von Intelligenz –, sondern er sah diese geistige Kraft in Analogie zu körperlichen Merkmalen, wie sie damals in Biologie und Medizin untersucht wurden. Dennoch hat Galton versucht, die Intelligenz zu messen, wobei ihn weniger der Meßvorgang selbst interessierte als die Verteilung der dabei resultierenden Meßwerte.

»Ich will in diesem Kapitel die Menschen nach ihren natürlichen Fähigkeiten ordnen, indem ich sie in Klassen einteile, die durch gleiche Grade des Verdienstes getrennt sind, und will dann die relative Anzahl der Individuen zeigen, die sich in den verschiedenen Klassen befinden. Vielleicht wird jemand geneigt sein, aus dem Stegreif die Vermutung aufzustellen, daß die Anzahl der Menschen in den verschiedenen Klassen ungefähr gleich sein wird. Wenn dem so ist, so kann ich ihm versichern, daß er sich ganz außerordentlich irrt. Die Methode, deren ich mich bediene, um all dies aufzudecken, ist eine Anwendung des sehr merkwürdigen theoretischen Gesetzes von der Abweichung von einem Durchschnitt.« (Galton 1910, S. 25)

Dieses merkwürdige theoretische Gesetz, das Galton meint und von dessen universeller Anwendbarkeit er fasziniert war, ist das Gesetz der *Normalverteilung*. Mit der Normalverteilung, deren mathematische Gleichung schon viel früher von dem Mathematiker Gauß abgeleitet worden war, läßt sich die Häufigkeitsverteilung bestimmter körperlicher Merkmale in der Bevölkerung sehr gut beschreiben. Mißt man zum Beispiel in einer Bevölkerung die Körpergröße und trägt in einem Diagramm für jeden möglichen Wert der Körpergröße die relative Häufigkeit ab, mit der diese Körpergröße in der Bevölkerung gemessen wurde, so erhält man in der Regel ein Bild, das folgendermaßen aussieht:

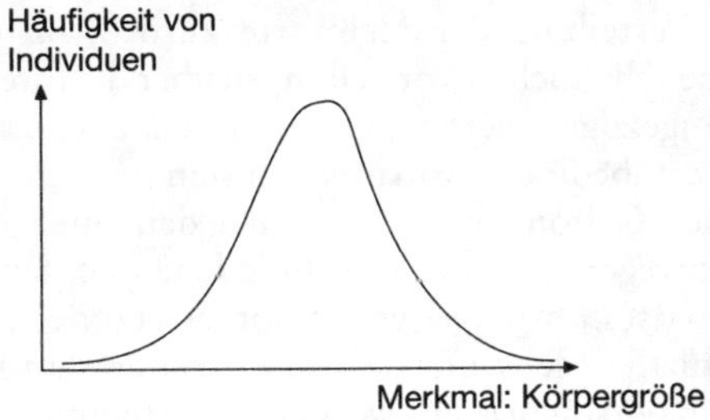

Abb. 1 Die Normalverteilung

Diese Verteilungsform besagt, daß der Mittelwert der Körpergröße in der Bevölkerung am häufigsten vorkommt, nahe über oder unter dem Mittelwert liegende Werte ebenfalls recht häufig und daß die relative Häufigkeit zu extremeren Körpergrößen hin kontinuierlich abfällt. Nun wäre dies nicht weiter verwunderlich, wenn sich nicht der Kurvenverlauf exakt durch eine bestimmte mathematische Gleichung darstellen ließe, nämlich eben durch die Gleichung der Normalverteilung von Gauß, die auf jedem 10–DM-Schein nachzulesen ist. Natürlich wird es in jeder empirischen Untersuchung kleinere Abweichungen von diesem vorhergesagten Kurvenverlauf geben, jedoch braucht man bei einer hinreichend großen Population nur die Anzahl der Beobachtungen weiter zu erhöhen, um festzustellen, daß sich die gemessene Verteilung immer weiter der Kurve der Normalverteilung annähert.

Galton argumentierte nun folgendermaßen: Wenn die meisten körperlichen Merkmale diesem Gesetz der Normalverteilung folgen und man nachweisen kann, daß auch die geistigen Fähigkeiten demselben Gesetz gehorchen, so ist damit bewiesen, daß es sich bei den geistigen Fähigkeiten ebenfalls um natürliche Merkmale des Menschen handelt. Überflüssig zu sagen, daß ihm dieser Nachweis gelang. Bemerkenswert ist an dieser Argumentation jedoch, daß sie sich bis in die heutige Zeit in der Intelligenzforschung gehalten hat. Man begegnet auch heute noch bei der Entwicklung von Intelligenz- und Leistungstests immer wieder der Meinung, daß nur ein normalverteiltes Testergebnis ein brauchbares Testergebnis sei.

Auf einer allgemeineren Ebene ausgedrückt ist Galtons Vorgehensweise ein gutes Beispiel für eine *Meßtheorie*, die allein aus einer *Verteilungsannahme* besteht: Man leitet aus inhaltlichen Vorstellungen über das, was man messen will, ab, wie die resultierenden Meßwerte verteilt sein müßten und schließt dann aus der tatsächlich beobachteten Verteilung der Meßwerte zurück, ob die Theorie stimmt. Welche inhaltlichen Vorstellungen über die Intelligenz können aber herangezogen werden, um zu begründen, daß Meßwerte der Intelligenz unbedingt normalverteilt sein müssen? Hier dürfte es für Sir Francis Galton schwierig werden, denn die Normalverteilung ist gerade wegen ihrer von Galton so bewunderten Allgemeingültigkeit aus »fast immer« geltenden Voraussetzungen ableitbar.

Die Mathematiker leiten die Normalverteilung im Rahmen der Wahrscheinlichkeitstheorie ab, wo sie die Verteilung einer Summe von sogenannten unabhängigen Zufallsvariablen beschreibt. Das bedeutet zum Beispiel, daß, wenn tausend Personen jeweils zehn Würfe mit einem normalen Würfel machen und man die Gesamtpunktzahl jeder Person als ihren »Meßwert« nimmt, diese »Meßwerte« annähernd normalverteilt sind. Übertragen auf Intelligenztests ist ein Testergebnis selbst dann normalverteilt, wenn es mit Hilfe von Testaufgaben zustande gekommen ist, die gar nichts miteinander zu tun haben, und die getesteten Personen zudem das Ergebnis geraten haben.

Der Nachweis, daß eine gemessene geistige Fähigkeit normalverteilt ist, besagt also nichts darüber, ob damit irgendetwas Sinnvolles gemessen wurde. Das allgemeine Prinzip, die Intelligenz des Menschen dadurch zu erforschen, daß man die *Verteilungen* verschiedener geistiger Fähigkeiten studiert, ist für die Intelligenzforschung bis heute jedoch von außerordentlicher Wichtigkeit, ja ohne dieses Prinzip wäre die Intelligenzforschung nicht denkbar.

Alfred Binet

Einen ganz anderen Weg, sich dem Problem der Messung menschlicher Intelligenz zu nähern, hat der französische Forscher Binet eingeschlagen, der ebenfalls als einer der Urväter der Intelligenzforschung gilt. Binet hatte den Auftrag, Sonderschulkinder von normal begabten Schulkindern zu trennen, damit diese in geeigneter Weise beschult werden konnten. Bei der Entwicklung eines Maßes für die Intelligenz ging er davon aus, welche geistigen Leistungen ein Kind in welchem Lebensalter normalerweise vollführen kann und kam zu folgenden Indikatoren für die verschiedenen Altersgruppen (Auswahl):

- wiederholt einen Satz von 16 Silben; wählt das hübschere Gesicht aus jedem von drei Paaren; kennt Morgen und Nachmittag (6 Jahre);
- wiederholt fünf Ziffern; beschreibt Bilder als Szenen; kennt die Namen von vier häufiger gebrauchten Münzen (7 Jahre);
- liest eine Textpassage und erinnert sich an zwei Details; benennt vier Farben – rot, gelb, blau, grün; zählt rückwärts von 20 auf null (8 Jahre);
- kennt das Datum (Wochentag, Monat und Jahr), liest eine Textpassage und erinnert sich an sechs Details; arrangiert fünf Blöcke nach ihrem Gewicht (9 Jahre) (zit. n. Amelang & Bartussek 1985, S. 37).

Untersucht man bei jedem Kind, welche Aufgaben seiner Altersgruppe sowie der darunter und darüber liegenden Altersgruppen es lösen kann, so gelangt man zu einer Berechnung seines *Intelligenzalters*: das Intelligenzalter entspricht derjenigen Altersstufe, aus der ein Kind alle Aufgaben lösen kann, plus den Anteil der gelösten Aufgaben aus der nächsthöheren Altersgruppe. Diese Art von Tests nennt man Staffeltests.

Auch in diesem Ursprung der Intelligenzdiagnostik liegt ein Prinzip, das bis heute von großer Aktualität ist, nämlich das Prinzip des *kriterienorientierten Testens* (vgl. Kempfs Beitrag zur Testtheorie). Binet mißt den Intelligenzgrad eines Individuums nicht anhand einer Verteilung der Meßwerte in einer Population, wie Galton das tat, sondern er mißt die Leistung anhand eines Kriteriums, nämlich des Kriteriums, welche Aufgaben altersgemäß bewältigt werden müßten. Dieser Gegensatz zwischen normorientiertem und kriteriumsorientiertem Testen ist besonders im Rahmen der pädagogischen Diagnostik, zum Beispiel bei der Schulnotenvergabe, von Bedeutung, durchzieht jedoch auch die Entwicklung der Intelligenzforschung. Es kann als Ironie des Schicksals angesehen werden, daß ausgerechnet unser heutiger Begriff des Intelligenzquotienten, ein rein normorientiertes Maß der Intelligenz, seine Anfänge bei Binet hat.

Der Begriff des *Intelligenzquotienten* baute nämlich ursprünglich auf dem von Binet definierten Intelligenzalter auf: Der Hamburger Psychologe William Stern schlug 1912 vor, aus dem Intelligenzalter und dem tatsächlichen Lebensalter einen Quotienten zu bilden, eben den Intelligenzquotienten (Stern 1920). Dieser Quotient ist kleiner als 1, wenn das Intelligenzalter niedriger als das Lebensalter ist und größer als 1, wenn das Kind in seiner geistigen Entwicklung dem Lebensalter voraus ist. Multipliziert man diesen Intelligenzquotienten noch mit 100, so ergibt sich der bis heute gebräuchliche Wertebereich des Intelligenzquotienten mit einem Durchschnittswert von 100.

Allerdings ist heutzutage der Intelligenzquotient gänzlich anders definiert, das heißt nicht mehr als Quotient zwischen Intelligenzalter und Lebensalter. Allein die Bezeichnung »Intelligenz*quotient*«, die von William Stern stammt, ist bis heute beibehalten worden.

Was ist Intelligenz?

Bevor dargestellt wird, wie sich die Intelligenzforschung weiter entwickelt hat, soll erst einmal untersucht werden, was man unter Intelligenz überhaupt verstehen kann. Hierzu hat bereits William Stern eine sehr brauchbare Definition geliefert. Er definiert Intelligenz als »die allgemeine Fähigkeit eines Individuums, sein Denken bewußt auf neue Forderungen einzustellen; sie ist allgemeine geistige Anpassungsfähigkeit an neue Aufgaben und Bedingungen des Lebens« (Stern 1920, S. 2).

Als Kontrast sei hierzu die Intelligenzdefinition wiedergegeben, die dem bis heute am häufigsten verwendeten Intelligenztest, dem Hamburg-Wechsler-Intelligenztest (HAWIE beziehungsweise HAWIK als die für Kinder geeignete Form) zugrunde liegt: »Intelligenz ist die zusammengesetzte oder globale Fähigkeit des Individuums, zweckvoll zu handeln, vernünftig zu denken und sich mit seiner Umgebung wirkungsvoll auseinanderzusetzen.« (Wechsler 1964) Während die letztgenannte Definition recht blumig das Phänomen zu beschreiben scheint, um das es hier geht, ist sie letztlich doch zirkulär: Die definierenden Eigenschaften der globalen und komplexen Fähigkeit, um die es hier geht, sind in drei Adjektive verpackt (zweckvoll, vernünftig und wirkungsvoll), die das Phänomen nicht wirklich definieren, sondern selbst einer Definition bedürfen:

worin unterscheidet sich vernünftiges Denken von unvernünftigem Denken, warum muß Handeln immer zweckvoll sein, und wann ist eine Auseinandersetzung wirkungsvoll?

Demgegenüber weist Sterns Definition auf den Kern von Intelligenzleistungen hin. Das wichtigste Wörtchen in seiner Definition ist »neu«; Intelligenz nämlich ist die Fähigkeit, sich auf *neue* Forderungen einstellen, sich an *neue* Aufgaben anpassen zu können. Es ist nicht die Fähigkeit, sich mit angeborenen Verhaltensschemata und erworbenem Wissen in der Welt zurechtzufinden oder sich auf die Inhalte seines Gedächtnisses berufen zu können, sondern die Fähigkeit, sich eben auf Neues einzustellen, das bisher noch nicht dagewesen ist und für das es noch keine vorgefertigten Antworten gibt.

Ganz im Einklang mit dieser Sichtweise ist der Standpunkt der Verhaltensbiologie, nach dem die Intelligenz als »ein durch mangelhafte Anpassung hervorgerufener geistiger Prozeß« betrachtet wird, »der dazu dient, das Individuum wieder anzupassen« (Claparede, zit. n. Amelang & Bartussek 1985). Was hier – negativ ausgedrückt – auf »mangelnde Anpassung« zurückgeführt wird, ist die Fähigkeit des Menschen, sich immer neuen, wechselnden Situationen anzupassen, ohne daß hierfür Verhaltensmuster ererbt oder gelernt werden mußten. Es ist die hohe geistige Flexibilität, die der Gattung Mensch den entscheidenden Überlebensvorteil gewährte.

Eine dritte, wiederum ganz anders formulierte Definition, beschreibt letztlich doch dasselbe Phänomen: »Intelligenz ist die Befähigung zur Auffindung von Redundanz (Ordnung). Der Grad der Leistungsfähigkeit von Intelligenz bemißt sich nach der Komplexität der Ordnungen, die eben noch erfaßt werden können.« (Hofstätter 1966) In dieser Definition kommt nicht das Wörtchen »neu« vor, sie beschreibt jedoch in informationstheoretischen Termini, worum es geht, wenn man mit einer neuen Situation konfrontiert wird: nämlich in der anfänglichen Unordnung, dem anfänglichen Chaos, schnell Sinn und System zu entdecken, das heißt, Ordnung zu finden, um darauf reagieren zu können. Wer in Komplexität keine Ordnung entdeckt, wird nicht adäquat reagieren können und auf lange Sicht mit dem Chaos nicht fertigwerden.

Sich auf neue Forderungen einstellen, sich wechselnden Situationen anpassen und System und Struktur in einer scheinbaren Unordnung erkennen, das sind lediglich drei Sichtweisen desselben Phänomens »Intelligenz«. Diese Definitionen zeigen aber auch, wie schwer es ist, Intelligenz zu messen: Erfordert die Messung von Intelligenz nicht die Konfrontation des Individuums mit Situationen, die für das Individuum neu sind, die zu meistern es noch nicht gelernt hat? Wie können Intelligenztests mit einer standardisierten Batterie von Testaufgaben diesem Anspruch gerecht werden, die Fähigkeit zum Umgang mit Neuem zu erfassen? Ist es überhaupt *eine* Fähigkeit, um die es hier geht, oder sind es mehrere Fähigkeiten?

Der Traum von der generellen Intelligenz

Einer der ersten Intelligenzforscher, der die Frage systematisch untersucht hat, ob es eine einzelne Fähigkeit Intelligenz oder mehrere Fähigkeiten gibt, war Charles Spearman. Spearman versuchte mit allen Mitteln nachzuweisen, daß es eine solche *generelle Intelligenz* gibt, und entwickelte dabei mathematische Grundlagen der Messung von Intelligenz, die bis heute von großer Bedeutung für die gesamte Testpsychologie sind (vgl. Kempfs Beitrag zur Testtheorie).

Bei seinen Versuchen, die generelle Intelligenz empirisch nachzuweisen, brachte er so verschiedene Dinge zusammen wie die Intelligenzeinschätzung von Schülern durch ihre Lehrer und die Diskriminationsleistungen der Schüler bei einfachen Wahrnehmungsexperimenten. Während es sich bei den Lehrerurteilen um die Einschätzung eines relativ komplexen Phänomens handelt, nämlich die Fähigkeit, die hinter den Leistungen und dem Verhalten eines Schülers steht, beziehen sich die Diskriminationsleistungen auf sehr eingeschränkte kognitive Funktionen, nämlich die Fähigkeit der Schüler, zwischen ähnlichen Tönen, Farben oder Lichtintensitäten unterscheiden zu können.

Spearmans Überlegung war, daß beiden kognitiven Leistungen, den komplexen Schulleistungen und den einfachen Diskriminationsleistungen, dieselbe allgemeine Fähigkeit zugrunde liegen müsse, nämlich die generelle Intelligenz. Mißt man die beiden Leistungen und korreliert die erhaltenen Meßwerte, so sollte sich in der *Höhe der Korrelation* das ausdrücken, was beiden Leistungen gemeinsam ist, die generelle Intelligenz.

Das mathematische Konzept der *Korrelation* war bereits von Karl Pearson entwickelt worden und wurde von Spearman aufgegriffen, um den empirischen Nachweis der generellen Intelligenz zu führen. Der Pearsonsche Korrelationskoeffizient ist ein Maß für den Zusammenhang zweier quantitativer Variablen, also zum Beispiel zwischen dem Testergebnis in einem Intelligenztest und dem Durchschnittswert aller Schulnoten eines Schülers. Der Korrelationskoeffizient kann Werte zwischen –1 und +1 annehmen, wobei 0 bedeutet, daß überhaupt kein Zusammenhang zwischen beiden Maßen existiert, und +1 bedeutet, daß ein perfekter positiver Zusammenhang existiert.

Ein starker *positiver* Zusammenhang bedeutet, daß höhere Werte auf der einen Variablen mit höheren Werten auf der anderen Variablen einhergehen. *Negative* Korrelationskoeffizienten bedeuten dagegen, daß *höhere* Meßwerte des einen Merkmals mit *niedrigeren* Meßwerten des anderen Merkmals einhergehen. So wie die Schulnoten in Deutschland definiert sind, ist also eine negative Korrelation zwischen Intelligenz und Schulnote zu erwarten, da eine niedrigere Schulnote für eine bessere Leistung steht.

Für das Verständnis nicht nur von Spearmans Beitrag zur Intelligenzforschung, sondern auch der gesamten weiteren Entwicklung der Intelligenztheorie, ist es wichtig, einen Beurteilungsmaßstab für die Höhe von Korrelationskoeffizienten zu besitzen. Diesen gewinnt man am besten durch eine Visualisierung verschiedener Werte des Korrelationskoeffizienten. Die folgende *Abbildung 2* zeigt daher zwölf Verteilungen von Meßwerten, die jeweils unterschiedlichen Werten des Korrelationskoeffizienten entsprechen. Abgetragen ist auf der x-Achse jeweils der Meßwert hinsichtlich des ersten Merkmals und auf der y-Achse der Meßwert hinsichtlich des zweiten Merkmals. Jeder Punkt repräsentiert eine Person, seine Koordinaten entsprechen den beiden Meßwerten dieser Person.

Je höher die Korrelation ist, desto schlanker und länglicher wird die Verteilung der Punkte in der Fläche. Diese Graphiken stellen ein anschauliches Maß dar, wie gut man aufgrund der Kenntnis des einen Merkmals auf die Ausprägung des anderen Merkmals schließen kann. Man sieht, daß das bei Korrelationskoeffizienten, die kleiner als 0.40 sind, sehr schwer möglich ist, da für jede Ausprägung des einen Merkmals fast alle Werte des anderen Merkmals vorkommen.

Charles Spearman hat auf diese Weise das Lehrerurteil der Intelligenz mit den Diskriminationsleistungen der Schüler korreliert und fand Korrelationskoeffizienten in der Höhe von $r = 0.38$ (Spearman 1904). Für die Behauptung, daß beide Maße Indikatoren *desselben* Merkmals, nämlich der generellen Intelligenz, seien, ist diese Korrelation äußerst gering, man könnte sie geradezu als Widerlegung der

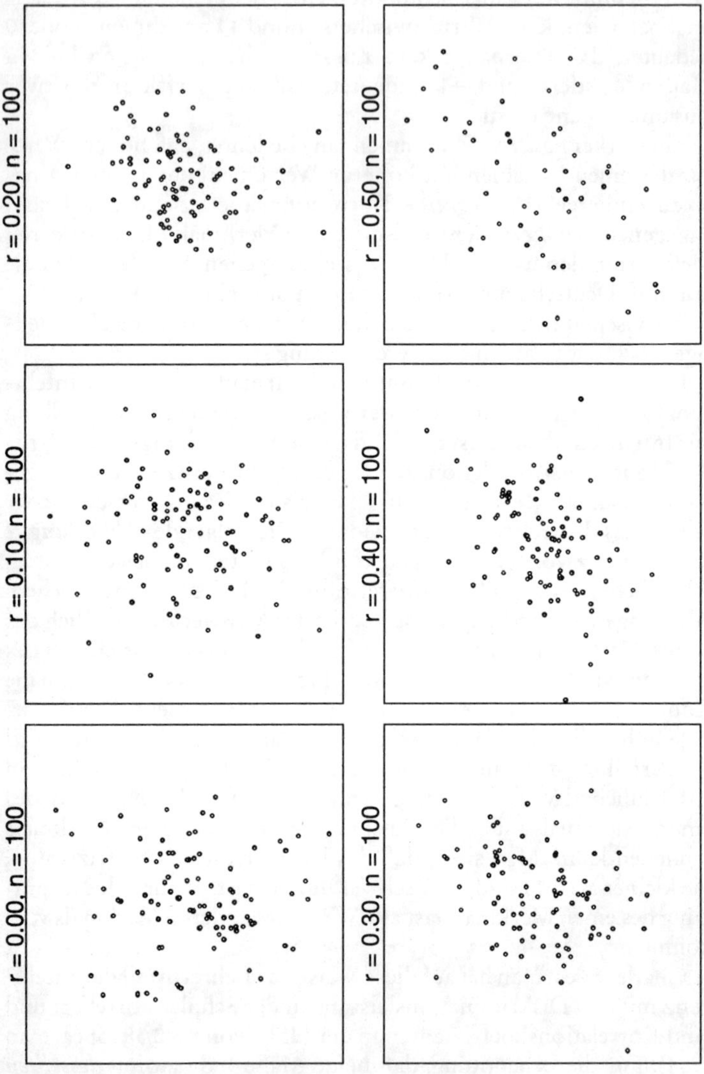

Abb. 2 Visualisierung von 12 verschiedenen Werten des Korrelationskoeffizienten

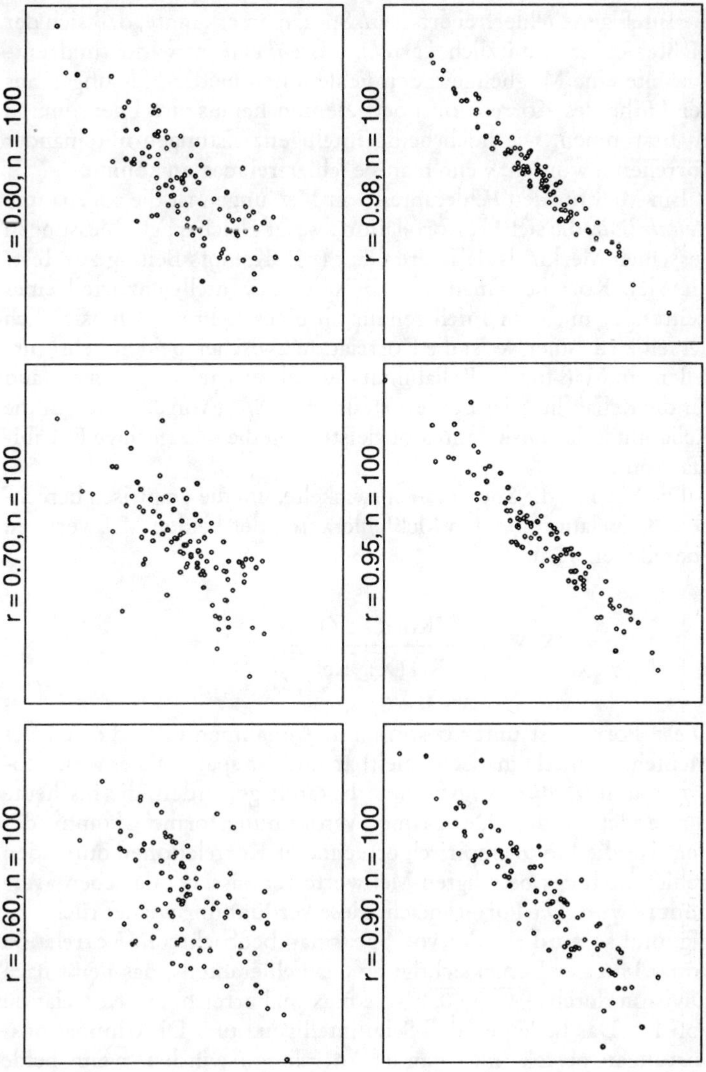
r = 0.80, n = 100
r = 0.98, n = 100
r = 0.70, n = 100
r = 0.95, n = 100
r = 0.60, n = 100
r = 0.90, n = 100

These der generellen Intelligenz betrachten. Ganz anders hat Spearman argumentiert: Beide Maße der Intelligenz sind hochgradig fehlerbehaftet, denn weder ein Lehrer noch ein Laborexperiment kann die Intelligenz fehlerfrei erfassen. Spearman erkannte, daß sich der Meßfehler grundsätzlich *korrelationssenkend* auswirkt, und entwickelte eine Möglichkeit, den Fehleranteil beider Messungen aus der Höhe des Korrelationskoeffizienten herauszurechnen, um so zu bestimmen, wie hoch beide Intelligenzleistungen miteinander korrelieren würden, wenn man sie fehlerfrei messen könnte.

Ein Maß für den Fehleranteil von Messungen ist die sogenannte *Reliabilität*, die sich als Korrelation zweier gleichartiger Messungen desselben Merkmals definieren läßt (vgl. Kempfs Beitrag zur Testtheorie). Korreliert man zum Beispiel das Intelligenzurteil eines Lehrers A mit dem Intelligenzurteil eines Lehrers B hinsichtlich derselben Schüler, so ist die Korrelation zwischen beiden Lehrerurteilen ein Maß für die Reliabilität des Lehrerurteils. Spearman fand für die Reliabilität des Lehrerurteils einen Wert von 0.55 und für die Reliabilität der Diskriminationsleistungen die sehr geringe Reliabilität von 0.25.

Die Formel, die Spearman entwickelte, um die empirisch berechnete Korrelation um den Meßfehleranteil der beiden Meßwerte zu »bereinigen«, lautet:

$$\text{Korr}^*(X,Y) = \frac{\text{Korr}(X,Y)}{\sqrt{\text{Rel}(X) \cdot \text{Rel}(Y)}}$$

Diese Formel ist unter bestimmten Annahmen über die Art des Meßfehlers mathematisch ableitbar und ist später als eine der sogenannten *Verdünnungsformeln* bekannt geworden, die bis heute verwendet werden. Der Name »Verdünnungsformel« kommt daher, daß die Höhe empirisch errechneter Korrelationen durch den Fehleranteil der beteiligten Meßwerte verwässert oder eben »verdünnt« wird. Die Formel macht diese Verdünnung wieder rückgängig, und so wird aus der von Spearman beobachteten Korrelation von 0.38 unter Berücksichtigung des Fehleranteils, das heißt nach Division durch $\sqrt{0{,}55 \cdot 0{,}25}$, die maximal erreichbare Korrelation von 1.0. Das bedeutet, daß Schulintelligenz und Diskriminationsleistungen perfekt miteinander korrelieren würden, wenn beide Messungen für sich genommen nur fehlerfrei wären.

Spearman hat daraus den euphorischen Schluß gezogen: »On the whole, then, we reach the profoundly important conclusion that *there really exists a something that we may provisionally term ›General Sensory Discrimination‹ and similarly a ›General Intelligence‹, and further that the functional correspondence between these two is not appreciably less than absolute.*« (Spearman 1904, S. 272)

Es mutet wie ein Zauberkunststück an, wie Spearman anhand dieser Daten seine Theorie der generellen Intelligenz bestätigt findet. Tatsächlich haben die Verdünnungsformeln eine fragwürdige Seite: Je schlechter, das heißt je unreliabler die Tests sind, mit denen man arbeitet, um so stärker kann man im Nachhinein die beobachteten Korrelationen zwischen diesen Tests aufwerten. Die Formel ist zwar mathematisch korrekt abgeleitet, jedoch besteht Grund zu der Annahme, daß die Bedingungen, auf denen diese Ableitung beruht, von den empirischen Daten Spearmans nicht erfüllt werden und somit die perfekte Korrelation (r=1) zwischen Schulintelligenz und Diskriminationsleistung ein Traum bleibt.

Die Theorie der primären Fähigkeiten

Die Antithese zu Spearmans These der generellen Intelligenz wurde am intensivsten von Luis Thurstone vertreten, welcher meinte, daß es sieben unabhängige Fähigkeiten seien, aus denen sich das zusammensetzt, was wir unter Intelligenz verstehen (Thurstone & Thurstone 1941). *Tabelle 1* (siehe S. 542) zeigt diese sieben *Primärfähigkeiten* im Überblick.

Jede dieser Fähigkeiten läßt sich mit entsprechenden Arten von Intelligenztests erfassen. Die Kernaussage von Thurstones Theorie besagt, daß solche Intelligenzleistungen eben nicht – wie Spearman annehmen würde – nahezu perfekt miteinander korrelieren, sondern ganz im Gegenteil eher *Korrelationen um Null* aufweisen. Auch Thurstone hat versucht, seine Theorie mit Hilfe berechneter Korrelationen zwischen den Intelligenzleistungen zu bestätigen, und benötigte hierfür die Methode der Faktorenanalyse (vgl. Steyer).

Die *Faktorenanalyse* ist ein Verfahren, mit dem man sehr viele Korrelationskoeffizienten gleichzeitig verarbeiten kann, um zu sehen, wie viele Fähigkeitsdimensionen mehreren unterschiedlichen Intelligenztests oder Intelligenzmaßen zugrundeliegen. Genauer

1. Verbales Verständnis	Wortschatz, verbale Analogien, Textverständnis, Rechtschreibung
2. Wortflüssigkeit	schnelles Produzieren von Wörtern, das Lösen von Anagrammen, Bilden von Reimen oder Finden von Benennungen
3. Zahlen	Geschwindigkeit und Genauigkeit bei einfachen Rechenaufgaben
4. Raum	räumliches Vorstellungsvermögen, Orientierungsleistungen, Verständnis mechanischer Bewegungen und technischer Instrumente
5. Gedächtnis	Behalten gelernter Assoziationen zwischen Paaren von Wörtern, Zahlen, Bildern oder Figuren
6. Wahrnehmungsgeschwindigkeit	Geschwindigkeit bei der Identifikation visueller Konfigurationen, Erkennen von Gleichheiten und Ungleichheiten
7. Induktives Denken	schlußfolgerndes Denken, Auffinden einer allgemeinen Regel zum Beispiel bei Reihenfortsetzungsaufgaben

Tab. 1 Thurstones Primärfähigkeiten (in Anlehnung an Amelang & Bartussek 1985).

gesagt geht die Faktorenanalyse von einer *Korrelationsmatrix* aus, also einer Anordnung aller Korrelationen, die es zwischen je zwei Intelligenztests einer Batterie von Intelligenztests gibt, in Form einer Matrix. Hat man zum Beispiel jede der sieben Primärfähigkeiten mit einem eigenen Test gemessen, so besteht die Korrelationsmatrix aus einer Matrix mit sieben Zeilen und sieben Spalten. In jeder Zelle steht die Korrelation zwischen den beiden Tests, die zur Zeile und zur Spalte dieser Zelle gehören.

Eine Korrelationsmatrix ist *symmetrisch*, das heißt, oberhalb und unterhalb der Hauptdiagonalen stehen dieselben Zahlen, denn ein Test A korreliert mit einem Test B in derselben Höhe, wie der Test B mit Test A korreliert. In der Hauptdiagonalen stehen die Korrelationen der Tests mit sich selbst, also deren Reliabilitäten. *Tabelle 2* zeigt eine hypothetische Korrelationsmatrix zwischen sieben Tests.

Die hypothetischen Werte der Korrelationskoeffizienten wurden so gewählt, daß deutlich wird, daß dieser Testbatterie von sieben Tests *vier* Faktoren zugrundeliegen, denn die ersten beiden (verbalen) Tests korrelieren hoch miteinander, ebenso die Tests 3 und 6

	Ver	Wor	Zah	Rau	Ged	Wah	Ind
Ver	0.9	0.7	0.2	0.1	0.0	0.3	0.3
Wor		0.8	0.0	0.0	0.4	0.2	0.1
Zah			0.9	0.2	0.1	0.8	0.1
Rau				0.8	0.0	0.3	0.8
Ged					0.8	0.2	0.3
Wah						0.9	0.3
Ind							0.9

Tab. 2 Hypothetische Korrelationsmatrix der sieben Primärfähigkeiten

(Geschwindigkeit) sowie 4 und 7 (analytisches Denken), während die Gedächtnisaufgaben einen eigenen Faktor bilden. Die Korrelationen *zwischen* den Blöcken sind deutlich niedriger, und die Reliabilitäten der Tests in der Hauptdiagonalen haben eine für Intelligenztests übliche Größenordnung.

Eine Faktorenanalyse dieser Matrix würde ergeben, daß dieser Batterie von Intelligenztests vier Faktoren oder unabhängige Intelligenzdimensionen zugrundeliegen. Nach Spearmans Theorie dürfte es in jeder Korrelationsmatrix von beliebigen Intelligenztests nur *einen* Faktor geben, nämlich die allgemeine Intelligenz. Nach Thurstones Theorie sollte es *sieben* Faktoren geben, die den Primärfähigkeiten entsprechen, wenn man nur hinreichend unterschiedliche (heterogene) Tests zusammenstellt.

Auch Thurstone hat seine Theorie empirisch bestätigt gefunden, allerdings ebenfalls mit Hilfe von »Tricks«, wie wir im Nachhinein ohne Unterstellung böser Absichten sagen würden. Thurstone hat nämlich zur Bestätigung seiner Intelligenztheorie seine eigenen Studenten untersucht, ein bis heute beliebtes Verfahren in der universitären Forschung. In diesem Fall hat diese Stichprobe den Nachteil, daß sie hinsichtlich der Intelligenz sehr homogen ist, das heißt, die Variationsbreite der Intelligenzleistungen dürfte bei Studenten drastisch eingeschränkt sein, zumal bei Studenten ähnlicher Fachrichtungen.

Eine Einschränkung der Variationsbreite von Meßwerten wirkt sich bei der Berechnung von Korrelationen nämlich so aus, daß diese *niedriger* ausfallen, als sie in einer uneingeschränkten Stichprobe sind. Diese Konsequenz läßt sich anhand der bereits eingeführten

»Punktewolken« (s. *Abbildung* 2, S. 538 f.) zeigen. *Abbildung 3* (s. u.) zeigt eine Korrelation, die dem Wert 0.7 entspricht. Sind in der untersuchten Stichprobe jedoch nur Personen enthalten, deren Meßwerte bezüglich der x-Achse zwischen den beiden eingezeichneten Linien liegen, so wird deutlich, daß die Form der Punktewolke deutlich runder wird, also der Korrelationskoeffizient niedriger. Generell gilt: je größer die Variationsbreite der Meßwerte in der untersuchten Stichprobe, desto höher die Korrelationen.

Für Thurstones Theorie war es ein glücklicher Umstand, daß die Variation derart eingeschränkt war und somit die Interkorrelationen seiner Intelligenztests niedriger ausfielen, denn je niedriger die Korrelationen in einer Korrelationsmatrix sind, desto mehr Faktoren findet die Faktorenanalyse. Die Umkehrung gilt ebenso: Es gibt einen starken g-Faktor (g wie generelle Intelligenz nach Spearman),

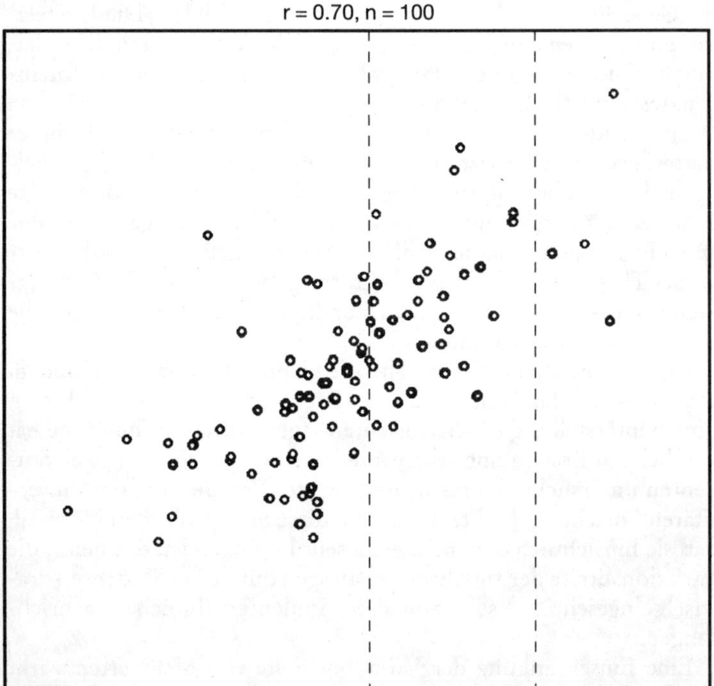

Abb. 3 Die Auswirkung einer Einschränkung der Variation auf die Höhe der Korrelation

wenn alle Korrelationen in einer Korrelationsmatrix relativ hoch sind. Somit scheint die Entscheidung zwischen der Position Spearmans und der Position Thurstones eine Frage der Stichprobe zu sein, die man gerade untersucht.

Nach fünf weiteren Jahrzehnten empirischer Intelligenzforschung ist diese Frage nicht nur wegen der Stichprobenabhängigkeit faktorenanalytischer Ergebnisse immer noch unentschieden, sondern sie scheint auch prinzipiell unentscheidbar zu sein. Das adäquate Intelligenzmodell scheint *zwischen* diesen beiden Extremen zu liegen. Es bestätigt sich immer wieder, daß alle Intelligenzleistungen substantiell miteinander korrelieren. Ebenso oft bestätigt sich aber auch, daß sich anhand der gefundenen Interkorrelationen bestimmte Teilfähigkeiten der Intelligenz identifizieren lassen, die bei einzelnen Personen unterschiedlich stark ausgeprägt sind. Diese gefundenen Teilleistungen haben bis heute oft große Ähnlichkeiten mit den bereits von Thurstone postulierten primären Fähigkeiten.

Die Unterscheidung von kristalliner und flüssiger Intelligenz

Einen Syntheseversuch zwischen der These der generellen Intelligenz und der Antithese der vielen Intelligenzfaktoren stellt die Unterscheidung von flüssiger und kristalliner Intelligenz dar, die auf Cattell zurückgeht (Cattell 1971). Danach formt sich die Intelligenz des Menschen im Laufe seiner Sozialisation und Entwicklung immer weiter aus; durch Erwerb speziellen Wissens und Ausformung spezieller Kompetenzen kristallisiert sich das, was ursprünglich mal als »flüssiges Potential« vorhanden war, zu gefestigtem Können, Weisheit und Lebenserfahrung.

Die *flüssige Intelligenz* definiert Cattell als »Ausdruck des Grades der Komplexität von Beziehungen, die ein Individuum wahrnehmen und auf die es reagieren kann, wenn es nicht auf Reaktionen zurückgreifen kann, die bereits in seinem Gedächtnis gespeichert sind« (Cattell 1971, S. 99, Übersetzung des Verfassers). Diese Definition ist fast identisch mit dem oben erläuterten Intelligenzbegriff von William Stern und Peter Hofstätter. Flüssige Intelligenz benötigt man für das Reagieren auf neue Situationen, die Anpassung an ungewohnte Kontexte und die Flexibilität im Denken. Sie ist nicht auf bestimmte kognitive Leistungen bezogen und entspricht im wesentlichen dem, was sich Spearman unter »genereller Intelligenz« vorstellte. Demgegenüber bildet sich die *kristalline Intelligenz* in der Auseinandersetzung mit bestimmten inhaltlichen Anforderungen heraus und repräsentiert daher am ehesten die Vielfalt möglicher Intelligenzleistungen, aus denen sich das individuelle Intelligenzprofil eines Menschen zusammensetzt.

Eine zentrale Aussage der Theorie von Cattell betrifft die unterschiedlichen Entwicklungsverläufe der kristallinen und fluiden Intelligenz über die Lebensspanne hinweg. Schon aus der Beschreibung beider Intelligenzkomponenten ergibt sich, daß die kristalline Intelligenz mit wachsendem Lebensalter eher ansteigt, während die fluide Intelligenz im frühen Erwachsenenalter einen Höhepunkt erreicht und danach tendenziell eher wieder abnimmt (s. *Abbildung 4*):

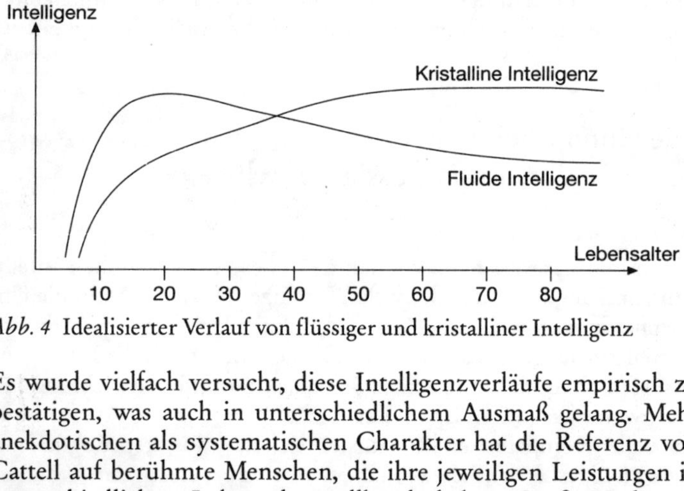

Abb. 4 Idealisierter Verlauf von flüssiger und kristalliner Intelligenz

Es wurde vielfach versucht, diese Intelligenzverläufe empirisch zu bestätigen, was auch in unterschiedlichem Ausmaß gelang. Mehr anekdotischen als systematischen Charakter hat die Referenz von Cattell auf berühmte Menschen, die ihre jeweiligen Leistungen in unterschiedlichem Lebensalter vollbracht haben: Große Mathematiker und Physiker wie Galois, Newton, Abel und Einstein waren sehr jung, als sie ihre Theorien entwickelten. Ihre genialen Leistungen gingen auf rationales, analytisches Denken, also Funktionen der fluiden Intelligenz zurück. Demgegenüber haben Persönlichkeiten wie Bernhard Shaw, Pawlow, Churchill, Darwin, Marx, Plutarch, Sokrates und die Autoren des alten Testaments ihre großen Leistungen in relativ hohem Lebensalter vollbracht. Deren Leistungen in kulturellen Bereichen wie Geschichte und Politik setzten reichhaltige Erfahrung und Lebensweisheit voraus.

Eine zweite Kernaussage von Cattells Theorie bezieht sich auf die *Kulturabhängigkeit* der Messung von Intelligenz. Auch hier ist leicht nachvollziehbar, daß die Ergebnisse von Tests der kristallinen Intelligenz sehr viel stärker vom jeweiligen Kulturkreis der getesteten Person abhängen, als dies bei Tests der fluiden Intelligenz der Fall ist. Dabei ist eine kulturunabhängige Erfassung der Intelligenz besonders in Ländern wie den Vereinigten Staaten, in denen Bürger unterschiedlicher kultureller Herkunft leben, von großer Bedeutung. Sollen hier Intelligenztestergebnisse, zum Beispiel für die Auswahl von Schullaufbahnen herangezogen werden, so stellt es ein Gebot politischer Fairneß dar, möglichst kulturunabhängige Intelligenztests zu verwenden. Dies können Tests sein, die kognitive Leistungen mit einem sehr hohen Anteil an fluider Intelligenz und einem geringen Anteil an kristalliner Intelligenz erfassen. Cattell hat versucht, sogenannte *culture fair-Tests* zu entwickeln, die überwiegend figurale, auf jeden Fall aber sprachfreie Testaufgaben enthalten (s. *Abbildung 5*):

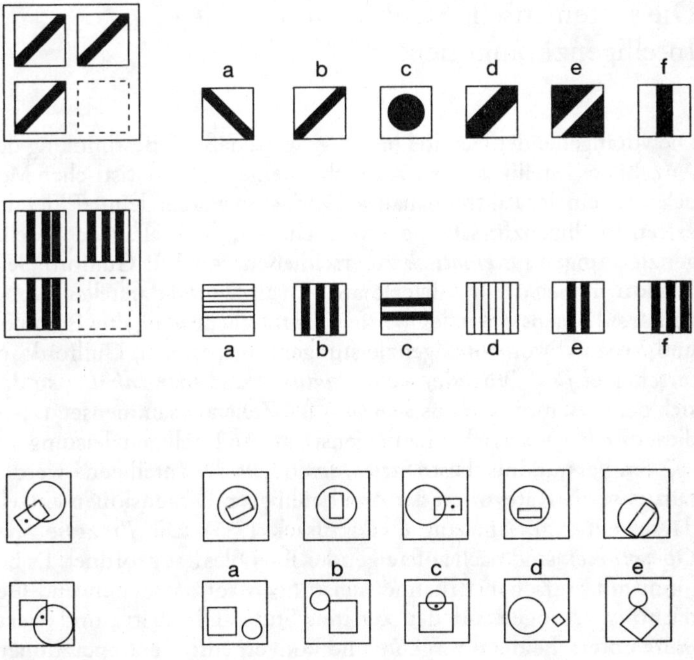

Abb. 5 Beispiele von »culture fair-Testaufgaben« (nach Weiß 1971)

Es handelt sich hierbei um kognitive Leistungen des induktiven Denkens, der Klassifikation, des Denkens in Analogien und des Entdeckens von Relationen, also Leistungen, die dem letzten der sieben Primärfaktoren von Thurstone entsprechen, welcher auch als *Reasoning-Faktor* bezeichnet wird. Obwohl mit solchen Aufgaben zweifelsohne Leistungen erfaßt werden, die nicht direkt in der Schule oder im sozialen Umfeld erlernt werden, sind sie dennoch nicht völlig kulturunabhängig. So fördern bestimmte Kinderspiele die Entwicklung solcher kognitiver Kompetenzen, und auch das schulische Lernangebot hat zumindest einen Transfereffekt auf die Bewältigung derartiger Aufgaben. Nicht zuletzt belegen Ergebnisse, nach denen auch analytische kognitive Leistungen wie das Lösen von Raumvorstellungsaufgaben bis zu einem gewissen Grade trainierbar sind, daß die fluide Intelligenz nicht völlig kulturunabhängig erfaßt werden kann.

Die systematische Struktur von Intelligenzkomponenten

Die vorangehenden Kapitel haben gezeigt, daß die Bestimmung der Anzahl der Intelligenzfaktoren nicht alleine einem statistischen Modell wie dem der Faktorenanalyse überlassen werden kann. Einer der ersten Intelligenzforscher, der versucht hat, die Vielfalt der Intelligenzleistungen *systematisch* zu erschließen, war J. P. Guilford. Sein Strukturmodell der Intelligenz läßt sich als Würfel darstellen, wobei den drei Dimensionen des Würfels die möglichen Inhalte, Produkte und Prozesse von Intelligenzleistungen entsprechen. Guilford unterscheidet *fünf Prozesse*, *sechs Produkte* und *vier Inhalte*, so daß sich der Gesamtwürfel aus $5 \cdot 6 \cdot 4 = 120$ Zellen zusammensetzt. Jede dieser Zellen entspricht einer eigenständigen Intelligenzleistung.

Zum Verständnis dieses Strukturmodells der Intelligenz werden zunächst die Kategorien der drei beteiligten Dimensionen einzeln dargestellt (vgl. Amelang & Bartussek 1985). Die *Prozesse* oder *Operationen* sind nach aufsteigender Komplexität geordnet. Es beginnt mit einfachen Erkennensleistungen auf der ersten und Gedächtnisleistungen auf der zweiten Stufe. Die dritte und vierte Stufe unterscheidet divergente und konvergente Denkoperationen, eine Unterscheidung, die Guilford in die Intelligenzforschung ein-

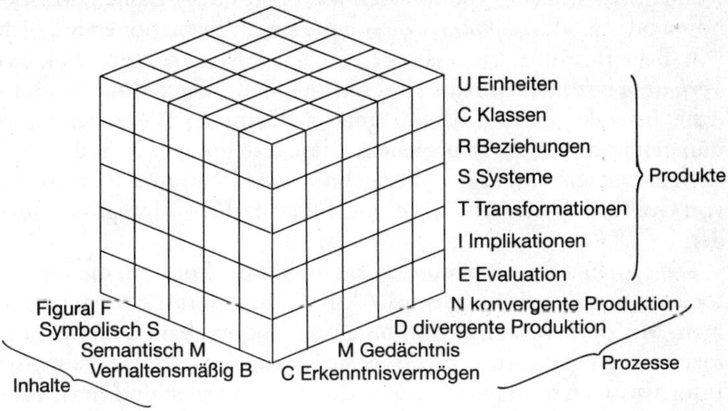

Abb. 6 Das Intelligenzstrukturmodell von Guilford (1967)

geführt hat. Mit *divergenten* Produktionen sind solche Denkvorgänge gemeint, bei denen eine Aufgabenstellung nicht eine einzelne, ausgezeichnete Lösung hat, sondern die Lösung der Aufgabe in mehreren möglichen Zuständen oder gar in sehr vielen Produkten gleichzeitig besteht. Dieser Typ von Denkleistungen ist zentraler Bestandteil der *Kreativität*.

Im Gegensatz dazu bezeichnen *konvergente* Produktionen solche Operationen, bei denen es um das Finden der richtigen Lösung einer gestellten Aufgabe geht. Hier dreht es sich also um analytisches Denken, wie es auch bei Aufgaben zum Reasoning-Faktor gefordert ist. Die fünfte Kategorie *Evaluation* oder Bewertung bezeichnet kognitive Prozesse, bei denen es darauf ankommt, Informationen zu vergleichen und eine eigene Bewertung einer komplexen Situation vorzunehmen.

Hinsichtlich der *Inhalte*, in denen sich diese kognitiven Operationen abspielen können, unterscheidet Guilford figurale, symbolische, semantische und verhaltensmäßige Inhalte. *Figurale* Inhalte sind solche, bei denen es im Sinne der Gestaltpsychologie um eine Figur-Grund-Organisation geht (vgl. Glasers Beitrag über Wahrnehmung), die in verschiedenen Sinnesmodalitäten (visuell, auditiv, kinästhetisch) repräsentiert sein kann. *Symbolische* Inhalte sind Informationen in Form von Zeichen wie Buchstaben, Zahlen, Musiknoten oder Kodes. *Semantische* Inhalte sind Informationen in Form von Begriffen und zumeist verbalisierten Konstrukten. Auf das *Verhalten* bezogene Inhalte sind solche Inhalte, die sich auf menschliche Interaktionen, Einstellungen, Bedürfnisse, Wünsche, Stimmungen und Absichten beziehen. Diese Kategorie umfaßt das, was auch als *soziale Intelligenz* bezeichnet wird (s.u.) und ist erstmals von Guilford systematisch in eine Intelligenztheorie integriert worden.

Die Dimension der *Produkte* beschreibt die Formen, die die Informationen durch die geistige Aktivität und Verarbeitung annehmen. Mit *Einheiten* sind getrennte oder abgrenzbare Teile von Informationen gemeint, mit *Klassen* sind Gruppierungen gemeint, die Informationen nach ihren gemeinsamen Merkmalen und Beziehungen zusammenfassen. *Systeme* beziehen sich dagegen auf größere, organisierte oder strukturierte Ansammlungen von Informationen, *Transformationen* auf Veränderungen von Informationen und *Implikationen* auf solche Verbindungen zwischen Informationen, die Bedingungen oder Folgerungen beschreiben (zit. n. Amelang & Bartussek 1985).

Das Besondere an Guilfords Strukturmodell der Intelligenz liegt darin, daß Guilford jede mögliche Kombination der Produkte, Operationen und Inhalte als eine eigene Intelligenzdimension ansieht, das heißt, Guilford nimmt an, daß sich die menschliche Intelligenz aus $5 \cdot 6 \cdot 4 = 120$ einzelnen Fähigkeiten zusammensetzt. Im Vergleich zu den sieben Primärfaktoren von Thurstone stellt dies nicht nur eine astronomische Anzahl dar, sondern schmälert auch den praktischen Nutzen dieses systematisch konstruierten Strukturmodells der Intelligenz. So existieren für 50 Prozent der möglichen Intelligenzdimensionen bislang noch keine Testinstrumente, und selbst wenn diese Lücken aufgefüllt würden, wäre der Einsatz dieses Instrumentariums für die Intelligenzdiagnostik viel zu aufwendig.

Interessant sind jedoch einzelne Intelligenzleistungen, die erst durch Guilfords systematischen Ansatz in der Intelligenzforschung Berücksichtigung fanden. Hierzu gehören die Aufgaben zum divergenten Denken als Kreativitätstests und die Aufgaben zu den verhaltensbezogenen Inhalten als Tests der sozialen Intelligenz. Je ein Beispiel für diese Testaufgaben zeigt *Abbildung 7* (s.u.).

Die obere Aufgabe in *Abbildung 7*, die in den Bereich »Erkennen verhaltensmäßiger Einheiten« fällt, stellt ein Beispiel für den Ver-

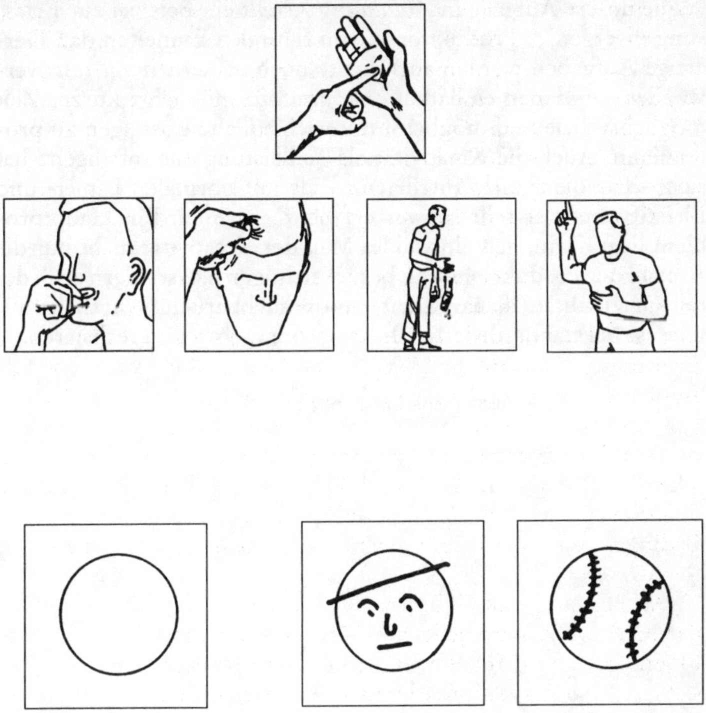

Abb. 7 Je eine Testaufgabe zu verhaltensbezogenen Inhalten und zu divergenten Operationen

such dar, die Fähigkeit zur Interpretation sozialen Verhaltens mit Tests zu messen. Dieser Intelligenzaspekt wurde von Thorndike (1920) als *soziale Intelligenz* bezeichnet und definiert als »the ability to understand and manage men and women, boys and girls – to act wisely in human relations« (zit. n. Guilford 1967, S. 77). Guilfords Ansatz, die soziale Intelligenz mit Hilfe von Bildinterpretationen zu messen, ist sicherlich bemerkenswert, hat sich bis heute allerdings kaum durchgesetzt. Zum Teil mag das daran liegen, daß sich soziale Intelligenz nicht unbedingt mit richtigen und falschen Antworten in einem Test erfassen läßt; es scheint jedoch in der derzeitigen Intelligenzforschung auch wenig Interesse an dieser Intelligenzkomponente zu geben, sieht man von Sternberg (1985) einmal ab.

Die untere Aufgabe in *Abbildung 7* stellt ein Beispiel zur Erfassung divergenter Produktionen von figuralen Einheiten dar. Derartige Aufgaben werden auch heute noch in *Kreativitätstests* verwendet, bei denen es darauf ankommt, in möglichst kurzer Zeit möglichst viele und möglichst unterschiedliche Lösungen zu produzieren. Auch die Kreativität als Teilleistung der Intelligenz hat sich – wie die soziale Intelligenz – als mit normalen Papier- und Bleistifttests nur sehr schwer erfaßbar erwiesen. Ein Hauptproblem liegt darin, daß ein valides Maß der Kreativität nicht nur die Anzahl der Produktionen zu berücksichtigen hat, sondern auch deren Originalität (Neuartigkeit) und Brauchbarkeit (Nützlichkeit). Dies ist bei standardisierten Testverfahren schwer zu realisieren.

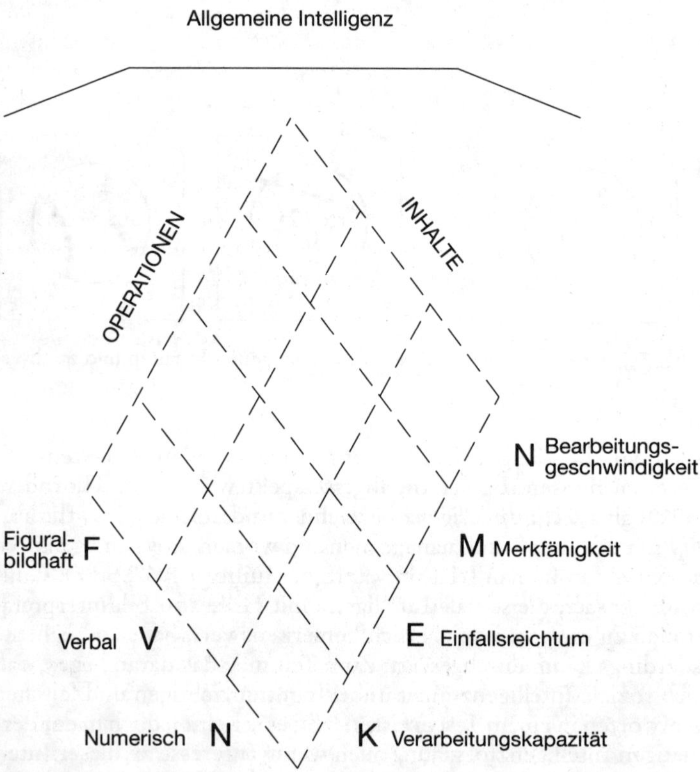

Abb. 8 Das Berliner Intelligenzstrukturmodell (BIS)

Der Ansatz, die Struktur der Intelligenz über eine systematische Kombination von Inhalten und Operationen zu definieren, wurde von Adolf Otto Jäger aufgegriffen, auf den das Berliner Intelligenzstrukturmodell (BIS) zurückgeht (Jäger 1982, 1984). Jäger unterscheidet nicht, wie Guilford, drei an Intelligenzleistungen beteiligte Dimensionen, sondern lediglich zwei, nämlich Operationen und Inhalte. Während die *Inhalte* denen aus Guilfords Modell noch ähnlich sind – Jäger unterscheidet die figural bildhaften, die verbalen und die numerischen Inhalte –, werden auf Seiten der *Operationen* ganz andere Kategorien unterschieden, nämlich die Bearbeitungsgeschwindigkeit, die Merkfähigkeit (Gedächtnis), der Einfallsreichtum und die Verarbeitungskapazität (s. *Abbildung 8*).

Im Unterschied zu Guilford nimmt Jäger nicht an, daß die Teilfähigkeiten der menschlichen Intelligenz den 12 möglichen *Kombinationen* von Inhalten und Operationen entsprechen, vielmehr postuliert er vier operative und drei inhaltsgebundene Fähigkeiten, die sich wie folgt beschreiben lassen (vgl. Jäger, Süß & Beauducel 1987):

- *Verarbeitungskapazität*, das ist die Fähigkeit zur Verarbeitung komplexer Informationen durch Bilden von Beziehungen, formallogisches Denken und Beurteilen von Informationen. Hier findet sich vor allem der bekannte Reasoning-Faktor wieder, der in allen Intelligenztheorien eine zentrale Rolle spielt.
- *Einfallsreichtum* setzt die Fähigkeit zu flexibler Ideenproduktion, die Verfügbarkeit von Informationen, Vorstellungsreichtum und das Sehen verschiedener Lösungsmöglichkeiten von Problemen voraus. Hier geht es also um eine problemorientierte Kreativität.
- *Merkfähigkeit*, also die Fähigkeit zum Einprägen und kurzfristigen Wiedererkennen oder Reproduzieren von Informationen. Das langfristige Gedächtnis läßt sich mit Tests schlecht erfassen.
- *Bearbeitungsgeschwindigkeit*, das ist das Arbeitstempo und die Konzentrationsfähigkeit bei einfachen Aufgaben.
- *Sprachgebundenes Denken*, das ist der Grad der Aneignung und der Verfügbarkeit des Systems Sprache.
- *Zahlengebundenes Denken*, das ist der Grad der Aneignung und der Verfügbarkeit des numerischen Systems.
- *Figural-bildhaftes Denken*, das ist die Fähigkeit zur anschauungsgebundenen Bearbeitung figural-bildhafter Informationen und das räumliche Vorstellungsvermögen.

Darüber hinaus wird angenommen, daß alle Fähigkeiten korrelativ zusammenhängen und es daher auch einen g-Faktor im Sinne von Spearman gibt, die *Allgemeine Intelligenz*. Die Korreliertheit der verschiedenen Fähigkeiten der Intelligenz wird dadurch symbolisiert, daß sich die Operationen und Inhalte nicht rechtwinklig, sondern spitzwinklig kreuzen (vgl. *Abbildung 8*).

Die Entwicklung systematischer Strukturmodelle der Intelligenz – und das Berliner Intelligenzstrukturmodell stellt derzeit das am weitesten elaborierte derartige Modell dar – ist eine adäquate Antwort auf die Unmöglichkeit, allein mit statistischen Methoden – wie der Faktorenanalyse – die Anzahl der Intelligenzfaktoren zu ermitteln. Nur eine kognitionspsychologisch begründete Konstruktion einer Intelligenztheorie und ihre anschließende empirische Überprüfung wird der Komplexität menschlicher Intelligenzleistungen gerecht.

Intelligenz und Geschwindigkeit

Trotz der komplexen Struktur der verschiedenen menschlichen Intelligenzleistungen ist es immer wieder erstaunlich zu sehen, wie sehr unterschiedliche Intelligenzleistungen miteinander korrelieren. Insbesondere, wenn man die Heterogenität der untersuchten Stichprobe erhöht, stellt man fest, daß Menschen, die eine höhere verbale Intelligenz haben, auch über eine höhere numerische Intelligenz verfügen oder daß Menschen, die weniger kreativ sind, auch eine geringer ausgeprägte Verarbeitungskapazität haben. Dies führt immer wieder zu Spearmans Konzeption einer generellen Intelligenz zurück.

Diese Idee lebt bis heute weiter in dem sogenannten *mental-speed-Ansatz*, das heißt in der Annahme, daß die *Geschwindigkeit* der Informationsverarbeitung im menschlichen Nervensystem die ausschlaggebende Größe für das Niveau der generellen Intelligenz ist. So beträgt die Höhe der Korrelation zwischen Reaktionszeiten und Maßen der generellen Intelligenz im Durchschnitt etwa $r = 0.5$, das heißt, sie hat eine ernstzunehmende Größenordnung.

Die Grundannahme des mental-speed-Ansatzes besagt, daß Menschen, bei denen diese Geschwindigkeit besonders hoch ist, bessere Möglichkeiten haben, ihre Intelligenzleistungen auszuformen, unter vergleichbaren Bedingungen schneller eine Problemlösung finden und auch komplexere Probleme besser lösen können, weil jeder einzelne Teilschritt weniger Zeit beansprucht. Dies ist eine plausible Annahme, die vor allem auch einfache Erklärungsansätze hinsichtlich der biologischen und physiologischen Bedingungen der Intelligenz beinhaltet.

Als einer der Meilensteine in der Erforschung dieser Hypothese der Geschwindigkeit der Informationsverarbeitung gilt das sogenannte *Hick-Paradigma.* In einer Untersuchung über die Abhängigkeit der Reaktionszeit von der Anzahl der Wahlalternativen hat Hick (1952) herausgefunden, daß die Reaktionszeit linear mit dem Logarithmus der Anzahl der Wahlalternativen ansteigt. Hat man in einem Reaktionszeitexperiment zum Beispiel zwischen vier Wahlalternativen zu entscheiden, so ist die Reaktionszeit doppelt so hoch wie bei einer Wahl zwischen zwei Alternativen. Bei einer Wahl zwischen acht Alternativen ist die Reaktionszeit dagegen dreimal so hoch (2^3=8).

Der Zusammenhang dieses Hickschen Gesetzes mit der Intelligenz der Probanden entstand dadurch, daß man feststellte, daß der *Anstieg der Geraden*, die den Zusammenhang zwischen Reaktionszeit und Komplexität der Wahl beschreibt, mit der Intelligenz der Probanden korreliert. Das bedeutet, je intelligenter die Personen waren, desto weniger stieg die Reaktionszeit mit zunehmender Komplexität der Aufgaben an. Damit erfuhr die allzu einfache Rückführung der Intelligenz auf die Reaktionsgeschwindigkeit eine wesentliche Ausdifferenzierung: Intelligenz drückt sich in der Bearbeitungsgeschwindigkeit besonders dann aus, wenn es um die Bearbeitung *komplexer* Aufgaben geht. Aber auch diese Korrelationen zwischen Intelligenz und Anstieg der Reaktionszeit mit zunehmender Komplexität erwiesen sich nicht als besonders hoch, sie liegen im Größenbereich zwischen $r = 0.3$ und $r = 0.4$.

Die Forschungen zu dem mental-speed-Ansatz haben bislang noch keinen vorläufigen Abschluß gefunden. Es werden mögliche Erklärungsansätze für den Zusammenhang zwischen Reaktionszeit und Intelligenzleistung detaillierter analysiert, so zum Beispiel die Rolle der Aufmerksamkeitsleistung, von Konzentrationsschwankungen, von Lernprozessen während des Experiments, von der Motivation, bei den Experimenten gut abzuschneiden, oder der Fehlerfreiheit der Informationsverarbeitung (Neubauer 1993).

Der mental-speed-Ansatz stellt den Versuch dar, die Annahme einer generellen Intelligenz auch theoretisch und biologisch zu fundieren, anstatt diese bloß statistisch nachzuweisen. Was diesem Forschungsansatz seine Attraktivität verleiht, ist wohl der Traum, mit relativ einfachen und handfesten, sprich physiologischen Maßen zuverlässige Indikatoren für die intellektuelle Leistungsfähigkeit von Menschen zu erhalten. So wie es im Moment aussieht, dürften jedoch selbst solche Indikatoren nur von begrenztem praktischen Nutzen sein, denn das Profil kognitiver Leistungen, das der einzelne im Rahmen seiner biologisch bestimmten Basisgeschwindigkeit entwickelt, ist derart vielfältig, daß man ohne eine differenzierte Diagnose der Intelligenzleistungen nicht sehr viel über die Intelligenz einer Person weiß.

Fazit

Der Versuch, die menschliche Intelligenz zu definieren, sie in Theorien zu fassen und schließlich zu messen, ist vergleichbar mit dem Versuch, die körperliche Stärke eines Menschen zu definieren, zu beschreiben und zu messen. Die für die Alltagskommunikation sehr taugliche Feststellung, daß diese oder jene Person »sehr stark« sei, eine andere Person »weniger stark«, benutzt die Theorie des *g-Faktors* der körperlichen Stärke. Demgegenüber könnte eine Theorie über die *Primärfaktoren* der körperlichen Stärke die primären Fähigkeiten der Laufgeschwindigkeit, der Muskelkraft, der Sprungkraft, der Ausdauer oder der motorischen Geschicklichkeit sehr viel differenzierter beschreiben. Eine *strukturelle Theorie* der körperlichen Stärke könnte die »Inhalte« der körperlichen Stärke, nämlich das Laufen, Springen oder Heben mit verschiedenen »Operationen« körperlicher Leistung kreuzen, wie die maximal erreichbare Leistung, die Kondition (Ausdauer), die Trainierbarkeit oder die Ermüdungsgeschwindigkeit. Ein *biologisch* orientierter Ansatz könnte schließlich versuchen, die körperliche Stärke auf Eigenschaften des Stoffwechselsystems, des neuronalen Systems oder auf bestimmte Gene zurückzuführen.

Alle diese Ansätze widersprechen sich nicht, da sie auf unterschiedlichen Ebenen liegen. Es ist lediglich eine Frage der Betrachtungsweise, wie man dem komplexen Phänomen der körperlichen Stärke oder der menschlichen Intelligenz gegenübertritt und zu welchem Zweck dies geschieht. Auch sind die verschiedenen Ansätze der Theorienbildung und ihre empirischen Ergebnisse nicht willkürlich oder beliebig. Es zeigen sich vielmehr immer wieder bestimmte Muster von Teilleistungen der Intelligenz, die sich sinnvollerweise voneinander abgrenzen lassen und die dennoch – über heterogene Populationen betrachtet – miteinander korrelieren. Je nach Kontext und Fragestellung kann es sinnvoll sein, einer Person eine mehr oder weniger hohe generelle Intelligenz zu attestieren oder aber hervorzuheben, daß etwa die Kreativität stärker ausgeprägt ist als die Fähigkeit zum deduktiven Denken.

Der Glaube, mit der menschlichen Intelligenz ein Forschungsobjekt vor sich zu haben, das man nur unter das richtige Mikroskop zu legen braucht, um zu erkennen, welche Struktur es hat, ist ein Irrglaube. Der Begriff »Intelligenz« steht lediglich für eine Reihe von Versuchen, sinnvolle Beschreibungsdimensionen für eine sehr relevante Eigenschaft des Menschen zu finden: seine geistige Stärke.

Literatur

Amelang, Manfred, Dieter Bartussek (1985): *Differentielle Psychologie und Persönlichkeitsforschung*. Stuttgart: Kohlhammer.

Cattell, Raymond B. (1971): *Abilities – their structure, growth, and action.* Boston: Houghton Mifflin.

Galton, Francis (1910): *Genie und Vererbung*. Leipzig: Klinkhardt.

Guilford, Joy P. (1967): *The nature of human intelligence*. New York: MacGraw Hill.

Hick, W. E. (1952): On the rate of gain of information. *Quarterly Journal of Experimental Psychology*, 4: 11–26.

Hofstätter, Peter R. (1966): Zum Begriff der Intelligenz. *Psychologische Rundschau*, 17: 229–248.

Jäger, Adolf O. (1982): Mehrmodale Klassifikation von Intelligenztestleistungen. Experimentell kontrollierte Weiterentwicklung eines deskriptiven Intelligenzstrukturmodells. *Diagnostica*, 28: 195–226.

Jäger, Adolf O. (1984): Intelligenzstrukturforschung: Konkurrierende Modelle, neue Entwicklungen, Perspektiven. *Psychologische Rundschau*, 35: 21–35.

Jäger, Adolf O., H.-M. Süß, A. Beauducel (1997): *Berliner Intelligenzstruktur-Test. BIS-Test*. Göttingen: Hogrefe.

Neubauer, Aljoscha C. (1993): Intelligenz und Geschwindigkeit der Informationsverarbeitung: Stand der Forschung und Perspektiven. *Psychologische Rundschau*, 44: 90–105.

Spearman, Charles (1904): »General intelligence«, objectively determined and measured. *American Journal of Psychology*, 15: 201–293.
Stern, William (1920): *Die Intelligenz der Kinder und Jugendlichen und die Methoden ihrer Untersuchung*. Leipzig: Barth.
Sternberg, Robert J. (1985): *Beyond IQ. A triarchic theory of human intelligence*. Cambridge: University Press.
Thurstone, Louis L., Thelma G. Thurstone (1941): *Factorial studies of Intelligence*. Chicago: The University of Chicago Press.
Wechsler, David (1964): *Die Messung der Intelligenz Erwachsener*. Bern: Huber.
Weiß, Rudolf (1971): *Grundintelligenztest CFT-3, Skala 1*. Braunschweig: Westermann.

3. Testtheorie

WILHELM KEMPF

Psychologische Tests

Der Gedanke, daß man psychische Eigenschaften messen könne, ist sehr alt. Bereits 1883 veröffentlichte Galton ein Buch, in dem er eine Reihe von Fragen und Aufgaben vorschlug, mit deren Hilfe man den Grad der geistigen Begabung messen könne (vgl. hierzu und zum Folgenden auch Rosts Beitrag über Intelligenz). 1894 entwickelte Binet dann den ersten Intelligenztest für Kinder. Dieser Test wurde zehn Jahre später von Binet und Simon stark verbessert, indem sie eine Normierung der Aufgaben durchführten. Für jedes Lebensjahr wurde eine Reihe von Aufgaben (»Items«) zusammengestellt und an einer sehr großen Stichprobe von Kindern überprüft. Wenn 75 Prozent aller Kinder einer Altersgruppe (aber nur 25 Prozent der Kinder der nächstjüngeren Altersgruppe) die Aufgaben lösen konnten, so galten sie als »geeicht« (das heißt der Altersstufe in ihrem Schwierigkeitsgrad entsprechend).

Für jedes Lebensjahr wurde eine Serie von fünf Items zusammengestellt. Beispielsweise waren es für die Zehnjährigen folgende:

- fünf Gewichte vom leichtesten (6 g) bis zum schwersten (18 g) ordnen;
- die Zeichnung einer komplizierten geometrischen Figur aus dem Gedächtnis wiedergeben;
- mit drei vorgegebenen Worten (z. B. Schnee, spielen, Schlitten) zwei Sätze bilden;
- absurde Sätze kritisieren (z. B. »Ich habe drei Brüder – Paul, Ernst und ich«)
- sowie fünf praktische Verstandesfragen (etwa »Was muß man machen, wenn man in die Schule geht und man unterwegs merkt, daß es schon später ist als gewöhnlich?«).

Aus den Antworten der Kinder wurde ihr sogenanntes Intelligenzalter (IA) errechnet. Ausgehend von dem Jahr, bis zu dem ein Kind alle Aufgaben lösen konnte, wurde für jede gelöste Aufgabe ein

Fünftel Jahr dazugezählt. Das Intelligenzalter wurde dann zum Lebensalter (LA) in Beziehung gesetzt, zum Beispiel:

IA – LA = 10.4 – 10.0 = 0.4 Jahre »Intelligenz-Vorsprung«

War das Intelligenzalter kleiner als das Lebensalter, so sprach man von einem »Intelligenz-Rückstand«.

William Stern (zit. n. Rohracher 1971, S. 383) kritisierte das Verfahren, da die Differenz zwischen Intelligenzalter und Lebensalter »keinen eindeutigen Sinn hat, sondern ganz Verschiedenes bedeutet, je nach der Altersstufe des geprüften Kindes.« Und weiter schreibt er: »Ein Rückstand von zwei Jahren ist beim sechsjährigen Kind ein Zeichen starker geistiger Minderwertigkeit, er verrät beim neunjährigen einen sehr viel geringeren Schwachsinnsgrad; und für das zwölfjährige Kind braucht die durch ihn ausgedrückte Schwäche überhaupt noch nicht jenseits der Grenze der Normalität zu liegen. Ein bestimmter Differenzwert hat also um so geringere Bedeutung, je höher das Alter des Kindes ist. Oder anders ausgedrückt: Bei gleichem Intelligenzgrad muß die Differenz wachsen, wenn das Lebensalter wächst.« Als Maß für die Intelligenz schlug Stern daher den sogenannten Intelligenzquotienten vor: IQ = IA/LA. Später hat es sich eingebürgert, den Intelligenzquotienten mit 100 zu multiplizieren: IQ = 100 x IA/LA.

Als man dann begann, auch Intelligenztests für Erwachsene zu entwickeln, mußte man das Vorgehen etwas modifizieren. Im Erwachsenenalter bleibt die intellektuelle Leistungsfähigkeit über einen großen Zeitraum hin konstant. Alterstypische Aufgaben sind daher nicht mehr konstruierbar. Statt dessen ging man zur Auswahl von Aufgaben über, die in ihrer Schwierigkeit hinreichend stark variieren, so daß leichte Aufgaben von vielen, schwierige Aufgaben dagegen nur von wenigen Versuchspersonen (Vpn) gelöst werden. Für jede gelöste Aufgabe erhält die Vp einen Punkt (»dichotome Testitems«). Mitunter werden die Antworten auf die Testitems auch auf einer mehrstufigen Skala bewertet (»polytome Testitems«); zum Beispiel 0 Punkte = falsch; 1 Punkt = teilweise richtig; 2 Punkte = vollständig richtig. Aus Gründen der mathematischen Einfachheit werden wir uns in der vorliegenden Einführung jedoch auf dichotome Items beschränken. Die Testleistung der Vp wird schließlich in ihrem »Testscore« ausgedrückt: in der Gesamtzahl der im Test erreichten Punkte.

Der große Erfolg der Intelligenztests hat dazu geführt, daß man bald schon begonnen hat, auch andere psychologische Eigenschaften mittels Tests messen zu wollen, zum Beispiel Einstellungen oder Persönlichkeitseigenschaften. Auch diese Tests sind im Prinzip genauso aufgebaut. Die Items sind dort aber meist keine Aufgaben, die es zu lösen gilt, sondern Fragen, welche die Vpn beantworten. In der Klinischen Psychologie gibt es zudem solche Tests (sogenannte Symptomchecklisten), die nicht vom Patienten selbst ausgefüllt werden, sondern der behandelnde Therapeut kreuzt an, welche Symptome ein Patient zeigt. Die Items sind hier also Symptome, die auftreten können oder nicht.

Wir können somit festhalten: Ein psychologischer Test ist eine standardisierte Verhaltensstichprobe. Er besteht aus einer Anzahl (k) von Items ($i=1,\ldots,k$). Die Antwort (x_{vi}) einer Vp v auf Item i wird auf einer zwei- oder mehrstufigen Skala beurteilt. Bei dichotomen Items ist $x_{vi} = 0$ oder 1. Aus den Itemantworten wird der Testscore der Vp (x_{vt}) errechnet, indem man die bei den einzelnen Items erzielten Punktzahlen aufsummiert $x_{vt} = \sum x_{vi}$.

Fragestellungen und Grundannahmen der psychologischen Testtheorie

Gegenstand der psychologischen Testtheorie ist einerseits die Konstruktion psychologischer Tests und andererseits die kritische Beurteilung psychologischer Testergebnisse. Themen der psychologischen Testtheorie sind die folgenden Eigenschaften psychologischer Tests: Homogenität, Objektivität, Reliabilität und Validität.

Die Frage nach der *Homogenität* eines Tests betrifft die Zulässigkeit der Scorebildung: Messen die Items eines Tests tatsächlich alle dieselbe Eigenschaft der Vpn, so daß es nur darauf ankommt, wieviele Items eine Person positiv beantwortet? Oder kommt es darauf an, welche Items die Person positiv beantwortet, so daß die verschiedenen Items eine eigene diagnostische Relevanz besitzen?

Die Frage nach der *Objektivität* eines Tests betrifft die Unabhängigkeit der Testergebnisse vom Testleiter: Kommen verschiedene Psychologen mit demselben Test tatsächlich zu denselben diagnostischen Aussagen? Und wie kann man das sicherstellen?

Die Frage nach der *Reliabilität* eines Tests betrifft die Meßgenauigkeit des Tests: Man muß davon ausgehen, daß die Antworten der

Vpn zufällig variieren. Mal hat eine Vp Pech und gibt eine falsche Antwort, obwohl sie die richtige Antwort doch eigentlich weiß; mal hat sie Glück und gibt die richtige Antwort, obwohl sie die Aufgabe eigentlich doch nicht so ganz beherrscht. Wie stark müssen sich die Testergebnisse zweier Vpn dann voneinander unterscheiden, daß man wirklich mit einiger Sicherheit schließen kann, daß zum Beispiel die beiden Personen tatsächlich unterschiedlich begabt sind?

Die Frage nach der *Validität* eines Tests betrifft die Gültigkeit des Tests für die jeweilige Fragestellung: Mißt zum Beispiel ein Intelligenztest tatsächlich Begabungsunterschiede der Vpn oder nur unterschiedliche Bildungschancen? Mißt er nur die Anpassung an mittelständische Bildungsnormen?

Mit der Homogenität von Tests beschäftigt sich die von Lazarsfeld (1950) begründete »*Stochastische Testtheorie*«. Objektivität, Reliabilität und Validität werden in der sogenannten »*Klassischen Testtheorie*« behandelt, die erstmals von Gulliksen (1950) methodisch-systematisch dargestellt wurde. Beiden Theorien gemeinsam ist die Annahme, daß die Itemantworten und folglich auch die daraus errechneten Testscores der Vpn keine feststehenden Größen sind, sondern zufälligen Schwankungen unterliegen. Die empirisch beobachteten Itemantworten x_{vi} und Scores x_{vt} sind also Realisationen zufälliger Variablen X_{vi} beziehungsweise X_{vt}.

Weiter wird angenommen, daß die Antworten, welche ein und dieselbe Vp auf verschiedene Items gibt, und entsprechend auch die Scores, welche sie in verschiedenen Tests erhält, voneinander unabhängig verteilt sind. Diese Annahme bezeichnet man als »lokale stochastische Unabhängigkeit«. Für die Testkonstruktion hat sie zur Folge, daß die Testitems logisch unabhängig voneinander sein müssen. Es darf also zum Beispiel nicht vorkommen, daß die Lösung eines Items als Teilschritt in der Lösung eines anderen Items enthalten ist.

Von »lokaler« stochastischer Unabhängigkeit spricht man deswegen, weil diese Unabhängigkeitsannahme immer nur für eine feste Vp gilt, also die statistische Unabhängigkeit der Antwort- und Scorevariablen X_{vi} beziehungsweise X_{vt} betrifft. In jeder Stichprobe oder Population von Vpn werden die Antworten beziehungsweise Scores der Vpn dagegen miteinander korrelieren. So werden hochintelligente Vpn bei allen Items eines Intelligenztests relativ hohe Erfolgswahrscheinlichkeiten (p_{vi}) haben und in verschiedenen Intelligenztests relativ hohe Scores (x_{vt}) erzielen, während minderbegabte Vpn bei allen Items relativ geringe Erfolgswahrscheinlichkeiten aufweisen und in beiden Tests relativ niedrige Scores erzielen werden. Betrachtet man die Variation der Itemantworten beziehungsweise Scores innerhalb einer Personenpopulation, so werden die Antwortvariablen ($X_{\cdot i}$) beziehungsweise Maßzahlvariablen ($X_{\cdot t}$) in dieser Population um so höher miteinander korrelieren, je stärker sich die Vpn in ihrer Intelligenz voneinander unterscheiden.

Während die stochastische Testtheorie von den einzelnen Itemantworten ausgeht und die Erfolgswahrscheinlichkeiten (p_{vi}) wahrscheinlichkeitstheoretisch modelliert, stehen in der klassischen Testtheorie die Scorevariablen (X_{vt}) im Zentrum der Theorienbildung. Könnte man ein und denselben Test beliebig oft wiederholen, so würde dieselbe Vp mal einen etwas höheren, mal einen etwas geringeren Score erzielen. Die mittlere Testleistung, welche die Vp in einer unendlich langen Serie von Testwiederholungen erzielen würde, bezeichnet man dann als »wahre« Testleistung (True Score) der Vp und schreibt dafür den griechischen Buchstaben τ (tau).

In der Praxis ist die beliebig häufige Wiederholung eines Tests freilich nicht möglich, da man mit Lern- oder Gedächtniseffekten rechnen muß. Auch wenn dies nicht der Fall wäre, könnte man den Test nicht unendlich oft wiederholen, um den True Score empirisch zu bestimmen. Denn, wie schon das Wort »unendlich« besagt, würde man dabei nie zu einem Ende kommen. Der True Score ist also keine empirisch bestimmbare, sondern eine theoretische Größe, die durch das Testergebnis der Vp jedoch statistisch »geschätzt« werden kann. Die Abweichung des als Schätzwert verwendeten Testergebnisses (x_{vt}) vom True Score der Vp bezeichnet man als den Meßfehler (f_{vt}).

Während das Testergebnis einer Vp die Realisation einer zufälligen Variablen ist, ist der True Score der Vp eine Konstante, welche diese Vp charakterisiert. Gehen wir von der Betrachtung einer einzelnen Vp zur Betrachtung einer Personenpopulation über, so werden jedoch nicht nur die Testergebnisse über die Vpn hinweg variieren, sondern verschiedene Vpn werden sich auch in ihren True Scores voneinander unterscheiden, so daß wir von einer True-Score-Variablen ($T_{\cdot t}$) sprechen können. Dasselbe gilt für die Meßfehler, die wir als Realisationen einer Fehlervariablen ($F_{\cdot t}$) auffassen können. Als Grundlage der klassischen Testtheorie ergibt sich somit die Modellgleichung

$$x_{\cdot t} = t_{\cdot t} + f_{\cdot t} \qquad (1)$$

wonach die Maßzahlvariable als Summe aus der True-Score-Variablen und einer Fehlervariablen besteht. Auf der Grundlage der getroffenen Annahmen und Definitionen läßt sich mathematisch beweisen, daß für diese Variablen die folgenden statistischen Beziehungen gelten, die in der Fachliteratur als die *Axiome der klassischen Testtheorie* bekannt sind:

1. Der mittlere Meßfehler ist gleich Null: $E(F_{\cdot t}) = 0$.
2. True Score und Meßfehler sind nicht miteinander korreliert: $korr(T_{\cdot t}, F_{\cdot t}) = 0$.
3. Die Meßfehler aus verschiedenen Tests t und t' sind nicht miteinander korreliert: $korr(F_{\cdot t}, F_{\cdot t'}) = 0$.
4. Der Meßfehler in einem Test korreliert nicht mit dem True Score in einem anderen Test: $korr(F_{\cdot t}, T_{\cdot t'}) = 0$.

Homogenität

Während es bei Intelligenztests (zunächst) plausibel erscheint, daß man die Testleistung einer Vp in einem Score zusammenfassen kann, ist dies (spätestens) bei der Einstellungsmessung oder in der klinischen Diagnostik nicht der Fall. Betrachten wir zum Beispiel die depressiven Symptome: (1) herabgesetzte Psychomotorik, (2) gehemmter Denkablauf und (3) ängstlich-gequält-klagsame Stimmung, so ergibt sich die Frage, ob sich die Patienten bezüglich des Auftretens dieser Symptome nur quantitativ – im Sinne einer stärkeren oder schwächeren Symptomatik – voneinander unterscheiden oder ob es qualitative Unterschiede zwischen den Vpn gibt – das heißt durch typische Symptomkombinationen charakterisierte Syndrome.

Wenn die Symptome einen homogenen Test für die Stärke der Depressivität bilden, dann kommt es nur darauf an, wieviele Symptome auftreten. Wenn die Symptome dagegen verschiedene Erscheinungsformen der Depression widerspiegeln, dann kommt es darauf an, welche Symptome auftreten. Die Bildung eines Summenscores macht dann wenig Sinn. Man sagt, der Test sei heterogen. Welches der Fall ist, kann mit Hilfe der auf Lazarsfeld (1950) zurückgehenden *Latent-Class-Analyse* (LCA) empirisch untersucht werden.

Die LCA geht davon aus, daß sich die Vpn in eine Anzahl von

Gruppen (g=1,...,h) einteilen lassen, die sich quantitativ oder qualitativ voneinander unterscheiden. Welcher Gruppe beziehungsweise »Klasse« eine Vp angehört, ist zunächst nicht bekannt, sondern soll erst festgestellt werden. Man spricht daher von »latenten« Klassen (im Unterschied zu »manifesten« Klassen, bei denen die Vpn nach einem direkt beobachtbaren Merkmal klassifiziert werden, zum Beispiel nach dem Geschlecht).

Die verschiedenen Klassen zeichnen sich dadurch aus, daß jedes der untersuchten *Symptome* (i) in jeder *Klasse* (g) eine *für die Klasse charakteristische Auftrittswahrscheinlichkeit* (p_{gi}) hat. Die *Klassengröße* (p_g) beschreibt den relativen Anteil der Vpn, welche einer bestimmten Klasse (g) angehören. Die *Wahrscheinlichkeit* (p_{vi}), mit welcher das Symptom i bei einer *zufällig herausgegriffenen Vp v* auftritt, kann dann durch die folgende Modellgleichung beschrieben werden:

$$p_{vi} = \sum p_g \, p_{gi} \qquad (2)$$

Mit Hilfe entsprechender Computerprogramme (z.B. WINMIRA) kann man dann ausrechnen, wieviele Klassen zur Beschreibung der empirisch beobachteten Antworten von n Vpn auf k Items benötigt werden. Man erhält so die *Klassenanzahl* (h). Weiterhin erhält man die Klassengrößen (p_g) und die *klassenspezifischen Auftrittswahrscheinlichkeiten einer positiven Antwort auf die verschiedenen Items* (p_{gi}). Diese sind in einer Tabelle der folgenden Art darstellbar:

g	p_g	p_{g1}	p_{g2}	p_{g3}	$E(X_{gt})$
1	0.06 = 6%	1.00	1.00	1.00	3.0
2	0.17 = 17%	0.90	0.93	0.05	1.88
3	0.17 = 17%	0.00	0.06	1.00	1.06
h=4	0.60 = 60%	0.14	0.10	0.05	0.29
Ges.	1.00 = 100%	0.30	0.29	0.27	

Tab. 1 Latent-Class-Analyse der Symptome: (1) herabgesetzte Psychomotorik, (2) gehemmter Denkablauf und (3) ängstlich-gequält-klagsame Stimmung.

Tabelle 1 zeigt, daß 4 latente Klassen identifiziert wurden, deren erste mit 6 Prozent der Patienten sehr klein ist, die Klassen 2 und 3 umfassen je 17 Prozent der Patienten, und Klasse 4 ist mit 60 Prozent der Patienten bei weitem am größten.

Ob sich die Klassen quantitativ oder qualitativ voneinander unterscheiden, können wir in zwei Schritten beurteilen. In einem ersten Schritt betrachten wir die *mittleren Summenscores innerhalb der Klassen* ($E(X_{gt})$). Aus diesen sehen wir, daß sich die Klassen tatsächlich in ihrem Summenscore, das heißt quantitativ unterscheiden. Klasse 1 ist eine symptomreiche Klasse. Sie enthält Patienten, die offensichtlich schwer depressiv sind. Die Patienten in Klasse 2 und 3 zeigen weniger Symptome, und Klasse 4 ist eine symptomarme Klasse. Sie enthält Patienten, die schon fast gesund sind.

Zur Feststellung der Homogenität des Tests reicht dies aber noch nicht aus. Wir fertigen daher in einem zweiten Schritt eine graphische Darstellung der *klassenspezifischen Symptomwahrscheinlichkeiten* an (s. u. *Abbildung 1*), wobei die Symptome (aufgrund ihrer Auftrittswahrscheinlichkeiten in der Gesamtstichprobe vom leichtesten zum schwierigsten geordnet) auf der Abszisse und die klassenspezifischen Symptomwahrscheinlichkeiten auf der Ordinate eines Koordinatensystems aufgetragen und miteinander verbunden werden, so daß man für jede Klasse eine Profillinie erhält, welche die für die Klasse typische Symptomatik beschreibt.

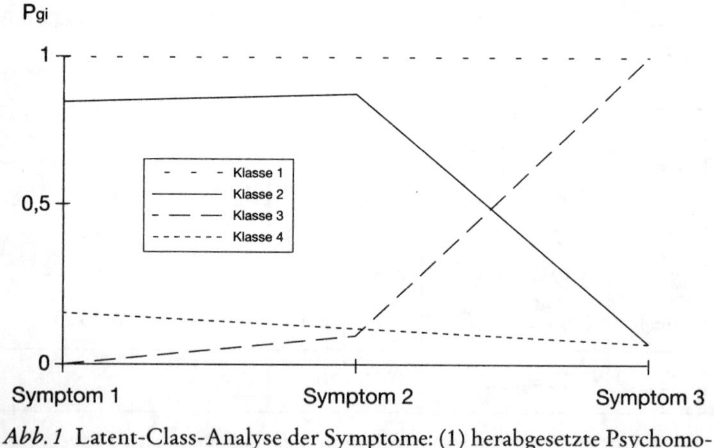

Abb. 1 Latent-Class-Analyse der Symptome: (1) herabgesetzte Psychomotorik, (2) gehemmter Denkablauf und (3) ängstlich-gequält-klagsame Stimmung.

Die Profillinie der symptomreichen Klasse 1 zeigt, daß hier alle 3 Symptome mit an Sicherheit grenzender Wahrscheinlichkeit auftreten. Die Profillinie der symptomarmen Klasse 4 zeigt, daß hier alle drei Symptome nur mit geringer Wahrscheinlichkeit auftreten, und zwar um so seltener, je schwieriger ein Symptom ist. Die Profillinie zeigt einen monoton fallenden Verlauf.

Soweit macht der Test den Eindruck von Homogenität. Betrachten wir jedoch die Profillinien der Klassen 2 und 3, so sehen wir, daß sich diese nicht nur quantitativ voneinander unterscheiden, sondern geradezu durch eine entgegengesetzte Symptomatik charakterisiert sind. Die Patienten in Klasse 2 zeigen mit hoher Wahrscheinlichkeit eine herabgesetzte Psychomotorik und einen gehemmten Denkablauf, kaum jedoch eine ängstlich-gequält-klagsame Stimmung. Bei den Patienten in Klasse 3 ist es gerade umgekehrt.

Der Test ist also heterogen. Mit den Klassen 2 und 3 identifiziert er zwei qualitativ verschiedene Syndrome der Depression. Die Patienten in diesen beiden Klassen unterscheiden sich zwar auch in der (mittleren) Anzahl der gezeigten Symptome voneinander, der Score allein ist aber nicht geeignet, um diese qualitativ verschiedene Symptomatik darzustellen.

Wenn ein Test nicht homogen ist, können wir die diagnostische Beurteilung der Vpn nicht (oder zumindest nicht ohne Informationsverlust) auf der Grundlage ihres Scores treffen. Notwendige Voraussetzung für Homogenität ist, daß die Profillinien alle monoton fallend sein müssen und sich nicht überschneiden dürfen. Je stärker diese Voraussetzung verletzt ist, desto größer ist der Informationsverlust, welcher mit der Scorebildung einhergeht.

Soll die gesamte Testinformation über die Vpn durch ihren Score erschöpfend beschrieben werden – so, daß es überhaupt nicht mehr darauf ankommt, welche Items eine Vp gelöst hat –, so sind noch strengere Voraussetzungen zu fordern. Wie Rasch (1960, 1968) gezeigt hat, ist dies genau dann der Fall, wenn sich die Wahrscheinlichkeitsverteilung der Itemantworten der Vpn durch die Modellgleichung

$$p_{vi} = \exp(\theta_v - \delta_i) / ((1 + \exp(\theta_v - \delta_i)) \qquad (3)$$

beschreiben läßt, so daß die Wahrscheinlichkeit einer positiven Antwort als Funktion zweier Parameter darstellbar ist, deren erster (θ_v; θ = griech. Buchstabe theta) die durch den Test erfaßte »latente« Eigenschaft der Vpn mißt. Je größer dieser Personenparameter ist, desto größer ist die Wahrscheinlichkeit, mit welcher die Vp ein Item positiv beantwortet. Der andere Parameter (δ_i; δ = griech. Buchstabe delta) beschreibt die Itemschwierigkeit. Je größer dieser Itemparameter ist, desto geringer ist die Wahrscheinlichkeit, mit welcher das Item positiv beantwortet wird (vgl. *Abbildung* 2). Latente Personeneigenschaft und Itemschwierigkeit werden auf einer gemeinsamen Differenzenskala gemessen, das heißt, sie haben eine feste Maßeinheit, aber einen willkürlich festgesetzten Nullpunkt. Ist $\theta_v = \delta_i$, so ist $p_{vi} = 1/2$.

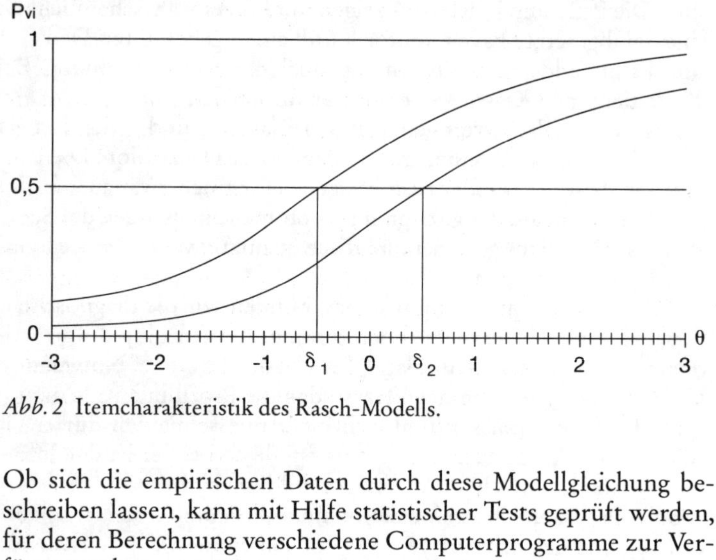

Abb. 2 Itemcharakteristik des Rasch-Modells.

Ob sich die empirischen Daten durch diese Modellgleichung beschreiben lassen, kann mit Hilfe statistischer Tests geprüft werden, für deren Berechnung verschiedene Computerprogramme zur Verfügung stehen.

Dabei ist zu berücksichtigen, daß Homogenität im Sinne des *Rasch-Modells* ein Idealerfordernis darstellt, das in der testpsychologischen Praxis nur selten erfüllt ist. Während es eine Vielzahl von Anwendungen des Rasch-Modells in der testdiagnostischen Grundlagenforschung gibt, vermögen nur die wenigsten der auf dem Markt befindlichen Tests diesem Erfordernis gerecht zu werden. Bei der großen Majorität der gebräuchlichen Tests geht die Scorebildung deshalb mit einem mehr oder minder erheblichen Informationsverlust einher. Als psychologischer Diagnostiker sollte man sich daher in der Regel nicht nur mit der Beurteilung der Scores zufriedengeben.

Objektivität

Unter der Objektivität eines Tests versteht man den Grad, in dem die Ergebnisse eines Tests unabhängig vom Testleiter sind. Ein Test wäre demnach vollkommen objektiv, wenn verschiedene Psychologen bei derselben Vp zum selben Ergebnis gelangten. Lienert (Lienert & Raatz 1994) spricht deshalb auch von »interpersoneller Übereinstimmung« der Untersucher und unterscheidet – je nachdem, in welcher Phase der Testdurchführung allfällige Nicht-Übereinstimmungen auftreten können – drei verschiedene Aspekte der Objektivität.

Die sogenannte *Durchführungsobjektivität* betrifft die mögliche Beeinflussung der Testergebnisse durch zufällige oder systematische Verhaltensvariationen des Testleiters während der Testdurchführung. Soll die Durchführungsobjektivität maximal hoch werden, dann müssen alle Vpn den Test unter denselben – beziehungsweise unter vergleichbaren – Bedingungen bearbeiten. Hierzu gehören die Standardisierung der Untersuchungssituation (allgemeine Arbeitsbedingungen, Beleuchtungs- und Sehverhältnisse, Arbeitsmaterial, Bearbeitungszeit etc.), sowie die Standardisierung der Testinstruktion, die zum Beispiel schriftlich vorgegeben wird.

Aber: Dasselbe ist nicht für alle das gleiche. Es kommt darauf an, daß alle Vpn ein gleich gutes Verständnis davon entwickeln, was im Test von ihnen erwartet wird. Manche können besser lesen, manche schlechter. Für manche ist die Instruktion »zu abstrakt« formuliert, für andere »zu primitiv«. Will man die Durchführungsobjektivität optimieren, so kommt man daher nicht umhin, die Instruktion flexibel zu gestalten, an die jeweiligen Vpn anzupassen und sich durch Nachfragen des Verständnisses zu versichern. Insbesondere bei der Testung von Kindern ist es unumgänglich, erst einen positiven Rapport herzustellen, bevor man irgendwelche Anforderungen an sie stellen kann. In eine griffige Formel gefaßt: »Never ask a child a question before it has smiled at you.«

Die sogenannte *Auswertungsobjektivität* betrifft die Bewertung der Itemantworten durch den Testleiter (z.B. als »richtig« oder »falsch«). Sieht der Test frei formulierte Antworten der Vpn vor (sogenannte »offene« Fragen), so ist hierfür ein präzises Regelsystem mit Beispielen und Gegenbeispielen vonnöten, das den Beurteilungsspielraum möglichst einengt.

Eine Optimierung der Auswertungsobjektivität kann durch sogenannte »multiple-choice« Fragen erzielt werden, bei denen die Vp aus mehreren vorgegebenen Antwortmöglichkeiten diejenige auswählt, die ihr zutreffend erscheint. Dieser Vorteil wird jedoch um den Nachteil erkauft, daß die richtige Antwort bei multiple-choice-Fragen auch durch bloßes Raten zustandekommen kann.

Zur Kontrolle der Auswertungsobjektivität kann man einen Test durch zwei unabhängige Untersucher auswerten lassen. Zur Beurteilung der Auswerterübereinstimmung berechnet man dann zum Beispiel den Koeffizienten Kappa (Cohen 1960; vgl. Bortz, Lienert & Boehnke 1990).

Die sogenannte *Interpretationsobjektivität* betrifft den Grad der Unabhängigkeit der Interpretation der Testergebnisse von der Person des Diagnostikers. Um einen objektiven Bewertungsmaßstab für den Testscore einer Vp zu erzielen, wird dieser zur Verteilung der Testscores in der Referenzpopulation (z.B. in der Gruppe der Gleichaltrigen) in Beziehung gesetzt. Als Vergleichsnormen dienen dabei Prozentrangtabellen, Standardwerte oder IQ-Punkte.

Prozentrangtabellen geben an, wie groß der Anteil der Vpn in der Referenzpopulation ist, die den jeweiligen Score nicht überschreiten. Standardwerte und IQ-Punkte transformieren die Scoreverteilung in eine Normalverteilung mit dem Mittelwert 100 und einer Standardabweichung von 10 (Standardwerte) beziehungsweise 15 (IQ-Punkte). Da die Normalverteilung tabelliert ist, kann man daraus jederzeit auf den Prozentrang des jeweiligen Scores rückschließen. Die Normalverteilungstransformation bietet darüber hinaus jedoch den Vorteil, daß man anhand des (transformierten) Testwertes sofort einen groben Eindruck gewinnt, wie dieser Wert zu beurteilen ist. So liegen zwei Drittel aller Testwerte in dem Intervall von +/- einer Standardabweichung um den Mittelwert. Standardwerte zwischen 90 und 110 beziehungsweise IQ-Punkte zwischen 85 und 115 können daher unmittelbar als durchschnittliche Testleistung erkannt werden, und so weiter.

Zur Erzielung von Interpretationsobjektivität bedarf es aber nicht nur der Vereinheitlichung der Interpretation der Testscores, sondern auch der Vereinheitlichung der daraus abzuleitenden diagnostischen Urteile. In der klinischen Diagnostik bedient man sich hierzu des Diagnostischen und Statistischen Manuals Psychischer Störungen (DSM-III), das zum Beispiel den Schweregrad intellektueller Beeinträchtigung wie folgt definiert:

	IQ
leicht	50–55 bis etwa 70
mäßig	35–40 bis etwa 50–55
schwer	20–25 bis etwa 35–40
schwerst	unter 20–25

Tab. 2 Schweregrad intellektueller Beeinträchtigung nach DSM-III.

Geistige Behinderung ist laut DSM-III jedoch nicht nur durch deutlich unterdurchschnittliche intellektuelle Leistungsfähigkeit (IQ unter 70) definiert, sondern auch durch gleichzeitige Defizite beziehungsweise Beeinträchtigungen der sozialen Anpassungsfähigkeit der Vp, das heißt ihrer Leistungsfähigkeit bei der Erfüllung sozialer Normen, die ihr soziales Umfeld von Personen ihres Alters erwartet bezüglich Anpassung und Verantwortung, Kommunikation, alltagspraktischer Fertigkeiten sowie persönlicher Unabhängigkeit und Autonomie. Das Ausmaß der Beeinträchtigung auf diesem Gebiet der sozialen Anpassungsfähigkeit spielt für die Beurteilung des Schweregrades der geistigen Behinderung ebenfalls eine Rolle.

Reliabilität

Unter der Reliabilität eines Tests versteht man den Grad seiner Meßgenauigkeit. Der *Reliabilitätskoeffizient* ist definiert als das Quadrat der Korrelation zwischen True-Score und Maßzahlvariable und beschreibt den Anteil der True-Score-Varianz an der Maßzahlvarianz in der Referenzpopulation:

$$\text{korr}^2(X_{\cdot t}, T_{\cdot t}) = \text{var}(T_{\cdot t}) / \text{var}(X_{\cdot t}). \qquad (4)$$

Da der True-Score eine theoretische Größe ist, kann diese Korrelation jedoch nicht direkt ausgerechnet werden. Eine intuitiv einleuchtende Methode zur Reliabilitätsbestimmung besteht jedoch in der Testwiederholung. Dabei wird der Test denselben Vpn zweimal vorgegeben und die Korrelation zwischen den Testergebnissen aus den beiden Meßreihen berechnet. Voraussetzung dafür ist, daß das gemessene Merkmal über den Zeitraum zwischen den beiden Testungen konstant bleibt und sich auch die Meßgenauigkeit des Tests durch die wiederholte Testvorgabe nicht verändert. Sind diese Voraussetzungen erfüllt, so spricht man von parallelen Testungen, und die so berechnete *Retest-Reliabilität* stimmt mit dem oben definierten Reliabilitätskoeffizienten numerisch überein.

Eine andere Methode zur Reliabilitätsbestimmung ist die sogenannte *Paralleltestmethode*. Dabei wird nicht derselbe Test zweimal vorgegeben, sondern zwei verschiedene Tests, die dasselbe Merkmal gleich gut messen. Ist diese Voraussetzung erfüllt, so spricht man bei gleicher Schwierigkeit der Tests von parallelen Tests. Unterscheiden sich die Tests in ihrer Schwierigkeit, so spricht man von essentiell parallelen Tests. Unterscheiden sich zwei Tests zwar in ihrer Meßgenauigkeit, messen aber dennoch dasselbe Merkmal der Vpn, so spricht man bei gleicher Schwierigkeit der Tests von tau-äquivalenten Tests, bei unterschiedlicher Schwierigkeit von essentiell tau-äquivalenten Tests.

Ist die Reliabilität eines Tests nicht zufriedenstellend, so kann sie durch Testverlängerung verbessert werden. Wird ein Test zum Beispiel durch Hinzufügen eines Paralleltests auf doppelte Testlänge verlängert, so nimmt die Reliabilität des Tests, wie in *Abbildung 3* gezeigt, zu:

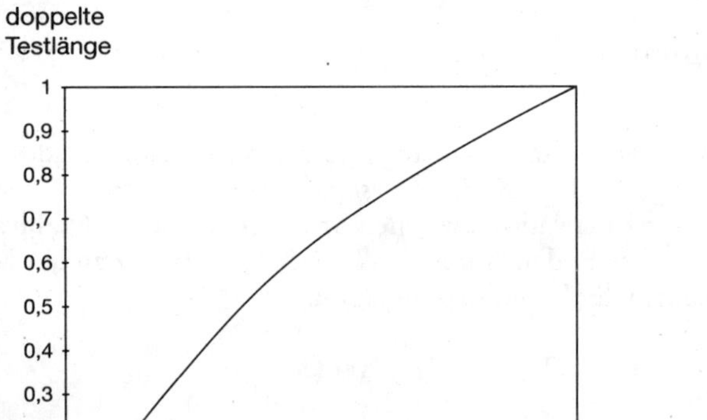

Abb. 3 Zunahme der Reliabilität bei doppelter Testlänge.

Diese durch die sogenannte Spearman-Brown-Formel beschriebene Beziehung ist zugleich Grundlage der *Split-Half Methode* der Reliabilitätsbestimmung. Dabei wird der Test in zwei parallele Testhälften zerlegt, so daß die Korrelation zwischen den Scores aus den beiden Testhälften deren Reliabilität ergibt. Aus dieser läßt sich mittels der Spearman-Brown-Formel schließlich die Reliabilität des ursprünglichen Tests errechnen.

Auf der Zerlegung des Tests in zwei oder mehrere Testteile beruht auch die sogenannte interne *Konsistenzanalyse*, die durch Berechnung des sogenannten Koeffizienten Alpha (Cronbach 1951) die Angabe einer unteren Schranke für die Reliabilität des Tests ermöglicht. Der Vorteil der internen Konsistenzanalyse gegenüber der Split-Half Methode besteht darin, daß ihre Anwendung nicht an die Voraussetzung paralleler Testteile gebunden ist. Der Koeffizient Alpha gibt die Reliabilität des Tests bereits dann exakt wieder, wenn die Testteile (lediglich) essentiell tau-äquivalent sind. Ist auch diese Voraussetzung nicht erfüllt, so ist die Reliabilität jedenfalls besser als der für Alpha errechnete Zahlenwert.

Ist die Reliabilität eines Tests bekannt, so kann man daraus den sogenannten *Standardmeßfehler* des Tests berechnen, das heißt die Standardabweichung des Meßfehlers in der Referenzpopulation. Dieser bildet die Grundlage für die inferenzstatistische Beurteilung von Testscores. So kann man zum Beispiel bei gegebenem Testergebnis einer Vp einen Vertrauensbereich angeben, durch welchen der True-Score der Vp mit einer vorgegebenen Sicherheit (z.B. 95 Prozent oder 99 Prozent) überdeckt wird. Oder man kann Hypothesen über den True-Score einer Vp auf statistische Signifikanz prüfen. Man kann die Testergebnisse zweier Vpn inferenzstatistisch miteinander vergleichen und so weiter.

Validität

Die Validität eines Tests gibt an, wie gut ein Test jenes Merkmal mißt, das er zu messen beansprucht. Dabei ist Vorsicht gegenüber dem bloßen Augenschein angebracht. Was zum Beispiel auf den ersten Blick als Intelligenzleistung erscheint, kann sich bei genauerer theoretischer und empirischer Analyse als hochgradig schicht- oder kulturabhängig erweisen. Bloße Augenschein-Validität ist für die

Konstruktion und Auswahl von Testitems daher kein hinreichendes Kriterium. Lienert (Lienert & Raatz 1994) unterscheidet drei Aspekte der Validität: inhaltliche Validität, kriteriumsbezogene Validität und Konstruktvalidität.

Unter *Inhaltsvalidität* versteht man, daß die Items eines Tests das zu messende Merkmal repräsentativ erfassen. Zum Beispiel ist ein Schulleistungstest inhaltlich valide, wenn seine Aufgaben eine repräsentative Auswahl aus dem Unterrichtsstoff darstellen.

Wenn man in der klassischen Testtheorie von Validität spricht, so ist damit die *Kriteriumsvalidität* gemeint. Diese wird bestimmt, indem man die Testergebnisse einer Stichprobe von Vpn mit einem Außenkriterium korreliert, das – vom Test unabhängig erhoben – das zu erfassende Merkmal valide widerspiegelt. So kann man zum Beispiel die Validität eines Intelligenztests für die Prognose von Schulleistungen bestimmen, indem man die Testergebnisse mit den Schulnoten korreliert. Wie man mathematisch zeigen kann, ist die so definierte Kriteriumsvalidität nie größer als die Quadratwurzel aus der Reliabilität des Tests. Reliabilität von Tests ist also eine notwendige Voraussetzung für valide Testergebnisse.

Im Gegensatz zu Inhalts- und Kriteriumsvalidität ist die *Konstruktvalidität* weniger pragmatisch als theoretisch orientiert. Ihre Bedeutung liegt nicht in unmittelbarer praktisch-diagnostischer Verwertbarkeit, sondern in der theoretischen Klärung dessen, was der Test mißt. Dies geschieht unter anderem auf der Grundlage der empirischen Untersuchung der Korrelationen des Tests mit Außenkriterien sowie auf der Grundlage seiner Korrelationen mit validitätsverwandten und validitätsdivergenten Tests (die einen ähnlichen beziehungsweise abweichenden Validitätsanspruch haben).

Literatur

Bortz, Jürgen, Gustav A. Lienert, Klaus Boehnke (1990): *Verteilungsfreie Methoden in der Biostatistik*. Berlin: Springer.

Cohen, Jacob (1960): A coefficient of agreement for nominal scales. *Educational and Psychological Measurement*, 20: 37–46.

Cronbach, Lee J. (1951): Coefficient alpha and the internal structure of tests. *Psychometrika*, 16: 297–334.

Gulliksen, Harold (1950): *Theory of Mental Tests*. New York: Wiley.

Lazarsfeld, Paul F. (1950): Logical and mathematical foundations of latent structure analysis. In: Samuel A. Stouffer, Louis Guttman, Edward A. Suchman, Paul F. Lazarsfeld, Shirley A. Star, John A. Clausen (Hg.): *Studies in social psychology in world war II*. Bd. IV. Princeton/N.J.: Princeton University Press.

Lienert, Gustav A. (1961): *Testaufbau und Testanalyse*. Weinheim: Beltz.

Rasch, Georg (1960): *Probabilistic models for some intelligence and attainment tests*. Copenhagen: Nielsen & Lydiche.

Rasch, Georg (1968): *A mathematical theory of objectivity and its consequences for model construction.* Proceedings of the European Meeting on Statistic, Econometrics and Management Science, Amsterdam, 2–7 september 1968.

Rohracher, Hubert (1971): *Einführung in die Psychologie* (10. Aufl.). Wien: Urban & Schwarzenberg.

Lehrbücher:

Fischer, Gerhard H. (1974): *Einführung in die Theorie psychologischer Tests.* Bern: Huber.

Lienert, Gustav A., Ulrich Raatz (1994): *Testaufbau und Testanalyse* (5. Aufl.). Weinheim: Beltz.

Lord, Frederic M., Melvin R. Novick (1968): *Statistical Theories of Mental Test Scores*. Reading (MA): Addison-Wesley.

Rost, Jürgen (1996): *Lehrbuch Testtheorie Testkonstruktion*. Bern: Huber.

Steyer, Rolf, Michael Eid (1993): *Messen und Testen. Ein Lehrbuch*. Berlin: Springer.

[illegible]

[illegible]

[illegible]

[illegible]

[illegible]

[illegible]

[illegible]

[illegible]

Teil VI
Sozialpsychologie

1. Soziale Informationsverarbeitung

ANDREA ABELE und GUIDO H. E. GENDOLLA

Ein wichtiges Paradigma in der Sozialpsychologie ist derzeit das der »sozialen Informationsverarbeitung«: Menschen nehmen kontinuierlich vielfältige Informationen sowohl externer wie interner Art im Ultrakurzzeitgedächtnis auf, sie verarbeiten einen Teil dieser Informationen im Kurzzeitgedächtnis, integrieren ihn mit im Langzeitgedächtnis gespeicherten Daten und fällen infolge dieses Informationsverarbeitungsprozesses Urteile verschiedenster Art (vgl. auch Straub). Die sozialen Urteilsbildungsprozesse wiederum beeinflussen zusammen mit anderen Faktoren das aktuelle Handeln. Menschen konstruieren ihre soziale Welt als aktive Informationsverarbeiter.

Zentrale Fragestellungen dieses Ansatzes sind: Wie und warum bilden wir Urteile über soziale Sachverhalte? Wie und warum nehmen wir Personen in einer bestimmten Weise wahr und beurteilen sie so oder so? Wie kommt Clara zum Beispiel zu dem Schluß, daß Karl ein netter Kerl ist, während jemand anders meint, daß er vollkommen unsympathisch sei? Warum ist sich Paul sicher, daß Klaus Silke beleidigt hat, weil Klaus ein Ekel ist, während Klaus selbst meint, daß die Beleidigung einzig und allein auf Silkes Fehlverhalten zurückzuführen ist?

Das vielleicht alltäglichste sozialpsychologische Phänomen ist, daß verschiedene Menschen ein und dasselbe soziale Objekt oder Ereignis vollkommen unterschiedlich wahrnehmen, was wiederum zu unterschiedlichen Verhaltenskonsequenzen führen kann. Die einfachste Erklärung hierfür wäre die, daß unterschiedliche Individuen zu unterschiedlichen Wahrnehmungen »disponiert« sind. Die Sozialpsychologie, deren Thematik sich als die Erforschung unmittelbaren und mittelbaren sozialen Einflusses auf menschliches Denken, Fühlen und Handeln beschreiben läßt (vgl. Allport 1968), hat es sich jedoch zur Aufgabe gemacht, die Wirkung *sozialer Prozesse* zu untersuchen. Wie wir später noch sehen werden, ist eine der zahlreichen Erkenntnisse aus dieser Analyse, daß dispositionelle Erklärungen für menschliches Denken und Handeln oft zu simpel und eher die Folge eines kulturellen Einflusses (z.B. Mischel 1968; Ross 1977; Shweder 1975) oder der Wahrnehmungsperspektive als wirkliche Erklärungen sind (Jones & Nisbett 1971).

Das »Soziale« an der Informationsverarbeitung

Was ist der Unterschied zwischen sozialer Informationsverarbeitung und der Kognitionsforschung in der Allgemeinen Psychologie? Das soziale Moment in der Informationsverarbeitung bezieht sich einerseits auf soziale Einflußprozesse bei der Informationsverarbeitung. So haben zum Beispiel die Kultur und die soziale Umgebung, in der wir leben und deren Werte und Perspektiven uns während der Sozialisation vermittelt werden, einen deutlichen Einfluß auf unsere Denkprozesse. Ein solcher kultureller – das heißt sozialer – Einfluß auf die Verarbeitung von Informationen läßt sich an einer klassischen Untersuchung von Bartlett (1932) zeigen, bei der englische Probanden eine Geschichte aus der indianischen Mythologie (›Der Krieg der Geister‹) lasen (vgl. auch Christmann & Groeben sowie Straub). Nach dem Lesen wurden sie aufgefordert, die Geschichte wiederzugeben, wobei die Zeit zwischen Lesen und Wiedergabe zwischen Tagen und Jahren variierte. Bartlett fand, daß die Erinnerung besonders nach langen Zeiträumen zwischen Lesen und Wiedergabe immer mehr der europäischen Weltsicht der Probanden angepaßt war und mystische Ereignisse in rationalisierter Form wiedergegeben wurden.

Eine andere Untersuchung, die sozialen Einfluß auf die Wahrnehmung demonstriert, wurde von Bruner und Goodman (1947) im Rahmen der Forschung zum *new look in perception* durchgeführt, der neben kognitiven auch motivationale Prozesse in der Informationsverarbeitung betonte und als zentrales Modell die *Hypothesentheorie der Wahrnehmung* von Bruner und Postman (1949) hervorbrachte. Bruner und Goodman baten Kinder aus armen und reichen Elternhäusern, die Größe von Münzen einzuschätzen. Es zeigte sich, daß die Kinder aus armen Verhältnissen, für die die Münzen einen höheren Wert hatten, ihre Größe überschätzten, während die Kinder aus reichen Verhältnissen relativ genau in ihren Schätzungen waren. Als die Versuchspersonen die Größe von wertlosen Holzscheiben schätzen sollten, zeigten sich hingegen keine

Unterschiede bezüglich der sozialen Herkunft. Ein drittes Beispiel für soziale Einflußprozesse sind Studien, die zeigen, wie kulturbedingte implizite Persönlichkeitstheorien (Bruner & Tagiuri 1954) die Wahrnehmung und Erklärung (Miller 1984) von Verhalten modifizieren.

Neben diesen Effekten sozialen Einflusses auf kognitive Prozesse macht noch ein weiteres wesentliches Moment die soziale Informationsverarbeitung »sozial«. Es ist die Art von Informationen, die verarbeitet werden. Während sich die Allgemeine Kognitionspsychologie im wesentlichen mit der Verarbeitung relativ sinnfreier Informationen beschäftigt, um basale kognitive Prozesse aufzuspüren, ist der Fokus in der Sozialpsychologie auf *soziale Information* gelenkt. Diese läßt sich als semantische, das heißt sinnhaltige Information über soziale Objekte beschreiben. Soziale Objekte wiederum sind andere Individuen, soziale Gruppen, soziale Sachverhalte, wie zum Beispiel politische Einstellungen, oder auch das »Selbst«, das heißt die Wahrnehmung und Beurteilung der eigenen Person. Es ist hierbei wichtig zu betonen, daß die untersuchten kognitiven Prozesse keinesfalls (nur) bewußtes Denken betreffen. Gerade in den letzten Jahren ist gezeigt worden, daß unbewußte oder automatische Informationsverarbeitung starke Urteils- und Verhaltenseffekte hat (Uleman & Bargh 1989).

Ein drittes Moment »sozialer« Informationsverarbeitung ist die Erkenntnis, daß es neben einem allgemeinen »Wahrheits-« oder »Erkenntnisziel« auch andere *Ziele* menschlicher Informationsverarbeitung gibt. Kunda (1990) hat in einem Überblick zum Forschungsstand in enger Anlehnung an die Theorie der Laienepistemologie von Kruglanski (1980) zwischen zwei unterschiedlichen Zielen unterschieden, die den Prozeß sozialer Informationsverarbeitung leiten. Diese sind entweder, akkurate Urteile zu fällen, oder aber, zu bestimmten angestrebten Urteilen zu gelangen. Eine Person, die zum Beispiel die stereotype Überzeugung hat, daß Italiener lustig sind, wird in einer Pizzeria ihre Aufmerksamkeit auf Verhaltensweisen des Kellners lenken, die diese stereotype Überzeugung stützen. In ihrem Urteil über den Kellner wird sie folglich die stereotypenkonformen Verhaltensweisen stärker gewichten.

Solche Prozesse der Aufmerksamkeitsfokussierung sind beispielsweise in der Forschung zu *selbsterfüllenden Prophezeiungen* und *Erwartungseffekten* auf die soziale Wahrnehmung gezeigt worden (z.B. Snyder 1992). Diese Verarbeitungsziele können motivational bedingt sein, sie können sich aber auch aus der Aufgabenstruktur der

Situation ergeben. Wichtig ist, daß beide Arten von Zielen die soziale Informationsverarbeitung beeinflussen und dieselben Informationen je nach Zielsetzung zu unterschiedlichen Urteilsergebnissen führen können. Abele und Petzold (1997) haben zum Beispiel gezeigt, daß die Beurteilung von Mitgliedern zweier Berufsgruppen bei identischen Informationsvorgaben *Assimilationseffekten* unterlag, wenn die Aufgabe eine Differenzierung zwischen den Gruppen nahelegte, und *Kontrasteffekte* erbrachte, wenn eine Differenzierung innerhalb der Gruppen angestrebt war. Assimilation bedeutet, daß ein Stimulus als ähnlicher zum typischen Vertreter einer Kategorie bewertet wird als durch seinen Informationsgehalt gerechtfertigt ist. Kontrast bedeutet, daß ein Stimulus als unähnlicher zu einem typischen Kategorienvertreter bewertet wird als gerechtfertigt ist.

Historische Wurzeln

Die Untersuchung kognitiver Prozesse in der Sozialpsychologie wird schon relativ lange betrieben. Während die Allgemeine Psychologie noch in der Tradition des Behaviorismus und der Verhaltensanalyse im Rahmen von Reiz-Reaktionsketten stand, waren kognitive Prozesse in der Sozialpsychologie schon seit den dreißiger und vierziger Jahren ein zentraler Forschungsgegenstand (Graumann 1988). So beschäftigte sich beispielsweise Gordon Allport bereits im Jahre 1938 mit der Entstehung und den Verhaltensauswirkungen sozialer *Einstellungen*, also Bewertungen sozialer Sachverhalte. Als Geburtsstunde einer experimentellen Analyse kognitiver Prozesse lassen sich die Arbeiten von Heider und Simmel (1944) zur Wahrnehmung kausaler Zusammenhänge und von Asch (1946) zur sozialen Eindrucksbildung anführen.

Den Begriff *Informationsverarbeitung* gab es zu dieser Zeit allerdings noch nicht. Dieser wurde erst Ende der sechziger Jahre aus der Allgemeinen Psychologie übernommen, nachdem dort die »kognitive Wende« vollzogen wurde, die oft mit den Arbeiten Neissers (1967) zur Aufmerksamkeit datiert wird. Ab den fünfziger Jahren waren die Erforschung sozialer Vergleichsprozesse (Festinger 1954), der Einstellungsbildung und -änderung (z. B. Brehm 1966; Festinger 1957), der Eindrucksbildung über Personen (z.B. Asch 1946), der Entstehung und Folgen sozialer Vorurteile (z.B. Allport 1954) und der Wahrnehmung und Folgen kausaler Zusammenhänge (z.B. Heider 1958) die zentralen Forschungsthemen. Zwei der einflußreichsten theoretischen Perspektiven – die Dissonanztheorie und die Attributionstheorie – sollen nun etwas genauer dargestellt werden.

Dissonanztheorie

Leon Festinger, ein Schüler Kurt Lewins, hat diese Theorie der *kognitiven Dynamik*, die ein immenses Forschungsinteresse initiiert hat, im Jahre 1957 formuliert. Das Menschenbild, das Festinger dabei entworfen hat, ist das des *konsistenzsuchenden Individuums*, das motiviert ist, kognitive Harmonie herzustellen. Diese Perspektive stand Pate für weitere einflußreiche Theorien, wie die Reaktanztheorie (Brehm 1966) und die Theorie objektiver Selbstaufmerksamkeit (Duval & Wicklund 1972). Kognitive Dissonanz ist ein unangenehm erlebter motivationaler Erregungszustand, der auftritt, wenn zwei Gedanken, Meinungen, Einstellungen oder Wahrnehmungen einer Person nicht in Einklang miteinander stehen. Ein klassisches Beispiel hierfür ist ein passionierter Raucher, der weiß, daß Rauchen das Krebsrisiko erhöht, und diesen Widerspruch dadurch löst, daß er das Krebsrisiko herunterspielt oder Vorteile des Rauchens, wie zum Beispiel Entspannung, betont.

Dissonanzreduktion hat jedoch auch spektakuläre Einstellungsänderungen zur Folge. Festinger und Carlsmith (1959) haben hierzu ein bekannt gewordenes Experiment durchgeführt. Unter dem Vorwand, eine Untersuchung zur Arbeitspsychologie durchzuführen, brachten sie ihre Probanden dazu, eine Stunde lang extrem langweilige motorische Tätigkeiten auszuführen. Danach bat der Versuchsleiter die Probanden, eine andere, bereits wartende Versuchsperson über die Untersuchung zu informieren und dabei als »interessant« zu beschreiben. Die Probanden wurden für diese Lüge entweder sehr gut (20 Dollar) oder sehr schlecht (1 Dollar) entlohnt.

Bei einer nachfolgenden unauffälligen Messung der Einstellung der Probanden zu dem langweiligen Experiment zeigte sich, daß die schlecht Entlohnten das langweilige Experiment nach ihrer Lüge weitaus interessanter fanden als die gut bezahlten Teilnehmer. Festinger und Carlsmith erklärten diesen Befund damit, daß die schlecht entlohnten Probanden ihre interessante Beschreibung des tatsächlich langweiligen Experiments vor sich selbst rechtfertigen mußten, da ihre Handlung kognitive Dissonanz erzeugte. Sie taten dies durch eine Einstellungsänderung, wie »ich habe nicht gelogen, das Experiment war wirklich interessant«. Die gut bezahlten Versuchspersonen hatten hingegen genügend äußere Rechtfertigung für ihre Lüge und empfanden daher keine Dissonanz. Für sie blieb das Experiment langweilig.

Diese Interpretation der Befunde wurde von Bem (1967) kritisiert. Er führte eine interpersonelle Replikation der Studie durch, in der er seinen Probanden das Experiment beschrieb und sie die Einstellung der Versuchspersonen zu dem langweiligen Experiment einschätzen ließ. Diese Einschätzungen waren genauso wie die tatsächlichen Einstellungen der Versuchsteilnehmer von Festinger und Carlsmith: Bems Versuchspersonen glaubten, daß die gut bezahlten Probanden genügend äußere Rechtfertigung für ihre Lüge hatten, während die schlecht Bezahlten ihr unehrliches Handeln auf ihre tatsächlich positive Einstellung zum Experiment zurückführten.

Bem zog daraus den Schluß, daß kein motivationaler Dissonanzreduktionsprozeß, sondern ein rationaler *Attributionsprozeß*, der Schluß von gezeigtem Verhalten auf die zugrundeliegende Einstellung, die Befunde erklärt. Diese Kritik wurde allerdings durch Experimente von Zanna und Cooper (1976) später zunichte gemacht. Dennoch bringt uns Bems Kritik, die zur Formulierung seiner *Selbstwahrnehmungstheorie* (Bem 1967) führte, wonach Personen ihre eigenen Einstellungen und Gefühle mit den gleichen Schlußfolgerungsprozessen identifizieren wie die anderer Personen, zu der zweiten sehr einflußreichen Perspektive – der Attributionstheorie.

Attributionstheorie

Fritz Heider vertrat in seinem 1958 erschienenen Buch ›The psychology of interpersonal relations‹ die Auffassung, daß Menschen wie *naive Wissenschaftler* versuchen, ihre soziale Umwelt kausal zu erklären, um Kontrolle über sie betreffende Ereignisse haben zu können. Sie schließen aufgrund beobachteter Handlungen auf zugrundeliegende personale und/oder situationale Ursachen. Die

Prinzipien, nach denen wir Kausalität wahrnehmen, wurden später vor allem von Kelley (1967) mit dem *Kovariationsprinzip* weiter spezifiziert. Danach prüft der Mensch durch eine Art Varianzanalyse mit Meßwiederholung, was die Ursache für ein soziales Ereignis wie etwa »Klaus mag Petra« ist. Nach Kelley gehen wir dabei so vor, daß wir prüfen, ob auch andere Petra mögen (Konsens), ob Klaus nur Petra mag (Distinktheit) und ob Klaus Petra immer oder nur heute mag (Konsistenz). Je nachdem, wie das Muster der Antworten auf diese Fragen aussieht, kommen wir zu dem Schluß, daß es an Klaus, Petra, oder den momentanen Umständen liegt, daß Klaus für Petra Sympathie empfindet.

Solche umfassenden Informationen über soziale Ereignisse liegen jedoch nicht immer vor. In diesem Fall folgen wir einem *Konfigurationsprinzip* und bedienen uns, Kelley zufolge, kausaler Schemata für die Erklärung solcher Ereignisse. Ein implizites kausales Schema, das unsere soziale Wahrnehmung leitet, ist zum Beispiel das Phänomen, daß wir bei Handlungen – zum Beispiel »Klaus ruft Petra an« – verstärkt den Akteur, also Klaus, als Ursache wahrnehmen, während wir bei Zuständen – wie etwa »Klaus liebt Petra« – das Objekt, also Petra, implizit als Ursache des Zustands vermuten (Brown & Fish 1983; McArthur 1972).

Ein weiteres soziales Wahrnehmungsphänomen, das mit Attributionen zu tun hat, ist die *correspondence bias* (Jones 1990) oder der *fundamentale Attributionsfehler* (Ross 1977). Er wurde bereits von Heider (1958) identifiziert und empirisch zum ersten Mal – ungewollt – in den Untersuchungen von Jones und Harris (1967) zur Theorie der korrespondierenden Inferenzen (Jones & Davis 1965) demonstriert. Dieses Phänomen bezeichnet die Tendenz, Handlungen von Personen insbesondere mit Persönlichkeitseigenschaften zu »erklären«, selbst wenn wir die Information haben, daß ein starker situationaler Druck für eine Handlung bestand. Dieses Phänomen tritt besonders in westlichen Kulturen auf (Miller 1984). Wie Jones und Nisbett (1971) festgestellt haben, gilt diese Präferenz für Erklärungen durch stabile Eigenschaften allerdings nur für das Verhalten anderer. Für unser eigenes Handeln bevorzugen wir hingegen Erklärungen durch die Situation oder aber durch momentane, zeitlich variable, innere Zustände (White & Younger 1988).

Schließlich wurde auch nach den Bedingungen gefragt, unter denen Kausalattributionen besonders häufig erfolgen. Es zeigte sich, daß Kausalattributionen insbesondere dann gemacht werden, wenn Ereignisse negativ und/oder erwartungskonträr sind (Abele 1985;

Wong & Weiner 1981). In einer Feldstudie, in der die Kommentare von bundesdeutschen Politikern nach Bundes- und Landtagswahlen analysiert wurden, konnte zum Beispiel eindrücklich demonstriert werden, daß Politiker insbesondere dann zu Kausalattributionen neigen, wenn das Wahlergebnis ihrer Partei ungünstig, das heißt negativ war (Abele 1990).

Trotz des Vorsprungs, den die Sozialpsychologie bei der Analyse kognitiver Prozesse hatte, blieb die später vollzogene kognitive Wende in der Allgemeinen Psychologie nicht ohne Folgen. Durch sie wurde das Paradigma des Menschen als Informationsverarbeiter mit begrenzten kognitiven Ressourcen etabliert. Während die kognitiven sozialpsychologischen Ansätze der vierziger bis sechziger Jahre diesen Aspekt außer acht ließen, wurden sie in der nachfolgenden sozialpsychologischen Forschung ab Mitte der siebziger Jahre immer zentraler. Die kognitive Sozialpsychologie übernahm das Informationsverarbeitungsparadigma aus der Allgemeinen Psychologie und untersuchte Phänomene der Personenwahrnehmung und sozialen Urteilsbildung bevorzugt im Rahmen eines strukturellen Modells, bei dem die Verarbeitung von Informationen verschiedene Prozeßstufen durchläuft (vgl. auch Christmann & Groeben sowie Straub). Dieses strukturelle Modell, das *Informationsverarbeitungsparadigma*, soll nun dargestellt werden.

Das Informationsverarbeitungsparadigma

Jedes Individuum ist zu jedem Zeitpunkt einer immensen Menge von Informationen oder Stimuli, wie momentanen Sinneseindrücken, aufkommenden Erinnerungen, verbalen Botschaften, ausgesetzt. Der Begriff *Informationsverarbeitung* bezieht sich auf die Prozesse, die Informationen in unserem psychischen System durchlaufen. In seiner einfachsten Form umfaßt das strukturelle Verarbeitungsmodell drei Stufen, nämlich *Enkodierung*, *Speichern* und *Abruf* von Informationen. Der erste Schritt, die Enkodierung, bezieht sich auf die Aufnahme und das Erkennen von Informationen. Wesentlich sind hier die Prozesse der *Wahrnehmung* und der Fokussierung der *Aufmerksamkeit*.

Hierzu ein Beispiel: Stellen wir uns vor, daß zwei Personen – Gaby und Katrin – auf einer Party mit jemandem namens Pierre ins

Gespräch kommen. Nach der Party antwortet Katrin auf die Frage, was ihr an Pierre besonderes aufgefallen sei, daß er wohl Ausländer ist. Gaby antwortet auf dieselbe Frage, daß er einen interessanten Musikgeschmack hat. Beide erinnern also unterschiedliche Merkmale von Pierre, Gaby ein *individuelles Attribut*, wie Pierres Musikgeschmack, Katrin hingegen ein Attribut, das sich auf eine *soziale Kategorie*, nämlich Pierres Nationalität, bezieht. Der Grund hierfür liegt vermutlich darin, daß Gaby und Katrin ihre Aufmerksamkeit auf unterschiedliche Informationen über Pierre gerichtet haben – Katrin auf Pierres Nationalität, Gaby auf seine persönlichen Interessen. Beide Erinnerungen sind richtig, denn Pierre ist sowohl Franzose als auch ein Freund verschrobener Musikstücke.

Die psychologisch interessante Frage ist nun, warum Gaby und Katrin ihre Aufmerksamkeit auf diese unterschiedlichen Aspekte gelegt haben. Eine Antwortmöglichkeit, die sich aus einem Modell von Fiske und Neuberg (1990) zur sozialen Eindrucksbildung ableiten läßt, ist die, daß Pierre für Gaby höhere Relevanz hatte als für Katrin, zum Beispiel weil sie ihn attraktiv fand und sie deshalb ihre Aufmerksamkeit auf individuelle Aspekte von Pierre gerichtet hat, die ihn relativ »einzigartig« machen. Katrin hingegen hat es genügt, Pierre in eine soziale Kategorie, nämlich »Franzose«, einzuteilen, die er mit Millionen anderer Franzosen teilt.

Doch wie vielleicht schon klar geworden ist, ist unser Beispiel nicht nur relevant für den ersten Schritt der Informationsverarbeitung, die Enkodierung, sondern betrifft auch die zweiten und dritten Schritte, die Speicherung und den Abruf von Informationen, da Gaby und Katrin unterschiedliche Attribute von Pierre *gespeichert* und *abgerufen* haben. Hieraus wird deutlich, daß alle drei Schritte interdependent sind, sich also gegenseitig beeinflussen können.

Gabys Aufmerksamkeit wurde dadurch geweckt, daß sie Pierre »attraktiv« findet; deshalb hat sie Pierres interessanten Musikgeschmack in ihrem Langzeitgedächtnis gespeichert. Katrin hingegen hat nur die Information »Franzose« behalten. Auch Katrin hat auf der Party mitbekommen, welche Musik Pierre schätzt. Für sie war diese Information, vielleicht aufgrund ihres mangelnden Interesses an Pierre, jedoch irrelevant und hat keine Aufmerksamkeit auf sich gezogen.

Aus dem gedächtnispsychologischen Multispeicher-Modell von Atkinson und Shiffrin (1968; vgl. hierzu und zum folgenden auch Straub) wissen wir, daß alle Informationen, die wir über unsere Sinnesorgane aufnehmen, für weniger als etwa eine Sekunde in einem sensorischen Speicher behalten werden, der über eine sehr hohe Speicherkapazität verfügt. Zieht eine Information in diesem Speicher unsere Aufmerksamkeit auf sich und wird sie durch einen Vergleich mit unserem bereits gespeicherten Wissen »erkannt«, was als *Mustererkennung* bezeichnet wird, so wird sie in einen Kurzzeitspeicher übertragen. Geschieht dies nicht, so wird sie wieder vergessen – oder besser formuliert: gar nicht erst zur Kenntnis genommen. Der Kurzzeitspeicher hat eine sehr begrenzte Kapazität von sieben (plus/minus zwei) Informationseinheiten (Miller 1956), die etwa fünfzehn Sekunden lang behalten werden können. Wird Information in diesem Speicher als relevant erachtet, zieht sie also unsere Aufmerksamkeit auf sich, und »überlebt« sie die sieben Sekunden Kurzzeitspeicherzeit, so wird sie in unser Langzeitgedächtnis übertragen, das über eine unbegrenzte Kapazität verfügt. Unser Personengedächtnis funktioniert nach den gleichen Prinzipien.

Doch gehen wir zurück auf die Party: Als Pierre sagt, daß er verschrobene Musikstücke liebt, hat diese Information für Katrin keine Relevanz. Sie macht sich weder etwas aus Pierre noch aus Musik und überträgt die Information daher nicht in ihr Langzeitgedächtnis. Für Gaby ist diese Information über Pierres Musikgeschmack jedoch – wie andere persönliche Informationen, die Pierre über sich preisgibt – hoch relevant. Sie richtet ihre Aufmerksamkeit auf diese Informationen und überträgt sie in ihr Langzeitgedächtnis. Hierbei kommt ein Prozeß zum Tragen, der für den Zusammenhang zwischen dem Speichern und dem Abrufen von Informationen wichtig ist. Gemeint ist der Prozeß der *Organisation* von Informationen. Anderson und Bower (1973) haben als ein sehr populäres Modell für die Organisation von Informationen in unserem Gedächtnis das des *assoziativen Netzwerks* etabliert. In solchen Netzwerken sind Informationen in Kategorien organisiert, die wiederum hierarchisch geordnet und untereinander verbunden sind.

Katrin hat, wie wir vorhin gesehen haben, Pierre unter der Kategorie »Franzose« abgespeichert. Gaby hat hingegen eine eigene Kategorie »Pierre« mit seinen individuellen Merkmalen erstellt. Diese beiden unterschiedlichen Organisationsniveaus können für den Abruf der Information bestimmte Folgen haben. Für Katrin ist Pierre »nur« ein Unterpunkt oder Mitglied der Kategorie Franzose. Wenn diese Kategorie demnächst bei Katrin aktiviert wird, während sie zum Beispiel einen Film über Paris sieht, ist es möglich, daß ihr dabei Pierre ins Gedächtnis kommt. Bei Gaby wird es vermutlich anders sein. Sie hat eine eigene Kategorie für Pierre erstellt und ihn wahrscheinlich unter der Oberkategorie »attraktiver Mann« abgespeichert. Wann immer Gaby in der nächsten Zeit – zum Beispiel in einem Werbespot – attraktive Menschen sieht, ist es möglich, daß ihr Pierre in den Sinn kommt. Dieser Effekt der Aktivierung kategorialer Information auf Prozesse der Erinnerung und Aufnahme von Informationen ist als *Priming* in die Psychologie eingegangen und hat rege Forschungstätigkeit in der Sozialpsychologie angeregt (s. u.).

Die Prozesse der sozialen Informationsverarbeitung und ihr Zusammenspiel sind in *Abbildung 1* in einem differenzierteren Modell schematisch dargestellt.

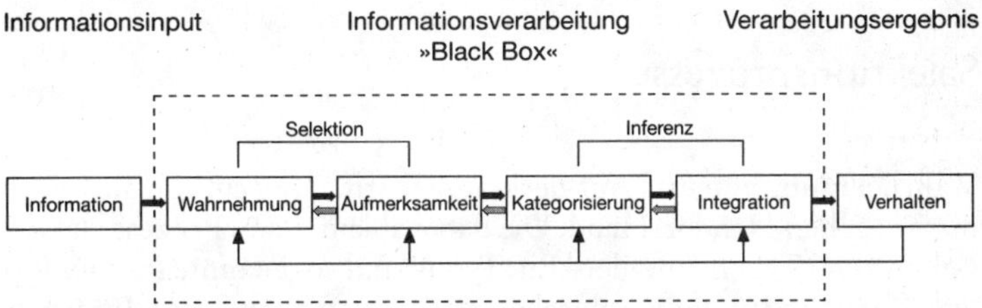

Abb. 1 Prozeßstufen in der sozialen Informationsverarbeitung

Der Prozeß der sozialen Informationsverarbeitung beginnt mit einem *Informationsinput*, der Eingabe von Informationen in das psychische System. Das *Verarbeitungsergebnis* oder das Produkt des Verarbeitungsprozesses ist *Verhalten*, welches aufgrund der Informationsverarbeitungsprozesse gezeigt wird. Verhalten ist hierbei relativ weitläufig zu verstehen und umfaßt sowohl offenes Handeln, wie zum Beispiel zu vermeiden, eine als unsympathisch bewertete Person zu treffen, als auch kognitives Verhalten, wie zum Beispiel die Bildung eines bestimmten Urteils über eine Person, die man gerade kennenlernt. Die Betonung, daß soziale Informationsverarbeitung pragmatisch verläuft, das heißt, daß wir »denken, um zu handeln«, ist gerade in den letzten Jahren wieder populär geworden (z. B. Fiske 1993). Von primärem Interesse für die soziale Informationsverarbeitung sind jedoch die Prozesse, die in der »black box« (in obiger Abbildung mit einer gestrichelten Linie eingerahmt) ablaufen.

Wie in *Abbildung 1* dargestellt ist, lassen sich die vier Prozesse *Wahrnehmung*, *Aufmerksamkeit*, *Kategorisierung* und *Integration* in zwei umfassende Prozeßstufen unterteilen, die Bruner (1957) als die zentralen Prozesse der Wahrnehmung postuliert hat. Diese sind erstens Prozesse der *Informationsselektion* (Wahrnehmung und

Aufmerksamkeit), durch die bestimmt wird, welche der unzähligen Informationen, die jeden Moment auf uns treffen, überhaupt verarbeitet werden und später in ein Verhaltensergebnis, zum Beispiel ein abgegebenes Urteil, integriert werden. Diese Prozesse haben wir oben bereits im Zusammenhang mit der Enkodierung sozialer Informationen ausführlicher besprochen. Zweitens gibt es Prozesse der *Inferenz* (Kategorisierung und Integration), in denen der sozialen Information »Sinn« gegeben wird und sie zu Eindrücken, Urteilen oder Handlungsinitiierungen zusammengefaßt wird.

Selektionsprozesse

Wahrnehmung von und Aufmerksamkeitsrichtung auf soziale Information gehen Hand in Hand. Die dabei ablaufenden Prozesse lassen sich in zwei Typen einteilen. Ein Typus sind sogenannte *bottom up*-Prozesse: Die auf das psychische System treffenden Input-Informationen werden zunächst korrekt und unverzerrt wahrgenommen. Der andere Typus sind sogenannte *top down*-Prozesse, bei denen »von oben« herab eingehende Informationen vor dem Hintergrund relevanter Gedächtnisinhalte selegiert und interpretiert werden. Bottom up-Prozesse haben in der Forschung zur sozialen Informationsverarbeitung relativ wenig Interesse auf sich gezogen. Die von Anderson (1981) formulierte *Informationsintegrationstheorie*, die wir später noch behandeln werden, kommt dieser Perspektive am nächsten. Top down-Prozesse sind in der Sozialpsychologie hingegen intensiver erforscht worden. Ansätze, die sich mit Erwartungseffekten oder Priming-Phänomenen beschäftigen, lassen sich als Beispiele hierfür anführen, wobei eine aktivierte Kategorie wie »netter Mensch« oder die Erwartung, daß jemand aufgrund seiner physischen Erscheinung intelligent ist, eingehende Informationen »automatisch« so selegieren, daß wir jemanden, den wir gerade kennenlernen, ebenfalls als relativ »netten« beziehungsweise »intelligenten« Menschen beurteilen.

Ein weiteres interessantes Wahrnehmungsphänomen, welches mit der Aufmerksamkeitsfokussierung zusammenhängt, ist das der *illusionären Korrelation*. Illusionäre Korrelationen sind Scheinzusammenhänge zwischen Ereignissen. Sie rühren daher, daß wir unsere Aufmerksamkeit auf auffällige Ereignisse richten und implizit davon ausgehen, daß zwei auffällige Ereignisse auch miteinander zu tun haben müssen (Chapman & Chapman 1967). Hamilton und Gifford (1976; vgl. auch Hamilton 1979) haben dieses Phänomen in einer bekannten Studie auf die Entstehung von negativen Stereotypen gegenüber sozialen Minoritäten angewendet. Die Autoren gingen davon aus, daß sowohl soziale Minoritäten – zum Beispiel farbige US-Amerikaner – als auch unübliche, negative Verhaltensweisen – zum Beispiel Aggression – unsere Aufmerksamkeit auf sich ziehen. Die Folge ist, daß wir einen illusionären Zusammenhang zwischen beiden Entitäten wahrnehmen und so negative Stereotype gegenüber Minderheiten, wie zum Beispiel »Schwarze sind aggressiv«, bilden. Allerdings waren Hamilton und Gifford nicht so vermessen zu behaupten, daß negative Stereotype in der Regel ganz einfach erlernt werden.

Nichtsdestotrotz konnten die Autoren zeigen, daß Mitgliedern einer fiktiven Minorität (»B«) negativere Eigenschaften zugeschrieben wurden als einer fiktiven Majorität (»A«), obwohl beide Gruppen positive und negative Verhaltensweisen im gleichen Verhältnis (9 positive und 4 negative in der Minorität, 18 positive und 8 negative in der Majorität) zeigten, sich die Mitglieder beider Gruppen also gleich »gut« oder »schlecht« benahmen. Weitere Tests und ein zweites Experiment ergaben, daß die Bildung des negativen Stereotyps über die Minorität tatsächlich mit der Aufmerksamkeitsfokussierung auf die Minorität und negatives Verhalten zurückzuführen war. Die Fokussierung unserer Aufmerksamkeit auf soziale Ereignisse kann also zum Beispiel dazu führen, daß wir ungerechtfertigterweise negative Stereotype über Minderheiten bilden. Ähnliche »Wahrnehmungsfehler« werden weiter unten im Zusammenhang mit Urteilsheuristiken erörtert.

Inferenzprozesse

Eingehende Informationen müssen identifiziert werden, das heißt, es muß ihnen Sinn gegeben werden. Hierbei verfährt unser psychisches System nicht so, daß es jede eingehende Information von neuem identifiziert. Bedeutungsverleihung erfolgt vielmehr über den Vergleich mit bereits gespeicherten Informationen, wobei dieser »Vergleich« meist – aber nicht immer – automatisiert abläuft.

Gespeicherte soziale Information ist in Form *sozialer Kategorien* gespeichert.

Solche soziale Kategorien bestehen aus mehreren Objekten, die eine Reihe von kritischen Merkmalen teilen und sich von anderen Objekten unterscheiden, wobei diese Unterschiede jedoch nicht zwingend sein müssen (Medin 1991). Die Mitglieder einer Kategorie unterscheiden sich darüber hinaus hinsichtlich ihrer Typikalität. Der typischste Vertreter einer Kategorie wird *Prototyp* genannt (Cantor & Mischel 1979; Rosch 1978). Zentrale soziale Kategorien sind *Gruppen* wie ethnische Zugehörigkeit, Nationalität oder Geschlecht, also Kategorien, in die wir jedes Individuum einteilen können. Soziale Kategorisierungen sind jedoch auch sehr willkürlich, und Menschen scheinen geradezu ein Grundbedürfnis zu haben, sich und andere in Kategorien einzuteilen (Tajfel 1969), um ihre soziale Umwelt zu strukturieren.

Bereits Bruner (1957) stellte fest, daß Kategorisierungen den Wahrnehmungsprozeß stark beeinflussen, da die Klassifikation eines eingehenden Stimulus in eine Kategorie dazu führt, daß der Informationsgehalt des Reizes mit kategorialer Information »angereichert« wird. Wenn jemand beispielsweise der Überzeugung ist, daß Frauen einfühlsam sind, wird er eine Person, sobald er sie anhand bestimmter typischer Merkmale als Frau kategorisiert hat, stärker als »einfühlsam« beurteilen, als wenn es sich um einen Mann handeln würde.

Nach Fiske und Neuberg (1990) erfolgen solche Zuordnungen von Personen in soziale Kategorien spontan und automatisch, wann immer wir mit anderen Menschen in Kontakt treten. Ein wesentliches Charakteristikum sozialer Kategorien besteht darin, daß mit ihnen implizite Annahmen und Erwartungen über ihre Mitglieder, sogenannte *Stereotype,* verbunden sind (s. Hamilton & Trolier 1986). Diese Stereotype – wie zum Beispiel »Männer sind risikofreudig« oder »Italiener sind lustig« – können einen entscheidenden Einfluß darauf haben, wie wir Individuen wahrnehmen, und die bloße Kategorisierung einer Person kann oft schon zu einer bewertenden Aussage über die gesamte Persönlichkeit führen, obwohl wir kaum etwas über die Person wissen. Solche bewertenden Urteile werden *Vorurteile* genannt. Wenn eine Person jedoch für uns relevant ist, zum Beispiel, weil wir sie attraktiv finden oder mit ihr zusammenarbeiten müssen, sind wir oft motiviert, mehr und genauere Informationen über sie zu erhalten. In diesem Fall hinterfragen wir unsere stereotypen Eindrücke und fokussieren unsere Aufmerksamkeit auf individuelle Informationen über die Person.

Ein Aspekt, der seit längerem diskutiert wird, ist der, ob stereotype Eindrücke bloße Vereinfachungen sind oder einen »Kern der Wahrheit« in sich tragen (z.B. Brigham 1971). Ob die auf individuellen Informationen über eine Person beruhenden Eindrücke allerdings »akkurater« oder »genauer« sind, ist sehr umstritten, da auch sie Resultate mentaler Konstruktionen sind und auch individuelle Eindrücke pragmatisch, das heißt von unseren Handlungsabsichten, Zielen und situationalen Anforderungen geleitet sein können. Ein wesentliches Motiv, das hierbei eine starke Rolle spielt und dazu führt, das Verhalten anderer durch widerspruchsfreie Persönlichkeit zu erklären, ist es, andere zu kontrollieren (Berscheid, Graziano, Monson & Dermer 1976; Miller & Norman 1975).

Kategorisierung und die Frage, inwieweit Personen ihre Wahrnehmung auf soziale Kategorien und Stereotype basieren, ist jedoch nicht der einzige Prozeß, in dem sozialen Informationen »Sinn« gegeben wird. Der zweite zentrale Prozeß ist die Integration von Informationen. Solomon Asch (1946) hat als erster diesen Prozeß in der Personenwahrnehmung untersucht. Er hat seinen Probanden Listen mit Eigenschaften fiktiver Personen, zum Beispiel »intelligent, fleißig, geschickt, warm«, vorgelegt und sie gebeten, sich einen Eindruck über diese Person zu bilden.

Die Studien erbrachten zwei zentrale Ergebnisse. Erstens, es gibt einen *primacy Effekt* in der sozialen Urteilsbildung, das heißt, die zuerst genannten Eigenschaften beziehungsweise aufgenommenen Informationen haben einen stärkeren Einfluß auf den Gesamteindruck als die späteren Informationen. Ein *recency Effekt*, wie er zum Beispiel bei der Erinnerung gespeicherter Informationen auftritt, wurde bei der Eindrucksbildung hingegen nicht gefunden. Zweitens, es gibt zentrale Stimuluseigenschaften, die den Gesamteindruck bestimmen oder gestalten. Wenn in der oben genannten Liste das Adjektiv »warm« durch »kalt« ersetzt wird, kommen wir zu einem ganz anderen, viel negativeren Eindruck über die Zielperson, obwohl 75 Prozent der Informationen identisch bleiben.

Asch interpretierte seine Befunde gestaltpsychologisch, wonach die zentrale Eigenschaft »warm« oder »kalt« die Wahrnehmung organisiert (vgl. Glasers Beitrag über Wahrnehmung). Ähnliche Befunde gab es später zum *halo effect* oder »Heiligenschein Effekt«. So neigen wir zum Beispiel dazu, physisch attraktive Personen auch für intelligent, warm und freundlich zu halten (Aronson 1994; Berscheid 1985).

Ein psychologisches Konstrukt, das zur Erklärung solcher Kategorisierungseffekte herangezogen wurde, ist das des *Schemas* (z.B. Fiske & Taylor 1991; vgl. auch Christmann & Groeben sowie Straub). Schemata werden aufgrund unserer Erfahrungen mit sozialen Objekten – zum Beispiel Angehörigen unterschiedlicher Nationalitäten oder den Geschlechtern – gebildet und stellen Generalisierungen dieser Erfahrungen dar. Diese Generalisierungen filtern später eingehende Informationen, indem sie zum Beispiel unsere Erwartungen oder Hypothesen (Bruner & Postman 1949) über bestimmte soziale Wahrnehmungsobjekte formieren. Auch hier ist wieder zu sehen, daß die Prozesse der Selektion und Inferenz in Wechselwirkung miteinander stehen. Ein eingehender sozialer Stimulus wird kategorisiert und erhält daher (zusätzliche) Bedeutung. Im Gegenzug haben aktivierte Kategorien, wie zum Beispiel Stereotype, einen massiven Einfluß darauf, wie wir Informationen selegieren.

Ein Forschungsbereich, in dem diese Prozesse in den letzten Jahren intensiv erforscht wurden, ist der zum *Priming*-Phänomen. Priming bedeutet soviel wie kategoriale Grundierung der Wahrnehmung. Das Interesse an diesem Phänomen wurde durch Untersuchungen von Higgins, Rholes und Jones (1977) und Srull und Wyer (1979) initiiert, die gezeigt haben, daß die Aktivierung von Kategorien – wie positive oder negative, auf eine Zielperson anwendbare Personenschemata – zu einer kategorienkonformen Urteilsbildung über eine sich uneindeutig verhaltende Zielperson führen (Higgins 1989; Wyer & Srull 1981). Ein Kliniker, der gerade Freuds »Traumdeutung« liest, sollte in den Träumen, die ihm ein Klient berichtet, eher symbolisierte sexuelle Inhalte wahrnehmen als ein anderer Therapeut, der sich gerade mit Adlers Individualpsychologie beschäftigt.

Solche Priming-Effekte sind Beispiele für Assimilationseffekte, die wir bereits weiter oben definiert haben. Kontrasteffekte treten dagegen häufig auf, wenn ein typischer Vertreter einer aktivierten Kategorie als Vergleichsmaßstab für einen eingehenden Stimulus herangezogen wird (z.B. Martin 1986; Strack, Schwarz, Bless, Kübler & Wänke 1993), zum Beispiel, weil einem sozialen Urteiler die Aktivierung einer Kategorie bewußt wird. Wenn dem Kliniker in dem oben angeführten Beispiel im Bewußtsein ist, daß er sich gerade selbst intensiv mit symbolisierter Sexualität in Träumen beschäftigt, wird er die Träume des Klienten wahrscheinlich als sehr wenig oder gar nicht sexualitätsthematisch beurteilen.

Die von Asch (1946) vertretene gestaltpsychologische Interpretation seiner Befunde zur sozialen Eindrucksbildung blieb nicht ohne Kritik. Anderson (1974; 1981) war der Auffassung, daß Aschs Probanden nicht einen allgemeinen, gestalteten Eindruck wiedergaben, sondern ihre Wahrnehmung auf einer linearen Kombination der gewichteten Bewertungen von Einschätzungen beruhte. Auch der von Asch gefundene primacy Effekt beruht nach Anderson nicht auf der fortlaufenden Organisation der weiteren genannten Eigenschaften, sondern auf der Fokussierung der Aufmerksamkeit auf die erste Information, mit der ein genereller Eindruck gebildet wird, zu dem die weiteren gewichteten Informationen hinzuaddiert werden. Dies sollte dazu führen, daß ein genereller Eindruck über eine Person um so stärkeres Gewicht hat, je weniger weitere relevante Informationen über eine Person zur Verfügung stehen.

Ein solcher Prozeß wurde in einer Untersuchung von Abele und Petzold (1996) gezeigt, in der die generellen Eindrücke über Personen anhand ihrer sozialen Gruppenzugehörigkeit manipuliert wurden. Wie von Anderson (1981) vorhergesagt, bestimmte diese Kategorie oder das dazugehörende Stereotyp den Eindruck über die Personen tatsächlich um so stärker (»Assimilation«), je weniger relevante individuelle Informationen zur Verfügung standen. Diese Untersuchung läßt sich als ein Beispiel für die Integration kategorialer, bereits in Form von Stereotypen gespeicherter Information und neuer eingehender individueller Information anführen.

Auch Wahrnehmungsfehler oder Verzerrungen, sogenannte *biases*, sind in der sozialen Informationsverarbeitungsforschung intensiv untersucht worden (s. Kahneman, Slovic & Tversky 1982; Nisbett & Ross 1980). Kahneman und Tversky (1974) führen solche Verzerrungen auf den Gebrauch von *Urteilsheuristiken* zurück, die Faustregeln in der Urteilsbildung darstellen. Sie ermöglichen einerseits eine rasche Urteilsbildung unter suboptimalen Informationsbedingungen, führen aber andererseits zu »Fehlern«.

Eine dieser Faustregeln ist die *Verfügbarkeitsheuristik*, nach der verfügbare Informationen unsere Urteilsbildung bestimmen oder gar verzerren. Ein Beispiel hierfür haben wir oben schon mit dem Priming-Phänomen kennengelernt, bei dem eine verfügbar gemachte Kategorie die Urteilsbildung bestimmt. Ein weiterer Geltungsbereich dieser Heuristik sind Häufigkeitseinschätzungen. So neigen Personen, die häufig Krimis im Fernsehen sehen, dazu, die Häufigkeit schrecklicher Verbrechen in der Realität zu überschätzen.

Eine andere Faustregel, die einerseits Entscheidungen bei geringer

Information ermöglicht, andererseits aber auch zu Fehlurteilen führen kann, ist die *Repräsentativitätsheuristik*, nach der Urteile aufgrund der Ähnlichkeit eines sozialen Stimulus zu einer Kategorie gebildet werden und die Wahrscheinlichkeit (*base rate*), mit der die zugeordnete Kategorie in der Realität auftritt, außer acht gelassen wird. Wenn wir den Beruf einer Person erraten sollen, die uns als »musikalisch und fromm« beschrieben wird, wird unsere Antwort eher »Kantor« als »Hausfrau« sein, da die genannten Eigenschaften besonders repräsentativ für die erstere Kategorie sind. Wir lassen dabei allerdings außer acht, daß es in der Bundesrepublik weitaus weniger Kantoren als fromme und musikalische Hausfrauen gibt, die Wahrscheinlichkeit, daß es sich bei der Zielperson um eine Hausfrau handelt, also höher ist.

Die dritte Heuristik ist die *Ankerbildung*, bei der eine erste Information die Basis (die Urteilsverankerung) für die zweite Information bietet. Ein Beispiel hierfür ist der oben bereits beschriebene primacy Effekt, den Asch (1946) in seinen Untersuchungen zur sozialen Urteilsbildung gefunden hat. Wenn wir als erste Informationen über eine Person das Attribut »höflich« und als zweite das Adjektiv »skrupellos« erhalten, wird unser Eindruck über sie positiver sein als wenn beide Adjektive in umgekehrter Reihenfolge präsentiert werden. Momentan wird diskutiert, ob solche Urteilseffekte tatsächlich Verzerrungen oder Fehlleistungen in der Informationsverarbeitung darstellen oder aber eine adaptive Funktion haben (z.B. Gigerenzer 1991).

Affekt und Informationsverarbeitung

Feshbach und Singer zeigten schon 1957, daß unterdrückte Angst mit der Tendenz einhergeht, bei anderen Personen verstärkt Furcht wahrzunehmen. Die Autoren untersuchten also die Wirkung des affektiven Zustands von Personen auf deren Wahrnehmung anderer Personen. In der nachfolgenden Zeit wurde der Zusammenhang zwischen kognitiven Prozessen und affektiven Zuständen in der Sozialpsychologie vor allem in Hinblick auf die Frage untersucht, wie Kognitionen Emotionen beeinflussen (z.B. Schachter 1964). Seit Beginn der achtziger Jahre hat die Forschung zu den Effekten affektiver Zustände auf Prozesse sozialer Informationsverarbeitung jedoch starkes Interesse geweckt, was vor allem auf zwei Arbeiten zurückzuführen sein dürfte, die der Diskussion über die Zusammenhänge zwischen affektiven und kognitiven Prozessen einen wesentlichen Antrieb gegeben haben.

Eine dieser Arbeiten stammt von Zajonc (1980). Er postuliert, daß Emotionen ohne kognitive Bewertungen entstehen können und Kognition und Affekt unabhängig voneinander sind. So konnte Zajonc bereits (1968) mit dem *mere exposure*-Phänomen zeigen, daß die Darbietungshäufigkeit unbekannter Reize ihre Bewertung beeinflußt. Häufig dargebotene türkische Wörter wurden von amerikanischen Versuchspersonen positiver bewertet als solche, die nur selten gezeigt wurden.

Eine andere Arbeit, die die Diskussion über die Zusammenhänge zwischen Kognitionen und affektiven Zuständen stimuliert hat, stammt von Bower (1981). Bower zeigte, daß Stimmungen sowohl das Lernen als auch das Erinnern von Gedächtnisinhalten beeinflussen können. So wurden zum Beispiel in positiver Stimmung gespeicherte Informationen besser erinnert, wenn sie später ebenfalls in positiver Stimmung abgefragt wurden. In positiver Stimmung wurde positives Material besser gelernt als in negativer Stimmung. Solche Effekte werden als Stimmungskongruenzeffekte (*mood congruence*) bezeichnet. Negative Stimmung hatte in Bowers Untersuchung eine entsprechende Wirkung, die allerdings nicht immer feststellbar wurde, was darauf schließen läßt, daß Personen bestrebt sind, ihre affektiven Zustände zu kontrollieren, und daher die Erinnerung negativer Informationen manchmal vermeiden (Isen 1987).

Stimmungen haben jedoch nicht nur Effekte auf das Gedächtnis, sondern auch auf die Urteilsbildung. So können Stimmungen einen informativen Wert für Urteile haben. Schwarz und Clore (1983) konnten beispielsweise zeigen, daß Personen in positiver Stimmung ihre Lebenszufriedenheit höher einschätzen als in negativer Stimmung. Die Probanden bildeten ihre Urteile nach einer »how do I feel about it«-Heuristik, nach der sie ihre Stimmung auf ihre Lebenszufriedenheit fehlattribuierten. Dieser Stimmungskongruenzeffekt in der Urteilsbildung verschwand allerdings, wenn den Probanden ihre momentane Stimmung bewußt gemacht und daher ihr diagnostischer Wert in Frage gestellt wurde.

Abele und Petzold (1994) konnten für das Zustandekommen von Stimmungskongruenzeffekten zeigen, daß Stimmung als eine Information in das Urteil integriert wird und die Größe des Stimmungskongruenzeffekts von der Anzahl und Gewichtung anderer relevanter Informationen abhängt. Anders formuliert scheint der momentane affektive Zustand einer Person eine Information zu sein, die in Bezug auf die Urteilsbildung einen ähnlichen Status hat wie zum Beispiel kategoriale Information. Weiterhin scheint die Eindrucksbildung den Prinzipien der Informationsintegration von Anderson (1981) zu folgen.

Affektive Zustände sind jedoch nicht nur Zusatzinformationen bei der Urteilsbildung, sondern sie beeinflussen auch Prozeßaspekte. So wurde zum Beispiel postuliert, daß positive Stimmungen einen »intuitiv-holistischen« beziehungsweise »heuristischen« Denkstil hervorbringen, der durch Vereinfachungsregeln, aber auch durch vermehrte »Kreativität« gekennzeichnet ist (Abele 1995; Fiedler 1988; Isen 1987), während negative Stimmungen den Gebrauch von Heuristiken eher unterbinden. Die Forschung über die Mechanismen, über die affektive Zustände auf die soziale Informationsverarbeitung wirken, ist noch in vollem Gange (z.B. Forgas 1995) und stellt ein besonders fruchtbares Forschungsgebiet dar.

Ausblick

Wie wir gesehen haben, beschäftigt sich die Sozialpsychologie schon seit langem mit sozialer Informationsverarbeitung, selbst wenn dieser Terminus erst neueren Datums ist. Soziale Informationsverarbeitung wird dabei nicht isoliert analysiert, sondern im Kontext kultureller Bedingungen, affektiver Zustände und zielgerichteten Handelns betrachtet. Im Verlauf der Forschung wurden verschiedene »Menschenbilder« kreiert und modifiziert: Der »Konsistenzsucher« der Dissonanztheorie wurde vom »naiven Wissenschaftler« der Attributionstheorien abgelöst, der »Datenverarbeitungslehrling« der Informationsintegrationstheorie vom »kognitiven Geizkragen« der Forschungen zu Urteilsheuristiken.

Derzeit wird eine relativ umfassende Vorstellung favorisiert, die der komplexen Materie auch am ehesten gerecht werden dürfte: Sie kann als Menschenbild des »pragmatischen Denkers«, der ein kognitiv-affektives Wesen ist, bezeichnet werden. Gerade im Hinblick auf die »Pragmatik«, das heißt die motivationale Basis und Zielorientierung sozialer Informationsverarbeitung, bleibt noch einiges zu erforschen.

Literatur

Abele, Andrea (1985): Thinking about thinking: Causal, evaluative and finalistic cognitions about social situations. *European Journal of Social Psychology*, 15: 315–332.

Abele, Andrea (1990): Wir haben gewonnen. Zur Interpretation von Ergebnissen der Bundestagswahl 1987 durch Politiker der im Bundestag vertretenen Parteien. *Zeitschrift für Sozialpsychologie*, 20: 38–56.

Abele, Andrea (1995): *Stimmung und Leistung*. Göttingen: Hogrefe.

Abele, Andrea, Peter Petzold (1994): How does mood operate in an impression formation task? An information integration approach. *European Journal of Social Psychology*, 24: 173–187.

Abele, Andrea, Peter Petzold (1996): Einfluß von kategorialer Information in der Eindrucksbildung: Bedeutungsveränderung der Informationsintegration? *Zeitschrift für Psychologie*, 204: 261–279.

Abele, Andrea, Peter Petzold (1997): *Pragmatical use of categorical information in social judgments: The sequencing of the targets as a metainformational cue*. In Vorbereitung.

Allport, Gordon W. (1954): *The nature of prejudice*. Garden City, New York: Doubleday Anchor.

Allport, Gordon W. (1968): The historical background of modern social psychology. In: Gardner Lindzey, Elliot Aronson (Hg.): *Handbook of social psychology*. Bd. 1. Reading: Addison-Wesley, 1–80.

Anderson, John R., Gordon H. Bower (1973): *Human associative memory*. Washington D.C.: Winston.

Anderson, Norman H. (1974): Cognitive algebra: Integration theory applied to social attribution. In: Leonard Berkowitz (Hg.): *Advances in experimental social psychology*. Bd. 7. New York: Academic Press, 1–126.

Anderson, Norman H. (1981): *Foundations of information integration theory*. New York: Academic Press.

Aronson, Elliot (1994): *Sozialpsychologie – Menschliches Verhalten und gesellschaftlicher Einfluß*. Heidelberg: Spektrum.

Asch, Solomon (1946): Forming Impressions of Personality. *Journal of Abnormal and Social Psychology*, 41: 258–290.

Atkinson, Richard C., Richard M. Shiffrin (1968): Human memory: A proposed system and its control processes. In: Kenneth W. Spence, Janet T. Spence (Hg.): *The psychology of learning and motivation*. Bd. 2. New York: Academic Press, 89–195.

Bartlett, Frederic C. (1932): *Remembering. A Study in Experimental and Social Psychology*. Cambridge: Cambridge University Press.

Bem, Daryl J. (1967): Self perception: An alternative interpretation of cognitive dissonance phenomena. *Psychological Review*, 74: 183–200.

Berscheid, Ellen (1985): Interpersonal attraction. In: Gardner Lindzey, Elliot Aronson (Hg.): *Handbook of social psychology* (3. Aufl., Bd. 2), 413–484.

Berscheid, Ellen, William Graziano, Thomas Monson, Marshall Dermer (1976): Outcome dependency: Attention, attribution, and attraction. *Journal of Personality and Social Psychology*, 34: 978–989.

Bower, Gordon H. (1981): Mood and Memory. *American Psychologist*, 36: 129–148.

Brehm, Jack W. (1966): *A theory of psychological reactance*. New York: Academic Press.

Brigham, John C. (1971): Ethnic stereotypes. *Psychological Bulletin*, 76: 15–38.

Brown, Roger, Deborah Fish (1983): The psychological causality implicit in language. *Cognition*, 14: 237–273.

Bruner, Jerome S. (1957): On perceptual readiness. *Psychological Review*, 64: 123–152.

Bruner, Jerome S., C.C. Goodman (1947): Value and need as organizing factors in perception. *Journal of Abnormal and Social Psychology*, 42: 33–44.

Bruner, Jerome S., Leo Postman (1949): Perception, cognition, and behavior. *Journal of Personality*, 18: 206–223.

Bruner, Jerome S., Renato Tagiuri (1954): The perception of people. In: Gardner Lindzey (Hg.): *Handbook of social psychology*. Bd. 2. Reading: Addison-Wesley.

Cantor, Nancy, Walter Mischel (1979): Prototypes in person perception. In: Leonard Berkowitz (Hg.): *Advances in experimental social psychology*. Bd. 12. New York: Academic Press.

Chapman, Loren J., Jean P. Chapman (1967): Genesis of popular but erroreneous psychodiagnostic observations. *Journal of Abnormal Psychology*, 74: 271–280.

Duval, Shelley, Robert A. Wicklund (1972): *A theory of objective self-awareness*. New York: Academic Press.

Feshbach, Seymour, Robert D. Singer (1957): The effects of fear arousal and supression of fear upon social perception. *Journal of Abnormal and Social Psychology*, 55: 283–288.

Festinger, Leon (1954): A theory of social comparison processes. *Human Relations*, 7: 117–140.

Festinger, Leon (1957): *A theory of cognitive dissonance*. Stanford: Stanford University Press.

Festinger, Leon, James M. Carlsmith (1959): Cognitive consequences of forced compliance. *Journal of Abnormal and Social Psychology*, 58: 203–210.

Fiedler, Klaus (1988): Emotional mood, cognitive style, and behavior regulation. In: Klaus Fiedler, Joseph P. Forgas (Hg.): *Affect, cognition and social behavior*. Toronto: Hogrefe, 100–119.

Fiske, Susan T. (1993): Thinking is for doing: Portraits of social cognition from daguerreotype to laserphoto. *Journal of Personality and Social Psychology*, 63: 877–889.

Fiske, Susan T., Steven L. Neuberg (1990): A continuum of impression formation, from category-based to individuating processes: Influences of information and motivation on attention and interpretation. In: Mark P. Zanna (Hg.): *Advances in experimental social psychology*. Bd. 23. New York: Academic Press, 1–74.

Fiske, Susan T., Shelley E. Taylor (1991): *Social Cognition*. (3. Aufl.) New York: McGraw-Hill.

Forgas, Joseph P. (1995): Mood and judgment: The affect infusion model (AIM). *Psychological Bulletin*, 117: 36–66.

Gigerenzer, Gerd (1991): How to make cognitive illusion disappear: Beyond »heuristics and biases«. In: Wolfgang Stroebe, Miles Hewstone (Hg.): *European review of social psychology*. Bd. 2. Chichester: Wiley, 83–115.

Graumann, Carl F. (1988): Der Kognitivismus in der Sozialpsychologie – Die Kehrseite der Wende. *Psychologische Rundschau*, 39: 83–90.

Hamilton, David L. (1979): A cognitive attributional analysis of stereotyping. In: Leonard Berkowitz (Hg.): *Advances in experimental social psychology*. Bd. 12. New York: Academic Press, 53–84.

Hamilton, David L., Robert K. Gifford (1976): Illusory correlation in interpersonal perception: A cognitive basis for stereotypic judgements. *Journal of Experimental Social Psychology*, 12: 392–407.

Hamilton, David L., Tina K. Trolier (1986): Stereotypes and stereotyping: An overview of the cognitive approach. In: John F. Dovidio, Samuel L. Gaertner (Hg.): *Prejudice, discrimination and racism*. New York: Academic Press, 127–158.

Heider, Fritz (1958): *The Psychology of interpersonal relations*. New York: Wiley.

Heider, Fritz, M. Simmel (1944): An experimental study of apparent behavior. *American Journal of Psychology*, 57: 243–259.

Higgins, E. Tory (1989): Knowledge accessibility and action: Subjectivity and suffering from unconscious sources. In: James S. Uleman, John A. Bargh (Hg.): *Unintended thought*. New York: Guilford, 75–121.

Higgins, E. Tory, William S. Rholes, Carl R. Jones (1977): Category accessibility and impression formation. *Journal of Experimental Social Psychology*, 63: 308–319.

Isen, Alice M. (1987): Positive affect, cognitive processes, and social behavior. In: Leonard Berkowitz (Hg.): *Advances in experimental social psychology*. Bd. 20. New York: Academic Press, 203–253.

Jones, Edward E. (1990): *Interpersonal perception*. New York: Freeman.

Jones, Edward E., Keith E. Davis (1965): A theory of correspondent interferences: From acts to dispositions. In: Leonard Berkowitz (Hg.): *Advances in experimental social psychology*. Bd. 2. New York: Academic Press, 219–266.

Jones, Edward E., Victor A. Harris (1967): The attribution of attitudes. *Journal of Experimental Social Psychology*, 3: 1–24.

Jones, Edward E., Richard E. Nisbett (1971): *The actor and the observer: Divergent perceptions of the causes of behavior*. New York: General Learning Press.

Kahneman, Daniel, Paul Slovic, Amos Tversky (Hg.)(1982): *Judgment under uncertainty: heuristics and biases*. Cambridge: Cambridge University Press.

Kahneman, Daniel, Amos Tversky (1974): Judgment under uncertainty: Heuristics and biases. *Science*, 185: 1124– 1131.

Kelley, Harold H. (1967): Attribution theory in social psychology. In: David Levine (Hg.): *Nebraska symposium of motivation*. Bd. 15. Lincoln: University of Nebraska Press, 192–241.

Kruglanski, Arie W. (1980): Lay epistemology process and contents. *Psychological Review*, 87: 70–87.

Kunda, Ziva (1990): The case for motivated reasoning. *Psychological Bulletin*, 108: 480–498.

Martin, Leonard L. (1986): Set/reset: Use and disuse of concepts in impression formation. *Journal of Personality and Social Psychology*, 51: 493–504.

McArthur, Leslie A. (1972): The how and what of why: some determinants and consequences of causal attributions. *Journal of Personality and Social Psychology*, 22: 171–193.

Medin, Douglas L. (1991): Concepts and conceptual structure. *American Psychologist*, 44: 1469–1481.

Miller, George A. (1956): The magical number seven, plus or minus two: Some limits on our capacity for processing information. *Psychological Review*, 63: 81–97.

Miller, Dale T., Stephen A. Norman (1975): Actor-observer differences in perceptions of effective control. *Journal of Personality and Social Psychology*, 31: 503–515.

Miller, Joan G. (1984): Culture and development of everyday social explanation. *Journal of Personality and Social Psychology*, 46: 961–978.

Mischel, Walter (1968): *Personality and assessment*. New York: Wiley.

Neisser, Ulric (1967): *Cognitive psychology*. Englewood Cliffs, NJ: Prentice Hall.

Nisbett, Richard E., Lee Ross (1980): *Human inference: Strategies and shortcomings of social judgment*. Englewood Cliffs, NJ: Prentice-Hall.

Rosch, Eleanor (1978): Principles of categorization. In: Eleanor Rosch, Barbara B. Lloyd (Hg.): *Cognition and categorization*. Hillsdale, NJ: Erlbaum, 27–48.

Ross, Lee (1977): The intuitive psychologist and his shortcomings: Distortions in the attribution process. In: Leonard Berkowitz (Hg.): *Advances in experimental social psychology*. Bd. 10. New York: Academic Press, 173–220.

Schachter, Stanley (1964): The interaction of cognitive and physiological determinants of emotional state. In: Leonard Berkowitz (Hg.): *Advances in experimental social psychology*. Bd. 1. New York: Academic Press, 49–82.

Schwarz, Norbert, Gerard Clore (1983): Mood, misattribution and judgements of well-being: Informative and directive functions of affective states. *Journal of Personality and Social Psychology*, 45: 513–523.

Shweder, Richard A. (1975): How relevant is an individual difference theory of personality? *Journal of Personality*, 43: 455–484.

Snyder, Mark (1992): Motivational foundations of behavioral confirmation. In: Mark P. Zanna (Hg.): *Advances in experimental social psychology*. Bd. 25. New York: Academic Press, 67–114.

Srull, Thomas, Robert S. Wyer (1979): The role of category accessibility in the interpretation of information about persons: Some determinants and implications. *Journal of Personality and Social Psychology*, 37: 1660–1672.

Strack, Fritz, Norbert Schwarz, Herbert Bless, Almut Kübler, Michaela Wänke (1993): Awareness of the influence as a determinant of assimilation versus contrast. *European Journal of Social Psychology*, 23: 53–62.

Tajfel, Henri (1969): Cognitive Aspects of prejudice. *Journal of Social Issues*, 4: 79–97.

Uleman, James S., John A. Bargh (Hg.) (1989): *Unintended thought*. New York: Guilford.

White, Peter A., David P. Younger (1988): Differences in the ascription of transient internal states to self and other. *Journal of Experimental Social Psychology*, 24: 292–309.

Wong, Paul T. P., Bernhard Weiner (1981): When people ask, »Why« questions, and the heuristics of attributional search. *Journal of Personality and Social Psychology*, 40: 650–663.

Wyer, Robert S., Thomas K. Srull (1981): Category accessibility. In: Edward T. Higgins, C. P. Herman, Mark P. Zanna (Hg.): *Social cognition: The Ontario symposium*. Vol. 1. Hillsdale, NJ: Erlbaum, 161–198.

Zajonc, Robert B. (1968): Attitudinal effects of mere exposure. *Journal of Personality and Social Psychology* (Monograph Supplement), 9: 1–27.

Zajonc, Robert B. (1980): Feeling and thinking. Preferences need no inferences. *American Psychologist*, 35: 151–175.

Zanna, Mark P., Joel Cooper (1976): Dissonance and the attribution process. In: John H. Harvey, William J. Ickes, Robert F. Kidd (Hg.): *New directions in attribution research*. Bd. 1. Hillsdale, NJ: Erlbaum, 199–217.

2. Kommunikation und Interaktion

Werner Herkner

Kommunikation

Sprachfunktionen

Die ältere Sprachphilosophie betonte vor allem die Darstellungsfunktion: Aufgabe der Sprache ist die Darstellung und Mitteilung von Gedanken. Die Sprache stellt uns die Begriffe zur Verfügung, die wir zum Denken brauchen.

Im Gegensatz zu dieser einseitigen Betrachtungsweise postulierte Bühler (1934) in seiner Sprachtheorie mehrere Sprachfunktionen. Er ging davon aus, daß an jeder Kommunikation folgende Elemente beteiligt sind: ein Sender, eine Mitteilung über ein bestimmtes Thema (Objekt) und ein Empfänger. Dementsprechend steht das sprachliche Zeichen (die Mitteilung) in Verbindung mit dem Sender, dem Objekt und dem Empfänger.

Jeder Relation des Zeichens entspricht nach Bühler eine Funktion der Sprache. Der Beziehung zwischen Zeichen und Objekt entspricht die *Darstellungsfunktion* der Sprache (Zeichen als *Symbol*). Der Sender übermittelt dem Empfänger seine Gedanken über das Objekt der Mitteilung. Der Verbindung zwischen Zeichen und Sender entspricht die *Ausdrucksfunktion* (Zeichen als *Symptom*). Es wird etwas über den Sender ausgesagt, zum Beispiel über dessen Gefühle, Wünsche oder Einstellungen. Der Verbindung zwischen Zeichen und Empfänger entspricht die *Appellfunktion* (Zeichen als *Signal*). Appelle sind alle Äußerungen, die den Empfänger beeinflussen können, die also irgendwelche Änderungen des Empfängers bewirken (z.B. seine Einstellungen, seine Gefühle oder sein Verhalten verändern). Dazu zählen unter anderem Überredungsversuche und Aufforderungen.

Meistens spielen alle drei Sprachfunktionen gleichzeitig eine Rolle, wobei jedoch eine von ihnen dominieren kann. Das bisher Gesagte soll an einem naheliegenden Beispiel verdeutlicht werden: Ich schreibe gerade ein paar Seiten über Kommunikation. Dabei steht natürlich – wie es bei jedem Lehrbuch der Fall sein sollte – die

Darstellungsfunktion im Vordergrund. In erster Linie will ich dem Leser Wissen vermitteln. Aber auch die Appellfunktion ist vorhanden: Ich möchte, daß der Leser den Stoff interessant findet, daß er meinen Text gut versteht und sich die wichtigsten Punkte merkt. Auch die Ausdrucksfunktion spielt eine Rolle: Aus der Themenauswahl kann der Leser darauf schließen, welche Themen der Autor für wichtig und welche er für unwichtig hält. Aus der Art der Darstellung schließt er vielleicht darauf, daß es dem Autor ein großes Anliegen ist, klar und verständlich zu schreiben.

Ein vielbeachteter neuerer Ansatz (Austin 1962; Searle 1969) betont vor allem die Appellfunktion. Dieser Ansatz beschäftigt sich mit *Sprechakten*. Das sind Ausdrücke, die nicht bloß beschreiben, sondern »mit Worten etwas tun«. Zum Beispiel führt der Ausspruch eines Richters »ich verurteile Sie zum Tode« zwar nicht direkt, letztlich aber ebenso zum Tod eines Menschen wie ein Schuß aus einem Gewehr.

Es gibt sehr viele Arten von Sprechakten, zum Beispiel Bitten, Aufforderungen, Befehle, Verbote, Fragen, Versprechen, Drohungen, Entschuldigungen und so weiter. Während ein Großteil der Sprechakte vor allem den Empfänger beeinflußt (etwa Befehle, Verbote und Fragen), beziehen sich bestimmte Sprechakte auch auf den Sender (z.B. Versprechen und Drohungen). Ein Versprechen erzeugt beim Empfänger die Erwartung, daß ein positives Ereignis eintreten wird, und verpflichtet gleichzeitig den Sender, dieses Ereignis herbeizuführen. Eine Drohung unterscheidet sich von einem Versprechen dadurch, daß es sich um ein negatives Ereignis statt um ein positives handelt.

Nicht alle Sprechakte werden explizit formuliert. So sind beispielsweise viele Fragen in Wahrheit Aufforderungen. Die meisten Leser wären wohl sehr erstaunt und vermutlich verärgert, wenn etwa ein Professor die an ihn gerichtete Frage »Können Sie mir die Theorie X erklären?« wirklich als Frage auffaßt und bloß mit »ja« oder »nein« antwortet. In diesem Fall handelt es sich nur grammatisch um eine Frage. Der Sprechakt ist eine implizite Aufforderung.

Nonverbale Kommunikation

Wir kommunizieren nicht nur mit Hilfe von Worten, sondern auch durch Gesten, Mimik, Blicke, Körperhaltung, Ausmaß der räumlichen Distanz zwischen Sender und Empfänger und so weiter. Die genannten Verhaltensweisen und bestimmte nichtinhaltliche Sprachmerkmale (wie Tonhöhe, Tonfall, Lautstärke, Sprechtempo) faßt man unter dem Begriff *nonverbale Kommunikation* zusammen. Fast immer treten sprachliche und nonverbale Kommunikation gleichzeitig auf.

Wendet man Bühlers Schema der Sprachfunktionen auf nonverbale Kommunikation an, so fällt sofort auf, daß in diesem Fall die Ausdrucksfunktion bei weitem überwiegt. Nonverbales Kommunikationsverhalten gibt in erster Linie Hinweise auf die Gefühle und Einstellungen, eventuell auch auf Wünsche des Senders. Den beiden anderen Sprachfunktionen dient die nonverbale Kommunikation in wesentlich beschränkterem Maße. Ein Beispiel für die Appellfunktion ist erhöhte Lautstärke (Anbrüllen), wodurch der Empfänger in Angst versetzt werden kann. Es gibt sogar – aber nur wenige und eingeschränkte – Möglichkeiten der nonverbalen Darstellungsfunktion. So könnte man auf die Frage »In welcher Richtung liegt die x-Straße?« mit einem Handzeichen oder Fingerzeig antworten.

Von besonderer Bedeutung unter den nonverbalen Hinweisreizen sind Mimik und Blickkontakt. Der Gesichtsausdruck kann Aufschluß über die grundlegenden Gefühle (wie Ärger, Angst, Trauer, Ekel, Glück, Überraschung) des Senders geben. Die große Bedeutung der Mimik zeigt sich unter anderem darin, daß wir bei Widersprüchen zwischen verbaler und nonverbaler Botschaft (z.B. freundlicher Inhalt bei unfreundlichem Gesichtsausdruck) eher dem Gesichtsausdruck trauen (Mehrabian & Ferris 1967).

Außerdem ist bekannt, daß die wichtigsten Gefühle in unterschiedlichen Kulturen auf ganz ähnliche Weise im Gesichtsausdruck gezeigt werden. Mit anderen Worten: Der emotionale Gesichtsausdruck wird überall verstanden. Das deutet auf eine starke genetische Komponente hin – was aber nicht bedeutet, daß wir unseren Gesichtsausdruck nicht durch Lernprozesse modifizieren oder verstellen können. Diesbezüglich gibt es sehr große interindividuelle Unterschiede. Sogenannte *starke Selbstüberwacher* – Menschen mit hoher Motivation und Fähigkeit zur günstigen Selbstdarstellung (Snyder 1979) – beherrschen ihren Gesichtsausdruck wesentlich besser als andere Menschen (schwache Selbstüberwacher – Personen, die sich eher an ihren eigenen Zielen und Einstellungen als an den Forderungen der sozialen Umwelt orientieren).

Der Blickkontakt ist ein Ausdruck der Sympathie. Personen, die wir mögen, schauen wir öfter und länger an als unsympathische Personen (Exline & Winters 1965). Umgekehrt finden wir auch Personen sympathisch, die uns öfter oder länger anblicken (weil daraus »automatisch« auf deren Sympathie für uns geschlossen wird).

Allerdings gilt das nur bis zu einer bestimmten Obergrenze. Allzu lange Blicke werden als Anstarren empfunden und können sogar bedrohlich wirken. Wie lange Blicke angemessen sind, hängt vom Grad der Sympathie und der Vertrautheit zwischen Sender und Empfänger ab. Außerdem gibt es hier ein subtiles Gleichgewicht zwischen Blickkontakt und anderen Variablen (z.B. der räumlichen Entfernung). Wenn etwa (durch eine Sitzordnung bei Tisch oder im Experiment erzwungen) die räumliche Nähe zwischen zwei Personen zu groß ist, wird das durch geringen Blickkontakt kompensiert (und umgekehrt zu große Entfernung durch vermehrten Blickkontakt; siehe Argyle & Dean 1965).

Konversationsmaximen

Meistens wechseln Sender und Empfänger häufig und schnell ihre Rollen. Damit eine solche reibungslose Konversation – mit möglichst wenigen Mißverständnissen – möglich ist, muß der jeweilige Sender einigermaßen zutreffende Annahmen über das Vorwissen und die Motive des Empfängers treffen. Das heißt, er muß einerseits richtig einschätzen, worüber der Gesprächspartner sprechen und was er wissen will – und er muß andererseits die genau passenden Informationen liefern (nichts wiederholen, was der andere schon weiß, aber auch nichts voraussetzen, was der andere nicht weiß). Die beiden Gesprächspartner bewegen sich auf einem »common ground« (auf einem gemeinsamen kognitiven Feld). Dieses wird im Verlauf eines gut funktionierenden Gesprächs immer weiter ausgebaut.

Damit dies gelingt, müssen sich die Gesprächspartner an das von Grice (1975) formulierte *Kooperationsprinzip* halten. Dieses besagt, daß jeder Beitrag so gestaltet werden soll, wie es zum Zeitpunkt seines Auftretens und bei den akzeptierten Zielen der Interaktion notwendig ist.

Dieses übergeordnete Gesprächspostulat läßt sich nach Grice in vier Konversationsmaximen aufgliedern:

1. Die *Quantitätsmaxime*: Man soll so informativ sein, wie es notwendig ist, aber nicht informativer als nötig. Gegen diese äußerst wichtige Maxime wird häufig verstoßen. Wird zuviel Vorwissen vorausgesetzt – also nicht genug Information vom Sender gegeben –

ist der Beitrag unverständlich. Wird weniger Vorwissen angenommen, als vorhanden ist, wirkt der Beitrag als weitschweifige Wiederholung.

2. Die *Qualitätsmaxime*: Man soll immer die Wahrheit sagen.
3. Die *Relevanzmaxime*: Man soll ausschließlich solche Beiträge formulieren, die zu den akzeptierten Zielen des Gesprächs passen.
4. Die *Klarheitsmaxime:* Alle Beiträge sollen so klar, kurz und eindeutig wie möglich sein.

Diesen Maximen folgen wir – zumindest meistens – in unseren alltäglichen Gesprächen, und wir erwarten auch, daß unsere Gesprächspartner sich in den unterschiedlichsten Situationen daran halten – auch bei psychologischen Experimenten. Wie kürzlich gezeigt wurde (Schwarz 1994), ist das aber keineswegs immer der Fall. In manchen psychologischen Experimenten werden einige (oder alle) Konversationsmaximen vom Versuchsleiter verletzt, und die Ergebnisse eines solchen Experiments beruhen auf einem Mißverständnis der Versuchsperson über die Kooperationsbereitschaft des Versuchsleiters. Das soll gleich an einem Beispiel gezeigt werden.

Eines der bekanntesten und einflußreichsten Experimente der neueren Sozialpsychologie stammt von Kahnemann und Tversky (1973). Den Versuchspersonen wurde mitgeteilt, daß 100 Personen von Psychologen befragt und getestet worden waren. Einer Hälfte der Versuchspersonen wurde gesagt, daß es sich um 30 Ingenieure und 70 Juristen handelte, für die anderen Versuchspersonen waren es 70 Ingenieure und 30 Juristen.

Die Versuchspersonen erhielten dann Beschreibungen einiger ausgewählter Personen (aus den 100) und sollten jeweils angeben, mit welcher Wahrscheinlichkeit sie die beschriebene Person für einen Ingenieur oder einen Juristen hielten. Die Beschreibungen waren kurz, aber relativ detailliert und anschaulich. Zum Beispiel wurde ein 45jähriger Mann namens Jack beschrieben: Er ist verheiratet und hat vier Kinder. Er ist konservativ, sorgfältig und ehrgeizig. Er interessiert sich nicht für Politik und verbringt den Großteil seiner Freizeit mit seinen Hobbys Tischlerei, Segeln und Mathematik. Diese Beschreibung entspricht weitgehend dem allgemein verbreiteten Bild (oder eher Stereotyp) eines Technikers, aber nicht dem eines Juristen.

Der Großteil der Versuchspersonen hielt Jack für einen Techniker, und zwar unabhängig von der Versuchsbedingung – das heißt unabhängig von der sogenannten Basisrate (30 oder 70 Prozent Ingenieure). Ein rationales Urteil – vom Standpunkt der Wahrscheinlichkeitsrechnung – hätte aber die Basisrate mit berücksichtigen müssen – bei einer Basisrate von 30 Prozent ist von vornherein die Wahrscheinlichkeit, daß Jack ein Techniker ist, viel kleiner als bei einer Basisrate von 70 Prozent.

Dieses und viele ähnliche Ergebnisse wurden dahingehend interpretiert, daß unsere Informationsverarbeitung fehlerhaft und systematisch verzerrt ist. Wir ignorieren die objektiv sehr aussagekräftige Basisrateninformation und orientieren uns an zwar anschaulichen, aber wenig informativen Einzelfällen.

Vom Standpunkt des Kooperationsprinzips werden die Versuchspersonen jedoch irregeführt. Sie nahmen an, daß die Instruktion des Versuchsleiters informativ, wahr und klar ist. Es wurden aber einige Konversationsmaximen verletzt, zum Beispiel die Quantitätsmaxime: Die objektiv unwichtige Information über den Einzelfall war wesentlich ausführlicher als die objektiv wichtige Basisrateninformation. Noch dazu wurde betont, daß sie von einem Fachmann (einem Psychologen) stammt. Aus ähnlichen Gründen war auch die Relevanzmaxime verletzt worden. Die gutgläubigen und kooperativen Versuchspersonen nahmen an, daß ein relativ ausführlicher Beitrag eines Fachmanns für ihr Urteil von Bedeutung ist und orientierten sich daran.

Mit diesen Überlegungen stimmen die Ergebnisse einer Modifikation des beschriebenen Experiments überein (Schwarz, Strack, Hilton & Naderer 1991). Einigen Versuchspersonen wurde – wie bei Kahnemann und Tversky – mitgeteilt, daß die Einzelfallbeschreibung von einem Psychologen stammt. Die anderen Versuchspersonen erfuhren, daß die Beschreibung von einem Computer nach dem Zufall zusammengestellt wurde. Von einem Computer ist natürlich nicht zu erwarten, daß er sich an das Kooperationsprinzip hält. Das spiegelt sich in den Ergebnissen wider: Wenn die Beschreibung von einem Fachmann stammte, war die subjektive Wahrscheinlichkeit, daß die Zielperson ein Techniker ist, 76 Prozent (bei einer Basisrate von 30 Prozent). Stammte die Beschreibung jedoch vom Computer, sank die genannte Wahrscheinlichkeit auf 40 Prozent. Wir berücksichtigen also sehr wohl Basisraten – sofern der Basisrate nicht durch eine andere Information widersprochen wird, die man wegen ihrer Herkunft und ihres Umfangs für besonders relevant hält.

Der Ansatz von Grice (1975) ist somit in zweierlei Hinsicht für die Sozialpsychologie wichtig. Erstens macht er verständlich, unter welchen Bedingungen Kommunikation gut oder schlecht funktioniert; und zweitens hilft er dem (Sozial-)Psychologen, seine eigene Tätigkeit beziehungsweise die Ergebnisse von Experimenten und Umfragen besser zu verstehen.

Selbstöffnung

Sehr viel Beachtung fand in den letzten Jahren die Selbstöffnung (self-disclosure). Darunter ist zu verstehen, daß man den Interaktionspartner über sehr private und intime Gedanken, Gefühle, Wünsche und Handlungen informiert – Informationen, die ihm ohne Selbstöffnung nur sehr schwer oder gar nicht zugänglich wären.

Die Selbstöffnung spielt bei der Entwicklung von Beziehungen eine große Rolle (Altmann & Taylor 1973). Die fortschreitende Vertiefung einer Beziehung geht mit zunehmender Selbstöffnung einher. In diesem Zusammenhang existiert eine Norm der Reziprozität: Jeder Partner erwartet, daß die eigene zunehmende Selbstöffnung auch vom anderen mit zunehmender Selbstöffnung erwidert wird. Wird diese Norm nicht eingehalten (»verschließt« sich ein Partner), entsteht Unbehagen.

Eine besonders extreme Form der Selbstöffnung ist das Sprechen (oder Schreiben) über traumatische Erlebnisse. Wie in zahlreichen Untersuchungen gezeigt wurde, hat Selbstöffnung dieser Art weitreichende positive Folgen für den Sender (Pennebaker 1989; Polivy 1990). In einigen Experimenten von Pennebaker und dessen Mitarbeitern wurden die Versuchspersonen ersucht, an drei oder vier aufeinanderfolgenden Tagen jeweils 15 bis 20 Minuten lang über das unangenehmste oder traumatischste Ereignis ihres ganzen Lebens zu schreiben (besonders häufige Themen waren Tod, Scheidung, Unfälle, körperliche Gewalt, schwere Krankheiten sowie schulische und akademische Probleme). Zum Vergleich schrieben oder sprachen Versuchspersonen in einer anderen Bedingung (Kontrollgruppe) ebenso lang über triviale Themen.

Zunächst ist die Selbstöffnung bezüglich eines Traumas belastend. Das zeigt sich unter anderem darin, daß sich bei vielen Versuchspersonen Stimme, Sprechweise oder Schrift während der drei oder vier Sitzungen drastisch verändern. Längerfristig (einige Wochen bis Monate nach der Selbstöffnung) überwiegen jedoch die positiven Folgen. Im Vergleich zur Kontrollgruppe fühlten sich die Versuchspersonen nach dem Bericht eines traumatischen Ereignisses wohler, hatten weniger Krankheiten und besuchten seltener einen Arzt.

Das gilt nicht nur unter experimentellen, sondern auch unter realen Bedingungen. Von den 200 Angestellten einer großen Firma erkrankten diejenigen, die ein traumatisches Kindheitserlebnis hatten und nie darüber sprachen, wesentlich öfter an Krebs, Geschwüren und Grippe als Angestellte ohne traumatisches Erlebnis oder solche, die über ihr Trauma gesprochen hatten (Pennebaker & Susman 1988).

Warum das so ist, ist noch nicht völlig klar. Pennebaker (1989) schlägt folgenden Erklärungsansatz vor, der auf zwei Prozessen basiert. Erstens: Die aktive Unterdrückung (»Verdrängung«) von Gedanken, Gefühlen und Verhaltensweisen benötigt psychische und physische Arbeit. Das zeigt sich zum Beispiel im veränderten Hautwiderstand. Diese Arbeit bewirkt ständigen Streß, belastet den Körper und vermindert die Kapazität der Informationsverarbeitung. Zweitens: Die Konfrontation mit dem Trauma beseitigt oder reduziert die genannten Probleme. Außerdem wird durch die sprachliche Kodierung des Traumas ein besseres Verständnis bewirkt, so daß man es besser »verarbeiten« und ihm einen »Sinn« geben kann.

Die Selbstöffnung bezüglich eines traumatischen Ereignisses kann man als besonders extreme Form der Ausdrucksfunktion der Sprache auffassen. Sie ist aber mehr als das, denn hier wird nicht nur etwas über den Sender ausgesagt, sondern es geschieht auch etwas mit ihm: Er fühlt sich wohler, seine Gesundheit bessert sich. Man könnte in diesem Zusammenhang geradezu von einer (psycho)hygienischen Sprachfunktion sprechen.

Sympathie, Liebe, Beziehungen

Ursachen und Wirkungen von Sympathie

Sympathie und Ablehnung (das sind positive beziehungsweise negative interpersonelle Einstellungen oder Bewertungen) haben vielfältige Ursachen und – wie weiter unten zu zeigen sein wird – ebenso vielfältige Auswirkungen. Eine dieser Sympathieursachen ist *Bekanntheit*. Wir mögen, was wir gut kennen oder schon oft wahrgenommen haben.

Seit den ersten einschlägigen Experimenten von Zajonc (1968) wurde mehrmals der *Effekt der bloßen Darbietung* demonstriert. In diesen Experimenten wurden mehrere Reize (z.B. verschiedene chinesische Schriftzeichen oder Photos von Gesichtern) in zufälliger Reihenfolge unterschiedlich oft dargeboten (0, 1, 2, 5, 10 oder 25 mal) und anschließend anhand von Ratingskalen bewertet (die Häufigkeit 0 bedeutet, daß der Reiz erst bei der Beurteilung zum ersten Mal gezeigt wird). Der Effekt besteht darin, daß ein Reiz um so positiver beurteilt wird, je öfter er dargeboten wurde. Dieses Ergebnis ist sehr robust. Es tritt bei verschiedenen Reizen (z.B. Personen, Musikstücke, sinnlose Buchstabenfolgen) und unter verschiedenen Bedingungen auf. Einschränkungen sind bloß: Die Reize dürfen nicht zu einfach sein (sonst entsteht Langeweile); und es muß ein gewisses Zeitintervall zwischen Reizdarbietung und Beurteilung liegen.

Der Effekt wurde nicht nur im Labor, sondern auch unter natürlichen Bedingungen nachgewiesen (Moreland & Beach 1992). Mehrere Mitarbeiterinnen besuchten unterschiedlich oft (0, 5, 10 oder 15 mal) eine Vorlesung in einem großen Hörsaal, ohne mit den Studenten oder dem Professor zu interagieren. Sie waren bloß – gut sichtbar – anwesend. Am Schluß des Semesters sollten sie von den Hörern der Vorlesung beurteilt werden (auf zehn 7–Punkte-Skalen wie etwa sympathisch/unsympathisch, warmherzig/kalt). Die Mitarbeiterinnen wirkten um so sympathischer, je öfter sie in der Vorlesung anwesend waren.

Eine weitere Sympathieursache ist *Ähnlichkeit*. Wir finden Menschen um so sympathischer, je ähnlicher sie uns sind. Das wurde besonders oft für Einstellungsähnlichkeit nachgewiesen (Byrne 1971), gilt aber auch für andere Variablen, etwa für Persönlichkeitsmerkmale. Eine andere wichtige Sympathieursache beruht auf *Reziprozität* (Gegenseitigkeit): Wir mögen Menschen, die uns mögen, und wir lehnen Menschen ab, von denen wir uns abgelehnt fühlen (Herkner 1978). Ohne Einschränkung gilt das allerdings nur für Personen mit positivem Selbstwert. Menschen mit niedrigem oder negativem Selbstwert bevorzugen manchmal Personen, von denen sie negativ beurteilt werden (Swann 1990). Schließlich mögen wir Personen, denen wir positive Eigenschaften zuschreiben, und wir lehnen Personen ab, denen wir negative Eigenschaften zuschreiben (Anderson 1965). Neben Persönlichkeitsmerkmalen sind in diesem Zusammenhang das Aussehen und die Zugehörigkeit zu bestimmten Gruppen besonders wichtig.

Neben den bisher angeführten Sympathieursachen gibt es noch etliche andere. Es wurden hier bloß jene Hypothesen über Sympathieursachen angeführt, die besonders gut durch Ergebnisse gestützt werden. Alle diese Hypothesen kann man am einfachsten lernpsychologisch begründen (man kann sie aber auch anders, nämlich konsistenztheoretisch, herleiten; siehe dazu Herkner 1991).

Dabei spielt der Begriff der sekundären Verstärkung eine zentrale Rolle (vgl. auch Bredenkamp). Jeder neutrale Reiz kann dadurch ein sekundärer Verstärker werden, daß er (mehrmals) gemeinsam mit einem Reiz auftritt, der schon verstärkende Wirkung hat. Analog dazu wird ein neutraler Reiz ein sekundärer Strafreiz, wenn er (mehrmals) gemeinsam mit einem aversiven Reiz auftritt. Sekundäre Verstärker sind angenehm, lösen positive Gefühle und Annäherungsverhalten aus und werden positiv bewertet. Sekundäre Strafreize bewirken negative Gefühle und Vermeidungsverhalten und werden negativ bewertet.

Diese Überlegungen führen zu dem Schluß, daß wir Personen sympathisch finden, von denen wir Verstärker erhalten, und daß wir Personen ablehnen, die uns Strafreize vermitteln. Die oben angeführten Sympathieursachen sind Spezialfälle von Belohnungen. Zunächst zur Bekanntheit: Neue Reize sind oft (zumindest ein wenig) unangenehm, weil sie Unsicherheit und damit Angst bewirken. Man weiß nicht, was man von ihnen zu erwarten hat, und wie man sich ihnen gegenüber verhalten soll. Mit zunehmendem Bekanntheitsgrad wird diese Unsicherheit reduziert. Einstellungsähnlichkeit wird häufig als Bestätigung dafür aufgefaßt, daß die eigenen Meinungen richtig sind. Wenn einem Sympathie entgegengebracht wird, ist das zweifellos eine belohnende Erfahrung. Erlebt man Ablehnung, so ist das unangenehm. Durch die Zuschreibung einer positiven Eigenschaft (etwa Hilfsbereitschaft) entsteht die Erwartung, von dieser Person Verstärker zu erhalten. Ähnlich entsteht durch die Zuschreibung einer negativen Eigenschaft (z. B. Aggressivität) die Erwartung aversiver Reize.

Natürlich spielen im Alltag neben den genannten positiven und negativen Reizen viele andere primäre Verstärker (Angstreduktion, Körperkontakt, Nahrung, ...), sekundäre Verstärker (Zustimmung, Geld, Schmeicheleien, Geschenke, ...), primäre Strafreize (Schmerz, Angst, ...) und sekundäre Strafreize (Tadel, Abwendung, ...) eine Rolle.

Aus den lernpsychologischen Überlegungen folgt auch, daß man keineswegs selbst Belohnungen oder Strafreize verabreichen muß, um sympathisch oder unsympathisch zu werden. Es genügt die bloße Anwesenheit der Zielperson B, während A positive Reize erhält. Zum Beispiel entwickelten Kinder, die vom Lehrer belohnt wurden, mehr Sympathie für ihre dabei anwesenden Mitschüler als

Kinder, die vom Lehrer ignoriert oder bestraft wurden (Lott & Lott 1968). Ähnlich wirken Personen unsympathisch, die häufig anwesend sind, wenn wir Negatives erleben – solche Menschen »bringen Unglück«.

Es wurde bereits erwähnt, daß positive Reize Annäherungsverhalten (im weitesten Sinn) bewirken, während negative Reize Flucht und Vermeidung hervorrufen. Damit sind wir bei den Auswirkungen von Sympathie und Ablehnung. Wie der Leser bereits weiß, sind Dauer und Häufigkeit des Blickkontakts bei sympathischen Personen größer als bei unsympathischen. Außerdem wählt man bei sympathischen Menschen eine geringere räumliche Distanz und man spricht mehr und häufiger mit ihnen (Lott & Lott 1961).

Darüber hinaus sind sympathische Personen in folgendem Sinn mächtiger als abgelehnte: Von ihnen gebotene Verstärker und Strafreize sind wirksamer (bewirken schnellere und größere Verhaltensänderungen). Ferner werden sie häufiger imitiert (Bandura & Huston 1961) und sind oft erfolgreicher bei beabsichtigten Einstellungsänderungen.

Unsere interpersonellen Einstellungen (und Vorurteile) sind nicht leicht zu ändern, weil sie durch mindestens zwei Prozesse stabilisiert werden. Erstens: Der sogenannte *Halo-Effekt* besteht darin, daß man aus schon angenommenen positiven (oder negativen) Eigenschaften auf weitere positive (oder negative) Merkmale schließt. Zweitens: Unsere *Attributionen* sind systematisch verzerrt (Regan, Straus & Fazio 1974). Handlungen, die zu unseren Einstellungen passen – also positive Handlungen (etwa Hilfeleistungen) seitens einer sympathischen Person und negative Handlungen (z.B. aggressive Akte) seitens einer unsympathischen – werden intern attribuiert (auf Ursachen in der Person zurückgeführt). Das heißt, sie werden entsprechenden Eigenschaften der handelnden Person zugeschrieben und »bestätigen« somit unsere Einstellungen. Einstellungskonträre Handlungen und Ereignisse – etwa ein Mißerfolg einer sympathischen oder ein Erfolg einer unsympathischen Person – werden eher extern attribuiert (auf Ursachen außerhalb der Person zurückgeführt). Sie werden in hohem Ausmaß Situationseinflüssen oder dem Zufall zugeschrieben und können somit unsere Einstellungen nicht korrigieren (vgl. auch Abele & Gendolla sowie Rosts Beitrag über Persönlichkeit).

Verschiedene Arten von Sympathie und Liebe

Die ältere Sympathieforschung hat nicht zwischen verschiedenen Formen der Attraktion unterschieden. Es scheint jedoch einleuchtend, daß zwischen verschiedenen Formen der Zuneigung – die vertrauensvolle Sympathie für einen Freund; der Respekt vor einem hochbegabten Menschen, der Außerordentliches leistet; die rasende Begeisterung des Publikums für einen Popmusiker; Liebe zwischen Ehepartnern – nicht nur Gemeinsamkeiten, sondern auch Unterschiede bestehen. Es ist zu vermuten, daß unterschiedliche Sympathieformen auch zum Teil unterschiedliche Ursachen haben. Erst die neuere Sympathieforschung hat sich den vielfältigen Varianten der Sympathie zugewendet, wobei jedoch eine Form der Zuneigung im Vordergrund stand: die Liebe (Berscheid & Walster 1974).

Man kann zwei Arten von Liebestheorien unterscheiden. Die Theorien der ersten Gruppe behaupten, daß sich Sympathie und Liebe nur quantitativ, aber nicht qualitativ unterscheiden: Liebe ist besonders starke Sympathie. Zu dieser Theoriengruppe zählt der im vorigen Abschnitt beschriebene lerntheoretische Ansatz. Das Ausmaß von Sympathie (und Liebe) hängt von der Verstärkermenge ab, und zwar von der relativen Verstärkermenge: Je mehr Verstärker im Verhältnis zu Strafreizen geboten werden, je mehr Verstärker jemand im Vergleich zu anderen Personen bietet und je attraktiver diese Verstärker sind, desto größer ist die Zuneigung.

Im Gegensatz dazu behaupten die Vertreter der zweiten Theoriengruppe, daß sich Sympathie und Liebe (zumindest teilweise) auch qualitativ unterscheiden. Diese Behauptung wird durch zahlreiche Alltagsbeobachtungen und Untersuchungsergebnisse unterstützt. Eines der Unterscheidungsmerkmale ist die oft festgestellte Plötzlichkeit der Liebe (Liebe auf den ersten Blick): Man kann sich »Hals über Kopf« in jemand verlieben, aber man kann sich nicht »Hals über Kopf« mit jemand anfreunden. Sympathie entwickelt sich langsam und kontinuierlich und nimmt mit der erhaltenen Verstärkermenge zu. Bei der Liebe dagegen scheint es in manchen Fällen keinen systematischen Zusammenhang mit der Verstärkermenge zu geben. Sie kann trotz Mangel an Belohnungen (unerwiderte Liebe) und trotz zahlreicher aversiver Reize (die Zielperson verlangt aufwendige »Liebesbeweise«) große Ausmaße annehmen.

Eine der frühesten Theorien der zweiten Gruppe stammt von Berscheid und Walster (1974), die sich auf die Gefühlstheorie von Schachter (1964) stützen. Nach Schachter besteht jedes Gefühl aus zwei Komponenten: Die Stärke eines Gefühls hängt vom Ausmaß der momentanen physiologischen Aktivierung (Herzklopfen, erhöhter Blutdruck, ...) ab. Diese Erregung kann ganz unterschiedlich interpretiert und erlebt werden (als Freude, Angst, Liebe, ...). Die Qualität des Gefühls hängt von der zweiten Komponente ab, nämlich von der subjektiven Erklärung dieser Erregung. Häufig wird sie auf jene Reize zurückgeführt, die gerade auffällig sind (oder auf Ursachen, die im Gedächtnis gut zugänglich sind).

Um Liebe zu empfinden, müssen drei Bedingungen erfüllt sein (Berscheid & Walster 1974; Hatfield & Walster 1981). Erstens muß man gelernt haben, was Liebe ist, und erwarten, daß man sie erlebt. (Darauf sind wir alle seit unserer Kindheit durch Märchen wie Aschenbrödel und durch Trivialfilme vorbereitet.) Zweitens muß ein Zustand erhöhter physiologischer Aktivierung gegeben sein. Und drittens muß eine geeignete Zielperson vorhanden sein (oder man muß an eine denken), die man für die Ursache der Erregung halten kann.

Dieser Ansatz kann viele Besonderheiten der Liebe erklären – zum Beispiel ihr plötzliches Auftreten und ihre Existenz unter aversiven Bedingungen (denn auch und gerade aversive Situationen wirken aktivierend) –, und er stimmt gut mit experimentellen Ergebnissen überein. Die männlichen Versuchspersonen von White, Fishbein und Rutstein (1981) wurden entweder durch körperliche Anstrengung oder durch ein Tonband mit belastendem oder humorvollem Inhalt in erhöhte Aktivierung versetzt. Dadurch nahm anschließend die romantische Neigung für eine schöne, nicht aber für eine unattraktive weibliche Zielperson zu.

Eine neuere Klassifikation verschiedener Zuneigungsvarianten stammt von Sternberg (1986). In seiner Liebestheorie postuliert er drei Teilkomponenten, deren jede in unterschiedlichem Ausmaß vorhanden sein oder völlig fehlen kann. Die drei Komponenten sind Leidenschaft, Intimität und Entscheidung/Bindung. Leidenschaft (L) ist mit hoher Aktivierung, intensiven Gefühlen und sexuellen Wünschen verbunden. Intimität (I) ist ein ähnlicher Begriff wie Sympathie und umfaßt Nähe, Vertrautheit, Verständnis und Unterstützung. Entscheidung/Bindung (E/B) ist eine rein kognitive Komponente, die aus zwei Teilkomponenten besteht: einer kurzfristigen (Entscheidung für eine bestimmte Person) und einer langfristigen (Selbstverpflichtung, eine Langzeitbindung aufrechtzuerhalten).

Die Variablen E/B und vor allem I können über einen langen Zeitraum konstant bleiben oder sogar zunehmen. Die Komponente

L dagegen nimmt nach einem anfänglichen – mehr oder weniger langen – Höhepunkt zwangsläufig ab (unter anderem durch Gewöhnung). Die beste Grundlage einer langfristigen Beziehung ist somit I, die schlechteste L.

Die verschiedenen Kombinationsmöglichkeiten von L, I und E/B ergeben acht Varianten der Zuneigung:

1. Nichtliebe (weder L noch I noch E/B) – kurze oberflächliche Interaktion ohne emotionale Beteiligung (nach Sternberg die häufigste Form alltäglicher Interaktionen);
2. Sympathie (nur I) – Zuneigung ohne Leidenschaft und ohne Bindung bei kurzfristigen Bekanntschaften;
3. Verliebtheit (nur L) ist durch ein hohes Ausmaß an Erregung gekennzeichnet und kann ebenso plötzlich einsetzen wie aufhören;
4. Leere Liebe (nur E/B) ist die Verpflichtung zu einer Langzeitbeziehung aus Vernunftgründen (z. B. aufgrund geschäftlicher oder politischer Überlegungen) ohne echte Zuneigung.

Neben diesen einfachen Formen der Attraktion, die nur aus einer Komponente bestehen, gibt es noch vier Kombinationen der Komponenten:

5. Romantische oder wahre Liebe (L und I) hat im Gegensatz zur bloßen Verliebtheit auch das stabilisierende Element der Intimität;
6. Kameradschaftliche Liebe (I und E/B) ist für manche langfristige Partnerschaften typisch, bei denen die (sexuelle) Leidenschaft bereits abgenommen hat;
7. Alberne Liebe (L und E/B) wird vor allem von Trivialfilmen und -romanen verherrlicht. Nach einer kurzen Verliebtheit wird eine Beziehung eingegangen (die jedoch ohne das solide Fundament der Intimität mit größter Wahrscheinlichkeit mißlingt);
8. Vollkommene Liebe (L und I und E/B) besteht aus allen drei Komponenten, dürfte aber nicht allzu häufig vorkommen und nur selten lange anhalten (wegen der Kurzlebigkeit von L).

Beziehungen

Bei der Partnerwahl spielt Ähnlichkeit eine ganz entscheidende Rolle (O'Leary & Smith 1991; vgl. hierzu auch Olbrich). Wir bevorzugen Partner, die uns in vielfacher Hinsicht ähnlich sind. Das betrifft den sozioökonomischen Hintergrund, Einstellungen, Persönlichkeitsmerkmale und sogar den Grad der körperlichen Attraktivität. Durch die Ähnlichkeit der Einstellungen, Interessen und Gewohnheiten wird die Wahrscheinlichkeit gegenseitiger Belohnungen erhöht und die Wahrscheinlichkeit von Konflikten verringert.

Bezüglich der relativen Wichtigkeit von Aussehen und inneren Werten gibt es große interindividuelle Unterschiede. Für starke Selbstüberwacher ist das Aussehen wichtiger als die Persönlichkeit des Partners (Snyder, Berscheid & Glick 1985). Für schwache Selbstüberwacher ist dagegen eine passende Persönlichkeit wichtiger als ein eindrucksvolles Aussehen.

Mit der Wahl eines passenden Partners ist jedoch keineswegs »automatisch« eine reibungslose und befriedigende Beziehung gegeben. Wie die hohe Scheidungsrate in vielen Ländern zeigt, ist es sehr schwierig, eine gute Beziehung aufrechtzuerhalten. Die hohen Anforderungen, die eine langfristige Beziehung an die Partner stellt, resultieren zum Teil aus den vielfältigen, rasch wechselnden und teilweise unverträglichen Rollen, die man erfüllen muß (durch Beruf, Freizeit, Elternschaft, Sexualität, Haushalt, ...). Außerdem sind auch bei ähnlichen Partnern Interessenkonflikte (z.B. hinsichtlich Freizeitaktivitäten) unvermeidlich.

Die Zufriedenheit mit einer langfristigen Beziehung ist ein ganz wesentlicher Bestandteil der gesamten Lebensqualität. Wovon hängt die Zufriedenheit mit einer Beziehung ab? Hier gibt es mindestens drei plausible Antworten:

Die erste Hypothese läßt sich lerntheoretisch begründen und lautet: Man ist um so zufriedener, je mehr Belohnungen man erhält.

Die zweite Hypothese behauptet in gewissem Sinn das genaue Gegenteil: Man ist um so zufriedener, je mehr Belohnungen man dem Partner bietet, also je mehr Kosten (im weitesten Sinn des Wortes, also Anstrengungen, Hilfeleistungen, Geschenke, Zeit, ...) man hat. Diese Ansicht läßt sich damit begründen, daß man bei großer Zuneigung in altruistischer Weise – das Thema Altruismus wird im übernächsten Unterkapitel behandelt – für den Partner sorgt: Man will, daß es ihm möglichst gut geht. Man könnte auch dissonanztheoretisch mit der Hypothese der Rechtfertigung des Aufwands argumentieren: Je mehr Aufwand man – freiwillig – für ein bestimmtes Ziel (in diesem Fall die Beziehung) auf sich nimmt, desto höher bewertet man es und desto zufriedener ist man damit.

Eine dritte, komplexere Hypothese stammt aus der Gerechtigkeitstheorie (Walster, Berscheid & Walster 1973). Die Gerechtigkeitstheorie (equity-theory) geht davon aus, daß in allen Beziehungen (Ehe, Freundschaft, Arbeitgeber und Arbeitnehmer, etc.) die Partner sowohl Beiträge leisten als auch Ergebnisse erhalten. Die Begriffe Beitrag und Ergebnis werden in einem sehr weiten Sinn verwendet. Beiträge sind zum Beispiel Aussehen, Prestige, Besitz, Hilfeleistungen, Fähigkeiten. Ergebnisse sind ebenfalls Belohnungen im weitesten Sinn (erhaltene Hilfeleistungen und Geschenke, Zuwendung ...). Neben den erwähnten positiven Beiträgen und Ergebnissen gibt es auch negative (unattraktives Aussehen, Bestrafungen ...).

Die zentrale Hypothese der Gerechtigkeitstheorie ist die Forderung nach *Beitragsproportionalität*: Die Verhältnisse zwischen Ergebnissen und Beiträgen sollen für beide Partner gleich sein:

$$\frac{O_A}{I_A} = \frac{O_B}{I_B}$$

Dabei sind O_A und O_B die Ergebnisse (outcomes) der Personen A und B, I_A und I_B sind ihre Beiträge (inputs). (Die obige Formel ist die älteste und einfachste. Inzwischen werden kompliziertere verwendet.)

Anders (etwas einfacher und ungenauer) formuliert: Jeder soll soviel bekommen, wie seinen Beiträgen entspricht. Wenn A doppelt so viele oder so gute Beiträge leistet wie B, dann soll A auch doppelt so viele oder gute Ergebnisse erhalten. Wenn diese Norm der Beitragsproportionalität verletzt wird, entsteht Unbehagen. Wer weniger erhält, als ihm zusteht, ist verärgert. Aber auch wer zuviel erhält (ein »Ausbeuter«), ist nicht glücklich: Er fühlt sich schuldig. Je größer die Abweichung von der Beitragsproportionalität ist, desto größer ist das Unbehagen und desto wahrscheinlicher wird von den Beteiligten etwas dagegen getan – entweder objektiv (durch Änderung von Ergebnissen oder Beiträgen) oder subjektiv (durch Auf- oder Abwertung von Ergebnissen oder Beiträgen des Partners).

In einer groß angelegten Untersuchung von Walster, Walster und Traupmann (1978) mußten die Versuchspersonen auf 8-Punkte-Skalen ihre eigenen Ergebnisse und Beiträge sowie die ihres Partners einschätzen. Aufgrund dieser Daten wurden sie in fünf Gruppen eingeteilt: mehr oder weniger benachteiligte, gerechte und mehr oder weniger »ausbeutende« Personen. Außerdem wurden sie gefragt, wie stabil die Beziehung ist und wie zufrieden, glücklich, verärgert und schuldig sie sich fühlen.

Die Ergebnisse bestätigen die Theorie: Je größer die Abweichung von der Beitragsproportionalität (nach beiden Seiten) war, desto unzufriedener waren die Versuchspersonen mit der Beziehung, desto instabiler wurde die Beziehung eingeschätzt und desto stärkere negative Gefühle traten auf. Es gibt aber auch Ergebnisse, die die anderen beiden Hypothesen bestätigen. Bei Michaels, Edwards und Acock (1984) war die Variable, die den stärksten Zusammenhang mit der Beziehungszufriedenheit aufwies, die Belohnungshöhe – während der Zusammenhang zwischen Gerechtigkeit und Zufriedenheit wesentlich schwächer und nur mittelmäßig war. Auch für die zweite Hypothese gibt es unterstützende Daten. Den stärksten Zusammenhang mit Zufriedenheit hatte bei Hays (1985) die Variable Belohnung plus Kosten (aus lerntheoretischer Sicht hätte es die Variable Belohnung minus Kosten sein müssen, was aber nicht zutraf).

Liegt hier ein Widerspruch zwischen den Ergebnissen vor? Nicht unbedingt. Erstens widersprechen die Hypothesen einander nicht prinzipiell. Es können gleichzeitig Belohnungen, Kosten und Gerechtigkeit zur Zufriedenheit beitragen. Außerdem ist zu bedenken, daß es verschiedene Arten von Beziehungen gibt (ähnlich den verschiedenen Arten der Liebe nach Sternberg), etwa romantische (L und I), kameradschaftliche (I und E/B) und leere (nur E/B), nüchterne Beziehungen, in denen auch verschiedene Zufriedenheitsursachen vorherrschen. Nach Mikula und Schwinger (1978) dominiert in gefühlsarmen Beziehungen die Beitragsproportionalität. Je mehr Sympathie vorhanden ist, desto großzügiger wird jedoch belohnt.

Die Attraktionsforschung hat sich in den wenigen Jahrzehnten ihres Bestehens quantitativ und qualitativ stark weiterentwickelt. Den qualitativen Fortschritt ersieht man am Übergang von einfachen Fragestellungen (über Sympathieursachen), die zumeist auch in einfachen Experimenten untersucht wurden, zu immer komplexeren Themen (Liebe und Partnerschaft), wobei die experimentelle Methode immer mehr durch Feldstudien ergänzt wurde. Aus Platzgründen konnten hier nur wenige Themen der Beziehungsforschung behandelt werden. Der interessierte Leser sei auf die ausführlicheren Darstellungen bei Amelang, Ahrens und Bierhoff (1991a, 1991b) sowie auf Berscheid (1985, 1994) verwiesen.

Aggression

Triebtheoretische Ansätze

Die folgenden zwei Unterkapitel behandeln die zwei fundamentalen sozialen Verhaltensklassen: Handlungen, die anderen Menschen schaden, und Handlungen, die anderen Menschen nützen. Eine Standarddefinition aggressiven Verhaltens besagt, daß es sich dabei um Verhaltensweisen handelt, die für den Interaktionspartner unangenehme oder schädliche Konsequenzen bewirken, und daß dieses Verhalten auch mit der Absicht, dem anderen zu schaden, durchgeführt wird. Die Betonung des Motivs – absichtliche aversive Stimulation – in dieser Definition ist wesentlich, denn andernfalls – wenn bloß die aversiven Konsequenzen betont werden – müßte man auch zufälliges Anrempeln im Gedränge oder einen chirurgischen Eingriff als aggressiv bezeichnen.

Warum wollen wir manchmal anderen Menschen schaden? Auf diese Frage gibt es mehrere Antworten. Die ältesten diesbezüglichen Antworten sind Trieb- oder Instinkttheorien, wie sie etwa zu Beginn dieses Jahrhunderts von Sigmund Freud und in neuerer Zeit von Konrad Lorenz (1963) vertreten wurden.

Diese Positionen nehmen an, daß es einen Aggressionstrieb oder -instinkt gibt, der – in Analogie zu Hunger oder Sexualität – von Zeit zu Zeit durch entsprechende Handlungen befriedigt (reduziert) werden muß. Nach jeder Triebreduktion nimmt die Triebspannung jedoch wieder zu, muß wieder entladen werden, und so weiter. Man kann sich diese Annahme durch einen Dampfkessel veranschaulichen, bei dem durch ständige Wärmezufuhr der Dampfdruck immer mehr zunimmt, bis er so groß ist, daß Dampf durch ein Ventil abgelassen werden muß, damit der Kessel nicht platzt. Danach schließt sich das Ventil, der Dampfdruck steigt wieder, und so weiter.

Diese theoretische Position wird heute von einem Großteil der Psychologen abgelehnt, weil sie aus verschiedenen Gründen kritisiert werden kann, unter anderem aus folgenden: Die zentrale Annahme eines Aggressionstriebs beruht auf einem Zirkelschluß. Zuerst wird Verhalten beobachtet. Aus seiner manchmal großen Häufigkeit und Heftigkeit wird auf einen zugrundeliegenden Trieb geschlossen. Dieser soll dann das beobachtete Verhalten »erklären«. Ferner kann angeführt werden, daß Verhaltensmuster (längere Pausen nach dem Auftreten eines Verhaltens), die in anderen Bereichen festgestellt wurden (etwa bei Eß- und Sexualverhalten), ungerechtfertigt auch bei der Aggression angenommen wurden. Es gibt jedoch so gut wie keine systematischen Daten, die diese Annahme stützen.

Damit sind wir bei einer zentralen und sehr populären Hypothese dieser Theoriegruppe, nämlich der *Katharsis*hypothese. Man kann drei Varianten dieser Hypothese unterscheiden. Die Hypothese der *direkten* Katharsis behauptet, daß die Häufigkeit aggressiven Verhaltens nach der Ausführung einer aggressiven Handlung abnimmt. *Indirekte* Katharsis bedeutet, daß die Häufigkeit aggressiven Verhaltens nach der Ausführung einer aggressionsähnlichen, spannungsreduzierenden Handlung (z.B. anstrengender Sportarten) abnimmt. Die Hypothese der *symbolischen* Katharsis besagt, daß die Häufigkeit aggressiven Verhaltens nach der Betrachtung aggressiver Handlungen abnimmt (etwa nach dem Anschauen eines brutalen Kinofilms).

Keine dieser Hypothesen stimmt mit dem Großteil der Untersuchungsergebnisse überein (Geen & Quanty 1977). In vielen Fällen trat das genaue Gegenteil von Katharsis auf: Die Häufigkeit aggressiven Verhaltens nahm nach einer aggressiven Handlung nicht ab, sondern zu. (Warum das so ist, wird im nächsten Abschnitt erklärt werden.) Das gilt auch für symbolische Katharsis. Sowohl bei aggressiven Sportveranstaltungen wie Fußball und Ringen (Arms, Russell & Sandilands 1979), als auch bei Spielfilmen mit Gewaltdarstellungen (Black & Bevan 1992) zeigte sich, daß die Aggressionsneigung der Zuschauer nach der Betrachtung aggressiver Szenen größer war als vorher.

Allerdings muß man *Verhaltenskatharsis* von *emotionaler Katharsis* unterscheiden. Die Hypothese der emotionalen Katharsis ist die schwächere Version der Hypothese. Sie behauptet nicht, daß nach einer aggressiven Handlung die Häufigkeit von Aggressionen abnimmt, sondern bloß, daß dadurch der ärgerbedingte Erregungszustand abnimmt. Man fühlt sich erleichtert. Diese Hypothese wurde in einigen Untersuchungen bestätigt. Hier gilt jedoch die Einschränkung, daß eine aggressive Handlung nur dann Erleichterung bringt, wenn sie bei ihrem Urheber keine Angst auslöst (Geen & Quanty 1977). Aus diesem Grund bringt beispielsweise eine aggressive Handlung gegen eine besonders mächtige oder starke Zielperson kaum Entspannung.

Lerntheoretische Ansätze

Viele Psychologen bevorzugen lerntheoretische Ansätze gegenüber triebtheoretischen Aggressionserklärungen (Bandura 1979; Baron & Richardson 1994). Der lerntheoretische Ansatz betrachtet aggressive Handlungen als operantes Verhalten, dessen Häufigkeit durch Verstärkung zunimmt und durch Bestrafung sinkt. Daß auch aggressives Verhalten diesen Lerngesetzen gehorcht, wurde in vielen Untersuchungen gezeigt.

Dieser Ansatz kann erklären, warum auf der Verhaltensebene so oft das Gegenteil eines Katharsiseffekts gefunden wurde. Aggressive Handlungen werden manchmal verstärkt – entweder in Form von Selbstbelohnung durch emotionale Entspannung oder von außen (etwa durch eine erfolgreiche Zielerreichung) –, und dann nimmt ihre Häufigkeit zu.

Besonders wichtig ist in diesem Zusammenhang das Lernen durch Beobachtung (Bandura 1965a; vgl. auch Bredenkamp). Beim Beobachtungslernen (auch Lernen am Modell oder Imitationslernen genannt) wird zunächst das Verhalten einer sogenannten Modellperson (oder Stimulusperson) beobachtet und im Langzeitgedächtnis gespeichert. Die Ausführlichkeit oder Fehlerhaftigkeit der Speicherung hängt von kognitiven Variablen wie Aufmerksamkeit und Kodierung ab.

Ob beziehungsweise mit welcher Häufigkeit die beobachteten Verhaltensweisen ausgeführt werden, hängt von der Motivation ab. Die Motivation besteht bei Bandura aus Erwartungen, wobei zwei Arten unterschieden werden (Bandura 1977):

Konsequenzerwartungen sind subjektive Wahrscheinlichkeiten, daß auf Verhalten A (in der Situation B) die Konsequenz C folgt. Dabei ist auch die Bewertung der Konsequenz (wie angenehm oder unangenehm sie empfunden wird) wichtig. Effizienzerwartungen sind subjektive Wahrscheinlichkeiten, daß man das Verhalten A (in der Situation B) korrekt durchführen kann.

Ein Verhalten A wird um so häufiger imitiert, je größer (in der Situation B) die Gewißheit des Eintreffens der Konsequenz C ist, je angenehmer diese ist und je sicherer man ist, A auch fehlerfrei ausführen zu können. Es wird selten imitiert, wenn man mit großer Gewißheit negative Konsequenzen erwartet und wenn man sich die korrekte Durchführung nicht zutraut. Es wird aber auch dann kaum durchgeführt, wenn nur eine der beiden Erwartungen ungünstig ist (z.B. hohe Belohnungserwartung, aber geringe Effizienzerwartung). Beide Arten von Erwartungen lernt man sowohl durch eigene Erfahrung als auch durch Beobachtung des Verhaltens und der Konsequenzen für andere Personen (*stellvertretende* Belohnung und Bestrafung).

In einem sehr bekannten Experiment von Bandura (1965b) sahen Kinder auf einem Fernsehschirm, wie eine erwachsene Modellperson eine große Puppe auf ungewöhnliche Weise mißhandelte. In einer Versuchsbedingung wurde die Modellperson am Schluß des Films mit Süßigkeiten, Limonade und Lob belohnt. In einer zweiten Versuchsbedingung wurde das Modell durch Tadel und Drohungen bestraft. (In einer dritten Versuchsbedingung gab es keine stellvertretenden Konsequenzen.)

Nach dem Film wurden die Kinder (einzeln) in ein anderes Zimmer geführt, in dem sich viele Spielsachen befanden (darunter eine große Puppe). Die Kinder sollten auf die Rückkehr der Versuchsleiterin warten und durften während dieser Zeit tun, was sie wollten. Dabei wurden sie unbemerkt beobachtet. Die Kinder der ersten Bedingung imitierten spontan wesentlich mehr der beobachteten (neuen) Aggressionshandlungen als die der zweiten Bedingung.

Anschließend wurden den Kindern für jedes richtig imitierte Verhalten Belohnungen geboten, worauf die Unterschiede zwischen den Versuchsbedingungen verschwanden. Die Kinder hatten also gleich viel gelernt (gespeichert), imitierten aber zunächst aus Motivationsgründen (unterschiedliche Erwartungen nach stellvertretender Belohnung beziehungsweise Bestrafung) verschieden oft.

Die Theorie von Bandura, die in vielen Experimenten bestätigt wurde, hat mehrere Vorzüge. Sie kann erklären, wie durch Beobachtung *neue* Verhaltensweisen gelernt werden; und sie liefert einen Beitrag zum Verständnis der Wirkung von Gewaltdarstellungen in den Medien: Die beobachteten Aggressionshandlungen werden auf jeden Fall langfristig im Gedächtnis gespeichert. Ob und wie oft sie imitiert werden, hängt von mehreren Faktoren ab, nicht zuletzt von den beobachteten stellvertretenden Konsequenzen. Ferner ist bekannt, daß sympathische und mächtige Modellpersonen besonders häufig imitiert werden.

Dementsprechend gibt es eine große Zahl von Untersuchungen, die einen deutlichen Zusammenhang zwischen Mediengewalt und Aggressivität oder Kriminalität der Zuschauer nachweisen. Zum Beispiel hing bei den Versuchspersonen von Eron und Huesman (1984) die Wahrscheinlichkeit, im Alter von dreißig Jahren eine schwere Straftat zu begehen, davon ab, wie oft sie im Alter von acht Jahren Gewalt im Fernsehen gesehen hatten.

Im Rahmen lerntheoretischer Ansätze wird auch die Bedeutung von *Hinweisreizen* betont. Das sind Reize, die im Gedächtnis mit aggressivem Verhalten assoziiert sind. Unter bestimmten Bedingungen (starke Erregung) erhöht bereits die Anwesenheit eines solchen Hinweisreizes die Wahrscheinlichkeit aggressiven Verhaltens (Berkowitz & LePage 1967).

Frustrations-Aggressions-Ansätze

Diese Theoriengruppe geht ebenfalls auf Freud zurück, der im Lauf seines Lebens unterschiedliche Standpunkte zum Thema Aggression vertrat. Unter Frustration versteht man im engeren Sinn die Behinderung einer zielgerichteten Handlung, im weiteren Sinn auch selbstwertschädigende Verhaltensweisen wie Beleidigungen oder harte Kritik (in einem Großteil der Experimente wurden die Versuchspersonen auf diese Weise frustriert).

In ihrer stärksten Form behauptet die Frustrations-Aggressions-Hypothese (Dollard, Doob, Miller, Mowrer & Sears 1939), daß Frustration immer zu Aggression führt und daß jede Aggression eine Folge von Frustration ist. In dieser Form ist die Hypothese nicht haltbar, denn – wie im vorigen Abschnitt gezeigt wurde – kann aggressives Verhalten auch ohne jede Frustration auftreten (aufgrund von Belohnungserwartungen – man denke an einen bezahlten Mörder).

Außerdem zeigten viele Untersuchungen, daß Frustration nicht immer zu Aggression führt, sondern nur dann, wenn bestimmte Bedingungen erfüllt sind (besonders starke Erregung, Anwesenheit von Hinweisreizen oder Wahrnehmung der Frustration als willkürlich und ungerechtfertigt). Daher läßt sich nur eine schwächere Form der Frustrations-Aggressions-Hypothese vertreten: Frustration kann unter bestimmten Bedingungen (siehe oben) die Wahrscheinlichkeit aggressiver Handlungen erhöhen.

Von Frustrations-Aggressions-Theoretikern wird die Möglichkeit der *Verschiebung* betont. Die Aggression muß sich nicht gegen den Urheber der Frustration richten, sondern kann auf ein Ersatzobjekt (einen Sündenbock) verschoben werden. Das ist besonders dann der Fall, wenn der Urheber – etwa infolge von Macht oder Körperkraft – starke Angst auslöst.

In einem durch zahlreiche Ergebnisse gestützten Ansatz hat Berkowitz (1989) die Frustrations-Aggressions-Hypothese erweitert und verallgemeinert. Er geht davon aus, daß aversive Ereignisse jeder Art unangenehme Gefühle auslösen, und daß diese gleichzeitig Flucht- und Aggressionstendenzen bewirken. Die Stärke dieser Tendenzen hängt von der Stärke der negativen Gefühle ab. Aversive Ereignisse sind solche, die man lieber vermeiden würde. Dazu zählen nicht nur Frustration und selbstwertmindernde Ereignisse, sondern auch Schmerz, Hitze, Kälte, Gestank, unangenehm starke Erregung, Beengtheit in überfüllten Räumen und dergleichen mehr.

Ob in einer konkreten Situation Flucht oder Aggression auftritt, hängt von Situations- und Lernfaktoren ab, zum Beispiel davon, ob Flucht überhaupt möglich ist. Weiterhin ist wichtig, wie oft die Person früher für aggressives Verhalten verstärkt wurde, ob sie Aggressionshemmungen gelernt hat und wie sie die Situation interpretiert (wodurch die negativen Gefühle abgeschwächt oder intensiviert werden können). Für alle im vorigen Absatz genannten aversiven Ereignisse wurde in Experimenten oder Feldstudien (zum Teil sogar in Tierversuchen) die aggressionsfördernde Wirkung nachgewiesen.

Sowohl die lerntheoretischen Ansätze als auch die erweiterte Frustrations-Aggressions-Hypothese sind wichtige Beiträge zum Verständnis von Aggression. Viele Psychologen meinen, daß man zwei Arten von Aggression unterscheiden muß, wobei jeweils ein theoretischer Ansatz besser zur Erklärung geeignet ist als der andere. Auf der einen Seite gibt es »kalte« oder instrumentelle Aggression. Das sind Handlungen ohne große emotionale Beteiligung, bei denen die Schädigung des Opfers meistens nicht Selbstzweck, sondern nur Mittel zum Zweck ist – wie etwa bei einem Raubüberfall. Diese Art von Aggression kann man am besten lerntheoretisch erklären.

Für die zweite Art von Aggression sind die Frustrations-Aggressions-Ansätze zuständig. Dabei handelt es sich um ärgerbedingte oder feindselige Aggression, deren Hauptabsicht die Schädigung des Opfers ist. Ein Großteil der alltäglichen aggressiven Handlungen sind Mischformen, bei denen die erste oder die zweite Aggressionsart überwiegen kann.

Man kann sich die komplementären Rollen der beiden Ansätze auch so vorstellen, daß die Frustrations-Aggressionstheorie erklärt, in welchen Situationen aggressive Tendenzen auftreten und wie stark sie sind, während die Lerntheorien erklären, welche konkreten Formen aggressiven Verhaltens bei welchen Personen in welchen Situationen wie oft auftreten.

Altruismus

Einige fördernde und hemmende Bedingungen

Als altruistisch bezeichnet man Verhaltensweisen, die dem Interaktionspartner nützen und die auch dadurch motiviert sind, ihm nützen zu wollen. Andere Definitionen betonen nur die positiven Konsequenzen, nicht aber die Motivation. In diesem Fall sollte man nicht von altruistischem, sondern bloß von prosozialem Verhalten oder Hilfeverhalten sprechen. (Wie weiter unten zu zeigen sein wird, kann auch aus egoistischen Motiven geholfen werden.)

Hilfeleistungen sind meistens mit beträchtlichen Kosten (im weitesten Sinn) verbunden. Der Leser stelle sich vor, daß auf der Straße fünf Meter vor ihm jemand schreiend und blutend zusammenbricht und daß der Leser – vielleicht etwas zögernd – versucht zu helfen. An Kosten sind etwa zu nennen: Zeit, Anstrengung, manchmal auch Geld (etwa für die Reinigung beschmutzter Kleidung oder für Spenden), Angst (etwa vor ansteckenden Krankheiten), Selbstwertminderung (falls die Hilfe mißlingt oder falls man die Situation falsch eingeschätzt hat, also gar keine Hilfe nötig war – vielleicht wird gerade eine Filmszene gedreht und das Blut ist nur Schminke). Angesichts dieser vielfältigen Kosten ist es verständlich, daß prosoziales Verhalten durch verschiedene Umstände leicht zu behindern ist und daß sein Auftreten bestimmter fördernder Bedingungen bedarf.

Aus lerntheoretischer Sicht sind fördernde Bedingungen vor allem Belohnungserwartungen. Die Häufigkeit prosozialen Verhaltens wird ebenso durch direkte Belohnung vergrößert wie durch die Beobachtung einer helfenden Modellperson mit stellvertretender Verstärkung.

In mehreren Theorien über prosoziales Verhalten spielt erhöhte Aktivierung eine zentrale fördernde Rolle (z.B. Piliavin, Davidio, Gaertner & Clark 1981). Die Wahrnehmung einer Notsituation bewirkt einen aversiven Zustand erhöhter Aktivierung, und man hilft, um die Erregung zu reduzieren. Es wurde mehrfach nachgewiesen, daß um so schneller geholfen wird, je höher die Aktivierung ist.

Ein wichtiger fördernder Faktor ist Empathie (Einfühlung). Darunter versteht man die *kognitive* und *emotionale* Übernahme der Perspektive einer anderen Person. Menschen, die sich in die Lage des Opfers versetzen, helfen wesentlich öfter, als solche, die das nicht tun (Coke, Batson & McDavis 1978). Empathie kann situativ bedingt sein (durch große Ähnlichkeit zwischen Opfer und Beobachter oder durch eine entsprechende Aufforderung durch den Versuchsleiter), es gibt aber auch große interindividuelle Unterschiede in der spontanen Bereitschaft zur Empathie (Davis 1994).

Auch positive Stimmungen tragen zur Hilfsbereitschaft bei – allerdings nur oft und nicht immer. Da man bestrebt ist, positive Stimmungen beizubehalten, hilft man bei guter Laune vor allem dann, wenn die Hilfeleistung nicht allzu unangenehm und wenn die Notsituation eindeutig ist.

Attributionen können sowohl fördernden wie hemmenden Einfluß haben. Nach Weiner (1994, 1995) ist hier die Dimension Kontrollierbarkeit entscheidend (das heißt, ob man die Ursache der Notsituation beliebig herbeiführen beziehungsweise vermeiden kann oder nicht). Beim Anblick einer Notsituation macht man sich Gedanken über deren Ursache. Hält man die Ursache für kontrollierbar (ein Mann stürzt auf die Straße, weil er betrunken ist), reagiert man mit negativen Gefühlen (Ärger, Ekel) und die Hilfsbereitschaft ist gering. Hält man die Ursache für weitgehend unkontrollierbar (ein Mann stürzt, weil er krank ist), ist die emotionale Reaktion Mitleid und die Hilfsbereitschaft hoch. Diese Hypothesen wurden vielfach bestätigt.

Hemmende Bedingungen sind Erwartungen aversiver Ergebnisse, also die Kosten des Helfens. Da Hilfeleistungen meistens mit Kosten verbunden sind, kann man annehmen, daß Kosten-Nutzen-Überlegungen beim Hilfeverhalten eine entscheidende Rolle spielen. Bei der Wahrnehmung einer Notsituation überlegt man die möglichen Belohnungen und Kosten sowohl für Helfen als auch für Nichthelfen (Flucht aus der Situation). Helfen ist zwar mit Kosten verbunden, bringt aber auch Belohnungen (Stolz, Selbstwertsteigerung, Reduktion der Erregung, Anerkennung durch andere, Dankbarkeit des Opfers). Nichthelfen erspart zwar die Kosten, bringt aber auch Bestrafungen (Selbstbestrafung durch schlechtes Gewissen, Verachtung seitens anderer, ...). Ob nun geholfen wird oder nicht, hängt davon ab, für welche der beiden Alternativen der Gesamtnutzen (Belohnungen minus Kosten) größer ist. Manchmal ist indirekte Hilfe ein Ausweg aus dem Dilemma (man hilft nicht selbst, sondern veranlaßt andere Menschen zu helfen – zum Beispiel holt man einen Arzt).

Ein weiterer hemmender Faktor ist die Anwesenheit von Zuschauern. In einer aufsehenerregenden Reihe von Experimenten zeigten Latané und Darley (1970) für verschiedene Notsituationen

(Schmerzensschreie aus dem Nebenzimmer, Bitten um Hilfe wegen eines epileptischen oder Asthmaanfalls, Rauch im Versuchsraum), daß um so langsamer und mit um so geringerer Wahrscheinlichkeit geholfen wird, je mehr Zuschauer anwesend sind. In einem Experiment halfen 85 Prozent der Versuchspersonen, und zwar (im Durchschnitt) innerhalb der ersten Minute, wenn sie die einzigen Zeugen der Notsituation waren. War ein zweiter Zuschauer anwesend, sank der Prozentsatz der Helfer auf 62, und die Reaktionszeit betrug etwa eineinhalb Minuten. Bei insgesamt fünf Zuschauern halfen nurmehr 31 Prozent, und das erst nach circa drei Minuten.

Diese Ergebnisse können auf verschiedene Art erklärt werden. Zwei häufig genannte, einander ergänzende Hypothesen lauten: Die meisten Situationen sind nicht völlig eindeutig, sondern lassen einen gewissen Interpretationsspielraum offen. Durch die Passivität der Zuschauer wird die Situation in verharmlosender Weise neu definiert (»wenn niemand etwas tut, kann es nicht so schlimm sein«). Außerdem wird die Verantwortung aufgeteilt oder abgeschoben (»warum soll gerade ich helfen, wenn sonst niemand etwas tut?«). Beide Prozesse erlauben dem Zuschauer, die Kosten einer Hilfeleistung zu vermeiden, ohne ein allzu schlechtes Gewissen zu haben.

Die Empathie-Altruismus-Theorie

Obwohl die Altruismusforschung relativ jung ist – in nennenswertem Ausmaß gibt es sie erst seit etwa 1965 –, hat sie viele Ergebnisse erbracht. Im Gegensatz zur Aggressionsforschung ist sie nicht nur relativ jung, sondern sie war auch nicht – wie diese – von Anfang an von allgemeinen Theorien geleitet. Erst in jüngerer Zeit wurden umfassende und detaillierte Theorien formuliert (Batson 1987, 1991; Schwartz & Howard 1982), wobei vor allem die Empathie-Altruismus-Theorie von Batson viel Beachtung fand und viele Untersuchungen anregte.

Nach Batson gibt es vier mögliche Motive, die zu Hilfeverhalten führen können – ob beziehungsweise auf welche Art dann geholfen wird, hängt bei jeder Motivation von Kosten-Nutzen-Überlegungen ab, wie sie bereits im vorigen Abschnitt beschrieben wurden. Diese Motive können einzeln oder in verschiedenen Kombinationen durch die Wahrnehmung einer Notsituation angeregt werden.

Das erste Motiv hat zum Ziel, Belohnungen für prosoziale Handlungen zu erhalten. Ob beim Zuschauer einer Notsituation

Belohnungserwartungen entstehen, hängt von dessen Lerngeschichte ab. Die Belohnungen können offensichtlich (Geld, soziale Anerkennung) oder von subtilerer Art sein (Selbstlob, weil man in Übereinstimmung mit sozialen oder privaten Normen gehandelt hat; Selbstwertsteigerung). Ziel des zweiten Motivs ist die Vermeidung von Bestrafungen für Nichthelfen. Auch bei diesem Motiv spielt die Lerngeschichte eine Rolle, und auch hier gibt es offensichtliche (Tadel) und verdeckte Formen (Schuldgefühle, Selbstwertminderung).

Hilfeverhalten, das aufgrund eines dieser beiden Motive entsteht, könnte man – in Analogie zu Begriffen der Aggressionsforschung – als kalte oder instrumentelle Hilfe bezeichnen, weil das Hilfeverhalten nur als Nebenprodukt eines ganz anderen Motivs anfällt und weil kaum Gefühle daran beteiligt sind. Im Gegensatz dazu ist das dritte Motiv mit starken Emotionen verbunden. Sein Ziel ist der Abbau eines Zustands unangenehm erhöhter Erregung, der durch eine wahrgenommene Notsituation ausgelöst werden kann.

Alle bisher angeführten Motive haben nach Batson egoistische Ziele, weil sie in erster Linie auf das Wohlbefinden des Helfers abzielen. Einzig und allein das vierte Motiv verdient die Bezeichnung altruistisch, nämlich das Motiv, einem anderen Menschen zu helfen. Die zentrale Hypothese der Theorie lautet: Die Bedingung für altruistische Motivation ist Empathie.

Ob sich jemand im Zustand der Empathie befindet, kann durch Analyse der momentanen Gefühle festgestellt werden. Wie von Batson und seinen Mitarbeitern nachgewiesen wurde, können bei Zuschauern einer Notsituation zwei (voneinander unabhängige) Arten von Gefühlen auftreten. Die eine Gruppe umfaßt die Gefühlszustände verwirrt, verstört, alarmiert, aufgeregt und ist mit unangenehmer Aktivierung verbunden. Die andere Gruppe umfaßt die Emotionen bewegt, besorgt, mitleidend, mitfühlend und tritt bei Empathie auf.

Ob aus egoistischen oder altruistischen Motiven geholfen wird, kann dadurch festgestellt werden, ob eine allenfalls vorhandene Fluchtmöglichkeit genutzt wird oder nicht. Wenn das Motiv Erregungsreduktion ist, ist die einfachste Lösung, die Situation zu verlassen (wenn es möglich ist). Bei altruistischer Motivation dagegen ist die einzige Lösung, dem Opfer zu helfen. Daraus folgt die Hypothese, daß Menschen im Zustand der Empathie in jeder Situation mit größter Wahrscheinlichkeit helfen – gleichgültig, ob eine Flucht möglich ist oder nicht. Menschen, die in erster Linie ihre Erregung reduzieren wollen, helfen aber nur dann, wenn Flucht unmöglich ist – andernfalls ziehen sie die Flucht vor. (Das trifft natürlich nur dann zu, wenn die Flucht keine Schuldgefühle weckt. In Experimenten versuchte man, Schuldgefühle zum Beispiel durch die Information zu reduzieren, daß in der gegebenen Situation fast niemand hilft.)

Diese Hypothese wurde mehrmals experimentell bestätigt (Batson 1987, 1991). Damit scheint der Nachweis von echtem Altruismus gelungen zu sein. Dieser Schlußfolgerung schließen sich viele, aber nicht alle Psychologen an. Manche versuchen, diese Ergebnisse egoistisch zu erklären: Auch bei mitfühlender Beobachtung empfindet man negative Gefühle wie Sorge und Trauer, und man hilft, um diese Emotionen zu beseitigen (Schaller & Cialdini 1988). Vielleicht hilft man auch deshalb, weil man gerade im Zustand der Empathie nach erfolgreicher Hilfe mitfühlend Freude und Erleichterung – also Belohnungen – erlebt (Smith, Keating & Stotland 1989). Obwohl eine eindeutige Entscheidung zwischen diesen Positionen aufgrund der bisher vorliegenden Ergebnisse noch nicht getroffen werden kann, spricht doch sehr viel für die Theorie von Batson (Davis 1994).

Literatur

Altmann, Irwin, Dalmas A. Taylor (1973): *Social penetration: The development of interpersonal relationships.* New York: Holt, Rinehart und Winston.

Amelang, Manfred, Hans-Joachim Ahrens, Hans Werner Bierhoff (Hg.) (1991a): *Attraktion und Liebe.* Göttingen: Hogrefe.

Amelang, Manfred, Hans-Joachim Ahrens, Hans Werner Bierhoff (Hg.) (1991b): *Partnerwahl und Partnerschaft.* Göttingen: Hogrefe.

Anderson, Norman H. (1965): Averaging versus adding as a stimulus combination rule in impression formation. *Journal of Experimental Psychology*, 70: 394–400.

Argyle, Michael, Janet Dean (1965): Eye-contact, distance and affiliation. *Sociometry*, 28: 289–304.

Arms, Robert L., Gordon W. Russell, Mark L. Sandilands (1979): Effects on the hostility of spectators of viewing aggressive sports. *Social Psychology Quarterly*, 42: 275–279.

Austin, John L. (1962): *How to do things with words.* Oxford: Oxford University Press.

Bandura, Albert (1965a): Vicarious processes: A case of no-trial learning. In:

Leonard Berkowitz (Hg.): *Advances in Experimental Social Psychology*. Bd. 2. New York: Academic Press.

Bandura, Albert (1965b): Influence of model's reinforcement contingencies on the acquisition of imitative responses. *Journal of Personality and Social Psychology*, 1: 589–595.

Bandura, Albert (1977): Self-efficacy: Toward a unifying theory of behavior change. *Psychological Review*, 84: 191–215.

Bandura, Albert (1979): *Aggression: Eine sozial-lerntheoretische Analyse*, Stuttgart: Klett-Cotta (Original 1973).

Bandura, Albert, Aletha C. Huston (1961): Identification as a process of incidental learning. *Journal of Abnormal and Social Psychology*, 63: 311–318.

Baron, Robert A., Deborah R. Richardson (1994): *Human Aggression*. New York: Plenum Press.

Batson, C. Daniel (1987): Prosocial motivation: Is it ever truly altruistic? In: Leonard Berkowitz (Hg.): *Advances in Experimental Social Psychology*. Bd. 20. San Diego, CA: Academic Press.

Batson, C. Daniel (1991): *The Altruism Question: Toward a Social-Psychological Answer*. Hillsdale, NJ: Erlbaum.

Berscheid, Ellen (1985): Interpersonal attraction. In: Gardner Lindzey, Elliot Aronson (Hg.): *Handbook of Social Psychology*. Bd. 2. New York: Random House.

Berscheid, Ellen (1994): Interpersonal relationships. *Annual Review of Psychology*, 45: 79–129.

Berscheid, Ellen, Elaine Walster (1974): A little bit about love. In: Ted L. Huston (Hg.): *Foundations of Interpersonal Attraction*. New Ycrk: Academic Press.

Berkowitz, Leonard (1989): Frustration-aggression hypothesis: Examination and reformulation. *Psychological Bulletin*, 106: 59–73.

Berkowitz, Leonard, Anthony LePage (1967): Weapons as aggression-eliciting stimuli. *Journal of Personality and Social Psychology*, 7: 202–207.

Black, Stephen L., Susan Bevan (1992): At the movies with Buss and Durkee: A natural experiment on film violence. *Aggressive Behavior*, 18: 37–45.

Bühler, Karl (1934): *Sprachtheorie*. Jena: Fischer.

Byrne, Donn (1971): The Attraction Paradigm. New York: Academic Press.

Coke, Jay S., C. Daniel Batson, Katherine McDavis (1978): Empathic mediation of helping: A two-stage model. *Journal of Personality and Social Psychology*, 36: 752–766.

Davis, Mark H. (1994): *Empathy. A Social Psychological Approach*. Madison, Wisconsin: Brown and Benchmark.

Dollard, John, Leonard W. Doob, Neal E. Miller, O.H. Mowrer, Robert R. Sears (1939): *Frustration and Aggression*. New Haven: Yale University Press.

Eron, Leonard D., Rowell L. Huesmann (1984): The Control of Aggressive Behavior by Changes in Attitudes, Values and the Conditions of Learning. In: Robert J. Blanchard, Caroline D. Blanchard (Hg.): *Advances in the Study of Aggression*. Bd. 1. Orlando, FL: Academic Press.

Exline, R. V., L. C. Winters (1965): Affective relations and mutual glances in dyads. In: Silvan Tomkins, Caroll Izard (Hg.): *Affect, Cognition and Personality*. New York: Springer.

Geen, Russel G., Michael B. Quanty (1977): The catharsis of aggression: An evaluation of a hypothesis. In: Leonard Berkowitz (Hg.): *Advances in Experimental Social Psychology*. Bd. 10. New York: Academic Press.

Grice, H.P. (1975): Logic and conversation. In: Peter Cole, Jerry L. Morgan (Hg.): *Syntax and Semantics. Bd. 3: Speech Acts*. New York: Academic Press.

Hatfield, Elaine, Gordon W. Walster (1981): *A New Look at Love*. Reading, MA: Addison-Wesley.

Hays, Robert B. (1985): A longitudinal study of friendship development. *Journal of Personality and Social Psychology*, 48: 909–924.

Herkner, Werner (1978): *Kontakt, Sympathie und Einstellungsähnlichkeit. Untersuchungen zur Balancetheorie*. Bern: Huber.

Herkner, Werner (1991): *Lehrbuch Sozialpsychologie*. Bern: Huber.

Kahnemann, Daniel, Amos Tversky (1973): On the psychology of prediction. *Psychological Review*, 80: 237–251.

Latané, Bibb, John M. Darley (1970): *The unresponsive bystander: Why doesn't he help?* New York: Appleton-Century-Crofts.

Lorenz, Konrad (1963): *Das sogenannte Böse*. Wien: Borotha-Schoeler.

Lott, Albert J., Bernice E. Lott (1961): Group cohesiveness, communication level, and conformity. *Journal of Abnormal and Social Psychology*, 62: 408–412.

Lott, Albert J., Bernice E. Lott (1968): A learning theory approach to interpersonal attitudes. In: Anthony G. Greenwald, Timothy C. Brock, Thomas M. Ostrom (Hg.): *Psychological Foundations of Attitudes*. New York: Academic Press.

Mehrabian, Albert, Susan R. Ferris (1967): Inference of attitudes from nonverbal communication in two channels. *Journal of Consulting Psychology*, 31: 248–252.

Michaels, James W., John N. Edwards, Alan C. Acock (1984): Satisfaction in intimate relationships as a function of inequality, inequity and outcomes. *Social Psychology Quarterly*, 47: 347–357.

Mikula, Gerold, T. Schwinger (1978): Affective inter-member relations and reward allocation in groups: Some theoretical considerations. In: Hermann Brandstätter, H. J. Davis, Heinz Schuler (Hg.): *Dynamics of Group Decisions*. Beverly Hills: Sage.

Moreland, Richard L., Scott R. Beach (1992): Exposure effects in the classroom: The development of affinity among students. *Journal of Experimental Social Psychology*, 28: 255–276.

O'Leary, K. Daniel, David A. Smith (1991): Marital interactions. *Annual Review of Psychology*, 42: 191–212.

Pennebaker, James W. (1989): Confession, inhibition, and disease. In: Leonard Berkowitz (Hg.): *Advances in Experimental Social Psychology*. Bd. 22. San Diego, CA: Academic Press.

Pennebaker, James W., Joan R. Susman (1988): Disclosure of traumas and psychosomatic processes. *Social Science and Medicine*, 26: 327–332.

Piliavin, Jane A., John F. Dovidio, Samuel L. Gaertner, Russel D. Clark III. (1981): *Emergency Intervention*. New York: Academic Press.

Polivy, Janet (1990): Inhibition of internally cued behavior. In: E. Tory Higgins, Richard M. Sorrentino (Hg.): *Handbook of Motivation and Cognition*. Bd. 2. New York: Guilford Press.

Regan, Dennis T., Ellen Straus, Russel L. Fazio (1974): Liking and the attribution process. *Journal of Experimental Social Psychology*, 10: 385–397.

Schachter, Stanley (1964): The interaction of cognitive and physiological determinants of emotional state. In: Leonard Berkowitz (Hg.): *Advances in Experimental Social Psychology*. Bd. 1. New York: Academic Press.

Schaller, Mark, Robert B. Cialdini (1988): The economics of empathic helping: Support for a mood mangement motive. *Journal of Experimental Social Psychology*, 24: 163–181.

Schwartz, Shalom H., Judith A. Howard (1982): Helping and cooperation: A self-based motivational model. In: Valerian J. Delerga, Janusz Grzelak (Hg.): *Cooperation and Helping Behavior*. New York: Academic Press.

Schwarz, Norbert (1994): Judgement in a social context: Biases, shortcomings and the logic of conversation. In: Mark P. Zanna (Hg.): *Advances in Experimental Social Psychology*. Bd. 26. San Diego, California: Academic Press.

Schwarz, Norbert, Fritz Strack, Denis J. Hilton, Gabi Naderer (1991): Judgmental biases and the logic of conversation: The contextual relevance of irrelevant information. *Social Cognition*, 9: 67–84.

Searle, John R. (1969): *Speech Acts*. Cambridge: Cambridge University Press.

Smith, Kyle D., John P. Keating, Ezra Stotland (1989): Altruism reconsidered: The effect of denying feedback on a victim's status to empathetic witnesses. *Journal of Personality and Social Psychology*, 57: 641–650.

Snyder, Mark (1979): Self-monitoring processes. In: Leonard Berkowitz (Hg.): *Advances in Experimental Social Psychology*. Bd. 12. New York: Academic Press.

Synder, Mark, Ellen Berscheid, Peter Glick (1985): Focusing on the exterior and the interior: Two investigations of the initiation of personal relationships. *Journal of Personality and Social Psychology*, 48: 1427–1439.

Sternberg, Robert J. (1986): A triangular theory of love. *Psychological Review*, 93: 119–135.

Swann, William B. Jr. (1990): To be adored or to be known?: The interplay of self-enhancement and self-verification. In: E. Tory Higgins, Richard M. Sorrentino (Hg.): *Handbook of Motivation and Cognition*. Bd. 2. New York: Guilford Press.

Walster, Elaine, Ellen Berscheid, G. William Walster (1973): New directions in equity research. *Journal of Personality and Social Psychology*, 25: 151–176.

Walster, Elaine, G. William Walster, J. G. Traupman (1978): Equity and premarital sex. *Journal of Personality and Social Psychology*, 36:82–92.

Weiner, Bernard (1994): Sünde versus Krankheit: Die Entstehung einer Theorie wahrgenommener Verantwortlichkeit. In: Friedrich Försterling, Joachim Stiensmeier-Pelster (Hg.): *Attributionstheorie*. Göttingen: Hogrefe.

Weiner, Bernard (1995): Inferences of responsibility and social motivation. In: Mark P. Zanna (Hg.): *Advances in Experimental Social Psychology*. Bd. 27. San Diego, CA: Academic Press.

White, Gregory L., Sanford Fishbein, Jeffrey Rutstein (1981): Passionate love and misattribution of arousal. *Journal of Personality and Social Psychology*, 41: 56–62.

Zajonc, Robert B. (1968): Attitudinal effects of mere exposure. *Journal of Personality and Social Psychology* (Monograph Supplement), 9: 1–27.

3. Gruppenprozesse

Margarete Boos

Gruppen

Wir verbringen einen großen Teil unseres privaten und beruflichen Lebens in Gruppen. Wir leben in Familien. Wir arbeiten in Kollegien, Teams, Gremien. Wir verbringen unsere Freizeit gemeinsam mit anderen Menschen. Wir pflegen Freundschaften und Liebesbeziehungen. Gruppen sind somit einerseits gewachsene soziale Einheiten. Sie werden andererseits gezielt eingesetzt, um bestimmte, durch Einzelpersonen nicht zu lösende Probleme zu bewältigen. Häufig wird angenommen, daß Gruppen vom wechselseitigen Fehlerausgleich und Wissenszuwachs ihrer Mitglieder profitieren und dadurch in ihren Leistungen den einzelnen überlegen sind. Auch werden Gruppenentscheidungen von den Beteiligten meist eher akzeptiert und umgesetzt. Gruppen beeinflussen die Einstellungen und das Verhalten ihrer Mitglieder und sie tragen zu deren Wohlbefinden oder Leidwesen bei. Bereits unsere Alltagserfahrung sagt uns, daß Gruppenprozesse nicht zufällig, sondern in gewissem Ausmaß regelhaft verlaufen. Die systematisch und methodisch angeleitete Erforschung dieser Regelhaftigkeiten ist Aufgabe der Sozialpsychologie, speziell der Kleingruppenforschung.

Es gibt viele Definitionen des Gruppenbegriffs (vgl. Fisch 1987; Kruse 1972; Shaw 1976). Die meisten Definitionen betonen die Interaktion zwischen den Gruppenmitgliedern, ihre gegenseitige Wahrnehmung, ihre wechselseitige Abhängigkeit und das gemeinsame Schicksal der Gruppe. Manchmal werden auch ausdifferenzierte Status- und Rollenbeziehungen und verhaltensleitende Normen als Bestimmungsmerkmale von Gruppen angesehen. In einigen Teilgebieten der Sozialpsychologie, etwa der Forschung über Stereotype und Vorurteile, werden Vertreter einer sozialen Kategorie wie Nationalität, Geschlecht, soziale Schicht als zu einer Gruppe gehörig angesehen, auch wenn sie sich weder wechselseitig gewahr sind noch in einer sonstwie gearteten Beziehung zueinander stehen.

Hier wird der Unterschied zwischen objektiven und phänomenalen Bestimmungsstücken des Gruppenbegriffs deutlich (Sader 1994, S. 42ff.). Für manche Fragestellungen mag es notwendig sein, auf Sachverhalte zu rekurrieren, die nur im Erleben der Beteiligten vorkommen, zum Beispiel das Zusammengehörigkeitsgefühl der Gruppenmitglieder. Für andere Fragen ist die Abgrenzung einer Gruppe anhand objektiver Merkmale angemessen.

Für den größten Teil der sozialpsychologischen Gruppenforschung ist die folgende Definition grundlegend: Gruppen sind soziale Einheiten, die durch wechselseitige Wahrnehmung und mögliche Interaktion gekennzeichnet sind (McGrath 1984, S. 7). Diese Definition schließt sowohl Familien als auch Arbeitsgruppen ein. Ausgeschlossen sind größere soziale Aggregate, das heißt Mengen miteinander unverbundener Personen wie zum Beispiel Menschenmassen bei einer Demonstration, das Publikum einer Großveranstaltung oder die Gesellschaft.

Im vorliegenden Zusammenhang wollen wir also von Kleingruppen sprechen. Kleingruppen, deren Größe zwischen einigen wenigen Personen bis zum Umfang einer Schulklasse oder einer Organisationsabteilung variieren kann, sind in der Psychologie die am meisten untersuchten sozialen Einheiten. Die Ursprünge der Sozialpsychologie liegen zwar neben der deutschen Völkerpsychologie Wilhelm Wundts (1900–1920) in der Massenpsychologie der Franzosen LeBon (1895) und Tarde (1895), sie beschäftigt sich heute jedoch kaum noch mit größeren sozialen Einheiten oder Institutionen. Die Kernfrage Wundts nach der Beziehung zwischen dem einzelnen Menschen und der Gemeinschaft sowie der historische Vergleich der objektivierten Produkte sozialer Interaktion wie Sprache, Mythos, Kultur sind Gegenstände der Soziologie, der Ethnologie und der Kulturanthropologie. Und die Erklärung für die Ausbreitung von Affekten und die Regellosigkeit in aufgeregten Massen wird nicht mehr, wie bei LeBon, in epidemiologischen Modellen der »psychischen Ansteckung« oder kriminologischen Ansätzen der »verminderten Zurechnungsfähigkeit« gesucht. Das Thema taucht gleichwohl, allerdings unter dem neuen Stichwort »soziale Beeinflussung« mit ganz anderen Erklärungsansätzen (z.B. Moscovici 1985), in der modernen Sozialpsychologie wieder auf (vgl. Graumann 1996, S. 14).

Von der Größe einer sozialen Einheit hängt unter anderem ab, welche Interaktionsphänomene auftreten können (vgl. Weick 1995, S. 337ff.). In der Dyade, zum Beispiel einer Paarbeziehung, werden die wesentlichen interaktionalen Phänomene der Interdependenz und der wechselseitigen Anpassung sichtbar. Ob Dyaden bereits als

Kleingruppen zu bezeichnen sind, ist umstritten (vgl. Schneider 1985, S. 32–35). Bedeutsam ist der Übergang von zwei zu drei Personen, da jetzt Koalitionen möglich werden. In Triaden treten Interaktionsprozesse wie Einfluß und Kontrolle, Kooperation und Konkurrenz deutlicher zutage als in der Dyade. Der Grund hierfür liegt nach Weick (1985, S. 338) darin, daß die Triade weniger verletzlich ist als die Dyade. Wenn eine Person aus der Dyade ausscheidet, erlöscht die soziale Einheit, was bei der Triade nicht der Fall ist. In der Vier-Personen-Gruppe schließlich wird eine besondere Bündniskonstellation möglich, indem sich zwei gleich starke Dyaden gegenübertreten. Größere Gruppen beinhalten vor allem die Möglichkeit weiterer Koalitionen.

Grundlegende Prozesse in Gruppen: Interaktion und Kommunikation

Die im letzten Abschnitt gewählte Eingrenzung des Gruppenbegriffs beinhaltet bereits Vorstellungen über Prozesse, die für Gruppen charakteristisch sind. Gruppen sind soziale Systeme, das heißt Mengen von Personen, die durch zweckgerichtete oder affektive Bindungen zusammengehalten und strukturiert werden. Sie entstehen durch Interaktion. »Einfache Systeme« (Luhmann 1972) oder Vorstufen sozialer Systeme (Tschan & von Cranach 1990, S. 42) wie etwa Bekanntschaften auf der Straße entwickeln sich, wenn Menschen einander wahrnehmen und anfangen, miteinander zu interagieren.

Mit Interaktionen sind ineinandergreifende Verhaltensweisen von zwei oder mehr Personen gemeint (vgl. auch Herkner). Das Verhalten einer Person, zum Beispiel ein freundlicher Blick, ist bedingt durch das Verhalten einer anderen Person oder anderer Personen. Diese Bedingtheiten heißen Interakte (Weick 1985, S. 130). Als Beispiel kann eine Begrüßung dienen. Der Gruß, den Person A auf der Straße einer anderen Person B entbietet, wird normalerweise von B mit einem Gegengruß erwidert. Dieser eröffnet nun wiederum die Möglichkeit zur weiteren Interaktion, etwa indem Person A stehen bleibt und sich ein Gespräch entspinnt. Ein grundlegendes Prinzip sozialer Interaktion ist somit die wechselseitige Abhängigkeit des Verhaltens der an ihr beteiligten Personen. Diese

Interdependenz kann sich unterschiedlich äußern, als soziale Kontrolle, Einfluß oder Macht, als Gesellung (Affiliation), Sympathie oder als Austausch.

Neben der Interdependenz ist ein weiteres wesentliches Merkmal sozialer Interaktion die *Sequentialität*, das heißt die zeitliche und sinnhafte Abfolge des Geschehens. Mit der Art und Weise, in der ein Sprecher beziehungsweise Handelnder eine Interaktion eröffnet, werden schon bestimmte Optionen für den weiteren Gang festgelegt. Zum Beispiel gibt die Art, wie ein Gespräch eröffnet wird, ob es etwa mit einem Vorwurf oder einem Lob beginnt, schon eine Bandbreite möglicher Reaktionen frei und schließt andere aus. So wird auf einen Vorwurf meist eine Rechtfertigung oder ein Gegenvorwurf folgen, was unter Umständen zu Eskalationen führt (vgl. auch Kempfs Beitrag über Konflikte), während ein freundlicher Einstieg zunächst einmal weitere positive Verhaltensweisen nach sich ziehen wird.

Über die sequentielle Organisation der Verhaltensereignisse hinaus ist ein Interaktionsprozeß gekennzeichnet durch die *vertikale Überlagerung* von Verhaltensweisen verschiedener Art zum gleichen Zeitpunkt (Cappella & Street 1985). So erfüllen Äußerungen in einer Gruppendiskussion meist nicht nur inhaltliche, aufgabenbezogene Funktionen, sondern besitzen auch sozio-emotionale Bedeutung für die Gruppe oder einzelne Gruppenmitglieder. Die Unterscheidung zwischen Inhalts- oder Sachebene und Beziehungs- oder sozio-emotionaler Ebene sozialer Interaktion ist grundlegend für viele Analysen. So sind Meinungsverschiedenheiten auf der Inhaltsebene manchmal Ursache für persönliche Konflikte zwischen Menschen, die sich auch auf die Beziehungen zwischen ihnen auswirken. Denkbar sind je nach Fragestellung auch andere Klassifikationen des Interaktionsgeschehens. Die Ebene des offen beobachtbaren verbalen und nonverbalen Interaktionsverhaltens und die Ebene der geäußerten Inhalte können unterschieden werden. Man spricht in diesem Zusammenhang von Verhaltens- und Inhaltsstrom. Eine weitere Systematik trennt das verbale und das nonverbale Verhalten. Über diese grundlegenden Unterscheidungen hinaus können weitere Interaktionsebenen betrachtet werden, etwa die Steuerung des Gruppenprozesses (vgl. Fisch 1994).

Die hier genannten abstrakten Strukturprinzipien sozialer Interaktion, Interdependenz, Sequentialität und Vertikalität, sind Gesichtspunkte, die zur Analyse von Interaktionsprozessen wichtig sind. Sie betreffen nicht nur den Begriff der Interaktion, sondern auch ihre methodische Erfassung im Hinblick auf bestimmte Fragestellungen, wie etwa die Entwicklung sozialer Beziehungen, die Entstehung von Konflikten oder die Bewältigung von Gruppenaufgaben.

Wie diese Strukturprinzipien im Rahmen einer konkreten Untersuchung erkenntnisbringend umgesetzt werden können, soll das folgende Forschungsbeispiel veranschaulichen. In der Untersuchung von Becker-Beck (1997) zur sozialen Interaktion in Gruppen werden Form und Inhalt des Verhaltens von jeweils vier Studentinnen beziehungsweise Studenten, die ein Ökologie-Ökonomie-Dilemma diskutieren, Akt für Akt kodiert. Mit der Untersuchung sollen folgende Fragen beantwortet werden: Gibt es Abfolgemuster im Verhaltensstrom? Gibt es eine vorhersagbare Struktur des Interaktionsverhaltens? Gibt es Interdependenzen zwischen Verhaltens- und Inhaltsebene? (s. Becker-Beck 1997, S. 152 und S. 231) Aus der systematischen Abbildung von Interaktionsmustern werden Hinweise auf die Dynamik und Organisation von Gruppenprozessen erwartet.

Zur Kodierung des Gruppenprozesses wird das dem »System für die mehrstufige Beobachtung von Gruppen« (SYMLOG) von Bales, Cohen und Williamson (1982) zugrundeliegende Raum-Modell verwendet. Der sogenannte SYMLOG-Raum wird durch drei theoretisch voneinander unabhängige bipolare Dimensionen aufgespannt:

die Dimension der Einflußnahme mit den Polen »einflußnehmend, aktiv« (U) versus »auf Einfluß verzichtend, passiv« (D);

die Dimension des Affekts mit den Polen »freundlich, offen« (P) versus »unfreundlich, sich abgrenzend« (N) und

die Dimension der Aufgabenorientierung mit den Polen »zielgerichtet, kontrolliert« (F) versus »gefühlsbestimmt, ausdrucksvoll« (B).

Durch die Unterteilung jeder Dimension in drei Abschnitte, die beiden Pole und ein neutraler Bereich in der Mitte, und deren systematische Kombination ergeben sich 26 Raumpositionen und ein Nullpunkt. Jede Raumposition wird durch einen Richtungsvektor dargestellt. Dieser wird, je nach Kombination, mit einem, zwei oder drei Buchstaben gekennzeichnet. Beispiele solcher Verhaltensweisen sind »freundlich, offen, aufgeschlossen, zugänglich« (Kodierung: P), »prinzipiengeleitet, kritisch, penibel, starr« (Kodierung NF) oder »zuvorkommend, uneigennützig, sich einordnend, verläßlich« (Kodierung DPF).

Die 26 Kategorien dienen zur Klassifizierung von Verhaltens- und Inhaltsaspekten der sozialen Interaktion. Das in einer Gruppendiskussion gezeigte Verhalten und die darin verbalisierten selbst-, gruppen- bis hin zu gesellschaftsbezogenen Vorstellungsbilder können in ein und dasselbe Kategoriensystem eingeordnet werden. So kann entsprechend der Vertikalität der Interaktionsebenen gefragt werden, ob ein Vorstellungsbild (Inhalt), etwa das Ausmalen einer zukünftigen Umweltzerstörung (Becker-Beck 1997, S. 235), und die Art und Weise, in der es geäußert wird (Verhalten), zueinander passen, indem dramatisierend und ernst darüber gesprochen wird, oder ob sie diskrepant zueinander sind, indem nüchtern oder witzelnd geredet wird.

Bales (1985, S. 6f.) vertritt die Auffassung, die drei Dimensionen bildeten einen universellen Bezugsrahmen für die Abbildung interaktiven Verhaltens. Sie seien in der Psychologie immer wieder entdeckt worden, zum Beispiel in den drei Kategorien des semantischen Differentials (Osgood, Suci & Tannenbaum 1957), nämlich *Valenz* (gut versus schlecht), *Potenz* (stark versus schwach) und *Aktivität* (aktiv versus passiv; im Original: *Erregung*).

Orlik (1987) ermittelte in Sortierversuchen Ähnlichkeitswerte für die 26 Kategorien und zog aus einer darauf aufbauenden Clusteranalyse vier Grundtypen des Verhaltens: Sympathie, Leistung, Streit, Rückzug. Becker-Beck (1997) verwendet diese vier Grundtypen des Verhaltens und ihre charakteristische Abfolge im Gruppenprozeß, um soziale Prozesse zu kennzeichnen, zum Beispiel Konflikt oder Kooperation. Mit diesem Vorgehen folgt sie Gottman (1983), der belegt, daß bestimmte soziale Prozesse durch überzufällig häufig auftretende Abfolgen von Kategorien erkennbar sind. So weist ein Gruppenprozeß, in dem häufiger als nach dem Zufallsprinzip erwartbar auf einen Streitakt wiederum ein Streitakt folgt, auf die Eskalation eines Konflikts in der Gruppe hin (vgl. auch Kempfs Beitrag über Konflikte).

Aufgrund theoretischer Konzepte aus der Literatur versucht Becker-Beck, die möglichen Abfolgemuster zu benennen. So beinhaltet etwa die Gleichgewichtstheorie von Bales (1953), daß die durch instrumentell-adaptive Aktivitäten, zum Beispiel aufgabenbezogene Vorschläge und Meinungsäußerungen, aufgebaute Spannung in der Gruppe durch expressiv-integrative Aktivitäten, zum Beispiel Humor oder Zustimmung, ausgeglichen werden müssen, um sowohl das Gruppenziel Leistung als auch das Ziel Zufriedenheit der Mitglieder zu erreichen. Würden also auf antagonistische Akte besonders häufig humorvolle Akte folgen, wäre dies ein Hinweis auf Prozesse der Spannungsreduktion in der Gruppe.

Die Indizierung bestimmter sozialer Prozesse durch überzufällig häufige Ereignisabfolgen im Sinne der genannten vier Grundtypen des Verhaltens ermöglicht es, anhand empirischer Daten die Prozeßcharakteristik von Gruppen zu beschreiben. Becker-Beck ermittelt unter anderem, daß bis zu fünf Akte nach einem Streitakt die Wahrscheinlichkeit für weitere Streitakte erhöht ist. Hier zeigt sich eine Tendenz zur negativen Eskalation. Ein weiterer für die Aufgabenbewältigung eher hinderlicher Prozeß besteht in einer Reduktion des Leistungsverhaltens gleich nach einem Streitakt.

Es wurde jedoch auch ein der Aufgabenbewältigung förderlicher Prozeß festgestellt, nämlich »die kooperative Verstärkung aufgabenbezogener Verhaltensakte« (Becker-Beck 1997, S. 177). Dies ist ein Abfolgemuster, in dem Leistungs- und Sympathieverhalten abwechselnd auftreten. Leistungsverhalten wird dabei durch Sympathieverhalten, welches auch zustimmende und aufmerksamkeitsbezeugende Akte umfaßt, verstärkt. Dies provoziert dann weiteres Leistungsverhalten, das wiederum verstärkt wird.

Becker-Beck beschreibt mit ihrer Analyse eine Reihe charakteristischer Interaktionsmuster in ihren Gruppen und eröffnet damit die Möglichkeit, systematische Interaktionsdiagnostik zu betreiben. Ihr Verfahren erlaubt es beispielsweise, Interaktionsmuster unter verschiedenen Ausgangsbedingungen, zum Beispiel Gruppenzusammensetzungen oder Aufgabenanforderungen, zu vergleichen.

Wie im SYMLOG-Verfahren mit der analytischen Trennung zwischen Inhalts- und Verhaltensebene angedeutet, kann man die Frage stellen: Wie verhalten sich die Begriffe Interaktion und Kommunikation zueinander? Unter Kommunikation wird in der Regel der »Austausch von Information« verstanden (Graumann 1972, S. 1117). Graumann referiert in seinem Handbuchartikel verschiedene Definitionen von Interaktion und Kommunikation und kommt zu dem Ergebnis, daß alle Interaktionskonzepte beinhalten, daß soziale Wechselwirkung im menschlichen Bereich nur durch den Austausch von Information möglich ist. Die Annahme einer rein auf Energieübertragung beruhenden Wechselwirkung zwischen Menschen erscheint nicht sinnvoll (Graumann 1972, S. 1179). In diesem Sinne wäre soziale Interaktion immer auch Kommunikation (S. 1117; vgl. auch Herkner). Es sind jedoch durchaus Situationen denkbar, in denen Personen, etwa beim gemeinsamen wortlosen Bau einer Sandburg, interagieren, ohne zu kommunizieren, das heißt, ohne explizit Information auszutauschen. In dieser Sichtweise würde zwischen dem Interaktions- und dem Kommunikationsbegriff unterschieden. Kommunikation wäre in dieser engeren Sichtweise der zeichenvermittelte, das heißt an eine Sprache gebundene, Austausch zwischen Menschen.

Die Einbettung des Interaktionsbegriffs in einen behavioristischen Forschungsansatz würde zu einer Abstraktion von den sprachlichen Vermittlungsprozessen zwischen den Interaktionspartnern führen und nur das als Interaktion anerkennen, was als Verhalten (behavior) offen beobachtbar ist. Sprechen bedeutet jedoch auch Sich-Verhalten oder Handeln (vgl. die Sprechakttheorie, Searle 1969; s. Christmann & Groeben sowie Herkner). Darüber hinaus hat sich in den letzten Jahrzehnten in der Psychologie eine Abkehr vom Behaviorismus hin zum Kognitivismus vollzogen, in der geistige Vorgänge wie Gedanken, Meinungen, Einstellungen stärker betrachtet werden (vgl. Groeben & Erb). Auch von daher sollten wir von einem »kommunikativen« Interaktionsbegriff ausgehen.

Kommunikation wird in den klassischen Modellen als einseitige Mitteilung, das heißt von einem Sender zu einem Empfänger gehend, konzipiert (Shannon & Weaver 1949). Interaktion beinhaltet aber, wie oben ausgeführt, die Wechselseitigkeit des Ablaufs zwischen mehreren Personen (vgl. Watzlawick, Beavin & Jackson 1969, S. 50f.). Die Ablösung dieser einseitigen Modelle in der Kommunikationsforschung einerseits und die Anerkennung der Tatsache, daß menschliche Interaktion in einer Welt von Bedeutungen, sprachlich vermittelt, stattfindet, führt weitgehend dazu, daß wir für Zwecke der empirischen Forschung keinen Unterschied zwischen Interaktion und Kommunikation machen müssen (vgl. Graumann 1972, S. 1179).

Neben diesen theoretischen Erwägungen ist schließlich noch anzuführen, daß die Übergänge zwischen Interaktions- und Kommunikationsforschung in der Wissenschaftspraxis fließend geworden sind (vgl. Becker-Beck 1997, S. 22). Gerade Wissenschaftler aus dem Bereich »communication research« haben wesentlich zur Erforschung von Gruppeninteraktionsprozessen beigetragen (z. B. Hirokawa & Poole 1996).

Historische Entwicklung der Kleingruppenforschung

Hare (1976) gliedert die Geschichte der Kleingruppenforschung bis zum Jahr 1940 in drei Phasen (vgl. auch Badke-Schaub 1993, S. 12ff.; Graumann 1996). Diese und die sich daran anschließenden Entwicklungen werden im folgenden skizziert.

Erste Phase: 1898 bis 1905

Eine zentrale Frage dieser Zeit betraf den Unterschied zwischen Individual- und Gruppenleistung. Die Grundlagen schuf Triplett, der 1898 wohl als einer der ersten unter experimentellen Bedingungen die Leistung von Kindern beim Aufwickeln von Angelschnüren allein und nebeneinander verglich und zu dem Ergebnis kam, daß »die körperliche Gegenwart von Konkurrenten latente Energien frei werden läßt, die ansonsten nicht zur Verfügung stehen« (Triplett 1898, zit. n. Hofstätter 1957, S. 47). Mit einem ähnlichen, allerdings mit umgekehrtem Vorzeichen versehenen Phänomen, beschäftigte sich in den Jahren 1882 bis 1887 Ringelmann am Französischen Nationalinstitut für Agronomie. Der nach ihm benannte »Ringelmann-Effekt« (später »Trittbrettfahrereffekt«) besagt, daß bei zunehmender Gruppengröße die jeweilige Einzelleistung geringer wird (vgl. Wilke & van Knippenberg 1996, S. 469). Eine andere Frage dieser Zeit war, ob der soziale Druck in der Gruppe die einzelnen zur Meinungs- oder Verhaltenskonformität bewegt (Taylor 1903).

Zweite Phase: 1920 bis 1930

In den Jahren zwischen 1905 und 1920 wurden nur sehr wenige Artikel über Kleingruppen veröffentlicht. In den zwanziger Jahren gab es eine Fülle von Arbeiten zu der Frage, wie das Individuum in seiner Leistung durch die Gegenwart anderer beeinflußt wird. Moede formulierte bereits 1920 die wesentlichen Inhalte des später von Allport als »soziale Erleichterung« bezeichneten Phänomens: Die Anwesenheit anderer Personen erhöht die Leistung bei leichten und senkt sie bei schweren Aufgaben.

Dritte Phase: 1931 bis 1940

In dieser Phase wurden drei heute als klassisch betrachtete Forschungsprojekte durchgeführt. Lewin, Lippitt und White (1939) untersuchten, wie sich unterschiedliche Führungsstile auf das Gruppenklima auswirken. Die berühmten Hawthorne-Untersuchungen von Mayo (1933), Roethlisberger und Dickson (1939) in einem Elektrounternehmen erbrachten die Erkenntnis, daß die Sozialbeziehungen in einer Gruppe wichtigere leistungsbeeinflussende Faktoren darstellen als äußere Bedingungen wie Arbeitszeit oder Pausen. In diese Zeit fallen auch die Beiträge von Moreno und Jennings (1936, 1938) zur Methode der Soziometrie, mit der die sozialen Beziehungen in einer Gruppe, die Gruppenstruktur, gemessen werden können. Aufgrund der gegenseitigen Wahlen der Gruppenmitglieder, beispielsweise nach Sympathie, kann die Gruppe als Netzwerk mehr oder weniger eng miteinander verbundener Personen dargestellt werden.

Vierte Phase: 1941–1960

Diese Phase brachte – nicht zuletzt durch deutsche Sozialpsychologen, die in die USA emigrierten – Forschungsthemen hervor, die mehr oder weniger direkt mit der politischen Situation zusammenhingen, wie Führung, Kommunikation, speziell Propagandawirkung und Einstellungsänderung. Es bildeten sich drei Schulen der Kleingruppenforschung, die Soziometrie nach Moreno, die Gruppendynamik nach Lewin und die Kleingruppenforschung nach Bales. Bales war besonders interessiert an Problemlösungsprozessen in Gruppen. Zur Erfassung dieser Prozesse entwickelte er das auch heute noch verwendete Verfahren der Interaktionsprozeßanalyse (IPA, Bales 1950). Lewin übertrug die von ihm entwickelte »Feldtheorie«, in der das Individuum als Element in einem größeren System sozialer Kräfte gesehen wird, auf Gruppen. Dies ermöglichte ihm, nicht nur mit Gruppen zu experimentieren, sondern auch im alltäglichen Leben mit ihnen zu arbeiten, um ihr Verhalten, ihre Vorurteile und ihre Führungsstile zu verändern. Dieser Ansatz ist unter der Bezeichnung »Aktionsforschung« bekannt (vgl. Graumann 1996).

Fünfte Phase: 1960 bis 1970

In den sechziger Jahren sind drei wichtige Untersuchungsparadigmen entstanden. Dies sind zum einen die Studien zur »kognitiven Balance in sozialen Beziehungen« von Heider (1958), die sogenannte Balancetheorie. Der aus der Prägnanzlehre der Gestaltpsychologie (siehe hierzu auch Glasers Beitrag über Wahrnehmung) entnommene Grundgedanke ist das Streben nach einer ausgeglichenen Bewertung in einem System von interpersonellen Einstellungen oder Kognitionen (z.B. Beziehungssymmetrie »ich mag dich, und du magst mich«; vgl. Herkner). Zum anderen wurde von Stoner (1961) das »Risikoschub-Phänomen« (heute allgemeiner: »Gruppenpolarisierung«) entdeckt (vgl. Wallach, Kogan & Bem 1962), das eine Verschiebung der individuellen Präferenzen in Entscheidungsdilemmata hin zu extremeren Werten nach einer gemeinsamen Gruppendiskussion beinhaltet. Mit Wahl-Dilemmata in Experimenten hatten Deutsch und Krauss (1960) begonnen. Als berühmtestes Exemplar gilt das Gefangenendilemma, in dem die Kooperation zwischen den Partnern einen sicheren mittleren Gewinn für beide, die Kompetition dagegen einen großen individuellen Gewinn oder auch Verlust bringt.

Hares historischer Abriß endet mit dem Beginn der siebziger Jahre in einer wenig positiven Beurteilung. Alle wesentlichen Themen seien unverändert geblieben und beschränkten sich lediglich auf vier Bereiche: interpersonelle Wahrnehmung, Prozesse sozialer Interaktion, Konformität und Führungsverhalten. Von Hare wird darüber hinaus kritisiert, daß in der Kleingruppenforschung mehr Gewicht auf das Individuum in der sozialen Situation gelegt wird als auf den Gruppenprozeß als solchen. Diese Beobachtung wird von McGrath (1984, S. 22f.) geteilt. Die Themen, die in den vierziger und fünfziger Jahren entstanden seien, würden immer noch in der Forschung behandelt, jedoch nun als »basic individual behavior processes abstracted from their occurrence in concrete groups« (S. 23).

Diese Wende wird von Graumann (1988) als »kognitivistische Wende in der Sozialpsychologie« bezeichnet; sie charakterisiert in weiten Teilen auch die heutige Forschungslandschaft. Man kann diese Wende kritisch, ja geradezu polemisch betrachten wie Steiner, der 1974 (S. 101, zit. n. Graumann 1988, S. 86) konstatiert, »psychologische Sozialpsychologen redeten zwar von der Gruppe, aber es scheint, daß sie sich erst wohlfühlten, wenn sie sie in einen Haufen von Wahrnehmungen und Valenzen im Kopf des individuellen Gruppenmitglieds transformiert hatten«. Oder wie Graumann, der (1988, S. 83) feststellt: »Daß der Mensch ein soziales Wesen ist, hat von den Sozial- und Verhaltenswissenschaften die Psychologie am wenigsten ernstgenommen.«

In den siebziger Jahren gibt es eine Reihe von Autoren, die die Situation der Kleingruppenforschung weiterhin skeptisch beurteilen. So fragt Steiner (1974) in einem vielzitierten Aufsatz »Whatever happened to the group in social psychology?« und bemerkt eine Stagnation dieses Forschungszweiges, eine Diagnose, die er 1983 wiederholt. Auch andere Gruppenforscher (z.B. Hackman & Morris 1975, 1983; McGrath 1984) üben Kritik an ihrer Zunft, fordern unter anderem eine bessere Integration der vielen detaillierten Einzelstudien, mehr Theoriearbeit, komplexere Untersuchungsbedingungen und vor allem echte Prozeßanalysen.

Die Kleingruppenforschung wird auch im deutschsprachigen Bereich negativ beurteilt. In einer 1990 von Becker-Beck und Schneider veröffentlichten Befragung von 116 Gruppenforschern und Mitgliedern der Fachgruppe Sozialpsychologie in der Deutschen Gesellschaft für Psychologie äußerten sich nur knapp sieben Prozent der Befragten »eher positiv«. Dabei wird an vorderster Stelle das Theorien- und Methodendefizit bemängelt. Des weiteren beklagen die Wissenschaftler mangelnde Lebensnähe, Relevanz und Anwendungsorientierung der Gruppenforschung.

Dieser Forschungszweig ist längst nicht mehr auf die Sozialpsychologie beschränkt. Dies ergeben die Arbeiten von Levine und Moreland (1990) sowie die auf bibliometrischen Daten fußende Analyse von Fisch, Daniel und Beck (1991). In ihrer Analyse anhand der Datenbank PsycLit ermittelten die zuletzt genannten Autoren für den Zeitraum 1974 bis 1986 einen Durchschnitt von etwa zweitausend Arbeiten pro Jahr zu den Themenbereichen Gruppenaufgaben und Gruppentypen, Gruppenprozeß und Gruppenstruktur, Personvariablen und Methoden der Kleingruppenforschung.

Außerdem fanden sie, daß es einen aktiven Forschungsbereich »Soziale Interaktion und Gruppenprozesse« gibt. In diesem Forschungsbereich sind zahlreiche Disziplinen vertreten, die sich jedoch kaum in Form wechselseitiger Literaturzitate wahrnehmen. Dies gilt auch für die sozialpsychologisch orientierte Kleingruppenforschung. Sie rezipiert nur in geringem Ausmaß einschlägige

Arbeiten anderer Disziplinen (Fisch, Daniel & Beck 1991, S. 237). So beschäftigen sich inzwischen auch Politikwissenschaft und Ökonomie mit der obengenannten klassisch sozialpsychologischen Frage nach den Bedingungen von Gruppenleistung.

Allgemeine Konzepte zur Beschreibung von Gruppenprozessen

In diesem Abschnitt soll eine Systematik für die Beschreibung und Analyse von Gruppenprozessen bereitgestellt werden.

Struktur und Prozeß

Mit der Gegenüberstellung von Struktur und Prozeß ist der Unterschied zwischen Statik und Dynamik in Gruppen angesprochen. McGrath (1984, S. 11) verwendet für diese Unterscheidung das Begriffspaar »standing group« und »acting group«. Die Beziehungsmuster zwischen den Gruppenmitgliedern bezeichnet er als »standing group« oder auch Gruppenstruktur. Diese umfaßt zum Beispiel die Gruppenzusammensetzung nach Alter, Wissensstand, politischer Einstellung. Die Gruppenstruktur ist eher statisch, das heißt, sie verändert sich nur langsam. Der Prozeßaspekt umfaßt demgegenüber sich verändernde Gruppenmerkmale, das heißt im wesentlichen Eigenschaften des Gruppeninteraktionsverhaltens, wie zum Beispiel Sachorientierung, Konflikthaftigkeit oder ganz allgemein Geordnetheit. Ordnungen und Muster im Interaktionsprozeß sind die »Schnittstelle zwischen Gruppenstruktur und Gruppeninteraktionsprozeß« (Becker-Beck 1997, S. 26).

Mikro- und Makroebene

Die Unterscheidung zwischen der Mikro- und der Makroebene des Gruppenprozesses betrifft den Auflösungsgrad, in dem der Prozeß betrachtet wird, also etwa die zeitliche Erstreckung der Analyseeinheiten. Das Forschungsbeispiel zeigt ein mikroanalytisches Vorgehen, in dem die teilweise in Sekunden ablaufenden Regulationen des

Gruppengeschehens in den Mittelpunkt gestellt werden. Die Analyse von Gruppeninteraktionen mit dem Ziel, Verhaltensmuster aufzudecken, kann also als mikroanalytisches Vorgehen gekennzeichnet werden. Die makroanalytische Perspektive würde sich mit längerfristigen Prozessen beschäftigen, etwa mit den Phasen, die eine Gruppe von ihrer Entstehung bis zu ihrer Auflösung durchläuft (vgl. Tuckman 1965).

Der Unterschied zwischen Mikro und Makro kann auch noch in einem anderen als dem zeitlichen Sinn aufgefaßt werden und sich auf die Handlungseinheit beziehen, die in einer Untersuchung betrachtet wird. In der Psychologie gilt in der Regel das Individuum als Handlungseinheit. An ihm werden Daten erhoben und Messungen vorgenommen. Diese individuumsbezogenen Messungen werden dann meist statistisch, beispielsweise in Mittelwerten, zusammengefaßt, um Aussagen über Gruppen insgesamt zu treffen. In diesem »reduktionistischen« Vorgehen würde durch Aggregation von der Mikroebene des Individuums zur Makroebene des sozialen Systems Gruppe vorangeschritten. Es gibt jedoch auch »emergentistische« Ansätze, die davon ausgehen, daß soziale Systeme als ganze handeln können (vgl. z. B. von Cranach 1996; von Cranach, Ochsenbein, Tschan & Kohler 1987).

Input-Prozeß-Outcome-Modell

Der Gruppeninteraktionsprozeß wird in funktionalistischen Modellen der Kleingruppe (z. B. Hackman & Morris 1975) als intervenierende Variable zwischen dem »input« für das Gruppengeschehen und seinen Ergebnissen, dem »output«, aufgefaßt (vgl. *Abbildung 1*, S. 650). Beim Input werden Variablen auf der Ebene des Individuums, zum Beispiel Wissen und Können, auf der Ebene der Gruppe, zum Beispiel Gruppengröße oder Kohäsion, und auf der Ebene der Umwelt, zum Beispiel Zielvorgaben oder Belohnungen durch die einbettende Organisation, unterschieden. Sinnvoll ist es, eine weitere Variable, den Aufgabentypus, hinzuzunehmen (vgl. die Aufgabenklassifikation von McGrath 1984). Gruppenprozesse verlaufen ganz anders, wenn die Aufgabe Ideenfindung oder Konfliktlösung verlangt. Der Output wird meist nach Leistungs- und Zufriedenheitskriterien bewertet, daher ist hier vom »outcome« die Rede.

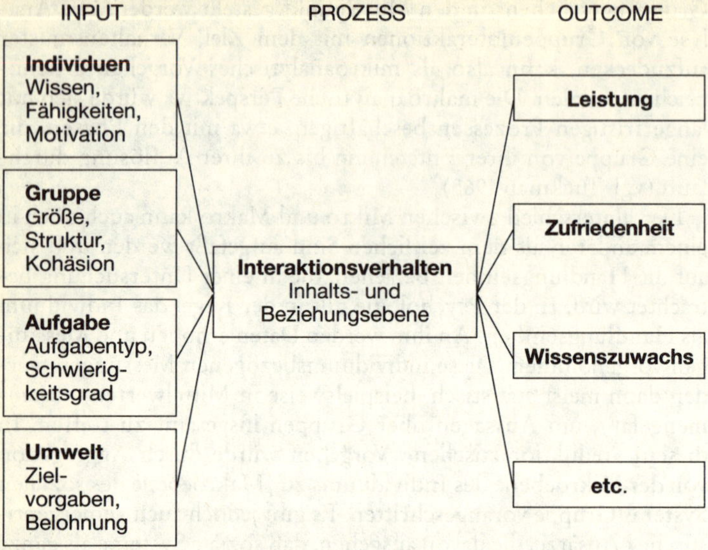

Abb. 1 Systematik zur Erforschung von Gruppenprozessen (in Anlehnung an Hackman & Morris 1975, S. 50).

Fazit

Die Gruppenforschung der siebziger und achtziger Jahre war eher kognitiv, das heißt an der geistigen Abbildung von Gruppen beim Individuum, etwa in Form von Normen, interessiert und weniger interaktionistisch, das heißt an realen interpersonellen Prozessen orientiert. Dies hat sich inzwischen geändert. Gründe für die Veränderung liegen einerseits in der (Weiter-)Entwicklung von Methoden, die den Gruppenprozeß erfassen können, also entsprechenden Kodier- und Auswertungsverfahren. Beispiele sind die statistische Sequenzanalyse (Becker-Beck 1997), die Zeitreihenanalyse (Boos 1996) und neue, aus den Naturwissenschaften entlehnte Methoden zur Beschreibung dynamischer Systeme (Tschacher & Brunner 1995).

Andererseits beziehen immer mehr theoretische Ansätze der Gruppenforschung, vor allem im Bereich des Gruppenproblemlösens und -entscheidens, ausdrücklich den Prozeßaspekt mit ein. Häufig sind die Modelle, wie etwa der Ansatz von Larson und Christensen (1993), zwar in Analogie zu den individuumsbezogenen Theorien der Informationsverarbeitung gebildet. Soziale Kognition wird darin aber nicht länger als rein individualistisches Konzept definiert. Vielmehr steht die in einem Gruppenprozeß kommunikativ geteilte Kognition (shared cognition), also ein soziales Phänomen, im Mittelpunkt (vgl. Nye & Brower 1996; für eine Anwendung Staudinger & Baltes 1996).

Literatur

Badke-Schaub, Petra (1993): *Gruppen und komplexe Probleme. Strategien von Kleingruppen bei der Bearbeitung einer simulierten AIDS-Ausbreitung*. Frankfurt/M.: Lang.

Bales, Robert F. (1950): *Interaction process analysis: A method for the study of small groups*. Cambridge, MA: Addison-Wesley.

Bales, Robert F. (1953): The equilibrium problem in small groups. In: Talcott Parsons, Robert F. Bales, Edward A. Shils (Hg.): *Working Papers in the Theory of Action*. New York: The Free Press, 111–161.

Bales, Robert F. (1985): The new field theory in social psychology. *International Journal of Small Group Research*, 1: 1–18.

Bales, Robert F., Stephen P. Cohen, Stephen A. Williamson (1982): *SYMLOG. Ein System für die mehrstufige Beobachtung von Gruppen*. Stuttgart: Klett-Cotta (Original 1979).

Becker-Beck, Ulrike (1997): *Soziale Interaktion in Gruppen. Struktur- und Prozeßanalyse*. Opladen: Westdeutscher Verlag.

Becker-Beck, Ulrike, Johann F. Schneider (1990): Kleingruppenforschung im deutschsprachigen Raum. *Zeitschrift für Sozialpsychologie*, 21: 274–297.

Boos, Margarete (1996): *Entscheidungsfindung in Gruppen. Eine Prozeßanalyse*. Bern: Huber.

Cappella, Joseph N., Richard L. Street Jr. (1985): Introduction: A functional approach to the structure of communicative behaviour. In: Richard L. Street Jr., Joseph N. Cappella (Hg.): *Sequence and Pattern in Communicative Behaviour*. Baltimore, ML: Arnold, 1–29.

Cranach, Mario von (1996): Toward a theory of the acting group. In: Erich H. Witte, James H. Davis (Hg.): *Understanding group behavior. Bd. 2: Small group processes and interpersonal relations*. Mahwah, NJ: Erlbaum, 147–187.

Cranach, Mario von, Guy Ochsenbein, Franziska Tschan, Heinz Kohler (1987): Untersuchungen zum Handeln sozialer Systeme. Bericht über ein

Forschungsprogramm. *Schweizerische Zeitschrift für Psychologie*, 46: 213–226.

Deutsch, Morton, Robert M. Krauss (1960): The effect of threat upon interpersonal bargaining. *Journal of Abnormal and Social Psychology*, 61: 181–189.

Fisch, Rudolf (1987): Gruppe. In: Ulrich Ammon, Norbert Dittmar, Klaus J. Mattheier (Hg.): *Soziolinguistik. Ein internationales Handbuch zur Wissenschaft von Sprache und Gesellschaft*. 1. Halbband. Berlin, New York: de Gruyter, 150–157.

Fisch, Rudolf (1994): Eine Methode zur Analyse von Interaktionsprozessen beim Problemlösen in Gruppen. *Gruppendynamik*, 25: 149–168.

Fisch, Rudolf, Hans-Dieter Daniel, Dieter Beck (1991): Kleingruppenforschung – Forschungsschwerpunkte und Forschungstrends. *Gruppendynamik*, 21: 237–261.

Gottman, John E. (1983): How children become friends. *Monographs of the Society for Research in Child Development*, 48: 1–82.

Graumann, Carl F. (1972): Interaktion und Kommunikation. In: Carl F. Graumann (Hg.): *Handbuch der Psychologie, Sozialpsychologie*. 2. Halbband. Göttingen: Hogrefe, 1109–1262.

Graumann, Carl F. (1988): Der Kognitivismus in der Sozialpsychologie. Die Kehrseite der »Wende«. *Psychologische Rundschau*, 39: 83–90.

Graumann, Carl F. (1996): Einführung in die Geschichte der Sozialpsychologie. In: Wolfgang Stroebe, Miles Hewstone, Geoffrey M. Stephenson (Hg.): *Sozialpsychologie. Eine Einführung*. Berlin: Springer, 3–23.

Hackman, J. Richard, Charles G. Morris (1975): Group tasks, group interaction process, and group performance effectiveness: A review and proposed integration. *Advances in Experimental Social Psychology*, 8: 45–99.

Hackman, J. Richard, Charles G. Morris (1983): Group tasks, group interaction process, and group performance effectiveness. In: Herbert H. Blumberg, Alexander P. Hare, Valerie Kent, Martin F. Davies (Hg.): *Small groups and social interaction*. Bd. 1. Chichester: Wiley, 331–345.

Hare, Alexander P. (1976): *Handbook of Small Group Research*. (2. Aufl.). New York: The Free Press.

Heider, Fritz (1958): *The psychology of interpersonal relations*. New York: Wiley.

Hirokawa, Randy Y., Marshall S. Poole (1996): *Communication and group decision making*. Thousand Oaks: Sage.

Hofstätter, Peter R. (1957): *Gruppendynamik. Kritik der Massenpsychologie*. Hamburg: Rowohlt.

Kruse, Lenelis (1972): Gruppen und Gruppenzugehörigkeit. In: Carl F. Graumann (Hg.): *Handbuch der Psychologie. Sozialpsychologie*. 2. Halbband. Göttingen: Hogrefe, 1539–1587.

Larson, James R. Jr., Caryn Christensen (1993): Groups as problem-solving units: Toward a new meaning of social cognition. *British Journal of Social Psychology*, 32: 5–30.

LeBon, Gustave (1895): *Psychologie des foules*. Paris: Alcan.
Levine, John M., Richard L. Moreland (1990): Progress in small group research. *Annual Review of Psychology*, 41: 585–634.
Lewin, Kurt, Ronald Lippitt, Ralph K. White (1939): Patterns of aggressive behavior in experimentally created ›social climates‹. *Journal of Social Psychology*, 10: 271–299.
Luhmann, Niklas (1972): Einfache Sozialsysteme. *Zeitschrift für Soziologie*, 1: 51–65.
Mayo, Elton (1933): *The human problems of an industrial civilization*. New York: Macmillan.
McGrath, Joseph E. (1984): *Groups: Interaction and performance*. Englewood Cliffs, NJ: Prentice-Hall.
Moreno, Jacob L., Helen H. Jennings (1936): Advances in sociometric technique. *Sociometrical Review*, 26–40.
Moreno, Jacob L., Helen H. Jennings (1938): Statistics of Social Configurations. *Sociometry*, 1: 342–374.
Moscovici, Serge (1985): Social influence and conformity. In: Gardner Lindzey, Elliot Aronson (Hg.): *Handbook of Social Psychology* (3. Aufl.). New York: Random House, 347–412.
Nye, Judith L., Aron M. Brower (Hg.)(1996): *What's social about social cognition?* Thousand Oaks, CA: Sage.
Orlik, Peter (1987): Ein semantischer Atlas zur Kodierung alltagssprachlicher Verhaltensbeschreibungen nach dem SYMLOG-Raummodell. *International Journal of Small Group Research*, 3: 88–111.
Osgood, Charles E., Georg J. Suci, Percy H. Tannenbaum (1957): *The measurement of meaning*. Urbana: University of Illinois Press.
Roethlisberger, Fritz J., William J. Dickson (1939): *Management and the worker*. Cambrige, MA: Harvard University Press.
Sader, Manfred (1994): *Psychologie der Gruppe*. München: Juventa.
Schneider, Hans-Dieter (1985): *Kleingruppenforschung*. Stuttgart: Teubner.
Searle, John R. (1969): *Speech acts: an essay in the philosophy of language*. Cambridge: University Press.
Shannon, Claude E., Warren Weaver (1949): Mathematical theory of communication. Urbana, IL: University of Illinois Press.
Shaw, Marjorie E. (1976). *Group dynamics. The psychology of small group behavior*. New York: McGraw-Hill.
Staudinger, Ursula M., Paul B. Baltes (1996): Interactive minds: A facilitative setting for wisdom-related performance? *Journal of Personality and Social Psychology*, 71: 746–762.
Steiner, Ivan D. (1974): Whatever happened to the group in social psychology? *Journal of Experimental Social Psychology*, 10: 94–108.
Stoner, Joseph A.F. (1961): *A comparison of individual and group decisions involving risk*. Unpublished Master's Thesis: Massachusetts Institute of Technology.
Tarde, Gabriel (1895): *Essais et mélanges sociologiques*. Lyon: Storck.

Taylor, Frederick W. (1903): Group management. *Transactions of the American Society of Mechanical Engineers*, 24: 1337–1480.

Triplett, Norman (1898): The dynamogenic factors in pacemaking and competition. *American Journal of Psychology*, 9: 503–533.

Tschacher, Wolfgang, Ewald J. Brunner (1995): Die Dynamik psychosozialer Systeme. In: Werner Langthaler, Günther Schiepek (Hg.): *Selbstorganisation und Dynamik in Gruppen*. Münster: Lit, 104–121.

Tschan, Franziska, Mario von Cranach (1990): Zielgerichtetes Verhalten sozialer Systeme als mehrstufiger Prozeß. In: Rudolf Fisch, Margarete Boos (Hg.): *Vom Umgang mit Komplexität in Organisationen*. Konstanz: Universitätsverlag Konstanz, 41–61.

Tuckman, Bruce W. (1965): Developmental sequence in small groups. *Psychological Bulletin*, 63: 384–399.

Wallach, Michael A., Nathan Kogan, Daryl J. Bem (1962): Group Influence on Individual Risk Taking. *Journal of Abnormal and Social Psychology*, 65: 75–86.

Watzlawick, Paul, Janet H. Beavin, Don D. Jackson (1969): *Menschliche Kommunikation. Formen, Störungen, Paradoxien*. Bern: Huber (Original 1967).

Weick, Karl E. (1985): *Der Prozeß des Organisierens*. Frankfurt/M.: Suhrkamp.

Wilke, Henk, Ad van Knippenberg (1996): Gruppenleistung. In: Wolfgang Stroebe, Miles Hewstone, Geoffrey M. Stephenson (Hg.): *Sozialpsychologie* (3.Aufl.). Berlin: Springer, 455–501.

Wundt, Wilhelm (1900–1920): *Völkerpsychologie*. 10 Bände. Leipzig: Engelmann.

4. Soziale Konflikte

Wilhelm Kempf

Einleitung

Unter einem Konflikt (lateinisch »confligere« – zusammenstoßen, streiten) versteht man das Aufeinandertreffen miteinander unvereinbarer Handlungstendenzen. Bestehen diese innerhalb einer Person, so spricht man von einem inneren oder intrapersonalen Konflikt. Als soziale Konflikte bezeichnet man dagegen die Unverträglichkeit der Handlungen oder Ziele zweier oder mehrerer Akteure (Personen, Gruppen oder Institutionen), der sogenannten Konfliktparteien. Soziale Konflikte spielen sich nicht nur auf der Ebene der Sachfragen ab, die den Konfliktinhalt bilden, sondern stets auch auf der Ebene der Einstellungen der Konfliktparteien zueinander und auf der Ebene ihres Verhaltens (vgl. *Abbildung 1*). Diese Ebenen sind nicht unabhängig voneinander, sondern bedingen sich wechselseitig. Jede Veränderung des Konfliktes auf einer der drei Ebenen hat Auswirkungen auf das Gesamtsystem.

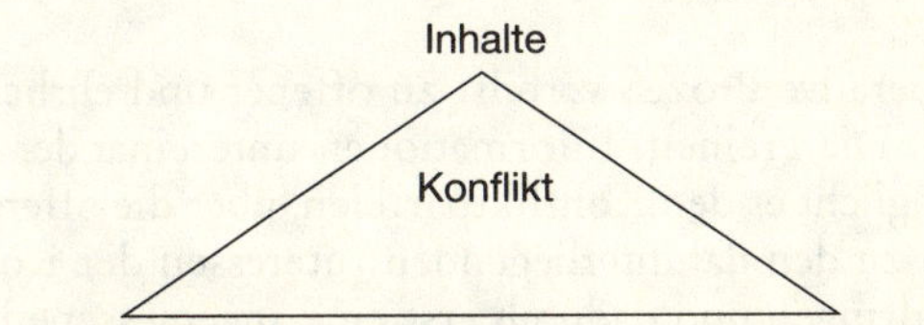

Abb. 1 Konfliktdreieck nach Galtung (1987)

Zwischenmenschliche Beziehungen sind nie statisch, sondern ständigen Veränderungen unterworfen, bei denen Reibungen unvermeidbar sind. Daher sind Konflikte nicht von vornherein als schädlich zu betrachten. Sie müssen nicht notwendigerweise einen destruktiven Verlauf nehmen, sondern können auch als Chance für die Gestaltung – und Veränderung – der zwischen den Konfliktparteien bestehenden Beziehung genutzt werden und einen konstruktiven Verlauf nehmen.

Welchen Verlauf ein Konflikt nimmt, hängt jedoch wesentlich davon ab, ob der Konflikt als *kompetitiver* oder als *kooperativer* Prozeß gestaltet wird.

Eine Kooperationssituation besteht, wenn die Zielerreichung der Akteure positiv korreliert. Im Falle der reinen Kooperation kann jeder Teilnehmer sein Ziel dann (und nur dann) erreichen, wenn die anderen, mit denen er verbunden ist, ebenfalls ihre Ziele erreichen können (»win-win«-Prinzip). Eine Konkurrenzsituation besteht dagegen dann, wenn die Zielerreichung der Akteure negativ korreliert. Im Falle der reinen Konkurrenz kann ein Teilnehmer sein Ziel dann (und nur dann) erreichen, wenn die anderen, mit denen er verbunden ist, ihre Ziele nicht erreichen können (»win-lose«-Prinzip). Deutsch (1976) spricht in Zusammenhang mit diesen Definitionen von einer gleichgerichteten beziehungsweise entgegengesetzten Wechselbeziehung zwischen den Teilnehmern.

Konstruktive Konfliktverläufe

In einer kooperativen Umgebung kann ein Konflikt als gemeinsames Problem angesehen werden, an dem die Konfliktparteien das gemeinsame Interesse an einer allseits zufriedenstellenden Lösung haben. Dies begünstigt eine produktive Konfliktlösung in dreierlei Hinsicht:

Der kooperative Prozeß verhilft zu offener und ehrlicher Kommunikation. Die Freiheit, Informationen untereinander auszutauschen, ermöglicht es den Konfliktparteien, über die offenliegenden Streitfragen zu den dahinterliegenden Interessen der Konfliktparteien vorzudringen und dadurch erst eine angemessene Definition des Problems zu erarbeiten, dem sie gemeinsam gegenüberstehen. Zugleich wird jede Partei in die Lage versetzt, vom Wissen ihres Partners zu profitieren, so daß ihre Beiträge zur Lösung des Konfliktes optimiert werden. Nicht zuletzt verringert eine offene Kommunikation die Gefahr von Mißverständnissen, die zu Verwirrung und Argwohn führen können. Der kooperative Prozeß ermutigt die Anerkennung der Sichtweisen und Interessen des Partners und die Bereitschaft zur Suche nach Lösungen, die beiden Seiten gerecht werden. Er reduziert defensive Einstellungen und ermöglicht es den Partnern, das Problem so anzugehen, daß ihre besonderen Kompetenzen zum Tragen kommen. Der kooperative Prozeß führt zu einer vertrauensvollen, wohlwollenden Einstellung der Partner zueinander, welche die Sensitivität für das Erkennen von Gemeinsamkeiten erhöht und die Bedeutung von Unterschieden reduziert. Er regt eine Annäherung von Überzeugungen und Werten an.

Die Kooperation begünstigt es, Widersprüche in abgeschwächter Form, Wohlwollen des Partners dagegen in verstärkter Form wahrzunehmen. Diese typischen Veränderungen haben nach Deutsch (1976) oft die Wirkung, den Konflikt einzudämmen und eine Eskalation unwahrscheinlich zu machen; sie tragen aber auch die Gefahr in sich, daß Konfliktgegenstände übersehen werden oder daß sich die Partner auf eine »verfrühte Kooperation« einlassen und deshalb zu keiner stabilen Übereinkunft kommen, weil sie sich nicht genügend mit ihren Widersprüchen beschäftigt oder mit den Streitfragen nicht gründlich genug auseinandergesetzt haben (Keiffer 1968).

Kooperation und Problemlösungskompetenz

In einem Experiment, welches Deutsch im Rahmen eines Psychologiekurses am Massachussetts Institute of Technology durchführte, wurden zehn Gruppen zu je fünf Studenten gebildet, die sich über einen Zeitraum von sechs Wochen hinweg wöchentlich für drei Stunden mit dem Kursleiter trafen.

Jede Gruppe hatte denselben Stundenplan. Zu Beginn hatten die Studenten die Aufgabe, gemeinsam und so schnell wie möglich ein verzwicktes Rätsel zu lösen. Anschließend bildeten sie eine »Kommission von Beratern für menschliche Beziehungen« und sollten eine schriftliche Antwort auf einen Brief abfassen, in dem sie um Rat über ein persönliches oder soziales Problem gebeten wurden. Nach der ersten Woche wurde der Hälfte der Gruppen mitgeteilt, daß ihre Diskussionen über menschliche Beziehungen auf Konkurrenzebene bewertet würden; die Diskussionsbeiträge der Gruppenmitglieder würden miteinander verglichen und in der Rangfolge ihrer Qualität mit den Noten A, B, C und so weiter benotet werden. Den anderen sagte man, daß ihre Leistungen auf Kooperationsebene bewertet würden; jedes Mitglied einer Gruppe würde die gleiche Note bekommen.

Alle Gruppen wurden ständig von drei Assistenten beobachtet. Außerdem füllten die Studierenden nach jeder Besprechung Fragebogen aus, in denen sie verschiedene Aspekte der Diskussion, ihr eigenes Verhalten und ihre Einstellung zu anderen Gruppenmitgliedern bewerteten. Die Ergebnisse des Experimentes zeigten deutliche Unterschiede zwischen den kooperativen und den konkurrierenden Gruppen:

Die Mitglieder der kooperativen Gruppen verbalisierten in der Diskussion mehr Gedanken und waren aufmerksamer zueinander. Sie zeigten größere Aufgeschlossenheit gegenüber den Gedanken anderer und hatten weniger Schwierigkeiten, mit anderen zu kommunizieren oder sie zu verstehen. Die Mitglieder der kooperativen Gruppen waren mit der Gruppe und dem erarbeiteten Diskussionsergebnis zufriedener und hegten stärker den Wunsch, die Achtung ihrer Kollegen zu gewinnen. Die kooperativen Gruppen zeigten eine bessere Koordination der gemeinsamen Anstrengungen, bessere Arbeitsteilung und stärkere Orientierung an der Aufgabenbewältigung, größere Disziplin und höhere Leistungsfähigkeit. In den kooperativen Gruppen gelang es, ein besseres Empfinden für Übereinstimmung und gedankliche Annäherung zu erzielen. Es herrschte mehr Vertrauen in eigene Ideen und in die Bewertung, die andere Gruppenmitglieder diesen beimaßen.

Destruktive Konfliktverläufe

Destruktive Konflikte haben die Tendenz, sich auszubreiten und hochzuschrauben. Sie verselbständigen sich und dauern auch dann noch an, wenn die ursprünglichen Streitfragen belanglos geworden oder vergessen sind. Parallel zur Ausweitung des Konfliktes vollzieht sich eine zunehmende Fixierung auf Machtstrategien, auf die Taktiken der Drohung, des Zwanges und der Täuschung. Die Tendenz, den Konflikt hochzuschrauben, resultiert

- auf der Ebene der Konfliktinhalte aus dem Konkurrenzprinzip, das dazu verleitet, im Konflikt gewinnen zu wollen,
- auf der Ebene der Einstellungen aus der Fehleinschätzung des gegnerischen Handelns und seiner Intentionen,
- auf der Verhaltensebene aus dem Prozeß der sozialen Verpflichtung, der damit einhergeht, daß der Sieg über den Gegner zum vorrangigen Ziel wird.

Der Konkurrenzprozeß bewirkt eine Verarmung der Kommunikation zwischen den Konfliktparteien. Die bestehenden Kommunikationsmöglichkeiten werden einesteils nicht ausgenutzt und andernteils dazu benutzt, den Gegner einzuschüchtern oder irrezuführen. Aussagen des Gegners wird wenig Glauben geschenkt. Fehleinschätzungen von Informationen im Sinne bereits existierender Vorbehalte werden dadurch begünstigt. Der Konkurrenzprozeß legt die Ansicht nahe, daß eine für die eigene Seite befriedigende Konfliktlösung nur auf Kosten des Gegners und gegen diesen durchgesetzt werden kann. Dadurch wird die Anwendung immer drastischerer und gewaltsamerer Mittel für die Durchsetzung der eigenen Ziele begünstigt. Der Konkurrenzprozeß führt zu einer argwöhnischen und feindseligen Haltung gegenüber dem Gegner, welche die Wahrnehmung von Gegensätzen zwischen den Konfliktparteien verschärft und die Wahrnehmung für Gemeinsamkeiten der Konfliktparteien vermindert.

Das Ferienlagerexperiment von Sherif

Wie sich Kooperation und Konkurrenz auf das Verhalten zwischen Gruppen auswirken, wurde von Muzafer Sherif in seinem berühmten Ferienlagerexperiment untersucht (Sherif & Sherif 1969). Diese Studien sind bemerkenswert, weil sie nicht im Labor, sondern in realen Lebenssituationen stattfanden. Sherif führte seine Experimente auf einem eigens dafür eingerichteten Lagerplatz durch. Seinen Versuchspersonen, Jungen im Alter von elf bis zwölf Jahren, war nicht bekannt, daß ihr Verhalten unter Beobachtung stand. Das Experiment gliederte sich in drei Abschnitte.

Der erste Abschnitt dauerte etwa eine Woche und diente dem Prozeß der Gruppenbildung. Er begann damit, daß jede der beiden Gruppen in einem eigenen Autobus ins Lager kam und in einer Unterkunft wohnte. Jede der beiden Gruppen war mit einer Vielzahl von kooperativen Tätigkeiten beschäftigt: Kampieren im Freien, Kochen, der Verbesserung von Schwimmgelegenheiten, dem Transport von Booten über rauhes Gelände ins Wasser und so weiter. Während dieser Zeit entwickelten die Gruppen ihre eigenen Organisationsformen, Anzeichen eines »Wir-Gefühls« und eines Gefühls für gemeinsame Errungenschaften.

Im zweiten Abschnitt des Experimentes wurden durch Konkurrenzanreize Spannungen zwischen den beiden Gruppen erzeugt.

Sherif schuf eine Reihe von Situationen (z. B. Wettbewerbsspiele), in denen die eine Gruppe ihr Ziel nur auf Kosten der anderen erreichen konnte. Während dieser Phase entwickelten die Gruppenmitglieder feindselige Einstellungen und Klischeehaltungen gegenüber der anderen Gruppe und ihren Mitgliedern. Der Konflikt offenbarte sich schließlich in abwertenden Schimpfwörtern und Schmährufen, im Aufflammen körperlicher Gewalt und in Angriffen auf die Unterkunft der anderen. Gleichzeitig nahmen das Zusammengehörigkeitsgefühl und die Hilfsbereitschaft innerhalb der jeweils eigenen Gruppe zu, und es vollzog sich ein Wandel in der sozialen Rangordnung der Gruppenmitglieder, wobei diejenigen, die sich in der Konkurrenz zwischen den Gruppen besonders hervortaten, im Rang stiegen.

Im dritten Abschnitt des Experimentes wurden Maßnahmen ergriffen, die den Konflikt zwischen den Gruppen reduzieren sollten. Dazu gehörten Kontakte zwischen den Gruppen bei Handlungen, die für die Gruppenmitglieder zwar angenehm waren, aber keinerlei Abhängigkeit zwischen den Gruppen implizierten, wie zum Beispiel gemeinsam ins Kino zu gehen, im gleichen Speisesaal zu essen und dergleichen mehr. Eine andere Maßnahme war die Einführung übergeordneter Ziele (z. B. die Reparatur der Wasserversorgung auf dem Zeltplatz, die Beschaffung von Geld für den Besuch eines sehenswerten Films oder die Instandsetzung eines zusammengebrochenen Lastwagens), welche von keiner Gruppe ohne Mitarbeit der anderen erreicht werden konnten.

Die Ergebnisse zeigten, daß intergruppale Kontakte ohne übergeordnete Ziele nicht zur Heilung der Beziehung zwischen den Gruppen beitrugen, sondern im Gegenteil oft in Streit ausarteten. Die gemeinsame Anstrengung, gruppenübergreifende Ziele zu erreichen, veränderte dagegen allmählich die Beziehung zwischen den beiden Gruppen. Feindschaft wandelte sich in wohlwollende Interaktion.

Verselbständigung von Konflikten

Sherifs Ferienlagerexperiment demonstriert, daß Zusammenarbeit und Harmonie innerhalb von Gruppen keine hinreichende Bedingung für Kooperation zwischen den Gruppen darstellt. Umgekehrt hat die Konkurrenz zwischen Gruppen jedoch sowohl Auswirkungen auf die kognitive Kompetenz der Gruppenmitglieder als auch Auswirkungen auf die Sozialstruktur der Gruppen, durch welche der Konflikt zwischen den Gruppen weiter verschärft wird.

Blake und Mouton (1961, 1962) untersuchten die Auswirkungen kompetitiver Prozesse auf die Verhandlungen zwischen Gruppen. Sie zeigten, daß die Konkurrenz zwischen Gruppen verstärkten Zusammenhalt innerhalb der Gruppen, größere Identifikation der Gruppenmitglieder mit ihrer Gruppe und einen Wechsel zu konfliktorientierter Führung bewirkt. Gleichzeitig verändert die Konkurrenz die Wahrnehmung der Außengruppe in Richtung auf Überbetonung ihrer Verschiedenheit von der Innengruppe und Zunahme negativer Pauschalurteile über die Außengruppe.

In stark konkurrierenden Gruppen zeichnen sich Verhandlungen zur Bereinigung des Konfliktes aus durch:

- eine Tendenz zur Überbewertung der Vorschläge der eigenen Gruppe und zur Verwerfung gegnerischer Vorschläge;
- eine Tendenz zu gegenseitigen Mißverständnissen, indem gemeinsame Werte übersehen und Unterschiede überbetont werden;
- eine Tendenz, den eigenen Sieg höher zu bewerten als die Übereinstimmung, so daß Verhandlungspartner, die Kompromißbereitschaft zeigen, als Verräter angesehen und unnachgiebige Verhandlungspartner als Helden gefeiert werden;
- eine Tendenz zur Disqualifikation neutraler dritter Parteien, wenn sie Empfehlungen geben, die nicht der eigenen Gruppe zum Vorteil gereichen, sowie
- eine Tendenz zu häufigem Blockieren der Verhandlungen an Stelle von Bemühungen um eine für beide Seiten zufriedenstellende Lösung.

Zusammenfassend läßt sich in kompetitiven Prozessen eine Tendenz zur Verselbständigung des Konfliktes bei gleichzeitiger Verschärfung des Antagonismus zwischen den Gruppen feststellen.

Am Anfang eines Konfliktes steht die gegenseitige Behinderung der Gruppen in ihrer Zielerreichung. An diesem Punkt ist die Interpretation des Konfliktes als kompetitiver oder als kooperativer Prozeß noch offen. Aufgrund der Perspektivendivergenz zwischen den Gruppen, bei welcher die eigenen Handlungen von den damit verfolgten Intentionen her interpretiert werden, die gegnerischen Handlungen jedoch von ihren Wirkungen (das heißt von der Behinderung der eigenen Zielerreichung) her, besteht auf beiden Seiten eine Tendenz zur Wahrnehmung des Konfliktes als Konkurrenzsituation.

Diese – tatsächliche oder vermeintliche – Konkurrenzsituation impliziert die Notwendigkeit, die eigenen Gruppenziele gegen die gegnerische Gruppe durchzusetzen. Damit wird die Durchsetzung der eigenen Ziele gegen die Außengruppe zu einem eigenständigen Gruppenziel, welches die Binnenstruktur der Gruppe verändert, die Distanz zwischen den Gruppen vergrößert, die Kommunikation zwischen den Gruppen stört und die Aufnahmebereitschaft für Vermittlungsvorschläge torpediert.

Ist diese Konstellation gegenseitiger Bedrohung bei gleichzeitigem Kommunikationsabbruch erst einmal erreicht, so hat sich der Konflikt zu einem autonomen Prozeß verselbständigt, in dem jede der konkurrierenden Gruppen für sich selbst keine andere Handlungsmöglichkeit mehr sieht als die Verteidigung ihrer Ziele (Kempf 1993). Unabhängig davon, ob ihre Verteidigungshandlungen Erfolg haben oder nicht, werden sie von der gegnerischen Gruppe ihrerseits jedoch als Angriff wahrgenommen, durch welchen diese nun ihre Ziele bedroht sieht, wogegen sie sich verteidigen zu müssen glaubt (vgl. *Abbildung 2*).

Je weiter dieser Prozeß fortgeschritten ist, desto drastischere Mittel werden die Konfliktparteien ergreifen, um die Bedrohung ihrer Ziele abzuwehren, desto mehr wird der Kampf gegen den Konfliktgegner zum vorherrschenden Gruppenziel werden, desto mehr Einfluß werden jene Gruppenmitglieder erlangen, die sich in diesem Kampf hervortun, desto mehr wird der Gegner zum Feind gestempelt werden

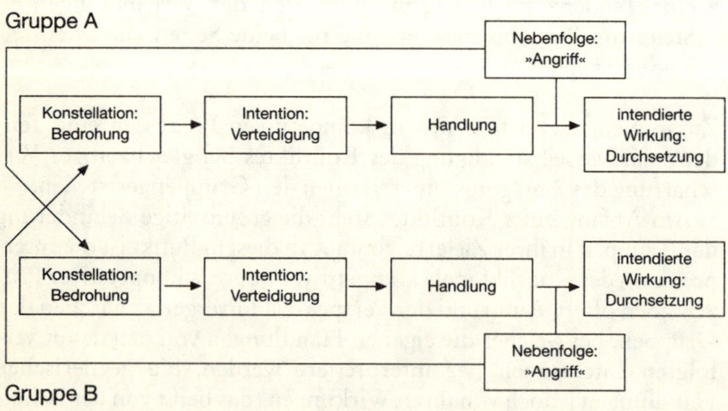

Abb. 2 Verselbständigung von Konflikten zu autonomen Prozessen

und desto größer wird das Mißtrauen der Gruppe gegenüber Kompromißbereitschaft und Vermittlungsbemühungen werden.

Diese Eigendynamik des Konfliktes ist dadurch bedingt, daß jede der beiden Konfliktparteien mit ihrer Handlungsweise gerade jenes Verhalten der anderen Partei provoziert, welches sie zu vermeiden trachtet und auf welches sie mit ihrem Handeln reagiert. Charakteristisch für diesen autonomen Prozeß ist seine Unabhängigkeit vom Handlungserfolg der Akteure; er wird ausschließlich durch die Nebenfolgen ihres Handelns angetrieben (Hoyningen-Huene 1983).

Hat sich ein Konflikt derart verselbständigt, so ist es gleichgültig, »wer damit angefangen hat«. Die Frage nach einem »Aggressor« macht nur dann einen Sinn, wenn es darum geht, eine Partei zu beschuldigen. Durch eine solche Beschuldigung wird der Konflikt aber nicht gelöst, sondern die beschuldigte Partei wird noch mehr in eine Verteidigungsposition gedrängt und der Konflikt dadurch noch mehr angeheizt.

Stufen der Konflikteskalation

Creighton (1992) unterscheidet vier Stufen der Konflikteskalation: problemlösendes Gespräch, Streit, Kampf und Krieg. Diese Stufen gehen nach Kempf (1996) mit spezifischen Wahrnehmungsverzerrungen der Konfliktparteien einher und können nach Glasl (1992) noch weiter ausdifferenziert werden:

In jedem Konflikt gibt es eigene Rechte, Intentionen und so weiter sowie fremde Handlungen, die damit interferieren und als Bedrohung erlebt werden. Zugleich gibt es Rechte und Intentionen der anderen Partei, mit welchen die eigenen Handlungen interferieren und die vom anderen als Bedrohung erlebt werden. Aber es gibt auch gemeinsame Rechte, Intentionen und so weiter sowie einen gemeinsamen Nutzen aus der Beziehung zwischen den Parteien, die Anlaß für gegenseitiges Vertrauen sind (vgl. *Abbildung 3*, S. 664).

Im problemlösenden Gespräch wird der Konflikt nach dem »win-win«-Prinzip bearbeitet. Dieses findet in einer Atmosphäre der Kooperation statt. Gemeinsames Ziel ist es, eine für beide Seiten zufriedenstellende Lösung zu finden. Keine der Parteien fühlt sich bedroht. Die Konfliktpartner haben das Gefühl, ein Team zu sein. Ihre Kommunikation ist durch Offenheit und Vertrauen gekennzeichnet. Sie zeigen Bereitschaft zur Mitteilung eigener Probleme und Verwundbarkeiten.

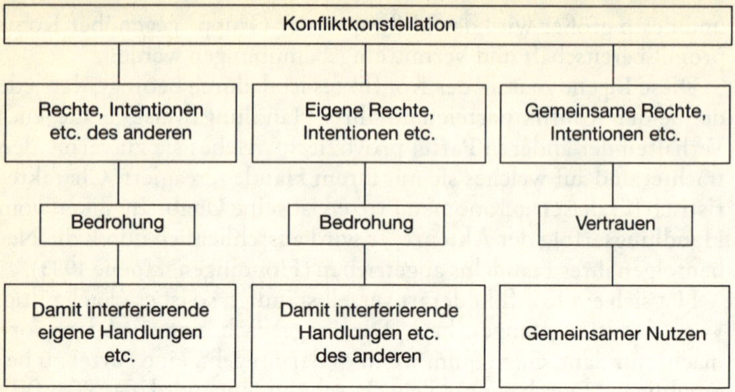

Abb. 3 Konfliktkonstellation

Dieses Gleichgewicht zwischen den Konfliktparteien ist jedoch labil, da die Perspektivendivergenz der Parteien einen vollständigen Blick auf die Konfliktkonstellation behindert. Ist die Kommunikation zwischen den Konfliktparteien gestört oder ihr Vertrauen ineinander beschädigt, so wird der Blickwinkel auf die je eigenen Rechte, Intentionen und dergleichen sowie ihre Bedrohung durch die gegnerischen Handlungen verengt, die zugleich als Bedrohung der gemeinsamen Rechte und Intentionen sowie als Bedrohung des gemeinsamen Nutzens wahrgenommen werden (vgl. *Abbildung 4*).

Wird der Konflikt als Konkurrenzsituation interpretiert, so geraten auch die gemeinsamen Rechte, Intentionen und der gemeinsame

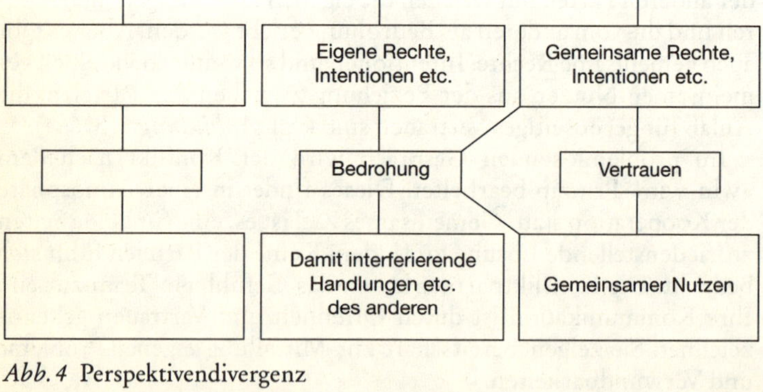

Abb. 4 Perspektivendivergenz

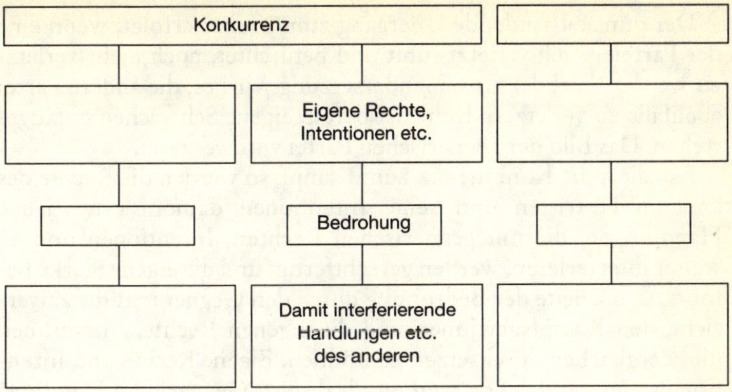

Abb. 5 Konkurrenz

Nutzen aus dem Blickfeld. Das gegenseitige Vertrauen geht verloren. Man sieht nur noch die eigenen Rechte, Intentionen und deren Bedrohung durch die gegnerischen Handlungen (vgl. *Abbildung 5*).

Es kommt zum Streit. Das Ziel der gemeinsamen Problemlösung wird durch die Absicht der Durchsetzung eigener Positionen verdrängt (»win-lose«-Prinzip). Es wird wichtiger, den Streit zu gewinnen, als das Problem zu lösen. Die Konfliktparteien empfinden einander als Gegner, nicht mehr als Team. Das vorherrschende Klima ist das eines Wettkampfes, den man nur gewinnen oder verlieren kann.

Glasl beschreibt diesen Übergang vom »win-win« zum »win-lose«-Prinzip in den Stufen:

1. *Verhärtung:* Noch überwiegt die Kooperation, doch die Standpunkte prallen zuweilen aufeinander.
2. *Debatte:* Denken, Fühlen und Wollen der Konfliktparteien polarisieren sich. Zwischen kooperativen und kompetitiven Einstellungen besteht ein labiles Gleichgewicht.
3. *Taten statt Worte:* Das Konkurrenzverhalten gewinnt die Oberhand. Eine Strategie der vollendeten Tatsachen wird eingeschlagen.

Wenn der Punkt erreicht ist, an dem miteinander reden nicht mehr hilft, sondern Fakten geschaffen werden müssen, dann ist das Ende einer konstruktiven Konfliktbearbeitung erreicht, die sich um Sachfragen dreht und die die Parteien allein bewältigen können. Von nun an wird die Beziehung zur gegnerischen Partei zum zentralen Konfliktgegenstand (Müller & Büttner 1996).

Der nun stattfindende Übergang zum Kampf erfolgt, wenn eine der Parteien sich verletzt fühlt und befürchtet, noch mehr verletzt zu werden. Ziel der Auseinandersetzung wird es, die andere Partei ebenfalls zu verletzen. Keine ist bereit, eigene Schwächen einzugestehen. Das Bild der gegnerischen Partei wird verzerrt.

Eskaliert die Konkurrenz zum Kampf, so werden die Rechte des anderen bestritten und seine Intentionen dämonisiert. Eigene Handlungen, die mit gegnerischen Rechten, Intentionen und so weiter interferieren, werden gerechtfertigt und die eigene Stärke betont. An die Seite der Bedrohung durch den Gegner tritt die Zuversicht, den Kampf gewinnen und die eigenen Rechte, Intentionen und dergleichen durchsetzen zu können. Eigene Rechte und Intentionen und dergleichen werden idealisiert. Gegnerische Handlungen, welche damit interferieren, werden verurteilt und die Gefährlichkeit des Gegners wird betont. Die Bedrohung gegnerischer Rechte durch die eigenen Handlungen wird verleugnet. Die Angriffe des Gegners erscheinen ungerecht und lassen Argwohn gegen ihn entstehen (vgl. *Abbildung 6*).

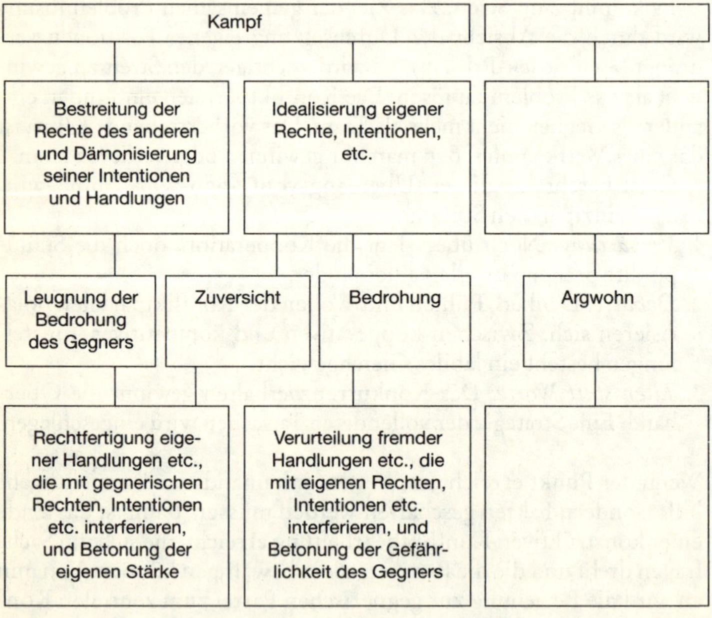

Abb. 6 Kampf

Standen im Streit noch Sachfragen im Vordergrund, so wird jetzt vor allem die Einstellungsebene zum Problem. Für diese Eskalationsstufe unterscheidet Glasl im weiteren die Stufen:

4. *Sorge um Image und Koalition:* Die Konfliktparteien drängen einander in negative Rollen. Sie werben um Anhänger und Koalitionen.
5. *Gesichtsverlust:* Die ganze Person des Gegners erscheint – auch rückwirkend – in einem neuen Licht.
6. *Drohstrategien:* Gewaltdenken und Gewalthandeln nehmen zu. Die Parteien versuchen, durch Drohungen aufeinander Einfluß auszuüben.

Der Kampf eskaliert zum Krieg, wenn die Absicht zur physischen oder psychischen Vernichtung des Gegners entsteht und/oder dieser unter Anwendung von Gewalt zum Nachgeben gezwungen werden soll. Die Parteien sehen sich nicht mehr als Menschen, sondern als Feinde. Jedes gesprochene Wort (selbst Schweigen) wird zur Waffe, jedes gehörte Wort (auch Schweigen) wird als Waffeneinsatz interpretiert. Sogar Bemühungen einer Partei, das Ausmaß des Konfliktes zu dämpfen, werden nur noch als taktische Manöver oder Manipulationsversuche wahrgenommen.

Mit der Eskalation zum Krieg verengt sich die Konfliktwahrnehmung vollends auf die militärische Logik. Die Alternative einer friedlichen Streitbeilegung wird zurückgewiesen, der Argwohn gegenüber dem Gegner geschürt. Gemeinsame Interessen, die Grundlage einer konstruktiven Konfliktbearbeitung sein könnten, werden bestritten, die Möglichkeit der Kooperation mit dem Gegner wird ausgeschlossen. Die (gerechtfertigte) Empörung über den Krieg wird in eine (selbstgerechte) Empörung über den Feind umgewandelt: Das gemeinsame Leid, das der Krieg für beide Seiten mit sich bringt, darf nicht gesehen werden; ebensowenig der gemeinsame Nutzen, den eine friedliche Streitbeilegung mit sich bringen könnte (vgl. *Abbildung 7*, S. 668).

Am Ende geht es nicht einmal mehr darum, auf Kosten des anderen zu gewinnen, sondern nur noch darum, daß der andere nicht gewinnen darf (»lose-lose«-Prinzip). Wird diese Schwelle überschritten, dann haben die Parteien voneinander keine menschlichen Bilder mehr, sondern sehen sich als Objekte, die einander nur noch loswerden wollen. Von nun an wird die gegenseitige Gewaltanwendung zum vorherrschenden Konfliktgegenstand (Müller & Büttner 1996).

Abb. 7 Krieg

Diesen Prozeß beschreibt Glasl in den Stufen:

7. *Begrenzte Vernichtungsschläge:* Die Werte verkehren sich ins Gegenteil, relativ geringerer eigener Schaden wird bereits als Gewinn angesehen.
8. *Zersplitterung:* Paralysierung und Desintegration des feindlichen Systems werden zum vorherrschenden Ziel.
9. *Gemeinsam in den Abgrund:* Es führt kein Weg mehr zurück. Die Konfliktparteien betreiben die Vernichtung des Feindes selbst um den Preis der Selbstvernichtung.

Deeskalation und Konfliktvermittlung

Der entscheidende Punkt für die konstruktive Bewältigung von Konflikten besteht in der Transformation von Konkurrenz in Kooperation (Deutsch 1976). Spätestens dann, wenn sich Konflikte zu einem autonomen Prozeß verselbständigt haben, ist dieser Schritt ohne die Vermittlung einer dritten Partei kaum noch zu leisten.

Manche Autoren (z.B. Wessels 1993) tendieren dazu, nahezu jede Form der Intervention einer dritten Partei in einem Konflikt unter den Begriff der Konfliktvermittlung (Mediation) zu subsumieren – also zum Beispiel auch die Anwendung von Machtmitteln, um die Konfliktparteien an den Verhandlungstisch zu zwingen oder die Anwendung von politischem und ökonomischem Druck, um sie zur Annahme eines von dritter Seite vorgefertigten Friedensplanes zu bewegen.

Unter Mediation im engeren Sinne versteht man dagegen eine Form von Konfliktvermittlung, die nicht (nur) auf die Konfliktinhalte ausgerichtet ist, sondern die sich mit den verborgenen Streitregeln befaßt, denen die Konfliktparteien folgen, und die über die Vermittlung von Kompetenzen eines konstruktiven Konfliktaustragens den Konfliktparteien dazu verhilft, ihre Konflikte selbst zu bewältigen (Besemer 1993).

Dabei unterscheidet sich die Intervention der dritten Partei je nach Art des Konfliktes, dem Verhalten der Konfliktparteien und der Entwicklung des Mediationsprozesses. Als Grundregel kann jedoch gelten, daß die Kontrahenten desto mehr auseinandergehalten werden und die Kommunikation desto mehr über den Mediator läuft, je destruktiver sich die direkte Kommunikation zwischen den Streitenden gestaltet. Je konstruktiver sie miteinander zu kommunizieren vermögen, desto mehr tritt der Mediator in den Hintergrund. Damit soll eine erneute Eskalation der Konfliktkommunikation vermieden und die Bearbeitung des Konfliktes allmählich in einen kooperativen Prozeß übergeführt werden, in dem die Konfliktpartner ihre eigenen Konfliktlösungskompetenzen entwickeln und den Konflikt selbstverantwortlich bewältigen.

Fisher (1993), der das Modell von Glasl auf internationale Konflikte übertragen hat, hat hierfür – je nach Eskalationsstufe des Konfliktes – eine Hauptrichtung der Intervention herausgearbeitet. Ist der Konflikt zum Krieg eskaliert, dann ist die Kontrolle und Eindämmung der Gewalt das erste Ziel, das erreicht werden muß.

Gleichzeitig müssen vertrauensbildende Maßnahmen entfaltet werden, um diesen Zustand zu stabilisieren und die Parteien bereit zu machen, grundlegende Bedürfnisse zu klären und ihre gegenseitigen Beziehungen zu verbessern. Damit gelingt es, den Konflikt auf die Stufe des Kampfes zurückzuschrauben und die gegenseitigen Beziehungen zum Hauptthema der Verhandlungen zu machen. Gelingen hier Fortschritte, so können die Konfliktparteien lernen, ihre Beziehungen wieder konstruktiver zu gestalten. Nachdem sich das Verhalten der Konfliktparteien und ihre Einstellungen zueinander weitgehend normalisiert haben, kann sich der Streit der Konfliktparteien auf die zu klärenden Sachfragen konzentrieren. Gelingt es, einige dieser Fragen zu gegenseitiger Zufriedenheit zu lösen, so steigt das Vertrauen der Konfliktparteien in die Leistungsfähigkeit der Kooperation, und die Auseinandersetzung der Konfliktparteien kann auf die Stufe des problemlösenden Gespräches zurückgeführt werden.

Literatur

Besemer, Christoph (1993): *Mediation*. Königsfeld: Stiftung gewaltfreies Leben.

Blake, Robert R., Jane S. Mouton (1961): Comprehension of Own and Outgroup Positions under Intergroup Competition. *Journal of Conflict Resolution*, 5: 304–310.

Blake, Robert R., Jane S. Mouton (1962): Overevaluation of Own Group's Product in Intergroup Competition. *Journal of Abnormal and Social Psychology*, 64: 237–238.

Creighton, James, L. (1992): *Schlag nicht die Türe zu! Konflikte anhalten lernen*. Reinbek: RoRoRo.

Deutsch, Morton (1976): *Konfliktregelung*. München: Reinhardt.

Fisher, Ronald J. (1993): The Potential for Peacebuilding. Forging a Bridge from Peacekeeping to Peacemaking. *Peace and Change*, 18: 247–266.

Galtung, Johan (1987): *Der Weg ist das Ziel*. Wuppertal: Hammer.

Glasl, Friedrich (1992): *Konfliktmanagement*. Bern: Haupt.

Hoyningen-Huene, Paul (1983): Autonome historische Prozesse – kybernetisch betrachtet. *Geschichte und Gesellschaft*, 9: 119–123.

Keiffer, Miriam G. (1968): *The Effect of Availability and Precision of Threat on Bargaining Behavior*. Ph. D. Dissertation. Columbia University: Teachers College.

Kempf, Wilhelm (1993): Konflikteskalation durch autonome Prozesse. In:

Wilhelm Kempf, Wolfgang Frindte, Gert Sommer, Michael Spreiter (Hg.): *Gewaltfreie Konfliktlösungen*. Heidelberg: Asanger.

Kempf, Wilhelm (1996): Konfliktberichterstattung zwischen Eskalation und Deeskalation. Ein sozialpsychologisches Modell. *Wissenschaft und Frieden*, 14: 51–54.

Müller, Barbara, Christian Büttner (1996): *Optimierungschancen von Peacekeeping, Peacemaking und Peacebuilding durch gewaltfreie Interventionen?* (Arbeitspapier Nr. 4). Wahlenau: Institut für Friedensarbeit und Gewaltfreie Konfliktaustragung.

Sherif, Muzafer, Carolyn W. Sherif (1969): *Social Psychology*. New York: Harper & Row.

Wessels, Michael G. (1993): Psychologische Dimensionen internationaler Mediation. In: Wilhelm Kempf, Wolfgang Frindte, Gert Sommer, Michael Spreiter (Hg.): *Gewaltfreie Konfliktlösungen*. Heidelberg: Asanger, 71–90.

Wilhelm Schmid, Wolfgang Fritzsche, Gert Simon [illegible] Bernstein [illegible]
[illegible]
[illegible] Wilhelm (1989): [illegible]
und [illegible]
[illegible]
[illegible] Christian [illegible] (1997): [illegible]
[illegible]
[illegible]
[illegible]
[illegible] Michael [illegible]
[illegible]
[illegible] (1998): [illegible]
[illegible] Michael
[illegible]

Teil VII
Forschungsmethoden

1. Quantitative Methoden

ROLF STEYER

Quantitative Methoden in der Psychologie? Ist das möglich und sinnvoll? Sind nicht psychische Prozesse zutiefst subjektiv und damit einer quantitativen Betrachtungsweise entzogen? Kann man Empfinden und Erleben in Zahlen darstellen? Geht dabei nicht das Wesentliche einer Empfindung verloren? Kann beispielsweise ein Farbenblinder in vollem Umfang wissen, wie die Empfindung von »rot« ist, wenn man ihm alle physikalischen, physiologischen und psychologischen Informationen gibt, die mit der Wahrnehmung von »rot« verknüpft sind? Die Antwort auf die letzte Frage muß sicherlich »nein« lauten. Nach unserem heutigen Wissensstand kann man die Qualität der Empfindung einer Farbe oder auch eines Gefühls nicht durch Zahlen oder andere Informationen darstellen. Etwas selbst *zu empfinden* ist immer etwas anderes, als alles Kommunizierbare über Empfindungen *zu wissen*.

Damit ist aber nicht nur eine Grenze der quantitativen Methoden in der Psychologie, sondern der Psychologie überhaupt aufgezeigt. Unsere eigenen Empfindungen und Erfahrungen geben sicherlich einen gewissen Aufschluß über die Empfindungen und Erfahrungen anderer in ähnlichen Situationen; aber auch hier ist Vorsicht geboten. Oft machen wir die Erfahrung, daß sogar unsere eigenen Empfindungen für gleiche Objekte in gleichen Situationen äußerst unterschiedlich sein können. Um so mehr müssen wir in Frage stellen, ob es möglich ist, etwas über die Qualität der Empfindungen anderer Personen zu wissen und erfahren zu können. Kommunikation verschiedenster – nicht nur verbaler – Form kann über die Qualität der Empfindung anderer Aufschluß geben, aber nur insoweit wir voraussetzen, daß die durch die Kommunikation bei uns induzierten Empfindungen denen ähnlich sind, über die kommuniziert wird.

Die Psychologie erhebt in aller Regel einen weitaus geringeren Anspruch. Es geht ihr nicht um das Qualitative und Einmalige im Erleben und Empfinden des Menschen, sondern um das *sprachlich kommunizierbare Wissen* über psychologische Prozesse wie zum Beispiel Erleben, Empfinden, Denken und Verhalten. Quantitative

Methoden der Psychologie dienen dazu, Begriffe der Psychologie zu präzisieren. Daher werden unter anderem umgangssprachliche Begriffe, die sich auf psychologische Eigenschaften beziehen, durch *psychologische Konstrukte* ersetzt. Dies ist der Gegenstand psychologischer Meßmodelle. Der umgangssprachliche Begriff des *Wohlbefindens* beispielsweise wird durch das Konstrukt *Aktuelles Wohlbefinden* ersetzt, ein Begriff der Wissenschaftssprache. Auch wenn sich die beiden Bezeichnungen sehr ähnlich sind und das durch sie Bezeichnete einen gewissen Überschneidungsbereich hat, dürfen die Begriffe beider Sprachen nicht miteinander verwechselt werden. Weiter unten wird ausgeführt, wie man ein solches Konstrukt einführen kann.

Neben den eigentlich inhaltlichen psychologischen Begriffen braucht man in der Psychologie auch Begriffe, mit denen Abhängigkeiten zwischen psychologischen Begriffen formuliert werden können. Insbesondere die Wahrscheinlichkeitstheorie stellt eine Vielzahl solcher *Abhängigkeitsbegriffe* bereit.

Ein weiterer großer Themenbereich der quantitativen Methoden ist die *statistische Inferenz*. Dabei geht es um Fragen wie »Ist ein Unterschied zwischen zwei Gruppen (z.B. einer psychotherapeutisch behandelten versus einer nicht behandelten) zufällig oder nicht?«

Diese drei Grundfragestellungen sind es, die in diesem Kapitel in der gebotenen Kürze exemplarisch behandelt werden. Wir werden uns also fragen, wie man ein Konstrukt konstruiert, was eigentlich eine Abhängigkeit bedeuten kann und wozu wir statistische Inferenz brauchen. Ziel dieses Kapitels ist kein Überblick, sondern ein *erster Einblick in die Ziel- und Fragestellungen der quantitativen Methoden der Psychologie*.

Meßmodelle oder Wie konstruiert man ein Konstrukt?

Betrachten wir ein konkretes Beispiel! Das *Aktuelle Wohlbefinden als psychischer Zustand* einer Person kann als Konstrukt wie folgt konstruiert werden:

1. *Auswahl der relevanten Beobachtungen*. Einem Probanden werden die acht Adjektive *zufrieden, gut, wohl, glücklich, schlecht, unwohl, unglücklich und unzufrieden* vorgegeben, mit der Bitte, je-

weils auf einer fünfstufigen Antwortskala einzuschätzen, inwieweit der mit dem betreffenden Adjektiv beschriebene Zustand die eigene aktuelle Befindlichkeit charakterisiert. Die erste der fünf Antwortkategorien soll »überhaupt nicht«, die letzte »sehr« bedeuten (siehe z.B. Steyer, Schwenkmezger, Notz & Eid 1997).

2. *Festlegung der Beziehung zwischen der Beobachtung und dem zu erfassenden Konstrukt.* Es wird ein Modell spezifiziert, in dem die Antwortwahrscheinlichkeit für jede der fünf Kategorien bei jedem der acht Adjektive in Beziehung zu dem zu messenden Konstrukt *Aktuelles Wohlbefinden* gesetzt wird (s. *Abbildung 1*; auch Eid 1995).

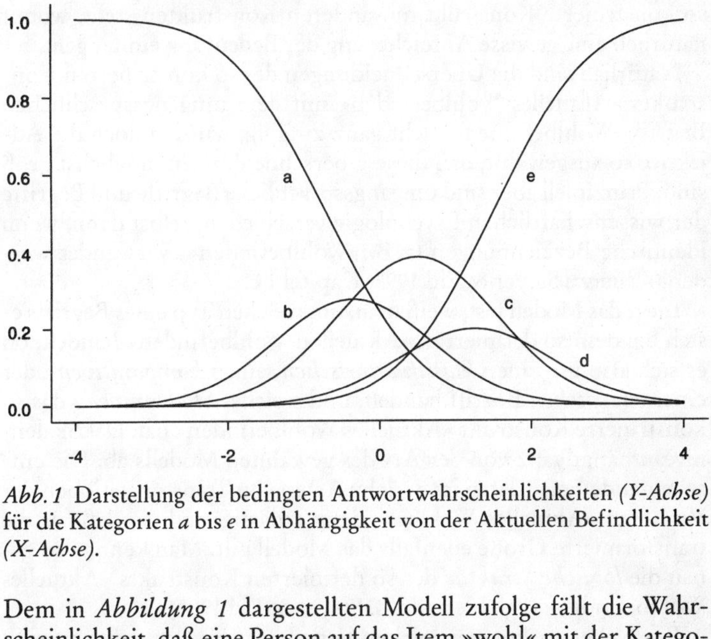

Abb. 1 Darstellung der bedingten Antwortwahrscheinlichkeiten *(Y-Achse)* für die Kategorien *a* bis *e* in Abhängigkeit von der Aktuellen Befindlichkeit *(X-Achse).*

Dem in *Abbildung 1* dargestellten Modell zufolge fällt die Wahrscheinlichkeit, daß eine Person auf das Item »wohl« mit der Kategorie a (»überhaupt nicht«) antwortet, mit steigendem Aktuellen Wohlbefinden. Dagegen steigt die Wahrscheinlichkeit, in der Kategorie b zu antworten, zunächst mit größer werdendem Aktuellen Wohlbefinden an, wird ab einem gewissen Punkt jedoch wieder kleiner. Ähnlich ist es mit den Kategorien c und d. Die Wahrscheinlichkeit, in der Kategorie e (»sehr«) zu antworten, steigt dagegen mit zunehmendem Aktuellen Wohlbefinden bis zum höchstmöglichen Wert 1 (zur mathematischen Darstellung dieses Modells s. Eid 1995, Kapitel 7).

Postuliert man das in *Abbildung 1* dargestellte Modell für alle acht Adjektive, so wird dadurch eine *quantitative Variable* (das Aktuelle Wohlbefinden) eingeführt, obwohl die Beobachtungen nur *qualitativen Charakter* haben, nämlich das Ankreuzen von Anwort*kategorien*.

Durch dieses Modell, das die ausgewählten Beobachtungen mit dem zu erfassenden Konstrukt in Beziehung setzt, wird dieses Konstrukt erst *definiert*, das heißt, die genaue Bedeutung des Konstrukts ergibt sich zunächst nur aus den ausgewählten Beobachtungen und dem Modell, das die Beobachtungen mit dem Konstrukt in Beziehung setzt. Später kann man untersuchen, in welcher Beziehung das so konstruierte Konstrukt mit anderen Konstrukten steht, womit natürlich eine gewisse Anreicherung der Bedeutung einher geht.

Natürlich sind die Überschneidungen des so konstruierten Konstrukts »Aktuelles Wohlbefinden« mit dem umgangssprachlichen Begriff »Wohlbefinden« nicht ganz zufällig; wurden doch die Adjektive so ausgewählt, daß diese Überschneidungen möglichst groß sind. Prinzipiell aber sind umgangssprachliche Begriffe und Begriffe der wissenschaftlichen Psychologie verschieden, selbst dann, wenn identische Bezeichnungen (z.B. »Wohlbefinden«) verwendet werden (s. hierzu Steyer & Eid 1993, Kapitel 1).

Liegt das Modell fest, weiß man, um welchen Typ eines Begriffs es sich bei dem so definierten »Aktuellen Wohlbefinden« handelt, ob es sich also um einen *klassifikatorischen*, einen *komparativen* oder einen *metrischen* Begriff handelt, und welches *Skalenniveau* das so konstruierte Konstrukt »Aktuelles Wohlbefinden« hat. Das Skalenniveau hängt ganz von der Art des gewählten Modells ab. Die entscheidende Frage dabei ist, welche Arten von Transformationen der Variablen »Aktuelles Wohlbefinden« zulässig sind, so daß für die transformierte Größe ebenfalls das Modell gilt. Man kennt also genau die *logische Struktur* des so definierten Konstrukts »Aktuelles Wohlbefinden« (vgl. hierzu z.B. Steyer & Eid 1993).

Ein Nebeneffekt einer solchen Vorgehensweise ist, daß man auch weiß, mit welcher *Präzision* man das Aktuelle Wohlbefinden einer Person aus den beobachteten Antworten auf die acht Adjektive abschätzen kann, oder anders herum, wie stark die Beobachtungen beziehungsweise der aus ihnen berechnete Schätzwert für das Aktuelle Wohlbefinden der untersuchten Person fehlerbehaftet sind. Es läßt sich ein *Konfidenzintervall* für das wahre Aktuelle Wohlbefinden einer untersuchten Person bestimmen, welches angibt, daß mit einer bestimmten Wahrscheinlichkeit (z.B. 95 Prozent) das wahre

Aktuelle Wohlbefinden der Person im Bereich zwischen zwei Zahlen a und b liegt. Solche Angaben können im Bereich der Diagnostik, bei der Therapieevaluation (Vorher- und Nachher-Messung) oder beim Vergleich zwischen verschiedenen Probanden sehr nützlich sein (s. hierzu Einführungsbücher in die Statistik wie z. B. Bortz 1993 oder Clauß, Fintze & Partzsch 1995).

Nicht zuletzt kann man die logischen Implikationen eines solchen Modells für beobachtbare Sachverhalte untersuchen. Stellt man in einer empirischen Untersuchung fest, daß die vom Modell implizierten beobachtbaren Sachverhalte nicht zutreffen, kann man es in einigen Aspekten verbessern, um es mit den Daten verträglich zu machen. Gelingt dies trotz aller Bemühungen nicht, wäre das Modell gänzlich zu verwerfen und die Schlußfolgerung zu ziehen, daß man das intendierte Konstrukt auf diese Weise eben nicht konstruieren kann. Vielleicht ist die gewählte Art von Beobachtungen dafür ungeeignet, vielleicht muß aber auch ein ganz anderes Modell herangezogen werden (s. hierzu z. B. Rost 1996).

Das oben dargestellte Beispiel sollte exemplarisch zeigen, daß und wie man im Prinzip den Übergang von qualitativen Beobachtungen zu quantitativen Größen machen kann. Dabei sollte man jedoch nicht vergessen, daß manchmal auch psychologische Konstrukte klassifikatorisch sind. Typentheorien unterstellen beispielsweise *Klassen* von Personen. Auch hierzu stellt die quantitative Psychologie entsprechende Modelle und Verfahren bereit, solche klassifikatorische Konstrukte zu definieren (s. z. B. die Latent-Class-Analyse; Rost 1988).

Abhängigkeitsmodelle oder Was heißt eigentlich kausale und nichtkausale Abhängigkeit?

Neben der Konstruktion von Konstrukten stellen die quantitativen Methoden der Psychologie auch eine Begrifflichkeit für die Beschreibung von *Abhängigkeiten* zwischen verschiedenen Konstrukten zur Verfügung. Solche Abhängigkeiten sind für die Psychologie von zentralem Interesse. Wie hängt das *Aktuelle Wohlbefinden* vom *Habituellen Wohlbefinden* ab? Hängen eine oder gar beide Variablen von der *Intelligenz* und/oder dem *Wohlstand* ab? Spielt die *Ängstlichkeit* hier eine Rolle? Hat eine bestimmte Therapie einen

Effekt auf das *Aktuelle Wohlbefinden* oder vielleicht sogar auf das *Habituelle Wohlbefinden*? Unklar bleibt bei dieser Art von Fragen, was eigentlich zum Beispiel mit »abhängen« und »Effekt« gemeint ist. Spricht man von Abhängigkeiten innerhalb *einer Person* oder betrachtet man die Abhängigkeit von Variablen innerhalb *einer Gruppe von Personen*? Wie unterscheidet sich ein (kausaler) Effekt von einer nichtkausalen Abhängigkeit?

Im oben beschriebenen Meßmodell kommt schon ein bestimmter Abhängigkeitsbegriff vor, der weit präziser und spezifischer ist als der umgangssprachliche Abhängigkeitsbegriff, nämlich zum Beispiel die *bedingte Wahrscheinlichkeit*, daß eine gegebene Person mit einer gegebenen Ausprägung des *Aktuellen Wohlbefindens* beim Adjektiv »wohl« in der fünften Kategorie (= »sehr«) antwortet (vgl. *Abbildung 1*, S. 677). Solche bedingten Wahrscheinlichkeiten eignen sich vor allem dann für die Beschreibung von Abhängigkeiten, wenn die abhängige Variable diskret ist und nur wenige Ausprägungen hat. (Im obigen Beispiel konnte die »abhängige« Variable Y nur die Werte 1, 2, ..., 5 annehmen, die »unabhängige« Variable *Aktuelles Wohlbefinden* dagegen konnte beliebige positive und negative Zahlen als Werte annehmen.)

In anderen Fällen wird man sich mit der Beschreibung des *bedingten Erwartungswerts* einer Variablen Y in Abhängigkeit von der Ausprägung einer oder mehrerer anderer Variablen X begnügen. In wieder anderen Fällen begnügt man sich vielleicht mit der Angabe der *Korrelation* zwischen zwei Variablen. In weiteren Fällen ist die Frage einer *kausalen Abhängigkeit* von Interesse. Kann X beispielsweise die Werte »behandelt« und »nicht behandelt« annehmen, so stellt sich die Frage, ob die Behandlung einen *positiven Effekt* auf die Habituelle Befindlichkeit Y hat. In der Regel untersucht man dazu, ob der Mittelwert von Y unter der Bedingung »behandelt« größer ist als der Mittelwert von Y unter der Bedingung »nicht behandelt«.

Nun weiß man allerdings, daß der Vergleich solcher Mittelwerte nur unter ganz bestimmten Voraussetzungen Auskunft über *kausale Abhängigkeiten* geben kann. Betrachten wir dazu ein einfaches Gedankenexperiment! Die in *Tabelle 1* (s. u.) angegebenen Zahlen seien die Werte des *Habituellen Wohlbefindens* einer Gruppe von acht Personen, die man erhalten würde, wenn man die betreffende Person mit einer bestimmten Therapie *behandeln* würde beziehungsweise wenn man die betreffende Person *nicht behandeln* würde. Die Differenz zwischen dem Wert, den wir unter der *Behandlung* erhalten würden und dem Wert, den wir unter *Nichtbehandlung* erhalten

	Behandelt		
Person u	Ja	Nein	Differenz
1	90	84	6
2	95	83	12
3	105	97	8
4	110	96	14
5	100	94	6
6	105	93	12
7	115	107	8
8	120	106	14
	Durchschnitt		10

Tab. 1 Werte des Habituellen Wohlbefindens der Personen unter beiden Behandlungsbedingungen.

Person u	Behandelt	Person u	Nicht behandelt
2	95	1	84
3	105	4	96
6	105	5	94
7	115	8	106
Mittelwerte	105		95

Tab. 2 Werte des Habituellen Wohlbefindens bei den behandelten und den nicht behandelten Personen für den ersten Fall.

würden, bezeichnen wir als *individuellen kausalen Effekt* der Behandlung (auf das Habituelle Wohlbefinden). Die Zahlen für dieses Gedankenexperiment sind so gewählt, daß die individuellen kausalen Effekte für jede einzelne Person u positiv sind und daß der *Durchschnitt der individuellen kausalen Effekte* der Behandlung auf das Habituelle Wohlbefinden Y über alle Personen bei 10 liegt.

Nun können wir nicht eine Person behandeln und zugleich nicht behandeln, so daß es zunächst nicht möglich ist, diese individuellen kausalen Effekte direkt zu schätzen. Uns bleibt in der Regel nichts anderes übrig, als den Mittelwert einer Gruppe von Behandelten mit dem Mittelwert einer Gruppe von Nichtbehandelten zu vergleichen. Dazu betrachten wir jetzt zwei Fälle:

Im *ersten Fall* seien die Personen 2, 3, 6 und 7 für eine Behandlung ausgewählt, die anderen Personen werden zwar nicht behandelt, aber ihr Habitueller Wohlbefindenswert wird dennoch festgestellt (s. *Tabelle 2*, S. 681).

In diesem ersten Fall entspricht die Differenz der Mittelwerte 105 – 95 = 10 exakt dem Durchschnitt der individuellen kausalen Effekte. Ein Vergleich der Mittelwerte würde uns also in diesem ersten Fall nicht in die Irre führen.

Im *zweiten Fall* seien jedoch die Personen 1, 2, 3 und 5 für eine Behandlung ausgewählt, die anderen Personen werden nicht behandelt (s. *Tabelle 3*):

Person u	Behandelt	Person u	Nicht behandelt
1	90	4	96
2	95	6	93
3	105	7	107
5	100	8	106
Mittelwerte	97.5		100.5

Tab. 3 Werte des Habituellen Wohlbefindens bei den behandelten und den nicht behandelten Personen für den zweiten Fall.

In diesem Fall erhalten wir eine Mittelwertsdifferenz 97.5 – 100.5 = –3.0. Anstelle einer *positiven* Mittelwertsdifferenz, die wir im ersten Fall erhalten hatten, resultiert nun eine *negative* Mittelwertsdifferenz, *obwohl jeder einzelne individuelle kausale Effekt positiv* ist. Die Schlußfolgerung, die man unter Umständen aufgrund des Vergleichs der Mittelwerte ziehen würde, daß nämlich die Behandlung einen negativen Effekt hat, wäre völlig verkehrt.

Man beachte, daß dieses Problem hier nicht wegen einer zu kleinen Beobachtungsbasis von 8 Personen auftritt; man kann dieses Phänomen auch bei Daten über 8 Millionen Personen beobachten. Entscheidend für die auftretende Umkehr der Abhängigkeit beim Vergleich der Mittelwerte ist das Prinzip, das bei der Zusammenstellung der Behandlungsgruppe angewendet wurde. Im ersten Fall wurde darauf geachtet, daß die behandelten und die nicht behandelten Personen *vergleichbar* waren, das heißt, ihr Mittelwert unter der Bedingung »nicht behandelt« ist gleich (s. *Tabelle 1*, S. 681). Im zweiten Fall dagegen wurde die Gruppe der Behandelten so ausgewählt, daß die nicht behandelten Personen auch ohne Behandlung schon einen relativ hohen Mittelwert hinsichtlich des *Habituellen Wohlbefindens* haben. Die Gruppen waren in diesem Fall also gar nicht vergleichbar.

Nun kann man sich natürlich fragen, wie man vergleichbare Gruppen zusammenstellen kann, wenn man, anders als in unserem Gedankenexperiment, die Werte der Personen unter der Nichtbehandlung gar nicht kennt. Der beste Weg ist hier, *die Personen zufällig den Behandlungsbedingungen zuzuweisen*. Damit wird nämlich nicht nur die Vergleichbarkeit hinsichtlich der betrachteten Kriteriumsvariablen, sondern hinsichtlich *aller* Variablen hergestellt, bezüglich derer sich die Personen vor der Behandlung unterscheiden können. Unterschiede zwischen den so gebildeten experimentellen Gruppen können bei dieser Art der Gruppenbildung nur durch Zufall oder aber durch die unterschiedliche Wirkung der Behandlungsbedingungen zustande kommen.

Oft ist es aber auch möglich, einen Vortest zu erheben, aufgrund dessen vergleichbare Gruppen zusammengestellt werden können. Details zu diesen und ähnlichen Fragen findet man in der Literatur zur *Planung psychologischer Untersuchungen* (s. z.B. Czienskowski 1996; Erdfelder & Bredenkamp 1994). Wichtigstes Thema ist dabei die Planung von Untersuchungen unter dem Aspekt, korrekte kausale Interpretationen der Ergebnisse vornehmen zu können. Grundsätzlicher befaßt sich die Literatur zu Kausalitätstheorien (s. z.B. Steyer 1992) mit dieser Problematik. Dabei geht es um Begriffe der Abhängigkeit, insbesondere *kausaler Abhängigkeit* und deren Implikationen für Techniken der Versuchsplanung und -auswertung (vgl. auch Hell).

Modelle der statistischen Inferenz oder Wozu brauchen wir Statistik?

Als dritter Typ von Fragestellungen der quantitativen Psychologie bleiben Fragen der statistischen Inferenz. Was ist das und wozu brauchen wir das? Die Grundintention statistischer Inferenz ist, Zufälliges von Systematischem zu trennen. Dies ist in vielfältigen Kontexten, nicht nur in der Psychologie, von großer Bedeutung. Sind beispielsweise die beobachteten höheren Temperaturen der Erdatmosphäre in den letzten Jahren zufällig, das heißt aufgrund natürlich auftretender Schwankungen, erhöht oder besteht ein systematischer Trend zur Erderwärmung? Ganz ähnliche Fragen kann man sich auch für das Ozonloch, die Gewalt gegenüber Ausländern, den Mißbrauch von Kindern, das Auftreten von Allergien und dergleichen stellen.

Die gleiche Art von Fragen tritt auch auf, wenn wir uns dafür interessieren, ob bestimmte Unterschiede zwischen Gruppen durch Zufall zu erklären sind oder nicht. Besteht ein systematischer Unterschied zwischen behandelten und nicht behandelten Alkoholikern zum Beispiel in der Rückfallquote oder bezüglich des Habituellen Wohlbefindens?

Derartige Fragen sind einfach gestellt, aber keineswegs einfach beantwortet. Betrachten wir dazu die weiter oben in *Tabelle 1* dargestellte Situation. Auch wenn dort bei jeder einzelnen Person ein positiver Effekt der Behandlung vorliegt (s. die Spalte »Differenz«), so können wir diesen ja nicht beobachten, da eine Person nicht sowohl behandelt als auch nicht behandelt werden kann. Was wir beobachten können, sind die Werte der 4 behandelten und der 4 nicht behandelten Personen, wobei wir weiter voraussetzen wollen, daß die Zuordnung der Personen zu den beiden Bedingungen »behandelt« und »nicht behandelt« zufällig war.

Nehmen wir an, wir hätten die in *Tabelle 2* (s.o.) dargestellten Werte beobachtet. Daraus können wir nun die Differenz der Mittelwerte der Gruppe der behandelten und der Gruppe der nicht behandelten Personen berechnen und erhalten dabei den Differenzwert 10. Wie können wir nun beurteilen, ob diese Differenz auf die Wirkung der Behandlung zurückzuführen ist oder ob wir nicht eher die folgende *Nullhypothese* (H_0)für richtig halten sollen?

H_0: Die Differenz der Mittelwerte ist nur deswegen so groß, weil wir zufällig diejenigen Personen zur Behandlung ausgewählt haben, die auch ohne Behandlung schon einen hohen Wert hinsichtlich ihrer Habituellen Befindlichkeit haben.

Bei den in Tabelle 1 in der Spalte »nicht behandelt« angegebenen Zahlen wäre dies ja durchaus möglich. (Wählen wir die Personen 1, 2, 5, 6 für die Gruppe »nicht behandelt« und die Personen 3, 4, 7, 8 für die Gruppe »behandelt« aus, erhalten wir die Mittelwertsdifferenz 101.5 – 88.5 = 13, die sogar noch größer als 10 ist, obwohl wir dabei diejenigen Zahlen verwenden, die wir erhalten würden, wenn *keine* Wirkung der Therapie vorläge.)

Wie also können wir beurteilen, ob nun ein Behandlungseffekt vorliegt oder ob die Mittelwertsdifferenz von 10 zwischen den beiden Gruppen unter Gültigkeit der Nullhypothese H_0 zustande gekommen ist? Prinzipiell gibt es dazu verschiedene Vorgehensweisen. Hier sei nur eine etwas näher erläutert, die unter der Bezeichnung *Randomisierungstest* in der statistischen Literatur bekannt ist:

Die Grundidee ist dabei, wie bei anderen Verfahren auch, die Gültigkeit der H_0 vorauszusetzen und die Wahrscheinlichkeit zu berechnen, daß man dennoch eine so große oder sogar noch größere Differenz zwischen den beiden Mittelwerten erhält. Beim Randomisierungstest geht man davon aus, daß die beobachteten Werte

- 95, 105, 105, 115 in der Gruppe der Behandelten sowie
- 84, 94, 96, 106 in der Gruppe der nicht Behandelten

unter der H_0 zustande gekommen sind. Jede andere Aufteilung der 8 Personen und der mit ihnen assoziierten Werte in zwei Gruppen wäre genauso wahrscheinlich.

Werden zwei Gruppen mit jeweils 4 Personen gebildet, so gibt es 70 verschiedene Paare von Gruppen mit je 4 Personen. (Es gibt 70 Möglichkeiten, 4 Personen aus insgesamt 8 Personen auszuwählen, ohne daß die Reihenfolge der 4 ausgewählten Personen beachtet wird, die ja für die Mittelwertsdifferenz irrelevant ist.) Man kann sich nun überlegen, daß unter diesen 70 Möglichkeiten, 8 Personen in zwei Gruppen mit je 4 Personen aufzuteilen, nur die in Tabelle 4 angegebenen Möglichkeiten zu einer Mittelwertsdifferenz ≥ 10 führen. Da es sich um 9 von den 70 gleich wahrscheinlichen Möglichkeiten handelt, ist also die Wahrscheinlichkeit, unter der Gültigkeit der Nullhypothese eine Mittelwertsdifferenz ≥ 10 zu bekommen, bei den vorliegenden Daten gleich 9/70 = 0.129.

Behandelt	Nicht behandelt	Differenz der Mittelwerte	Wahrscheinlichkeit
105, 105, 106, 115	84, 94, 95, 96	107.75 – 92.25 = 15.5	1/70
96, 105, 106, 115	84, 94, 95, 105	105.5 – 94.5 = 11	1/70
105, 96, 106, 115	84, 94, 95, 105	105.5 – 94.5 = 11	1/70
105, 105, 96, 115	84, 94, 95, 106	105.25 – 94.75 = 10.5	1/70
95, 105, 106, 115	84, 94, 105, 96	105.25 – 94.75 = 10.5	1/70
105, 95, 106, 115	84, 94, 105, 96	105.25 – 94.75 = 10.5	1/70
105, 105, 95, 115	84, 94, 106, 96	105 – 95 = 10	1/70
94, 105, 106, 115	84, 105, 95, 96	105 – 95 = 10	1/70
105, 94, 106, 115	84, 105, 95, 96	105 – 95 = 10	1/70

Tab. 4 Alle Aufteilungen der acht Personen in zwei Gruppen, die zu einer Mittelwertsdifferenz ≥ 10 führen.

Die tatsächlich beobachtete Mittelwertsdifferenz von 10 (s. *Tabelle 2*) ist also diesen Überlegungen zufolge nicht besonders unwahrscheinlich, selbst wenn wir die Nullhypothese voraussetzen. Daher geben die Daten keinen Grund, die Nullhypothese zu verwerfen. Der Mittelwertsunterschied ist also *nicht (statistisch) signifikant*.

Zu einem anderen Schluß wären wir gekommen, wenn die beobachtete Mittelwertsdifferenz gleich 11 oder gar größer gewesen wäre. Mittelwertsdifferenzen ≥ 11 würden wir bei den vorliegenden Daten nur in 3 von 70 Fällen erwarten. Ein solches Ereignis mit dieser Wahrscheinlichkeit von $3/70 = 0.043$ würde man als relativ unwahrscheinlich betrachten und daher die Nullhypothese verwerfen. Eine Mittelwertsdifferenz ≥ 11 wäre also *(statistisch) signifikant*. Man würde daher schließen, daß die beobachtete Mittelwertsdifferenz auf die Wirkung der Behandlung zurückzuführen ist.

Es ist offensichtlich, daß sowohl bei der Entscheidung *für* als auch bei der Entscheidung *gegen* die Nullhypothese eine Fehlentscheidung möglich ist. Die Wahrheit kann man in der geschilderten Situation nicht kennen. Ist die Nullhypothese wahr und man verwirft sie trotzdem, spricht man vom α-Fehler oder »Fehler 1. Art«. Ist die Nullhypothese dagegen falsch und man verwirft sie nicht, spricht man vom β-Fehler oder »Fehler 2. Art«.

Die α-Fehlerwahrscheinlichkeit legt man letztlich selbst fest, wenn man die *kritische Mittelwertsdifferenz* festlegt, ab der man die Nullhypothese verwerfen will. In der Regel wählt man die kritische Mittelwertsdifferenz so, daß die α-Fehlerwahrscheinlichkeit gleich 0.05 oder gleich 0.01 beträgt. Dabei sollte man jedoch nicht vergessen, daß es sich hierbei um reine Konventionen handelt, die keinerlei Rücksicht auf die »Kosten« einer Fehlentscheidung nehmen. Bei der Untersuchung der Nebenwirkungen von Medikamenten beispielsweise können mit Fehlentscheidungen dramatisch hohe Kosten verbunden sein, die bei der Entscheidung über die Ablehnung einer Nullhypothese mitbedacht werden müssen. Eine falsche Entscheidung für die Nullhypothese »keine Nebenwirkungen« könnte unter Umständen vielen Menschen das Leben kosten. Die Entscheidung, daß Nebenwirkungen vorliegen, obwohl das nicht zutrifft, könnte ebenfalls vielen Menschen schaden oder gar das Leben kosten, denen man mit diesem Medikament hätte helfen können. Erst im Rahmen der *Entscheidungstheorie* (s. z.B. Eisenführ & Weber 1993) kann man Entscheidungskriterien entwickeln, die auch dem Kostenaspekt Rechnung tragen.

Zusammenfassende Schlußbemerkung

Dieses Kapitel sollte einen ersten Einblick in drei der wichtigsten Themenbereiche der quantitativen Methoden der Psychologie geben. Mit *Meßmodellen* werden theoretische Konstrukte definiert und mit beobachtbaren Variablen verknüpft. Mit *Abhängigkeitsmodellen* werden verschiedene Variablen (auch Konstrukte) miteinander in Beziehungen gesetzt und mit *Modellen der statistischen Inferenz* kann man die Unsicherheit quantifizieren, die mit Entscheidungen und Schätzungen verbunden ist. Zur vertiefenden Einführung seien abschließend noch die Arbeiten von Bortz & Döring (1995), Erdfelder, Mausfeld, Meiser & Rudinger (1996), Rogge (1995) sowie Steyer (1994) empfohlen.

Literatur

Bortz, Jürgen (1993): *Statistik für Sozialwissenschaftler*. Berlin: Springer.

Bortz, Jürgen, Nicola Döring (1995): *Forschungsmethoden und Evaluation*. Berlin: Springer.

Clauß, Günter, Falk-Rüdiger Finze, Lothar Partzsch (1995): *Statistik für Soziologen, Pädagogen, Psychologen und Mediziner*. Frankfurt/M.: Deutsch.

Czienskowski, Uwe (1996): *Wissenschaftliche Experimente: Planung, Auswertung, Interpretation*. Weinheim: Beltz, Psychologie Verlags Union.

Eid, Michael (1995): *Modelle der Messung von Personen in Situationen*. Weinheim: Beltz, Psychologie Verlags Union.

Eisenführ, Franz, Martin Weber (1993): *Rationales Entscheiden*. Berlin: Springer.

Erdfelder, Edgar, Jürgen Bredenkamp (1994): Hypothesenprüfung. In: Theo Herrmann, Werner Tack (Hg.): *Methodologische Grundlagen der Psychologie. Enzyklopädie der Psychologie*, Themenbereich B, Serie I, Band 1. Göttingen: Hogrefe, 604–648.

Erdfelder, Edgar, Rainer Mausfeld, Thorsten Meiser, Georg Rudinger (Hg.) (1996): *Handbuch Quantitative Methoden*. Weinheim: Beltz, Psychologie Verlags Union.

Rogge, Klaus-Eckart (Hg.) (1995): *Methodenatlas*. Berlin: Springer.

Rost, Jürgen (1988): *Quantitative und qualitative probabilistische Testtheorie*. Bern: Huber.

Rost, Jürgen (1996): *Testtheorie und Testkonstruktion*. Bern: Huber.

Steyer, Rolf (1992): *Theorie kausaler Regressionsmodelle*. Stuttgart: Fischer.
Steyer, Rolf (1994): Stochastische Modelle. In: Theo Herrmann, Werner Tack (Hg.): *Methodologische Grundlagen der Psychologie. Enzyklopädie der Psychologie*. Themenbereich B, Serie I, Bd.1. Göttingen: Hogrefe, 649–693.
Steyer, Rolf, Michael Eid (1993): *Messen und Testen*. Berlin: Springer.
Steyer, Rolf, Peter Schwenkmezger, Peter Notz, Michael Eid (1997): *Der Mehrdimensionale Befindlichkeitsfragebogen* (MDBF). Göttingen: Hogrefe.

2. Experimentelle Versuchsplanung

WOLFGANG HELL

Was sind Experimente, wie plane ich Experimente und welche Fehlerquellen gibt es dabei? Diese Fragen sollen in diesem Kapitel beantwortet werden. Nach einem Beispiel, das die Bedeutung experimentellen Vorgehens gerade auch für Psychologen, die *nicht* in die Forschung gehen wollen, verdeutlicht, erläutere ich die Grundidee des Experimentierens, gehe dann auf die für die Experimentalplanung wichtigen Typen und Unterteilungen von Experimenten ein und beschreibe am Ende einige Probleme des Experimentierens. Ausführlichere Darstellungen sind zu finden bei Bortz (1984), Huber (1987), Laucken und Schick (1978), Levine und Parkinson (1994) sowie Myers und Hansen (1993). Die Geschichte des Experimentes liest man unter anderem bei Danziger (1985), Kritik am üblichen Experiment bei Gadlin und Ingle (1975) oder bei Meehl (1978), eine Verteidigung bei Kruglanski (1976) oder Berkowitz und Donnerstein (1982).

Wozu experimentieren?

Das nun folgende Beispiel ist nachzulesen bei Green (1996). Patienten mit der Diagnose Autismus zeigen unter anderem vielfältige Kommunikationsdefizite und verfügen über keine dem üblichen Verständnis entsprechende Sprache. Im Jahre 1970 hat Rosemary Crossley in Melbourne (Australien) eine auf den ersten Blick vielversprechende neue Kommunikationsmethode mit ihr anvertrauten Autisten entwickelt. Sie stützte die Hände ihrer Patienten und brachte sie auf diese Weise dazu, auf Buchstaben einer Tastatur zu zeigen beziehungsweise auf Bilder in Vorlagen zu deuten. Die Texte, die ihre Patienten auf diese Weise tippten, ließen auf eine erheblich größere Intelligenz schließen, als man den Autisten bisher zugebilligt hatte.

Frau Crossley nannte ihre Methode »facilitated communication«

(erleichterte Kommunikation). Diese Methode wurde von vielen Eltern von autistischen Kindern beziehungsweise Therapeuten begierig aufgegriffen. Einige Forscher gingen soweit, Autismus nicht mehr als Kommunikationsdefizit, sondern als rein motorisches Defizit zu beschreiben. Als Standardmethode stellte sich nach einiger Zeit folgendes Vorgehen heraus: Ein Betreuer beziehungsweise eine Betreuerin führte die Hand des Patienten über einem Brett beziehungsweise einer Tastatur mit einem Alphabet und den Ziffern von 0 bis 9 und versuchte, die Hand so zu unterstützen, daß der Finger auf der von dem Autisten gewünschten Stelle landete. Auf diese Weise konnten auch Botschaften längerer Art aufgezeichnet werden.

Was Eltern und Betreuer von Autisten dabei besonders faszinierte, war, daß einige dieser Autisten sogar begannen, Gedichte zu schreiben oder Wünsche hinsichtlich der Behandlung von Behinderten durch die Gesellschaft und ihrer Unterbringung zu äußern. Zwar hatten einige Wissenschaftler schon von Anfang an die Befürchtung geäußert, daß die aufgezeichnete Botschaft nicht von den Autisten, sondern von den betreuenden Personen stammte, jedoch wurde diesen Stimmen vorerst wenig Gehör geschenkt. Zum einen war die Faszination dieser neuen Methode so stark, daß man ungern auf Bedenken hören wollte, und zum anderen schien diese Methode zumindest nicht zu schaden, selbst wenn der einzige Vorteil in einer umfangreicheren Beschäftigung mit den Autisten bestand.

Dieses Bild änderte sich radikal, als einige der durch »facilitated communication« hervorgerufenen Botschaften Anschuldigungen sexuellen Mißbrauchs gegenüber den eigenen Eltern enthielten. Nun war es offensichtlich nicht mehr egal, ob diese Botschaften der Phantasie der Betreuer entsprangen und durch das Führen der Hand der Betreuten erst in die Tastatur »gefüttert« wurden, oder ob diese Botschaften reale Kommunikationsversuche der Autisten waren, wobei die Betreuer ausschließlich eine unterstützende Funktion hatten. Einige Gerichte in den USA und Australien machten zur Auflage zu testen, ob die Autisten tatsächlich zu Kommunikationen der oben beschriebenen Art in der Lage seien.

Die Forscher, die diese Untersuchungen durchführten, standen genau vor dem Problem, das der zentrale Punkt dieses Kapitels ist. Wie führe ich ein überzeugendes Experiment durch? Welche Hypothesen muß ich testen? Welche Daten erhebe ich? Und wie mache ich meine Schlüsse so wasserdicht wie nur irgend möglich?

Die beiden Hypothesen waren klar: Hypothese 1 war, daß die Autisten tatsächlich die beschriebenen kognitiven Leistungen selbständig erbringen konnten. Hypothese 2 war, daß diese Leistungen ausschließlich den intellektuellen Leistungsstand der betreuenden Personen widerspiegelten, und zwar deswegen, weil die betreuenden Personen unwillentlich den Autisten die Hände führten. Die Aufgabe war nun, eine experimentelle Situation und Prüfung zu finden, in der das Ergebnis so genau wie möglich zwischen beiden Denkmöglichkeiten unterscheiden konnte.

Die Lösung hierfür war folgende: Man sorgte durch eine geschickte experimentelle Anordnung dafür, daß in der einen Bedingung die Autisten und die betreuenden Personen jeweils das gleiche Bild zu sehen bekamen. Aufgabe für die Autisten war, den Namen des auf dem Bild gezeigten Gegenstandes beziehungsweise Lebewesens zu tippen. In der anderen Bedingung bekamen die betreuenden Personen ein anderes Bild zu sehen als die Autisten. Die Aufgabe war wiederum dieselbe. Die Überlegung hinter diesem Vorgehen war folgende: Wenn das Tippen eine originäre Leistung der Autisten ist, dann sollte in beiden Versuchsbedingungen die Abbildung beschrieben werden, die die Autisten sehen, wenn hingegen die betreuenden Personen die Urheber dieser Leistungen sind, dann sollte in beiden Bedingungen das Bild benannt werden, das die betreuenden Personen zu sehen bekommen.

Das Ergebnis war so eindeutig, wie dies in Experimenten selten der Fall ist: In allen Fällen wurde das Bild beschrieben, das die betreuenden Personen sahen, und nicht das Bild, das die Autisten sahen. Die scheinbar neue Therapiemethode beruhte also nur auf einer großen Selbsttäuschung. Hätten die betreuenden Personen besseres experimentalpsychologisches Grundlagenwissen gehabt, so wäre ihnen diese Ent-Täuschung erspart geblieben.

Ich habe mit Absicht dieses Beispiel an den Anfang gestellt, damit auch diejenigen Leser, die sicher sind, daß sie nicht in die Forschung gehen möchten, merken, wozu Kenntnisse über experimentelle Methodik gut sind. Viele wesentlichen Teile des experimentellen Vorgehens sind in diesem Beispiel schon enthalten: die Wahl des experimentellen *Designs*, die Wahl der zu erhebenden *Daten*, die Formulierung der zu überprüfenden *Hypothesen* und der *Schluß* aus den erhobenen Daten. Im folgenden werden diese Punkte etwas genauer ausgeführt.

Grundidee des Experimentes

Die Grundidee eines psychologischen Experimentes ist, durch geschickte Auswahl oder Manipulation von Versuchsbedingungen dafür zu sorgen, daß man die Leistungen (das Verhalten) von Versuchspersonen (oder Versuchstieren) in mindestens zwei verschiedenen Situationen messen kann. Wenn sich diese Situationen im Idealfall in ausschließlich einer einzigen Hinsicht unterscheiden, kann ich den kausalen Schluß ziehen, daß dieser Unterschied für den gemessenen Leistungsunterschied verantwortlich ist (s. obiges Beispiel; vgl. auch Kochinka & Werbik sowie Steyer). Bevor ich eine genauere Definition formulieren kann, muß ich einige Begriffe einführen, die ich im folgenden brauche:

Die *unabhängige Variable* eines Experimentes ist die Variable, die von der Versuchsleiterin manipuliert wird, die *abhängige Variable* ist diejenige, die gemessen wird beziehungsweise deren Merkmalsausprägung festgestellt wird. Die *Merkmalsausprägungen* einer Variablen sind alle diejenigen Stufen, die sie im Experiment annehmen kann. So hat beispielsweise die Variable »Geschlecht« die beiden Merkmalsausprägungen »männlich« und »weiblich«, die Variable »Parteienpräferenz« hat die Merkmalsausprägungen »Bündnis 90/ Grüne«, »CDU«, »CSU«, »FDP« und so weiter, und die Variable »Reaktionszeit« hat unendlich viele mögliche Merkmalsausprägungen, von denen je nach Genauigkeit der Messung verschieden viele auftreten können.

Eine *Störvariable* ist eine Variable, die nicht Gegenstand der Untersuchung ist, aber trotzdem einen Einfluß auf das Ergebnis haben kann. So sind alle die vielen persönlichen Eigenheiten der Versuchspersonen, seien sie stabile wie Persönlichkeitsmerkmale oder temporäre wie Müdigkeit, Störvariablen. Es gibt verschiedene Möglichkeiten, mit Störvariablen umzugehen:

Erstens kann man einige ausschalten (Beispiel: Lärm); zweitens kann man sie konstant halten. Wenn man also annimmt, daß bei einer Untersuchung der sozialen Interaktion in Gruppen das Geschlecht eine wesentliche Störvariable ist, kann man diese Untersuchung auch nur mit Frauen durchführen.

Drittens kann man Störvariablen zu Variablen machen (man fügt das Geschlecht als Variable zur Untersuchung hinzu); viertens kann man sie parallelisieren, indem man sie mißt und dafür sorgt, daß in allen Experimentalbedingungen die gleichen Merkmalsausprägungen der Störvariablen vorhanden sind. Man würde also bei einer Untersuchung einer Fördermaßnahme im Mathematikunterricht dafür Sorge tragen, daß in der geförderten Gruppe und in der nicht geförderten Kontrollgruppe das gemessene Vorwissen jeweils gleich groß ist.

Fünftens kann man die Störvariable randomisieren. Man teilt hierbei die Versuchspersonen zufällig den Versuchsgruppen zu (jede Versuchsperson hat die gleiche Chance wie jede andere, in eine der experimentellen Bedingungen zu kommen), beziehungsweise man teilt Versuchsmaterialien, Aufgaben und Reize zufällig auf die Bedingungen auf. Der Zufall verteilt, so hofft man, alle Merkmalsausprägungen der Störvariablen einigermaßen gleichmäßig auf alle Bedingungen. Dieses Vorgehen hat sehr große Vorteile. Zum einen ist es einfach und erfordert oft wenig Aufwand im Vergleich zu den anderen vier Methoden der Kontrolle. Zum anderen werden dadurch auch nicht erkannte Störvariablen zufällig zugeteilt. Bei allen anderen Methoden kann ich nur identifizierte Störvariablen kontrollieren, beim Randomisieren werden auch die, an die ich vorher nicht gedacht habe, zufällig verteilt. Habe ich vergessen, das Studienfach meiner Versuchspersonen abzufragen? Macht nichts, bei zufälliger Zuteilung auf die Gruppen wird auch die Störvariable Studienfach zufällig verteilt sein.

Ein großes Problem habe ich, wenn eine Störvariable nicht zufällig zuteilbar ist, sondern systematisch mit einer unabhängigen Variablen mitvariiert. Man spricht hier von einer *Konfundierung*. In diesem Fall kann ich nicht sicher sein, ob meine unabhängige Variable oder die mitvariierte Störvariable die Ursache für die Befunde ist. Gute Beispiele für Konfundierungen findet man bei verbalem Material: Möchte ich die Variable »Silbenzahl von Wörtern« untersuchen, untersuche ich damit häufig auch die Variable »Bekanntheit der Wörter«, weil kürzere Wörter bekannter sind. Es gehört oft eine erhebliche Phantasie der Forscher dazu, durch geschickte Materialwahl oder eine geschickte Auswahl der Manipulation zwei Variablen zu »entkonfundieren«, damit man die eine Variable getrennt von der anderen untersuchen kann.

Ein klassisches Beispiel für eine kreative Entkonfundierung findet sich bei Harlow (beschrieben in Mook 1983): Tiere suchen bei Gefahr Schutz bei der Mutter. Die Mutter gibt einerseits Wärme durch ihr Fell und damit Geborgenheit, andererseits Futter. Wenn man wissen will, ob Jungtiere zur Mutter flüchten, weil sie dort Nahrung oder weil sie Wärme finden, muß man diese beiden Funktionen entkonfundieren. Die Lösung war folgende: Rhesusaffen wuchsen im Labor ohne Mutter auf. Eine »Surrogatmutter« aus Drahtgeflecht gab die Nahrung, eine »Kuschelmutter« aus Fell sorgte für Wärme. Getestet wurde, ob die Affenbabys im Falle von Gefahr zur Nahrungsquelle oder zur Anschmiegmöglichkeit flüchteten. Letzteres war der Fall.

Eine *Hypothese* ist die (gedanklich begründete oder zumindest plausible) Vermutung über den Zusammenhang zweier oder mehrerer Variablen. Hypothesen sollen so genau formuliert sein, daß sie falsifizierbar sind, das heißt also, daß ein Ergebnis denkbar ist, das der Hypothese widerspricht (vgl. Kochinka & Werbik). In einer gut formulierten Hypothese wird klar, wie das die Hypothese testende Experiment angelegt sein muß. Ein Beispiel für eine Hypothese war oben zu lesen. Weitere Beispiele: »Die Reaktionszeit beim Bremsen im Auto ist um so länger, je mehr Alkohol der Fahrer im Blut hat.« »Die Erinnerung an eine gelernte Wortliste ist um so schlechter, je mehr Zeit seit dem Lernen vergangen ist.« Die gedankliche Begründung für beide Hypothesen versteht sich in diesem Fall von selbst. In beiden Beispielen ist ebenfalls klar, welches die unabhängige und welches die abhängige Variable ist. Im ersten Beispiel wird die Reaktionszeit in Abhängigkeit von dem Blutalkohol gemessen, ersteres ist also abhängige, letzteres unabhängige Variable. Im zweiten Beispiel wird die Versuchsleiterin die Behaltensdauer manipulieren, um in Abhängigkeit davon die Behaltensleistung zu bestimmen.

Wie die Manipulation genau stattfindet beziehungsweise wie gemessen wird, ist eine Frage der *operationalen Definition*. Unter dieser versteht man entweder die genaue Angabe der Manipulation oder die genaue Angabe, auf welche Weise gemessen wird. In einigen Fällen wird die operationale Definition von den Forschern nicht genau beschrieben, weil sie selbstevident ist. So wird niemand bei der Variablen »Geschlecht« auf die Idee kommen, nach einer genauen Beschreibung zu fragen, wie die Versuchsleiterin dieses bestimmt habe. Im obigen Beispiel wird bei der Variablen »Behaltensdauer« beziehungsweise bei der Variablen »Reaktionszeit« jeder mit einer sehr knappen Definition wie beispielsweise »die Zeit zwischen dem Umspringen der Ampel auf Rot und der ersten Berührung des Bremspedals wurde gemessen und wird im folgenden als Reaktionszeit bezeichnet« zufrieden sein.

So eindeutig ist dies durchaus nicht bei allen Variablen. Bei der Variablen »Blutalkohol« etwa kann die Art der Bestimmung das Ergebnis deutlich beeinflussen, und wir werden von der Autorin eines Artikels über diese Forschung eine genaue Angabe des Typs der Messung erwarten. Diese genaue Angabe kann sich ohne weiteres über mehrere Sätze erstrecken und ist in diesem Falle die operationale Definition. Auch bei der Bestimmung der Gedächtnisleistung ist es nicht egal, ob als Aufgabe freie Reproduktion oder Wiedererkennen aus einer Liste mehrerer Wörter verlangt war (vgl. hierzu Straub). In beiden Fällen kann die operationale Definition zwar die genaue Höhe des Ergebnisses, kaum aber die Richtung des Ergebnisses beeinflussen.

Leider sind Fälle, in denen die Wahl der operationalen Definition sogar die Richtung des Ergebnisses beeinflußt, durchaus nicht selten. Stellen Sie sich vor, Sie wollen feststellen, ob Männer oder Frauen »besser« Auto fahren. Was heißt »gut« beziehungsweise »besser«? Wer als Maß für die »Autofahrgüte« die »Häufigkeit von verschuldeten Unfällen, gemessen an der Fahrleistung«, nimmt, wird finden, daß Frauen besser Auto fahren. Wer als Maß für die »Autofahrgüte« die »minimale Zeit, mit der die Versuchsperson einen Parcours auf einem ADAC-Übungsplatz fehlerfrei bewältigt«, nimmt, findet (hier muß ich raten) möglicherweise genau das umgekehrte Ergebnis. Ein weiteres Beispiel: Bestimmen Sie die »Sicherheit eines Verkehrsmittels« durch die »Zahl der Toten pro zurückgelegtem Kilometer«, wird das Flugzeug erheblich sicherer sein als das Fahrrad, nehmen Sie hingegen die »Wahrscheinlichkeit, einen Unfalltod zu erleiden, pro Benutzung« als Maß, ändern sich die Verhältnisse drastisch.

Es gibt keine richtige oder falsche operationale Definition (ungeschickte gibt es allerdings durchaus). Es liegt in der Verantwortung der Forscher, ihre gegebenenfalls recht subjektive Wahl der operationalen Definition so genau mitzuteilen, daß jemand anderes in der Lage ist, das Experiment zu kritisieren, genau zu replizieren oder mit einer anderen operationalen Definition zu wiederholen.

Unter der *internen Validität* eines Experimentes versteht man die Gültigkeit des kausalen Schlusses (»meine Manipulation der unabhängigen Variablen ist verantwortlich für die Variation der abhängigen Variablen«). Die interne Validität ist hoch, wenn es möglichst keine denkbare Gegeninterpretation zu dem kausalen Schluß gibt. Die *externe Validität* eines Experimentes ist dann hoch, wenn man die Ergebnisse problemlos auf andere Personen, Zeiten und Umstände übertragen darf. Das ist typischerweise dann der Fall, wenn es eine hohe Ähnlichkeit zwischen der Untersuchungssituation und der, auf die geschlossen werden soll, gibt. Cook und Campbell (1976), von denen diese Unterscheidung stammt, diskutieren auch noch die statistische und die Konstruktvalidität. Man findet dort die beste Sammlung von möglichen Bedrohungen der Validität.

Die *Grundidee des Experimentes* ist, im Gegensatz zu einer Beobachtung, durch einen künstlichen Eingriff in die natürliche Welt eine Situation zu schaffen, in der die erhobenen Daten die möglichst definitive Entscheidung zwischen zwei oder mehr Hypothesen über die Wirklichkeit zulassen. Zu einem Experiment gehören eine oder mehrere unabhängige Variablen und eine oder mehrere abhängige Variablen sowie deren jeweilige operationale Definitionen und eine oder mehrere, im Idealfall aus Theorien abgeleitete Hypothesen. Im absoluten Minimum hat ein Experiment eine einzige unabhängige Variable mit zwei Merkmalsausprägungen und eine einzige abhängige Variable.

Im obigen Beispiel mit den Autisten ist dieses der Fall. Das Experiment hat die unabhängige Variable »Sichtbedingungen« mit den beiden Merkmalsausprägungen »Betreuerin und betreute Person sehen dasselbe/nicht dasselbe« und der abhängigen Variablen »Prozentsatz der Fälle, in denen das getippt wird, was die Betreuerin sieht«. In einem solchen Fall spricht man auch von einer *Experimentalbedingung* (die künstlich eingeführte Situation, in der beide nicht dasselbe sehen) und einer *Kontrollbedingung*. Werden in beiden Bedingungen jeweils verschiedene Versuchspersonen getestet, spricht man von Experimentalgruppe und Kontrollgruppe. Die zentrale Idee hierbei ist, daß sich beide Gruppen in absolut nichts unterscheiden, mit Ausnahme der Manipulation, auf die es dem Forscher ankommt.

Wenn dies gelungen ist (und ob dies wirklich gut gelungen ist, bleibt oft ein umstrittener Diskussionspunkt), dann und nur dann darf man sicher sein, daß ein gefundener Unterschied zwischen beiden Gruppen auf die Manipulation der unabhängigen Variablen zurückzuführen ist, daß man also das Ergebnis kausal interpretieren darf.

Unterteilungen von Experimenten

Sobald die Hypothesen einer Untersuchung und die operationalen Definitionen der Variablen feststehen, ist die Auswahl des Typs des Experimentes der wichtigste Bestandteil der Experimentalplanung. In diesem Teil werde ich verschiedene Typen beziehungsweise Unterteilungen von Experimenten besprechen. Ich werde jeweils die Vor- und Nachteile beschreiben.

Die erste Unterteilung ist die nach der *Anzahl der unabhängigen Variablen* in einfaktorielle, zweifaktorielle (mehrfaktorielle) und so weiter. Man wird sehr selten Experimentaldesigns mit mehr als drei bis vier unabhängigen Variablen finden. Der Grund dafür ist, daß die statistische Auswertung zunehmend schwerer wird und daß insbesondere die Interpretation der vielen statistischen Interaktionen zwischen den Variablen kaum noch sinnvoll möglich ist.

Von einem *vollständig gekreuzten Design* spricht man, wenn jede Merkmalsausprägung jeder unabhängigen Variablen in Kombination mit jeder Merkmalsausprägung jeder anderen unabhängigen Variablen vorkommt. Wenn ich also beispielsweise in einem Gedächtnisexperiment Versuchspersonen verschiedenen Alters (erste unabhängige Variable mit beispielsweise den Merkmalsausprägungen 20–30 und 31–60) mit Wortlisten verschiedener Länge (zweite unabhängige Variable, sagen wir mit den Längen 20, 80 und 200) traktiere, so muß jede Altersgruppe in jeder Listenlängenbedingung getestet werden, die jüngeren bei Länge 20, 80, 200 sowie die älteren bei eben diesen Längen. Dies sind 2 · 3, insgesamt also 6 Versuchsbedingungen. Wenn ich hier die jüngeren beispielsweise in allen drei Listenlängenbedingungen getestet hätte und die älteren nur bei der kürzesten Länge, würde man von einem *unvollständig gekreuzten Design* sprechen.

Ein solches Design hat viele Nachteile und kaum Vorteile. Ich könnte nicht sicher sagen, ob die Abhängigkeit der Gedächtnisleistung von der Listenlänge auch bei den älteren Versuchspersonen zu erwarten wäre, beziehungsweise ob ein möglicher Altersunterschied auch bei anderen Listenlängen zu finden wäre. Zusätzlich schaffe ich mir Probleme bei der statistischen Auswertung. Den praktisch einzigen Vorteil hat dieses Design in der geringeren Anzahl von Versuchspersonen beziehungsweise in der geringeren Anzahl von Messungen. Normalerweise sollte immer ein vollständig gekreuztes Design Verwendung finden.

Ein solches Design wird oft in der Form n • m • p ... angegeben. Das heißt, daß eine unabhängige Variable mit n Merkmalsausprägungen, eine weitere mit m Merkmalsausprägungen und eine dritte mit p Merkmalsausprägungen usw. vollständig miteinander kombiniert werden. Das eben beschriebene Gedächtnisexperiment würde als 2 • 3 faktorielles Design bezeichnet. Der Vorteil dieser Darstellungsweise ist, daß man die Anzahl der Bedingungskombinationen und somit auch die Anzahl der benötigten Versuchspersonen auf einen Blick sehen kann. Ein 2 • 4 • 4 Design hätte 32 Kombinationen der Merkmalsausprägungen der drei unabhängigen Variablen, was bei 20 Versuchspersonen pro Bedingungskombination zu 640 Versuchspersonen führen würde, wenn man jede Versuchsperson nur ein Mal unter einer einzigen Bedingung testet.

Nach der *Anzahl der abhängigen Variablen* unterscheidet man univariate und multivariate Experimente. Dieser Unterschied hat meistens große Auswirkungen auf die Art der statistischen Auswertung, was uns hier nicht weiter interessieren soll. Man wird ein univariates Design typischerweise, aber nicht notwendigerweise, eher beim hypothesentestenden Vorgehen und ein multivariates Design eher beim hypothesenfindenden Vorgehen antreffen.

Eine Unterscheidung, die häufig anzutreffen, aber in meinen Augen nicht immer sinnvoll ist, ist die in *Laborexperimente* und *Feldexperimente*. Erstere finden in der künstlichen, gut kontrollierten Laborumgebung statt und gelten deshalb als nicht immer übertragbar auf das normale Leben (extern invalide), dafür aber als zuverlässig in den aus ihnen gezogenen kausalen Schlüssen (intern valide). Letztere finden in einer nicht immer vollständig kontrollierbaren realen Umgebung statt und gelten deshalb als eher extern valide und intern invalide. Auch in einem Feldexperiment findet allerdings die Manipulation der unabhängigen Variablen durch den Experimentator statt.

Ein typisches Beispiel für ein Feldexperiment findet sich bei Latané und Darley (1970): In einem Getränkemarkt wurde ein »Diebstahl« durchgeführt. Die Versuchspersonen, die als normale Kunden keine Ahnung davon hatten, daß sie an einem Experiment teilnahmen, erlebten einen simulierten und mit dem Ladeninhaber abgesprochenen Diebstahl. Sie waren dabei (unabhängige Variable) alleine oder mit einem als anderer Kunde getarnten Versuchsleitervertrauten zusammen. Gezählt wurde, wie häufig die naiven Kunden dem Angestellten den Diebstahl berichteten (sie taten es erheblich häufiger, wenn sie alleine waren). Man kann sich sicherlich gut vorstellen, warum dieses Experiment zum Thema »Hilfsbereitschaft« in einer Feldsituation stattfand und nicht im Labor. Die Kontrolle der unabhängigen Variablen (ein oder kein weiterer Anwesender) blieb jedoch auch hier in der Hand der Versuchsleitung.

Welche Gründe gibt es, ein Labor- beziehungsweise ein Feldexperiment durchzuführen? In vielen Fällen trifft sich die Entscheidung praktisch von alleine: Wahrnehmungsexperimente mit genauer Reizkontrolle werden Sie nur in der künstlichen Laborsituation durchführen, Therapieerfolgskontrollexperimente werden Sie vernünftigerweise in einer realen Therapiesituation mit all ihren Zusatzeinflüssen durchführen. Die Experimente zur Hilfsbereitschaft von Latané und Darley (1970) hingegen fanden je nach Fragestellung zum Teil im Labor und zum Teil im Feld statt.

Wenn es Ihnen auf eine genaue Bedingungskontrolle ankommt und auf den sicheren kausalen Schluß, daß Ihre Manipulation und sonst nichts für den möglicherweise gefundenen Unterschied verantwortlich ist, sollten Sie ein Laborexperiment durchführen.

Wenn Sie eine Hypothese testen wollen, werden Sie ebenfalls typischerweise im Labor experimentieren. Ein schönes Beispiel dafür ist das oben beschriebene Rhesusaffenexperiment von Harlow (Mook 1983). Niemand interessiert sich ernsthaft dafür, wie richtige Affen in freier Wildbahn mit den beiden Ersatzmuttertypen umgehen würden. Trotzdem wurde das Experiment zu Recht berühmt als definitiver Test über zwei mögliche Hypothesen zum Schutzsuchverhalten.

Wenn Sie allerdings an der Übertragbarkeit eines Befundes auf reale Situationen mehr interessiert sind als am Hypothesentest, dann werden Sie ein Feldexperiment in Erwägung ziehen.

In vielen Forschungsgebieten der Psychologie gilt die Kombination von beiden Möglichkeiten über Experimente hinweg als der ideale Fall. In der Gedächtnispsychologie gibt es genau kontrollierte Laborbefunde über die Gesetzmäßigkeiten des Vergessens (vgl. Straub). Diese bilden die Grundlagen der Theoriebildung auf dem Gebiet. Zusätzliche Glaubwürdigkeit finden die Befunde durch Untersuchungen, die dieselben Gesetzmäßigkeiten bei Gedächtnisinhalten zu real erlebtem Geschehen nachweisen.

Die in meinen Augen wichtigste Unterteilung von Experimenten ist die in eigentliche Experimente und *Quasiexperimente* (das Wort Experiment wird oft auch als Oberbegriff für beide benutzt). In einem Quasiexperiment sind die Versuchspersonen nicht zufällig auf die Merkmalsausprägungen der unabhängigen Variablen verteilt worden, weil dies nicht möglich war. Typischerweise werden die Versuchspersonen in einem Quasiexperiment nach schon vorher bestehenden Unterschieden auf die Versuchsgruppen verteilt.

Nehmen wir die Variable Geschlecht als Beispiel, eine Variable, die die Versuchspersonen schon mit sich bringen. Leider (aus methodischer Sicht) bringen sie damit nicht nur ihr Geschlecht mit, sondern all die anderen Unterschiede kultureller, durch die Erziehung bedingter, beruflicher und sonstiger Natur, die in unserer Gesellschaft mit dem Geschlecht konfundiert sind. Deshalb kann ich mir bei einem Experiment, das diese spannende Variable untersucht, nie sicher sein, ob ein gefundener Unterschied wirklich kausal auf die Variable Geschlecht und sonst nichts zurückzuführen ist. Nehmen wir obiges Beispiel, daß Frauen weniger Unfälle produzieren. Das Geschlecht ist mit der Fahrleistung konfundiert, weil Frauen weniger Auto fahren.

Diese Störvariable ist noch recht einfach zu kontrollieren. Leider fahren Frauen auch andere Autos als Männer, die in einem anderen Pflegezustand sind, fahren zu anderen Zeiten Auto als Männer und so weiter. Das Problem sind nicht so sehr die erkannten Störvariablen, weil ich diese mit den entsprechenden Techniken kontrollieren kann, sondern die nicht erkannten.

Ein weiteres Beispiel zeigt, daß sogar schon die Wahl einer Kontrollgruppe große Probleme bereiten kann: Aphasie ist eine häufig studierte Sprachstörung. Welches ist nun die geeignete Kontrollgruppe bei einem Denkleistungsexperiment für eine klinische Population von Broca-Aphasikern, die sich in Alter, sozialer Herkunft, Ausbildung und so weiter von einer zufällig gezogenen Stichprobe aus der Bevölkerung unterscheiden? Sollen die Forscher eine Gruppe von Studierenden, Pfleger aus der Klinik oder Patienten von der benachbarten Schizophreniestation nehmen?

Ein letztes Beispiel soll zeigen, daß auch dort, wo eine experimentelle Manipulation theoretisch möglich wäre, sie aus ethischen Gründen ausgeschlossen sein kann. Die mögliche Schädlichkeit von schwacher radioaktiver Strahlung ist sehr umstritten. Mit Menschen ein Experiment mit zufälliger Zuteilung der Versuchspersonen (am »besten« noch ohne ihr Wissen) auf die Bedingungen mit/ohne radioaktive Niedrigstrahlung durchzuführen verbietet sich von vornherein. Man behilft sich hier also mit Tierexperimenten, wobei die Übertragbarkeit der Ergebnisse umstritten ist, oder mit Quasiexperimenten. So hat man beispielsweise diejenigen Personen untersucht, die Jahre nach den Bombenabwürfen nach Hiroshima und

Nagasaki gezogen sind und dort einer genau meßbaren radioaktiven Niedrigstrahlung ausgesetzt waren. Die untersuchten Personen waren nicht weniger gesund als eine zufällig gezogene Vergleichspopulation.

Können wir also Entwarnung geben für radioaktive Niedrigstrahlung? Nicht notwendigerweise, denn diese in dem Quasiexperiment bestrahlte Stichprobe setzte sich aus jüngeren und somit gesünderen Leuten zusammen. Wenn man bei der Vergleichspopulation zusätzlich das Alter kontrollieren würde, ließe sich immer noch argumentieren, daß eine Gruppe von Leuten, die wissentlich nach Hiroshima oder Nagasaki zieht, in Hinblick auf Selbstvertrauen und Gesundheit sich systematisch von einer Vergleichspopulation unterscheidet, oder daß sie, um die vermutete Gesundheitsbeeinträchtigung zu kompensieren, in anderer Hinsicht gesünder lebt. Das grundlegende Problem bei allen Quasiexperimenten ist die große Anzahl von Gegeninterpretationen, die auch nach Kontrolle einiger Störvariablen noch verbleibt. Die interne Validität eines Quasiexperimentes ist deutlich geringer als die eines eigentlichen Experimentes. Durch die zufällige Zuteilung der Versuchspersonen auf die experimentellen Bedingungen in einem eigentlichen Experiment sind viele Gegeninterpretationen zu den Daten von vornherein ausgeschlossen oder zumindest nicht sehr glaubwürdig. Wenn man die Wahl hat, wird man immer ein Experiment einem Quasiexperiment vorziehen. Letzteres wird man nur dort durchführen, wo es sich aus ethischen oder prinzipiellen Gründen nicht vermeiden läßt. Die methodischen Grundlagen für die Planung und Durchführung von Quasiexperimenten findet man sehr gut bei Cook und Campbell (1976) beschrieben.

Leider finden sich in der Literatur auch Beispiele, in denen Versuchsleiter auf die zufällige Zuteilung der Versuchspersonen verzichtet haben, obwohl sie möglich gewesen wäre, und somit in einem Experiment die Nachteile eines Quasiexperimentes in Kauf genommen haben. Dies ist am häufigsten und auf den ersten Blick nicht gleich erkennbar dort der Fall, wo die Experimente in Gruppen durchgeführt werden und verschiedene Gruppen verschiedenen Merkmalsausprägungen der unabhängigen Variablen zugeteilt werden. So hat ein bekannter amerikanischer Forscher, dem ich eine Zitation ersparen möchte, eine Gedächtnistäuschung in zwei verschiedenen experimentellen Bedingungen untersucht. In der ersten Bedingung (viel Zeit verstrichen) erwartete er einen großen Effekt, in der zweiten (wenig Zeit verstrichen) einen kleinen. Er fand diese Vermutung bestätigt.

Weniger eindrucksvoll wirkt die Bestätigung auf den zweiten Blick, wenn man im Kleingedruckten des Methodenteils liest, daß die erste Bedingung in einer Psychologieanfängervorlesung durchgeführt wurde, die zweite in einer »advanced methodology class«. Zumindest im Alter haben sich beide Gruppen unterschieden. Die Ursache für einen solchen Fehler liegt auf der Hand: Die Durchführung von Experimenten in Gruppen ist zeitsparend. Wenn man sich schon zu einem solchen Gruppenexperiment entscheidet, muß man darauf achten, daß entweder die Gruppen aus derselben Population gezogen sind oder, besser noch, daß die experimentelle Manipulation innerhalb jeder Gruppe und nicht zwischen Gruppen stattfindet.

Die nächste Entscheidung, vor der ein Forscher steht, ist die Entscheidung für beziehungsweise gegen die Benutzung von *Meßwiederholungen*. Soll ich die Merkmalsausprägung einer abhängigen Variablen pro Versuchsperson nur einmal messen oder mehrere Male? In vielen Fällen ist die Entscheidung ganz einfach. Wenn ich praktisch keine Varianz in der Messung erwarte (so werde ich mir bei der Frage nach der Einstellung zu vorehelichem Geschlechtsverkehr durch eine mehrfache Wiederholung der Frage keine Änderung der Antwort versprechen dürfen), werde ich ein Design ohne Meßwiederholungen planen. Ebenso werde ich vorgehen, wenn ich erwarte, daß sich das Verhalten oder die Einstellung der Versuchsperson durch die Teilnahme an der ersten Messung grundlegend ändern kann.

Im obigen Beispiel mit dem simulierten Diebstahl wäre es ein grober Fehler gewesen, wenn die Versuchspersonen, direkt nachdem vor ihren Augen ein Diebstahl stattfand, in der jeweils anderen Bedingung einen zweiten Diebstahl hätten erleben dürfen. Der Vorteil von Meßwiederholungen ist, daß die Varianz des Mittelwertes mit der Zahl der Meßwiederholungen kleiner wird und somit auch recht kleine Effekte zuverlässig gefunden werden können. Man wird also in allen Fällen, in denen man eine Varianz der Antwort erwartet *und* in denen man bei einer Meßwiederholung keine systematische Änderung des Antwortverhaltens über Gewöhnung und Lernen hinaus annehmen muß, ein Meßwiederholungsdesign vorziehen. Typische Beispiele sind hier die Messung von Reaktionszeit, wahrnehmungspsychologische Versuche und Experimente aus der Gedächtnispsychologie.

Eine Entscheidung mit ähnlichen Vor- und Nachteilen ist die zwischen einem »between subjects« und einem »within subjects« Design. Ich lasse die englischen Begriffe stehen, weil im Deutschen manchmal fälschlicherweise letzteres mit Meßwiederholungsdesign übersetzt worden ist. In einem »between subjects« Design nimmt jede Versuchsperson nur an einer experimentellen Bedingung teil (das kann aber durchaus wiederholt sein, wodurch es auch zu einem Meßwiederholungsdesign würde), in einem »within subjects« Design an mehreren beziehungsweise allen.

Der große Vorteil von letzterem Design besteht darin, daß die Unterschiede zwischen Versuchspersonen keine systematische Rolle spielen, da jede Versuchsperson mit allen ihren Eigenheiten, die sie von anderen unterscheiden, an allen Versuchsbedingungen teilnimmt. Durch die Wahl des korrekten statistischen Verfahrens kann hierbei die Varianz zwischen den Versuchspersonen ausgeschaltet werden, der statistische Test hat also eine größere »power«, d. h. eine größere Wahrscheinlichkeit, ein signifikantes Ergebnis zu erzielen. Man wird deshalb dieses Design überall dort vorziehen, wo es möglich ist.

Ähnlich wie bei einer Entscheidung gegen ein Meßwiederholungsdesign wird man sich gegen das »within subjects« Design entscheiden, wenn die Teilnahme an der einen Bedingung einen systematischen Einfluß auf die Leistung der Versuchsperson in einer anderen Bedingung haben dürfte. Das Problem sollte klar werden in einem Beispiel aus meiner Forschung, in dem die Designentscheidung nicht einfach war:

Wir (Hell, Gigerenzer, Gauggel, Mall & Müller 1988) haben eine Gedächtnistäuschung untersucht, bei der wir erwartet haben, daß Versuchspersonen, die eine Begründung für eine Meinung zu einer Frage (unter anderem »Wie lang ist ein Zehnmarkschein?«) abgegeben haben, sich eine Woche später besser an diese Meinung erinnern würden, als wenn sie diese Begründung nicht abgegeben haben. In einem »between subjects« Design würde die eine Gruppe von Versuchspersonen zu dem gleichen Fragenmaterial eine Begründung für ihre Meinung geben, die andere hingegen nicht. In einem »within subjects« Design würde jede Versuchsperson bei ungefähr jeder zweiten Frage eine Begründung abgeben müssen, bei den anderen nicht. Letzteres hat den Vorteil, daß man weniger Versuchspersonen braucht und daß die Effekte leichter sichtbar werden. Was wäre aber, wenn die Tatsache, daß Versuchspersonen jedes zweite Mal eine Begründung abgeben müssen, dafür sorgt, daß sie auch bei den anderen Fragen innerlich eine Begründung abgeben und somit der Unterschied zwischen den Bedingungen reduziert wird?

Wir haben uns letztlich erfolgreich für ein »within subjects« Design entschieden, jedoch war diese Entscheidung nicht einfach, da die Argumente gegen dieses Design durchaus gut waren. Weitere Gründe für beziehungsweise gegen »within subjects« Designs findet man bei Greenwald (1976).

Ich möchte diesen zentralen Teil nicht abschließen, ohne zu erwähnen, daß viele dieser Entscheidungen zum experimentellen Vorgehen für jede Variable einzeln gefällt werden müssen. So kann ohne weiteres die eine Variable »within subjects« und die andere »between subjects« manipuliert werden (vgl. Hell, Gigerenzer, Gauggel, Mall & Müller 1988). Man liest zwar praktisch ausschließlich von einem »Quasiexperiment«, jedoch wäre der Sprachgebrauch »quasiexperimentelle Variable« deutlicher, da es viele Beispiele gibt, in denen eine Variable quasiexperimentell variiert worden ist, eine andere experimentell. Die relativen Vor- und Nachteile beziehen sich in diesen Fällen nicht auf das gesamte Experiment, sondern ausschließlich auf die jeweilige Variable.

Probleme von Experimenten

Nehmen wir an, Sie haben die großen Entscheidungen zwischen den verschiedenen Typen von Experimenten gemäß dem vorherigen Abschnitt getroffen. Was können Sie jetzt noch zusätzlich falsch machen, beziehungsweise welche Detailentscheidungen müssen Sie jetzt noch treffen? Einen sehr guten Überblick hierzu finden Sie bei Cook und Campbell (1976). Auf einige wichtige Probleme möchte ich hier eingehen.

Versuchsleitererwartung: Wenn die Erwartung des Versuchsleiters das Ergebnis beeinflußt, spricht man vom Versuchsleitererwartungseffekt oder auch *Rosenthal-Effekt*. Seine Existenz und sein Ausmaß sind nicht ganz unumstritten (Barber, Forgione, Chaves, Calverley, McPeake & Bowen 1969). In vielen Experimenten mit automatischer Kontrolle der Reizdarbietung und automatischer Datenaufnahme kann er keine Rolle spielen. Je mehr die »Messung« oder die Manipulation von der Subjektivität des Versuchsleiters abhängt, desto eher kann dieser Effekt auftreten. Eine wirkungsvolle Maßnahme dagegen ist, wenn der Versuchsleiter (oder die die Daten aufnehmende Person) im Unklaren darüber gelassen wird, in welcher Versuchsbedingung die jeweilige Versuchsperson sich gerade befindet (*Blindversuch*). Leider läßt sich dies nicht immer durchführen. Wie wirkungsvoll diese »Blindheit« sein kann, hat Harrower (1976) gezeigt. Auswerter, die wußten, daß sie Rorschach (Tintenklecks)-Interpretationen von Nazigrößen sahen, »erkannten« deutlich die abnorme Persönlichkeit, Auswerter, die nichts davon wußten, konnten diese Interpretationen nicht von denen einer recht normalen Kontrollgruppe unterscheiden.

Versuchspersonenerwartung: Die Bereitschaft von Versuchspersonen, bei der Datengewinnung zu »helfen« durch ihrer Meinung nach erwartungskonforme Antworten (oder auch das Gegenteil), ist eine größere Fehlerquelle. Die Maßnahme dagegen ist dieselbe wie oben. Man läßt also die Versuchspersonen über die in dem Experiment stattfindenden experimentellen Manipulationen und insbesondere über die Hypothesen der Forschung im Unklaren (*Blindversuch*). In einem »within subjects« Design ist dies oft nicht vollständig möglich, da die Versuchsperson die experimentellen Unterschiede bemerkt, aber glücklicherweise stellt bei diesem Design die Versuchspersonenerwartung kein so großes Problem dar. Wissen weder Versuchsleiter noch Versuchsperson, in welcher experimentellen Bedingung sich die Versuchsperson befindet, spricht man von einem *Doppelblindversuch*.

Placebo-Effekt: Der Placebo-Effekt, insbesondere aus der Therapiewirksamkeitsforschung bekannt, ist eine Variante des Versuchspersonenerwartungseffektes. Eine Behandlung hat möglicherweise eine unspezifische Wirkung in die Richtung, die der Erwartung entspricht. Eine wirksame Kontrolle dieses Effektes verspricht ein Kontrollgruppendesign, bei dem eine Kontrollgruppe eine Behandlung erfährt, die im Vergleich mit der experimentellen Behandlung den dort untersuchten Wirk*mechanismus* nicht enthält, hingegen das gleiche Ausmaß an Wirkungs*erwartung*. Das ist insbesondere in der Therapieerfolgskontrolle zum einen ethisch umstritten und zum anderen nicht leicht durchzuführen.

Hawthorne-Effekt: Beim Hawthorne-Effekt führt alleine das Wissen der Versuchspersonen, daß sie beobachtet werden, zu einer Leistungsänderung. Ein Kontrollgruppendesign ist eine wirkungsvolle Maßnahme gegen diesen Effekt.

Reihenfolgeeffekte: Wenn sich die Messung in einer Versuchsbedingung auf die Leistung in der folgenden Versuchsbedingung auswirkt, spricht man vom Reihenfolgeeffekt. Dies kann eine unsystematische Ermüdung, ein generelles Lernen schwierig abzugebender

Reaktionen oder auch eine systematische Änderung des Antwortverhaltens sein. Bei der Messung von Reaktionszeiten werden die Versuchspersonen noch nach Dutzenden von Reaktionen schneller. Gedächtnisaufgaben werden durch das implizite Lernen von Behaltensstrategien ebenfalls von Mal zu Mal besser gelöst. In einem »between subjects« Design ohne Meßwiederholung existiert dieses Problem nicht.

In einem »between subjects« Design mit Meßwiederholungen kann dieses Problem ignoriert werden, da es in allen Bedingungen gleichermaßen auftritt. In einem »within subjects« Design mit Meßwiederholungen ist die einfachste Lösung, alle Versuchsbedingungen in zufälliger Reihenfolge wiederholt darzubieten, damit sich der Reihenfolgeeffekt gleichermaßen in allen Bedingungen zeigt. In einem »within subjects« Design ohne Meßwiederholungen ist für die einzelne Versuchsperson der Reihenfolgeeffekt unvermeidbar. Hierbei behilft man sich oft damit, daß man über Versuchspersonen hinweg dafür sorgt, daß jede Bedingung gleich häufig an erster, zweiter,..., letzter Position auftritt. Eine einfache Lösung dafür ist das *Lateinische Quadrat* (Bortz 1984).

Gruppenversuche: Manche Experimente müssen der Fragestellung wegen in Gruppen stattfinden (so etwa viele sozialpsychologische Untersuchungen; vgl. Boos sowie Abele & Gondolla), bei anderen ist es einfach nur zeitsparend. Es liegt oft nahe, aus Praktikabilitätsgründen bei einer ganzen Gruppe von Versuchspersonen ein und dieselbe Versuchsbedingung durchzuführen. Dies kann auch dann schwerwiegende Nachteile haben, wenn sich die Gruppenmitglieder nicht, wie oben schon erwähnt, systematisch unterscheiden. Zeitlich oder örtlich einmalige Ereignisse wirken dann in gleicher Weise auf alle Mitglieder der untersuchten Gruppe. Nicht immer ist dieser Einfluß so deutlich, wie es in einem von meinen Studenten durchgeführten Praktikumsexperiment zu Gedächtnistäuschungen der Fall war.

Die Versuchspersonen in einer der Versuchsbedingungen sahen hintereinander zwei Diaserien, die angeblich dasselbe Geschehen zeigten, wobei aber als experimentelle Manipulation ein Detail in der zweiten Serie geändert war. Als dieses Detail auftauchte, sagte eine der im Gruppenversuch getesteten Versuchspersonen halblaut, aber für alle hörbar: »Vorhin war an dieser Stelle aber doch ein Einbahnstraßenschild.« Da alle Versuchspersonen dieser Gruppe ein und derselben Bedingung angehörten, unterlagen leider nur die Versuchspersonen dieser Bedingung diesem zufällig aufgetretenen, aber für alle gleichermaßen wirksamen Einfluß. Die Daten waren nicht verwertbar. Die definitiven Lösungen für dieses Problem sind entweder der Verzicht auf den Gruppenversuch oder das Durchführen von allen Versuchsbedingungen parallel bei jeweils verschiedenen Mitgliedern der Gruppe (einfach zu machen, wenn das Versuchsmaterial für jede Versuchsperson auf Papier vorliegt und man sicherstellen kann, daß niemand auf das Blatt des Nachbarn schaut, unmöglich beim Betrachten einer Diaserie). Wenn beides nicht möglich ist, hilft nur aufpassen und alles Auffällige mitschreiben.

Diese vielen Fehlermöglichkeiten, von denen nicht alle völlig befriedigend umschifft werden können, sollen aber nicht davon ablenken, daß im Vergleich zu unsystematischen Beobachtungen, zu Quasiexperimenten, zu Korrelationsstudien und zu Einzelfallstudien das Experiment der Königsweg ist, wenn es um den definitiven Nachweis einer kausalen Beziehung zwischen Variablen geht. Andere Untersuchungsmethoden mögen ihre Vorteile haben in der Hypothesengewinnung, in der Anregung der Phantasie, in der Untersuchung in der ungestörten Alltagsumgebung. In dem kausalen Schluß beziehungsweise der internen Validität sind sie dem Experiment deutlich unterlegen.

Literatur

Barber, Theodore X., Albert Forgione, John F. Chaves, David S. Calverley, John D. McPeak, Barbara Bowen (1969): Five attempts to replicate the experimenter bias effect. *Journal of Consulting and Clinical Psychology*, 33: 1–6.

Berkowitz, Leonard, Edward Donnerstein (1982): External validity is more than skin deep. Some answers to criticisms of laboratory experiments. *American Psychologist*, 37: 245–257.

Bortz, Jürgen (1984): *Lehrbuch der empirischen Forschung für Sozialwissenschaftler*. Berlin: Springer.

Cook, Thomas D., Donald T. Campbell (1976): The design and conduct of quasi-experiments and true experiments in field settings. In: Marvin D. Dunnette (Hg.): *Handbook of Industrial and Organizational Psychology*. Chicago: Rand McNally College Publishing Company.

Danziger, Kurt (1985): The origins of the psychological experiment as a social institution. *American Psychologist*, 40: 133–140.

Gadlin, Howard, Grant Ingle (1975): Through the one-way mirror. The limits of experimental self-reflection, *American Psychologist*, 30: 1003–1009.

Green, Gina (1996): Facilitated Communication – Gestützte Kommunikation. Geistiges Wunder oder Selbsttäuschung? *Skeptiker*, 9: 55–61.
Greenwald, Anthony G. (1976): Within-subjects designs: To use or not to use? *Psychological Bulletin*, 83: 314–320.
Harrower, Molly (1976): Rorschach records of the Nazi war criminals: An experimental study after thirty years. *Journal of Personality Assessment*, 40: 341–351.
Hell, Wolfgang, Gerd Gigerenzer, Siegfried Gauggel, Maria Mall, Michael Müller (1988): Hindsight bias: An interaction of automatic and motivational factors? *Memory and Cognition*, 16: 533–538.
Huber, Oswald (1987): *Das psychologische Experiment: Eine Einführung*. Bern, Stuttgart, Toronto: Huber.
Kruglanski, Arie W. (1976): On the paradigmatic objections to experimental psychology. A reply to Gadlin and Ingle. *American Psychologist*, 31: 655–663.
Latané, Bibb, John M. Darley (1970): *The unresponsive bystander: Why doesn't he help?* New York: Appleton-Century-Crofts.
Laucken, Uwe, August Schick (1978): *Einführung in das Studium der Psychologie*. Stuttgart: Klett-Cotta.
Levine, Gustav, Stanley Parkinson (1994): *Experimental methods in psychology*. Hillsdale, NJ: Erlbaum.
Meehl, Paul E. (1978): Theoretical risks and tabular asterisks: Sir Karl, Sir Ronald, and the slow progress of soft psychology. *Journal of Consulting and Clinical Psychology*, 46: 806–834.
Mook, Douglas G. (1983): In defense of external invalidity. *American Psychologist*, 38: 379–387.
Myers, Anne, Christine H. Hansen (1993): *Experimental Psychology*. Pacific Grove, California: Brooks/Cole.

3. Qualitative Methoden

Heide Appelsmeyer, Alexander Kochinka und Jürgen Straub

Einleitung

Qualitative Methoden werden gemeinhin von quantitativen unterschieden. Dabei ist es üblich, daß erstere von letzteren durch eine negative Bestimmung abgegrenzt werden: Qualitative Methoden kommen ohne die Anwendung mathematischer, vor allem statistischer Operationen aus (vgl. Strauss 1991, S. 26). Erhebungsmethoden können demgemäß ohne Rücksicht auf die Erfordernisse einer Quantifizierung des Materials konzipiert und angewandt werden. Auswertungsmethoden können sich im wesentlichen auf Deutungs- oder Interpretationsleistungen der einen oder anderen Art stützen. Qualitative und quantitative Verfahren schließen sich allerdings nicht gegenseitig aus. Sie können sich ergänzen. Ersetzen können sie einander nicht. Empirische Materialien eignen sich unter Umständen sowohl für quantitative als auch für qualitative Auswertungen. In jedem Fall aber ermöglichen quantitative und qualitative Verfahren je spezifische Einsichten und Ergebnisse wissenschaftlicher Erfahrungs- und Erkenntnisbildung.

Methoden legen fest, welche Wirklichkeitsaspekte überhaupt in den Blick geraten, welche Fragen gestellt und sodann genauer untersucht werden können. Wer menschliches Verhalten im Sinne des deduktiv-nomologischen oder induktiv-statistischen Modells (vgl. hierzu Kochinka & Werbik) erklären oder prognostizieren will, muß in der empirischen Forschung der Logik nomologischer Wissenschaften folgen und nicht zuletzt quantitative Methoden einsetzen, die die Prüfung hypothetisch formulierter Gesetze gestatten. Anders geartete Erkenntnisinteressen erfordern, wie im folgenden deutlich werden soll, notwendigerweise qualitative Methoden.

Aktuelle Bestandsaufnahmen stimmen darin überein, daß die Entwicklung qualitativer Methoden in jüngerer Zeit große Fortschritte gemacht hat. Dies gilt sowohl für Verfahren der Datenerhebung als auch für solche der Datenauswertung. Was insbesondere die Auswertung angeht, herrscht allerdings keine Einigkeit unter Vertretern verschiedener Konzeptionen qualitativer Forschung. Vor allem damit hängt es wohl zusammen, daß qualitative Methoden sowie die Programmatik, Logik und Praxis qualitativer Forschung bis heute kein vergleichbar einheitliches Profil wie die quantitative Forschung besitzen (vgl. hierzu Steyer).

Einführungs- und Handbücher sowie Sammelbände, die die historische Entwicklung wie auch den aktuellen Stand qualitativer Forschung dokumentieren, belegen beide Seiten der soeben gestellten Diagnose – die unübersehbaren Fortschritte einerseits, die Vielfalt und Heterogenität an Konzeptionen und Methoden andererseits (als Nachschlagwerke geeignete, umfangreiche und informative Handbücher wurden 1991 von Flick, von Kardoff, Keupp, Rosenstiel & Wolff sowie 1994 von Denzin & Lincoln herausgegeben; für die erste Lektüre eignet sich das Büchlein von Mayring 1993; Einführungen bieten etwa Bohnsack 1993, Flick 1995, Heinze 1987, Kade 1983, Lamnek 1995a, 1995b und Spöhring 1989; an Sammelbänden seien angeführt: Garz und Kraimer 1991; Jüttemann 1989; Jung & Müller-Doohm 1993; Miles & Huberman 1994; Soeffner 1979).

Qualitative Methoden sind gewiß keine Erfindung unserer Tage. Man kann jedoch sagen, daß sie aus dem Schattendasein, das sie im Rahmen der noch heute dominierenden nomologischen Psychologie führten, erst seit den siebziger Jahren herausgetreten sind. In der nomologischen Psychologie dienen sie nämlich hauptsächlich als *heuristische* Verfahren im *explorativen Vorfeld* wissenschaftlicher Erfahrungs- und Erkenntnisbildung. Sie werden eingesetzt, wenn es um eine erste Sichtung und Strukturierung des Forschungsgegenstandes geht, um (erste) Beschreibungen oder die Präzisierung und Operationalisierung der Fragestellung, um die weitere Planung, vor allem aber um die Entwicklung oder *Genese* von (theoretischen) Hypothesen. Während quantitative Verfahren im Rahmen nomologischer Erkenntnisbildung eine herausragende Funktion besitzen, kommt qualitativen Methoden hier allenfalls eine Nebenrolle zu.

Das nomologische Modell bleibt im übrigen auch dann noch verbindlich, wenn zwar Erhebungsmethoden eingesetzt werden, die für die qualitative Forschung typisch sind (s. u.), die Daten*auswertung* letzten Endes aber auf die Prüfung nomologischer Hypothesen und Aussagensysteme abzielt. Qualitative Verfahren erfahren in diesem Fall zwar eine gewisse Aufwertung, da sie nicht bloß im explorativen, heuristischen Vorfeld Verwendung finden. Ihr marginaler Status wird aber keineswegs aufgehoben. Dies ist erst dann der

Fall, wenn qualitative Forschung als *eigenständiger*, vom nomologischen Modell unabhängiger Typus erfahrungswissenschaftlicher Erkenntnisbildung begriffen wird. Erst unter dieser Voraussetzung wird es möglich, daß der alleinige Einsatz qualitativer Methoden zu empirischen Erkenntnissen führt, die nicht die Struktur nomologischer Aussagensysteme besitzen und dennoch uneingeschränkt als »wissenschaftlich« gelten können.

Letztlich ist es also die Art der Auswertung oder Analyse von Daten, die darüber entscheidet, welcher Status qualitativen Methoden in der erfahrungswissenschaftlichen Forschung zukommt. Im folgenden beziehen wir uns in erster Linie auf jenen Typ der Erkenntnisbildung, der unabhängig vom nomologischen Modell ist und dementsprechend ohne quantitative, insbesondere statistische Operationen auskommen kann. Mit diesem Forschungstyp wird der Denkrahmen, in dem sich die quantitative Forschung bewegt, mehr oder minder in Frage gestellt. Auf diese Kritik wird im weiteren jedoch nicht näher eingegangen (vgl. hierzu etwa Lamnek 1995a, S. 6–21).

In den folgenden Abschnitten dieses Beitrages stellen wir einige zumindest weitgehend anerkannte Prinzipien sowie ausgewählte Methoden qualitativer Forschung vor. Dabei verweisen wir auch auf exemplarische Zielsetzungen und empirische Studien. Im Zentrum stehen psychologische Beiträge. Ein Blick in Nachbarfächer wie etwa die Soziologie ist allerdings unumgänglich. Der größere Teil qualitativer Methoden ist nicht an die speziellen Perspektiven und Interessen einer einzelnen Fachwissenschaft gebunden. Diese Methoden gehören vielmehr zum Instrumentarium verschiedener Handlungs-, Sozial- und Kulturwissenschaften.

Prinzipien qualitativer Forschung

Prinzipien stehen am Anfang des wissenschaftlichen Denkens und Handelns, sie begründen oder verkörpern Grundregeln der wissenschaftlichen Praxis. Welche Prinzipien für eine auf qualitative Methoden gestützte Erfahrungs- und Erkenntnisbildung von Bedeutung sind, hängt nicht zuletzt von den jeweiligen Forschungszielen und den zugrundeliegenden theoretischen Prämissen ab. Obwohl Variationen in der Anzahl und unterschiedliche Gewichtungen anzutreffen sind, orientieren sich die meisten Vetreter qualitativer Ansätze an den folgenden Prinzipien (vgl. z.B. auch Lamnek 1995a, S. 21–38).

1. Die Welt des Menschen wird grundsätzlich als eine *sinn- und bedeutungsstrukturierte* Wirklichkeit begriffen (vgl. Bruner 1990). Die Bedeutungen, die mit dem Denken, Sprechen, Fühlen, Wollen und Handeln sowie den sogenannten »Objektivationen« unserer Praxis (man denke etwa an Texte, Kunstwerke, Bilder, Bauwerke und dergleichen) verbunden sind, lassen sich nicht mit objektiven Instrumenten »beobachten«. Das Erkennen sinn- und bedeutungsstrukturierter Wirklichkeiten stützt sich notwendigerweise auf Deutungs- und Interpretationsleistungen. Insofern ist die Forschung auf *sinnverstehende* Methoden angewiesen. Die besagten Deutungs- und Interpretationsleistungen können von den Handelnden selbst erbracht und vom Wissenschaftler methodisch erfaßt werden, sie können aber auch im Dialog gemeinsam mit letzterem »ausgehandelt« werden. Schließlich sind Deutungen und Interpretationen auch ganz aus der Außenperspektive der Forschenden möglich, wenn diese empirische Materialien wie beispielsweise Interviewtranskripte analysieren. Qualitative Verfahren zielen nicht zuletzt auf die methodisch kontrollierte Erfassung und Reflexion der Verstehensleistungen, die die Forschungspartner und die Forschenden im Verlauf der empirischen Untersuchungen erbringen.

2. Viele qualitative Ansätze verbindet das Vorhaben, die Erfahrungen und Orientierungen anderer in einer möglichst unvoreingenommenen und uneingeschränkten Form zu thematisieren. Qualitative Methoden zielen nicht darauf ab, Erfahrungen unter möglichst standardisierten, kontrollierten und reproduzierbaren Bedingungen *herzustellen* (und meßtechnisch zu registrieren). Im Gegensatz zu dieser Form einer von der alltagsweltlichen Erfahrungsbildung abgehobenen Empirie sollen es qualitative Verfahren ermöglichen, tagtägliche und außergewöhnliche Erfahrungen und Erwartungen, Wünsche und Gefühle, Hoffnungen und Befürchtungen, Handlungen und Interaktionen bestimmter Personen oder Kollektive kennenlernen und analysieren zu können.

Diese Orientierung an der Praxis sowie den Selbst- und Weltverständnissen von Menschen könnte man das *erfahrungswissenschaftliche Prinzip* qualitativer Forschung nennen. Dabei muß jedoch ein längst an den Rand gedrängter Begriff der »Erfahrung« wieder in Anspruch genommen werden, denn »erfahrungswissenschaftlich« nennen sich ja auch viele Forschungen, die sich auf den Einsatz quantitativer Methoden stützen. Die in vielen qualitativen Ansätzen rehabilitierte »Erfahrung« kommt nämlich dem ursprünglichen, aristotelischen Sinn des Wortes »empeiria« – der griechischen »empeiria« entspricht die lateinische »experientia« und unsere »Erfahrung« – sehr viel näher als das neuzeitliche, in einem spezifischen Sinne »wissenschaftliche« Verständnis einer methodisch-technisch produzierten Empirie (vgl. Hahn 1994; Straub 1989, S. 197–212).

Die Erfahrung, für die sich die qualitative Forschung vornehmlich interessiert, ist die Erfahrung, wie sie Menschen in ihrem Leben ganz unabhängig von psychologischen Forschungsbemühungen eben machen. (Einschränkend fügen wir hinzu, daß meistens auch *die Forschenden* mehr oder weniger daran beteiligt sind, ob und in welcher Weise alltagsweltliche Erfahrungen Ausdruck finden und reflektiert werden können. Wir kommen bei der Vorstellung des sechsten Prinzips qualitativer Forschung darauf zurück.) Festzuhalten ist: Selbst wenn wissenschaftliche Analysen am Ende weit über das Verständnis der Erfahrungen, wie sie die Forschungspartner artikulieren, hinausgehen sollten, so setzen sie doch zunächst einmal an diesem Verständnis an.

3. Wer die Erfahrungen anderer Menschen nicht vorschnell an die eigenen Erfahrungen und Auffassungsweisen angleichen will – etwa indem er alles, was er im Laufe der Forschung vernimmt, unmittelbar den vertrauten Begriffen und Kategorien, Mustern und Schemata eingliedert und unterordnet –, tut gut daran, sich am sogenannten *Prinzip der Fremdheit* zu orientieren. Damit sind die Forschenden aufgefordert, die Erfahrungen anderer in ihrer jeweiligen Eigenart, ihrer potentiellen Andersheit und Fremdheit zu betrachten. Selbst noch das gänzlich vertraut Erscheinende kann so zumindest teilweise als etwas vielleicht doch nicht ohne weiteres Verständliches betrachtet werden. Das Prinzip der Fremdheit zielt auf ein Befragen des anderen und ein gleichzeitiges Hinterfragen eigener, mehr oder minder eingeschliffener Auffassungsweisen und Vorurteilsstrukturen. Offenkundig ist, daß man diesem handlungsleitenden Prinzip folgen kann, ohne ihm jemals völlig gerecht werden zu können.

4. An die genannten Prinzipien schließt sich ein weiteres nahtlos an. Wer von den Erfahrungen anderer etwas erfahren will, muß seine Forschungspraxis für die Selbstthematisierungen eben dieser anderen weitgehend offen halten. Das *Prinzip der Offenheit*, das in der Hermeneutik eine lange Tradition besitzt, kann auf verschiedene Momente und Phasen des Forschungsprozesses bezogen wer-

den. So kann, obwohl die Fragestellung eines Projektes natürlich grob umrissen sein muß, mehr oder minder offen bleiben, welche Wirklichkeitsaspekte schließlich genauer in den Blick genommen werden. Man kann dies unter anderem von den Relevanzsetzungen der Forschungspartner abhängig machen.

Unter dem besagten Prinzip wird heute im Anschluß an Hoffmann-Riem (1980, S. 343) vor allem die Aufforderung verstanden, auf eine vor der empirischen Datenerhebung und ersten Schritten der Datenanalyse vorgenommene Hypothesenbildung zu verzichten, Strukturierungen des Forschungsgegenstandes und mögliche Ergebnisformulierungen also nicht »ex ante«, sondern im Verlauf der Erfahrungs- und Erkenntnisbildung vorzunehmen. Qualitative Methoden dienen somit nicht bloß dem Testen vorab formulierter Hypothesen. Sie zielen vielmehr auch auf die erfahrungswissenschaftliche Bildung von Hypothesen, überhaupt von »gegenstandssensitiven«, möglichst innovativen Einsichten. Dabei wäre allerdings zu bedenken, daß in der qualitativen Forschung der Begriff der »Hypothese« häufig einen neuen Sinn annimmt, handelt es sich dabei in der Regel doch keineswegs um eine hypothetische Allaussage im Sinne des nomologischen Modells.

5. Auch das *Prinzip der Kommunikation* (Hoffmann-Riem 1980, S. 346ff.) hängt eng mit den bereits erörterten zusammen. Wer die Erfahrungen anderer zum Thema einer möglichst offenen Forschung machen will, muß mit anderen kommunizieren und dabei dafür Sorge tragen, daß die Forschungspartner in der ihnen vertrauten Sprache und nach den ihnen vertrauten Regeln kommunikativer Verständigung sprechen können. Bisweilen sollte (oder muß) auch nonverbalen Kommunikationsmöglichkeiten Platz eingeräumt werden (etwa bildnerischen Ausdrucksmöglichkeiten). Prinzipiell geht es darum, die Kommunikation mit den Forschungspartnern so zu gestalten, daß diese sich und ihre Welt mit den ihnen verfügbaren und geläufigen Mitteln zum Ausdruck bringen können.

6. Zuletzt sei noch auf den *konstruktiven* und speziell den *sozialen, interaktiven oder dialogischen Charakter* psychologischer Erfahrungs- und Erkenntnisbildung verwiesen, der ebenfalls in eine Art methodisches Prinzip überführt werden kann. Die Erfahrung von anderen wird nämlich in der empirischen Forschung nicht einfach abgefragt, sondern – sehr häufig jedenfalls – im Beisein und unter Mitwirkung des Wissenschaftlers artikuliert. Nicht zuletzt die Datenerhebungsmethoden bestimmen mit, welche Erfahrungen überhaupt zum Ausdruck gelangen können. Der Wissenschaftler ist

bei alledem nicht völlig einflußlos, sondern trägt mit seinem Handeln und seiner ganzen Person dazu bei, daß von bestimmten Dingen die Rede sein mag, von anderen nicht.

Die *Reflexion dieser Ko-Konstruktion von Erfahrungen* kann ebenfalls als Prinzip qualitativer Forschung angesehen werden, begreifen doch viele Ansätze in diesem Feld erfahrungswissenschaftlich interessante »Wirklichkeiten« nicht als etwas schlechterdings Gegebenes – als »Daten« (vom lateinischen »dare«, geben) –, sondern als Gemachtes, also als Fakten im ursprünglichen Wortsinne (vom lateinischen »fare«, machen, herstellen). Wir werden uns im folgenden gleichwohl an die übliche Terminologie halten und von Daten und Datenerhebung sprechen.

Daten und Datenerhebung

Daten können danach unterschieden werden, in welcher Form sie vorliegen, um was für eine »Sorte« Daten es sich also handelt. Klar voneinander unterscheiden lassen sich dabei drei verschiedene Formen, nämlich 1. gesprochene Sprache, 2. Texte, also verschriftete Sprache ebenso wie schriftliche Daten, die nie gesprochen vorlagen (etwa Briefe oder Tagebücher), und 3. Bilder im weitesten Sinne, also Photos, Zeichnungen, Gemälde und so weiter sowie bewegte Bilder, etwa Filme, Fernsehen, Videoaufzeichnungen. Daneben kommt jedoch eine Reihe von Gegenständen für die qualitative Auswertung in Frage, die sich einer klaren Einordnung entziehen. Das kann der Fall sein, wenn sie sich auf mehrere der oben genannten Formen verteilen (wie etwa bei einer Analyse eines Filmes »in Wort *und* Bild«) oder wenn sie (zumindest teilweise) einem anderen Symbolsystem zuzuordnen wären (etwa Musik oder öffentliche Plätze, Räume oder Denkmäler, aber auch Interaktionen und Handlungen).

Im folgenden soll zum einen auf die Fülle unterschiedlichster, für eine qualitative Analyse in Frage kommender Daten aufmerksam gemacht werden. Als Erhebungsverfahren von besonderer Bedeutung für die qualitative Forschung werden zum anderen Interview- und Beobachtungsverfahren ein wenig ausführlicher behandelt.

Gesprochene Sprache

Eine knappe Skizze verbaler Daten und (gegebenenfalls) der Methoden ihrer Erhebung kann ihren Ausgang bei Daten nehmen, die gar nicht mehr im eigentlichen Sinne erhoben werden müssen. Zu denken wäre also zunächst an alle Arten von Aufzeichnungen gesprochener Sprache, die unabhängig von den Interessen sozialwissenschaftlicher Forschung vorgenommen werden und dann zum Gegenstand qualitativer Analysen gemacht werden können. Hierzu zählen beispielsweise Aufzeichnungen von (gesprochenen) Radiosendungen aller Art (Nachrichten, Moderationen, Interviews, Reden, Reportagen, Spielshows, [seelsorgerische] Ratgebersendungen, Hörspiele und vieles mehr). In Betracht kommen natürlich auch Filme oder Fernsehsendungen, sofern sich die Analyse auf die Sprache beschränkt (oder konzentriert). Sprache wird außerdem aufgezeichnet beispielsweise im Rahmen polizeilicher und gerichtlicher Vernehmungen, als abrufbarer Informationstext in Museen und Ausstellungen sowie zunehmend auch als Telefonservice, als »Diktat« im Management, bei Rechtsanwälten, in Kliniken und so weiter, zur Dokumentation und kritischen (Selbst-)Reflexion etwa bei Seminaren, die der Ausbildung zum Verkäufer oder auch zum Psychotherapeuten dienen können.

Verbale Daten, die der Sozialwissenschaftler erst noch aufzuzeichnen hat, können zunächst in allen natürlichen Situationen erhoben werden, in denen gesprochen wird. Aufzeichnungen solcher Gespräche können *offen*, das heißt mit dem Wissen und Einverständnis der Beteiligten, oder aber *verdeckt*, also ohne ihr Wissen, vorgenommen werden. In Frage kommen beispielsweise Aufzeichnungen von Gesprächen in der Familie, in der Kneipe, in der Schule, am Arbeitsplatz, in der Öffentlichkeit, auf Ämtern, beim Friseur, im Bundestag, zwischen Arzt und Patient, zwischen Vorgesetzten und Untergebenen, zwischen Frauen und Männern, zwischen Eltern und Kindern, in verschiedenen »Szenen« oder Subkulturen, von Verhandlungs-, Verkaufs-, Schlichtungsgesprächen und so weiter und so fort.

In Abhängigkeit vom gewählten Analyseverfahren werden solche Aufzeichnungen vor der Auswertung nicht selten transkribiert und dann weiterbehandelt wie Texte. Eine *Transkription* ist nichts anderes als das Abschreiben oder Verschriften der aufgezeichneten Sprache unter Beachtung jeweils dargelegter Transkriptionsregeln, die zum einen die äußere Form des Transkripts, zum anderen den Grad der Detailliertheit festlegen (vgl. Ehlich & Switalla 1976).

Von besonderer Bedeutung sind schließlich diejenigen Gesprächsaufzeichnungen, bei denen nicht nur die Aufzeichnung, sondern auch das Gespräch selbst erst durch das Interesse der Sozialforscher zustandekommt. Dies ist vor allem bei sämtlichen Varianten von *Interviews* und *Befragungen* sowie bei *Gruppendiskussionen* und *-gesprächen* der Fall. (Vgl. allgemein zu »qualitativen« Interviews Bureau of Applied Social Research 1976; Kvale 1996; Seidman 1991; einführend zu verschiedenen Interviewverfahren z.B. Hopf 1991; Lamnek 1995b, S. 35–124; Spöhring 1989, S. 147–189; Hron 1982; Flick 1995, S. 94–130. Vgl. zu Gruppendiskussionen und -gesprächen etwa Mangold 1973; Nießen 1977; Dreher & Dreher 1982, 1991; Lamnek 1995b, S. 125–171.)

Die verschiedenen *Interviewformen* spielen in der qualitativen Forschung eine wichtige Rolle. Einige der bekannteren sind zum Beispiel das fokussierte Interview (Merton & Kendall 1984; Merton, Fiske & Kendall 1956), das problemzentrierte Interview (Witzel 1989), verschiedene Formen halbstandardisierter (oder Leitfaden-) Interviews, und das narrative Interview (Schütze 1977, 1982, 1983). Auf zwei dieser Verfahren, nämlich das narrative und das fokussierte Interview, soll etwas ausführlicher eingegangen werden.

Das *narrative Interview* nach Schütze wurde 1977 im Zusammenhang mit einer Interaktionsfeldstudie (zur Erforschung von kommunalen Machtstrukturen) entworfen, seither weiterentwickelt und in einer zunehmenden Zahl von Bereichen und Fragestellungen – etwa zur Erforschung von Statuspassagen oder zur Erforschung biographischer Prozesse und Strukturen – eingesetzt (vgl. hierzu etwa Hermanns 1982; Riemann 1987; Straub 1993; Appelsmeyer 1996). Es gilt längst als ein Musterbeispiel für ein besonders »offenes« Verfahren, das den Forschungspartnern große Freiräume für die Gestaltung des Themas läßt (zu »offenen« und »geschlossenen« Verfahren s. Kohli 1978). Das narrative Interview ist, wie der Name schon andeutet, ein Interview, das der »Hervorlockung« von Erzählungen dient. Seine besondere Stellung verdankt es nicht zuletzt den besonderen Eigenschaften und Funktionen von Erzählungen im Vergleich zu anderen Sprach- beziehungsweise Textformen wie etwa dem Argumentieren oder dem Beschreiben.

Wenn in einem narrativen Interview *eigene* Erlebnisse und Erfahrungen in einer *thematisch begrenzten* Geschichte aus dem *Stegreif* erzählt werden (Schütze 1982, S. 573f.), dann werden die sogenannten »*Zugzwänge des Erzählens*« wirksam. Kallmeyer und Schütze (1977) unterscheiden (wie Schütze 1982) drei dieser Zugzwänge: denjenigen zur *Gestaltschließung* (der bewirkt, daß eine angefangene Geschichte auch vollständig erzählt wird), denjenigen zur *Kondensierung* (der zur Folge hat, daß nur das für eine Geschichte wesentliche erzählt wird) und denjenigen zur *Detaillierung* (durch den alle relevanten Teilereignisse miteinander verknüpft werden).

Die Wirkung dieser Zugzwänge, die zu einer »ausgeprägten« Erzählung führen, sowie die spezifischen Charakteristika der Erzählung als Form haben nach Schützes Auffassung zur Konsequenz, daß in den Erzählungen die »Struktur des faktischen Handelns« zum Ausdruck kommt (1982, S. 574, Überschrift; zur Kritik an Schützes sogenannter Homologiethese vgl. z.B. Bude 1985; Popp-Baier 1992; Koller 1993; Nassehi 1994; Sill 1995; Appelsmeyer 1996, S. 10–16). Gemeint ist damit, daß sich die tatsächliche Orientierung, das Denken, Fühlen und Handeln eines Informanten in einer vergangenen Situation – also das, was »wirklich« geschehen ist – in seiner Erzählung auch abbilden.

Ein »typisches« narratives Interview läuft in verschiedenen Phasen ab: eine *Einstiegsphase*, in die neben (nochmaligen) allgemeinen Informationen vor allem die Gesprächseröffnung des Interviewers fällt; eine *Erzählphase*, in der es vorrangig »nur« darum geht, die Erzählung in Gang zu halten, sie vor verschiedenen Störungen zu schützen; eine *Nachfragephase*, in der einerseits interessierende Informationen erfragt und andererseits vermeintlich bestehende Lücken oder Unklarheiten – soweit sie bereits während des Gesprächs klargeworden sind – geschlossen oder bereinigt werden können; dem kann sich eine *Bilanzierung* anschließen, in der die gesamte Erzählung nochmals auf »einen Nenner« gebracht wird; und schließlich eine *Abschlußphase*, in der das Aufnahmegerät abgeschaltet wird und die »Rollen« des narrativen Interviews aufgegeben und die vertrauteren der Alltagskommunikation wieder übernommen werden (vgl. zu Vorbereitung und Durchführung narrativer Interviews auch Hermanns 1982 und Alheit 1984).

Das *fokussierte* Interview wurde 1945/46 von Merton und Kendall vorgeschlagen und später modifiziert. Dieses Verfahren war ursprünglich in die damals vorherrschende behavioristische Orientierung eingebettet, scheint also kaum in den Rahmen qualitativer Forschung zu passen. Zwei Aspekte qualifizieren es dennoch besonders, neben dem narrativen Interview als zweites Verfahren kurz dargestellt zu werden:

Erstens sind einige der unten angeführten Anweisungen, die bereits Merton und Kendall für die Interviewer formulierten, auch in vielen anderen, späteren Interviewkonzeptionen (in geringen Variationen) zu finden. Und zweitens kann das fokussierte Interview als »Urform« all jener Interviewentwürfe angesehen werden, die sich dadurch auszeichnen, daß das eigentliche Interview durch andere Erhebungsverfahren ergänzt wird (z.B. im problemzentrierten Interview nach Witzel, 1989, durch Kurzfragebögen oder durch »Struktur-Lege-Techniken«, »Ziel-Mittel-Argumentationen« oder Flußdiagramme sensu Scheele & Groeben, 1988).

Das fokussierte Interview bezieht sich auf eine Situation oder einen Gegenstand, der den Forschenden vorher bekannt sein muß – genauer: auf die subjektiven Erfahrungen von Personen in dieser Situation. Daher kommen beim fokussierten Interview im Prinzip auch alle möglichen Verfahren zur Ergänzung des eigentlichen Interviews in Frage – zum Beispiel die Beobachtung einer sozialen Interaktion (und die Analyse der Beobachtungsdaten). Die durch solche Beobachtungen oder andere »Vorstudien« gewonnenen Hypothesen erlauben es dem Forscher überhaupt erst, ein Interview auf einen bestimmten Themenkomplex hin zu bündeln, es (mit Hilfe eines Leitfadens) »fokussiert« zu führen. Das Interview seinerseits dient dann dazu, die Hypothesen zu bestätigen oder zu verwerfen – aber auch der Bildung neuer Hypothesen, falls Reaktionen festgestellt werden, die mit den vorhandenen Hypothesen nicht antizipierbar waren.

Mit dieser Konzeption ist das fokussierte Interview also einer nomologischen Wissenschaftsauffassung weitgehend verpflichtet. Die konkreten Anweisungen zur Interviewführung, die Merton und Kendall (1984) geben, vermitteln jedoch teilweise einen abweichenden Eindruck. Diese Anweisungen (die sich zum Teil an den Vorschlägen Rogers' zur nicht-direktiven Gesprächsführung orientieren), sollen vier verschiedene Kriterien erfüllen helfen, die nach Merton und Kendall entscheidend für ein gutes (das heißt hier, im weiteren Forschungsablauf fruchtbares) Interview sind.

Diese Kriterien sind erstens das der »*Nicht-Beeinflussung*«, nach dem »die Führung und Lenkung des Gesprächs durch den Interviewer ... auf ein Minimum beschränkt sein« sollte (Merton & Kendall 1984, S. 178). Als zweites Kriterium wird das der »*Spezifität*« genannt, das verlangt, daß die Informanten ihre Sicht der Situation und ihre Reaktionen vollständig und möglichst spezifisch zum Ausdruck bringen (können) und nicht allgemein und diffus bleiben. Das dritte Kriterium, die »*Erfassung eines breiten Spektrums*«, bezeichnet den Versuch, sowohl allen Aspekten der Situation, die für die Betroffenen von Bedeutung sein könnten, als auch allen möglichen Reaktionen auf diese Situation nachzugehen. Das vierte Kriterium der »*Tiefgründigkeit*« schließlich verweist auf eine weitreichende Erörterung auch der affektiven Reaktionen der Befragten (in der interessierenden Situation), die es ermöglichen soll, auf den persönlichen Bezugsrahmen der Informanten zurückzuschließen und so zum Beispiel zu entscheiden, ob eine gemachte Erfahrung für sie eine marginale oder zentrale Bedeutung hat.

Merton und Kendall formulieren sodann eine Reihe von Vorschlägen zur Vorgehensweise im Interview, die in der Regel mehr als nur eines der genannten Kriterien erfüllen helfen. Dazu gehört beispielsweise die Nutzung unstrukturierter, halbstrukturierter und strukturierter Fragen (von denen die letzteren, wenn überhaupt, lediglich in fortgeschrittenen Interviewphasen eingesetzt werden sollten) oder das Zurückstellen des Bezugsrahmens des Interviewers zugunsten desjenigen des Interviewten. Besonderen Wert wird auch auf eine *flexible* Verwendung des Leitfadens gelegt (vgl. zur Verwendung von Leitfäden auch allgemein Hopf 1978). Außerdem skizzieren Merton und Kendall etliche Fragetechniken, die unter anderem zur »retrospektiven Introspektion« anregen sollen (in der dann vergangene Erlebnisse mit wesentlichen Reaktionen verbunden werden) und zum Beispiel in der expliziten Bezugnahme auf die interessierende Situation, in der geeigneten Überleitung zwischen Themenbereichen durch den Interviewer oder in der Fokussierung auf Gefühle bestehen.

Nicht wenige dieser Techniken finden sich in späteren Formen »qualitativer Interviews« wieder, auch wenn dann vielleicht nicht mehr vom Bezugsrahmen, sondern vom Relevanzsystem der Betroffenen die Rede ist. Und wer »die nicht antizipierten Antworten«, also »Äußerungen der Befragten, die sich nicht auf diese vorher festgelegten Themenschwerpunkte beziehen«, als »manchmal das wertvollste Interviewmaterial« (Merton & Kendall 1984, S. 196) bezeichnet, folgt sicher eher dem (qualitativen) Prinzip der Offenheit, als daß er die (nomologische) Prüfung von Hypothesen im Sinn hätte.

Geschriebene Sprache

Insofern Sprachaufzeichnungen zur weiteren Analyse in der Regel verschriftet (transkribiert) werden, liegen natürlich auch diese Materialien schließlich als Texte vor und finden unter der nun zu behandelnden Rubrik Platz.

Qualitative Analyse kann sich außerdem auf die gesamte Vielfalt schriftlicher Texte richten, die in unserer Welt bereits anzutreffen sind. Die Spanne reicht von belletristischen Texten und den sogenannten Printmedien – Zeitungen und Zeitschriften und alle darin abgedruckten Textsorten, also Artikel, Kommentare, Aufsätze, Repliken, Leserbriefe, Verkaufs- und Kontaktanzeigen und so weiter – über persönliche oder personenbezogene Texte und Dokumente – etwa Tagebücher, Urkunden, Briefe, aber auch Notiz- und Einkaufszettel, Arztrezepte oder Einträge in einen Terminplaner – bis hin zum weiten Feld der »Gebrauchstexte«, zu denen etwa zu zählen sind: Gebrauchsanleitungen, Beipackzettel, Werbetafeln und Anzeigenkampagnen, Veranstaltungskalender, öffentliche Bekanntmachungen, Fahrpläne, Aushänge und so weiter.

Daneben kommen eine Reihe von Texten in Frage, die (wie Transkripte) erst im (Arbeits-)Zusammenhang sozialwissenschaftlicher Forschung entstehen. Das können beispielsweise Fragebögen und schriftliche Befragungen sein, aber auch die Resultate von Erhebungsdesigns, in denen die Mitwirkenden alle zwei Stunden Tätigkeits- oder Stimmungsberichte verfassen. Auch Beobachtungsprotokolle und Gedächtnisprotokolle von Interaktionen oder Handlungen, wie sie etwa in der Feldforschung anfallen, liegen häufig in schriftlicher Form vor.

Bilder

Auch hier können die Forschenden prinzipiell erst einmal auf ein breites Spektrum bereits vorhandener Bilder zurückgreifen. Bereits genannt wurden das Fernsehen und Kinofilme sowie die Printmedien, die allesamt auch Material für eine sich (ausschließlich oder vorrangig) auf Bilder richtende qualitative Analyse bieten können (Photoreportage, Werbespot, Theaterübertragung usw.). Neben solchen »öffentlichen« Bildern kann eine Reihe »privater« Bilder zum Gegenstand qualitativer Analyse gemacht werden, zum Beispiel Kinderzeichnungen oder Gemälde, aber auch alle Arten von

Photographien, beispielsweise Familien- oder Urlaubsalben, oder private Photographien, die in einer bestimmten Zeitspanne und/oder in einer bestimmten Region aufgenommen wurden.

Für wissenschaftliche Zwecke eigens angefertigt werden vor allem Photos und Videoaufnahmen, aber auch Zeichnungen, die nicht nur in der Diagnostik, sondern auch in der Forschung eingesetzt werden können. Beispiele wären etwa Photos von Wohnungseinrichtungen oder Arbeitsplätzen, von Denkmälern, öffentlichen Plätzen oder Gebäuden sowie Videoaufnahmen von Interaktionen und Handlungen aller Art, wie sie vor allem im Rahmen der Feldforschung vorgenommen werden. (Vgl. als empirische Beispiele z.B. Billmann-Mahecha 1990, 1994.)

Feldforschung und Beobachtung

Unter *Feldforschung* versteht man verschiedene Datenerhebungsverfahren (sowie dann im weiteren Sinne auch die daran anschließenden Auswertungsprozeduren), denen gemeinsam ist, daß sie in einem »natürlichen« Forschungsfeld zum Einsatz kommen (und nicht etwa in einem psychologischen Forschungslabor). Die Feldforschung kann alle bereits skizzierten »Datentypen« – also aufgezeichnete Sprache, Texte und visuelle Daten – produzieren. Soweit die ursprünglich interessierenden Phänomene – zum Beispiel Interaktionen in einem bestimmten Handlungsfeld – einem *direkten* Analyseverfahren nicht zugänglich sind, werden sie durch »vermittelnde« Verfahren in Texte (unter Umständen auch in Bilder) »übersetzt«. Ein solches »vermittelndes« Verfahren ist die *Beobachtung*. (Vgl. zu verschiedenen Beobachtungsformen Faßnacht 1979; Greve & Wentura 1991 sowie Aster, Merkens & Repp 1989; Dechmann 1979; Gerdes 1979; Martin & Wawrinowski 1991; Friedrichs & Lüdtke 1977.)

Beobachtungsmethoden werden unter anderem dann eingesetzt, wenn andere Methoden ausscheiden, weil die »Datenlieferanten« nicht dazu in der Lage sind (so kann etwa ein Kleinkind kein Interview geben) oder weil das untersuchte Verhalten nur in Kontexten auftritt, die durch den Einsatz anderer Verfahren sich grundlegend ändern und das zu untersuchende Verhalten verhindern würden (wie es vermutlich etwa eine Videoaufzeichnung in der Drogenszene oder auf dem Straßenstrich tun würde; vgl. hierzu die – ohne Videoaufzeichnung durchgeführten – Studien von Gerdes & von Wolffersdorff-Ehlert 1974 und Girtler 1988).

An Formen wissenschaftlicher Beobachtung lassen sich unterscheiden:

- nach dem Grad der Anleitung bei der Durchführung:
  strukturierte Beobachtung (die auch als *kontrolliert* oder *standardisiert* bezeichnet wird) versus *unstrukturierte (freie, offene)* Beobachtung. Dabei wird mit der unstrukturierten, die für die qualitative Forschung von besonderer Bedeutung ist, eine möglichst umfassende Beobachtung angestrebt, indem auf ein vorher festgelegtes Kategoriensystem ebenso verzichtet wird, wie auf die Auswahl und Festlegung bestimmter, genau umrissener Beobachtungsgegenstände (im festgelegten Forschungsfeld).

- nach der Rolle des Forschers im Forschungsprozeß:
  aktiv teilnehmende, *passiv teilnehmende* oder *nicht teilnehmende* Beobachtung. Bei der aktiven Teilnahme interagiert der Beobachter mit den Personen, die er beobachtet. Der Beobachter ist hier also ein ebenso wichtiger und wesentlicher Teil des Feldes wie die anderen Personen (Beispiel: Unterrichtsbeobachtung durch den Lehrer). Bei der passiven Teilnahme ist der Beobachter zwar in der Gruppe anwesend, nimmt aber selbst nicht am Gruppengeschehen teil (Beispiel: Unterrichtsbeobachtung durch einen zweiten, hinten sitzenden Lehrer). Bei der nicht teilnehmenden Beobachtung hält sich der Beobachter völlig im Hintergrund und ist nicht Teil der sich abspielenden Szene oder Gruppe (Beispiel: nachträgliche Auswertung von Videoaufnahmen an Bahnhöfen oder U-Bahn-Stationen).

  Insbesondere bei der aktiven Teilnahme bewirkt die Beobachtung eine Veränderung im Feld: Bei Beobachteten kann sie zu unnatürlichem Verhalten führen, zu Verhaltensänderung aufgrund der Rollenposition des Beobachters, der Beobachter dagegen kann Werte und Verhaltensmuster »aus dem Feld« übernehmen und dann seiner (neutralen) Rolle nicht mehr gerecht werden. Auf der anderen Seite gibt es jedoch eine Fülle von Situationen, die nur bei aktiver Teilnahme beobachtet werden können (die bereits als Beispiel genannte Drogenszene oder der Straßenstrich etwa).

- nach der Rolle des Forschungspartners im Forschungsprozeß:
  offene (*wissentliche*) versus *verdeckte* (*unwissentliche*) Beobachtung. Bei dieser Unterscheidung geht es um die Frage, ob die beobachteten Personen wissen, daß sie beobachtet werden, oder nicht. Es gibt Fragestellungen, bei denen verdeckte Beobachtungen adäquater sein können, beispielsweise bei Beobachtungen zum Hilfeverhalten

oder immer dann, wenn sozial erwünschtes Verhalten eine Rolle spielt (oder selbst erforscht werden soll). Ob dann ein Verfahren der verdeckten Beobachtung gewählt wird, ist jedoch nicht allein durch methodische, sondern auch durch ethische Überlegungen zu entscheiden.

- danach, ob Medien zur unmittelbaren Aufzeichnung eingesetzt werden, oder nicht:
  unvermittelte versus *vermittelte* Beobachtung. Durch das Verwenden technischer Aufzeichnungsgeräte (wie Tonband, Video oder Film) bei einer vermittelten Beobachtung kann man eine Szene wiederholt beobachten, es gehen daher weniger Informationen verloren. Allerdings kann die Situation mehr oder weniger stark durch die Aufzeichnung gestört werden.

- schließlich nach dem »Setting« der Beobachtung:
  Feld- versus *Laborbeobachtung*, wobei letztere für die qualitative Forschung keine Rolle spielt.

Datenauswertung

Grounded Theory

Ziel der Grounded Theory ist, in intensiver Auseinandersetzung mit den jeweils auszuwertenden Daten eine Theorie, also eine *empirisch fundierte Theorie*, zu entwickeln. Dieses von Glaser und Strauss (1967) ursprünglich in den sechziger Jahren ausgearbeitete und später sich verzweigende Konzept (vgl. Glaser 1978; Strauss 1991; Strauss & Corbin 1990; Kelle 1994) geht dabei von einer gewissen methodologischen Grundhaltung aus und beinhaltet bestimmte Techniken. Dazu zählen etwa das sogenannte *theoretical sampling*, der systematische und kontinuierliche *Fallvergleich* sowie ein *Kodierparadigma*, das die Formulierung und Verdichtung phänomenrelevanter Kategorien sicherstellen soll.

Das *theoretical sampling* erhebt eine allgemeine Tendenz qualitativer Vorgehensweisen zum forschungslogischen Prinzip: Zentrale theoretische Konzepte werden im Sinne des Prinzips der Offenheit (s. o.) konsequent aus dem empirischen Material entwickelt. Der

Forscher nähert sich im Rahmen des theoretical sampling seinem Forschungsfeld zu Beginn seiner Datensammlung mit einer relativ offenen, sogenannten *gegenstandsbezogenen* Frage, also einer Frage, die zunächst grob auf ein konkretes Analysefeld zugeschnitten ist. Die Sammlung der auf dieses Feld bezogenen Daten und ihre Auswertung, das sogenannte *Kodieren*, dient der Entwicklung einer sehr konkreten und inhaltlich relativ eng begrenzten gegenstandsbezogenen Theorie. Diese Theorie soll im weiteren Verlauf des Forschungsprozesses zusammen mit anderen noch zu entwickelnden Gegenstandstheorien schließlich einen weiter reichenden und übergreifenden Theoriezusammenhang bilden.

Dabei muß immer wieder entschieden werden, welche Fälle beziehungsweise welche Phänomene als nächstes zu untersuchen sind. In Betracht kommen sowohl Fälle von *minimalem Kontrast* als auch Fälle von *maximalem Kontrast*: Es geht also darum, systematische Vergleiche anzustellen. Wie zu Beginn werden auch im Verlauf dieses Prozesses die gesammelten Daten Schritt für Schritt »kodiert«. Ziel der zunehmenden Abstraktion und Verallgemeinerung der Kategorien ist schließlich ein *empirisch gesättigtes theoretisches Modell*, das die verschiedenen Fälle beziehungsweise empirisch untersuchten Phänomene integriert. »Gesättigt« ist das Modell dann, wenn neue Fälle nicht mehr zu einer Veränderung der Theorie beitragen würden. Im Verlauf dieses Prozesses greifen also Datenerhebung und Datenauswertung ineinander.

Der gesamte Forschungsprozeß wird dabei durch das Schreiben von *Memos* begleitet: von Notizen, in denen der Forscher seine vorläufigen Hypothesen und Ideen festhält. Auch bei den textanalytischen Bearbeitungen – dem Kodieren – spielen diese Memos eine wichtige Rolle. Begonnen wird der Prozeß des Kodierens mit dem *offenen Kodieren*, das sich noch so nah wie möglich an den Daten selbst bewegt und das Textdokument Schritt für Schritt (Wort für Wort, Zeile für Zeile) analysiert. Die dabei anhand einzelner Textstellen entwickelten Kategorien sind vorläufiger Natur; im Verlauf des Kodierprozesses werden diese zunehmend verändert und auch verfeinert. Verdichten sich manche dieser Kategorien schließlich zu *Schlüsselkategorien*, um die herum andere Kategorien gruppiert und geordnet werden, spricht man vom *axialen Kodieren*.

Bei der Bearbeitung dieser Schlüsselkategorien im Verlauf des axialen Kodierens erweist sich ein bestimmtes *Kodierparadigma* von besonderer Relevanz. Definiert wird dieses Kodierparadigma durch Fragen nach *Bedingungen* des interessierenden Phänomens (ablesbar etwa an Schlüsselwörtern wie »weil«, »wegen«, »auf Grund von«, »als Folge von«, »deshalb« usw.), nach der *Interaktion zwischen Akteuren* und deren *Strategien* und *Taktiken* und schließlich nach den *Konsequenzen* eines Phänomens. Beim *selektiven Kodieren* schließlich wird systematisch auf die Schlüsselkategorie(n) hin analysiert. Auch das theoretical sampling und eventuelle weitere Erhebungsschritte erfolgen nun im Hinblick auf die Schlüsselkategorie.

Biographie- und Erzählanalyse

Bei dem von Schütze angeregten Verfahren der Biographie- und Erzählanalyse, das wir hier exemplarisch behandeln wollen, geht es um die Auswertung von Erzählungen, die vom Erzähler selbst erlebte Ereignis- und Handlungsfolgen wiedergeben. Dabei besteht das erste Ziel in einer *strukturellen Beschreibung*. Diesbezüglich können zwei Aspekte unterschieden werden, die miteinander verquickt sind. Dabei handelt es sich zum einen um die *formale* und zum anderen um die *inhaltliche* Analyse des dargestellten Geschehens.

Unter formalen Gesichtspunkten gilt es beispielsweise, die verschiedenen Textteile einer Erzählung wie *Einleitung*, *Haupterzählung* und *Nachfrageteil* zu identifizieren. Um den Text einer extensiven Interpretation unterziehen zu können, ist es schließlich notwendig, den Text in Sequenzen einzuteilen, die dann der weiteren Interpretation zugeführt werden: Die Biographie- und Erzählanalyse beruht auf *sequenzanalytischen Vorgehensweisen*, die den Text in kleine, manchmal nur einen Satz umfassende Sequenzen unterteilen und diese nach und nach interpretieren. Die sequentielle Analyse gründet auf der Einsicht, daß Gespräche oder auch Erzählungen einen geordneten Aufbau erkennen lassen. Diesem Aufbau versucht die Sequenzanalyse zu folgen. Was biographische Erzählungen oder andere Darstellungen vergangener Ereignis- und Erlebniszusammenhänge anbelangt, kann eine Sequenz durch inhaltliche Aspekte der Darstellung markiert sein, beispielsweise dadurch, daß bisher nicht bekannte Figuren oder neue Geschehnisse im Fortgang der Erzählung genannt werden. Die Setzung einer Sequenz kann aber auch durch formale Textelemente – sogenannte narrative Rahmenschaltelemente (»nun gut, und dann...«) – angezeigt sein.

Unter dem Gesichtspunkt der formalen Textanalyse ist weiterhin die Frage nach den unterschiedlichen *Schemata der Sachverhalts-*

darstellung beziehungsweise unterschiedlichen *Textsorten* (wie Argumentation, Beschreibung und Erzählung) zu nennen. Eine solche Analyse soll nicht zuletzt über »Brüche« innerhalb der retrospektiv erzählten Lebensgeschichte beziehungsweise über Inkonsistenzen in der Darstellung zurückliegender Sachverhalte Aufschluß geben. Unvermittelte Textsortenwechsel (wie beispielsweise der Wechsel von der erzählerischen Darstellung vergangener Ereignisse zu rein argumentativen Passagen) geben laut Schütze Anlaß, die Authentizität der dargestellten Sachverhalte zu überprüfen.

Die Biographieanalyse ist also im allgemeinen nicht auf die Nachzeichnung der vom Erzähler expressis verbis artikulierten Aspekte seines Lebens begrenzt, sondern will auch solche Sinnbereiche herausarbeiten, die der Erzähler nicht bewußt angesprochen hat.

Mit Hilfe dieser formalen Verfahrensschritte werden mit der Sequenzanalyse die relevanten Themen erarbeitet. Im Verlauf der Sequenzanalyse gilt es, diese Themen zu textsegmentübergreifenden Erzählketten zu verdichten. Diese Erzählketten schließlich ermöglichen es dem Interpreten, sogenannte »Prozeßstrukturen des Lebensablaufs« – lebensgeschichtliche Entwicklungs- und Wandlungsprozesse des Erzählers samt ihrer Höhen und Tiefen – zu identifizieren.

Während die strukturelle Beschreibung in ihrer Interpretationsleistung stärker einzelnen Details der Darstellung verhaftet bleibt, versucht die von Schütze so bezeichnete *analytische Abstraktion* jene Strukturen, die sich in der Interpretation einzelner Sequenzen ergeben haben, in ein systematisches Gesamtbild zu integrieren. Die Biographieanalyse muß sich dabei nicht auf Einzelfallanalysen beschränken, sondern kann je nach Problemstellung – wie dies zuvor anhand der *grounded theory* beschrieben wurde – kontrastive Vergleiche unterschiedlicher Interviewtexte durchführen. Die komparative Analyse, die den ersten Fall systematisch in Beziehung zu Kontrastfällen setzt, kann so zu einem umfassenden theoretischen Modell führen, das verschiedene Typen von »Lebensabläufen, ihre[r] Phasen, Bedingungen und Problembereiche« (Schütze 1983, S. 288) integrieren kann. Diese Erweiterung von Einzelfallanalysen zu einer fallübergreifenden Typik beziehungsweise Theorie ist prinzipiell auch im Rahmen der nachstehend genannten sequenzanalytischen Verfahren möglich. Allerdings sind nicht wenige qualitative Studien als Einzelfallstudien angelegt.

Objektive Hermeneutik

Ein weiteres sequenzanalytisches Verfahren stellt die auf Oevermann zurückgehende *objektive Hermeneutik* (beziehungsweise *strukturale Hermeneutik*) dar. Die objektive Hermeneutik zielt insbesondere auf jene »objektiven latenten Sinnstrukturen« ab, die sich von der Ebene der »subjektiv-intentionalen Repräsentanz« (Oevermann, Allert, Konau & Krambeck 1979, S. 380), also von den bewußten Handlungsintentionen der Handlungssubjekte, abheben. Sie interessiert sich für solche Sinndimensionen und Bedeutungsstrukturen, die sich nicht in den Sichtweisen der betroffenen Subjekte erschöpfen und erst in einer intensiven Auseinandersetzung mit dem Material zutage treten. Die Auswertung sollte dabei von einer Auswertungsgruppe vorgenommen werden. Im folgenden ist nur eine Variante der möglichen Vorgehensweisen innerhalb der Objektiven Hermeneutik berücksichtigt (vgl. zu den Verzweigungen der objektiven Hermeneutik Reichertz 1986, 1991).

Ihren Ausgang nimmt die konkrete Auswertungspraxis dabei zunächst von der *Bestimmung der Fragestellung*: Geht es beispielsweise um die Analyse der Persönlichkeitsstruktur einer bestimmten Person, um die dem Material zugrundeliegende Interaktionsstruktur oder vielleicht auch um die Interaktionsstruktur der Familie, über die der Interviewte berichtet? Die darauf erfolgende *Grobanalyse* beschäftigt sich mit dem Entstehungskontext des Materials. Die sich nun anschließende *Feinanalyse*, der Hauptaspekt innerhalb der gesamten Interpretationsarbeit, sieht die schon angesprochene Sequenzierung vor. Das Besondere bei der Deutung des Materials stellt hierbei sicherlich das gedankenexperimentelle Entwerfen aller möglicher Bedeutungen dar, die einer bestimmten Textstelle zugrunde liegen könnten. Es werden nach Möglichkeit alle denkbaren Situationen und Handlungskontexte erwogen, in die sich die konkrete Äußerung einfügen könnte, bevor sie vor dem Horizont des tatsächlichen Entstehungskontextes beleuchtet wird. Schließlich wird in einem weiteren gedankenexperimentellen Schritt der Fortgang der nächsten Sequenz entworfen, bevor die Interpreten diese von ihnen vorgenommenen Entwürfe mit der konkret vorliegenden Sequenz vergleichen.

Auf diese Weise erhalten die Interpreten im Verlauf der Interpretation ein Bild der »objektiven«, das heißt der sozial und interaktiv fundierten Strukturen eines Falles. Die Fallbesonderheit, also die sich im Einzelfall je konkretisierende Interaktionslogik, erscheint solchermaßen vor dem Hintergrund objektiv gegebener Bedeutungsstrukturen. In ihren Anwendungsmöglichkeiten zeigt sich die objektive Hermeneutik dabei nicht auf Texte im engeren Sinn – weder auf verschriftete Interviewtexte noch auf Protokolle sozial vorfindlicher Interaktionen – begrenzt. Im Rahmen einer Ausweitung des Textbegriffes (vgl. Oevermann 1993) wird die objektive Hermeneutik beispielsweise auch an Bildmaterial erprobt (vgl. den Überblick bei Müller-Doohm 1993), zum Beispiel an Werbefilmen (Englisch 1991) oder auch an Gemälden (Loer 1994).

Psychoanalytische Auswertungsverfahren

Auch *psychoanalytische Auswertungsverfahren* befassen sich – im Unterschied zu klinisch-therapeutischen Kontexten – mit den unterschiedlichsten sozio-kulturellen und historischen Phänomenen. Als Gesellschafts- und Kulturanalysen können sie über die Textanalyse im engeren Sinn hinaus auch im Rahmen anderer Medien (u. a. Photographien, Filme, Videos) zum Einsatz kommen. Zu nennen wäre in diesem Zusammenhang insbesondere die *tiefenhermeneutische Kulturanalyse*, wie sie von Lorenzer begründet wurde (vgl. zusammenfassend etwa König 1993; Lorenzer 1986) und am Beispiel von Literatur- (Prokop 1986), Biographie- (Lüdde 1986) oder auch Architekturanalysen (Nagbøl 1986) erprobt wurde, die *psychoanalytische Sozialforschung* von Leithäuser und Volmerg (1979, 1988), die insbesondere im Rahmen arbeits- und sozialpsychologischer Forschungsprojekte Anwendung fand, oder auch die *Erzählanalysen* von Boothe (1992), die vor allem im Kontext der qualitativen Psychotherapieforschung durchgeführt wurden.

Tiefenhermeneutische beziehungsweise psychoanalytische Interpretationen zielen dabei – über die manifeste Sinnebene von Texten hinaus – auf eine eigenständige Sinnebene, die von der logisch-diskursiven Sprache geschieden ist: Es handelt sich hier um eine Ebene latenter, verdrängter Sinngehalte, die nach Lorenzer nur als *szenische Bilder* ihren Ausdruck finden können. Diese szenischen Bilder gilt es nun, ausgehend von den Wirkungen des Textes auf den Interpreten, zu entschlüsseln. Ankerpunkte der Interpretation und der Bedeutungsentfaltung liegen in den Irritationen des Interpreten begründet, wie sie innerhalb des bildhaft-anschaulichen Vorstellungsraumes in der Begegnung mit dem Text entstehen.

Idealerweise findet dieser Prozeß des *szenischen Verstehens* innerhalb einer Gruppe statt. Das szenische Verstehen, das über das *logische Verstehen* der mitgeteilten Sätze des Patienten und das *psychologische Verstehen* der in seinen Gesten zum Ausdruck kommenden affektiven Gehalte hinausgeht, will die Symbolisierungen verdrängter, nicht selten auch sozial anstößiger Lebensentwürfe enthüllen.

Konversationsanalyse

Die insbesondere durch Sacks, Schegloff und Jefferson begründete Konversationsanalyse (vgl. Sacks 1990; Sacks, Schegloff & Jefferson 1974; Schegloff & Sacks 1973; Silverman 1993, S. 125ff.) befaßt sich vorrangig mit (Bild- und Ton-)Aufzeichnungen »natürlicher« Interaktionen, also mit solchen Materialien, die zum Zwecke der sozialwissenschaftlichen Analyse nicht (beispielsweise mit Hilfe eines Interviews) eigens hergestellt wurden. Ziel der Analyse ist es dabei, die *formalen* Prinzipien und Verfahren herauszuarbeiten, mittels derer die einzelnen Gesellschaftsmitglieder die soziokulturelle, sinnhaft strukturierte Wirklichkeit (re-)produzieren. Es geht darum, die im Rahmen symbolisch vermittelter Interaktionen und sozialer Handlungen relevanten interpretativen Zuschreibungsprozesse, die das wechselseitige Handeln bestimmen, zu analysieren.

In diesem Sinne bildet den Gegenstand der Konversationsanalyse beispielsweise die Organisation des Sprecherwechsels in Alltagsgesprächen (Sacks, Schegloff & Jefferson 1974), die Rollenverteilung bei Gesprächen im Rahmen der Sozialarbeit (Wolff 1986) oder der sozialpsychiatrischen Beratung (Flick 1989), die Untersuchung bestimmter Gesprächsformen wie zum Beispiel »Klatsch« (Bergmann 1987), die Analyse von Interaktionen in gerichtlichen, pädagogischen, medizinischen, psychiatrischen Institutionen oder bei der polizeilichen Vernehmung (vgl. Bergmann 1991, S. 218).

Das Vorgehen der Konversationsanalyse sieht nun in einem ersten Schritt vor, innerhalb des Transkripts beziehungsweise der jeweiligen Aufzeichnung des sozialen Geschehens eine bestimmte Äußerung oder Äußerungsfolge als *Ordnungselement* zu identifizieren, das für eben diese Interaktionsform typisch ist. Im nächsten Schritt geht es darum, dieses Ordnungselement anhand weiterer Daten aufzusuchen. Ziel ist, »aus dem Datenmaterial eine Kollektion von Fällen zusammenzustellen« (Bergmann 1991, S. 217), in denen dieses Element auftritt. Es schließen sich Reflexionen über die *Funktion* dieses Ordnungselementes innerhalb eines sozialen Ordnungsgefüges an – eines Ordnungsgefüges, das bestimmte *strukturelle Probleme* aufwirft. Es gilt weiterhin, dieses Problem näher zu bestimmen und die Frage zu beantworten, inwiefern das identifizierte Ordnungselement diese Problemlage zu bearbeiten und das soziale Interaktionsgefüge zu stabilisieren vermag.

Metaphernanalyse

Die Metaphernanalyse versucht auf der Basis eines vor allem im Umkreis der kognitiven Psychologie entwickelten neueren Metaphernbegriffs, metaphorische Redewendungen und Ausdrücke auf ihre zugrundeliegenden Vorstellungs- und Wahrnehmungsmuster hin zu untersuchen (vgl. Black 1962, 1979; Lakoff & Johnson 1980). Während ältere Metapherntheorien metaphorische Prozesse als ausschließlich sprachliche Phänomene ansehen, gehen neuere Ansätze davon aus, daß bestimmte Bilder nicht nur unser Sprechen, sondern auch unser Denken und unser Handeln strukturieren.

Die im Rahmen von Interpretationen sprachlicher Protokolle vorgenommene Zurückführung bestimmter Metaphern auf ihre »sinnlich konkrete Erfahrungsgestalt« (von Kleist 1987) führt somit zu Einsichten über typische Handlungs- und Erfahrungsmuster. Durchgeführt wird die Metaphernanalyse insbesondere im Rahmen der Psychotherapieforschung (vgl. Buchholz 1993, 1996; von Kleist 1987) oder auch innerhalb der Biographieforschung (Straub & Sichler 1989; Straub & Seitz 1997).

Qualitative Inhaltsanalyse

Mit der *qualitativen Inhaltsanalyse* (Mayring 1985, 1993; Merten 1983; Ritsert 1972) können Texte aller Art ausgewertet werden, vom Zeitungsartikel bis hin zum (sozialwissenschaftlichen) Interview. Dieses Verfahren bietet sich insbesondere dann an, wenn die Kategorien, unter denen die Deutung des Materials erfolgen soll, weitgehend feststehen und das Datenmaterial im Rahmen bereits bekannter Theorien diskutiert werden soll. Wesentliche Aspekte des interessierenden Phänomenbereichs haben die Forschenden vielleicht schon vor Beginn der Datenerhebung erarbeitet – dies kann beispielsweise Phänomenbereiche betreffen, die bereits weitgehend erforscht sind und nur noch spezielle Fragen aufwerfen –, so daß sie sich in der Folge vielleicht für ein halbstandardisiertes Erhebungsverfahren entscheiden werden, in dem die interessierenden Kategorien schon feststehen und im Verlauf des Forschungsprozesses allenfalls modifiziert werden. Diese Kategorien werden nun auch die Deutung des Materials bestimmen.

Was das konkrete Vorgehen bei der qualitativen Inhaltsanalyse betrifft, unterscheidet Mayring (1985, 1993) drei Grundformen beziehungsweise Techniken der qualitativen Inhaltsanalyse: *zusammenfassende*, *explizierende* und *strukturierende Inhaltsanalyse*. Die *zusammenfassende* Inhaltsanalyse zielt auf eine Reduktion des Materials. Dies erfolgt durch Streichungen von weniger relevant erscheinenden Textbestandteilen und Wiederholungen, durch kürzende, zusammenfassende Paraphrasen und schließlich durch eine Bündelung und Zusammenfassung von Paraphrasierungen. Unter der *explizierenden* Inhaltsanalyse ist die Erläuterung von unverständlichen Textpassagen durch Heranziehung von weiterem Material zu verstehen. Dies können entweder andere Textpassagen des vorliegenden Textmaterials sein oder auch sonstige Informationen. Die *strukturierende* Inhaltsanalyse schließlich zielt auf die Erstellung eines Kodierleitfadens, der genaue Regeln für die Einschätzung des vorliegenden Materials angibt. Unter Anführung konkreter Beispiele (»Ankerbeispiele«) erfolgt dabei eine klar umrissene Definition der Kategorien, um schließlich auch eindeutige Abgrenzungen und Zuordnungen des Textmaterials zu den jeweiligen Kategorien zu ermöglichen.

Vorteile dieses Verfahrens liegen unter anderem in der Möglichkeit, große Textmengen zu bearbeiten. Geeignet erscheint das Verfahren insbesondere dann, wenn eine spezifische Fragestellung und ein vorgegebener theoretischer Rahmen vorliegen und eine größere Stichprobe untersucht werden soll. Im Unterschied zu den vorstehend genannten Verfahren können dabei allerdings die engeren und weiteren Kontextbezüge der jeweiligen Äußerungen kaum berücksichtigt werden. Damit erreichen inhaltsanalytische Auswertungen zwar subjektive Sichtweisen der befragten Handlungssubjekte, also die Ebene bewußter Handlungsintentionen, lassen aber jene Sinnstrukturen, die den Handelnden selbst nicht bewußt sind, nicht ohne weiteres in das Blickfeld treten.

Computerunterstützte Auswertung

Computer sind in der qualitativen Sozialforschung und speziell in der Auswertung qualitativer Daten ein unverzichtbares Hilfsmittel geworden. Im Rahmen vieler Arbeitsschritte leisten dabei schon allgemein übliche Textverarbeitungsprogramme gute Dienste. Dies betrifft etwa die Aufzeichnung, Verwaltung und Überarbeitung von Feldnotizen beziehungsweise auch von »Memos«; die Transkription von Interviews und deren Bearbeitung; die Speicherung, organisierte Zusammenstellung und Verbindung bestimmter Textsegmente bei der weiteren Textbearbeitung. Der Computer ersetzt hier gewissermaßen Papier und Schere: Die Verwaltung und Bearbeitung umfangreicher Texte wird dadurch wesentlich erleichtert.

Seit einigen Jahren wird die Auswertung qualitativer Daten jedoch auch mit Hilfe von Computerprogrammen, die speziell für die Auswertung qualitativer Daten entwickelt wurden, vorgenommen (vgl. Fielding & Lee 1991; Flick 1995; Huber 1991; Muhr 1994; Pfaffenberger 1988; Richards & Richards 1994; Weitzman & Miles 1995). Mit diesen Programmen verbindet sich häufig der Anspruch, bei der Kodierung umfangreicher Textmassen sowie der Bildung von Kategorien und deren Verknüpfung zu Netzwerken wesentliche Hilfestellung zu leisten. Flick (1995, S. 277f.) zählt unter anderem folgende Programmtypen auf:

Textsucheprogramme, mit deren Hilfe bestimmte Wortfolgen und Textbestandteile aufgelistet und sortiert werden können; Kodier- und Suchprogramme, die die Zerlegung des Textes in einzelne Segmente und die Zuweisung von Codes erleichtern; Programme, die die Theoriebildung auf der Basis von Codes durch komfortable Grafikeditoren erleichtern und sogar die Möglichkeit der Einbeziehung von Videodaten eröffnen.

Über diese »technische« Erleichterung der Bearbeitung qualitativer Daten hinaus zeigt sich die computerunterstützte Auswertung von Daten jedoch begrenzt, was die Sequenzierung und extensive Auslegung einzelner Textstellen unter Berücksichtigung ihrer Kontextualität anbelangt.

Gütekriterien in der qualitativen Forschung

Was das Problem der Gütekriterien in der qualitativen Sozialforschung anbelangt, lassen sich die Positionen hier nach ihrem Verhältnis zu den traditionellen Gütekriterien der quantitativen Sozialforschung unterscheiden: Zum einen gibt es Positionen, die eine Übernahme beziehungsweise Weiterentwicklung dieser Gütekriterien (Objektivität, Reliabilität, Validität) auch für die qualitative Forschung postulieren (vgl. Kirk & Miller 1986; Silverman 1993). Auf der anderen Seite finden sich Positionen, die der Auffassung sind, die Beurteilung der Wissenschaftlichkeit qualitativen Vorgehens müsse solchen Kriterien folgen, die sich von den traditionellen Gütekriterien prinzipiell unterscheiden und auf spezifische methodologische und methodische Standards qualitativer Forschung Bezug nehmen (vgl. Flick 1995; Küchler 1983; Küchler, Wilson & Zimmerman 1981).

Um die Triftigkeit der Interpretationen zu erhöhen, wird von manchen Autoren beispielsweise vorgeschlagen, die Ergebnisse einer *kommunikativen Validierung* (Groeben & Scheele 1977) zu unterziehen. Die kommunikative Validierung erfolgt dadurch, daß man die Ergebnisse den Forschungspartnern vorlegt und mit ihnen diskutiert. Eine andere häufig vorgeschlagene Strategie stellt die *Triangulation* (vgl. Denzin 1978; Flick 1992; Marotzki 1995) dar, also die Kombination verschiedener Datenquellen, unterschiedlicher Theorien und Perspektiven oder auch der Einsatz unterschiedlicher Beobachter oder Interpreten.

Als allgemeinstes Kriterium der Wissenschaftlichkeit mag an dieser Stelle der Verweis auf die Schlüssigkeit und *intersubjektive Nachvollziehbarkeit* des qualitativen Vorgehens (insbesondere auch der Interpretationen) genügen. In diesem Sinne erfordert eine Darstellung der Forschungsergebnisse eine detaillierte Dokumentation des gesamten Forschungsprozesses, angefangen bei der Explikation des forschungsleitenden Interesses und des Vorverständnisses über die plausible Begründung für die Wahl der Methoden bis hin zu der anschaulichen Beschreibung von Durchführung und Auswertung.

Literatur

Alheit, Peter (1984): *Das narrative Interview. Einige Instruktionen für Anfänger* (Arbeitspapiere des Forschungsprojekts »Arbeitsbiographien«, Heft 8). Bremen: Universität Bremen.

Appelsmeyer, Heide (1996): *Stil und Typisierung in weiblichen Lebensentwürfen. Eine vergleichende Analyse biographischer und literarischer Konstruktionen älterer Frauen.* Weinheim: Deutscher Studien Verlag.

Aster, Reiner, Hans Merkens, Michael Repp (Hg.) (1989): *Teilnehmende Beobachtung. Werkstattberichte und methodologische Reflexionen.* Frankfurt/M., New York: Campus.

Bergmann, Jörg (1987). *Klatsch. Zur Sozialform der diskreten Indiskretion.* Berlin: de Gruyter.

Bergmann, Jörg (1991): Konversationsanalyse. In: Uwe Flick, Ernst von Kardoff, Heiner Keupp, Lutz von Rosenstiel, Stephan Wolff (Hg.): *Handbuch qualitative Sozialforschung. Grundlagen, Konzepte, Methoden und Anwendungen.* München: Psychologie Verlags Union, 213–218.

Billmann-Mahecha, Elfriede (1990): *Egozentrismus und Perspektivenwechsel. Empirisch-psychologische Studien zu kindlichen Verstehensleistungen im Alltag*. Göttingen, Toronto, Zürich: Hogrefe.

Billmann-Mahecha, Elfriede (1994): Über die Interpretation von Kinderzeichnungen. *L.O.G.O.S interdisziplinär*, 2: 28–35.

Black, Max (1962): Metaphor. In: Ders.: *Models and Metaphors. Studies in Language and Philosophy*. Ithaca, London: Cornell University Press, 25–47.

Black, Max (1979): More about Metaphor. In: Andrew Ortony (Hg.): *Metapher and Thought*. Cambridge: Cambridge University Press, 19–41.

Bohnsack, Ralf (1993): *Rekonstruktive Sozialforschung. Einführung in Methodologie und Praxis qualitativer Forschung* (2. Aufl.). Opladen: Leske + Budrich.

Boothe, Brigitte (1992): *Die Alltagserzählung in der Psychotherapie*. Berichte aus der Abteilung Klinische Psychologie, Nr. 29/1. Zürich: Psychologisches Institut der Universität.

Bruner, Jerome S. (1990): *Acts of Meaning*. Cambridge, MA, London: Harvard University Press.

Buchholz, Michael B. (Hg.) (1993): *Metaphernanalyse*. Göttingen: Vandenhoeck & Ruprecht.

Buchholz, Michael B. (1996): *Metaphern der Kur. Eine qualitative Studie zum psychotherapeutischen Prozeß*. Opladen: Westdeutscher Verlag.

Bude, Heinz (1985): Der Sozialforscher als Narrationsanimateur. Kritische Anmerkungen zu einer erzähltheoretischen Fundierung der interpretativen Sozialforschung. *Kölner Zeitschrift für Soziologie und Sozialpsychologie*, 37: 327–336.

Bureau of Applied Social Research, Columbia University (1976): Das qualitative Interview. In: René König (Hg.): *Das Interview. Formen, Technik, Auswertung* (10. Aufl.). Köln: Kiepenheuer & Witsch, 143–160.

Dechmann, Manfred D. (1978): *Teilnahme und Beobachtung als soziologisches Basisverhalten. Ein Lehrbuch für Sozialwissenschaftler und soziale Berufe*. Bern, Stuttgart: Haupt.

Denzin, Norman K. (1978): *The Research Act*. New York: McGraw Hill.

Denzin, Norman K., Yvonna S. Lincoln (1994): *Handbook of Qualitative Research*. Thousand Oaks, London, New Delhi: Sage.

Dreher, Michael, Eva Dreher (1982): Gruppendiskussionen. In: Günter L. Huber, Heinz Mandl (Hg.): *Verbale Daten. Eine Einführung in die Grundlagen und Methoden der Erhebung und Auswertung*. Weinheim, Basel: Beltz, 141–164.

Dreher, Michael, Eva Dreher (1991): Gruppendiskussionsverfahren. In: Uwe Flick, Ernst von Kardoff, Heiner Keupp, Lutz von Rosenstiel, Stephan Wolff (Hg.) (1991): *Handbuch Qualitative Sozialforschung. Grundlagen, Konzepte, Methoden und Anwendungen*. München: Psychologie Verlags Union, 186–188.

Ehlich, Konrad, Bernd Switalla (1976): Transkriptionssysteme. Eine exemplarische Übersicht. *Studium Linguistik*, 2: 78–105.

Englisch, Felicitas (1991): Bildanalyse in strukturalhermeneutischer Einstellung. Methodische Überlegungen und Analysebeispiele. In: Detlef Garz, Klaus Kraimer (Hg.): *Qualitativ-empirische Sozialforschung. Konzepte, Methoden, Analysen*. Opladen: Westdeutscher Verlag, 133–176.

Faßnacht, Gerhard (1979): *Systematische Verhaltensbeobachtung. Eine Einführung in die Methodologie und Praxis*. München, Basel: Reinhardt.

Fielding, Nigel G., Raymond M. Lee (1991): *Using Computers in Qualitative Research*. London: Sage.

Flick, Uwe (1989): *Vertrauen, Verwalten, Einweisen. Subjektive Vertrauenstheorien in sozialpsychiatrischer Beratung*. Wiesbaden: Deutscher Universitätsverlag.

Flick, Uwe (1992): Entzauberung der Intuition – Triangulation von Methoden und Datenquellen als Strategie der Geltungsbegründung und Absicherung von Interpretation. In: Jürgen H. P. Hoffmeyer-Zlotnik (Hg.): *Analyse qualitativer Daten. Über den Umgang mit qualitativen Daten*. Opladen: Westdeutscher Verlag, 11–56.

Flick, Uwe (1995): *Qualitative Forschung. Theorie, Methoden, Anwendung in Psychologie und Sozialwissenschaften*. Reinbek: Rowohlt.

Flick, Uwe, Ernst von Kardoff, Heiner Keupp, Lutz von Rosenstiel, Stephan Wolff (Hg.) (1991): *Handbuch Qualitative Sozialforschung. Grundlagen, Konzepte, Methoden und Anwendungen*. München: Psychologie Verlags Union.

Friedrichs, Jürgen, Hartmut Lüdtke (1977): *Teilnehmende Beobachtung. Einführung in die sozialwissenschaftliche Feldforschung* (3. Aufl.). Weinheim, Basel: Beltz.

Garz, Detlef, Klaus Kraimer (1991): Qualitativ-empirische Sozialforschung. Opladen: Westdeutscher Verlag.

Gerdes, Klaus, Christian von Wolffersdorf-Ehlert (1974): Drogenscene: Suche nach Gegenwart. Ergebnisse teilnehmender Beobachtung in der jugendlichen Drogensubkultur. Stuttgart: Enke.

Gerdes, Klaus (Hg.) (1979): *Explorative Sozialforschung. Einführende Beiträge aus »Natural Sociology« und Feldforschung in den USA*. Stuttgart: Enke.

Girtler, Roland (1988): *Der Strich. Sexualität als Geschäft* (2. Aufl.). München: Heyne.

Glaser, Barney G. & Strauss, Anselm L. (1967): *The Discovery of Grounded Theory. Strategies für Qualitative Research*. Chicago: Aldine.

Glaser, Barney G. (1978): *Theoretical Sensitivity*. Mill Valley: University of California.

Greve, Werner, Dirk Wentura (1991): *Wissenschaftliche Beobachtung in der Psychologie. Eine Einführung*. München: Quintessenz.

Groeben, Norbert, Brigitte Scheele (1977): *Argumente für eine Psychologie des reflexiven Subjekts*. Darmstadt: Steinkopff.

Hahn, Achim (1994): *Erfahrung und Begriff. Zur Konzeption einer soziologischen Erfahrungswissenschaft als Beispielhermeneutik*. Frankfurt/M.: Suhrkamp.

Heinze, Thomas (1987): *Qualitative Sozialforschung. Erfahrungen, Probleme und Perspektiven*. Opladen: Westdeutscher Verlag.

Hermanns, Harry (1982): *Berufsverlauf und soziale Handlungskompetenz von Ingenieuren – Eine biographieanalytische Untersuchung auf der Basis narrativer Interviews* (Dissertation). Kassel: Universität Kassel.

Hoffmann-Riem, Christa (1980): Die Sozialforschung einer interpretativen Soziologie. Der Datengewinn. *Kölner Zeitschrift für Soziologie und Sozialpsychologie*, 32: 339–372.

Hopf, Christel (1978): Die Pseudoexploration. Überlegungen zur Technik qualitativer Interviews in der Sozialforschung. *Zeitschrift für Soziologie*, 7: 97–105.

Hopf, Christel (1991): Qualitative Interviews in der Sozialforschung. Ein Überblick. In: Uwe Flick, Ernst von Kardoff, Heiner Keupp, Lutz von Rosenstiel, Stephan Wolff (Hg.): *Handbuch Qualitative Sozialforschung. Grundlagen, Konzepte, Methoden und Anwendungen*. München: Psychologie Verlags Union, 177–185.

Hron, Aemilian (1982): Interviews. In: Günter L. Huber, Heinz Mandl (Hg.): *Verbale Daten. Eine Einführung in die Grundlagen und Methoden der Erhebung und Auswertung*. Weinheim, Basel: Beltz, 119–140.

Huber, Günther L. (1991): Computerunterstütze Auswertung qualitativer Daten. In: Uwe Flick, Ernst von Kardoff, Heiner Keupp, Lutz von Rosenstiel, Stephan Wolff (Hg.): *Handbuch qualitative Sozialforschung. Grundlagen, Konzepte, Methoden und Anwendungen.* München: Psychologie Verlags Union, 243–248.

Jüttemann, Gerd (Hg.) (1989): *Qualitative Forschung in der Psychologie. Grundfragen, Verfahrensweisen, Anwendungsfelder* (2. Aufl.). Heidelberg: Asanger.

Jung, Thomas, Stefan Müller-Doohm (Hg.) (1993): *»Wirklichkeit« im Deutungsprozeß. Verstehen und Methoden in den Kultur- und Sozialwissenschaften*. Frankfurt/M.: Suhrkamp.

Kade, Sylvia (1983): *Methoden des Fremdverstehens. Ein Zugang zu Theorie und Praxis des Fremdverstehens*. Bad Heilbrunn/Obb.: Klinkhardt.

Kallmeyer, Werner, Fritz Schütze (1977): Zur Konstitution von Kommunikationsschemata der Sachverhaltsdarstellung. In: Dirk Wegner (Hg.): *Gesprächsanalysen* (Kolloquium »Gesprächsanalyse«, IKP, Oktober 1976). Hamburg: Buske, 159–274.

Kelle, Udo (1994): *Empirisch begründete Theoriebildung. Zur Logik und Methodologie interpretativer Sozialforschung*. Weinheim: Deutscher Studien Verlag.

Kirk, Jerome, Marc L. Miller (1986): *Reliability and Validity in Qualitative Research*. Sage University Paper series on Qualitative Research Methods. Bd. 1. Beverley Hills, CA: Sage.

Kleist, Cornelia von (1987): Zur Verwendung von Metaphern in den Selbstdarstellungen von Psychotherapieklienten. In: Jarg Bergold, Uwe Flick (Hg.): *Ein-Sichten. Zugänge zur Sicht des Subjekts mittels qualitativer Forschung*. Tübingen: DGVT-Verlag, 115–124.

Kohli, Martin (1978): »Offenes« und »geschlossenes« Interview: Neue Argumente zu einer alten Kontroverse. *Soziale Welt*, 29: 1–25.

Koller, Hans-Christoph (1993): Biographie als rhetorisches Konstrukt. *Bios*, 6: 33–45.

König, Hans-Dieter (1993): Die Methode der tiefenhermeneutischen Kultursoziologie. In: Thomas Jung, Stefan Müller-Doohm (Hg.): *»Wirklichkeit« im Deutungsprozeß. Verstehen und Methoden in den Kultur- und Sozialwissenschaften*. Frankfurt/M.: Suhrkamp, 190–222.

Küchler, Manfred (1983): »Qualitative« Sozialforschung – ein neuer Königsweg? In: Detlev Garz, Klaus Kraimer (Hg.): *Brauchen wir andere Forschungsmethoden? Beiträge zur Diskussion interpretativer Verfahren*. Frankfurt/M.: Athenäum, 9–30.

Küchler, Manfred, Thomas P. Wilson, Don H. Zimmerman (1981): *Integration von qualitativen und quantitativen Forschungsansätzen*. ZUMA-Arbeitsbericht 81/19. Mannheim.

Kvale, Steinar (1996): *InterViews. An introduction to qualitative research interviewing*. Thousand Oaks, London, New Delhi: Sage.

Lakoff, George, Mark Johnson (1980): *Metaphors we live by*. Chicago, London: The University of Chicago Press.

Lamnek, Siegfried (1995a): *Qualitative Sozialforschung. Bd. 1: Methodologie* (3., korrigierte Aufl.). Weinheim: Beltz, Psychologie Verlags Union.

Lamnek, Siegfried (1995b): *Qualitative Sozialforschung. Bd. 2: Methoden und Techniken* (3., korrigierte Aufl.). Weinheim: Beltz, Psychologie Verlags Union.

Leithäuser, Thomas, Birgit Volmerg (1979): *Anleitung zur empirischen Hermeneutik. Psychoanalytische Textinterpretation als sozialwissenschaftliches Verfahren*. Frankfurt/M.: Suhrkamp

Leithäuser, Thomas, Birgit Volmerg (1988): *Psychoanalyse in der Sozialforschung. Eine Einführung am Beispiel einer Sozialpsychologie der Arbeit*. Opladen: Westdeutscher Verlag.

Loer, Thomas (1994): Werkgestalt und Erfahrungskonstitution. Exemplarische Analyse von Paul Cézannes »Montagne Sainte-Victoire« (1904/06) unter Anwendung der Methode der objektiven Hermeneutik und Ausblicke auf eine soziologische Theorie der Ästhetik im Hinblick auf eine Theorie der Erfahrung. In: Detlef Garz, Klaus Kraimer (Hg.): *Die Welt als Text*. Frankfurt/M.: Suhrkamp, 341–382.

Lorenzer, Alfred (1986): Tiefenhermeneutische Kulturanalyse. In: Ders. (Hg.): *Kultur-Analysen*. Frankfurt/M.: Fischer, 11–98.

Lüdde, Heinz (1986): Lesarten der Selbstdarstellung. Zu einem autobiographischen Text von Elias Canetti. In: Alfred Lorenzer (Hg.): *Kultur-Analysen*. Frankfurt/M.: Fischer, 375–396.

Mangold, Werner (1973): Gruppendiskussionen. In: René König (Hg.): *Handbuch der empirischen Sozialforschung, Bd. 2, Grundlegende Methoden und Techniken der empirischen Sozialforschung, erster Teil* (3. umgearbeitete und erweiterte Aufl.). Stuttgart: Enke, 228–259.

Marotzki, Winfried (1995): Forschungsmethoden der erziehungswissenschaftlichen Biographieforschung. In: Heinz-Hermann Krüger, Winfried Marotzki (Hg.): *Erziehungswissenschaftliche Biographieforschung*. Opladen: Leske + Budrich, 55–89.

Martin, Ernst, Uwe Wawrinowski (1991): *Beobachtungslehre. Theorie und Praxis reflektierter Beobachtung und Beurteilung*. Weinheim, München: Juventa.

Mayring, Philipp (1985): Qualitative Inhaltsanalyse. In: Gerd Jüttemann (Hg.): *Qualitative Forschung in der Psychologie. Grundfragen, Verfahrensweisen, Anwendungsfelder*. Weinheim: Beltz, 187–211.

Mayring, Philipp (1993): *Einführung in die qualitative Sozialforschung. Eine Anleitung zu qualitativem Denken* (2. Aufl.). Weinheim: Beltz, Psychologie Verlags Union.

Merten, Klaus (1983): *Inhaltsanalyse. Einführung in Theorie, Methode und Praxis*. Opladen: Westdeutscher Verlag.

Merton, Robert K., Patricia L. Kendall (1984): Das fokussierte Interview. In: Christel Hopf, Elmar Weingarten (Hg.): *Qualitative Sozialforschung* (2. Aufl.). Stuttgart: Klett-Cotta, 171–204 (Original 1945/46).

Merton, Robert K., M. Fiske, Patricia L. Kendall (1956): *The Focused Interview*. Glencoe, Ill.: Free Press.

Miles, Matthew B., A. Michael Huberman, (1994): *Qualitative Data Analysis: An expanded sourcebook* (2. Aufl.). Thousand Oaks u.a.: Sage.

Müller-Doohm, Stefan (1993): Visuelles Verstehen. Konzepte kultursoziologischer Bildhermeneutik. In: Thomas Jung, Stefan Müller-Doohm (Hg.): *»Wirklichkeit« im Deutungsprozeß. Verstehen und Methoden in den Kultur- und Sozialwissenschaften*. Frankfurt/M.: Suhrkamp, 438–458.

Muhr, Thomas (1994): ATLAS/ti: Ein Werkzeug für die Textinterpretation. In: Andreas Böhm et al. (Hg.): *Texte verstehen: Konzepte, Methoden, Werkzeuge*. (Schriften zur Informationswissenschaft). Konstanz: Universitätsverlag.

Nagbøl, Søren (1986): Macht und Architektur. Versuch einer erlebnisanalytischen Interpretation der Neuen Reichskanzlei. In: Alfred Lorenzer (Hg.): *Kultur-Analysen*. Frankfurt/M.: Fischer, 347–374.

Nassehi, Armin (1994): Die Form der Biographie. Theoretische Überlegungen zur Biographieforschung in methodologischer Absicht. *Bios*, 7: 46–63.

Nießen, Manfred (1977): *Gruppendiskussion. Interpretative Methodologie – Methodenbegründung – Anwendung*. München: Fink.

Oevermann, Ulrich, Tilmann Allert, Elisabeth Konau, Jürgen Krambeck (1979): Die Methodologie einer »objektiven Hermeneutik« und ihre allgemeine forschungslogische Bedeutung in den Sozialwissenschaften. In: Hans-Georg Soeffner (Hg.): *Interpretative Verfahren in den Sozial- und Textwissenschaften*. Stuttgart: Metzler, 352–434.

Oevermann, Ulrich (1993): Die objektive Hermeneutik als unverzichtbare methodologische Grundlage für die Analyse von Subjektivität. Zugleich eine Kritik der Tiefenhermeneutik. In: Thomas Jung, Stefan Müller-Doohm (Hg.): *»Wirklichkeit« im Deutungsprozeß. Verstehen und Methoden in den Kultur- und Sozialwissenschaften*. Frankfurt/M.: Suhrkamp, 106–189.

Pfaffenberger, Bryan (1988): *Microcomputer Applications in Qualitative Research*. Sage University Paper Series on Qualitative Research Methods, Bd. 14. Beverly Hills, CA: Sage.

Popp-Baier, Ulrike (1992): Text und Wirklichkeit. Aspekte interpretativer psychologischer Forschung und ihre Beziehung zum Thema »Kulturwandel«. In: Christian G. Allesch, Elfriede Billmann-Mahecha, Alfred Lang (Hg.): *Psychologische Aspekte des kulturellen Wandels*. Wien: Verband der wissenschaftlichen Gesellschaften Österreichs, 156–166.

Prokop, Ulrike (1986): *Emilia Galotti*. Ein Drama über die Zerstörung der Wünsche. In: Alfred Lorenzer (Hg.): *Kultur-Analysen*. Frankfurt/M.: Fischer, 163–288.

Reichertz, Jo (1986): *Probleme qualitativer Sozialforschung. Die Entwicklungsgeschichte der objektiven Hermeneutik*. Frankfurt/M.: Campus.

Reichertz, Jo (1991): Objektive Hermeneutik. In: Uwe Flick, Ernst von Kardoff, Heiner Keupp, Lutz von Rosenstiel, Stephan Wolff (Hg.): *Handbuch qualitative Sozialforschung. Grundlagen, Methoden, Konzepte und Anwendungen*. München: Psychologie Verlags Union, 223–228.

Richards, Thomas J., Lyn Richards (1994): Using Computers in Qualitative

Research. In: Norman Denzin, Yvonna S. Lincoln (Hg.): *Handbook of Qualitative Research*. London: Sage, 445–462.

Riemann, Gerhard (1987): *Das Fremdwerden der eigenen Biographie. Narrative Interviews mit psychiatrischen Patienten*. München: Fink.

Ritsert, Jürgen (1972): *Inhaltsanalyse und Ideologiekritik. Ein Versuch über kritische Sozialforschung*. Frankfurt/M.: Athenäum.

Sacks, Harvey (1990): *Lectures, 1954–1965*. Hg. von Gail Jefferson. Dordrecht: Kluwer.

Sacks, Harvey, Emanuel Schegloff, Gail Jefferson (1974): A simplest systematics for the organization of turntaking for conversation. *Language*, 4: 696–735.

Scheele, Brigitte, Norbert Groeben (1988): *Dialog Konsens-Methoden zur Rekonstruktion Subjektiver Theorien*. Tübingen: Francke.

Schegloff, Emanuel, Harvey Sacks (1973): Opening up Closings. *American Anthropologist*, 70: 1075–1095.

Schütze, Fritz (1977): *Die Technik des narrativen Interviews in Interaktionsfeldstudien – dargestellt an einem Projekt zur Erforschung von kommunalen Machtstrukturen*. Universität Bielefeld, Fakultät für Soziologie: Arbeitsberichte und Forschungsmaterialien, Nummer 1.

Schütze, Fritz (1982): Narrative Repräsentation kollektiver Schicksalsbetroffenheit. In: Eberhard Lämmert (Hg.): *Erzählforschung*. Stuttgart: Metzler, 568–590.

Schütze, Fritz (1983): Biographieforschung und narratives Interview. *Neue Praxis*, 13: 283–293.

Seidman, I.E. (1991): *Interviewing as qualitative research. A guide for researchers in education and the social sciences*. New York: Teachers College Press.

Sill, Oliver (1995): »Über den Zaun geblickt«. Literaturwissenschaftliche Anmerkungen zur soziologischen Biographieforschung. *Bios*, 8: 28–42.

Silverman, David (1993): *Interpreting Qualitative Data. Methods for Analysing Talk, Text and Interaction*. London, Thousands Oaks, New Delhi: Sage.

Soeffner, Hans-Georg (Hg.) (1979): *Interpretative Verfahren in den Sozial- und Textwissenschaften*. Stuttgart: Metzler.

Spöhring, Walter (1989): *Qualitative Sozialforschung*. Stuttgart: Teubner.

Straub, Jürgen (1989): *Historisch-psychologische Biographieforschung. Theoretische, methodologische und methodische Argumentationen in systematischer Absicht*. Heidelberg: Asanger.

Straub, Jürgen (1993): *Geschichte, Biographie und friedenspolitisches Handeln. Biographieanalytische und sozialpsychologische Studien auf der Basis von narrativen Interviews mit Naturwissenschaftlern und Naturwissenschaftlerinnen*. Opladen: Leske + Budrich.

Straub, Jürgen, Ralph Sichler (1989): Metaphorische Sprechweisen als Modi der interpretativen Repräsentation biographischer Erfahrungen. In: Peter Alheit, Erika Hoerning (Hg.): *Biographisches Wissen. Beiträge zu einer Theorie lebensgeschichtlicher Erfahrung*. Frankfurt/M., New York: Campus, 221–237.

Straub, Jürgen, Hartmut Seitz (1997): Metaphernanalyse in der kulturpsychologischen Biographieforschung. Theoretische Überlegungen und empirische Analysen am Beispiel des »Zusammenschlusses« von Staaten. In: Ralf Bohnsack, Gerd Jüttemann, Winfried Marotzki (Hg.): *Biographieforschung und Kulturanalyse. Qualitative Forschung in Pädagogik, Psychologie und Soziologie*. Opladen: Leske + Budrich (im Druck).

Strauss, Anselm L. (1991): *Grundlagen qualitativer Sozialforschung. Datenanalyse und Theoriebildung in der empirischen soziologischen Forschung*. München: Fink.

Strauss, Anselm L., Juliet Corbin (1990): *Basics of Qualitative Research. Grounded Theory Procedures and Techniques*. London: Sage.

Weitzman, Eben A., Matthew B. Miles (1995): *Computerprogramms for qualitative Data Analysis: A software sourcebook*. London: Sage.

Witzel, Andreas (1989): Das problemzentrierte Interview. In: Gerd Jüttemann (Hg.): *Qualitative Forschung in der Psychologie. Grundfragen, Verfahrensweisen, Anwendungsfelder* (2. Aufl.). Heidelberg: Asanger, 227–255.

Wolff, Stephan (1986): Das Gespräch als Handlungsinstrument. Konversationsanalytische Aspekte sozialer Arbeit. *Kölner Zeitschrift für Soziologie und Sozialpsychologie*, 38: 55–84.

Die Autorinnen und Autoren

ANDREA ABELE-BREHM, Prof. Dr., geb. 1950, Diplom im Fach Psychologie 1973 an der Universität Konstanz, Promotion (Nebenfach Soziologie) 1976 ebendort, Habilitation im Fach Psychologie 1982 an der Universität Bielefeld, gegenwärtig Inhaberin des Lehrstuhls Sozialpsychologie an der Universität Erlangen-Nürnberg.

Aktuelle Forschungsschwerpunkte: Soziale Informationsverarbeitung, Stimmung und Denken, Gruppenentscheidungen, Frauen in Führungspositionen.

Ausgewählte Veröffentlichungen: (mit W. Brehm): Exercise, mood, well-being and health. *International Review of Health Psychology*, 2 (1993), 53–80; *Karriereorientierung angehender Akademikerinnen und Akademiker*. Bielefeld: Kleine Verlag 1994; *Stimmung und Leistung*. Göttingen: Hogrefe 1994.

HEIDE APPELSMEYER, Dr. phil., geb. 1960, Diplom im Fach Psychologie 1989 an der Universität Erlangen-Nürnberg, Promotion im Fach Psychologie (Nebenfächer Philosophie, Soziologie) 1994 ebendort, gegenwärtig wissenschaftliche Assistentin am Institut für Psychologie der Universität Erlangen-Nürnberg.

Aktuelle Forschungsschwerpunkte: Qualitative Methoden in den Sozialwissenschaften, Methodologie und Methoden der Biographieforschung in Psychologie und Nachbardisziplinen, weibliche Identität und Subjektivität, Emotion und Leiblichkeit in der Psychologie.

Ausgewählte Veröffentlichungen: *Stil und Typisierung in weiblichen Lebensentwürfen. Eine vergleichende Analyse biographischer und literarischer Konstruktionen älterer Frauen*. Weinheim: Deutscher Studien Verlag 1996; Stil und Typus als forschungslogisches Konstrukt in der narrativen Biographieforschung. In: Gerd Jüttemann, Hans Thomae (Hg.): *Biographische Methoden in den Humanwissenschaften*. Weinheim: Psychologie Verlags Union 1998; Zwischen pädagogischer Programmatik und erziehungwissenschaftlicher Erkenntnispraxis. Die Rezeption des Themas ›Biographie‹ in der allgemeinen Erziehungwissenschaft in den 1990er Jahren. In: Annette M. Stroß, Felicitas Thiel (Hg.): *Erziehungswissenschaft, Nachbardisziplinen und Öffentlichkeit.* Weinheim: Deutscher Studien Verlag 1998.

ELFRIEDE BILLMANN-MAHECHA, Prof. Dr., geb. 1951, Diplom im Fach Psychologie 1978 an der Universität Erlangen-Nürnberg, Promotion (Nebenfächer Philosophie, Iberoromanische Philologie) 1982, Habilitation im Fach Psychologie 1988 ebendort, gegenwärtig Professorin für Psychologie an der Universität Hannover (Institut für Psychologie und Soziologie in den Erziehungswissenschaften).

Aktuelle Forschungsschwerpunkte: Kindliche Vorstellungen in bezug auf Natur, Geschichtsbewußtsein von Kindern, moralische Entwicklung, Kinderzeichnungen, Geschichte der Entwicklungspsychologie, Methoden der qualitativen Sozialforschung.

Ausgewählte Veröffentlichungen: *Egozentrismus und Perspektivenwechsel. Empirisch-psychologische Studien zu kindlichen Verstehensleistungen im Alltag*. Göttingen: Hogrefe 1990; Theorie und Praxis der Interpretation von Kinderzeichnungen. In: *L.O.G.O.S. interdisziplinär*, 1 (1994), 28–35; Wie authentisch sind erzählte Lebensgeschichten? – Ein Interpretationsproblem. In: Rainer Strobl, Andreas Böttger (Hg.): *Wahre Geschichten? Zu Theorie und Praxis qualitativer Interviews*. Baden-Baden: Nomos 1996, 111–129.

MARGARETE BOOS, Prof. Dr. phil., geb. 1954, Erste Philologische Staatsprüfung in Sozialwissenschaften und Mathematik 1977 an der Universität Bonn, Promotion im Fach Soziologie (Nebenfächer Mathematik, Wirtschaftstheorie) 1983 ebendort, Habilitation im Fach Psychologie 1993 an der Universität Konstanz, gegenwärtig Inhaberin einer Professur für Wirtschafts- und Sozialpsychologie an der Universität Göttingen.

Aktuelle Forschungsgebiete: Koordination in Gruppen bei computervermittelter und direkter Kommunikation, Problemlösen und Entscheiden in Arbeitsgruppen, Methoden der Interaktionsanalyse, Themenentwicklung in Gesprächen.

Ausgewählte Veröffentlichungen: (mit R. Fisch) (Hg.): *Vom Umgang mit Komplexität in Organisationen.* Konstanz: Universitätsverlag Konstanz 1990; Entscheidungen in der öffentlichen Verwaltung. Die aufgabenorientierte Dynamik bei drei Modellen der Führung und Zusammenarbeit. *Gruppendynamik – Zeitschrift für angewandte Sozialpsychologie*, 25 (1994), 185–202; *Entscheidungsfindung in Gruppen. Eine multifunktionale Prozeßanalyse.* Bern: Huber 1996.

Jürgen Bredenkamp, Prof. Dr., geb. 1939, Diplom im Fach Psychologie 1963 an der Universität Hamburg, Promotion im Fach Psychologie (Nebenfächer Philosophie, Physiologie) 1964 ebendort, Habilitation im Fach Psychologie 1971 in Heidelberg, gegenwärtig Inhaber des Lehrstuhls für Allgemeine Psychologie an der Universität Bonn.

Aktuelle Forschungsschwerpunkte: Kognitionspsychologie, Gedächtnispsychologie, Sprachpsychologie, experimentelle Methoden.

Ausgewählte Veröffentlichungen: *Der Signifikanztest in der psychologischen Forschung*. Frankfurt/M.: Akademische Verlagsgesellschaft 1972; *Theorie und Planung psychologischer Experimente.* Darmstadt: Steinkopff 1980; (mit E. Erdfelder): Methoden der Gedächtnispsychologie. In: D. Albert, K. H. Stapf (Hg.): *Enzyklopädie der Psychologie, Themenbereich C, Serie II, Bd. 4: Gedächtnis.* Göttingen: Hogrefe 1996, 1–94.

Joachim C. Brunstein, Priv.-Doz. Dr. phil. habil., geb. 1957, Diplom im Fach Psychologie 1983 an der Universität Gießen, Promotion im Fach Psychologie (Nebenfächer Philosophie, Pädagogik) 1986 ebendort, Habilitation im Fach Psychologie 1993 an der Universität Erlangen-Nürnberg, gegenwärtig Oberassistent am Institut für Psychologie I ebendort.

Aktuelle Forschungsschwerpunkte: Motivations- und Emotionspsychologie, Leistung und Wille, Macht und Dominanz, Partnerschaft und soziale Unterstützung, Lebensziele und Ideale, Hilflosigkeit und Depression.

Ausgewählte Veröffentlichungen: *Hilflosigkeit, Depression und Handlungskontrolle*. Göttingen: Hogrefe 1990; *Motivation nach Mißerfolg*. Göttingen: Hogrefe 1995; (mit G. Maier): Persönliche Ziele: Ein Überblick zum Stand der Forschung. *Psychologische Rundschau*, 47 (1996), 146–160.

Ursula Christmann, Dr., geb. 1951, Diplom in Übersetzungswissenschaft 1975 an der Universität Mainz/Germersheim, Diplom im Fach Psychologie 1980 an der Universität Heidelberg, Promotion im Fach Psychologie 1988 ebendort, gegenwärtig wissenschaftliche Mitarbeiterin in der Arbeitseinheit Allgemeine und Theoretische Psychologie an der Universität Heidelberg.

Aktuelle Forschungsschwerpunkte: Sprach-, Text- und Kommunikationspsychologie, Kognitionspsychologie, kognitive Lerntheorie, Subjektive Theorien, Lernstrategien.

Ausgewählte Veröffentlichungen: *Modelle der Textverarbeitung:*

Textbeschreibung als Textverstehen. Münster: Aschendorff 1989; (mit N. Groeben): Die Rezeption schriftlicher Texte. In: O. Ludwig, H. Günther (Hg.): *Handbuch Schrift und Schriftlichkeit*. Berlin: de Gruyter 1996, 1536–1545; (mit N. Groeben): Reflexivity and Learning: Problems, Perspectives and Solutions. In: J. Valsiner, H.-G. Voss (Hg.): *The structure of learning processes*. Norwood, NJ: Ablex 1996, 45–85.

MARIO VON CRANACH, Prof. Dr., geb. 1931, 1. juristisches Staatsexamen München 1956, Diplom im Fach Psychologie 1961 an der Ludwig-Maximilian-Universität München, Promotion im Fach Psychologie (Nebenfächer Statistik, Pädagogik) 1965 ebendort, seit 1971 Inhaber eines Lehrstuhls für Psychologie an der Universität Bern, emeritiert seit 1996.

Aktuelle Forschungsschwerpunkte: Individuelles Handeln, Handeln sozialer Systeme, soziales Wissen und Gedächtnisprozesse sozialer Systeme.

Ausgewählte Veröffentlichungen: (mit U. Kalbermatten, K. Indermühle, B. Gugler): *Zielgerichtetes Handeln*. Bern: Huber 1980; (mit B. Thommen, R. Amman): *Handlungsorganisation durch soziale Repräsentationen*. Bern: Huber 1988; (mit K. Foppa) (Hg.): *Freiheit des Entscheidens und Handelns*. Heidelberg: Asanger 1996.

EGON ERB, Dr., geb. 1944, Magister Artium im Fach Neuere deutsche Philologie (Nebenfächer Psychologie, Soziologie) 1972 an der Universität Münster, Promotion in diesen Fächern 1971 ebendort, Habilitation im Fach Allgemeine Literaturwissenschaft 1982 an der Universität Siegen, gegenwärtig Mitarbeiter am Lehrstuhl für Allgemeine Psychologie und Kulturpsychologie an der Universität zu Köln.

Aktuelle Forschungsschwerpunkte: Psychologische Anthropologie.

Ausgewählte Veröffentlichungen: *Selbstentwicklung/-sozialisation statt Selbstaktualisierung/-verwirklichung?! Zur konzeptuellen Kritik und Weiterführung des zentralen Motiv-Konstrukts der Humanistischen Psychologie*. Bericht aus dem Psychologischen Institut Heidelberg. Nr. 77. Heidelberg 1993; Gegenstands- und Problemkonstituierung: Subjektmodelle (in) der Psychologie. In: N. Groeben (Hg.): *Zur Programmatik einer sozialwissenschaftlichen Psychologie. Bd. I: Metatheoretische Perspektiven* (1. Halbbd). Münster: Aschendorff (im Druck).

Guido H. E. Gendolla, Dr. phil., geb. 1967, Diplom im Fach Psychologie 1993 an der Universität Bielefeld, Promotion im Fach Psychologie 1995 ebendort, gegenwärtig Wissenschaftlicher Mitarbeiter am Lehrstuhl Sozialpsychologie der Universität Erlangen-Nürnberg.

Aktuelle Forschungsschwerpunkte: Soziale Motivation und Informationsverarbeitung, Stimmungs- und Emotionseffekte auf Verhalten, Soziale Psychophysiologie.

Ausgewählte Veröffentlichungen: *Motivationale Erregung und statisches Denken*. Aachen: Shaker 1995; Erwartungsbildung und Überraschung in Leistungssituationen. In: Erich H. Witte (Hg.): *Sozialpsychologie der Motivation und Emotion*. Lengerich: Papst 1996, 113–130; *Effort as assessed by motivational arousal in identity relevant tasks. Basic and Applied Social Psychology*, (im Druck); Surprise in the context of achievement: The role of outcome valence and importance. *Motivation and Emotion*, 21 (1997), 163–191.

Wilhelm Rudolf Glaser, Prof. Dr., geb. 1939, Diplom im Fach Elektrotechnik 1963 an der Technischen Hochschule Stuttgart, Promotion im Fach Philosophie (Nebenfächer Psychologie, Physiologie) 1971 an der Universität Tübingen, Habilitation für Allgemeine Psychologie und psychologische Methodenlehre 1986 ebendort, gegenwärtig apl. Professor am Psychologischen Institut der Universität Tübingen für diese Fächer.

Aktuelle Forschungsschwerpunkte: Kognitionspsychologie (Wort-Bild-Interferenz), Arbeits- und Organisationspsychologie (Telearbeit).

Ausgewählte Veröffentlichungen: (mit Margrit O. Glaser): Context effects in Stroop-like word and picture processing. *Journal of Experimental Psychology: General, 118* (1989), 13–42; Picture naming. *Cognition, 42* (1992), 61–105; (mit Margrit O. Glaser): *Telearbeit in der Praxis. Psychologische Erfahrungen mit Außerbetrieblichen Arbeitsstätten bei der IBM Deutschland GmbH.* Neuwied, Kriftel, Berlin: Luchterhand 1995.

Norbert Groeben, Prof. Dr., geb. 1944, Diplom im Fach Psychologie 1967 an der Universität Mainz, Promotion (Nebenfächer Psychologie, Deutsche Philologie, Philosophie) 1971 an der Universität Münster, Habilitation im Fach Psychologie 1972 an der Universität Heidelberg, gegenwärtig Inhaber des Lehrstuhls für Allgemeine Psychologie und Kulturpsychologie an der Universität zu Köln.

Aktuelle Forschungsschwerpunkte: Denk- und Sprachpsychologie, Wissenschaftstheorie und Theoretische Psychologie, empirische Literaturpsychologie und -wissenschaft.

Ausgewählte Veröffentlichungen: (et al.): *Produktion und Rezeption von Ironie. Bd. I und II*. Tübingen: Narr 1985/86; *Handeln, Tun, Verhalten als Einheiten einer verstehend-erklärenden Psychologie*. Tübingen: Francke 1986; (et al.): *Das Forschungsprogramm Subjektive Theorien*. Tübingen: Francke 1988.

GISELHER GUTTMANN, Prof. Dr. phil., geb. 1934, Studium der Psychologie, Zoologie und Philosophie an der Universität Wien, Promotion im Fach Psychologie 1963 ebendort, Habilitation für das Gesamtfach Psychologie 1968 ebendort, gegenwärtig Inhaber des Lehrstuhls für Allgemeine und Experimentelle Psychologie an der Universität Wien, sowie Distinguished Professor an der Internationalen Akademie für Philosophie im Fürstentum Liechtenstein, Schaan.

Aktuelle Forschungsschwerpunkte: Hirnforschung, Stressforschung und Lernpsychologie.

Ausgewählte Veröffentlichungen: *Lehrbuch der Neuropsychologie*, Bern: Huber 1982; Zur Psychophysiologie des Bewußtseins. In: Giselher Guttmann, Gerhard Langer (Hg.): *Das Bewußtsein: Multidimensionale Entwürfe*. Wien: Springer 1992; *Lernen: Die wunderbare Fähigkeit, geistige und körperliche Funktionen verändern zu können*. Wien: hpt 1995.

WOLFGANG HELL, Prof. Dr., geb. 1948, Diplom im Fach Physik 1974 an der Universität Heidelberg, Promotion im Fach Psychologie 1977 an der Universität Konstanz, Habilitation im Fach Psychologie 1985 ebendort, gegenwärtig Professor für Arbeitspsychologie an der Universität Münster.

Aktuelle Forschungsschwerpunkte: Kognitive Täuschungen, Arbeits- und Bedienungssicherheit.

Ausgewählte Veröffentlichungen: (1987): *Aufmerksamkeit und Interferenz*. Weinheim: Deutscher Studien Verlag, Beltz 1987; (mit Gerd Gigerenzer, Klaus Fiedler) (Hg.) *Kognitive Täuschungen*. Heidelberg: Spektrum Akademischer Verlag 1993.

WERNER HERKNER, Prof. Dr., geb. 1941, Promotion im Fach Psychologie 1969 an der Universität Wien (Nebenfach Kunstgeschichte), Habilitation in Psychologie 1977 ebendort, gegenwärtig Professor für Sozialpsychologie an der Universität Wien.

Aktuelle Forschungsschwerpunkte: Selbstwert, Einstellungen, Angewandte Sozialpsychologie.

Ausgewählte Veröffentlichungen: *Kontakt, Sympathie und Einstellungsähnlichkeit – Untersuchungen zur Balancetheorie.* Bern: Huber 1978; *Psychologie.* Wien: Springer 1986; *Lehrbuch Sozialpsychologie.* Bern: Huber 1991.

HEINZ JÜRGEN KAISER, Prof. Dr., geb. 1945, Diplom im Fach Psychologie 1971 an der Universität Bonn, Promotion im Fach Psychologie (Nebenfächer Psychopathologie, Soziologie) 1979 an der Universität Erlangen-Nürnberg, gegenwärtig außerplanmäßiger Professor und Akademischer Direktor am Institut für Psychogerontologie der Universität Erlangen-Nürnberg.

Aktuelle Forschungsschwerpunkte: Subjektive Aspekte des Alterns, Verkehrspsychologie (mit Schwerpunkt alte Menschen im Straßenverkehr).

Ausgewählte Veröffentlichungen: *Handlungs- und Lebensorientierungen alter Menschen.* Bern: Huber 1989; *Der ältere Mensch – wie er denkt und handelt.* Bern: Huber 1992; (mit Johanna Myllymäki-Neuhoff): *Die Verkehrsteilnahme älterer Menschen als komplexes Handlungsproblem. Psychologische und pädagogische Grundfragen von Verkehrssicherheitsmaßnahmen für ältere Menschen.* Meckenheim: Deutsche Verkehrswacht 1995.

WILHELM KEMPF, Prof. Dr., geb. 1947, Promotion im Fach Psychologie (Nebenfächer Philosophie, Statistik) 1970 an der Universität Wien, Postgraduiertenstudium der Soziologie am Institut für Höhere Studien in Wien, 1970 Diplom, Habilitation für Psychologie 1977 an der Universität Erlangen-Nürnberg, gegenwärtig Professor für psychologische Methodenlehre und Statistik an der Universität Konstanz, Leiter der Projektgruppe Friedensforschung Konstanz.

Aktuelle Forschungsschwerpunkte: Konfliktforschung, Massenkommunikation, inhaltsanalytische Methoden.

Ausgewählte Veröffentlichungen: (mit Wolfgang Frindte, Gert Sommer, Michael Spreiter) (Hg.): *Gewaltfreie Konfliktlösungen. Interdisziplinäre Beiträge zu Theorie und Praxis friedlicher Konfliktbearbeitung.* Heidelberg: Asanger 1993; (Hg.): *Manipulierte Wirklichkeiten – Medienpsychologische Untersuchungen der bundesdeutschen Presseberichterstattung im Golfkrieg.* Münster: Lit 1994; *Aggression, Gewalt und Gewaltfreiheit.* Hagen: Fernuniversität 1995.

ALEXANDER KOCHINKA, Dipl. Psych., geb. 1965, Diplom im Fach Psychologie 1994 an der Universität Erlangen-Nürnberg.

Aktuelle Forschungsschwerpunkte: Erzähltheorie, Biographieforschung, qualitative Methoden, Sozialpsychologie, Handlungstheorien, Kulturpsychologie, psychologische Forschungen zum Nationalsozialismus.

ULRICH MEES, Prof. Dr., geb. 1943, Diplom im Fach Psychologie 1968 an der Universität Tübingen, Promotion im Fach Psychologie 1972 ebendort, Habilitation für Psychologie an der Freien Universität Berlin 1978, gegenwärtig Professor für Allgemeine Psychologie II (Lernen, Motivation, Handlung, Emotion) an der Universität Oldenburg.

Aktuelle Forschungsschwerpunkte: Theorien der Emotion, Psychologie der Liebe, Inhaltsanalysen emotionsrelevanter Texte.

Ausgewählte Veröffentlichungen: (Hg.): *Beobachtung, Interaktionsanalyse und Modifikation aggressiven Kindverhaltens*. Oldenburg: BIS-Verlag 1988; *Die Struktur der Emotionen*. Göttingen: Hogrefe 1991; (Hg.): *Psychologie des Ärgers*. Göttingen: Hogrefe 1992.

ERHARD OLBRICH, Prof. Dr., geb. 1941, Diplom im Fach Psychologie 1967 an der Universität Bonn, Promotion im Fach Psychologie (Nebenfächer Physiologie, Medizindidaktik) 1975 in Bonn, gegenwärtig Inhaber des Lehrstuhls für Psychologie III an der Friedrich-Alexander-Universität in Erlangen.

Aktuelle Forschungsschwerpunkte: Entwicklung im Erwachsenenalter und Alter, Coping, Kompetenz, Mensch-Tier-Beziehung.

Ausgewählte Veröffentlichungen: (mit E. Todt) (Hg.): *Probleme des Jugendalters*. Heidelberg: Springer 1984; (mit K. Sames, A. Schramm) (Hg.): *Kompendium der Gerontologie*. Lagerlechfeld: Ecomed 1994; Die Grenzen des Coping. In: C. Tesch-Römer et al. (Hg.): *Copingforschung*. Göttingen: Hogrefe (im Druck).

ULRIKE POPP-BAIER, Dr. phil. habil., geb. 1956, Diplom im Fach Psychologie 1983 an der Universität Erlangen-Nürnberg, Promotion im Fach Psychologie (Nebenfächer Philosophie, Neuere Deutsche Literaturgeschichte) 1988 ebendort, Habilitation im Fach Psychologie 1996 ebendort, gegenwärtig Associate Professor für Religionspsychologie an der Fakultät der Geisteswissenschaften der Universität von Amsterdam.

Aktuelle Forschungsschwerpunkte: Religionspsychologie, Kulturpsychologie, Theoretische Psychologie, Methoden interpretativer Sozialforschung.

Ausgewählte Veröffentlichungen: *Mythen und Motive autoritären Handelns. Ein kulturpsychologischer Beitrag zur Autoritarismusforschung*. Frankfurt/M., New York: Campus 1989; *Das Heilige im Profanen. Religiöse Orientierungen im Alltag. Eine qualitative Studie zu religiösen Orientierungen von Frauen aus der charismatisch-evangelikalen Bewegung*. Amsterdam: Rodopi 1998; Psychology of Religion as Hermeneutical Cultural Analysis – Some Reflections with Reference to Clifford Geertz. In: Jacob A. van Belzen (Hg.): *Hermeneutical Approaches in Psychology of Religion*. Amsterdam: Rodopi 1997, 195–212.

Jürgen Rost, Prof. Dr., geb. 1952, Diplom im Fach Psychologie 1976 an der Universität Kiel, Promotion im Fach Psychologie (Nebenfächer Mathematik, Physiologie) 1980 ebendort, Habilitation im Fach Psychologie 1987 ebendort, wissenschaftlicher Oberrat am Institut für die Pädagogik der Naturwissenschaften in Kiel.

Aktuelle Forschungsschwerpunkte: Umweltrelevantes Verhalten, Kognitionspsychologie, Messung von Persönlichkeitseigenschaften mit probabilistischen Modellen, Evaluationsforschung.

Ausgewählte Veröffentlichungen: *Lehrbuch Testtheorie, Testkonstruktion*. Bern: Huber 1996; (mit R. Langeheine): *Application of latent trait and latent class models in the social sciences*. Münster: Waxmann 1997; Theorien menschlichen Handelns. In: G. Michelsen (Hg.): *Handbuch zur Umweltberatung*. Bonn: Economica-Verlag 1997.

Harald Schaub, Dr., geb. 1960, Diplom im Fach Psychologie 1986 an der Universität Bamberg, Promotion im Fach Psychologie (Nebenfächer Informatik, Physiologie) 1993 ebendort, gegenwärtig Dozent am Lehrstuhl für Allgemeine Psychologie und Methodenlehre an der Universität Bamberg.

Aktuelle Forschungsschwerpunkte: Problemlösepsychologie, kognitive Modellierung, Denken, interindividuelle Differenzen, Computersimulationen, Trainings.

Ausgewählte Veröffentlichungen: *Modellierung der Handlungsorganisation*. Bern: Huber 1993; (mit S. Strohschneider): How Managers deal with Strategic Complexities. In: S. Ramnarayan, A. Pandey, M. Vasavada (Hg.): *Leadership of Public Enter-*

prises: Concepts and Cases. New Delhi: Sage 1995; Künstliche Seelen – Die Modellierung psychischer Prozesse. *Widerspruch*, 29 (1996), 56–82.

OLIVER C. SCHULTHEISS, Dr. phil., geb. 1967, Diplom im Fach Psychologie an der Universität Erlangen-Nürnberg, Promotion im Fach Psychologie (Nebenfächer Kriminologie, Psychopathologie) 1996 ebendort, gegenwärtig Stipendiat der Deutschen Forschungsgemeinschaft an der Harvard University, Boston.

Aktuelle Forschungsschwerpunkte: Imagination und Verhalten, biologische und lernpsychologische Grundlagen von Motiven und Emotionen.

Ausgewählte Veröffentlichungen: *Imagination. Motivation und Verhalten*. Dissertationsschrift. Psychologisches Institut I der Universität Erlangen-Nürnberg 1996; (mit Dangelmayer Gabriele): Personal goals and social support in close relationships: Effects on relationship mood and maritial satisfaction. *Journal of Personality and Social Psychology*, 71 (1996), 1006–1019.

ROLF STEYER, Prof. Dr., geboren 1950, Diplom im Fach Psychologie 1977 an der Universität Göttingen, Promotion im Fach Psychologie 1982 an der Universität Frankfurt am Main, Habilitation im Fach Psychologie 1989 an der Universität Trier, gegenwärtig Inhaber des Lehrstuhls für Methodenlehre und Evaluationsforschung am Institut für Psychologie der Universität Jena.

Aktuelle Forschungsschwerpunkte: Kausalitätstheorie, Meßmodelle, Befindlichkeitsforschung, Veränderungsmessung.

Ausgewählte Veröffentlichungen: *Theorie kausaler Regressionsmodelle*. Stuttgart: Fischer 1992; (mit Dieter Ferring, Manfred Schmitt): Latent states and traits in psychological assessment. *European Journal of Psychological Assessment*, 8 (1992), 79–98; (mit Michael Eid): *Messen und Testen*. Berlin: Springer 1993.

JÜRGEN STRAUB, Priv.-Doz. Dr., geb. 1958, Diplom im Fach Psychologie 1986 an der Universität Erlangen-Nürnberg, Promotion (Nebenfächer Philosophie, Soziologie) 1989 ebendort, Habilitation im Fach Psychologie 1995, gegenwärtig Oberassistent am Institut für Psychologie I ebendort.

Aktuelle Forschungsschwerpunkte: Theorie, Methodologie und Methodik interpretativer Forschung, Biographieforschung, Sozial- und Kulturpsychologie, Handlungstheorie, Identitätstheorie, Gedächtnistheorie, Psychologie des Geschichsbewußtseins, narrative Psychologie.

Ausgewählte Veröffentlichungen: *Historisch-psychologische Biographieforschung. Theoretische, methodologische und methodische Argumentationen in systematischer Absicht*. Heidelberg: Asanger 1989; *Geschichte, Biographie und friedenspolitisches Handeln. Biographieanalytische und sozialpsychologische Analysen auf der Basis von narrativen Interviews mit Naturwissenschaftlern und Naturwissenschaftlerinnen*. Opladen: Leske + Budrich 1993; *Handlung, Interpretation, Kritik. Grundzüge einer textwissenschaftlichen Handlungs- und Kulturpsychologie*. Berlin, New York: de Gruyter 1998 (im Druck).

Franziska Tschan, Prof. Dr., geb. 1956, Lizentiat in Psychologie (Kinder- und Jugendpsychologie, Nebenfächer Psychopathologie, Pädagogik) 1985 an der Universität Bern, Promotion 1990 an der Universität Bern, gegenwärtig Inhaberin des Lehrstuhls für »Psychologie sociale du travail« an der Universität Neuchâtel, Schweiz.

Aktuelle Forschungsschwerpunkte: Gruppenarbeit, Handlungspsychologie, soziale Beziehungen am Arbeitsplatz.

Ausgewählte Veröffentlichungen: Communication enhances small group performance if it conforms to task requirements: The concept of »ideal communication cycles«. *Basic and Applied Social Psychology*, 17 (1995), 371–393; (mit Mario von Cranach): Group task structure, processes, and outcome. In: M. West (Hg.): *Handbook of work group psychology*. Chichester: John Wiley & Sons 1996.

Hans Werbik, Prof. Dr., geb. 1941, Promotion im Fach Psychologie (Nebenfächer Musikwissenschaft, Philosophie) 1963 an der Universität Wien, Habilitation im Fach Psychologie 1969 an der Universität Tübingen, gegenwärtig Inhaber des Lehrstuhls für Psychologie an der Universität Erlangen-Nürnberg.

Aktuelle Forschungsschwerpunkte: Wissenschaftstheoretische Grundlagen und Methoden der Psychologie, Aggressionsforschung, Handlungs- und Kulturpsychologie.

Ausgewählte Veröffentlichungen: *Informationsgehalt und emotionale Wirkung von Musik*. Mainz: Schott 1971; *Theorie der Gewalt*. München: Fink 1974; *Handlungstheorien*. Stuttgart: Kohlhammer 1978.

Franz M. Wuketits, Univ. Doz. Dr., geb. 1955, Studium der Biologie und Philosophie an der Universität Wien, Promotion im Fach Philosophie (Nebenfach Biologie) 1978 ebendort, Habilitation im Fach Wissenschaftstheorie, (Schwerpunkt Biowissenschaft) 1980 ebendort, gegenwärtig Dozent für Wissenschaftstheorie und Philosophie der Biologie an den Universitäten Wien und Graz.

Aktuelle Forschungsschwerpunkte: Evolutionstheorie, Evolutionäre Erkenntnistheorie, Evolutionäre Ethik, Geschichte und Theorie der Biowissenschaften sowie die Philosophischen und Anthropologischen Implikationen biologischer Theorien, ethologische und soziobiologische Probleme.

Ausgewählte Veröffentlichungen: *Konrad Lorenz – Leben und Werk eines großen Naturforschers.* München, Zürich: Piper 1990; *Verdammt zur Unmoral? Zur Naturgeschichte von Gut und Böse.* München, Zürich: Piper 1993; *Die Entdeckung des Verhaltens*, Darmstadt: Wissenschaftliche Buchgesellschaft 1995.

Sachregister

Personenregister